Urdni und Wolfgang
mit herzlichem Dank für das
ermutigende Interesse an der
Entstehung dieses Buches

Willi

Wilhelm Hagemann

Vörden

Studien und Quellen
zur westfälischen Geschichte

Im Auftrag des Vereins für Geschichte und Altertumskunde Westfalens
Abteilung Paderborn
begründet von Klemens Honselmann
herausgegeben von Friedrich Gerhard Hohmann
Band 61

Gedruckt mit finanzieller Unterstützung durch

Landschaftsverband Westfalen-Lippe

Egger – Beschichtungswerk GmbH & Co Kg,
Marienmünster-Vörden

Volksbank Bad Driburg – Brakel – Steinheim eG

Kreissparkasse Höxter

Heimat- und Kulturverein
Marienmünster e. V.

Wilhelm Hagemann

unter Mitwirkung von

Karin Föckel, Horst-D. Krus, Hildegard Hecker,
Gisbert Lücke, Walter Lücke, Willi Rohde und Ursula Simon

Vörden

*Geschichte einer Ackerbürgerstadt
im östlichen Westfalen*

Herausgegeben
vom Heimat- und Kulturverein Marienmünster e. V.

BONIFATIUS

Bibliografische Information Der Deutschen Bibliothek

Die Deutsche Bibliothek verzeichnet diese Publikation in der Deutschen National-
bibliografie; detaillierte bibliografische Daten sind im Internet über http://dnb.ddb.de
abrufbar.

Umschlaggrafik: Christian Knaak, Dortmund

ISBN: 978-3-89710-424-2

© 2008 by Bonifatius GmbH Druck · Buch · Verlag Paderborn

Gesamtherstellung:
Bonifatius GmbH Druck · Buch · Verlag Paderborn

Inhalt

Wilhelm Hagemann

Vörden als bischöfliche Stadt 1324 bis 1802

Wilhelm Hagemann
unter Mitwirkung von Karin Föckel, Hildegard Hecker und Ursula Simon

Kirche und religiöses Leben

Wilhelm Hagemann

Schulen, Lehrer, Lehrerinnen

Wilhelm Hagemann
unter Mitwirkung von Willi Rohde

Das Vördener Platt

Wilhelm Hagemann

Vörden im 19. Jahrhundert

Wilhelm Hagemann

Vörden im ersten Drittel des 20. Jahrhunderts

Wilhelm Hagemann

Vörden im zweiten Drittel des 20. Jahrhunderts

Wilhelm Hagemann

Einführung und Übersicht

1. Zur Begründung dieses Buches

Als die königlich preußische Regierung im Jahre 1817 die Städte und Gemeinden per Erlass verpflichtete, vom 1. Januar 1818 an eine Chronik zu führen, in der die wichtigsten örtlichen Ereignisse eines jeden Jahres festgehalten werden sollten, begründete sie dieses folgendermaßen:

> *„Ein edles und aufgeklärtes Volk wird stets darauf halten, daß es den ihm zukommenden Platz in der Geschichte behaupte, es wird deshalb die Schicksale der lebenden Generation nicht unter dem Gesichtspunkte einer vorüber eilenden Erscheinung, sondern unter dem eines bleibenden Zusammenhangs mit allen Geschlechtern künftiger Jahrhunderte betrachten, und diesen Zusammenhang, wahrhaft wie er der That nach ist, auch äußerlich in Wort und Schrift zu begründen sich angelegen sein lassen."*

Auch wenn uns diese Begründung heute sprachlich gestelzt klingt, so ist ihr inhaltlicher Kern doch weiterhin gültig: Das heute Gegenwärtige ist morgen schon Geschichte. Das Dokumentieren *gegenwärtiger* Zustände, Ereignisse und Handlungen schlägt deshalb eine Brücke in die *Zukunft*. Es hilft künftig Lebenden das *Werden des dann Gegenwärtigen* zu erkennen und zu verstehen. Ebenso ist aber auch das *heute* Gegenwärtige das Ergebnis *früherer* Ereignisse und Vorgänge, also von Geschichte. Das Aufhellen von Geschichte erklärt somit das Werden des heute Vorhandenen und hilft dadurch zum Verstehen der Gegenwart.[1]

Für den einzelnen Menschen ist es selbstverständlich, dass er aus der Rückschau auf seine eigene Lebensgeschichte seine Situation in der Gegenwart erklärt und auf der Basis der früheren und gegenwärtigen Erfahrungen die Vorstellungen, Pläne und Hoffnungen für seine Zukunft entwickelt. Durch diese reflektierte Verbindung von Vergangenheit, Gegenwart und Zukunft erfährt sich der Mensch über die Lebensspanne hin als ein- und der-/dieselbe, als identische Person. Auch Nationen und Orten sprechen wir Identität im Sinne von anhaltender Besonderheit, Einzigartigkeit zu. Diese ist stets auch das *Ergebnis geschichtlicher Prozesse*. Denn das Erscheinungsbild eines Dorfes oder einer Stadt resultiert aus lokalspezifischen Entwicklungen, auch wenn diese meist mit größeren, übergreifenden Zeitströmungen verbunden waren. Wer solchen lokalen Entwicklungen im Rahmen allgemeiner Zeitströmungen nachspürt, findet ein tieferes Verständnis für das örtlich Gegenwärtige, Vorhandene. Das wiederum ermöglicht angemessenere Weichenstellungen für die Zukunft, auch und gerade im immer wieder notwendigen Abwägen zwischen Bewahren und Verändern. Der Dichterarzt Friedrich Wilhelm Weber (1813-1894), der von Nieheim aus auch in Vörden Patienten betreute, lässt dazu in seinem Versepos „Dreizehnlinden" den Prior des gleichnamigen Klosters sagen:

> *Und da sich die neuen Tage*
> *aus dem Schutt der alten bauen,*
> *kann ein ungetrübtes Auge*
> *rückwärts blickend vorwärts schauen.*

Ein solches Verständnis der Verbindung von Vergangenheit, Gegenwart und Zukunft liegt auch diesem Buch zur Geschichte Vördens zu Grunde: Es soll die bewusste Wahrnehmung der gegenwärtigen örtlichen Besonderheiten fördern, ihr Entstehen aufhellen und dadurch für die Zukunft Bewahrenswertes zu erkennen helfen.

2. Frühere Veröffentlichungen zur Geschichte Vördens

Bevor jemand die Erstellung eines solchen Buches zur Ortsgeschichte angeht, muss er sich schon angesichts der damit verbundenen zeitlichen wie finanziellen Aufwendungen die Frage nach dessen Notwendigkeit stellen. Das ist er auch den gedachten Lesern schuldig. Deshalb sollen im Folgenden zunächst bisherige Veröffentlichungen zur Vördener Geschichte umrissen und exemplarisch deren Mängel und Lücken aufgezeigt werden, die ein Buch wie dieses rechtfertigen.
Den ersten Überblick zur Geschichte Vördens finden wir am Anfang des zweiten Vördener Kirchenbuches. Als es im Jahre 1729 begonnen wurde, schrieb der damalige Pastor Leander Bruns, Mönch des Klosters Marienmünster, in lateinischer Sprache einen Überblick über die Geschichte der ihm anvertrauten Pfarrei und damit des Ortes nieder. Er gab darin sicherlich die damals im Kloster Marienmünster wie auch in Vörden vorliegende Kenntnis wieder. Die Niederschrift ist damit selbst schon wieder ein Dokument zum historischen Wissen der damaligen Zeit in unserer Gegend. Aus heutigem Kenntnisstand erweisen sich allerdings etliche der Aussagen als unzutreffend.
Eine Zusammenstellung urkundlicher Quellen zur Vördener Geschichte legte im Jahre 1911 der aus Steinheim stammende und in Borgholz tätige Pastor Franz Xaver Schrader in der Form eines 14-seitigen Zeitschriftenartikels vor.[2] Zeittypisch beschränken sich seine Forschungen aber vor allem auf die Angehörigen der oberen sozialen Schicht, nämlich auf die Burginhaber und auf die Vördener Geistlichen. Etliche spätere Kurzdarstellungen greifen aber auf diese Veröffentlichung zurück, so die in dem Werk „Die Bau- und Kunstdenkmäler des Kreises Höxter" aus dem Jahre 1914.[3]

Die nächsten Veröffentlichungen stammen aus der Feder des in Vörden unvergessenen Vikars Christoph Völker, der von 1914 bis 1926 hier tätig war. Der von ihm 1925 herausgegebene erste Band des Heimatbuches für den Kreis Höxter enthält unter dem Titel „Eine Episode aus der Vördener Stadtgeschichte" die interessante Darstellung des Streits zwischen dem Kloster Marienmünster und den stolzen wie dickköpfigen Bürgern der Stadt Vörden um eine zusätzliche Pforte in der Stadtmauer, die dem Kloster den längeren Weg durch das reguläre Stadttor zu ihrem Hof (Mönchehof) ersparen sollte.[4] In dem 1927 ebenfalls von Völker herausgegebenen zweiten Band des Heimatbuches für den Kreis Höxter veröffentlichte er einen Beitrag über „Untergegangene Dörfer in der Nähe

Abb. 1
*Christoph Völker (1890-1945),
Vikar in Vörden 1914-1926*

von Vörden."[5] Inzwischen war Völker Archivsekretär im erzbischöflichen Archiv in Paderborn geworden. Dennoch blieb er seiner früheren Wirkungsstätte Vörden verbunden und publizierte im Jahre 1935 einen zweiteiligen Artikel „Der Mönchehof in Vörden".[6] Die Berufung Völkers nach Paderborn hat wahrscheinlich eine geplante umfassende Arbeit zur Geschichte Vördens verhindert. Das legt folgender Vorgang nahe: Als im Herbst 1924 die Pfarrstelle im nahen Bellersen durch den Tod des bisherigen Pfarrers frei wurde, wünschte der Freiherr Guido von Haxthausen, dem das Vorschlagsrecht für die Pfarrstelle in Bellersen zustand, Christoph Völker als Nachfolger. Mit Schreiben vom 4. Oktober 1924 nahm der Vorgeschlagene selbst dazu unterstützend Stellung. Neben dem Hinweis auf seine schwache Gesundheit, die ihn für eine größere Pfarrei oder gar für die Diaspora nicht geeignet sein lasse, führte er an, dass er sich seit Jahren mit der geschichtlichen Vergangenheit der Gegend beschäftigt habe. Wörtlich heißt es dann: „*Zur Zeit bin ich mit der Abfassung der Geschichte von Vörden beschäftigt.*" Der Bischof kam aber dennoch dem Wunsch nicht nach, was bei Guido von Haxthausen zu deutlicher Verärgerung führte.[7] Auch in Vörden hoffte man auf eine solche Geschichte des Ortes im Zusammenhang mit der Ende Juni des Jahres 1924 unter der Regie von Völker mit großem Aufwand begangenen 600-Jahrfeier der Stadtgründung. In seinem Tagebuch schrieb der Bauer Philipp Kreilos (genannt Stork) im Frühjahr 1924 dazu, dass „*die Geschichte von Vörden*" leider zu der Feier nicht ganz fertiggestellt werden könne. „*Doch liegt sie zum größten Teil druckfertig vor und wird bis zum Herbst erscheinen.*"[8]

Abb. 2
Das Grab Völkers auf dem Kapitelsfried-
hof in Paderborn. Er starb am 24. März
1945 an den zwei Tage vorher bei einem
Bombenangriff erlittenen Verletzungen.

Diese Erwartung erwies sich dann aber doch als überzogen. Zwar findet sich in Völkers Nachlass im Paderborner Bistumsarchiv ein umfangreicher Bestand mit dem Titel Vörden. Er enthält neben einer großen Anzahl von Notizen auch einige geschlossene Texte, die offenbar für die beabsichtigte Veröffentlichung zur Geschichte Vördens gedacht waren. Darunter befinden sich auch die erwähnten, dann an anderen Stellen veröffentlichten Texte. Vier weitere betreffen die Christianisierung der hiesigen Gegend, Ratswahlen, das Braueramt mit alten Gaststätten in Vörden und die Hungerbergsprozession. Ein geschlossenes Buchkonzept ist jedoch noch nicht erkennbar. Die Notizen beziehen sich vor allem auf Bestände des von Haxthausenschen Archivs, das sich damals noch im Vördener Schloss befand. Sie sind in kleiner Schrift, oft auch in Kurzschrift verfasst und teilweise nur schwer zu entziffern. Zusätzlich wird die Auswertung durch Völkers sparsamen Umgang mit Papier erschwert: Die Notizen finden sich auf Rechnungsrückseiten in DIN A4-Größe ebenso wie auf Quittungen von Banküberweisungen und ähnlichen Papieren. Der Bestand wurde für dieses Buch so weit es eben möglich war ausgewertet.

Eine geraffte Übersicht über Vörden einschließlich geschichtlicher Aspekte erschien im Jahre 1954 im Band III, 2 des Deutschen Städtebuches. Die auf den Seiten 355/56 enthaltenen Angaben stammen aus offenbar recht unterschiedlichen Quellen, enthalten aber keine bis dahin unbekannten Informationen.[9] Das gilt weitgehend auch für einen 1981 veröffentlichten Artikel von Heinrich Neuheuser aus Altenbeken mit dem Titel „Aus der Geschichte der Stadt Vörden". Einige gegenüber den früheren Veröffentlichungen neuere Angaben darin beziehen sich auf die Gebietsreform 1968/69.[10] In den Jahrbüchern des Kreises Höxter, herausgegeben vom Oberkreisdirektor, erschienen mehrfach auch Artikel zu Aspekten der Vördener Geschichte, so eine Abhandlung vom damaligen Ortsheimatpfleger Paul Simon über die Geschichte der Vördener Wasserversorgung (1984), von Johannes Waldhoff aus Steinheim über die Post in Vörden (1991) und von Karin Föckel über die Vördener Kirche zur 100-Jahrfeier des jetzigen Kirchenbaus (2001). Aus Anlass des (vermeintlichen) 425-jährigen Bestehens der

Schützenbruderschaft St. Peter und Paul Vörden im Jahre 1999 gab diese eine von Karin Föckel verfasste Schrift heraus, die Dokumente aus der Geschichte der Bruderschaft bekannt machte und auch Bezüge zur allgemeinen Ortsgeschichte aufzeigte.[11] Darüber hinaus finden sich an verschiedenen Stellen einzelne Erwähnungen, so beispielsweise im Rahmen der „Paderborner Bistumsgeschichte" von Brandt / Hengst zum vermuteten Gründungsdatum der Vördener Kirche[12] oder zum Schloss Vörden in dem von A. Bálint im Auftrag des Kreises Höxter erstellten Buch „Burgen, Schlösser und historische Adelssitze im Kreis Höxter".[13]
Die genannten Schriften geben zwar zahlreiche einzelne Informationen, schaffen aber *kein Gesamtbild* der Geschichte Vördens. Jüngere Veröffentlichungen beziehen sich dabei zudem vielfach auf frühere, ohne diese durch aktuelle Forschungen kritisch auf ihre *Zuverlässigkeit* hin zu überprüfen. So wiederholen beispielsweise etliche Autoren Schraders unbelegte Aussage, die vom Kloster Marienmünster erbaute Stadt Vörden sei deshalb 1324 dem Paderborner Bischof übergeben worden, weil der Abt nicht genügend Angehörige des Landadels für die Besetzung der Burgmannsstellen und damit für die Verteidigung von Burg und Stadt hätte finden können. Andere Veröffentlichungen enthalten Aussagen, die bereits aufgrund von Orts- oder örtlicher Geschichtskenntnis in Frage zu stellen sind. So datieren beispielsweise die Kirchenhistoriker Brandt (München) und Hengst (Paderborn) in ihrer „Paderborner Bistumsgeschichte" die Gründung der ersten Vördener Kirche aufgrund des *jetzigen* Kirchenpatrons St. Kilian in die Zeit um das Jahr 850. Zu jener Zeit waren nämlich Würzburger Missionare im jungen Bistum Paderborn tätig, die neu erbaute Kirchen vielfach dem heiligen Kilian, dem Bistumspatron von Würzburg, weihten. Die beiden Autoren nehmen also an, dass das jetzige Vördener Kilianspatrozinium etwa seit dem Jahre 850 überliefert ist. Dem widerspricht aber schon, dass über dem Turmportal der Vördener Kirche für das Jahr 1576 die Jungfrau Maria als Patronin genannt ist und nicht St. Kilian. Ein anderes Beispiel: Im erwähnten Buch über „Burgen, Schlösser und historische Adelssitze im Kreis Höxter" geht die Verfasserin davon aus, die mächtigen Stützmauern unterhalb des jetzigen Schlosses stammten aus der Gründungszeit der Stadt um 1319. Zudem wird angenommen, dass das Schloss an der Stelle der ursprünglichen Burg stehe. Diese Annahmen werden aber schon durch einen Vergleich mit der ältesten bildlichen Darstellung Vördens aus dem Jahre 1665 widerlegt.
Neben solchen Fehlschlüssen in bisherigen Veröffentlichungen war festzustellen, dass *ganze Themenbereiche* aus der Vördener Geschichte völlig unbearbeitet geblieben sind, so etwa die Geschichte bürgerlicher Familien in Vörden, die Schulgeschichte oder die Geschichte der Vördener Windmühle und ihrer Vorgänger. Darüber hinaus fehlt weitgehend die mit dem Untertitel des vorliegenden Buches angesprochene Einbindung der Vördener Geschichte in die Regionalgeschichte. Auch manche *Vördener Überlieferungen* schienen der dringenden Überprüfung zu bedürfen, so beispielsweise die angebliche Schenkung der ältesten vorhandenen Schützenfahne aus dem Jahre 1774 durch die Kaiserin

Maria Theresia oder der vermeintliche Standort des früheren Vördener Rathauses an der Stelle des heutigen Hoteltraktes der Gastwirtschaft Weber, wo eine Informationstafel darauf hinweist.

Das Fehlen einer systematischen Darstellung der Ortsgeschichte Vördens wurde auch dadurch deutlich, dass in den letzten Jahrzehnten für etliche Städte und Dörfer des Paderborner und Corveyer Landes entsprechende Bücher entstanden sind, zuletzt noch aus der unmittelbaren Umgebung Vördens für Ovenhausen[14] und Kollerbeck.[15]

3. Die Bedeutung des Untertitels

Wie eingangs bereits angesprochen, steht und entsteht Ortsgeschichte bei aller Besonderheit immer auch in allgemeinen zeittypischen Strömungen und in regionalen Strukturen. Erst durch deren Berücksichtigung erhalten lokale Entwicklungen und Vorkommnisse in der Regel ihre angemessene Erklärung und Gewichtung. Für die meisten Aspekte der Vördener Geschichte und für die weitaus längste Zeit ist als Handlungsraum die Kleinstadt mit dominierend landwirtschaftlich orientierter Einwohnerschaft zu sehen. Deren regionaler Rahmen war die Zugehörigkeit zum weltlichen wie kirchlichen Herrschaftsgebiet der Paderborner Bischöfe. Vor allem aus diesen Gegebenheiten resultierten über Jahrhunderte die Lebensumstände der Bewohner Vördens wie die Möglichkeiten und Grenzen der örtlichen Politik. Insbesondere für Städte dieser Kategorie ist der Begriff der „Ackerbürgerstadt" geprägt worden.[16] Er sagt aus, dass die dominierende Lebensgrundlage der Bewohner solcher Städte die Landwirtschaft war. Der für größere Städte typische (Fern-) Handel fehlte. So gesehen waren diese Kleinstädte quasi ummauerte Dörfer. Dennoch hatten deren Bewohnern gegenüber den Menschen in den umliegenden Dörfern einen entscheidenden Vorteil in ihrem städtischen Rechtsstatus. Dieser war durch die Stadtrechtsurkunde fixiert und damit weitgehend der Willkür von Obrigkeiten entzogen. Die Stadtbürger hatten dadurch meist deutlich geringere Leistungs- und Abgabeverpflichtungen als die Dorfbewohner und konnten einen Großteil der alltäglichen Angelegenheiten selbst regeln. Sie konnten sich auch in Streitfällen auf ihren Rechtsstatus berufen und ihn vor ordentlichen Gerichten bis hin zum Reichskammergericht einklagen. Zudem gewährten ihnen die Stadtmauern und -tore einen gewissen Schutz gegen räuberische Überfälle. Auch wenn alle Städte der hiesigen Region einschließlich Paderborns zumindest graduell Ackerbürgerstädte waren, indem sie alle auch Bauernhöfe in ihren Mauern beherbergten, so galt der Begriff „Ackerbürgerstadt" in voller Gültigkeit aber vor allem für die Städte aus der Gründungszeit und in der Größe Vördens.[17] Für diesen gerade im Herrschaftsgebiet der Paderborner Bischöfe vielfach vorzufindenden Stadttyp sind die Gegebenheiten und Entwicklungen der einzelnen Städte strukturell weitgehend vergleichbar. Insofern können auch

am Beispiel Vördens dargelegte Verhältnisse und Vorgänge vielfach auf andere ehemalige Städte im früheren Herrschaftsgebiet der Paderborner Bischöfe
übertragen werden.

Auch nach dem Ende des Fürstbistums Paderborn im Jahre 1802 blieben die
Lebensbedingungen in Vörden wie in den meisten vergleichbaren Orten noch
recht lange weitgehend die einer Ackerbürgerstadt. Entwicklungen vollzogen
sich nur langsam. Erst von der Mitte des 20. Jahrhunderts an trat die Bedeutung
der Landwirtschaft als direkte Lebens- und Erwerbsgrundlage stärker zurück.
Handwerk und Handel sowie Dienstleistungsberufe nahmen ihre Stelle ein.
Die allgemeine Motorisierung ermöglichte zudem für zahlreiche Einwohner
außerörtliche Arbeitsplätze und gestattete die Neuansiedlung von Personen
mit dominierendem Wohninteresse in Vörden.

4. Der Aufbau des Buches

Zur Erleichterung des Lesens und der Übersichtlichkeit halber sind die Artikel des Buches zumeist nach *Themen* geordnet. Diese stehen zum Teil zeitlich
nebeneinander, zum Teil folgen sie aufeinander. Querverweise zeigen dabei die
inhaltliche Verbindung auf. Abweichend von dieser thematischen Orientierung, die zum Teil bis in die Gegenwart geführt ist, werden das 19. und das 20.
Jahrhundert als *Zeitepochen* geschlossen behandelt, wobei dann aber die the-
matisch bereits bearbeiteten Inhalte ausgespart sind. Diese Epochengliederung
ist vor allem darin begründet, dass zu diesen Jahrhunderten deutlich mehr und
unterschiedlichere Informationen vorliegen als zu den vorausgegangenen und
diese für die Herausbildung der gegenwärtigen Zustände meist unmittelbare
Bedeutung haben. Gegenüber der möglichen Alternative einer durchgehenden
Epochengliederung des gesamten Buches erspart diese Konzeption, dass The-
menstränge immer wieder unterbrochen und neu aufgenommen werden müssen. Im Einzelnen ist das Buch folgendermaßen aufgebaut:

Nach dieser Einleitung und Übersicht folgt zunächst ein Artikel zu den *regionalen und lokalen Vorgaben der Natur* als Grundlagen und Bedingungen jeder
menschlichen Ansiedlung und Tätigkeit. Es geht darin um die Entstehung der
Oberflächengestalt, der Böden und Wasserläufe sowie der unterschiedlichen
klimatischen Gegebenheiten im Raum Vörden. Angesichts der zeitlichen Di-
mensionen der Erdgeschichte umfasst dieser Artikel selbstverständlich den
weitaus größten Zeitraum aller Beiträge im Buch. An diese geografische Abhandlung schließt sich die Suche nach *Spuren früherer Wohnstätten* in der jetzigen Vördener Feldmark an, die urkundlich meist eher in Erscheinung treten
als Vörden selbst. Solche Siedlungen lassen sich durch typische Bodenfunde
wie durch urkundliche Zeugnisse lokalisieren. Als nächstes war dann die Frage
nach dem *Alter der Siedlung Vörden* selbst zu stellen. Hierzu musste als ein
Hauptpunkt die mündliche Überlieferung einer frühen Kilianskirche im soge-

nannten Hasengarten des Burggeländes auf ihren möglichen Wahrheitsgehalt
hin überprüft werden.

Mit dem *Ausbau Vördens zur Stadt* in den Jahren 1319-24 begann nicht nur ein
neues Kapitel der Ortsgeschichte. Damit fanden vielmehr auch die zuvor behandelten kleineren Siedlungen in der Feldmark ihr Ende. Dieser Beitrag zur
Stadtwerdung Vördens ist die Grundlage der folgenden Artikel des Buches. Als
erstes folgt dem die Abhandlung zum *Erscheinungsbild der neuen Stadt* von innen wie von außen. Neben urkundlichen Aussagen und anderen geschriebenen
Dokumenten kann dazu auf spätere Pläne und bildliche Darstellungen zurück
gegriffen werden, insbesondere auf die älteste Darstellung Vördens aus dem Jahre 1665 und auf das Urkataster von 1830, von denen aus auch Schlüsse auf den
Ursprungszustand möglich sind. Wird in dem vorgenannten Artikel die Aufmerksamkeit auf die baulichen Gegebenheiten in der Stadt Vörden gelegt, so
rücken im dann folgenden *Personen* in den Vordergrund. Insbesondere geht es
darin um die auf der Burg in Vertretung des bischöflichen Stadtherrn sitzenden
Angehörigen des Landadels – ab 1495 der Familie von Haxthausen – und um
die Inhaber der übrigen Burgmannsstellen. Die mit diesen Stellen verbundenen
Höfe waren die Lebensgrundlage für Ritter und Knappen, die dem Burginhaber
bei der Bewachung und Verteidigung der Burg und der Stadt helfen sollten.

Als nächstes steht dann wieder die Stadt insgesamt im Blickpunkt, *ihr Status
und Schicksal* unter der Herrschaft der Paderborner Bischöfe zwischen 1324
und 1802. Darin nehmen die alltäglichen Probleme und Sorgen der Bürger einen breiten Raum ein, wie sie sich beispielsweise in Auseinandersetzungen um
ihre Rechte und Pflichten mit der weltlichen und kirchlichen Obrigkeit spiegeln. Die *Kirche* als Gebäude wie auch als Institution hatte über die Jahrhunderte hinweg für die Menschen in Vörden eine überragende Bedeutung. Deshalb wird die Geschichte der Pfarrei und des Kirchengebäudes mit seiner Ausstattung dann geschlossen von den Anfängen bis zur Gegenwart dargestellt.
Dazu gehört auch die Geschichte der anderen gegenständlichen Glaubenszeug-
nisse in der Form von Kapellen, Bildstöcken und Kreuzen in und um Vörden
und das religiöse Leben und Brauchtum der Bewohner. Hier findet auch die
Geschichte der Umpfarrerung Eilversens von Altenbergen nach Vörden ihren
angemessenen Platz. Da die religiöse Unterweisung und Erziehung stets auch
eine *Bildung*saufgabe ist und gerade auf dem Land *Schulgeschichte* seit je her
personell wie institutionell eng mit der Kirchengeschichte verknüpft war, folgt
als nächstes die Darstellung der Vördener Schulgeschichte, ebenfalls von ihren
feststellbaren Anfängen bis in die heutige Zeit.

In einigen vorstehend angesprochenen Artikeln werden bereits gelegentlich
Bürgernamen genannt. Das ist beispielsweise im Streit der Stadt mit der Familie von Haxthausen oder mit dem Kloster Marienmünster ebenso der Fall
wie zur Kirchengeschichte, wenn etwa über alte Grabplatten mit Namen der
Verstorbenen oder über religiöse Stiftungen einzelner Personen zu berichten
ist. Deshalb folgt als nächstes eine systematische Darstellung zu bürgerlichen

Familien sowie deren Wohnstätten in Vörden, die vorwiegend auf alten Steuerlisten und Kirchenbüchern fußt, aber auch bis in die Gegenwart geführt ist. Dieser Artikel kann auch als Anregung und Informationsgrundlage für die eigene Familienforschung dienen. Es schließt sich die Darstellung derjenigen bürgerlichen Institution an, die von der Gegenwart aus am längsten mit der Stadtgeschichte verbunden ist, nämlich der *Schützengesellschaft*. Dabei halten etliche der bisherigen Vermutungen und Annahmen zu ihrer Geschichte einer kritischen Prüfung auf ihren Wahrheitsgehalt nicht stand. Auf den Festen der Schützengesellschaft wie aber auch im Alltag der Menschen hatte Bier als Getränk eine große Bedeutung. So wurden die Bevorratung des Bieres und die Art des Trinkens in den Statuten der Schützengesellschaft genauestens geregelt. Die Rechte und Verfügungen zur *Herstellung von Bier sowie von Branntwein* und der Standort wie der Besitz von *Gastwirtschaften* in Vörden sind deshalb Gegenstände des folgenden Artikels. Ausgehend vom Getreide als Grundprodukt des Brauens und Brennens ergibt sich eine Brücke zur *Geschichte der Mühlen* in Vörden, wobei insbesondere die vor dem Ort gelegene Windmühle vom Ende des 18. bis zur Mitte des 20. Jahrhunderts das Bild der hiesigen Landschaft wesentlich mitbestimmt hat.

Wir wissen nicht genau, wie die Menschen in Vörden in den früheren Jahrhunderten *gesprochen* haben. Ein Großteil der aus Vördens Geschichte vorliegenden Dokumente ist zwar in mittelniederdeutscher Sprache (Plattdeutsch) verfasst, doch ist die in Vörden gesprochene Sprache sicher anders gewesen als die Schriftsprache beispielsweise in der bischöflichen Kanzlei. Das bis zur Mitte des 20. Jahrhunderts noch in Vörden verbreitete Platt wird aber im Kern auch der Alltagssprache in den Jahrhunderten vorher entsprochen haben. Deshalb schließen sich Informationen zum *Vördener Platt* an.

An diese auf einzelne Themen der Stadtgeschichte konzentrierten Artikel folgt dann mit der Darstellung der Vördener Geschichte für den *Verlauf des 19. Jahrhunderts* ein zeitlich gerahmter Beitrag. Insbesondere der am Anfang des Jahrhunderts endende Status Vördens als bischöfliche Stadt war die Ursache zahlreicher Veränderungen in diesem Jahrhundert. Daran schließt sich die Darstellung der *Geschichte Vördens im 20. Jahrhundert* an. Aufgrund der Dichte der Ereignisse, der engen Verflechtung mit weltgeschichtlichen Vorgängen und auch aufgrund der möglichen Genauigkeit durch vorliegende Dokumente wie persönliche Erfahrungen wird die Betrachtung dieses Jahrhunderts dreigeteilt. Dabei ergibt die formale Aufteilung in Zeiträume von jeweils 33 Jahren auch inhaltlich sinnvolle Einschnitte. Wichtige Ereignisse in den ersten Jahren des 21. Jahrhunderts werden in den letzten Teil mit aufgenommen. Ein gesondertes Kapitel ist dann noch der Geschichte der zahlreichen *Vördener Vereine* gewidmet, soweit sie nicht kirchlich orientiert sind oder waren und somit schon im kirchengeschichtlichen Kapitel behandelt wurden. Auch die Geschichte dieser Vereine ist weitgehend ein interessantes Spiegelbild des Lebens im 20. Jahrhundert. Der textliche Hauptteil des Buches schließt mit einem *Rückblick und Ausblick*.

Die beiden Teile des *Anhangs* überliefern Lieder und Gedichte zu Vörden und seiner Umgebung sowie erheiternde örtliche Geschichten und „Dönekes" aus vergangener Zeit. Es folgen das Verzeichnis der verwendeten *Quellen und Literatur*, ein *Namens- und Ortsregister* sowie ein *Sachregister*. Im Sachregister wird zu einer Reihe von Begriffen durch Fettdruck die Seite angegeben, wo der entsprechende Begriff erklärt wird. Die Register sollen das schnelle Auffinden von Textstellen und damit die Nutzung des Buches im Sinne eines Nachschlagewerkes ermöglichen. Schließlich folgen noch *Angaben zu den Personen*, die an der Erstellung des Buches beteiligt waren.

Das Schema auf der rechten Seite veranschaulicht den Zeitrahmen der einzelnen Artikel. Diese sind in sich weitgehend geschlossen, sie setzten also nicht unbedingt die Lektüre eines im Buch vorhergegangenen oder zeitlich vorgelagerten Beitrags voraus. Dadurch sind gelegentliche Wiederholungen bedingt. Es wird aber eine kontinuierliche Lektüre empfohlen. Die Anmerkungen zu den einzelnen Artikeln (Quellenangaben, zusätzliche Informationen) sind im Text durch hoch gestellte Zahlen angezeigt. Die Anmerkungen selbst finden sich jeweils zusammengefasst am Ende eines jeden Artikels.

5. Herangezogene Archive und Quellensammlungen und deren Zitierweise

Das Buch ist wissenschaftlichen Anforderungen verpflichtet. Dazu gehört die differenzierte Angabe der Quellen, um eine Überprüfung und ggf. Korrektur der Aussage oder des Erkenntnisweges zu ermöglichen. Mit dieser Festlegung setzt es sich von einem Heimatbuch klassischer Prägung ab. Allerdings wurde aber auch auf eine gute Verständlichkeit der Artikel zum Beispiel durch eine weitgehende Vermeidung von Fachbegriffen oder durch deren Erklärung Wert gelegt. Zu den einzelnen Artikel des Buches wurden Bestände aus folgenden Archiven herangezogen, für die in den Anmerkungen Abkürzungen verwendet werden:

Name des Archivs oder der Quellensammlung	Verwendete Abkürzung
Staatsarchiv Münster	StA Münster
Landesarchiv NRW, Staats- und Personenstandsarchiv Detmold	StA Detmold
Staatsarchiv Marburg	StA Marburg
Kreisarchiv Höxter	KrA Höxter
Stadtarchiv Marienmünster	StdA Marienmünster
Stadtarchiv Paderborn	StdA Paderborn
Stadtarchiv Brakel	StdA Brakel
Stadtarchiv Höxter	StdA Höxter

Zur zeitlichen Einordnung der Artikel im Buch

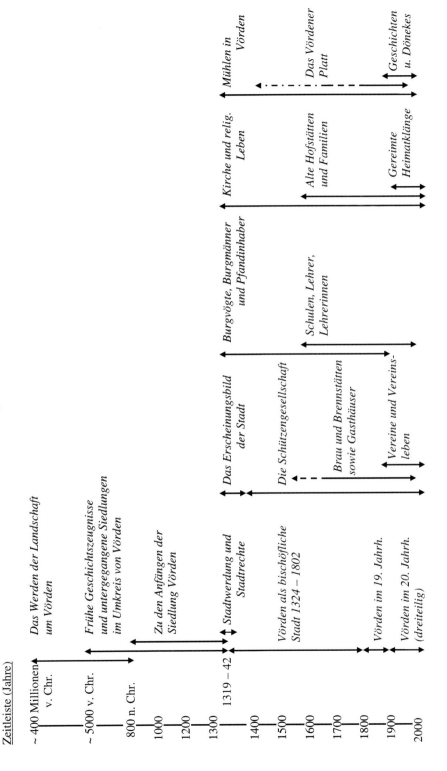

Name des Archivs oder der Quellensammlung	Verwendete Abkürzung
Pfarrarchiv Vörden	PfA Vörden
Bistumsarchiv Paderborn	BiA Paderborn
Archiv des Vereins für Geschichte und Altertumskunde Westfalen (Altertumsvereins) Abt. Paderborn in der Erzbischöflichen Akademischen Bibliothek Paderborn	AAV Paderborn
Archiv des Paderborner Studienfonds	APS
Von Haxthausensches Archiv Abbenburg	VHA Abbenburg
Westfälisches Urkundenbuch	WUB

6. Danksagungen

Mein erster Dank gilt den Mitgliedern des Arbeitskreises „Heimat und Brauchtum" im Heimat- und Kulturverein Marienmünster e. V. Über mehr als vier Jahre hinweg waren sie mir während der monatlichen Zusammenkünfte überaus wertvolle Partner, haben mir durch das Einbringen von Kenntnissen und Vorarbeiten, durch das Einholen von Materialien und Informationen, durch Zuhören und Kritisieren und auch einfach durch ihre stete Ansprechbarkeit die Arbeit erleichtert und das Buch wertvoll ergänzt und abgerundet. Dem Kreisarchivar und Heimatgebietsleiter Horst-D. Krus aus Bellersen danke ich für die stets anregende Teilnahme an dieser Runde und für den eigenen Beitrag als studierter Geograph.
Die Einbindung der Arbeit in den Heimat- und Kulturverein mit der Bereitschaft des Vorstandes, das Buch herauszugeben und damit das finanzielle Risiko zu tragen, war quasi das Sicherheitsnetz für die Arbeit. Für den finanziellen Beitrag des Vereins wie für das Einwerben von Druckzuschüssen danke ich herzlich. Erfreulicherweise übernahm der Paderborner Bonifatius-Verlag die Veröffentlichung, in dem zahlreiche regionalgeschichtliche Bücher erschienen sind. Für die fachlich qualifizierte und persönlich angenehme Zusammenarbeit gebührt dem Verlagsleiter Dr. Ernst wie seinen Mitarbeitern Dank. Sehr erfreulich war zudem die Aufnahme des Buches in die renommierte Reihe „Studien und Quellen zur westfälischen Geschichte" des Vereins für Geschichte und Altertumskunde Westfalens, Abteilung Paderborn. Dafür danke ich dem Vereinsdirektor Dr. Hermann Josef Schmalor und Dr. Friedrich Gerhard Hohmann als Herausgeber.
Ein weiteres Dankeschön gilt Herrn Peter Simon, der zwar an der Arbeit aus Entfernungsgründen nicht teilnehmen konnte, aber seine umfangreiche Fotosammlung mit Vördener Motiven als Fundgrube für die Bebilderung zur Verfügung stellte (ausgewiesen als Sammlung Simon).

Den Mitarbeitern der Stadtverwaltung Marienmünster, besonders Herrn Meyer, Frau Offergeld und Herrn Suermann sage ich auch namens der Gruppe Dank für die immer bereitwillige Hilfe und die in vielfältiger Weise ermöglichte Nutzung der Archivbestände. Dem schließt sich der Dank an die Mitarbeiter in den anderen benutzten Archiven an, die sich immer wieder mit Geduld und Eifer meinen Wünschen gewidmet haben. Ein entsprechender Dank gilt Pater Gerd Blick für die vielfach gewährten Zugänge zum Pfarrarchiv sowie schließlich und besonders Elmar Freiherrn von Haxthausen für die ermöglichten Recherchen im Familienarchiv auf der Abbenburg, die erlaubten Untersuchungen auf dem alten Burggelände in Vörden und darüber hinaus für viele wertvolle mündliche Hinweise und Auskünfte. Dank ist auch allen Vördenern abzustatten, die bereitwillig Fotos und Familiendaten zur Verfügung stellten und ihrer Veröffentlichung zustimmten. Schließlich ist allen denjenigen Dank zu sagen, die durch ihr vielfältig bekundetes Interesse an der Vördener Geschichte generell und besonders am Erscheinen des Buches auch immer wieder zur Weiterarbeit ermutigt haben.

7. Widmung und Wunsch

Das Buch ist in erster Linie für Vördener geschrieben worden, für die hier geborenen und am Ort gebliebenen ebenso wie für diejenigen, die jetzt an anderen Orten ihren Wohnsitz haben, aber auch für die in unterschiedlicher Weise Wahlvördener. Es soll damit ferner allen denen Respekt bezeugt und Dank abgestattet werden, die vor uns hier gelebt und die Geschichte Vördens mit gestaltet haben. Das Buch möge das Wissen um ihr Bemühen und Wirken und um die davon verbliebenen Spuren festhalten, das Interesse an der durchaus spannenden Ortsgeschichte Vördens wecken oder vertiefen und zum Engagement für unser schönes Vörden ermahnen und ermutigen.
Eine besondere Anerkennung soll mit diesem Buch den Vördener Lehrerinnen und Lehrern abgestattet werden, die in den vorhergegangenen Generationen bei den Heranwachsenden immer wieder das Interesse an der Heimatgeschichte geweckt und wichtige Kenntnisse dazu vermittelt haben. Auch die an diesem Buch Beteiligten verdanken ihren Lehrerinnen und Lehrern in dieser Hinsicht viel. Für die gegenwärtige und künftige Lehrerschaft an den Vördener Schulen möge dieses Buch deshalb als Impuls und Informationsgrundlage für entsprechende Bemühungen dienen.
Vielleicht kann das Buch darüber hinaus auch Anstöße und Hilfen für die Erstellung ähnlicher Darstellungen zur Geschichte anderer Ortschaften der Stadt Marienmünster geben. Es möge zudem in der Reihe der bereits vorliegenden ortsgeschichtlichen Veröffentlichungen des früheren Hochstifts Paderborn und des Corveyer Landes einen Beitrag leisten zur weiteren Erhellung der Regionalgeschichte.

Anmerkungen

[1] Der Geschichtsbegriff wird hier in einem doppelten Sinne verstanden, als vergangenes, objektives Geschehen und als Erkenntnisniederschlag einer letztlich weitgehend subjektiven Erfassung und Deutung des früheren Geschehens. Grundsätzlich dazu: Wiersing, E.: Geschichte des historischen Denkens. Zugleich eine Einführung in die Theorie der Geschichte. Paderborn u.a. 2007, bes. S. 19-34.

[2] Schrader, Fr. X.: Nachrichten über Vörden im Kreise Höxter. In: Westfälische Zeitschrift, 59. Jg. 1911, S. 359-372.

[3] Die Bau und Kunstdenkmäler des Kreises Höxter. Im Auftrage des Provinzial-Verbandes der Provinz Westfalen bearbeitet von A. Ludorff. Münster 1914.

[4] Völker, Chr.: Eine Episode aus der Vördener Stadtgeschichte. In: Heimatbuch des Kreises Höxter, Bd. 1. Im Auftrage des Kreisausschusses herausgegeben von Christoph Völker, Paderborn 1925, S. 74-80.

[5] Völker, Chr.: Untergegangene Dörfer in der Nähe von Vörden. In: Heimatbuch des Kreises Höxter Bd. 2. Im Auftrage des Kreisausschusses herausgegeben von Christoph Völker, Paderborn 1927, S. 94-98.

[6] Völker, Chr.: Der Mönchehof in Vörden. In: Heimatborn. Beilage zum Westfälischen Volksblatt, Paderborn 1935, 15. Jahrg., Teil I: Nr. 5, S. 18/19, Teil II: Nr. 7. S. 25/26.

[7] Die gesamte Angelegenheit ist dargestellt in: Krus, H.-D.: Um die Geschichte der Heimat verdient gemacht. Wie Christoph Völker nicht Pfarrer in Bellersen wurde. In: Die Warte Nr. 40, Ausgabe Dezember 1983, S. 33-37. Das Zitat stammt von S. 35.

[8] Zitiert nach der von der Enkelin Michaela Kreilos 1998 angefertigten Umschrift, S. 27.

[9] Keyser, E. (Hrsg.): Deutsches Städtebuch III Nordwest-Deutschland, Bd. 2: Westfälisches Städtebuch. Stuttgart 1954, S. 355/56.

[10] Neuheuser, H.: Aus der Geschichte der Stadt Vörden. In: Die Warthe, Nr. 29, März 1981, S. 39-44.

[11] Schützenbruderschaft St. Peter und Paul Vörden e.V. (Hrsg.): Jubiläums-Schützenfest 425 Jahre. 1574-1999. Vörden 1999, bearbeitet von Karin Föckel.

[12] Brandt, H. J. / Hengst, K.: Geschichte des Erzbistums Paderborn. Erster Band: Das Bistum im Mittelalter. Paderborn, 2. Aufl. 2000, S. 48.

[13] Kreis Höxter, der Landrat (Hrsg.): Burgen, Schlösser und historische Adelssitze im Kreis Höxter. Autorin Anna Bálint. Höxter 2002, S. 272-73.

[14] Ovenhausen im Corveyer Land. Beiträge aus Geschichte und Gegenwart im Heimatfestjahr 2005. Herausgegeben vom Heimat- und Schützenverein Ovenhausen von 1575 e.V.

[15] Werpup, J: Kollerbeck – Aus der frühen Geschichte eines ostwestfälischen Dorfes mit einem Auszug aus dem Kirchenbuch Marienmünster. Bad Bedekersa 2004.

[16] Fehn, K. Ackerbürgerstadt. In: Lexikon des Mittelalters. Bd. I, München / Zürich 1980, Sp. 81.

[17] Zu Einschränkungen der Gültigkeit des Begriffs vgl. Bocholt, W.: Ackerbürgerstädte in Westfalen. Ein Beitrag zur historischen Stadtgeographie. Warendorf 1987. Stiewe, H.: Hausbau und Sozialstruktur in einer niederdeutschen Kleinstadt. Blomberg zwischen 1450 und 1870. Detmold 1996.

Horst-D. Krus

Das Werden der Landschaft um Vörden

1. Ein Panoramablick

Wer von Altenbergen nach Vörden fährt, dem öffnet sich nach Durchquerung
des Waldes ein weiter Raum. Es lohnt sich, hier anzuhalten, auszusteigen und
die Landschaft auf sich wirken zu lassen: die alte Stadt Vörden, die Neubausied-
lungen, Straßen und Wege, die Hochspannungsleitungen, Äcker, Wiesen und
Wälder, die Klosterkirche von Marienmünster, den bewaldeten Hungerberg,
davor das Feriendorf, das Industriegebiet, in der Ferne im Osten der Köterberg.
Im Norden und Osten ist es hoch und eher bergig, nach Nordwesten geht der
Blick weit über das flach und tief wirkende Land bis am Horizont der Teutoburger Wald den Blick begrenzt. Über allem der weite Himmel, der im Idealfall
durch Blau und darunter ziehende einzelne Wolken sowie Sonnenschein das
Panorama abrundet (s. Abb. I im Farbteil).
Das großartige Panorama zeigt uns zunächst einmal Menschenwerk. Bei den
Straßen, Häusern und Hochspannungsleitungen leuchtet das sofort ein. Wälder
und Felder sind wir schnell geneigt, als Natur zu bezeichnen, aber auch sie sind
letztendlich weitgehend Menschenwerk – wenn auch gestaltet mit Pflanzen und
Tieren, die sich der Mensch aus der Natur geholt und zu einem Teil auch züch-
terisch verändert hat. Also liegt vor uns eine Kulturlandschaft. Aber dennoch
ist es auch eine Naturlandschaft. Der Mensch hat zwar vieles verändert und
geschaffen, die Bühne, auf der es tat, hat ihm die Natur vorbereitet. Berg und
Tal, die Ebenen und das Flüsschen Brucht sind das Ergebnis einer natürlichen
Entwicklung. Selbst wenn der Mensch auch hier und da im Kleinen schon Spa-
ten und Bagger angesetzt hat, so hat er das Große der Naturlandschaft nicht
verändert. Und wenn man genauer hinsieht, so erkennt man, dass der Mensch
bei seinem Tun durchaus die natürlichen Gegebenheiten berücksichtigt, genutzt und respektiert hat, kurz: seinen Bedürfnissen entsprechend genutzt hat.
Daher wird auf guten Böden Ackerbau betrieben, liegen in den feuchten Nie-
derungen die Wiesen, blieb den flachgründigen Hängen der Wald oder einst
die Ziegenweide. Sind die steilen Hänge im Ort wirtschaftlich eher ein Ärgernis, so waren sie den mittelalterlichen Gründern und Bewohnern von Burg und
Stadt doch sehr willkommen wegen ihrer Schutzwirkung. Die Kapelle auf dem
Hungerberg steht auf den Grundmauern eines optischen Telegrafen, der dort
wegen der herausgehobenen Lage errichtet wurde. Umfasst diese Geschichte
des Menschenwerks fast zweihundert Jahre, so umspannt die Geschichte des
Berges selbst doch schon knapp zweihundert Millionen Jahre – nicht gerechnet
die einige Milliarden Jahre Vorgeschichte. Natur- und Kulturlandschaft bilden
also eine untrennbare Einheit.

2. Die Lage im Raum

Verließen wir unseren Standort am Waldesrand mit einer Weltraumrakete steil nach oben, so würde uns schnell bewusst, dass Vörden mit seiner Umgebung nur ein kleiner Ausschnitt der Erdoberfläche ist. Flögen wir weiter in den Raum hinaus, so erschiene uns Vörden bald nur als ein klitzekleines, dann unsichtbares Pünktchen auf einer großen, blauen Kugel. Wenn wir nun zur Erde und nach Vörden zurückfliegen wollen, sollten wir die geographischen Koordinaten 9° 13' 37" östliche Länge und 51° 49' 6" nördlicher Breite in den Bordcomputer eingeben. Dann würden wir auf den Punkt den Kirchturm ansteuern und könnten auf dem benachbarten Schlossplatz landen. Dort würden wir 5.742,75 Kilometer vom Äquator entfernt aufsetzen.

Ebenso unsichtbar wie die Längen- und Breitengrade wären bei unserem Rückflug die politischen Grenzen. Da diese aber im Alltagsleben von großer Bedeutung und die verwaltungsmäßige Zuordnung zur Orientierung im Raum unerlässlich sind, seien hier die derzeitig gültigen Verwaltungseinheiten von der größeren zur kleineren Einheit fortschreitend aufgezählt: Europäische Union, Bundesrepublik Deutschland, Land Nordrhein-Westfalen, Landschaftsverbandsbezirk Westfalen, Regierungsbezirk Detmold, Kreis Höxter, Stadt Marienmünster, Ortschaft Vörden. Das ist der seit 1970 geltende aktuelle Stand. Bis dahin hatten sich die politischen Strukturen und die Verwaltungseinheiten im Lauf der Jahrhunderte mehrfach geändert. Das aber ist Gegenstand der historischen Ausführungen. Zusätzlich zu diesen Einheiten gab und gibt es eine Fülle von Zuständigkeitsbezirken öffentlicher, wirtschaftlicher, privater, kirchlicher, kultureller, technischer und anderer Art, die für die Einordnung des Ortes und seiner Menschen in das Staats- und Gemeinwesen von praktischer Bedeutung sind, hier verständlicherweise aber nicht dargestellt werden können.

3. Das Klima

Das Wetter ändert sich zwar dauernd, aber dennoch lässt sich aufgrund langzeitlicher Beobachtungen der „mittlere Zustand der Atmosphäre" in Vörden, das Klima also, beschreiben. Vörden liegt im Übergangsraum zwischen dem atlantisch getönten Klima westlich der Egge , das feucht ist und einen eher ausgeglichenen Jahresgang der Temperatur aufweist, und dem eher kontinental geprägten Raum östlich der Weser mit geringeren Niederschlägen und einem Temperatur-Jahresgang mit ausgeprägteren Unterschieden. Um Vörden, im Anstieg zum Köterberggebiet und Lippischen Bergland, überwiegt insgesamt noch der atlantische Klimacharakter. Die mittlere Jahrestemperatur ist knapp 8° C. Der Jahresniederschlag liegt im Mittel bei 800 Millimetern. Die Monate mit dem geringsten Niederschlag sind der Mai und der September/Oktober. Der meiste Niederschlag fällt im Sommer, das heißt von Juni bis August. Da machen sich die ergiebigen Gewitterschauer bemerkbar. Im November/Dezember ist eine zweite Niederschlagsspitze festzustellen.

4. Die Lage im Naturraum

Wenn wir aus dem Weltraum auf Vörden blicken, so erkennen wir, dass es auch eine bestimmte Lagebeziehung zu unterschiedlichen Naturräumen hat und natürlich auch selbst in einer landschaftlich sich von anderen Räumen abhebenden Gegend liegt. Auf einem Satelliten-Foto, wie es heute leicht zugänglich ist, kann man das gut sehen (s. Bild II im Farbteil). Im Westen liegt die Westfälische Bucht, die von dem markanten Bogen des Eggegebirges und Teutoburger Waldes eingeschlossen wird. Im Osten ist die Weser erkennbar mit ihrem Tal und dem östlich anschließenden Solling. Die Egge mit ihrem Vorland und das Wesertal mit dem Solling verbindet das landschaftlich reich gegliederte Brakeler Bergland mit seinen Wäldern und Feldern und sich davon abhebenden Gewässersystem. Nordwestlich und südlich davon sind die Steinheimer und die Warburg-Borgentreicher Börde durch fast ausschließlich landwirtschaftliche Nutzung zu erkennen. Östlich der Steinheimer Börde liegt wiederum ein kleinräumig gegliedertes, landschaftlich sehr unterschiedliches Gebiet, das Lippische Bergland. Während im Brakeler Bergland die Kalkgesteine des Muschelkalks prägend sind, sind es im Lippischen Bergland die bröckeligen Gesteine des Keupers.

Genau im Ort Vörden treffen sich laut der offiziellen Naturräumlichen Gliederung der Bundesrepublik Deutschland die drei Landschaftseinheiten, an denen die Gemarkung Anteil hat. Südlich des Bruchttales (bis Abbenburg) und diese Linie von Vörden über Eilversen und Hohehaus fortsetzend, liegt das Oberwälder Land (Nordrand der Brakeler Muschelkalkschwelle) in der Untereinheit des Fürstenauer Berglandes. Nördlich der genannten Linie liegt das Lippische Bergland mit zwei Untereinheiten: An der Straße nach Marienmünster bis zum Fuß des Hungerbergs endet der südöstliche Ausläufer des Steinheimer Beckens mit seiner Ackerlandschaft. Alles, was östlich bzw. nördlich der Straße Hungerberg – Vörden – Eilversen liegt, zählt zum Löwendorfer Hügelland.

Der beschriebenen Einordnung liegen im wesentlichen die geologischen Eigenarten zugrunde, denen dann wiederum charakteristische Merkmale der Oberflächenformen, Gewässer, Böden und Vegetation sowie der menschlichen Nutzung zugeordnet werden können. Die Entstehung dieser zum Verständnis der Vördener Landschaft unerlässlichen geologischen Verhältnisse ist der Gegenstand des folgenden Kapitels.

5. Die geologischen Verhältnisse
oder 4,6 Milliarden Jahre Vördener Geschichte

Es leuchtet ein, dass Vörden als Punkt auf unserem blauen Planeten Erde von der Entwicklung der Erde, ja letztlich des ganzen Weltalls abhängt. Dennoch wäre es sicher übertrieben, hier die gesamte Geschichte des Universums und der Erde aus- zubreiten. Zum Verständnis der gegenwärtigen Landschaft reicht es aus, von den 4,6 Milliarden Jahren Erdgeschichte lediglich bescheidene 400 Millionen Jahre zu berücksichtigen. Die wiederum sind zumeist nur kurz zu skizzieren. Etwas näher ist jedoch auf die Abschnitte der Erdgeschichte einzugehen, deren Zeugnisse im Raum Vörden an der Erdoberfläche anzutreffen sind oder in deren Verlauf sich die gegenwärtige Landschaftsstruktur herausgebildet hat. Zur Erleichterung der zeitlichen Orientierung sei den folgenden Ausführungen ein erdgeschichtlicher Überblick mit Bezeichnungen und Alterszuordnungen vorausgestellt:

Ära	System	Alter in Mio. Jahren	Gliederung
Känozoikum (Erdneuzeit)	Quartär	0,01	Holozän
		2,6	Pleistozän (Kalt- und Warmzeiten)
	Neogen	24	Pliozän Miozän
	Paläogen	65	Oligozän Eozän Paleozän
Mesozoikum (Erdmittel- alter)	Kreide	100	Oberkreide
		142	Unterkreide
	Jura	200	Malm Dogger Lias
	Trias	251	Keuper Muschelkalk Buntsandstein
Paläozoikum (Erdaltertum)	Perm	296	Zechstein Rotliegendes
	Karbon	358	Oberkarbon Unterkarbon
	Devon	417	Oberdevon Mitteldevon Unterdevon
	Silur / Ordovizium		

a) Erdgeschichte des mitteleuropäischen Großraums

Im mittleren Paläozoikum (Erdaltertum), genauer im Unterdevon vor knapp 400 Millionen Jahren, begann Mitteleuropa stetig abzusinken und einen riesigen Trog zu bilden, in dem sich der Verwitterungsschutt der umliegenden Festländer ansammelte. Gewaltige Schichten häuften sich so im Lauf des Devon und des Karbon an. Im Karbon füllten über lange Zeit Waldsümpfe diesen Trog. Die Pflanzenwelt dieser Wälder wurde von neuen Sedimentschichten überlagert und durch den Auflagerungsdruck und Hitze zu Steinkohle. Am Ende des Karbons wurden die ursprünglich horizontal abgelagerten Schichten intensiv gefaltet und gehoben. Das Ergebnis war das Variszische Gebirge. Das Variszische Gebirge stieg auf und wurde dabei zugleich und im Lauf der Jahrmillionen dann gänzlich wieder abgetragen. Am Ende blieb nur ein Gebirgsrumpf, der als paläozoisches Grundgebirge in über zwei Kilometern Tiefe auch noch unter Vörden lagert.

Im auf das Karbon folgenden Perm begann der Gebirgsrumpf im ganzen norddeutschen Raum abzusinken. So entstand das Germanische Becken, in dem sich nun wieder der Verwitterungsschutt des umgebenden, der Abtragung unterliegenden Festlandes ablagerte. Dieser Vorgang war für Vörden von großer Bedeutung, da nun in dem Becken die Gesteinsschichten entstanden, die heute in der Vördener Gemarkung die Erdoberfläche bilden und Böden, Wasserverhältnisse und vieles mehr bestimmen oder beeinflussen. Zunächst überflutete von Norden das Zechstein-Meer das Germanische Becken. Unter dem damals herrschenden trockenheißen Klima verdunstete das Wasser, wodurch die gelösten Mineralien ausfielen und sich zu mächtigen Schichtpaketen anhäuften, die als große Kalk-, Anhydrit-, Gips- und Salzlager heute im Untergrund zu finden sind. Da Salz unter hohem Gebirgsdruck plastisch wird und aufsteigen oder durch Wasser gelöst werden kann und dann Auslaugungshohlräume bildet, die einbrechen können, ist es durchaus möglich, dass die Zechstein-Salze trotz ihrer großen Tiefe Einfluss auf die Oberfläche nehmen. Mit dem Perm endete das Erdaltertum. Es begann das Erdmittelalter oder Mesozoikum. Dessen erste Formation ist die Trias, das heißt die „Dreiheit" aus Buntsandstein, Muschelkalk und Keuper.

Die Trias setzte ein, als die Verbindung des Zechsteinmeeres zum Nordmeer abbrach. Gleichzeitig begann sich vor 245 Millionen Jahren das Land im Südwesten zu heben. Gewaltige Mengen von vorwiegend roten Sanden und Tonen wurden von dort in das Germanische Becken geschüttet. Die rote Farbe gab dem Buntsandstein den Namen. Er ist in Vörden in der Tiefe vorhanden, tritt im Solling aber an der Oberfläche auf und ist dort in zahlreichen Steinbrüchen aufgeschlossen. Von dort fand er in Form der charakteristischen roten, schweren Solling- oder Höxter-Platten seinen Weg auf Vördener Dächer. Aus den massiven Bänken des Mittleren Buntsandsteins wurden Viehtröge gehauen, aus denen auch in Vördener Ställen die Tiere fraßen. Der begehrte feste Sandstein des Mittleren Buntsandsteins fand auch auf mancherlei andere Weise nützliche oder zierende Verwendung, weshalb sich der Transport aus dem Solling nach Vörden durchaus lohnte. Der insgesamt etwa 1.000 Meter mächtige Buntsandstein lässt sich in drei Stufen unterteilen: den Unteren, Mittleren und Oberen Buntsandstein. Während die ersten beiden Stufen unter festländischen Bedingungen sedimentiert wurden, ist der Obere Buntsandstein oder Röt die Ablagerung eines übersalzenen und lebensfeindlichen Flachmeeres. Im Oberen Buntsandstein füllte sich das Germanische Becken wieder mit Wasser. Der Raum Vörden wurde nun für etliche Millionen Jahre Meeresgrund.

Als sich im Südosten mit der Schlesisch-Mährischen Pforte eine Verbindung zum Weltmeer, der Thetys, öffnete, konnte frisches Meerwasser in das Germanische Becken strömen, das nun zum Randmeer der Thetys wurde. In dem zuvor lebensfeindlichen Milieu des Beckens entwickelte sich eine reiche Lebewelt. Die Anzahl der Tierarten, die hier lebten, war zwar relativ klein, die Anzahl der Tiere aber riesig. Die in einigen Schichten in Massen vorkommenden Fossilien, vor allem die versteinerten Muscheln und die Muscheln auf den ersten Blick ähnelnden Brachiopoden (Armfüßer), haben diesem geologischen Zeitabschnitt zu dem Namen Muschelkalk verholfen. Auch der Muschelkalk lässt sich in drei Stufen mit charakteristischen Unterschieden gliedern.

Der Untere Muschelkalk wurde abgelagert, als das – wie schon erwähnt – durch die Schlesisch-Mährische Pforte einströmende Wasser das Germanische Becken füllte und zu einem warmen, flachen Binnenmeer machte. 110 Meter mächtige, trotz der einstigen Lebensfülle eher fossilarme Folgen von Kalksteinschichten, in die einige fossilreichere Bänke eingelagert sind, bilden die Sedimente dieser Zeit. Als sich die Öffnung zum Weltmeer wieder schloss, verschlechterten sich die Lebensbedingungen dramatisch, da nun das Wasser regelrecht eindampfte. So kam es zur Ablagerungsepoche des Mittleren Muschelkalks, in dem ein extrem salzhaltiges, wohl weitgehend totes Meer den Raum Vörden bedeckte. Jedoch öffnete sich erneut eine Verbindung zum Weltmeer. Jetzt kam das Wasser aber von Südwesten durch die Burgundische Pforte. Die Epoche des Oberen Muschelkalks begann. In dem warmen Flachmeer explodierte das Leben geradezu, wie die äußerst fossilreichen Gesteine dieser Zeit beweisen. Zunächst besiedelten riesige Mengen von Seelilien das Meer. Seelilien (*Encrinus liliiformis*) waren Tiere, die aus einem langen, am Boden festsitzenden Stiel und einer Krone bestanden. Mit letzterer filterten sie ihre Nahrung aus dem Wasser. Mit extrem seltenen Ausnahmen zerfielen die Tiere nach ihrem Tod in ihre einzelnen Glieder, die Trochiten, als „Bonifatiuspfennige" oder „Mühlsteine" allgemein bekannt sind. Die ungeheuren Trochitenmassen verfestigten sich zu sehr hartem Kalkstein, der für Bauzwecke und heute vor allem noch für den Straßenbau vielfach abgebaut wird. In den Steinbrüchen von Bremerberg und um Altenbergen ist der Trochitenkalk aufgeschlossen und lässt sich auch in Mauern leicht erkennen.

b) Die Entwicklung der Erdoberfläche in der Gemarkung Vörden

Nach der Ablagerung des unteren Trochitenkalkes wurden Tonplatten sedimentiert und dann erneut Trochitenkalk. Diese Zweiphasigkeit ist eine Besonderheit dieser Gegend. Dem oberen Trochitenkalk folgte die große Zeit der
Muscheln und Brachiopoden. Sogar einigermaßen volkstümlich sind allerdings
die sehr schönen und oft auch gut erhaltenen Ceratiten geworden, die als „Am-
monshörner" bekannt sind und zuweilen auch fälschlich als „Schnecken" bezeichnet und gerne gesammelt werden. Die auf den Trochitenkalk folgenden
Schichten heißen in der Geologie Ceratiten-Schichten. Die Ceratiten-Schichten
des Oberen Muschelkalkes sind die ältesten Gesteine, die in der Gemarkung
Vörden an der Oberfläche anstehen, spielen hier jedoch flächenmäßig kaum
eine Rolle. Der linke Hang des Bruchttales von den Haxthausenschen Feldscheunen abwärts sowie das an den Feldscheunen in das Bruchtal mündende,
vom Wald her kommende enge Tal (Pohls Kämpe) sind in die Ceratiten-Schichten eingetieft. Auch gegenüber auf der anderen Seite der Landstraße sowie im
Bereich der Figurenhecke nördlich der Straße nach Eilversen gibt es kleine Flecken der Ceratiten-Schichten im Acker.

Das Muschelkalkmeer musste sich zurückziehen, als das Germanische Becken nach Süden absank und von Norden sich ein riesiges Flussdelta vorschob,
welches das Becken vorwiegend mit Festlandsschutt zu füllen begann. Damit
endete die Entstehungsepoche des Muschelkalks und die dritte Abteilung der
Trias, der Keuper, begann. Für Vörden ist der Keuper besonders wichtig, da
mit Ausnahme des schon erwähnten oberen Muschelkalkes und flächenmäßig
sehr geringen jüngeren Ablagerungen die Gesteine des Keupers in der gesamten
Gemarkung die Erdoberfläche bilden.

Wer in Vörden einen senkrechten Schacht in die Erde graben würde, der träfe
von oben nach unten die genannten Schichten von den jüngeren zu den älteren
an. Für den, der sich diese Mühe nicht machen will, aber dennoch die Schichten
sehen möchte, bieten die Erdgeschichte und die Brucht eine bequemere Lösung
an. Die Trias-Schichten ab dem Oberen Buntsandstein (Röt) aufwärts kann man
auf einer Wanderung durch das Tal der Brucht ab Brakel besichtigen: Die Hin-
nenburg thront auf einer aus Röt aufgebauten Höhe. Auf dem bruchtseitigen
Hang des Hinnenburger Waldes steht bis zur Abzweigung der Straße nach Bellersen dieser rote Obere Buntsandstein an. Das enge Tal unterhalb von Bellersen
hat der Bach in den Unteren Muschelkalk eingeschnitten. Das Dorf Bellersen
liegt dann schon im Mittleren Muschelkalk. Nahe der Abzweigung der Straße
nach Bökendorf durchbricht die Brucht den darüber liegenden harten oberen
Muschelkalk (Trochitenkalk), der den steilen Anstieg zur Bellerser Siedlung Auf
der Heide und zum Bökerberg bildet. Bei Abbenburg hat die Brucht die hier
sonst von Lößlehm bedeckten Ceratiten-Schichten des oberen Muschelkalks an-
geschnitten, die noch einmal bei den Feldscheunen sichtbar werden, bevor dann
etwa einen halben Kilometer vor Vörden der Keuper erreicht wird (Abb. 3).

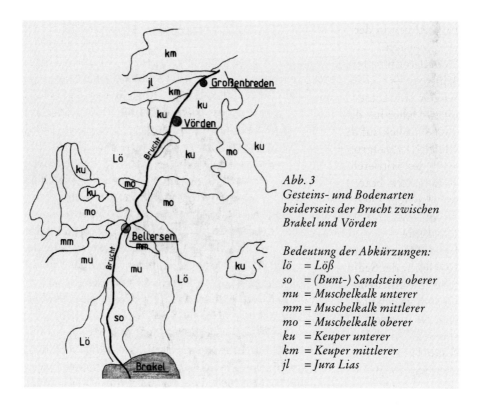

Abb. 3
Gesteins- und Bodenarten
beiderseits der Brucht zwischen
Brakel und Vörden

Bedeutung der Abkürzungen:
lö = Löß
so = (Bunt-) Sandstein oberer
mu = Muschelkalk unterer
mm = Muschelkalk mittlerer
mo = Muschelkalk oberer
ku = Keuper unterer
km = Keuper mittlerer
jl = Jura Lias

Analog zum Buntsandstein und Muschelkalk wird auch diese Stufe der Trias
in einen Unteren, Mittleren und Oberen Keuper eingeteilt, wovon aber lediglich der Untere und ein Teil des Mittleren Keupers in der Vördener Gemarkung
erhalten sind. Der alte Ortskern Vördens steht auf den Gesteinen des Unteren
Keupers. Der Keuper zeichnet sich durch bunte Gesteine aus. Rote, grüne,
gelbe, schwarze, graue, braune Schichten kommen vor. Auch die Gesteine sind
unterschiedlich: Sandstein, Ton, Dolomit, Mergel, ja selbst Wurzeln, Pflanzen-
häcksel und kohlige Schichten. Wegen des hohen Tonanteils und der Pflanzen-
reste wird der Untere Keuper auch als „Lettenkohle" (Erfurt-Formation) bezeichnet. Die Vielfalt der Keuper-Gesteine zeigt, dass die Umwelt- und damit
die Ablagerungsbedingungen häufig wechselten. Es wechselten sogar die Fluss-
und Seeablagerungen mit den Sedimenten gelegentlicher Meeresvorstöße. Wur-
zelhorizonte (Schichten mit Wurzeleinschlüssen) belegen Bodenbildung und
damit auch längere trockene Zeiten.
Die damalige Landschaft im Raum Vörden dürfte in der meisten Zeit gekennzeichnet gewesen sein durch eine üppige Pflanzenwelt aus Farnen und Schach-
telhalmen. Wenn er nicht in den Seen lauerte, kroch der riesige Urlurch Mas-
todonsaurus giganteus auf der Suche nach Beute in den Sümpfen herum. Er ist
mit bis zu sechs Metern Länge das größte bekannte Amphibium der Erdgeschichte und war mit seinen über dreihundert kleinen Zähnen und den großen

Fangzähnen in der Lage, Fische und auch zappelnde Großtiere zu fangen und zu verspeisen.

Der allergrößte Teil der Vördener Gemarkung liegt wie der Ort selbst auf den Schichten des Unteren Keupers. Von größerem wirtschaftlichen Nutzen waren und sind diese Gesteine des etwa 50 Meter mächtigen Lettenkohlenkeupers nicht. Daher hat darauf auch niemand nennenswerte Steinbrüche angelegt, so dass ein Blick auf die Schichtstruktur nur selten und meist nur vorübergehend wie z. B. in Baugruben möglich ist. Hervorragend sichtbar ist dagegen die erste Stufe des Mittleren Keupers, der Gipskeuper (Grabfeld-Formation) am Hungerberg. Ein Foto des Aufschlusses (sichtbare Wand) am alten Sportplatz ist sogar in dem 1999 erschienen Standardwerk „Trias, eine ganz andere Welt" gedruckt (s. dazu Abb. 4 sowie Abb. III im farbigen Bildteil). Große Mengen des Gipskeuper-Mergels wurden hier einst zum Mergeln der Felder und zum einfachen Wegebau abgetragen. Daher können wir hier heute die eindrucksvolle Farbigkeit der Sedimente bewundern.

Über die Entstehungsbedingungen des Gipskeupers ist viel gerätselt worden. Grundsätzlich kann man aber davon ausgehen, dass es sich um Sedimente handelt, die in einem heißen Klima im Wechsel von Trocken- und Regenzeiten entstanden. Durch Verdunstung versalzende und dann wieder durch Regen aussüßende Seen sowie die Zuführung von Sanden und Tonen und das längere Trockenliegen von ehemaligen Seenflächen und der durch Flüsse aus dem Umland

Abb. 4   Mergelwand (Mittlerer Keuper) am alten Sportplatz.

*Abb. 5   Tiefe Gräben nördlich und nord-westlich der Hungerbergkapelle
zeugen vom Jahrhunderte andauenden Steinabbau*

zugeführten Schwemmfächer wechselten sich ab. Insgesamt dürften es wenig angenehme Lebensbedingungen gewesen sein, welche die Zeit des Gipskeupers prägten. Günstiger wurden die Verhältnisse, als Flüsse von Norden her das Becken mit Sanden füllten. Diese Sande verfestigten sich zu Mergel und Sandstein unterschiedlicher Färbung. Für den bankigen Sandstein ist in dieser Gegend – zum Beispiel westlich der Oldenburg im Hopfen- und im Habichtsberg – die grüne Farbe auffällig. Die Gebäude des Klosters Marienmünster wurden weitgehend aus diesem Stein gebaut. In ihm finden sich versteinerte Schachtelhalmreste, weshalb der den botanisch eigentlich falschen Namen Schilfsandstein erhielt. Der harte, gern als Baumaterial verwendete Schilfsandstein bildet auch die Kuppe des 324 Meter hohen, in der Hauptsache jedoch aus Gipskeuper aufgebauten Hungerberges. Diese harte Kuppe verhinderte seine natürliche Abtragung.

Von der Ablagerung des Schilfsandsteins bis heute bleiben immer noch rund 200 Millionen Jahre zu betrachten. Die Entwicklung der Erde ging in dieser Zeit weiter, aber Zeugnisse davon sind bis auf die jüngste erdgeschichtliche Zeit nicht mehr vorhanden. Dennoch muss grob skizziert werden, was geschah, weil es zu den heutigen geologischen Verhältnissen führte.

In der Epoche des Oberen Keuper kam das Meer zeitweilig wieder. Auch im Jura (Lias) füllte ein an Leben reiches Meer Mitteleuropa aus. Dasselbe gilt für die Kreidezeit. Im Jura und in der Kreide stapften im Wechsel die riesigen Saurier über die Erde oder es jagten die Meeressaurier in den Meeren. Das war auch im Raum Vörden so. Wenn auch die Schichten dieser Zeiten fehlen, so blieben die 130 Millionen Millionen Jahre doch nicht ohne Wirkung auf den heutigen Vördener Raum. Im jüngeren Erdmittelalter fand die saxonische Gebirgsbildung statt. Wie ein Blick in einen Steinbruch zeigt, sind die Schichten oft nicht mehr so horizontal, wie sie einst abgelagert wurden. Sie stehen schräg; Bänke und Schichtpakete sind oft gebogen oder gar um Meter in der Höhe versetzt. Diese Bruchtektonik (Tektonik = Gebirgsbildung) ist charakteristisch für den Raum Vörden. Mit dem Scheitel im Raum Brakel wölbte sich die „Brakeler Muschelkalkschwelle" ganz langsam heraus. Im Querschnitt sahen die Erdschichten nun so aus wie die Schichten eines Kuchens, den man vorsichtig nach oben biegt (Abb. 6).

Während die Wölbung der Brakeler Muschelkalkschwelle im Mesozoikum trotz einiger Brüche und Verwerfungen eher ruhig vonstatten gegangen war, geschah nördlich von Vörden – wenn auch unmerklich langsam – Dramatischeres: Im beginnenden Paläogen (Alt-Tertiär) vor etwa 65 Millionen Jahren brachen dort, wo heute das Kloster Marienmünster, Oeynhausen, Entrup, Kollerbeck und Falkenhagen liegen, von West nach Ost laufende Gräben ein. Dadurch wurden Schichten vor der Abtragung bewahrt, die einst auch das heutige Vörden überdeckten, aber dort durch natürliche Abtragungsprozesse schon längst wieder verschwunden sind. Daher sind die braunen Lias-Gesteine des Jura, auf denen das Kloster steht, trotz ihrer tiefen Lage einige Millionen Jahre jünger als die Gesteine des Hungerberges. Eine der Verwerfungen, an denen die Grabenscholle abgesunken ist, folgt in etwa der Straße am Nordfuß des Hungerberges zwischen Marienmünster und Kleinenbreden.

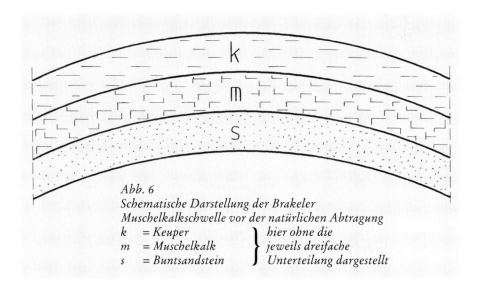

Abb. 6
Schematische Darstellung der Brakeler
Muschelkalkschwelle vor der natürlichen Abtragung
k   = Keuper   } hier ohne die
m   = Muschelkalk   } jeweils dreifache
s   = Buntsandstein   } Unterteilung dargestellt

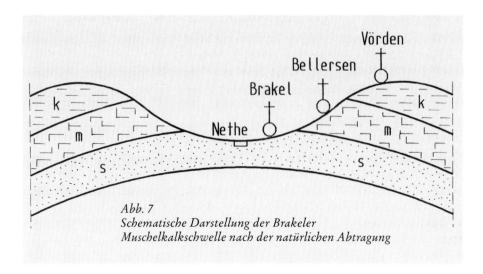

Abb. 7
Schematische Darstellung der Brakeler
Muschelkalkschwelle nach der natürlichen Abtragung

Details der Entwicklung können hier nicht dargestellt werden. Zum Verständnis der heutigen Landschaft ist aber ein zweiter Blick auf die Brakeler Muschelkalkschwelle unerlässlich. Erinnern wir uns noch einmal an das Bild von der Torte und stellen uns vor, dass man mit einem langen Messer den gewölbten Schichtkuchen kappt und das Oberteil verzehrt. Dann blicke man von oben auf den Kuchen. Man sähe dort seine Schichtung: In der Mitte wären jetzt die unteren (da zuerst aufgetragen, die „älteren") Schichten zu sehen und zu den Rändern hin die oberen (die später aufgetragenen „jüngeren"). Erdgeschichtlich ist ein solcher Schnitt an der Brakeler Muschelkalkschwelle dadurch erfolgt, dass die oberen Schichten durch die Hochwölbung und Heraushebung in den langen Phasen als Festland einer verstärkten Abtragung ausgesetzt waren. In späteren Epochen erfolgte dann vor allem durch die Erosionskraft des Wassers die Herausbildung der tiefen Taleinschnitte von Aa, Nethe und Brucht mit den vor allem an der unteren Nethe besonders breiten Auen. Das stark vereinfachte Schema (Abb. 7) stellt den gegenwärtigen Zustand der Brakeler Muschelkalkschwelle dar, der in langen Zeiträumen entstanden ist, und der sich auch in Zukunft weiter verändern wird. Anschaulich wird auch der Erhalt der jüngeren, ansonsten abgetragenen Gesteine im Graben von Marienmünster, wenn man sich vorstellt, dass ein Tortenstück etwas nach unten herausgerutscht war und dadurch schon tiefer lag als der Rest der Torte, als das Messer darüber ging. Alles, was unter der Schnittlinie lag, blieb erhalten.

Gehen wir nun wieder in die Landschaft und wir sehen, was sich am Modell des Schichtkuchens schon erahnen ließ: Die Abfolge der Gesteinsschichten, wie sie bei der Wanderung durch das Bruchtal von Brakel nach Vörden beschrieben wurde, findet sich spiegelbildlich auch von Brakel aus in südlicher Richtung.

Das Erdmittelalter endete mit der Kreide. Viele Tiergattungen und vor allem die spektakulären Riesensaurier hatten ihre Abenddämmerung erlebt und waren ausgestorben. Vor 65 Millionen Jahren begann das Tertiär. Wesentliches Merkmal dieser Zeit ist, dass die Säugetiere sich nun in großer Artenzahl entwickelten und die Herrschaft auf der Erde übernahmen.

In der Oberkreide hatte eine Hebung des Landes eingesetzt, die im Tertiär (Paläozän und Eozän) fortdauerte und insgesamt mindestens 25 bis 30 Millionen Jahre anhielt. Die ganze Zeit war es tropisch warm. Im Eozän war es wechselfeucht wie in den heutigen tropischen Savannen. Krokodile, Schlangen und Schildkröten tummelten sich zwischen Palmen und Zimtbäumen. Tiefe chemische Verwitterung zermürbte das härteste Gestein und schuf Rotlehme, die dann durch die ergiebigen tropischen Regengüsse in Schichtfluten weggeführt wurden. So entstanden weite Flächen, die sich immer tiefer legten, indem eine ältere Sedimentschicht nach der anderen gelöst und abgetragen wurde. Da die tropische Verwitterung schnell, die Abtragung intensiv und der zur Verfügung stehende Zeitraum lang war, ist es leicht verständlich, dass die einst auflagernden mächtigen Gesteinsschichten heute verschwunden sind. Zu den besonderen Eigenarten der tropischen Verwitterung und Abtragung gehört es, dass die Härteunterschiede der Ausgangsgesteine kaum eine Rolle spielen und daher die Bildung ebener Flächen normal ist. Das Bild des Messers, das die gewölbte Schichttorte mit einem Schnitt bzw. Schnitt für Schnitt gleichmäßig kappt, lässt sich also durchaus auf die Wirkung der feuchttropischen Verwitterung übertragen.

Im späten Paläogen (mittlerer Tertiär), dem Oligozän, stellte das Meer von Norden her eine Verbindung durch die Hessische Senke in das Oberrheingebiet her. Ein kleines Oligozän-Vorkommen bei Holzhausen legt nahe, dass Vörden in dieser Zeit im Meer lag. Das Meer räumte die Verwitterungsschicht ab, die ausweislich der Trochiten in dem Holzhauser Sediment schon den Muschelkalk und damit in etwa die heutige Landoberfläche erreicht haben musste. Das Oligozän-Meer zog sich zurück und kam im Miozän noch einmal und nun zum letzten Mal in der bisherigen Erdgeschichte wieder. Sein Rückzug kam, als sich das Gebiet noch einmal zu heben begann und insgesamt wohl an die 300 Meter anstieg.

Da während des Tertiärs die Temperaturen deutlich sanken, änderte sich auch die Art der Abtragung. Nun trat an die Stelle der Schichtfluten die linienhafte Abtragung, die Erosion also, die wir heute in Bachrissen, Bächen und Flüssen kennen. Insgesamt verlangsamte sich die Abtragung, arbeitete nun aber infolge der geringeren chemischen Verwitterung die Gesteinsunterschiede deutlich heraus. Feste Abflusswege bildeten sich. Das Gewässer- mit dem dazugehörigen Talnetz entstand.

6. Das Entstehen der heutigen Oberflächengestalt

Am Ende des Neogen (Jung-Tertiärs) vor zwei Millionen Jahren dürfte es die Brucht gegeben haben. Ihr Vorfluter, die Aa/Nethe, verläuft im Wölbungs-

scheitel der Brakeler Muschelkalkschwelle von Westen (Eggevorland) nach Osten zur Weser und hat sich bis in den Röt eingegraben, der den Muschelkalk
unterlagert. Die Muschelkalkschichten bilden die Hänge und Höhen zu beiden
Seiten der Aue von Aa und Nethe. Die Brucht fließt also die Brakeler Muschelkalkschwelle „hinauf" und durchschneidet dabei auch die sehr widerständigen
Gesteinsformationen wie den Trochitenkalk. Das erklärt sich aus der Tatsache,
dass die Brucht ihren Weg auf der tertiären Ebene zu bahnen begann und sich
von dieser weiter einschnitt und dabei den einmal eingeschlagenen Weg beibe-
hielt. Allerdings war das Tal noch eher breit und flach.

Die heutige Oberflächengestalt war also vom Grundsatz her angelegt und im
wesentlichen schon erkennbar, wenn auch noch nicht so „ausgearbeitet" wie
heute. Damals bedeckten dichte Wälder den Raum Vörden. Darin wuchsen sowohl uns heute vertraute einheimische Baumgattungen als auch Gattungen, die
heute noch in Amerika und Ostasien vorkommen und die mit menschlicher
Hilfe in Gärten, Parks und Forsten und damit in ihre „alte Heimat" zurückgekehrt sind. Dass die ehemals einheimischen Bäume heute Exoten sind, liegt
an den Eiszeiten, die sie in Europa nicht überlebten. Denn vor drei Millionen
Jahren kündigte eine erste Kaltzeit an, was dann im folgenden Eiszeitalter, dem
Pleistozän, massiv einsetzen sollte: Die Temperaturen gingen deutlich zurück.
Schließlich endete das Neogen vor gut zwei Millionen Jahren mit einem grund-
legenden Klimawandel.

Das Quartär begann, als im Pleistozän die erste große Vereisung von Norden in
unseren Raum vorstieß. In Europa lagen ganz Skandinavien und Norddeutschland sowie die Gebirge unter einem mächtigen Eispanzer. Der riesige nordische
Gletscher rückte im Drenthe-Vorstoß der Saale-Kaltzeit bis zur Linie Paderborn – Bad Lippspringe – Detmold vor. Vörden war also nie vom Inlandeis be-
deckt. Besonders gemütlich war es hier aber dennoch nicht. Es herrschte ein
Dauerfrost, der nur im Sommer den Boden oberflächlich etwas auftauen ließ.
Das damalige Frostklima war dem der heutigen subpolaren Zone vergleichbar;
allerdings entsprach der Sonnenstand dem heutigen. Vörden lag in der Tundra.
In der Kälte wurde ein ganz anderes Abtragungsregime als bis dahin wirksam.
Mechanische, vor allem auf dem Frostwechsel beruhende Verwitterung sowie
Tiefenerosion herrschten nun vor. Aus dem Muldental der Brucht wurde ein
Kerbtal. Der oberflächlich aufgetaute, durch die schüttere Vegetationsdecke
kaum geschützte Boden mit seinen durch die Frostverwitterung gelösten Steinen setzte sich an den Hängen auf dem gefrorenen und daher wasserundurch-
lässigen Untergrund in Bewegung. Das Bodenfließen, die Solifluktion, war ein
wesentliches Merkmal dieser Zeit. Der Solifluktionsschutt, erkennbar an dem
unsortierten, wirren Gemenge von unterschiedlich großen Steinen und Feinmaterial bis zum Ton, ist noch heute vielfach anzutreffen.

Solifluktionsschutt, der in die Täler geriet, wurde vom Wasser mitgenommen.
Die Steine wurden zugerundet und verkleinert. Dadurch entstanden Kies und
Sand, die die Kerbtäler füllten. Als der Dorfteich von Bellersen ausgebaggert

wurde, kamen die eiszeitlichen Schotterschichten ans Licht. Der hohe Anteil grüner Kieselsteine in den Bellerser Kiesen beweist, dass der Schilfsandstein des Hungerberges in dieser Zeit stark abgetragen wurde. Das gilt auch für die anderen Vördener Keuperschichten; aber der Sandstein des Hungerberges hat durch seine Widerständigkeit den Transport bruchtabwärts am besten überstanden.

Was für das Bruchttal gesagt wurde, gilt im Prinzip auch für die anderen Täler mit Wasserrissen. Es gibt aber auch Täler und Talmulden, in denen aktuell kein oder nur sehr selten Wasser fließt. Auch sie entstanden in den Kaltzeiten des Pleistozäns. Wasser, das heute versickert, konnte dieses im Dauerfrostboden nicht und floss damals ab, dabei in Zusammenarbeit mit der Solifluktion die Mulden und Täler bildend. Aus dem vegetationfreien Gletschervorland wehte der Wind kalkreiches Feinmaterial, den Löß, der auch im Raum Vörden angeweht und abgelagert wurde. Nur am westlichen Gemarkungsrand ist er von größerer Mächtigkeit, sonst hier und da als Schleier vorhanden. Der Löß, mittlerweile zu Lößlehm entkalkt, ist das Ausgangsmaterial der besten Böden.

Die zwei Millionen Jahre des Pleistozäns waren eine Folge von Kalt- (Eis-) und Warmzeiten. Zu nennen sind hier die Elster-, Saale- und die Weichsel-Kaltzeit. In den Warmzeiten herrschte ein dem heutigen vergleichbares, zeitweise auch noch wärmeres Klima. In der jüngsten, der Weichsel-Kaltzeit, erreichte der skandinavische Eisschild nur noch Norddeutschland. Kalt war es aber auch in Vörden. Vor 10.000 Jahren ging die Weichsel-Kaltzeit zu Ende. Das Klima erwärmte sich. Es begann die Warmzeit des Holozän, das bis heute andauert. Auch in diesen 10.000 Jahren schwankte das Klima. Deutliche Phasen sind nachweisbar. Es gab wärmere Zeiten als heute und Temperaturrückschläge mit den entsprechenden Auswirkungen auf die Pflanzen- und Tierwelt und auch schon auf den Menschen.

7. Die Vegetationsentwicklung im Raum Vörden

In grober Übersicht dürfte sich die Entwicklung der Vegetation im Raum Vörden wie folgt dargestellt haben: Im Alleröd, d. h. vor etwa 12.000 bis 11.000 Jahren, besiedelten Birken das in der Kaltzeit bis dahin baumlose Land. Bis zum und im Boreal (9.000 bis 8.000 Jahre vor heute) bestimmten dann riesige Bestände von Haselnusssträuchern das Bild. Im warmen Atlantikum (vor 8.000 bis 5.000 Jahren) breiteten sich Eichen, Ulmen und Linden aus und dürften den ganzen Raum mit Eichenmischwald überzogen haben. Erst vor etwa 5.000 Jahren begann die Buche mit ihrer Wanderung in unsere Wälder. Vor etwa 3.500 Jahren dürfte sie zur beherrschenden Baumart geworden sein.

Als die Buche einwanderte, dürften auch die ersten jungsteinzeitlichen Ackerbauern und Viehzüchter im Raum Vörden ihre für die Menschheitsgeschichte revolutionäre Wirtschaftsform ausprobiert haben. Das hieße, dass die praktisch vom Menschen unveränderte Landschaftsentwicklung damit ihr Ende gefunden hätte. Denn durch die Rodung des Waldes für Ackerbauzwecke und zweifellos auch durch die Beeinflussung der Wälder durch Weidegang des Viehs, Nutzholzgewinnung und die Förderung einzelner Baumarten wie der Eiche dürfte in der Landschaft nun schon deutlich die Handschrift des wirtschaftenden Menschen zu sehen gewesen sein.

Im Mittelalter (550-1500) herrschte das „mittelalterliche Klimaoptimum", in dem es wärmer war als heute. Dann kam die sogenannte Kleine Eiszeit, in der es über mehrere Jahrhunderte bis weit in das 19. Jahrhundert hinein außergewöhnlich kalt mit harten Wintern und vielen schlechten Sommern war. Ausnahmejahre gab es jedoch auch in dieser Zeit. Seit dem 19. Jahrhundert wird es wieder wärmer mit einer kühleren Phase von 1940 bis 1980. Während dieses geschrieben wird, besteht die Tendenz zur Wärme. Ob daraus aber die derzeit allenthalben lautstark prognostizierte „menschengemachte Klimakatastrophe" für die Zukunft abzuleiten ist, kann gegenwärtig noch keineswegs als wissenschaftlich gesichert gelten.

Unbestreitbar ist der Einfluss des Menschen auf die Vördener Landschaft seit der letzten Kaltzeit. Die natürliche Formung der Erdoberfläche ging zwar weiter, allerdings wurde und wird sie verstärkt durch den Einfluss des Menschen. Die Rodung der Wälder und ihre Umwandlung in Ackerland, die bereits in der Jungsteinzeit einsetzte und vor allem in der frühmittelalterlichen Ausbauphase der Siedlungslandschaft wohl schon fast die gesamte heutige offene Feldflur schuf, setzte den Boden ungeschützt dem Regen und den anderen Abtragungskräften aus. Viel Bodenmaterial wurde von den Äckern erodiert und den Bächen zugeführt. Die Bäche und natürlich letztendlich vor allem die Brucht führten das Material aus dem Raum Vörden fort. Wie stark die Erosionskräfte wirken, zeigt die Braunfärbung der Brucht nach jeder Regenperiode und nach extremen Starkregenereignissen. Dann wird deutlich, welche Menge Bodenmaterial für immer verloren geht.

Ein Teil des auf den Flächen erodierten Materials wurde in den Bachtälern wieder abgelagert. So entstanden – im wesentlichen im Mittelalter – die Auelehme, das heißt die Lehme, die die aus der Eiszeit ererbten Kerbtäler in die Täler mit flachen Auen, in Sohlentäler also, umwandelten. Die Bäche, die nun in den Auelehmen flossen, verlegten ihr Bett damit höher. Wer durch den Auelehm gräbt, stößt auf die eiszeitlichen Schotter und Kiese. Die natürlich anmutenden Auen sind also indirektes Menschenwerk. Wenn man von den im Rahmen von Baumaßnahmen erfolgten oder durch sonstige Nutzungen bedingten Abgrabungen oder Anschüttungen absieht, besteht die heutige Landoberfläche Vördens im Prinzip seit 10.000 und in den Tälern seit 1.000 Jahren in der heutigen Gestalt. Wenn die Gesteine der Luft ausgesetzt sind, entstehen durch das Zusammenwirken von Atmosphäre, Niederschlägen, Temperatur, Tieren und Pflanzen sowie den Eigenarten der Ausgangsgesteine Böden. Wenn immer der Raum Vörden nicht von Wasser bedeckt war, war das der Fall. Da Bodeneinheiten oft ziemlich kleinräumig wechseln, wäre eine Beschreibung ihrer exakten Verbreitung ein mühsames Unterfangen. Daher kann hier nur ein grober Überblick gegeben werden.

In der Gemarkung von Vörden herrschen Braunerden und Parabraunerden vor. Die besten, auf Löß entstandenen Böden bilden ein breites Band, das sich im Verlauf an der Brucht orientiert. Im östlichen Teil der Gemarkung (am Eichhagen) und südlich der Schulenburg kommen auf zu Staunässe tendierenden Flächen Pseudogleye und Pseudogley-Braunerden vor. Vom Gesamtbild weichen die Auen der Brucht und ihrer Nebentäler ab. Auf den Auelehmen haben sich Gley und Gley-Braunerde gebildet. Es handelt sich hierbei um die traditionellen Wiesenstandorte. Umgelagerter, humoser Lehm aus Lößlehmen findet sich in Pohls Kämpen und den beiden ebenfalls zur Brucht laufenden schmalen Paralleltälern.

8. Die Erschließung und Gestaltung der Landschaft durch den Menschen

Bei der Erläuterung der Entstehung des Auelehms in den Bachtälern wurde bereits das Wirken der Menschen angesprochen; denn der Auelehm ist ja das unbeabsichtigte Ergebnis der Waldrodungen und des frühen Ackerbaus. Im Folgenden geht es nun darum zu betrachten, wie die Menschen im Raum Vörden und dann vor allem die Vördener im eigentlichen Sinn das Naturdargebot für sich in Wert gesetzt haben, das heißt, es den eigenen Bedürfnissen und Wünschen gemäß genutzt und verändert haben. Es geht also darum, den Weg von der Natur- zur Kulturlandschaft und die Entwicklung dieser Kulturlandschaft zu verfolgen. Mehr als eine überblicksartige Skizze kann und soll an dieser Stelle jedoch nicht gegeben werden; denn die anderen Beiträge dieses Bandes gehen im Rahmen ihrer spezifischen Themenstellung auf die lokalhistorischen Aspekte näher ein, die hier lediglich in ihren grundsätzlichen Auswirkungen auf das Landschaftsbild Berücksichtigung finden sollen.

Die derzeitige Fundsituation erlaubt keine Aussage, wann die ersten Menschen den Raum des heutigen Vörden erreichten, wie lange sie blieben und was sie dort taten. Zweifellos waren es Jäger und Sammler, die das Tal der Brucht durchstreiften und vielleicht hier und da sogar für längere Zeit ein Lager aufschlugen. Das wird bereits vor Jahrhunderttausenden in den Warmzeiten der Fall gewesen sein. Diesbezügliche Spekulationen entbehren zwar nicht jeder Grundlage, jedoch des Beweises. Wir werden allerdings kaum einen Fehler machen, wenn wir davon ausgehen, dass in der Mittleren Steinzeit mit der Erwärmung nach der letzten Kaltzeit Menschen im Raum Vörden lebten. Funde vom Köterberg, von Rolfzen, Nieheim und Amelunxen sowie in der Nähe von Hellersen – um nur einige zu nennen – lassen das als sicher erscheinen. Wenn auch Lagerplätze angelegt, Brennholz gewonnen und Tiere gejagt wurden, so war der Einfluss und insbesondere der länger wirkende Einfluss auf die Landschaft noch vernachlässigbar gering.

Das änderte sich vermutlich zwischen 7.000 und 6.000 Jahren vor heute. Nun, in der Jungsteinzeit (Neolithikum), schufen sich die ersten Ackerbauern und Viehzüchter Rodungsinseln im ansonsten noch den ganzen Raum bedeckenden Wald. Bauernhöfe und kleine Siedlungen entstanden, von denen aus Ackerland bestellt und Vieh zum Weiden in den Wald getrieben wurde. Steinbeile (Breitkeile) der nach dem Fundort Rössen bei Leuna in Sachsen-Anhalt benannten Rössener Kultur der Mittleren Jungsteinzeit wurden in Altenbergen, Kollerbeck und Fürstenau gefunden. Die Rössener Kultur entstand in der ersten Hälfte des 5. Jahrtausends vor Christus. Es ist anzunehmen, dass die Menschen der Rössener Kultur auch in dem vom Boden und der Wasserversorgung her günstigen Vördener Raum siedelten. Auf den Feldern bauten die Rössener-Bauern Einkorn, Emmer, Weizen und Gerste an. Sie hielten Rinder, Schafe, Ziegen und Schweine. Außerdem gingen sie auf die Jagd.

Das häufige Vorkommen von Feuersteinsplittern in der Vördener Gemarkung legt die Vermutung nahe, dass die neolithischen Bauern hier Ackerbau betrieben und die kleinen Feuersteinstücke bei der Getreideernte aus den Sicheln herausfielen. Wenn auch kein Siedlungsplatz bekannt ist, so kann man sich durchaus berechtigt für Vörden auf jeden Fall für das fünfte vorchristliche Jahrtausend eine Ackerbaulandschaft vorstellen. Gisbert Lücke hat in seinem Garten an der Christoph-Völker-Straße ein Stück eines Steinbeiles gefunden, das sich auf das dritte oder vierte vorchristliche Jahrtausend datieren lässt. Auch das ist ein Indiz für die Anwesenheit von Menschen im Raum Vörden, wenn es auch keinen Siedlungsfund als Beweis ersetzen kann. In dieser Zeit lebten im hiesigen Großraum die Menschen der Michelsberger Kultur, die zwar große Erdwerke wie zum Beispiel bei Brakel errichteten, für ihre Häuser jedoch eine eher leichte Bauweise vorzogen. Die Schweine- und Rinderhaltung hatte in dieser Kultur einen bedeutenderen Anteil an der Wirtschaft als bei den Ackerbauern der Rössener Kultur. Das Vieh wurde vorwiegend in den Wäldern gehütet. Das bedeutete, dass nun die Wälder in Siedlungsnähe deutlich lichter wurden, da die Rinder und die Schafe und Ziegen die jungen Büsche und Bäume verbissen.

Hier ist zu bedenken, dass die Wälder zu der Zeit insgesamt offener waren als die uns heute vertrauten Forste, da ja an Wildtieren auch noch Auerochsen, Wisente und Hirsche in den Wäldern lebten. An der Brucht dürften außerdem Biber gelebt haben, die das Weichholz am Bach fällten und Staudämme bauten. Sowohl durch die Fälltätigkeit der Biber als auch durch das Trockenfallen von Biberteichen bildeten sich die sog. Biberwiesen, auf den die Wildtiere ästen und auch die Haustiere grasten. Die großen Wildtiere hatten sich ein System von Wildwechseln geschaffen, das sicherlich auch die Menschen zu nutzen wussten. Allerdings kündigte sich in dieser Zeit ein Wandel an: Die bis dahin im Raum Vörden nicht bekannte Buche drang in die Wälder ein. In ihrem Schatten wuchsen im Sommer kaum noch Bodenpflanzen. Für die Viehbauern wurde es nun wichtig, die Eichen zu pflegen, um sie im Interesse der Viehernährung zu erhalten. Die Siedlungsareale waren deutlich von der Umgebung abgegrenzt, denn sowohl die Höfe als auch die Feldfrüchte mussten vor hungrigen Wildtieren und selbstverständlich auch vor dem eigenen Vieh geschützt werden. Letzteres war wiederum vor den großen wilden Raubtieren wie Bären und Wölfen zu behüten. Ein ordentlicher Zaun um die Siedlung dürfte auch den Menschen einen ruhigeren Schlaf ermöglicht haben.

Etwa 2000 Jahre vor Christi Geburt begann in unserem Raum die Bronzezeit und damit die „Metallzeit". Groß ist die Zahl der Hügelgräber aus der älteren Bronzezeit in den Wäldern des Brakeler Berglandes und weit darüber hinaus insbesondere nach Westen im Paderborner Land. Wenn auch bislang keine Siedlung gefunden wurde, so lassen die Gräber doch auf eine mehr oder weniger flächendeckende Besiedlung und Bewirtschaftung des Raumes schließen. Im Detail sind für den engeren Raum Vörden aber keine Angaben möglich. Das gilt erst recht für die jüngere Bronzezeit und die Eisenzeit, so dass hier von der Vorstellung allgemeiner Verhältnisse der genannten Zeiten abgesehen werden soll. Sollten Menschen in diesen Zeiten in der heutigen Vördener Gemarkung gelebt haben, so waren es Bauern, die Ackerbau und Viehzucht betrieben.

Ein „Gesicht", das sich mit einiger Sicherheit bestimmen lässt, gewinnt der Raum Vörden für uns erst im frühen Mittelalter, als die Sachsen das Land in der sogenannten frühmittelalterlichen Ausbauperiode durch zahlreiche Neusiedlungen erschlossen und damit den Grundstein legten für die heutige Kulturlandschaft Vördens. Was in den Jahrtausenden zuvor von den Menschen hier absichtlich oder unabsichtlich geschaffen wurde, mag zwar seinen Niederschlag in den Entscheidungen der Siedler des frühen Mittelalters gefunden haben; was wir heute jedoch vorfinden, ist bis in die Wald- und Feldverteilung, die Grenzen, Wegeführungen und sogar die Flurnamen hinein eine Fortsetzung der im Mittelalter angelegten Kulturlandschaft.

Um 800 n. Chr. wurden zahlreiche kleine Dörfer gegründet. Sie sind an der Endung „-hausen" und ihren Abwandlungen leicht kenntlich. Im Gebiet des heutigen Vörden bestanden im Mittelalter die -hausen-Orte Gundelsen (eventuell aber auch ursprünglich Gundelsheim), Bestinghusen und Waldessen und außerdem noch Wenden. Zu allen diesen Dörfern gehörte natürlich eine Ackerflur. Alle diese Dörfer verschwanden noch im Mittelalter wieder aus der Landschaft und erlitten damit das Schicksal vieler Orte, so dass von einer regelrechten Wüstungsperiode gesprochen wird. Die genannten Dörfer wurden aber lediglich Ortswüstungen; ihre Äcker wurden weiter bewirtschaftet. Vermutlich zogen ihre Besitzer in die neue Stadt Vörden und wirtschafteten von dort. In Vörden selbst nutzten die Gründer die Berglage zwischen den Bachtälern, die ihnen in geologischen Zeiträumen die Natur geschaffen hatte, und nannten den Ort nach den Bächen oder der Furt „Vorde" oder eben Vörden.

Verwendete Literatur

Bodenkarte von Nordrhein-Westfalen 1 : 50 000, Blatt L 4120. Bearb. von H.-J. Dubber. Krefeld: Geologisches Landesamt Nordrhein-Westfalen, 1989

Geologische Karte von Nordrhein-Westfalen 1 : 100 000, Blatt C 4318 Paderborn mit Erläuterungen. Krefeld: Geologisches Landesamt Nordrhein-Westfalen, 1979

Geologische Karte von Preußen und den benachbarten deutschen Ländern 1 : 25 000, Blatt 2296 (heute 4121) Schwalenberg mit Erläuterungen. Bearb. von O. Gruppe. Berlin: Preußische Geologische Landesanstalt, 1927

Geologie im Weser- und Osnabrücker Bergland. Krefeld: Geologischer Dienst Nordrhein-Westfalen, 2003

Krus, Horst-D.: Die „Brakeler Muschelkalkschwelle" – Das Werden und Wesen einer Landschaft aus geologischer Sicht. In: Egge-Weser Bd. 4, H. 1 (Festschrift zum 70. Geburtstag von Kurt Preywisch). Höxter 1987; S. 21 – 42 (darin weitere Literaturangaben)

Lang, G.: Quartäre Vegetationsgeschichte Europas. Methoden und Ergebnisse. Jena, Stuttgart, New York: G. Fischer, 1994

Meisel, S. (Bearb.): Die naturräumlichen Einheiten auf Blatt 98 Detmold (Geographische Landesaufnahme 1 : 200.000, Naturräumliche Gliederung Deutschlands). Remagen: Selbstverlag der Bundesanstalt für Landeskunde, 1959 (Karte mit Beiheft)

Pollmann, H.-O.: Die Steinzeiten. In: Erdgeschichte und Steinzeiten (Führer zur Vor- und Frühgeschichte der Hochstiftkreise Paderborn und Höxter, Bd. 1). O.O.: Scriptorium, 2002; S. 37-195

Trias. Eine ganz andere Welt. Mitteleuropa im frühen Erdmittelalter. Hrsg. von Norbert Hauschke und Volker Wilde. München: Pfeil, 1999

Wilhelm Hagemann / Gisbert Lücke

Frühe Geschichtszeugnisse und untergegangene Siedlungen im Umkreis von Vörden

1. Überblick zur allgemeinen Siedlungsgeschichte der Region

Wie schon von Horst-D. Krus im vorhergehenden Beitrag angesprochen wurde, entstanden feste Siedlungen in unseren Breiten zuerst in der Jungsteinzeit (5000-2000 v. Chr.), nachdem die Menschen gelernt hatten, Nutzvieh zu züchten und Äcker anzulegen. Solche Siedlungen waren auf fruchtbare Böden angewiesen. Hinweise auf diese Siedlungen erhält man in der Regel durch gehäufte Oberflächenfunde.

a) Vorgeschichtliche Funde

Als Vorgeschichte bezeichnet man bei uns die Zeit vor Christi Geburt. Für die Gemarkung Vörden ist die entsprechende Fundlage aus dieser Zeit ausgesprochen mager. Das mag vor allem am Fehlen großflächig guter Böden liegen, wie sie etwa in den Flusstälern von Emmer oder Nethe anzutreffen waren, wo sich die Menschen bevorzugt ansiedelten. An größeren Werkzeugfunden ist lediglich das Bruchstück eines durchbohrten Steinwerkzeugs bekannt, das 1998 von Gisbert Lücke auf seinem Hausgrundstück an der Christoph-Völker-Straße gefunden wurde (Abb. 8).[1] Dem Augenschein nach ist es ein Teil einer Ar-

Abb. 8
Auf dem Grundstück Christoph-Völker-Str. 20 gefundenes Bruchstück eines Werkzeuges (Steinbeils?) aus der Jungsteinzeit. Das Werkzeug ist an der Bohrstelle zerbrochen, auch ein Stück der Spitze fehlt.

Abb. 9
Flint (Feuer-
steinabschlag),
gefunden auf dem
Hungerberg

beitsaxt der Rössener Kultur (Rössener Breitkeil), wie sie auch in Altenbergen, Kollerbeck und Fürstenau gefunden wurden.[2] Ob dieser der frühen Jungsteinzeit (um 4000 v. Chr.) zuzurechnende Fund auf eine vor Jahrtausenden hier bestehende Siedlung hindeutet oder ob der Gegenstand zufällig auf der Jagd oder beim Durchzug verloren ging, vielleicht auch nach Beschädigung weggeworfen wurde, muss hier offen bleiben. Jedenfalls ist eine erhöhte Aufmerksamkeit bei Bodenarbeiten in diesem Gebiet angebracht.

Von einer frühen Anwesenheit von Menschen in unserem Gebiet zeugt auch ein Stück Flint (Abschlag von Feuerstein), das Gisbert Lücke auf dem Hungerberg im Erdreich unter einem mit dem Wurzelbett umgestürzten Baum fand (Abb. 9). Solcher Abschlag deutet auf die Herstellung von kleinen Steinwerkzeugen (Schneiden, Pfeile, Schaber) aus dem harten Feuerstein hin. Auch der Archäologe H. G. Stephan fand bei seinen Suchgängen auf den früheren Siedlungsplätzen in der Vördener Feldmark (s. u.) zahlreiche Flintstücke sowie auch prähistorische Keramik (vor Christi Geburt).[3] Da Feuerstein in der Vördener Feldmark nicht natürlich vorkommt, muss dieser gezielt „importiert" worden sein, z. B. aus dem Bereich westlich von Teutoburger Wald und Eggegebirge, wo während der Eiszeiten solche aus dem Norden Europas stammenden Steine vom Eis hintransportiert und in den Tauperioden abgelagert wurden. Die Flintfunde sind in der Regel der mittleren Steinzeit zuzurechnen (ca. 9500-5000 v. Chr.)

Für die der Jungsteinzeit folgende Bronzezeit (2000-800 v. Chr.) sind es insbesondere Grabhügel, die Zeugnisse der Besiedlung zu dieser Zeit abgeben. Solche Grabhügel finden sich beispielsweise am Sennerand bei Schlangen-Oesterholz oder im Gebiet um Brakel und Warburg. Sie sind für die unmittelbare Umgebung Vördens nicht bekannt. Allerdings liegt aus dem Bereich Löwendorf / Großenbreden der Fund eines Beiles (Absatzbeil) aus der mittleren Bronzezeit (um 1500 v. Chr.) vor.[4] In den folgenden Jahrhunderten vor Christi Geburt (Vorrömische Eisenzeit, 800 v. Chr. - 0) hat es dann bereits ausgedehnte und über längere Zeit existierende Siedlungen insbesondere in den großen Flussauen gegeben.[5] Diese

Siedlungen zeichneten sich u. a. durch kleine Hochöfen (Rennöfen) aus, in denen oberflächig anstehendes Eisenerz (Rasenerz) geschmolzen werden konnte. Im Umkreis dieser ehemaligen Hochöfen wird heute vor allem Hochofenschlacke gefunden. Diese Technik der Eisengewinnung wurde aber auch im Früh- und Hochmittelalter (550-1250) noch angewandt. Die von Stephan an verschiedenen Stellen der Vördener Feldmark im Zusammenhang mit früh- und hochmittelalterlichen Siedlungsstellen entdeckten Spuren von Eisenverhüttung dürften deshalb eher diesen späteren Siedlungen zuzuordnen sein.

b) Frühgeschichtliche Funde

Als Frühgeschichte gilt die Zeit zwischen Christi Geburt und dem Ende der Völkerwanderungszeit um 550. In den Jahrzehnten um Christi Geburt suchten bekanntlich die Römer das Gebiet zwischen Rhein und Elbe in ihr Herrschaftsgebiet einzubeziehen. Der Versuch endete mit der „Schlacht im Teutoburger Wald" im Jahre 9 n. Chr., deren Örtlichkeit derzeit noch ungeklärt ist. Jedenfalls zeigt die Tatsache der Schlacht an, dass der Raum zwischen Teutoburger Wald und Weser zu der Zeit weitgehend besiedelt war, denn ansonsten hätte der Cherusker Arminius (Hermann) kein Heer rekrutieren können, das der Stärke dreier römischer Legionen (rund 18 000 Mann) gewachsen war. Die in den römischen Schriften berichtete Stammesgliederung der Germanen belegt auch eine bereits relativ weiträumige Organisations- und Informationsstruktur. Trotz der Niederlage der Römer blieb der Einfluss der römischen Kultur in dieser „Römische Kaiserzeit" genannten Epoche (0-400) durchaus erhalten, was insbesondere Funde von römischen Keramik- und Glaswaren aber auch Münzen belegen. Für Vörden gibt es aus dem Jahre 1931 in der Zeitschrift „Westfalen" die Meldung eines Fundes von 21 römischen Münzen aus dieser Zeit.[6] Die Münzen sind nach der Angabe im Fundbericht in das „Museum Paderborn" gelangt. In den Paderborner Museen (Museum in der Kaiserpfalz, Stadtmuseum) sind sie aber ebenso wenig aufzufinden wie im Bestand des Paderborner Altertumsvereins. Auch das für Deutschland gültige Standardwerk zu römischen Münzfunden weist diesen Fund nicht aus.[7] Demgegenüber ist jedoch der 1931 im gleichen Heft der Zeitschrift „Westfalen" genannte Fund von 11 römischen Münzen in Nieheim dort angeführt (S. 56). Diese Münzen wurden alle um das Jahr 320 n. Chr. geprägt. Verzeichnet ist dort auch eine in Altenbergen gefundene römischen Münze, die sogar bereits aus der Zeit um Christi Geburt und damit aus der Zeit der römischen Besatzung vor der Varusschlacht stammt (S. 52).

c) Erste schriftliche Zeugnisse

Es ist anzunehmen, dass auch in unserem Gebiet die Zeit der Völkerwanderung (400-550 n. Chr.) zu einer Auflösung der bisherigen Siedlungsstruktur führte. Die entstandene weitgehende Entvölkerung dürfte auch hier durch die Einwan-

Abb. 10, 11   Erst die Gründung der Klöster Corvey (822, links) und Marienmünster (1128) führte vermehrt zu schriftlichen Zeugnissen für unsere Region

derung der Sachsen im 7./8. Jahrhundert von Norden her kompensiert worden sein, wie es sich für andere Teile Ostwestfalens nachweisen lässt.[8] Aber erst mit der fränkischen Eroberung dieses Teils des Sachsenlandes ab 772 wird das weitere Schicksal des Gebietes im Frühmittelalter (550-1000) schriftlich fassbar. Abgesehen von der Erwähnung einzelner Örtlichkeiten in der fränkischen Hofgeschichtsschreibung (sog. Reichsannalen) tritt ab 822 das Kloster Corvey mit seinen Aufzeichnungen als Instanz regionaler Geschichtsschreibung auf. Dementsprechend erfolgt auch die früheste Nennung von Siedlungen im Umkreis von Vörden in den Corveyer Schenkungsurkunden des 10. Jahrhunderts (s. u.). Mit der Gründung des Klosters Marienmünster im Jahre 1128 durch die Familie von Schwalenberg wurden die Urkunden und Aufzeichnungen Marienmünsters zur wichtigsten regionalen Geschichtsquelle für den Raum um Vörden.

2. Untergegangene mittelalterliche Siedlungen in der Vördener Feldmark

Zur Zeit des Hochmittelalters (1000-1250), war die Besiedlungsform deutlich anders als in späterer Zeit und heute. Die Landschaft war geprägt durch zahlreiche kleine Siedlungen inmitten der zugehörigen Felder. Größere Ansiedlungen waren sehr selten. In der Regel lagen die Dörfer in oder an flachen Bodensenken, weil dort die Versorgung mit Wasser am einfachsten war. Auch innerhalb der

jetzigen Vördener Flurgrenzen gab es neben der anzunehmenden ursprünglichen Siedlung Vörden selbst noch etliche Dorfsiedlungen. Sie wurden in der
Regel mit dem Ausbau Vördens zur Stadt zwischen 1319 und 1324 aufgegeben,
indem sich die Bewohner in Vörden neu ansiedelten. Urkundlich genannt werden im Umkreis von Vörden die ehemaligen Siedlungen Wenden, Bestinghusen,
Gundelsen, Waldessen, Heykenhusen und Heldersen. Von diesen dürften aber
Heykenhusen und Heldersen nicht in der Vördener Feldmark gelegen haben.

Die zur damaligen Zeit im ländlichen Raum übliche Holz-Lehmbauweise hat
nur wenige Siedlungsspuren im Boden hinterlassen. Lediglich Bodenverfärbungen oder Keramikreste sowie die Überbleibsel der Eisengewinnung lassen
einige Rückschlüsse auf das Alter und die Größe der ehemaligen Siedlungen zu.
Wie bereits erwähnt, hat H. G. Stephan für die früheren Siedlungen im Umkreis Vördens deren Standorte durch Funde von Keramik, Eisenschlacken und
verbranntem Fachwerklehm nachweisen können.

a) Wenden

Unter den genannten Dörfern scheint Wenden aufgrund seiner Größe und seines Namens eine Sonderstellung eingenommen zu haben. Es wird als einziges

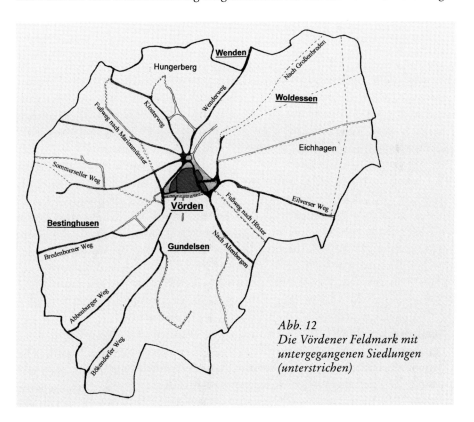

Abb. 12
Die Vördener Feldmark mit
untergegangenen Siedlungen
(unterstrichen)

*Abb. 13   Wenden lag wahrscheinlich beiderseits des „Windlochs" (Mitte) am „kleinen"
oder „Großenbredener Hungerberg" (rechts)*

auch nach dem Stadtausbau Vördens noch genannt.[9] Nach der 1324 erfolgten
Festlegung der Vördener Feldmark verlief die Flurgrenze Vördens hinter dem
Hungerberg herkommend auf eine Linde zu, die auf einem Hügel im linken
Teil des Dorfes Wenden stand. Laut Völker soll die Linde um 1825 noch vorhanden gewesen sein.[10] Die Prozession, die an den Bittagen von Löwendorf
nach Marienmünster zog, habe bei schlechtem Wetter unter der Linde Schutz
gesucht und die mitgeführte Mutergottesstatue in dem hohlen Baum abgesetzt.
Wenden müsste demnach beiderseits der Straße von Marienmünster nach Löwendorf auf der Höhe des „Windlochs" gelegen haben. Diese Lage wird durch
die Bodenfunde von Stephan bestätigt. Sie belegen zudem, dass die Siedlung
bereits vor dem Jahre 1000 bestand und zu Anfang des 14. Jahrhunderts, also
zur Zeit des Stadtausbaus von Vörden noch existierte.[11] Von Vörden aus erreichte man den Ort Wenden über die bis heute „Wenderweg" genannte Verbindung, wobei die frühere Wegeführung aber hinter dem Abzweig der Allee
zum Hungerberg stärker nördlich einschwenkte als die heutige, die auf Großenbreden hin ausgerichtet ist. Die zum Ort Wenden gehörige Feldflur wird
weitgehend der heutigen von Großen- und Kleinenbreden sowie Papenhöfen
entsprochen haben, die später als Nachfolgesiedlungen entstanden. Nur ein
kleinerer Teil der ehemaligen Wendener Feldflur dürfte nach Vörden gekommen sein. Möglicherweise ist Wenden erst durch die ab 1349 in Europa grassie-

rende Pest untergegangen. Bereits 1582 wird aber schon das heutige Großenbreden als „Wendelbreden" (Wendener Breden = Wendener Felder) urkundlich genannt.[12] Diese Bezeichnung bewahrte also noch die Erinnerung an den ursprünglichen Ort.

Wenden gehört neben Waldessen zu den am frühesten urkundlich nachweisbaren Orten im Umkreis Vördens. Beide werden bereits im Jahre 981 in den Corveyer Traditionen mit den Namen Winethun und Walliwistun genannt, wo das Kloster Land erwarb.[13] Am Anfang des 11. Jahrhunderts schenkte ein Priester Waldier dem Bistum Paderborn seinen Besitz in Winithi. Es muss ein ansehnlicher Besitz gewesen sein, denn Bischof Meinwerk übergab ihm dafür die Kirche in Detmold mit sechs Pflügen (Flächenmaß, je ca. 2 Morgen) und einem Pferd auf Lebenszeit.[14] 1187 schenkte Gottschalk von Pyrmont (Zweig der Familie von Schwalenberg) ein Gut in Wenden dem Kloster Marienmünster.[15] Wenig später, im Jahre 1188 bestätigte Bischof Bernhard II. dem Kloster die Schenkung des Zehnten in einer Reihe von Dörfern durch seinen Vorgänger Bernhard I. (1127-1160). Zu den Dörfern gehörten auch Wendhe, Waldessen und Bettinchusen.[16] Im Jahre 1203 wird eine „curia" (Haupthof, größerer Hof) des Klosters Corvey in Wenden erwähnt.[17] 1240 verkaufte Gottschalk von Pyrmont (wohl der Sohn oder Enkel des oben zu 1187 genannten) Güter in Winethen mit Wald, Zehnten und Vogteirechten (Gerichtsrechten) dem Kloster Marienmünster. Zu der Zeit hatte auch das Kloster Corvey noch Zehntrechte in Wenden, denn im folgenden Jahr 1241 einigten sich die beiden Klöster auf eine Ablösung dieses Zehnten zugunsten Marienmünsters.[18]

Aus den zahlreichen Erwähnungen und differenzierten Besitzrechten ist auf eine ansehnliche Größe des Ortes zu schließen. Nach G. Müller bezieht sich der Name Wenden sprachgeschichtlich auf Weideflächen. Mit diesem Bezug auf eine Landschaftseigenschaft weiche der Name deutlich von den ansonsten in dem Gebiet üblichen Ortsbezeichnungen mit heim- und hausen- Endungen ab. Daraus könne auf ein höheres Alter dieser Siedlung geschlossen werden. Überlegungen zur Rückführung des Namens auf Angehörige des slawischen Stammes der Wenden, die hier bei der Einwanderung der Sachsen ansässig gewesen und geblieben seien, sieht Müller aber als wenig fundiert an.[19]

b) Waldessen

Nicht weit von Wenden entfernt lag an der heutigen Straße von Großenbreden nach Vörden nahe der Brucht das Dorf Waldessen, das 981 als Walliwistun genannt wird (s. o.). Güter aus „Wallersen" werden unter der Erstausstattung des Klosters Marienmünster bei seiner Gründung 1128 angeführt. Von dort erhielt das Kloster jährlich 55 Malter Korn (ca. 8.500 kg), 10 Hühner, 200 Eier, fünf Schweine und ein Schaf mit Lamm.[20] Zur Größe des Ortes geht Stephan von zwei Corveyer und mindestens drei Höfen im Besitz der Grafen von Schwalenberg aus. Hinzu kamen die vom Kloster Marienmünster bewirtschaf-

Abb. 14   An der Brucht lag Waldessen mit dem Woldesser Teich.
Rechts und im Vordergrund wahrscheinlich Reste des Teichrandes

teten Bauernstellen. Insgesamt betrug die Siedlungsfläche etwa 1 ha. Nach den
Scherbenfunden von Stephan hat das Dorf im 9. Jahrhundert bereits bestan-
den und ist zu Beginn des 14. Jahrhunderts, wahrscheinlich mit dem Ausbau
Vördens zur Stadt, verlassen worden. Die hier gefundenen Eisenschlacken wei-
sen auf eine Eisenverhüttung hin.[21] Später erinnerte nur noch der Name Walt-
zerdiek (Waldesser Teich) an die frühere Siedlung. Bei der Grenzziehung der
Feldmark Vörden 1324 blieb der Teich ausdrücklich außerhalb und damit im
Klosterbesitz.

c) Gundelsen

Auch die Lage der Orte Gundelsen und Bestinghusen ist jeweils durch urkundliche Erwähnungen wie durch Funde belegt. Die Wüstung Gundelsen (verschliffen aus Gundelshausen oder Gundelsheim, wie es auch gelegentlich heißt,
s. u.) wurde lange in der Nähe von Löwendorf oder im Bereich des Köterberges
vermutet.[22] Aus einem Verzeichnis der von Haxthausenschen Ländereien aus
dem Jahre 1549 geht jedoch die genaue Lage als *„Wese benedden (neben) der*
Mollenkamps Wesen genannt tho Gundelsenn, 37 Roden, langk, 12 breit, 4 Mor-
gen Wesenwachs" hervor.[23] Im gleichen Verzeichnis werden noch weitere Län-

*Abb. 15   In dieser Senke lag das Dorf Gundelsen, rechts zwischen den Bäumen
die Gebäude der heutigen Kläranlage*

dereien „*tho Gundelsenn*" aufgeführt. Der Mühlenkamp (Mollenkamp) war die
Wiese links der Straße nach Bredenborn, kurz hinter dem jetzigen Ortsausgang
von Vörden. Hier haben die Herren von Haxthausen früher eine Wassermühle
betrieben (Näheres im Artikel „Mühlen in Vörden"). Überschreitet man in der
Nähe der jetzigen Kläranlage die Brücke über die Brucht und wendet sich dann
nach rechts, so erkennt man gleich an der linken Seite im Hang eine flache Senke. Hier war der Standort des Dorfes.
Der Name würde mit einer verschliffenen „hausen"-Endung auf die Entstehung der Siedlung in der sächsischen Siedlungsphase und damit im 7. / 8. Jahrhundert hinweisen. Bei einem Ursprungsnamen Gundels"heim", auf den gelegentliche spätere Nennungen schließen lassen, wäre hingegen eine fränkische
Ursprungssiedlung aus der Zeit Karls des Großen um 800 anzunehmen, als
dieser nach der Eroberung des Sachsenlandes gezielt Franken im sächsischen
Gebiet ansiedelte.[24] Die Scherbenfunde von Stephan belegen eine dauerhafte
Besiedlung für die Zeit vom 9. Jahrhundert bis in das 14. Jahrhundert hinein.[25]
Das macht eher einen fränkischen als einen sächsischen Ursprung wahrschein-
lich. 1128 wird der Ort als „Gundenessen" erstmalig urkundlich erwähnt, und
zwar in der Liste der Gründungsausstattung des Klosters Marienmünster.[26]
Das Kloster erhielt jährlich drei Solidos (Schilling) aus dem Dorf, wohl als Anerkennung seiner ihm geschenkten Grundherrschaft in einem Teil des Dorfes.
Offenbar gehörte das Dorf zumindest später mehreren Grundherren, denn in
den Jahren 1261/62 schenkten die Ritter von Brakel, das Kloster Corvey, die
Familie zur Lippe sowie der Pyrmonter Zweig der Familie von Schwalenberg
ihre Besitztümer in Gundenssem oder Gundenshem dem Kloster.[27] Das deutet
bereits auf eine ansehnliche Größe des Dorfes hin. Es muss nach den urkundlichen Nennungen mindestens sechs Höfe umfasst haben. Die anhand der archäologischen Funde ermittelte Siedlungsfläche von gut einem ha würde aber
auch zehn bis fünfzehn Höfe gestatten. Auch hier lassen über die Dorffläche
verstreute Schlackenreste auf Eisenverarbeitung schließen.

*Abb. 16   Auf dem Gelände der heutigen Streuobstwiese standen Teile
der Siedlung Bestinghusen*

d) Bestinghusen

Von der Siedlung Gundelsen aus in nördlicher Richtung lag das Dorf Bestinghus-
en, auch als Bettinchusen oder Bissinckhusen bezeichnet. Die Flurbezeichnung
Bestinghausen hält bis heute die Erinnerung an diese Siedlung in einer Quell-
muldenlage an der Grenze zur Bredenborner Feldmark wach. Der Name verweist durch die -inghusen-Endung zweifelsfrei auf die sächsische Siedlungspe-
riode. Der Ort müsste demnach spätestens im 8. Jahrhundert gegründet worden sein. Das bestätigen auch die archäologischen Funde von Stephan, die eine
kontinuierliche Besiedlung in der Zeit von vor 800 bis in die erste Hälfte des 14.
Jahrhunderts hinein belegen. Unter den Funden fallen auch hier wiederum die
vielen Eisenschlacken auf, die zusammen mit dunklen Bodenverfärbungen auf
eine Verhüttungs- und Schmiedetätigkeit schließen lassen.[28] In der Größe dürfte
der Ort etwa der Siedlung Gundelsen entsprochen haben. Urkundlich wird Bestinghusen erstmals 977 bekannt, als das Kloster Corvey hier eine Hofstätte mit
einer leibeigenen Familie zum Geschenk erhielt.[29] Wie oben bereits angeführt,
bestätigte Bischof Bernhard II. dem Kloster Marienmünster 1188 den Zehnten in
Bestinghusen. 1186 wird eine Familie von Bestinghusen ausgewiesen.[30]

e) Heykenhusen

Im Gegensatz zu den bisher genannten ehemaligen Siedlungen in der Vördener
Feldmark ist es unsicher, ob die in der oben angesprochenen Urkunde von 1262
neben Gundelsen (Gundenssem) genannte Siedlung Heykenhusen überhaupt
im Vördener Bereich zu suchen ist. Zwar könnte die zwischen Vörden und Eilversen vorkommende Flurbezeichnung „Hökenbrede" auf die Siedlung hinweisen, zumal diese Bezeichnung schon vor der erst seit 1820 in Vörden ansässigen
Familie Höke bestand. Allerdings schlug der Versuch fehl, in dem Bereich Siedlungsspuren in der Form von Bodenfunden nachzuweisen.[31]

f) Helkersen / Heldersen

Zu der Gründungsausstattung des Klosters Marienmünster gehören Einkünfte aus Helkersen.[32] Schrader vermutete darunter eine Siedlung in der Nähe des späteren von Haxthausenschen Vorwerks Hellersen, aber näher nach Altenbergen zu. Im Lehnsregister des Stiftes Heerse (Neuenheerse) wird jedoch 1403 *„Eine Huve in dem Velde to Heldersen by dem Vorden"* angegeben. Es könnte sich auch hier um die vorher genannte, aber inzwischen wohl nicht mehr bestehende Siedlung bei dem jetzigen Hellersen handeln. In diesem Falle hätte die Siedlung aber außerhalb der Vördener Feldmark gelegen. Die Erwähnung Vördens könnte erfolgt sein, weil es der nächstgelegene größere Ort war. Zudem könnten die Bewohner Helkersens / Heldersens bei dem Ausbau Vördens zur Stadt dorthin gezogen sein.

Es sei darauf hingewiesen, dass die Ziele der Bittprozessionen an den drei Werktagen vor dem Fest Christi Himmelfahrt sich in Vörden wie auch anderenorts an der Lage untergegangener Siedlungen orientierten. Die konkreten Ziele waren dort oder in der Nähe errichtete Feldkreuze. In Vörden ging man zu Feldkreuzen in der Nähe der Ortschaften Gundelsen, Bestinghusen und Waldessen (Kreuz auf der Windmühle). Auf die Bittprozessionen wird im Artikel „Kirche und religiöses Leben" näher eingegangen. Die Erinnerung an frühere Siedlungen wird zum Teil auch durch Feldbezeichnungen bewahrt. Eine Karte mit den Bezeichnungen in der Vördener Feldmark findet sich als Abb. IV im farbigen Bildteil.

3. Alltagsleben in ländlichen Siedlungen des Früh- und Hochmittelalters

Es ist heute nur schwer vorstellbar, wie die Menschen etwa zwischen 800 und 1300 in einer Gegend wie der unsrigen gelebt haben. Direkte Beschreibungen sind nicht vorhanden. Die Schriftkundigen des Mittelalters waren vor allem Mönche, und diese sahen keine Notwendigkeit, das Leben der einfachen Leute auf dem Lande zu beschreiben. So lässt sich nur indirekt aufgrund von Bodenfunden, Kauf- und Schenkungsurkunden, Abgabelisten und durch Rechtsaufzeichnungen wie den „Sachsenspiegel" ein Bild des damaligen Lebens entwickeln.

a) Dorfgröße und Hausform

Schon die notwendige Nähe der Felder begrenzte die mögliche Größe der Dörfer. Wie auch aus den oben angesprochenen Feldbegehungen von Stephan hervorgeht, betrug die Fläche der damaligen Dorfsiedlungen in der Regel gut 1 ha. Das bot Platz für 10 bis 15 Gehöfte. Dementsprechend dürften die Orte auch selten mehr als 100 Einwohner gehabt haben. Meist lagen sie aber wohl deut-

lich darunter. Die Häuser entsprachen dem Typ des dreischiffigen Langhauses, das Wohn-, Stall- und Vorratsfunktionen vereinigte. Dieser Haustyp hatte sich infolge der Klimaverschlechterung in den Jahrhunderten vor Christi Geburt herausgebildet, als die Tiere nicht mehr ganzjährig draußen bleiben konnten, deshalb Heuvorräte angelegt und auch die Getreidehalme als Einstreu der Ställe geerntet und bevorratet werden mussten. Vorher waren nur die Ähren mit der Sichel abgeschnitten worden. Der durch das eingestreute Stroh anfallende Stallmist diente jetzt zur Düngung und damit Ertragssteigerung der Böden.[33] In der Mitte des Hauses erstreckte sich die Deele (Tenne) als eine Art Wohnhalle über die gesamte Hauslänge. Im hinteren Bereich befand sich die Küche mit der aus Lehm gemauerten Feuerstelle. Sie war gleichzeitig Kochstelle, Wärme- und Lichtquelle. Der Rauch zog durch das gesamte Haus und trat meist oben am vorderen Giebel wieder aus. Dadurch wurden die auf dem Dachboden lagernden Wintervorräte weitgehend vor Ungeziefer geschützt. Tageslicht kam durch die Türen und einige mit Flechtwerk und geglätteten Tierblasen ausgefüllte Luken ins Haus. Abends und im Winter verschloss man die Luken mit Brettern. Rechts und links der Deele waren die offenen Ställe für Pferde und Kühe angeordnet. Schweine und Schafe hatten wegen der unangenehmeren Geruchsentwicklung in der Regel vom Haupthaus getrennte Ställe. Die in Freilichtmuseen wie in Detmold zu besichtigenden Häuser mit der Erbauungszeit ab dem 16. Jahrhundert weisen dieselbe Grundaufteilung auf, weichen allerdings in ihrer Größe und Konstruktion deutlich von den Häusern im Früh- und Hochmittelalter ab.
Die ländlichen Häuser des Früh- und Hochmittelalters erreichten selten größere Ausmaße als 6 x 10 Meter. Ausnahmen bildeten allenfalls die Wohnhäuser auf Herrenhöfen, die meist auch etwas abgesondert von den übrigen Häusern der Siedlung standen.[34] Die Bauweise war rein ökologisch, wie es heute heißen würde: Roh behauene Stämme wurden in den Boden gerammt und durch Querhölzer miteinander verbunden. Die Gefache zwischen den Hölzern bestanden aus Flechtwerk, das mit einem Stroh-Lehmgemisch winddicht gemacht wurde. Das meist sattelförmige Dach erhielt eine Deckung mit Stroh, Schilf oder Grassoden. Diese „Pfostenbauweise" hatte den Nachteil, dass die Baumstämme in der Erde oft innerhalb weniger Jahrzehnte faulten. Die Strohdächer waren meist sogar schon früher undicht und mussten erneuert werden. So gehörten Bautätigkeiten zum alltäglichen Erleben der Dorfbewohner. Platz für Neubauten gab es reichlich, und Holz lieferten die vor 1000 Jahren hier noch großen Wälder. Erst mit dem Aufkommen der „Ständerbauweise" wurden die Fachwerkhäuser langlebiger. Dabei legte man auf eine Fundamentmauer zunächst kräftige waagerechte Hölzer, auf die dann senkrechte Ständer gesetzt und durch Querriegel verbunden wurden. Durch die fehlende Verankerung im Boden erhöhten sich aber deutlich die Ansprüche an die konstruktive Steifheit der Gebäude. Es war der eigentliche Beginn der Zimmermannskunst. Für den hiesigen ländlichen Bereich dürfte sich der

Wandel von der Pfosten- zur Ständerbauweise nicht vor dem 13./14. Jahrhundert vollzogen haben.[35]

b) Einrichtung und Kleidung

Die Einrichtung der Häuser war denkbar einfach. Auf dem Boden aus gestampftem Lehm stand der aus Brettern gefügte Tisch mit einigen einfach gebauten Hockern oder Bänken. Die Tischplatte lag auf Böcken und konnte nach Gebrauch gegen die Wand gelehnt werden. Das gab Platz zum Arbeiten und zum Schlafen. Daher kommt der noch heute übliche Ausdruck vom „Aufheben" der Tafel. Geschlafen wurde auf Holzpritschen mit Strohsäcken und Fellen als Zudecke. Für die Kinder blieb oft nur ein Schlafplatz auf Stroh auf dem Boden in der Nähe der Feuerstelle. An weiteren Möbelstücken gab es noch einige Wandborde für das Geschirr aus Steinzeug oder Holz und eine Truhe für die wenigen Kleidungsstücke. Wertgegenstände besaß kaum jemand, Geldwirtschaft war auf dem Lande damals weitgehend ungebräuchlich, es herrschte vorwiegend Tauschhandel. Auch Abgaben an den Grundherren und die Kirche wurden überwiegend in Naturalien geleistet (Heuerkorn, sonstige Abgaben wie Hühner, Eier, Honig und der zehnte Teil von allem Getreide, ausführlich dazu im Artikel „Stadtwerdung und Stadtrechte").

Die Kleidung bestand aus einem Hemd aus Leinen und Hosen oder Röcken aus Wolle, alles in dunklen Farben gehalten, die aus natürlichen Materialien wie Erde oder Rinde leicht herzustellen waren. Bunte Farben waren schon aufgrund ihres Preises dem Adel und der hohen Geistlichkeit vorbehalten. Fast alles wurde selbst hergestellt. Man verarbeitete die Wolle der Schafe und baute Flachs zur Leinenerzeugung an. Gesponnen wurde zunächst mit der Handspindel. Das Spinnrad kam etwa ab dem 12. Jahrhundert auf und setzte sich in Deutschland nur langsam durch. Die Kleider waren lange in Gebrauch und wurden oft geflickt, wie Funde aus norddeutschen Mooren belegen. Im allgemeinen war die Kleidung der Landbevölkerung sehr einfach und abgetragen. Holzschuhe waren die gängige Fußbekleidung, Schuhe aus Leder teuer und dementsprechend selten.

c) Ernährung

Das Hauptnahrungsmittel war im frühen wie im hohen Mittelalter der Getreidebrei. Vor allem die vergleichsweise weichen Körner des Hafers wurden mit einfachen Handmühlen oder Mörsern zerquetscht und mit Wasser, Milch von Kühen, Schafen oder Ziegen oder mit Molke von der Käseherstellung verrührt. Der Brei konnte mit Honig gesüßt werden. Brot wurde aus Roggen hergestellt. Weizen war im bäuerlichen Haushalt weitgehend unbekannt. Er wurde allenfalls auf den Feldern des Grundherrn angebaut.[36] Zum Verzehr war das Mahlen oder Schroten des Getreides notwendig. Wenn auf dem Lande Brot gebacken wurde, was nicht die Regel war, dann war es eine Art Fladenbrot. Dazu legte man den Teig auf erhitzte „Backsteine". Karl der Große hatte zwar im „Capitulare de villis vel curtis imperii", seiner berühmten Ordnung für die Hofgüter, bereits verfügt, dass jeder Amtmann in seinem Bezirk einen Bäcker zu beschäftigen habe, aber dennoch blieb der Haferbrei schon aufgrund der einfacheren Zubereitung noch über Jahrhunderte das Grundnahrungsmittel auf dem Lande.[37]

Auch Fleisch und andere tierische Produkte hatten in normalen Zeiten im bäuerlichen Haushalt eine große Bedeutung, zumal die Tiere vor allem in den Wäldern und auf den nicht genutzten Heideflächen gehütet wurden und somit nichts oder nur wenig von dem knappen Getreide verzehrten. Schlachttiere waren in erster Linie Schweine und Schafe, daneben aber auch Ziegen und Geflügel. Großtiere wurden möglichst in der kalten Jahreszeit geschlachtet. Das Fleisch konnte durch Salzen, Einlegen in Essig und durch Räuchern haltbar gemacht werden. Da Keller kaum vorhanden waren, dienten mit Brettern ausgekleidete Erdgruben zur Lagerung von Vorräten. Auch Konservieren durch Dörren war üblich. Dennoch konnten immer wieder Hungersnöte auftreten, entweder durch Raub der Vorräte und Zerstörung von Häusern und Feldern bei kriegerischen Ereignissen oder durch Feuersbrünste und Missernten. Besonders schlimm traf es die Menschen in regenreichen Jahren, wie sie beispielsweise in der zweiten Hälfte des 12. Jahrhunderts häufig vorgekommen sind. Die starken Regenfälle weichten den Boden dann so auf, dass eine Bearbeitung kaum möglich war. Das wenige aufgegangene Getreide verfaulte auf den Feldern. Die geschwächten Menschen erlagen in großer Zahl den Seuchen oder verhungerten.[38] Untersuchungen an Skeletten bäuerlicher Menschen dieser Zeit lassen oft Mangelernährung durch zu wenige oder zu einseitige Nahrung deutlich erkennen. Zur Nahrungsknappheit trugen vielfach auch die hohen Abgaben an den Grundherrn bei, die oft nicht genug zur Ernährung der eigenen Familie übrig ließen. Noch bis zum Ende des 18. Jahrhunderts war etwa ein Viertel einer durchschnittlichen Ernte abzuliefern.[39] Ein weiteres Viertel diente der neuen Aussaat.

Einen nicht unerheblichen Beitrag zur täglichen Mahlzeit lieferten die Hausgärten. Es wurden verschiedene Kohlsorten, Rüben, Erbsen und eine ganze Reihe auch heute noch bekannter Kräuter angebaut. Auch hierzu hatte Karl der Große für seine Hofgüter verfügt, was in den zugehörigen Gärten gezogen werden sollte. Später waren die Mönche Meister im Gartenbau. Sie verbesserten Gemüse- und Obstanbau und führten neue Sorten ein. Ihr Wissen gaben sie auch an die Bevölkerung weiter. In den Wäldern sammelte man Nüsse, Beeren, Wildobst und Honig aus den Stöcken der wilden Bienen. Die Jagd wie die Fischerei waren jedoch den Bauern verboten und nur den Grundherren vorbehalten. Wilddiebstahl wurde hart bestraft. Wie erwähnt, dienten die Wälder aber zur Hude (Hüten des Viehs). Die Waldhude wurde mit dem Ansteigen der Bevölkerung im 10. und 11. sowie im 13. Jahrhundert sogar bedeutsamer, als die

Ackerflächen zu Lasten vorheriger Weideflächen (Heiden) ausgedehnt werden mussten. Vor allem Schweine fanden in den damals bevorzugt aus Buchen und Eichen bestehenden Wäldern ihr Futter. Die Eicheln und Bucheckern sorgten für eine gute Qualität des Fleisches. Schafe und Ziegen grasten hingegen meist auf den Heideflächen oder auch auf den brach liegenden Ackerflächen. Bienen dienten als Lieferanten von Honig wie von Wachs für die zur Beleuchtung unentbehrlichen Kerzen.

d) Landbearbeitung

Als Zugtiere waren vor allem Ochsen wichtig. Sie zogen den „Ochsenkarren", einen einachsigen Wagen mit recht begrenzter Ladefläche. Das Pferd spielte als Zugtier in der Landwirtschaft zunächst keine Rolle. Es wurde in erster Linie als Reit- und Packtier genutzt, was aber für den dörflichen Bereich weitgehend unwichtig war. Die Rolle als Fleischlieferant hatte das Pferd nach der fränkischen Eroberung um 800 verloren, weil der Genuss von Pferdefleisch als heidnischer Brauch von der Kirche verboten worden war. Insbesondere bei den Sachsen hatte vorher das Pferd als Opfertier eine große Bedeutung gehabt. Das Wappen von Westfalen und Niedersachsen geht darauf zurück. Die damaligen Nutztiere waren allerdings mit den heutigen hochgezüchteten Rassen kaum zu vergleichen. Die Schweine z. B. wiesen noch starke Ähnlichkeit mit ihren hochbeinigen wilden Artgenossen auf. Pferde und Kühe waren deutlich kleiner als heute.

Auch die Technik des Ackerbaus war noch sehr einfach. Gepflügt wurde mit dem altertümlichen Hakenpflug. Der Boden konnte damit nur aufgerissen werden. Um ihn wenigsten einigermaßen aufzulockern, wurde damit das Feld in Längs- und Querrichtung aufgebrochen. Als Zugtier langte dabei ein Ochse mit einem Zugriemen. Diese Art der Bodenbearbeitung war natürlich für schwere Böden denkbar ungeeignet. Als dann vom 10. Jahrhundert an die Bevölkerungszahl kontinuierlich anstieg, suchte man nach ertragreicheren Methoden der Beackerung. Zunächst wurde der Hakenpflug vom sächsischen Räderpflug abgelöst. Das Gerät hatte eine eiserne Pflugschar und einen Vorschneider. Der Boden konnte damit umgebrochen und so das Unkraut untergepflügt werden. Allerdings reichte die Zugkraft eines Ochsen nun nicht mehr aus, um diesen schweren Pflug zu bewegen. Bis zu vier Ochsen wurden dazu gebraucht. Da die meisten Bauern aber nicht über genügend Zugtiere verfügten, beackerte man das Land häufig gemeinsam. Eine weitere wichtige Neuerung war die Einführung der Egge. Das Saatbett konnte damit besser vorbereitet werden. Durch die Einführung des Kummets verbesserte sich zudem die Anschirrtechnik für die Ochsen, weil sich jetzt die Belastung beim Ziehen gleichmäßiger auf Brust und Nacken verteilte. Zudem konnten dadurch jetzt auch Pferde mit ihrer größeren Schrittgeschwindigkeit und Ausdauer als Zugtiere eingesetzt werden. Das fiel besonders zusammen mit der Erfindung des größe-

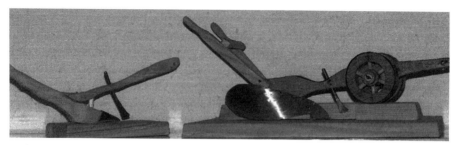

Abb. 17   Modell eines Hakenpfluges (links) und des sächsischen Räderpfluges

ren vierräderigen Wagens mit drehbarer Vorderachse ins Gewicht. Die damit gegebene größere Transportleistung machte auch die Beackerung von weiter vom Dorf entfernten Flächen möglich. Die Folge war schließlich auch eine um 1200 einsetzende neue Rodungsperiode der Wälder zur Gewinnung zusätzlicher Ackerflächen.

Daneben ging man in der Bodennutzung andere Wege. Bisher war der Boden so lange genutzt worden, bis die Erträge stark zurück gingen. Dann kam ein neues Stück Land unter den Pflug und der alte Acker blieb lange brach. Im 12. Jahrhundert setzte sich dann die Dreifelderwirtschaft allgemein durch. Der Boden rund um das Dorf war dazu in drei größere Abschnitte eingeteilt worden. Auf ein Drittel kam Wintergetreide, hier bei uns Roggen, das zweite Drittel bestellte man mit Sommergetreide, hier meist Hafer, seltener Gerste, Hirse oder Flachs. Das letzte Drittel blieb brach, so dass sich der Boden erholen konnte. Die Nutzung wechselten jährlich in der Reihenfolge Wintergetreide, Sommergetreide und Brache. Alle Landbesitzer in den einzelnen Feldbereichen mussten sich daran halten (Flurzwang). Diese Aufteilung der Feldflur ermöglichte das großflächige Behüten der abgeernteten oder brachliegenden Felder mit Kühen, Ziegen, Schafen, Schweinen und Gänsen. Durch die Exkremente der gehüteten Tiere wie durch den aufgebrachten Stalldünger blieb die Bodenfruchtbarkeit einigermaßen gleichmäßig erhalten. Dennoch erzielte man noch um 1800 im Paderborner Land auf durchschnittlichen Böden pro Morgen in der Regel nur gut vier Zentner (200 kg) Roggen als Ernteertrag, bei Gerste und Hafer noch etwas weniger.[40]

e) Soziale Abhängigkeiten

In sozialer Hinsicht verstärkte sich im Hochmittelalter (1000-1250) die Abhängigkeit der Bauern von Grundherren, die eine grundsätzliche Herrschaft über Grund und Boden beanspruchten. Solche Grundherren waren kirchliche Institutionen (Bischof, Domkapitel, Klöster) und der Landadel, der sich allmählich neben dem Altadel mit Eigenbesitz (Allod) aus dem Kreis der Verwalter der bischöflichen Güter herausbildete. Das freie, selbst Land besitzende Bauerntum verschwand dadurch weitgehend. Zum Teil hing das auch damit zusammen,

dass die Bauern den höheren finanziellen Aufwand für die neuen Bearbeitungs-
techniken nicht erbringen konnten und sie sich in eine größere Abhängigkeit
vom Grundherrn begeben mussten. Dadurch gab es zwei Formen der Abhängigkeit. Die mildere Form war die Oberhoheit des Grundherren lediglich über
das vom Bauern bewirtschaftete Land, für das dann Abgaben und Dienste zu
leisten waren. Die Bauern und ihre Angehörigen waren aber persönlich frei,
konnten zum Beispiel das Land auch ungestraft verlassen und in die entstehenden Städte ziehen. Die strengere Form der Herrschaftsbindung war die Leibeigenschaft (Eigenbehörigkeit), bei dem auch die Personen quasi dem Grundherrn
gehörten, zum Beispiel nicht ohne seine Zustimmung heiraten oder wegziehen
konnten. Im Umkreis von Vörden findet sich für die Zeit des Früh- und Hochmittelalters aber nur ein einziger Beleg für eine Leibeigenschaft, nämlich in der
bereits angesprochenen Urkunde aus dem Jahre 977 zu Bestinghusen. Hier trat
das Kloster Corvey als Grundherr auf. In der Regel hatten es die Menschen im
Bereich einer kirchlichen Herrschaft aber deutlich besser als diejenigen unter
einer Adelsherrschaft. Darauf geht der Spruch zurück: Unterm Krummstab ist
gut leben.

f) Handwerke

Menschen, die als Handwerker ausschließlich von ihrem Gewerbe lebten, gab
es in der dörflichen Struktur des Früh- und Hochmittelalters praktisch nicht.
Vielmehr wurde alles zum Leben Notwendige auf den Höfen selbst hergestellt. Hauptwerkstoffe waren Holz, Leder, Lehm und Ton. Technisch schwieriger war allerdings die Herstellung von metallischen Gegenständen. Die vor
allem in Waldessen, Gundelsen und Bestinghusen gefundenen Rückstände aus
der Eisenverhüttung und Eisenverarbeitung lassen auf eine rege Schmiedetätigkeit dort schließen. Da schmiedbares Eisen nur in geringen Mengen in den
einfachen Schmelzöfen erzeugt werden konnte und es damit sehr teuer war,
musste es sparsam verwendet werden. Es wurde nur dort eingesetzt, wo es unbedingt nötig war. Wer damals ein Hufeisen fand, dem hatte es bereits Glück
gebracht: Er konnte es beim Schmied gegen ein Werkzeug oder andere Eisenwaren eintauschen.
Woher die Schmiede im Umkreis von Vörden ihre Eisenerze bezogen haben, ist
nicht bekannt. Ob es im „Schmiedeberg" in der Nähe von Wenden geschürft
wurde, oder ob es in der Gegend oberflächiges Eisenerz (Raseneisenerzbän-
ke) gab, konnte bisher nicht durch Bodenfunde geklärt werden. Auch in den
ländlichen Städten wie Vörden nach 1324 wurden fast alle handwerklichen
Tätigkeiten im Nebenerwerb ausgeübt. Die Lebensgrundlage bildete immer
die Landwirtschaft. Noch in den 50er Jahren des 20. Jahrhunderts gingen beispielsweise alle Gesellen und Lehrlinge der in Vörden bestehenden Handwerks-
betriebe mit aufs Feld, wenn die Familie auf ihrem Land die Kartoffeln ernten
wollte.

g) Krankheiten und Heilkunde

Wer in der betrachteten Zeit erkrankte, versuchte sich mit überlieferten Hausmitteln zu helfen oder suchte Hilfe bei einer in der Volksheilkunde erfahrenen Person. Neben wirksamen Arzneien kamen dabei allerdings oft mehr oder weniger dubiose Mittel zu Anwendung. Im Gegensatz dazu verfügten die Mönche über deutlich bessere medizinische Kenntnisse. In den Klöstern und Abteien gab es für die damalige Zeit recht gut ausgebildete Heilkundige. Auch verfügte man dort über Einrichtungen zur Krankenpflege mit Apotheken und Heilkräutergärten. Sicher haben sie auch den Bauern ihrer Dörfer medizinische Hilfe gewährt. Gegen die wirklich schweren Krankheiten war allerdings auch die Klostermedizin machtlos. So war die durchschnittliche Lebenserwartung der Menschen gering, besonders die Kindersterblichkeit war groß. Not und Krankheiten wurden vielfach als gerechte Strafe Gottes für die eigenen Sünden angesehen. Für die tief religiösen Menschen des Mittelalters war es wohl meist auch ein Trost, dass der Tod nur als ein Übergang vom diesseitigen „Jammertal" zum himmlischen Paradies galt. So konnten sie trotz aller zum Teil schlechten äußeren Bedingungen sicher auch fröhlich feiern. Gerade die Unsicherheit des Alltags dürfte dazu geführt haben, die Feste zu feiern, wie sie fielen und auch das Ungemach zu nehmen, wie es kam.

Anmerkungen

[1] Der Fund befindet sich im Besitz des Finders.

[2] Bérenger, D. / Brebeck, W. E. (Hrsg.): Erdgeschichte und Steinzeit. Führer zur Vor- und Frühgeschichte der Hochstiftkreise Paderborn und Höxter, Bd. 1. Paderborn 2002, S. 125.

[3] Stephan, H. G.: Archäologische Studien zur Wüstungsforschung im südlichen Weserbergland. Hildesheim 1978.

[4] Bérenger, D. (Hrsg.): Die vorrömischen Metallzeiten. Führer zur Vor- und Frühgeschichte der Hochstiftkreise Paderborn und Höxter, Bd. 2. Paderborn 2004, S. 42.

[5] Vgl. z.B. Stephan, H. G.: Wüstungen – frühgeschichtliche Dorfbildung – Kontinuitätsproblem. In: Bergmann, R.: Zwischen Pflug und Fessel. Mittelalterliches Landleben im Spiegel der Wüstenforschung. Münster 1993.

[6] Meldung in der Zeitschrift Westfalen. Mitteilungen des Landesmuseums der Provinz Westfalen und des Vereins für Geschichte und Altertumskunde Westfalens. Bodenaltertümer Westfalens. II. Bericht der vorgeschichtlichen Abteilung des Landesmuseums. XVI. Jahrg. 1931, Heft 6. S. 189.

[7] Römisch-Germanische Kommission des deutschen archäologischen Instituts in Frankfurt a. M.: Die Fundmünzen der römischen Zeit in Deutschland, Abteilung VI Nordrhein-Westfalen, Band 6 Detmold, bearbeitet von Bernhard Korzus. Berlin 1975.

[8] Hier sei vor allem auf das Gräberfeld bei Fürstenberg südlich von Paderborn hingewiesen.

[9] Vgl. im Beitrag „Stadtwerdung und Stadtrechte", in diesem Band.

[10] Völker, Chr.: Untergegangene Dörfer in der Nähe von Vörden. In: Völker, Chr. (Hrsg.): Heimatbuch des Kreises Höxter, Bd. 2, Paderborn 1927, S. 97.

[11] Wie Anmerkung 3, S. 256.

12 StA Münster, Fürstbistum Paderborn, Urkunden Nr. 2373.

13 Eckhardt, K.A.: Studia Corbeiensia (Neuedition der Traditiones Corbeienses), Bd. 2, Aalen 1970, S. 352 u. 400.

14 WUB, Bd. I, Nr. 782.

15 Ebd. Bd. II, Nr. 2201.

16 Schrader, Fr. X.: Regesten und Urkunden zur Geschichte der ehemaligen Benediktiner-Abtei Marienmünster unter Berücksichtigung der früher incorporierten Pfarreien. In: Westfälische Zeitschrift, 46. Jg. 1888, S. 141.

17 WUB, Bd. IV, Nr. 10.

18 Wie Anmerkung 16, S. 147/48.

19 Müller, G.: Zur chronologischen Einordnung der Wüstungsnamen im Kreis Höxter. Anhang in: Stephan, wie Anmerkung 3, S. 172.

20 Abschrift der Gründungsausstattung aus dem 17. Jahrhundert im StA Münster, hier zitiert nach Schrader, wie Anmerkung 16, 45. Jg. 1887, S. 161.

21 Wie Anmerkung 3, S. 252.

22 Vgl. bei Schrader, wie Anmerkung 16, S. 164.

23 Zitiert nach Völker, wie Anmerkung 10, S. 95. Das Dokument konnte bei den eigenen Recherchen im von Haxthausenschen Archiv nicht aufgefunden werden.

24 Müller, wie Anmerkung 19, S. 170.

25 Wie Anmerkung 3, S. 252.

26 Wie Anmerkung 20.

27 Original im Kopialbuch zu Grevenburg, Nr. 28-34, hier zitiert nach Schrader, wie Anmerkung 16, 46. Jg. 1888, S. 167-170.

28 Wie Anmerkung 3, S. 203.

29 Wie Anmerkung 13, S. 326.

30 WUB II, Nr. 2189.

31 Wie Anmerkung 3, S. 217.

32 Wie Anmerkung 20, S. 163.

33 Grundsätzlich dazu: Schepers, J.: Haus und Hof westfälischer Bauern, 6. verbesserte Auflage. Münster 1985, S. 10-38.

34 Ebd. S. 26, 31.

35 Ebd. S. 34.

36 Noch im Jahre 1451 erhielt das Kloster Böddeken nur 0,6 % seines Pachtkorns als Weizen, erzeugte in der Eigenwirtschaft aber 15,1 % Weizen. Lienen, B. H. / Rüthing H.: Bauern und Landwirtschaft im Paderborner und Corveyer Land 1350-1600. Heimatkundliche Schriftenreihe 12/1981 der Volksbank Paderborn, S. 21.

37 Die Landgüterordnung Kaiser Karls des Großen. Textausgabe mit Einleitung und Anmerkungen. Herausgegeben von Karl Gareis. Berlin 1895.

38 Breuers, D.: Ritter, Mönch und Bauersleut. Eine unterhaltsame Geschichte des Mittelalters. Wiesbaden 2004, S. 509.

39 Gemmeke, F.: Als die Preußen kamen. In: Kath. Kirchengemeinde St. Jakobus d. Ä. Marienmünster (Hrsg.): Marienmünster 1128-1978. Beiträge zur Entstehung und Entwicklung der ehemaligen Benediktinerabtei aus Anlaß ihres 850jährigen Bestehens. Paderborn 1978, S. 101. Vgl. dazu grundsätzlich: Henning, Fr. W.: Bauernwirtschaft und Bauerneinkommen im Fürstentum Paderborn. Paderborn 1970.

40 StA Münster, SpOK Paderborn, Nr. 6, Blatt 133 ff. Der entsprechende Bericht aus dem Jahre 1803 wurde wahrscheinlich von dem Freiherrn Friedrich Alexander von Hövel verfasst, der von der preußischen Regierung als Zivilkommissar für die Katasterverfassung im Fürstentum Paderborn eingesetzt worden war.

Wilhelm Hagemann

Zu den Anfängen der Siedlung Vörden

Die Anfänge einer Ortssiedlung können anhand archäologischer Funde und Befunde und / oder urkundlich durch die erste Erwähnung des Ortes bestimmt werden. Da entsprechende archäologische Befunde für Vörden nicht vorliegen, müssen sich die Überlegungen insbesondere auf schriftliche Quellen beziehen.

1. Die Grafen von Schwalenberg und ihre Bedeutung

a) Erste Siedlungsnamen der Region

Von wenigen Ausnahmen abgesehen, werden die meisten Siedlungen in der Gegend um Vörden erst im Zusammenhang mit dem Auftreten der Schwalenberger Grafen und ihrer Klostergründung Marienmünster im Jahre 1128 erwähnt. Ausnahmen bilden die bereits angesprochenen, nicht mehr existierenden Siedlungen Waldessen (Woldessen) und Wenden. Ihre Erwähnung bereits in den Corveyer Besitzaufzeichnungen aus dem Jahre 981 belegt eine Besiedlung der hiesigen Gegend bereits in dieser Zeit.[1] Dass keine weiteren Siedlungen in dieser frühen Zeit genannt werden, dürfte sich vor allem dadurch erklären, dass die Gegend um Vörden abseits der großen, von der Natur vorgezeichneten Fernverkehrswege liegt. Solche sind in Nord-Süd-Richtung durch die Höhenzüge von Teutoburger Wald und Eggegebirge sowie durch das Wesertal gegeben, in West-Ost-Richtung durch die Täler von Diemel, Aa/Nethe und Emmer. Fehlende weitere Erwähnungen von Orten lassen deshalb keineswegs auf eine damals weitgehend siedlungsfreie Gegend schließen. Vörden selbst wird 1124[2] erstmals mit der Erwähnung eines Thiederic de Vordei (Dietrich von Vörden) urkundlich fassbar. Zum Verständnis der entsprechenden Urkunde und der weiteren Ausführungen seien zunächst einige Informationen zu den Herrschaftsbereichen und -verhältnissen der damaligen Zeit speziell in dieser Gegend vorangestellt.

b) Der Wethigau

Unter Karl dem Großen war das eroberte Sachsenland im Jahre 782 in Gaue eingeteilt worden, an deren Spitze jeweils ein Gaugraf stand. Zu Gaugrafen wurden entweder fränkische Edelleute oder Angehörige des sächsischen Adels ernannt, die sich Karl unterworfen hatten. Der Einzugsbereich der oberen Emmer bis Pyrmont mit seinen fruchtbaren Lößböden und die angrenzenden Gebiete wie auch der Bereich um Vörden gehörten zum Wethigau (Weizengau).

Die Gaugrafen unterstanden zunächst direkt dem Kaiser oder König. Mit dem Zerfall des Karolingerreiches unter den Nachfolgern Karls des Großen und der gegenläufig wieder erstarkenden Stammesgliederung brachten die Stammesherzöge – im Weserraum die Herzöge von Sachsen – die meisten Grafschaften unter ihre Oberhoheit. Sie gaben die Grafschaften dann als Lehen (Verliehenes) an Vasallen (adelige Untergebene) aus. In der Folgezeit wurden die Lehen in den Vasallenfamilien weitgehend erblich.

Im Bereich des Bistums Paderborn kamen allerdings bereits in der ersten Hälfte des 11. Jahrhunderts die meisten Gaugrafschaften durch kaiserliche Schenkungen unter bischöfliche Oberhoheit. Der Wethigau bildete jedoch eine der wenigen Ausnahmen, indem hier die Grafschaft einer Familie bestehen blieb. In dieser war offenbar „Widukin" oder „Widukind" (Waldkind) ein in fast jeder Generation vergebener Name (Leitname). So wird schon 1024 in einer Paderborner Urkunde ein Graf Widukin genannt, wohl derselbe, der in zwei Schenkungsurkunden Kaiser Konrads II. für Bischof Meinwerk aus dem Jahre 1031 als Inhaber der Grafschaft im Wethigau bezeichnet wird.[3] Dieser Graf war ein Amtsvorgänger, vielleicht auch sogar ein leiblicher Vorfahr der später „von Schwalenberg" genannten Gaugrafenfamilie, in der ebenfalls Widukind ein Leitname war.

c) Die Stellung der Gaugrafen

Solche Gaugrafschaften wie der Wethigau bildeten einen geschlossenen Gerichtsbezirk, in dem der Graf im Namen des Königs Recht sprach. Keineswegs aber war der gesamte Grund und Boden einer Grafschaft Eigentum der Grafenfamilie. So besaß nach der erwähnten Urkunde von 1031 offenbar der Kaiser ausgedehnte Gebiete rund um Sandebeck, die er der Paderborner Kirche schenkte. Dieser Besitz lag aber, wie ausdrücklich betont wird, in der Grafschaft des Widukin, also in dessen Gerichtsbezirk. Ein Graf hatte allerdings in seiner Grafschaft in aller Regel auch selbst größeren Eigenbesitz (Allod) als Lebensgrundlage, meist aus vielen einzelnen Höfen bestehend. Auf diesen Eigengütern mussten auch die umliegenden Bauern ihren Zehnten und die sonstigen Abgaben entrichten sowie die Hand- und Spanndienste leisten.

d) Die Schwalenberger als Gaugrafen

Die Gaugrafen dieser frühen Zeit entstammten in aller Regel dem alten, freien, landbesitzenden Adel. Sie hatten ihren Wohnsitz zunächst auf einem größeren Eigengut. Der Sitz konnte durch Wälle und Gräben sowie mit Palisaden und Dornenhecken gesichert sein. Feste steinerne Burgen wurden für den Adel im Grafenrang aber erst ab 1100 üblich. Von dem Namen der Burg leitete sich dann in der Regel auch die Benennung des Geschlechts im Sinne eines Familiennamens ab. Vorher waren Familiennamen unbekannt. So dürfte um 1120 auch der Graf Widukind im Wethigau einen passenden Ort für den Bau einer festen Burg gesucht haben, wohl möglichst am Platz oder in der Nähe seines bisherigen Hauptsitzes. Die für den Burgbau ausgewählte Stätte ist die heutige Oldenburg (olde Schwalenburg) bei dem Kloster Marienmünster. Diese weist die für den Burgbau jener Zeit typische Lage an der Spitze eines Bergrückens aus, der durch einen künstlichen tiefen Graben (Halsgraben) vom Hinterland abgetrennt wurde. In Sichtweite der Burg lagen größere, zur Burg gehörende Ackerflächen. Die notwendigen Wirtschaftsgebäude waren in der leichter befestigten Vorburg untergebracht. Den Namen der neuen Burg wählte Graf Widukind wahrscheinlich als galante Geste gegenüber seiner Gemahlin Luttrudis, die eine geborene Gräfin von Itter war. Deren Familie besaß nämlich im Ittergau um das heutige Willingen eine Burg, die auf dem dortigen Schwalenberg nahe dem noch existierenden Ort Schwalefeld stand. Als Erbe eines Teils der Itterschen Güter gab Widukind auch seiner neuen Burg diesen Namen und nannte sich dann auch selbst entsprechend Widukind „von Schwalenberg".[4]

e) Weitere Funktionen und Rechte der Schwalenberger

Neben den allgemeinen Grafschaftsrechten besaßen die Schwalenberger Grafen auch noch spezielle Vogteirechte (Gerichtsrechte) außerhalb wie innerhalb ihrer Grafschaft. Da nämlich Geistliche keine richterlichen Funktionen ausüben durften, mussten Klöster und Bistümer diese Rechte und die damit verbundenen Einkünfte und Einflüsse an weltliche Herren abgeben. Man bezeichnete diese als Vögte (vom lateinischen advocatus abgeleitet), das Amt als Vogtei. Bereits ab 1115 war Widukind Vizevogt in Corvey, wo er die Vogteirechte für den Hauptvogt, den Herzog von Sachsen, wahrnahm. Ab 1124 wurde er dann auch Vogt des Bistums Paderborn und mit seiner Gründung des Klosters Marienmünster im Jahre 1128 zudem hier noch Klostervogt. Ferner übte er die Vogteirechte in den Paderborner Klöstern Abdinghof und Busdorf aus.

2. Die erste Erwähnung Vördens mit „Thiederic de Vordei"

a) Die Umstände der Erwähnung

In der Wahrnehmung des Amtes als Vogt des Bistums Paderborn beurkundete Widukind von Schwalenberg am 14. Dezember 1124[5] auf dem Gerichtsfeld Balhorn bei Paderborn eine Eigentumsübertragung zugunsten des Klosters Abdinghof in Paderborn. Als erster und damit hochrangigster der Zeugen aus dem Laienstand wird in der Urkunde „Thiederic de Vordei" ausgewiesen. Man kann das als Dietrich von Vörden lesen oder – unter Berücksichtigung der Bedeutung des mittelniederdeutschen Wortes Vörde = Furt – auch als Dietrich von der Furt.[6] In zwei weiteren Urkunden, beide aus dem Jahre 1127, erscheint

Abb. 18   Das von der alten Schwalenburg (Oldenburg) verbliebene Gebäude (erbaut um 1360). Hier der Blick von der durch einen Graben abgetrennten Fläche der Vorburg auf das erhöht liegende Gelände der Hauptburg.

dieser Dietrich wiederum als erster der Laienzeugen, jetzt aber sogar mit dem Grafentitel: *Thiedericus comes de Vordei* (Dietrich Graf von Vörden bzw. von der Furt).[7] Thiedericus ist gegenüber Thiederic lediglich die lateinische Form des Namens. Hier stellt sich die Frage, wer dieser Thiederic war und damit auch, ob sein benannter Herkunftsort Vorde als Vörden gelten kann?

b) Zur Person des Thiederic de Vordei

Für einen Bezug der Herkunft des Thiederic auf den heutigen Ort Vörden spricht zunächst, dass dieser Thiederic ausschließlich mit dem urkundlichen Auftreten Widukinds von Schwalenberg als Bistumsvogt in Erscheinung tritt. Zwar handelt es sich in den drei Urkunden immer um Besitzübertragungen an das Abdinghofkloster, aber eine besondere Beziehung des Thiederic zu dem Kloster ist nicht erkennbar. Man wird Thiederic von daher als bevorzugten Begleiter des Widukind in dieser Zeit ansehen müssen. Das setzt eine enge persönliche oder Abhängigkeitsbeziehung und wohl auch den gleichen Wohnsitz oder zumindest nicht sehr weit entfernte Wohnorte voraus. Da die Gegend um Vörden zu Widukinds Herrschaftsbereich gehörte, er zu dieser Zeit auf der heutigen Oldenburg seinen Sitz hatte oder noch baute und sich von der Bezeichnung her sonst kein anderer Ort im Bistum Paderborn als Herkunft des Thiederic anbietet,[8] ist es nahezu zwingend, die Angabe „de Vordei" in der Urkunde als „von Vörden" bzw. als „von der Furt" zu lesen.[9] Zum Grafentitel des Thiederic kann davon ausgegangen werden, dass neben der Grafenfamilie von Schwalenberg keine weitere Familie im freien Grafenrang im Herrschaftsbereich der Schwalenberger ihren Sitz hatte. Thiederic muss deshalb aufgrund des Grafentitels entweder als Verwandter des Widukind angesehen werden (1) oder aber der Grafentitel kennzeichnet ihn als Gografen = Gerichtsgrafen (2).

Zu (1): Friedhelm Forwick, ein ausgewiesene Kenner der Schwalenberger Genealogie (familiäre Abstammung und Verwandtschaft), geht von der Existenz eines namentlich unbekannten ältesten Sohnes des Widukind aus. Diesem schreibt er die Gründung der Burg Alt-Sternberg an der Nordgrenze des Wethigaues zu.[10] Die beiden Burgen Schwalenberg (heute Oldenburg) und Alt-Sternberg wären danach etwa zur gleichen Zeit von Vater und Sohn gebaut worden. Forwick erklärt mit diesem familiären Verhältnis neben dem Stern als gemeinsamem Wappenzeichen beider Familien auch die selbstverständlich erscheinende Übernahme des Sternberger Besitzes durch Heinrich III. von Schwalenberg, als die Sternberger Familie um 1240 ausstarb. Die Gründung der Burg Sternberg durch die Schwalenberger Familie ist auch in der einschlägigen Literatur unbestritten.[11] Es liegt deshalb nahe, in dem Grafen Thiederic jenen von Forwick angenommenen, ansonsten unbekannten ältesten Sohn des Widukind von Schwalenberg zu vermuten. Dagegen spricht auch nicht unbedingt, dass der Vorname Dietrich in der Schwalenberger Familie in der Folgezeit nicht mehr nachweisbar ist. Er könnte auf den neuen Sternberger Familienzweig beschränkt geblieben sein, über den aber kaum noch weitere urkundliche Zeugnisse vorliegen. Insgesamt war der Name Dietrich im 12. Jahrhundert recht verbreitet. Auch werden schon rund 100 Jahre früher zwei nicht näher bestimmte Grafen Conrad und Thiederich bei einer Eigentumsübertragung im nahen Dorf Wenden (Winithi) an Bischof Meinwerk genannt.[12] Man wird sie als Verwandte (Brüder, Söhne) des zu jener Zeit amtierenden Gaugrafen Widukin (s. o.) ansehen müssen. Wie im vorstehenden Artikel erwähnt, waren auch die Schwalenberger Grafen 100 Jahre später noch in Wenden begütert. Das könnte auf eine Verbindung der beiden Familien hindeuten, die auch eine Namenstradierung nahe legen würde.

Zu (2): Gografen waren Richter innerhalb eines Gos. Goe waren Unterbezirke eines Gaues. In einem Go hatte der Gograf als Vorsteher des Gogerichtes polizeiliche Funktionen. Er konnte zum Beispiel die ihm Unterstehenden zur Verfolgung von Verbrechern aufrufen und geringe Straftaten sühnen. Die Gografen wurden im rechtlichen Idealfall von den freien Grundbesitzern eines Gos gewählt. Faktisch ernannte aber in der Regel der Gaugraf die Gografen seines Gerichtsbezirks.[13] Die Gografen wurden in Urkunden mit dem Grafentitel in der Regel an der Spitze der Laienzeugen geführt. Urkundlich nachzuweisen ist ein Gogericht in Vörden allerdings erst 200 Jahre später bei der Übergabe der neu erbauten Stadt an den Bischof (beschrieben im folgenden Beitrag „Stadtwerdung und Stadtrechte"). Es muss aber längst vor der Stadtgründung bestanden haben und konnte auch nicht erst vom Kloster Marienmünster gegründet worden sein. Sein Ursprung ist also vor der Klostergründung 1128 anzusetzen. Als Gograf könnte Dietrich von Vörden Verwalter (Villicus) eines Schwalenberger Gutes Vörden gewesen sein. Allerdings hätte er aber auch als Sohn Widukinds diese Funktion wahrnehmen können. Im Falle von (1) wie von (2) muss man also ein enges Verhältnis des Thiederic zur Familie der Schwalenberger annehmen.

c) Der Verbleib des Thiederic de Vordei

Dietrich von Vörden erscheint nach 1127 nicht mehr urkundlich. Das könnte im Falle des Vater-Sohn-Verhältnisses zu Widukind mit dem Umzug auf die eigene Burg Sternberg erklärt werden oder ansonsten mit seinem Tode. Vörden wurde dann wohl noch von dem 1137 gestorbenen Widukind dem Kloster Marienmünster geschenkt, denn das Kloster bezeichnete später Vörden zusammen mit dem 1128 bereits in Teilen an Marienmünster gekommenen Bredenborn bevorzugt als „unser altes Erbgut" und berief sich dabei zu Vörden auf eine Schenkung Widukinds.[14] Zu Beginn des 18. Jahrhunderts gingen die Mönche in Ma-

Abb. 19
Die mögliche Grabplatte
Widukinds I. an der südlichen
Chorwand der Klosterkirche
Marienmünster. Er wurde in
der Kirche zwischen den beiden
Westtürmen bestattet.

rienmünster gemäß einem Bericht des Paters Leander Bruns am Beginn des zweiten Vördener Kirchenbuches im Jahre 1729 sogar davon aus, dass Kirche und Pfarrei Vörden von Widukind von Schwalenberg und seiner Gemahlin gegründet worden seien. Kirche und Pfarrei seien dann mit dem Zehnten aus der Vördener Feldmark und mit dem dortigen Gogericht als Geschenk Widukinds an das Kloster gekommen.[15] Auch wenn diese Aussagen inhaltlich nicht haltbar sind, so belegen sie doch eine in der klösterlichen Überlieferung angenommene enge Beziehung Widukinds zu Vörden.

3. Die mögliche frühe Bedeutung Vördens

a) Erste Hinweise durch den Namen

Mit der Bezeichnung Thiederic de Vordei erscheint Vorde als Siedlungsname
(Vordei ist die lateinische Ablativform, = 5. Fall). Die Ansiedlung trägt aber
keinen eigentlichen Namen, sondern wird durch ihre Lage nahe einer Furt gekennzeichnet. Das ist auch 200 Jahre später noch so, wenn in der Urkunde zur
Übergabe Vördens an den Paderborner Bischof in mittelniederdeutscher Sprache von der Burg und Stadt „to dem Vorde" (bei der Furt) gesprochen wird (vgl.
im Beitrag „Stadtwerdung und Stadtrechte"). Vergleichbar ist die Bezeichnung
„tom Bredenborn" = beim breiten Born. Vörden und Bredenborn werden also
nicht, wie beispielsweise Ovenhausen, nach einem frühen Bewohner oder Besitzer (zu Ovenhausen wohl Ovo) benannt, sondern nach einer geografischen
Gegebenheit.[16] Offenbar waren die Talauen der Brucht und ihres kleinen, bis
heute namenlosen Zuflusses damals sehr versumpft, so dass eine Durchgangs-
vor allem aber Durchfahrmöglichkeit für den regionalen Verkehr wichtig war.
Das gab auch dem darüber liegenden Siedlungsplatz eine besondere Bedeutung. Zudem bot sich beispielsweise für den von Brakel nach Marienmünster
und weiter nach Norden führenden Verkehr die Möglichkeit, die nassen Talau-
en über den alten Bredenborner Weg kommend um den jetzigen Schlossgarten
herum zu umfahren. „Furt" hatte dann in diesem Falle nicht die Bedeutung
von „Durchfahrt", sondern von „Umfahrt". Mit dem geografisch bedingten
Ortsnamen liegt allerdings keine Information zum Alter der Siedlung vor, die
über das Datum der ersten urkundlichen Nennung im Jahre 1124 hinausweist.
Das relativiert auch die weiteren Überlegungen zu anderen Hinweisen auf ein
mögliches höheres Alter des Wohnplatzes.

b) Mögliche Deutungen der urkundlichen Hinweise

In der oben angesprochenen Urkunde aus dem Jahre 1124 ist lediglich bei dem
Zeugen Thiederic dessen Herkunft angegeben. Das hebt ihn deutlich aus der
Reihe der nur mit ihren Vornamen benannten Zeugen heraus. Diese Absicht
wird in den beiden Urkunden aus dem Jahre 1127 (s. o.) noch deutlicher. Hier
schließt er die Reihe der Zeugen ab, die mit ihrer Funktion näher bestimmt und
damit besonders herausgehoben werden: „Wino prepositus (Propst), Bernhardus
decanus (Dekan), Reinbertus canonicus (Domherr), Widikindus advocatus (Gerichtsherr), Thiedericus comes de Vordei." Es ist offenbar dem Aussteller der
Urkunde wichtig, ihn nicht nur als comes (Graf) zu bezeichnen, sondern auch
mit seiner Herkunft zu benennen. Das bekommt noch dadurch eine gesteigerte
Bedeutung, dass im Text der zweiten dieser beiden Urkunden aus dem Jahre
1127 auch Widukind erstmals überhaupt mit seiner Herkunft als „de Sualen-
bergh" bezeichnet wird. Vorde als Wohnsitz des Grafen Thiederic steht damit

quasi gleichrangig mit der wohl gerade fertig gestellten Burg Schwalenberg (jetzt Oldenburg). Wenn man Dietrich von Vörden als Sohn oder zumindest nahen Verwandten des Widukind erachtet (s. o.), so liegt es nahe, Vörden als Standort eines wichtigen Sitzes (Haupthofes) der Schwalenberger anzunehmen. Für diese Deutung spricht vor allem die Anbindung eines Gogerichtes an den Platz. Zweifelsohne bot dieser auch von den natürlichen Gegebenheiten her gute Bedingungen für einen Herrschaftssitz: Der nach drei Seiten abfallende Hügelrücken gewährleistete trockenes Siedlungsgelände und durch die Höhenlage auch bereits einen gewissen Schutz, den die umgebenden

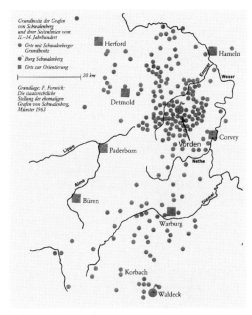

Abb. 20   Eigenbesitz der Grafen
von Schwalenberg um Vörden

sumpfigen Talauen noch erhöhten. Zudem waren von hier aus die Eckpunkte und die größeren Siedlungen des Wethigaues im Raum Steinheim und Lügde etwa gleich weit entfernt.[17] Das legt es nahe, an diesem Ort auch schon in den Generationen vor Widukind und Thiederic einen wichtigen Sitz der Grafen des Wethigaues zu vermuten.

Für die Möglichkeit eines frühen Herrschaftssitzes in Vörden spricht auch, dass die Schwalenberger offensichtlich in diesem Gebiet ausgedehnten Eigenbesitz hatten. Das belegt schon der nicht weit entfernt erfolgende Burgbau und auch die Gründung des Klosters Marienmünster als Hauskloster der Familie, für das ebenfalls eine angemessene Ausstattung mit nahe gelegenen Ländereien notwendig war (s. Abb. 20)[18] Auch die dann später offenbar erfolgte vollständige Übergabe Vördens an das Kloster Marienmünster ist nichts Ungewöhnliches, denn es ist bei höher gestellten Adelsfamilien im 12. Jahrhundert vielfach belegt, dass nach dem Bau einer neuen Burg der ursprüngliche Sitz einem Orden überlassen wurde.[19] Dass die Übergabe nicht schon mit der Gründung des Klosters Marienmünster zum Jahre 1128 erfolgte, könnte sich damit erklären, dass Vörden zu dieser Zeit noch von dem Grafen Dietrich bewohnt und verwaltet wurde.[20]

c) Die Bedeutung der angeblichen Gräberfunde auf dem Burggelände

Für einen herausgehobenen Rang des Siedlungsplatzes zur damaligen Zeit könnte auch die Vördener Überlieferung sprechen, dass im sogenannten Hasengarten (gelegentlich auch Kohlgarten genannt) im nördlichen Teil des heutigen Burgbereichs, an dessen Rand das Gelände an zwei Seiten steil zur Brucht hin abfällt, die erste Vördener Kirche gestanden habe. Dazu passt, dass laut Völker *„etwa 200 Meter von der heutigen Kirche entfernt Spuren eines christlichen Friedhofs"* zutage kamen.[21] Allerdings steht nicht fest, ob die angesprochene Überlieferung schon vor dem Gräberfund bestand oder erst auf diesen zurückgeht. Völker bezieht sich mit seiner Angabe auf Beobachtungen durch den früheren Besitzer der Burg, Guido von Haxthausen (1811-1874), die dieser beim Bau des neuen Pferdestalles gemacht hatte. Den Bauzeitpunkt des noch vorhandenen Gebäudes gibt Völker mit „vor 60-70 Jahren" an.[22] Da er zwischen 1914 und 1926 in Vörden als Vikar tätig war, weist die Angabe in die Mitte des 19. Jahrhunderts.[23] Leider sind die Funde offenbar nicht näher untersucht worden, denn weder im von Haxthausenschen Archiv noch bei den zuständigen Stellen in Münster liegen dazu Unterlagen vor. Wahrscheinlich hat Völker die Mitteilung auch nur mündlich vom Sohn des Guido von Haxthausen, Carl von Haxthausen, erhalten.

Geht man von der Zuverlässigkeit dieser Angabe und ggf. auch der Überlieferung aus, so stellt sich die Frage nach dem möglichen Alter des Friedhofs. Mit Sicherheit kann man diesen zunächst einmal vor 1324 datieren, weil ab dann bei der neu erbauten Pfarrkirche am heutigen Standort beerdigt wurde. Zu erwägen ist als nächstes die Existenz einer Kirche oder Kapelle mit Friedhof zwischen der Gründung Marienmünsters im Jahre 1128 und der Stadtwerdung Vördens 1324. Zu dieser Zeit war Vörden allerdings keine eigene Pfarrei, wie das Fehlen des Ortes in der Aufstellung der Pfarreien des Paderborner Bistums aus dem Jahre 1231 belegt.[24] Damals war sicher das nahe Marienmünster die Pfarrkirche für die Bewohner Vördens und damit auch deren Beerdingungsplatz. Man könnte allerdings eine Filialkirche Marienmünsters in Vörden in Erwägung ziehen, wie bis 1299 Nieheim Filialkirche von Pömbsen war.[25] Vörden hatte jedoch in dieser Zeit weder die Größe noch den Stadtstatus von Nieheim, um eine Filialkirche zu rechtfertigen. Zudem war die Entfernung zwischen Vörden und Marienmünster deutlich geringer als die zwischen Nieheim und Pömbsen. Demnach ist also anzunehmen, dass die Toten aus Vörden zwischen 1128 und 1324 in Marienmünster bestattet wurden, wie das damals für alle zur Klosterpfarrei gehörenden Orte üblich war und für einige bis heute gilt. Will man dennoch die Existenz einer Kirche oder Kapelle mit Beerdingungsrecht in Vörden auch für diese Zeit zwischen 1128 und 1324 nicht ganz auszuschließen, dann müsste diese aber auf einen entsprechenden Status *vor* der Gründung des Klosters Marienmünster im Jahre 1128 zurückgehen. Das nimmt Völker an, wenn er Hinweise dafür sieht – allerdings ohne genauere Angabe – *„dass der Ort schon vor der Gründung Marienmünsters im Jahre 1128 eine dem heiligen Kilian geweihte Kirche gehabt hat".*[26] Er vermutet zudem, dass es eine Pfarrkirche war, deren Pfarrfunktion dann nach der Gründung Marienmünsters auf das Kloster übergegangen sei. Wie oben bereits erwähnt, war diese Sichtweise im 18. Jahr-

*Abb. 21   Stand auf dem Platz des früheren Pferdestalles (im linken Bildteil)
die erste Vördener Kirche?*

hundert offenbar auch unter den Mönchen des Klosters Marienmünster verbreitet. Dagegen spricht allerdings, dass die älteren Orte in der Nähe Vördens
wie Eilversen oder auch Waldessen zur deutlich weiter entfernten Pfarrkirche
in Altenbergen gehörten.

4. Der Kirchenpatron St. Kilian

a) Zur Bedeutung einer möglichen frühen Kilianskirche

Für die Frage des möglichen Ranges einer frühen Kirche in Vörden wie für die
Frage nach ihrer Gründungszeit ist deren überlieferter Kirchenpatron St. Kilian interessant. Dieser war im 6. Jahrhundert aus Irland gekommen und hatte
im Maingebiet missioniert. Dort war er mit seinen Gefährten als Märtyrer gestorben. Er ist in Würzburg begraben und Patron des dortigen Bistums. Schon
vor der Gründung des Bistums Paderborn (799) war das Paderborner Gebiet
dem Bistum Würzburg als Missionsgebiet unterstellt worden. Auch unter den
beiden ersten Paderborner Bischöfen Hathumar (806-15) und Badurad (815-62),
die beide in Würzburg erzogen und ausgebildet worden waren, blieb der Würzburger Einfluss noch stark. Die in dieser Zeit gegründeten Kirchen wurden so

vielfach dem heiligen Kilian geweiht. Dem gemäß werden in der Umgebung Vördens die Kilianskirchen in Höxter und Lügde, aber auch die Kirchengründung in Steinheim direkt auf Würzburger Missionare schon vor dem Jahre 800 zurück geführt.[27] Für Vörden wie für einige andere Kilianskirchen des Bistums Paderborn (z. B. in Löwen und Brenken) wird hingegen meist eine Gründung unter Bischof Badurad um 850 vermutet.[28]

Wie kann man sich Kirchengründungen zu dieser Zeit vorstellen? Am wahrscheinlichsten ist, dass die Kirchen auf Anregung des Bischofs oder unter dem Einfluss von Missionaren jeweils durch eine dort ansässige Adelsfamilie als sogenannte Eigenkirche gegründet wurden. Für solche Eigenkirchen trug die Familie die Bau- und Erhaltungskosten und hatte auch für eine angemessene Ausstattung der Pfarrstelle mit Land zu sorgen. Karl der Große hatte dafür mindestens 2 Hufen = 60 Morgen festgelegt, was allerdings unter seinem Nachfolger Ludwig dem Frommen auf die Hälfte reduziert wurde. Der Kirchherr hatte als Anerkennung seiner Unterhaltung von Kirche und Pfarrer das Recht zur Besetzung der Pfarrerstelle nach seiner Wahl. Für die Grafenfamilie des Wethigaus darf man sicher die grundsätzliche Möglichkeit einer solchen Eigenkirche in Vörden annehmen.[29] Dass im 9. Jahrhundert solche Gründungen von Eigenkirchen im Bistum Paderborn erfolgten, ist am Beispiel von Siddinghausen im Almegau ebenso nachgewiesen wie an der Kirche auf der Hüffert bei Warburg. In Siddinghausen hatte der sächsische Edeling Sidag eine Holzkirche erbaut, die er zusammen mit weiteren Teilen seines Besitzes dem Paderborner Bischof Badurad als Geschenk übertrug. Dadurch wurde diese frühe Gründung der Siddinghauser Kirche als Eigenkirche eines Adeligen aktenkundig.[30] Sie wurde dann unter Badurads Nachfolger Luthard in Stein aufgeführt. Die gleiche Entwicklung von der in Fachwerk errichteten Eigenkirche für die Bewohner und Bediensteten eines Gutshofes zum steinernen Bau wurde archäologisch auch für die Kirche auf der Hüffert nachgewiesen.[31]

b) Die Entwicklung zum Kilianspatrozinium der jetzigen Vördener Kirche

Urkundlich lässt sich St. Kilian als Vördener Kirchenpatron allerdings erst recht spät fassen. Der Paderborner Jesuit Nikolaus Schaten berichtet zwar in seiner Ende des 17. Jahrhunderts entstandenen Bistumsgeschichte, dass die Vördener Kirche 1324 der Jungfrau Maria und den Heiligen Liborius und Kilian geweiht worden sei.[32] Wahrscheinlich hat er aber lediglich eine ihm vorliegende Angabe aus dem Jahre 1656 (s. u.) auf die Gründungszeit bezogen. Die 1576 über dem Turmportal der jetzigen Pfarrkirche angebrachten Steintafeln weisen nämlich nur die Jungfrau Maria als Patronin aus. Urkundlich wird St. Kilian in Vörden erstmals zum 12. Juli 1633 erwähnt, als Johannes Pelking, Weihbischof von Paderborn und Hildesheim, den 1612 aufgestellten Hauptaltar der Kirche zu Ehren des heiligen Kilian weihte.[33] Der Altar war eine Stiftung des schon vor der Fertigstellung verstorbenen Gottschalk von Haxthausen. Die bei der Weihe eingebetteten Reliquien „verschiedener Heiliger" werden sich bereits in dem Vorgängeraltar befunden haben. Es wäre durchaus möglich, dass sie ursprünglich aus einer alten Kirche oder Kapelle im Hasengarten stammten. Bei der Neukonsekration des Altares im Jahre 1906 wurden nach dem Bericht im Pfarrarchiv noch Reliquien der Heiligen Adelar und Eoban zugefügt. Es wird nicht erwähnt, woher diese Reliquien kamen. Die beiden Heiligen gelten als Gefährten des hl. Bonifatius (nicht Kilian, wie in Vörden überliefert ist!) und werden im Erfurter Dom verehrt, wo sich auch ihr Reliquienschrein befindet.

Es ist sicher ungewöhnlich, dass in einer Marienkirche der Hochaltar nicht der Jungfrau Maria, sondern einem anderen Heiligen gewidmet ist. Über die Widmung des Vorgängeraltares ist nichts bekannt. So ist auch eine Kilianstradition in der Vördener Kirche vor 1633 nicht auszuschließen. Bei der Abwägung aller möglichen Gründe für die Weihe des Hochaltares an St. Kilian muss noch zusätzlich mitbedacht werden, dass die Familie von Haxthausen auch in dem Ort Welda bei Warburg Besitz hatte, der eine alte Kilianskirche aufweist. Da der Vater des Vördener Altarstifters, Elmerhaus von Haxthausen, zwischen 1562 und 1586 als Besitzer der Güter in Welda nachzuweisen ist,[34] wäre eine besonders enge Beziehung seines Sohnes Gottschalk zu der Kirche in Welda

Abb. 22
Barocke Statue des hl. Kilian
(ca. 1740) in der Vördener Kirche

und damit zum heiligen Kilian durchaus denkbar. Er könnte sogar in Welda aufgewachsen sein. So ist es gut möglich, dass St. Kilian erst seit Gottschalks Altarstiftung in Vörden verehrt wird.

Jedenfalls blieb trotz der „Aufwertung" des hl. Kilian durch die Altarweihe des Jahres 1633 weiterhin die Jungfrau Maria die Hauptpatronin der Kirche. Bei einer Kirchenvisitation durch einen Beauftragten des Bischofs im Jahre 1650 heißt es im Protokoll: *„Ecclesia Vordensis B.M.V. et S. Kylian"* (Kirche in Vörden, allerseligste Jungfrau Maria und Sankt Kilian).[35] Sechs Jahre später weist das Protokoll der bischöflichen Visitation der Vördener Kirche dann zusätzlich auch noch den heiligen Liborius als Nebenpatron aus. Der bereits genannte Vördener Pfarrer Pater Leander Bruns benennt in seinem Bericht aus dem Jahre 1729 dann aber wieder nur St. Kilian als einzigen Nebenpatron. Von dieser Zeit an findet sich Kilian auch gelegentlich als Taufname Vördener Kinder, wenn auch nur sehr selten. Auch das spricht gegen seine ausgeprägte Verehrung in Vörden. Um 1800 hatte sich dann aber die Orientierung auf St. Kilian als alleinigen Patron offenbar durchgesetzt, denn die im Jahre 1800 gegossene mittlere der drei Vördener Glocken trug die Aufschrift „Lobet Gott im hohen Thron und unsern großen Schutzpatron". Demgegenüber enthielt die Schrift an der kleineren Marienglocke keinen Bezug auf Maria als Kirchenpatronin (ausführlich zu den Glocken im Artikel „Kirche und religiöses Leben"). Dass zudem St. Liborius als Nebenpatron der Kirche zu dieser Zeit in Vörden nicht mehr bewusst war, belegt die Aufschrift der ebenfalls im Jahre 1800 gegossenen großen Glocke: *In hon. S. Libori Episcopi et Patroni Diocesis Paderbornensis"* (Zu Ehren des hl. Liborius, Bischof und Patron der Diözese Paderborn). St. Kilian wurde offiziell mit der Fertigstellung der neuen Kirche im Jahre 1901 zum Hauptpatron erhoben, wie eine ergänzende Notiz des damaligen Pfarrers Schulte zum Bericht des Paters Leander Bruns im zweiten Kirchenbuch ausweist.

c) Konsequenzen für Schlüsse auf eine frühe Siedlung

Anders als bei den sonstigen Kilianskirchen im Bistum Paderborn hat sich in Vörden der Bezug auf St. Kilian als Hauptpatron der jetzigen Kirche offenbar erst allmählich herausgebildet. Als sicher kann gelten, dass die 1324 fertiggestellte Kirche der Jungfrau Maria geweiht wurde. Dass daneben St. Liborius und St. Kilian schon bei der Gründung als Nebenpatrone fungierten, ist möglich aber nicht belegbar. Allerdings wäre eine solche Widmung durchaus verständlich: Maria als Hauptpatronin würde den Bezug zum Kloster Marienmünster als Erbauer der Stadt und der Kirche betonen. Die beiden Nebenpatrone würden sich hingegen auf den Bischof von Paderborn als neuen Eigentümer der Stadt beziehen, denn St. Liborius ist der Hauptpatron des Paderborner Domes und St. Kilian – zusammen mit Maria – ein Nebenpatron.

Unter diesen Aspekten muss also als Erklärung des heutigen Kilianspatroziniums nicht zwingend eine frühere Kilianskirche in Vörden angenommen werden. Ihre Existenz ist aber auch nicht auszuschließen. Sie bleibt möglich. Eine endgültige Klärung der Frage nach einem frühen Kirchenbau und damit zu den Ursprüngen Vördens könnte wahrscheinlich nur durch eine archäologische Grabung im Hasengarten angrenzend an das Gebäude des früheren Pferdestalles erfolgen. Im positiven Falle sollte man hier datierbare Reste eines Kirchenbaues und vielleicht weitere Gräber antreffen. Leider konnte eine solche Grabung bis zum Abschluss des Buchmanuskripts nicht durchgeführt werden. Eine elektromagnetische Sondierung des Geländes im Herbst 2007 erbrachte keine interpretierbaren älteren Funde.[36]

5. Die Zeit zwischen 1128 und 1324

a) Spärliche urkundliche Nennungen

Nach der letzten urkundlichen Erwähnung des Thiederic de Vordei im Jahre 1127 tritt die Ansiedlung Vörden dann wahrscheinlich erst 1260 mit der Nennung des Knappen „Werner von Worden" als Zeuge in einer Schwalenberger Urkunde wieder in Erscheinung.[37] Dieser ansonsten nicht urkundlich bekannte Werner von Worden könnte ein Vasall der Schwalenberger gewesen sein und auf einen verbliebenen Teilbesitz oder auf Teilrechte der Schwalenberger in Vörden hinweisen. Eine Schwalenberger Urkunde aus dem Jahre 1346 geht auch noch von nicht näher bestimmten Rechten an dem „Schloss" in Vörden aus.[38] Werner von Worden könnte Vörden aber auch für das Kloster Marienmünster verwaltet haben.

Zwei nahezu gleich lautende Urkunden liegen aus den Jahren 1269 und 1299 vor, durch die der Abt von Corvey die von Papenheim mit zwei Hufen (60 Morgen) in „Vorden" belehnt. Die Urkunden sind aber wohl auf Nörde bei Warburg zu beziehen, wie eine Randbemerkung zur ersten Urkunde angibt.[39] Ein Grundbesitz Corveys in Vörden ist ansonsten nicht überliefert und zu dieser Zeit auch wegen der Nähe Marienmünsters unwahrscheinlich. Zudem tritt auch das Geschlecht von Papenheim, das aus der Umgebung von Warburg stammt, im Bereich um Vörden sonst nicht urkundlich in Erscheinung.

In der Amtsnachfolge des erwähnten Werner von Worden kann hingegen der Knappe Dethard von Vorde gesehen werden, der vom neu gewählten Bischof Bernhard V. im Jahre 1321 als Beauftragter zum Kloster Willebadessen gesandt wurde.[40] Zu dieser Zeit ist in Vörden mit den laufenden Arbeiten zum Ausbau zur Stadt zu rechnen. Möglich erscheint deshalb, dass Dethard die Arbeiten unter Befestigungsgesichtspunkten leitete. Er könnte auch als Burgvogt in Vörden vorgesehen gewesen sein.

b) Anzunehmende Zustände

Insgesamt kann für die Zeit zwischen 1128 und 1324 angenommen werden, dass vor allem das Kloster Marienmünster und mit einem Restbesitz gegebenenfalls auch noch die Grafen von Schwalenberg in Vörden begütert waren. Vor allem dieser ungestörte Besitz des Klosters könnte die dürftige Urkundenlage aus dieser Zeit für Vörden erklären, während beispielsweise in Bredenborn, Entrup, Eilversen oder Sommersell zur gleichen Zeit recht unterschiedliche Besitzverhältnisse vorlagen, so dass diese Orte in Kauf-, Tausch- und Pfandverträgen recht häufig genannt werden, besonders in Urkunden des Klosters Marienmünster.[41]

Der wahrscheinliche schwalenbergische Gutshof Vörden wird mit der eventuellen Kirche / Kapelle im Nordteil des heutigen Burggeländes gelegen haben, wo auch beim Ausbau zur Stadt die Burg errichtet wurde. Angrenzend kann man sich im Bereich von Dunklem Ort und Pohlstraße einfache Häuser von Gutsbediensteten vorstellen, wohl auch von einigen, dem Gutsherrn abgabepflichtigen Bauern. Die notwendigen Ackerflächen sind vor allem im trocken zu erreichenden Bereich östlich des alten Kerns in Richtung der späteren Windmühle und auf dem Gelände der anderen Neubaugebiete mit den dort recht guten Böden zu vermuten. In unmittelbarer Nähe des Gutshofes wird man sich einige eingezäunte Weiden zum Beispiel für junge Pferde und Kälber vorstellen dürfen. Die noch heute übliche Bezeichnung „Auf der Heide" für das Gebiet westlich Vördens deutet hingegen auf frühere Hudegebiete in der Nähe der Siedlung hin. Möglicherweise siedelten sich nach der Übernahme durch das Kloster Marienmünster auch schon einige (weitere) Bauern auf dem Bergrücken zwischen den Furten an, auf dem dann ab 1319 das Kloster Marienmünster eine Stadt und Burg errichtete und damit ein neues Kapitel der Geschichte des Ortes eröffnete.

Anmerkungen

[1] Vgl. im vorstehenden Artikel, zudem: Völker, Chr.: Untergegangene Dörfer in der Nähe von Vörden. In: Völker, Chr. (Hrsg.): Heimatbuch des Kreises Höxter, Bd. 2, Paderborn 1927, S. 96.

[2] Zur Datierung s. Anmerkung 5.

[3] Vgl. Forwick, F.: Die staatsrechtliche Stellung der ehemaligen Grafen von Schwalenberg, Münster 1963. S. 2.

[4] Zu Burgenbauten speziell in unserem Bereich s. Huismann, F.: Mittelalterliche Burgen im östlichen Westfalen – ein Überblick, in: Lippische Mitteilungen aus Geschichte und Landeskunde, 71. Band, Selbstverlag des Naturwissenschaftlichen und Historischen Vereins für das Land Lippe e.V., Detmold 2002. Auf der Basis der Itterschen Güter entstand später die Schwalenberger Herrschaft Waldeck. Die erste Nennung als Widukind „von Schwalenberg" erfolgt in einer Urkunde vom 16. Juli 1127 (WUB II, Nr. 203). Die Burg muss also spätestens zu diesem Zeitpunkt fertig gewesen sein. Dazu wird hier angenommen, dass die entsprechenden Bezeichnungen im Ittergau älter sind, denn die dortige mittelalterliche Schwalenburg wurde bereits in eine alte sächsische Volksburg hinein gebaut. Dazu: Pöppel, D.: Bad Driburg seit über 700 Jahren Stadt, Bad Driburg 1984, S. 26 ff.

[5] WUB I-II, Nr. C 194. Die hier vorgenommene Einordnung zum Jahr 1123 ist wahrscheinlich falsch, weil der Vorgänger Widukinds als Paderborner Vogt, Friedrich von Arnsberg, erst im Jahre 1124 starb. Näheres bei Forwick, wie Anmerkung 3, S. 38, Fußnote 91.

[6] Schiller, K. / Lübben, A.: Mittelniederdeutsches Wörterbuch, Bremen 1875.

[7] WUB I- II, Nr. C 201 und C 203.

[8] Man könnte allenfalls noch an Nörde bei Warburg oder Werden an der Weser denken.

[9] Diese Gleichsetzung nimmt auch Schneider vor. Schneider, H.: Die Ortschaften der Provinz Westfalen bis zum Jahre 1300 nach urkundlichen Zeugnissen und geschichtlichen Nachrichten, Münster 1936, S. 134.

[10] Forwick, wie Anmerkung 3, S. 5. Eine Beschreibung der einfachen Baugestalt der Burg Alt-Sternberg liefert Fr. Hohenschwert in: Der Kreis Lippe. Teil II: Objektbeschreibungen. Bearbeitet von Friedrich Hohenschwert im Band 11 der Reihe Führer zu archäologischen Denkmälern in Deutschland.. Herausgegeben vom Nordwestdeutschen und dem West- und Süddeutschen Verband für Altertumsforschung. Stuttgart 1985, S. 69-71.

[11] Zuletzt dazu Huismann, F.: Die Burg Sternberg im Mittelalter, in: Westfalen. Hefte für Geschichte Kunst und Volkskunde. 78. Band, 2000, bes. S. 144. Salesch, M.: Die archäologischen Ausgrabungen, ebd. S. 146—182. Die Grabungen fanden auf der Burg Neu-Sternberg statt und belegen für diese auch bereits eine Gründung im 12. Jahrhundert.

[12] WUB Bd. I-II, Nr. 782.

[13] Grundsätzlich zu den Gografschaften und Gogerichten: Hömberg, A.: Grafschaft, Freigrafschaft, Gografschaft. Münster 1949.

[14] Schrader, Fr. X.: Regesten und Urkunden zur Geschichte der ehemaligen Benediktiner-Abtei Marienmünster unter Berücksichtigung der früher incorporierten Pfarreien. In: Westfälische Zeitschrift, 45-49. Jahrgang 1887–1891, hier erster Teil 1887, S. 138.

[15] Pater Leander Bruns gibt zu Beginn dieses zweiten Vördener Kirchenbuches in lateinischer Sprache einen Bericht über die Entstehung der Pfarrei Vörden.

[16] Zur Ableitung hiesiger Ortsnamen von Personennamen s. Tönsmeyer, H. D.: Der frühmittelalterliche Adel im Corveyer Land. Ovenhausen und seine Nachbarorte: Ortsnamen als personengeschichtliche Quelle. In: Ovenhausen im Corveyer Land. Beiträge aus Geschichte und Gegenwart im Heimatfestjahr 2005. Herausgegeben vom Heimat- und Schützenverein Ovenhausen von 1575 e. V., S. 16-52.

[17] Eine Beschreibung der Grenzen des Wethigaus findet sich bei Rasch, H.: Stadt und Land Schwalenberg. Ein Abriß ihrer Geschichte. Detmold 1967, S. 6/7.

[18] Ausschnitt einer Karte bei Schoppmeyer, H.: Der Ursprung der Landstände im Paderborner Land. Heimatkundliche Schriftenreihe 17/1986 der Volksbank Paderborn, S. 9. Schoppmeyer orientiert sich dabei an Angaben bei Forwick, wie Anmerkung 3. Der Pfeil und die Bezeichnung „Vörden" wurden eingefügt.

[19] Das bekannteste Beispiel sind wahrscheinlich die Burgen der Babenberger an der Donau, die mit der Ausdehnung ihres Herrschaftsgebietes donauabwärts an Orden übergeben wurden, so z.B. Melk oder Klosterneuburg.

[20] Vörden wird in der Gründungsausstattung Marienmünsters nicht erwähnt. Die Aufstellung findet sich bei Schrader, Fr. X., wie Anmerkung 14, S. 159 ff.

[21] Völker, Chr.: Geschichte der katholischen Kirche in der Grafschaft Pyrmont bis 1668. Mit Beiträgen zur Geschichte des Erzbistums Paderborn. Für die Herausgabe bearbeitet von Bernhard Engel. Herausgeber Stadt Lügde 1991, S. 390, Anmerkung 10.

[22] Handschriftliche Nachricht im Nachlass Völker, Bestand Vörden im BiA Paderborn.

[23] Der von Völker gemeinte „jetzige Pferdestall" ist in dem bis 1909 fortgeführten Urkataster von Vörden noch nicht eingezeichnet. Das gilt allerdings auch für andere nachweislich vor 1909 errichtete Gebäude auf dem Burggelände. Nach Auskunft des Katasteramtes in Höxter erklärt sich das mit dem erst 1973 eingeführten Einmessungszwang für neue Gebäude.

[24] WUB, Bd. IV, Nr. 204. Pfarrkirchen waren damals im Umkreis von Vörden neben Marienmünster selbst Altenbergen, Kollerbeck, Löwendorf, Bellersen, Pömbsen und Sommersell.

[25] Schrader, Fr. X.: Wie Anmerkung 14, Zweiter Teil, in: Westfälische Zeitschrift, Bd. 46 (1888), S. 199.

[26] Völker, Chr.: Untergegangene Dörfer...., wie Anmerkung 1, S. 95

[27] Vgl. Metz, W.: Mainzer, Fuldaer und Würzburger Einflüsse an der oberen Weser. In: Land NRW: Kunst und Kultur im Weserraum. Münster 4. Aufl. 1967, Bd. I, S. 122 ff.

[28] Brandt, H. J. / Hengst, K.: Geschichte des Erzbistums Paderborn. Erster Band: Das Bistum Paderborn im Mittelalter, Paderborn 2002, S. 620. Eine Entstehung der Vördener Kirche noch im 8. Jahrhundert vermutet hingegen Bahrenberg. Bahrenberg, H.: Die Entstehung der Pfarreien im Bistum Paderborn bis zum Regierungsantritt des Fürstbischofs Ferdinand II. im Jahre 1661. Münster 1939, S. 25. Balzer, M.: Paderborn im frühen Mittelalter (776-1050): Sächsische Siedlung – Karolingischer Pfalzort – Ottonisch-salische Bischofsstadt. In: Göttmann, F. / Hüser, K. / Jarnut, J. (Hrsg.): Paderborn. Geschichte der Stadt und ihrer Region. Bd. 1: Das Mittelalter. Bischofsherrschaft und Stadtgemeinde, hrsg. von J. Jarnut, Paderborn, 2. Aufl. 2000, S. 48. Vorher schon: Kindl, H.: Die Pfarreien des Bistums Paderborn bis zum Tode Meinwerks 1036, in: Brandt, H.J. / Hengst, K. (Hrsg.): Felix Paderae Civitas. Der heilige Liborius 836-1986, Festschrift zur 1150jährigen Feier der Reliquienübertragung des Patrons von Dom, Stadt und Erzbistum Paderborn. Paderborn 1986, S. 48-101.

[29] Dagegen spricht auch nicht, dass die spätere Schwalenburg (Oldenburg) offenbar keine Burgkapelle hatte, weil man selbstverständlich den Gottesdienst im nahe gelegenen Hauskloster Marienmünster besuchte. Die Schwalenberger hatten aber nachweisbar Eigenkirchen in Sommersell und Stapelage, wahrscheinlich auch in Kollerbeck und Schwalenberg. Dazu: Bahrenberg, H.: Die Entstehung ....., wie in Anmerkung 28 S. 48.

[30] Kessler, A. (Hrsg.): Siddinghausen. Geschichte eines westfälischen Dorfes. Paderborn 2000.

[31] Vgl. Kneppe, C. / Peine, H.-W.: Die Hüffert bei Warburg: Adeliger Besitzschwerpunkt zur Zeit des karolingischen Landausbaus, in: Stiegemann, Chr. / Wemhoff, M. (Hrsg.): Kunst und Kultur der Karolingerzeit. Beiträge zum Katalog der Ausstellung 1999 in Paderborn. Mainz 1999, S. 301 ff.

[32] Schaten, N.: Annales Paderbornenses II, Neuhaus 1698, S. 257

[33] Abschrift der in den Altar eingebetteten Urkunde in der Pfarrchronik Vörden zum Jahre 1899.

[34] StA Münster, Fürstbistum Paderborn, Lehnskurie, Lehen, Nr. 1877, 610, 611, 1791, 612, 613, 1792.

[35] BiA Paderborn, XIV, a1, S. 86 (18. Jan. 1650).

[36] Die zuständigen Archäologen waren in dieser Zeit vor allem mit sogenannten Notgrabungen beschäftigt, wo durch Baumaßnahmen archäologische Zeugnisse bedroht waren. Nach Auskunft des Archäologen Dr. Pollmann würde eine Grabung im Hasengarten aufgrund der zu erwartenden Bebauungen aus unterschiedlichen Zeitepochen einen großen Aufwand erfordern. Die elektromagnetische Sondierung wurde dankenswerterweise durchgeführt von Beate Krawinkel, Bad Driburg, Jens Lütkemeyer, Bad Lippspringe und Michael Velten, Oelde.

[37] WUB, Bd. IV, Nr. 839.

[38] S. Angabe im Artikel über die Stadtwerdung Vördens in diesem Band.

[39] WUB, Bd. IV, Nr. 1193 und 2589

[40] WUB IX, Nr. 1985

[41] Wie Anmerkung 14.

Wilhelm Hagemann

Stadtwerdung und Stadtrechte

1. Gründe und Umstände des Stadtausbaus

a) Die Situation des Klosters Marienmünster

Das beginnende 14. Jahrhunderts war in Deutschland eine sehr unsichere Zeit. Nach dem Tode König Rudolfs von Habsburg im Jahre 1291 kam es zu strittigen Königswahlen und Machtkämpfen zwischen den Thronanwärtern. Der allgemeine Macht- und Autoritätszerfall führte zu großer Rechtlosigkeit im Land. In Missbrauch ihres Faust- und Fehderechts bekämpften sich zahlreiche Adelige unter wechselseitiger Zerstörung der Häuser und Felder ihrer abgabenpflichtigen Bauern. Raub und Plünderungen durch herumziehende Banden waren an der Tagesordnung. Auch Klöster wurden überfallen und ausgeplündert. Die Grafen von Schwalenberg als frühere Schutzherren des Klosters Marienmünster hatten sich in mehrere Linien aufgespalten und ihre frühere Machtstellung verloren. Wirksamen Schutz boten nur größere, befestigte Orte. Deshalb verfügte der Paderborner Bischof Dietrich von Itter (1310-21) die Übersiedlung der Mönche des Klosters Marienmünster hinter die Mauern der bischöflichen Stadt Steinheim. Das hätte aber eine starke Beschränkung der Freiheit und

der Bedeutung des Klosters und einen faktischen Verzicht auf die Nutzung zahlreicher Besitztümer bedeutet. Abt Hermann von Mengersen und sein Konvent suchten deshalb nach einem anderen Weg, sich der „täglichen Angriffe der Räuber" (s. u.) zu erwehren und das Kloster zu erhalten. Dazu gehörte zwangsläufig auch der Schutz der dem Kloster abgabenpflichtigen Bauern in der Umgebung und die Möglichkeit der sicheren Verwahrung der Vorräte des Klosters. So entwickelte der Konvent Pläne zur Befestigung der das Kloster quasi flankierenden Orte Vörden und Bredenborn. Man begann mit der Befestigung des zur Verteidigung

Abb. 23
Siegel des Abtes Hermann von Mengersen
an der Urkunde von 1324 (s. u.).[1] Er baute
mit seinem Konvent Vörden zur Stadt aus.

günstigeren Höhenrückens „tom Vorde". Möglicherweise dachte man sogar an eine Umsiedlung des Klosters auf den westlichen Teil des Höhenrückens. Das könnte vom Ansatz her die ungewöhnliche Größe des heutigen Burgareals in Vörden erklären (dazu mehr unter „Das Erscheinungsbild der Stadt"). Mit dem Kloster im Rahmen einer befestigten Stadt hätte dieselbe Situation vorgelegen wie in den gleichzeitig zu Städten ausgebauten Orten Gehrden und Willbadessen, wo sich bereits eine Siedlung an das jeweilige Kloster anschloss und die Befestigung mit Zustimmung des Bischofs erfolgte.[2]

b) Protest des Bischofs und Weiterbau

Der Befestigungsbau in Vörden geschah jedoch offensichtlich ohne Wissen und Zustimmung des Paderborner Bischofs und verstieß gegen dessen Anordnung zur Übersiedlung des Konvents nach Steinheim. Dementsprechend heftig war die Reaktion des Bischofs: Mit Datum vom 9. April 1319 ließ er dem Abt durch die Pfarrer von Nieheim, Sandebeck und Holzhausen ein Schreiben überbringen, in dem er unter Androhung der Exkommunikation eine sofortige Einstellung der Befestigung Vördens forderte und die Übersiedlungsanordnung nach Steinheim bekräftigte.[3] Neben der Verärgerung über den Ungehorsam des Abtes sah der Bischof wohl auch sein alleiniges Befestigungsrecht bedroht, das die Paderborner Bischöfe erst wenige Jahrzehnte vorher gegen die Ansprüche der Erzbischöfe von Köln als Herzöge von Westfalen durchgesetzt hatten.[4] Es drohte jetzt quasi von innen her unterwandert zu werden. Zudem war das Bemühen des Klosters sogar als Versuch deutbar, sich der Befehlsgewalt des Bischofs als Landesherrn durch den Aufbau eines selbständigen Territoriums (Herrschaftsgebietes) ganz zu entziehen. Solches hatte zuvor Corvey, das Mutterkloster Marienmünsters, erreicht.[5] Es scheint dem Abt Hermann von Mengersen, genannt „der Weise", aber dann gelungen zu sein, mit dem Bischof eine Übereinkunft der Art zu treffen, dass eine Fortsetzung der Befestigung möglich war. Vielleicht wurde schon zu dieser Zeit die spätere Übergabe der Stadt an den Bischof vereinbart. Denkbar ist aber auch, dass die Bauarbeiten erst nach dem Amtsantritt des Nachfolgers auf dem Paderborner Bischofsstuhl, Bernhard V. zur Lippe, im Jahre 1321 fortgesetzt wurden, der selbst als Städtegründer in seinem Bistum hervorgetreten ist (Dringenberg, Lichtenau, Borgentreich). Auszuschließen ist aber sicherlich, dass die Arbeiten trotz der Exkommunikationsandrohung einfach fortgesetzt wurden. Deshalb ist auch die dann vielfach wiederholte These Schraders sicher falsch, der Abt habe die neue Stadt nur deshalb an den Bischof übergeben, weil ihm keine hinreichende Besetzung der Burgmannschaft gelungen sei.[6] Vielmehr muss die Verabredung der späteren Übergabe der Stadt an den Bischof als Voraussetzung für die Erlaubnis zum Weiterbau gesehen werden. Zu Beginn des Jahres 1324 war jedenfalls der Ausbau Vördens wohl weitgehend vollendet. Neben den ursprünglichen Bewohnern des

Ortes hatten jetzt auch viele der zuvor in verstreuten kleineren Siedlungen der Umgebung wohnenden Bauern und Handwerker hinter den Mauern der neuen Stadt eine sichere Bleibe gefunden. Dafür spricht vor allem, dass auf den alten Siedlungsplätzen Waldessen, Gundelsen und Bettinghusen aus späterer Zeit keine Scherbenfunde mehr auffindbar sind.

Man kann sich heute den Arbeitsaufwand kaum mehr vorstellen, der mit der Errichtung einer solchen Stadt verbunden war. Für die Leitung der Arbeiten dürften die Mönche kundige Fachleute herangezogen haben. Die Arbeiten selbst mussten aber vor allem von den Bauern und Handwerkern aus dem Grundherrschaftsgebiet des Klosters selbst geleistet werden, die für den Umzug in die neue Stadt vorgesehen waren. Neben ihrer anfallenden täglichen Arbeit mit dem Vieh und auf den Feldern mussten sie das Stadtgelände planieren, teilweise trocken legen (Pohlstraße!) oder terrassieren (Niedernstraße). Dann mussten Keller, Mauergräben und Brunnenschächte ausgehoben werden. Bausteine waren zu brechen und auf die Baustelle zu fahren. Allein für die gut 800 Meter lange Stadtmauer waren bei einer Stärke von knapp einem Meter und einer angenommenen Höhe von sechs Metern (mit Fundament) fast 5000 cbm Steine notwendig. Zum Vermauern mussten Kalksteine gebrochen und zu Kalk gebrannt werden, wozu auch große Mengen Brennholz benötigt wurden. Für das auf Kellern und Grundmauern aufsetzende Fachwerk waren Bäume zu fällen, daraus von Hand Balken zu sägen und andere benötigte Hölzer zuzuschlagen. Nach Möglichkeit wurden wohl auch die Fachwerkhäuser am alten Standort abgerissen und im Stadtgebiet neu aufgebaut. Zur Ausfachung der Felder zwischen den Balken waren Lehm, Stroh und Flechthölzer zu besorgen. Fenster, Türen, Fußbodenbretter usw. mussten angefertigt und eingebaut werden. Die Dachdeckung erfolgte wohl überwiegend mit Schilf oder Stroh. Zudem waren die Gräben vor der Stadtmauer und der Burgbefestigung auszuheben. Neben der Errichtung der Häuser, Mauern und Tore stellten sich mit dem Bau der Stadtkirche und der Burg und eventuell des Rathauses weitere große Teilaufgaben. Das alles war mit den damaligen Mitteln zu leisten, also ausschließlich mit Muskelkraft. Unter diesen Bedingungen mutet eine Bauzeit der Stadt von fünf Jahren oder sogar weniger noch recht kurz an.

2. Die Übergabe der Stadt an den Bischof von Paderborn

a) Die Übergabe aus der Sicht des Klosters Marienmünster

Nach der Errichtung der Stadt Vörden durch das Kloster Marienmünster übergab dieses die neue Stadt durch einen Vertrag vom 22. Februar 1324 an Bischof Bernhard V. Der Bischof wurde damit Stadtherr. Für Bernhard V. passte das in seine Politik der Städtegründungen, wodurch er das Bistum als weltliches

Herrschaftsgebiet nach außen und innen absichern wollte. Er hatte sogar
aus seinem persönlichen Vermögen
die Stadt Dringenberg gebaut. Das
Kloster Marienmünster verlor mit
der Übergabe der Stadt Vörden zwar
den Zehnten und die anderen Abgaben aus dem Ort, erhielt dafür aber
einen nicht unbeträchtlichen Gegen-
wert, indem der Bischof ihm die neu
errichtete Pfarrei Vörden und die dem
Kloster bereits unterstehende Pfarrei
Steinheim beließ und zusätzlich die
bestehenden Pfarreien von Nieheim,
Pömbsen und Altenbergen übertrug.
Das bedeutete für das Kloster insbesondere einen großen Landzuwachs.
Mit den Pfarrstellen war nämlich immer der jeweilige Pfarrhof als Existenzgrundlage des Pfarrers verbunden, in Vörden und Nieheim jeweils
120 Morgen. Die Ausstattung der an-

deren Pfarreien wird ähnlich gewesen
sein. Zudem hatte das Kloster nun in
der Nähe einen befestigten Ort, wo es
sich gegebenenfalls unter den Schutz
des Bischofs von Paderborn stellen

Abb. 24
Bronzene Grabplatte Bischofs Bernhard
V. zur Lippe am rechten Chorpfeiler des
Paderborner Domes. Er übernahm die
Stadt 1324 vom Kloster Marienmünster.

konnte, der auch für eine angemessene Besatzung mit Burgleuten zu sorgen
hatte. Vor allem aber wurde die Bestimmung zur Übersiedlung nach Steinheim
aufgehoben.

b) Die Inhalte des Übergabevertrages

Im Folgenden wird der als Schreiben des Bischofs formulierte Vertrag zusammengefasst wiedergegeben.[7] In dem lateinisch abgefassten Schreiben sind die
Bezeichnungen von geografischen Gegebenheiten wie Bergen und Wegen in
der damaligen Umgangssprache geschrieben, also dem Mittelniederdeutschen
(Plattdeutschen). Eine Kommentierung dieser ortsgeschichtlich besonders interessanten Angaben erfolgt unter Kapitel 3.

1. Bischof Bernhard legt dar, dass sich Abt und Konvent von Marienmünster nach reiflicher Überlegung unter den Schutz des Bistums stellen, *„weil
   der Zustand des sie umgebenden Landes gefährlich ist"* und ihre Ländereien

verlassen liegen, sie aber ohne Einkünfte den göttlichen Dienst nicht unge-
hindert ausüben können. Zudem könnten sie sich nicht der täglichen Angriffe der Räuber und Eindringlinge erwehren, wenn ihnen nicht der Schutz
weltlicher Herrschaft beistehe. Deshalb habe man sich allein dem Bischof
und seinen Nachfolgern unterstellt, die sich verpflichten, das Kloster und
seine Güter gegen alle Feinde zu verteidigen. Das soll auch die Verteidigung
gegen die Grafen von Schwalenberg oder irgendwelche Anderen einschließen, die an der Schutzherrschaft der Kirche von Paderborn Anstoß nehmen
könnten.

2. Der Bischof erhält keine besonderen Rechte an den Gütern des Konvents.
   Abt und Konvent übertragen ihm und seinen Nachfolgern jedoch nach
   mehreren Beratungen und den rechtlich vorgeschriebenen feierlichen Verhandlungen *„in wahrer, vollständiger und für immer gültiger Schenkung"*
   ihre Befestigung, nämlich Burg und Stadt genannt „to dem Vorde" mit allen
   ihren Rechten, Gerichtsbarkeiten und besonders mit dem Hochgericht, das
   üblicherweise „Gogericht" genannt wird. Dazu alle Äcker, Felder, Wälder,
   Haine, bebaute und unbebaute Ländereien, Wege und weglosen Gebiete,
   Gewässer, Wasserläufe, Teiche mit Zehnten und allen Zugehörigkeiten in
   den unten näher benannten Grenzen.

3. Die Burg und die anderen Befestigungen haben Abt und Konvent aus eigenen Mitteln und auf eigenem Grund gebaut. Sie behalten sich dort jedoch
   kein Recht vor, ausgenommen
   – die Kirche in der Stadt,
   – vier vom Zehnten befreite Mansen im Feld (Manse = Hufe = 30 Morgen),
   – einen Teich vor der Stadt mit der am Teich liegenden Mühle,
   – eine passende Hofstätte in der Stadt.

4. Die Grenzen der Stadt, in der die Äcker und die zur Stadt gehörenden Rechte liegen, verlaufen folgendermaßen:
   Zunächst auf dem von Brakel kommenden, nahe bei der Abbenburg vorbei führenden Weg ansteigend in Richtung zum Kloster Marienmünster bis
   zum Teich „Charitatum", den Teich ausgeschlossen. Von diesem Teich bis
   zur Mühle „Snaggermollen", die Mühle auch ausgeschlossen. Von hier um
   den Berg „Sculenborgh" herum unter Einschluss des Berges. Dann durch
   die Mitte des Tales zwischen Berg und Kloster ansteigend zum Weg, der
   Münsterweg heißt, auf dem man vom Kloster zum Dorf Wenden durch den
   „Münsterholz" genannten Wald geht, unter Einschluss des Hungerberges
   bis auf den „Scraetwegen". Auf diesen Weg (oder über diesen hinaus?) zum
   Dorf Wenden bei einer Linde im linken Teil des Dorfes, die Linde auf der
   Höhe des Berges ausgeschlossen. Vom Dorf Wenden geradeaus bis auf den
   Weg von der Oldenburg nach Höxter, auf diesem durch den Sumpf Waldes-

sen bis zu der Stelle, wo die Eilverser Mark begrenzt wird und von hier direkt hinüber zur Altenberger Mark. Dabei verbleibt der Teich Waldessen beim Kloster. Von der Altenberger Mark dann zu der „Swinesgrave" genannten Stelle und von dort im Kreis zurück zum Brakeler Weg.

5. Aus dieser frommen und reichen Schenkung soll für alle kommenden Bischöfe die Verpflichtung zum Schutz des Klosters und seiner Güter folgen. Und als Zeichen, dass Bischof Bernhard der Großzügigkeit des Abtes und Konvents mit würdiger Dankbarkeit begegnet, schenkt er mit Zustimmung des Domkapitels und des zuständigen Archidiakons (Dechants) die Kirchen in Nieheim, Pömbsen und Altenbergen mit ihren Besitztümern dem Kloster. Zusätzlich erhält dieses vier zehntfreie Mansen vor Nieheim und zwei Wohnstätten in dieser Stadt, aus denen eine von allen städtischen Lasten befreite, zur Kirche gehörige Wohnstätte werden soll. Dieses sollen Abt und Konvent für alle Zeit neben den Kirchen in Steinheim und Vörden erhalten. Für die Einkünfte soll der Abt die Pfarrstellen nach seiner Entscheidung mit tüchtigen Mönchen besetzen. Allerdings verliert die Kirche in Altenbergen das Recht des Holzeinschlags im „Echtwort" genannten Wald (Echtwort = Nutzungsrecht auf Waldbesitz). Dieser soll der Burg Vörden untrennbar zugeschlagen werden.

6. Aufgehoben wird die vom Vorgänger im Bischofsamt verfügte Verlegung des Konvents nach Steinheim. Das Kloster soll am Ort der ursprünglichen Gründung bleiben. Die in jenem Brief ebenfalls verfügte Inkorporation (Eingliederung) der Steinheimer Kirche mit ihrer Ausstattung und ihren Zugehörigkeiten in das Klostervermögen bleibt jedoch bestehen. Der Abt behält hier ein besonderes Vorrecht.

7. Nach einer Abtswahl erhält der neue Abt nach der Wahlbestätigung durch den Bischof direkt von diesem den Auftrag zur Seelsorge in den inkorporierten Pfarreien, was ansonsten Aufgabe des jeweiligen Archidiakons wäre. Der Abt ist deshalb auch direkt dem Bischof verantwortlich. Die vom Abt ernannten Pfarrer sind aber dem Archidiakon zu Gehorsam verpflichtet. Der Bischof erhält das Recht, jede dritte im Kloster frei werdende Präbende (Einkünfte für geistliche Dienste, meist aus Stiftungen) mit einer geeigneten Person seiner Wahl zu besetzten.

8. Die Mönche, die in den inkorporierten Pfarreien den geistlichen Dienst tun, sind von den sonst üblichen Abgaben der Weltpriester befreit. Als Ausgleich soll der Abt aber dem Archidiakon in Steinheim jährlich eine Mark Soester Denare zahlen sowie als Anerkennung für die vom Bischof und dem Bistum erwiesene Güte der Kirche in Paderborn jedes Jahr am Liboriustag 24 Pfund Wachs für zwei große Kerzen geben.

9. Formalien: Der Text ist zweifach ausgefertigt und vom Abt und dem Konvent des Klosters Marienmünster anerkannt. Die Besiegelung erfolgt durch die Siegel des Bischofs, des Domkapitels, des Abtes und des Konvents. Zeugen sind: Ludolph, Dekan der Kirche der hl. Apostel Petrus und Andreas in Paderborn, Heinrich, Dekan der neuen Kirche des hl. Petrus in Höxter, Berthold, Pfarrer in Brakel, Liborius, Notar des Bischofs Bernhard sowie die Knappen Eberhard von Mengersen und Olricus von Nedere und viele Glaubwürdige.

10. Datierung: Gegeben in Paderborn im Jahre des Herrn 1324 am Tage Petri Stuhlfeier (22. Februar)

3. Überlegungen zum Übergabevertrag

Zunächst ist hervorzuheben, dass in dem Vertrag zum ersten Mal von einer *Stadt* Vörden gesprochen wird, wenngleich den Bewohnern das Stadtrecht erst 18 Jahre später verliehen wurde (s. u.). Dennoch ist es gerechtfertigt, 1324 als Jahr der Stadtwerdung Vördens anzusehen, denn *„Stadt ist, was im amtlichen Sprachgebrauch als Stadt bezeichnet wird".*[8]

Zu 1.
Die Formulierungen spiegeln deutlich die oben bereits angesprochenen unsicheren Zeiten zu Beginn des 14. Jahrhunderts wider. Es ist allerdings schwer abschätzbar, inwieweit das Schutzversprechen des Bischofs tatsächlich die Sicherheit des Klosters beispielsweise gegen Überfälle erhöhte. Wichtig war aber wohl die Nähe zur Stadt als Fluchtmöglichkeit sowie die dort gegebene Präsenz gut ausgebildeter und bewaffneter Burgleute. Der Bischof erreichte durch den Vertrag vor allem die uneingeschränkte Anerkennung seiner weltlichen Oberhoheit im Klostergebiet. Der Bezug auf mögliche Repressalien durch die Grafen von Schwalenberg deutet an, dass mit diesem Vertrag die Vogtei der Schwalenberger über ihre Familienstiftung Marienmünster nach fast 200 Jahren rechtlich aufgehoben wurde. Man kann darin auch eine Absicherung des Bischofs aus dem Hause Lippe gegen ein mögliches Wiedererstarken der Schwalenberger sehen, denn zu dieser Zeit hatte die Familie zur Lippe bereits weitgehend das Erbe der Schwalenberger in deren früherem Herrschaftsgebiet angetreten. Irgendwelche Gegenmaßnahmen der Schwalenberger sind allerdings nicht bekannt. Wie unter dem nächsten Punkt angesprochen, reklamierten sie aber später noch Rechte in Vörden.

Zu 2.
Burg und Stadt Vörden waren offensichtlich bis zu der Übergabe an den Bischof gänzlich und unbestritten Eigentum des Klosters Marienmünster. Auch

gehörte der Grund und Boden, auf dem sie errichtet wurden, schon vorher zum Kloster. Dabei ist vor allem die gegebene Existenz eines Gogerichtes an diesem Ort interessant. Gogerichte gehörten ursprünglich zur unteren Gerichtsbarkeit und konnten nur auf frischer Tat Gefasste aburteilen (s. dazu auch die Ausführungen im vorhergehenden Beitrag). Die anderen Straftaten wurden vor dem Gericht des Gaugrafen verhandelt, das unter dem Leitgedanken der materiellen Wiedergutmachung stand. Vom 12. Jahrhundert an entwickelte sich jedoch der Gedanke der körperlichen Sühne bis hin zur Todesstrafe. Diese Blutgerichtsbarkeit war Sache der Gogerichte, die damit zu Hochgerichten wurden und großes Gewicht erlangten. Deshalb suchten weltliche wie geistliche Herren darauf Einfluss zu nehmen, indem sie das Recht der Ernennung oder zumindest Bestätigung des Gografen durchzusetzen versuchten. Die Verfügung über die Gogerichtsbarkeit war ein wichtiger Teil des Bemühens um den Aufbau einer selbständigen Herrschaft. Deshalb war auch für Bischof Bernhard die Übertragung des Vördener Gogericht besonders wichtig, um auch dadurch dem Kloster jede Entwicklung hin zu einem selbständigen Herrschaftsgebiet zu verbauen.[9] Auch sollte damit wohl möglichen Ansprüchen der Schwalenberger Grafen vorgebeugt werden.

Für unsere Perspektive ist interessant, dass die Übertragung des Gogerichtes an den Bischof ausdrücklich erwähnt wird. Es war demnach nicht erst mit dem Stadtausbau entstanden, sondern schon vorher mit der Örtlichkeit verbunden. Seine Gründung kann aus rechtlichen Gründen nicht dem Kloster Marienmünster zugeschrieben werden. Vielmehr muss hier eine ältere Tradition vorliegen, die mindestens bis auf die Schwalenberger Grafen als Gaugrafen und Schutzvögte des Klosters und des Bistums Paderborn zu Anfang des 12. Jahrhunderts zurückgeht. Wie das Gogericht in Vörden an das Kloster kam, muss hier offen bleiben. Möglich ist, dass es im Zuge des Machtverlust der Schwalenberger durch Kauf oder zumindest faktisch an das Kloster übergegangen war. In diesem Zusammenhang könnte stehen, dass noch 1346 Graf Heinrich von Schwalenberg und seine Söhne von Teilrechten an den Schlössern in Vörden und Bredenborn ausgingen.[10] Die Bindung des Gogerichts an den Siedlungsplatz Vörden deutet jedenfalls auf dessen Bedeutung weit vor der Stadtgründung hin.

Zu 3.

Es ist heute nicht mehr nachvollziehbar, wo die 120 Morgen Land lagen, die zur Pfarrei Vörden gehörten. Dazu zählte jedenfalls das Gelände, auf dem heute die Schule steht, wie die Lagebezeichnung „Papenbrink" ausweist. Südlich vorgelagert war die „Papenwiese". Die erwähnte Mühle stand ausgangs der Stadt in Richtung Marienmünster etwa an der jetzigen Brücke über die Brucht. Diese war hier durch einen Damm aufgestaut. Man sprach vom Hoggeteich oder Gärdtsteich (1729), später verschliffen zu Gersteich (1872). Auf der Wiese, die sich heute dort befindet, stehen jetzt zu Peter und Paul die Zelte

für das Schützenfest. Die Wiese war noch vor wenigen Jahrzehnten in nassen
Jahreszeiten sehr sumpfig und ist deshalb mehrfach mit Erde aufgefüllt worden. Sie gehörte zum Mönchehof (Fam. Elsing) und ging dann vertraglich an
die Schützenbruderschaft über. Die Mühle dürfte als Kornmühle schon früh
eingegangen sein, denn im Jahre 1729 konnten sich ältere Vördener nur noch
an eine Schleifmühle an dieser Stelle erinnern.[11] Solche Schleifmühlen trieben
lediglich einen Schleifstein zum Schärfen von Arbeitsgeräten an. Wahrscheinlich reichte damals die Wassermenge der Brucht besonders in trockenen Zeiten
und trotz des Stauteiches als Wasservorrat nicht mehr zum Antrieb einer
Mahlmühle aus.
Die später verbreitete Bezeichnung Gärdtsteich u. ä. ist am ehesten als Bezug
auf den Namen dessen erklärbar, der den Teich mit der Mühle angelegt hatte. Das müsste 1324 oder früher gewesen sein. Aufgrund der zur Anlage einer
Mühle erforderlichen Rechte sind als Erbauer nur die Grafen von Schwalenberg
oder das Kloster Marienmünster denkbar.[12] Unter den Grafen von Schwalenberg kommt aber in der fraglichen Zeit ein Name wie Gerhard o. ä. nicht vor.
Hingegen hieß der erste Abt des Klosters Marienmünster zwischen 1128 und
etwa 1150 Gerhard. Es liegt demnach nahe, die Bezeichnung „Gärdtsteich“ auf
ihn zu beziehen. Das würde wiederum die Überlieferung des Klosters stützen,
dass Vörden noch von dem 1137 verstorbenen Klostergründer Widukind von
Schwalenberg dem Konvent geschenkt wurde, so dass der Abt Gerhard dann
hier einen Teich anlegen und eine Mühle erbauen konnte.
Zur Lage der „passenden Hofstätte“, die zur Pfarrei gehören soll, wird keine
Angabe gemacht. Es ist aber davon auszugehen, dass damals bereits der Platz
gewählt wurde, der in einem 1606 ausgehandelten Vertrag als „Wedeme – Stätte“ ausgewiesen ist (ausführlicher dazu im Beitrag „Das Erscheinungsbild der
Stadt“).

Zu 4.
Die hier beschriebenen Grenzen entsprechen offenbar bis heute weitgehend
denen der Vördener Feldmark. Sie schlossen die Felder der Siedlungen mit ein,
die beim Bau der Stadt zugunsten innerstädtischer Siedlungsplätze aufgegeben wurden (s. dazu ausführlich im Artikel „Frühe Geschichtszeugnisse und
untergegangene Siedlungen im Umkreis von Vörden“. Lediglich Wenden wird
zu diesem Zeitpunkt (1324) noch als Dorf (Villa) genannt (s. u.). Im Einzelnen
lassen sich die damaligen Feldmarkgrenzen größtenteils verfolgen (s. Abb. 25):
Der erwähnte Weg von Brakel nach Marienmünster dürfte der jetzigen Wegführung parallel zur Brucht ziemlich entsprochen haben. Die Grenze kreuzte
dann den heutigen wie den alten Weg von Vörden nach Bredenborn und
schloss die Feldmark der früheren Siedlung Bestinghusen ein, die nicht mehr
erwähnt wird. Etwas weiter im Bereich der jetzigen Lagebezeichnung Niedernholz wird man den auch bei anderen Gelegenheiten genannten Teich Charitatum vermuten können, den einer der zahlreichen kleinen Wasserläufe in

diesem Gebiet speiste. Die „Snaggermühle" (Sägemühle?) dürfte von den unterhalb der Schulenburg zusammenfließenden Wasserläufen angetrieben worden sein.[13] Insgesamt werden die Bäche damals mehr Wasser geführt haben als gegenwärtig.

Interessant ist die Erwähnung des bis heute Schulenburg (umgangssprachlich Schumeriggen) genannten Bergsporns, der immer noch zur Vördener Feldmark gehört. Der Name könnte vom mittelniederdeutschen Wort „schulen" (auch „sculen") für „verbergen, verstecken" abgeleitet sein.[14] Sollte man hier eine ältere Burganlage vielleicht als Fluchtburg vermuten dürfen, von der damals vielleicht noch Befestigungsreste sichtbar waren? Dagegen spricht allerdings, dass der nahe Hungerberg als Zufluchtsort sicher besser geeignet gewesen wäre (s. u.). Auch nur spekulativ kann man die Bezeichnung Schulenburg mit einer Urkunde vom 15. August 1260 in Verbindung bringen, durch die Graf Widukind VI. von Schwalenberg dem Kloster Marienmünster Güter in Volkoldessen (damals zwischen Marienmünster und Entrup gelegen) übergab gegen das Recht, auf allen Klostergrundstücken nach Gold und Silber suchen zu dürfen.[15] Mönks vermutet, dass der in der Gegend um Marienmünster im Boden vorkommende, gelb schimmernde Schwefelkies (Pyrit) den Grafen zu dieser Suche veranlasst haben könnte.[16] Sollte er hier vielleicht Stollen in den steil aufragenden Bergrücken getrieben haben, um nach solchen Schätzen zu suchen, wobei die Stollen dann später als Verstecke gedeutet wurden? Oder ist der Name gar als Spott auf die vergeblichen Versuche des Grafen entstanden? Das heute am Südabhang des Bergsporns stehende Haus wurde um 1840 von Franz Böger erbaut. Eine frühere Bebauung ist nicht bekannt.

Zwischen der Schulenburg und Marienmünster durch das Tal ansteigend traf die Grenze dann auf den „Münsterweg", der weitgehend der jetzigen Straßenführung von Marienmünster nach Löwendorf entsprechen dürfte. Die heutige Bezeichnung „Murkersgrund" für den oberen Teil des erwähnten Tales bestand damals noch nicht. Sie stammt erst aus der Zeit nach dem Dreißigjährigen Krieg, als die Wiese dem Vördener Bürgermeister und Maurer Klasen gehörte. Aus dem plattdeutschen „Muhr Klasens Grund" wurde über „Murklasgrund" schließlich „Murkersgrund".[17] Der von der Grenze eingeschlossene Hungerberg gehört bis heute zur Vördener Feldmark.

Die Bezeichnung „Hungeresbergh" in der Urkunde lässt verschiedene Deutungsversuche zu:

(1) Man könnte zunächst eine Beziehung zu dem Wort Hunger annehmen und das auf den wenig ertragreichen Boden in diesem Bereich beziehen. Allerdings erscheint diese Erklärung zu direkt und simpel. Auch sprachlich sind Zweifel anzumelden, ob die um 1324 hier gesprochene Sprache den Begriff Hunger kannte. Er kommt zwar im Altsächsischen, dem Vorläufer des späteren Mittelniederdeutschen (Plattdeutschen) als Hungar vor (vgl. z. B. hunger im Englischen), ungewiss ist aber, ob in dem um 1324 in dieser Gegend gesprochenen Plattdeutsch der Begriff geläufig war. Zumindest in dem später und bis in unse-

re Zeit hinein hier gesprochenen Platt hätte es „Schmacht" heißen müssen, dem entsprechend also Schmachtberg statt Hungerberg.

(2) Der nach Westen steil aus der Landschaft aufragende und dann langgezogene Bergrücken könnte ursprünglich als Hunenberg (Hünenberg) bezeichnet worden sein. Allerdings wäre dann der Einschub des g zu Hungeresbergh sprachgeschichtlich ungewöhnlich.

(3) Der Name könnte sich von Hungarnberg (Ungarnberg) ableiten. König Heinrich I. befahl im Jahre 926 die Anlage von Fluchtburgen zum Schutz gegen die häufigen Raubzüge der damals noch nicht sesshaften Ungarn. Solche Burgen waren keine auf engem Raum konzentrierte steinerne Befestigungen, wie sie von Adelsfamilien im Hochmittelalter errichtet wurden, sondern großflächige Anlagen, die auch zur Aufnahme von Vieh und Vorräten geeignet sein mussten. Auf dem Hungerberg wäre eine solche Anlage vorstellbar, die sich ausgehend von der südlichen Steilkante des Gipfelplateaus den sanfter abfallenden Hang nach Norden hinunter erstreckt haben könnte. Oberirdisch sind dort jedoch keine Anzeichen dafür festzustellen, was aber bei einer anzunehmenden Palisadenbefestigung nach über 1000 Jahren auch nicht zu erwarten wäre.[18] Möglicherweise hat es sogar direkte Erfahrungen mit den Ungarn in unserer Gegend gegeben. Ihre Anwesenheit in Ostwestfalen ist jedoch nur weiter nördlich in Herford und Enger nachzuweisen, wo man in den dortigen Klöstern noch Jahrhunderte später der durch die Ungarn ermordeten Brüder und Schwestern gedachte.[19]

Beim gegenwärtigen Erkenntnisstand ist somit keine sichere Entscheidung zur Deutung der Bezeichnung „Hungeresbergh" möglich.

Mit den „Scratwegen" (in einer anderen Abschrift „Schratwegen") wird der Weg gemeint sein, der bis zum Ausbau der Bundesstraße durch das „Windloch" zwischen dem großen und dem kleinen Hungerberg hindurch führte und beide trennte. Die Bezeichnung geht wahrscheinlich auf das mittelniederdeutsche „schratelen" für „zerstückeln" zurück.[20] Die Grenze verlief dann offenbar mitten durch das Dorf Wenden hindurch, wobei der westliche Teil zu Vörden kam. Daraus lässt sich zum einen schließen, das Wenden eine sehr gestreut bebaute Ansiedlung gewesen sein muss, zum anderen auch, dass es wahrscheinlich ebenfalls schon zugunsten des Zuzugs nach Vörden aufgelöst worden oder – vielleicht bis auf einige östlich der neuen Grenze gelegene Hausstellen – in der Auflösung begriffen war. Zu der erwähnten Linde wurde an anderer Stelle bereits ausgeführt, dass sie laut Völker um 1827 noch vorhanden war.[21] Sie muss am kleinen Hungerberg gestanden haben.

Der als nächstes erwähnte Weg von der Oldenburg nach Höxter dürfte über das jetzige Kleinen- und Großenbreden weiter über Hohehaus geführt haben. Der Sumpf Waldessen ist nahe der früheren Siedlung Waldessen an der Brucht zu vermuten, die aber bereits nicht mehr bestand. Als Eilverser Mark („Eilwordesseremarke") ist der Grenzwald der Gemarkung Eilversen zu sehen. Es dürfte das noch heute vorhandene Waldgebiet neben dem Eilverser Friedhof

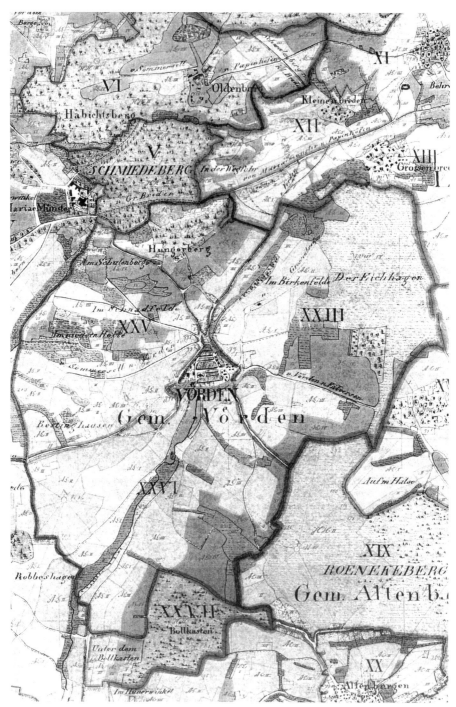

Abb. 25   Karte der Vördener Feldmark um 1830
(Original farbig, s. Nr. VI im farb. Bildteil)

zum Eichhagen hin sein. Von hier ging es auf den Altenberger Grenzwald zu. Die Linie wird weitgehend mit dem heutigen Feldweg vom Eilverser Friedhof aus über die Brücke in Richtung Altenbergen identisch sein. Von hier aus verlief die Grenze in Richtung des Waldstücks Bollkasten. Die mit „Swinesgrave" bezeichnete Stelle wird man als „Schweinegraben" übersetzen und als Hinweis auf einen Eichen- und Buchenbestand sehen können, der für die Schweinemast besonders interessant war. Die Bezeichnung findet sich als „Schweinsgraven" nochmals im Jahre 1562, als die Stadt Vörden und die Familie von Haxthausen einen Vertrag u.a. über die von den Vördenern zu nutzenden Waldflächen abschlossen.[22] Nach der Geländebeschaffenheit dürfte es sich um den heute als „Pohls Kämpe" bezeichneten Geländeeinschnitt handeln. Wahrscheinlich wechselte die Bezeichnung mit der Abholzung des Waldbestandes und der Umwandlung in Weiden (Kämpe). Eine Familie Pohl war im 17. Jahrhundert in Vörden wohnhaft.

Zu 5.
Wie bereits angesprochen, war die Übertragung der Pfarreien mit ihren Einkünften sicherlich ein materieller Gewinn für das Kloster, gemindert allerdings durch die Abgabe des vorher zur Pfarrei Altenbergen gehörenden Waldes. Zudem bedeutete die Übernahme der Aufgabe von „Weltgeistlichen" durch Mönche auch eine teilweise Auflösung der bisherigen klösterlichen Lebensgemeinschaft.

Zu 6.
Mit dieser Rücknahme der bischöflichen Verfügung zur Übersiedlung des Klosters nach Steinheim wurde der vorhergehende Widerstand des Konvents quasi legitimiert.

Zu 7.
Die in den Pfarreien Dienst leistenden Mönche wurden partiell in die Hierarchie des Bistums eingebunden, indem sie dem Archidiakon in Amtssachen gehorsamspflichtig waren. Das galt allerdings nicht für den Abt selbst und auch nicht für die Ernennung der Mönche für diese Aufgaben. Durch das Recht der Besetzung jeder dritten Präbendenstelle im Kloster bekam der Bischof einen Einfluss auf die Zusammensetzung des Konvents.

Zu 8.
Die vom Abt als Pfarrer eingesetzten Mönche unterstanden weiterhin dem Armutsgebot, so dass sie auch nicht über die Einkünfte der Pfarrstelle verfügen und deshalb davon auch keine Abgaben an den Bischof leisten konnten. Die dem Bischof entstehenden Ausfälle wurden offenbar mit den vom Kloster zu erbringenden Leistungen lediglich symbolisch anerkannt.

Zu 9.
Die als einzige Laienzeugen genannten Eberhard von Mengersen und Olricus von Nedere könnten zu der Zeit bereits eingesetzte Burgleute in Vörden gewesen sein. Ersterer wird in verwandtschaftlichem Verhältnis zu Abt Hermann von Mengersen gestanden haben.

4. Die Verleihung der Stadtrechte

Auch wenn Vörden 1324 wegen seiner Befestigung bereits als Stadt bezeichnet wurde, besaßen die Bewohner damit noch nicht das Recht von Stadtbürgern. Allerdings hatte das Kloster Marienmünster die ihm bis 1324 unterstehenden Bewohner Vördens offenbar schon immer großzügig behandelt, wie in der Stadtrechtsurkunde von 1342 ausdrücklich festgestellt wird (s. u.). Warum die Bürger erst 18 Jahre nach der ersten Erwähnung als Stadt schriftlich fixierte Stadtrechte erhielten, ist nicht entscheidbar. Man kann aber vermuten, dass die Stadt sich zunächst gänzlich mit Bewohnern füllen sollte und dass diese auch erst in ihre neue Rolle als Stadtbewohner hineinwachsen mussten.

Dass es wahrscheinlich nicht sofort möglich war, die Stadt gänzlich mit Bewohnern zu füllen, zeigt die folgende Überlegung: Wie aus Steuerlisten späterer Jahrhunderte hervorgeht (ausführlicher behandelt unter „Vörden als bischöfliche Stadt 1324-1802"), wies Vörden innerhalb der Mauern 85 Hausstellen auf. Geht man davon aus, dass die zum Zuzug in die neue Stadt aufgelösten Dörfer Waldessen, Gundelsen und Bestinghusen im Durchschnitt etwa 12 Hofstellen umfassten, wie es die archäologischen Befunde nahe legen, und auch etwa die gleiche Anzahl aus Wenden kam, dann würde sich das auf ungefähr 48 Hausstellen summieren. Im Ort Vörden selbst dürften aber vor dem Stadtausbau auch kaum mehr als 15 Häuser gestanden haben, so dass die neue Stadt dadurch auf gut 60 Hausstätten kam und noch rund 20 weitere durch anderweitige Zuzüge besetzt werden mussten.

Das vom Paderborner Bischof Balduin ausgestellte Original der Stadtrechtsurkunde vom 28. April 1342 war den Vördenern „verkommen", wie es in dem Begleittext zu dem 1581 neu ausgestellten Schriftstück heißt. Bürgermeister und Rat zu Vörden hatten den Bremer Erzbischof und Bistumsadministrator (Bistumsverwalter) von Osnabrück und Paderborn, Heinrich von Lauenburg, um eine Neuausstellung der Urkunde und damit Bestätigung ihrer Stadtrechte gebeten. Offenbar war die Zweitschrift der Urkunde von 1342 im Bistumsarchiv noch vorhanden, denn sie wird wörtlich wiedergegeben. In heutige Sprache übersetzt hat diese in Mittelniederdeutsch geschriebene Urkunde folgenden Wortlaut:[23]

Von Gottes Gnaden wir Balduin, erwählter Bischof der Kirche zu Paderborn, bekennen und bezeugen öffentlich durch diesen Brief, dass wir mit Willen und

Würdigung unserer lieben Mitbrü-
der, dem Dompropst, Domdechan-
ten und dem gesamten übrigen
Kapitel unserer Domkirche zu Paderborn mit dieser Urkunde die unten beschriebenen Privilegien und
Rechte gegeben, geschenkt und in
Kraft gesetzt haben zugunsten aller
derjenigen, die derzeit in unserer
Festung und Stadt Vörden wohnen
und künftig wohnen werden und
wie sie den Einwohnern von alters
her durch die ehrsamen geistlichen
Herren, dem Abt, Prior und dem
ganzen Konvent zu Marienmünster
gegeben wurden. Und wie sie diese
bis heute gehalten und gebraucht
haben, so sollen sie diese auch in Zukunft halten und gebrauchen. Und
damit sie sich in unserer Festung
Vörden ihrer Rechte auch sicher
sind, so sollen sie dieselben Rechte
gebrauchen wie die Einwohner von
Nieheim. Und wenn sie Zweifel haben, so sollen sie sich Anweisungen
und Erklärungen von dem ehrsamen Rat zu Nieheim holen.

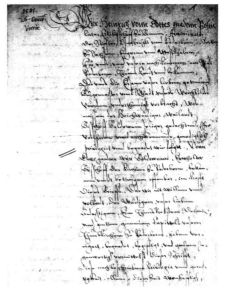

Abb. 26
Beginn des Schreibens zur Bestätigung
der Stadtrechte Vördens 1581 (Abschrift).
Rechts in der mit dem Doppelstrich
gekennzeichneten Zeile beginnt der Text
der Stadtrechtsurkunde des Bischofs Balduin von 1342: „Vonn Gotts gnaden wyr
Baldeweinn Byschoff der Kirchenn zu
Paderborn, bekennen undt bekundenn
offenbar...“

Ein jeder Einwohner soll uns von seinem Hause sechs Pfennig Brakelscher
Währung geben, ein Huhn vom Hofe und von jeglicher Hufe Landes anderthalb Viertel Roggen und anderthalb Viertel Hafer und einen Gulden
zum Weinkauf, wenn einer von ihnen anstelle eines Verstorbenen dessen
Vermögen antritt oder sonst bemeiert (mit einem Hof zur zeitlich begrenz-
ten Nutzung ausgestattet) wird.
Zusätzlich haben wir die Einwohner nochmals beschenkt und kraft dieses
Briefes begnadet, so dass sie sich zur Beheizung aus unseren Gehölzen, die
zum Haus (Burg) Vörden gehören, nach ihrem Bedarf unfruchtbares Holz
und Fallholz holen können. Und wenn sie unsere Gehölze zur Mast nutzen
wollen, so sollen sie uns dafür einen billigen Pfennig geben, wie es von alters
her geschehen ist.
Dieselben Einwohner sollen von uns, unseretwegen oder durch unseren
Amtsbevollmächtigten in keinerlei Weise in ihrem Landesrecht beschränkt
und ohne großen, wichtigen, bewiesenen Grund weder bezichtigt noch verurteilt werden.

Abb. 27
Der Bistumsadministrator Heinrich von Sachsen-Lauenburg bestätigte den Vördenern 1581 die Stadtrechte, die ihnen Bischof Balduin 1342 verliehen hatte. Heinrich war seit 1575 verheiratet und gegen den Willen des Papstes in Paderborn gewählt worden. Weil er nie geweiht wurde, hält er die Mitra in der Hand. (Gemälde in der Osnabrücker Bischofsgalerie im Schloss Iburg)

Für alle diese Privilegien und Gerechtigkeiten sollen die Einwohner von Vörden auf unserem Hause daselbst uns, unseren Nachfolgern oder wer immer von uns das Haus in Ausübung des Amtes besitzen wird und inne hat, jeder nach seiner Möglichkeit jährlich vier Tage dienen, weiter aber nicht verpflichtet sein. Weder von uns, unsern Nachfolgern oder Amtsinhabern sollen sie zu mehr Diensten genötigt oder damit belastet werden. Vielmehr sollen sie von uns und unseren Nachfolgern in allen diesen genannten Artikeln und Punkten für ewige Zeiten gnädiglich geschützt und danach behandelt werden.
Gegeben im Jahre des Herrn Eintausenddreihundert und zweiundvierzig am Vigiltag der Enthauptung des Johannes (28. August 1342).

Auch der Bistumsadministrator Heinrich von Lauenburg, der am 26. Dezember 1581 die Rechte „Wort für Wort" bestätigte, verpflichtete sich und seine Nachfolger zu ihrem Schutz, damit die Vördener sie „zu allen und jeden Zeiten haben zu genießen und zu gebrauchen".

5. Überlegungen zu den Stadtrechten

Leider erfahren wir durch den Verweis auf die Stadtrechte Nieheims, die urkundlich nicht mehr vorliegen, nichts über die interne Handhabung der Selbstverwaltung. Die Stadt konnte aber beispielsweise eigene Steuern und Abgaben erheben und später auch Märkte durchführen.[24] Deutlich wird die unzureichende Ausstattung der Stadt mit eigenen Waldflächen. Beispielsweise erhielten die Bürger der nur wenig größeren Stadt Lippspringe bei der Stadtgründung durch das Paderborner Domkapitel im Jahre 1445 über 2000 Morgen eigenen Wald zugesprochen.[25] Die den Vördenern zugebilligte Versorgung in den Wäldern der Burg mit Tot- und Fallholz zum Heizen wie auch deren Nutzung zur Mast mussten fast zwangsweise zu künftigen Streitigkeiten mit den Inhabern der Burg führen, zumal die Versorgung mit Bauholz gar nicht angesprochen wird. Allerdings waren die zur Burg gehörenden und damit von den Vördenern nutzbaren Wälder in Richtung Altenbergen deutlich umfangreicher als die jetzt dort vorhandenen. Nach der bereits angesprochenen Urkunde von 1562 war damals der gesamte Steinbrink („Steinberg") bewaldet. Das jetzt links am Wege nach Altenbergen vorhandene Wäldchen („Erste Tannen") markiert wahrscheinlich nach Vörden hin die damalige Waldgrenze. Sie verlief dann von hier aus auf den Wald am Eilverser Friedhof zu und zur anderen Seite bis zur Spitze des Waldstücks „Bollkasten". Eine vom preußischen Infanterieleutnant von der Goltz im Jahre 1838 gezeichnet Karte weist Teile dieses Hudegebietes mit lichtem Waldbestand noch aus (s. Abb. VII im farbigen Bildteil). Die Umwandlung in Ackerland und Wiesen wird nach der Ablösung der Vördener Rechte in den Burgwaldungen im weiteren Verlauf des 19. Jahrhunderts erfolgt sein (s. dazu im Artikel „Vörden im 19. Jahrhundert"). Wahrscheinlich war es an anderen Stellen aber bereits im Zuge des Ausbaus von Vörden und der damit gegebenen Konzentration von Bewohnern zu einer Abholzung von Waldungen gekommen, um mehr Ackerflächen in erreichbarer Entfernung zu haben. Darauf deuten heutige Bezeichnungen wie Niedernholz, Birkenfeld und Eichhagen für Teile der Vördener Feldmark noch hin.

Die pro Haus und Hof sowie je Hufe angegebene Belastung ist die sogenannte Heuer = Pacht. Durch Hausgeld, Huhn- und Kornabgabe wurde das Eigentum des Landesherrn an Grund und Boden anerkannt. Das gilt auch für den „Weinkauf", der immer bei Besitzwechsel von Haus und Hof durch Erbantritt oder bei Bemeierung zu zahlen war. Alle Abgaben gingen an den nächsten bischöflichen Hof als Amtssitz, in Vörden also an die Burg. Insofern stand die Heuer demjenigen zu, der im Namen des Bischofs oder bei Verpfändung als Pfandinhaber die Burg verwaltete. Das waren ab 1495 größtenteils Angehörige der Familie von Haxthausen.

Das zu zahlende Hausgeld war quasi eine feste „Grundgebühr", zu der dann die nach der Größe des Landbesitzes gestaffelte Abgabe in Naturalien (Korn) kam. Die 1342 genannte Währungseinheit des Brakeler Pfennigs war bei der Erneuerung der Stadtrechte im Jahre 1581 längst nicht mehr üblich.[26] Sein damaliger Kaufwert ist aus zeitgenössischen Angaben nicht bekannt. Man wird allerdings davon ausgehen können, dass die Vördener streng auf die Erhaltung ihrer Privilegien achteten, so dass spätere Angaben wertmäßig auch auf die ursprüngliche Belastung bezogen werden können. Die spätere Belastung der Vördener Bürger lässt sich aus einer Aufstellung aus dem Jahre 1586 entnehmen, die angelegt wurde, als die Brüder Gottschalk, Georg und Elmerhaus von Haxthausen ihren Besitz und ihr Einkommen untereinander aufteilen wollten.[27] Danach hatte sich das Hausgeld von ursprünglich 6 Brakeler Pfennigen inzwischen in 3 Schilling Hausgeld und 6 Pfennig Hofgeld gewandelt. Der Betrag von 6 Pfennigen, die jetzt Hofgeld genannt wurden, war wohl förmlich aus den Stadtrechten übernommen worden, wo allerdings die 6 Pfennige als Hausgeld benannt sind. Die Trennung nach Hausgeld und Hofgeld findet man in den entsprechenden Aufstellungen für die umliegenden Orte nicht (s. u.). Bezogen auf den aus der Zeit um 1550 bekannten durchschnittlichen Preis von 16 Schilling für einen Malter Roggen entsprach die steuerliche Belastung eines Hauses dem Wert von etwa 46 kg Roggen.[28]

Das im Stadtrecht von 1342 angegebene Heuerkorn je Hufe (= 30 Morgen) mit jeweils 1½ Viertel Roggen und Hafer (1 Viertel = 4 Scheffel) ergibt rechnerisch eine Belastung pro Morgen mit 5,3 kg Roggen und 3,2 kg Hafer.[29] Zur Einschätzung der Belastung ist zu bedenken, dass der Kornertrag in der damaligen Zeit bei höchstens 200 kg pro Morgen lag. Die Belastung durch Heuerkorn betrug somit durchschnittlich etwa 5 Prozent der Ernte, in schlechten Erntejahren auch deutlich mehr. Hinzu kam der Zehnte (zehnte Teil) von allem Korn, der seit Karl dem Großen ursprünglich der Kirche zustand, später zum Teil aber auch an adelige Grundherren verpfändet war. Vörden zahlte den Zehnten seit 1631 an das Kloster Marienmünster. Zu den rund 15 Prozent Kornabgabe (Heuer + Zehnten) kamen noch die Geldabgaben an die Paderborner Regierung. Vom 15. Jahrhundert an war es die allgemeine Landessteuer, die sich auch wieder am Grundbesitz orientierte. Darauf wird im Beitrag „Vörden als bischöfliche Stadt" näher eingegangen.

Die Bestimmung, dass die Mast in den Wäldern der Burg mit „einem billigen Pfennig" abgegolten werden soll, muss als „angemessener Betrag" gelesen werden. Keineswegs ist hier im wörtlichen Sinne ein Pfennig gemeint. Das zeigt schon der Verweis auf die bisherige Praxis. Später zahlten die Vördener bei gutem Eichel- und Bucheckernertrag (Vollmast) für vier Schweine einen Taler und bei geringerem Fruchtanfall für sieben Schweine.[30]

Die Aussage zur Rechtssicherheit der Bürger mit Bezug auf das Landesrecht ist schwierig zu deuten. Man könnte darin indirekt eine Gerichtshoheit der Stadt bei kleineren Straftaten vermuten, wie sie auch in anderen Stadtrechtsurkunden in der Region festgeschrieben ist.[31] Eine Anwendung dieses Rechtes ist aber im weiteren Verlauf der Vördener Stadtgeschichte nicht nachweisbar.

Zweifelsohne war die Belastung der Bürger Vördens mit Heuer und Dienstleistungen vergleichsweise gering. In welcher guten Lage sie mit den genannten Verpflichtungen waren, zeigt ein Vergleich mit den Belastungen der Bewohner des Dorfes Altenbergen, die zum Jahre 1588 vorliegen. Hier hatte beispielsweise jeder erwachsene Einwohner statt der vier Tage wie in Vörden jährlich 52 Tage auf den Gütern des Grundherrn (ab ca. 1470 die Herren von Haxthausen) zu dienen. Neben der Kornabgabe, dem Hofgeld und dem Huhn, die den Verpflichtungen der Vördener etwa gleich waren, mussten die 49 Häuser des Dorfes zudem jährlich 89 weitere Hühner und 1750 Eier abliefern.[32] Nach einer Aufstellung zum Jahre 1692 hatte sich die Verpflichtung der Altenberger sogar noch erhöht, denn jetzt hatten die inzwischen 52 Häuser des Dorfes neben dem

Heuerkorn jährlich zu liefern: 78 Hähne, 51 Hühner, von je 10 eigenen Gänsen eine Gans, 1600 Stück Eier, ein Zehntel des gesponnenen Flachsgarns sowie 7 Reichstaler, 19 Groschen und 2 Pfennige.[33] Hinzu kam dann auch hier die allgemeine Landessteuer.

Angesichts solcher Lasten von Dorfbewohnern kann man auch aus dieser Sicht die Aussage „Stadtluft macht frei" würdigen.

Anmerkungen

[1] Westfälische Siegel. Heft III: Die Siegel der geistlichen Cooperationen und der Stifts-, Kloster- und Pfarrgeistlichkeit. Bearbeitet von Theodor Illgen. 1889, Tafel 129, Nummer 8.

[2] StA Münster, Fürstentum Paderborn, Urkunden, Nr. 446 (Willebadessen, 1317) und Nr. 471 (Gehrden, 1319).

[3] WUB, Bd. IV, Nr. 1769.

[4] Vgl. dazu Schoppmeyer, H.: Der Bischof von Paderborn und seine Städte. Paderborn 1968, bes. S. 26/27.

[5] Vgl. Machalke, J.: Das Kloster Marienmünster und sein Verhältnis zu den vom ihm inkorporierten Pfarreien. In: Katholische Kirchengemeinde St. Jakobus d.Ä. Marienmünster (Hrsg.): Marienmünster 1128-1978. Beiträge zur Entstehung und Entwicklung der ehemaligen Benediktinerabtei aus Anlass des 850jährigen Bestehens. Paderborn 1978, S. 51.

[6] Schrader, Fr. X.: Nachrichten über Vörden im Kreise Höxter. In: Westfälische Zeitschrift, 59. Jg. 1911, S. 359.

[7] Original im StA Münster, Fürstbistum Paderborn, Urkunden, Nr. 501, zum Teil unleserlich. Abdruck des lateinischen Originals in: WUB, Bd. IX 1300-1325, Nr. 2406. Die unleserlichen Stellen wurden dort unter Rückgriff auf spätere Abschriften im StA Detmold und in der Akademischen Bibliothek in Paderborn ergänzt.

[8] Haase, C.: Die Entstehung der westfälischen Städte. Münster 1960, S. 5.

[9] Grundsätzlich zur Gogerichtsbarkeit vgl. Hömberg, A. K.: Grafschaft, Freigrafschaft, Grografschaft. Münster 1949. Speziell für unser Gebiet dazu Forwick, F.: Die staatsrechtliche Stellung der ehemaligen Grafen von Schwalenberg. Münster 1963, S. 17 ff., ebenso Schoppmeyer, wie Anmerkung 4, S. 134 ff.

[10] StA Marburg, Hessische Verträge mit Schwalenberg, hier Bezug auf die Angabe bei Forwick, wie Anmerkung 9, S. 53.

[11] VHA Abbenburg, Bestand Welda IX N.

[12] Vgl. im Artikel „Mühlen in Vörden" in diesem Band.

[13] Schrader setzt fälschlicherweise den Charitatenteich mit „Snaggerdyk" gleich. Nach seinen Angaben soll die kleine Mühle erst um 1880 herum abgebrochen worden sein, der Mühlenteich sei versumpft. Möglicherweise bezieht sich diese Angabe aber auf den in der preußischen Uraufnahme von 1828 verzeichneten „Neuen Teich" mit der „Neuen Mühle", der aber wahrscheinlich weiter bachabwärts gelegen hat als die 1324 gemeinte Mühle.
Schrader, Fr. X.: Regesten und Urkunden der ehemaligen Benediktiner-Abtei Marienmünster unter Berücksichtigung der früher incorporierten Pfarreien. In: Westfälische Zeitschrift, 46. Jg. 1888, Anm. zu Nr. 115, S. 151.

[14] Vgl. Schiller, K. / Lübben, A.: Mittelniederdeutsches Wörterbuch, Bd. 4, Bremen 1878, S. 271/72

[15] Regest bei Schrader, wie Anmerkung 13, Westfälische Zeitschrift, 45. Jg. 1887, Nr. 42, S. 165.

[16] Mönks, A.: Bergbauliche Versuche im ehemaligen Paderborner Amte Oldenburg. In. Westfälische Zeitschrift, 86. Jg., 1928, S. 2.

[17] Nach Völker, Chr.: Der Mönchehof in Vörden. In: Heimatborn, Beilage zum Westfälischen Volksblatt. Paderborn 15. Jg. 1935, Nr. 5, S. 18/19.

[18] Auch eine vom Verfasser angeregte Besichtigung durch den Archäologen Dr. Pollmann vom Westfälischen Museums für Archäologie, Amt für Bodendenkmalpflege, Außenstelle Bielefeld am 6. März 2007 brachte keine entsprechenden Anhaltspunkte. Die an manchen Stellen vorhandenen Gräben dürften ausschließlich vom späteren Steinabbau herrühren.

[19] Prinz. J.: Das hohe Mittelalter vom Vertrag von Verdun (843) bis zur Schlacht von Worringen (1288). In: Kohl, W. (Hrsg.) Westfälische Geschichte. Band I: Von den Anfängen bis zum Ende des alten Reiches . Düsseldorf 1983, S. S. 351.

[20] Wie Anmerkung 14, S. 133/34.

[21] S. die Ausführungen zum Dorf Wenden im Artikel „Frühe Geschichtszeugnisse und untergegangene Siedlungen im Umkreis von Vörden" in diesem Buch. Ferner: Völker, Chr.: Untergegangene Dörfer in der Nähe von Vörden. In: Völker, Chr. (Hrsg.): Heimatbuch des Kreises Höxter, 2. Band, Paderborn 1927, S. 97.

[22] Fürstbistum Paderborn, Kanzlei Akten Nr. 379, S. 2-3.

[23] StA Münster, Fürstbistum Paderborn, Urkunden, Nr. 666a

[24] Näheres s. im Beitrag „Vörden als bischöfliche Stadt" in diesem Band.

[25] Hagemann, W.: Der Lippspringer Waldbesitz Teil I. In: Wo die Lippe springt. Informationsreihe des Heimatvereins Bad Lippspringe e.V., 8. Jahrg., Ausgabe 21, März 1996, S. 9-19.

[26] Grundsätzlich zum Brakeler Pfennig vgl. Berghaus, P.: Abriß der westfälischen Münzgeschichte. In: Kohl, W, (Hrsg.): Westfälische Geschichte, Bd. 1: Von den Anfängen bis zum Ende des alten Reiches. Düsseldorf 1983, bes. S. 813/14.

[27] StA Münster, Domkapitel Paderborn, Akten 54.80.

[28] Angabe der Preise in: Lienen, B. H. / Rüthing, H.: Bauern und Landwirtschaft im Paderborner und Corveyer Land 1350-1600. Heimatkundliche Schriftenreihe 12/1981 der Volksbank Paderborn S. 26.

[29] Mengen und Gewichtsangaben in Göttmann, F. / Hüser K. / Jarnut, J. (Hrsg): Paderborn. Geschichte der Stadt in ihrer Region. Band 2, Die frühe Neuzeit, 2. Aufl. Paderborn 2000, S. 563.

[30] Näheres dazu im Artikel „Vörden als bischöfliche Stadt 1324-1802".

[31] S. z.B. im 1345 erneuerten Stadtrechtsbrief von Driburg, abgedruckt in Pöppel, D.: Bad Driburg seit über 700 Jahren Stadt. Geschichte der Iburg und der Stadt Driburg von den Anfängen bis zum 30jährigen Krieg. Bad Driburg 1984, S. 91-95.

[32] Wie Anmerkung 27.

[33] Angaben nach Völker, Chr.: Aus der Vergangenheit des Dorfes Altenbergen. In: Völker, Chr. (Hrsg.): Heimatbuch des Kreises Höxter, Band 1, Paderborn 1925, S. 110.

Wilhelm Hagemann

Das Erscheinungsbild der Stadt

Im Folgenden soll versucht werden, eine Vorstellung vom Aussehen Vördens nach dem Stadtausbau und der Stadtrechtsverleihung zu entwickeln. Beschreibungen oder gar Abbildungen liegen selbstverständlich aus dieser Zeit um 1350 nicht vor. Deshalb müssen mit aller gebotenen Vorsicht spätere Informationen auf diese frühe Zeit bezogen werden.

*Abb. 28   Vörden im Urkataster von 1830 mit späteren Ergänzungen durch Neubauten
(schwarz) und mit dick nachgezogener Stadtmauerlinie*

1. Größe und innere Struktur

a) Der Verlauf der Stadtmauer

Beim Ausbau Vördens zur Stadt waren die Grenzen durch die natürlichen Böschungen des Hügelrückens, auf dem Vörden steht, weitgehend vorgegeben. Nach Süden, Westen und Norden ist das abfallende Gelände noch gut erkennbar. Nach Osten, zur Straße „Angerberg" hin, wird die natürliche Geländestufe teils durch Mauern verdeckt, die bis zur Straße vorgezogen wurden, um dahinter durch Anfüllung ebenes Gelände zu gewinnen, zum Teil stehen Häuser genau auf der Böschung (Nolte, Nr. 5, Vogedes, Nr. 7, Simon Nr. 9). Bei diesen Häusern liegt der hintere Gartenausgang zum Teil eine Etage höher als der straßenseitige Eingang. Das von preußischen Beamten aufgenommene und gezeichnet Urkataster aus dem Jahre 1830 lässt die Umrisse der Stadt und die innere Besiedlung recht gut erkennen (Flurkarte XXVI, Abb. 28).[1] Der im Urkataster dünn eingezeichnete Mauerverlauf ist in der Abbildung dick hervorgehoben. Unsichere Verläufe im Bereich des südlichen Burghofes sind gestrichelt.

Abb. 29   Umzeichnung des Urkatasters

Zur besseren Übersicht über die innere Aufteilung zeigt Abbildung 29 eine Umzeichnung des Urkatasters im Zustand von 1830 mit einigen weiteren Beschriftungen.[2] Die Mauerlinie umschloss angenähert ein Quadrat von ca. 220 Metern Seitenlänge. Damit kam die Stadt auf eine Fläche von knapp 5 Hektar. Für die gut 80 Häuser sind zwischen 400 und 500 Einwohner anzunehmen.

b) Die innere Aufteilung der Stadt

In annähernder West-Ost-Richtung war die Stadt durch vier weitgehend parallele Straßenzüge geteilt, denen im Westen und Osten jeweils ein Straßenzug quer vorgelagert war. Diese Grundstruktur ging von der Topografie (Oberflächengestalt) des Hügelrückens aus. Sie ist bis heute erhalten. Die Hauserblöcke zwischen Markt- und Niedernstraße sowie zwischen Markt- und Pohlstraße waren durch schmale Twieten (Gassen) zwischen den Rückseiten der Hausstätten weiter in West-Ost-Richtung unterteilt. Von diesen ist nur die Twiete zwischen der Markt- und der Pohlstraße weitgehend erhalten. Die Twiete zwischen Markt- und Niedernstraße ist noch am Beginn von der Niedernstraße her erkennbar. Sie ist im weiteren Verlauf in den Besitz der Anlieger von der Niedernstraße her übergegangen und überbaut worden (s. Abb. 30). Der im Vergleich der Straßenabstände deutlich engere Abstand zwischen Pohlstraße und Dunklem Ort lässt vermuten, dass hier keine solche Twiete verlief. Die ursprünglichen kleinen Hausstätten an der Südseite des Dunklen Orts wurden meist nach den Bränden im Verlauf des 19. Jahrhunderts zu den entsprechenden Häusern an der Pohlstraße geschlagen.

Twieten bestanden aber auch in Nord-Süd-Richtung. Sie schufen eine Querverbindung zwischen den annähernd in West-Ost-Richtung angelegten Straßen und Twieten. Solche Nord-Süd-Twieten existieren noch an einigen Stellen als Verbindung zwischen Markt- und Pohlstraße und zwischen Pohlstraße und Dunklem Ort. Die Twieten dienten insbesondere der besseren Erreichbarkeit der Häuser bei Bränden. Über eine doppelte

Abb. 30
Die noch unverbaute Twiete zwischen Markt- und Niedernstraße (um 1955). Links Haus Nolte (Elsing), rechts Haus Multhaup (Büngener), dahinter das alte Haus Rode, vorher Ahlemeyer, davor Höke.

Menschenkette wurden die ledernen Eimer von den Brunnen zur Brandstelle gereicht und wieder zurück.

Auch entlang der Innenseiten der Stadtmauer führten schmale Wege. Sie dienten dem Zugang zur Mauer im Verteidigungsfall. Diese Mauerwege waren bei der Aufnahme des Urkatasters 1830 aber längst aufgegeben und von den Anliegern durch die rückwärtige Erweiterung ihrer Grundstücke in Besitz genommen worden. Zum Teil hatte man auch bereits Häuser oder Hauserweiterungen auf die Stadtmauer selbst gesetzt.

Wahrscheinlich hat ursprünglich auch westlich des Kirchturms, wo jetzt die Giebelfronten der beiden großen Burgscheunen und ein kleineres Gebäude stehen, noch eine Reihe bürgerlicher Wohnstätten gestanden. Noch bei der Aufnahme des Urkataster von 1830 reichten die Burgscheunen nämlich nicht so nah an die Kirche heran wie heute (s. obige Abb. 28 u. 29). Urkundlich spricht zudem der folgende Vorgang für diese Vermutung: Im Jahre 1639 brach im Hause der Witwe Schregels ein Feuer aus, das neben den Nachbarhäusern von Jürgen Tiggen und Johann Massolle auch den Kirchturm erfasste.[3] Bei dem Abstand der Häuser an der Markt- und Niedernstraße zum Kirchturm wäre das kaum möglich gewesen, sehr wohl aber bei einer Häuserreihe westlich vor dem Kirchturm. Zur Wiedergutmachung überschrieb die Witwe Schregels ihre Wohnstätte mit 11 Morgen Land der Kirche. Als es dann in den 50er Jahren desselben Jahrhunderts zu Auseinandersetzungen um dieses Vermächtnis kam, ging es nur noch um den Landbesitz. Von der Hausstätte ist nicht mehr die Rede.[4] Auch in der aus dem Jahre 1656 erhaltenen Steuerliste ist die genannte Abfolge der drei Hausstätten nicht mehr aufzufinden.[5] Es ist gut möglich, dass sie von dem damaligen Pfandbesitzer der Burg, Cord von Niehausen, zur Erweiterung des Burgplatzes aufgekauft wurden. Entsprechende Beschwerden der Stadt liegen vor (s. im folgenden Artikel dieses Buches).

c) Die Stadttore und Torwächter-Häuser

Die Stadt wies zwei Tore auf, das *Niedere Tor*, dessen Standort bis heute durch die geläufige Ortsbezeichnung „im Tor" angegeben wird, und das *Obere Tor* am Ende der Niederstraße zur Bergstraße hin. Beide Tore waren 1803 noch vorhanden. Die Bezeichnungen, die beispielsweise in der Ortschronik ab 1818 immer wieder gebraucht werden, überraschen insofern, als sie von der wahrgenommenen Höhenlage her eigentlich umgekehrt zu erwarten wären. Zudem würde dann die Niedernstraße auf das Niedere Tor zuführen, was auch logischer wäre. Eine Erklärung für die in Wirklichkeit umgekehrten Bezeichnungen könnte darin liegen, dass man sich dem östlichen Tor ebenerdig näherte, während das Tor im Westen über eine steile Zufahrt (heutige Bergstraße) erreicht und deshalb als hoch stehend empfunden wurde. Während vom Niederen Tor nur die erwähnte Ortsbezeichnung erhalten blieb, ist am Oberen Tor noch ein Teil der Stadtmauer zu sehen, die sich an das Tor anschloss (Abb. 31).

*Abb. 31   Stadtmauerrest am früheren Oberen Tor.
Die Tür wurde wohl 1871 beim Umbau zum Gemeinde-Schafstall angelegt.
Das angebrachte Dach dient dem Schutz der Mauer.*

Über die Gestalt der Tore findet sich nur zu Beginn der Schulchronik im Jahre 1879 eine Information.[6] Der Verfasser, der damalige Lehrer Hermann Vogt, konnte sicherlich noch auf die Berichte von Augenzeugen zurückgreifen, da er bereits 1843 als Kind mit seinem Vater nach Vörden gekommen war. Danach sollen die Tordurchlässe sehr eng gewesen sein, so dass ein Pferdewagen nur knapp hindurch passte. Die schweren Türen seien abends verriegelt worden. Zum östlichen Tor (Niederes Tor) schreibt er, der daneben wohnende Polizeidiener und Feldhüter habe auch *„die Aufsicht über die etwaigen Verbrecher gehabt, welche in dem Gefängnisse oberhalb dieses Thores haben eingekerkert werden können."* Daraus geht hervor, dass man sich dieses Tor als zweigeschossigen Torturm vorstellen muss, wobei das Geschoss über der Durchfahrt als Gefängnis diente. Auch das andere Tor wird diese Bauweise gehabt haben. Von einer Zugbrücke, die den Graben vor dem Tor überspannt haben dürfte, wird nichts berichtet. Sie war sicherlich lange vorher beseitigt worden und nicht mehr in Erinnerung.

Bei jedem Tor stand – wie es überall üblich war – an der Innenseite der Mauer ein Torwächterhaus. Das am Niederen Tor diente dann später als Wohnhaus des schon erwähnten Polizeidieners und Feldhüters. Im detailreichen Aufriss des Urkatasters von 1830 ist es noch an der ursprünglichen Stelle als „Pforthaus" ausgewiesen (s. Abb. 39). 1841 wurde das kleine Fachwerkhaus an den Platz

*Abb. 32, 33   Das 1841 versetzte Torwächterhaus des Niederen Tores im Original-
zustand (links, ca. 1925 mit damaligen Bewohnern Fam. Hillebrand)
und nach der Erneuerung von 1982*

Amtsstraße 8 versetzt, blieb hier aber im kommunalen Eigentum und diente
weiterhin als Wohnhaus des Feldhüters, der die Feldflur zu überwachen hatte,
so dass kein Schaden durch unerlaubtes Hüten oder ausgebrochenes Vieh entstand. Nach Verkauf des Hauses an die Metzgerei Franz Hecker ersetzte man
es im Jahre 1982 durch einen Neubau in den alten Maßen und in angepasster
Form. Nur der Balken mit der Jahreszahl 1703, der sich vorher an der linken
Hausseite befand, ist jetzt über dem Eingang wieder angebracht worden. In jenem Jahr ist wahrscheinlich ein älteres Torwächterhaus durch ein neues ersetzt
worden, das dann 1841 den neuen Platz an der Amtsstraße erhielt.

Am Oberen Tor ist das alte Torhaus noch mit seinem Unterbau zur Straße hin
erhalten. Im Urkatasteraufriss ist es als „Gemeinde Pfortenhaus" ausgewiesen.
Im weiteren Verlauf des 19. Jahrhunderts, als es die Funktion als Torhaus verloren hatte, diente es zunächst als Wohnhaus des Schweinehirten und Nacht-
wächters, dann nach einem Umbau ab 1871 als Schafstall für die Schäferei der
Gemeinde. Im Zuge des Umbaus wurde der vorhandene Stadtmauerrest durch-
brochen, um auch an der anderen Mauerseite einen Teil des Stalles einrichten
zu können. In den 70er Jahren des 20. Jahrhunderts kam das Gebäude durch
Tausch in den Besitz der Familie von Haxthausen. Der Stall an der äußeren Seite
der Mauer wurde dann abgebrochen. Im Innern des verbliebenen Gebäudes ist
die frühere Funktion als Wohnraum am Verputz der Wände noch erkennbar.

d) Erhaltene Reste der Stadtmauer

Der Rest Stadtmauer am oberen Tor wurde bereits angesprochen. Er ist ca 9
m lang und noch 4 m hoch. Die Mauer dürfte aber ursprünglich noch rund
1 m höher gewesen sein. Die Mauerstärke beträgt ca. 0.80 m. Der Mauerrest

Abb. 34   Vörden von Süd-Westen. (Lithographie von Philipp Herle, Paderborn
ca. 1840) Die sichtbare Mauer ist wahrscheinlich nicht mehr die ursprüng-
liche Stadtmauer, sondern eine spätere Abgrenzung des Burgplatzes mit einer
neu geschaffenen Zufahrt von der Bergstraße her.

lässt nicht erkennen, ob die Stadtmauer zunächst noch etwas weiter den Hang
hinauf nach Norden verlief, ehe sie dann nach Westen abknickte, oder ob die
jetzige südliche Begrenzungsmauer der Burgscheune auf der alten Stadtmauerlinie steht. Weiter westlich, am südlichen Abhang der Burg zur Bergstraße hin,
stecken noch sichtbare Steine im Boden, die den Verlauf der Mauer in diesem
Bereich aufzeigen könnten. Weitere Reste der Stadtmauer finden sich hinter
den südlichen Häusern der Niedernstraße. Zum Teil stehen spätere rückwärtige Anbauten dieser Häuser auf der Stadtmauer. Vielfach wurde allerdings die
Steinmauer durch Beton ersetzt. Zudem rücken leider einige zur heutigen Talstraße hin errichtete Häuser sehr nahe an die alte Mauerlinie heran, so dass die
frühere Mauer- und Grabenzone nicht mehr in der denkmalpflegerisch wün-
schenswerten Weise hervortritt. Die am Mönchehof (Dunkler Ort) noch vorhandenen Mauern sind als Abtrennungen des Hofes gegen die Stadt anzusehen
und nicht als Reste der Stadtmauer, die ja den Mönchehof mit einschloss.

e) Markante Gegebenheiten in der Stadt

Betrat man die neue Stadt durch das Niedere Tor, so befand sich auf der rechten
Seite zunächst das erwähnte Torwächterhaus. Daneben stand bis zur Zerstö-

rung im Dreißigjährigen Krieg das städtische Backhaus. Es ist möglich, dass
der Platz bereits seit der Errichtung der Stadt diesem Zweck diente. Nach dem
Dreißigjährigen Krieg errichtete man hier 1683 den im Urkataster von 1830
(Aufriss) noch ausgewiesenen städtischen „Keller" (Wirtshaus). Das Gebäu-
de sollte auch als Rathaus dienen (s.u.). Aufgrund des geringen Abstandes von
Torwächterhaus und Keller kann man schließen, dass beide Gebäude mit dem
Giebel zur Westseite (jetzt Teil der Pohlstraße) standen.
Die folgende versetzte Straßenkreuzung am heutigen Kump bildete den Markt-
platz, an dem wahrscheinlich auch das ursprüngliche Rathaus stand. Wie unter
Punkt 3 noch begründet wird, kann man als dessen Standort den Platz des heutigen Hauses Pohlstraße 1 vermuten. Am Ende der leicht ansteigenden Marktstraße stand links auf dem höchsten Punkt der Stadt die neu errichtete Kirche
mit dem sie umgebenden Friedhof. An dessen Nordseite ergab sich ein kleiner
Platz durch das Zusammentreffen von Marktstraße und westlicher Querstraße.
Hier soll nach einem Eintrag in der Kirchenchronik der Schandpfahl gestanden
haben. Daran wurden kleinere Vergehen durch öffentliches Zurschaustellen ge-
sühnt. Solche Schandpfähle gehörten zu jedem Pfarrort. Der Platz selbst hieß
später Schützenplatz, wohl weil sich hier die Schützen vor und nach dem Gottesdienst versammelten.[7] Dahinter öffnet sich heute der Burg- oder Schlosshof,
der den gesamten westlichen Teil der alten Stadt einnimmt. Dieses Gelände ist
für einen innerstädtischen Burgbereich im Vergleich zu anderen Städten des Paderborner Landes unverhältnismäßig groß.[8] In der Regel entspricht das Burga-
real flächenmäßig nur etwa dem der Kirche mit dem umgebenden Friedhof.
Wie unter Punkt 4 noch ausführlicher dargelegt wird, umfasste die ursprüngliche Burg Vörden auch nur den nördlichen Bereich des heutigen Geländes der
Familie von Haxthausen.

f) Wohnplätze und soziale Stellung der Bewohner

Im alten Vörden lebten fast alle Einwohner gänzlich oder weitgehend von der
Landwirtschaft. Während das für Bauern ausschließlich galt, hatten auch Handwerker meist einige Morgen Land oder zumindest Gärten in Bewirtschaftung,
welche die unmittelbare Ernährungsgrundlage lieferten. Das dürfte auch noch
für die meisten Tagelöhner gegolten haben, die nach Bedarf von Bauern oder
Handwerkern zur Arbeitshilfe angefordert wurden. Demgegenüber war der
Handel wohl kaum vertreten. Handwerker und Tagelöhner hatten wahrscheinlich vor allem im Dunklen Ort ihre Häuser. Das lässt sich u. a. daraus schließen, dass die ab 1656 nach Straßen geordnet vorliegenden Listen zur Erhebung
der nach Paderborn abzuliefernden Landessteuern erst mit den Häusern in der
Pohlstraße beginnen. Die Erhebungsbasis war nämlich bis ins 18. Jahrhundert
hinein ausschließlich der Landbesitz. Zumindest zu Beginn dieser Erhebungen
dürften die Bewohner des Dunklen Ortes noch ohne steuerwirksamen Landbesitz gewesen sein. Auch die bis heute dort zum Teil noch recht kleinräumigen

Hausparzellen stehen in dieser Tradition. Wahrscheinlich wohnten hier bereits vor der Stadtgründung Handwerker und Tagelöhner, die vor allem für den Gutshof arbeiteten. Die meisten Häuser im alten Vörden muss man sich aber als Bauernhäuser mit straßenseitigem Giebel und Toreinfahrt (Deelentür) vorstellen, wie wir sie vor allem noch an der Niedernstraße vorfinden. Auch vom inneren Erscheinungsbild her war Vörden so eine Ackerbürgerstadt. Die soziale Oberschicht bildeten die Adelsfamilien, die auf der Burg und in den Burgmannshäusern wohnten. Darüber wird weiter unten sowie im Beitrag „Burgvögte, Burgmänner und Pfandinhaber" ausführlich berichtet.

g) Die Bedeutung der Straßenbezeichnungen

Der Name Dunkler Ort (ursprünglich Düsterer Ort) verweist mit dem Adjektiv „dunkel" zunächst auf die Lage im Norden der Stadt beziehungsweise des Bergrückens, also auf die der Sonne abgewandte Seite. „Ort" ist eine alte Bezeichnung für Rand. So heißt bei den Dachdeckern die Giebelkante bis heute der Ortgang, die entsprechenden Dachsteine werden als Ortpfannen bezeichnet.
Die Pohlstraße enthält den plattdeutschen (mittelniederdeutschen) Begriff Pohl für Pfahl. Das könnte bedeuten, dass hier ein ursprünglich sumpfiges Gelände durch Pfahlgründungen befestigt werden musste. Auch die gelegentlich vorkommende Bezeichnung Puhlstraße würde darauf hindeuten (Puhl = Teich, Wasserloch). Aber auch eine Verbindung zu „Pohlbürger" erscheint möglich. Das würde im heutigen Verständnis Alteingesessene bezeichnen. In der ursprünglichen Bedeutung waren das aber Bürger, die zwar außerhalb der Stadtmauern aber innerhalb der durch Pöhle (Pfosten) markierten Feld- und Gerichtsgrenzen der Stadt lebten. In diesem Sinne könnte die Bezeichnung gerade auf Zuzüge im Verlauf der Stadtgründung hinweisen. Der tatsächliche Ursprung der Bezeichnung lässt sich heute nicht mehr klären. In jedem Falle verweisen die Bezeichnungen Dunkler Ort und Pohlstraße aber in die Zeit der Stadtgründung oder sogar noch davor. Eine solche Vermutung äußerte auch schon Völker.[9]
Im Gegensatz dazu sind Marktstraße und Niedernstraße sicher Bezeichnungen, die erst mit dem Ausbau der Siedlung zur Stadt geprägt wurden. Während die erstere ihren Namen von ihrem räumlichen Bezug zum Marktplatz hat, weist der Name Niedernstraße auf das gegenüber der Restfläche der Stadt abgesenkte Höhenniveau hin.

h) Die Wasserversorgung

Zur Wasserversorgung der Stadt dienten Brunnen. Es gab Straßenbrunnen (Interessentenbrunnen) und Hausbrunnen. Eine Katasterkarte aus dem Jahr 1925 weist die meisten Straßenbrunnen noch aus, wobei allerdings nicht bekannt ist, ob diese schon zur Zeit des Stadtausbaus angelegt wurden.[10] Von den Straßen-

Abb. 35   Der rekonstruierte Brunnen an der Niedernstraße erinnert als einziger
an die bis über die Mitte des 19. Jahrhunderts hinaus vorhandenen
zahlreichen Straßenbrunnen

brunnen ist der in der Niedernstraße nahe der Kirche rekonstruiert worden
(Abb. 35). Ein zweiter Brunnen befand sich in der Niedernstraße oberhalb des
dortigen Kreuzes (Storks Kreuz). Der Brunnen hieß nach den Anmerkungen
in der Stadtchronik des 19. Jahrhunderts der Linnenborn oder Linnenbrunnen.
Möglicherweise wurde er zum Waschen oder Bleichen des selbst gewebten Lei-
nens (Linnens) benutzt. Die Bezeichnung könnte sich aber auch auf umstehen-
de Linden beziehen. Auf den Brunnen stieß man vor einigen Jahren zufällig
bei Kabelverlegungen.[11] Er war 80 cm unter der jetzigen Oberfläche mit einer
dicken Sandsteinplatte abgedeckt, aber nicht zugeschüttet. Sein Durchmesser
betrug rund 1,20 m bei einer Tiefe von neun Metern. Der Wasserspiegel lag bei
sechs Metern Tiefe. Eine Freilegung wäre sicherlich wünschenswert.
Für die Marktstraße verzeichnet die Karte keinen Brunnen. Der am nächsten gelegene öffentliche Brunnen lag der an der Nord-West-Ecke des jetzigen
Hauses Pohlstraße 1, dem zu vermutenden Standort des ersten Rathauses. In
der eigentlichen Pohlstraße war ein Brunnen vor dem Hause Willberg (Nolten),
heute Pohlstraße 11[12]. Im Dunklen Ort befand sich ein Brunnen vor dem Hause Breimann, Dunkler Ort 3. Auf einen weiteren Brunnen im Dunklen Ort
wies der noch in den 50er Jahren übliche Hausname „Bornschuster" hin. Er
bezog sich auf die früher im Haus Nr. 19 befindliche Schuhmacherwerkstatt,

Abb. 36
Das Haus Dunkler
Ort 19 mit Bewohnern
um 1910. Neben der
Person links ist die
Pumpensäule mit dem
Schwengel zu erkennen.

zunächst von Friedrich Potthast und danach von Johannes Mühlenhoff. Der Brunnen lag vor dem Haus, wo ein altes Foto noch eine darauf stehende große Pumpe erkennen lässt (Abb. 36).

Private Brunnen sind aus oder hinter folgenden Häusern bekannt: Stork, Niedernstraße 5, heute „Wirtshaus am Brunnen" (Brunnen noch vorhanden), früheres Haus Bobbert, Niedernstraße 13, Haus Benning, Niedernstraße 15, Haus Rensing, Niedernstraße 19, Haus Schwärtz, Niedernstraße 21 sowie früheres Haus Kienen, Niedernstraße 23. In den Häusern Niedernstraße 13 und 15 sollen die Brunnen im Keller gelegen haben. Ferner soll ein Brunnen von der rechten Seitenwand des Hauses Nr. 13 überbaut sein.[13] Das könnte darauf hinweisen, dass der Zuschnitt der Grundstücke an dieser Stelle früher anders war. Der Brunnen im Haus Nr. 13 lieferte der hier im frühen 19. Jahrhundert angesiedelten Brauerei des Wilhelm Multhaup das Brauwasser. Auf der Marktstraße hatte das alte Fachwerkhaus Rode, vorher Höke, davor Hölting (Wachtmeß) und davor Meyer, heute Parkplatz einen eigenen Brunnen auf der Deele.

Auf dem Burghof befand sich gleich links hinter dem heutigen Tor ein großer, überdachter Brunnen. Nach einer Notiz in der Pfarrchronik wurde er 1916/17 zunächst mit einem Botondeckel verschlossen. 1924 verfüllte man den Brunnenschacht dann mit der Erde, die bei der damaligen Tieferlegung der Marktstraße vor dem Burgtor um 60 cm angefallen war (Abb. 37). Auch in der alten Kernburg an der Nordseite des heutigen Burggeländes wird sich ein Brunnen befunden haben, dessen Lage aber unbekannt ist.

*Abb. 37   Links hinter dem Pfeiler des Burgtores ist der 1916/17 beseitigte
Brunnen zu sehen.*

Alle Brunnen speisten sich aus oberflächennahem Grundwasser. Bei der Nachbarschaft von Ställen, Abflussrinnen und Misthaufen war eine Verunreinigung
wohl kaum zu vermeiden. Deshalb kam dem durch Erhitzen und Gärung weitgehend keimfreien Bier als alltäglichem Getränk eine große Bedeutung zu.

2. Die Außenansicht der Stadt

a) Die Lage

Mit seiner Lage auf dem Hügelrücken bot das ummauerte Vörden von Süden,
Westen und Norden her sicherlich ein ansehnliches Bild. Den Mauern und
Toren war eine Wall- und Grabenzone vorgelagert. Diese ist im oben abgebildeten Urkataster von 1830 an drei Seiten noch gut zu erkennen, und zwar an
den zu dieser Zeit dort angelegten Gärten, die mit ihren Grenzen rechtwinklig
an die Stadtmauerlinie stießen (Abb. 28). Die Wälle waren damals bereits seit
gut 250 Jahren wieder abgetragen und die Gräben verfüllt (s. u.). Durch Parzel-

lierung des Geländes waren die Gartengrundstücke entstanden. Die hier beim Bau der Stadt angelegten Wälle und Gräben sollten den Zugang zur Stadtmauer erschweren. Im Bereich des Niederen Tores wurde der Graben bei Bauarbeiten in den 70er Jahren des 20. Jahrhunderts unter dem damaligen Ladengeschäft Weber sichtbar. Leider wurde er nicht weiter registriert und vermessen.[14]

Völker berichtet, dass an der Südseite des alten Vörden, also zur heutigen Talstraße hin, bei Bauarbeiten ein doppelter Graben hervorgetreten sei.[15] Wenn das zutrifft, muss man sich zwischen den beiden Gräben den aus dem Erdaushub aufgeschütteten Wall vorstellen. Bei einem einfachen Graben lag der Wall sonst außen vor dem Graben. Eine Füllung von Stadtgräben mit Wasser war nur bei besonders günstigen Bedingungen möglich, die in Vörden aber allenfalls an der Nord- und teilweise an der Westseite vorlagen.

Die nach dem Urkataster offenbar recht breite Vördener Wall- und Grabenzone war zudem noch – wie es weitgehend üblich war – mit Knickhecken versehen. Solche Hecken bestanden aus Dornengehölzen, die durch vielfaches Abknicken der Zweige kreuz und quer wuchsen und damit fast undurchdringlich wurden. Den Beleg für einen solchen „Knick" um Vörden liefert ein bischöfliches Schreiben vom 12. Juni 1573, in dem den Vördenern gestattet wird, *„den Knick umb gemelte unser Stadt gelegen"* aufzufüllen und zum besten Nutzen zu verteilen.[16] Ausgenommen wird der zum Amtshaus (Burg) gehörende Bereich des Knicks. Ob der frühere „Faule Teich" – heute ein trockener Graben unterhalb des nord-westlichen Burggeländes – ein Rest des zur Burg gehörenden Teils des Knicks ist, kann nicht sicher beantwortet werden. Seine mögliche Fortführung

Abb. 38   Vörden von Süd-Osten im Jahre 1925. Die Hügellage des alten Vördens (links) ist zur heutigen Talstraße hin noch gut sichtbar. Heute ist die Böschung eng bebaut. Rechts vorn die Molkerei.

nach Süden ist durch die in den 20er Jahren des vorigen Jahrhunderts vorgenommene Terrassierung unterhalb des jetzigen Schlossbaues verdeckt. Die an der Nordseite des alten Vördens bis heute verbliebene Geländebezeichnung „Im Knick" könnte ebenfalls auf das frühere Befestigungswerk vor der Stadtmauer zurückgehen. Möglich ist aber auch, dass sich die Bezeichnung hier auf den Knick im Verlauf der Stadtmauer bezog, den wohl die ursprüngliche Geländeform notwendig machte. Es ist nicht bekannt, ob die Vördener Stadtmauer mit Türmen versehen war.

b) Die älteste Darstellung und Rückschlüsse

Eine konkrete Darstellung der Stadt liegt erst aus dem Jahre 1665 vor (s. Nr. V im farbigen Bildteil). Sie stellt aber in der Grundstruktur den Zustand dar, der auch nach der Errichtung der Stadt im Jahre 1324 gegeben war. Details z.B. der Gebäudegestaltung waren hingegen sicherlich nach rund 350 Jahren anders. Das Gemälde entstand im Auftrag des Paderborner Bischofs Ferdinand von Fürstenberg (1661-1683). Er ließ von seinem Hofmaler Carl Fabritius Ansichten der Städte und sonstigen herausragenden Orte seines Bistums anfertigen. Die Gemälde sollten zur Ausschmückung des bischöflichen Schlosses in Neuhaus (heute Schloss Neuhaus) dienen. Nach 1803 gelangte das Gemälde von Vörden mit einigen anderen in das Schloss zu Münster. Dort fiel es leider im Zweiten Weltkrieg der Bombardierung zum Opfer. Zum Glück lagen aber Schwarz-Weiß-Abbildungen des Gemäldes vor. Da man sich zudem zur Farbgestaltung an den in Paderborn erhaltenen Gemälden des Fabritius orientieren konnte, war eine Nachbildung möglich.[17]

Der Maler Fabritius wählte im Jahre 1665 für das 112,5 x 102 cm große Gemälde von Vörden in der Hauptsache eine Perspektive, die ihm die Abbildung der meisten typischen Merkmale der Stadt gestattete. Von dort nicht sichtbare Merkmale wurden dann – dem Brauch der Zeit gemäß – durch Perspektivwechsel in das Bild hinein gebracht. Der hauptsächliche Standort des Malers für die Darstellung Vördens war auf dem Gelände westlich des jetzigen Friedhofs nahe dem von der Agathakapelle nach Norden aufwärts führenden Weg. Von hier aus konnte er die Burg als Blickfang ziemlich in der Mitte des Bildes darstellen und am linken Rand die beiden großen Wirtschaftsgebäude des Mönchehofes. Auf die Darstellung der Burg wird weiter unten gesondert eingegangen. Von den beiden Gebäuden des Mönchehofes war das linke in der Nord-Ost-Ecke der Stadt 1645 als „Ökonomiehaus" errichtet worden, das rechte, die Zehntscheune, im Jahre 1660.[18] Wie die Gebäude des Burgmannssitzes der Familie von Luthardessen aussahen, der hier nach der Stadtgründung zunächst stand, lässt sich aus der Darstellung nicht erschließen. Zwischen Burg und Mönchehof werden die Rückseiten der deutlich kleiner dargestellten Häuser im Dunklen Ort zum „Knick" hin sichtbar. Die Größenverhältnisse müssen nicht unbedingt stimmen. Sie dienten auch dazu, Gebäude im adeligen oder kirchlichen

Besitz besonders hervorzuheben. Zwischen Mönchehof und Burg ist die Stadtmauer zu erkennen.

Im Vordergrund des Bildes wird durch das in der Talsenke gestaute Wasser die
Hügellage Vördens besonders betont. Die Darstellung gibt die Sicht am Nachmittag wieder, als die Sonne die Westseite der Gebäude beschien. Erinnert sei
daran, dass die Burg damals weiter nördlich als das heutige Schloss auf dem
jetzt weitgehend unbebauten Gelände mit der Bezeichnung „Hasengarten"
stand. Hier befand sich auch die ursprüngliche Burg von 1324, die aber wahrscheinlich ein wehrhafteres Aussehen hatte als die von Fabritius dargestellte.

Die beiden Gebäude am rechten Bildrand des Fabritius-Gemäldes könnte man
auf den ersten Blick angesichts des davor gestauten Wassers als Wassermühle
ansehen, zumal der Staudamm, auf dem sie wahrscheinlich standen, im heutigen Schlossgarten noch gut zu erkennen ist. Allerdings fehlt zu einer Mühle die Darstellung des Wasserrades. Hier dürfte auch nie eine Mühle gestanden haben, denn der Übergabevertrag zwischen dem Kloster Marienmünster
und dem Bischof von 1324 erwähnt nur die Klostermühle. Die 1549 erstmals
nachweisbare von Haxthausensche Mühle stand bereits am Mühlenkamp in
der Nähe der jetzigen Kläranlage.[19] Auch als im Jahre 1729 ältere Vördener
Bürger zur Mühlennutzung der Wasserläufe befragt wurden, wird hier keine
Mühle erwähnt.[20] Es war demnach wohl ein Fischteich. Die beiden Gebäude
dienten zur Zeit der Entstehung des Gemäldes als Schafstall der Burg. Sie fielen
1723 einem starken Sturm zum Opfer.[21] Wenige Jahre später wurden hier dann
eine Brauerei und ein Gasthaus neu errichtet. Laut Völker hieß letzteres auch
„Teichkrug", was auf einen um 1730 noch vorhandenen Teich hindeutet (s. unter „Brau-, Brennstätten und Gasthäuser im alten Vörden").

Seltsam mutet der über das gestaute Wasser der Brucht hinweg geführte Weg
an. Es ist zum einen nicht erkennbar, wohin dieser stadtwärts verläuft, da hier
damals kein Tor vorhanden war, und zum anderen wäre eine solche Wegeführung über das Wasser auch technisch recht aufwändig gewesen. Die in der wiedergegebenen Gemäldekopie dargestellte kleine Pforte am Mönchehof mit dem
dorthin führenden Fußweg wird in der Schwarz-Weiß-Kopie des Originals
nicht so eindeutig erkennbar. Eine Pforte im Sinne eines Tores ist hier auch erst
1732 errichtet worden. Bei der an der Burgmauer als Zugang zum Innenhof
angedeuteten Pforte könnte es sich um die *ungewöhnlich Pfort vom Schloss*
handeln, über deren Anlage sich die Vördener 1562 beschwerten (s. im Artikel
„Vörden als bischöfliche Stadt 1324-1802"). Beide Pforten würden aber nicht
den aufwändigen Weg über das Wasser rechtfertigen. Man kann deshalb vermuten, dass Fabritius hier den Weg von Vörden nach Marienmünster darstellt,
der allerdings weiter bachaufwärts in der Höhe der jetzigen Brücke die Brucht
kreuzte. Wahrscheinlich führte er über den Staudamm für den dortigen Klosterteich. Der Maler könnte diesen Weg weiter nach rechts gerückt haben, so
dass er eine attraktive Bildmitte darstellte und eine Blickführung in Richtung
Vörden bewirkte.

Nicht zuletzt diese rätselhaften Details lassen es aber auch möglich erscheinen, dass der von Fabritius dargestellte Stauteich unterhalb der Burg bei der Erstellung des Gemäldes 1665 nicht mehr oder zumindest nicht in der dargestellten Größe bestand. Der Damm könnte z. B. im Dreißigjährigen Krieg durchstochen und nicht oder nur notdürftig wieder repariert worden sein. Auch in anderen Städtedarstellungen des Fabritius ist eine solche „Reparatur" von Kriegsschäden festzustellen.[22] Insbesondere wirtschaftliche Gebäude und Anlagen stellte er häufig als intakt dar, auch wenn sie nachweisbar zu dieser Zeit nicht in Funktion waren.[23] Wahrscheinlich wollte er seinem Auftraggeber, dem Paderborner Bischof, möglichst schöne Ansichten seiner Städte liefern. Vielleicht ging er auch von einer später noch zu erfolgenden Wiederherstellung aus. Jedenfalls dürfte der in der Ansicht von Vörden dargestellte Stau lange vor der Entstehung des Gemäldes angelegt worden sein, wahrscheinlich sogar aus der Zeit der Stadtgründung stammen. In der Übergabeurkunde von 1324 werden ja auch Teiche erwähnt, die mit an den Bischof übergeben wurden. Insofern dürfte sich Vörden auch damals von dieser Seite als Stadt über dem Wasser präsentiert haben.

3. Zum Standort des Rathauses

Von einem Vördener Rathaus erfahren wir aus älterer Zeit nichts. Da den Bewohner Vördens erst 18 Jahre nach dem Stadtausbau die Stadtrechte verliehen wurden, dürfte beim Ausbau der Stadt auch noch kein Rathaus errichtet worden sein. Das war zwar in der zur gleichen Zeit gebauten Stadt Dringenberg der Fall, deren Bewohner erhielten aber auch schon mit der Vollendung der Stadt von ihrem Erbauer, Bischof Bernhard V. zur Lippe, die Stadtrechte zugesprochen. Der Bau eines Rathauses wird in Vörden deshalb frühestens zum Jahr 1342, dem Jahr der Verleihung der Stadtrechte, erfolgt sein. Dass ein Rathaus errichtet wurde, kann man in Parallele zu den anderen kleinen Städten des Paderborner Hochstifts allerdings annehmen. Es dürfte dann im verheerenden Stadtbrand von 1511 vernichtet worden sein. Ob dann danach oder nach dem erneuten Großbrand von 1516 wieder ein Rathaus gebaut wurde, ist unbekannt. Da es aber in keinem der vom 16. Jahrhundert an vorliegenden Dokumente erwähnt wird, erscheint ein erfolgter Neubau eher unwahrscheinlich. Zumindest nach dem Dreißigjährigen Krieg war kein Rathaus mehr vorhanden.

Als ursprünglicher Standort des Rathauses bieten sich bei einem Blick auf den obigen Urkataster-Plan von 1830 (Abb. 28 u. 29) zwei Plätze in besonderer Weise an, wenn man von der üblichen exponierten Lage des Rathauses ausgeht. Der eine ist die Kreuzung beim heutigen Kump, die quasi einen Marktplatz bildet. Hier wäre, wie oben bereits erwähnt, der Platz des jetzigen Hauses Pohlstraße 1 geradezu prädestiniert als Standort eines Rathauses. Wie das Urkataster ausweist, war nämlich noch 1830 das hier stehende Wohnhaus rundherum

von öffentlichen Wegen umgeben. Das ist bei Wohnhäusern in einer eng be-
bauten Stadt absolut ungewöhnlich, bei Rathäusern aber üblich. Entsprechende
Beispiele sind die alten Rathäusern in Höxter und Brakel. Auch der auf dem
Grundstück vorhandene Brunnen (s.o.) hob diesen Platz hervor. Vom Zuschnitt des Platzes her muss man sich die Giebelseite des Rathauses zur Kreuzung hin denken. Das hier später stehende Haus Fischer wies auch zunächst diese Orientierung auf. Als es 1916 abgebrannt war, wurde die westlich am Haus
vorbeiführende Straße aufgehoben und zum Hausgrundstück geschlagen. Die
dadurch gegebenen anderen Maße des Platzes gestatteten beim Neubau eine
Drehung des Hauses, so dass jetzt der Giebel zur Pohlstraße hin steht.
Ein anderer zu bedenkender Standort des Rathauses wäre bei der Kirche, etwa
auf dem heutigen Parkplatz, wo 1802 das neue Schulgebäude mit Lehrer- und
Kaplanswohnung errichtet wurde, das bis 1964 stand. Neben der Nähe zur
Kirche spricht auch der überlieferte Standort des Schandpfahls (Pranger) für
diesen Platz, denn dieses Strafmittel der niederen Gerichtsbarkeit findet man
in der Regel am Rathaus. Es ist aber auch nicht auszuschließen, dass der un-
verzichtbare Pranger erst nach dem Untergang des Rathauses in den großen
Stadtbränden des 16. Jahrhunderts hier aufgestellt wurde. Angesichts der ansonsten nicht erklärbaren früheren Straßenführung erscheint der Standort auf
dem jetzigen Hausplatz Pohlstraße 1 am Kump aber als der wahrscheinlichere.

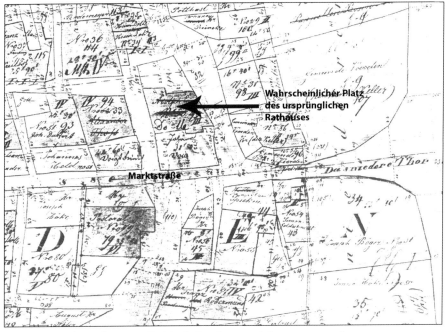

*Abb. 39   Aufgrund seiner allseitig freien Lage und der angrenzenden
Straßenkreuzung ist an dem gekennzeichneten Platz Pohlstraße 1
der ursprüngliche Standort des Vördener Rathauses zu vermuten*

Über den Bau eines neuen Rathauses im Jahre 1683 wird im Beitrag „Vörden als bischöfliche Stadt 1324-1802" berichtet.

4. Die Burg

a) Die ursprüngliche Burg von 1324

In einer Burgstadt wie Vörden war die Burg sicherlich neben der Kirche das am meisten hervorstechende Gebäude. Über das Aussehen der ursprünglichen Burg von 1324 wissen wir nichts. Sie dürfte aber im Stil den aus dieser Zeit erhaltenen Burgen geglichen haben. Danach ist ein in den Untergeschossen steinernes Haupthaus etwa wie das Gebäude auf der Oldenburg anzunehmen. Daneben muss man sich kleinere Gebäude als Wohnung für den Burgvogt als Burgverwalter, für Bedienstete sowie Wirtschafts- und Vorratsgebäude vorstellen. Das Haupthaus musste im Verteidigungsfall auch für die sonst in der Stadt wohnenden Burgmänner (s. u.) und deren Familien Unterkunft bieten können. Wahrscheinlich war das Gebäude in den Obergeschossen zumindest stadtseitig aus Fachwerk ausgeführt, denn offenbar bot es bei den großen Stadtbränden in den Jahren 1511 und 1516 den Flammen genügend Angriffsfläche, so dass es den vorliegenden Informationen nach mit vernichtet wurde. Allerdings wird man aufgrund der zumindest teilweisen steinernen Bauweise wohl keine totale Zerstörung annehmen müssen.

Wie bei Stadtburgen üblich, war die Burg zur Stadt hin durch eine Mauer und einen vorgelagerten Graben abgetrennt. Abb. 40 zeigt den von den natürlichen Gegebenheiten und den heutigen Grenzen her ungefähr zu erwartenden ursprünglichen Burgplatz. Er hätte eine Größe von rd. 1500 m², was etwa der Fläche der Oldenburg (Hauptburg) entspricht. Das Burgtor lag wahrscheinlich in dem nach innen gekrümmten Teil zwischen Dunklem Ort und Pohlstraße. Möglicherweise standen an den Ecken der Krümmung Mauertürme, von denen aus man die Außenseite des Tores unter Beschuss nehmen konnte. Ein Zugang von der Südseite, also vom jetzigen Burghof her, scheidet aus, weil – wie unten noch dargelegt wird – sich hier bis 1606 das Gelände des Pfarrhofes anschloss. Links vom Tor lag an der Südseite des Burggeländes das Haus des Burgvogtes, wie aus verschiedenen Urkunden des 16. Jahrhunderts hervorgeht.[24]

Aufgrund der von der Natur hervorgehobenen Lage dieses Platzes mit zwei steil abfallenden Seiten wird man hier auch den ursprünglichen Gutshof als Wohnsitz des Dietrich von Vörden annehmen können (s. unter „Zu den Anfängen der Siedlung Vörden"). Hier hätte dann auch die überlieferte alte Kilianskirche als Gutskapelle gestanden, wenn es sie gegeben hat, zumal ja auch die erwähnten Gräberfunde auf diesem Gelände gemacht wurden. Zu dem eingezeichneten Verlauf des Grabens wird angenommen, dass das jetzige Grundstück Dunkler Ort 1 noch Grabenfläche war. Dafür spricht u. a., dass es noch bis 1746 zur

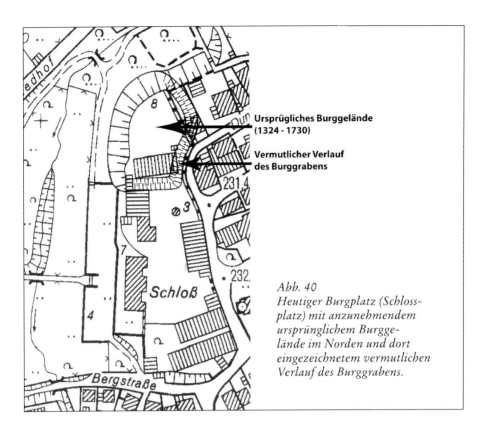

Ursprügliches Burggelände
(1324 - 1730)

Vermutlicher Verlauf
des Burggrabens

Abb. 40
Heutiger Burgplatz (Schloss-
platz) mit anzunehmendem
ursprünglichem Burgge-
lände im Norden und dort
eingezeichnetem vermutlichen
Verlauf des Burggrabens.

Burg gehörte.[25] Möglicherweise ragten auch noch Mauerteile in diesen Bereich hinein. Dadurch könnten sich massive Mauerreste erklären, auf die man hier beim Pflanzen von Bäumen stieß.[26]

b) Die Burg in der Darstellung von 1665

Die von Fabritius 1665 dargestellte Burg dürfte im wesentlichen den Zustand zeigen, den sie nach der letzten Brandzerstörung im Jahre 1516 erhielt. Die wiedergegebenen Gebäude waren demnach rund 150 Jahre alt. Als Erbauer ist der damalige Inhaber der Burg, Cord von Haxthausen, anzusehen. Das in Nord-Süd-Richtung stehende Haupthaus weist einen etwa zwei Geschosse hohen massiven Sockel auf, dem ein Geschoss in Fachwerk aufgesetzt ist. An der Süd-West-Ecke zeigt sich ein Erker. Er dürfte zum größten und attraktivsten Raum des Hauses gehört haben, dessen Hauptfront wahrscheinlich nach Süden ausgerichtet war. Das Haupthaus war, wie die Absätze im Dach erkennen lassen, dreigeteilt. Das könnte auf drei unterschiedliche Bauepochen hinweisen, wahrscheinlicher handelt es sich hier aber um massive Brandmauern, die bis über das Dach gezogen waren. Sie sollten im Ernstfall ein Niederbrennen des gesamten Gebäudes verhindern.

Abb.41   Die Burg im Fabritius-Gemälde von 1665 (Ausschnitt)

Insgesamt macht das Gebäude schon eher einen schlossartigen Eindruck, der sicher nicht dem Ursprungszustand von 1324 entsprach. Offenbar standen beim Wiederaufbau nach den Bränden von 1511 und 1516 aufgrund der politischen Entwicklung wie der fortgeschrittenen Waffentechnik repräsentative Funktionen des Baues gegenüber verteidigungstechnischen bereits im Vordergrund. Dafür spricht auch, dass der Bau nach Norden hin nicht bis auf die Ecke gezogen ist. Auch das wäre bei einer vorwiegend verteidigungstechnischen Bedeutung des Baues wohl erfolgt. Vielleicht ist die nicht bebaute Nord-West-Ecke aber auch baugeschichtlich zu erklären. Wenn man hier nämlich den Standort des ursprünglichen Hauptgebäudes der Burg von 1324 annimmt, dann ist zu vermuten, dass dieses alte Gebäude nach den Bränden von 1511 und 1516 zunächst notdürftig wiederhergestellt und bewohnt wurde. Man errichtete das neue Gebäude dann rechtwinklig dazu und brach nach dessen Vollendung das alte ab. Dadurch entstand nach Norden hin eine freie Fläche. In Anbetracht der Baumkrone, die über die Mauer ragt, kann man hier ein schattiges Plätzchen vermuten, vielleicht auch noch einen kleinen Küchengarten.

Das links weiter zur Stadt hin sichtbare niedrigere Fachwerkgebäude ist im Unterschied zum Hauptgebäude bis auf die nördliche Grenze des Burggeländes vorgezogen. Es weist nach Westen und wohl auch nach Norden hin keine Fenster auf. Da es zudem ohne Schornstein ist, wird man es am ehesten als Vorratsgebäude (Scheune) oder als Stall einstufen können. Auch dieses Gebäude scheint in der Längsrichtung durch eine Brandmauer getrennt zu sein. Es dürfte mit seiner wohl massiven Ostseite die Mauerlinie zum dunklen Ort hin gebildet haben.

Über dem Dach dieses Fachwerkgebäudes wird der Kirchturm sichtbar. Es ist der heute noch existierende Turm, der 1665 allerdings noch nicht die erst 1738 aufgesetzte hohe Barockhaube trug, sondern ein einfaches niedriges Satteldach. Der Turm müsste vom hauptsächlich eingenommenen Standort des Malers aus eigentlich weiter rechts erscheinen, würde dann aber hinter dem Dach des Hauptgebäudes verschwinden. Deshalb wurde er durch Perspektivwechsel nach links verschoben, um ihn sichtbar zu machen. Eine ausschließliche Orientierung am Kirchturm als dem einzigen noch erhaltenen Gebäude führt von daher zu Fehldeutungen.[27] Der Kirchturm wirkt zudem im Vergleich zu den abgebildeten bürgerlichen Häusern deutlich erhöht.

Schwer einzuordnen ist das hinter dem Haupthaus der Burg aufragende Dach. Das entsprechende Gebäude steht rechtwinklig zum Haupthaus, also in West-Ost-Richtung. Es könnte sich an das Haupthaus seitlich angeschlossen und die Burg nach Süden hin begrenzt haben. Dann müsste es an der Stelle des oben erwähnten Wohn- und Wirtschaftshauses des Burgvogtes stehen. Es ist allerdings auch möglich, dass dieses Gebäude sich bereits außerhalb des ursprünglichen Burggeländes auf der 1606 durch Tausch hinzugekommenen Fläche des ehemaligen Pfarrhofes befindet (s.u.). Es könnte 1665 relativ neu gewesen und vom damaligen Pfandinhaber der Burg, Dietrich von Niehausen, errichtet worden sein. Jedenfalls mussten die von Haxthausen bei der Einlösung des Pfandes im Jahre 1715 den Erben des Dietrich von Niehausen 6000 Reichstaler für ausgeführte Bautätigkeiten zahlen.[28] Das Gebäude könnte zudem niedriger als dargestellt gewesen sein, so dass es vom Standort des Malers her gar nicht sichtbar war. Durch das Hochziehen hätte er dann die Existenz des Gebäudes angedeutet und damit einen besseren Eindruck von der Gestalt der Burg geschaffen. Möglicherweise hat ein Teil dieses Gebäudes sogar bis 1924 gestanden. Für dieses Jahr berichtet nämlich Christoph Völker in der Pfarrchronik, dass auf dem Burggelände ein in West-Ost-Richtung stehendes Gebäude wegen Baufälligkeit abgerissen wurde. Es habe rechtwinklig an den Kuhstall angesetzt und sei das älteste der Wirtschaftsgebäude gewesen. Alte Leute hätten es als Heuerschuppen bezeichnet. Auf seinem Boden sei früher das Heuerkorn gesammelt worden. Im Urkataster von 1830 (Abb. 28) ist das Gebäude gut zu erkennen. Eine Skizze des Paderborner Zeichenlehrers Franz-Josef Brand (Abb. 42) zeigt es um 1850 von Nord-Westen, also aus derselben Perspektive, die auch Fabritius 1665 eingenommen hatte.[29] Das Fachwerkgebäude des in Nord-Süd-Richtung entlang der Mauer zur Pohlstraße hin stehenden Kuhstalls wurde im Jahre 1949 durch das jetzige massive Gebäude ersetzt. Darin befindet sich derzeit die Tischlerei Ohagen. Die von Brand unterhalb der Burg dargestellten Gebäude sind die um 1730 errichtete Brennerei / Brauerei und der Neue Krug (s. unter „Brau- Brennstätten und Gasthäuser im alten Vörden").

c) Folgende bauliche Veränderungen

Die von Fabritius dargestellten Burgbauten könnten bis kurz nach 1730 gestanden haben. In diesem Jahr begann der Domherr Franz Caspar Philipp von Haxthausen mit dem Bau des jetzigen Schloss weiter südlich wohl teils auf dem Gelände früherer Burgmannshöfe (s. u.). In der Inschrift über dem Schlosseingang sind die vorgenommenen baulichen Veränderungen auf dem Burggelände beschrieben: Er habe diese Burg von neuem aufgebaut, ferner Scheunen, Schaf- und Rinderstall ganz neu errichtet, den Berg mit Mauern umgeben sowie das Brauhaus mit dem neuen Krug erbaut und das ganze Tal in die gegenwärtige Form gebracht. Die den Berg umgebenden Mauern sind die unmittelbar hinter dem Schlossbau. Sie wurden in den 20er Jahren des vorigen Jahrhunderts er-

*Abb. 42   Das Burggelände um 1850 von Nord-Westen gesehen
(Zeichnung F. J. Brand, Ausschnitt)*

neuert. Die Mauern schließen den eigentlichen historischen Burgplatz im Norden nicht mit ein. Die vorgelagerte Terrasse mit den niedrigeren Stützmauern wurde in den genannten 20er Jahren neu aufgeführt.

5. Der Pfarrhof

Als das Kloster Marienmünster 1324 die von ihm erbaute Stadt Vörden an den Paderborner Bischof übergab, hatte es sich vertraglich für den Pfarrhof eine *„passenden Hofstätte“* vorbehalten. Sie sollte mit den zugehörigen vier Hufen (120 Morgen) Land und der Mühle vor der Stadt untrennbar zur Vördener Kirche gehören. Der Pfarrhof diente als Wohnung für den Pfarrer und zur Bewirtschaftung des dazu gehörenden Landes. Allerdings dürfte der Pfarrhof nach den Stadtbränden von 1511 und 1516 nicht wieder aufgebaut worden sein, so dass der Platz leer war. Die Pfarrer wohnten im Kloster. Das Lande wurde verpachtet oder von Marienmünster aus bewirtschaftet. Die Stätte des Pfarrhofes hieß damals die „Wedeme-Stätte“, was „gewidmete Stätte“ bedeutete.[30]
Aus der Urkunde von 1324 ist die Lage dieser Stätte nicht zu entnehmen. Von ihr hören wir jedoch in einem Tauschvertrag aus dem Jahre 1606. Nach der im Vördener Pfarrarchiv erhaltenen Vertragsabschrift tauschte nämlich Gottschalk von Haxthausen, damals Besitzer der Burg Vörden, den seit 1505 ebenfalls der

Familie von Haxthausen gehörenden „Leutzers Ort", auch Burggeseß (Burg-sitz) genannt, mit dem Kloster Marienmünster gegen die bisherige Wedeme-Stätte. „Leutzers" ist dabei eine Ableitung vom Namen „Luthardessen". Hier ergibt sich eine Verbindung zu dem in einer Vördener Urkunde aus dem Jahre 1387 erwähnten Cord von Luthardessen,[31] der wohl zu jener Zeit als Burgmann auf diesem Hof in der Nord-Ost-Ecke der Stadt saß. Dieser Hof nahm nach dem Tausch von 1606 aufgrund der neuen Besitzer den Namen Mönchehof an. In dem Tauschvertrag von 1606 wird die Lage der Wedeme-Stätte näher be-schrieben, die das Kloster abgab, nämlich als *allernegst dem Burggraffen (Burggraben) binnen Vorde gelegen".* Der Pfarrhof lag demnach außerhalb der Burg aber unmittelbar am Burggraben innerhalb der Stadt. Völker nahm an, dass der Pfarrhof im nördlichen Teil des heutigen Burggeländes auf dem jetzt Hasengarten genannten Platz gestanden habe. Hier müssen wir aber aufgrund der natürlichen Bedingungen mit den zwei steil abfallenden Seiten und auch nach dem Fabritius-Gemälde aus dem Jahre 1665 den Standort der Burg selbst annehmen. Völkers Annahme könnte nur dann richtig sein, wenn die Burg erst nach 1606 auf diesem Platz gebaut worden wäre. Dafür gibt es allerdings kei-nerlei Hinweise. Wahrscheinlich unterlief Völker hier insofern ein Fehlschluss, als er die Stätte des Pfarrhofes an die Stelle der vermuteten alten Kilianskirche (-kapelle) legte.

Belässt man aber die ursprüngliche Burg auf dem von Fabritius dargestell-ten Platz, dann kann sich der Platz des Pfarrhofes nach der Beschreibung im Tauschvertrag von 1606 nur östlich zum Dunklen Ort oder südlich zum heu-tigen Schloss hin an den Burggraben angeschlossen haben. Schon wegen der Nähe zur Kirche und auch aufgrund des höheren sozialen Prestigewertes kommt aber nur der südliche Anschluss in Betracht. Die Pfarrhofstätte dürfte demnach rechts (nördlich) vom heutigen Schloss gelegen haben, also dort, wo jetzt Wohngebäude stehen (früher Wohnungen des Gutsverwalters und anderer Bediensteter).

6. Die Burgmannssitze

a) Zur Aufgabe von Burgmännern

Stadtburgen wie die in Vörden wurden vom Burgherrn – hier seit 1324 der Bi-schof von Paderborn – in aller Regel nicht selbst bewohnt. Er setzte dazu ei-nen Ritter als Burgvogt ein. Spätere Bezeichnungen sind Amtmann oder Drost. Ihm standen weitere Ritter oder Knappen zur Bewachung und Verteidigung der Burg wie auch zur Organisation der Stadtverteidigung unter Einbezug der Bürger zur Seite. Die Einstufung als Knappe ist dabei zu dieser Zeit nicht mehr als Hinweis auf ein jugendliches Alter zu verstehen, sondern auf geringere Be-sitzverhältnisse, die den kostspieligen Erwerb der Ritterwürde und einen entsprechenden Lebensstil nicht mehr zuließen. Diese Burgmänner oder Burgleute genannten Personen erhielten neben Räumen in der Burg, die sie im Verteidigungsfall bezogen, auch Höfe in der Stadt mit Ländereien zur Bewirtschaftung als Lehen (leihweise) zugewiesen. Sie waren der Lohn für den Burgdienst und dienten als Lebensgrundlage der Burgmannsfamilie. Burglehen waren deshalb vor allem bei den nicht erbberechtigten männlichen Mitgliedern von Familien des niederen Adels recht begehrt.

b) Burgmannshöfe

Die Burgmannslehen umfassten in der Regel zwei Hufen (60 Morgen) Land.[32] Das war für die damalige Zeit bereits ein ansehnlicher Besitz. Schon von daher kann man schließen, dass die Burgmannshöfe zu den größeren Gebäuden in Vörden zählten. Burgmannshöfe konnten in einem Areal zusammengefasst sein (so in Salzkotten, Borgholz oder Dringenberg) oder verstreut in der Stadt liegen, dann häufig an strategisch wichtigen Punkten, wobei auch eine leichte Befestigung der Wohnsitze möglich war. Die oben angesprochene ungewöhnliche Größe des heutigen innerstädtischen Geländes im Besitz der Familie von Haxthausen lässt sich nur im Zusammenhang mit dem erwähnten Erwerb des

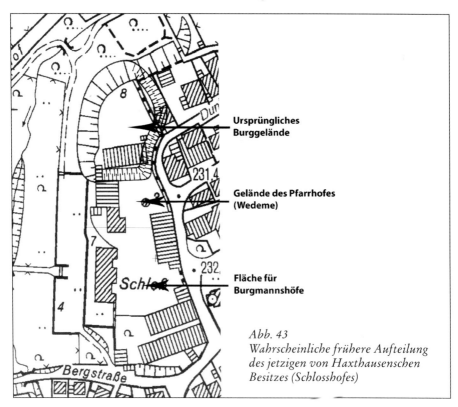

Ursprüngliches Burggelände

Gelände des Pfarrhofes (Wedeme)

Fläche für Burgmannshöfe

Abb. 43
Wahrscheinliche frühere Aufteilung des jetzigen von Haxthausenschen Besitzes (Schlosshofes)

ehemaligen Pfarrhofgeländes und mit früheren Standorten von Burgmannshöfen erklären. Solche Bereiche der Stadt nannte man häufig „Freiheit", weil
die dort wohnenden Personen (Adelige und Geistliche) von allen bürgerlichen
Steuern und Abgaben befreit waren. In Vörden ist aber diese Bezeichnung nicht
überliefert. Auch waren in Vörden nicht alle Burgmannshöfe auf diesem Areal
angesiedelt.

Wie im nächsten Artikel dargelegt wird, sind in Vörden sieben Burgmannslehen nachweisbar. Von den zugehörigen Burgmannshöfen haben wahrscheinlich
drei oder vier im mittleren und südlichen Bereich des jetzigen großen Burgplatzes gelegen. Damit ist für die Zeit zwischen 1324 und 1606, als Gottschalk
von Haxthausen das Gelände des Pfarrhofes im Austausch gegen den ehemaligen Burgmannshof der Familie von Luthardessen erhielt, die in Abb. 43 wiedergegebenen Aufteilung des jetzigen Burgplatzes anzunehmen: Im Norden
lag die mit Mauer und Graben umgebene Burg, daran schloss sich südlich das
Gelände des Pfarrhofes an und noch weiter südlich zur jetzigen Bergstraße hin
standen drei oder vier Burgmannshöfe.

Anmerkungen

1 Das Original des von preußischen Beamten 1830 angelegte Urkataster von Vörden befindet
   sich im Katasteramt der Kreisverwaltung Höxter, ebenso spätere Ergänzungen und Neuauf-
   nahmen. Sie werden im Folgenden nicht gesondert ausgewiesen. Detailreicher als der hier wiedergegebene Plan ist der vorhergegangene Aufriss, auf den später (z. B. in Abb. 39) gelegentlich
   Bezug genommen wird.

2 Die Umzeichnung wurde von Karin Föckel angefertigt.

3 Ausführlicher dazu im Artikel über „Vörden als bischöfliche Stadt 1324-1802".

4 Unterlagen im Pfarrarchiv Vörden.

5 StA Münster, Fürstbistum Paderborn, Kanzlei, Akten, Nr. 494.

6 StdA Marienmünster, C 604 Schulchronik der Volksschule Teil I.

7 Angaben nach Völker Chr. in: BiA Paderborn, Nachlass Völker, Bestand Vörden.

8 Man vergleiche die Größe zeitgenössischer innerstädtischer Burgflächen z.B. in Driburg, Horn,
   Lichtenau, Dringenberg, Kleinenberg, Peckelsheim oder in der Wüstung Blankenrode. Karten
   dazu finden sich bei Schoppmeyer, H.: Der Bischof von Paderborn und seine Städte. Paderborn
   1968, S. 170/71, ferner derselbe in: Der Ursprung der Landstände im Hochstift Paderborn.
   Heimatkundliche Schriftenreihe 17/1986 der Volksbank Paderborn.

9 Völker, Chr.: Untergegangene Dörfer in der Nähe von Vörden. In: Völker, Chr. (Hrsg.): Heimatbuch des Kreises Höxter, 2. Bd., Paderborn 1927, S. 97.

10 Karte Gemarkung Vörden 121, Flur 8, im Bauamt der Stadt Marienmünster.

11 Nach Angabe von Josef Föckel im Jahre 2006.

12 Nach Angabe von Hildegard Hecker, geb. Kreilos im Jahre 2006.

13 Angaben von Werner Rodemeier im Jahre 2006.

14 Diese Auskunft verdankt der Verfasser Herrn Wolfgang Kaiser.

15 Im Nachlass Völker, wie Anmerkung 7.

16 StA Münster, Fürstbistum Paderborn, Kanzlei, Akten, Nr. 379, S.18.

[17] Eine entsprechende Replik wurde im Auftrag von Walter Lücke durch Karl Behre, Dalhausen, im Jahre 1980 angefertigt.

[18] Angaben nach Völker, Chr.: Der Mönchehof in Vörden. In: Heimatborn, Beilage zum Westfälischen Volksblatt, Paderborn 15. Jahrgang 1935, Teil I, S. 18 /19.

[19] Vgl. bei Völker, Chr.: Untergegangene Dörfer in der Nähe von Vörden. In: Völker, Chr. (Hrsg.): Heimatbuch des Kreises Höxter, Bd. 2, Paderborn 1927, S. 95.

[20] Von Haxthausensches Archiv Abbenburg, Welda IX N. Das Dokument wird im Beitrag „Mühlen in Vörden" ausführlich behandelt.

[21] Nach einer Angabe bei Völker im Manuskript „Das Braueramt", S. 7 im Nachlass Völker, wie Anmerkung 7.

[22] Beispielsweise stellte er von der Burg Lippspringe durch den Krieg ruinöse Gebäude als vollständig dar. Vgl. Hagemann, W.: Die Burg Lippspringe. In: Pavlicic, M. (Bearbeiter): Lippspringe. Beiträge zur Geschichte. Herausgegeben von der Stadt und dem Heimatverein Bad Lippspringe, Paderborn 1995, S. 208/9.

[23] Pieper, R.: Carl Ferdinand Fabritius. Veduten und Altargemälde für den Paderborner Fürstbischof Ferdinand von Fürstenberg 1664-1667. Paderborn 2006, S. 77.

[24] Näheres dazu im folgenden Beitrag „Burgvögte, Burgmänner und Pfandinhaber".

[25] Nach einer Notiz im Nachlass von Völker, wie Anmerkung 7.

[26] Nach Auskunft von Frau Hilde Müller geb. Thauern, der früheren Bewohnerin, im Jahre 2005.

[27] Bezeichnenderweise vermutet Pieper den Standort des Malers vage „westlich des heutigen Friedhofs", weil er sich ausschließlich an dem Kirchturm als einzig verbliebenem Bauwerk orientiert. Wie Anmerkung 23, S. 78.

[28] Näheres im Beitrag „Burgvögte, Burgmänner und Pfandinhaber".

[29] Skizzenbuch von Franz Josef Brand (1790-1869) im AAV Paderborn.

[30] Nach Stiewe, H.: Pfarrhäuser in Lippe. In: Spuhn, Th. (Hrsg.): Pfarrhäuser in Norddeutschland. Münster 2000, S. 228.

[31] Geschichte des Geschlechts von Oeynhausen, Bd. II, Nr. 573.

[32] Das folgt aus der Lehnsbestätigung für den ehemaligen Luthardessen Hof an die von Haxthausen 1548 (StA Münster, Fürstbistum Paderborn, Urkunden, Nr. 2373) sowie aus zwei Burgmannsverträgen für Bredenborn (Schrader, Fr. X.: Regesten und Urkunden zur Geschichte der ehemaligen Benediktiner-Abtei Marienmünster unter Berücksichtigung der früher incorporierten Pfarreien.. In: Westfälische Zeitschrift, 47. Jahrgang 1889, S. 150, Nr. 114 und Nr. 115).

Wilhelm Hagemann

Burgvögte, Burgmänner, Pfandinhaber

Dieser Beitrag soll vor allem die mit Vörden zu unterschiedlichen Zeiten verbundenen Angehörigen des bischöflichen Dienstadels (Ministerialadels, Landadels) und ihre Funktionen systematisch darstellen. Die entsprechenden Familien hatten in der Regel zunächst bischöfliche Güter verwaltet, sich aber allmählich zu einer einflussreichen Gruppe entwickelt. Zudem soll versucht werden, die Anzahl und die Lage der Burgmannshöfe in der Stadt so weit wie möglich zu klären. Ein weiterer Schwerpunkt ist die gewichtige Rolle der Familie von Haxthausen in der Vördener Geschichte.

1. Burgmänner und Burgmannshöfe

a) Zum Bedeutungswandel von Burg, Stadt und Burgmannshöfen

Wie an anderer Stelle dargelegt wurde,[1] erfolgte der Stadtausbau Vördens mit der Errichtung der Burg vorwiegend unter Sicherheits- und Schutzaspekten des Klosters Marienmünster. Für die Übernahme der Stadt durch Bischof Bernhard V. im Jahre 1324 stand dann der Schutz seines Bistums gegen Bedrohungen von innen wie von außen im Vordergrund. Allerdings nahm in der Folgezeit die äußere Gefährdung des Bistums Paderborn als weltliches Herrschaftsgebiet ab, so dass auch Vörden bald die ihm zugedachte Bedeutung als bischöfliche Festungsstadt verlor. Deshalb kann allenfalls für die ersten Jahrzehnte nach 1324 davon ausgegangen werden, dass Vörden von der baulichen Anlage wie von der personellen Besetzung her die ursprünglich geplante militärische Funktion wahrnahm. Die Veränderungen zeigten sich dann vor allem in der Rolle der Burg und deren Besetzung wie auch bei den Burgmannssitzen in der Stadt.
Leider sind für Vörden keine Burgmannsverträge aus der Zeit der Stadtgründung erhalten. Sie dürften aber denen im benachbarten Bredenborn geglichen haben, für das eine entsprechende Urkunde aus dem Jahre 1334 vorliegt. Darin bekundet der Knappe Arnold Bozen, dass er vom Abt und Konvent des Klosters Marienmünster in dessen Stadt Bredenborn ein Haus mit zwei Hufen Land (60 Morgen) und einen Fischteich in der dortigen Feldmark erhalten habe mit der Verpflichtung, in der Stadt zu wohnen und diese nach seinen Kräften mit den übrigen Burgmännern zu verteidigen.[2] Im gleichen Jahr verpflichtete das Kloster einen weiteren Burgmann zu denselben Bedingungen.[3]
Mit dem Verlust der militärischen Bedeutung waren Vörden und andere Städte dieses Ranges für die Paderborner Bischöfe zunächst noch eine laufende Einnahmequelle durch die Erträge des Burggutes, den Zehnten und die sonstigen

Abgaben aus der Stadt. Der große Finanzbedarf zwang die Bischöfe aber schon bald zur Beleihung ihrer Güter in der Form, dass sie Burgen und Städte sowie Burgmannssitze gegen eine vorgestreckte Summe Geldes verpfändeten. Die Geldgeber, meist Angehörige des Landadels, erhielten dann die Güter mit der jeweiligen Landausstattung und den damit verbundenen Einnahmen zur Nutzung und als Pfand. Die erzielten Einnahmen waren quasi die Zinsen für das ausgeliehene Kapital. Die Übergabe erfolgte in der Form der Belehnung, mit der dann aber keine konkrete Dienstleistung mehr verbunden war, wie etwa vorher der Dienst als Burgmann. Solche Pfandlehen begründeten lediglich ein allgemeines Treueverhältnis zum Lehnsherrn, hier dem Bischof. Da die Bischöfe die Pfänder aus Geldmangel meist nicht wieder einlösen konnten, wurden diese faktisch erblich. Zudem gestatteten sie auch den Weiterverkauf des Pfandes. Man sprach dann von Nach- oder Afterlehen. Jeweils im Anschluss an die Wahl eines neuen Bischofs wurde ein Lehnstag angesetzt, zu dem die Lehnsnehmer ihre entsprechenden Dokumente vorlegten und vom neuen Bischof bestätigt erhielten. In diesen Lehnsbestätigungen wurden zur genauen Kennzeichnung der Lehen dann die früheren Lehnsträger meist mit angeführt. Das erleichtert heute den Nachvollzug.

Wie diese Lehnsurkunden belegen, sammelten sich vom Beginn des 15. Jahrhunderts an immer mehr Burgmannslehen in der Hand weniger Adelsfamilien an. Das ergab sich nicht zuletzt durch eine deutliche Verringerung der Anzahl dieser Familien. Die Ursachen lagen zum einen in der allmählich schärferen sozialen Abgrenzung dieser Gruppe, die für manche früheren Burgmannsfamilien die Zuweisung zum Bürger- oder Bauerntum bedeutete, wenn sie den inzwischen gehobenen Lebensstil dieser Gruppe nicht mehr finanzieren konnten. Zum anderen hatten die ab 1349 immer wieder auftretenden Pestwellen auch zahlreiche Adelsfamilien aussterben lassen.[4] Innerhalb der Städte führte das zu zwei Entwicklungen: (1) Lagen mehrere innerstädtische Burglehen in der Hand einer Familie, so wurden diese meist auch gebäudemäßig konzentriert, so dass manche Burgmannssitze aufgegeben wurden und diese Hofstellen bald frei standen, zum Teil dann bürgerlich besiedelt wurden.[5] (2) Hatte eine Adelsfamilie einzelne Lehen in unterschiedlichen Orten, so war eine Selbstbewirtschaftung meist nicht möglich. Sie gab dann in der Regel die Höfe über langfristige Pachtverträge (Meierbriefe) an Pächter aus. Diese bezeichnete man als Meier (vom lateinischen Major Domus = Hausverwalter), die Höfe als Meierstätten, den Vorgang als Bemeierung. In Vörden haben sich beide Entwicklungen vollzogen. Bevor darauf eingegangen werden kann, muss zunächst ein Überblick über die in Vörden ansässig gewesenen Burgmannsfamilien und die zugehörigen Burgmannssitze gegeben werden.

b) Urkundlich genannte Adelige

Bereits für die ersten Jahrzehnte nach der Stadtgründung werden vielfach Namen von Adeligen im Zusammenhang mit Vörden urkundlich genannt. Ihnen kann zwar meist keine genaue Funktion oder gar ein bestimmtes Burglehen (Burgmannssitz) sicher zugeordnet werden, doch ist in der Regel eine solche Funktion anzunehmen. Erst in den späteren Jahrhunderten lässt sich dann durch die Lehnsbriefe eine Besitzfolge bei den Burglehen ausmachen. Nachstehend sind die in Urkunden auftretenden Namen mit ihren erkennbaren Funktionen zur besseren Übersicht tabellarisch in zeitlicher Folge aufgeführt. Dabei sind jedoch die Personen ausgespart, die eindeutig im Zusammenhang mit dem Pfandbesitz der Burg selbst stehen. Sie werden unten in einem eigenen Kapitel behandelt.

Vermutliche Inhaber von Burglehen in Vörden

Name	Jahr und Quelle der Nennung	Tatsächliche oder mögliche Funktion
Dethard von Vorde	1321 WUB, Bd. IX, 1300-1325, Nr. 1985	Wird als Gewährsmann des neu gewählten Bischofs Bernhard V. zum Kloster Willebadessen zur Einholung des Begrüßungsgeldes gesandt. Möglicherweise Leiter der Arbeiten zum Stadtausbau Vördens. Vielleicht auch erster Burgvogt.
Eberhard von Mengersen Olricus von Nedere	1324 WUB wie vorstehend, Nr. 2406	Zeugen der Urkunde zur Übergabe Vördens an den Bischof. Mögliche Burgmänner in Vörden.
Heinrich von Wenthofen, genannt Saßberg	1341 Geschichte des Geschlechts von Oeynhausen, Bd. I, Nr. 179.[6]	Genannt als Zeuge einer Urkunde der Grafen von Asseburg, darin näher bestimmt als „morans (Burgmann) in Vorde". Keine Zuordnung zu einem bestimmten Burgmannssitz möglich.
Cord von Luthardessen	1387 Wie vorstehend, Bd. II, Nr. 573.	Als erster Zeuge und Bürge genannt in einer Urkunde zur Verpfändung der Burg Vörden. Wahrscheinlich Inhaber eines oder mehrerer Burglehen (s. folgende Ausführung).

Vermutliche Inhaber von Burglehen in Vörden

Name	Jahr und Quelle der Nennung	Tatsächliche oder mögliche Funktion
Hans und Albrecht von Luthardessen (Lütheresen)	Nach 1387, vor 1542 StA Münster, Fürstbistum Paderborn, Lehnskurie Nr. 1150	1542 genannt als Vorbesitzer des Burglehens in der Nord-Ost-Ecke der Stadt (ab 1606 Mönchehof) sowie eines Lehens auf der Burg selbst, links vom Tor gelegen (wohl Lehen des Burgvogtes).
Johann von Haxthausen	Nach 1401, vor 1450 StA Münster, Fürstbistum Paderborn, Lehnskurie Nr. 1805	In der bischöflichen Bestätigung erstmals 1482 (s. u.) erwähnt als früherer Inhaber von zwei Burglehen der Familie von Haxthausen in Vörden. Kein Standort bekannt, sehr wahrscheinlich aber im südlichen Bereich des jetzigen Burgplatzes.
Bernd von Modexen	1451 Landschaftsverband Westfalen-Lippe. Westfälische Quellen und Archivverzeichnisse, Bd. 7: Inventar des Stadtarchivs Brakel. Nach der Bearbeitung von Wolfgang Leesch herausgegeben von Alfred Bruns. Münster 1982, S. 208.	Die Stadt Brakel nimmt den von Vörden zurückkehrenden Bernd von Modexen wieder als Bürger auf. Er dürfte als Burgvogt oder Burgmann in Vörden gewesen sein.
Familien von Imedeshusen und von Vosswinkel	Vor 1482 StA Münster, Fürstbistum Paderborn, Lehnskurie Nr. 1852	1482 genannt als frühere Inhaber von zwei Burglehen, keine Lageangabe.
Friedrich von Oeynhausen, später für andere Familienmitglieder bestätigt.	1482 Quelle vorstehend.	Erste vorliegende Bestätigung des Besitzes der zwei Burglehen, die früher im Besitz der von Imedeshusen und von Vosswinkel gewesen waren. Bis 1782 immer wieder für die von Oeynhausen bestätigt.

Vermutliche Inhaber von Burglehen in Vörden

Name	Jahr und Quelle der Nennung	Tatsächliche oder mögliche Funktion
Gottschalk von Haxthausen	1482 StA Münster, Fürstbistum Paderborn, Lehnskurie Nr. 1862	Bestätigung zweier Burglehen in Vörden, vermutlich im südlichen Bereich des heutigen Burgplatzes, die auf Johann von Haxthausen (s. o.) zurückgehen.
Arndt, Herbold, Jürgen, Raven und Wulf von Oeynhausen	1505 Geschichte des Geschlechts von Oeynhausen, Bd. I, Regest Nr. 259.	Bisherige Inhaber „der von Luthardessen Burglehne", des späteren Mönchehofs (s. u.).
Cord von Haxthausen	1505 Quelle vorstehend	Neuer Pfandinhaber des vorstehend genannten früheren Burglehens der von Luthardessen.
Otto von Amelunxen	Ca. 1508 StA Münster, Fürstbistum Paderborn, Lehnskurie Nr. 12-36 und 1865	Genannt als Vater und Vorbesitzer des Lehens, das 1533 für Otto und Mauritius von Amelunxen bestätigt wird, bis 1706 immer wieder bestätigt.
Gottschalk von Haxthausen	1548 StA Münster, Fürstbistum Paderborn, Lehnskurie Nr. 1805	Bestätigung von zwei Burglehen, die auf die Familie von Luthardessen zurückgehen (späterer Mönchehof) sowie das (Burgvogt-) Lehen auf der Burg selbst. Nicht identisch mit den zwei erstmals 1482 genannten Lehen.
Elmerhaus von Haxthausen	1582 StA Münster, Fürstbistum Paderborn, Urkunden, Nr. 2373.	Gleichzeitig mit der Burg erbliche Überlassung des von der Familie von Luthardessen stammenden Burgmanns- und des Burgvogtsitzes (s. vorstehend).
Familie von Haxthausen-Thienhausen	1582 Quelle wie vorstehend	Benannt als Inhaber eines Burglehens in Vörden.

c) Die Anzahl der Burglehen und der Burgmannshöfe

Die Aufstellung lässt die Situation im Hinblick auf die Anzahl der Vördener Burglehen und die Lage der zugehörigen Burgmannshöfe als recht undurchsichtig erscheinen. Dennoch ist für das Jahr 1582 eine Zählung der Burglehen möglich. Dazu hilft vor allem der unten noch näher behandelte Vertrag aus dem genannten Jahr zwischen dem Bistumsadministrator Heinrich von Sachsen-Lauenburg und Elmerhaus von Haxthausen. Darin werden Elmerhaus und seinen Nachkommen neben der Burg (dem „Haus") die oben zu 1548 genannten zwei Burglehen erblich übereignet, von denen aber eines als Lehen des Burgvogtes auf der Burg selbst lag, also in dem hier gemeinten Sinne nicht als Burgmannshof zählt. Nicht erwähnt werden in dem Vertrag die beiden anderen, bereits auf Johann von Haxthausen zurückgehenden Lehen der Familie von Haxthausen (s. o.), weil diese im üblichen Rechtsstatus verblieben, also auch durch den Vertrag nicht berührt wurden. Hingegen wird zu zwei weiteren Burgmannslehen festgelegt, dass Elmerhaus die Inhaber ungestört in ihrem Rechtsstatus belassen soll. Diese Lehen waren im Besitz der Familien von Haxthausen-Thienhausen und von Amelunxen und meierstättisch an Bauern ausgegeben. Nicht erwähnt sind die beiden Lehen, die zu der Zeit nachweislich im Besitz der Familie von Oeynhausen standen und vormals den Familien von Imedeshusen und von Vosswinkel gehört hatten (s. o.).

Die Erklärung für die Erwähnung der einen und die Vernachlässigung der anderen Lehnsnehmer lag wohl in bestehenden Spannungen zwischen Elmerhaus von Haxthausen und den miteinander verwandten Familien von Haxthausen-Thienhausen und von Amelunxen. Offenbar kam es erst nach dem Tode des Elmerhaus 1587 zu einer Verständigung zumindest zwischen den Zweigen der Familie von Haxthausen. Das lässt sich aus einer Notiz in den Tagebüchern des Kaspar von Fürstenberg schließen. Zum 25. April 1588 notierte er nämlich, dass es während seines Aufenthaltes auf der Burg Vörden zu einem „fürstlich verhorstag" zwischen den Brüdern von Haxthausen (Söhnen des Elmerhaus) und ihrem Vetter Tonies Wolf von Haxthausen-Thienhausen gekommen sei. Es sei der „irtumb nach langer underhandlung vergliechen" worden.[7] Leider wird nicht berichtet, worauf sich die Differenzen bezogen.

Damit lassen sich für 1582 außer dem Lehen auf der Burg selbst (Burgvogtlehen) folgende Lehen angeben:

- das Borggesäß (ehemals von Luthardessen, später Mönchehof), seit 1505 in der Hand der Familie von Haxthausen,
- zwei weitere Burglehen derer von Haxthausen, die bereits Johann von Haxthausen im Besitz hatte (zwischen 1401 und 1450) und neben dem vorgenannten bis 1775 immer wieder bestätigt wurden,
- zwei Burglehen (ehemals von Imedeshusen und von Vosswinkel) in der Hand der Brüder von Oeynhausen,
- ein Burglehen im Besitz der Familien von Haxthausen-Thienhausen,

– ein Burglehen im Besitz der Familie von Amelunxen.

Diese Anzahl von sieben Burglehen und damit ursprünglich auch Burgmannssitzen erscheint angesichts der geringen Größe Vördens recht hoch. Sie ist aber
für die Gründungszeit von Burg und Stadt 1324 nicht außergewöhnlich. So sind
für die etwas größere Stadt Borgholz 1295 zwar nur sechs Burgmänner angegeben,[8] für 1308 aber dann sogar zwölf.[9] Und in dem damals deutlich kleineren
Bredenborn bestanden immerhin vier Burgmannssitze, die 1482 bereits sämtlich in der Hand der Familie von Haxthausen waren.[10] Auch Völker ging für
Vörden von sieben Burgmannssitzen aus, indem er die 1729 im Kirchenbuch
von Pater Leander Bruns angeführten Vollmeierhöfe als ehemalige Burgmannshöfe zählte.[11] Dieser Schluss ist aber unzutreffend. Die dort genannten sieben
Höfe sind lediglich als die damals landreichsten in Vörden angeführt, die dementsprechend mehr zur Unterhaltung des Küsters gaben. Dass sie nicht generell
auf Burgmannslehen zurückzuführen sind, zeigt sich schon daran, dass die drei
Lehen der Familie von Haxthausen in der Regel nicht meierstättisch ausgegeben waren, sondern von der Burg aus bewirtschaftet wurden.

d) Zur Lage der Burgmannshöfe

Urkundlich lässt sich nur die Lage von drei Burgmannshöfen bzw. späteren
Meierstätten eindeutig ausmachen. Für die Lage der anderen sind nur Plausibi-
litätsüberlegungen möglich. Von den nachweisbaren Burgmannshöfen tritt der
ursprünglich im Besitz der Familie von Luthardessen gewesene deutlich hervor. Nachdem nämlich Cord von Haxthausen im Jahre 1505 dieses Lehen erworben hatte, wird es dem Gottschalk von Haxthausen im Jahre 1548 bestätigt
als *„Borchlehne in dem Flecke thom Voirden ... .gelegen an dem Orte nach
dem Münsterdiecke".*[12] Dieser Burgmannshof lag also in der Nord-Ost-Ecke
der Stadt, die zum Münsterteich = Klosterteich zeigte. Wie im vorhergehenden
Artikel ausgeführt, tauschte Gottschalk von Haxthausen im Jahre 1606 diesen
Platz gegen die vormalige Pfarrhofstelle (Wedeme-Stätte) südlich der alten Burg
ein. Der zunächst auch urkundlich noch als „Borggesäß" (Burgsitz) bezeichnete Platz in der Nord-Ost-Ecke der Stadt wurde dann in der Folgezeit nach den
neuen Besitzern „Mönchehof" genannt.

Weitere Burgmannshöfe wird man sich südlich des ursprünglichen Pfarrhofes
vorstellen müssen, der – wie im vorhergehenden Artikel dargelegt – unmittelbar südlich des Burggrabens lag. Geht man annähernd von der Fläche des
ehemaligen Burgsitzes derer von Luthardessen (Mönchehof) aus, so würde der
Platz südlich der ursprünglichen Burg Raum für vier bis fünf solcher Höfe bieten. Zieht man das Gelände des unmittelbar südlich an die Burg anstoßenden
Pfarrhofes ab (s. Abb. 43 im vorhergehenden Artikel), so hätten auf dem restlichen Platz noch drei bis vier weitere Burgmannshöfe Platz. Das gilt auch dann,
wenn sich westlich der Kirche zunächst noch eine Reihe bürgerlicher Häuser
befunden hätte, wie im vorhergehenden Artikel vermutet wurde, und man auch

die Platzerweiterung berücksichtigt, die Carl von Haxthausen (1856-1923) nach einer Notiz in der Kirchenchronik durch Errichten von Mauern und Erdanfüllungen zur Bergstraße hin vornehmen ließ.

Auf der benannten Fläche sind zunächst höchstwahrscheinlich die Höfe der beiden Lehen zu lokalisieren, die Mitgliedern der Familie von Haxthausen erstmals im Jahre 1482 und dann immer wieder bis zum Ende des 18. Jahrhunderts bestätigt wurden (s. in der obigen Aufstellung sowie weiter unten). Hier ist ferner der Standort von mindestens einem der beiden erwähnten Burgmannshöfe zu vermuten, die ursprünglich den Familien von Vosswinkel und von Imedeshusen gehörten und dann ab 1482 im Besitz der Familie von Oeynhausen standen. Allerdings dürfte(n) die Hofstätte(n) zu diesem Lehen irgendwann vor 1606 in den Besitz der Familie von Haxthausen übergegangen sein, so dass sich die weiteren Lehensbestätigungen für die von Oeynhausen nur noch auf den Landbesitz bezogen. Dass diese Trennung von Burgmannssitz und Landausstattung möglich war, zeigt sich am erwähnten Lehen der Familie von Luthardessen, das dann denen von Haxthausen gehörte: Obgleich die Hoffläche durch den Tausch von 1606 in den Besitz des Klosters Marienmünster übergegangen war, wurde das Lehen den Angehörigen der Familie von Haxthausen auch danach immer wieder bestätigt. Diese Lehnsbestätigungen bezogen sich also dann faktisch nur noch auf den Landbesitz von zwei Hufen (60 Morgen), nicht mehr auf den Burgmannssitz im Sinne von Haus und Hoffläche. So könnte es demnach auch bei den beiden Lehen der Familie von Oeynhausen gewesen sein, deren Standorte urkundlich nicht lokalisierbar sind.

Die Lage der Burgmannshöfe im Süden des jetzigen Burgplatzes war mit der Nähe zur Burg sowie zum Oberen Tor und mit zwei steil abfallenden Geländeflanken strategisch recht günstig. War damit doch auch diese Ecke der Stadt wehrhaft besetzt, während die Burg und der ursprüngliche Burgmannshof der von Luthardessen (später Mönchehof) zwei weitere Ecken schützten. In konsequenter Fortführung dieser Überlegung müsste man zumindest für die Stadtecke im Süd-Osten (schräg hinter dem heutigen „Wirtshaus am Brunnen", Niedernstraße 5-7) einen weiteren Standort eines früheren Burgmannssitzes erwarten, eventuell auch noch im Süd-Westen (heutiges Grundstück Elsing = Kienen, Niedernstraße 23).

Für die Süd-Ost-Ecke lässt sich diese Vermutung weiter erhärten. Zunächst zeigt das Urkataster aus dem Jahre 1830 von der Zuschneidung der Grundstücke her hier noch eine ursprünglich dem Mönchehof größenmäßig vergleichbare Stätte, wenn man das Eckgrundstück mit den beiden benachbarten Parzellen zusammenfasst. Den ursprünglichen Kern könnte ein Gebäude in der Ecke der Stadtmauer gebildet haben, dessen Nachfolger das Urkataster mit der Nr. 60 und der Bezeichnung „im Winkel" noch ausweist. Zuletzt befand sich in dem Haus eine Bäckerei. Als das Haus 1872 abbrannte, wurde es nicht wieder aufgebaut. Zumindest seit dem Ende des 16. Jahrhunderts war das Lehen allerdings mit dem Haus Stork auf dem westlichen Teil des beschriebenen Geländes (jetzt Teil des „Wirtshaus am Brunnen") als Meierstätte verbunden. Dazu berichtet Völker, dass sich zu seiner Vördener Zeit (1914–26) in der Familie Kreilos (genannt Stork) noch ein Meierbrief vom 27. Juli 1796 befand, mit dem Gregor Christoph von Haxthausen-Thienhausen dem damaligen Meier Johann Heinrich Hölting das Haus mit 47 Morgen Land für 12 weitere Jahre überließ. Dabei wurde auf eine ursprüngliche Bemeierung des Martin Stork Bezug genommen, der im Jahre 1586 genannt wird.[13] Hier handelt es sich offenbar um das im Vertrag von 1582 (s. o.) benannte Lehen, das auch zu dieser Zeit bereits in Meierpacht ausgegeben war.

Für den aus verteidigungstechnischen Gründen sinnvoll erscheinenden Standort eines Burgmannssitzes auch in der Süd-West-Ecke des alten Vördens (Niedernstraße 23) sind keine urkundlichen Hinweise bekannt. Als solche kämen vor allem Meierbriefe für die dort im 17. Jahrhundert ansässige Familie Kiene und deren Nachfolger in Betracht. Da sich das erwähnte Lehen der Familie von Amelunxen an anderer Stelle lokalisieren lässt (s. u.), könnte für diesen Standort nur eines der beiden Lehen der Familie von Oeynhausen erwogen werden. Darüber liegen aber keine Meierbriefe oder sonstige Nachrichten vor. Deshalb wird die Lage beider Lehen auf dem jetzigen südlichen Burgplatz angenommen (s. o.).

Kaum Unsicherheit besteht hingegen für das verbleibende siebte Vördener Burglehen, das im Besitz der Familie von Amelunxen stand. Dieses Lehen wurde nämlich vom frühen 16. Jahrhundert an bis ins 18. Jahrhundert hinein immer wieder von den Paderborner Bischöfen bestätigt.[14] Dass es meierstättisch ausgegeben war, weist eine Urkunde vom 9. Dezember 1688 aus, nach der Heinrich Wiegandt das Gut als Meier inne hatte. Die damaligen Eigentümer waren die Vettern Wilhelm und Schweder Lutter von Amelunxen junior.[15] Völker lokalisiert diesen Burgmannssitz am heutigen Platz Marktstraße 7, jetzt Haus Multhaup, genannt Büngener.[16] In der Vördener Ortschronik ist das dort stehende Haus zum Jahre 1818 als *„das ehemalige sogenannte Schleppersche Colonathaus"* (Colonat = Meierstätte) ausgewiesen. Es wird gelegentlich auch als das „Veneatorische Gut" bezeichnet.[17] Beide Bezeichnungen beziehen sich wohl auf ehemalige Meier. Diese für Vörden sonst unüblichen Bezeichnungen als Colonat und Gut deuten auf eine Sonderstellung hin, die man sich nur als Burgmannssitz vorstellen kann. Das Gut stand dann zum Ende des 18. Jahrhunderts im Besitz der aus Lippe stammenden Familie Meyer, die auch die Bургländereien als Pächter bewirtschaftete. Es war offenbar von der Familie von Amelunxen verkauft worden. Darauf deutet auch hin, dass nach 1706 für dieses Lehen keine Bestätigungen mehr vorliegen, während für die übrigen Lehen auch danach noch Bestätigungen erfolgten (s. o.). 1795 kaufte schließlich der ehemalige Richter Johannes Franziskus Potthast, ein Nachkomme des früheren Meiers Heinrich Wiegandt, die Ländereien im Umfang von 37 Morgen für 1600 Reichstaler vom Amtmann Johann Bernhard Meyer. 1818 verkaufte dieser dann Haus und Garten an den preußischen Staat, der das Haus als Pfarrhaus einrichtete.[18] Es brannte 1857 mit den anderen Häusern an dieser Seite der Marktstraße ab.

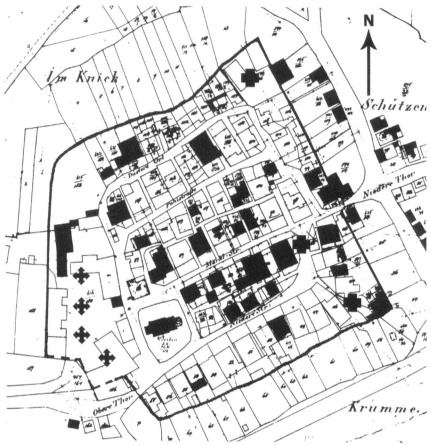

Abb. 44   Die Lage von Burgmannshöfen in Vörden   ✚ *Lage urkundlich belegt*
✜ *wahrscheinliche Lage*

Die sichere oder wahrscheinliche Lage der sieben Vördener Burgmannshöfe ist
in Abb. 44 durch unterschiedliche Symbole veranschaulicht.

2. Verpfändungen von Burg und Stadt Vörden bis 1481

Die erste Hergabe von Rechten an der *Stadt* Vörden erfolgte noch unter Bischof
Bernhard V. im Jahre 1339, also nur 15 Jahre nach seiner Übernahme der Stadt
vom Kloster Marienmünster. Gegen 50 Mark Silber, die er zum Kauf der Kru-
kenburg und der vorgelagerten Stadt Helmarshausen an der Diemel verwandte,
übereignete Bernhard dem Kloster Marienmünster aus dem Zehnten von Vörden jährlich jeweils 20 Viertel Roggen und Hafer nach Brakeler Maß (ca. 2100
kg Roggen und 1700 kg Hafer).[19] Die Deklarierung als „Geschenk" zeigt, dass
an eine Rückzahlung nicht gedacht war.

*Abb. 45   Der Beginn der Urkunde über den Versatz der Burg Vörden durch
Bischof Balduin an Heinrich von Spiegel mit Datum vom 1. Juni 1354*

Eine erste Verpfändung der *Burg* Vörden ist für 1354 belegt. Bischof Balduin,
der den Vördenern 1342 die Stadtrechte verliehen hatte, versetzte die Burg für
ein überlassenes Kapital von 320 Mark Silber Warburger Währung an den Domherrn Heinrich (von) Spiegel.[20] Die Burgmannen und die Bürger sollten ihm als
Amtsinhaber huldigen, er sollte sie aber ansonsten bei ihren Rechten belassen.
Diese Bestimmung wiederholte sich bei allen folgenden Verpfändungen. Der
Pfandinhaber nahm sicherlich nicht selbst auf der Burg Wohnung, sondern ließ
sie von einem Beauftragten verwalten. Einige der ohne erkennbare Funktion urkundlich genannten Personen könnten diese Aufgabe wahrgenommen haben.
Zu ihrer Lebensgrundlage diente dann wohl das oben angeführte Burgvogtle-
hen. 1376 zahlte das Bistum die Pfandsumme an Heinrich von Spiegel zurück,
der inzwischen selbst Bischof geworden war.[21] Sein Nachfolger Bischof Simon
II. versetzte die Burg aber 1387 erneut, und zwar einschließlich der Einnahmen
aus der Stadt für 624 Mark an Mitglieder der Familien von Holthusen und von
Natesungen.[22] Nach einer zwischenzeitlichen Weiterverpfändung an das Kloster
Marienmünster durch Bernd von Holthusen und seine Frau Jutta im Jahre 1416[23]
verkaufte Otto von Holthusen 1481 die Pfandschaft auf Burg und Stadt Vörden
für 208 Mark Silber Warburger Währung an den Domherrn Otto von Oeynhausen.[24] Bald danach erscheint Bernd von der Malsburg als Pfandinhaber (s. u.).
Von diesem ging die Burg in den Besitz der Familie von Haxthausen über.

3. Die Familie von Haxthausen in Vörden

Die Familie von Haxthausen wird um das Jahr 1280 urkundlich fassbar. Sie verwaltete zu dieser Zeit im Auftrag des Paderborner Domkapitels das südlich von
Paderborn gelegene Gut Haxthausen mit den zugehörigen Zehnthöfen. Daran
erinnern bis heute die Paderborner Flurbezeichnungen Haxterberg und Hax-
tergrund. Die Familie benannte sich nach diesem Gut als „von Haxthausen",
war aber wohl ursprünglich ein Zweig der Familie von Flechten. Darauf weist
ihr Wappen, die Wagenflechte, hin. Diese Familie saß in der Nähe von Brakel,
wo die Flurbezeichnung Flechtheim an die frühere Siedlung erinnert.

a) Erste Erwerbungen in Vörden

Im Verlauf des 14. Jahrhundert bildete die Familie von Haxthausen durch den Erwerb von Lehen zunächst einen Besitzschwerpunkt im Raum Paderborn aus. Im Jahre 1401 erwarb dann Albert von Haxthausen zusammen mit seinen Söhnen Albert, Gottschalk, Heinrich und Johann für 150 Mark Silber Warburger Währung die Hälfte der Burg Bredenborn vom Bischof. Damit war der Grundstein für eine erstaunliche Entwicklung des Besitztums der Familie in dieser Region gelegt. Wenig später müssen dann nämlich auch bereits die oben erwähnten zwei Burglehen in Vörden erworben worden oder als Zubehör des Hofmeisteramtes an die Familie gekommen sein, das die von Haxthausen beim Bischof als Nachfolger der ausgestorbenen Familie von Elmeringhausen wahrnahmen. Die beiden Vördener Burglehen wurden 1482 erstmals erwähnt (s. obige Aufstellung) und zwischen 1548 und 1765 immer wieder bestätigt. In den Bestätigungen heißt es, dass schon Gottschalk von Haxthausen und seine Voreltern die Lehen in Besitz gehabt hätten.[25] Der Vater des Gottschalk war Johann von Haxthausen, der zusammen mit seinem Vater und den Brüdern 1401 die halbe Burg Bredenborn erwarb. Da alle anderen Vördener Güter der Familie von Haxthausen erst später in ihren Besitz kamen, kann es sich bei dem erwähnten Lehen nur um Burgmannshöfe mit Zubehör handeln, deren Standorte im Süden des jetzigen Vördener Burghofes angenommen werden müssen (s. o.).

b) Der Erwerb der Burg als Pfandbesitz

Der oben als Pfandinhaber von Burg und Stadt Vörden erwähnte Domherr Otto von Oeynhausen, der das Pfand 1481 erwarb, hat dieses offenbar bald an Bernd von der Malsburg weiter veräußert. Dieser blieb aber wohl 100 rheinische Gulden des Kaufpreises schuldig oder lieh sich dieses Kapital aus einem anderen Grunde wieder von Otto von Oeynhausen aus. Dafür hatte er als Zinsen aus den Vördener Einkünften jährlich 6½ Malter Korn nach Vördener Maß zu liefern, 3 Malter Roggen und 3½ Malter Hafer.[26] Als nun Bernds Tochter Margaretha von der Malsburg um 1490 Cord von Haxthausen heiratete, brachte sie allem Anschein nach die Pfandschaft auf die Burg Vörden als Mitgift in die Ehe ein. Wohl um den Vördener Besitz schuldenfrei zu machen, kamen die von Haxthausen mit Otto von Oeynhausen und seinen Testamentsvollstreckern durch Vertrag vom 31. Januar 1495 überein, statt der Abgaben aus Vörden solche aus dem von Haxthausenschen Zehnten in Henglarn (südlich von Paderborn) als Zinsen zu liefern, nämlich 8 Malter Korn Paderborner Maßes, je 4 als Roggen und Hafer. Das geliehene Kapital von 100 Gulden wurde später zurückgezahlt, so dass dann auch die Abgabenverpflichtung erlosch.[27] Somit waren die von Haxthausen spätestens seit 1495 auch im Pfandbesitz der Burg und damit des nördlichen Teils des heutigen Burgplatzes mit den damals wahrscheinlich noch vorhandenen Gebäuden aus der Gründungszeit von Burg und

Stadt. Wie im vorstehenden Artikel ausgeführt, lag zwischen ihren beiden Vördener Besitztümern, der Burg und den schon Jahrzehnte früher erworbenen Burgmannshöfen nur der Pfarrhof als Besitz des Klosters Marienmünster.

c) Der Erwerb des früheren Burglehens der Familie von Luthardessen

Nur 10 Jahre nach dem Erwerb der Burg als Pfandbesitz konnte das Ehepaar Cord von Haxthausen und Margaretha von der Malsburg im Jahre 1505 ihren Vördener Besitz erweitern. Es erwarb nämlich von Arnd von Oeynhausen, seiner Ehefrau Gisela und den Brüdern Herbold, Jorgen, Raven und Wulf von Oeynhausen deren Gut in Vörden, nämlich *„der von Luthardessen Borchlehne, Woldenbrok und die Eylwordesser Mark".*[28] Das Burglehen (Borchlehne) ist der „Leutzers Ort" oder auch „Borggeseß" genannten ehemaligen Burgmannssitz der Familie von Luthardessen. Das offenbar größere Landstück „Woldenbrock" ist nicht zu lokalisieren. Es könnte sich aber um ein solches im Bereich des Eichhagen gehandelt haben, wenn man die Bezeichnung mit dem früheren Dorf Woldessen (Waldessen) zusammenbringt (vgl. dazu im Beitrag „Frühe Geschichtszeugnisse und untergegangene Siedlungen im Umkreis von Vörden"). Ein größeres Landstück in diesem Bereich kam im 19. Jahrhundert zur Ablösung der Holzrechte der Vördener Bürger von der Familie von Haxthausen an die Gemeinde Vörden (s. im Beitrag „Vörden im 19. Jahrhundert"). Die „Eylwordesser Mark" ist der Grenzwald zwischen Vörden und Eilversen beim Eilverser Friedhof, der bis heute der Familie von Haxthausen gehört. Wie bereits mehrfach erwähnt, tauschte Gottschalk von Haxthausen im Jahre 1606 den 1505 durch seine Familie erworbenen ehemaligen Burgmannssitz derer von Luthardessen mit dem Kloster Marienmünster gegen den Pfarrhof (Wedeme-Stätte). Durch den Tausch kam der heutige große Burgplatz gänzlich in den Besitz der Familie.

d) Weitere Erwerbungen der Familie von Haxthausen im Umkreis von Vörden

Die Besitzerweiterungen der Familie von Haxthausen in Vörden müssen im Rahmen der schon vorher erfolgten gewichtigen Erwerbungen in der Umgebung gesehen werden. Bredenborn war bald nach dem Erwerb der einen Hälfte im Jahre 1401 ganz in den Besitz der Familie gelangt. Nicht zuletzt durch Einfluss und Mittel des einflussreichen Dompropstes Heinrich von Haxthausen (ca. 1390-1479) wie seines gleichnamigen Neffen, der Domdechant war, wurden die Pfandschaften über die Abbenburg (1465) vom Bischof, Altenbergen (ca. 1470) und Bökendorf (1491) vom Kloster Corvey sowie Bellersen (1480) von der Familie von Oeynhausen erworben. Zusammen mit der Herrschaft über die Burg Vörden und den dortigen Burglehen unterstand der Familie von Haxthausen nun ein ansehnliches, in sich weitgehend geschlossenes Gebiet, in dem lediglich die Stadt Vörden und das Kloster Marienmünster noch mit eigenen Rechten vertreten waren. Entsprechende Streitigkeiten über Rechte Marienmünsters an der Abbenburg wie in Vörden konnten durch bischöfliche Schiedssprüche 1528 und 1530 beigelegt werden.[29] Weiterer Streit gab es allerdings im 16. Jahrhundert um die Rückgabe der Pfarrländereien, die das Kloster an die Familie von Haxthausen verpachtet hatte. Als es sie zurück haben wollte, fehlten 10 bis 11 Morgen an den ehemals vier Hufen (120 Morgen). Niemand wusste, wo sie gelegen hatten und geblieben waren.[30]

e) Die Burg wird erbliches Eigentum der Familie von Haxthausen

Dem 1577 zum Paderborner Bistumsverwalter gewählten Heinrich von Sachsen-Lauenburg waren offenbar der Besitz und der Einfluss der Familie von Haxthausen zu groß geworden. Nachdem er bereits Ende 1581 der Stadt Vörden ihre Rechte auch gegenüber den Inhabern der Burg bestätigt hatte, kam es dann mit Datum vom 22. September 1582 nach offenkundig langen, zähen Verhandlungen mit Elmerhaus von Haxthausen als Senior der Familie zu einem Vertrag folgenden Inhalts:[31]
Zunächst betont der Bischof, dass er vorgehabt habe, beide Ämter (Burg mit den Vogteirechten) Vörden und Bredenborn denen von Haxthausen abzunehmen und wieder an sich und das Stift (Fürstbistum Paderborn) zu bringen. Er habe dann jedoch berücksichtigen müssen, dass die von Haxthausen an beiden Orten zuvor ordnungsgemäß Rechte erworben hätten. Deshalb sollen sie nur Bredenborn mit allen Rechten an den Bischof zurückgeben, während sie den Besitz in Vörden als erbliches Lehen (und damit uneinlösbar quasi als Eigentum) erhalten sollen. Dieses Lehen wird beschrieben als *„unser Borggeseß, Borchlehen und Haus* (Burg) *zum Vohrden samt allen Zubehorungen an Eckern* (Äckern), *Wiesen, Kampen, Fischereyen, Schäfereyen, Teichen, einer Mulen* (Mühle), *Hofengarten* (Hofgarten, vielleicht auch Hopfengarten)". Der Bischof behielt sich jedoch den Zehnten in Vörden vor und auch die Gerichtsrechte mit Ausnahme des „Baurgerichts", das für geringere Ordnungsverstöße zuständig war. Die Familie von Haxthausen erhielt zudem das Dorf Wendelbreden (Großenbreden) mit allen Rechten und Einkünften und auch noch sieben Hufen (210 Morgen) zehntfreien Landes in der Vördener Feldmark.

f) Finanzielle Probleme und Verpfändungen

In der nächsten Generation gelang Gottschalk von Haxthausen dann der erwähnte Hoftausch mit dem Kloster Marienmünster. Er war mit Agatha von Fürstenberg verheiratet, der Schwester des Paderborner Bischofs Dietrich, die 2.000 Goldgulden als Mitgift in die Ehe eingebracht hatte. Sie geriet aber nach dem Tode ihres Mannes im Jahre 1610 in finanzielle Probleme, so dass sie sich schon 1616 bei ihrem bischöflichen Bruder 6.000 Reichstaler gegen eine Verpfändung der Vördener Güter ausleihen musste. Da sie keine männlichen Erben hinterließ, kam sie im Jahre 1637 kurz vor ihrem Tode mit den Angehörigen der verschiedenen Zweige der Familie von Haxthausen überein, dass die Neffen ihres Mannes aus der Linie Haxthausen zu Welda und Lippspringe das Erbe übernehmen sollten. Sie mussten sich jedoch verpflichten, die darauf inzwischen lastenden 9.000 Reichtaler Schulden abzulösen. Die Brüder Elmerhaus, Christoph Wulf und Caspar Friedrich von Haxthausen konnten diese Summe jedoch nicht aufbringen, die zudem durch nicht gezahlte Zinsen inzwischen auf 10.750 Reichstaler angestiegen war. Die Schulden wurden dann im Jahre 1643 durch Dietrich von Niehausen, den Schwiegersohn der Agatha von Fürstenberg und des Gottschalk von Haxthausen, Ehemann ihrer Tochter Katharina, sowie vom Vormund ihrer Enkelkinder aus der Ehe der anderen Tochter Agatha mit Friedrich von Westphalen beglichen. Bis zur Rückzahlung der Summe sollten Dietrich von Niehausen und Friedrich von Westphalen dafür die Hälfte der Einkünfte aus den Vördener Gütern als

Abb. 46
Grabplatte des Cord (Conrad) von Niehausen an der östlichen Sakristeiwand (Zur Beschreibung s. im Beitrag „Kirche und religiöses Leben")

Zinsen erhalten. Gegen eine weitere Zahlung von 12.000 Reichstalern im Jahre 1683 bekam Cord von Niehausen, Sohn des Dietrich, dann auch noch die andere Hälfte der Vördener Güter in Pfandnutzung. Er dürfte bald auch die Rechte der Kinder von Westphalen erworben haben, weil darüber nichts mehr berichtet wird. Nur wenige Rechte behielten sich die von Haxthausen noch vor.[32] Cord von Niehausen, der auf der Vördener Burg wohnte, sich „Herr von Vörden" nannte und nach seinem Tode am 31. Oktober 1694 in der Vördener Kirche beerdigt wurde, setzte seine Neffen Georg und Johann Gottfried von Niehausen als Erben des Pfandbesitzes ein.[33]

g) Die Befreiung der Vördener Güter und der Bau des Schlosses

Im Jahre 1713 starb die Linie von Haxthausen-Abbenburg aus. Raban Jost von Haxthausen-Lippspringe trat als Familienältester das Gesamterbe an. Er

Abb. 47   Die Inschrift über dem Schlossportal informiert über die Baugeschichte

löste die auf der Abbenburg lastenden Pfandschulden ab, hatte aber für die Befreiung der Vördener Güter nicht die notwendigen Mittel. Deshalb trat er die Eigentumsrechte in Vörden an seine Neffen aus der Weldaer Linie, den Domherrn Franz Caspar Philipp von Haxthausen und dessen Bruder Johann Friedrich ab.[34] Diese zahlten im Dezember 1714 die Hälfte der Verschuldung, nämlich 12.000 Reichstaler, an Georg und Johann Gottfried von Niehausen zurück. Durch eine zusätzliche Vereinbarung im folgenden Jahr ersetzten die Brüder von Haxthausen-Welda auch noch die Kosten der inzwischen erfolgten Neubauten von 6.000 Talern. In den Jahren 1730-34 ließ der genannte Domherr Franz Caspar Philipp von Haxthausen das heutige Schloss errichten. Die Schrifttafel über dem Eingang weist eine vorherige Rückzahlung von insgesamt 30.000 Talern aus. Das besagt, dass inzwischen auch die zweite Hälfte der Verschuldung von 12.000 Talern zurückgezahlt worden war. Die Angabe 1714 meint wohl lediglich den Beginn der Rückzahlung.

Die Tafel lautet im Original und nachfolgend mit Auflösung der Abkürzungen und in heutiger Schreibweise:

Anno mdccxxx hatt der Hwü Hw.

H. Herr Frans Caspar Philip V. Haxthusen

Von Welda H. zu Vöhrden Dohm Capitular

ZU PADERBORN UND IHR. GUHRF. DHL. ZU CÖLLN FÜR.
ZU PA. MÜ. HI. U. OSNAB. GEHEIMER RAHT, DISSE BURG
VON NEÜWEN AUFGEBAUET; NACHDEM ER SOLCHE MDCCXIV
VON DEN NIEHAUSISCHEN PFANDSCHILLING XXXM DALER BEFREIET,
SCHEUREN SCHAF UND RINDERSTAL GANS NEÜW AUFGEBAUET DEN BERG
MIT MAUREN UMGEBEN DAS BRAUHAUS DEN NEÜWEN KRUG UND DEN GANZEN
THAL ZU GEGENWERTIGER (zerstört)M GEBRACHT.

Mit der Auflösung der Abkürzungen und angenähert an die heutigen Sprach-
und Schreibweise ist zu lesen:

Im Jahre 1730 hat der hochwürdige, hochwohlgeborene,
hochgebietende Herr Franz Caspar Philipp von Haxthausen
zu Welda, Herr zu Vörden, Domkapitular
zu Paderborn und ihrer kurfürstlichen Durchlaucht zu Köln, Fürst
zu Paderborn, Münster, Hildesheim und Osnabrück Geheimer Rat, diese Burg
von neuem aufgebaut, nachdem er solche 1714
von dem Niehausischen Pfandschilling mit 30 000 Taler befreit,
Scheunen, Schaf- und Rinderstall ganz neu aufgebaut, den Berg
mit Mauern umgeben, das Brauhaus, den neuen Krug und das ganze
Tal in die gegenwärtige Form gebracht hat.

Das angegebene Jahr 1730 bezieht sich lediglich auf den Beginn der Bauarbeiten. Diese zogen sich jedoch bis in das Jahr 1734 hinein, wie Rechnungen im
von Haxthausenschen Archiv belegen.[35]
Die Textstelle, dass er „diese Burg von neuem aufgebaut" habe, darf wahrscheinlich nicht im heutigen Sprachverständnis als „erneut" gelesen werden,
wonach dann die von Niehausen bereits vorher auf diesem Platz einen Bau aufgeführt hätten. Vielmehr wird man die Stelle wie bei den erwähnten Scheunen-
und Stallbauten im Sinne von „ganz neu" lesen müssen. Die in der erwähnten
Rückzahlung von 30.000 Talern enthaltene Summe von 6.000 Talern für Baukosten wird auf die Erhaltung der alten Burg und auf Nebengebäude zu beziehen sein. Ferner könnte der Betrag auch Kosten für die vermutete Erweiterung
des südlichen Burgplatzes zur Kirche hin enthalten, die im vorhergehenden
Artikel angesprochen wurde. Allerdings lastete auf dem Vördener Besitz auch
dann immer noch eine Restschuld, für die der Familie von Niehausen und ihren Erben Zinsen zu zahlen waren. Diese Restschuld könnte aus dem Erbe der
Kinder von Westphalen herrühren, das Cord von Niehausen wohl abgelöst hatte (s.o.). Erst 1751 kamen die Brüder Hermann Adolf und Domherr Franz Arnold von Haxthausen zu Welda mit den Erben der von Niehausen überein, die
Restschuld durch Zahlung von 5.650 Reichstalern zu begleichen.
Trotz dieser bestehenden Restschuld hatten die von Haxthausen aber die Vördener Güter bereits von 1714 an wieder in die eigene Verwaltung übernommen.

Das sagt die zitierte Inschrift ebenso aus wie eine Notiz im von Haxthausen-schen Archiv in Abbenburg, wonach Franz Caspar Philipp von Haxthausen bereits 1716 die neue Scheune und 1724 den Schafstall errichten ließ.[36] Erstere trug die Inschrift „*F. C. P. v. Haxthausen me fieri fecit Anno 1716*" (F. C. P. von Haxthausen hat mich gebaut im Jahre 1716). Der Schafstall war in gleicher Weise beschriftet, jedoch mit der Jahreszahl 1724. Eine weitere Scheune wurde laut überlieferter Inschrift im Jahre 1740 vom Ehepaar Hermann Adolf von Haxthausen, Herr zu Welda und Vörden, und Agnes Ursula von der Lippe zu Vinsebeck gebaut. Hermann Adolf war der Sohn des oben erwähnten Johann Friedrich von Haxthausen-Welda.

h) Die Familie von Brackel als Besitzer und erneuter Rückerwerb

Nachdem der genannte Hermann Adolf von Haxthausen-Welda 1768 ohne männliche Erben gestorben war, stand das Vördener Gut zunächst im Besitz der Witwe Maria Theresia geb. von Westphalen. Durch die Heirat ihrer Tochter Wilhelmine Theresia mit Franz Georg von Brackel im Jahre 1788 war dieser der neuer Besitzer. Nach dessen frühem Tode 1791 ging das Gut zunächst an seine Witwe und später an den Sohn Franz von Brackel über.

Gemäß dem Vertrag mit dem Bischof aus dem Jahre 1582, wonach nur männliche Mitglieder der Familie von Haxthausen das Vördener Besitztum erben können, machte nun aber Werner Adolf von Haxthausen aus der (neuen) Abbenburger Linie seinen Anspruch auf Vörden geltend. Der Anspruch wurde 1810 und 1811 auch gerichtlich bestätigt. Allerdings musste Werner Adolf von Haxthausen den Angehörigen der Familie von Brackel als Nachkommen und Erben der Linie von Haxthausen-Welda die Geldsumme zurückzahlen, die Angehörigen dieser Linie zuvor an die von Niehausen und ihre Erben als Ablösung der damaligen Pfandschuld gezahlt hatten (s. o.). Hinzu kamen die Kosten für inzwischen erfolgte Bautätigkeiten. Die Zahlung der Ablösung erfolgte dann im Jahre 1834 durch Werner Adolfs Sohn Werner Moritz Maria von Haxthausen, Regierungsrat in Köln.

Werner Moritz Maria von Haxthausen blieb jedoch ohne männliche Nachkommen. Durch einen Vergleich gingen die Vördener Güter dann im Jahre 1840 auf seinen Neffen Guido von Haxthausen gegen Zahlung von 12.000 Taler über.[37] Nach dessen Tod 1874 erbte der Sohn Carl von Haxthausen (1856-1923) den Besitz. Dieser ist der Großvater des jetzigen Besitzers Elmar von Haxthausen.

i) Der Besitz und die Nutzung der Burg Vörden ab 1495 im Überblick

Die vorstehenden Darlegungen haben die komplizierte Besitz- und Nutzungsgeschichte der Burg Vörden insbesondere seit der ersten Übernahme durch die Familie von Haxthausen im Jahre 1495 deutlich werden lassen. Zur besseren Übersicht möge das Schema auf der folgenden Seite dienen.[38]

Abstammungs- und Erbfolge zu dem von Haxthausenschen Güterbesitz in Vörden

Legende:

Linien ——— = Abstammungsfolge
Namen = Eigentümer und Nutzer der Vördener Güter
Namen = Eigentümer mit Teilnutzung der Güter
Namen = Eigentümer ohne Nutzung der Güter
Namen = Personen in der Stammfolge ohne Besitz d. Güter
Namen = Pfandinhaber und Nutzer ohne Eigentumsrechte

Johann von Haxthausen

Gottschalk von Haxthausen

Cord von Haxthausen
heir. Margareta v. d. Malsburg

Elmerhaus von Haxthausen

Gottschalk von Haxthausen
heir. Agatha v. Fürstenberg

Catharina v. H. heir. *Dietrich v. Niehausen*

Agatha v. H. heir. Friedr. v. Westphalen

Cord v. Niehausen

Kinder

Neffen Georg u. Johann Gottfried v. Niehausen

deren Erben

Hermann von Haxthausen zu Lippspringe u. Welda

Elmerhaus v. H. zu Lippspringe

Chr. Wulf v. H.

Caspar Friedr. v. Haxthausen zu Welda

Elmerh. u.a. von Haxth. Die Linie starb 1713 aus

Elmerhaus v. Haxth. zu Abbenburg

Raban Jost von Haxthausen zu Lippspringe

Hermann v. Haxthausen zu Welda

Johann Wilhelm v. Haxthausen zu Abbenburg (neue Abbenburger. Linie)

Domherr Franz Caspar Ph. und Johann Friedrich von Haxthausen zu Welda

Caspar Moritz v. Haxthausen zu Abbenburg

Hermann Adolf von Haxth. zu Welda u. Bruder

Werner Adolf von Haxthausen zu Bökendorf

Wilhelmine Theresia v. Haxth. heir. *Franz Georg v. Brackel*

Franz von Brackel

Moritz Elmerhaus v. Haxthausen

Werner Moritz Maria v. Haxth. ab 1834 Keine männlichen Erben

Guido von Haxthausen + 1874

Carl von Haxthausen + 1923

Erwarb bald nach 1401 zwei Burgmannslehen in Vörden.

Erhielt 1495 die Pfandschaft über die Burg Vörden und erwarb 1505 den ehem. Burgmannshof der Fam. von Luthardessen.

Tauschte 1606 mit Kl. Marienm. seinen Luthardessen Hof gegen die Wedeme Stätte (Pfarrhof)

Franz Caspar Philipp v. Haxthausen baute 1730-34 das jetzige Schloss.

Hermann Adolf von Haxthausen löste 1751 zus. mit dem Bruder Franz Arnold, Domherr zu Paderborn, die Restschuld bei den Erben der von Niehausen ab.

Werner Moritz M. von Haxthausen zahlte 1834 den Erben der Weldaer Linie die von ihr zuvor getilgten Schuldbeträge zurück.

Anmerkungen

[1] Vgl. im Beitrag „Vörden wird Stadt" in diesem Band.

[2] Schrader, Fr. X.: Regesten und Urkunden zur Geschichte der ehemaligen Benediktiner-Abtei Marienmünster unter Berücksichtigung der früher incorporierten Pfarreien. In: Westfälische Zeitschrift, 47. Jahrgang 1889, S. 150, Nr. 114.

[3] Ebd. S. 150/51, Nr. 115.

[4] Ausführungen dazu bei Decker, R.: Die Ritterschaft des Hochstifts Paderborn. Heimatkundliche Schriftenreihe 13/1982 der Volksbank Paderborn.

[5] In Lichtenau z. B. waren nach dem dreißigjährigen Krieg vier ehemalige Burgmannssitze frei von Gebäuden. StA Münster, Geheimer Rat, Akten, VI 71 zu 1773.

[6] Von Oeynhausen J.: Geschichte des Geschlechts von Oeynhausen, Bd. I-IV, Paderborn 1870-89.

[7] Die Tagebücher Kaspars von Fürstenberg, Teil I 1572-1599. Bearbeitet von Alfred Bruns. Münster 1985, S. 294. Die Söhne des Elmerhaus von Haxthausen und Tönies Wolf von Haxthausen-Thienhausen waren Vettern zweiten Grades.

[8] WUB, Bd. IV: Die Urkunden des Bistums Paderborn 1200-1300, bearb. von Roger Wilmans u. Heinrich Finke. Münster 1877-1894, Nr. 2325.

[9] StA Münster, Hardehausen, Nr. 403 zu 1308.

[10] StA Münster, Fürstbistum Paderborn, Lehnskurie, Nr. 1862.

[11] Nachlass Völker, BiA Paderborn in der mit „Vörden" beschrifteten Kladde.

[12] StA Münster, Fürstbistum Paderborn, Lehnskurie Nr. 1805.

[13] Nachlass Völker, wie Anmerkung 11. Urkunde zu 1586 im StA Münster, Domkapitel Paderborn, Akten 54.80.

[14] StA Münster, Fürstbistum Paderborn, Lehnskurie, Urkunden, Nr. 24-36 sowie 1865.

[15] Urkunde im VHA Abbenburg, Bestand Welda. Hier zitiert nach Völker, wie Anmerkung 11.

[16] Nachlass Völker, wie Anmerkung 11.

[17] Die Katasterunterlagen im Grundbuchamt Alverdissen, Zweigstelle des StA Detmold, sprechen vom „sogenannten Schlepperschen oder Veneatorischen Gut".

[18] Katasterunterlagen, wie Anmerkung 17.

[19] Schrader, wie Anmerkung 2, S. 166, Nr. 134.

[20] StA Münster, Fürstbistum Paderborn, Urkunden, Nr. 756.

[21] Ebd. Nr. 978.

[22] Ebd. Nr. 1176.

[23] Ebd. Nr. 1532.

[24] Ebd. Nr. 2073.

[25] Ebd. Nr. 617-648. Vgl. zur Bestätigung 1569 auch: Weddigen, P. F.: Paderbornische Geschichte, Lemgo 1801, S. 1018.

[26] Die Größe eines Malters Vördener Maßes ist nicht bekannt. Rechnet man – wie im Paderborner Land üblich – einen Malter Roggen mit 6 und einen Malter Hafer mit 12 Scheffel, so wären auf der Grundlage des Paderborner Scheffels mit knapp 40 Litern an Roggen rund 480 kg und an Hafer rund 670 kg zu liefern gewesen. Berechnung nach Angaben in Göttmann, F. / Hüser, K. / Jarnut, J. (Hrsg.): Paderborn. Geschichte der Stadt in ihrer Region. Band 2: Die frühe Neuzeit, hrsg. von Frank Göttmann, 2. Aufl. Paderborn 2000, S. 563.

[27] VHA Abbenburg, A. Urkunde Nr. 111.

[28] Wie Anmerkung 2, 49. Jg. 1891, S. 135, Nr. 327.

[29] Informationen bei Schrader, Fr. X.: Nachrichten über Vörden im Kreise Höxter. In: Westfälische Zeitschrift, 59. Jg. 1911, S. 365.

30 Nach Völker, Chr.: Der Mönchehof in Vörden. In: Heimatborn, Beilage zum Westfälischen Volksblatt, 15. Jg. 1935, Teil I, Nr. 5, S. 18/19.

31 StA Münster, Fürstbistum Paderborn, Urkunden, Nr. 2373.

32 Alle Angaben des vorstehenden Absatzes sind den Ausführungen bei Schrader, wie Anmerkung 29, S. 366/67 entnommen. Hier finden sich auch weitere Details der Aufteilung der Rechte.

33 Ebd. S. 368.

34 Die Zuordnung als Vettern bei Schrader, wie Anmerkung 29, S. 368 ist irrig.

35 Abschriften finden sich im Nachlass Völker, wie Anmerkung 11.

36 VHA Abbenburg, Bestand Haus Welda, Repositorium IX, C

37 Vereinbarung im von Haxthausenschen Archiv Thienhausen, zitiert nach der Übersicht im BiA Paderborn, Lesesaal.

38 Nach genealogischen Aufstellungen zur Familie von Haxthausen im AAV Paderborn, Cod. 83 a, S. 23 – 29.

Wilhelm Hagemann

Vörden als bischöfliche Stadt 1324 bis 1802

Dieser Beitrag beleuchtet das Schicksal der Stadt Vörden in dem Zeitraum von der Übergabe der neu erbauten Stadt an den Paderborner Bischof im Jahre 1324 bis zum Ende des Fürstbistums Paderborn 1802, als der Bischof infolge der Inbesitznahme seines weltlichen Herrschaftsgebietes durch Preußen die Funktion als Landesherr und damit auch als Stadtherr in Vörden verlor. Ein Jahr später endete auch die Existenz des Benediktinerklosters Marienmünster, mit dem die Geschicke Vördens auch nach der Übergabe der Stadt an den Bischof noch eng verbunden waren.

1. Vörden im Kreis der bischöflichen Städte

a) Gründungsursachen und -epochen

Die Städte im Bistum Paderborn lassen sich nach ihrer Gründungszeit in unterschiedliche Gruppen ordnen. Diese weisen auch jeweils spezifische Gründungsmotive auf. Bis zur Absetzung Heinrichs des Löwen als Herzog von Westfalen im Jahre 1180 bestanden im Bistum Paderborn neben Paderborn selbst lediglich die Städte Höxter und Warburg. Diese verdanken ihre quasi natürliche Entstehung der besonders verkehrsgünstigen Lage des Platzes am Kreuzungspunkt wichtiger Fernstraßen. Das prädestinierte sie neben der immer obligatorischen Landwirtschaft als Lebensgrundlage vieler Bewohner darüber hinaus für den Fernhandel und in Verbindung damit auch für das produzierende Handwerk. Dem jeweiligen Stadtherren erschlossen sich dadurch auch neue Geldquellen in der Form von Marktsteuern, Zöllen und Abgaben. Diese Erfahrungen führten zur gezielten Neugründung von Städten an handelsgünstigen Plätzen sowohl durch den Bischof (Warburg-Neustadt, Hofgeismar) als auch durch die Edelherren von Büren und von Brakel sowie durch das Kloster Helmarshausen. Letztere bauten jeweils die Siedlungen an ihren Sitzen zu Städten aus. Sie gingen dann im Laufe der Zeit an den Bischof über. Diese Epoche der Gründung neuer Handelsstädte erstreckt sich etwa von 1180 bis 1240.
Die folgende Epoche etwa zwischen 1240 und 1290 ist bestimmt vom Bestreben der Paderborner Bischöfe zur Absicherung ihres weltlichen Herrschaftsgebietes vor allem nach Süden und Westen. Diese Bemühungen richteten sich insbesondere gegen die Ansprüche der Erzbischöfe von Köln, die nach der Absetzung Heinrichs des Löwen Herzöge von Westfalen geworden waren, sowie gegen die Grafen von Waldeck als Verbündete der Kölner. Die Kölner Erzbischöfe erstrebten die Eingliederung des Paderborner Gebiets in ihren Herrschafts-

bereich. Der Gegenwehr der Paderborner Bischöfe verdanken die Städte Salzkotten, Blankenrode, Kleinenberg und Borgentreich ihre Entstehung als Festungsstädte. Zu gleicher Zeit sicherten die Bischöfe auch ihre Haupthöfe oder
größere Siedlungen innerhalb des Landes durch den Ausbau zu Städten ab, so
insbesondere Driburg, Nieheim und Steinheim. Von den Städten dieser Epoche
ging lediglich Blankenrode durch feindliche Zerstörung wieder zugrunde. Die
anderen gehörten über Jahrhunderte zum Kreis der mittelgroßen Städte des
Bistums, die eine ummauerte Fläche um 10 ha aufwiesen.
Die sich nun anschließende Epoche der Stadtgründungen im Hoheitsgebiet der
Paderborner Bischöfe kann zwischen 1290 und 1350 angesetzt werden. In dieser Zeit kam es vorzugsweise zur Gründung von kleinen Festungsstädten, deren
Zweck vor allem in der inneren Sicherung des Landes lag. Sie dienten insbesondere dazu, bäuerliche Streusiedlungen zu größeren Orten zusammenzufassen, in
denen die Landbewohner mit Leben und Besitz geschützt waren. Dadurch waren
diese neuen Städte im Grunde ummauerte Großdörfer. Deren Bewohner lebten
praktisch ausschließlich als Bauern und als auf landwirtschaftliche Bedürfnisse
hin orientierte Handwerker. Mehr als den älteren Städten kam ihnen deshalb
die Bezeichnung „Ackerbürgerstadt" zu. Meist wurden diese neuen Städte allerdings auch mit einer Burg versehen, die neben dem zusätzlichen Schutz noch die
Funktion einer Amtsstelle des Landesherrn hatte. Direkte bischöfliche Gründungen dieser Art sind Lichtenau, Schwaney, Dringenberg, Peckelsheim und
Borgholz. Klöster traten in Willebadessen, Gehrden, Vörden und Bredenborn
als Städtegründer auf. Dazu kamen als Gründungen von Adelsfamilien die Städte Wünnenberg, Calenberg und Liebenau im heutigen Hessen. Mit Ausnahme
des größeren Peckelsheim waren diese Gründungen meist Kleinststädte mit einer
Fläche um 5 ha. Bredenborn, das innerhalb der Mauern außer der Burg lediglich
11 Häuser umfasste, sowie Calenberg lagen noch deutlich unter dieser Größe.
Zu dieser Gründungsepoche sind im Prinzip auch noch Lippspringe und Beverungen zu zählen, weil hier jeweils mit der Anlage einer Burg (Lippspringe
um 1312, Beverungen um 1330) ebenfalls der Anlass für den Zuzug von Bewohnern aus dem Umland gegeben wurde, wenngleich Beverungen erst 1417
und Lippspringe gar erst 1445 formal Stadtrechte erhielten.[1]
Die Städte dieser letzten Gründungsepoche entstanden, als sich im Paderborner
Hochstift bereits grundlegende Strukturen einer ständischen Ordnung herausgebildet hatten. Das bedeutete, dass die bischöfliche Politik von der Unterstützung der drei Stände (= Macht- und Einflussgruppen) abhängig war, nämlich des
Domkapitels, der Ritterschaft und der Städte. Während im Domkapitel in dieser Zeit die Mitglieder der alten, edelfreien Familien wie von Schwalenberg, von
Brakel, von Büren oder zur Lippe neben den Angehörigen des niederen Adels
noch gut vertreten waren, dominierten letztere in der Ritterschaft. Wie schon zu
Beginn des vorhergehenden Artikels kurz angesprochen wurde, hatte sich dieser
niedere Adel (Dienstadel, Ministerialadel) aus einer ursprünglich unfreien Personengruppe entwickelt. Deren sozialer Aufstieg war über die Wahrnehmung

Abb. 48   Die Burg Dringenberg hat trotz späterer Umbauten noch gut den Charakter einer innerstädtischen Burganlage vom Beginn des 14. Jahrhunderts bewahrt. Das Foto zeigt eine der Stadt zugewandte Seite mit dem Burgtor (Torturm) links und dem vorgelagerten Graben, wie man sich das im Prinzip auch für die Burg Vörden vorstellen muss.

besonders qualifizierter Aufgaben vor allem in der Verwaltung der bischöflichen Güter erfolgt. Daraus entwickelte sich eine Abhängigkeit der Bischöfe von der Loyalität dieser Gruppe. Durch die Ausgabe von bischöflichen Gütern zur Nutzung nach Lehnsrecht suchten die Bischöfe die Bindung zu erhalten. Weil aber die Lehnsgüter des Adels wie der Besitz der Kirchen und Klöster steuerfrei waren, konnte der Bischof nur von den Bauern und Stadtbürgern Steuereinnahmen fordern. Darauf beruhte dann auch im wesentlichen die steigende Bedeutung der Städte für die bischöfliche Politik, die ihre Interessen geschickt vertraten. Aus diesen Anfängen entwickelte sich allmählich die Institution des Paderborner Landtags als gemeinsames Gremium der genannten drei Stände.[2]

Zur Zeit der letzten Epoche der Stadtgründungen war diese Entwicklung allerdings noch nicht abgeschlossen. Der Bischof als Landesherr konnte deshalb kein Interesse an der Stärkung des Einflusses der Städte haben. Dasselbe traf auch für die Kloster- und Adelsgründungen zu. Schon deshalb verbot es sich, die neuen Städte mit vollen Rechten auszustatten. Hinzu kam, dass diese Städte aufgrund ihrer geringen Größe auch kaum genügend Personalressourcen für eine dauerhaft entschlossene und geschickte Interessensvertretung hatten. Schließlich war auch in der Regel der Stadtherr stets präsent, in den bischöflichen Städten vor allem durch seine Amtsleute (Vögte, Droste) auf der Burg und durch die Burgmänner.

b) Größe und Steuerkraft der Städte

Der für diese Städte auch geprägte Ausdruck „Minderstädte" trifft in verschiedener Hinsicht zu. Er kann zunächst auf die Größe der Stadt bezogen werden. Dementsprechend gering war das Steueraufkommen für den Stadtherrn. Nach der ältesten für das Paderborner Hochstift erhaltenen Steuerliste aus dem Jahre 1498 zahlten Paderborn, Salzkotten, Büren, Warburg, Brakel, Nieheim und Steinheim jeweils 200 Goldgulden als Willkommensteuer an einen neu gewählten Bischof. Je 100 Goldgulden zahlten u. a. Lichtenau, Driburg, Dringenberg und Peckelsheim. Während beispielsweise aus Beverungen und Borgholz noch 50 Goldgulden einkamen und aus Bredenborn 30, steuerte Vörden nur 20 Goldgulden bei.[3]

War die Willkommenssteuer eine nur bei Amtsantritt eines neuen Bischofs geforderte Abgabe, so war die „einfache Landschatzung" die Berechnungsgrundlage für die regelmäßig zu zahlende Steuer, wobei der Landtag jeweils bewilligen musste, wie oft diese Steuer im Jahr zu zahlen war. Diese Landschatzung war im Laufe des 15. Jahrhunderts an die Stelle der ursprünglichen zweimaligen Steuer getreten, die Bede (Bitte) hieß und als relativ geringer Betrag jeweils im Frühjahr und Herbst von den Städten zu entrichten war. Die Landschatzung kam dem gestiegenen Geldbedarf der Bischöfe entgegen, der vor allem durch den Aufbau eines Beamtenapparates und die Einführung eines stehenden Heeres (Söldner, Landsknechte) anstelle der kämpfenden Ritterschaft und der von den Städten zu stellenden Soldaten hervorgerufen wurde. Die im Folgenden wiedergegebene Liste der einfachen Landschatzung für die Zeit um 1670 gibt einen vollständigen Überblick zur Steuerkraft der Städte im Paderborner Land. Sie wurde hier nach der Höhe der Steuerzahlung geordnet.[4]

Städte im Paderborner Land	einfache Schatzung in Reichstalern (Rtl)	Städte im Paderborner Land	einfache Schatzung in Reichstalern (Rtl)
Paderborn	250	Salzkotten	150
Warburg	250	Büren	110
Brakel	200	Lügde	110
Borgentreich	150	Peckelsheim	100
Nieheim	150	Lichtenau	80
Steinheim	150	Beverungen	60

Städte im Paderborner Land	einfache Schatzung in Reichstalern (Rtl)	Städte im Paderborner Land	einfache Schatzung in Reichstalern (Rtl)
Borgholz	60	Kleinenberg	40
Driburg	60	**Vörden**	40
Lippspringe	60	Wünnenberg	40
Bredenborn	50	Neuenheerse[5]	34
Dringenberg	50	Neuhaus[6]	22
Willebadessen	45	Calenberg	12
Gehrden	40		

Diese Schatzung hing neben der Größe von der Wirtschaftskraft der Stadt ab, die von Zeit zu Zeit neu bestimmt werden konnte. Für Vörden betrug sie aber auch im Jahre 1705 noch 40 Rtl. Diese Summe war im genannten Jahr 1705 16 ½ mal zu zahlen, so dass sich diese Steuer für Vörden auf 660 Rtl belief.[7] Diese Summe musste die Stadt zuvor von ihren Bürgern eintreiben. Dabei galt in Vörden folgender Ansatz für die einfache Schatzung: Je Morgen besten Ackerbodens waren 6 Pfennig (Pf), für mittelmäßigen 4 und für *„die gantz schlegte an Hungerberg herumb gelegene Landerey"* 3 Pf zu zahlen. Ein Morgen Wiesenwuchs wurde mit 8 und die *„trockenen Graskämpten"* mit 6 Pf besteuert. Für ein Wohnaus kamen 6 Mariengroschen (Mgr) in Anschlag. Die Währungseinheiten galten wie folgt: 1 Reichtaler = 36 Mariengroschen, 1 Mariengroschen = 7 Pfennig.

Die Verteilung der Steuerlasten nach eigenem Schlüssel war ein Privileg der Städte. In den Dörfern bestimmten landesherrliche Beamte die Steuerschuld der einzelnen Bewohner. Zur Einschätzung der Höhe der Steuerbelastung mögen folgende Vergleichszahlen dienen: In demselben Jahr 1705 erhielt der Vördener Stadtdiener Jürgen Vogelsang laut Stadtrechnung quasi als Dienstkleidung ein paar neue Schuhe für 1 Rtl gestellt. Einen Brief nach Steinheim trug er für 4 Mgr aus. Ein paar Schuhe verdiente er demnach durch 9 Gänge nach Steinheim, für die er ca. 40 Stunden benötigte. Die Jahressteuer für einen Morgen mittleren Landes betrug rund 9 ½ Mgr (16 ½ x 4 Pf). Dafür musste er also mehr als zwei Mal nach Steinheim und zurück gehen, was einem Zeitaufwand von ca. 9 Stunden entsprach.

Der Unterschied zwischen Vörden und Bredenborn in der obigen Aufstellung war zum einen durch die in Vörden schlechteren Böden bedingt. Zum anderen hatte Bredenborn das zunächst deutlich größere Vörden auch in der Einwohnerzahl längst überholt. So weist eine aus dem Jahre 1672 für beide Orte vorliegende Aufstellung des bürgerlichen Landbesitzes in Vörden 84 Besitzer (85 Häuser) mit rund 1.300 Morgen aus, in Bredenborn aber 123 Besitzer mit rund 2.100 Morgen.[8] Damit kamen damals rein rechnerisch auf jedes Haus in Vörden gut 15 Morgen Land, in Bredenborn aber 17 Morgen, dazu in besserer Quali-

tät. So rechnete man noch gegen Mitte des 19. Jahrhunderts für die in Vörden vorherrschenden Böden als Ernteertrag bei Getreide lediglich das 5,5-fache der Aussaat. Für die Lößlehmböden bei Brakel, Nieheim, Steinheim und auch Bredenborn setzte man hingegen das 7 bis 8-fache an. Für die Zeit um 1600 liegen die Schätzungen sogar nur bei dem 3,5-fachen der Aussaat auf guten Böden, dem 3-fachen auf mittleren und dem 2,5-fachen auf schlechten.[9]
Zur Differenz in der Einwohnerzahl hatten wohl auch die unterschiedlichen Stadtkonzeptionen von Bredenborn und Vörden beigetragen. Während Vörden nämlich gänzlich ummauert war, hatte das Kloster Marienmünster beim anschließenden Ausbau Bredenborns sicher schon aus Kostengründen eine andere Konzeption verfolgt. Es befestigte nämlich lediglich einen aus der steinernen Burg und 11 Häusern bestehenden Kern, darunter die Häuser der vier Burgmänner. Weitere Bauern konnten sich dann mit der Erlaubnis ihrer jeweiligen Grundherren vor den Mauern ansiedeln. Der Zuzug dürfte sich insbesondere nach der 1341 erfolgten Übergabe Bredenborns an den Paderborner Bischof verstärkt haben. Vor allem die Bewohner der früheren Dörfer Hobrexen und Bruchhausen (am Weg nach Sommersell) gaben offenbar ihre alten Hausstätten auf und füllten die Lücke zwischen dem ummauerten Stadtkern und dem unmittelbar benachbarten Dorf Silwartsen (bei der jetzigen Kirche gelegen). Allerdings wurde die Trennung zwischen der Stadt Bredenborn und dem Dorf Silwartsen noch 1582 betont.[10] Durch diese nach außen offene Form wies Bredenborn vom Äußeren her einen deutlich dörflicheren Charakter auf als das ummauerte Vörden, war aber in seiner Ausweitungsmöglichkeit nicht begrenzt.

c) Vörden als Stadt eingeschränkten Rechts

Neben der geringen Größe war die Bezeichnung Minderstadt auch auf die *eingeschränkten Rechte* dieser Städte bezogen. Insbesondere die eigene Gerichtshoheit über die Stadtbewohner, die für die größeren Städte ein entschieden verteidigtes Privileg war, lag bei den Minderstädten nicht vor. Im Falle Vördens hatte der Bischof im Übergabevertrag von 1324 ausdrücklich festgelegt, dass ihm alle Gerichtsbarkeiten übertragen wurden, besonders das in Vörden schon vor der Stadtgründung existierende Gogericht. Über die praktische Wahrnehmung der Gerichtsbarkeit liegen für die ersten Jahrhunderte nach der Stadtgründung keine Informationen vor. Die unten dargestellten Konflikte der Stadt Vörden mit der Familie von Haxthausen wurden vor dem bischöflichen Oberamt in Dringenberg oder direkt am Sitz der bischöflichen Verwaltung in Neuhaus (heute Schloss Neuhaus) verhandelt und entschieden, zum Teil aber auch als Einigung (Rezeß) vermittelt. Gegen Urteile des bischöflichen Obergerichts (Offizialatsgerichts) war seit 1495 eine Berufung beim Reichskammergericht in Speyer möglich. Die Stadt Vörden machte davon mehrfach Gebrauch (s. u.). Zu dem jährlich einmal in Vörden abgehaltenen Gogericht liegt eine Aufzeichnung aller Straftaten und Urteile nur zum Jahre 1767/68 vor. Sie werden später im Text an

Beispielen dargestellt. Grundsätzlicheres geht aus Berichten bei der Übernahme des Fürstbistums Paderborn durch Preußen im Jahre 1803 hervor. Danach war die Gerichtsbarkeit in Vörden geteilt zwischen dem bischöflichen Amtmann in Steinheim und dem Inhaber der Burg Vörden. Die verhängten Strafgelder sollten zu einem Drittel dem Inhaber der Burg und zu zwei Dritteln dem Amtmann in Steinheim zustehen.[11] Letzterer ernannte in Vörden – wie auch in anderen Orten – einen Richter, dem ein Gerichtsdiener als „Feldknecht" oder „Feldhüter" zur Seite stand.[12] Dieser überwachte vor allem die Feldflur, weil hier offenbar die meisten „Exesse" durch ausgebrochenes Vieh, Hüten auf fremden Feldern oder unerlaubtes Überfahren der Felder vorkamen. Die Vördener Kirchenbücher weisen von ihrem Beginn im Jahre 1658 an regelmäßig Richter aus. Sie hatten vor allem die Vorfälle und Beschuldigungen schriftlich aufzunehmen und sie am Gerichtstag zur Entscheidung vorzulegen. Dazu reiste in der Regel der bischöfliche Amtmann aus Steinheim oder dessen Beauftragter an.

Minderstädte hatten häufig auch nicht das sonst übliche *Recht auf die Abhaltung freier Märkte*. Zwar dürfte Vörden im Rahmen des 1342 verliehenen Rechts der Stadt Nieheim auch ein Marktrecht gehabt haben, doch könnte es auf bestimmte Produkte eingeschränkt gewesen sein oder die Marktgebühren standen dem Landesherrn zu.[13] Das Recht zur Abhaltung freier Märkte als städtische Einnahmequelle mussten die Bürger Vördens jedenfalls erst vom Landesherrn erbitten. Das geschah mit einem undatierten Schreiben, in dem um die Genehmigung von ein oder zwei freien Märkten im Jahr nachgesucht wurde. Das einkommende Marktgeld wolle man zu Verbesserung der Stadtmauer verwenden. Ausdrücklich wird darauf verwiesen, dass man sich insbesondere mit der Renovierung des Kirchengebäudes sehr verausgabt habe.[14] Da diese nach Ausweis der steinernen Tafeln über dem Turmeingang 1576 erfolgte, dürfte das Schreiben kurz danach zu datieren sein. Das Marktrecht wurde den Vördenern daraufhin wohl auch zugestanden, denn entsprechende Einnahmen sind später in der Stadtrechnung aufgeführt (s. u.).

Ein weiterer Aspekt einer Vollstadt war die *Freiheit von regelmäßigen Dienstleistungen* gegenüber dem Landesherrn oder seinen Vertretern. Während sich beispielsweise das nur wenig größere Dringenberg im 18. Jahrhundert entschieden gegen solche Anmutungen der bischöflichen Beamten zur Wehr setzte[15], war für Vörden der jährlich viertägige Dienst auf der Burg schon in der Stadtrechtsurkunde von 1342 festgelegt worden (s. im Beitrag „Stadtwerdung und Stadtrechte").

Bereits zur Zeit der Gründung der Stadt Vörden hatte der Bischof für alle seine Städte mit Ausnahme Paderborns durchgesetzt, dass ein Zuzug von Hörigen (Leibeigenen) des Bischofs, der Klöster und der Adeligen in die Städte nicht ohne Erlaubnis ihrer Herren möglich sein sollte. Aber selbst wenn ihnen die Umsiedlung in die Stadt erlaubt wurde, blieb in der Regel die Abhängigkeit erhalten.[16] Auf diese Weise konnte der Zuzug zu den Städten und damit deren mögliches Wachstum kontrolliert und gesteuert werden. Freie Stadtbürger wa-

ren die Nachkommen derjenigen, die mit der Gründung der Stadt frei geworden waren oder Personen und deren Nachkommen, die bei Zuzug ihre persönliche Freiheit nachgewiesen hatten. Dementsprechend ist in dem zwischen 1678
und 1722 für Vörden vorliegenden Verzeichnis der abgelegten Bürgereide bei
zugezogenen – meist einheiratenden – Personen immer vermerkt, dass sie ihre
freie Geburt und Herkunft nachgewiesen hätten.[17]
Im Paderborner Landtag als Ständevertretung von Domkapitel, Ritterschaft
und Städten gehörte Vörden ganz selbstverständlich zum Kollegium der Städte.
Der Bürgermeister nahm dementsprechend mit Sitz und Stimme an den alljährlichen Landtagssitzungen teil. Nach der Kleiderordnung des Landtags erschien
er dazu in einem einfachen blauen Tuchmantel.[18] Auch traten in allen Rechts-
geschäften stets Bürgermeister und Rat als Vertreter der Bürgerschaft und damit als stadttypische Organe auf. Dennoch wurde der Ort nicht durchgängig
als Stadt wahrgenommen und benannt. So findet sich beispielsweise für 1530
und 1581 die Bezeichnung Flecken oder Weichbild (Wicbold), was einem Ort
im Rang zwischen Dorf und Stadt, eben einer Minderstadt entspricht.[19] 1573
heißt es demgegenüber in einer bischöflichen Urkunde „unsere Stadt Vorde".[20]
Um 1600 wird Vörden in zahlreichen Dokumenten zu Streitigkeiten mit dem
Bischof und der Familie von Haxthausen stets als „Stattlein" (Städtlein) bezeichnet. In der Regel gebrauchte die bischöfliche Verwaltung die Bezeichnung
Stadt, während die Vördener selbst sich des öfteren als Flecken oder Städtlein
bezeichneten, insbesondere dann, wenn sie auf ihre beschränkten finanziellen
Möglichkeiten aufmerksam machen wollten.
Die relativ geringe Bedeutung Vördens im Kreis der Paderborner Städte war
auch durch seine Lage bedingt. Anders als die Städtegründungen im Süden und
Westen des Bistums lag Vörden nämlich nicht an einer bedrohten Grenze. In der
zweiten Hälfte des 14. Jahrhunderts kam es vor allem an der südlichen Grenze
des Hochstifts zu erbitterten Kämpfen der Bischöfe mit den Ritterbünden der
Falkner und der Bengeler. Sie kosteten zwei Bischöfe das Leben, verwüsteten
das ganze Gebiet des Sintfelds und machten es menschenleer.[21] Demgegenüber
war das Verhältnis zwischen den Paderborner Bischöfen und der Familie zur
Lippe, die bald nach der Stadterhebung Vördens auch das Erbe der Schwalenberger angetreten hatte und nun der dominierende Faktor im Gebiet nördlich
von Vörden war, zumindest bis zur Reformation weitgehend unproblematisch.
Die Familie stellte sogar selbst drei Paderborner Bischöfe. Und auch von Osten,
wo nicht weit hinter der Vördener Feldmark bereits das Corveyische Gebiet
begann, drohte dem Hochstift keine Existenzgefährdung. Zudem lag Vörden
auch nicht an einem bedeutsamen Verkehrsweg wie beispielsweise das zu gleicher Zeit gegründete Lichtenau, das eine wichtige Station zwischen Paderborn
und Warburg darstellte. Mit zunehmender Sicherheit im Land nahm so die Bedeutung der im Innern des Bistums oder an sicheren Grenzen gelegenen kleinen
Festungsstädte wie Vörden ab, zumal die größeren und älteren Städte Nieheim
und Steinheim nicht weit entfernt waren.

Schließlich ist auch die Entwicklung der Kriegsführung und Waffentechnik zu berücksichtigen: Gegenüber großen Heeren mit Feuerwaffen boten die einfachen Mauern der kleinen Städte keinen Schutz mehr. Zudem war das Verhältnis zwischen der Stadtfläche und der dadurch bedingten Einwohnerzahl einerseits und der Länge der zu verteidigenden Stadtmauern andererseits um so ungünstiger, je kleiner die Stadt war. Insofern überrascht es nicht, dass die Vördener schon 1573 vom Landesherrn die Erlaubnis erbaten und auch erhielten, die Gräben mit den Knickhecken rund um die Stadt aufzufüllen (Näheres dazu im Beitrag „Das Erscheinungsbild der Stadt").

2. Die städtische Selbstverwaltung

a) Wahl von Bürgermeister und Rat

Zum städtischen Recht gehörte die *freie Wahl von Bürgermeister und Rat*. Man kann davon ausgehen, dass sich die Vördener Bürger nach der formalen Stadterhebung im Jahre 1342 bei der Wahl an das Nieheimer Stadtrecht bzw. die dortige Praxis anlehnten, wie ihnen in der eigenen Stadtrechtsurkunde ausdrücklich empfohlen war. Genauere Informationen über die Wahl von Bürgermeister und Rat liegen für Vörden aber erst aus deutlich späterer Zeit vor, als die Bischöfe über ihre Verwaltung bereits die Wahlpraxis kontrollierten und von Zeit zu Zeit einen Bericht anforderten. Auf den steinernen Schrifttafeln über dem Turmeingang der Kirche aus dem Jahre 1576 ist von einem Bürgermeister und zwei Helfern (Administribus) die Rede, ohne dass deren Funktion ganz klar wird (Näheres im Beitrag „Kirche und religiöses Leben"). In den weiter unten behandelten Streitigkeiten der Stadt mit den Brüdern von Haxthausen und dem Paderborner Bischof um 1600 traten zwei Bürgermeister auf, weil der jeweilige Amtsvorgänger mit im Rat blieb und auch weiter den Bürgermeistertitel führte. Diese Regelung mit zwei Bürgermeistern galt für Bredenborn und andere Städte bis zum Ende der fürstbischöflichen Zeit 1802. In Vörden muss jedoch eine Änderung eingetreten sein, denn im Januar des Jahres 1706 beschrieb Bürgermeister Johann Krois, der im süd-östlichen Winkel der Stadtmauer, schräg hinter dem heutigen Wirtshaus am Brunnen im Elternhaus seiner Frau wohnte, die Vördener Wahlpraxis für die bischöfliche Verwaltung folgendermaßen:[22]

„Hiesige Administration und Regierung besteht in einem Bürgermeister, einem Cämmerer einem Rhats- und zwei Gemeinheitsherren, welche alle Jahr für ihre Mühe keinen Heller Solary (Bezahlung) *haben, und in vorfallenden Angelegenheiten und gemeinheitsnötigen Verrichtungen in des Bürgermeisters Haus zusammen kommen, darüber sich beraten und pari voto* (mit gleichem Stimmgewicht) *schließen* (beschließen). *Der Bürgermeister und volliger Rhadt* (gesamter Rat) *wird jährlich umb* (auf) *Lichtmeß (2. Feb-*

ruar) *erwehlet, wobei dan die Bürgerschaft auf vorgangenen Glockenschlag*
erscheinet, welcher die Rechnungen über Einnahmen undt Ausgab, nachdem
solche vorher von denen von hochfürstlichen Ambt Steinheim verodneten
4 Deputierten revidirt, calculirt und mit nötigen Justificatoriys (Beglaubi-
gungen) *beschienen* (versehen) *worden, deutlich vorgelesen und wehr zum*
Bürgermeister, Cämmerer, Raths- und Gemeinheitsherren de novo (neu)
erwehlet worden, wird zu vernehmender (hörbarer) *gemeiner Bewilligung*
dabei öffentlich publicirt. "

Als die bischöfliche Verwaltung zum Jahr 1768 wieder einen Bericht anforderte,
teilte Vörden mit, dass der Rat *„seit uralten Zeiten"* aus acht Personen bestehe,
dem Bürgermeister, dem Kämmerer, zwei Ratsherren, zwei Gemeinheitsherren
und zwei Deputierten. Letztere sind offenbar von den 1706 zunächst vier Rech-
nungsprüfern übrig geblieben, die der bischöfliche Amtmann in Steinheim aus
den Reihen der Bürgerschaft benannte. Sie werden jetzt zum Rat mitgezählt.
Zudem sind jetzt zwei Ratsherren vorhanden, während 1706 nur ein Ratsherr
angeführt wird. Für weitere Überlegungen (s. u.) ist zudem noch interessant,
dass jetzt das Ziehen der Bürgerglocke durch den Ratsdiener als Signal an die
Bürgerschaft erwähnt wird.

Abb. 49   Stadtmauerreste(?)an der Süd-Ost-Ecke der Stadt. Hier wohnte 1706
Bürgermeister Johann Krois. Er ließ die Mauer in diesem Bereich ausbessern.
In seinem Hause traf sich auch der Stadtrat.

Aus dem zitierten Text von 1706 ist zu schließen, dass der alte Rat offenbar den neuen wählte und das Ergebnis dann der Bürgerschaft vorgestellt wurde. In den anderen Paderborner Städten herrschte meist dieselbe Praxis vor, wobei allerdings in den größeren Städten die Gemeinheitsherren direkt von der Bürgerschaft gewählt wurden. Diese Praxis beruhte darauf, dass als Ratsherren immer wieder Angehörige weniger Familien zum Zuge kamen, die dem Stadtadel oder der Gruppe der Kaufleute entstammten, während die Gemeinheitsherren ursprünglich aus dem Bestreben der Handwerkergilden zur Teilhabe am Stadtregiment hervorgingen. Auf kleine Städte wie Vörden wird das nur tendenziell übertragbar sein.[23]

Der Grund, warum man sich in Vörden im Jahre 1768 auf die Praxis der Ratswahl „seit uralten Zeiten" berief, obgleich gut 60 Jahre vorher noch anders verfahren worden war, lag offenbar im Fehlen einer schriftlich gefassten Wahlordnung. Man bat die Behörde, es bei dieser Praxis zu belassen und auf die eingeforderte Wahlordnung zu verzichten, da man keinen Sekretär habe. Die bischöflichen Beamten zeigten sich damit jedoch nicht zufrieden und schrieben der Stadt eine Wahlordnung vor. Danach sollten die drei Rott (Rotten, Abteilungen) der Schützengesellschaft je zwei Wahlmänner bestimmen. Diese sollten zu Lichtmess vor dem Haus des Bürgermeisters zusammen kommen, wo sich bereits der „sitzende Rat" (bisherige Rat) versammelt haben musste. Die Wahlmänner waren diesem vorzustellen und auf die Wahlordnung zu vereidigen. Sie hatten sich dann auf die Ratsstube zu begeben. Hier sollte sie der noch amtierende Bürgermeister so lange einschließen, bis sie einen neuen Rat gewählt hatten. Bei Unzulässigkeit der Selbstwahl konnte der Bürgermeister einmal in direkter Folge wiedergewählt werden. Die letzten Wahl dieser Art vor dem Ende des Fürstbistums Paderborn fand am 2. Februar 1803 statt und hatte folgendes Ergebnis: Bürgermeister Heinrich Rotermund (damals im Haus Klahold, genannt Jansiemens, heute Dunkler Ort 2 wohnend), Kämmerer Jürgen Potthast (Hahnen), Ratsherren Konrad Meyer und Heinrich Böger, Gemeinheitsherren Johann Hillebrandt und Justus Elsing (Haus Pohlstraße 15).

b) Das Rathaus

Zum städtischen Gemeinwesen gehörte in aller Regel ein Rathaus. Hier tagte der Rat und hier wurde das städtische Schrifttum insbesondere mit dem Stadtrechtsbrief verwahrt. Über den zu vermutenden Standort des ursprünglichen Vördener Rathauses am heutigen Wohnplatz Pohlstraße 1 wurde im Beitrag „Das Erscheinungsbild der Stadt" berichtet. Das hier zu vermutende Rathaus fiel dann jedenfalls mit nahezu allen anderen Häusern den großen Stadtbränden 1511 und 1516 zum Opfer (s. u.). Wahrscheinlich ist dann zunächst kein neues Rathaus mehr errichtet worden.

Im Jahre 1683 beschloss dann der Stadtrat, ein „zierliches" (zierendes, schönes) Rathaus mit einem darunter befindlichen *wohlbestellten Stadtkeller* zu bau-

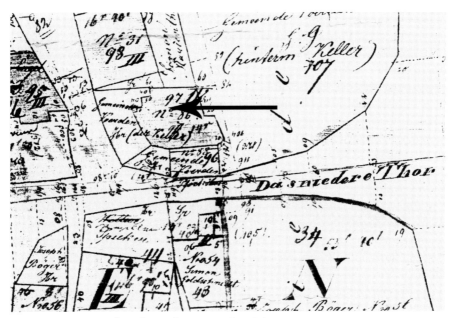

Abb. 50   Der Grundriss des Rathauses aus dem Jahre 1683
im Aufriss des Urkatasters von 1830 (Pfeil)

en.[24] Auf diesem Platz stand vorher ein öffentliches Backhaus, das aber im Dreißigjährigen Krieg vernichtet worden war. Die Errichtung an dieser Stelle deutet
wahrscheinlich darauf hin, dass sich der ursprüngliche Standort des Rathauses
nicht mehr in städtischem Besitz befand. Der Bau wurde durch die Mitglieder
des Braueramtes besonders befürwortet, die zu der Zeit auch die Ratsmehrheit
stellten. (Zu der sich aus dem Bau ergebenden Kontroverse s.u. sowie ausführlicher im Beitrag „Brau- Brennstätten und Gasthäuser im alten Vörden".) Eine
erste Vorstellung von der Form dieses Rathauses gibt zunächst einmal der recht
verwinkelte Grundriss, wie ihn der Aufriss des Urkatasters von 1830 überliefert.
Einige weitere Informationen folgen aus der weiter unten näher behandelten
Stadtrechnung von 1705/6. Die dort erwähnte Deele des Gebäudes lässt darauf
schließen, dass man sich dieses vom Stil her als Bauernhaus mit einem massiv
ausgeführten Keller vorstellen kann. Wahrscheinlich wird auch die gelegentlich
erwähnte Ratsglocke an oder auf dem Gebäude angebracht gewesen sein. An
der Rückseite des Hauses ist ein Vorsprung zu erkennen. Diesen könnte man
als Vorsprung der Stadtmauer deuten, auf der das Gebäude mit der Hinterwand
wahrscheinlich stand. Eine Öffnung (Schießscharte) an der Schmalseite des
Vorsprungs zum Tor hin hätte eine Überwachung des Außenbereichs des Tores
ermöglicht und auch zu seiner Verteidigung beitragen können.
Das Gebäude hat allerdings die Funktion als Rathaus offenbar nicht lange
wahrgenommen. Aus dem oben wiedergegebenen Ausschnitt zum Bericht über
die Ratswahlen im Jahre 1706 geht nämlich hervor, dass sich der Rat stets im

Haus des Bürgermeisters versammelte. Und als im Jahr vorher eine bischöfliche
Kommission in Vörden weilte und im Beisein von Bürgermeister und Ratsherren sowie weiterer Personen Vördener Bürger befragte, geschah das in *„des
Ratsschreibers Krois Behausung"* (s. u.). Es erscheint möglich, dass darin eine
Protesthaltung eines bestimmten Teils der Bevölkerung gegen das Braueramt
zum Ausdruck kam. Letzteres hatte die zum Bau des Hauses aufgewandten
öffentlichen Mittel und Arbeitleistungen nämlich stets dadurch gerechtfertigt,
dass der Bau auch als Rathaus dienen solle und keineswegs nur zum Ausschank
des Bieres der Braugenossen. Die Gegenseite unter Führung des Krois hielt
aber ein Rathaus für überflüssig, was man vielleicht jetzt dadurch demonstrieren wollte, dass man es nicht nutzte. In der oben erwähnten Verfügung
des bischöflichen Landesherrn zu den Ratswahlen aus dem Jahre 1768 heißt es
dann aber, die Wahlmänner sollten in der „Ratsstube" eingeschlossen werden,
die man sich nur im Rathaus vorstellen kann. Ein zweites Mal wird noch das
Rathaus erwähnt, als sich im Jahre 1798 Bürger wegen städtischer Zahlungen
an die Schützengesellschaft beklagen und auf sonstige dringend zu behebende
Mängel in der Stadt hinweisen. Es heißt dazu, dass *„die städtischen Gebäude,
als das Rath und Küsterhaus"* baufällig seien.[25]
Spätestens ab 1802 dürfte das 1683 auch als Rathaus errichtete Gebäude aber
nicht mehr diese Funktion ausgeübt zu haben. Als nämlich im genannten Jahre
1802 das Küsterhaus neu gebaut wurde, das gleichzeitig auch Schulhaus war,
sah man auch einen Teil davon als Rathaus vor. Das ist aus einer Erwägung
der preußischen Behörde aus dem Jahre 1806/7, zu schließen, *„den Pfarrer zu
Vörden in dem Theil des Schulhauses unterzubringen, welcher bisher zum Rat-
hause gedient hat."*[26] Tatsächlich war dann später die ehemalige Ratsstube das
Wohnzimmer der Vikarswohnung. Das weitere Schicksal des 1683 errichteten
Gebäudes wird im Beitrag „Vörden im 19. Jahrhundert" behandelt.

c) Der städtische Haushalt

Ein weiteres städtisches Privileg war die Führung eines eigenen Haushaltes.
Leider ist für Vörden erst und ausschließlich für 1705/6 eine vollständige Haus-
haltsaufstellung erhalten.[27] Danach waren die *Einnahmen der Stadt* recht bescheiden wie die folgende Aufstellung zeigt:

Einnahmen der Stadt Vörden 1705/6	Rtl	Mgr	Pf
Eingesammelte Landschatz (Steuer) aufgrund des festgelegten Schlüssels	743	18	
Pacht für den „gemeinen Krug" (Ratskeller),	24		
Nutzung der Schaftrift	2		
Marktgebühren	3	21	6 ½

Einnahmen der Stadt Vörden 1705/6	Rtl	Mgr	Pf
Aufkommen für Bürgergeld bei Zuzug	25		
Erinnerungsgeld (Mahngebühr) für Bürgergeld		1	5
Eingesammelter Holzhäusischer Zins (?)	7		
Einliegergeld von 3 Bewohnern eines Hauses des Juden Joseph Natan zus.		24	
Einnahme aus der Schleifhütte (zum Schärfen von Geräten)		4	

Der ausgewiesene Hauptposten „Landschatz" ist zu großen Teilen lediglich ein Durchlaufposten, da das Geld als Steuer an das bischöfliche Amt weiter zu leiten war (s. o.). Den insgesamt 805 Rtl, 33 Mgr und 3 ½ Pf Einnahmen standen 862 Rtl, 11 Mgr und 5 Pf an Ausgaben gegenüber, so dass im Rechnungsjahr 1705/6 eine Haushaltslücke von 56 Rtl, 14 Mgr und 3 ½ Pf verblieb.

Unter den *Ausgaben* war die abgeführte Steuer mit 668 Rtl, 29 Mgr und 1 Pf der größte Posten.[28] Dann folgte die Zinszahlung von 41 Rtl, 32 Mgr und 5 Pf für insgesamt 830 Rtl Schulden, die bei verschiedenen Gläubigern aufgenommen worden waren, so u. a. 240 Rtl bei Cord von Niehausen, 184 beim Kloster Marienmünster, 100 beim Paderborner Domkapitel, 100 bei der Witwe von der Borg in Detmold und 56 beim Bürgermeister Johann Krois. Die drittgrößte Ausgabengruppe mit 31 Rtl 29 Mgr und 5 Pf sind Prozesskosten, vor allem zur Finanzierung von Anwälten. In der Hauptsache geht es um einen unten ausführlicher dargestellten Streit um die Schweinemast in den zur Burg gehörenden Wäldern. Dem Kloster Marienmünster waren wegen eines von der Stadt verlorenen Prozesses um den Zehnten (s. u.) 9 Rtl an Unkosten zu vergüten. Zu den üblichen Anwaltsgebühren fielen bei solchen Prozessen auch interessante Nebenkosten an. So erhielt der Advokat Dr. Linden aus Holzminden für die Vertretung der Vördener Interessen bei einem Ortstermin 2 Rtl Honorar sowie zusätzlich 1 Rtl Leihgebühr für ein Pferd und 9 Mgr für 6 Maß (zus. ca. 8 Liter) Hafer und 1 Orth (ca. 0,35 Liter) Branntwein. Entsprechende Kosten entstanden auch bei Handwerkern. Als Christian Husemann und dessen Gehilfe ein neues Glockenseil anfertigten, erhielten sie für Garn und Arbeit „*an gelde und vor bier*" 6 Mgr und 2 Pf.

Auch für Kosten im Zusammenhang mit religiösen Zeremonien wurde die Stadt herangezogen. So waren an das Kloster Marienmünster 8 Rtl und 32 Mgr „*wegen Unkösten der Confirmation von ihrer hochfürstlichen Gnaden*" zu zahlen. Es war der Kostenanteil für die Beherbergung des Bischofs und seiner Begleitung bei der Firmung im Vorjahr, als er in Vörden 114 Personen firmte aber wohl in Marienmünster übernachtete. Der Küster Johann Heinrich Hillebrandt erhielt 2 Rtl und 8 Mgr für das Stellen der Uhr, womit vor allem das regelmäßige Aufziehen der Gewichte der Turmuhr abgegolten wurde. Der „Schatzkollectori" (Steuereinsammler) Heinrich Becker bekam für die 16 ½ Aushebungen

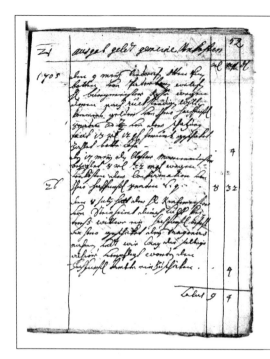

Abb. 51
Auszug aus der Stadtrech-
nung 1705/6, hier „ausgab
geld gemeine (allgemeine)
Unkkosten", zum Beispiel für
Botengänge (oben und unten)
und für die Beherbergung
des Bischofs im Kloster Mari-
enmünster anlässlich einer
Firmung (Mitte).

des Jahres 16 ½ Rtl, also pro Durchgang 1 Rtl. Auch für die Unterbringung und Beherbergung von Soldaten sowie für militärische Transportleistungen fielen Kosten an. So erforderte die Unterbringung von drei Dragonern über vier Monate für „*haltunge, bette feur und licht*" 12 Rtl. Am 24 April 1706 mussten für „*Hannoversche Völcker*" (Soldaten) 22 Pferde als „Vorspann" gestellt werden zum Transport nach Niesen und Völsen. Dafür wurden den herangezogenen Bauern 1 Rtl und 30 Mgr aus der Stadtkasse gezahlt.

Über die Gemeinheitskosten, die im Ratskeller entstanden, stellte der Wirt der Stadt eine Jahresrechnung aus. Daraus geht u. a. hervor, dass im Ratskeller die von Boten überbrachten Briefe an die Stadt abgegeben wurden und der Wirt auch den Botenlohn auszahlte. Der Ratskeller war demnach auch so etwas wie das Ratssekretariat. Hier war immer jemand erreichbar, während der Bürgermeister oder die Ratsherren tagsüber ihren Berufen – meist als Bauern – nachgingen. Selbst über den „Sozialetat" der Stadt verfügte der Wirt offenbar eigenständig, wie der folgende Rechnungsposten ausweist: „*Den 10. 9bris* (November) *zweyen reisenden armen Leut zur Almosen 4 Mgr.*"

Etliche Eintragungen in der Jahresrechnung des Wirts beziehen sich auf Ausgaben und Verzehr im Zusammenhang mit der Schützengesellschaft, so die folgende:

> „*Den 29. July denen Spiehlleut (Musiker) so auf der Schützgesellschaft ge-*
> *spiehlet neben anderen Geldern dabei gethan 24 Mgr.*"

Was mit „neben anderen Geldern" gemeint ist, wird an anderen Stellen deutlich, wenn es heißt:

> *„Als* (Ferner) *in Monat Julio die gemeine Schützgesellschaft hat vor denen Spiehlleut zahlt 2 Rtl und haben die Schäffer* (Getränkewarte) *vor die Schützgesellschaft gehohlet 4 Maß Branntwein jeder ad 6 Mgr, facit* (zusammen) *2 Rtl 24 Mgr."*

Weiter:

> *„Die 4 Spiehlleut habet vor 4 Tage gespieset* (gespeist) *ad 1 Rtl 30 Mgr und vor 3 Kanne Bier und 1 ½ Orth Brandtwein 4 Mgr."*
> *„Anno 1705 den 25. Juli der gemein Schützgesellschaft gethan ein Faß Bier ad 4 Rtl, 18 Mgr."*

Ein öffentliches Fest war wohl alljährlich das Brennen (Kennzeichnen) der Schweine, die dann in den Eichen- und Buchenwäldern gemästet wurden. „*Alß die Mastschweine gebrandt worden, sind insgesambt verdrunken 12 Mgr."*
Auch der Rat benötigte für seine Sitzungen geistige Unterstützung, wie der folgende Posten zeigt:

> *„Zu 4 mahlen* (4 Mal) *nachens Bürgermeisters Hause beym versamblet Rath 4 ½ Orth Branntwein das Jahr durch gehohlet worden, thut 6 Mg 6 Pf."*

Und ferner:

> *„Das ganze Jahr durch bey öfteren Zusammenkünften in Gemeinheitssachen verzehret worden 1 Rtl in Bürgermeisters Hause."*

Dass die Ratsherren auch andere Genüsse zu schätzen wussten, wird an anderer Stelle deutlich:

> *„Auf Lichtmessen bey Verenderung des Raths vor Pipen und Toback 4 Mgr, 5 Pf."*

Die Jahresrechnung des Kellerwirts enthält auch Reparaturkosten für das Gebäude. Für eine neue Pferdekrippe *„auff der Dehl"* erhielt nämlich Johann Albers als Entgeld für Eichenholz und Arbeitslohn 23 Mgr. Ein Daniel aus Altenbergen bekam zudem für die Reparatur von Fenstern 11 Mgr, für ein neues Fenster erhielt Meister Diederich aus Hohehaus 4 Mgr.
Wenn die Stadt Bürger für bestimmte Leistungen zu bezahlen hatte, wurden diese Summen häufig gegen deren Steuerschuld verrechnet. Als beispielsweise *„auf gnädigsten befehl ihro hochfürstlichen Gnaden"* ein *„Land- und Wegwei-*

ser" aufgestellt werden musste, behielt der Zimmermann Cord Weber für die
„gehörige Verfertigung" desselben 16 Mgr von der Schatzung ein.

d) Einige Folgerungen aus den Haushaltsposten

Aus den Angaben der Stadtrechnung und dem zuvor berichteten Schriftwechsel
mit der bischöflichen Verwaltung lassen sich einige interessante Schlüsse zum
damaligen Zustand der Stadt ziehen. So gestatten die Erwähnungen einer Deele
im öffentlichen Krug, einer Pferdekrippe auf der Deele sowie die auch übliche
Bezeichnung „Keller" konkretere Vorstellungen über dieses Haus. So diente
die Deele danach der Unterstellung und Verpflegung von Pferden, was auf die
Bedeutung des Kruges als Rast oder auch als Nachtquartier für Fuhrleute hinweist. Der Pächter des städtischen Kruges zahlte die oben erwähnte Pacht „vom
gemeinen Keller und vom Garten an der Mauren". Dieser Text bestätigt, dass
die Gräben vor der Mauer gemäß der bereits erwähnten bischöflichen Erlaubnis
aus dem Jahre 1573 längst angefüllt waren. Das wird auch an einer anderen Stelle der Stadtrechnung deutlich, wenn Bürgermeister Krois schreibt, er habe „die
gemeine Stadtmauren vor meinem Garten durch Meister Wolf Fischer wieder
reparieren lassen". Dazu übernahm er sogar die Kosten für die Verpflegung, so
dass die Stadt lediglich den Lohn für 12 Tage zu zahlen hatte. Dieser belief sich
auf 3 ½ Mgr pro Tag, also insgesamt auf 1Rtl, 6 Mgr.
Die Schützengesellschaft wurde offensichtlich als eine Institution der Stadt
angesehen. Schließlich war sie ja auch vom Ursprung her für die Verteidigung
der Stadt gedacht. Dementsprechend trug diese auch die Kosten für das Schützenfest, das damals Ende Juli stattfand und sich immerhin über vier Tage hin-
zog.[29] Für die oben erwähnten drei Rott der Schützengesellschaft wird leider
nicht erkennbar, wie sie sich straßenmäßig aufteilten. An dem Verzehr wie auch
an der Getränkeversorgung des Rates wird deutlich, dass zur damaligen Zeit
der Branntwein eine große Rolle spielte. Möglicherweise betrieb die Familie
von Haxthausen zu dieser Zeit bereits eine Brennerei im Norden des heutigen
Schlossparks.
Das oben bei den Einnahmen angeführte Bürgergeld betrug 15 Rtl bei Zuzug
einer freien „Mannsperson" und 10 für eine „Weibsperson". Das Bürgergeld
sollte zur Erhaltung und Reparatur der Stadtmauer ausgegeben werden. Allerdings waren nicht alle Zugezogenen in der Lage, diese Summe auf einmal zu
zahlen. Im Rechnungsjahr 1705/6 war das nur bei Hermann Potthast aus Bökendorf der Fall, der die Tochter des Jürgen Tiggen heiratete. Demgegenüber
zahlte Cord Graßhoff aus Bredenborn bei der Heirat von „Johann Multhaupts
Tochter" zunächst nur 7 Taler. Der Maurer Michael Göltenes trug in diesem
Jahr für seine Aufnahme den Rest von 3 Talern ab.
Die eingenommenen Marktgebühren weisen aus, dass die Stadt das Recht hatte,
Märkte abzuhalten und dieses Recht auch wahrnahm. Dabei hatten nur die auswärtigen Marktbeschicker die Gebühr zu zahlen. Diese ist aus der genannten

*Abb. 52   Das 1871 zum Gemeinde-Schafstall umgebaute Torwächter-Haus des
Oberen Tores beherbergte vorher den Schweinehirten und Nachtwächter.*

Summe nicht zu erschließen. Geht man von den für Borgholz 1768 überlieferten zwei Groschen Standgebühr als ungefähre Richtschnur aus, so müssten auf
den wahrscheinlich zwei Vördener Märkten im Jahr zusammen etwa 65 Stände
auswärtiger Marktbeschicker vorhanden gewesen sein.[30] Das zeigt, dass Vörden eine durchaus beachtliche Funktion als regionaler Marktort hatte. Über die
Termine der Märkte ist nichts bekannt. 1836 lag ein Markt auf dem 5. Mai, als
am Abend die Windmühle abbrannte. Wahrscheinlich wird ein weiterer Markt
im Herbst stattgefunden haben.

In der Stadtrechnung werden auch ein Schweinehirt und drei Kuhhirten erwähnt.
Sie erhalten zwar jeder vier Mrg zum Weinkauf[31], aber sonst keine Entlohnung
aus der Stadtkasse. Man kann annehmen, dass ihnen die Besitzer der gehüteten
Tiere jeweils eine Abgabe entrichten mussten. Überraschender ist schon, dass
keine Ausgaben für Nacht- und Torwächter erwähnt werden. Möglicherweise
haben die beiden als Stadtdiener ausgewiesenen Bürger Jürgen Vogelsang und
Conrad Ewalt auch diese Ämter vielleicht unter Miteinsatz von Familienangehörigen wahrgenommen. Ihre Bezahlung könnte – neben den gesondert vergüteten
Botengängen – in freiem Wohnen in den Torwächterhäuschen und der Nutzung
von städtischen Ländereien bestanden haben. Nach einer Notiz aus dem Jahre
1871 in der Ortschronik zum Umbau des früheren Pförtnerhauses am Oberen
Tor war das Haus nach der Nutzung als Torwächterhaus die „*Schweinehirten-*

und Nachtwächter-Dienstwohnung". In der ersten Hälfte des 19. Jahrhunderts hat demnach die Koppelung dieser beiden Ämter bestanden.

Die Aufstellung über den Stadthaushalt von 1705/6 enthält keinen Posten zu Zolleinnahmen. Dennoch war Vörden zumindest im 17. / 18. Jahrhundert eine Grenzzollstelle für den Handel in das oder aus dem Gebiet der Fürstabtei Corvey, das man in der Regel vom Niederen Tor aus über Hohehaus erreichte sowie nach oder aus Lippe.[32] Der Zoll dürfte im Auftrag des Landesherrn an den Stadttoren erhoben worden sein.

3. Der Vördener Bürgereid

Die Rechte und Pflichten der Vördener Bürger gegenüber dem Landesherrn und seinen Stellvertretern waren durch die Stadtrechtsurkunde von 1342 generell geregelt. Die aktuelle Verpflichtung zum Gehorsam gegenüber dem Landesherrn wie gegenüber der Stadtregierung beschworen die Vördener dagegen in einem eigenen Eid. Dieser enthielt auch bestimmte Verpflichtungen gegenüber den Mitbürgern. Wie auch aus anderen Städten bekannt ist, wurde der Eid von den männlichen Neubürgern wie von den Bürgersöhnen geschworen, letztere leisteten den Eid nach Erreichen des 21. Lebensjahres. Zur Vereinfachung fand die Vereidigung einmal im Jahr oder sogar in mehrjährigen Abständen statt. Die älteste bekannte Fassung des Vördener Eides stammt aus dem Jahre 1583. Sie ist niedergeschrieben in dem 1678 begonnenen Vördener Bürgerbuch. Darin heißt es, dass der Bürgereid in der 1583 erneuerten Form eingetragen wurde. Demnach hat schon vor 1583 – wohl seit der Stadterhebung 1342 – ein entsprechender Eidestext bestanden. [33] Der Text von 1583 wird im Folgenden zunächst links in der Originalfassung wiedergegeben. Daneben steht eine Annäherung an die heutige Sprech- und Schreibweise.

Vördischer Bürger Eydt, 1583	*Vördener Bürgereid 1583*
Ich N: N: will loben und schweren einen leiblichen Eydt zu Gott, daß ich Ihro Hochfürstl. Gnaden zu Paderborn, unseren allerseits gnädigsten Landes Fürsten und Herren f. wie auch Dero Hochwdl. Thumb Capitel treu und holt seyn, Dero gnädigßten Befehlen unterthänigst und gehorsambst Partition leisten, auch Bürgemeister und Raht alhier auf deren billigen Befehl gehorsamb seyn, deren Gebott und Verbott	*Ich, N: N:, will geloben und einen persönlichen Eid zu Gott schwören, dass ich Ihrer Hochfürstl. Gnaden zu Paderborn, unserem allerseits gnädigsten Landesfürsten und Herrn usw. wie auch seinem hochwürdigen Domkapitel treu und hold sein, deren gnädigsten Befehlen untertänigst und gehorsamst Folge leisten, auch dem hiesigen Bürgermeister und Rat auf deren ordnungsgemäßen Befehl hin gehorsam sein, deren Gebot und Verbot*

*fleißig nachkommen, meines nächs-
ten schaden sowohl in felde garten
wiesen und Kämpen allermöglichst
wandelen und wehren, die Verbrechern zu gehörigen Wrüge Register
bringen die frembde Benach-
bahrten, so sie auf hiesiger Hude
gerechtiget, zu nahe hüetende be-
tretten würden, pfanden und deren
excehs zum Gogericht setzen laßen,
auch wan ein oder ander Bürger zu
seinen behuef und bequemblicher
Nutzbahrkeit willen feldgütere ver-
alieniren und versetzen müßte, daß
er solches zufordrist seinem Mitbürger anbieten und auß mangel deren
Vermögen an außwerdige forenses
nuhr allein bloß jure pignoris et
antychrexos versetzen, bey seinem
Bürgereydt aber und sub pona nul-
litatis von denen in hiesiger Vördischer Feldmark benne und schna-
den belegenen feldgüteren nichts
valide verkaufen könne noch solle,
und im fall dergleichen Käufe von
ein oder anderm Bürger vorgangen
daß sothane winkelkäufe allemahl
rescindiert ungültig und weiter
nicht alß ein Hypothec und wieder
einlößlich geachtet und gehalten
werden soll. Item in unverhoftender
feuers Noth, so der gütige Gott allezeit gnädig verhueten wolle, alle
dienlichen rettungsmittel getreulich
an hand nehmen und in Summa
alles thun und laßen was einen
ehrbaren getreuen und frommen
Burger wohlanstehet und gebühret,
daß ich diesen allen fleißig und mit
allen ernst will nachkommen, so
wahr hulft mir Gott und sein heilig
Evangelium.*

*stets nachkommen, meines Nächsten
Schaden in Feldern, Gärten, Wiesen
und Kämpen nach besten Kräften mindern und verhindern, die Verbrecher
zu gehöriger Strafe bringen, die auswärtigen Grundstücksnachbarn, falls
sie auf hiesiger Hude Weiderecht haben und als zu nahe hütend festgestellt
wurden, belangen und deren Übertritt
vor das Gogericht bringen will. Auch
soll für den Fall, dass der eine oder
andere Bürger zu seinem Bedarf und
besserer Nutzbarkeit willen Ländereien veräußern und versetzen müsste,
gelten, dass er dieses zuerst seinen Mitbürgern anbieten soll. Und falls diese
wegen Geldmangels dazu nicht in der
Lage sind, dass er dann an auswärtige
Interessenten nur nach Pfandrecht zur
Nutzung versetzen kann. Bei seinem
Bürgereid aber kann und soll er ungestraft keine Grundstücke gültig verkaufen, die in dem Rechtsbereich und
den Grenzen der Vördener Feldmark
liegen. Und falls solche Käufe von dem
einen oder anderen Bürger erfolgt
sind, so sollen diese heimlichen Käufe
in jedem Falle zurückgenommen, als
ungültig und nur als Hypothek und
wieder einlöslich angesehen und behandelt werden. Ferner (gelobe und
schwöre) ich, dass ich in plötzlicher
Feuersnot, die der gütige Gott allezeit
gnädig verhüten wolle, alle dienlichen
Maßnahmen getreulich ergreifen und
insgesamt alles tun und lassen werde,
was einem ehrbaren, getreuen und
frommen Bürger wohlansteht und
gebührt. Diesem Allen will ich eifrig
und ernsthaft nachkommen so wahr
mir Gott und sein heiliges Evangelium
helfe.*

Das Bürgerbuch verzeichnet zwischen 1678 und 1722 zu acht Terminen Vereidi-
gungen, nämlich 1678, 1680, 1685, 1686, 1695, 1701, 1705 und 1722. Wahrscheinlich waren die Aufzeichnungen im und nach dem Dreißigjährigen Krieg lange
Zeit unterblieben, denn der 1678 als erster verzeichnete Jörgen Schwab hatte laut
der Eintragung im Kirchenbuch bereits 20 Jahre vorher nach Vörden geheiratet.
Es ist nicht ersichtlich, warum die Aufzeichnungen dann 1722 abbrechen.
In der erfassten Zeit haben 94 Bürger ihren Eid abgelegt. 26 davon waren Neubürger, die in der Regel durch Heirat nach Vörden kamen. Sie mussten zuvor
ihre ehrliche und freie Geburt nachweisen. Mit „ehrlich" war gemeint, dass
keine Abkunft von Menschen mit „unehrenhaften" Berufen vorliegen durfte, so etwa von Henkern oder Abdeckern. Die freie Geburt bezog sich auf die
persönliche Freiheit, es durften nämlich keine Leibeigenen aufgenommen werden. Ein typischer Eintrag lautet: *„Heinrich Schnidewind von Sommersell hat
glaubwürdige attestate freyer und ehrlicher gebuhrt beygebracht"* (1678).
Vor der Eidesleistung wurde eine Warnung vor dem Meineid verlesen, die ebenfalls im Bürgerbuch verzeichnet ist. Darin werden in drastischen Worten die
zeitlichen und jenseitigen Strafen des Meineids angeführt.
Im Text des Eides spiegelt sich u. a. die Furcht, dass Vördener Ländereien in
das Eigentum von Bewohnern benachbarter Orte gelangten und damit der
Stadt der Steuerbetrag verloren ging, der von diesen Grundstücken zu zahlen
war. Bei den Anordnungen zum Hüten ging es wohl um Gemeinschaftshuden
(Koppelhuden). Solche bestanden vielfach beiderseits der Feldmarkgrenzen benachbarter Orte. Die Bürger sollten offenbar darauf achten, dass auswärtiges
Vieh nicht zu nahe an die bestellten Felder herankam und dann Schaden an den
Feldfrüchten anrichten konnte. Über solche Schäden durch Bewohner namentlich Bredenborns, Altenbergens und Großenbredens (Wendelbredens) hatte
sich Vörden erstmals 1549 beim bischöflichen Landesherrn beschwert (s. u.).
Eine geschlossene Landwehr als Markierung und Sicherung der Feldmarkgrenzen mit Türmen an den Durchlässen, wie sie zum Beispiel Höxter von der
Mitte des 14. Jahrhunderts an gebaut hatte, wies das kleine Vörden sicherlich
nicht auf.[34] 1562 wird allerdings ein *„Knick oder Graben"* erwähnt, *„welcher
zwischen Voerde und Bredenborn hergehet"*. Auch von einem *„Schlagboom"* ist
die Rede.[35] Es erscheint aber unwahrscheinlich, dass damit im heutigen Verständnis eine Schranke gemeint ist. Stattdessen könnte man an einen durch ein-
geschlagene Zeichen markierten Grenzbaum denken.

4. Siegel und Wappen

Mit dem Begriff Siegel wird sowohl der Gegenstand als auch der damit erzeugte Abdruck in Wachs oder später Siegellack bezeichnet. Als Gegenstand
besteht ein Siegel aus einem meist hölzernem Stiel und einer daran befestigten
Platte aus Metall oder Stein, in die ein spezielles Zeichen des Siegelnden, meist

ein Wappen, ein Schriftzug oder eine Kombination aus beiden eingeschnitten ist. Durch das Siegeln von Briefen, Schenkungen, Verträgen u. ä. erhielten dieses ihre Echtheitsgarantie.

a) Siegel der Stadt Vörden

Für die Stadt Vörden liegt der älteste, leider aber nur schwach erkennbare Siegelabdruck auf einer Urkunde aus dem Jahre 1549 vor.[36] Der Siegelstempel selbst könnte allerdings weitaus älter sein und noch aus der Zeit der Verleihung der Stadtrechte im Jahre 1342 stammen, da er praktisch keinem Verschleiß unterlag. Auch das

Abb. 53
Siegel der Stadt Vörden etwa ab 1600.
Farbfoto unter Nr. VIII
im farbigen Bildteil.

Stempelbild deutet in diese Zeit. Es zeigt in einem stilisierten gotischen Torbogen eine Figur mit einem Bischofs- oder Abtsstab in der rechten Hand. Die halb erhobene Linke scheint einen Gegenstand zu halten, wobei man am ehesten an ein Buch (Bibel?) denken kann, wie es auch in anderen Stadtsiegeln wie etwa in Warburg (1235) und Salzkotten (1298) erscheint. Eine Kopfbedeckung ist nicht auszumachen. Der Vergleich mit den Siegeln bzw. Wappen der etwa zeitgleich gegründeten Städte Dringenberg und Peckelsheim, die den jeweiligen Gründerbischof zeigen, könnte an Bischof Bernhard V. als ersten Stadtherrn nach der Übernahme der Stadt vom Kloster Marienmünster denken lassen. Allerdings ist auch möglich, dass der Abt Hermann von Mengersen als Erbauer der Stadt dargestellt ist. Die Umschrift des Siegels lautet S. CIVITAS DE FURDE, Siegel der Stadt Vörden.
Ein späteres Siegel, das sich erstmals auf einem undatierten Brief der Stadt Vörden an Bischof Dietrich von Fürstenberg (1585-1618) findet, zeigt die Figur mit einer flachen Mitra, deren Ecken weit nach außen stehen. Zudem ist ein Heiligenschein erkennbar. Spätestens in dieser Zeit hat sich offenbar in Vörden die Ansicht herausgebildet, dass die Figur einen heiligen Bischof oder Abt darstellt. Dabei wird man dann am ehesten an den heiligen Kilian als (Mit-) Patron der Kirche denken. Die Umschrift lautet jetzt S. CIVITAS DE VORDE.[37]

b) Stadtwappen

Aus der Existenz des Siegels kann man nicht auf das Vorhandensein eines Stadtwappens schließen. Wappen wurden als Erkennungszeichen notwendig, als durch die Entwicklung der eisernen Rüstungen die Gesichter der Kämpfenden nicht mehr erkennbar waren. Darauf weist die englische Bezeichnung „Code

of arms" (Waffenzeichen) für Wappen noch deutlich hin. Auch das deutsche
Wort Wappen leitet sich von Waffen ab. Die Stadtwappen waren in der Regel
an den Rathäusern angebracht, wie etwa an den historischen Rathäusern von
Nieheim und Brakel zu sehen ist, oder auch an den Stadttoren. Es gibt aber keinen Beleg dafür, dass Vörden in früherer Zeit ein Wappen geführt hat. Im Zuge
der Bemühungen zur Wiedererlangung der Stadtrechte (als Titularstadt) Mitte
der 20er Jahre des vorigen Jahrhunderts kam aber auch der Wunsch nach einem
Stadtwappen auf. Es sollte wie üblich die Motive des Siegels aufnehmen, hier
also den gotischen Torbogen mit dem Bischof darin. Ein Entwurf des Brakeler
Kunstmalers Leisten aus dem Jahre 1925 fand jedoch nicht die Zustimmung
des für die Zulassung zuständigen preußischen Innenministers. Moniert wurde die Farbwahl, die heraldischen (wappenkundlichen) Grundsätzen nicht entsprach, und die zu detailreiche Gestaltung. Die vom Ministerium empfohlene
Heranziehung eines anerkannten Experten unterblieb aber dann offensichtlich.
Erst als Mitte der 30er Jahre ein Wappenbuch der westfälischen Städte erstellt
werden sollte, wurde die Angelegenheit wieder aufgenommen. Im damit beauftragten Provinzialarchiv Münster änderte man den Entwurf von 1925 nach den
Vorgaben des Ministeriums. Neben einer Vereinfachung wurde vor allem die
im Entwurf vorgesehene Schildfarbe Blau in Rot geändert. Mit dem Erscheinen des Wappenbuches 1940 lag dann erstmals das Wappen in der bis heute in
der einschlägigen Literatur dargestellten Form vor (s. Nr. IX im farbigen Bildteil). Das Wappen wird wie folgt beschrieben: „Im roten Schild ein silberner
gotischer Torbogen, darin ein hl. Bischof stehend im silbernen Gewand, in der
Linken den Stab haltend."[38]

5. Konflikte und Verträge mit den Burginhabern

a) Konflikte und Regelungen im 16. Jahrhundert

Ein erster Bericht über Konflikte findet sich in dem bereits erwähnten Schreiben der Stadt Vörden an den Landesherrn vom 5. Februar 1549.[39] Die Vördener beschweren sich darin, dass Bewohner von Bredenborn, Altenbergen und
Großenbreden (Wendelbreden) auf Vördener Flächen ihr Vieh hüteten. Indirekt richtete sich die Klage auch gegen die Herren von Haxthausen als Inhaber
des Bredenborner Amtshauses und Grundherren in Altenbergen und Großenbreden, die gegen diese Übergriffe hätten einschreiten müssen. Es gab aber bald
auch direkte Konflikte mit denen von Haxthausen als bischöflichen Amtsleuten
(Vögte, Droste) auf der Burg Vörden. Diese Konflikte beruhten letztlich auf
unterschiedlich ausdeutbaren und handhabbaren Bestimmungen in den Stadtrechten. So kam es dann am 29. Oktober 1562 auf der Burg Dringenberg als
Sitz des Oberamtes für den östlichen Teil des Fürstbistums zu einer Verhandlung und Festlegung in einer Reihe strittiger Punkte.[40] Leider ist nicht nament-

lich vermerkt, wer dabei den Gebrüdern Johann und Elmerhaus von Haxthausen als Verkörperung von *„Bürgermeister, Rat und ganzer Gemeinheit daselbst zum Vorde"* gegenüberstand.

Der erste und gewichtigste Punkt bezog sich auf die Grenze zwischen den zur Burg Vörden und den zur Gemeinde Altenbergen gehörigen Wäldern. Erstere waren nämlich im Jahre 1324 aus dem Besitz der Altenberger Kirche herausgenommen und zur Burg Vörden geschlagen worden. Die Vördener hatten laut der Stadtrechtsurkunde von 1342 in diesen Wäldern das Recht der Holzlese und der Hude (s. im Artikel „Stadtwerbung und Stadtrechte"). Nachdem die von Haxthausen um 1470 das Dorf Altenbergen vom Kloster Corvey erworben hatten, suchten sie – so der Vorwurf der Vördener – Teile der seit 1324 zur Burg gehörenden Wälder als zum Dorf Altenbergen gehörig einzustufen. Das schmälerte die Basis der Holzversorgung der Vördener Bürger. In der Verhandlung wurde dann schließlich eine Grenzziehung angenommen, die schon vorher auf dem Gerichtstag des Bischofs Rembert gegen den Einspruch der Vördener als Mittelung zwischen den beiden Vorstellungen festgelegt worden war. Im Hinblick auf diese Verhandlung hatten Bürgermeister und Rat zu Vörden vorher an die Amtskollegen in Brakel als *„unsere lieben Nachbarn und Freunde"* geschrieben und um Rat und Beistand gebeten.[41] In den nun zur Burg Vörden zählenden Wäldern blieb es bei den Privilegien der Vördener. Die von Haxthausen sollten aus diesen Waldungen selbst nur Holz für die Burg Vörden gebrauchen dürfen und nicht für ihre anderen Häuser. An Mastgeld sollen die Vördener bei Vollmast (gutes Eichel- und Bucheckernjahr) für jeweils vier Schweine einen Taler zahlen, bei halber Mast denselben Betrag für sieben Schweine.[42] Hierzu war im Stadtrecht von 1342 *„ein billiger Pfennig"* festgelegt worden, womit wohl „ein angemessener Betrag" gemeint war. Verständlicherweise hatte diese Formulierung immer wieder zu Unstimmigkeiten geführt. Auch in der weiteren Zeit war das mehrfach ein Konfliktgrund.

Zum Streitpunkt der Schafhaltung und -weidung zeigten sich die von Haxthausen großzügig und übergaben ihre Rechte an die Stadt. Die Vördener durften bis zu 300 Schafe halten und auf den abgeernteten Feldern weiden. Dafür sollte die Stadt ihnen jährlich zwischen Michaelis und Martini vier Taler zahlen. Zudem machten sie die Auflage, dass die Schafe gleichmäßig auf die Bewohner der Stadt, auf Arme wie auf Reiche aufgeteilt werden müssten.

Ein weiterer Streitpunkt war die Anzahl der auf der Burg zu leistenden Diensttage. Hier hatten die von Haxthausen offenbar mehr als die nach der Stadtrechtsurkunde von 1342 festgelegten vier Tage gefordert und zum Teil auch erhalten, so einen zusätzlichen Tag für die Erbsen- und Bohnenernte. Jetzt wurde jedoch festgelegt, dass es bei den vier Tagen Verpflichtung bleiben sollte und darüber hinaus gehende Dienste im guten Willen der Vördener stünden. Diese durften zudem auch selbst Erbsen und Bohnen anbauen. Wahrscheinlich war der Anbau im Zusammenhang mit den vom Landbesitz abzugebendem Heuerkorn strittig. Bestätigt wurde hingegen die Verpflichtung zur Zahlung des

„Weinkauf" bei Besitzwechsel nach Landessitte. Auch sollen die Vördener den Amtsleuten bei der Abhaltung von Gerichten helfen (*„die gerichte bestahn"* = umstehen), Urteil und Recht weisen und vollstrecken helfen. Den rechtlichen Geboten der Amtsleute sollen sie sich nicht widersetzen.[43] Ferner soll sich der alljährlich neu gewählte Rat wie von alters her üblich den Amtsleuten vorstellen und von ihnen bestätigt werden.

Einige verbleibende Streitpunkte wurden auf einen Ortstermin verschoben. So hatten sich die Gebrüder von Haxthausen über das Einreißen von Einzäunungen und anderen Einrichtungen auf ihren Feldern beschwert während die Vördener ihnen vorwarfen, eine *„ungewöhnlich Pfort vom Schloß"* gemacht zu haben. Die mögliche Bedeutung dieses Vorwurfs ist im Artikel „Das Erscheinungsbild der Stadt" angesprochen worden. Es könnte sich um die Anlage einer kleinen Pforte zum „Knick" hin gehandelt haben.

Einen interessanten Einblick in die damaligen Herrschafts- wie Sozialverhältnisse gibt der letzte Punkt der Einigung. Es wird ausgeführt, dass im Laufe des Jahres *„etliche viele Ausländische aus den Grafschaften Lippe, Ravensberg, Rietberg und andere sich niedergeschlagen* (niedergelassen)" hätten, ohne ihre Geburt und Freiheit von Leibeigenschaft zu belegen. Sie sollten bis Martini des kommenden Jahres entsprechende Dokumente beibringen oder aus der Stadt und dem Stift (Fürstbistum Paderborn) gewiesen werden.

b) Konflikte an der Wende zum 17. Jahrhundert

Der vorstehend beschriebene Vertrag von 1562 bewahrte allerdings nicht vor weiteren Konflikten zwischen der Stadt und den Amtsleuten von Haxthausen. Der Ausgangspunkt des erneuten Streits waren zwei Unwetter im März und April des Jahres 1598. Dabei fielen neun kräftige Eichen und elf Buchen in den Burgwäldern um. Die Vördener betrachteten diese als Fallholz im Sinne des Stadtrechtes von 1342, das ihnen unfruchtbares Holz und Fallholz zugestand. Das habe sich immer auch auf vom Sturm umgeworfene Bäume bezogen, so argumentierten die Vördener. Die Brüder Georg, Gottschalk, Elmerhaus und Hermann von Haxthausen beriefen sich hingegen darauf, dass den Bürgern nur Holz zu Feuerungszwecken zukomme. Solche grün umgefallenen Bäume hätten sie stets selbst als Bauholz oder zu anderen Zwecken genutzt oder anderen Bedürftigen zukommen lassen. Das bischöfliche Gericht gab den Brüdern von Haxthausen mit Datum vom 3. Februar 1601 Recht. Die Vördener sollten die Stämme wieder herausgeben oder aber den Wert bezahlen. Die Stadt protestierte gegen dieses Urteil, weil die von Haxthausen jeden Beweis schuldig geblieben seien und wandte sich mit Datum vom 7. Februar 1601 an das Reichskammergericht in Speyer als Berufungsinstanz.[44] Das Verfahren wurde durch ein vom kaiserlich bestallten Notar Conrad Rodewigk in Horn verfasstes Schriftstück eröffnet, den Bürgermeister Claus Sauderhausen und sein Vorgänger Burkhard Borchardt aufgesucht hatten. Darin sind der Hergang des Falles und die Position der Vördener dargelegt.[45] In Speyer selbst nahm der Notar Christoph Engelhardt die Interessen der Vördener Bürger wahr. Solche Prozesse vor dem Reichskammergericht zogen sich in aller Regel über viele Jahre hin, kamen zum Teil auch nie zu einem Ende.

Die Vördener gingen in der Folgezeit offenbar von einem schwebenden Verfahren aus und bestanden auf ihrer Rechtsposition. Dementsprechend fuhren sie auch am 15. August 1601 wieder einige umgewehte Bäume aus den zur Burg gehörenden Wäldern ab. Die Brüder von Haxthausen protestierten und verlangten die Rückgabe oder die Bezahlung. Sie klagten erneut beim bischöflichen Gericht in Paderborn. Da die Vördener nicht nachgeben mochten, erschien am 16. Oktober 1601 der bischöfliche Rentmeister aus Steinheim, Gerhard Kortenberg, in Vörden und pfändete im landesherrlichen Auftrag beim zweiten Bürgermeister Burkhard Borchardt zwei Pferde, ebenso bei den Bürgern Heinrich Wiesemann und Hermann Kienen. Dem ersten Bürgermeister Claus Sauderhausen wurden zwei Kühe und ein Rind von der Weide entführt. Die Vördener schätzten den Wert der Tiere auf 162 Taler. Es wird nicht deutlich, warum man in Vörden keinen Widerstand gegen die Pfändung leistete.

Dessen ungeachtet holten die Vördener aber aufgrund ihres vermeintlichen Rechtes am 17. Januar 1602 wiederum einige Bäume aus den Burgwäldern. Als sie dann am folgende Tag erneut umgefallene Bäume abfahren wollten, hinderte sie der Haxthausensche Förster mit Waffengewalt und unter bewaffnetem Aufgebot von Untertanen aus Altenbergen an der Abfuhr. Auch Elmerhaus von Haxthausen beteiligte sich, indem er die beiden anwesenden Vördener Bürger beschimpfte, sie mit dem Spieß bedrohte und ihnen auch das gesammelte trockene Holz wieder abnahm. Nach Eingabe der Brüder von Haxthausen beim Bischof, dem Schwager des Gottschalk von Haxthausen, wie gelegentlich angemerkt ist, wurde Bürgermeister Sauderhausen am 26. Januar nach Nieheim bestellt, wo die Rentmeister von Dringenberg und Steinheim die Rückgabe des Holzes oder die Bezahlung desselben forderten. Zudem sollte eine Entschuldigung beim Bischof erfolgen. Ginge man darauf nicht ein, müsse eine erneute Pfändung vorgenommen werden. Die Vördener sahen in dieser Situation keine andere Möglichkeit als die einer weiteren Eingabe beim Reichskammergericht. Mit Datum vom 6. Februar 1602 klagten sie gegen diese erneuten „Attentate", wie sie es nannten.[46]

Über solche Unbotmäßigkeit war man aber dann in Paderborn sehr verärgert, so dass die Angelegenheit weiter eskalierte. Am 14. Februar versuchte Rentmeister Kortenberg aus Steinheim, angeblich auf Befehl des Bischofs, zunächst die in der Vördener Feldmark weidende städtische Schafherde als Pfand zu entführen. Offenbar durch energisches Einschreiten von Vördener Bürgern hatten der Rentmeister und seine Leute „die Schaff folgen zu lassen sich beschwerdt gefunden", wie es der Vördener Anwalt später juristisch vornehm ausdrückte. Als dieses Vorhaben also gescheitert war, griff man zu härteren Maßnahmen: Am 25 Februar 1602 boten die beiden Rentmeister von Dringenberg und

Steinheim aus einem größeren Gebiet („*uber etzliche Meill weges*") die Dorfbewohner („*das Landvolk*") bewaffnet auf und zogen „*mitt vielen hundertt
Schützen*" gegen Vörden. Sie hätten dann, so die spätere Anklage der Vördener,
„*unß und unser geringes Stattlein, so kaum an die achtzig eingesessene Bürger
hatt (..........) uberfallen* (und) *eingenommen*". Mit den achtzig eingesessenen
Bürgern sind offensichtlich die Hausbesitzer gemeint, die wohl auch Schützen
waren.

Offenbar hatten sich die Vördener angesichts dieser Übermacht nicht militärisch zur Wehr gesetzt. Acht Vördener Bürger wurden eng gefesselt und nach
Neuhaus abgeführt, wo sie unter harten Bedingungen in den Kerker gewor-
fen wurden. Der Rentmeister verspottete sie mit der Aussage, er führe nun die
Schafe gebunden ab, die ihm vorher nicht freiwillig hätten folgen wollen. In
einer späteren Aussage nannte er die Verhafteten „*muthwillige aufrührerische
Vördische Bürger*", die er „*eines gethanen aufrührerisch Glockenschlags, Ausfalls
und geübter Misshandlung*" wegen verhaftet habe. Es waren wohl diejenigen
Bürger, die vorher die Entführung der Schafe mit dem Läuten der Sturmglocke
und dem Hinauseilen in die Feldmark verhindert hatten. Nach acht Tagen wurden sie gegen die Verpflichtung frei gelassen, 200 Taler in die bischöfliche Kasse zu zahlen. Gemäß einer späteren zynischen Aussage des Rentmeisters Kortenberg hätten die Angehörigen der Inhaftierten freiwillig ohne jeden Zwang
dieses Geld angeboten. Vorher, am 2. März, war der Rentmeister aber noch mit
etlichen anderen Personen wieder in Vörden erschienen und hatte 31 Pferde als
Pfand abgeführt. Der Bürgermeister und sein Vorgänger wurden nach Neuhaus
bestellt. Dort ließ man sie einige Tage warten. Schließlich konnten sie dem dortigen Kanzler ihre Notlage vortragen. Vor allem seien die Pferde für die kommende Feldbestellung notwendig. Der Kanzler versprach, die Angelegenheit
dem Bischof zu unterbreiten. Es kam aber dann schließlich nur die Nachricht,
man könne die Pferde gegen eine zusätzliche Zahlung von 100 Talern wieder
einlösen. Zudem wurde ihnen angedroht, man werde auf ihre Kosten Soldaten
in das Städtlein Vörden legen, wie es in Delbrück bereits einmal geschehen sei,
„*biß daß wir dene angezogene Urtheilen theten parieren*". Es spricht für den
Mut der Vördener und ihr Vertrauen in das Recht, dass sie sich auch in dieser
Situation mit Datum vom 6. März 1602 wieder an das Reichskammergericht
wandten und den Bischof wie die Brüder von Haxthausen wegen Landfriedens-
bruchs anklagten.[47]

Das Reichskammergericht nahm sich jetzt ungewöhnlich schnell der Sache an
und verkündete bereits mit Datum vom 8. Mai 1602 ein vorläufiges Urteil. Darin wird das gewaltsame Vorgehen der Brüder von Haxthausen wie des bischöflichen Rentmeisters in Steinheim als rechtswidrig eingestuft. Die Beklagten
mussten zehn Mark in Gold zahlen, und zwar je zur Hälfte an die kaiserliche
Kasse und an die Stadt Vörden. Zudem hatten sie die Gefangenen für die erlit-
tene Haft zu entschädigen. Den Betroffenen wurde Gelegenheit gegeben, am
17. Mai beim Gericht Widerspruch gegen dieses Urteil geltend zu machen.[48]

c) Versöhnliche Regelungen im Jahre 1605

Aus den vorliegenden Unterlagen ist nicht zu entnehmen, ob die Beklagten von der Möglichkeit des Widerspruchs Gebrauch machten. Es kann aber für die Vördener insgesamt nicht schlecht ausgesehen haben, denn es kam am 16. und 17. Februar 1605 in der bischöflichen Residenz Neuhaus zu Verhandlungen auch über diese Angelegenheiten, die offenbar zu recht günstigen Regelungen für Vörden führten.[49] Vorher, am 20. Oktober 1602, war ein in der Burg Vörden angesetztes Versöhnungsgespräch gescheitert. Jetzt wurde zur Waldnutzung einvernehmlich festgelegt, dass jedem Bürger und Eingesessen zwei Fuder Holz jährlich nach Anweisung durch die von Haxthausenschen Diener (Förster) zustehen sollten. Damit war für die Vördener die Versorgung mit Brennholz unabhängig vom Aufkommen an Fall- und Totholz gesichert. Darüber hinaus konnten sie nach Belieben noch Totholz von Buchen in zugewiesenen Bereichen suchen. Lediglich bei größerem Anfall als Folge von Windbrüchen sollten die von Haxthausen über die umgeworfenen Buchen verfügen können. Umgewehte Eichen sollten hingegen stets nur dann von den Vördenern geholt werden dürfen, wenn sie nicht als Bauholz eingestuft wurden. Die Vördener erklärten sich im Gegenzug bereit, zur Erhaltung des Gehölzes jährlich Eichen und Buchen zu setzen. Zur Frage der Schweinemast sollte jetzt bei Vollmast bereits für zwei Schweine ein Reichstaler gezahlt werden, bei Halbmast für viereinhalb Schweine. Dafür versprachen die Brüder Gottschalk, Hermann und Elmerhaus von Haxthausen, sich in diesen Wäldern mit ihrer eigenen Mast so zu bescheiden, dass den Vördenern kein Anlass zur Klage entstehen könne. Männliche Neubürger sollten zur Aufnahme dreizehn und weibliche acht Reichstaler an die Stadt zahlen, sonst aber nicht verpflichtet sein. Wie es scheint, hatten hier die von Haxthausen zusätzliche Forderungen zu ihren Gunsten erhoben.

Offensichtlich hatte es auch wiederum Streit über die Art der Ableistung der üblichen vier Tage Burgdienst gegeben. Hierzu wurde jetzt festgelegt, dass *„taugliche und starke Personen und keine Kinder"* zum Dienst erscheinen und Besitzer von Pferden sich mit diesen zum Dienst stellen sollten.

Ein besonders gewichtiger Punkt war die Klage der Vördener, dass der Inhaber des Hauses Vörden, der Drost Gottschalk von Haxthausen, bürgerliche Ländereien und Güter erworben habe, dafür aber unter Berufung auf die Steuerfreiheit des Adels keine Abgaben für die landesherrliche Steuer (Landschatzung) leiste. Weil aber die von der Stadt abzuführende Steuersumme gleich blieb, mussten die Bürger also mehr zahlen als vorher. Es wurde festgelegt, dass die bisherigen Erwerbungen Gottschalks steuerfrei bleiben, dass jedoch von etwaigen weiteren Ankäufen bürgerlicher Ländereien und Güter die üblichen Abgaben geleistet werden sollten.

Schließlich gelang auch noch die Einigung über die Gründung eines Braueramtes (Brauergilde, Brauerzunft) in Vörden, worüber weiter unten sowie ausführlicher im Artikel „Brau- Brennstätten und Gasthäuser im alten Vörden" berichtet wird.

d) Erneute Konflikte zwischen 1631 und 1706

Trotz des Vertrages von 1605 gab es aber schon bald wieder neue Streitpunkte. In einem Brief vom 7. September 1631 beklagten sich Bürgermeister und Rat erneut beim Landesherrn, dass die von Haxthausen auf Abbenburg und Vörden sowie ein Haxthausenscher Untergebener in Altenbergen namens Litto in den vorhergegangenen Jahren zusammen 116 Morgen schatzbaren Vördener Bürgerlandes erworben hätten, die üblichen städtischen Abgaben aber verweigerten. Der Bischof möge deshalb dafür sorgen, dass entweder die von Vörden zu zahlende Steuer herabgesetzt würde oder die von Haxthausen davon Steuern zu entrichten hätten.[50] Die Bitte der Vördener fand aber offenbar an höchster Stelle kein Gehör, denn die Klage wurde in den folgenden Jahrzehnten wiederholt vorgetragen.[51] Noch im Januar 1706 wies Bürgermeister Krois in dem bereits oben zitierten Bericht darauf hin, dass die Beschwerden der Stadt bisher unbeachtet geblieben seien und der Stadt so jährlich über 30 Reichstaler Einnahmen verloren gingen. 82 Morgen ehemals bürgerlichen Landes und ein Haus stünden jetzt im Besitz des Herrn von Niehausen als Pfandinhaber der Burg und weitere 15 Morgen im Besitz des Humpert Litto zu Altenbergen. Gegen diesen habe die Stadt einen Prozess bei der bischöflichen Kanzlei angefangen, jedoch sei dessen Fortgang dadurch, dass der Herr von Haxthausen zu Bökendorf (als Grund- und Gerichtsherr in Altenbergen) „allerhand nichtiges Figuriertes" (Erfundenes) eingewandt habe, so erschwert worden, dass die Stadt aus Mangel an Mitteln den Prozess nicht zu Ende bringen könne. Offenbar fehlte den Vördenern hier der Mut, sich in dieser Angelegenheit selbst ihr Recht zu verschaffen, wie es die Bürger von Lichtenau wenig später in einem ähnlichen Konflikt erfolgreich praktizierten, indem sie den Zahlungsunwilligen die Pferde ausspannten und bis zur Steuerzahlung als Pfand nahmen.[52]

Kurz vorher war auch wiederum Ärger um die Schweinemast entstanden. Aufgrund der Regelung bei der Verpfändung der Haxthausenschen Güter unterstanden die Mastwälder jetzt dem Pfandinhaber der Abbenburg, dem Rittmeister von Pattberg. Offenbar hatten die Vördener ungeachtet des Vertrages aus dem Jahre 1605 bisher immer noch die Mastgelder nach der 1562 festgelegten Höhe bezahlt. Als nun Rittmeister von Pattberg stattdessen bei Vollmast bereits für zwei Schweine einen Taler verlangte und bei Halbmast für viereinhalb Schweine, verweigerten die Vördener die Zahlung. Sie beriefen sich vielmehr auf die für sie günstigere Regelung von 1562. Angeblich sei die Vereinbarung von 1605 nie rechtskräftig geworden und die Stadt habe demgemäß auch kein Exemplar in ihrem Besitz. Rittmeister von Pattberg verweigerte aber die Annahme der reduzierten Mastgebühren. Er ließ dann wohl als Gegenzug statt der üblichen 45 nun 60 Schweine von den Haxthausenschen Gütern in die Mastwälder eintreiben. Auf Veranlassung von Bürgermeister und Rat trieben die Vördener, die pro Haus ein Schwein zur Mast geben konnten, nun zusätzlich von jedem dritten Haus ein weiteres Schwein ein. Darauf hin entführte der Rittmeister den Vördenern die 25 besten Schweine und behielt sie als Pfand. Bürgermeister und Rat protestierten dagegen in Paderborn. Die bischöfliche Kanzlei verfügte zwar mit Datum vom 10. Oktober 1704 gegen Strafandrohung die Herausgabe der Schweine, jedoch ohne Erfolg.

Das daraus folgende Verfahren zog sich über weit mehr als ein Jahr hin. Am 7. Oktober 1705 kam es unter Vorsitz des hochfürstlichen geheimen Rates von Asseburg im Haus des Stadtschreibers Krois in Vörden zu einer Verhandlung. Nach der Anhörung beider Seiten und der Einzelbefragung von 54 Vördener Hausbesitzern konnte jedoch kein Schiedsspruch erfolgen, weil die Existenz und Gültigkeit der Vereinbarung von 1605 in der Situation nicht überprüfbar war. Deshalb schlug die Kommission einen vorläufigen Kompromiss vor. Die Stadt sollte unter Vorbehalt der endgültigen Klärung und ohne daraus abzuleitende Anerkennung die verlangten Mastgelder rückwirkend für drei Jahre zahlen. Zur Rückgabe der 25 Schweine sollte ein angemessener Betrag offenbar für die zwischenzeitliche Fütterung hinterlegt werden. Beide Seiten nahmen diesen Vorschlag an, Rittmeister von Pattberg und der Verwalter der Vördener Güter jedoch nur vorbehaltlich der Zustimmung der Eigentümer.[53] Es ist nicht erkennbar, ob die von Haxthausen diese Zustimmung verweigerten oder warum die Angelegenheit ansonsten nicht voran kam. Eine erneute Verfügung der bischöflichen Verwaltung zur Herausgabe der Schweine gegen Kaution vom 2. Dezember 1705 wurde wiederum nicht befolgt. So wandten sich Bürgermeister und Rat erneut im Januar 1706 und dann noch einmal im Dezember desselben Jahres mit einer Bittschrift an die bischöfliche Verwaltung in Neuhaus. Ob die inzwischen recht alt gewordenen Schweine schließlich zurückgegeben wurden, ist den vorhandenen Unterlagen nicht zu entnehmen. Immerhin hatte die Stadt für juristischen Beistand, Schreibkosten, Botengelder einschließlich Übernachtungskosten u. a. in dieser Sache 53 Reichstaler Kosten, wie Bürgermeister Johann Krois in dem oben bereits angesprochenen Schreiben ausführte. Zwar bat er den Landesherrn um einen Ausgleich durch Steuerabzug, aber für einen solchen findet sich kein Beleg.

Eine aus Vördener Sicht rigorose und eigenmächtige Vorgehensweise des Rittmeisters von Pattberg war auch schon zwei Jahre vorher zu beklagen gewesen, wie Bürgermeister Krois erwähnt. Damals hatte er dem Vördener Bürger und Stadtdiener Conrad Ewalt zwei fette Schweine wegen eines behaupteten, nach Ansicht des Bürgermeisters aber nicht existierenden Waldschadens entführt und einbehalten. Dieser Vorgang wie auch die zuvor dargestellten Streitpunkte machen exemplarisch deutlich, dass zwischen den überlieferten Privilegien der Stadtbürger und den Interessen, Rechten und Möglichkeiten des ansässigen Landadels nahezu zwangsläufig Spannungen entstehen mussten.

6. Konflikte mit dem Kloster Marienmünster

Waren die bisher angesprochenen Konflikte stets mit den Inhabern der Burg und Besitzern der Burgwälder als Vertretung der *weltlichen* Herrschaft der Paderborner Bischöfe aufgetreten, so ergaben sich auch mit den *geistlichen* Herren, den Mönchen des Klosters Marienmünster als Inhaber der Vördener Pfarrstelle etliche Streitpunkte. Auch diese sind aus heutiger Sicht zum Teil nicht ohne Komik. Den Vördenern ging es dabei wohl auch darum, ihren Stadtstatus allen Realitäten zum Trotz zu behaupten.

a) Der Streit um den Zehnten

Der erste bekannte Konflikt entwickelte sich daraus, dass das Kloster Marienmünster im Jahre 1613 vom Paderborner Bischof den gesamten Zehnten in der Vördener Feldmark bekam.[54] Das Kloster verhielt sich gegenüber den Vördenern aber insofern großzügig, als es nicht – wie üblich – jede zehnte Garbe Korn verlangte, sondern nur die Ablieferung von 6 – 8 Fudern Korn. Fuder war dabei ein Hohlmaß von etwa 1800 Litern. Das entspricht einem Getreidegewicht bei je zur Hälfte Roggen und Hafer von ca. 1000 kg. Dementsprechend hatten die Vördener Bürger zwischen 6000 und 8000 kg Getreide abzuliefern, was etwa nur der Hälfte des eigentlichen Zehnten entsprach. Zudem verblieb ihnen auch noch das Stroh. Dennoch kam es immer wieder zu Klagen und Beschwerden seitens der Bürger und das Kloster hatte Mühe, die verabredete Menge geliefert zu bekommen. Daraufhin entschlossen sich im Jahre 1660 Abt und Konvent des Klosters zum Bau einer Zehntscheune auf dem Gelände des Mönchehofs. An der Giebelseite kündeten lateinische Inschriften vom Anlass für die Errichtung des Baues und von seiner Bestimmung. Hier mussten die Vördener Bürger nun den üblichen Zehnten in der Form jeder zehnten Garbe abliefern. Alle Proteste und erhöhten Angebote der Vördener nutzten nichts, und auch eine Klage beim bischöflichen Gericht wurde abgewiesen, weil die Bürger ihr vermeintliches Recht auf eine geringere Belastung nicht belegen konnten. Auch das Reichskammergericht entschied 1698 gegen die Vördener. Auf die noch 1706 dem Kloster vergüteten Prozesskosten von 9 Reichstalern wurde oben schon hingewiesen.
Im Gegenzug versuchten die Vördener dem Kloster nun bei anderen Gelegenheiten immer wieder Schwierigkeiten zu machen. Beispielsweise drohte man die Sperrung der Stadttore für Fuhrwerke des Klosters an und wollte Ersatz für die angebliche Beschädigung der innerstädtischen Wege. Das wiederum bestärkte die Mönche in dem schon lange gehegten Wunsch, am Mönchehof die Stadtmauer zu durchbrechen und hier eine eigene Pforte anzulegen, um so von Marienmünster aus einen unmittelbaren Zugang zu ihrem Hof in der Nord-Ost-Ecke der Stadt zu erhalten, der den Umweg durch das Niedere Tor erspart hätte. Bekanntlich waren die Gräben um Vörden bereits weitgehend

verfüllt und zu Gärten geworden und auch die Mauer selbst war wohl kein ernsthaftes Hindernis mehr. Als die Mönche dann auch noch die beiden Gärten in ihren Besitz gebracht hatten, die zwischen der Stadtmauer und dem nach Marienmünster führenden Weg lagen, stellten sie drei Mal einen entsprechenden Antrag auf Maueröffnung beim Bischof von Paderborn als Stadtherrn, nämlich 1654, 1695 und 1707. Aber jedes Mal folgte ein entschiedener Einspruch Vördens, so dass die bischöfliche Regierung den Wunsch des Klosters drei Mal ablehnte. Für die Stadtbewohner mag neben dem Bestreben, dem Kloster Schwierigkeiten zu machen, die Mauer ein verbliebener Ausweis ihres Stadtstatus gewesen sein. Zudem blieb so der Zugang zum Mönchehof unter der Kontrolle der Stadt.

b) Der Streit um den Kirchenstuhl

In einem so insgesamt gespannten Verhältnis konnten auch Kleinigkeiten zum Streitpunkt werden. In einem Fall war der Gegenstand des Streites ein Kirchenstuhl (eine schmale Kirchenbank).[55] Diesen hatte der Inhaber der Vördener Pfarrstelle zum Fest Mariä Empfängnis (8. Dezember) des Jahres 1715 unter der Kanzel aufstellen lassen, und zwar für die Bediensteten des Pfarrhofes (Mönchehofes). Den Vördenern missfiel diese Maßnahme, zumal damit die Knechte und Mägde quasi einen Sonderplatz vor den anderen Bürger bekommen hätten. Bürgermeister Otto Hecker, der im Jahre 1689 aus Sommersell nach Vörden geheiratet hatte, entfernte zusammen mit anderen Ratsherren deshalb am nächsten Tag *„mit Tumult und Skandal"*, wie der Abt von Marienmünster gegenüber der bischöflichen Behörde anführte, den Stuhl und setzte ihn unter den Turm. Abt Josef Beitelmann beschwerte sich beim Archidiakonatsgericht (kirchliches Gericht unter Vorsitz des Generalvikars) und bat um die Anweisung, den Stuhl wieder zurückzusetzen. Der damalige Generalvikar Bernhard Jodocus Brüll missbilligte zwar in seinem Schreiben vom 17. Dezember 1715 die *„eigenmächtig angemaßte Thätlichkeit"* der Bürgerschaftsvertreter, gab ihnen aber – wenngleich in der Form eines Befehles – die Gelegenheit, ihre Einwände gegen den Stuhl vor dem Gericht darzulegen. Offenbar ist das zumindest so überzeugend geschehen, dass die Entscheidung auf einen Ortstermin verschoben wurde. So kam dann am 14. Juni des nächsten Jahres der Generalvikar höchstpersönlich in der Angelegenheit nach Vörden. Er stellte zunächst fest, dass der Stuhl in der Höhe und Tiefe den *„gemeinen Mannsstühlen"* entsprach und in der Breite kaum Platz für zwei Personen bot. Auch sei durch die Aufstellung unter der Kanzel keinerlei Behinderung gegeben. Die Vördener unter Führung des Bürgermeisters erklärten sich dann auch mit der Aufstellung an diesem Platz einverstanden, allerdings unter der Bedingung, dass darin nicht die Mägde des Pfarrhofes Platz nehmen dürften. Der Abt wandte zwar ein, dass der Stuhl doch separat stehe und so *„keine Communication mit den Manßstühlen"* habe, willigte aber in den Kompromiss ein.

Das war allerdings keineswegs das Ende des Streits, denn in einem Brief vom 1. September 1716 beschwerte sich der Abt erneut bei der bischöflichen Behörde. Und zwar hätte Bürgermeister Hecker den umstrittenen Stuhl nicht an den abgesprochenen Platz setzen lassen, sondern eigensinnig an einen anderen. Ferner habe dieser ohne Respekt *„aus Hochmuth und Überfluß"* für sich und seine Nachfolger im Amt einen gleichen Stuhl anfertigen und in der Kirche aufstellen lassen. Der Abt deutet an, dass er *„solche Vermessenheit"* derzeit noch dulde, dringt aber dann quasi als Gegenleistung auf eine befriedigende Regelung für die Mägde des Pfarrhofes. Und zwar müssten diese bis jetzt *„bei andere Vördische Weibspersonen"* sitzen, würden aber von selbigen aus den Stühlen gewiesen, woraus bisweilen ein ärgerlicher Tumult in der Kirche entstehe. Die Mägde müssten dementsprechend entweder an Sonn- und Feiertagen aus der Kirche bleiben oder einen eigenen Platz erhalten. Für diesen sei die beste Stelle an der Frauenseite gegenüber dem ausgemachten Standort für den anderen Stuhl. Obgleich ein Stuhl an dieser Stelle keine Behinderung bedeute, würden das aber *„einige übelwollende Vördische Einwohner und absonderlich mehr bemeldeter Bürgermeister Hecker"* vermutlich nur aufgrund eines hochfürstlichen Befehls dulden. Deshalb bat der Abt um eine solche Order.

In dem darauf folgenden Schreiben vom 17. September 1716 an Bürgermeister Hecker gab der Generalvikar die Entscheidung des *„hochfürstlichen Archidiakonatsgerichts"* bekannt, wonach der Bürgermeister den für ihn und seine Nachfolger aufgestellten Stuhl bei Strafe von 10 Goldgulden innerhalb von acht Tagen aus der Kirche entfernen musste und nach 14 Tagen die Vollzugsmeldung darüber bei der bischöflichen Behörde vorliegen sollte. Die Begründung lautete schlicht, dass ein solcher Stuhl vorher nicht vorhanden gewesen sei. Daran wird deutlich, dass die Vördener Kirche nicht als Stadtkirche angesehen wurde, in welcher der Rat hätte Rechte geltend machen können, sondern als dem Kloster Marienmünster inkorporiert und damit diesem gehörend. Dass Bürgermeister und Rat überhaupt in solche Entscheidungen einbezogen wurden, beruhte wohl ausschließlich darauf, dass die Stadt die Unterhaltspflicht für die Kirche trug.

In dem entsprechenden Antwortschreiben an den Abt von Marienmünster bekräftigte der Generalvikar zunächst die Erlaubnis, den Stuhl für die Knechte an der vorgesehenen Stelle aufzustellen. Den gewünschten Stuhl für die Mägde des Pfarrhofes auf der anderen Kirchenseite lehnte der Generalvikar aber aus zwei Gründen ab. Zum einen machte er eine Behinderung für die Zugänglichkeit zum Chorraum insbesondere bei der Aussegnung der Toten geltend. Zum anderen legte er dar, dass damit die Dienstmägde praktisch auf dem Chor säßen und dass so *„vor denen gesammten Rathsfrauen zu sitzen sich allerdings nicht schicken thut"*. Vielleicht wurde durch diese Herausstellung der besonderen Würde ihrer Ehefrauen der Zorn der Vördener Ratsherren über den nicht gestatteten Bürgermeisterstuhl ein wenig gedämpft.

c) Der weitere Streit um die Pforte am Mönchehof

Nur wenig später, im Jahre 1727, setzte sich der frühere Streit über den vom Kloster Marienmünster gewünschten direkten Zugang zum Mönchehof fort.[56] Dieses Mal versuchte es das Kloster mit List und Überrumpelung. In einem ersten Anlauf legte der Klosterknecht Wilhelm Engelen einen Weg durch die genannten Gärten bis zur Mauer an und überstieg in der Folge häufiger die Mauer an dieser Stelle. Auch Mönche nahmen gelegentlich den Weg. Jedes Mal flogen gewolltermaßen einige Steine herab und bald war die Mauer an dieser Stelle schon deutlich niedriger. Die Vördener brachten die Sache beim nächsten Termin des Jahrgerichts (Gogerichts) vor. Wilhelm Engelen gab an, im Auftrag des Klosters gehandelt zu haben, erhielt aber dennoch zwei Taler Strafe. Das Loch wurde wieder zugemauert.

Nun ging das Kloster aber entschiedener vor. Kurz vor Weihnachten desselben Jahres trauten die Vördener ihren Augen nicht: Die Mönche hatten über Nacht die Mauer öffnen und eine vorgefertigte Tür mit Pfosten einsetzen lassen. Der Bürgermeister Johann Hölting (aus Wachtmeß Haus an der Marktstraße, später Haus Höke, Ahlemeyer und zuletzt Rode, heute Parkplatz) ließ die Bürgerglocke ziehen. Die Bevölkerung lief zusammen, man zog zur neuen Pforte, riss sie ab und zündete sie an. Die Mauer wurde von den Vördenern wieder geschlossen.

Das Kloster wandte sich an das bischöfliche Gericht in Paderborn. Schon am 3. Januar 1728 fand die Verhandlung statt. Vörden wurde bei Strafe von 10 Goldgulden verurteilt, die weggerissene Pforte wieder herzustellen und allen Schaden zu ersetzen. Als aber daraufhin das Kloster die Mauer durch die Klosterknechte wieder durchbrechen ließ, wiederholte sich der frühere Vorgang, wobei jetzt auch noch sämtliche Fenster des Mönchehofes von der erbosten Bürgerschaft eingeworfen wurden und der Knecht Jürgen Dubbert halb tot geprügelt wurde. Wiederum wurde die Mauer geschlossen. Bei der erneuten Klage des Klosters in Paderborn war das Gericht vorsichtiger als vorher und setzte einen Lokaltermin an. Die bischöfliche Kommission stellte dann am 23. September 1728 fest, dass das Kloster eigenmächtig vorgegangen sei und die Bürger das Recht gehabt hätten, sich dagegen zu wehren. Die Vördener gingen straffrei aus und triumphierten.

Doch Marienmünster wartete auf eine günstige Gelegenheit. Diese ergab sich im folgenden Jahr 1729, als am 25. Juni nahezu die gesamte Stadt Steinheim durch eine Feuersbrunst eingeäschert wurde. Insbesondere Wassermangel hatte die schnelle Ausbreitung des Feuers begünstigt. Das nahm Abt Benedikt Schmidt zum Anlass, beim bischöflichen Landesherrn darzulegen, dass es die gewünschte Pforte bei einem Brand in Vörden ermöglichen würde, rasch Wasser aus dem nahen Klosterteich (rechts der heutigen Brücke über die Brucht gelegen) in die Stadt zu schaffen. Dieser Grund schlug durch und der Bischof genehmigte den Bau der Pforte. Die dabei gemachte Einschränkung, dass die

Abb. 54   Der innerstädtische Eingang zum heutigen Mönchehof (1985).
Die Mönche wollten durch einen direkten Zugang von außen nicht mehr
auf den Zugang durch die Stadt angewiesen sein.

Schließung der Pforte verlangt werden könne, wenn Vörden vielleicht einmal neue Mauern erhielte oder sonst neu befestigt würde, ist wohl auch ein Zeugnis zum damaligen desolaten Zustand der Stadtmauern.

Die Vördener waren erschrocken aber auch weiterhin entschlossen, den Bau der Pforte zu verhindern. Als man gar den klösterlichen Bediensteten mit dem Leben drohte, weigerten sich diese, die Arbeiten durchzuführen. Auf den Bericht des Abtes hin wies die bischöfliche Verwaltung dann den Steinheimer Amtmann an, den Bau der Pforte unter militärischem Schutz zu ermöglichen. Als dieser aber am 30. Oktober 1730 mit ganzen zwei Soldaten der Landmiliz in Vörden erschien, ließ Bürgermeister Johann Konrad Meyer (aus dem Hause Jansiemens, jetzt Klahold, Dunkler Ort 2) sofort die Bürgerglocke ziehen und die gesamte Bürgerschaft lief mit Leitern, Mistgabeln, Hacken und anderen Instrumenten bewaffnet an der Mauer zusammen. Trotz der Drohungen des Amtmanns beantworteten die Vördener den ersten Versuch der Maueröffnung sofort mit einem Hagel von Steinen, so dass die Aktion eiligst abgeblasen werden musste.

Bürgermeister und Kämmerer wurden daraufhin nach Paderborn befohlen und dort drei Tage eingesperrt. Sie mussten versprechen, sich künftig jeder Tätlichkeit zu enthalten und auch die Bürgerschaft davon abzuhalten. In der Ablehnung der vom Kloster gewünschten Pforte blieben sie aber hart. In dieser Stimmung wagte Marienmünster dann auch zunächst keinen neuen Vorstoß. Zudem brachte Vörden die Angelegenheit vor den Landtag und fand hier die Unterstützung der anderen Städte. Daraufhin gab der Kölner Erzbischof und Kurfürst, der damals auch Bischof von Paderborn war, nach und billigte der Stadt Vörden den Klageweg gegen seine eigene Verordnung beim Reichskammergericht in Wetzlar zu. Die Vördener glaubten sich aber auch so sicher und scheuten wohl auch die Gerichtskosten, so dass sie die ihnen gebotene Möglichkeit nicht ergriffen.

Trotz der mehrfachen Bittschriften des Klosters ließ man die Angelegenheit in Paderborn nun über ein Jahr und drei Monate ruhen. Am 28. Juni 1732 erließ aber dann schließlich die bischöfliche Regierung den Befehl, dass die Stadt den Bau der Pforte bei Strafe von 100 Goldgulden dulden müsse, da man den angebotenen Rechtsweg nicht beschritten habe. Am 5. Juli unternahm dann das Kloster einen erneuten Versuch. Der im Kloster dafür zuständige Pater Küchenmeister begab sich zunächst zum Haus des Bürgermeisters Conrad Schwabe (Haus Trumpetz, Rotermund, Niedernstraße 1) und erinnerte diesen an die Rechtslage wie auch an das Versprechen, dass er zwei Jahre vorher als Kämmerer in Paderborn gegeben habe. Der Bürgermeister zuckte die Schultern und sagte, er könne doch nicht verhindern, wenn „Weiber und anderes Gesinde" den Bau wieder hintertrieben. Und so war auch der Plan der Vördener: Die Männer hielten sich an das gegebene Versprechen, die politisch als unmündig geltenden Frauen und Jugendlichen jedoch sollten den Bau der Pforte mit den bewährten Mitteln verhindern, was dann auch geschah. Die neuen Verteidiger der Stadtmauer widersetzten sich dem erneuten Versuch des Klosters zur Maueröffnung mit den gleichen Mitteln und ebenso entschieden wie vorher die Männer.

Jetzt schien es der Stadt aber doch geraten, die vorher angebotene Möglichkeit der Klage vor dem Reichskammergericht zu ergreifen. Dieses nahm zwar die Klage an, stellte jedoch dann das Verfahren ein, als der Landesherr mit Hinweis auf die verstrichene Frist Einspruch erhob. Und so erging am 8. August 1732 von Paderborn der Befehl, die Mauer unter militärischem Schutz zu öffnen. Ein Leutnant mit 30 Soldaten erschien am nächsten Tag und verlangte so lange Quartier auf Kosten der Stadt, bis die Pforte gebaut sei. Es gab daraufhin eine wüste Schlägerei zwischen Bürgern und Soldaten, wobei aber erstere den Kürzeren zogen. Die Soldaten blieben fünf Tage in Vörden. Dafür hatte die Stadt 30 Reichstaler und 28 Mariengroschen zu zahlen und musste die in dieser Zeit erstellte Pforte dulden.

Nach fünfjährigem Streit um dieses dritte Tor in der Stadtmauer entdeckten die Vördener bald selbst ihren Vorteil in der neuen Pforte. Der Weg über den Mönchehof wurde für die in der Nähe Wohnenden bald eine beliebte Abkürzung, die den Weg „durchs Tor" ersparte. Die Inhaber des Mönchehofes haben den Durchgang dann über 250 Jahre lang gestattet.

Wie bereits angesprochen, ging es den Vördenern bei dem Streit um die Pforte wohl auch um die Verteidigung ihres Status als Stadt, denn eine Verteidigungsfunktion hatte die Stadtmauern von Vörden zu dieser Zeit sicherlich nicht mehr. Sie war aber mit den seitens der Stadt kontrollierten Eingängen ein wichtiges städtisches Symbol, das den Ort von den rein dörflichen Siedlungen im Umkreis abhob. Bis heute spricht man in Vörden von „den Dörfern", wenn man die umliegenden kleineren Orte meint.

7. Konflikte innerhalb der Bürgerschaft

Neben den erwähnten Konflikten, in denen jeweils die gesamte Bürgerschaft gegen eine andere Partei stand, gab es selbstverständlich auch Konflikte *innerhalb* der Bürgerschaft. Diese wurde auf den Jahrgerichten (s. o.) verhandelt, die in der Regel auf dem Amtssitz stattfanden, in Vörden also auf der Burg. Dazu gibt eine im Haxthausenschen Archiv in Abbenburg vorliegende Aufstellung exemplarisch Auskunft. Das Heft trägt den Titel *„Vöhrdisches Brüge Register worin die zum Gogericht gehörigen Exessen bemelt, vom Jahr 1767 biß 1768 undt anfängt den 11ten May 1767"* (Brüge oder Brüchte = Strafe). Die Aufstellung trennt zwischen Vergehen in der Feldmark, den „Feldexessen", die vom Feldknecht (s. o.) gemeldet wurden, der hier „Diener" oder „Felddiener" hieß, den „Binner Exessen" innerhalb des Ortes sowie den „Holtz Exessen", die von den Haxthausenschen Förstern eingebracht wurden. Zu der Beschreibung des Falles durch den örtlichen Richter ist jeweils das auf dem Gerichtstag verhängte Strafmaß eingetragen.

a) Beispiele für „Feldexesse"

Insgesamt sind in dem Register 50 „Feldexesse" angeführt. Dazu ein erstes Beispiel:

> *„Den 9t October der Diener eingebracht, daß er des Stoffel (Christoph) Hölting seine zwey Schweine in Langen Anger Gartens zum Schaden angetroffen, bey später Abendzeit, indem selbige aller Abend wieder aus dem Thor laufen thäten."*

Die Strafe betrug 6 Mariengroschen. Eine gütliche Einigung gab es in dem folgenden Fall:

> *„Den 5 ten. Augusti bringt der Diener ein, dass er des Ludolf Pellen seine 3 Pferde in des hfl. Amtsrathen seinen Weitzen, oben der Mühlen zum Schaden angetroffen; worauf hfl. Amtsrath begehren lassen, den ihm zugefügten Schaden estomiren (abschätzen) zu lassen, welches dan auch geschehen ist*

also der Schade durch 2 Geschworene estomirt auf 1 ½ Scheffel reinen Weitzen von dem Pellen an den hfl. Amtsrath zu bezahlen."

Bei dem hfl. (hochfürstlichen) Amtsrath handelte es sich um den damaligen Verwalter der Burg Vörden, Caspar Dionisius. Das Feld „oben der Mühlen" lag oberhalb der Haxthausenschen Mühle an der Brucht, in der Nähe der heutigen Kläranlage, wo die Wiese bis heute „Mühlenkamp" heißt. Auch wenn der Schaden bereits ersetzt war, so erhielt der Besitzer der Pferde dennoch eine Strafe auf dem nächsten Jahrgericht von 1 Reichstaler.

Recht makaber erscheinen die Umstände eines Streites, der zwar keine Vördener Bürger betraf, aber dennoch in Vörden behandelt wurde, wohl weil der Kläger Land in der Vördener Feldmark besaß, auf dem sich der Vorgang zutrug. Dieser ereignete sich, als ein Bewohner von Hohehaus auf dem Weg nach Marienmünster war, um dort an der zuständigen Pfarrkirche ein Kind begraben zu lassen:

„Diederich Thorn von der Breyden (Großenbreden) klagt an, daß der Adam Hölpup vom Hohenhauß, da er wollte ein Kindt begraben lasen, in der Osterwoche, wär er mit der Leiche samt den Begräbniß Leuthen einen unrichtigen Weg gezogen, erstlich hinterm Eichhagen im breydischen Felde den Fußpfad herauf, und darnach vor Hoche, abseits zur rechten Hand gezogen, über des Diederich Thorn seinen Roggen, undt da der Thorn solches nicht leiden wollte hätte ihn Adam Hölpup mit Schlägen angefallen, und auf seinem eigenen Lande übel tractiert, welches er eydlich darthun könnte, indem (weil) er keine Zeugen hätte bringen können."

Das Urteil fiel allerdings anders aus, als man nach dem Anklagetext erwarten könnte, denn darunter findet sich der Eintrag des Amtmannes: *„Ist erwiesen daß der Tohren Agressor gewesen."* Als Strafe waren zwei Reichstaler zu zahlen.

b) Beispiele für „Binner Exesse"

Bei den „Binner Exessen" handelt es sich in der Regel um tätliche Auseinandersetzungen wie im folgenden Fall, wo angeklagt wird, dass

„im Frühjahr am 17. Juni der Bosen Conductor Brinkmann (Verwalter des Bosen-Gutes, vormals Gronemeyer, Pohlstraße) und sein Sohn mit Johan Tiggen vor des Johan Tiggen seinem Hause auff öffentlicher Straße eine Schlägerey gehalten und einander übel tractiert, mit großem Lärm und Geschrey."

Der Fall wurde zur Verhandlung nach Steinheim überwiesen.

*Abb. 55   Auszug aus dem Strafregister
von 1767/68 zu „Feldexessen"*

Dieser Conduktor Brinkmann taucht
mehrfach als Urheber von handfesten
Streitigkeiten in dem Verzeichnis auf.
In einem anderen Fall wird er beschul-
digt, dass er entgegen dem Befehl des
Landesherrn am *„Vördischen Markttage... ...zwey Fremde die Nacht lo-
giert"* habe. Weiter heißt es: *„Der eine
ist gewesen ein Pötger* (Töpfer) *mit 2
Schals* (Schalen, Schüsseln), *der andere ein Mützen Krämer, beyde bürtig
aus Brakel undt dass Stroh worauff
sie gelegen, wäre in der Stuben kurz
vor Tage aufgebrannt."* Der Beschuldigte wird als geständig ausgewiesen
und zahlte einen Reichstaler Strafe.
Wahrscheinlich war das Beherbergen
von Fremden verboten, weil diese Ver-
dienstmöglichkeit den Gasthäusern zugedacht war. Dieselbe Strafe erhielt der
Conduktor Brinkmann auch, als er sich den Anweisungen der städtischen „Feuerherren" widersetzte, die in seiner Küche eine Brandgefahr entdeckt hatten. Er
schlug dem Feuerherren Johann Simon ins Gesicht und warf andere zu Boden.
Schließlich schimpfte er auf der Straße noch hinter ihnen her.
Dass bei Streitfällen auch die „Würde des Gerichts" gewahrt bleiben musste,
zeigt der folgende Bericht:

> *„Da der hfl. Rentmeister im Frühjahr dahier gewesen zu Vöhrden, undt der
> Anton Wigand mit seinem Schwager Xtoph* (Christoph) *Hölting Klagsachen
> vorgebracht, hat der Anton Wigand in Gegenwarth des hfl. Rentmeisters ge-
> gen seinen Schwager mit garstigen und heßlichen Worthen heraus gefahren,
> welches gegen die Obrigkeit sich nicht geziembt."*

Die Straftat wurde mit 24 Mariengroschen geahndet.

c) Beispiele für „Holtz Exesse"

Die sechs gemeldeten „Holtz Exesse" bestanden darin, dass Vördener Bürger
sich bei der Versorgung mit Brennholz in den von Haxthausenschen Wäldern
nicht auf totes Holz und Fallholz beschränkt hatten. Für einen Stamm (Heis-
ter) zahlten sie den taxierten Holzwert, meist 6 Mrg, als Strafe 12 Mgr und 2
Mgr erhielten die Förster für die Meldung.
Auch der Felddiener bekam für jede Meldung eine solche Bezahlung. Dass er
dadurch bei manchen Bürgern nicht sehr beliebt war, kann man sich vorstellen.

Dementsprechend enthält das Register mehrere Klagen des Felddieners, dass er bedroht oder gar verprügelt worden sei.

Insgesamt vermitteln die nur wenigen angeführten „Holtz Exesse" den Eindruck, dass die oben geschilderte Regelung aus dem Jahre 1605 zu einem erträglichen Auskommen für beide Seiten geführt hatte.

Neben dem bisher angesprochenen weltlichen Gericht gab es jedoch auch noch ein kirchliches Gericht für die Taten, die auch oder ausschließlich als Sünde galten. Es wurde bei den Visitationen durch die Beauftragten des Bischofs abgehalten (Sendgericht oder Synodalgericht). So wurde bei der Visitation 1658 der folgende Tatbestand vorgebracht:

„Heinrich Schaffmeister hatt gefluchet. Hagell Blitz und Donner und dergleichen Flüche."

Die Strafe betrug vier Taler.[57]

Am 12. August 1653 hatte sich das Gericht mit folgendem Fall zu beschäftigen: Gertrud Kramers beschuldigte den Witwer Jürgen Ketteler, das ihr gegebene Eheversprechen nicht zu halten. Vielmehr habe er in Hohehaus und in Lügde „gefreit". Der Beschuldigte bestritt das, trug aber seinerseits vor, dass Gertrud Kramers jetzt weniger mit in die Ehe einbringen wolle als vorher zugesagt. Statt 77 Talern, die sich aus drei Einzelsummen zusammen setzen, und zwei Morgen Land sollten es jetzt nur 50 Taler und das Land sein. Gertrud bestritt, jemals eine höhere Summe in Aussicht gestellt zu haben. Auf Zureden des Gerichts erklärte der Beschuldigte aber, dass er die Gertrud auch liebe und die Eheabredung einhalten werde. Falls in der Ehe keine Kinder gezeugt würden, solle das Land bei den jetzigen Kindern des Jürgen Ketteler verbleiben. Gertrud versprach, die Kinder wie ihre eigenen zu behandeln. In diesem Falle sah das Gericht von einer Strafe ab.[58]

Auch Streitigkeiten zwischen Frauen wurde behandelt, so im Jahre 1666:

> *„Trine Kyne und Anna Ketteler haben unter sich gehandet (gerauft, geprügelt), und ein den anderen gefluchet."*[59]

Die Schuld wurde als offenbar unterschiedlich verteilt angesehen, denn Trine wurde zu einem Taler, Anna aber nur zu einem Goldgulden (etwa 2/3 Taler) Strafe verurteilt.

8. Ein Hexenprozess gegen eine Vördener Bürgermeisterstochter

Mit Datum vom 27. März 1654 stellte der Vördener Stadtrat auf Ersuchen des Wulf Dietrich Meyer, Verwalter Corveyer Güter in Wehrden an der Weser, ein Leumundszeugnis für dessen Ehefrau Catharina geborene Suderhausen (Sauderhausen) aus.[60] Es lautet wörtlich (zur Erleichterung des Lesens unter Anpassung der Groß- und Kleinschreibung wie der Interpunktion an heutige Regeln):

„*Hernach* (Nachdem, Weil) *von unß Bürgermeister, Freyschoffen undt Rath zum Vörde wegen Catharina Suderhausen unsers gewesenen Bürgermeisters nachgelaßener Tochter und an itzo* (jetzt) *Wulff Dietrich Meyer Ehehauß-frauen zur Wehrden einige Testimoniates* (Zeugnisse, Auskünfte) *ihres Herkommens undt Verhaltens begehret worden.*

Alß (So, Deshalb) *zeugen undt beglaubigen wir kraft dieser unser ertheilten Attestation, das ertz gedachte* (eben erwähnte) *Catharina von ihren Eltern alß auffrichtigen, frommen, vornehmen, ehrliebenden undt gottesfürchtigen Leuthen ehelich gebohren undt in allen guten Tugenden erzogen, selbige sich auch von Jugendt ahn in ihren jungfraulichen Stande bey der sieben undt zwanzig Jahr langh alhir* (hier), *ehe sie nach Brakelsiek zu freyen gekommen, aller guten Zucht, Ehrbarkeit undt Gottesfurcht / wie solches uns undt unseren Altgesessenen sattig* (gut) *bewusst / jederzeit befließen* (sich befleißigte), *also* (auch) *daß niemahls alhir bey vorhandenen Zeiten ihres jungfraulichen Standes von ihr etwas Boeses, Nachdeitliches* (Nachteiliges) *oder das geringste Ehrenrühriges gehört, sondern von unß undt Jedermanniglichen* (Jedermann) *ihre Tugenden, zuchtigen Handelß und Wandelß halber laudirt* (gelobt) *undt gerümet worden.*

Deßen in Uhrkundt der Warheit haben wir diese schriftliche Zeugnuß mit unseren gewohnlichen Stadt Sekret (Stadtsiegel) *wißentlich unterdruckt undt dabei nebenst* (zusätzlich) *durch unsern Schulmeister alß Notarium eigen händlich unterschreiben laßen. Vöhrde den 27 Marty Anno 1654.*"

Das Schriftstück ist von Adam Hillebrandt, dem Lehrer und Küster unterschrieben.

Aus einem wenige Tage vorher von dem Schwalenberger Amtmann Jobst von Mengersen ausgestellten Leumundszeugnis für Catharina Suderhausen über ihre Aufenthaltszeit in Brakelsiek geht hervor, dass deren Ehemann das Zeugnis erbeten hatte und dass Catharina Suderhausen „*in gefangliche Haft geraten*" war.[61] Der Vorwurf lautete auf Schädigung anderer Personen durch Hexerei und auf Buhlerei mit dem Teufel. Auch die überaus positiven Leumundszeugnisse aus Vörden und Schwalenberg bewahrten sie nicht vor der Folter. Sie überlebte die Tortur und wurde schließlich freigelassen. Ihr Schicksal ist Gegenstand des 2004 erschienenen historischen Romans von Hermann Multhaupt „Die Hexe von A. Ein Schicksal aus dem Corveyer Land".[62] Der Autor lässt Catharina Suderhausen in Amelunxen aufwachsen, wohin ihre Familie aus Vörden dem Roman nach zwangsweise verzogen war, ohne dass ein konkreter Grund dafür angegeben wird. Hier soll sie auch Wulf Dietrich Meyer kennen gelernt und geheiratet haben. Das oben wiedergegebene Leumundszeugnis belegt jedoch, dass Catharina Suderhausen in Vörden aufgewachsen war und bis zu ihrer Verehelichung in ihrem 27. Lebensjahr hier gelebt hatte. Ihr Vater war der oben vielfach genannte Bürgermeister Claus Sauderhausen (auch Suderhausen geschrieben), der in

Abb. 56   Torbogen des Hauses Niedernstraße 15

der Auseinandersetzung um die Holzrechte der Vördener an der Spitze der
Bürgerschaft stand.

Catharina Suderhausen hatte wahrscheinlich eine Schwester, und zwar jene
Elisabeta Suderhus(en), die über dem Torbogen des Hauses Benning (Niedern-
straße 15) neben ihrem Ehemann Liborius Maes als Erbauerin des Hauses im
Jahre 1630 genannt ist. In den 1658 beginnenden Vördener Kirchenbüchern er-
scheint der Name Suderhausen nicht mehr. Offenbar waren keine männlichen
Nachkommen vorhanden.

9. Kriege und Unglücksfälle

Die größten Katastrophen, die über kleine Städte wie Vörden hereinbrechen
konnten, hatten in aller Regel ihre Ursache in Seuchen, Kriegen oder Bränden.
Die gefährlichste und am meisten gefürchtete Seuche war die Pest. Sie trat im
Jahre 1349 erstmals in verheerendem Maße in Europa auf. Es ist nicht bekannt,
ob sie auch die damals noch junge Stadt Vörden heimsuchte und vielleicht für
eine starke Reduzierung der Einwohnerschaft und eine Verzögerung ihrer Entwicklung sorgte, wie das an anderen Orten der Fall war.[63] Auch von folgenden
Pestwellen, wie beispielsweise 1618 in Steinheim, ist für Vörden nichts bekannt.
Allerdings sind im Kirchenbuch in manchen Jahren auffällige Häufungen von
Todesfällen insbesondere von Kindern festzustellen. So starben 1732 innerhalb
von drei Monaten 18 Kinder bis 12 Jahre. Drei Jahre später fielen 23 Kinder
hauptsächlich zwischen 1 und 6 Jahren offenbar einer nicht genannten Seuche
zum Opfer.

a) Kriege und Kriegsschäden

Kriege brachten vielfältige Gefahren und Probleme für die Bürger mit sich. Angesichts der Verrohung der Söldnertruppen mussten die Menschen vielfach schon froh sein, mit Leib und Leben davon zu kommen. Die Wegnahme des Viehs, die Plünderung von Vorräten wie die Zerstörung von Feldern gehörten zum Kriegsalltag, wo große Heere über das Land zogen. Auch das Niederbrennen von Dörfern und Städten war nichts Ungewöhnliches. Für Vörden liegen allerdings keine direkten Nachrichten über kriegsbedingte Leiden der Bevölkerung vor. Sie können nur indirekt erschlossen werden.

Im Jahre 1525 erhoben sich in weiten Teilen Deutschlands, vor allem aber im süddeutschen Raum die Bauern gegen ihre Grundherren, weil ihnen die verlangten Abgaben und Dienste unerträglich geworden waren. Von Aufständen hiesiger Bauern ist zwar nichts bekannt, jedoch suchten aufständische Bauern aus Hessen auch hier Anhängerschaft. Sie werden in Vörden kaum Widerhall gefunden haben, weil die Bürger aufgrund ihrer Privilegien von 1342 nur eine vergleichsweise geringe Abgaben- und Dienstlast hatten. Die „swarten Buren" (schwarze Bauern), wie sie genannt wurden, verunsicherten allerdings die Gegend um Marienmünster. Das Kloster stellte dem Bischof von Paderborn 130 Gulden zur Verfügung, so dass dieser die Bauern mit Soldaten vertreiben konnte.[64]

Im Vorfeld des Dreißigjährigen Krieges, als die Holländer gegen die Spanier um ihre Unabhängigkeit kämpften, überfiel 1601 eine holländischen Söldnertruppe das Kloster Marienmünster.[65] Auch hierzu ist nicht überliefert, ob Vörden ebenfalls in Mitleidenschaft gezogen wurde oder ob die ummauerte Stadt ihren Bürgern noch genügend Schutz bot. Der dann 1618 ausgebrochene Dreißigjährige Krieg brachte sicherlich die ständige Gefahr des Einfalls großer Heere, wenngleich Vörden hier seine abseitige Lage in der Regel durchaus zugute gekommen sein mag. Allerdings wurde das Kloster Marienmünster zweimal von den Truppen des Herzogs von Braunschweig, des „Tollen Christian", aufgesucht, geplündert und teilweise zerstört, wobei beim zweiten Überfall auch Vörden in Mitleidenschaft gezogen wurde.

Der erste Überfall auf das Kloster Marienmünster im Jahre 1622 scheint noch relativ glimpflich verlaufen sein. Härter traf es die Abtei und die ganze Umgebung in der Nacht vom 5. auf den 6. April 1626. Herzog Christian marschierte nach dem Weserübergang bei Polle mit 4000 Reitern und 2000 Mann Fußvolk auf Marienmünster und Vörden zu. Der Grafschaft Lippe hatte er Schonung zugesichert. In Marienmünster wurden 1500 Reiter einquartiert, die ihre Pferde in der Kirche abstellten. Vörden hatte die Stadttore geschlossen, aber sie wurden kurzerhand gesprengt.[66] Man kann sich unschwer vorstellen, was die Bewohner anschließend zu dulden hatten.

Wahrscheinlich mussten hier die verbleibenden 2500 Pferde und deren Reiter sowie ein Teil des Fußvolkes untergebracht und verpflegt werden. Auch ohne

Raub und Plünderung wird man nicht davon gekommen sein. Bei den 1627 und 1630 neu errichteten Häusern an der Niedernstraße (Elsing / Wittgerber und Kreilos / Benning) ist es denkbar, dass der Neubau als Folge von Kriegszerstörungen notwendig wurde. Noch 1658 wird anlässlich einer Pfarrvisitation berichtet, dass der bischöfliche Beauftragte auch aus Kriegszeiten in Vörden verbliebene Ruinen besichtigte.[67] Leider wird nicht gesagt, wo sich die Ruinen befanden. Konkret bekannt ist nur die Zerstörung des öffentlichen Backhauses, wie bereits im Artikel zum Erscheinungsbild der Stadt dargelegt wurde. Zudem heißt es noch 1705, als sich das Braueramt seine Privilegien erneuern ließ, zur Begründung für den Verlust des ursprünglichen Briefes, dass Vörden im Dreißig-jährigen Krieg „öfters überfallen und geplündert" worden und „fast

Abb. 57
Herzog Christian von Braunschweig,
der „Tolle Christian" (Gemälde 1619
von Paulus Moreelse im Herzog Anton
Ulrich-Museum, Braunschweig)

ganz desolat" gewesen sei.[68] Vielleicht wurde bei dem Einfall Christians von Braunschweig noch das Schlimmste durch seinen Rittmeister Christoph Wolf von Haxthausen verhindert, dessen angeheiratete Tante Agatha von Haxthausen, geborene von Fürstenberg, Schwester des früheren Paderborner Bischofs, damals als Witwe auf der Vördener Burg lebte. Christian von Braunschweig besuchte sie – wohl zusammen mit ihrem Neffen – auf der Burg, nahm möglicherweise hier sogar Quartier. Er äußerte ihr gegenüber, dass alle Soldaten inzwischen gefallen seien, die er mit dem Geld bezahlt habe, das er aus den in Paderborn geraubten Kirchenschätzen hätte schlagen lassen.[69]
Im weiteren Verlauf des Krieges musste Vörden offenbar kaiserlichen Truppen Quartier gewähren. Noch im Jahre 1706 zahlte die Stadt nach dem oben bereits vorgestellten Haushaltsplan jährlich 12 Rtl als Zinsen von jenen 240 Rtl, die Bürgermeister Jobst Wiegandt beim Herrn von Niehausen „bey Zeiten kayserlicher Einquartierung" aufgenommen hatte. Die Stadt meinte zwar, dass sie eigentlich für solche Folgen der großen Politik nicht aufkommen müsse, wurde aber aus der Verpflichtung nicht entlassen.[70] Das war auch in einem anderen Falle so: Der als Peter Deitleifs ausgewiesene Gläubiger hatte die ihm aus einem geliehenen Kapital von 100 Rtl zustehenden Zinsen den Armen in Paderborn gestiftet. Vörden hatte nun das bischöfliche Offizialatsge-

richt angerufen und zu den Schulden argumentiert, dass *„solche auf Schwe-*
dische Manier im Dreißigjährigen Kriege der Gemeinheit abgedrungenen und
abgenötiget" worden seien. Das Urteil ging aber gegen die Stadt aus, so dass
sie weiterhin zahlen musste.[71] Ob sich die Argumentation auf die Anwesenheit schwedischer Truppen in Vörden bezieht oder ob damit allgemein eine
erpresserische Geldeintreibung gemeint war, ist nicht ersichtlich. Solche Geldzahlungen waren häufig der Preis (Brandschatzung) für eine Verschonung von
Plünderung und Brand.
Im Jahre 1636 grassierte die Pest im Hochstift Paderborn. Es ist nicht bekannt,
ob auch in Vörden Opfer zu beklagen waren. Allerdings scheint eine Reduktion
der Bevölkerungszahl eingetreten zu sein. So sind von den in einer Aufstellung
aus dem Jahre 1586 genannten 85 Familiennamen im Jahre 1656 nur noch drei
vorhanden sind (Näheres dazu unter Punkt 10 dieses Beitrags). Auch lag noch
acht Jahre nach dem Ende des Krieges Land in der Feldmark brach. Dazu heißt
es am Ende der Aufstellung aus dem Jahre 1656:

> *„Von dieser obgesetzeter* (aufgeführter) *Landerey liegen noch in Busch und*
> *Broch* (Bruch) *unbeseyet (*unbesät) *und in dreißig Jahren nicht gebraucht bey*
> *die funfzig Morgen."*

Sicherlich haben die vor allem im südlichen Teil des Kreises Höxter durchziehenden und lagernden Truppen auch in Vörden die Werbetrommel zum Eintritt in die unterschiedlichen Armeen gerührt. Darüber ist jedoch nichts bekannt. Möglicherweise war der im Vördener Kirchenbuch mehrfach genannte
„Andreas der Schwede" als Vördener in schwedische Dienste getreten oder ist
am Ende des Krieges als vormals schwedischer Söldner in Vörden geblieben.
Auch entfernte Konflikte wirkten sich in den Zeiten der großen Armeen und
Bündnisse im Paderborner Land aus. So klagt Bürgermeister Krois in seinem
Bericht aus dem Jahre 1706 über die *„jetzigen schwehren Krieges Zeiten"* und
meint damit den damaligen spanischen Erbfolgekrieg (1701-1714). Es ging darin
um die Entscheidung, ob nach dem Aussterben der bisherigen spanischen Kö-
nigsfamilie ein französischer oder ein Habsburger (österreichischer) Prinz die
Nachfolge antreten sollte. Die in dem Bericht erwähnten Einquartierungen und
Spanndienste zum Transport von Kanonen standen in diesem Zusammenhang.
Am schwersten wurde das Paderborner Land aber durch den Siebenjährigen
Krieg (1756-63) betroffen, wenngleich darüber für Vörden keine Informationen
vorliegen. Im Unterschied zum Dreißigjährigen Krieg ist nämlich das Paderborner Land in diesem Krieg nahezu ständig von unterschiedlichen Truppen
besetzt gewesen. Eine recht anschauliche wie erschreckende Schilderung liegt
für das nahe Nieheim vor.[72] Die dort angeführten Leiden der Bevölkerung
durch Einquartierungen, erpresste Zahlungen, Raub von Vieh und Erntevorrä-
ten, Wegführung von Pferden, Arbeitseinsätze, Zerstörung der Gärten, Felder,
Wälder und Wege wird man auf Vörden entsprechend übertragen können.

b) Stadtbrände, Brandschäden, Brandbekämpfung

Neben Kriegen waren Brände der große Schrecken mittelalterlicher Städte mit ihren Strohdächern auf Fachwerkhäusern und lediglich ledernen Wassereimern als Löschgeräten. Insbesondere im 16. Jahrhundert wurde Vörden von großen Bränden heimgesucht. Darüber berichtet der Abt Heinrich Schröder von Marienmünster in seinem Tagebuch. Der erste dieser Brände brach am Aschermittwoch des Jahres 1504 aus. Sieben Häuser fielen in Asche. Als Ursache wird die *„Verwahrlosigkeit des Feuers"*, also wohl Unvorsichtigkeit angegeben. Schlimmer traf es die Stadt im Jahre 1511, als die ganze Stadt mitsamt der Burg in Flammen aufging. Nur ein kleines Häuschen am Niederen Tor blieb stehen, möglicherweise das Torwächterhaus. Bei der Burg dürften vor allem wohl die in Fachwerk ausgeführten oberen Geschosse betroffen gewesen sein.[73]

Man kann sich das durch einen solchen Brand ausgelöste Elend kaum realistisch vorstellen. Wie sollten sich die Menschen, insbesondere die mit kleinen Kindern, vor dem Wetter schützen? Woher bekam man Nahrung für Mensch und Vieh? Welche ungeheure Arbeitsleistung war notwendig, um die ganze Stadt innerhalb kurzer Zeit wieder aufzubauen! Woher konnte man die Menge an benötigtem Baumaterial bekommen, wie die Materialien und die Arbeitsleistungen von Handwerkern bezahlen? Wahrscheinlich wird man viel solidarische Hilfe aus den umliegenden Orten erhalten haben.

Vörden war nach dem Brand von 1511 kaum wieder aufgebaut, als 1516 erneut fast die ganze Stadt in Flammen aufging. Dieses Mal blieben nur die Burgküche und das kleine Häuschen am Tor unversehrt, das schon den vorhergehenden Brand überdauert hatte. Nur eine knappe Generation später brach am Tag vor Pfingsten des Jahres 1540 wiederum eine Feuersbrunst aus, die nur die Burg und ein Haus in der Stadt verschonte. Schon vier Jahre später brannte es erneut. Dazu heißt es in dem Tagebuch:

> *„Im Jahr 1544 den 4. Sept. hat sich ein erschröckliches Ungewitter mit Donner und Blitz hören lassen, und ist das Feuer vom Himmel gefallen, und zu Vörden drey Häuser in den Grund aufgezehrt, es wäre auch von der Stadt nichts übrig geblieben, wo es nicht durch die göttliche Vorsichtigkeit und durch das Gebet frommer Leuten abgewendet wäre."*[74]

Der nächste Feuerschaden aus dem Jahre 1639 ist im vorhergehenden Artikel schon kurz angesprochen worden. Am Tage vor Aschermittwoch, am 8. März, wurde durch Unvorsichtigkeit der Witwe Elsabein Schregels und ihrer Hausgenossen ihr Haus wie das ihrer beiden Nachbarn Jürgen Tiggen und Johann Massollen eingeäschert. Das Feuer sprang zudem auf den Kirchturm über und setzte ihn mitsamt den Glockenstühlen in Brand, so dass auch die Glocken zersprangen. Elsabein Schregels vermachte deshalb ihre Hausstätte mitsamt 11 Morgen Land der Vördener Kirche als Schadensersatz. Später gab es Streit über

die Nutzungsrechte an dem Land, während von der Hausstätte nichts mehr berichtet wird. Wie bereits an der erwähnten Stelle dargelegt, kann man vermuten, dass die abgebrannten Häuser an der Westseite des Kirchturms standen
und das Gelände dann an die Familie von Haxthausen kam.
Schließlich setzte ein Blitzschlag im Jahre 1741 auf dem Mönchehof das 1645 errichtete Ökonomiegebäude in der Nord-Ost-Ecke der Stadt in Brand.[75] Es war
zu der Zeit (22. September) voll gefüllt mit noch ungedroschenem Getreide. Allein 2000 Garben Roggen verbrannten. Beim sofortigen Wiederaufbau ließ der
damalige Abt Joseph Zurmühlen über dem Torbogen einen lateinischen Spruch
als Chronostichon anbringen. Darin geben die groß geschriebenen Buchstaben
nach ihrer größenmäßigen Reihung eine lateinische Jahreszahl an, hier die der
Wiedererrichtung des Hauses:

> sVnt tonItrV ContrItae aeDes, has DenVo
> strVCtas aVspICIo saCrae ChrIste tVuere CrVCIs.
> In der Übersetzung:
> *Zündender Blitz zerstörte dies Haus, das wieder-*
> *erbaute schütze es o Christus in Huld durch dein heiliges Kreuz.*

Die großen Buchstaben ergeben nach der größenmäßigen Reihung die Jahreszahl DDCCCCCCCVVVVVVVIIIIII = 1741.
Zur Vorbeugung gegen Brände gab es in Vörden eine 1768 erstmals nachweisbare Kommission, die regelmäßig durch *„umbgehendes Visitiren"* potentielle
Gefahrenstellen ausmachen sollte. Dass ihre Arbeit nicht immer leicht war,
wurde oben an einem Beispiel aus den Gerichtsprotokollen dargelegt.
Bereits im Jahre 1722 hatte die bischöfliche Kanzlei auf Drängen des Paderborner Landtages die Anschaffung von Feuerspritzen in den einzelnen Orten an-
gemahnt.[76] Im Jahre 1769 gründete Bischof Wilhelm Anton für sein Hochstift
eine Brandversicherung. Die einzelnen Häuser wurden nach ihrem geschätzten
Wert versichert. Aus einer Aufstellung des Jahres 1770 geht hervor, dass die
Vördener 12 Taler und 5 Mariengroschen gezahlt hatten, nicht mehr als das
deutlich kleinere Entrup. Der Wert der Häuser in Vörden dürfte demnach nicht
besonders hoch gewesen sein, jedoch war deren Zustand offenbar im Schnitt
immer noch besser als der bei den Häusern im größeren Bredenborn, aus dem
nur 10 Taler und 8 Mariengroschen einkamen.[77]
Die Amtmänner wurden verpflichtet, in ihren Bezirken die Gerätschaften zur
Feuerbekämpfung regelmäßig zu inspizieren. Für Vörden heißt es zu 1790:
„Vohrden hatt eine Feuerspritze nebst sonstigen Gerätschaften in brauchbarem
Zustande."[78]
Genauer war die Aufstellung mit Datum vom 4. September desselben Jahres,
die Bürgermeister Potthast dem Amtmann Herrfeld in Steinheim zuleitete:

„Von der Stadt Vörden sind folgende Feuer Materialien mit Beisein des Magistrats visitirt und vorgefunden worden, in brauchbaren Stande alß:
1. Eine Feuer Spritzen
2. drey Feuer Haken
3. drey Leitern
4. sechszig vier (64) lederne Eimer wovon 18 Stück zur Reparation in Arbeit sind.“[79]

In einer sonst gleichen Aufstellung zum Jahre 1791 wird dann auch noch zusätzlich ein Wasserkübel als Ausstattung genannt. Es war wohl der per Hand zu füllende Behälter, aus dem das Wasser dann in den Pumpenzylinder gelangte, von dem aus es durch Muskelkraft in den ledernen Schlauch gedrückt wurde.[80]

10. Arbeit und Brot

Entsprechend dem Charakter einer Ackerbürgerstadt lebten die Einwohner Vördens vor allem von der Landwirtschaft. Auch die notwendigen Handwerker, insbesondere Schmiede, Stellmacher, Zimmerleute / Tischler, Schuster / Sattler und Schneider dürften in der Regel einige Morgen Land bewirtschaftet haben, wie es bis über die Mitte des 20. Jahrhunderts hinaus noch üblich war. Beinamen wie „Fenstermachers“, „Wittgerbers“ (Weißgerber = Ledermacher), „Schneiderjörns“, oder „Heckerschneiders“ erinnern an frühere handwerkliche Tätigkeiten von Vorfahren oder Vorbesitzern der Häuser. Neben Bauern und Handwerkern gab es die Gruppe der Tagelöhner, die je nach Bedarf angefordert und bezahlt wurden. Daneben boten der landwirtschaftliche Großbetrieb der Burg und ab 1606 auch wieder der Pfarrhof (Mönchehof) einige Dauerarbeitsplätze als Müller, Diener, Kutscher sowie für Knechte und Mägde. Als weitere Gruppe sind der Küster sowie diejenigen Personen zu nennen, die öffentliche Aufgaben als Stadtboten, Nacht- und Torwächter, Schaf-, Kuh-, Ziegen- und Schweinehirten wahrnahmen und aus der Stadtkasse oder von den Abgaben der Nutznießer bezahlt wurden. Der noch geläufige Beiname „Schwens“ für Zweige der Familie Massolle geht auf die Tätigkeit eines Vorfahren als Schweinehirt zurück. Schließlich gab es aber auch im alten Vörden arme oder verarmte Menschen, die auf die Mildtätigkeit anderer angewiesen waren. Als Beleg dafür kann die für 1728 wie 1755 im Pfarrarchiv vorliegende Nachricht von einer Mess- und Armenstiftung aus den damaligen Familien Bröker und Gronemeyer dienen.

a) Landbesitz, Besitzänderungen zwischen 1586 und 1685

Konkrete Angaben zu Tätigkeiten der Vördener Einwohner liegen aus den ersten Jahrhunderten der Stadtgeschichte leider nicht vor. Eine erste Abschätzung ermöglicht aber eine Aufzählung aller Vördener Hausinhaber mit der Zuord-

nung ihres Landbesitzes aus dem Jahre 1586.[81] Von den 85 genannten Hausbesitzern haben 68 auch Landbesitz. 70 Jahre später, im Jahre 1656, also acht Jahre
nach dem Ende des Dreißigjährigen Krieges, weist die Steuerliste dieses Jahres
nur noch 59 Landbesitzer aus. Laut der nächsten Steuerliste von 1672 hatte hingegen wieder fast jedes der 85 Häuser in Vörden Landbesitz[82]. Dieser reichte
im Jahre 1586 von 1 Gart (1/4 Morgen) bis 56 Morgen, 1656 von 2,5 Morgen
bis 85 Morgen, 1672 von 1/8 Morgen bis 85 Morgen, 1685 von ½ bis 88 Morgen.
Der Spitzenbesitz von 85 bzw. 88 Morgen gehörte 1656 wie 1672 und 1685 zu
demselben Hof (Jörgen bzw. Anton Sagel). Die folgende Aufstellung zeigt die
Besitzverteilung in den genannten Jahren.

Größe des Land-besitzes in Morgen	Anzahl der Besitzer 1586	Anzahl der Besitzer 1656	Anzahl der Besitzer 1672	Anzahl der Besitzer 1685
Bis 5	13	6	28	24
> 5 bis 10	9	8	13	14
> 10 bis 15	8	10	14	13
> 15 bis 20	4	10	8	9
> 20 bis 25	6	9	5	3
> 25 bis 30	6	3	4	6
> 30 bis 35	2	5	3	2
> 35 bis 40	6	-	-	3
> 40 bis 45	5	2	3	-
> 45 bis 50	7	-	1	1
> 50 bis 55	1	1	2	1
> 55 bis 60	1	2	1	-
> 60 bis 65	-	2	-	1
> 65 bis 70	-	-	1	-
> 70 bis 75	-	-	-	1
> 75 bis 80	-	-	-	-
> 80 bis 85	-	1	1	-
> 85 bis 90	-	-	-	1
Gesamtzahl der Landbesitzer	68	59	84	81
Häuser ohne Landbesitz	17	?	1(?)	4(?)

Nach Ausweis der Steuerlisten waren rund 1300 Morgen Land der Vördener
Feldmark in bürgerlichem Besitz. Wie bereits weiter oben berechnet, entfielen

damit rein rechnerisch auf jedes der 85 Häuser = Haushalte gut 15 Morgen Land. Unter der Annahme, dass die Erträge der Feldmark in einer reinen Ackerbürgerstadt ausreichen mussten, um alle Einwohner des Ortes zu ernähren, muss man demnach 15 Morgen Land als hinreichende Ernährungsbasis einer durchschnittlichen Familie von 5-6 Personen ansehen. Zwar lag aufgrund der Dreifelderwirtschaft immer ein Drittel der Fläche brach, mussten von den Ernteerträgen die Abgaben geleistet werden und auch der Bodenertrag war nach heutigen Verhältnissen bescheiden. Demgegenüber ist jedoch zu berücksichtigen, dass der Bestand an Milch- und Schlachtvieh eher gering war, dieses überwiegend auf dem Brachland und in den Wäldern gehütet wurde und mit der dominierenden Ernährung durch Getreidebrei und Brot der größtmögliche Ernährungsnutzen aus dem Getreide gezogen wurde. Gemüse lieferte vor allem die intensive Bewirtschaftung von Gärten. Bei größerem Landbesitz erforderte allerdings die Haltung von Pferden als Zugtiere zusätzlichen Anbau von Hafer.

Aufgrund dieser Überlegung kann davon ausgegangen werden, dass ein Landbesitz ab 20 Morgen eine weitgehend problemlose Ernährung einer Familie allein durch Erträge der Landwirtschaft ermöglichte. Somit hätten in Vörden im Jahre 1586 dann 34 Familien üblicherweise ohne Ernährungsengpässe allein von der Landwirtschaft leben können. Für 12 Familien mit 10 bis 20 Morgen Besitz kann angenommen werden, dass diese sich davon notfalls bis zufriedenstellend ernähren konnten. Für weitere rund 20 Familien mit einem Besitz unter 10 Morgen war aber eine zusätzliche Einnahmequelle je nach Familiengröße weitgehend unumgänglich. Sie dürfte vor allem im handwerklichen Bereich gelegen haben. Die restlichen 17 Familien ohne eigenen Landbesitz können mit wenigen Ausnahmen – etwa des Küsters oder vielleicht besonders tüchtiger Handwerker – als tendenziell arm angesehen werden. Sie dürften neben handwerklicher Tätigkeit auf die Beschäftigung als Tagelöhner oder notfalls auf Almosen angewiesen gewesen sein.

1656 hatten nur noch 25 Familien mehr als 20 Morgen Besitz, 20 Familien besaßen 10 bis 20 Morgen und 14 weniger. Da die Gesamtzahl der Hausbesitzer nicht angegeben ist, kann nicht ausgeschlossen werden, dass bei weiterhin 85 Häusern (wie 1586) weitere 26 Familien keinerlei Landbesitz hatten und entsprechend für ihren Lebensunterhalt ausschließlich auf handwerkliche Arbeit, auf Tagelohn oder Mildtätigkeit anderer angewiesen waren. Falls das so wäre und die Aufstellung nicht etwa die ganz geringen Landbesitzflächen unberücksichtigt lässt, könnte sich darin eine durch den Dreißigjährigen Krieg eingetretene Verarmungstendenz zeigen. Möglich ist aber auch, dass durch den Krieg eine Verminderung der Einwohnerzahl und damit der bewohnten Häuser eingetreten ist. Darauf könnte auch die oben zitierte Notiz hindeuten, wonach 1656 etwa 50 Morgen „in Busch und Brock (Bruch)" lagen und seit 30 Jahren nicht bebaut wurden.

1672 war der Grundbesitz dann deutlich breiter gestreut als bei den vorhergegangenen Erhebungen, wobei aber besonders die Anzahl der Kleinbesitzer stark angestiegen war. 63 Hausbesitzer hatten jetzt maximal 20 Morgen Landbesitz, 41 davon besaßen nur bis zu 10 Morgen, die meisten sogar nur wenige Morgen oder gar Gart. Dementsprechend wiesen nur noch 21 Häuser einen Grundbesitz über 20 Morgen aus, die nach der obigen Annahme als problemlos ausreichende Lebensbasis gelten konnten. 1685 entsprach die Verteilung des Grundbesitzes weitgehend der von 1672. Die danach folgenden Steuerlisten weisen nur noch die zu leistenden Zahlungen aus, wobei darin auch die Bodenqualität eingeht. Deshalb sind keine den obigen vergleichbaren Analysen mehr möglich.

Die allgemein erkennbare Tendenz zur kleineren Stückelung des Landbesitzes wird man auf stärkere Erbteilungen zurückführen können. Diese wurden insbesondere durch höhere Verkaufserlöse für Getreide und durch mehr Viehhaltung ermöglicht. Dadurch konnten vor allem Bauern mit größerem Besitz mehr Einkommen erzielen und bei der Vererbung mehrere Kinder berücksichtigen. Während beispielsweise der Preis eines Malters Roggen (ca. 160 kg) um das Jahr 1400 bei 8 Schilling lag, war er um 1550 bereits auf 16 Schilling gestiegen.[83] Notzeiten wie im Dreißigjährige Krieg (1618 – 48) trieben die Preise weiter hoch. Dass durch Viehhaltung ein höheres Einkommen zu erzielen war, zeigt sich in der oben zitierten Aufstellung aus dem Jahre 1586 darin, dass die Vördener zu der Zeit für einen Morgen Ackerland jeweils 1 Spint Roggen (ca. 6,5 kg) und Hafer (ca. 4 kg) Heuer zu zahlen hatten, hingegen für einen Morgen Kamp oder Wiese, die zur Viehhaltung dienten, das Doppelte. Auch nach dem oben wiedergegebenen Ansatz zur Aufbringung der Landessteuer waren in Vörden für einen Morgen besten Ackerlandes 6 Pfennig als Grundschatz zu zahlen, für einen Morgen Wiesenwuchs zur Heuerzeugung aber 8 Pfennig. Selbst ein „trockener Graskamp" wurde wie das beste Ackerland mit 6 Pfennig pro Morgen besteuert.

b) Landbesitz im 18. Jahrhundert

Im Jahre 1729 benannte der damalige Vördener Pfarrer, Pater Leander Bruns, sieben „Colonis" (Bauern, Meier), die aufgrund ihres Besitzes mehr Abgaben an den Küster leisteten als die anderen 60 Landbesitzer, die er zusammenfassend als Halbmeier und Kötter bezeichnete. Erhöhte Abgaben erfolgten an der Pohlstraße von den Höfen des Conrad Meyer (heute Klahold) und Fritz Bosen (auf dem jetzigen Gartengrundstück zwischen Kreilos / Fenstermacher und Kluge gelegen), an der Marktstraße von Caspar Hölting (Schlepppersches Colonat, etwa auf dem heutigen Hausgrundstück Multhaup /Büngener gelegen) und Johann Hölting (vorher Meyer, genannt Wachtmess, früheres Fachwerkhaus Rode, heute Parkplatz), an der Niederstraße von Martin Hölting (Storks), Johann Dirkes (damals genannt Mertens, dann Güldenbeck, jetzt Familie Lange) und Heinrich Pohls (an der Stelle links des Fachwerkhauses Niederstraße 13, früher im Besitz der Familie Bobbert, davor Schröder).[84] Über die Größe des Grundbesitzes wird 1729 nichts berichtet. Aus der Steuerliste von 1685 lassen sich für die 1729 genannten sieben Höfe die 1685 vorliegenden Größen ermitteln:

Besitzer 1729	Besitzer 1685	Größe 1685
Conrad Meyer	Johann Simons	48 Morgen
Fritz Bosen	Heinrich Gronemeyer	25 Morgen
Caspar Hölting	Heinrich Wigandt	67 Morgen
Johann Hölting	Johann Meyer	14 Morgen
Martin Hölting	Johann Hölting	45 Morgen
Johann Dirkes	Jörgen Dirkes	53 Morgen
Heinrich Pohls	Franz Pohl	62 Morgen.

In der Tendenz waren also die 1729 größten Höfe auch schon 1685 gut mit Land ausgestattet. Ausnahmen bilden nur die Höfe von Fritz Bosen und Johann Hölting, die aber in der Zwischenzeit den Besitz vermehrt haben könnten.
Eine weitere Quelle für die Verteilung des Grundbesitzes ist das „Lagerbuch des Bisthums Paderborn" aus dem Jahre 1787. Es weist für die Stadt Vörden 13 Vollmeier, 19 Halbmeier, 12 Viertelmeier und 24 Brinksitzer aus, ohne dass im Einzelnen die Grenzen zwischen den Kategorien vom Landbesitz her genau festgelegt sind.[85] Die Zuordnung erfolgte vor allem über die Anzahl und Art der Zugtiere. Ein Vollmeier hatte in der Regel mindestens drei Pferde. Brinksitzer sind im ursprünglichen Sinne Neuansiedler am Rand eines Hofes oder Dorfes, der Begriff meint hier aber Personen mit geringem Landbesitz und ohne Zugtiere, die deshalb auf die Beackerung durch Bauern angewiesen und dafür diesen zur Hilfe verpflichtet waren.

c) Handwerker, Handwerkerzünfte

Als Handwerker können aus jener Zeit vor allem die Personen gelten, die im Kirchenbuch als „Meister" betitelt werden, zum Beispiel „Meister Hermann Schmidt" († 1688). Allerdings wird daraus nicht ihre spezielle handwerkliche Tätigkeit erkennbar. Der erste konkret benannte Handwerker ist im Jahre 1660 ein Gerhard Meyer, der als Taufpate eingetragen und mit der lateinischen Bezeichnung „Faber" als Schmied ausgewiesen ist. 1692 wird ein Müller (Molitor) der Familie von Haxthausen als Pate angeführt. Der in der Stadtrechnung für 1705/6 genannte Cord Weber war Zimmermann bzw. Tischler, was damals kein großer Unterschied war. Er wohnte auf dem rückwärtigen Teil des heutigen Hausgrundstücks Ohagen im Dunklen Ort. Dieser Beruf wurde von seinen Nachkommen über viele Generationen bis ca. 1950 ausgeübt.[86]
In größeren Städten kam es im 13. und 14. Jahrhundert zum Zusammenschluss gleicher Handwerker zu Zünften, die auch als Gilden, Gaffeln oder im Paderborner Bereich als Ämter bezeichnet wurden. Für Vörden ist ein solcher Zu-

sammenschluss erstmals für das Jahr 1605 belegt, und zwar als Gründung des Braueramtes. Dieses wird aufgrund seiner Bedeutung im Beitrag „Brau- Brennstätten und Gasthäuser im alten Vörden" gesondert behandelt.

Als weitere Zunft hat in Vörden ein Schusteramt bestanden. Über seine Gründung ist jedoch nichts bekannt. Im Jahre 1785 ersuchten die Mitglieder des Vördener Schusteramtes den Paderborner Bischof Friedrich Wilhelm von Westphalen um die Bestätigung ihrer Privilegien, wie sie ihnen von seinen Vorgängern gewährt worden seien. Der Bischof bestätigte dann auch mit Datum vom 22. Oktober 1785 die aus 17 Artikeln bestehende Ordnung.[87]

Im ersten Artikel werden die eheliche oder wenigstens legitimierte (wohl durch nachträgliche Ehe) Herkunft und eine untadelige Lebensführung gefordert. Der zweite Artikel legt die Aufnahmegebühr von sechs Reichstalern fest, die halb an das Amt und halb nach Steinheim an den bischöflichen Rentmeister gehen sollen. Die weiteren Artikel regeln vor allem das Verhalten der Zunftmitglieder untereinander. Im Artikel 6 wird die Lehrzeit auf zwei Jahre festgelegt und das dem Meister zu zahlende Lehrgeld auf 12 Reichstaler. Andere Artikel regeln die Mitgliedschaft bei der Heirat von Kindern der Zunftbrüder oder bei Verweigerung der Annahme von Funktionen in der Zunft. Artikel 11 legt fest, dass in der Stadt Vörden nur Mitglieder der Schusterzunft Schuhe machen und verkaufen dürfen. Bei Streit zwischen den Zunftmitgliedern soll zunächst in Güte eine Schlichtung versucht werden. Wenn es nicht gelingt, sollen die Streitenden jeweils einen Reichstaler Strafe zahlen. Dann soll der Fall an die „höhere Obrigkeit" verwiesen werden, also an den Richter und das Jahrgericht. Bei Strafe von zwei Reichstalern sollen sich die Amtsbrüder bei ihren Zusammenkünften des Fluchens und Schwörens enthalten. Der jüngste Amtsbruder soll bei den Zusammenkünften eine dienende Funktion übernehmen. Bei der Aufhebung des Schusteramtes 1809 zählte es 11 Mitglieder.[88]

Es ist anzunehmen, dass in Vörden auch für andere Berufe Zünfte bestanden haben. Jedenfalls dürfte die Beurteilung des preußischen Kriegs- und Domänenrates von Pestel nicht ganz richtig sein, wenn er 1803 über Vörden urteilt, dass der Ort „ganz ohne alle andere Gewerbe als dem Ackerbau und dem Ertrage von der Viehzucht" sei.[89] Auch die von ihm selbst erwähnten 21 Vördener Juden aus fünf Familien sprechen dagegen, denn ihnen war die landwirtschaftliche und handwerkliche Tätigkeit bis auf das koschere Schlachten und das Backen der von der Religion vorgeschriebenen ungesäuerten Brote verboten, so dass sie sich auf den Handel als Erwerbsquelle verlegten.

11. Das Ende als bischöfliche Stadt

Die 1324 begonnene Geschichte Vördens als bischöfliche Stadt ging im Jahre 1802 zu Ende, als der Paderborner Bischof wie alle anderen Bischöfe in Deutschland seine Funktion als Landesherr verlor und sich auf seine geistlichen Aufgaben beschränken musste. Diese Entwicklung war eine Folge der französischen Revolution von 1789, als ausgehend vom Sturm der Bürger auf die Bastille, das große Pariser Gefängnis, die bisherigen Herrschaftsformen gestürzt wurden. Andere europäischen Mächte versuchten noch durch militärische Interventionen die alte Ordnung wieder herzustellen, doch mussten deren Truppen vor dem mit Begeisterung kämpfenden französischen Revolutionsheer den Rückzug antreten. Im Frieden von Lunéville 1801 erhielt das siegreiche Frankreich die linksrheinischen deutschen Gebiete zugesprochen. Die deutschen Fürsten, die dort Besitz hatten, sollten mit der Übernahme der kirchlichen Fürstentümer und anderem kirchlichen Besitzes entschädigt werden. Am 25. Februar 1803 beschloss dann der deutsche Reichtag in Regensburg auch förmlich die Umsetzung des Vertrages (Reichsdeputationshauptschluss). Schon im Vorgriff darauf hatten preußische Truppen im August 1802 das Paderborner Land besetzt.

Es ist nicht bekannt, wann die ersten preußischen Soldaten nach Vörden kamen. Dem Bemühen der preußischen Verwaltung, das neu hinzu gewonnene Gebiet für die Aktenlegung zu erfassen, verdanken wir aber einige Angaben über Vörden.[90] Danach hatte Vörden im Jahre 1803 83 Häuser mit 495 Einwohnern. Von der Stadtbefestigung waren die Tore noch erhalten. Sie dürften allerdings schon bald nach 1803 abgerissen worden sein, denn es findet sich keine weitere Nachricht darüber. Die Bewohner ernährten sich hauptsächlich von Ackerbau und Viehzucht. Das Handwerk war nur schwach ausgeprägt. Die Vördener Feldmark umfasste 1219 Morgen Ackerland, 152 Morgen Wiesenwachs und 73 Morgen Waldung. Offenbar war damit aber der Besitz der Familie von Haxthausen nicht erfasst, denn die genannte Fläche ist annähernd gleich groß wie die im Jahre 1672 als steuerpflichtig ausgewiesene (s. o.). Aus den nur 73 Morgen Wald ist zu schließen, dass der stadteigene Hungerberg, der heute etwa 300 Morgen umfasst, 1803 deutlich weniger bewaldet war. Tatsächlich kam es dort erst in der zweiten Hälfte des 19. Jahrhunderts zu größeren Aufforstungen, besonders auf der Nordseite.

Im Jahr 1803 ging auch die Geschichte der zweiten Institution zu Ende, mit der Vörden als Stadt von Beginn an eng verbunden war, nämlich die des Klosters Marienmünster. Es wurde mit Verwaltungsakt vom 31.3.1803 aufgelöst.

Anmerkungen

1   Informationen zu den vorstehenden Ausführungen sind insbesondere folgenden Veröffentlichungen entnommen: a) Schoppmeyer, H.: Der Bischof von Paderborn und seine Städte. Witten 1968. b) Derselbe: Geschichte des Hochstifts Paderborn und des Paderborner Landes. In: Drewes, J. (Hrsg.): Das Hochstift Paderborn. Portrait einer Region. Paderborn 1997. c) Kindl, H.: Die Städte des alten Hochstifts Paderborn. Sonderdruck aus dem Geschäftsbericht 1967 der Volksbank Paderborn.

2   Dazu besonders Schoppmeyer, H.: Die Entstehung der Landstände im Hochstift Paderborn. In: Westfälische Zeitschrift, 136 Jg. 1986, S. 249-310.

3   Angaben entnommen bei Kindl, H., wie bei Anmerkung 1 c), S. 24.

4 StA Münster, Msc VII 4509 fol 124 ff.

5 Neuenheerse galt als Weichbild.

6 Wie Neuenheerse, Anmerkung 5.

7 Die Informationen zu diesem Absatz finden sich in der Quelle StA Münster, Fürstbistum Paderborn, Kanzlei, Akten, Nr. 379, S. 54 – 71 (zu 1705).

8 StA Münster, Fürstbistum Paderborn, Kanzlei, Akten, Nr. 494.

9 Angaben zum 19. Jahrhundert bei Werpup, J: Kollerbeck – Aus der frühen Geschichte eines ost-westfälischen Dorfes mit einem Auszug aus dem Kirchenbuch Marienmünster. Bad Bedekersa 2004, S. 408. Die Schätzungen für die Zeit um 1600 finden sich bei Lienen, B. H. / Rüthing, H.: Bauern und Landwirtschaft im Paderborner und Corveyer Land 1350-1600. Heimatkundliche Schriftenreihe der Volksbank Paderborn, 12/1981, S. 23.

10 1582, als Bredenborn aus der Pfandschaft der Haxthausen wieder an den Bischof überging, schrieb der Bischof nämlich, dass er und seine Nachkommen „haben und behalten sollen und wollen unser Haus und Stättlein Bredenborn, sambt den Leuten, Häusern und Dorf Silwart-sen". StA Münster, Fürstbistum Paderborn, Kanzlei, Akten, Nr. 308 zu 1582.

11 StA Münster, KDK Münster, Fach 2 Nr. 6 Bl. 55, 9. April 1805, ferner: StA Detmold, Regierung Minden I L Nr. 101, Bl. 31 ff. Bericht des landrätlichen Kommissars für den Kreis Brakel vom 3. Februar 1817. Zur Thematik insgesamt: Keinemann, Fr.: Das Hochstift Paderborn am Ausgang des 18. Jahrhunderts. Verfassung, Verwaltung, Gerichtsbarkeit und soziale Welt, 3 Bände, Bochum 1996.

12 StA Münster, SpOK Paderborn, Nr. 19 u. 21.

13 Eine solche Beschränkung galt beispielsweise für das 1652 von Corveyer Abt zum Flecken erhobene Fürstenau, wo auf den jährlich drei Märkten Wolle, Leinen und Seide sowie Bier, Wein und Branntwein gehandelt werden durften. Pfarrarchiv Fürstenau, hier zitiert nach Leesch, W. / Schubert, P. / Segin, W.: Heimatchronik des Kreises Paderborn. Köln 1970, S. 170.

14 Wie Anmerkung 7, S. 9.

15 Bericht bei Schoppmeyer, wie Anmerkung 1, S. 82 ff.

16 Ebd. S. 124 ff.

17 StdA Marienmünster, Vördener Bürgerbuch ab anno 1678. Das Bürgerbuch wurde von der umgekehrten Seite zwischen 1847 und 1856 als „Zehnt Geld Hebe Register" geführt.

18 Hohmann, F. G.: Das Hochstift Paderborn – ein Ständestaat. Heimatkundliche Reihe der Volksbank Paderborn, Heft 6/1975, S. 24.

19 Vgl. Keyser, E.: Deutsches Städtebuch III Nordwest-Deutschland, 2: Westfälisches Städtebuch. Stuttgart 1954, S. 355.

20 StA Münster, Fürstbistum Paderborn, Kanzlei, Nr. 379.

21 Zu den Kämpfen vgl. Decker, R.: Raubritter im Paderborner und Corveyer Land. Heimatkundliche Schriftenreihe 37/2006 der Volksbank Paderborn-Höxter.

22 Die Informationen zu diesem Kapitel sind – soweit nicht anders ausgewiesen – der in Anmerkung 7 angegebenen Quelle entnommen.

23 Ausführlicher bei Schoppmeyer, wie Anmerkung 1 a), S. 112 ff.

24 Zitiert nach einem Manuskript von Christoph Völker „Das Braueramt" im Nachlass Völker im BiA Paderborn, S. 9. Leider gibt Völker die Quelle nicht an.

25 StA Münster, Fürstbistum Paderborn, Geheimer Rat, Akten Nr. 1792, Bl. 1-4.

26 StA Münster, Kriegs- und Domänenkammer Minden, Nr. 4090.

27 Wie Anmerkung 7.

28 Es ist nicht erkennbar, warum dieser Betrag um 8 Rtl, 29 Mgr und 1 Pf über den eigentlichen Steueransatz von 660 Rtl (s. weiter oben im Text) hinausgeht. Möglicherweise bestand noch ein Zahlungsrückstand.

29 Die Schützengesellschaft wird in einem eigenen Beitrag ausführlicher behandelt.

30 Die Angaben über Borgholz finden sich bei Krus, H.-D.: 700 Jahre Borgholz 1291-1991. Geschichte einer Landstadt im Hochstift Paderborn. Borgentreich 1990, S. 121.

31 Weinkauf heißt normalerweise die Abgabe, die bei Übernahme eines Hauses oder Hofes an den Landesherrn zu zahlen war. Hier wird der Begriff offenbar im Sinne von Trinkgeld verstanden.

32 S. Karte bei Schoppmeyer, wie Anmerkung 1a), S. 69.

33 StdA Marienmünster, Vördener Bürgerbuch ab anno 1678. Eine Abschrift findet sich auch im StA Münster, Domkapitel Paderborn, Akten, 1677, Nr. 19, S. 64f.

34 Für Höxter war die Landwehr etwa 19 km lang und bestand meist aus zwei parallelen Gräben mit einem Wall dazwischen. Sie war im Sinne eines Knicks mit Hainbuchen und Dornengewächsen bepflanzt. Dazu: Rüthing, H.: Höxter um 1500. Analyse einer Stadtgesellschaft. Paderborn, 2. Aufl. 1986, S. 51-56.

35 StA Münster, Fürstentum Paderborn, Urkunden, Nr. 2373. In der Urkunde wird in Ergänzung des Vertrages zur erblichen Übergabe der Burg Vörden an die Familie von Haxthausen die Lage der zehn Hufen Land beschrieben, welche die von Haxthausen dazu bekommen.

36 Wie Anmerkung 7, S. 2/3 (Jahr 1549).

37 Unterlagen im StdA Marienmünster A 100 im Rahmen des Schriftverkehrs zur Führung eines Wappens für Bredenborn und Vörden in den 20er Jahren des vorigen Jahrhunderts. Dort auch das abgebildete Siegel.

38 Meyer, E. (Hrsg.): Wappenbuch der westfälischen Gemeinden. Münster 1940, S. 89. Weitere Beschreibungen und Abbildungen u. a. in: Bratvogel, F.: Der Kreis Höxter. Kreis- und Stadt-Handbücher des Westfälischen Heimatbundes. Regensburg u. Münster1952, S. 92. Drewes, J. (Hrsg.): Das Hochstift Paderborn., wie Anmerkung 1b, S. 46.

39 Wie Anmerkung 7, S. 2/3 (zu 1549).

40 StA Münster, Fürstbistum Paderborn, Kanzlei, Akten, Nr. 417.

41 StdA Brakel A 1058

42 Eine Vollmast war in der Regel nur alle 5-7 Jahre möglich, wenn Eichen und Buchen besonders viele Früchte trugen.

43 Hier dürfte es sich um eine Bekräftigung der Polizeigewalt in der ursprünglichen Tradition der Gogerichte handeln.

44 Drei Schreiben des Reichskammergerichts befinden sich im StdA Marienmünster, A Nr. 866. Der gesamte Vorgang ist im StA Münster, Reichskammergericht V335 und 336 enthalten. Die Klageschrift findet sich unter V 335, S. 108. Bei den Daten ist darauf zu achten, ob sie nach neuem oder altem Kalender bestimmt sind.

45 StA Münster, Reichskammergericht V 335, S. 41

46 Ebd. S. 8-12 und 36 – 41. Die Daten wurden der Vergleichbarkeit halber auf den neuen Kalender umgestellt.

47 Ebd. S. 65 (Klageschrift), 66-68 (Stellungnahme des Anwalts der Gebrüder von Haxthausen).

48 Ebd. S. 7.

49 Wie Anmerkung 7, S. 26 – 29 (1562)

50 Wie Anmerkung 7, S. 31 – 32 (1631).

51 Wie Anmerkung 7, S. 74 – 75 (1701).

52 Wie Anmerkung 1 a), S. 182.

53 StdA Marienmünster, A 866.

54 Die Informationen zu diesem Konflikt sind enthalten in: Völker, Chr.: Eine Episode aus der Vördener Stadtgeschichte. In: Völker, Chr.(Hrsg.): Heimatbuch des Kreises Höxter, Paderborn 1925, S. 74-80. Quelle: StA Münster, Fürstbistum Paderborn, Geheimer Rat, Akten, Nr. 714. Einen Teil des Zehnten hatte das Kloster bereits seit 1339 inne. S. dazu im Beitrag „Burgvögte, Burgmänner, Pfandinhaber" in diesem Band.

55 Alle im Folgenden zitierten Schreiben befinden sich im PfA Vörden.

56 Wie Anmerkung 54.

57 BiA Paderborn, XIV, a1, Visitationsbericht zum Jahr 1658, S. 282.

58 Ebd. zu 1653.

[59] Ebd. zu 1666.

[60] StA Münster, Fürstabtei Corvey, Akten, Nr. 791

[61] Ebd.

[62] Multhaupt, H. Die Hexe von A. Ein Schicksal aus dem Paderborner Land. Höxter 2004

[63] Eine solche Verzögerung ist z. B. für Lippspringe zu vermuten, wo die bereits 1346 erwähnten Pläne zum Stadtausbau erst rund 40 Jahre später umgesetzt wurden. Vgl. Hagemann, W.: Vom Dorf zur Stadt. Festschrift zum 550. Jahrestag der Stadtrechtsverleihung Ostern 1995, Bad Lippspringe 1995, S. 11.

[64] Pöppel, D.: Das Benediktiner-Kloster Marienmünster. Paderborn , o. J., S. 29.

[65] Ebd. S. 30.

[66] Stegmann, R.: Die Grafschaft Lippe im 30-jährigen Krieg. In: Lippische Mitteilungen, 1905, S. 50. Stegmann bezieht sich auf eine Schilderung des damaligen Schwalenberger Amtmanns.

[67] Wie Anmerkung 57

[68] Näheres dazu im Artikel „Brau- Brennstätten und Gasthäuser im alten Vörden".

[69] Schrader, Fr. X.: Nachrichten über Vörden im Kreise Höxter. In: Westfälische Zeitschrift für Altertumskunde, 69. Jahrgang 1911, S. 367. Ferner auch Kindl, H.: Der „Tolle Christian" im Hochstift Paderborn. Heimatkundliche Schriftenreihe 3/1972 der Volksbank Paderborn.

[70] Eine entsprechende Argumentation findet sich im Vördener Bürgerbuch, wie Anmerkung 17.

[71] Ebd.

[72] Lotze, K.: Nieheim im Siebenjährigen Kriege. In: Völker, Chr. (Hrsg.): Heimatbuch des Kreises Höxter, Bd. I. Paderborn 1925, S. 70-73.

[73] Knackstedt, W. (Hrsg.): Das Diarium des Abtes Heinrich Schröder - Dronemann von Marienmünster 1503-1548. Münster 1992. Im Nachlass von Völker (BiA Paderborn, Bestand Vörden) finden sich handbeschriebene, kleinformatige und offenbar alte Blätter, die Abschriften oder sogar Originalseiten des Tagebuchs sein könnten.

[74] Ebd.

[75] Alle Angaben hierzu nach Völker, Chr.: Der Mönchehof in Vörden. In: Heimatborn, Beilage zum Westfälischen Volksblatt, 15. Jahrg. Paderborn 1935, Teil I, Nr. 5, S. 18/19.

[76] StA Münster, Fürstbistum Paderborn, Geheimer Rat Nr. 2141, Anschaffung von Feuerspritzen.

[77] Wie Anmerkung 76, Nr. 2142.

[78] Ebd.

[79] Ebd.

[80] Ebd.

[81] StA Münster, Domkapitel Paderborn, Akten, Nr. 54.80, S. 3-6.

[82] Die Steuerlisten von 1656 und 1672 finden sich unter StA Münster, Fürstbistum Paderborn, Kanzlei, Nr. 494.

[83] Angaben entnommen aus einer Tabelle bei Lienen, B. H. / Rüthing, H., wie in Anmerkung 9, S. 26.

[84] Zuordnung der Wohnstätten nach einer Notiz im Nachlass Völker, BiA Paderborn, Bestand Vörden.

[85] Lagerbuch des Bisthums Paderborn. In: Magazin für die neue Historie und Geographie, angelegt von D. Anton Friedrich Büsching. Ein und zwanzigster Theil. Halle 1787, S. 111.

[86] Ausführliche Darstellung der Familiengeschichte Weber im Artikel zu bürgerlichen Familien in diesem Band.

[87] Die Ordnung des Schusteramtes befindet sich im PfA Vörden.

[88] Ebd.

[89] StA Münster, Spezialorganisationskommission (SpOK) Nr. 190.

[90] Hier zitiert nach Keyser, wie Anmerkung 19, S. 355/56.

Wilhelm Hagemann
unter Mitwirkung von
Karin Föckel, Hildegard Hecker und Ursula Simon

Kirche und religiöses Leben

Stärker als jede andere Institution hat über Jahrhunderte hinweg die Religion das Leben in Stadt und Land bestimmt. Tagesabläufe wurden durch die Kirchenuhr und den Ruf der Glocken geregelt. Der Verlauf des Jahres erhielt durch die zahlreichen christlichen Feste seine Struktur. Geburt, Hochzeit, und Tod waren religiös definierte Ereignisse im individuellen Lebenslauf. Sie schlugen sich dann in Vörden ab 1658 auch in den Kirchenbüchern nieder und wurden so der Nachwelt überliefert. Die Kirche mit dem sie umgebenden Friedhof war Orientierungs- und Zielpunkt im Tages-, Jahres- und Lebenslauf.
Im stets dominant katholisch geprägten Vörden konnten gelegentlich hier wohnende evangelische Christen keine örtliche religiöse Tradition begründen. Ausgeprägter war diese hingegen bei den ab 1704 nachweisbaren jüdischen Bewohnern, die auch von der Anzahl her bedeutsamer waren. Beide Gruppen werden unter Punkt 8 gesondert berücksichtigt.

1. Die Baugestalt der Kirche

a) Die Form der ersten Vördener Kirche(n)

Wenn im Bereich des Hasengartens bereits um 850 eine Kirche / Kapelle errichtet worden ist (Näheres s. unter „Zu den Anfängen der Siedlung Vörden"), wird sie – wie nahezu alle Kirchen dieser Zeit – aus Holz erbaut gewesen sein. Diese Kirchen waren von der Form her einschiffig, rechteckig und wiesen eine gerade Holzbalkendecke auf. Man bezeichnet sie aufgrund dieser Form als Saalkirchen. Die dann im Zuge des Stadtausbaus spätestens 1324 neu errichtete Kirche stand bereits auf dem jetzigen Platz. Von dieser Kirche ist der Unterbau des Turmes bis zum Dachansatz erhalten.[1] Die Kirche wurde 1576 gründlich renoviert (s. u.). Wahrscheinlich hatte der Bau von 1324 im Wesentlichen die Zwischenzeit von gut 250 Jahren ohne große Veränderungen überdauert. Über die Form dieser Kirche liegen keine Informationen vor. Man wird aber davon ausgehen können, dass die Grundstruktur durch die Renovierung von 1576 nicht verändert wurde. Insofern lässt sich aus der Beschreibung der dann 1899 abgebrochenen Kirche auf die Form des Baues von 1324 rückschließen. Die Beschreibung der Kirche wird unten unter d) wiedergegeben.

b) Die Renovierung 1576

Im Jahre 1576 ist die Kirche von 1324 einer durchgreifenden Renovierung unterzogen worden, wie die beiden steinernen Schrifttafeln über dem Turmeingang ausweisen (Abb. 58). Der lateinische Text, der zur Abkürzung vielfache
Auslassungen aufweist, lautet:

DEO VGINI MARIA PATRO

REI PUBL VORDENSI SUB D LAU

RET ABBA PASTORE HERMAN

HOPENBR SATRAPE HAXTHAUS CONS

CONRAD KINEN ADISIB GODEF DE

BACH ET PET DIETRICHS HOC TEM

PLU RENOVATUM 1576

Nicht wiedergegeben sind hier einige ergänzende und schmückende Zeichen, so
waagerechte Striche über einzelnen Buchstaben, die ein nachfolgendes N oder
M anzeigen. In diesem Falle ist der fehlende Buchstabe eingesetzt worden. Bei
der Ergänzung der ausgelassenen Wortteile bestehen zum Teil unterschiedliche
Möglichkeiten, die auch Konsequenzen für das genaue Textverständnis haben.
Am wahrscheinlichsten erscheint die folgende Ergänzung der fehlenden Teile
in Klammern:

DEO (ET) V(IR)GINI MARIA(E) PATRO(NAE)

REI PUBL(ICAE) VORDENSI(S) SUB D(OMINO) LAU-

RE(N)T(IO) ABBA(TE) PASTORE HERMAN(O)

HOPENB(E)R(G) SATRAPE HAXTHAUS(EN) CONS(ULE)

CONRAD(O) KINEN AD (MIN)IS(TR)IB(US) GODEF(REDO) DE

BACH (ET) PET(RO) DIETRICHS HOC TEM-

PLU(M) RENOVATUM (EST) 1576

In möglichst wörtlicher Übersetzung und mit gleichem Zeilenwechsel lautet
der Text:

Gott und der Jungfrau Maria, Patronin
der Stadtgemeinde Vörden, ist unter Herrn Lau-
rentius, Abt, dem Pastor Hermann
Hoppenberg, dem Drosten Haxthausen, dem Bürgermeister
Conrad Kienen, den Beiständen Gottfried von
Bach und Peter Dietrichs dieses Gottes-
haus renoviert worden 1576.

In flüssigerer Satzstellung und mit gebräuchlicheren Begriffen kann man lesen:

*Abb. 58   Die steinernen Schrifttafeln über dem Turmeingang der Vördener Kirche
(Aufnahme aus dem Jahre 2005)*

*Zur Ehre Gottes und der Jungfrau Maria, der Patronin der Stadtgemeinde
Vörden, ist dieses Gotteshaus unter dem Herrn Abt Laurentius, dem Pastor
Hermann Hoppenberg, dem Drosten Haxthausen, dem Bürgermeister
Conrad Kienen, den Ratsherren(?) Gottfried von Bach und Peter
Dietrichs renoviert worden 1576.*

Eine andere Ergänzungs- und Übersetzungsmöglichkeiten ergibt sich dadurch,
dass die gegebene Form REI PUBL VORDENSI, die oben als Genitiv verstanden,
ergänzt und übersetzt wurde, auch als Dativ REI PUBL(ICAE) VORDENSI gelesen
werden kann. Dann würde der Textanfang frei übersetzt lauten: „*Zur Ehre Gottes und der Jungfrau Maria, der Patronin, und zum Nutzen der Stadtgemeinde
Vörden ist dieses Gotteshaus......*" Gegen diese Übersetzung spricht allerdings,
dass dann Gott, die Jungfrau Maria und die Stadtgemeinde Vörden hintereinander jeweils im Dativ stünden, die Stadtgemeinde Vörden damit also sprachlich quasi auf einer Ebene mit Gott und der Jungfrau Maria genannt würde.
Bei den zunächst als „Beistände" und in der zweiten Übersetzung als „Ratsherren" bezeichneten Gottfried von Bach und Peter Dietrichs könnte auch eine

Funktion als Templierer (Kirchenvorstand) erwogen werden, zumal für die spätere Zeit (1644) die Anzahl von zwei Templierern für Vörden nachweisbar ist.[2] Letztlich muss also die genaue Funktion der beiden Personen ungeklärt bleiben. Der genannte Pastor Hoppenberg ist ansonsten nicht bekannt. Der erwähnte Abt Laurentius, genannt „von Dülken", stand dem Kloster seit 1572 vor. Er starb am 30. September 1676, so dass fraglich ist, ob er den Abschluss der Renovierung erlebt hat.[3] Der damalige Drost auf der Burg war Elmerhaus von Haxthausen.

Bei dem Text überrascht, dass die Stadtgemeinde Vörden nicht als Träger der Baumaßnahme angeführt wird. Um das auszudrücken, müsste der Begriff „Res Publica" (wörtlich: öffentliche Sache) im Ablativ (= 5. Fall im Lateinischen) stehen und die Textstelle dementsprechend „Re publica Vordense" lauten. Eine solche Textergänzung ist aber aufgrund der Textvorgabe nicht möglich.

Die Ausführung der beiden Tafeln mit jeweils geschlossenem Rand lässt vermuten, dass diese zunächst wie Seiten eines Buches nebeneinander angebracht waren. Darauf deutet auch der Schutzrahmen hin, der nur die obere Tafel umfasst. Wahrscheinlich hatte vorher jede Tafel einen eigenen Rahmen, der sie vor dem an der Turmwand herabfließenden Schlagregen schützte. Als die Tafeln dann später untereinander gesetzt wurden, ließ man den zweiten Schutzrahmen weg. Die Umsetzung könnte 1738 geschehen sein, als der Turm den jetzigen barocken Helm erhielt oder auch später bei Aufbringung oder Ausbesserung des Putzes am Turmgemäuer im 19. Jahrhundert. Auch beim Kirchenneubau 1899-1901 könnten die Tafeln die jetzige Anordnung erhalten haben, weil man auch damals Putzarbeiten am Turm vornahm, deren Notwendigkeit die Abbildung 62 erkennen lässt.

Der Text der Tafeln gibt keinen direkten Hinweis auf die Art und den Umfang der Bauarbeiten von 1576. Man kann jedoch schon aufgrund der mit erhabenen Buchstaben recht aufwändig gestalteten Schrift durchgreifende Maßnahmen und entsprechende Kosten vermuten. Diese werden dann auch in einem bald danach abgefassten Schreiben von Bürgermeister und Rat an den Bischof deutlich, in dem um die Erlaubnis zur Einrichtung von jährlich ein oder zwei Märkten zwecks Erhöhung der städtischen Einnahmen nachgesucht wird. In der Begründung heißt es, man habe sich mit der Verbesserung dieses Fleckens, *„insunderheit mit dero Kerken Gebeute* (Gebäude) *ganz und ghar verbloßet"* (verausgabt).[4] An Bauarbeiten wird zumindest die Erneuerung der hölzernen Decken der ersten Kirche wie auch des Dachgebälks mit dem Dach nach 250 Jahren notwendig gewesen sein. Vielleicht mussten aber auch Mauern neu aufgeführt werden. Eine Vergrößerung gegenüber dem ursprünglichen Bau von 1324 ist demgegenüber wohl kaum anzunehmen, denn die Bevölkerung konnte innerhalb der durch die Stadtmauern gesetzten Grenzen nicht wesentlich angestiegen sein. Das Kirchweihfest für diese Kirche wurde alljährlich am Sonntag nach Mariae Geburt (8. September) gefeiert.[5]

c) Weitere Veränderungen

Eine weitere auffällige Veränderung erfuhr die Kirche im Jahre 1738, wie die als Zahlen gestalteten Mauerklammern am Turm ausweisen. In diesem Jahr wurde das bisherige einfache Satteldach des Turmes durch eine schlank gestaltete, achtseitige Barockhaube mit Schieferbedeckung ersetzt. Sie erhöhte den Turm deutlich auf nunmehr 28 m. Dieser bestimmt seitdem die Silhouette Vördens.

60 Jahre später, im Jahre 1798, muss der Zustand der Kirche mit ihrer Umgebung äußerst schlecht gewesen sein. Nach Paderborn wurde berichtet, dass der Kirchturm durchregne und die Kirchhofsmauer in einem so elendigen Zustand sei, „daß allerhand Vieh ohne den geringsten Widerstand" auf dem Kirchhof „weiden und wühlen" könne.[6] Über erfolgte Reparaturen gibt es keine Informationen. Auch schon gut 100 Jahre früher war die Friedhofsmauer ruinös gewesen, denn bei seiner Visitation am 27. September 1684 mahnte der Paderborner Generalvikar unter Strafe eine Reparatur an.[7]

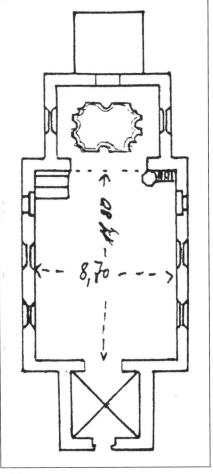

Abb. 59
Grundriss der Vördener Kirche bis 1899

Eine äußere Umgestaltung erfuhr die Kirche im Jahre 1819 durch den Anbau einer Sakristei vor den Chorraum. Bis dahin hatte wohl der Raum hinter dem Hochaltar als Sakristei gedient. Die Bauleitung hatte der damalige Kaplan Raffenberg. Damit stellte sich die Kirche dann im Grundriss so dar, wie sie die obige Abbildung aus dem Pfarrarchiv zeigt.

d) Zustandsbeschreibung 1897

Wie bereits angesprochen, dürfte die bis 1899 vorhandene Kirche bis auf die Sakristei in ihren Maßen und in der Ausführung weitgehend dem ursprünglichen Bau von 1324 entsprochen haben. In einem bauamtlichen Bericht aus dem Jahre 1897 wird sie folgendermaßen beschrieben:[8]

Abb. 60   Die alte Kirche, Ansicht von Norden (Marktstraße) 1899

1. Zur Größe der Kirche
Das Schiff hat eine lichte Breite von 8,70 m, eine Länge von 11,70 und eine
Höhe von 5,62 m; an das Schiff schließt sich ein gerade geschlossener Chor
von 7,00 m lichter Breite, 5,74 m Länge und 6,38 m Höhe an. Der Turm, der
sich an der Westseite der Kirche befindet, besitzt eine lichte Weite von 3,10
x 3,10 m.

2. Das Mauerwerk, Fenster, Türen, Decke und Dach
Das Mauerwerk besteht aus Kalkbruchstein; die Giebelwand über dem
Chor besteht aus Fachwerk; letztere befindet sich nicht mehr im Lot; nur
notdürftig ist nachträglich eine Verankerung am Dachstuhl angebracht wor-
den. Schiff und Chor haben gewellerte Balkendecken; im Schiff ist diese
glatt verputzt, im Chor hat sie einfache Stuckumrahmung. Die Tür- und
Fensteröffnungen sind rundbogig geschlossen und werden außen durch einen
Birnstab, der unten in gotisierten Basen endigt, umrahmt. Eine Freitreppe
am Turm führt zur Empore.

3. Ausstattung der Kirche
Das Kirchenschiff bietet Platz für 232 Personen; dabei ist zu sagen, daß die Zwischenräume zwischen den Bänken nur 0,70 m betragen; für schlanke Personen ist die Benutzung mit Unbequemlichkeit verbunden, von beleibten Personen können die Bänke nicht benutzt werden. Im Chor stehen neben dem Hochaltar von 1612 noch zwei Beicht- und zwei Chorstühle. Zwei Seiteneingänge, die sich an der Nord- und der Südwand des Schiffes nahe des Chores befanden, sind in späterer Zeit zugemauert worden, um mehr Platz für den Nebenaltar und die Kanzel zu schaffen.

Abb. 61
Die alte Kirche von Süden (Niedernstraße) 1890. Am Turm ist rechts neben den Maueröffnungen eine offenbar im Mauerwerk verankerte Leiter unbekannter Funktion zu erkennen.

Insgesamt hatte das Vördener Gotteshaus von der baulichen Gestaltung her den Charakter einer einfachen Dorfkirche. Im Vergleich zu Kirchen in anderen Paderborner Städten dieser Größenordnung wies die Kirche in Vörden beispielsweise keine Gewölbe auf. Solche aufwändigen Gestaltungen wurden in anderen Orten vielfach durch länger ansässige Burgmannsfamilien wohl durchaus in einem gewissen Wettbewerb miteinander finanziert, wie beispielsweise die Gewölbeschlusssteine der Kirche in Lichtenau mit den Wappen unterschiedlicher Burgmannsfamilien vermuten lassen. In Vörden schenkten Angehörige der Familie von Haxthausen als Inhaber der Burg allerdings etliche Stücke der inneren Ausstattung der Kirche (s. u.).

e) Eine mutwillige Beschädigung

Für das Jahr 1826 meldet das Pfarrarchiv eine seltsame Begebenheit:

„Am Grünen Donnerstag dem 23. März 1826 mittags gegen 11 und 12 Uhr wurde der Knopf auf dem Kirchturm vom Herrn Verwalter Tillepapen vom Hochadeligen Hause Vörden mit Kugeln 3 mal durchschossen. Für diesen derselbe 30 Rth. – schreibe 30 Reichsthaler – zahlen mußte und für die dazu gebrauchte Büchse, welche demselben von Herrn Bürgermeister Multhaup

mit Hilfe des Heinrich Elsing, Diederich Stamm und Franz Hermann Meyer abgenommen worden 2 Rth. 18 Mgr."

Die Strafe war offenbar so hoch, dass sie mehr als nur die Kosten für die Reparatur des Schadens einschließlich der erneuten Feuervergoldung der Turmkugel abdeckte. So blieben noch einige Reichstaler übrig, die in den Verputz und Anstrich von Kirche und Turm im selben Jahr einflossen.

f) Der Kirchenneubau 1899-1901

Der schlechte Bauzustand der Kirche führte nach jahrelangen Verhandlungen mit der königlichen Regierung in Minden schließlich 1899 zur Ermöglichung eines Neubaues. Für die Gottesdienste in der Bauzeit wurde an der Südseite ein aus Holz gezimmerter Verschlag als Notkirche errichtet. Die politische Gemeinde übernahm die Kosten von 1000 Mark. Die alte Kirche wurde – bis auf den Turm – gänzlich abgerissen. Die neuen Mauern des Hauptschiffes entstanden auf der Linie der alten, jedoch wurde das Dach steiler gestaltet als vorher. Die angestrebte Vergrößerung der Kirche erreichte man durch das neu vorgesetzte Querschiff. Im Hauptschiff orientierten sich auch die Fenster und Seiteneingänge in Größe und Lage an dem Vorgängerbau. Nach der Vorgabe durch den preußischen Fiskus sollten die alten Mauern des Hauptschiffes sogar erhalten bleiben. Sie waren nach der Darstellung von Pastor Tewes noch aus Lehm aufgeführt (wahrscheinlich mit Lehm gemauert), schief und vom Untergrund her nass. Pastor Tewes erhielt deshalb von der Bauleitung die Erlaubnis, die Mauern auf eigene Kosten abzureißen und neu zu errichten. Durch einen großen Arbeitseinsatz der Vördener und durch ein hohes Spendenaufkommen wurde die Bewältigung der Aufgabe möglich. Die politische Gemeinde ließ auf ihre Kosten die benötigten Steine aus dem Bruch im Hungerberg heranfahren. Die Spendengelder machten zudem noch eine Vergrößerung des Chores gegenüber den Plänen des Fiskus möglich und auch eine farbige Gestaltung der Fenster.
Durch das jetzt steilere Dach des Hauptschiffes erhöhte sich der Dachfirst, so dass das östliche Turmfenster nun gänzlich verdeckt ist. Die übrigen Turmfenster wurden seitlich und nach oben vergrößert. Der Zugang zur Orgelbühne erfolgt seitdem über eine Wendeltreppe in einem neu errichteten Treppenturm, während vorher eine gerade, offene Holztreppe seitwärts am Kirchturm nach oben führte.
Die Einweihung der Kirche wurde am 12. Oktober 1901 durch Dechant Goebel aus Steinheim vorgenommen. Die bischöfliche Konsekration fand dann aber erst am 21. Juni 1906 durch Bischof Dr. Wilhelm Schneider statt, als er zur Spendung der Firmung in Vörden war. Die Gesamtkosten des Baues betrugen für den Staat 35.000 Mark. Die von der politischen Gemeinde geleisteten Hand- und Spanndienste hatten einen Wert von 5.646 Mark. Von der Gesamtsumme entfielen 33.000 Mark auf das Kirchengebäude, das vom Maurermeister Schä-

fers aus Nieheim ausgeführt wurde, und 7.646 Mark auf die Innenausstattung (u.a. Verglasung der Fenster, Orgelrenovierung, Altarumbau, Plattierung des Chores). Gut 3.000 Mark private Spenden konnten für eine bessere Ausstattung wie z.B. farbige Fenster verwendet werden. Diese Spenden kamen zum großen Teil von gebürtigen Vördenern, die jetzt auswärts wohnten.

Im Laufe der nächsten Jahrzehnte kamen einige Ergänzungen des Kirchenbaues hinzu, durch die er die heutige Gestalt erhielt. Zu nennen sind hier vor allem der Anbau des Windfangs vor der nördlichen Seitentür (1930) und der Anbau der Taufkapelle zwischen Turm und Hauptschiff (1931). Bereits 1921 war an der Wand ein Ehrenmal für die Kriegstoten der

Abb. 62
Der Kirchenneubau, Stand Sommer 1900

Gemeinde aus dem Ersten Weltkrieg angebracht worden, das nach dem Zweiten Weltkrieg mit entsprechenden Namenstafeln der Gefallenen und Vermissten erweitert wurde.

g) Reparatur des Turmdaches und der Kirchenuhr

Im Jahre 1922 lösten sich bei einem Sturm zahlreiche Schieferplatten an der Westseite des Turmdaches. Deshalb wurden die drei Seiten an der Westseite des achteckigen Helms erneuert. Die Dachdecker waren der Ansicht, dass dieses die erste Reparatur seit der Erbauung des Daches im Jahre 1738 sei. Der Schiefer hatte somit 184 Jahre gehalten, wie Vikar Völker in der Pfarrchronik vermerkte. Die anderen Seiten wurden dann im Jahre 1928 erneuert. Dabei wurde auch die Turmkugel geöffnet. Sie enthielt Glasscherben und Papierstaub. Wahrscheinlich war bei der Reparatur 1826 (s. o.) ein Glasgefäß mit einer Nachricht eingelegt worden, aber später zu Bruch gegangen, möglicherweise durch einen Blitzschlag. Es wurde dann in einer verlöteten Kapsel eine lateinisch gehaltene Nachricht eingelegt, die besagt, dass 1928 durch den Fiskus eine umfassende Reparatur durchgeführt wurde, als Dr. Caspar Klein Erzbischof von Paderborn, Joseph Behre Pastor in Vörden und Johann Ohagen Bürgermeister war. Die Nachricht schließt mit dem Ersuchen um ein fürbittendes Gebet und der Datierung auf den 14. September 1928. Neben dieser Nachricht enthält die Kapsel noch einige damals gültige Münzen.

Abb. 63
Die Mariengrotte an der Südseite
der Kirche im Jahre 1930

Weitere größere Reparaturen des Schieferdaches wurden dann den Jahren 1936 und zuletzt 1980/81 durchgeführt. Eigentlich sollte bei dieser letzten Reparatur nur die schief gewordene Turmspitze erneuert werden. Dazu wurde unter Nutzung der neuen Möglichkeiten der gesamte Turm eingerüstet und eine Plattform um die Turmspitze gelegt. Man stellte dann aber gravierende Schäden an den das Dach tragenden eichenen Sparren fest, die wahrscheinlich noch aus dem Erbauungsjahr 1738 stammten. Deshalb musste die gesamte Konstruktion erneuert und der Turm dann neu beschiefert werden. Wegen der zunächst zu klärenden Kosten- und Übernahmefragen stand der Turm nahezu ein Jahr lang eingerüstet.

Es ist nicht bekannt, wann der Vördener Kirchturm mit einer Uhr ausgestattet wurde. Nachweisbar ist eine solche erstmals anhand der an anderer Stelle besprochenen Stadtrechnung zu 1705/6, wonach der Küster zwei Reichstaler für das Stellen der Uhr bekam. Bis 1935 hatte die Uhr nur zwei Ziffernblätter, nämlich nach Osten und Westen, wie die obigen Abb. 60 - 62 ausweisen. Zu den anderen Seiten waren aber runde Öffnungen, so dass nicht feststeht, ob hier ursprünglich auch Ziffernblätter waren. Im genannten Jahr erfolgte eine Reparatur der Uhr, nachdem sie jahrelang still gestanden hatte und zuletzt auch das Schlagwerk ausgefallen war. Bei dieser Gelegenheit wurde dann an allen Seiten ein Ziffernblatt angebracht. Als Material wählte man Kupfer mit vergoldeten Zeigern und Ziffern, so dass die Zeit jetzt gut abgelesen werden konnte. Zudem wurde die Uhr mit einem automatischen elektrischen Aufzug versehen, so dass das mühsame Aufziehen durch den Küster wegfiel.

h) Weitere bauliche Ergänzungen

1928 wurden unter Pastor Behre vor den südlichen Seiteneingang zwei hintereinander liegende Grotten gesetzt, die nur vom Kircheninneren aus erreichbar waren. Damit war der südliche Seiteneingang entfallen. In der ersten Grotte zeigte eine Plastik den Leichnam Christi im Schoße seiner Mutter (Pieta) und in der hinteren Grotte befand sich eine Skulptur des betenden Jesus am Ölberg. Als die Kirche 1929 eine zentrale Warmluftheizung erhielt, wurde ebenfalls an der Südseite ein Heizungskeller angelegt. Den Erdaushub nutzte man zur Errichtung einer hoch aufragenden, mit Steinen ausgekleideten Außengrotte. Die Jungfrauenkongreation stiftete dazu eine Muttergottesstatue (Abb. 63). Die gesamte Grottenanlage wurde 1970 beseitigt. Stattdessen fand die Marienstatue im Sandsteinrahmen der ehemaligen südlichen Seitentür einen neuen Platz, wo sie durch ein Dach vor den Witterungseinflüssen geschützt ist. Ein vorgesetzter Tisch aus Sandstein unterstreicht den Eindruck eines kleinen Altares.

i) Die Unterhaltspflicht für die Kirche

Die Unterhaltspflicht für die Vördener Kirche liegt seit der Auflösung des Klosters Marienmünster im Jahre 1803 hauptsächlich beim Staat. Mit der Übernahme des Klostervermögens hatte der preußische Staat auch dessen Verpflichtungen als Kirchherr in Vörden zu übernehmen, zumal auch die 120 Morgen Land, die seit 1324 zur Vördener Kirche gehörten, damals mit dem Klostervermögen eingezogen wurden. Der Vördener Rat argumentierte zwar mit Unterstützung des letzten Abtes Benedikt Braun, das Land sei an die örtliche Kirche gebunden gewesen und nicht in Klostereigentum übergegangen, aber den Bemühungen war kein Erfolg beschieden.[9]

Zunächst scheint man aber in Vörden die neue Lage noch nicht verstanden zu haben. So zahlte die politische Gemeinde weiterhin die anfallenden Reparaturen am Kirchengebäude. Erst ein im Jahre 1866 gegen den preußischen Staat geführter Prozess wegen Übernahme von Reparatur- und anderer Baukosten für die Kirche stellte die Pflicht des Staates eindeutig fest: Alles, was 1803 zur Kirche gehörte, muss der Staat erhalten, wobei allerdings die Kirchengemeinde auch die eigenen Einkünfte mit einbringen und die politische Gemeinde Hand- und Spanndienste leisten muss. Im folgenden Jahr 1867 zahlte dann zwar die politische Gemeinde zunächst noch die durch Blitzschlag am Turm verursachten Reparaturkosten, reichte dann aber die Rechnung mit Erfolg beim Staat ein. Bei den folgenden notwendigen Reparaturen verweigerte die politische Gemeinde sogar die Zwischenfinanzierung. Die Kirchengemeinde hatte nun direkt an den Staat heranzutreten. Hier manifestiert sich deutlich die inzwischen eingetretene Situation der weitgehenden Trennung von Kirche und politischer Gemeinde.

Nach dem Ende des Königreichs Preußen im Jahre 1918 trat dann zunächst das Land Preußen in die Verpflichtung ein. Nach dessen Auflösung im Jahre 1945 übernahm ab 1946 das Land Nordrhein-Westfalen die Baulasten. In der Praxis ist allerdings die konkrete Abgrenzung zwischen notwendigen Unterhaltungsmaßnahmen und gewünschten Verbesserungen oder Verschönerungen häufig schwierig.

2. Die Ausstattung des Kirchengebäudes

a) Die Glocken

Für eine Kirche waren gerade in früheren Zeiten Glocken unverzichtbar, als es in den Häusern noch keine Uhren gab. Ohne das Signal der Glocken wäre ein gemeinsamer Gottesdienst kaum denkbar gewesen. Man wird deshalb davon ausgehen können, dass schon die erste Kirche in Vörden mindestens eine Glocke besessen hat. Die erste schriftliche Erwähnung von Glocken findet sich aber erst zum Jahre 1639, als anlässlich eines Brandes auch die Glocken im jetzigen Kirchturm vernichtet wurden (Näheres im Beitrag „Vörden als bischöfliche Stadt"). Wahrscheinlich konnten neue Glocken aufgrund des Dreißigjährigen Krieges erst im Jahre 1645 angeschafft werden. Aus diesem Jahr stammte jedenfalls die Marienglocke, die 1878 barst. Sie war zu dieser Zeit die kleinste der drei Glocken. Ihre ursprüngliche Inschrift ist nicht bekannt. Nachdem sie in Brilon neu gegossen worden war, kam sie wieder an ihren alten Platz. Ihre Inschrift lautete jetzt:

AD DEI GLORIAM ET IN HONOREM
B. MARIAE VIRGINIS ET S. JOHANNIS BABTISTAE
A. D. 1878
TEMPORE D. HENRICI FUNKE
Zu Gottes Verherrlichung und zur Ehre
der seligen Jungfrau Maria und des heiligen Johannes des Täufers
im Jahre des Herrn 1878
zur Zeit des Herrn Heinrich Funke

Heinrich Funke war der damalige Vördener Pastor (s. u.). Unter der Schrift befand sich ein Kruzifix mit Totenkopf und einer Blattverzierung. Auf der Rückseite war die Gießerei und der Herkunftsort angegeben:

EX OFFICINIS HENRICI HUMPERT, BRILONENSIS
Aus der Werkstatt des Heinrich Humpert, Brilon

Zwei Jahre nach dem Neuguss der Marienglocke sprang dann auch die große Glocke, die Liboriusglocke aus dem Jahre 1800. Sie trug neben der Widmung an St. Liborius die Aufschrift:

ICH LÄUTE ZUM GEBET WIE AUCH DEN LEICHEN.
ZU HÖREN GOTTES WORT LADE DIE ARMEN UND DIE REICHEN.

Auch sie wurde neu gegossen und tat dann weiter ihren Dienst. Aus dem Jahre 1800 stammte ebenfalls die mittlere Glocke, die Kiliansglocke. Sie trug die Aufschrift:

LOBET GOTT IM HOHEN THRON
UND UNSERN GROSSEN SCHUTZPATRON.
KASPAR GREVE GOSS MICH IM JAHR
ALS ANTON BÖGER BÜRGERMEISTER
UND JÜRGEN POTTHAST CAMERARIUS WAR.

Auf der Rückseite zeigte die Glocke ein Kruzifix und darunter das alte Vördener Stadtsiegel mit dem hl. Kilian in der Mitte und der Umschrift CIVITAS DE VORDE (Stadt Vörden). Nach der Ausführung von Vikar Völker in der Pfarrchronik zum Jahre 1917 war Kaspar Greve ein wandernder Glockengießer. Zum Ort des Glockengusses berichtet Völker von zwei Versionen. Nach der einen soll die Glocke in einer Lehmgrube bei Nieheim gegossen worden sein, nach der anderen direkt an der Vördener Kirche.

Im Jahre 1917 mussten die große und die mittlere Glocke abgegeben werden, weil Bronze zur Waffenproduktion benötigt wurde. Man hätte zwar die mittlere Glocke als älteste behalten können, doch hatte diese einen recht unreinen Klang, so dass sie nicht als Basis für die spätere Anschaffung eines neuen Geläuts dienen konnte. Ein Versuch, die größte Glocke zu behalten, scheiterte.

1923 wurden zwei neue Glocken angeschafft, nachdem der Staat 1000 kg Bronze bewilligt hatte. Die größere, die Liborius-Glocke, hatte einen Umfang von 3,04 m und eine Höhe von 0,81 m. Der Ton war g'. Die Glocke trug die Aufschrift:

IN HONOREM S. LIBORI.
QUAS BELLUM CITO RAPUERAT DUAS MAJORES.
PAX BELLO DIVIOR AEGRE RESTITUIT.
AD 1923
Zu Ehren des hl. Liborius.
Zwei Vorgänger raubte schnell der Krieg.
Mühsam stellt der Friede wieder her, was der Krieg zerstörte.
Im Jahre des Herrn 1923

Die zweite Glocke maß vom Umfang her 2,95 m und von der Höhe 0,75. Sie hatte den Ton b'. Ihre Aufschrift lautete:

IN HONOREM S. KILIANI.
ANNOS SESCENTOS KILIANE, PATRONUS FUISTI,
SEMPER FIDET IN TE CIVITAS VORDENSIS.
AD 1923
Zu Ehren des hl. Kilian.
600 Jahre lang, oh Kilian, bist du unser Patron gewesen,
stets wird auf dich vertrauen die Gemeinde Vörden.
Im Jahre des Herrn 1923

Abb. 64
Glockenweihe am 16. 12. 1951

Da der Klang der neuen Glocken nicht recht zu dem der Marienglocke passte und diese auch durch den noch an einem Lederstreifen statt in einem Scharnier aufgehängten Klöppel zu leise war, wurde sie im Jahre 1925 auf den Ton c" umgegossen. Die Kosten entnahm man aus dem Überschuss der 600-Jahrfeier der Stadt Vörden im vorhergehenden Jahr.

Im Jahre 1942 waren dann erneut die beiden großen Glocken für Kriegszwecke abzugeben. Bis zu deren Neuanschaffung im Jahre 1951 schlug die Turmuhr die Viertelstunden auf einer alten Sauerstoffflasche und die vollen Stunden auf der Marienglocke, deren Material immerhin noch aus dem Jahre 1645 stammt. Die beiden neuen Glocken, die erstmals zum Weihnachtsfest 1951 läuteten, blieben in Größe und Gewicht in der Dimension der Vorgänger, weil man die alten hölzernen Glockenstühle weiter benutzen wollte. Die größte Glocke mit einem Gewicht von gut 600 kg und dem Ton g' wurde auf den Namen des hl. Kilian geweiht. Sie trägt die Aufschrift:

S. KILIAN VORBILD UND PATRON
BITT FÜR UNS AN GOTTES THRON.
1951

Die zweite Glocke mit einem Gewicht von gut rund 400 kg und dem Ton b' stellt – wie schon die Vorgängerin – mit ihrer Aufschrift den Zeitzusammenhang her:

ICH BIN ZERSCHLAGEN IN KRIEGESNOT
RUF' NEU ERSTANDEN: VERTRAU AUF GOTT.

Nachdem das Geläut mit drei Glocken wieder vollständig war, ließen ältere Vördener zum Weihnachtsfest 1951 auch den Brauch des „Beierns" wieder aufleben. Dabei werden die Glocken nicht frei schwingend geläutet, sondern gezielt mit dem Klöppel angeschlagen, wie es bis heute in britischen Kirchen

geschieht. In Vörden war folgende Anschlagserie üblich, der man einen plattdeutschen Text unterlegte:

Kleine Glocke: (c")	c c		c c		c c			c c	
Mittlere Glocke: (b')		b		b		b			b
Große Glocke: (g')							g		
	Ki li- an	Ki li- an	toit de	Büx - en	iut un	an.
	(Kilian,	Kilian,	zieht die Hose		aus und an.)

Bis zum Jahre 1935, als man ein elektrisches Läutwerk anschaffte, wurden die
Glocken mit Muskelkraft über herabhängende Seile in Bewegung gesetzt. Davon zeugen noch die drei Löcher im Turmgewölbe.

b) Die Orgel

Seit wann eine Orgel zur Ausstattung der Vördener Kirche gehört ist unbekannt. Da aber im Kloster Marienmünster stets viel Wert auf eine gute Orgel
gelegt wurde, kann man das auch für die dem Kloster unterstellten Pfarreien
annehmen. Eine erste Nachricht liegt für Vörden aus dem Jahre 1678 vor. In
diesem Jahr legte Hans Heinrich Hillebrandt seinen Bürgereid ab, wobei er als
„Küster und Organiste“ bezeichnet wird.[10] 1696 vermachte der damalige Pfandinhaber der Burg, Georg von Niehausen, der Vördener Küsterstelle jährlich
4 Scheffel Roggen und 4 Scheffel Gerste mit der Verpflichtung, an allen Sams-
tagen und allen Marienfesten abends die lauretanische Litanei zu singen *„mit
dar zwischen gehender Orgell“*.[11] Von einem Neubau der Orgel berichtet das
Pfarrarchiv für das Jahr 1854/55, wobei aber die alten Pfeifen wieder verwendet
wurden. Über deren Alter ist nichts bekannt. 1902 wurde die aus der alten Kirche in den Neubau übernommene Orgel durch den Orgelbaumeister Döhre aus
Steinheim umgebaut. 1914 war sie aber bereits wieder in einem solch schlechten
Zustand, dass eine Renovierung notwendig war. Wiederum wurden aus Kostengründen alte Pfeifen beibehalten, die man lieber ersetzt hätte. Im Ersten
Weltkrieg mussten dann die großen Orgelpfeifen abgeliefert werden, weil sie
einen hohen Zinnanteil aufwiesen. Die nach dem Krieg wieder hergestellte Orgel erhielt 1931 einen ungewöhnlichen Platz auf dem Kirchenboden über dem
rechten Seitenschiff, um auf der „Orgelbühne“ oder „Mannsbühne“ mehr Sitz-
plätze zu schaffen. Die Orgel kam dann Anfang der 50er Jahre auf den alten
Platz zurück. Die jetzige Orgel stammt aus dem Jahr 1990.

c) Der Hochaltar

Der insgesamt bescheidenen Größe und baulichen Qualität der Vördener
Kirche dürfte auch der ursprüngliche Altar entsprochen haben. Der kunstge-
schichtlich hochrangige jetzige Hauptaltar wurde im Auftrag des Gottschalk

von Haxthausen gefertigt. Dieser hat aber die Fertigstellung im Jahre 1612 nicht mehr erlebt, da er bereits am 11. Juni 1610 selig in Gott entschlafen ist, wie die Inschrift am Altar beiderseits des Tabernakel ausweist. Gottschalk wurde in der Kirche zu Dringenberg begraben, wo er Landdrost war. Der figurenreiche, aus hellem Baumberger Sandstein bestehende Altar im Stil der Spätrenaissance wurde, wie heute allgemein anerkannt wird, vom Bildhauer Adam Stenelt in Osnabrück geschaffen.[12] Der steinerne Unterbau (Stipes) als Altartisch mit der Frontplatte ebenfalls aus Baumberger Sandstein wie auch der Tabernakel kamen jedoch erst mit der Wiederaufstellung des Altares nach dem Kirchenneubau 1901 aus der Werkstatt des Anton Mormann in Wiedenbrück hinzu. Die neuen Teile nehmen die Formen der Renaissance auf. Vorher bestanden beide aus Holz. Schon 1895 waren aus der Familie von Haxthausen 1000 Mark für einen Ersatz des hölzernen Altartisches gestiftet worden. Man wollte damit aber bis zum Bau der bereits geplanten neuen Kirche warten.[13]

Zur Zeit der Herstellung des Altares zu Anfang des 17. Jahrhunderts war es noch weitgehend üblich, die konsekrierten Hostien und die zur Messfeier notwendigen Gefäße in einem gesondert vom Altar stehenden Sakramentshäuschen oder in einer Mauernische aufzubewahren. Bei der bischöflichen Visitation im Jahre 1656 sowie auch bei vorhergehenden Visitationen durch Beauftragte des Bischofs wird jedoch zu der Vördener Kirche immer wieder gesagt, dass der Tabernakel auf dem Altar stand. Bischof Dietrich Adolph von der Reck forderte jedoch bei seinem Besuch 1656, diesen Tabernakel mit einem eisernen Gitter zu versehen, um so den Mäusen den Zutritt zu verwehren.[14] Kirchenmäuse, die ja sprichwörtlich arm sein sollen, hat es also wohl in der Vördener Kirche gegeben.

Ein neuer hölzerner Tabernakel auf dem Altar war offenbar 1681 oder 1682 mit Unterstützung des Paderborner Generalvikars Laurentius von Dript angeschafft worden, der dafür 10 Reichstaler stiftete.[15] An seine Stelle trat 1886 ein Tabernakel aus Eichenholz, wie Pfarrer Tewes 1894 vermerkte.[16] Der dann von Anton Mormann in Wiedenbrück 1901 gefertigte Tabernakel aus Sandstein erhielt eine Metalltür ebenfalls nach dem Entwurf von Mormann. Sie wurde von einem Düsseldorfer Goldschmied gefertigt.

Der Altar weist fünf figurenreiche Bildtafeln mit Szenen aus dem Leben Jesu auf, neben der Geburtsszene vier Szenen aus der Leidensgeschichte. In der Mitte über dem Tabernakel befindet sich die Darstellung des Abendmahls, 87 cm hoch und 58 cm breit. Rechts davon ist die Kreuztragung und links die Kreuzigung dargestellt. Diese Darstellungen sind jeweils 68 cm hoch und 36 cm breit. Zwischen der mittleren Szene und den äußeren Darstellungen tragen jeweils zwei Säulen einen Baldachin. Darunter stehen jetzt Statuen der Apostel Petrus und Paulus. Diese wurden aber erst mit der Renovierung 1901 ebenfalls von Anton Mormann angefertigt und ersetzten zwei Bischofsstatuen aus Gips, die wahrscheinlich die Heiligen Kilian und Liborius als Nebenpatrone der Kirche darstellten. Sie sind auf der ältesten Fotografie des Altares aus dem Jahre 1899 noch zu sehen. Es ist möglich, dass diese anstelle zu Bruch gegangener steinerner Ursprungsfiguren

Abb. 65
Der Vördener Hochaltar im Zustand
von 1899. Es fehlen einige 1901 ergänzte
Bekrönungen und Figuren.

Abb. 66
Der Hochaltar mit den Veränderungen
aus dem Jahre 1901 nach der Restaurierung 2004.

angefertigt wurden. Darüber liegen aber keine Informationen vor. Über der
Abendmahlsszene zeigt ein 58 cm hohes und 44 cm breites Relief die Geißelung
Christi. Darüber befindet sich eine besonders interessante, kreisrunde Darstellung der Geburt von Bethlehem mit einem Durchmesser von 35 cm. Als Bekrö-
nung trägt der Altar eine ca. 60 cm hohe Statue der Gottesmutter im Strahlenkranz und mit dem Jesuskind auf dem Arm. Rechts und links der Geburtsszene
findet sich jeweils die Statue eines Bischofs. Sie wurden von Mormann nach den
teilweise zerstörten Originalen neu geschaffen. Zwei weibliche Heilige, darunter
die heilige Katharina standen auf den Konsolen seitwärts oberhalb der Geiße-
lungs- und Kreuztragszene. Sie waren ebenfalls nur noch in Bruchstücken vorhanden und wurden von Mormann auch neu gefertigt. Die beiden Figuren sind
aber heute nicht mehr vorhanden. Ihr Verbleib ist ungeklärt.
Der Altar war für den Neubau der Kirche zerlegt und nach Wiedenbrück zur
Restaurierung transportiert worden. Für die Herstellung des Altartisches, des
Tabernakels und der genannten sechs Figuren erhielt Mormann 3 559,50 Mark.
Bei der Zerlegung des Altares fand sich unter dem Altartisch eine Bleikapsel als
Reliquienbehälter. Dabei lag ein Blatt mit den Angaben zur Altarweihe vom
12. Juli 1633 durch den damaligen Weihbischof Pelking. Wie bereits an ande-

Abb. 67
Der wertvolle Renaissance-Taufstein
aus dem Jahre 1615

rer Stelle angemerkt, heißt es zum Inhalt der Kapsel lediglich, dass sie Reliquien unterschiedlicher Heiliger enthalte. Genaueres war offenbar nicht bekannt. Bei der Neukonsekration des Altares durch Bischof Dr. Schneider 1906 wurde die Kapsel wieder eingebettet. Es kamen aber auch Reliquien der heiligen Adelar und Eoban hinzu, deren Schrein sich im Erfurter Dom befindet. Wie die Reliquien nach Vörden kamen, ist nicht bekannt. Im Jahre 2004 wurde der Hochaltar auf schonende Weise durch die Fa. Hellbrügge aus Ascheberg bei Münster gereinigt. Fehlende Teile wurden ersetzt und Schäden beseitigt. Dabei stellte man eine ursprünglich farbige Bemalung des Steins fest. Als Farben waren Rot, Grün und Blau sowie Gold in größerem Umfang verwendet worden. Das sind die Farben, die auch bei anderen Werken von Stenelt festgestellt wurden, so an einem Grabmal im Mindener Dom.[17]

d) Der Taufstein

Neben dem Hochaltar ist der Taufstein von 1615 eine zweite qualitätsvolle Arbeit aus der Renaissancezeit. Er ist 1,05 Meter hoch und hat 0.61 Meter Durchmesser. Der achteckige, im Aufbau pokalförmig gestaltete Taufstein zeigt Reliefs der vier Evangelisten. Sie wirken besonders plastisch, weil die Figuren sich jeweils auf einer Kante des Achtecks befinden. Die übrigen vier Kanten sind mit Karyatiden (Menschen in der Funktion als Säulen) besetzt. Seltsamerweise liegen keinerlei Herkunftsinformationen zum Taufstein vor. Dem Augenschein nach stammt er aber aus einer anderen Werkstatt als der Hochaltar. Man könnte an die des Heinrich Groninger (1578-1631) in Paderborn denken, dem früher auch der Hochaltar zugeschrieben wurde.

e) Der Kreuzaltar

Das von seiner Entstehungszeit her älteste sakrale Ausstattungsteil der Vördener Kirche ist der gotische Kreuzkorpus im rechten Querschiff, der wohl aus dem 14./15. Jahrhundert stammt. Er kam aber erst im Jahre 1834 nach Vörden, und zwar durch den Tischler Friedrich Weber, der im hinteren Teil des heutigen Hauses Ohagen, Dunkler Ort 7 wohnte.[18] Nach einer Notiz von Pfarrer Schulte (1901-1926) im Pfarrarchiv hat Friedrich Weber den Korpus, der eine Höhe von zwei Metern aufweist, von Verwandten aus Stahle bekommen, die ihn ihrerseits in Höxter erworben hätten.[19] Er soll ursprünglich zur Ausstattung der gotischen Kirche des Minoritenklosters (jetzt Marienkirche) in Höxter gehört haben. Die fehlenden Arme wurden von Friedrich Weber und seinem Sohn Johann ergänzt, die auch Kreuzbalken anfertigten. Das Kreuz bekam dann an der nördlichen Außenseite der Kirche seinen Platz, wo sich die Elterngräber des Friedrich Weber befanden. Dort ist es auf Fotos der alten Kirche noch zu sehen. Unter dem Kreuz befand sich eine Inschrift: „Errichtet von Friedrich Weber und Anna Maria Oberdick den 5. Juni 1834." Im Zuge des Kirchenneubaus 1899-1901 schenkte deren Enkel Heinrich Weber das Kreuz der Vördener Kirche für die Errichtung eines Kreuzaltares.[20] Die mit der Restaurierung des Hochaltars beauftragte Firma Mormann aus Wiedenbrück fertigte die Arme neu und erstellte auch die jetzigen Kreuzbalken.

f) Der Marienaltar

Der in neubarocken Formen gestaltete Marienaltar im linken Querschiff ist ein Geschenk des Guido von Haxthausen an die Kirche aus dem Jahre 1924. Die Gemälde wurden vom Kunstmaler Josef Hunstiger aus Paderborn im Jahre 1927 gefertigt. Sie zeigen Maria mit dem Jesuskind in Wolken über den Äckern nördlich von Vörden schwebend sowie oben die Ermordung des heiligen Kilian. Nach der Beschreibung im Pfarrarchiv ersetzte der Altar einen kleineren in neugotischen Formen, der um 1890 ebenfalls als Stiftung der Familie von Haxthausen in die Kirche gekommen war. Vorher stand dort ein barocker Altar mit einer bekleideten Muttergottesstatue hinter Glas. Es dürfte die Statue sein, für die im Jahre 1767 nach einer Notiz im Pfarrarchiv 10 Taler für neue Kleider gestiftet wurden. Die Statue wurde mit der Beseitigung des barocken Altares um 1890 vom Kaplan Thielemann im Osterfeuer verbrannt

g) Weitere Ausstattungsgegenstände des Kirchenraumes
aus dem 18. und 20. Jahrhundert

Die aus Holz geschnitzten 14 Tafelbilder des Kreuzweges an den Wänden des Hauptschiffes und unter der Orgelbühne wurden 1939 auf Initiative des damaligen Pastors Behre von Vereinen und Privatpersonen gestiftet. Besonders zeichnete sich dabei die junge Schützengesellschaft aus, die drei Stationen übernahm. Die Tafeln wurden in der Werkstatt Mormann in Wiedenbrück hergestellt. Die auf der 14. Tafel abgebildete Figur mit einer Soutane (Priesterrock) soll Pastor Behre darstellen. Der Kreuzweg ersetzte einen älteren, der laut Pfarrchronik 1876 angebracht worden war.

Die neubarocken Formen des Marienaltars nahm die Kommunionbank auf, die bis 1970 den Chorraum zur Kirche hin begrenzte. Rechts an der Ecke zwischen Querschiff und Chorraum war ursprünglich die Kanzel angebracht. Der Aufgang erfolgte von der Sakristei aus durch die Mauer. Später wurde die Kanzel wohl aus akustischen Gründen an die Ecke von Quer- und Längsschiff versetzt, jedoch 1970 im Zuge der Reformen nach dem zweiten vatikanischen Konzil ganz beseitigt. Durch einen im Chorraum neu aufgestellten Altartisch konnte der Priester nun die Messe mit dem Gesicht zu den Gläubigen feiern. Die gesamte Kirche erhielt einen neuen Anstrich. Ein neuer Fußboden aus hellem Marmor wurde verlegt. 1975 erfuhr die Taufkapelle eine Umgestaltung zu einer Marienkapelle. Der dazu von einer Vördener Familie gestiftete Wandteppich zeigt das bekannte Marienbild der Immerwährenden Hilfe.

Bei der erneuten Renovierung der Kirche im Jahre 1986 wurde dann die Holzdecke wieder in den farblichen Zustand versetzt, wie er nach dem Neubau 1901 vorgelegen hatte. Auch öffnete man wieder das Chorfenster hinter dem Altar, das im Jahre 1930 zugemauert worden war.

Im Gegensatz zu vielen anderen Kirchen in der Umgebung hat die eigentliche Barockzeit innerhalb der Vördener Kirche kaum Spuren hinterlassen. Lediglich zwei Gegenstände sind hier zu nennen, zum einen eine qualitätsvolle hölzerne Statue des heiligen Kilian (s. Abb. 22), die wahrscheinlich auch vom Ehepaar Borgers / Meyer 1741 gestiftet wurde (s. u.) und zum anderen die prächtige Monstranz. Der Statue des hl. Kilian fehlt aber heute der Palmzweig als Zeichen des Martyrers, den der Heilige früher in der linken Hand hielt, wie eine dort vorhandene Einstecköffnung ausweist

h) Die Monstranz

Die Monstranz wurde im Jahre 1764 vom Augsburger Goldschmied Georg Ignatz Baur gefertigt. Sie ist nach der im Pfarrarchiv vorliegenden Rechnung aus reinem Silber getrieben und dann feuervergoldet worden. Vorher besaß die Kirche nach dem bereits angesprochenen Visitationsbericht aus dem Jahre 1656 nur eine Monstranz aus unvergoldetem Kupfer. Das Gewicht der jetzigen Monstranz beträgt nach der Rechnung ohne Steine und Glas in den alten Gewichtseinheiten 5 Mark, 7 Lot, 3 Quent und 2 Richtpfennige, umgerechnet knapp 1300 Gramm.[21] Der Preis betrug 195 Reichstaler. Ursprünglich wies die Monstranz nur einen Stein auf, und zwar im Kreuz auf der Spitze. Die heute an der Monstranz vorhandenen zahlreichen Edelsteine wurden von Maria von Haxthausen geb. von Böselager (1825-1861) aus ihrem Brautschmuck gestiftet (s. Abb. Nr. X im farbigen Bildteil).

i) Das Reliquienkreuz

Im Jahre 1864 erhielt die Kirchengemeinde offenbar auf das Bemühen von Pastor Funke hin eine Partikel vom Kreuz Christi, deren Echtheit durch ein Schreiben des Bischofs Conrad Martin ausgewiesen ist. Nach einem im Pfarrarchiv verwahrten Schreiben wurde sie vom Domchoralisten (Sänger im Domchor) Fr. L. Bischof übereignet. Die Partikel ist in ein kleines silbernes Kreuz mit bischöflichem Siegel eingeschlossen. Die Eheleute Philipp Hölting (Stork) und Gertrud Moeller[22] stifteten dazu im gleichen Jahr ein aus versilbertem Messing gefertigtes Kreuz, das in einem runden Gefäß mit Glasabdeckung in der Kreuzmitte die Reliquie enthält.

j) Das alte Versehkreuz

Ein silbernes Kreuz aus dem Jahre 1784, das ursprünglich als Versehkreuz bei der Spendung des Sterbesakraments gedient hatte, wurde im Jahre 1928 durch einen Korpus ergänzt. Es erhielt auf einer Konsole über dem im gleichen Jahr hergestellten Ankleidetisch in der Sakristei einen neuen Platz.

3. Kapellen, Bildstöcke und Kreuze

Im Bereich des Ortes und der der Vördener Feldmark befinden sich 2 Kapellen, 16 Bildstöcke und 14 Kreuze.

a) Die Hungerbergkapelle

Die Kapelle auf dem Hungerberg hatte als Vorläufer einen Bildstock, der von dem Ehepaar Johannes Massolle und Anna Maria Bungenstock im Jahre 1779 errichtet worden war. Im gleichen Jahr hatten sie eine alljährliche Prozession zum Fest Peter und Paul mit einer Messfeier auf dem Hungerberg gestiftet. Solche Stiftungen erfolgten durch eine Geldspende an die Kircher, mit deren Annahme dann eine bestimmte Verpflichtung verbunden war. Der Bildstock stand auf der höchsten Stelle des Hungerberges an der Westseite des jetzigen Plateaus und wies eine Nische zum Absetzen des „Sanktissimus", der Monstranz mit der konsekrierten Hostie während der Messfeier auf. In der Nische war ein hölzernes Halbrelief der Apostel Petrus und Paulus angebracht, das sich heute im Sitzungssaal des Pfarrheimes befindet (s. Abb. 115).
Im Jahre 1833 baute dann der preußische Staat auf dem Hungerberg die Station Nr. 30 der optischen Telegrafenlinie von Berlin nach Koblenz. Als sie im Jahre 1848 bereits wieder aufgegeben wurde, entstand in Vörden der Wunsch, hier eine Kapelle zu errichten. Die Stadt erwarb das Gelände für 10 Taler, jedoch ging das Gebäude selbst über eine Versteigerung zum Abbruch an Isaak Mari-

enthal und den Dachdecker Müller, beide aus Nieheim. Es bildete sich dann ein
Bauverein, der in Vörden wie in den umliegenden Orten Spenden sammelte. So
konnte schon 1851 auf den Grundmauern der Telegrafenstation die Peter-und
Pauls-Kapelle errichtet werden. Sie wurde mit einem Altar sowie mit Bänken
ausgestattet. Der damalige Inhaber der Burg Vörden, Guido von Haxthausen,
stiftete einen Turm als Dachreiter mit einer Glocke.

Den hölzernen Altar schuf der Tischler Johann Weber, dessen Vater 1834 das
große gotische Kreuz nach Vörden geholt hatte. In der Mitte befand sich ein
Gemälde „Christus am Ölberg", das wahrscheinlich aus dem Kloster Marienmünster stammte. Den Altar ersetzte man 1919 durch einen anderen, weil er
durch Nässe sehr gelitten hatte. Dieser bis heute vorhandene Altar trägt das
Wappen des Abtes Augustinus Müller von Marienmünster, der von 1682 bis
1712 im Amt war. Der demnach rund 300 Jahre alte Altar wurde 1919 vom
damaligen Dechanten Jacobi aus Marienmünster der Kapelle geschenkt. Er
hatte in Marienmünster ausrangiert in irgendeiner Ecke gestanden, soll aber
ursprünglich aus der Hooge-Kapelle zwischen Marienmünster und Münsterbrock stammen. Der Altar erhielt einige zierende Zusätze an den Seiten und
oberhalb der Säulen sowie eine Konsole vor dem Bild nach Entwürfen des Paderborner Dombaumeister Matern. Aus dem Altargemälde wurde ein kleiner,
angeblich scheußlicher Engel beseitigt, der das Schweißtuch der Veronika trug.
Auch erneuerte man die übrige farbliche Gestaltung. Ersetzt wurden auch die
hölzernen Figuren des hl. Markus und der hl. Theresia durch die des hl. Anto-
nius und des hl. Josef. Letztere waren 1741 von den Eheleuten Adam Borgers
(auch Borchers geschrieben) und Anna Katharina Meyer als Kopien von entsprechenden Statuen in Marienmünster gestiftet worden und hatten in der alten
Kirche gestanden. Für die Vorgänger-Statuen ergab ein Gutachten, dass ihr geringer künstlerischer Wert eine aufwendige Renovierung nicht lohnte.[23]

Im Jahre 1928 beging man die 150. Wiederkehr der Stiftung der Prozession zum
Peter- und Pauls-Tag. Zu diesem Anlass erfolgte eine gründliche Renovierung
der Kapelle. Der schadhafte Putz wurde erneuert, der Boden mit Solnhofener
Platten belegt, der Kapellenvorbau vergrößert und der Altarunterbau neu erstellt. Auch die vier Fenster erfuhren eine Erneuerung. Die gesamte Kapelle erhielt eine neue Ausmalung und auch neue Seitenaltäre. Die 13. Kreuzwegstation, die bis dahin hinter der Kapelle gestanden hatte, bekam ihren jetzigen Platz
an der rechten Seite unter dem Vordach. Neben dem Altar wurden Figuren der
Apostelfürsten Petrus und Paulus aufgestellt, die der aus Vörden stammende
Zimmermeister Wilhelm Hecker aus Bochum gestiftet hatte. Der Verbleib der
alten Figuren von 1741 ist unbekannt. Den Altar in der heutigen Form zeigt die
Abb. XI im farbigen Bildteil.

Im folgenden Jahr 1929 wurde bei der Prozession zu Peter und Paul erstmals
die heilige Messe unter dem Vordach gefeiert. Für die damalige Zeit ungewöhnlich stand der Priester dabei mit dem Gesicht zu den Gläubigen. Den Altar, der
bis heute benutzt wird, hatte ebenfalls der Zimmermeister Hecker gestiftet. In

*Abb. 68   Die Hungerbergkapelle vor der Renovierung 1928,
auf einer Postkarte. Oben links der eingeblendete Altaraufbau.
Die 13. Kreuzwegstation stand noch hinter der Kapelle.*

aller Regel wurde der Gottesdienst bis in die 60er Jahre des vorigen Jahrhunderts hinein als Pontifikalamt mit drei Priestern am Altar gefeiert. Die Predigt erfolgte von einer transportablen Kanzel aus, die ein Stück von der Kapelle entfernt aufgestellt wurde. Der Platz vor der Kapelle war aufgrund der Teilnahme von Bewohnern auch der umliegenden Dörfer dann stets voller Menschen.

Im Jahre 1992 musste das aus Sollingplatten bestehende Dach der Kapelle einschließlich des kleinen Dachturmes erneuert werden. 1995 wurde der Innenraum renoviert und vom neuen Hochbehälter am Hungerberg aus – maßgeblich in Eigenleistung von Pfarrmitgliedern – eine Stromleitung zur Kapelle verlegt. Das bis dahin in der Kapelle hängende hölzerne Relief der Apostel Petrus und Paulus, das noch aus dem 1779 erbauten Bildstock stammt (s. o.), erfuhr ebenso eine Restaurierung wie ein Bildnis des hl. Kilian. Beide fanden als Leihgabe im Konferenzzimmer des Pfarrheimes (alte Schule) einen neuen Platz. 2001 besserten Schützenbrüder den Außenputz der Kapelle aus und versahen ihn mit einem neuen Anstrich.

b) Die Agathakapelle

Eine zweite Kapelle, die man von der Größe her auch als Heiligenhäuschen bezeichnen könnte, ist die Agathakapelle an der süd-westlichen Ecke des Schloss-

Abb. 69
*Bildstock auf dem Friedhof in Vörden (Zeichnung
von Zeichenlehrer K. U. Held, Höxter im Heimatbuch
für den Kreis Höxter, Bd. 1, 1925, S. 126)*

parks. Sie geht zurück auf einen Bildstock mit einer Figur der hl. Agatha, die durch ihre Fürsprache vor Bränden schützen soll. Dieser Bildstock stand allerdings etwa 50 Meter hinter der jetzigen Kapelle am Sonnenbrink unter alten Eichen. Als diese 1898 gefällt wurden, musste auch der Bildstock entfernt werden. Die hölzerne Figur wurde verbrannt. Die Gemeinde Vörden errichtete die jetzige Kapelle mit einer Figur der hl. Agatha, die vom Vördener Bildhauer Johann Potthast († 1883) um 1850 geschaffen worden war. Sie stand zuvor in der alten Pfarrkirche und wurde bei den Bittprozessionen mitgetragen. Zu Fronleichnam ist die Agathakapelle die zweite Station der Prozession. Möglicherweise hat der ursprüngliche Bildstock an einen früheren Hof an dieser Stelle oder in der Nähe erinnert. Er trug den Namen „Ossenhof"

(Ochsenhof) und wurde im Jahre 1717 von dem damaligen Eigentümer Georg von Niehausen an Conrad Schwabe im Haus Trumpets verkauft.[24]

c) Die Bildstöcke aus dem 18. Jahrhundert

Der älteste und zugleich interessanteste Bildstock ist der auf dem Vördener Friedhof. Er stammt aus dem Jahre 1744 und hat vor der Anlage des Friedhofs im Jahre 1871 sicherlich an einem anderen Platz gestanden, aber wohl ganz in der Nähe, wo sich mehrere Wege trafen. Der in barocken Formen zu Ehren der heiligen Familie errichtete Bildstock besteht über dem Sockel aus einem dreifachen Aufbau. Nach vorn zeigt der Unterbau im ovalen Feld folgende Inschrift:

OH IHR DREY
VEREINBAHRTE AL
LERHEILIGSTE HERTZEN
JESU MARIA UND JOSEPH EUCH
VEREHRE LIEBE UND GRÜSE
ICH VIEL HUNDERT TAUSEND
MAHL, EUCH OPFERE UND SCH
ENCKE ICH MEIN HERTZ MEIN
LEIB UND SEEL, ICH BEFEHLE
EUCH JEDERZEIT MEINEN
LETZTEN STREIT ACH
VERLASSET MICH NICHT
IM LEBEN UND STER
BEN AMEN.

Zwischen Ober- und Unterbau verläuft eine Umrandung, die in der Mitte der Vorderseite eine von Blattwerk getragene Vorkragung aufweist. Sie dient während der Fronleichnamsprozession, wenn hier die dritte Station gemacht wird, zum Aufstellen der Monstranz. Im oberen Feld ist – dem Text entsprechend – die heilige Familie mit dem Jesusknaben in der Mitte dargestellt. Über dem Kind schwebt die Taube als Symbol des heiligen Geistes, über der Gott Vater sichtbar wird. Unter dem geschwungenen, mit einer Kugel bekröntem Dach ist das Osterlamm dargestellt, das an den Kreuzestod Christi erinnert.
Die beiden Seiten tragen folgende Inschriften:

JESUS MARIA JOSEPH
EUCH RUF ICH AN SO
LANG ICH KANN IN
DIESER NOTH BIS IN
DEN TODT AUF EU
CH ICH BAU UND FEST
VERTRAU VON MIR IM
LEYDEN NICHT WOL
LET SCHEIDEN MEIN
LEIB UND SEEL ICH
EUCH BEFEHL
JESUS MARIA JOSEPH

JESUS MARIA JOSEPH
IN MEINEM STREIT ACH
SEYD NICHT WEIT
VOR SATANS WÜTEN
WOLLET MICH BEHÜ
TEN ALL FEIND VER
TREIBT UND BEY MIHR
BLEIBT MEIN SEEL
VERWAHRET WAN SIE
AUSFAHRET NACH MEI
NEM TOD FÜHRT SIE
ZU GOT. JESUS MARIA JOS.

WILSTU SEYEN	DIESES HABEN
EIN GUT WANDERS	AUFRICHTEN
MAN RUF JESU MA	LASSEN
RIA UND JOSEPH AN	DIE EHRBARE
GIBSTU IHNEN NUR	EHELEUTE
EIN GERINGES PF	ADAM BORGERS
AND SCHÜTZEN	UND CATHARINA
SIE DICH ZU WASSER	MARGARETA MEYER
UND ZU LAND.	AO 1744

Das Stifterehepaar Adam Borgers und Catharina Margareta Meyer hatte drei Jahre vorher auch schon Figuren für die Vördener Kirche anfertigen lassen (s. o.).[25] Das Ehepaar wohnte an der Marktstraße schräg gegenüber der Kirche, heute Hölting. Deren Beiname „Adams" oder „Adamer" geht wohl auf den Vornamen des früheren Besitzers Adam Borgers zurück. Dieser war zeitweilig auch Bürgermeister. Er stammte aus Albaxen und hatte am 18. Oktober 1711 in Altenbergen die aus Eilversen gebürtige Catharina Margaretha Meyer geheiratet. Das Ehepaar muss aber dann bald nachher nach Vörden gezogen sein, denn die am 12. November 1712 geborene Tochter Elisabeth wurde bereits in Vörden getauft. Wie das Ehepaar an den Hof in Vörden gelangte, ist unbekannt. Auch der folgende Übergang des Hofes an einen Zweig der Familie Hölting erklärt sich nicht durch Einheirat. Dass die Familie Hölting das Erbe des Ehepaares Borgers / Meyer antrat, wird auch dadurch bekräftigt, dass sie traditionell zur Fronleichnamsprozession den Bildstock auf dem Friedhof schmückt.

Ein zweiter älterer Bildstock steht an der Westseite des heutigen Hotelgebäudes Weber, das den Platz des früheren städtischen Kellers (Gastwirtschaft) einnimmt. Auch dieser Bildstock stand früher an einer anderen Stelle, und zwar an der Wegekreuzung vor dem Niederen Tor, etwa an der Ecke der heutigen Gaststätte Padberg. Weil er hier nach dem Abriss des Tores und der Verbreiterung der Straße den Verkehr behinderte, wurde er an den jetzigen Ort versetzt. Der Bildstock soll im Jahre 1750 von der Familie von Bosen errichtet worden sein, deren Haus an der Pohlstraße zwischen den Häusern Kreilos (Fenstermacher) und Kluge stand. Friedrich Jürgen von Bosen aus Pömbsen hatte am 3. 10. 1717 die Clara Anna Gronemeyer geheiratet, die den Hof ihrer Eltern in Vörden erbte. Bis heute wird der Bildstock von der Familie Kreilos (Fenstermacher) betreut, die das frühere Hausgrundstück besitzt. Hier ist die vierte und letzte Station der Fronleichnamsprozession.

Der Bildstock ist insgesamt einfacher gestaltet als der auf dem Friedhof. An der Vorderseite enthält die von einer Muschel überdachte Nische das Bild der schmerzhaften Mutter mit dem toten Jesus auf dem Schoß. Im Schriftfeld darunter findet sich folgender Text in der originalen Schreibweise und Aufteilung:

OH HÖCHST BE

TRÜBTE JUNGFRAUW

MARIA SEY EINGEDEN

CK DES GROSSEN SCH

MERZENS SO DU EMPFUN

DEN DA DER TODTE

LEICHNAM DEINES SOHNS

AUF DEINEN SCHOS GE

LEGT WORDEN. DURCH

DIESEN DEINEN SCHME

RTZEN UND DEINES

SOHNS BITTEREN TOD

BIT ICH ACH STEH MI

R BEY IN DER LETZ

TEN NOTH AMEN.

An den beiden Seiten finden sich die folgenden Inschriften.

LEER IST

MEIN HERTZ,

KEINE FREUD DAR

IN VOLL ANGST

UND LAUTER

SCHMERTZEN.

DAS ICH SO KRAFT

LOS IETZUND

BIN, MACHTS

SCHWERD IN

MEINEN

HERTZEN.

OH IHR ALLE

DIE IHR DIESEN

WEG VORÜBER

GEHET, MERG

KET DOCH UND

SEHET OB AUCH

EIN SCHMERTZ

SEY DER MEI

NEM SCHMER

TZEN GLEICHE.

THRENY

Das letzte Wort im Text der rechten Seite (Threny) weist den Text als Zitat aus den Klageliedern des Jeremias aus.

c) Die Kreuzwegstationen zum Hungerberg

Der Weg zum Hungerberg wird von 14 Bildstöcken gesäumt, die Szenen aus dem Kreuzweg Christi darstellen. Dieser Kreuzweg geht auf die Gemeinde-mission im Jahre 1856 zurück. Im Anschluss daran stifteten Vördener Famili-en auf Anregung des damaligen Pastors Tigges die Stationen. Vorher standen hier bereits 7 Bildstöcke mit Szenen aus der Leidensgeschichte. Sie bestanden aus einem kräftigen Pfahl, darauf ein Fach mit Bild und Giebeldach. Da man sich an jeder Station hinkniete, sprach man auch von den Sieben Fußfällen. Die neuen Kreuzwegstationen wurden aus hellem Sandstein errichtet, aus dem auch die Reliefs der Kreuzwegszenen bestanden. Die Stationen schuf der Bildhauer Hartmann aus Stahle, der auf dem Anger hinter dem damaligen Gasthof Kropp (Padberg) seine Bauhütte hatte. Sie wurden im damals üblichen neugotischen Stil erstellt. Lediglich das Relief der 5. Station fertigte der hiesige Bildhauer Johann Potthast an, das der 14. Station der Tischler Johann Weber, der sich dabei an dem Stil des Bildhauers Hartmann orientierte. Weber schuf auch eine steinerne Christusbüste, die 1928 in der Nische über der Eingangstür der Kapelle ihren Platz fand. Die Figur ist um das Jahr 1990 gestohlen worden.

Im Laufe der Jahre hatten die Stationen sehr unter der Witterung gelitten, so dass sie in den Jahren 1919 und 1928 weitgehend erneuert werden mussten. Für die 1919 neu geschaffenen und im Frühjahr 1920 aufgestellten, wohl besonders angegriffenen Stationen 1 – 3 sowie später auch 9 entwarf der Bildhauer Mündelein aus Paderborn die Reliefs, die dann in Meißen in Porzellan ausgeformt wurden. Die Stationen selbst wurden aus rötlichem Sollingsandstein in neubarocken Formen errichtet. Von den 1928 renovierten Stationen erhielten die 8. und 12. Station ebenfalls einen neuen Aufbau aus Sollingsandstein. Bei den übrigen blieb der aus den Jahren 1857/58 stammende Aufbau erhalten. Die Stationen 4, 7, 8, 9, 12 und 14 erhielten neue Sandsteinreliefs, meist aus der Werkstatt Braun in Paderborn. Die restlichen Stationen 5, 6, 10, und 13 weisen noch die ursprünglichen Reliefs aus den Jahren 1857/58 auf. Im Jahre 2005 mussten an einigen Stationen die das Dach tragenden Säulen erneuert werden. Sie waren einige Jahre vorher mutwillig zerstört worden.

Folgende Stifter sind an den Stationen verzeichnet bzw. bekannt:

Station Nr.	ursprüngliche Stifter Jahr	Stifter der Erneuerung Jahr
1	Pfarrer Tigges 1857	Eheleute Josef Weber und Maria geb. Lüke (Gastwirtschaft Weber) 1919
2	Philipp Hölting (Stork) 1857	Eheleute Philipp Kreilos (Stork) und Sophia geb. Gröne 1919
3	Maurermeister Friedrich Meier 1857	Eheleute Josef Rode und Maria geb. Welling (damals Marktstraße) 1919
4	Eheleute Wilhelm Lerche (Windmüller) u. Elisabeth Elsing 1857	Familie Lerche 1928

Station Nr.	ursprüngliche Stifter Jahr	Stifter der Erneuerung Jahr
5	Anna Maria Elsing, Witwe des verstorbenen Franz Potthast (Hahnen) 1857	Ohne Namensnennung „Erneuert 1928", wahrscheinlich Familie Potthast
6	Kein Stifter angegeben 1857	keine Angabe
7	Eheleute Johann Kropp (Gastwirt, später Padberg) und Maria-Anna Reineke 1857	Erneuert 1928 aus Spendengeldern
8	Errichtet aus Spendengeldern 1857	Pfarrer Behre 1928
9	Errichtet aus Spendengeldern 1857	Pfarrer Behre 1928
10	Familie von Haxthausen (Wappen Haxthausen) 1857	keine Angabe
11	Familie von Haxthausen (Wappen Haxthausen u. Böselager) 1857	keine Angabe
12	Unbekannt 1857	Erneuert vom Mütterverein 1928
13	Eheleute Adolf Kreilos (Fenstermacher) und Antonette Potthast 1857	Ohne Namensnennung „Erneuert 1928", wahrscheinlich Familie Kreilos
14	Eheleute Johann Weber (Tischler, Amtsstraße) und Elisabeth Potthast 1858	Eheleute Josef Weber (Gastwirtschaft) und Maria Lüke 1928

Alle Stationen sind mit einem kleinen Weihekreuz aus Eichenholz versehen, die zum großen Teil auch erneuert wurden. Der untere Teil des Kreuzwegs vom Wenderweg bis zum Waldrand des Hungerberges wird durch eine dreifache Reihe aus Linden- und Ahornbäumen gesäumt. Sie wurden im Jahre 1898 gepflanzt.
Nach den Plänen von Pfarrer Tigges sollte der Kreuzweg über die Kuppe des Hungerberges hinaus führen und dann über den üblichen Prozessionsrückweg

bei der Weggabelung an der 7. Station wieder auf den Aufstiegsweg treffen. Auf Vorschlag des Franziskanerpaters, der die Einweihung vornahm, ließ Pfarrer Funke jedoch die Aufstellung der Stationen so ändern, dass der Kreuzweg auf der Kuppe des Hungerberges endet. Durch diese Änderung rückten die Stationen im oberen Teil des Weges deutlich enger zusammen als sie unten stehen.

d) Die Kreuze

Von den 14 Kreuzen in und um Vörden befinden sich zwei im Bereich der Kirche. Ein Kreuz mit Korpus bildet an der nördlichen Kirchenwand die Mitte der 1921 angelegten Gedenkstätte für die Kriegstoten. Ein weiteres schlichtes Holzkreuz mit der Aufschrift, IHR SOLLT MIR ZEUGEN SEIN, wurde 1984 zur Firmung an der Nordseite des Chores errichtet.

Ein weiteres Kreuz im alten Kern Vördens steht an der Niedernstraße. Es wird nach dem Beinamen seiner Stifter „Storks Kreuz" genannt. Das mit einem Korpus versehene Kreuz trägt die Aufschrift: ES IST VOLLBRACHT. PHILIPP HÖLTING UND GERTRUD MOELLER 1885 ERNEUERT 1983. Das Kreuz dient bei der Prozession am Karfreitag sowie am Tag der Ewigen Anbetung als Station.

An der Talstraße befindet sich ein aus Sandstein gefertigtes Kreuz, das im Jahre 1896 von Heinrich Elsing (Wittgerber) errichtet wurde. Es trägt im Kopf das Monogramm IHS und auf dem Querbalken die Inschrift: WAS WILL DAS KREUZ, DAS AM WEGE STEHT? ES WILL DEM WANDERER DER VORÜBERGEHT, DAS GROSSE WORT DES TROSTES SAGEN: DER HERR HAT UNSERE SCHULD GETRAGEN. Dieses Kreuz ist zu Fronleichnam wie auch am Tage Christi Himmelfahrt die erste Station der Prozession.

Verlässt man auf der Talstraße Vörden in Richtung Bredenborn, so wird an der rechten Seite an der Einmündung der Straße „Am Breiten Anger" ein aus Sandkreuz gefertigtes Kreuz sichtbar. Es stand bis zur Erweiterung der Kläranlage 1981/82 an dem Wegabzweig zum Umspannwerk. Das Kreuz wird nach den Stiftern eines dortigen Vorgängers „Schmidts Kreuz" genannt. Die Stifter stammten wahrscheinlich aus dem Hause Niedernstraße 15 (Benning). Das jetzige Kreuz wurde vom Ehepaar Hermann Multhaup (Büngener) und Caroline Schröder im Jahre 1919 errichtet. Es trägt die Aufschrift O CRUX AVE SPES UNICA (O Kreuz sei gegrüßt, unsere einzige Hoffnung). Das Kreuz sollte am ursprünglichen Standort der Überlieferung nach an die frühere Siedlung Gundelsen erinnern, die einige hundert Meter weiter in einer Senke zur Brucht hin lag. Das Kreuz war früher das Ziel der ersten Bittprozession am Montag vor Christi Himmelfahrt.

Verfolgt man die Straße nach Bredenborn weiter, so steht vor der Abzweigung nach Brakel an der linken Seite „Roden Kreuz". Es wurde 1889 von Moritz Rode errichtet, der aus Löwendorf nach Vörden gekommen war. Es sollte angeblich ein Grabkreuz ersetzen. Auf dem Kreuz steht LEIDE OHNE ZU KLAGEN. Die Familie Rode wohnte an der Marktstraße neben dem Pastorat.

Im Schnatfeld (von Schnade = Grenze) steht ein schlichtes, 3 Meter hohes Kreuz aus Sandstein, das von der Familie Wilhelm Massolle (Schneiderjörns, Niedernstraße 11) im Jahre 1910 errichtet wurde. Es trägt die Aufschrift INRI KREUZ EINZIGE HOFFNUNG SEI GEGRÜSST. Bereits 1810 wurde hier ein Kreuz aufgestellt, das an Anna Maria Schmidt (aus Bennings Haus) erinnerte, die am 10. 6. 1805 Conrad Hölting (Adamer) geheiratet hatte und hier am 3. 9. 1810 zu Tode kam. Das Kreuz trug die Aufschrift: ANNA MARIA SCHMIDTS GETROFFEN HIER VOM BLITZ. GEHE NICHT FORT O WANDERSMANN, DENK DASS GOTT DICH ABRUFEN KANN. Das Kreuz wird auch als Erinnerung an die frühere Siedlung Bestinghusen gesehen. Es war früher das Ziel der Bittprozession am Dienstag vor Christi Himmelfahrt.

Die dritte Bittprozession am folgenden Tag ging zum Kreuz am Windmühlen-weg. Dieses schlichte, auf einem Sockel stehende Kreuz aus Sandstein ist bis auf die Jahreszahl der Errichtung 1921 ohne Aufschrift. Es wurde von Johann Elsing (Wittgerber) an der Stelle eines Holzkreuzes errichtet, das von Rudolf Kropp auf der anderen Wegseite gesetzt worden war. Rudolf Kropp wohnte im Dunklen Ort im Haus Nr. 13, heute Becker. Die Familie Elsing war durch die Separation 1897 in den Besitz der angrenzenden Feldflur gelangt. Das Kreuz soll auch an die untergegangene Siedlung Waldessen erinnern, die man auf dem Wege erreichte.

Verläßt man Vörden auf der Amtsstraße in Richtung Hohehaus, so wird links an der Böschung ein Kreuz sichtbar, das nach den Stiftern „Kordes Kreuz" heißt. Es trägt die Inschrift: ICH BETE DICH AN, O JESU UND PREISE DICH, DENN DURCH DEIN LEIDEN UND STERBEN HAST DU DIE WELT ERLÖST. GEWIDMET VON DEN EHELEUTEN CHRISTIAN CORDES UND THERESIA CORDES GEB. WEBER. Das Ehepaar Kordes / Weber wohnte zunächst im Dunklen Ort Nr. 7, im hinteren Teil des heutigen Hauses Ohagen, dem Elternhaus der Theresia Weber. Es baute dann ein Haus an der Amtsstraße. Das Ehepaar hatte keine Kinder.

Im weiteren Verlauf des Weges steht noch vor dem Abzweig der Straße nach Großenbreden an der rechten Seite ein Kreuz mit der Aufschrift: NICHT DIESES BILD, MEIN WANDERSMANN, SONDERN GOTT ALLEIN NUR BETE AN. ERRICHTET VON JOSEF SCHRÖDER UND CAROLINE SCHRÖDER GEB. ROTERMUND 1868. Die Stifter wohnten damals an der Stelle des heute massiven Teils des Hauses Nie-dernstraße 13. Die Tochter Maria heiratete 1895 Friedrich Bobbert aus Riesel. Das Kreuz stand zunächst auf der Heide (Pistolenland) und ist im Zuge der Separation nach hier versetzt worden, als die Familie Schröder / Bobbert das Land hinter dem Kreuz erhielt.

Ein weiteres großes Kreuz aus Sandstein steht auf der Mauer an der süd-öst-lichen Ecke des Friedhofs („Kienen Kreuz"). Es stand zunächst auf dem Platz der jetzigen Agathakapelle und wurde 1898 nach hier versetzt. Die Inschrift lautet: IM KREUZ IST HEIL. J. ELSING UND S. GEB. POTTHAST 1893. Die Stifter bewohnten Kienen Haus an der Niedernstraße Nr. 23. Josef Elsing aus Witt-gerbers Haus (Niedernstraße Nr. 17) hatte die Sophia Potthast als Erbin des

Abb. 70
Das älteste erhaltene Feldkreuz im
Wenderweg aus dem Jahre 1826

Vermögens geheiratet. An diesem Kreuz wird bei der Prozession zu Christi Himmelfahrt die zweite Station gemacht.

Auf dem Friedhof selbst befindet sich ein großes Kreuz mit Korpus als Zentrum des „Pastorenfriedhofs" mit den Gräbern der in Vörden verstorbenen Geistlichen und Gedenktafeln an die auswärts gestorbenen und beigesetzten Josef Behre und Josef Müller.

An dem vom Friedhof östlich führenden Wenderweg steht an der linken Seite zwischen zwei mächtigen Eichen ein wuchtiges Kreuz mit gerundeten Armen auf einem Sockel. Auf dem Schaft ist ein Herz ausgebildet. Die Inschrift lautet: INRI DIESES KREUZ ZUR EHRE GOTTES HAT GEGEBEN, DER IN DER BLÜTHE SCHLOSS SEIN LEBEN. HERMANN POTTHAST, DESSEN EHE-FRAU ELISABETH RICHTS, VÖRDEN DEN 17. JUNI 1826. Die Eichen beiderseits des Kreuzes wurden im Jahre 1878 durch Johann Potthast (Hahnen) gepflanzt. Das Kreuz ist damit das älteste in und um Vörden. Hermann Potthast besaß den Hof auf dem Platz des heutigen Pfarrhauses an der Marktstraße neben der Kirche. Er starb mit 39 Jahren. Seine Frau stammte aus dem Haus Niedernstraße 9 (Güldenbeck, jetzt Lange).

Das jüngste Feldkreuz wurde 1959 von Josef Weber (Gastwirtschaft) zunächst am Rand seiner Wiese an der Straße nach Eilversen errichtet. Beim Umbau der Straße wurde es an den Abzweig des alten Eilverser Weges von der Schulstraße versetzt. Das aus hellem Sandstein errichtete Kreuz trägt auf dem Balken die Inschrift: ES IST KEIN HEIL ALS NUR IM KREUZ ZU FINDEN. Auf dem Sockel steht vorn ein kurzes Gedicht von Friedrich Wilhelm Weber:

DIE WELT IST VOLL VON GOTTES SEGEN,
WILLST DU IHN HABEN IST ER DEIN,
DU BRAUCHST NUR HAND UND FUSS ZU REGEN,
DU BRAUCHST NUR FROMM UND GUT ZU SEIN.

An der linken Seite trägt der Sockel die Inschrift:

AUS DANKBARKEIT UND ZUM ANDENKEN AN MEINE FRAU MARIA GEB. LÜKE,
SIE STARB AM 21.11.1946, UND AN ALLE VORFAHREN.

Erinnert sei auch an zwei nicht mehr vorhandene Kreuze. Im Niedernholz
stand bei Kienen Kuhle ein Gedenkkreuz an den hier verunglückten Franz Offergeld. Es wurde von Josef Elsing (Kienen) errichtet. Ein weiteres hölzernes
Kreuz ohne Aufschrift stand bis in die 60er Jahre des 20. Jahrhunderts hinein
links im Wald auf der Höhe des Weges nach Altenbergen. Es war der mündlichen Überlieferung nach ein Mordkreuz, das an den hier erschlagenen Steuereinsammler Massolle, genannt Schneiderjörn erinnern sollte. Der Täter soll
ein Mann namens Böger (aus Altenbergen?) gewesen sein. Näheres ist nicht bekannt. Das ebenfalls nicht mehr vorhandene „Kroppsche Kreuz" wird im Folgenden im Zusammenhang mit den Friedhöfen behandelt.

4. Friedhöfe und Grabdenkmäler

a) Der ursprüngliche Friedhof

Friedhöfe umgaben in früherer Zeit stets die Kirche. Die Verstorbenen sollten
Gott und der Gemeinde bei der Messfeier nahe sein. Auch konnten die Angehörigen die Gräber nach jedem Gottesdienst besuchen und dort beten.
Die an anderer Stelle erwähnten Gräberfunde auf dem Burggelände lassen den
ursprünglichen Friedhof für die Siedlung Vörden bei der dort anzunehmenden
Kirche oder Kapelle vermuten. Seit dem Bau der Kirche an der jetzigen Stelle
wurde von 1324 bis 1871 auf dem Platz rund um die Kirche beerdigt. Wie oft
muss bei der hohen Geburts- und Sterberate in diesen fast 550 Jahren dieselbe Grabstelle belegt worden sein! Dementsprechend fand man den Boden mit
Gebeinen durchsetzt, als 1929 an der Südseite der Kirche der Heizungskeller
angelegt wurde. Viel Leid und Trauer hat dieser Ort erlebt. Man denke nur an
die hohe Kindersterblichkeit in früheren Jahrhunderten. So starben nach dem
Vördener Kirchenbuch beispielsweise im Jahre 1763 neben 15 Erwachsenen und
2 Jugendlichen allein 16 Kinder.

b) Erhaltene Grabplatten

Seit der Friedhof 1894 eingeebnet wurde, erinnern nur noch einige erhaltene
Grabplatten stellvertretend an die vielen tausend Vördener, die hier bestattet
wurden. Vier aus Sandstein gefertigte Platten sind seit 1929 nebeneinander an
der Ostwand der Sakristei angebracht. Ein Teil einer Grabplatte ist außen an
der Südseite der Taufkapelle zu sehen. Solche Grabplatten konnten sich ohne
Zweifel nur wenige Bewohner Vördens leisten. In der Regel waren die Gräber
sicher nur mit einfachen Holzkreuzen ausgestattet. Dass steinerne Grabplatten

einen hohen Wert hatten, zeigt sich schon daran, dass sie vielfach einer Zweit-
nutzung dienten, wenn das zugehörige Grab aufgegeben worden war.
Die ganz rechte Platte weist in der Mitte der einen Längsseite eine nachträglich ausgehauene, viereckige Aussparung auf. Darin hat nach Eintragungen in
der Pfarrchronik von 1920 und 1927 das „Kroppsche Kreuz" gestanden. Es
war 1831 von den Eheleuten Weber (Bangen) in der Nähe der Gastwirtschaft
Kropp (später Padberg) errichtet worden. Es kam dann unter Pfarrer Tewes
auf die Kirchenmauer nahe der Pastorat. Hier ist es auf dem oben als Abb.
60 wiedergegebenen Foto der Kirche von 1899 noch am unteren Bildrand zu
sehen. Nach der Eintragung von 1920 stand es „auf einem übermächtigen,
von Ziegelsteinen und Bruchsteinen kunstlos aufgemauerten, mit Zement ver-
putzten und oben durch zwei alte Grabplatten abgedeckten Unterbau." Das
Kreuz war nach beiden Seiten und nach hinten durch Eisenstangen abgestützt.
An der Grabplatte sieht man noch die beiden mit Blei gefüllten Löcher, in
der die seitlichen Stützen befestigt waren. Das Kreuz hatte einen Korpus aus
Gusseisen, der in der Altenbekener Eisenhütte gegossen worden war. Anstelle
dieses Kreuzes wurde das der Kriegerehrung dienende Kreuz an der Nordwand der Kirche angebracht. Auf der Grabplatte ist ein Kreuz ohne Korpus
zu sehen und darunter ein ovales Schriftfeld. Rosen und Sterne dekorieren die
Ecken. Von der umlaufenden Schrift ist von oben links anfangend mit Ergänzungen zu entziffern: ANNO 1704 DEN 28 OCTOBER IST GEBOREN A CATHARINA
BEVER(UNGEN?). Auf der linken, durch die Aussparung unterbrochenen Seite
stand offenbar ein Datum, zu dem sie „SELIG ENTSCHLAFEN" ist. Die Inschrift
im Oval gibt Pastor Behre an mit LASST DIE KINDLEIN ZU MIR KOMMEN, DENN
IHRER IST DAS REICH DES HIMMELS. Seltsamerweise findet sich im Vördener
Kirchenbuch kein dazu passender Todeseintrag. Möglich ist deshalb, dass die
Grabplatte aus einem anderen Ort stammt und nach Vörden zur Errichtung
des Kreuzes geholt wurde.
Die daneben angebrachte Grabplatte aus hellem Sandstein zeigt ein Kreuz mit
einem Korpus und daneben die Figuren Mariens und Johannes sowie eine um-
laufende lateinische Inschrift mit vielen Abkürzungen. An den oberen beiden
Ecken ist je ein Engelskopf sichtbar. Das Kreuz steht auf einer offenen Grotte,
in der sich eine Figur befindet, die möglicherweise den Verstorbenen im Grab
symbolisieren soll. Über die Grabplatte wird in der Pfarrchronik zum Jahr
1925 berichtet, dass sie bis dahin mit der Bildseite nach unten als Podest für die
Außentreppe der 1802 gebauten Schule, Kaplans- und Küsterwohnung diente,
die auf dem jetzigen Parkplatz an der Nordseite der Kirche stand. In den beiden ausgeschlagenen Ecken befanden sich wohl die Pfosten für das Geländer.
Die Platte soll davor schon als breite Stufe vor dem Turmeingang der Kirche
gelegen haben und gegen Ende des 19. Jahrhunderts an den beschriebenen Platz
gelangt sein. Von der Beschriftung fehlen durch Beschädigungen einige Worte.
Auch etliche Buchstaben sind beschädigt. Mit einiger Sicherheit ist Folgendes
zu lesen:

ANNO 1674 OBYT IN DNO SPECTA-
BILIS ADM BENE DE COITE MERITY
CO......TIS SUAE AO 66
2 MAY CIVI ......REQUIESCAT IN
PACE.

An den der ersten mit Punkten gekennzeichneten Stelle fehlt aufgrund
eines Ausbruchs der Name. Die Worte
vor und nach dem ausgebrochenen
Namen sind sehr wahrscheinlich zu
CONSUL (Bürgermeister) und AETATIS
(Alters) zu ergänzen. An der zweiten
unsicheren Stelle enden die Buchstaben in einer ausgehauenen Ecke.
Trotz aller Unsicherheit bei einzelnen
Buchstaben dürfte die Inschrift zu
übersetzen sein mit:

*Im Jahre 1674 starb im Herrn der
wohlachtbare und um die Gemeinde verdiente Bürgermeister.........
seines Alters im 66. Jahre am 2.
Mai. Die Bürgerschaft. Er ruhe in
Frieden.*

Abb. 71
*Die Grabplatte des Bürgermeisters
Georg Sagel*

Zum Namen und zur Person des Toten
lässt sich aus dem ältesten Vördener
Kirchenbuch entnehmen, dass am 2.
Mai 1674 der Bürgermeisters Georg
Sagel (auch Saggel und Sachel geschrieben) starb. Er wohnte nach der aus der
Steuerliste von 1656 erkennbaren Reihenfolge der Häuser in der süd-östlichen
Ecke der Stadtmauer schräg hinter dem jetzigen Gasthaus zum Brunnen („im
Winkel"). Mit 86 Morgen war es der größte bäuerliche Grundbesitz in Vörden.
Die nächste Grabplatte (3. von rechts) ist die des Conrad von Niehausen (Ab-
bildung 45 im Artikel „Burgvögte, Burgmänner und Pfandinhaber"). Zu lesen
ist der folgende Text:

PRAENOBILIS ET PERILLUSTRIS DOM. CONRADUS A NIEHAUSEN DOMINUS IN
VOERDEN...........AR ET NIESEN AETATIS SUAE 75 OBIIT ANNO 1694 31. OCT.
RIP.

In der Übersetzung:

Der hochedle und hochangesehene Herr Conrad von Niehausen, Herr in Vörden und Niesen starb im 75. Jahr seines Alters im Jahre 1694 am 31. Oktober. Er ruhe in Frieden.

Die Mitte des Steines nimmt das Wappen der Familie von Niehausen ein, darüber stehen die Wappen der Eltern von Niehausen und von Haxthausen und darunter wahrscheinlich die der Großmütter des Verstorbenen von Spiegel und von Fürstenberg. In der Fehlstelle stand wahrscheinlich WELDAR (Welda). Wie im Beitrag „Burgvögte, Burgmänner und Pfandinhaber" dargelegt, war Conrad (Cord) von Niehausen seinerzeit Pfandinhaber der Burg Vörden. Er soll in der Vördener Kirche begraben worden sein.[26] Die aus rotem Sollingsandstein gefertigte Grabplatte befand sich möglicherweise bis zum Neubau der Kirche im Innenraum. Später diente sie jedenfalls als Podium mitten auf der Treppe von der Niedernstraße zur Kirche.

Eine vierte, ganz links angebrachte Grabplatte ebenfalls aus Sollingsandstein ist nahezu absolut glatt gelaufen. Sie lag ganz oben als letzte Stufe der Treppe von der Niedernstraße zur Kirche. Nur noch schwach ist eine Beschriftung zu erkennen. In der rechten oberen Ecke kann man mit Mühe MARIA ELISABETH lesen. An der linken Längsseite endet die Schrift mit ZUM WENIGSTEN MEINE LIEBE FREUNDE.

Auf der an der Taufkapelle angebrachten halben Grabplatte ist die Kreuzigungsszene erkennbar. Ebenfalls zeigen sich Reste einer Schrift. Das erste Wort könnte man als ICH entziffern. Diese Platte war als Frontplatte am Altartisch des oben beschriebenen Kroppschen Kreuzes angebracht.

Beim Bau der Heizung im Jahre 1929 stieß man in der Kirche unter dem jetzigen Chorraum auf Gräber mit noch gut erhaltenen Skeletten. Besonders Haare und Stoffe sowie Holzteile waren weitgehend unverwest. Es handelte sich um Gräber aus einer früheren Gruft der Familie von Haxthausen, über der 1819 die Sakristei gebaut worden war. Die Gräber lagen also ganz nahe dem Altar der alten Kirche, wodurch dieser Begräbnisplatz besonders hervorgehoben war.

c) Anlage eines neuen Friedhofs

Schon zur Zeit des Königreichs Westphalen (1807-13) unter Napoleons Bruder Jérôme wurden seitens der Regierung Anregungen gegeben, die inmitten der Dörfer und Städte liegenden Friedhöfe aus hygienischen Gründen (Brunnen in der Nähe!) zu schließen und neue Friedhöfe außerhalb anzulegen. Das ist in zahlreichen Orten dann auch um diese Zeit erfolgt. Insofern ist es erstaunlich, dass es in Vörden erst in den Jahren 1871/72 zur Anlage eines neuen Friedhofes kam. Dazu kaufte die politische Gemeinde vom Landwirt Wilhelm Kreilos (Stork) ein entsprechendes Grundstück auf der Kälberkamp genannten Feldflur und erweiterte es durch das angrenzende Gemeindeland auf insgesamt einen Morgen. Zunächst wurde allerdings nur der untere (südliche) Teil des Friedhofs belegt. Man

errichtete zur Abgrenzung zur „Hahnentwiete" eine Mauer aus Hungerbergstein, während die obere Hälfte bis zum heutigen Eingangsweg nur durch einen Holzzaun abgetrennt wurde. Den eröffneten Teil des Friedhofes überschrieb
man der Kirchengemeinde. Im Jahre 1925 kam dann auch der nördliche Teil hinzu, der ebenfalls eine Umgrenzungsmauer aus Hungerbergstein erhielt. Er blieb
im Besitz der politischen Gemeinde. 1930 musste die südliche Mauer erneuert
werden. Im Zuge dieser Arbeiten wurde die jetzige Begräbnisstätte der Familie
von Haxthausen abgegrenzt und mit einem eigenen Zugang versehen.

d) Erweiterung des Friedhofs und Bau der Friedhofskapelle

Dieser erweiterte Friedhof reichte dann für gut 50 Jahre aus. Erst im Jahre 1980
erfolgte eine erneute Erweiterung, jetzt nach Westen. Schon im Vorfeld hatten
der Ortschaftsrat, Pfarrgemeinderat und Kirchenvorstand gemeinsam den Bau
einer Friedhofskapelle mit Aufbahrungsraum initiiert. Da die Stadt Marienmünster nach dem Muster der anderen Ortschaften diesen Bau hauptsächlich
in Eigenleistung und -finanzierung erwartete, wurde am 15. November 1976
eine „Fördergemeinschaft Friedhofskapelle Vörden" gegründet. Der ausgear-
beitete Spendenvorschlag lautete: 300 DM pro Haushalt, zusätzlich 150 DM für
jede neben dem Haushaltsvorstand voll berufstätige Person und 100 DM für
jede teilzeitbeschäftigte. Auf diese Weise kamen in Vörden und Eilversen fast
108 000 DM zusammen. Mit einem Beitrag von rund 32 000 DM seitens der
Stadt Marienmünster konnte die Kapelle gebaut und am 22. April 1980 an die
Stadt übergeben werden.
Durch den Bau waren nun Beerdigungen vom Friedhof aus möglich. Vorher
waren die Toten von ihrem Sterbehaus abgeholt und zum Friedhof gefahren
worden. Davor, als man noch an der Kirche beerdigte, stand der Sarg bei der
Totenmesse vor dem Altar und wurde von dort aus zum Grab getragen. Danach
wurde bis in die 50er Jahre hinein bei der Totenmesse ein Symbolsarg (Tumba)
vor dem Altar aufgestellt. Er bestand aus einem hölzernen Untergestell, über
das ein schwarzes Tuch gelegt war. Dieser Symbolsarg wurde stellvertretend
für den richtigen Sarg gesegnet und mit Weihrauch eingehüllt.

5. Religiöses Leben

Das religiöse Leben der Menschen manifestierte sich nach außen vor allem
durch das Mitfeiern von Messen und Andachten, durch die Teilnahme an Prozessionen, durch Mildtätigkeit und fromme Stiftungen, durch die Zugehörigkeit zu kirchlichen Vereinen und Bruderschaften sowie durch den Empfang der
Sakramente und die Begleitung der Toten.
Es ist davon auszugehen, dass in früheren Jahrhunderten, als die Vördener Pfarrer im Kloster Marienmünster wohnten, in Vörden nur an Sonn- und Feierta-

gen Gottesdienst gehalten wurde. Bezeichnend ist, dass die oben erwähnte Stiftung der Samstagabend-Andacht im Jahre 1696 sich nur auf die Teilnahme des Küsters bezog. Die Stiftung als finanzielle Fundierung regelmäßiger religiöser Handlungen wie Andachten oder Prozessionen entsprach damals ebenso dem Geist der Zeit wie die Bezahlung einzelner religiöser Dienste. So listet Pater Leander Bruns in dem schon mehrfach erwähnten Bericht aus dem Jahre 1729 genau auf, was dem Pastor und dem Küster zu den einzelnen Handlungen zu zahlen war. Lediglich bei Taufen war es freigestellt, ob eine Spende der Paten oder anderer Personen erfolgte. Ansonsten kostete beispielsweise die Beerdigung eines Erwachsenen einen Reichstaler für den Pastor und neun Mariengroschen für den Küster. Bei der Beerdigung eines Kindes galt der halbe Satz. Für eine Trauung war ein halber Reichstaler zu entrichten, bei der Zweitehe eines Partners aber das Doppelte. Ein Reichstaler war ebenso fällig, wenn *„sponsa sit deflorata"*, also die Braut nicht mehr Jungfrau war. Letzteres bedeutete wohl, dass die Braut bereits ein voreheliches Kind hatte oder schwanger war.

a) Andachts- und Messstiftungen

Fromme Stiftungen konnten mildtätigen Zwecken dienen oder religiöse Zeremonien fundieren. Für die Unterstützung von Armen verfügte die Vördener Kirche bereits 1656 über ein Kapital von 40 Reichstalern.[27] Es wurde gelegentlich durch weitere Stiftungen aufgestockt oder wieder aufgefüllt. Anlässlich einer Pfarrvisitation eines bischöflichen Beauftragten im Jahre 1643 erfahren wir, dass *„die sehlige Drostin Wittib von Haxthausen"* der Kirche 100 Reichstaler vermacht hatte. Der Visitator rügte, dass dieses Kapital seit längerem an Liborius Maes ausgeliehen sei. Es sollte einschließlich der Renten (Zinsen) von den Templiern (Kirchenvorstand) umgehend eingetrieben werden.[28] Noch eine weitere Geldstiftung ohne spezielle Verwendungsangabe kam aus der Familie von Haxthausen: Als im Jahre 1733 der Erbauer des jetzigen Schlosses, der Domherr Franz Caspar Philipp von Haxthausen aus der Weldaer Linie starb, vermachte er in seinem Testament der Pfarrei Vörden 100 Taler, damit den Kranken die Sterbesakramente unentgeltlich gespendet werden konnten.
Die 1696 durch Georg von Niehausen gestiftete Samstagabend-Andacht erhielt im Jahre im Jahre 1748 eine bessere Dotierung, indem der bereits erwähnte Adam Borgers vor seinem Tode mit Zustimmung seiner Ehefrau der Küsterei dafür Land vermachte.[29] Die Andacht wurde 1904 eingestellt, als der Lehrer Hermann Schlütz in den Ruhestand trat. Er war der letzte, der die Ämter des Lehrers, Küsters und Organisten gleichzeitig ausübte.
Die Ehefrau des Adam Borgers, Catharina Margaretha Meyer, stiftete kurz vor ihrem Tode im Jahre 1760 die sonn- und feiertägliche Frühmesse. Dazu übergab sie der Stadt 300 Reichstaler mit der Verpflichtung, dafür dem Priester, der die Frühmesse feierte, jährlich 25 Taler auszuzahlen, 2½ weitere Taler sollten an die Kirche und ebenfalls 2½ Taler an den Küster gehen. In demselben

Sinne stiftete Heinrich Meyer aus Eilversen (wohl ihr Bruder oder Neffe) und Herman Schmidt je gut einen Morgen Land und Jürgen Multhaup 20 Taler. Die Stadt Vörden zahlte mit dem Kapital Schulden beim Kloster Marienmünster ab. Die Frühmesse war aus der Sicht der kirchlichen Obrigkeit wie auch der Pfarrmitglieder wichtig, weil damit den Familienmitgliedern ein zeitlich versetzter Kirchenbesuch ermöglicht wurde, so dass beispielsweise auch bei kleinen Kindern im Haus jeder zur Sonntagsmesse gehen konnte. Zudem war dann auch bei steigender Bevölkerungszahl das Kirchengebäude noch ausreichend groß.

b) Prozessionen / Prozessionsstiftungen

Die Stiftung der *Hungerberg-Prozession* durch das Ehepaar Johann Massolle und Anna Maria Bungenstock im Jahre 1779 ist bereits erwähnt worden. Das Gründungskapital von 350 Talern wurde durch Spenden weiterer Bürger noch aufgestockt. 1799 stifteten Heinrich Rotermund und sein Schwiegervater Johann Schmidt einen Morgen Land, je 45 Taler kamen 1819 von Luise Tigges und Anna Maria Kropp geb. Reineke. Der Schuster Ignaz Weber zahlte 30 Taler. 1879 vermachte das kinderlose Ehepaar Kordes/Weber dem Hungerberg - Prozessionsfond 300 Taler. Auch diese Stiftung wurde von der Stadt verwaltet. Neben den zu entrichtenden Gebühren für den Pastor und den Küster und der Bezahlung der Musiker waren auch Speisen und Getränke einschließlich Branntwein zu kaufen. Die Prozession wurde nämlich als Wallfahrt aufgefasst und dauerte dementsprechend viele Stunden, insbesondere aufgrund der Unterbrechungen mit Gebeten und Segnungen an den sieben Bildstöcken (s. o.) und an Kreuzen auf dem Wege. So wurde dann auch unterwegs gevespert, wie man damals sagte, und dazu gehörte auch Branntwein für den Pfarrer, den Küster und die Baldachinträger. Offenbar folgten auch die anderen Gläubigen diesem Beispiel und so blieb wohl auch gelegentlich ein zu großer Alkoholverzehr nicht aus. Als Konsequenz aus solchen Vorfällen verbot der Paderborner Generalvikar 1863 den sakramentalen Segen während der Prozession, die nun ohne zwischenzeitlichen Halt den Hin- und Rückweg bewältigen sollte. Es blieb aber eine Sakramentsprozession (mit Monstranz), wobei der Segen zum Abschluss in der Kirche erteilt wird.

Die *Prozession zu Christi Himmelfahrt*, ebenfalls eine Sakramentsprozession, geht zurück auf eine Stiftung des Ehepaares Wilhelm Multhaup und seiner Ehefrau Elisabeth Beckmann im Jahre 1826. Das Stiftungskapital betrug 50 Taler. Die Prozession ist eine sakramentale Bittprozession. Sie geht den Weg der Fronleichnamsprozession, hat aber nur die beiden bereits oben erwähnten Stationen an „Wittgerbers Kreuz" in der Talstraße und an „Kienen Kreuz" an der Friedhofsmauer. Wie bei der Hungerberg-Prozession wird aber unterwegs kein sakramentaler Segen gespendet, sondern nur zum Abschluss in der Kirche. Wilhelm Mulhaup war zur Zeit der Stiftung Bürgermeister. Er übte das Brau-

Abb. 72
Fronleichnamsprozession am Angerberg ca.
1955. Die Straßen sind mit grünen Büschen
und Fahnen geschmückt. Vorn rechts Küster
Fritz Ridder jun.

gewerbe aus und hatte 1815 mit seiner Ehefrau das Fachwerkhaus an der Niedernstraße 13 (Bruggers, früheres Haus Bobbert) gebaut. Die prächtige Toreinfahrt nennt die Namen der Erbauer.

Die *Fronleichnamsprozession* bedurfte keiner Stiftung, da sie auf eine Verfügung Papst Urbans IV. aus dem Jahre 1264 zurückgeht. Über die vier Stationen, an denen jeweils der sakramentale Segen erteilt wird, wurde oben im Zusammenhang mit Kreuzen und Bildstöcken berichtet.

Eine weitere Sakramentsprozession ist die zum *Kiliansfest* am 8. Juli, das heute jeweils am Sonntag nachher gefeiert wird. Für sie ist keine Stiftung bekannt. Sie ging bis 1929 auch nur um die Kirche. Ab 1930 führte sie durch die Marktstraße und Niedernstraße. Seit 1949 zog sie dann durch den Dunklen Ort und dann durch die Niederstraße zurück zur Kirche.

Um die Aufwertung der Prozession in dieser Form hat sich besonders Pastor Josef Behre sehr bemüht. Seit wenigen Jahren geht die Prozession von der Kirche aus zum Pflegeheim Albert Schweizer Haus, wo eine Messe gefeiert wird, und dann zurück zur Kirche.

Eine vierte Sakramentsprozession wurde im Jahre 1866 von den Eheleuten Philipp Hölting (Stork) und Gertrud Moeller mit einer Dotation von 200 Talern gegründet. Es ist die zum Tag der Ewigen Anbetung, der für Vörden am 20. Juli begangen wird. Am Abend nach der letzten Betstunde führt sie von der Kirche durch die Niedernstraße zu Storks Kreuz, wo man dann die Herz-Jesu-Litanei im Sinne einer guten Einbringung der Ernte betet. Der sakramentale Segen wird in der Kirche erteilt.

Bei den bisher benannten Prozessionen werden die Fahnen der unterschiedlichen kirchlichen Vereine und Bruderschaften mitgeführt. Ferner nahmen bis zum Jahre 1988 der Alt- und der Jungschützenkönig unmittelbar hinter dem Baldachin an den Prozessionen teil, seitdem das jeweilige gemeinsame Königspaar mit dem Hofstaat. Der Priester mit der Monstranz wird seit 1949 von Jungschützen mit Hellebarden begleitet.

Die Schützenordnungen des 18. und des 19. Jahrhunderts weisen zudem noch eine Prozession um die Kirche zum Fest Mariae Heimsuchung (damals 2. Juli, jetzt 31. Mai) auf, bei der die Schützenkönige mit ihrem Kleinod sowie die Schützenfahnen mitgingen. Die Beteiligung bei der Fronleichnamsprozession ist hingegen erst seit 1947 in den Statuten festgehalten (Näheres im Beitrag „Die Vördener Schützengesellschaft").

Im Unterschied zu den „großen" sakramentalen Prozessionen, für die auch die Straßen mit Fahnen und Blumen geschmückt werden – früher waren vor allem grüne Büsche von Buchen oder Birken üblich –, sind die übrigen von der Form her deutlich einfacher. Statt der früher drei Bittprozessionen an den Tagen vor Christi Himmelfahrt, deren Ziele oben unter den Feldkreuzen erwähnt wurden, findet derzeit nur noch eine zu „Schmidts Kreuz" am jetzigen Standort statt. Bei den Bittprozessionen führte man Statuen der Gottesmutter und der hl. Agatha mit. Sie waren auf Bahren befestigt und wurden von jeweils vier Mitgliedern der Jungfrauenkongreation (s. u.) auf den Schultern getragen.

Neben der bereits angeführten Prozession zur Ewigen Anbetung hat das Ehepaar Philipp Hölting und Gertrud Moeller drei weitere Prozessionen gestiftet. In der Reihenfolge im Jahresverlauf findet die erste am Karfreitag statt. Sie ging früher von der Kirche durch die Pohlstraße zu „Storks Kreuz", wo eine Andacht zum Gedenken an den Tod Christi stattfand. Die Fortsetzung der Prozession erfolgte dann durch die Niedernstraße zur Kirche zurück. Mitgeführt wurde das ebenfalls vom Ehepaar Hölting / Moeller getiftete Kreuz mit der Kreuzpartikel (s. o.), die dabei verehrt wurde. Die Prozession wurde im Jahre 1865 mit einer Dotation von 50 Talern eingesetzt. Derzeit trifft man sich zu Karfreitag direkt am Kreuz zur Andacht und geht dann als Prozession zur Kirche zurück.

Schon vorher, im Jahre 1858, hatten die Eheleute zwei Kreuzweg-Prozessionen zum Hungerberg gestiftet, und zwar für die Feste Kreuzauffindung (3. Mai) und Kreuzerhöhung (14. September). Der Zusammenhang mit den im Vorjahr aufgestellten Kreuzwegstationen (s. o.) ist offensichtlich. Die Stiftung bestand aus zwei Morgen Land und 200 Talern. Dafür sollte dann auch in der Woche nach den Prozessionen jeweils eine Messe gefeiert werden. Seit etlichen Jahren wird am Morgen des Karfreitag der Kreuzweg an den Stationen zum Hungerberg hinauf gebetet.

Neben den in fast allen Pfarreien üblichen kleinen Prozessionen in der Kirche (Lichterprozession an Mariae Lichtmess am 2. Februar) und um die Kirche herum (Palmsonntag und in der Osterliturgie bei der Weihe des Osterfeuers) ist für Vörden noch eine frühere Prozession zum Fest des hl. Markus zu erwähnen (25. April). Die Prozession ging um die Kirche herum. Dabei wurden Fahnen mitgeführt sowie die Statuen der Gottesmutter und von St. Agatha wie bei den Bittprozessionen. Über eine Stiftung der Prozession oder den Anlass der Markusverehrung ist nichts bekannt. Sie wird seit Anfang der 50er Jahre nicht mehr gehalten.

c) Kirchliche Vereine, Bruderschaften und Verbände

Von den kirchlichen Vereinen, Bruderschaften und Verbänden wurde als erste die *Rosenkranzbruderschaft* am 28. Oktober 1706 gegründet. Die Gründung erfolgte auf Initiative der Dominikaner aus Warburg. Der Orden hatte vom Papst den besonderen Auftrag zur Förderung des Rosenkranzgebetes erhalten. Das Gründungsprotokoll verpflichtet zu regelmäßigen Rosenkranzandachten in der Kirche. Dementsprechend ist das Protokoll vom Pastor Pater Christian Völler, vom Küster Johannes Hillebrand und von dem Templierer (Kirchenvorstand) Jörgen Schwabe (Haus Trumpets) unterschrieben. Offenbar zur Unterstützung oder auch Wiederbelebung der Anliegen der Rosenkranzbruderschaft stiftete die oben im Zusammenhang mit dem Kreuz im Wenderweg bereits erwähnte Elisbeth Richts, Witwe des Hermann Potthast, in ihrem Todesjahr 1859 ein Grundstück von 1 Morgen, 63 Ruten 91 Fuß. Zur Rosenkranzbruderschaft findet sich in der Kirchenchronik eine Notiz von Pastor Behre: „*Seitdem die Feier der Herz-Jesu-Freitage 1927 eingeführt ist, wird am 3. Monatssonntage die Rosenkranzbruderschaft gehalten, am 1. Monatssonntage ist die Herz-Jesu-Andacht mit Weihe.*" Ferner wurde unter Pastor Behre jeweils vor den sonn- und feiertäglichen Gottesdiensten der Rosenkranz gebetet. Zudem war es üblich, im Oktober, dem „Rosenkranzmonat", am Abend in den Familien den Rosenkranz zu beten.

Zahlreiche religiöse Zusammenschlüsse in der Gemeinde wurden im 19. und Anfang des 20. Jahrhunderts gegründet, wie die folgende Aufstellung ausweist.[30] Nicht berücksichtig sind – bis auf eine Ausnahme – die im Realschematismus des Erzbistums aus dem Jahre 1961 für Vörden zusätzlich genannten Vereinigungen und Verbände wie etwa die katholische Filmliga, für die sich am Ort aber keine Belege für irgendeine Aktivität finden. Die für 1926 ausgewiesenen Angaben beziehen sich auf eine Aufstellung von Pastor Behre in der Pfarrchronik. Hier finden sich auch weitere einzelne Angaben bis 1940.

Kirchliche Vereine, Bruderschaften und Verbände in Vörden

Name	Gründungsjahr	Aufgabe	Bestehend? Evtl. Jahr der Beendigung	Anmerkungen
Rosenkranz–bruderschaft	1706	Regelmäßige Andacht zum Gebet des Rosenkranzes	Ca. bis 1950 bestehend, aber weiter Rosenkranzandachten.	1859 Stiftung von Land zur Fundierung.

Kirchliche Vereine, Bruderschaften und Verbände in Vörden

Name	Grün-dungs-jahr	Aufgabe	Bestehend? Evtl. Jahr der Beendigung	Anmerkungen
Borro-mäusver-ein	1852, dann 1909 wieder neu ge-gründet.	Anschaffung und Unterhal-tung einer Leih-bibliothek mit empfohlenen Büchern.	Ca. bis 1950.	Zurückgehend auf Karl Borro-mäus (1538-84), Kardinal in Mailand. Die Bi-bliothek war in der Schule, dann in der Kaplanei untergebracht.
Mäßig-keitsbru-derschaft	1855	Verpflichtung zur Zurück-haltung bei Alkohol, bes. Branntwein.	Schon 1926 nicht mehr genannt.	
Gebetsa-postolat	1873	Näheres nicht bekannt.	Schon 1926 nicht mehr genannt.	
Arme See-len Verein	1876	Zum Gebet und zur Messstif-tung für Ver-storbene, bes. für die, an die sonst niemand denkt.	1926 nicht genannt, aber bis heute noch existent.	Gegründet auf Initiative des Lehrers Her-mann Schlütz.
Volksver-ein für das ka-tholische Deutsch-land	1891	Anhebung der Bildung auf der Basis christlich-sozialer Ideen durch Vor-träge, Kurse, Schriften.	1933 beendet.	Im Zuge der „Gleichschal-tung" von den Nationalsozia-listen verboten.
Verein der hl. Fami-lie von Nazareth	1893	Näheres nicht bekannt.	1930 noch genannt.	1930 Klage über fehlende neue Anmeldungen.

Kirchliche Vereine, Bruderschaften und Verbände in Vörden

Name	Grün- dungs- jahr	Aufgabe	Bestehend? Evtl. Jahr der Beendigung	Anmerkungen
Mädchen- schutz- und Erzie- hungsver- ein	1907	Näheres nicht bekannt.	Schon 1926 nicht mehr genannt.	
Bonifati- usverein	1908	Unterstützung der Seelsorge in der Diaspora.	Als örtlicher Verein ca. bis 1950.	Der Verein besteht in Deutschland weiter, seit 1968: „Bonifatiuswerk der deutschen Katholiken".
Pactum Liboria- num	1909	Näheres nicht bekannt.	Schon 1926 nicht mehr genannt.	
Jünglings- sodalität	1916	Zum Zusam- menhalt, viel- fach bes. durch Sport.	Schon 1926 nicht mehr genannt.	Häufig Ur- sprung von Musik- und Sportvereinen.
Jungmän- nerverein, später: Deutsche Jugend- kraft (DJK)	1916	Zunächst zur christlichen Be- tätigung u. Wei- terbildung der schulentlassenen Jugend, später bes. auch Sport als Aufgabe	1937 zwangs- weise aufge- löst; 1964 Er- wähnung der „Jungmänner" bei Umbau der alten Schule.	Die Umbenen- nung in DJK erfolgte zum Schutz gegen Auflösung, den- noch 1937 durch Nazis reichsweit aufgelöst.
Jungfrau- enkongre- ation	1917	Christliche Betätigung u. Weiterbildung der weiblichen Jugend.	1952 noch genannt.	Treffen einmal monatlich nach der sonntägl. Andacht. Tragen der Figuren bei den Bittprozes- sionen.

Kirchliche Vereine, Bruderschaften und Verbände in Vörden

Name	Grün-dungs-jahr	Aufgabe	Bestehend? Evtl. Jahr der Beendigung	Anmerkungen
Frauen- und Müt-terverein	1917	Zusammenhalt und Weiterbil-dung der Frauen und Mütter.	Bestehend als Kathol. Frauen Gemeinschaft Deutschlands, KFD.	Gesellige Ver-anstaltungen, führt eine Fahne bei Prozessionen.
Männera-postolat auch Män-nerverein genannt	1926 als beste-hend erwähnt.	Religiöse Bindung und Stärkung durch Zeitschrift, einmal monatl. gemeinsame Kommunion.	Er erhielt noch 1959 ein neues Banner.	1910 in Deutschland gegründet.
Caritas-verein	1935 als „ausge-geschal-tet" ver-merkt,[31] 1945 neu gegrün-det.	Unterstützung Bedürftiger in der Gemeinde u. a.	Bestehend.	Trotz des Ver-botes wird 1936 eine Erhöhung der Mitglie-derzahl auf 25 vermerkt.
Kindheit-Jesu-Ver-ein, wohl auch unter der Be-zeichnung Schutzen-gelverein	1926 be-stehend.	Regelmäßige Spende der Kinder für „Heidenkinder".	Bis ca. 1950, einzelne Spen-den noch bis ca. 1965.	
Missions-verein, auch: Fran-ziskus Xaverius Verein	1926 be-stehend.	Regelmäßige Spende zur Glaubensver-breitung.	Bis ca. 1950.	Bundesweit fortbestehend unter dem Kür-zel „Missio", Zentrale in Aachen.

Kirchliche Vereine, Bruderschaften und Verbände in Vörden

Name	Gründungs-jahr	Aufgabe	Bestehend? Evtl. Jahr der Beendigung	Anmerkungen
Familienbund deutscher Katholiken[32]		Stärkung der katholischen Familien, deren Interessensvertretung.	Kein Ortsverein bestehend, aber Angebot von „Familienfahrten" u.ä..	
Katholische Landjugend Bewegung (KLJB)	1974 schon vorher einzelne Aktivitäten	Zusammenhalt, Bildungsveranstaltungen, Feiern, soziales Engagement.	Bestehend als „Landjugend Vörden".	
Katholische Arbeiterbewegung (KAB)	1947 (?)	Arbeiterbildung, Vertretung der Interessen von Arbeitnehmern, soziales Engagement.	Ortsverein bestand 1947 unter Vikar Lutter als Präses. Offenbar ohne förmliche Auflösung eingestellt.	Unter dem Namen „Katholische Arbeitnehmer-Bewegung" KAB als Bundesverband tätig.
Kirchenchor, gemischt	1984	Musikalische Gestaltung von Gottesdiensten.	Bestehend.	Setzt die Tradition des 1912-1965 bestehenden Männergesangvereins (ab 1954 als gemischter Chor) fort.
Seniorengemeinschaft		Monatliche Zusammenkünfte, Fahrten.	Bestehend.	Keine Vereinsstruktur.

Es ist erstaunlich, dass es in Vörden offenbar nie eine Kolpingfamilie gab, obgleich insbesondere in der ersten Hälfte des 20. Jahrhunderts zahlreiche junge Vördener vor allem in Bochum Arbeit suchten und dort vielfach im Kolpinghaus lebten, wie man aus ihren späteren Erzählungen entnehmen konnte.

d) Religiöse Gebräuche

Die religiösen Gebräuche – ohne die bereits behandelten Prozessionen – begannen im Jahresverlauf mit dem Weihgang in den Tagen um das Fest Dreikönige am 6. Januar. Dazu suchte der Pastor oder Vikar mit zwei Messdienern die einzelnen Häuser auf, ging durch das ganze Haus und segnete alle Zimmer und auch die Ställe mit Weihwasser. Für die Messdiener war das recht angenehm, weil überall noch die Weihnachtsbäume standen und manche Süßigkeit angeboten wurde. Seit 1979 ist das Sternsingen an die Stelle des Weihgangs getreten.

Am Palmsonntag, dem Beginn der Karwoche, ging jedes Kind mit einem Strauß von Weidenkätzchen in die Kirche. Man nannte sie Palmen. Sie wurden dann bei der Prozession um die Kirche herum mitgeführt. Die gesegneten Palmzweige steckte man in den Häusern hinter die Kreuze oder sonstige religiöse Bilder.

In der Karwoche, wenn nach der Messe am Gründonnerstag die Glocken bis Ostern schweigen, wurde und wird in Vörden wie in anderen Orten traditionell „gekleppert". Die Geräte, die Kleppern, befanden sich im Besitz von einzelnen Familien. Das Ausleihen war üblich. Das Kleppern übernahmen früher die Jungen des Entlassjahrgangs der Schule (Volksschule). Derzeit gilt das Austrittsalter aus der Hauptschule als maßgeblich. Auch Mädchen beteiligen sich jetzt. Gekleppert wird anstelle des Morgen-, Mittags- und Abendläutens auf einem Rundgang durch den Ort. Dabei wird das gemeinsame Kleppern immer wieder unterbrochen durch den gesungenen Text: „Ave Maria, gratia plena, dominus tecum, so grüßte der Engel die Jungfrau Maria." Bis ca. 1960 wurde darüber hinaus zu den einzelnen gottesdienstlichen Veranstaltungen in der Form eingeladen, dass jeder Jugendliche in seinem zugeteilten Bezirk bei jedem Haus die Tür öffnete, in die Deele oder den Flur hinein klepperte und dann rief: „Zeit zum Gottesdienst." Auch die entfernt liegenden Häuser „Windmühle" und „Schumeriggen" (Schulenburg) wurden nicht ausgelassen. Der Lohn für das Kleppern bestand damals ausschließlich aus Eiern. Zum Einholen dieses Lohnes zog man am Nachmittag des Karsamstags gemeinsam von Haus zu Haus, gab jeweils wieder ein Signal in die geöffnete Tür und rief: „Zeit zum Eiersammeln." Heute sind finanzielle Belohnungen weitgehend an die Stelle von Eiern getreten.

Zu Ostern war noch im 18. Jahrhundert das Osterreiten sehr verbreitet. Dazu ritt man in der Regel mit Kreuz und Fahnen durch die Felder, wie es in Süddeutschland bis heute vielfach üblich ist. In Vörden scheint das Osterreiten aber weniger Prozessionscharakter gehabt zu haben. Völker zitiert dazu einen Artikel des Warburger Oberlehrers Hüser aus dem Jahre 1898:

„In Vörden versammelten sich in früherer Zeit am zweiten Ostertage die Jünglinge zu Pferde auf dem Kirchhofe und ritten eine gute Stunde durch die Feldmark. An einer bestimmten Stelle aber löste sich die Ordnung auf, und

jeder raste im vollen Galopp querfeldein, um ein etwa 10 Minuten entferntes Kreuz zu erreichen. Wer zuerst dort anlangte, erhielt einen Stuten. Die Zerstörung, die durch das Reiten verursacht wurde, sollte der Feldmark Glück bringen."[33]

Auch nach Ostern fand – ähnlich wie zu Dreikönige – ein Weihgang durch alle Häuser statt. Man wollte den Ostersegen damit auch sichtbar in die Häuser tragen. Der Brauch wurde bis in die 50er Jahre des vorigen Jahrhunderts hinein durchgeführt.

Nach dem Ersten und auch noch nach dem Zweiten Weltkrieg wurde am 1. Mai auf dem Hungerberg eine Messe für die Gefallenen gefeiert. Da man nicht in Prozessionsform dorthin ging, konnte auf dem Heimweg „Mailaub" (frischer Buchenaustrieb) für die häuslichen Maialtäre mit einer Marienstatue abgeschnitten werden. Maiandachten in der Kirche sind bis heute üblich.

Auch wenn es kein religiöser Brauch war, so sei erwähnt, dass es bis weit über die Mitte des vorigen Jahrhunderts hinaus üblich war, dass junge Männer in der Nacht zum ersten Pfingsttag ihren Mädchen einen „Pfingstbaum" oder „Maibaum" brachten. Es war eine grüne Buche, die aus dem Wald geholt und am Haus befestigt wurde. Auch heimliche Verehrer konnten sich so kundtun.

Wie überall auf dem Land, so wurde auch in Vörden seit je her zum Fest Mariae Himmelfahrt am 15. August von den Kindern das Krautbund gesammelt und im Hochamt geweiht. Die Kirche duftete dann ganz herrlich nach den frischen Kräutern, die jedes Kind mit sich führte. Bis zu 24 Pflanzen gehörten in Vörden zum Krautbund. Insbesondere die Jungen entwickelten den Ehrgeiz, möglichst alle Bestandteile zu finden. Dazu nahm man zum Teil weite Wege in Kauf.

Bestandteile des Krautbunds in Vörden[34]				
Nr.	Allgemeine Bezeichnung	Botanische Bezeichnung	Abweichende Benennung in Vörden	Anmerkungen
1	Weizen	Triticum aestivum		
2	Roggen	Secale cereale		
3	Hafer	Avena sativa		
4	Gerste	Hordeum vulgare		

Bestandteile des Krautbunds in Vörden[34]				
Nr.	Allgemeine Bezeichnung	Botanische Bezeichnung	Abweichende Benennung in Vörden	Anmerkungen
5	Wermut	Artemisia absinthium		Diese Gartenkräuter hatte längst nicht jede Familie im eigenen Garten. Man kannte aber die entsprechenden Gärten, deren Besitzer gern halfen.
6	Gewöhnlicher Beifuß	Artemisia vulgaris		
7	Knoblauch	Allium sativum		
8	Dill	Anethum graveolens		
9	Fette Henne	Sedum telephium	Donnerkraut	Wuchs meist an Wiesenrändern.
10	Silberdistel	Carlina vulgaris	Donnerdistel	Sie wuchs auf der Höhe zwischen Kollerbeck und Papenhöfen.
11	Rainfarn	Tanacetum vulgare	Gelbe Knöpfe	
12	Gewöhnlicher Odermenning	Agrimonia eupatoria	Haarstrang	
13	Johanniskraut	Hypericum perforatum	Mudderguotes Beddestrau	
14	Sumpf-Schafgarbe	Achillea ptarmica	Herz-Jesu-Äugelein	
15	Jakobs-Kreuzkraut	Senecio jacobaea	Jadiuwelken	
16	Tausendgüldenkraut	Centaurium minus		Wuchs im Steinbruch hinter Eilversen nach Ovenhausen.
17	Goldklee	Trifolium aureum	Höpken	Wuchs auf den Feldern oberhalb Vördens rechts von der Straße nach Altenbergen.
18	Hasenklee	Trifolium arvense	Wülweken	

Bestandteile des Krautbunds in Vörden[34]				
Nr.	Allgemeine Bezeichnung	Botanische Bezeichnung	Abweichende Benennung in Vörden	Anmerkungen
19	Gemeiner Dost	Origanum vulgare	Neußken	
20	Gemeine Schafgarbe (weiß)	Achillea millefolium	Weißes Handtuch	Eigentlich die gleiche Pflanze, jedoch bei Nr. 21 mit rosa Einfärbung.
21	Gemeine Schafgarbe (rötlich)	Achillea millefolium	Rotes Handtuch	
22	Feld-Thymian	Thymus puklegioides	Herz-Jesu-Blut	
23	Kamille	Matricaria recutita		War leicht zu verwechseln mit der unechten, der Hundskamille.
24	Königskerze	Verbascum thapsiforme		

Die geweihten Kräuter wurden in den Häusern sorgfältig verwahrt. Während des Jahres kochte man daraus Tee bei Krankheiten von Mensch oder Tier.

Zu Allerheiligen gehört, wie überall in katholischen Gegenden, bis heute der abendliche Gang zum Friedhof mit dem dortigen Rosenkranzgebet und der Gräbersegnung zum Jahresablauf. Hinzu kam in früherer Zeit der Erwerb des „Toties-Quoties-Ablasses" (So viel, so oft) am Allerseelentag (2. November). Man erwarb einen vollkommenen Nachlass von Sündenstrafen für sich selbst oder für Verstorbene, indem man nach einer reumütigen Beichte und der Kommunion in der Kirche bestimmte Gebete verrichtete und dann die Kirche verließ. Für einen zweiten Ablass betrat man sie erneut zum Gebet usw.

Seit rund vier Jahrzehnten besteht in Vörden die Sitte des Martinszuges mit dem Martinsspiel der Mantelteilung. Beides wird vom Schützenverein zum Martinstag am 11. November für die Kinder veranstaltet, die mit Lampions dem Heiligen auf seinem Pferd folgen.

Zu Beginn der Adventszeit gingen die Messdiener mit dem Küster in die alten Steinbrüche am nördlichen Hungerberg, um das für die Weihnachtskrippe in der Kirche benötigte Moos zu holen. Auch für die häuslichen Krippen konnte dann gesorgt werden. Bis zum Weihnachtsfest war anschließend noch genügend Zeit zum Trocknen des Mooses.

6. Pastöre, Vikare und Küster

a) Pastöre

Mit der Übergabe der Stadt Vörden an den Bischof 1324 übernahm der Abt von Marienmünster das Recht wie die Pflicht zur Besetzung der Pfarrstelle in Vörden. Die Pfarrer waren Mönche aus Marienmünster. Sie werden zunächst im Pfarrhof auf dem jetzigen Burggelände gewohnt haben. Die Namen der ersten Vördener Pfarrer sind nicht überliefert. Folgende Vördener Pastöre sind bekannt:[35]

Pastöre an der Vördener Kirche		
Name	*Dienstzeit oder Jahr der urkundlichen Nennung*	*Anmerkungen*
P. Hermann Cranzius (Kranz)	1519	Todesjahr
P. Runte		Ohne weitere Angaben im Bericht des P. Leander Bruns im zweiten Kirchenbuch 1729 erwähnt.
P. Curte		
P. Rust		
P. Dietrich Hattensen	1549[36]	
P. Hermann Hoppenberg	1576	Genannt auf der Tafel über dem Turmeingang der Kirche
Hier klafft eine größere Lücke		
P. Jodokus Haucke	1629	Wie zu Runte, Curte u. Rust.
P. Laurenz Wiggermann	1639	
P. Beda Frondinus	1656	
P. Conradus Langen	1658-1667	
P. Plazidus Bergmann	1667	
P. Heinrich Staelschmidt	1667-1677	
P. Gregorius Köller	1677-1682	
P. Johannes Schmid	1682-1688	Starb 1688 als Pastor von V.
P. Ildephons Breithaupt	1688-1707	
P. Johannes Möller	1707-1708	
P. Christian Füller	1708-1722	
P. Hieronymus Culman	1722-1723	
P. Hermann Cuhrl	1723	Nur von Juli bis November.

Pastöre an der Vördener Kirche		
Name	Dienstzeit oder Jahr der urkundlichen Nennung	Anmerkungen
P. Leander Bruns	1724-1737	
P. Aemilian Jordan	1737-1741	
P. Antonius Thoß	1741-1745	
P. Johannes Schröder	1745-1749	
P. Jakobus Prelmann	1749-1751	
P. Hermann Selsen	1751-1755	
P. Wilhelm Ahn	1755-1756	
P. Liborius Cartzen	1756-1769	
P. Petrus Rust	1769-1777	
P. Paulus Heine	1777-1778	
P. Hieronymus Culmann	1778-1783	Er stammte wie der obige namensgleiche Pater aus Kirchborchen.
P. Maurus Weller	1783-1784	
Unklare Lücke von 10 Jahren		
P. Hieronymus Culmann	1793-1801	Derselbe wie von 1778-1783.
P. Gregorius Köchling	1801-1805	
P. Maurus Gerlach	1805-1806	
Johannes Christoph Hagemann	1806-1812	Erster „Weltgeistlicher" (kein Mönch) in Vörden.
Wilhelm Anton Pontianus Rekers	1812-1853	
Johannes Franz Tigges	1854-1857	
Heinrich Funke	1857-1892	
Bernhard Tewes	1892-1901	
NN Höninger	1901-1902	als Pfarrverweser
Franz von Sales Schulte	1902-1926	
Johannes Dewenter	1926	War nur wenige Monate hier. Ließ sich wegen unzureichender Wohnung versetzen.
Josef Behre	1926-1951	

| Pastöre an der Vördener Kirche | | |
Name	Dienstzeit oder Jahr der urkundlichen Nennung	Anmerkungen
Josef Müller	1951-1969	Blieb im Ruhestand zunächst im Pfarrhaus wohnen.
P. Leonard Clumpkens	1969-1970	Erster Pfarrer aus dem 1976 in Marienmünster neu einge-richteten Konvent der Passio-nisten. Wohnte dort.
P. Victor van Vliet	1970-1979	Wohnte im Konvent.
Josef Müller	1979-1983	Wie oben, in Vertretung. Dann zog Pfarrer Müller nach Weilerswist im Rheinland, wo er 1994 mit 91 Jahren verstarb.
P. Gerd Blick	1983- derzeit	Wohnt im Konvent.

Am 20. März 1959 konnte Pastor Josef Behre in seinem Heimatort Dalhau-sen das Fest seines diamantenen Priesterjubiläums (60 Jahre) feiern. Aus diesem Anlass verlieh ihm die Stadt Vörden die Ehrenbürgerschaft. Soweit bekannt ist, war Pastor Behre damit der einzige Ehrenbürger, den Vörden je ernannt hat. Die Gemeinde Dalhausen schloss sich diesem Beispiel der Vördener an.

b) Pfarrhäuser

Wie erwähnt, wohnten die Vördener Pastöre zunächst im Pfarrhof auf der We-deme-Stätte auf dem Gelände des heutigen Burghofes. Nach den Stadtbränden von 1511 und 1516, die jeweils auch den Pfarrhof einäscherten, blieben die vom Abt ernannten Vördener Pfarrer im Kloster Marienmünster wohnhaft und versorgten von dort aus die Pfarrei. Offenbar drängte das Kloster die durch die Brände verarmte Stadt in der Folgezeit auch nicht zum Wiederaufbau des Pfarrhauses. Vielmehr unterbanden die Äbte ab 1532 auch für die anderen zu Marienmünster gehörenden Pfarreien für längere Zeit das Wohnen der Priest-ermönche außerhalb des Klosters. Die Äbte wollten dadurch die Kontrolle über ihre Untergebenen behalten und so vor allem der Gefahr des Eindringens der lutherschen Lehre begegnen.[37] Bei den Mönchen war das Wohnen in den Pfarrhäusern meist recht beliebt, weil sie sich dadurch der strengen klösterli-chen Zucht etwas entziehen konnten.
Auch nach dem Aufbau des Mönchehofes durch das Kloster Marienmünster infolge des Tausches von 1606 nahmen die vom Abt ernannten Vördener Pfar-

Abb. 73 Abb. 74   Pastor Heinrich Funke 1867-92
Pastor Bernhard Tewes 1892-1901

Abb. 75 Abb. 76   Pastor Franz von Sales Schulte 1902-26
Pastor Joseph Behre 1926-51

Abb. 77 Abb. 78   Pastor Joseph Müller 1951-69 und 1979-83
Pater Leonard Clumpkens 1969-1970

Abb. 79 Abb. 80   Pater Victor van Vliet, 1970-79
Pater Gerd Blick 1983 bis derzeit

rer hier offenbar keine Wohnung. Und selbst nach der Auflösung des Klosters Marienmünster im Jahre 1803 wohnten die Patres Köchling und Gerlach als Vördener Pfarrer noch in den Klostergebäuden in Marienmünster. Erst von dem „Weltgeistlichen" Hagemann an änderte sich das. Die Pastöre hatten dann zunächst eine Mietwohnung in Vörden, für die der preußische Staat als Rechtsnachfolger des Klosters die Miete zahlte. Im Jahre 1818 kaufte der Staat dann für 600 Taler das „Schleppersche Colonathaus" auf dem Grundstück des heutigen Hauses Multhaup (Büngener), Marktstraße 7. Es gehörte zu der Zeit dem früheren Verwalter der Burg Vörden, dem Amtmann Johann Bernhard Meyer. Nach entsprechenden Umbauten bezog dann Pastor Rekers als erster das Haus. 1828 wurden noch Stallungen angebaut.[38]

Dieses Haus brannte 1857 mit den meisten Häusern an der Marktstraße ab. Daraufhin kaufte der Staat das Grundstück des ebenfalls abgebrannten Hauses der Witwe Elisabeth Potthast geb. Richts unmittelbar neben der Kirche und errichtete 1860 darauf ein neues Pfarrhaus, das bis heute steht. Er erwarb auch die dahinter liegenden Grundstücke an der Niedernstraße für die Erweiterung des Gartens. Dieses Pfarrhaus wurde zuerst von Pastor Heinrich Funke bezogen und zuletzt von Pastor Josef Müller bewohnt.

Am Anfang des Jahres 1877 kam es im Pfarrhaus zu einer recht dramatischen Szene, die in der Ortschronik detailliert wiedergegeben ist. Schon zum Jahr 1875 hatte der damalige Gemeindevorsteher Kreilos (Fenstermacher) darin sehr genau die Maßnahmen geschildert, die der preußische Staat im Rahmen des „Kulturkampfes" in den Jahren 1872-75 gegen die katholische Kirche ergriffen hatte. So wurden noch bestehende Klöster geschlossen, der Jesuitenorden verboten, den Geistlichen jegliche politische Stellungnahme untersagt, der Kirche die Aufsicht über die Ortsschulen genommen, die Zivilehe eingeführt und die Ausbildung der Priester staatlich reguliert. Da Pfarrer Funke die Gesetzte nicht anerkennen wollte, kündigte der Staat ihm 1876 die Wohnung und verweigerte ihm sein Gehalt. Als er nicht auszog, kam am 2. Januar 1877 der Amtmann Kroeger von Marienmünster, um das Pfarrhaus für den Fiskus in Besitz zu nehmen. Im Wohnzimmer des Pfarrers hatten sich neben dem neuen Gemeindevorsteher Johann Potthast auch die fünf Mitglieder des Kirchenvorstandes versammelt. Der Pfarrer erklärte, er würde nur bei Anwendung von Gewalt ausziehen. Daraufhin legte der Amtmann „zum Zeichen der Gewaltthätigkeit seine Hand an den Arm des Herrn Pfarrers." Bis zum erlaubten Wiedereinzug im Jahre 1881 wohnte Pfarrer Funke nebenan im Haus des Johann Ahlemeyer. Die Gemeinde zahlte dafür jährlich 180 Mark Miete.

c) Vikare

Mit der Feier der 1760 gestifteten *Frühmesse* (s. o.) wurden zunächst auch Mönche aus dem Kloster Marienmünster betraut. Der jeweilige Beauftragte (Primissiar) hielt auch die Christenlehre (Unterweisung in der Kirche) und die

Nachmittagsandacht an Sonn- und Feiertagen. Einige verwalteten gleichzeitig den Mönchehof und wohnten dann wohl auch dort.[39] Die folgende Aufstellung gibt eine Übersicht über die Stelleninhaber.

Primissiare und Vikare an der Vördener Kirche		
Name	Dienstzeit oder Jahr der urkundlichen Nennung	Anmerkungen
Die ersten Inhaber der Stelle sind unbekannt.		
Liborius Heinemann	1786-1797	War zugleich Verwalter des Mönchehofes.
August Raffenberg	1799-1820	Wie vorstehend bis 1803. Dann wohnhaft in dem unter seiner Aufsicht 1802 erbauten Schulhaus mit Vikarie.
Über mehr als ein Jahr feierten die Pastöre der Klosterpfarrei die Frühmesse in Vörden.		
Johann Josef Zünkeler	1821-1851	Er starb in Vörden.
Wilhelm Krekeler	1851-1858	
Wilhelm Lödige	1859 1861	
Franz Menne	1861-1868	
Jost Grawe	1868-1885	
In der Zwischenzeit unbesetzt		
Hermann Thielemann	1890-1892	
In der Zwischenzeit unbesetzt		
Christoph Völker	1914-1926	Er sollte sich aufgrund seiner angegriffenen Gesundheit in Vörden erholen.
In der Zwischenzeit unbesetzt		
Franz Blaufuss	1933-1934	Er starb in Vörden.
In der Zwischenzeit unbesetzt		
Johannes Kemper	1937-1947	Unterbrechung durch den Kriegseinsatz 1940-45.
Friedrich Lutter	1947-1951	
Seitdem unbesetzt		

Ein Foto von Vikar Völker findet sich in „Einleitung und Übersicht".

Abb. 81 Abb. 82   Vikar Johannes Kemper 1937-47
Vikar Friedrich Lutter 1947-51, rechts August Ridder

Wie bereits angemerkt, wohnten die Vikare seit 1802 im Obergeschoß des damals neu errichteten Fachwerkhauses an der Nordseite der Kirche, auf dem
heutigen Parkplatz. Auch eine Wohnung für den Lehrer und Küster war hier
eingerichtet. Unten in dem Haus war ein Klassenraum der Schule. Bezeichnend
für die damalige Zeit gehörte zur Kaplanswohnung auch ein Ziegen- und ein
Schweinestall.[40] Das Haus wurde 1964 abgerissen, nachdem es die Kirchengemeinde gegen das alte Schulhaus eingetauscht hatte.

d) Küster

Wie erwähnt, waren die Küster in Vörden – wie auch in anderen Orten – über
Jahrhunderte hinweg zugleich Organisten und Lehrer. Erst ab 1904 wurde das
Amt des Küsters abgekoppelt. Deshalb werden die bis 1904 amtierenden Küster
im Artikel über Schulen in Vörden berücksichtigt. Ab 1904 wirkten dann in
Vörden folgende Küster:

Küster in Vörden (ab 1904)		
Name	Dienstzeit	Anmerkungen
Johann Massolle	1904-1921	Aus der Familie genannt Schnei-derjörns, (auch Schneiderjürgens), wohnhaft in der Niedernstraße 11.

Küster in Vörden (ab 1904)		
Name	Dienstzeit	Anmerkungen
Josef Stamm	1921-1939	Die Familie wohnte im Haus Pohlstraße 9.
Fritz Ridder sen.	1939-1950	Er stammte aus Bredenborn.
Fritz Ridder jun.	1950-1983	Sohn des Vorgängers.
Familien Johannes u. Elisabeth Vogedes und Heinz u. Margret Hölting	1983- derzeit	Das Amt wird von den Genannten gemeinsam ausgeübt. Heinz Hölting starb im Jahre 1991.

7. Die Einpfarrerung Eilversens

a) Geschichtliche Aspekte

Die alte Siedlung Eilversen gehörte schon Jahrhunderte vor dem Stadtausbau Vördens und der Gründung der Pfarrei Vörden kirchlich zu Altenbergen. Das bedeutete, dass die Bewohner Eilversens ihre Kinder in Altenbergen taufen ließen, ihre Toten dort bestatteten und dort auch den sonntäglichen Gottesdienst besuchten. Ebenso fanden dort Erstkommunionen, Firmungen und Hochzeiten statt.

Der Kirchweg nach Altenbergen führte zunächst über den alten Weg nach Vörden bis zum jetzigen Eilverser Friedhof, schwenkte dann auf der Höhe nach links, erreichte den Waldrand und führte geradeaus an diesem entlang in und durch das Eimerholz, das ursprünglich zur Altenberger Kirche und seit 1324 zur Burg Vörden gehörte. Der Weg war ca. 4 km lang und gerade in nassen Jahreszeiten infolge der zu durchquerenden wasserführenden Senken im Eimerholz recht beschwerlich. Die Bewohner Eilversens waren wie die Altenbergens auch zur Erhaltung der Kirche wie zur Bestellung des Pfarrlandes verpflichtet.[41]

b) Der Kapellenbau in Eilversen

Nicht zuletzt der beschwerliche Weg nach Altenbergen, aber sicherlich auch eine fromme Gesinnung brachte die Eilverser um die Mitte des 19. Jahrhundert zu dem Wunsch, ein eigenes Gotteshaus innerhalb des Ortes zu haben. Der Antrag auf den Bau einer Kapelle gänzlich aus eigenen Mitteln wurde von staatlichen wie kirchlichen Stellen im Jahre 1850 genehmigt.[42] Die dadurch bedingte große Belastung der kleinen Gemeinde zeigt sich an der langen Bauzeit. Erst im Frühjahr 1854 war die Kapelle fertig gestellt. Am 24. Juni 1854, dem Fest Johannes des Täufers, des erwählten Patrons, fand die Weihe statt.

Abb. 83   Küster Josef Stamm (hinter Pastor Behre) und Messdiener 1932.
Die Messdiener sind vorn Otto Willberg (links) und Franz Leßmann, in
der ersten Reihe von links: Alfons Weber, Anton Ridder, Alfons Vogt, Fritz
Ridder, Alfons Elsing und Josef Gründer, in der zweiten Reihe von links:
Josef Willberg, Bernhard Nolte, Heinrich Klahold und Heinrich Krois, in
der dritten Reihe von links: Hubert Vogt, Josef Stamm, Fritz Sander, Josef
Weber, Heinrich Gröne.

Im Jahre 1858 wurde mit einer ersten Stiftung von 20 Talern durch Franz Meyer ein Kapellenfonds zur Unterhaltung und weiteren Ausgestaltung der Kapelle
gegründet. Ein im Jahre 1868 angelegtes Inventarverzeichnis lässt die gute Ausstattung der Kapelle erkennen. Sie besaß beispielsweise mehrere Messgewän-
der für die zweimal monatlich in den Sommermonaten – mit Ausnahme bei
schlechtem Wetter – hier durch den Altenberger Pastor gefeierten Gottesdienste (s. Altarfoto Nr. XII im farbigen Bildteil).

c) Der Konflikt um einen eigenen Friedhof

Zu den beschwerlichsten Lasten der Zugehörigkeit zur Pfarrei Altenbergen gehörte vor allem der Transport der Toten aus Eilversen zum Altenberger Friedhof. Deshalb wünschten die Eilverser einen eigenen Friedhof. Bereits im Jahre
1900 hatte man ein passendes Grundstück erworben und mit einem Kreuz ausgestattet. Der Altenberger Pastor Wiederhold verweigerte jedoch die Weihe des
Friedhofs und damit eine Bestattung auf diesem Platz. Er sei nur auf ausdrück-
lichen Befehl des Bischofs dazu bereit. Deshalb schrieben die Eilverser mit Da-

Abb. 84   *Küster Fritz Ridder sen. mit Messdienern und Mitgliedern der Jungfrauen-*
kongreation 1939, rechts Pastor Behre.
Die Messdiener sind in der ersten reihe von links: Gerhard Dolle, Josef Leß-
mann, Josef Elsing, Walter Lücke, Günter Ohagen, Willi Simon und Josef
Sekunde, in der zweiten Reihe von links: August Ridder, Bruno Gröne,
Paul Potthast, Alfons Klahold und Paul Gröne. Die Jungfrauen sind in der
dritten Reihe von links: Auguste Hecker, Gisela Leßmann, Elisabeth Weber,
Anneliese Stamm, Maria Simon und Adelheid Ridder, in der vierten Reihe
von links: Ruth Simon, Irene Lücke, Hedwig Krois, Beate Willberg, Hedwig
Fischer und Johanna Gröne.

tum vom 27. Juli 1910 an den Bischof und baten mit Hinweis auf den beschwer-
lichen Weg nach Altenbergen, insbesondere im Winter, um eine Anerkennung
ihres Friedhofs. In einem Gegenbrief verweist Pastor Wiederhold u.a. auf die
bei Beerdigung in Altenbergen fällig werdenden Gebühren, die dann wegfielen.
Man kann annehmen, dass der eigentliche Grund der Weigerung aber darin lag,
dass er dann selbst bei Wind und Wetter zu den Beerdigungen den Weg nach
Eilversen hätte gehen müssen.
Offenbar kam aus Paderborn kein positiver Bescheid für Eilversen, denn im
Jahre 1916 griff man das Problem erneut auf. Dieses Mal schrieb der 73-jäh-
rige Johann Backhaus an den Bischof. Er sei bettlägerig krank und sein sehn-
lichster Wunsch wäre, auf dem Eilverser Friedhof beerdigt zu werden. In einem
erneuten Gegenschreiben zweifelt Pfarrer Wiederhold u.a. die Ernsthaftigkeit
der Erkrankung des Johann Backhaus an. Er habe diesen noch kürzlich beim
Korneinfahren auf dem Felde gesehen. Da wiederum keine Erlaubnis von Pa-

derborn eintraf, schrieb die Gemeindevertretung Eilversen zwei Jahre später in dieser Angelegenheit erneut an den Bischof. Aber es gab auch jetzt keine Änderung der Situation. Nachdem nun 18 Jahre in dieser Angelegenheit ergebnislos vergangen waren, suchte man einen ganz anderen Weg.

d) Die Eingliederung nach Vörden

Nicht zuletzt durch den anhaltenden Streit um einen eigenen Friedhof hatten sich die Bindungen der Eilverser an den angestammten Kirchort Altenbergen gelockert. Viele Eilverser besuchten inzwischen den sonntäglichen Gottesdienst in Vörden. Und so entstand der Wunsch einer Umpfarrerung nach Vörden. Mit Datum vom 27. Mai 1919 schrieb der damalige Ehren-Amtmann Carl von Haxthausen an den Bischof, dass demnächst von Eilversen ein entsprechender Antrag gestellt werde. Er bäte um eine positive Beurteilung der Angelegenheit. Die Eilverser trugen dann neben den bereits genannten Argumenten auch vor, dass in Altenbergen keine Frühmesse gehalten werde. Deshalb sei man sowieso gezwungen, um einen versetzten Gottesdienstbesuch innerhalb der Familien zu ermöglichen, was beispielsweise zur Beaufsichtigung und Versorgung kleiner Kinder wie auch des Viehs notwendig war, zur Frühmesse nach Vörden zu gehen. Auch sei der Weg weniger als halb so weit und als Kreisstraße in einem guten Zustand. Mit Datum vom 28. Oktober 1919 teilt der Vördener Kirchenvorstand der bischöflichen Verwaltung mit, dass er eine Einpfarrerung Eilversens nicht ablehnen werde. Auch der Kirchenvorstand in Altenbergen konnte sich den Argumenten der Eilverser nicht ganz entziehen. In einem Schreiben vom 1. Februar 1920 legten diese noch einmal ihre Argumente für den Wechsel mit konkreten Bespielen in Paderborn vor. U. a. heißt es, dass die Eilverser Kommunionkinder zum Kommunionunterricht in Altenbergen bei schlechtem Wetter mit nassen Füßen ankämen, so dass sie Strümpfe zum Wechseln mitnehmen müssten.
In Paderborn war man jetzt nicht mehr abgeneigt, dem Wunsch nachzukommen. Es gab dann noch einen längeren Briefwechsel über die Ablösung der Pflichten Eilversens gegenüber der Altenberger Kirche und Gemeinde. Grundsätzlich stimmten aber der Bischof wie auch das ebenfalls zu hörende preußische Ministerium für Wissenschaft, Kunst und Volksbildung dem Wechsel zu. Dieser wurde dann aufgrund eines bischöflichen Schreibens vom 12. Januar 1925 am 15. desselben Monats wirksam. Mit Vertrag vom 20. Oktober 1926 regelten schließlich die beiden politischen Gemeinden Altenbergen und Eilversen den Wechsel durch eine von Eilversen zu zahlende Ablösesumme von 200 Mark. Damit war die wohl fast tausendjährige Zugehörigkeit zur Pfarrei Altenbergen beendet.

e) Die folgenden Regelungen

Seit der Einpfarrerung feierten die Vördener Pastöre oder Vikare jeden Sonntag nach dem Ende des 9.30 Uhr beginnenden Hochamtes in Vörden um 11 Uhr eine Messe in der Kapelle in Eilversen. Dazu holten die Eilverser Bauern den Geistlichen mit der Pferdekutsche ab, wobei der Dienst von Sonntag zu Sonntag wechselte. Nach der Messfeier ging der Geistliche dann auch zum Mittagessen mit in diese Familie, die ihn dann nachher wieder nach Vörden zurückbrachte. Diese Regelung fand erst mit der Anschaffung eines eigenen Autos durch Pastor Müller ihr Ende. Derzeit wird jeweils am Freitagabend in der Eilverser Kapelle eine hl. Messe gefeiert.

8. Protestanten und Juden in Vörden

a) Die Reformationszeit in Vörden und in der Umgebung

Durch die enge Bindung Vördens an das Kloster Marienmünster hat die Lehre Luthers in Vörden wie auch in Bredenborn offenbar nie Eingang gefunden. Als am 13. und 14. Dezember 1603 die Städte im Paderborner Landtag die religiöse Situation innerhalb ihrer Mauern darlegten, erklärte der Vördener Bürgermeister Sauderhausen, dass man in Vörden allzeit katholischer Religion gewesen sei. Allerdings seien etliche als Neubürger aufgenommen worden, die an anderen Orten „Kommunikation" (gemeint ist wohl Kommunion unter beiderlei Gestalt, wie bei den Protestanten üblich) gehabt hätten. Sie seien deswegen vom Official (wohl bischöflicher Gesandter) angesprochen worden. Man bitte jedoch, sie davon zukünftig zu verschonen und jeden bei seiner Religion zu belassen.[43]

Anders war es in den umliegenden Städten und Dörfern. So war in Nieheim, wo die Reformation nach 1538 durch lippischen Einfluss Fuß gefasst hatte, der vom Kloster eingesetzte Pfarrer katholisch, der von der Stadt bezahlte Vikar aber lutherisch. Auch nahezu alle Adeligen im Umkreis gingen zum neuen Glauben über, so auch die von Oeynhausen und von Haxthausen. Erstere setzten in Sommersell die Ordinierung lutherischer Prediger durch, obgleich sie eigentlich nur Gerichts- aber nicht Patronatsherren waren. Durch die Inkorporation der Pfarrei nach Marienmünster hatte vielmehr der Abt das Besetzungsrecht für die Pfarrstelle. Offenbar fehlte dem Kloster aber die Macht zur Durchsetzung seiner Rechte. Ebenso war es in der Pfarrei Altenbergen, wo die von Haxthausen das Gerichtsrecht besaßen. Sie setzten in Altenbergen zwei lutherische Pastöre ein. Erst 1617 kehrte das Dorf im Zuge der energischen Gegenreformation unter Bischof Dietrich von Fürstenberg nach Vertreibung des lutherischen Pastors zur alten Religion zurück.[44] Seitdem trägt Altenbergen in der Umgebung den Spitznamen „Ninive". Dieser nimmt Bezug auf die alttestamentarische Stadt, die sich aufgrund der Predigt des Propheten Jonas bekehrte und dadurch dem Strafgericht Gottes entging. In Altenbergen wird man aber wohl den großen Brand des Ortes mit der Vernichtung von 33 Häusern wenige Monate vorher als Strafgericht interpretiert haben. Der Zweig Abbenburg / Bökerhof der Familie von Haxthausen war noch 1644 evangelisch.[45]

Aufgrund der geschilderten Entwicklung gab es in Vörden keine angestammten evangelischen Bürgerfamilien. Die ersten Nichtkatholiken waren wahrscheinlich von Haxthausensche Müller, die aber in der Regel nur einige Jahre blieben. 1656 lebten vier Nichtkatholiken in Vörden.[46] Die ersten evangelischen Familien, die mehrere Generationen in Vörden wohnten, waren die Familien Kellner und später Sommerfeld als Besitzer der 1901 errichteten Molkerei.

b) Gottesdienst und Bestattung der Vördener Protestanten

Neben dem katholischen Kirchengebäude hat es in Vörden kein Gotteshaus einer anderen Religionsgemeinde gegeben. Für die wenigen evangelischen Christen im Amt Vörden wurde im Jahre 1855 ein Kirchenraum in den ehemaligen Klostergebäuden in Marienmünster durch den dortigen evangelischen Gutsbesitzer Heinrich Christoph Meier eingerichtet. Dessen Erbtochter heiratete den damaligen Verwalter des Gutsbetriebes der Grevenburg, Rudolf Büttner. Dessen Nachkommen stellen bis heute den Kirchenraum zur Verfügung.

In Vörden gestorbene Protestanten fanden zunächst auch auf dem Vördener Friedhof rund um die Kirche ihr Grab, später dann auf dem jetzigen Friedhof. Erstmals berichtet das Kirchenbuch zum 20. September 1712 von der Beerdigung eines Kindes des evangelischen Müllers der von Haxthausenschen Mühle. Am 19. Februar 1726 beerdigte der Vördener Pastor den evangelischen Diener Johannes Siek aus Herrentrup (Lippe), der im Dienst des Burgverwalters stand und mit 25 Jahren starb. Ausdrücklich erwähnt der Pastor, dass er sich jeder katholischen Zeremonie enthalten habe, dass aber der Friedhof ja insgesamt geweiht und somit auch dieses Grab eingeschlossen sei.

c) Zum allgemeinen Rechtsstatus der Juden im Paderborner Land

Der Status der Juden als religiöser Minderheit im Paderborner Land wurde durch das im Jahr 1704 vom Fürstbischof Franz Arnold von Wolff-Metternich zur Gracht erlassene „*General Glaidt* (Geleit) *für die Judenschafft des Stiffts Paderborn*" geregelt.[47] Ihnen war danach jegliche Betätigung als Bauer oder Handwerker in Konkurrenz mit christlichen untersagt. Als Handwerke durften aufgrund der besonderen religiösen Erfordernisse nur die des Bäckers (ungesäuertes Brot = Matzen) und des Metzgers (koscheres Schlachten) ausgeübt werden. Deshalb blieb den Juden als Möglichkeit des Broterwerbs vor allem der Handel und der Geldverleih. Für den Handel legte das Geleit fest, dass mit „*Kleinodien, Goldt- und Silber Geschirr, feinen Perlen, Ringen, Pferde-, Rind-, Schaaff und alten Kleidern*" (Lumpen) gehandelt werden durfte.[48] Der Geldverleih gegen Zinsen war den Christen verboten, weil man es als sündhaft ansah, ohne eine Arbeitsleistung mehr Geld wieder zu bekommen als man vorher hingegeben hatte. Die den Juden erlaubte Zinshöhe wurde aber genau festgelegt.[49]

Das bischöfliche Geleit regelte auch die Wohnplätze der Juden in einem Ort. So durften sie nicht nahe bei der Kirche wohnen und auch nicht in Untermiete bei einem Christen. Während der Karwoche mussten die jüdischen Geschäfte geschlossen bleiben. Bei dem Regierungsantritt eines neuen Fürstbischofs hatten die Juden zur Erneuerung des Geleits eine nicht unbeträchtliche Summe zu zahlen. So waren die Juden zu jener Zeit eine zwar notwendige gesellschaftliche Minderheit, aber weitgehend isoliert und diskriminiert. Um so enger war in der Regel ihr Zusammenschluss untereinander.

Bei der Übernahme des Paderborner Landes durch Preußen im Jahre 1802 fielen die durch das Geleit festgelegten Zahlungen weg, an den sonstigen Lebensbedingungen der Juden änderte sich aber nichts. Erst in der Zeit des französisch bestimmten Königreichs Westphalen zwischen 1807 und 1813 erhielten sie die volle bürgerliche Gleichstellung. Sie sollten sich jetzt auch einen deutschsprachigen Familiennamen zulegen, um besser mit der Nation zu verschmelzen, der sie angehörten, wie es in der gesetzlichen Bestimmung hieß.[50] Die inzwischen vier Vördener Familien nannten sich Israelsohn, Frankenberg, Frohsinn und Goldschmidt.[51] Nach der Wiederherstellung der preußischen Herrschaft als Folge der Völkerschlacht bei Leipzig 1813 wurde die auf die Juden bezogenen Regelungen der Vorgängerregierung weitgehend beibehalten. Im zweiten deutschen Kaiserreich (ab 1871) erhielten sie alle staatsbürgerlichen Rechte.

d) Erste Juden in Vörden

Der erste in Vörden nachweisbare Jude ist Joseph Nathan im Jahre 1704.[52] Dass er Handel trieb, zeigt sich an seinen im genannten Jahr beim von Kanneschen Gericht in Löwendorf geltend gemachten Forderungen gegen den Bauern Dalpmann in Saumer.[53] Eine genauere Auskunft über jüdische Einwohner in Vördener gibt das Kopfschatz-Register (auf Personen bezogene Steuerliste) aus dem Jahre 1787.[54] Danach lebten in Vörden als regionalem Handelsplatz drei jüdische Familien. Genannt werden Jacob Theodorus mit Frau und sieben Kindern im Haus Nr. 35, Bendix Berens mit Frau, einem Knecht und einer Magd im Haus Nr. 51 sowie Natan Israel mit seiner Frau, zwei Söhnen, der Schwiegermutter und einem Bruder im Haus Nr. 74. Im Haus von Jacob Theodorus wohnte zudem ein jüdischer Lehrer für die Kinder der drei Familien. Die Lage der Häuser lässt sich anhand des Urkatasters von 1830 bestimmen: Haus Nr. 35 nahm die rechte Hälfte des heutigen Hausgrundstückes Pohlstraße 5 ein, Nr. 51 stand etwa am Platz des heutigen Hauses Marktstraße 6, Haus Nr. 74 entsprach etwa dem Standort des jetzigen Hauses Niedernstraße Nr. 6. Im Jahre 1803 zählte man unter den 495 Einwohnern 21 Juden in 5 Familien.[55] 1910 weist die Ortschronik 707 Katholiken, 12 Evangelische und 21 Juden aus. 1921 waren 689 Einwohner katholisch, 10 evangelisch und 15 jüdisch.

Abb. 85   Der jüdischer Friedhof in Vörden (Ausschnitt) im Herbst 2007

e) Gottesdienst und Bestattung der Vördener Juden

Für die jüdischen Bewohner in Vörden, Bredenborn und Papenhöfen wurde im Jahre 1855 eine Synagogengemeinde Vörden gegründet. Die Bildung solcher Synagogengemeinden fußte auf dem preußischen „Gesetz über die Verhältnisse der Juden" aus dem Jahre 1847.[56] Schon aufgrund der bescheidenen Lebensverhältnisse ihrer Mitglieder konnte die Synagogengemeinde Vörden kein eigenes Synagogengebäude errichten. Man richtete deshalb eine „Betstube" im Haus eines Gemeindemitgliedes ein. Das Domizil wechselte mehrfach.[57] Zunächst war ein solcher Raum im Haus des Juden Simon Goldschmidt untergebracht, dessen Haus auf dem Platz links neben der heutigen Kreissparkasse (Marktstraße 3, s. Abb. 165) stand. 1938/39 befand sich die Betstube im benachbarten Haus Bacharach, nach Umbau jetzt Kreissparkasse. Ein Inventarverzeichnis aus dem Jahre 1859 nennt folgende Kult- und Ausstattungsgegenstände der Betstube:

„2 Thoras, 13 Stühle, 1 Tisch, 1 Bank, 2 blecherne Leuchter, 7 blecherne Wandleuchten, 1 Gebetbuch, das Buch Esther auf Pergament, 12 Thorabänder, 1 Horn, 5 Vorhänge aus diversen Stoffen, 5 große und 2 kleine Tischdecken, 1 Decke und 2 Stricke zur Todtenbahre, 17 Stück Rollhölzer, 4 eiserne Rollen."[58]

Wo die verstorbenen Vördener Juden im 18. Jahrhundert bestattet wurden, ist unbekannt. Über die Anlage des Vördener Judenfriedhofs „Im Hogge" findet sich keine Information. Aufgrund des ältesten Grabsteins aus dem Jahre 1824 ist zu schließen, dass der Friedhof frühestens zu Beginn des 19. Jahrhunderts angelegt wurde. Wahrscheinlich haben die Vördener Juden ihre Toten vorher auf den Friedhöfen der größeren und älteren jüdischen Gemeinden in Nieheim, Steinheim oder Schwalenberg bestattet. Der Friedhof beherbergt derzeit 34 Grabanlagen von Verstorbenen aus Vörden und Bredenborn. Der jüngste Grabstein weist die letzte Ruhestätte des 1957 gestorbenen Hugo Kleinstraß aus Bredenborn aus. Zudem erinnert ein im Jahre 1963 aufgestellter Gedenkstein an die zur Zeit der Hitlerdiktatur ermordeten Angehörigen der Familie Israelsohn. An Grabsteinen der Familien Kleinstraß und Kleeberg sind Inschriften zum Gedenken an ermordete Familienangehörige angebracht. Der von einer Naturhecke umschlossene Friedhof wird von der Stadt Marienmünster gepflegt. Etliche Grabsteine sind stark verwittert.

9. Verschiedenes

a) Elektrisches Licht in der Kirche

Zu Weihnachten des Jahres 1920 brannte zum ersten Mal elektrisches Licht in der Kirche. Die schon vor dem Ersten Weltkrieg begonnene Elektrifizierung des Ortes war während des Krieges nicht fortgesetzt worden. Jetzt hatte die Kirche als erstes Gebäude in Vörden Elektrizität.

b) Priester und Ordensleute aus Vörden

Soweit es sich feststellen lässt, sind aus Vörden folgende Priester und Ordensleute hervorgegangen:[59]
- Hermann Gronemeyer, geb. 1644 in Vörden, war Mönch in Marienmünster und starb dort 1727. Das Elternhaus stand auf dem schon erwähnten jetzigen Gartengrundstück rechts neben dem Haus Kreilos (Fenstermacher) an der Pohlstraße.
- Johann Josef Potthast (Büngener), geb. 1807, zum Priester geweiht 1835.
- Johann Heinrich Kilian Stamm, Sohn des Lehrers Stamm. geb. 1807, geweiht 1834.
- Wilhelm Potthast (Büngener), geb. 1810, Priesterweihe 1849. Er war dann als Missionar tätig.
- Wilhelm Elsing (Wittgerber), geb. am 9. 10. 1822 wurde 1848 zum Priester geweiht. Er war zunächst Vikar in Falkenhagen und dann Pastor in Quedlinburg, wo er am 2. 5. 1885 starb.
- Die am 10. 5. 1838 geborene Maria Christina Meyer (Rensing) trat in den Orden der Armen Schulschwestern auf der Brede in Brakel ein. Sie starb 1872 in Temesvar, damals Ungarn, heute Rumänien.

– Aus der Gastwirtschaft Weber entschied sich die am 7. 11. 1854 geborene Maria Weber für den Eintritt in einen Orden. Sie lebte und starb in Amerika.

– Der Bruder August Weber, geboren am 29. 4. 1860, trat in den Jesuitenorden ein und war ebenfalls in Amerika tätig.

– Die am 26. 4. 1859 geborene Maria Theresia Rodemeier trat als Schwester Adelgunde in die Genossenschaft der Schwestern vom Heiligen Kreuz ein. Sie starb im Dezember 1922 in einem Ordenshaus im Oberelsaß.

– Heinrich August Elsing (Benning), geb. am 31. 1. 1883, wurde Priester und erhielt die Weihe im Jahre 1909 in Paderborn.

– Aus der Familie Kreilos (Fenstermacher) nahm der am 21.3. 1878 geborene Johann Heinrich Kreilos noch mit 25 Jahren nach der Lehre und Gesellentätigkeit als Schlosser und Anstellung bei der Bahn das Studium zum Priesteramt auf. Er wurde 1913 in Paderborn zum Priester geweiht.

– Aus der Familie Schröder, die an der Niedernstraße wohnte, wurde der einzige Sohn Johann Josef, geb. 17. 9. 1885, im Jahre 1911 in Paderborn zum Priester geweiht. Die älteste Schwester Maria erbte das Vermögen und heiratete 1895 Friedrich Bobbert aus Riesel. Pastor Schröder hieß deshalb in Vörden allgemein „Bobberts Pastor".

– Im Jahre 1916 legte Wilhelmine Johanna Massolle (Schneiderjörns, Niedernstraße 11), geb. 4. November 1893, das erste Gelübde zum Eintritt in den Orden der Armen Schulschwestern in Brakel ab. 1976 konnte sie das 60jährige Ordensjubiläum feiern.

– 1921 wurden zwei Töchter der Familie Kluge, Pohlstraße, Ordensfrauen, nämlich die am 17. 2. 1895 geborene Katharina Josefine und die im 8. 1. 1898 geborene Johanna Wilhelmine. Erstere wurde Franziskanerin, letztere trat bei den Dominikanerinnen in Regensburg ein, wo sie später auch Priorin war.

– Die am 27.3.1907 geborene Maria Antonia Schröder, deren Familie im Haus Rode, jetzt Marktstraße 11 zur Miete wohnte, entschloss sich 1934 zum Eintritt in den Steyler Missionsorden. Sie starb 1965 in einem holländischen Ordenskloster.

– Aus der Familie Hölting (Mertens, damals wohnhaft im Haus Angerberg 6) traten zwei Töchter in den Orden der Schwestern der christlichen Liebe ein, und zwar die am 18. 9. 1908 geborene Emma Maria im Jahre 1933 und die am 12. 12. 1912 geborene Maria Anna im Jahre 1935. Emma Maria wirkte größtenteils in Montevideo (Uruguay), wo sie 1977 starb. Maria Anna feierte im Mai 1986 in Vörden das 50jährige Ordensjubiläum (Tag der Einkleidung). Sie starb 1997 in Paderborn.

– Der am 21. 6. 1913 geborene Franz Potthast (Beckers am Berge) wurde am 10. 8 1947 zum Priester geweiht. Den größten Teil seines Priesterlebens war er unter widrigen Umständen in Oranienbaum in der damaligen DDR tätig, wo er auch eine Kirche baute. Er starb am 5. 6. 1994 während einer Kur in Braunlage und wurde in Vörden beigesetzt.

– Aus der Familie Ohagen trat der am 23. 8. 1959 geborene Sohn Josef Julius im Jahre 1984 in den Orden der Passionisten ein, die in Marienmünster einen Konvent haben.

c) Katholisches Krankenhaus und Schwesternstation

Im Jahre 1892 übersandte der aus Vörden in die USA ausgewanderte Joseph Hensing (aus dem Hause „Schneiderjörn", Niederstraße 11, später Massolle) einen Betrag von umgerechnet 6239 Mark und 36 Pfennig und im folgenden Jahr noch einmal 2080 Mark zur Verwendung für Arme in der Gemeinde. Joseph Hensing lebte als Farmer in Vinton/Iowa. Pastor Tewes plante, dieses Kapital zur Errichtung eines katholischen Krankenhauses in Vörden mit Schwesternstation zu verwenden. 1893 spendete auch der frühere Kaplan Grawe für diesen Zweck 819 Mark. Alles zusammen wurde als Joseph-Hensing-Stiftung verzinslich angelegt. Pastor Tewes selbst vermachte der Stiftung sein Mobiliar und sein gesamtes Barvermögen. Einschließlich weiterer Spenden war dann schließlich genug Geld vorhanden, um für 9.000 Mark das ehemalige Haus des Dr. Budde am Weg zur Windmühle zu kaufen. Nach der inneren Umgestaltung mit dem Ausbau von Zimmern im Dachgeschoss standen insgesamt 17 Zimmer zur Verfügung. Bevor weitere Schritte erfolgen konnten, verstarb Pastor Tewes im Jahre 1901.

Sein Nachfolger Schulte hatte jedoch Bedenken, ob die Kirchengemeinde die Belastung auf Dauer tragen könne. Dabei spielte wohl auch die eingetretene Belastung durch den noch laufenden Kirchenneubau eine Rolle. Zudem sah er die Belastung durch die nach dem Testament von Pastor Tewes zu versorgende Haushälterin und deren Nichte als ebenso unkalkulierbar an wie auch die Existenzmöglichkeit der vorgesehenen Ordensschwestern. So verkaufte er dann das Haus wieder für 10.000 Mark an den Steuereinnehmer Johannes Tenge. Das Geld der Stiftung wurde auf einem Konto zinsbringend angelegt, um eine günstigere Gelegenheit abzuwarten. Die nach dem Ersten Weltkrieg eintretende Inflation entwertete dann das Geld, so dass der Plan nicht mehr realisiert werden konnte.[60]

Anfang der 20er Jahre des folgenden Jahrhunderts drängte dann der Kreisarzt in Höxter auf die Anstellung einer Pflege- und Fürsorgeschwester für das Amt Vörden. Wieder dachte man in Vörden an die Einrichtung einer Schwesternstation, die neben der Krankenpflege im Sommer eine „Kinderverwahrstube" und im Winter eine Nähstube betreiben sollte. Man hatte schließlich auch drei Schwestern vom Orden zum heiligen Kreuz gefunden, die nach Vörden kommen wollten, aber das 1923 bereits für diesen Zweck im Dunklen Ort angemietete Haus war dann doch zu klein, zumal es keinerlei Außenspielfläche für die Kinder aufwies. Die einsetzende Inflation machte aber auch diesen Plänen ein Ende.

Weitere Versuche unter Pastor Behre scheiterten am Widerstand der politischen Gemeinde. So kam dann im Jahre 1936 auf Anordnung der NSDAP eine welt-

*Abb. 86   Das ehemalige Haus des Dr. Budde am Weg zur Windmühle sollte Kranken-
haus mit Schwesternstation werden.*

liche Schwester, „braune Schwester" genannt, nach Vörden. Sie wohnte im
Neubau des Försters Hahne auf der Trift (heute Welling), wurde aber schon
1937 wieder versetzt.

d) Katholischer Kindergarten

Von Mai bis Oktober 1937 wurde von der NSDAP erstmals ein „Erntekinder-
garten" eingerichtet, und zwar in der Kaplanei. Die Leiterinnen kamen von auswärts und wechselten jährlich. Die 1937 gerade aus der Schule entlassene Therese Hillebrand aus Vörden war hingegen dort über etliche Jahre hinweg als Helferin tätig. 1938 zog der Kindergarten in das Haus Potthast, heute Auf der Trift
4, um. Ab Herbst 1938 wurde der Kindergarten dann als „Nationalsozialisti-
scher Volks-Kindergarten" (NSV-Kindergarten) zur ganzjährigen Einrichtung.
Nach der Verhaftung der jüdischen Familien Ende 1941 wurde er Ende 1942 im
Ladenlokal des ehemaligen Geschäftes Bacharach auf dem Platz der heutigen
Kreissparkasse untergebracht. Als 1943 der Bischof nach Vörden zur Firmung
kam, durften ihm die Kinder nicht draußen zuwinken, sondern nur von innen
durch die Ritzen der hölzernen Verschläge der früheren Schaufenster sehen.
Bereits 1944 kamen fünf Ordensschwestern als Evakuierte aus Münster nach
Vörden. Sie wohnten zunächst zum Teil bei Dr. Hermann Berendes am An-

ger, dann schließlich alle in der alten Schule (Kaplanei). Schwester Gabrieldis übernahm die Kinderseelsorge sowie den Organistendienst, Schwester Ludmilla stand dem Küster zur Seite, Schwester Sebalde wirkte als Krankenschwester, Schwester Betrudis als Nähschwester, Schwester Julianis fungierte als Oberin. Später kamen noch zwei weitere Schwestern hinzu.

Sofort nach dem Einmarsch der Amerikaner in der Osterwoche am 5. April erhielten die Schwestern die Erlaubnis, den bisherigen NSV-Kindergarten zu übernehmen. Da die Räumlichkeiten aber mit einer Flüchtlingsfamilie belegt waren, konnte der Kindergarten erst am 1. August 1945 wieder eröffnet werden. In der Folgezeit scheiterten die Bemühungen, für die Schwestern die vom Orden als Voraussetzung für einen dauerhaften Aufenthalt verlangte selbständige Wohnung im Eigentum

Abb. 87
Kindergartenfest 1943 mit Helferin Hedwig Hecker (vorn, verh. Leßmann) und Kinder Willi (Wilhelm) Hagemann (links), Heinz Hölting (dritter von links), Jürgen Funke.

der Kirche zu schaffen. Dabei spielten offenbar starke Differenzen zwischen Pastor Behre einerseits und dem Kirchenvorstandsmitglied Guido von Haxthausen andererseits eine gewichtige Rolle. Letzterer war auch Amtsbürgermeister und hatte Einfluss auf die Mitglieder des Gemeinderates. Die Schwestern gingen dann 1946 nach Münster zurück. Es gelang in der Folge jedoch, drei Schwestern vom Orden der Armen Schulschwestern aus dem Kloster Brede in Brakel nach Vörden zu bekommen. Der Kindergarten wurde von Schwester Itha, einer Helferin und einem Lehrmädchen geführt. Ebenso waren eine Nähschwester und ab 1. Dezember 1947 auch eine Krankenschwester in Vörden tätig. Sie wohnten in der Kaplanei.

Die kurze Geschichte des katholischen Kindergartens in Vörden endete im Oktober 1954, als das ehemalige Geschäftshaus Bacharach an die Kreissparkasse verkauft wurde und keine angemessenen Räume für den Kindergarten zur Verfügung standen. Die drei Schwestern gingen in das Mutterhaus nach Brakel zurück. Erst 1973 erfolgte dann nach einem Neubau die Eröffnung des kommunalen Kindergartens.

e) Pfarrheim

Seit dem Jahre 1972 besitzt die Kirchengemeinde auch ein Pfarrheim. Es wurde in der alten Schule eingerichtet, die durch den Neubau eines Schulzentrums leer stand. Das Gebäude konnte 1964 erworben werden, und zwar im Tausch gegen die alte Kaplanei. Zunächst wurde darin ein Jugendzentrum eingerichtet. Ferner dient das Pfarrheim weiteren kirchlichen Vereinen für Zusammenkünfte, bietet Raum für die Vorbereitung von Kindern und Jugendlichen auf den Empfang der Erstkommunion und der Firmung und gestattet auch fröhliches Feiern in den ehemaligen Klassenräumen.

f) Dritte-Welt-Laden

Im Jahre 1984 wurde in der ehemaligen Küche des Pfarrhauses das Büro der KLJB eingerichtet, das gleichzeitig auch als Dritte-Welt-Laden fungiert. Mitglieder der KLJB hatten Ende der 70er Jahre mit dem vereinzelten Verkauf von fair gehandelten Dritte-Welt-Waren an den Kirchentüren begonnen.

g) Pfarrbrief „Iutscheller"

Erstmals erschien zu Weihnachten 1971 ein Pfarrbrief, der dann 1985 den Namen „Iutscheller" erhielt. Der Name soll an die frühere Art der Bekanntgabe von Nachrichten durch „Ausschellen" erinnern.

h) Kirchenchor

Der 1912 gegründete Männerchor (ab 1954 gemischter Chor) sollte auch den Chorgesang in der Kirche pflegen, tat das aber nicht regelmäßig. Kirchlicher Chorgesang wurde daneben zur Zeiten der Lehrerin Puers (1927-1958) durch einen Mädchenchor vorgetragen. 1965 meldete sich der ehemalige Männergesangverein beim Deutschen Sängerbund ab. Im Jahre 1984 gründete sich dann ein gemischter Kirchenchor, der seitdem zu besonderen Anlässen den Gottesdienst mitgestaltet. Er übernahm auch die Fahne des ursprünglichen Männergesangvereins. (ausführlicher unter „Vereine und Vereinsleben").

i) Pfarrverbund

Aufgrund des Priestermangels wie auch der abnehmenden Zahl der Kirchenbesucher wurden im Jahre 2004 wie überall auch im Umkreis von Vörden mehrere Pfarreien zu einem Pfarrverbund (Pastoralverbund) zusammen geschlossen. Zum Pfarrverbund Marienmünster gehören neben der Klosterpfarrei selbst Altenbergen, Bredenborn, Kollerbeck und Vörden. Schon seit August 1984 wurde die Pfarrei Altenbergen von Pater Gerd Blick seelsorgerisch mit betreut.

Anmerkungen

1 Vgl. Ludorff, A.: Bau und Kunstdenkmäler von Westfalen, Kreis Höxter, Münster 1914. S. 235 ff.

2 Visitationsprotokoll aus dem Jahre 1644, BiA Paderborn, XIV, 1a, S. 39.

3 Angaben nach Pöppel, D.: Das Benediktiner-Kloster Marienmünster 15. August 1128 – 31. März 1803, Paderborn, o. J.. S. 30.

4 StA Münster, Fürstbistum Paderborn, Kanzlei, Akten, Nr. 379, S. 9 (undatiert).

5 Angabe im Text des Paters und Vördener Pastors Leander Bruns am Anfang des 2. Vördener Kirchenbuches.

6 StA Münster, Fürstbistum Paderborn. Geheimer Rat XVI Nr. 7.

7 Visitationsbericht im PfA Vörden. Ferner auch: Erzbischöfliche akademische Bibliothek Paderborn, Codice 137, S. 32/33.

8 Bericht im PfA Vörden.

9 Notiz im PfA Vörden.

10 StdA Marienmünster, Vördener Bürgerbuch ab anno 1678.

11 PfA Vörden, Stiftungen, Aktenband Nr. 8.

12 Stiff, U.: Adam Stenelt. Ein Beitrag zur Geschichte der westfälischen Plastik in der Zeit der Spätrenaissance und des werdenden Barock. Dissertation (maschinenschriftlich) Münster 1948, S. 37 ff. Eine ausführliche Darstellung der gesamten Renovierung und Umgestaltung des Altares im Jahre 1901 und der Renovierung im Jahre 2004 Jahre findet sich bei Strothmann, D.: Marienmünster-Vörden, Kreis Höxter, Kath. Pfarrkirche St. Kilian, Konservierung und Restaurierung des Hochaltars 2004 und 1899-1902. In: Westfalen. Hefte für Geschichte, Kunst und Volkskunde. 81. Band 2003, S. 480 – 90.

13 Ebd.

14 Wie Anmerkung 7 zu dem bischöflichen Visitationsbericht, zu den anderen wie Anmerkung 2.

15 Das Stiftungsverzeichnis des Generalvikars mit dieser Angabe findet sich in: Stiegemann, Chr.: Ad pias causas – zu frommen Zwecken. Kirchliche Kunststiftungen unter Ferdinand von Fürstenberg im Lichte neuer Quellenfunde. In: Börste, N. / Ernesti, J. (Hrsg.): Friedensfürst und guter Hirte. Ferdinand von Fürstenberg, Fürstbischof von Paderborn und Münster, Paderborn 2004, S. 228.

16 Pfarrer Tewes teilte laut einer Notiz im PfA auf das Schreiben des Paderborner Generalvikariats vom 22.1.1894, das die Sicherheit des Tabernakels vor Dieben anzweifelte, mit, der Tabernakel sei erst vor 8 Jahren angeschafft und aus „durablem Eichenholz" gefertigt. PfA Vörden, Aktenband A2, Teil 3: Altäre. Auch alle nicht gesondert ausgewiesenen Angaben zu den Altären finden sich an dieser Stelle.

17 Strothmann, D., wie Anmerkung 12, S. 483/4.

18 Alle Angaben, wenn nicht anders vermerkt, aus dem PfA Vörden. Die Wohnung des Johann Heinrich Friedrich Weber ergibt sich aus dem Urkataster von Vörden aus dem Jahre 1830.

19 Nach einer in der Familie Weber / Hagemann überlieferten Version soll der kunstfertige Vorfahr den Korpus bei Arbeiten am Gestühl der Stahler Kirche unter allerlei Gerümpel auf dem Kirchenboden entdeckt haben. Auf seine inständigen Bitten hin und unter der Zusicherung, den Korpus nach Ergänzung der fehlenden Arme als Grabkreuz für seine Eltern zu verwenden, sei er ihm vom Stahler Pastor überlassen worden.

20 Heinrich Weber baute 1865 ein Haus „im Krummensiek", jetzt Talstraße 6.

21 Gewichtsumrechnung nach Kahnt, H. / Knorr, B.: Alte Maßen, Münze und Gewichte, Leipzig 1986, S. 178.

22 Zum Teil finden sich auch die Schreibweisen Meller oder Moller. Die aus Paderborn stammende Gertrud Moeller war vor ihrer Heirat mit Philipp Hölting am 30. September 1838 Haushälterin bei Pastor Rekers.

23 Eine genaue Beschreibung der Erstellung des neuen Altares findet sich in der Pfarrchronik zu 1919, ferner in: Schützenbruderschaft St. Peter und Paul Vörden e. V. (Hrsg.): Jubiläums-Schützenfest 425 Jahre, Vörden 1999, S. 84, verfasst von K. Föckel.

[24] Näheres im Artikel „Alte bürgerliche Familien und Hausstätten in Vörden" unter dem Punkt 2k).

[25] Für die Stifterin finden sich im Kirchenbuch neben den Vornamen Catharina Margaretha auch Anna Catharina. Letztere stehen bei der Geburt der Tochter Elisabeth am 20. 11. 1712. Bei einer Stiftung kurz vor ihrem Tode wird sie als ebenfalls als Anna Catharina bezeichnet (s. u.) Bei ihrem Tode selbst steht dann wieder Catharina Margaretha.

[26] Vgl. Schrader, Fr. X.: Nachrichten über Vörden im Kreise Höxter. In: Westfälische Zeitschrift für Altertumskunde, 69. Jahrgang 1911, S. 368. Der oben als Stifter der Samstagabend-Andacht erwähnte Georg von Niehausen ist der Neffe des auf der Grabplatte Genannten.

[27] Wie Anmerkung 7.

[28] BiA Paderborn, XIV, a1, zu 1643.

[29] Diese wie die folgenden Informationen sind dem PfA Vörden entnommen.

[30] Soweit nicht anders vermerkt, sind die Angaben mit Gründungsdatum dem PfA Vörden, darin insbesondere der Pfarrchronik entnommen.

[31] Eintrag von Pastor Behre zu 1935 in der Pfarrchronik.

[32] Wird genannt im Realschematismus der Erzdiözese Paderborn, Westfälischer Anteil, Paderborn 1961, Angaben zu Vörden.

[33] Zitiert nach Völker, Chr.: Das Osterreiten. Ein vergessener Volksbrauch im Paderborner Land. In: Völker, Chr. (Hrsg.): Heimatbuch des Kreises Höxter, Bd. 2, Paderborn, 1927, S. 11.

[34] Die Zusammenstellung erfolgte durch Rita Grawe, geb. Schröder mit Unterstützung ihrer Tante Paula Schröder geb. Hecker.

[35] Soweit nicht anders angezeigt, sind die Angaben für die Zeit bis 1911 entnommen aus Schrader, Fr. X., wie Anmerkung 26, S. 360 ff. Die Daten nach 1911 entstammen dem PfA.

[36] Erwähnt in: Bauermann, Johannes: Das Kloster Marienmünster im Jahre 1549. In: Kath. Kirchengemeinde St. Jacobus d. Ä. Marienmünster (Hrsg.): Marienmünster 1128-1978. Beiträge zur Entstehung und Entwicklung der ehemaligen Benediktinerabtei aus Anlass des 850jährigen Bestehens, S. 37.

[37] Völker, Chr.: Zur Geschichte der Reformation im Hochstift Paderborn mit besonderer Berücksichtigung der Stadt Steinheim und ihrer Umgebung. In: Westfälische Zeitschrift, 88 Jg. 1931, II. Abt. S. 94-139.

[38] Ortschronik Vörden, S. 11.

[39] Wie Anmerkung 26, S. 370 /71 sowie ab 1911 nach dem PfA.

[40] Notiz im PfA zu 1925, als der Stall neu gebaut wurde.

[41] Näheres dazu s. Völker, Chr.: Aus der Vergangenheit des Dorfes Altenbergen. In: Völker, Chr. (Hrsg.): Heimatbuch des Kreises Höxter, Bd. 1, Paderborn 1925, S. 111.

[42] Alle folgenden Angaben zu Eilversen sind, wenn nicht anders ausgewiesen, der folgenden Quelle entnommen: BiA Paderborn, Erzbischöfliches Generalvikariat, Acta Spezialia betreffend die Kapelle in Eilversen und deren Vermögen.

[43] Zitiert bei Völker, wie Anmerkung 37, S. 137.

[44] Wie Anmerkung 41.

[45] Leesch, W. / Schubert, P.: Heimatchronik des Kreises Höxter, Köln 1966, S. 167.

[46] Angabe im Nachlass Bernhard Fluck im Skriptum zu den Pfarrvisitationen durch Bischof Dietrich Adolf von der Reck (1654-1656) in der Erzbischöflichen Akademischen Bibliothek Paderborn.

[47] StA Münster, Fürstentum Paderborn, Hofkammer, Nr. 3310.

[48] Ebd. Bl. 5.

[49] Zur Rolle der Juden im Geldgeschäft des Paderborner Landes s. Hohmann, F. G.: Paderborner Geldinstitute vom 18. Jahrhundert bis 1945. In: Westfälische Zeitschrift, 133. Jg., 1983, bes. S. 160.

[50] Gesetz-Bulletin des Königreichs Westphalen, Jg. 1808, Teil 1, Gesetz Nr. 30 vom 27.1.1808, S. 256. StA Detmold, Bibliothek, F 765. Die Bestimmung zu den Namen erfolgte in einer Ergänzung durch Gesetz Nr. 62 vom 31. 3. 1808, ebd. S. 521.

[51] Grothe, E. / Meyer, F. unter Mitarbeit von Britta Padberg und Thomas Stratmann: Verfolgt – Vergast – Vergessen. Zur Geschichte der Juden in den Ortschaften der Stadt Marienmünster. Bielefeld 1990, S. 13.

[52] Wie Anmerkung 47, l. 14.

[53] StdA Marienmünster, Altes Gericht in Löwendorf, hier zitiert nach Mönks, A.: Das Gericht in Löwendorf und sein Archiv. In: Westfälische Zeitschrift, 87. Jg. 1930, S. 208.

[54] StA Münster, Fürstentum Paderborn, Geheimer Rat, Nr. 1290.

[55] StA Münster, SpOK Paderborn, Nr. 190.

[56] Gesetz-Sammlung für die Königlich Preußischen Staaten Jg. 1847, Nr. 2781, S. 263-278.

[57] Informationen zur jüdischen Gemeinde nach: Meyer, F.: Die Rahmenbedingungen des jüdischen Lebens im 18. und 19. Jahrhundert. In: Grothe, E. / Meyer F., wie Anmerkung 51, S. 9-18.

[58] StA Detmold, M2 Höxter, Nr. 745.

[59] Die Angaben stammen in der Regel aus Eintragungen im Kirchenbuch 3b oder aus aktuellem Wissen der Autoren. Die Angaben zu Johann Josef und Wilhelm Potthast sowie zu Johann Heinrich Kilian Stamm sind einer Aufzeichnung im Nachlass Völker, BiA Paderborn, Bestand Vörden entnommen.

[60] Die Schilderung stützt sich auf die Ausführungen von Pastor Behre in der Pfarrchronik S. 308 sowie auf das Tagebuch des Philipp Kreilos, S. 48/49. Eine andere Version gibt allerdings Vikar Völker auf der S. 166 der Pfarrchronik. Danach ist es nicht zu dem Kauf des Hauses durch die Kirchengemeinde gekommen.

Wilhelm Hagemann

Schulen, Lehrer, Lehrerinnen

1. Schule und Schulbesuch in früherer Zeit

a) Kulturgeschichtliche Bezüge

Schulen entstanden in den unterschiedlichen Kulturen der Menschheitsgeschichte immer dann, wenn entwickelte Kulturtechniken nicht mehr aus dem alltäglichen Lebensvollzug heraus durch Zuschauen und Nachahmen gelernt werden konnten. Für die europäische Geschichte sind vor allem Lesen, Schreiben und anspruchsvolleres Rechnen solche Kulturtechniken. Solche waren in bäuerlich-handwerklichen Lebensverhältnissen über lange Zeiten hinweg unnötig. Bildung dieser Art war vielmehr zunächst vor allem den Geistlichen vorbehalten. Deren Ausbildung erfolgte in den Bischofs- und Klosterschulen.
Anders als für ein Leben im Dorf war jedoch zur Führung von Stadtgeschäften die Fähigkeit zu lesen und zu schreiben unumgänglich. Es mussten zumindest einige Bewohner die Verfassung der Stadt mit den Rechten und Pflichten der Bürger lesen und verstehen können, Briefe an andere Städte oder an den Landesherrn schreiben, Steuerlisten führen und die Stadtrechnung aufstellen können. In der Regel wurden diese Aufgaben zunächst von den in den Städten wohnenden Adeligen wahrgenommen, die meist Geistliche als Privatlehrer ihrer Kinder anstellten. Als aber auch Kaufleute und Handwerksmeister am Stadtregiment teilhaben wollten und für sie auch beruflich die Fähigkeit zum Lesen, Schreiben und Rechnen wichtig wurde, richteten die Städte eigene Schulen ein. So ist dann auch für Höxter bereits 1224, für Nieheim 1332 und für Brakel 1349 eine städtische Schule nachweisbar.[1] Für Vörden ist zu vermuten, dass die Zeit zwischen der Vollendung des Stadtausbaus im Jahre 1324 und der Verleihung der Stadtrechte an die Bürger im Jahre 1342 auch der Heranziehung befähigter Personen diente. Diese Aufgabe dürfte vor allem von jenen Mönchen aus Marienmünster geleistet worden sein, die in Vörden die Pfarrstelle wahrnahmen. Vielleicht haben diese zunächst auch selbst als Stadtschreiber fungiert. Urkundliche Nachrichten liegen dazu aber für Vörden nicht vor. Städtischer Schriftverkehr ist erst vom Jahr 1549 an überliefert.[2] Unbekannt ist auch, ob zu dieser Zeit in Vörden bereits eine Schule bestand.
Den ersten Schritt zu einer Art Schulpflicht hatte in Westeuropa schon Karl der Große getan, als er im Jahre 809 die Pfarrer seines Reiches per Gesetz verpflichtete, in ihren Gemeinden begabte Kinder zu unterrichten und so weit zu fördern, dass sie Gebete und andere liturgische Texte öffentlich und selbständig vortragen könnten. Der Gedanke einer allgemeinen Schulpflicht entwickelte sich aber erst im Anschluss an die Luthersche Reformation im Jahre 1517. Lu-

thers Bibelübersetzung ins Deutsche bildete im Zusammenhang mit der vorher gegangenen Erfindung des Buchdrucks durch Johann Gutenberg (1450) die Grundlage der reformatorischen Forderung, dass alle Christen selbst die Bibel lesen sollten. Deshalb erließen auch zunächst die protestantisch gewordenen deutschen Fürsten für ihre Herrschaftsgebiete allgemeine Schulordnungen. Die katholischen Herrscher folgten in der Regel einige Jahrzehnte später.

b) Bischöfliche Schulverordnungen und Auswirkungen in Vörden

Für das Paderborner Gebiet kann davon ausgegangen werden, dass um 1600 in allen größeren Dörfern wie in den Städten Schulen bestanden. Das belegt die Verordnung Bischof Ferdinands II. von Fürstenberg vom 30. Oktober 1663, in der er die Städte und Gemeinden verpflichtete, die im Dreißigjährigen Krieg (1618-1648) zerstörten Schulhäuser wieder aufzubauen oder, falls sie noch vorhanden waren, pfleglich zu erhalten und auszubauen. Alle Kinder bis zum Alter von 12 Jahren sollten die Schule besuchen.[3] Allerdings scheint die Aufforderung nicht durchschlagend wirksam gewesen zu sein, denn seine Nachfolger erinnerten jeweils erneut an diese Verpflichtung.

In Vörden hat sicherlich vor dem Dreißigjährigen Krieg eine Schule bestanden. Auch während des Krieges muss Schule gehalten worden sein. Das lässt sich daraus schließen, dass ein im Jahre 1654 abgeschlossener Kaufvertrag, der im Kirchenarchiv vorliegt, die Unterschriften und jeweils handschriftlichen Bezeugungen von fünf Vördener Bürgern enthält, darunter die des um 1621 geborenen Johann Simon, des späteren Bürgermeisters.[4] Die anderen Zeugen scheinen dem früheren Sterbedatum nach älter gewesen zu sein, so dass sie wohl schon vor dem Dreißigjährigen Krieg die Schule besucht hatten. 1658 hören wir dann erstmals konkret von einer Schule in Vörden, als es im Visitationsbericht eines bischöflichen Beauftragten heißt, dass die Knaben von ihren Eltern zur Schule geschickt werden.[5]

Auch in Vörden dürfte aber die Schule nicht von allen Bürgern als Notwendigkeit erachtet worden sein. Zudem bezieht sich die obige Aussage nur auf die Knaben. Für Altenbergen ist bekannt, dass der 1662 zum Pfarrer ernannte Pater Liborius Maus auf den Widerstand der Bewohner stieß, als er wieder eine Schule einrichten wollte.[6] Die Gemeinde Nordborchen musste noch im Jahre 1676 seitens der bischöflichen Behörde durch Androhung einer Strafe von 10 Goldgulden zur Einrichtung einer Schule gezwungen werden.[7] Neben der vielfach nicht gesehenen Notwendigkeit von Schulbildung waren es sicher auch die dem Küster als Lehrer zu zahlenden Unterrichtsgelder, die Dorf- und Stadtbürger zu einer solchen Haltung brachten. In Vörden waren von den Eltern pro Kind und Jahr 18 Mariengroschen, also ½ Reichstaler zu entrichten, was dem allgemeinen Satz im Paderborner Land entsprach.[8]

Die Inhalte des Unterrichts wurden in den Dekreten unter Bischof Ferdinand II. aus dem Jahre 1670 genauer gefasst. Danach sollten die Kinder zunächst das

Gebet des Herrn (Vaterunser), den englischen Gruß (Gegrüßet seist du Maria), das Glaubensbekenntnis, die 10 Gebote und die Beichtformel, wenn sie diese nicht wussten, in der Muttersprache erlernen. Die übrigen Inhalte wurden nicht konkret angesprochen, doch geht aus den Bestimmungen zu den Lehrbüchern hervor, dass nicht nur an religiöse Inhalte gedacht war.

Neben der Schule gab es noch die Einrichtung der „Christenlehre" (Katechese). Diese religiöse Unterweisung auf der Basis des Katechismus fand Sonn- und Feiertags in der Kirche statt und wurde in der Regel durch den Pfarrer gehalten. Bei der bischöflichen Visitation im Jahre 1656 mahnte Bischof von der Reck die Vördener Consulibus (Ratsherren), dafür Sorge zu tragen, dass die Kinder, Knechte und Mägde die Christenlehre besuchen, was bisher nur unzureichend geschähe. Offenbar hatte es entsprechende Klagen des amtierenden Pfarrers gegeben. Die Schule selbst wird in diesem Bericht nicht erwähnt.

Dass auch mit den Dekreten von 1670 die allgemeine Schulpflicht nicht durchgesetzt war, zumindest nicht zu den erwünschten Resultaten führte, zeigt die „Paderbornische Schulverordnung" aus dem Jahre 1783. Darin wird bemängelt, dass nicht nur Kinder, sondern auch Erwachsene gefunden worden seien, die weder lesen noch schreiben könnten. Wörtlich wird dann *„allen Pastoribus und anderen Curatis Unseres Archidiaconatsdistricts bey willkürlicher schwerer Strafe anbefohlen, alle Erwachsene in ihrer Pfarre, wovon sie vermuten, dass solche keinen hinlänglichen Unterricht haben, zu examinieren, und dem Befinden nach der christlichen Lehre, wie auch zum privaten Unterricht bey sich selbst oder den Orten Schulmeistern so lange anzuhalten, bis sie wenigstens Lesen und die nötigste Sitten- und Religionslehre erlernet, und begriffen haben werden."*[9]

Dieselbe Schulordnung verpflichtete auch die „Schulmeister" unter Androhung einer Strafe von fünf Goldgulden bei Versäumnis, jeweils zu Weihnachten dem Pfarrer eine Liste mit den Namen der Kinder zu übergeben, die dem Unterricht fernblieben. Schließlich präzisierte die „Paderborner Schulverordnung" von 1788 weiter, dass alle Kinder spätestens vom sechsten Lebensjahr an und bis zum vollendeten 14. Lebensjahr die Schule besuchen mussten. Leider liegt für Vörden keine Information über den Schulbesuch in dieser Zeit vor.

Die genannte Verordnung aus dem Jahre 1788 enthielt erstmals für unsere Region auch Bestimmungen zur Ausbildung der Lehrer. Sie sollten an der in Paderborn eingerichteten „Normalschule" Kurse besuchen und eine Prüfung ablegen. Diese Ausbildung fußte auf dem vom Abt Johann Ignaz von Felbiger (1724-1788) ausgearbeiteten Konzept, das die Kaiserin Maria Theresia für ihre österreichischen Erblande übernommen hatte und das in Westfalen erstmals 1783 in Münster eingeführt worden war. Solche „Normalschulen" waren Musterschulen, in denen nach dem Konzept Felbigers unterrichtet wurde. Die Teilnehmer an einem zwischen 6 und 12 Wochen dauernden „Normalkurs" hospitierten im Unterricht, unterrichteten selbst und erhielten zusätzliche Unterweisungen. Diese Art der Lehrerausbildung wurde auch nach der Übernahme des Paderborner Landes durch Preußen im Jahre 1802 zunächst beibehalten. 1825 wurde dann in Büren das Lehrerseminar gegründet und 1832 in Paderborn das Lehrerinnenseminar.[10]

2. Vördener Schulgebäude bis zum Ende des 19. Jahrhunderts

a) Unsicherheit über die ersten Schullokale

Die bereits erwähnten bischöflichen Dekrete aus dem Jahre 1670 legten eindeutig fest, dass die örtlichen Schulen Pfarrschulen zu sein hatten. Ohne Genehmigung des Bischofs oder Generalvikars durften keine neuen Schulen errichtet werden. In Artikel 13 heißt es zur örtlichen Lage der Schule:

> *„Die Schule soll auf einem bequemen Platz neben der Kirche liegen, damit Lehrer und Schüler jederzeit leicht vom Pastor und anderen visitiert, beobachtet und in den Gegenständen unserer Religion leicht geübt werden können."*[11]

Wo in Vörden zuerst Schule abgehalten wurde, ist nicht zu ermitteln. Vorstellbar ist durchaus, dass der Unterricht zunächst auf einer geräumigen Deele eines Bauernhauses stattfand. Dabei darf man die konkreten Schwierigkeiten des Unterrichtens vor einigen hundert Jahren nicht unterschätzen. So war schon die Beschaffung einer geeigneten Wandtafel mit Kreide o. ä. sicher ein Problem. Auch die Kinder konnten in der Regel nur an der Wandtafel schreiben und rechnen, denn eine Versorgung mit Schieferplatten und Griffeln oder gar mit Papier und Tinte für jedes Kind war technisch wie finanziell kaum möglich. Noch 1857 stiftete der damalige Pastor Tigges 100 Taler, damit von den Zinsen Schulbücher für arme Kinder angeschafft werden konnten.[12]

b) Die erste bekannte Schule in Vörden

Spätestens mit der erwähnten bischöflichen Verordnung im Jahre 1670 wird in Vörden ein Schulhaus in der Nähe der Kirche errichtet worden sein. Dieses stand nördlich der Kirche auf dem heutigen Gartengrundstück links neben dem Haus Hölting (Adamer), Marktsraße 16, wie Pastor Behre in der Pfarrchronik in einem nachträglichen Eintrag zum Jahre 1802 vermerkt. Von diesem Schulhaus und dem Unterricht darin erfahren wir aus einer Inspektion des an der Paderborner Normalschule tätigen Franziskanerpaters Damascenus Himmelhaus aus dem Jahre 1801. Zu den einzelnen Rubriken, nach denen sein Bericht zu den Zuständen in den Städten und Dörfern des Paderborner Landes geordnet war, heißt es für Vörden:

Pfarre:	*Vörden*
Schulen:	*eine*
Pastor:	*Profeß Marienmünster, Köchling, sehr tätig und für die Schule.*
Lehrer:	*Sehr alt und stumpf, mag ehemals approbirt* (geprüft) *gewesen seyn. Küster dazu.*
Schulhaus:	*Im elendesten Zustande. Muß gebauet werden. Sehr zweckwidrig. Wolt* (wollen) *bauen.*
Kinder:	*Knaben 40, Mädchen 20, fehlen noch etliche.*
Lehrart:	*Alles schlendrianisch.*
Sonntags-Catechese:	*Pastor oder Frater von Marienmünster.*
Bücher:	*Lauter allerley zweckloses Zeug. Etliche Catechismen.*
Schreiben:	*Knaben 10, Mädchen 1.*
Rechnen:	*0 0*
Vorschrift:	*Schreibt vor sehr schlecht.*
Oeconomy:	*Stricken Mädchen 9, Knaben 1, Spinnen Mädchen alle, Jungen etliche.*
District.	*Vicariat.*[13]

Aus dem Bericht lässt sich schließen, dass das Schulgebäude sehr alt und ein Neubau bereits geplant war. Der Lehrer Hermann Schlütz, der selbst als Kind 1843 nach Vörden kam und das erst 1876 abgerissene alte Schulhaus somit noch gut gekannt hat, schrieb 1879:

> *„Das Schullocal von etwa 160 Quadratfuß (knapp 20 m²) und 8 Fuß Höhe (ca. 2,65 m) befand sich in einem alten Hause mit Strohdach, welches 1876 abgerissen wurde......Der Lehrer Even hatte hier zugleich Wohnung."*[14]

Es ist anzunehmen, dass der Klassenraum auch gleichzeitig das Wohnzimmer des Lehrers war, wie beispielsweise auch in den benachbarten Schulen von Altenbergen und Bredenborn. Offenbar war der Schulbesuch insbesondere der Mädchen unbefriedigend. Unklar bleibt auch die Organisation des Unterrichts. Eine Tafel scheint vorhanden gewesen zu sein, weil das Vorschreiben des Lehrers kritisiert wird. Sicherlich wurden alle Kinder religiös unterwiesen, während Schreiben anscheinend nur wenigen Kindern und Rechnen gar nicht gelehrt wurde. Lesen wird nicht aufgeführt, weil es obligatorisch war. Geübt wurde am Tafelanschrieb des Lehrers und an einigen vorhandenen Lesebüchern (Fibeln). Dass damit aber noch keine guten Erfolge garantiert waren, zeigt sich an einem kritischen Eintrag für Bredenborn aus demselben Jahr: *„Größere Kinder können kaum Fibel lesen"*. In Vörden wird es vielleicht graduell besser, nicht aber grundsätzlich anders gewesen sein. Soweit für alle Kinder gemeinsam Unterricht stattfand, muss im Klassenraum mit 60 und mehr Kindern eine unvorstellbare Enge geherrscht haben. Schon deshalb ist weitgehend getrennter

Unterricht für Jungen und Mädchen zu vermuten. Spinnen war für alle Mädchen als praktische (ökonomische) Ausbildung wohl verbindlich, Stricken aber nicht. Möglicherweise konnten das auch die Eltern entscheiden, wenn sie dafür zusätzlich zahlen mussten. Während Himmelhaus für andere Orte gelegentlich eine spezielle Lehrkraft für Spinnen und Stricken angibt, bleibt für Vörden offen, ob diese Aufgabe auch vom Lehrer wahrgenommen wurde.

c) Die neue Schule von 1802

Im Jahre 1802 wurde dann ein neues Schulhaus mit Lehrer- und Kaplanswohnung links neben dem alten auf dem „Schützenplatz" gebaut. Pater Damascenus Himmelhaus erschien am 12. Juli 1804 erneut zu einer Kontrolle. Inzwischen hatte er sein Beobachtungsraster etwas erweitert bzw. differenziert und notierte:

Pfarre:	*Vörden*
Schulen visitiert:	*Eine Stadtschule*
Pfarrer:	*Köchling, Marienmünster, ist eifrig, etwas hastig, sorgt gut.*
Lehrer:	*Stamm, zugleich Küster, arbeitet fleißig, muß sich ferner (weiter) vervollkommnen.*
Schulhaus:	*Neu, wohnt darin auch der Primissarius (Vikar), für den Lehrer noch nicht gehörig eingerichtet. Fehlt noch Schreib-Tafel mit Gestelle. Die Fenster nicht passat (passend).*
Bücher:	*Vorgeschichte fehlt.*
Lehrmethode:	*Ziemlich gut, lesen ziemlich, Syllabi (Zusammenfassungen, Übersichten) 0. Alles war zu weit zurück.*
Schulzeit:	*2 ½ Std. vormittags, 2 ½ Std. nachmittags. Hier muß Sonntags-Schule gehalten werden. Sommer 6 Uhr.*
Sonntags-Catechese:	*Pastor selbst.*
Schulkinder:	*Knaben 41, Mädchen 27.*
Schreiben:	*Knaben 23, Mädchen 0. Viele angefangen.*
Rechnen:	*Knaben 0, Mädchen 0. Weil Tafel fehlte. Kopfrechnen kann doch geübt werden.*
Aufsatz:	*Knaben 0, Mädchen 0.*
Industrie:	*Spinnen Knaben 6, Mädchen alle. Stricken Knaben 0, Mädchen 13.*
Gesundheit:	*Ziemlich.*
Höflichkeit:	*Etwas.*
Gesang:	*Kirchenlieder könnten wochentags mehr gesungen werden.*
Anmerkung.:	*Eine Art von Frühschule fängt an. Feuerung: Bringen Holz. Schulfenster niedrig- könnten um des Lichtes willen versetzt werden.*[15]

Abb. 88   Das alte Schulhaus von 1802 mit Lehrer- und Vikarswohnung

Gegenüber der ersten Visitation ist durchaus eine Verbesserung erkennbar. Immerhin hatte Vörden zu dieser Zeit offenbar ein halbwegs modernes Schulgebäude mit getrennter Wohnung für den Lehrer. Unübersehbar ist allerdings auch, dass auch jetzt längst nicht alle Schüler und schon gar nicht Schülerinnen zu schreiben lernten. Rechnen und Aufsatz wurden überhaupt nicht unterrichtet. Die Gesundheitserziehung war nach Himmelhaus' Urteil zufriedenstellend während die Erziehung zu höflichen Umgangsformen bisher nur geringe Erfolge zu verzeichnen hatte. Interessant war auch die Art der Heizung, indem die Kinder Holz mitbrachten. Das war aber auch in anderen Orten so üblich. Die geforderte Sonntags-Schule war für die schulentlassenen jungen Leute als religiöse Fortbildung gedacht.

d) Die Schule von 1875/76

Im Jahre 1851 wurde ein Anbau an die Schule vorgenommen, der wahrscheinlich den Klassenraum vergrößerte. Dass es bei einem Klassenraum blieb, geht aus der Ortschronik hervor, in der es zum Bau der neuen Schule 1875 heißt, dass *„das alte Schulhaus mit nur einem Schullocale"* nicht mehr ausreiche.[16] Für den Bau der Schule hatte die Gemeinde bereits im Vorjahr von der Witwe des Heinrich Elsing (Wittgerber) das sogenannte Hansjürgensche Haus an der Marktstraße für 500 Taler gekauft.[17] Dieses hatte Heinrich Elsing im Jahre 1856 von Heinrich Rodemeyer erworben, der mit seiner Familie nach Amerika

Abb. 89   Die 1875 erbaute Schule (um 1925)

auswanderte.[18] Das Haus diente dann zunächst als Scheune. Nach deren Abriss
entstand in den Jahren 1875/76 für 6000 Taler (18 000 Mark) eine neue Schule,
das heutige Pfarrheim. Sie wies im Obergeschoss zwei Klassenräume und im
Untergeschoß eine Wohnung für die zweite Lehrkraft (Lehrerin) auf. Die Einweihung erfolgte am 4. November 1876 durch Pfarrer Funke. Der Klassenraum
im alten Schulhaus wurde 1879 durchgeteilt und halb zur dortigen Lehrerwohnung geschlagen.

3. Vördener Lehrer, Küster und Organisten bis zum Jahre 1904

a) Amtsanforderungen

In kleineren Orten wie Vörden war der Küster und Organist zugleich auch
Lehrer. In Vörden blieb diese Ämterkoppelung bis zum Jahre 1904 erhalten.
Zur Ernennung der Amtsträger legte die erwähnte Verordnung aus dem Jahre
1670 in Artikel 14 fest, dass sie vom Pastor, dem Magistrat und dem Kirchenvorstand bestellt, aber nur mit Zustimmung des Archidiakons (Dechanten) ins
Amt gelangen oder abgesetzt werden konnten. Für Vörden ergab sich insofern
eine Besonderheit, als mit Urkunde vom 11. Dezember 1685 der Abt von Marienmünster das alleinige Ernennungsrecht erhielt. Zur Prüfung für das Lehramt
musste der Kandidat nach den bischöflichen Vorschriften vor dem Abt oder

dessen Vertreter die Kenntnis der Glaubenslehren und des Glaubensbekenntnisses ausweisen. Zudem musste er eine akzeptable Handschrift und Lesefähigkeit demonstrieren.[19] Fähigkeiten zum Rechnen wurden offenbar nicht überprüft. Hinzu kamen aber charakterliche Anforderungen, die in Artikel 16 der Verordnung von 1670 genannt waren:

> *„Die Ludimagistri (Schulmeister) aber sollen darauf bedacht nehmen, daß die zarte unschuldige Jugend zu Frömmigkeit und Bescheidenheit erzogen werde. Sie selbst aber sollen der Jugend durch ihre eigene tugendhafte Lebensführung ein Beispiel geben, jeden Besuch der Wirtshäuser vermeiden und sich aller Leichtfertigkeiten enthalten."*[20]

Für die Ausführung des Amtes als Küster und Organist war ferner die Befähigung zum Orgelspiel und zum Gesang notwendig. Bei diesen vielfältigen Anforderungen an die Amtsträger ist es verständlich, dass man den Lehrer, Küster und Organisten häufig nicht im eigenen Ort finden konnte.

b) Die Ausstattung der Stelle

In Vörden standen dem Küster, Lehrer und Organisten nach dem bischöflichen Visitationsbericht aus dem Jahre 1656 drei Morgen Land zur eigenen Bewirtschaftung zur Verfügung. Zudem erhielt er von jedem der Meier (größere Höfe) jährlich drei Spint Roggen (jeweils ca. 18 kg), ein hausgebackenes Brot und eine Mettwurst („Meteswurst"). Die übrigen Bürger gaben ihm je drei Spint Hafer (etwa 12 kg). Bargeld oder Schulgeld sind nicht erwähnt.[21] Offenbar war diese Bezahlung recht bescheiden, denn sie erhöhte sich in den folgenden Jahrzehnten insbesondere durch Stiftungen. Nach dem Bericht des Pfarrers Bruns aus dem Jahre 1729 erhielt der Küster zu dieser Zeit von den sieben „Colonis" (Vollmeiern) und von den übrigen 60 Halbmeiern und Köttern die schon 1656 genannten Naturalien, zudem jetzt aber noch zu Ostern von jedem der rund 80 Häuser mindestens drei Eier, von den wohlhabenderen Bürgern vier. Zudem hatte er jetzt 5 ½ Morgen Land zur Verfügung. 1748 kam noch ein weiterer Morgen Land hinzu. Für die 1696 gestiftete Samstagabend-Andacht erhielt er ursprünglich vier Scheffel Roggen (ca. 100 kg) und vier Scheffel Gerste (ca. 85 kg) jährlich. Sie waren 1729 aber bereits in eine Zahlung von zwei Reichstalern umgewandelt worden. Mit der Stiftung der Frühmesse im Jahre 1780 bekam er zusätzlich 2 ½ Reichtaler im Jahr. Ferner zahlte ihm die Stadt für das Aufziehen der Kirchenuhr noch zwei Reichstaler jährlich aus dem Stadtsäckel.[22]
Damit hatte der Lehrer, Küster und Organist in Vörden zwar eine recht geringe feste Bezahlung von nur 6 ½ Reichstalern jährlich, wozu dann allerdings noch die nicht genau zu kalkulierenden Schulgelder und Gebühren für kirchliche Handlungen als Geldeinnahmen kamen. Durchaus beachtlich war hingegen sein Einkommen an Naturalien.[23] Hier fällt vor allem das Kornaufkommen

von ca. 125 kg Roggen und 720 kg Hafer ins Gewicht. Es dürfte für die Versorgung einer auch vielköpfigen Familie mit Getreidebrei und Brot ausgereicht haben.[24] Durch Bewirtschaftung der 6 ½ Morgen Land konnte er zudem wohl die Fleisch- und Milchversorgung für sich und seine Familie sicherstellen. Dementsprechend wurde das 1802 neu erbaute Schulhaus auch mit einem Anbau versehen, der Schweine- und Ziegenställe zur Nutzung durch den Lehrer wie auch den Vikar aufwies.[25] Die Naturaleinkünfte wurden dann im Jahre 1880 durch eine jährliche Zahlung von 285 Mark von der Rentenbank in Münster abgelöst.[26]

c) Die Amtsinhaber

Der erste für Vörden genannte Küster erscheint in der Haxthausenschen Liste der Vördener Bewohner aus dem Jahre 1586 als „Christopher der Küster".[27] Er hatte offenbar keinen eigenen Landbesitz und zahlte auch einen reduzierten Betrag für das Haus, das wohl auch nicht sein Eigentum war. Beides könnte darauf hinweisen, dass er nicht aus Vörden stammte. Ob er auch das Amt als Lehrer wahrnahm, ist nicht zu belegen, aber zu vermuten.
Der nächste bekannte Küster ist Adam Hillebrandt. Er starb am 3. Dezember 1667. Auch bei ihm ist zu vermuten, dass er nicht aus Vörden stammte, denn eine Familie dieses Namens ist weder in der erwähnten Liste aus dem Jahre 1586 noch in der Besitzaufstellung des steuerpflichtigen Landes aus dem Jahre 1656 verzeichnet. Alle späteren Träger des Namens Hillebrand(t) in Vörden stammen jedoch von ihm ab. Dass im Küsteramt das des Lehrers eingeschlossen war, wird an einer Urkunde aus dem Jahre 1654 deutlich: Auf das an anderer Stelle wiedergegebene Leumundszeugnis für die der Hexerei angeklagte Catharina Suderhausen setzte der Rat sein Siegel und ließ es zusätzlich „durch unsern Schulmeister als Notarium eigenhändlich unterschreiben." Adam Hillebrandt bezeichnete sich als gegenwärtigen „Custos Vordensis"(Vördener Küster), der den Text geschrieben und unterschrieben (scripsi et subscripsi) habe.[28]
Das Amt des Küsters, Organisten und Lehrers ging an den Sohn Johann Heinrich Hillebrandt über. Er heiratete am 20. November 1667 die aus einer begüterten, alten Vördener Familie stammende Lucia Wernhencke. Als er am 1. Februar 1709 mit 69 Jahren starb, notierte der Pastor im Kirchenbuch, dass er 44 Jahre als Küster tätig gewesen sei. Offenbar hatte er das Amt 1665 übernommen und bis 1709 geführt. Es blieb auch dann insofern in der Familie, als der Nachfolger, der aus Paderborn stammende Johannes Josephus Weitzel, der am 22. März 1709 als Küster eingeführt worden war, am 8. Juni desselben Jahres Anna Maria Hillebrandt heiratete. Sie wird im Kirchenbuch zur Hochzeit ausdrücklich als „filia olim Custodis ibidem" (Tochter des früheren hiesigen Küsters) ausgewiesen. Johannes Josephus Weitzel starb bereits am 25. Dezember 1722. Im Kirchenbuch heißt es dazu, dass er 14 Jahre Küster und Lehrer (custos et ludimagister) gewesen sei.

Sein Nachfolger wurde offenbar Heinrich Schlüter. Er wird als solcher am 31. Januar 1728 im Kirchenbuch ausgewiesen, als er für einen Nichtkatholiken als Taufpate einsprang. Auch bei seiner Eheschließung am 23. November 1732 mit Maria Elisabeth Borgers, deren Elternhaus der Schule benachbart war (Adamer), wird er als „custos Vordensis" bezeichnet. Die Familie stammte offenbar ursprünglich nicht aus Vörden, denn sie erscheint erst ab 1721 im Kirchenbuch mit Eintragungen. Heinrich Schlüter dürfte bis zu seinem Tode am 16. November 1758 im Dienst gewesen sein. Er starb mit 52 Jahren.

Sein Nachfolger wurde der aus Vörden gebürtige Franz Even. Er war im Jahre 1801 bei der ersten Visitation durch Pater Damascenus Himmelhaus noch im Amt, ist also derjenige, der als „sehr alt und stumpf" beurteilt wurde. Zu diesem Zeitpunkt war er 65 Jahre alt. Er starb am 7. Januar 1808 mit 72 Jahren. Das Kirchenbuch weist als Beruf „Schullehrer und Küster" aus. Das Lehrer- Küster- und Organistenamt ging im Jahre 1804 an den dann bei der Visitation 1804 genannten Wilhelm Stamm über. Er war wie sein Vorgänger in Vörden geboren worden. Zu seiner Ausbildung schreibt Hermann Schlütz in der Schulchronik:

> „Vor seinem Amtsantritte hatte derselbe mehrere Jahre im Kloster Marienmünster als Schneider zugebracht und war dann von dem damaligen hiesigen Pastor Köchling etwas unterrichtet worden."[29]

Zur Geburt seines ersten Kindes am 3. Juli 1807 bezeichnet ihn das Kirchenbuch als „Ludimagister". Dass er auch Küster war, gibt Damascenus Himmelreich in seinem oben zitierten Bericht an. Wilhelm Stamm nahm die Aufgaben bis zu seinem Tode am 15. März 1840 wahr. In den letzten Jahren verließen ihn seine Kräfte. Deshalb bekam er zur Unterrichtung der 90 Kinder Hilfe von
Heinrich Beine, später Lehrer in Lippspringe,
Franz Kuhlert, später in Neuenbeken tätig,
Ferdinand Fischer, der nach Germete ging und
Carl Fischer, später Lehrer in Marienloh.[30]
Als sein Nachfolger kam Friedrich Bollens aus Bruchhausen nach Vörden. Er wurde aber bereits am 1. November 1842 „wegen der Schulverwaltung" suspendiert und am 1. Juli 1843 ganz seines Amtes enthoben. Von seiner Suspendierung an war das Amt durch den Schulamtskandidaten Buhlert aus Bosseborn wahrgenommen worden.[31] Mit Datum vom 1. Dezember 1843 kam dann Christian Schlütz als Küster, Organist und Lehrer nach Vörden. Aus Erwitzen gebürtig, hatte er zuvor in Altenbergen und Sandebeck unterrichtet. Er nahm die Aufgaben bis zum 20. April 1876 wahr. Der Nachfolger wurde sein Sohn Hermann Schlütz, der bis zum 1. Oktober 1904 im Dienst blieb. Mit seinem Eintritt in den Ruhestand trennte man das Amt des Lehrers von dem des Küsters ab. Die Koppelung mit dem Amt des Organisten blieb jedoch erhalten.
Die Trennung der Ämter war letztlich durch eine staatlich geregelte Besoldung der Lehrer möglich geworden. Diese sicherte ein bescheidenes aber ausrei-

Abb.90
Lehrer Hermann
Schlütz nach seiner
Pensionierung 1904

chendes Einkommen auch allein aus dem Lehreramt. So betrug um 1900 das weiterhin von der Gemeinde zu zahlende jährliche Grundgehalt in Preußen für Lehrer 1400 und für Lehrerinnen 1200 Mark. Es erhöhte sich durch Alterszulagen. In früherer Zeit hätte kaum jemand allein von den Lehrereinkünften, also von dem halben Taler pro Kind und Jahr Schulgeld leben können, so dass weitere Einkünfte durch das Küsteramt unverzichtbar waren. Wo eine solche Koppelung vor allem in Orten ohne eigene Kirche nicht möglich war, hatte das Lied vom „armen Dorfschulmeisterlein" durchaus seine Berechtigung.

d) Die ersten Lehrerinnen in Vörden

Mit dem erwähnten Bau der zweiklassigen Schule, die 1876 bezogen wurde, war auch eine zweite Lehrkraft notwendig geworden, zumal die Anzahl der Kinder inzwischen 160 erreicht hatte. Gemäß der angestrebten Trennung von Jungen und Mädchen im Unterricht war die zweite Lehrkraft eine Lehrerin, die dann die Mädchen unterrichtete. Nach der damaligen Gesetzgebung waren nur unverheiratete Frauen als Lehrerinnen zugelassen. Für sie war die Wohnung in der Schule vorgesehen.

Die erste Lehrerin in Vörden war ab 1876 Maria Finke aus Brakel. Sie war zu diesem Zeitpunkt 44 Jahre alt und blieb bis zu ihrer vorzeitigen Pensionierung im Jahre 1882 in Vörden. Ihre Nachfolgerin wurde vom 1. Juli 1882 an die erst zwanzigjährige Johanna Hodes aus Herstelle. Sie blieb bis zum 1. Oktober 1894, als sie ihre Stelle mit Elisabeth Rosenthal tauschte, die vorher in Wiedenbrück tätig war. Mit Datum vom 1. November 1900 wurde Frl. Rosenthal auf ihren Wunsch nach Steinheim versetzt, wo sie eine stellvertretende Schulleitung übernahm. Ihre Nachfolgerin in Vörden wurde die 1875 in Minden geborene Maria Tasche, die bis zu ihrem Tode im Jahre 1921 hier unterrichtete.[32]

4. Bauliche Veränderungen und Schulneubauten ab 1904

a) Ein zusätzlicher Klassenraum

Das 1876 bezogene neue Schulhaus tat über 70 Jahre unverändert seinen Dienst. Als aber dann nach dem 2. Weltkrieg durch Evakuierte, Ostflüchtlinge und Vertriebene die Einwohnerzahl Vördens auf 1176 (1950) gestiegen war, reichten

Abb. 91   Symbolische Grundsteinlegung der neuen Schule 1960
Auf dem Foto von links: Paul Kaiser, stellv. Amtsdirektor, zwei Herren vom
Architekturbüro(?), Paul Roggenbach, Polier, Gerhard Roggenbach, Bau-
unternehmer, Dr. Paul Blinzler, Amtsdirektor, Gemeinderäte Alfons Elsing,
Josef Hoffmeister, Heinrich Schröder (Middeke), Johann Ohagen und Karl
Elsing (Wittgerber). Messdiener Martin Becker und Georg Schmereim.

die zwei Klassen nicht mehr aus. Deshalb wurde in der unteren Etage, die von
der dort wohnenden Lehrerin Puers sowieso nicht vollständig genutzt wurde,
links des Eingangs ein größerer Raum abgetrennt und zu einem Klassenraum
umgestaltet. Ungewöhnlich war für die damalige Zeit die Ausstattung mit Tischen und Stühlen statt der bis dahin üblichen Bank- und Tischreihen.

b) Schulneubau 1960/61

Wenn auch die Schule raummäßig jetzt halbwegs ausreichend war, so genügten
bald vor allem die hygienischen Verhältnisse (Toilettenanlagen) sowie der nahezu
fehlende Schulhof nicht mehr den Anforderungen. Wegen der gegebenen räumlichen Enge waren die Probleme nicht mit einem Umbau zu lösen. Deshalb erfolgte in den Jahren 1960/61 der Neubau einer nunmehr vierklassigen Schule am
„Papenbrink". Mit der räumlichen Trennung von der Kirche änderte sich auch
der Name von „Katholische Volksschule Vörden" zu „Volksschule Vörden".

c) Ausbau zur Zentralschule

Eine nächste Änderung trat mit der Neuordnung der Schulstruktur durch das
Land Nordrhein-Westfalen im Jahre 1969 ein. Aus der bisherigen Volksschule

wurde nun eine Grund- und eine Hauptschule. Kurz danach erfolgte als Konsequenz der beschlossenen Gründung der Stadt Marienmünster die Aufhebung der bisherigen örtlichen Schulträgerschaften. Damit endete im engen Sinne auch die Geschichte der Vördener Schule. Neben der „Grundschule Vörden der Stadt Marienmünster" wurde jetzt für alle Ortschaften der Stadt Marienmünster eine gemeinsame Hauptschule errichtet. Ihre Einweihung erfolgte am 13. November 1970. Ebenfalls 1970 entstanden in Schulnähe vier Lehrerwohnhäuser, die aber später in privaten Besitz übergingen. Grundschulen blieben neben Vörden nur in Bredenborn und Kollerbeck erhalten.

In den Jahren 1968-70 wurde eine Turnhalle gebaut, die aber neben den Schulzwecken auch von Vereinen u. a. genutzt werden kann. Das in gleicher Zeit gebaute Lehrschwimmbecken erweiterte man 1972 zum Hallenbad mit Liegewiese.

5. Lehrer und Lehrerinnen ab 1904

a) *Lehrer und Lehrerinnen bis zum Ende des Ersten Weltkrieges*

Der Nachfolger des 1904 pensionierten Lehrers Hermann Schlütz wurde Konrad Bieling. Er war vorher in Sommersell tätig gewesen und stammte aus Englarn im Kreis Warburg. Bieling übernahm auch das Amt des Organisten, für das ihm jährlich 260 Mark gezahlt wurden. Er heiratete 1906 Elisabeth Anna Weber aus Vörden (Gastwirtschaft). Neben ihm war die im Jahre 1900 nach Vörden gekommene Lehrerin Maria Tasche tätig. Bald nach Beginn des Ersten Weltkrieges wurde Lehrer Bieling im Oktober 1914 als Soldat eingezogen. Er fiel am 19. Juni 1916 an der Front in Frankreich. In Vörden trauerte man sehr um den beliebten Lehrer.

Sein Amt in Vörden übernahm zunächst der Schulamtsanwärter Aloys Tekotte, der aber bereits 1915 selbst einberufen wurde. Lehrer Hilgenkamp aus Altenbergen kam dann für drei Tage wöchentlich und übernahm bei den Jungen den Unterricht in den „weltlichen" Fächern jeweils für fünf Stunden. Vikar Völker gab an den drei restlichen Tagen Religionsunterricht. Als auch Hilgenkamp Ende August 1915 einberufen wurde, erteilte Pfarrer Schulte den Religionsunterricht bis zu den Herbstferien und Vikar Völker unterrichtete die anderen Fächer. Nach den Herbstferien kam Lehrer Loges nach Vörden, der aus Stahle gebürtig und bis dahin in Dalhausen tätig gewesen war. Vorläufig herrschten damit wieder „geordnete Zustände", wie Vikar Völker in der Kirchenchronik erwähnt. Der pensionierte Lehrer Hermann Schlütz spielte seit dem Weggang des Anwärters Tekotte wieder die Orgel.

Am 22. Juli 1916 übernahm Lehrer Stelte aus Buke den Unterricht anstelle des Lehrers Loges, der auch zu den Waffen gerufen wurde. Stelte war vorher in Fürstenau tätig gewesen. Er selbst erhielt dann im Herbst den Einberufungs-

Abb. 92
Maria Tasche 1900-21

Abb. 93
Konrad Bieling 1904-14

Abb. 94
August Vogt 1917-35

befehl. Die Stelle blieb nun zunächst wieder unbesetzt. Der Unterricht wurde nach dem früheren Muster wiederum durch Lehrer Hilgenkamp aus Altenbergen, der inzwischen wieder vom Militärdienst freigestellt worden war, durch Pfarrer Schulte und Vikar Völker sowie weiterhin von der Lehrerin Tasche erteilt. 1917 wurde dann Lehrer Hilgenkamp erneut einberufen. Es kam nun Lehrer August Vogt, der aus Schmechten stammte und vorher in Rothe tätig gewesen war. Er nahm auch die Organistenstelle wahr.

b) Lehrer und Lehrerinnen in der Zeit zwischen den Weltkriegen

Diese Personalkonstellation blieb bis zum Jahre 1921 bestehen, als die Lehrerin Tasche während der Mittagspause zwischen dem Vor- und Nachmittagsunterricht in ihrer Wohnung an einem Schlaganfall verstarb. Als Vertretung kam Elisabeth Böhner aus Borgholz an die Vördener Schule, erhielt aber zum 1. Oktober 1922 eine Anstellung an der Schule in Altenbergen. Für eine kurze Zeit kam als Vertretung Auguste Wüstefeld aus Herstelle, die dann am 1. April 1922 durch die Lehrerin Rosa Kohl abgelöst wurde. Diese stammte aus dem Saarland und war in Elsass-Lothringen tätig gewesen, das 1918 französisch geworden war. Sie schied aus dem Dienst aus, als sie sich im Jahre 1926 mit dem Angestellten des Kreis-Elektrizitätswerkes Eduard Flormann verheiratete, der in der neu errichteten Station im Grünental tätig war. An ihrer Stelle kam am 1. Mai 1927 die Lehrerin Clara Puers nach Vörden.
Im Jahre 1927 wurde auch der Junglehrer Fliege aus Hildesheim der Vördener Schule zugeteilt. Damit war erstmals eine dritte Lehrkraft angestellt. Da es aber nur zwei Klassenräume gab, entstanden daraus größere Terminprobleme, so dass damals schon Überlegungen angestellt wurden, das Dachgeschoss als Lehrerwohnung auszubauen und unten eine dritte Klasse einzurichten. Nach Ablegung seiner Zweiten Staatsprüfung ging Lehrer Fliege nach Bredenborn. Ihm folgte Ostern 1930 Lehrer Stenner, der aber nur bis Weihnachten desselben

Abb. 95
Rosa Kohl 1922-26

Abb. 96
Ferdinand Schwarze
1936-37

Jahres blieb. Dessen Nachfolger Bauernfeind verließ die Schule dann zu Ostern 1932. Von da an blieb die dritte Stelle für ein Jahr unbesetzt, weil die Zahl der Schulkinder unter 90 gesunken war.

Mit dem Hauptlehrer Vogt ergaben sich durch seine Strenge Probleme. Immer wieder beklagten sich Eltern über Misshandlung ihrer Kinder. Nach mehreren vergeblichen Bewerbungen an andere Schulen erfolgte dann zum 1. April 1935 seine Versetzung nach Stahle. Schon zu Ostern 1935 war Hilfslehrer Ferdinand Schwarze an die Schule gekommen und blieb bis 1937. Sein Nachfolger wurde ab 1. Oktober 1937 der aus Kollerbeck stammende Albert Welling. An die Stelle von August Vogt als Schulleiter trat Lehrer Uhe, der aber schon zum 1. Oktober 1936 nach Dalhausen versetzt wurde. Er ging laut Pfarrchronik ungern, weil er in Dalhausen nicht Organist sein konnte. In Vörden ließ man ihn allerdings durchaus gern gehen. Er konnte laut Eintrag von Pastor Behre keine Disziplin halten und versagte im Religionsunterricht, wo er sich abfällig über das Alte Testament geäußert habe. Offenbar wurde bei ihm als erstem Vördener Lehrer eine nationalsozialistische Gesinnung deutlich. Der Nachfolger Heinrich Brinkrolf aus der Bauernschaft Ems bei Osnabrück musste am 1. Juli 1938 mit Lehrer Wilhelm Funke tauschen, der bis dahin in Hohehaus tätig gewesen war. Pastor Behre bedauerte den Weggang, da der neue Lehrer kein Organist sei.

c) Lehrer und Lehrerinnen während des Zweiten Weltkrieges

Der kirchliche Einfluss auf die Schule wurde immer mehr eingeschränkt. 1937 war bereits gegen den Widerstand der Kirche und der Eltern der gemeinsame Unterricht von Jungen und Mädchen (Koedukation) eingeführt worden. „*Der Kampf der Christushasser geht ungestört weiter, wie vergangenes Jahr*", notierte Pastor Behre in der Pfarrchronik . Auch dass Lehrer Funke nicht Orgel spielte, war ganz im Sinne der Machthaber, denn im selben Jahr 1938 wurde die Koppelung zwischen Lehramt und Organistentätigkeit aufgehoben. Lehrer Funke zeigte sich auch ansonsten als überzeugter Nationalsozialist. In der Pfarrchro-

Abb. 97   Geistlichkeit und Lehrpersonen mit Entlassjahrgang 1938
Obere Reihe von links:Gertrud Fischer, Maria Sander, Paula Nolte,
Margret Breimann, Maria Moseke, Auguste Gründer, Ursula Simon,
Johanna Elsing. Mittlere Reihe: Vikar Kemper, Albert Welling 1937-62,
Clara Puers 1927-58, Heinrich Brinkrolf 1936-38, Pastor Behre. Untere
Reihe von links: Franz Leßmann, namentlich unbekannt, war Ferienkind
bei Kreilos (Stork), Arnold Offergeld, Anton Ridder, Otto Willberg,
Josef Potthast, Alfons Sprenger.

nik heißt es, er betreibe Religionsunterricht im nationalsozialistischen Sinne. Ab 1939 *„verzichtete Lehrer Funke auf den Religionsunterricht"*, wie Pastor Behre den Vorgang beschreibt. Der Religionsunterricht wurde dann vom Lehrer Albert Welling mit übernommen. Er übernahm auch das Orgelspiel. Leider, so Pastor Behre, sei aber schon viel Unheil angerichtet worden. Ein großer Teil der Kinder lerne überhaupt nicht mehr Bibel und Katechismus. Gutwillige Lehrpersonen und Geistliche seien machtlos. Viele Eltern seien zu gleichgültig, als dass sie ihren Kindern biblische Geschichte und Katechismus kontrollierend abhörten, wenngleich in Predigten die Eltern an ihre Verantwortung immer wieder erinnert würden.

Mit dem Kriegsbeginn 1939 notierte Pastor Behre in der Pfarrchronik:

„Bei Ausbruch des Krieges werden Lehrer Funke an die Schule in Papenhö-
fen, Lehrer Welling an die Schule in Bremerberg beordert. Frau Flormann,
früher Frl. Kohl, erhielt die Oberklasse. Sie hat unter großen Schwierigkeiten
Zucht und Ordnung wieder hineingebracht, fand sogar bei manchen Eltern
Widerstand. Lehrerin Puers arbeitet treu weiter eifrig und frommgläubig.
Leider hat sie ein schweres Herzleiden, kann deshalb nicht mehr jeden Mor-

gen in der Kirche Aufsicht führen und das Beten und Singen der Kinder lei-
ten. So sind die Kinder bei der hl. Meßfeier ohne Führung. Ordensschwes-
tern sind nicht hier. Laienhelfer und -helferinnen sind nicht dafür zu ge-
winnen, weil man sich vor den Leuten geniert. Deshalb ist ein Rückgang zu
verzeichnen im Besuch des Gottesdienstes, in der Andacht, im Mitbeten und
-singen. Der Kirchengesang seitens der Kinder ist sehr schlecht. Es dürfen in
der Schule ja keine Kirchenlieder mehr geübt werden."

Die Lehrerin Frau Flormann starb bereits am 30. März 1940. Lehrer Funke
sprang teilweise ein. Als er auch einberufen wurde, waren 1941 nur die Lehrerin
Puers und die neu nach Vörden gekommene 21-jährige Schulamtsanwärterin
Hildegard Blömeke tätig. Lehrer Welling, der in Bremerberg unterrichtete, in
Vörden aber noch die Orgel spielte, wurde im Jahre 1943 ebenfalls eingezogen.
Von da an gab es werktags im Gottesdienst keine Orgelbegleitung mehr. Sonn-
und Feiertags und zu Beerdigungen spielte Frl. Puers. Lehrer Funke kehrte im
Laufe des Jahres 1943 aufgrund einer Kopfverletzung von der Front zurück und
gab zunächst einige Stunden, ab 1944 dann wieder den vollen Unterricht. Die
Schule hatte 215 Kinder, darunter 72 vor allem aus dem Ruhrgebiet evakuierte.

d) Lehrer und Lehrerinnen nach 1945

Nach dem Einmarsch der Amerikaner und der Übernahme der Region durch
die Briten als Besatzungsmacht durfte zunächst außer Religionsunterricht kein
Unterricht gehalten werden. Lehrer Funke wurde im Juni 1945 verhaftet und
in ein Internierungslager zur Umerziehung gebracht. Er wurde später in Vörden nicht mehr angestellt und ging zunächst als Lehrer nach Beverungen, dann
nach Bergheim. Der Mitte Juli aus dem Gefangenenlager Rheinberg entlassene
Lehrer Welling sowie die Lehrerin Puers und die Anwärterin Blömeke mussten sich dem üblichen Entnazifizierungsverfahren unterziehen. Lehrer Welling
wurde nach vier Wochen akzeptiert, musste aber zunächst ab 29. September

Abb. 98
Wilhelm Funke
1938-45

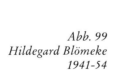

Abb. 99
Hildegard Blömeke
1941-54

1945 bis zum Jahresende den Dienst in Papenhöfen antreten. Bei den beiden weiblichen Lehrpersonen zog sich das Verfahren noch bis zum Jahresende hin. Im September 1945 durfte der Unterricht in der Unterstufe (Klassen 1-4) in den Fächern Religion, Rechnen, Zeichnen, Handarbeit, Spiel und Sport wieder aufgenommen werden, ab Mitte Oktober dann auch in den oberen Klassen. Zu den bisher genehmigten Fächern traten Ende Oktober noch die Fächer Heimatkunde, Musik, Naturkunde und Naturlehre. Der Unterricht in Vörden fand jedoch nur in verkürzter Form statt, und zwar durch die aus Bredenborn kommenden Lehrerinnen Scheips und Bormann. Frl. Scheips, die aus Holzhausen stammte, übernahm die älteren Schüler, Frl. Bormann die jüngeren und die I-Männchen, unter denen auch der Verfasser dieses Artikels war. Aufgrund des frühen Wintereinbruchs mit viel Schnee fiel auch der verkürzte Unterricht noch häufig aus, weil die beiden Lehrerinnen mit dem Fahrrad aus Bredenborn kamen. Erst ab Beginn des Jahres 1946 war mit den Lehrkräften Welling und Puers sowie der Lehramtsanwärterin Blömeke wieder normaler Unterricht möglich. Letztere konnte aufgrund der gegebenen Umstände erst 1948 ihre Zweite Lehrerprüfung ablegen. Diese drei Lehrpersonen bestimmten dann das Geschehen an der Vördener Schule für die nächsten Jahre. 1954 wechselte Frl. Blömeke nach Dortmund. Als ihre Nachfolgerin kam die aus Ostpreußen stammende Hedwig Thiel. Frl. Puers wurde 1958 in den verdienten Ruhestand verabschiedet. Ihre Stelle übernahm die aus Vörden stammende Elisabeth Kluge, die zuvor in Altenbergen unterrichtet hatte. Lehrer Welling starb noch in seiner Dienstzeit am 21. August 1962 an einem Schlaganfall, als er durch den Ort ging.

Die Nachfolge von Lehrer Welling in der Schulleitung trat ab 28. Juni 1963 Elisabeth Kluge an. Nach der Trennung in Grund- und Hauptschule leitete sie die Grundschule bis zu ihrer Pensionierung im Jahre 1989. Ihr Nachfolger wurde Gisbert Oeynhausen aus Nieheim, dem 2004 Elisabeth Hanewinkel ebenfalls aus Nieheim folgte. Hauptschulleiter wurden hintereinander Heinrich Fiene (bis Juni 1996), Heinrich Isenbort (März 1997 bis Juli 2001) und seit September 2002 Rainer Krelaus. In den Zwischenzeiten bis zur Neubesetzung führte der jeweilige Konrektor das Amt, nämlich Heinrich Nottscheid und Rainer Krelaus.

Abb. 100
Hedwig Thiel
1954-65

Abb. 101
Elisabeth Kluge
1958-89

Frau Thiel trat nach elfjähriger Tätigkeit in Vörden im Jahre 1965 in den Ruhestand. Ihr Nachfolger wurde Clemens Jenner, der bis 1971 als Lehrer blieb. Zuvor hatte schon der bereits genannte Heinrich Isenbort im Jahre 1963 an der Volksschule Vörden seinen Dienst angetreten. Die 1965 und 1966 nach Vörden gekommenen Lehrerinnen Welling und Hauswerth unterrichteten nach der Trennung in Grund- und Hauptschule an letzterer. Nur kurzfristig waren an der Vördener Volksschule beschäftigt: Lehrer Rupprecht (1962), Lehrerin Stüber (1962-63), Lehrer Kühn (1963-64), Lehrerin Kirmes (1964-65).

6. Landwirtschaftliche Schulungen in Vörden

a) Landwirtschaftliche Fortbildungsschule

Seit 1913 bestand in Vörden in den Wintermonaten eine Klasse der landwirtschaftlichen Fortbildungsschule. Ihr Besuch war für diejenigen Schulentlassenen verpflichtend, die in der Landwirtschaft arbeiteten. Der Unterricht fand einmal wöchentlich im damaligen Vorraum des Saales Weber statt. Die Lehrer kamen von der landwirtschaftlichen Berufsschule Brakel. Aufgrund der deutlich besser gewordenen Busverbindungen nach Brakel wurde die Schule in Vörden Mitte der 50er Jahre eingestellt.

b) Landwirtschaftliche Mädchenschule

Zur Information sei ein Artikel aus „Westfälisches Volksblatt" vom 20. Oktober 1930 wiedergegeben, weil er auch gut die damalige Denk- und Orientierungsweise im ländlichen Raum erkennen lässt:

Vörden, 20. Oktober
Heute wurde in Gegenwart des Pfarrers Behre, der Lehrerin Puers, des Gemeindevorstehers Elsing und des Bürgermeisters Ahlemeyer durch Herrn Regierungsassessor Dr. Albrecht in Vertretung des Herrn Landrats der erste Wanderkursus der hauswirtschaftlichen Mädchenschule des Kreises Höxter eröffnet, die bekanntlich nach einstimmigem Kreistagsbeschlusse im Sommersemester in Brakel im eigenen Schulheim und im Winter durch Wanderkurse in den übrigen Bezirken des Kreises die jungen Mädchen für ihren Beruf als Hausfrauen und Mütter schulen soll. An diesem ersten Kursus der neuen Schule, der 8 Wochen dauern soll, beteiligen sich unter der Leitung der hauswirtschaftlichen Fachlehrerin Fleischauer 21 junge Mädchen aller Stände und Berufe aus den verschiedenen Gemeinden des Amtes Vörden, ein Zeichen, daß diese Einrichtung trotz ihrer Neuheit schon jetzt allgemeinen Anklang findet. Freudige Anerkennung löste bei der anläßlich der Eröffnung vorgenommenen Besichtigung die vorbildliche Haus- und Kü-

chengeräteeinrichtung aus, die der Kreis Höxter mit staatlichen Beihilfen für den Kursus beschafft hat. Die ganze Einrichtung ist von Handwerkern des Kreises angefertigt bzw. bei Gewerbetreibenden aus unserem Kreise gekauft. Außer 2 Kochherden, 2 Nähmaschinen, mehreren Plätt- und Bügeleinrichtungen, einem mehrteiligen Küchenschrank mit sämtlichen Kücheneinrichtungen, einem großen Wasch- und Spültisch steht den Kursusteilnehmerinnen alles haus- und küchenwirtschaftliche Gerät zur Verfügung, das in einem ländlichen Haushalt gebraucht wird. Auch für die Anleitung in der Kranken- und Säuglingspflege fehlt das erforderliche Lehrmaterial durchaus nicht. Besonders muß anerkannt werden, daß Herr Gastwirt Weber einen freundlichen, hellen Raum für den praktischen und theoretischen Unterricht entschädigungslos zur Verfügung gestellt hat. Es sind alle Vorbedingungen erfüllt, daß diesem ersten Kursus der neuen Kreiswanderschule ein voller Erfolg beschieden wird, sodaß auch die übrigen Bezirke des Kreises gern von dieser wahrhaft nützlichen und segensspendenden Einrichtung Gebrauch machen werden.

Dieser positiven Darstellung entsprach der Erfolg der Schulungseinrichtung allerdings nicht. Während Pastor Behre im Eröffnungsjahr 1930 noch seine Enttäuschung über das geringe Interesse an dem Kurs bei den jungen Damen aus Vörden in der Pfarrchronik notierte, beklagte er bald schon die weitere Mitfinanzierung durch die Gemeinde, die sich bei gewünschten Zahlungen für die Kirchenausstattung verweigert hatte. 1935 wurde die Schule dann eingestellt.

Anmerkungen

1 Von Detten, G.: Älteste Nachrichten über die mittelalterliche Volksschule in Nordwestdeutschland. In: Westfälische Zeitschrift, 56. Jahrgang 1898, S. 153 – 61.

2 Beispiele dafür finden sich im Artikel „Vörden als bischöfliche Stadt" in diesem Band.

3 Zitiert nach Stroop, U.: Preußische Lehrerinnenbildung im katholischen Westfalen. Schernfeld 1992, S. 11.

4 Das Vördener Kirchenbuch gibt zu seinem Todeseintrag im Jahre 1703 das Alter mit 82 Jahren an.

5 BiA Paderborn, XIV a1, S. 282.

6 Völker, Chr.: Aus der Vergangenheit des Dorfes Altenbergen. In: Völker, Chr. (Hrsg.): Heimatbuch des Kreises Höxter, Bd. I, Paderborn 1925, S. 111.

7 Angabe im Nachlass des Bernhard Fluck im Manuskript Paderborner Bistumsgeschichte; Visitation (1654-1656) Dietrich Adolfs von der Recke; Geschichtliche Notizen zum Schul-. und Unterrichtswesen im Fürstbistum Paderborn; Stadt Nieheim und andere Notizen. Erzbischöflichen Akademischen Bibliothek Paderborn, S. 272.

8 Angaben zu Vörden im Bericht des Pfarrers Leander Bruns am Beginn des 1729 eröffneten 2. Kirchenbuches, zum Paderborner Land allgemein bei Fluck, wie Anmerkung 7, S. 268.

9 Paderbornische Schulverordnung, abgedruckt in: P. F. Weddigen (Hrsg.): Neues Westphälisches Magazin zu Geographie, Historie und Statistik, 1. Bd., Bückeburg 1789, S. 165.

10 Wie Anmerkung 3, S. 23 ff.

11 Wie Anmerkung 7, S. 263.

12 Pfarrchronik Vörden für das Jahr 1857.

13 Damascenus Himmelhaus: Meine Bemerkungen über den Zustand der Schulen im Hochstifte Paderborn, gesammelt bey den Schulvisitationen, angefangen den 10ten Februar 1800. Erzbischöfliche akademische Bibliothek Paderborn, Mscr Pa 131, S. 15. Einige Abkürzungen im Text wurden zur besseren Lesbarkeit ausgeschrieben.

14 StdA Marienmünster, C 604, Schulchronik der Volksschule Teil I.

15 Wie Anmerkung 13, S. 28.

16 Chronik der Stadt Vörden. StdA Marienmünster, C 604 zu 1875. Der nachträgliche Eintrag von Pastor Behre zu 1851 in der Pfarrchronik, wonach ein zusätzlicher Klassenraum angebaut worden sei, ist demnach nicht stimmig.

17 Pfarrchronik Vörden zum Jahr 1874.

18 Kaufangaben in der Chronik der Stadt Vörden, wie Anmerkung 16 zum Jahr 1874 sowie im Bestand Vörden im Grundbucharchiv Alverdissen.

19 Angaben nach Leander Bruns, wie Anmerkung 8.

20 Ebd.

21 Visitationsbericht in: Erzbischöfliche akademische Bibliothek Paderborn, Codice 137, S. 32/33.

22 Ausführlicher im Artikel „Kirche und religiöses Leben" in diesem Band.

23 Nach Fluck war ein Festeinkommen von 30 Reichstalern eine Spitzenbesoldung. Dagegen hätte die Lehrerin in Upsprunge bei Salzkotten schon allein für die versprochenen 10 Scheffel Korn (bei Roggen ca. 265 kg) ihre Arbeit verrichtet, wenn man sie ihr gegeben hätte. Wie Anmerkung 7, S. 267 ff.

24 Im 1. Weltkrieg wurden pro Person 9 kg Getreide als monatlicher Bedarf angesetzt. Das Kornaufkommen des Vördener Küsters von rd. 850 kg im Jahr hätte demnach für eine siebenköpfige Familie ausgereicht.

25 Vgl. die einschlägigen Ausführungen in der Pfarrchronik zum Jahre 1925.

26 StdA Marienmünster, A 360: Ablösung der Pfarr- und Küstereigefälle in Vörden, ferner C 604, wie Anmerkung 14.

27 Die Liste wird ausführlicher behandelt in den Artikeln „Vörden als bischöfliche Stadt" und „Alte bürgerliche Familien in Vörden".

28 StA Münster, Fürstentum Corvey, Akten, Nr. 791. Der Text des Leumundzeugnisses ist wiedergegeben im Kapitel „Vörden als bischöfliche Stadt 1324-1802".

29 Wie Anmerkung 14.

30 Ebd.

31 Wie Anmerkung 16, S. 56.

32 Angaben nach StA Detmold, M2 Höxter, Akte 689.

Wilhelm Hagemann
unter Mitwirkung von
Karin Föckel, Hildegard Hecker und Ursula Simon

Alte bürgerliche Familien und Hausstätten in Vörden

Im Gegensatz zu den Angehörigen von Adelsfamilien treten Namen von Bürgerlichen in der Regel erst zu deutlich späterer Zeit urkundlich hervor. Die Ursache liegt zunächst darin, dass mit bürgerlichem Eigentum keine besonderten Privilegien verbunden waren, zu deren Belegung man Schriftstücke benötigte. Zudem war es, wie im vorhergehenden Artikel schon ausgeführt, im Mittelalter für Kinder von Bauern und Handwerkern auf dem Lande lange nicht üblich und wohl auch kaum möglich, Lesen und Schreiben zu lernen. Und auch in kleinen Landstädten wie Vörden dürfte die schriftliche Fixierung städtischer Angelegenheiten nicht immer problemlos gewesen sein. Jedenfalls liegen für die ersten beiden Jahrhunderte nach der Stadterhebung keine Informationen über städtische Regelungen vor, in denen auch bürgerliche Namen überliefert sein könnten. Aber auch in den aus dem 16. Jahrhundert erhaltenen Briefen oder Verträgen ist stets nur ohne Namensnennung von „Bürgermeister und Rat und sämtlichen Eingesessenen" die Rede. Bezeichnenderweise sind Bürgernamen erst im Zusammenhang mit Steuerzahlungen systematisch erfasst und überliefert.

Im Folgenden werden zunächst die entsprechenden Namensaufstellungen aus dem 16. und 17. Jahrhundert vorgestellt. Von den dort erwähnten Familiennamen Vördener Bürger sind nur wenige bis heute erhalten. Etliche sind aber als Haus- oder Beinamen überliefert. Deshalb wird anschließend für ältere Häuser und Hausstätten mit markanten Hausnamen und / oder erhaltenem Erscheinungsbild (Torbögen) die Abfolge der Besitzer bis in die Gegenwart dargestellt. Dabei gelingt meist auch die Erklärung der Haus- oder Beinamen. Im dritten Punkt erfolgt dann für alle im Urkataster 1830 verzeichneten Vördener Häuser – im Wesentlichen die im alten Stadtkern – die Darstellung der Besitzabfolge, ausgehend von den Besitzern um 1830. Schließlich werden unter Punkt 4 Beispiele für die Verzweigung älterer Vördener Familien präsentiert. Zu den Vornamen sei darauf hingewiesen, dass bei mehreren Vornamen etwa bis zum Jahre 1800 in der Regel der letztgenannte Name der Rufname war.

1. Die ersten bekannten Namen

a) Die Namen auf den Schrifttafeln am Kirchturm

Die ältesten bekannten Namen von Vördener Bürgern finden sich auf den steinernen Schrifttafeln über dem Turmeingang der Kirche, die im Artikel „Kirche und religiöses Leben" ausführlich vorgestellt wurden. Die auf das Jahr 1576 datierten Tafeln weisen neben den Namen des Abtes Laurentius und des Pastors Hermann Hoppenberg folgende Namen und Funktionen aus:
Haxthausen, Satrape
Conrad Kienen, Consul
Gottfried de Bach und Peter Dietrichs, Administratoren.
Satrape ist als Statthalter, Amtmann zu lesen, weist also auf die Rolle der Familie von Haxthausen als Inhaber der Burg hin.[1] Damals war sie im Besitz des Elmerhaus von Haxthausen, der aber überraschenderweise als einziger nicht mit seinem Vornamen erscheint. Conrad Kienen ist mit der Bezeichnung Consul als der damalige Bürgermeister ausgewiesen. Zwar wäre die übliche Bezeichnung eigentlich Proconsul (erster Consul), da jedoch die beiden folgenden Personen als Administribus (Administratoren, Mitarbeiter, Ausführende) bestimmt werden, ist sein höheres Amt auch so erkennbar.
Während der damalige Familienname Kiene bis heute noch als Beiname der Familien Elsing (jetzt Talstraße 1 und 30 sowie Niedernstraße 23) bekannt ist, sind die beiden anderen Namen nicht mehr vorhanden. Insbesondere erscheint der Name de Bach (von Bach) seltsam, denn bei dem Satrapen Haxthausen wird der Adelstitel de (von) weggelassen. Wir werden darauf noch zurückkommen.

b) Die Auflistung von 1586

Eine vollständige Auflistung aller Land- und Hausbesitzer in Vörden liegt aus dem Jahre 1586 vor.[2] Damals wollte Elmerhaus von Haxthausen senior seinen Besitz unter seine Söhne Gottschalk, Georg und Elmerhaus aufteilen. Dazu ließ er die Grundstücke der Bewohner in den ihm unterstehenden Orten nach Feldern, Kämpen und Wiesen vermessen. Auf dieser Basis wurden die Abgaben neu berechnet. Der Text des Titelblattes der Aufstellung lautet:

Anno 1586 montags nach Michaelis, welcher war der 3te Octobris veteris (veteris = alte Zeitrechnung) *ist die Länderey, Kämpe und Wiesen zum Vöhrden gemeßen worden in Beywesen der edelen und ehrvesten Georgen und Gottschalk Gebrüdere von Haxthausen, und der ehr und achtbahre Bernhard Sartenbergs Rentemeister zu Steinheim und Bredenborn auch Beywohnen der gantzen Gemeinde des Flecken Vöhrden, und an Länderey, Kämpen und Wiesen befunden, wie hernach folget.*

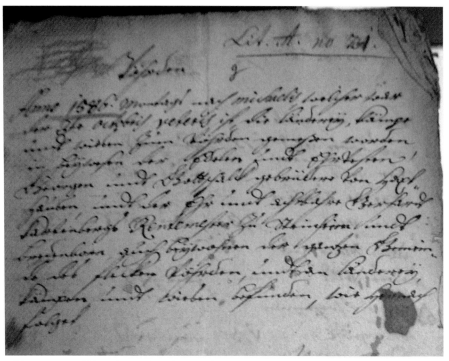

Abb. 102   Titelblatt der Aufzeichnung der Vördener Ländereien:

Die Berechnungsgrundlage für die von den Vördenern zu leistende Abgabe bildete sicher die Bestimmung in der Stadtrechtsurkunde von 1342, wonach jeder Einwohner von jeder Hufe Landes (30 Morgen) jährlich 1½ Viertel Roggen und 1½ Viertel Hafer als Heuer abzuliefern hatte, ferner von jedem Haus ein Huhn. Die Kornabgabe wurde zur genaueren Berechnungsmöglichkeit zum Teil in Geld ermittelt und bezahlt. In der Aufstellung werden folgende Namen genannt, wobei die am Schluss mit * gekennzeichneten Namen schon vorher einmal erwähnt wurden:

Aus dem Jahre 1586 überlieferte Namen der Grundbesitzer

Curd Sickman
Johann im Ohrde (Dunkler Ort)
Herman Brandes
Merten Korten
Hans Multhopt
Henrig Wesemann
Herman Schafmeister
Elmerhaus Schafmeister
Henrig Breker

Henrig Korten
Jürgen Korten
Arent Bussen
Martin Kinen
Berent Knemeier
Hans Ketteler
Boldewin Dollen
Moritz Brandis
Johan Humbregt

Tonnies Billerbeck
Dirich Molner
Der alte Meyer Lüke
Johan Schmedes
Merten Humbregt
Peter Deters
Henrig Deters
Johan Bussen
Borchard Borchades
Godert von der Borch
Herman Deters
Henrig Messollen
Johan Drewes
Johan Blome
Cord Kienen
Hilbrandt Kocks
Sander Schmedes ⎫ haben ein Haus
Tonies Schmedes ⎬ gemeinsam
Die Schlütersche ⎭
Arent Schmalhorst
Tonnies Simons
Jürgen Schomakers
Klaus Werenhenken
Arent Jegers
Boldewin Quernheim
Der alte Ketler
Marten Storks
Gottschalk Schriwens
Hilbrand Diderichs
Tonies Schmidt
Bernd Schlüters
Herman Schlüters
Bernd Ridders
Cord Sotefleisch
Der junge Meyer Lüke
Peter Haus
Henrig Oden
Die Kochdesche
Hans Krieger
Lürke Kukkucks
Johan Rüter
Arendt Poll
Claus Poll

Hartman Bodeckers
Johan Bekker
Borchardt Diriks
Herman Hurhane
Henke Adrians
Boldwin Schomakers
Diderich Deters
Johan Kochs

Die im Folgenden Genannten zahlten nur Hausgeld, besaßen demnach kein Land.
Borius Wiebegold (Familienname nur in der Aufstellung im VHA Abbenburg)
Lentschen Fechtman
Remke Brockman
Steffen Schafmeister
Henrig zur Wenderhorst
Jost Heldt
Der Koster (Küster)
Bertold Kramer
Die grote Triene
Everdt Bungenstock
Claus Vogelsanck
Johan Sickman
Herman Kienen

Für die weiteren Namen wird angegeben:
„Diese folgenden geben Heuer und geht nach der Hoven bei der Muhle"
Herman Engelen
Nesede Wenken
Cristopher der Küster*
Hilbrandt Kocks*
Lentschen Fechtman*
Der Keiser
Hans Kriger
Johan Sickman, Richter*
Henck Atrien
Die Wetemeyersche
Dirich Molner*

Die Reihenfolge der Namen ist wahrscheinlich nach der Lage der Grundstücke bestimmt und nicht nach der Häuserfolge. Die Vermessung erfolgte sehr genau in Morgen, Gart und Ruten, wobei ein Morgen 4 Gart und ein Gart 30 Ruten zählte. Anstelle der alten Flächen- und Hohlmaßangaben in der Stadtrechtsurkunde galt nun, dass je Morgen Ackerland 1 Spint Roggen und Hafer abzugeben war (4 Spint = 1 Scheffel). Das waren umgerechnet rd. 7 kg Roggen und 4 kg Hafer pro Morgen. Für ein Gart = ¼ Morgen waren entsprechend auch ¼ Spint zu zahlen. Für einen Morgen Kamp kamen jeweils ½ Scheffel Roggen und Hafer (ca. 14 bzw. 8 kg) in Rechnung, während Wiese in Geld abgerechnet wurde, und zwar pro Morgen ein Schilling (= 12 Pfennig). Das Hausgeld betrug einheitlich 3 Schilling, das Hofgeld 6 Pfennig und ein Huhn. In Hofgeld und Huhn hatten sich die Bestimmungen der Stadtrechtsurkunde von 1342 offenbar wörtlich erhalten, während die übrige Abgabe sicher im Laufe der Zeit an die Preisentwicklung und an geänderte Flächen- und Hohlmaße angepasst worden war.

Von den drei Bürgern, deren Namen 1576 auf den Tafeln über dem Turmeingang der Kirche genannt sind, werden zwei in der Besitz- und Abgabenliste ebenfalls angeführt. Sie lebten also 10 Jahre später noch. Es sind Conrad Kienen (erscheint hier mit der Kurzform Curd) und Godefried de Bach, der hier als Godert (Kurzform von Godefried = Gottfried) von der Borch benannt ist. Dass mit de Bach und von der Borch dieselbe Person gemeint ist, belegt eine weitgehend parallele Liste im von Haxthausenschen Archiv in Abbenburg.[3] Hier ist die fragliche Person mit Godert Bach bezeichnet, während alle anderen Namen der zitierten Liste entsprechen. Möglicherweise handelt es sich bei diesem Godert um einen Spross der ursprünglich lippischen Adelsfamilie von der Borg, der durch seine oder eines Vorfahren Heirat mit einer Vördener Bürgerstochter in den Augen seiner ehemaligen Standesgenossen sozial abgestiegen war und deshalb nicht mehr allgemein als adelig anerkannt wurde. Der 1576 auf den Steintafeln am Kirchturm ebenfalls genannte Peter Dietrichs dürfte jedoch inzwischen verstorben sein. Wahrscheinlich ist der jetzt in der Liste ausgewiesene Hilbrand Diderich sein Sohn. Leichte Abweichungen in der Schreibweise sind ganz selbstverständlich, weil bürgerliche Namen in aller Regel nur selten und dann nach Gehör geschrieben wurden.

c) Seit 1586 erhaltene Familien-, Haus- oder Beinamen

Aus der obigen Aufstellung von 1586 sind einige Namen als Familien-, Haus- oder Beinamen bis heute erhalten. Manche Namen, die auch heute in Vörden vorkommen, sind allerdings nicht auf diese Liste zurückführbar, sondern später zugezogen, meist erst im 19. Jahrhundert, so beispielsweise Lüke oder Kock (Koch). Für die Unterscheidung von Haus- und Beinamen soll hier gelten: *Hausnamen* sind spezielle Beinamen, die quasi am Haus haften, meist den Namen eines früheren Besitzers überliefern. Alle Bewohner des Hauses, gleich wie sie mit Familiennamen heißen oder hießen, werden bzw. wurden in der Regel mit diesem Namen bezeichnet. Vördener Beispiele sind Stork oder Benning. Als *Beinamen* gelten hier hingegen solche, die Familien unabhängig von ihrem Wohnsitz anhaften, auch wenn sie manchmal von früheren Wohnsitzen herrühren können. Beispiele sind Mertens, Klocken oder Alwers.

Aus der Aufstellung von 1586 sind nur drei *Familiennamen* bis heute erhalten: Dolle (in der Liste Dollen), Massolle (Messollen) und Simon (Simons). Die heutigen Vördener Familien namens Multhaup sind nicht auf die 1586 genannte Familie dieses Namens zurückführbar. Die 1586 vorhandene Familie Multhaup trug später den Beinamen Güldenbeck (s. u.). Als *Haus- oder Beinamen* sind seit 1586 erhalten bzw. noch bekannt: Kiene und Stork. Dabei war „Kiene" zunächst ein Hausname. Nach nach dem Abbrennen des Ursprungshauses im Jahre 1944 und nachfolgender Ansiedlungen von Familienmitgliedern an anderen Stellen ist daraus inzwischen ein Beiname geworden.

Der in der Liste von 1586 genannte Borchard Borchades war vor 1598 Bürgermeister und während des Streits um die Holzrechte in den zur Burg Vörden gehörenden Wäldern zwischen 1598 und 1602 zweiter (= vorhergehender) Bürgermeister (vgl. im Beitrag „Vörden als bischöfliche Stadt 1324-1802"). Er ist dort in leicht abweichender Schreibweise als Burkhard Borchard benannt. Er (oder sein gleichnamiger Sohn?) wird auch im Jahre 1616 zusammen mit vier anderen Vördener Bürgern noch einmal erwähnt.[4] Die Brüder von Haxthausen verkauften in diesem Jahr dem Bürgermeister Anton Gülicher aus Nieheim und seiner Ehefrau Anna Korn von eigenen Ländereien in Vörden, die von Vördener Bürgern beackert wurden. Diese sind neben Borchard Borchades Hermann Deters, Thomas Heistermann, Heinrich Burchers und Borchard Wernhencke. Die letzten beiden Namen sind gegenüber der Aufstellung von 1586 neu. Der dort mehrfach vorkommende Name Poll dürfte in der Feldbezeichnung „Polls (oder Pohls) Kämpe" überliefert sein.

d) Die Namen in der Steuerliste von 1656

Auch die nächste für Vörden vorliegende Aufstellung von Namen, die Steuerliste von 1656, geht wieder auf finanzielle Interessen, in diesem Falle des Bischofs zurück.[5] Nach dem Dreißigjährigen Krieg versuchten die Bischöfe, durch eine geordnete Erfassung der Ländereien eine zuverlässige, einträgliche und wohl auch halbwegs gerechte Grundlage für die Besteuerung zu erhalten. Die Vördener Liste enthält folgende Namen von Hausbesitzern in der damaligen Schreibweise:

Namen der Hausbesitzer aus der Steuerliste von 1656

Johan Poll	*Johan Ketteler*	*Jacob Borckel*
Caspar Simons	*Hans Mertens*	*Wilhelm Rösen*
Johan Kleinsorg	*Ilsa Ganten*	*Merten Vogelsang*
Trina Khinen	*Johan Deppen*	*Jorgen Stumpenhagen*
Claus Meysollen	*Jorgen der Koch*	*Rett: Ciriacq Meyer*
Johan Khinen junior	*Jost Wiegandt*	*Gottschalck Sagelen*
Hildebrandt Gronemeyer	*Hans Drueken*	*Jorgen Ketteler*
Heinrich Engelen junior	*Ludewig Knip*	*Jorgen Sagelen*
Johan Simons	*Conradt Meyer*	*Joseph Holtmeyer*
Jorgen Marcks	*Albert Kuckuck*	*Berthold Storck*
Herman Khinen	*Jorgen Ruhman*	*Lorentz Heisterman*
Wilmen Sipman	*Hans Thien*	*Arndt Mesters*
Herman Gollenbeck	*Johan Möller*	*Diderich Multhaupts*
Cordt Bockelmans	*Johan Bussen*	*Friderig Fester*
Johan Helt	*Jorgen Wernhencke*	*Liborius Maes*
Moritz Meyer	*Hans Bungener*	*Trina Heywinckel*
Henrig Huseman	*Cortt Dreyer*	*Claus Vogelsang*
Berent Simons	*Vidua Anna Simons*	*Johan Khinen*
Henrig Schaffmeister	*Hermann Schmidt*	*Henrig Heithecker*
Henrig Dollen	*Henrig Wesemans*	

Die Liste ist straßenweise angelegt. Sie beginnt an der Nordseite der Pohlstraße mit der heutigen Hausnummer 18 (Haus Weber gen. Bangen). Die letzten Namen in der Liste gehören zu den Häusern an der südlichen Seite der Niedernstraße. Hier scheinen allerdings gegenüber dem späteren Zustand (Urkataster 1830) zwei Häuser zu fehlen. Sie waren möglicherweise damals unbewohnt oder ohne Grundbesitz. Die Häuser im Dunklen Ort sind offenbar ausgespart. Die hier Wohnenden dürften kein oder zu wenig Land für die Besteuerung gehabt haben. Fast alle verzeichneten Namen finden sich auch in dem zwei Jahre später beginnenden Vördener Kirchenbuch. Jeder Vördener aus einer alteingesessenen Familie wird wahrscheinlich Abstammungslinien zu verschiedenen Personen aus dieser Liste finden können, auch wenn deren Familiennamen heute meist längst nicht mehr existieren.

Der Vergleich der Namenslisten von 1586 und 1656 zeigt, dass 80 Jahre nach der ersten Aufstellung nur noch 10 der Familiennamen von 1586 existierten. Der eine oder andere Name könnte sich allerdings noch im 1656 nicht erfassten Dunklen Ort erhalten haben.

d) Die Namen in der Steuerliste von 1672

Da die nächste vorliegende Steuerliste aus dem Jahre 1672 deutlich umfangreicher als die von 1656 ist, soll sie hier ebenfalls wiedergegeben werden. Die größere Anzahl der Namen könnte auf eine inzwischen erfolgte Wiederauffüllung der Einwohnerschaft zurückgehen, falls durch den Dreißigjährigen Krieg eine starke Reduktion eingetreten war, oder dadurch bedingt sein, dass 1672 auch ein geringer Landbesitz von beispielsweise ½ Morgen noch erfasst wurde. Die Aufstellung beginnt wieder auf der Nordseite der Pohlstraße. Die Reihenfolge muss jedoch nicht genau der Häuserfolge entsprechen, wie auch ein Vergleich mit der Liste von 1656 zeigt.

Namen der Hausbesitzer aus der Steuerliste von 1672

Johann Bockelman	Hans Mertens	Martin Vogelsang
Johann Simons	Elsa Ganten	Lucia Unchel
Johann Kleinsorg	Jörgen Pricken	Jacob Borchel
Heinrich Engelen	Tilo Bendeln	Heinrich Gröne
Hillebrandt Gronemeyer	B: Jobst Wiegandt	Ciriacq Meyer
Claus Masoll	Ditherich Heisterman	Cord Kyso
Laurentz Tiehen	Ludwig Knip	Jörgen Ketler
Johan Kynen Junior	Conrad Meyer	B. Jörgen Sagglen
Martin Kleinsorg	Albert Kuckuck	Jörgen Schwaben
Vidua Kynen	Vidua Ehewald	Cord Bungenstock
Lyborius Happen	Godschalk Ruhen	Godschalk Sagglen
Jörgen Vogelsang	Vidua Tiehen	Johan Hölting
Hermann Kynen	Vidua Hachmeyers	Hermann Wernhencken
Jörgen Rüter	Jörgen Wernhencken	Arnd Dirickes
Johan Deppen	Hermann Vogelsang	Ditherich Multhaupt
Heinrich Sickman	Johan Dreyer	Herman Büngener
Cord Bockelman	Jörgen Hurseman	Johan Pols
Cord Leßman	Andreß Linneman	Frederik Fersen
Johan Helt	Simon Brockmeyer	Jörgen Tiggen
Moritz Meyer	Johan Hillebrandt	Anna Heisterman
Vidua Schapmeister	Johan Drüdicken Schneider	Johan Mesoll
Heinrich Hurseman	Clauß Wernhencke	Claus Vogelsang
Wilhelm Schlüter	Herman Schmidt	B. Johann Kienen
Bernd Simon	Heinrich Weseman	Heinrich Heidthecker
Vidua Johan Möllers	Johan Multhaupt	Gerdrut Ganten
Wilhelm Kynen	Vidua Schulten	Lucia Beckers
Heinrich Dollen	Jörgen Holtemeyer	Elsabein Heistermans
Johan Kriger	Cort Schapmeister	Heinrich Baur

Die drei mit B ausgewiesenen Namen zeigen den amtierenden sowie ehemalige Bürgermeister an, die den Titel beibehielten. Schreibunterschiede zu gleichen Namen aus der Liste von 1656 oder innerhalb dieser Aufstelung wurden nicht angeglichen.

e) Aus dem 17. Jahrhundert bis heute erhaltene Familien-, Haus- und Beinamen

Wie bereits angesprochen, weist die Liste von 1656 gegenüber der von 1586 zahlreiche neue Familiennamen auf. Die Namensträger müssen in der Zwischenzeit durch Einheirat oder anderweitigen Zuzug nach Vörden gekommen sein. Von diesen neuen Namen hat sich nur der Name Meyer bis in die heutige Zeit erhalten. Als Beinamen sind aus dieser Liste zusätzlich zu den schon 1586 genannten bis heute bekannt: Gollenbeck (Güldenbeck), Thien (Tiggen) und Bungener (Büngener).

In der Steuerliste von 1672 erscheinen die bis heute existierenden Familiennamen Hillebrand(t) und Hölting erstmals. Von den neuen Namen in dieser Liste haben sich Mertens und Schulten bis heute als *Beinamen* erhalten. Seltsamerweise ist der 1656 erstmals erscheinende Name Gollenbeck (Güldenbeck) in der Liste von 1672 nicht enthalten, obgleich die Familie im Kirchenbuch weiterhin erscheint. Sie hatte wahrscheinlich 1672 keinen versteuerbaren Landbesitz. Zur Familie Güldenbeck ist noch anzumerken, dass die zugehörigen Eintragungen im Kirchenbuch auffallend lückenhaft sind. So ist zwischen 1656 und 1720 keine Hochzeit eines Mitglieds der Familie Güldenbeck verzeichnet. Taufen und Firmeintragungen weisen sie aber als existierend aus.

Weitere Steuerlisten aus dem 17. Jahrhundert liegen für die Jahre 1685 und 1690 vor. Von den in der Liste zu 1685 erstmals erscheinenden Namen ist nur Krois als Familienname erhalten geblieben, wobei allerdings die heutigen Namensträger von dem 1852 aus Löwendorf nach Vörden heiratenden Johann Wilhelm Krois abstammen (s. u.). Die frühere, in der Steuerliste von 1685 genannte Familie ging auf Johann Krois zurück, der 1674 durch Heirat aus Nieheim nach Vörden gekommen war. Er legte 1678 in Vörden seinen Bürgereid ab.[6] Als Haus- oder Beinamen sind von den 1685 erstmals genannten Namen Winters, Platten und Fritzens bis in unsere Zeit hinein als Beinamen bekannt bzw. bekannt gewesen. In der Liste von 1690 ist der Name Hecker neu. Otto Hecker hatte im Jahr vorher aus Sommersell nach Vörden geheiratet. Auf ihn gehen die Familien Hecker, Niedernstraße 3 und Pohlstraße 7 zurück. Die anderen heutigen Familien Hecker stammen von Franz Hecker ab, der zu Beginn des 20. Jahrhunderts in das Haus Niedernstraße 6 einheiratete. Er kam aber auch aus Sommersell, wie Otto Hecker gut 200 Jahre vorher (s. unter 4 d).

Abb. 103 Südliche Niedernstraße um 1940 mit den Häusern (von rechts) Kienen (Elsing), Schwärtz (Rodemeier), Rensing (zu der Zeit Krois), Wittgerber (Elsing), Benning (Elsing, heute Kreilos), Bruggers (Bobbert).

2. Die Besitzfolge in ausgewählten Häusern

Es ist im Rahmen dieses Buches nicht möglich, für alle der gut 80 ursprünglichen Vördener Hausstätten eine Besitzfolge von ihrer ersten Nennung bis in
die heutige Zeit zu erforschen und darzustellen. Hier soll deshalb, wie eingangs
bereits erwähnt, eine Beschränkung auf Häuser mit besonderen Hausnamen
und / oder erhaltenen Torbögen erfolgen. Für die übrigen Häuser wird auf die
Darstellung im folgenden Punkt 3 verwiesen. Bei den im Folgenden genannten
Häusern stehen die Hausnamen im Vordergrund. Die Familiennamen der Besitzer sind dann in Klammern zugefügt.

a) Haus Kienen (zuletzt Elsing, nicht mehr vorhanden)

Wo der 1576 auf der Schrifttafel über dem Turmeingang der Kirche genante
Conrad Kienen gewohnt hat, ist nicht festzustellen. Auch ist ungewiss, welcher
der drei in der Aufstellung von 1586 genannten Träger dieses Namens der Vorfahr des Johann Kienen war, der 1656 unterhalb der Kirche an der Niedernstraße wohnte, wo heute ein Schuppen steht. Dieser Johann Kienen ist auch in der
Steuerliste aus dem Jahre 1672 noch als Besitzer ausgewiesen. Er starb jedoch
am 4. Mai des nächsten Jahres. Das Vermögen erbte die Tochter Anna Catharina
na Kienen. Sie heiratete am 9. Juni 1675 Cord Bockelmann aus Vörden. Er erscheint in der Steuerliste des Jahres 1690 als Besitzer. Deren Sohn Henricus Bockelmann, geb. 17. Juni 1688, erbte den Hof.[7] Er heiratete am 1. Mai 1713 Anna
Maria Meyer. Den Hof erbte die Tochter Maria Elisabeth Bockelmann. Sie
heiratete im Februar (kein Tag angegeben) 1739 Franziskus Meyer aus Vörden.
Nach dessen Tod ging das Vermögen an den Sohn Franz Hermann Meyer über.
Dieser starb am 28. Juli 1821 mit 65 Jahren und hinterließ die Witwe mit drei
erwachsenen und sechs minderjährigen Kindern. Das Kirchenbuch bezeichnet
ihn als Ackersmann (Bauer). Wahrscheinlich wurde das Land dann zum großen
Teil unter die Kinder aufgeteilt. Der Hauserbe Franz Hermann Meyer, geboren
am 6. September 1782, heiratete am 15. Februar 1823 Anna Maria Onymus aus
Großenbreden. Bei der Hochzeit wird er im Kirchenbuch bereits als Tagelöhner bezeichnet, hatte also offenbar keinen größeren Landbesitz mehr. Er starb
am 26. März 1833 und hinterließ die Gattin und drei minderjährige Kinder, das
jüngste noch nicht zwei Jahre alt. Die Witwe heiratete am 9. Oktober 1836 den
Tagelöhner Heinrich Cordes aus Vörden, der damit neuer Besitzer des Hauses
und des restlichen Landvermögens wurde.[8] Alle genannten wie auch die folgenden Besitzer des Hauses mit unterschiedlichen Familiennamen werden im
Kirchenbuch mit „vulgo Kienen" (genannt Kienen) näher bestimmt.
Heinrich Cordes verkaufte das Haus mit einem Obstgarten zur heutigen
Talstraße hin bereits am 31. August 1838 für 475 Taler an Heinrich Potthast.
Dieser war am 5. August 1793 als Sohn des Johann Georg Potthast (Hahnen)
geboren worden. Er hatte am 27. Juni 1827 Anna Maria Richts, 32 Jahre, aus

Mertens Haus (s. u.) geheiratet, die von ihren Eltern etliche Grundstücke als Mitgift erhielt. Nach dem Tode der Anna Maria Richts heiratete Heinrich Potthast 1841 Sophia Multhaup (Güldenbeck), 29 Jahre. Sie erbte von ihrem Vater Franz Multhaup acht Grundstücke. Nach Zukauf weiterer Ackerflächen war ein ansehnlicher Besitz entstanden. Heinrich Potthast starb am 26. April 1870.[9] Auch wenn die neue Besitzerfamilie Potthast keine Blutsverwandschaft mehr mit der Familie Kiene aufwies, wurde der Hausname Kiene auch auf diese übertragen.

Aus der Ehe Potthast / Multhaup gingen keine Kinder hervor. Da die zwei Söhne aus der ersten Ehe des Heinrich Potthast sowie eine Tochter jung verstorben waren, erbte die einzig verbliebene Tochter Anna Maria Sophia, geb. am 29. Januar 1836. Sie heiratete am 18. Mai 1858 Josef Elsing aus Wittgerbers Haus. Die weitere Erbfolge kann der unten unter 4b) wiedergegebenen Aufstellung zu den Familien Elsing entnommen werden. Das Ehepaar Elsing / Potthast baute ein neues Haus an der alten Stelle. Es trug die Torinschrift:

GOTT SEGNE DIESES HAUS UND ALLE DIE DA GEHEN EIN UND AUS. DENEN DIE MICH KENNEN, GEBE GOTT WAS SIE MIR GÖNNEN.

Das Haus brannte am 15. August 1944 durch Blitzschlag ab. Unter den überaus schwierigen Bedingungen der Kriegs- und Nachkriegszeit bauten Wilhelm und Anna Elsing geb. Nolte einen neuen Hof neben der vorhandenen Feldscheune an der Straße nach Eilversen, jetzt Talstraße 2. In der Niedernstraße war schon 1872 vom Ehepaar Elsing / Potthast das rechts an das Stammhaus angrenzende Hausgrundstück, 1656 im Besitz von Henrig Heithecker, erworben worden. Es ist jetzt durch das Haus von Paul und Christel Elsing überbaut, wobei dieses Haus aber auch noch über die alte Stadtmauerlinie hinausgreift. Damit ist der Wohnplatz wie der Name Kiene seit nahezu 400 Jahren überliefert. Die heute mit dem Beinamen Kiene bezeichneten Familien Elsing sind mit früheren Familie Kiene aber nicht blutsverwandt.

b) Haus Schwärtz (Rodemeier)

Im baulichen Kern stammt das Haus Schwärtz (Rodemeier), Niedernstraße 21, wahrscheinlich aus der gleichen Zeit wie die benachbarten Häuser Benning und Wittgerber, nämlich aus der Zeit um 1630. Leider ist hier die Fassade jedoch nach dem Zweiten Weltkrieg recht unangemessen erneuert worden. Der Name Schwärtz dürfte auf einen früheren Besitzer namens Schwartze zurückgehen oder auf einen Hausbesitzer mit diesem Beinamen, der dann zum Hausnamen wurde. Allerdings ist dieser Name in den frühen Steuerlisten bis 1690 nicht enthalten. Deshalb ist es wahrscheinlicher, dass ein Vorbesitzer den Namen als Beinamen gehabt hat. Im Kirchenbuch wird der Name Schwartze erstmals 1683 genannt.

In den Steuerlisten von 1656, 1672, 1685 und 1690 ist der Besitzer nicht sicher zu ermitteln, weil eines der beiden Häuser Rensing oder Schwärtz offenbar jeweils überschlagen wurde. Zwischen den Besitzern der Häuser Wittgerber (damals Johannes Messollen) und Kiene wird in den Steuerlisten von 1656 bis 1685 nur Claus Vogelsang als Besitzer ausgewiesen, 1690 dann die Witwe (Relikta) Vogelsang. Der Inhaber des zweiten Hauses war wohl nicht landbesitzend und zahlte deshalb keine Steuern. Die weitere Besitzfolge für das Haus Vogelsang ist nicht rekonstruierbar.

Das Schwärtz genannte Haus ist heute im Besitz der Familie Rodemeier. Deren Vorfahr, Heinrich Rodemeier (Rodemeyer) aus Münsterbrock, heiratete am 22. April 1782 in Vörden die Witwe Anna Maria Ewalt geborene Ebbeken (Öbbeke), die in erster Ehe mit Johannes Conrad Ewalt verheiratet war. Das Haus der Familie Ewalt stand an dem Platz der späteren Schule, des heutigen Pfarrheims. Der Hausname war „Hansjürgen". Die Familie Ewalt wird erstmals in der Steuerliste von 1672 mit der Witwe Ehewald ausgewiesen. Anna Maria Ebbeken starb bereits wenige Monate nach der Verehelichung mit Heinrich Rodemeier. Dieser heiratete dann Maria Elisabeth Hölting aus dem Haus mit dem Namen Wachtmeß an der Marktstraße (heute Parkplatz). Das Haus Hansjürgen erbte der am 16. April 1793 geborene Sohn Franz Joseph Rodemeier. Es blieb im Besitz dieses Zweiges der Familie, bis der letzte Besitzer Heinrich Rodemeier 1856 mit seiner Familie nach Amerika auswanderte. Der Bruder Johann Heinrich des Franz Josef Rodemeier dürfte der erste Besitzer des Hauses Schwärtz an der Niedernstraße gewesen sein. Die Inbesitznahme ist jedoch nicht durch Einheirat erklärbar. Wahrscheinlich wurde das Haus käuflich erworben. Damit stellt sich die familiäre Folge für den bis heute in Vörden ansässigen Zweig der Familie so dar:

Heinrich Rodemeier geb. 20. Mai 1734 in Münsterbrock	heiratete am 21. Januar 1783 (2. Ehe)	Maria Elisabeth Hölting (Wachtmeß)
Johann Heinrich Rodemeier geb. 11. November 1783	heiratete am 21. Juni 1818	Anna Maria Wilhelmine Theresia Hölting (Adamer)
Heinrich Rodemeier geb. 22. Oktober 1820	heiratete am 3. November 1857	Wilhelmine Thöne (Haus Beckerkort, jetzt Hausteil Pohlstraße 11)
Joseph Rodemeier geb. 16. August 1863	heiratete am 19. Juli 1894 (2. Ehe)	Karoline Struck aus Kollerbeck

Wilhelm Heinrich Rodemeier geb. 30. März 1900	heiratete am 9. Juli 1931	Josephine Göke aus Sommersell

Josef Heinrich Rodemeier
geb. 15. Mai 1932

c) Haus Rensing

Ebenso wie beim Haus Schwärtz ist die Herkunft des Hausnamens zum Haus Niedernstraße 19 nicht zu ermitteln. Allerdings existierte zu Beginn des 18. Jahrhunderts in Vörden eine Familie namens Rensinghoff. Johann Rensinghoff heiratete am 31.Oktober 1717 Katharina Margareta Massolle. Trotz der zahlreichen Söhne scheint die Familie dann bald ausgestorben zu sein. Es ist davon auszugehen, dass das Rensing genannte Haus wenigstens kurzzeitig im Besitz dieser Familie war. Eine abstammungsmäßige Rückführung der späteren Besitzer auf den als möglichen Besitzer in den Steuerlisten von 1672, 1685 und 1690 erscheinenden Claus Vogelsang bzw. dessen Witwe gelingt nicht. Das Haus, das 1970 durch Kauf in den Besitz des Nachbarn Josef Rodemeier kam, war vorher im Besitz der Familie Krois. Diese hatte durch Einheirat das Erbe einer Familie Meier übernommen. Die Besitzgeschichte stellt sich danach wie folgt dar:

Johann Jürgen Meyer (aus Eilversen)	heiratete am 15. November 1746	Agatha Margaretha Bockelmann (aus Kienen Haus, s. o.)

Das Ehepaar Meyer/Bockelmann könnte das Haus Rensing erworben haben. Die Möglichkeit einer Übernahme durch verwandtschaftliche Vererbung ist nicht erkennbar.

Johann Conrad Meyer geb. 13. März 1758	heiratete am 5. Februar 1783	Maria Sophia Schröder (aus dem Haus Krosrieks, linker Teil des jetzigen Hauses Niedernstraße 13)
Franziskus Josef Meyer geb. 28. Dezember 1792	heiratete am 18. November 1823	Eleonora Schmidt (aus Haus Trumpets, s.u.)
Anna Maria Elis. Meyer geb. 16. September 1825	heiratete am 24. Februar 1852	Johann Wilhelm Krois Rademacher = Stell- macher aus Löwendorf
Wilhelm Josef Krois geb. 13. August 1856	heiratete am 27. November 1880	Sophia Dubbert aus Vörden
Johann Josef Heinrich Krois geb. 14. März 1883	heiratete am 30. Mai 1911	Maria Theresia Klahold (Jansiems)

Joseph Wilhelm Krois	heiratete am	Anna Weber
geb. 16. Mai 1916	24. Oktober 1945	aus Großembreden
Heinrich Wilhelm Krois	heiratete am	Anna Renate Seck
geb. 25. Februar 1947	19. Februar 1971	aus Vörden

Das Haus Rensing ist zur Zeit nicht bewohnt. Der Erhaltungszustand ist schlecht.

d) Haus Wittgerber (Elsing)

Das Haus Niedernstraße 17, derzeit im Besitz von Karl-Heinz Elsing, ist in seinem Kern wahrscheinlich das älteste Gebäude in Vörden. Es wurde nach einer Notiz von Christoph Völker im Jahre 1627 erbaut.[10] Allerdings ist die Fassade 1920 größtenteil in Ziegelstein erneuert worden. Der erhalten gebliebene vorspringende Fachwerkteil stammt aus dem 19. Jahrhundert. Das frühere Deelentor trug nach Völker die Aufschrift:

ACH GOTT HILF MIR ERWERBEN CHRISTLICH LEBEN UND SELIG STERBEN, DANN IST ALLES GENUG AUF ERDEN ERWORBEN.

Als Erbauer gibt Völker in der Pfarrchronik die Eheleute Beckmann an. Dieser Familienname ist jedoch in den frühen Steuerlisten nicht überliefert (s. o.). Als erste Besitzerin ist nach der Steuerliste von 1656 Trina Heywinckel auszumachen. Deren Tochter Anna Maria heiratete Johannes Messollen, der in den folgenden Steuerlisten von 1672, 1685 und 1690 als Besitzer des Hauses und von zunächst 6, dann 9 Morgen Land genannt wird. Dieser Johannes Messollen dürfte ein Sohn des in der Liste von 1656 angeführten Claus Messollen sein. Die Familie wird von dem 1586 benannten Henrig Messollen abstammen.
Das Haus scheint an den Sohn Johann Jürgen Messollen, geboren am 11. Juni 1662 übergegangen zu sein, der am 9. Juli 1690 Anna Catharina Elisabeth Kienen heiratete. Deren Sohn Johannes Hermann Messollen, geboren am 26. Dezember 1694, heiratete am 8. Oktober 1719 Elisabeth Catharina Sanders aus Albaxen. Der Sohn, wiederum mit dem Vornamen Johannes, geboren am 5. April 1729, der sich am 8. Oktober 1752 mit Maria Elisabeth Bunnen aus Driburg verheiratete, könnte das Haus an Johann Josef Elsing verkauft haben, vielleicht aber auch zuerst an Anton Böger (s. u. sowie bei den Ausführungen zum Haus Adamer). Der Vater des Johann Joseph Elsing, Johann Andreas Elsing, war 1750 durch Heirat mit Anna Lucia Hillebrand nach Vörden gekommen. Er stammte aus Gehrden, wo es ein Gerberamt (Gerberzunft) gab. Deshalb ist anzunehmen, dass der Name Wittgerber zunächst ein persönlicher Beiname aufgrund seines Berufes war. Wittgerber (Weißgerber) stellten aus Tierfellen blankes (wittes) Leder her, musste also die anhaftenden Haare entfernen. Von

Johann Andreas Elsing stammen alle heutigen Träger dieses Namens in Vörden ab (s. unten unter 4b).

Wie es scheint, hat Johann Andreas Elsing zunächst das Haus genannt Adamer an der Marktstraße erworben, das sein Sohn und Erbe Johann Joseph Elsing dann 1788, als er Bürgermeister war, an Anton Böger abtrat. Spätestens in diesem Jahr dürfte er das jetzige Haus an der Niedernstraße erworben haben, vielleicht auch durch Tausch mit Anton Böger. Johann Joseph Elsing heiratete am 12. Mai 1793 in dritter Ehe Maria Theresia Schmidt aus dem Nachbarhaus (Benning, s. u.). Die beiden ersten Ehen waren kinderlos geblieben. Haus und Hof erbte der am 2. Februar 1794 geborene Heinrich Elsing. Er schloss am 15. Juli 1821 die Ehe mit Sophia Multhaup (Bruggers, s. u.). Sie brachte 29 Morgen Land als Erbe von ihrem Vater Wilhelm Multhaup mit in die Ehe.[11] Das Ehepaar bekam 12 Kinder. Deshalb erweiterte man das Haus nach vorn um den noch bestehenden Erker. Die folgenden Besitzer, beginnend mit Johann Josef Elsing, können der Aufstellung unter 4b) entnommen werden.

Der jetzige Besitzer Karl-Heinz Elsing baute mit seiner Frau Lydia geb. Meyer (Kleinjans) ein neues Wohnhaus vor der alten Stadtmauer am Abhang zur Talstraße. Das alte Haus dient noch als Stallung.

e) Haus Benning (Kreilos, vorher Elsing)

Das Haus Benning, Niedernstraße 15, weist einige Besonderheiten auf: Es zeigt die älteste erhaltene Vördener Hausinschrift mit den Namen der Erbauer und ist in seiner Außenansicht weitgehend aus dem Erbauungsjahr 1630 erhalten. Es ist damit nach dem Nachbarhaus Wittgerber (Elsing) das zweitälteste Haus in Vörden. Als einziges trägt es eine lateinische Inschrift auf dem Torbogen. Trotz der vorbildlichen Erhaltungsbemühungen der Besitzer sind die Schäden am Fachwerk nicht zu übersehen. Verantwortlich dafür ist nicht zuletzt der vor Jahrzehnten verwendete Anstrich, der die Balken wie mit einer Kunststoffschicht überzog, die das Holz nicht atmen ließ. Die Besitzer haben ebenfalls am Abhang zur Talstraße ein neues Wohnhaus gebaut. Die lateinische Inschrift auf dem alten Torbogen lautet:

ANNO 1630 LIBORIV MAS ELISABETA SVDERHVS
CONIVGES AT IVVANTE DEO FVNDATO

Nach einer Notiz im Nachlass Völker wurde die Deeleneinfahrt während seiner Zeit in Vörden (1913 – 26) verändert. Dabei seien beim letzten Wort die Buchstaben RES weggefallen. Das letzte Wort hat demnach gelautet: FVNDATORES. Dann müssten aber auch am Ende der ersten Zeile Buchstaben entfallen sein, wahrscheinlich EN. Der Name würde dann SVDERHVSEN lauten. Berücksichtigt man, dass im Lateinischen u und v gleich sind und auch zwischen i und j nicht unterschieden wird, so würde die Inschrift mit unseren Buchstaben lauten:

Anno 1630 Liboriu Mas Elisabeta Suderhusen
Conjuges at Juvante Deo Fundatores

In freier Übersetzung:

*Im Jahre 1630 haben die Eheleute Liborius Mas und Elisabeth Suderhusen
mit Gottes Hilfe dieses Haus gebaut.*

Liborius Mas erscheint auch in der oben wiedergegebenen Steuerliste aus dem
Jahre 1656 noch als Besitzer des Hauses, wo der Name mit dem Dehnungs-e als
Maes geschrieben ist. Das Ehepaar Maes / Suderhusen hatte mindestens einen
Sohn und zwei Töchter, die das Erwachsenenalter erreichten. Wie es zu der Zeit
häufig vorkam, erbte die wahrscheinlich jüngste Tochter Elisabeth Maes das
Haus. Sie heiratete am 29.6.1659 Jörgen Thyen (Tiggen), der in den Steuerlisten
von 1672, 1685 und 1690 als Besitzer geführt wird. Elisabeth Maes starb bereits
am 17.9.1665. Von den beiden Kindern aus dieser Ehe (Catharina, geb. 1660
und Hermann, geb. 1663) wird Hermann 1669 im Kirchenbuch noch unter den
Firmlingen genannt. Catharina war offenbar bereits verstorben und auch von
Hermann findet sich später keine Notiz mehr. Jörgen Thyen heiratete 1666 in
zweiter Ehe Anna Maria Heithecker, mit der er etliche weitere Kinder hatte.
Offenbar sollte das Haus aber in der direkten Abkommenschaft der Erbauer
verbleiben, denn es ging auf den Sohn einer anderen Tochter des Erbauerpaa-
res Maes / Suderhusen über, die wahrscheinlich Magdalena hieß, wie aus einem
Eintrag als Patin zu schließen ist. Diese hatte „Meister" Hermann Schmidt
(† 24.2.1688) geheiratet, der einen Hof auf dem Platz des jetzigen Pfarrhauses
besaß. Der Titel „Meister" deutet auf ein Handwerk hin, das aber leider nicht
genannt wird. Der um 1662 geborene Sohn Hermann erbte dann wohl mit seiner Hochzeit 1692 Haus und Hof seiner Großeltern an der Niedernstraße.
Damit ergibt sich folgende weitere Besitzerreihe für das Haus „Benning":

Hermann Schmidt geb. um 1662	heiratete am 11. Oktober 1692	Anna Schwartzen wahrsch. aus Vörden (Schwärtz)
Henricus Schmidt geb. 19. August 1693	heiratete am 15. Mai 1729	Maria Margaretha Krekeler Herkunft unbekannt

Das Ehepaar Schmidt / Krekeler bekam 9 Kinder. Bei der Geburt des jüngsten Kindes Henricus war der Vater bereits verstorben. Maria Margaretha Krekeler heiratete dann 1744 in zweiter Ehe Heinrich Benning aus Bredenborn.
Aus dieser Ehe gingen keine Kinder mehr hervor. Heinrich Benning starb am
26.2.1772, lebte also 28 Jahre in dem Haus. Sein Name blieb als Hausname bis
heute erhalten. Das Haus ging an den jüngsten Sohn aus der ersten Ehe, Henricus Schmidt, über:

Henricus Schmidt	heiratete am	Anna Catharina Schröder
geb. 9. August 1743	26. November 1763	wahrscheinlich aus Vörden

Da der Sohn Johann Heinrich Schmidt in das Haus Trumpets einheiratete (s. u.), erbte die Tochter Maria Theresia Schmidt das Elternhaus.

Maria Theresia Schmidt	heiratete am	Josef Elsing (Wittgerber),
geb. 29. Juni 1766	12.5.1793	Witwer, dessen dritte Ehe (s. o.)

Damit waren zunächst die Häuser und Vermögen Schmidt (Benning) und Elsing (Wittgerber) in einer Hand vereint. Die Eltern Schmidt / Elsing vererbten die Vermögen dann aber an zwei Söhne, wobei der Sohn Josef Haus und Landbesitz Benning erhielt:

Josef Elsing	heiratete am	Christina Multhaup (Bruggers)
geb. 19.2.1810	12.10.1834	

Christina Multhaup brachte wie ihre oben erwähnte Schwester Sophia ebenfalls 29 Morgen Land mit in die Ehe ein. Die weitere Erbfolge:

Friedrich Wilhelm Elsing	heiratete am	Christina Mönks
geb. 10. Oktober 1845	4. Februar 1875	aus Kollerbeck

Josef Anton Elsing	heiratete am	Helena Borgolte
geb. am 29. März 1876	26. Oktober 1911	aus Bödexen

Da das Ehepaar Elsing / Borgolte kinderlos blieb, erlischt hier die direkte familiäre Erbfolge im Haus Benning.
Das Haus ging auf eine Nichte der Ehefrau, Loni Borgolte über, die bei dem Ehepaar Elsing / Borgolte aufwuchs. Diese heiratete am 15. September 1949 Philipp Ewald Kreilos (Fenstermacher, s. u.). Das Haus steht derzeit im Besitz des Sohnes Ewald Josef Kreilos, geb. am 4. März 1951. Er ist seit dem 24. Mai 1985 verheiratet mit Maria Elisabeth Meier aus Altenbergen.

f) Häuser Bruggers und Krosrieks

Die deutlich unterschiedlichen Teile des jetzigen Hauskomplexes Niedernstraße 13 waren ursprünglich zwei Hausstätten. Ihre frühe Besitzgeschichte ist aufgrund der Angaben in den Steuerlisten nicht zuverlässig zu ermitteln. Die rechte Seite scheint 1656 und 1672 im Besitz von Friederich Fester (unterschiedliche Schreibweisen) gewesen zu sein. Für die linke Seite kommen nach der Liste von 1672 zwei Besitzer in Betracht, nämlich Hermann Büngener oder Johann Pols. Die Zuordnung ist unsicher, weil beide Hausstätten in der Liste von 1656 fehlen. Eine der beiden wird sich wahrscheinlich auf der gegenüberliegenden Straßenseite befunden haben. Nachzuvollziehen ist hingegen die Herkunft der früher für die beiden Stätten geläufigen Hausnamen Bruggers und Krosrieks (s.u.) Der rechte Hausteil in Fachwerk (Bruggers) weist den schönsten Torbogen in Vörden auf (s. Nr. XIX im farbigen Bildteil). Die Inschrift lautet:

O Gott dies ganze Haus bewahr für Feuer Schaden und Gefahr.
Mit Gnaden Segen über uns walt und uns dein reines Wort erhalt.
O Jesu durch den Segen dein gib uns ein selig Stündelein
nimm unsern Geist in deine Hände und gib uns einst ein selig Ende.

Als Erbauer im Jahre 1815 sind ausgewiesen Wilhelm Multhaup und Elisabeth Beckmann.
Das Ehepaar hatte am 10. Juni 1798 geheiratet. Wilhelm Multhaup stammte aus dem Haus Güldenbeck an der Marktstraße, wo er am 1. Januar 1776 geboren wurde. Er übte das Brauerhandwerk aus. Ob er in das Vorgängerhaus an der Niedernstraße einheiratete oder dieses erwarb, ist nicht festzustellen. Das von dem Ehepaar Multhaup / Beckmann neu errichtete Haus soll zu großen Teilen vorher in Löwendorf gestanden haben. Aufgrund des hohen Preises für Eichenholz war eine solche Zweitverwendung ein durchaus übliches Verfahren. Dafür könnte auch die asymetrische Gestaltung des Hauses sprechen (Abb. 104). Jedenfalls wurde der Torbogen neu angefertigt. Seine aufwändige Ausführung lässt den Wohlstand der Erbauer erkennen. Auf die erfolgreiche Tätigkeit Wilhelm Multhaupts als Bierbrauer wird im übernächsten Artikel eingegangen.
Das Haus erbte die Tochter Caroline, die sich am 23. 10. 1842 mit Christoph Grote aus Eilversen verheiratete. Deren älteste Tochter, die am 23. Juni 1844 geborene Maria Aloysia Grote, erbte Haus und Vermögen. Sie heiratete am 12. November 1867 den Lehrer Ludwig Loose, der aus Lippspringe stammte, zu der Zeit aber an der Schule in Marienmünster unterrichtete. Als das Ehepaar Loose / Grote dann nach Daseburg (Altkreis Warburg) verzog, verkaufte es das Haus an den Nachbarn Josef Schröder.
Dessen Haus trug den Namen Krosrieks. Der Name geht auf den früheren Besitzer Henrik Krois (Krois Henrik) zurück, den 1686 geborenen Sohn des Bürgermeisters Johann Krois. Er dürfte in das Haus eingeheiratet haben. 1744 heiratete dessen Tochter Anna Margaretha Krois Johann Dietrich Schröder. Der Sohn Franz Carl Schröder heiratete Maria Elisabeth Multhaup. Deren 1796 geborener Sohn Johann Schröder, als Schmied und Ackermann ausgewiesen, heiratete am 23. Juli 1826 Elisabeth Hölting (Stork). Der aus dieser Ehe am 7. August 1832 geborener Sohn Josef Schröder heiratete am 4. August 1866 Ferdinandina Rotermund (aus Trumpets Haus). Deren einziger Sohn Josef Johann Schröder wurde Priester, so dass die am 22. Juni 1867 geborene älteste Tochter Maria Gertrud Schröder beide Häuser bzw. Hausstätten und den gesamten Besitz erbte. Sie heiratete am 19. Oktober 1895 den aus Riesel stammenden Land-

Abb. 104   Haus Bruggers, Niedernstraße 13, rechter Teil.

wirt Friedrich Bobbert. Ihr Bruder wurde in Vörden deshalb später „Bobberts Pastor" genannt (s. auch unter „Kirche und religiöses Leben").

Der älteste Sohn des Ehepaares Bobbert / Schröder, der am 3. August 1896 geborene Josef Ludwig Bobbert, ließ im Jahre 1930 auf der Hausstätte Krosrieks einen massiven Neubau als Wohnhaus errichten. Er heiratete im Jahre 1931 Helene Öbbeke aus Eilversen. Der Sohn und Erbe Josef Bobbert gab angesichts der Wandlungen im Agrarbereich die Landwirtschaft auf. Das Haus erbte die Tochter Irene Bobbert, verheiratete Witte. Das Ehepaar Witte / Bobbert verkaufte den Besitz an Familie Martin.

g) Haus Schneiderjörns (Massolle)

Der Name des Hauses Niedernstraße 11 verweist auf einen früheren Besitzer namens Georg (Jürgen, Jörg, Jörn), der das Schneiderhandwerk ausübte. Nach

*Abb. 105   Die Häuser Güldenbeck (links) und Schneiderjörns (Massolle)
in der Niedernstraße ca. 1955. Weiter rechts die Hausstätten
Krosrieks und Bruggers.*

den vorliegenden Steuerlisten scheint 1656 und 1672 Dietrich Multhaupt der
Besitzer gewesen zu sein. Die weitere Besitzfolge ist nicht sicher nachvollziehbar. 1830 weist das Urkataster dann Joseph Hensing als Besitzer aus, der mit
Anna Maria Meyer verheiratet war. Deren Tochter Sophia Hensing heiratete
den Schmied Anton Lüdeke aus Godelheim und nach dessen Tod in zweiter
Ehe 1850 den Schmied Josef Schröder aus Erpentrup. Dieser verkaufte das
Haus durch Vertrag vom 6. Dezember 1855 an Johann Massolle.[12] Dessen Vater wie der Großvater waren Weber (Leineweber) gewesen. Die Abstammung
dieses Zweiges der Familie Massolle wie die weitere Besitzfolge im Haus Niedernstraße 11 ist der unter 4e) abgebildeten Übersicht zu entnehmen.
Das frühere Fachwerkhaus brannte am 15. September 1964 infolge eines Blitz-
schlags ab. Es wurde dann ein neues Haus in massiver Bauweise in den alten
Maßen neu errichtet. Dieses wird derzeit vom Eigentümer Josef Massolle
bewohnt.

h) Haus Güldenbeck, vorher Mertens (Multhaup, Seck, Lange)

Bis zum Abriss des Hauses im Jahre 2008 wies das Haus Niedernstraße 9, genannt Güldenbeck, die zweitälteste Fassade aller Vördener Häuser aus. Der
schön gestaltete Torbogen datierte die Erbauung in das Jahr 1742. Die Geschichte der Hausstätte lässt sich ab 1656 verfolgen. In der Steuerliste aus dem
genannten Jahr ist Arndt Mesters als Besitzer angeführt. Die nächste Steuerliste von 1672 nennt dann Arnd Dirikes als Inhaber. Dass es sich jeweils um
dasselbe Haus handelt, lässt sich aus dem identischen Grundbesitzangaben von

jeweils rund 60 Morgen schließen. Es war damals der zweitgrößte bäuerliche Besitz in Vörden. Möglicherweise müsste die Eintragung zu 1656 statt Mesters korrekt Mertens heißen, denn das war der Hausname. Im Kirchenbuch heißt es vielfach bei Eintragungen zu den Bewohnern „Dierkes (auch Dirikes u. ä.) oder Mertens".

Von Arnd Dierkes (Dirikes) erbte der Sohn Jürgen (Georg) Dierkes, geb. am 17. Mai 1660. Er heiratete am 21. Otober 1691 Anna Maria Wiechers aus Bredenborn. Deren Sohn Johannes verheiratete sich am 23. Juli 1724 mit Anna Maria Kreikeler (Krekeler), wahrscheinlich eine Schwester der oben zum Haus Benning genannten Maria Margaretha Krekeler. Dieses Ehepaar war auf dem rechten Teil des Torbogens mit Datum vom 3. August 1742 als Erbauer des jetzt abgerissenen Hauses ausgewiesen. Der Segensspruch auf dem linken Teil des Torbogen lautete:

Wer auf Gott vertrauet
der hat wol gebauwet
im Himmel und auf Erden

Das 1742 neu erbaute Haus erbte die Tochter Anna Maria Dierkes. Sie heiratete am 1. November 1761 Johann Conrad Laumeyer aus Biesterfeld (?). Deren Tochter Anna Catharina Laumeyer, geb. 1. August 1762, erbte und heiratete am 1. September 1782 Johann Georg Hölting aus dem Hause Stork. Er wurde dann in Vörden mit dem Hausnamen Mertens bezeichnet. Dem Ehepaar wurden ein Sohn und eine Tochter geboren, bevor Johann Georg Hölting am 28. August 1787 starb. Die Witwe heiratete dann am 29. Juli 1788 Meinolphus Richts aus Bellersen. Von deren beiden Töchtern heiratete Anna Maria Richts Heinrich Potthast (Kienen, s. o.). Die Tochter Elisabeth heiratete 1813 Hermann Potthast, der das Stammhaus der Potthast in Vörden auf dem Platz des heutigen Pfarrhauses besaß. Nach dem Tode ihres Ehemannes im Jahre 1826 errichtete sie das bis heute vorhandene Kreuz im Wenderweg (s. unter „Kirche und religiöses Leben").

Durch Aufteilung des Erbes auf die vier Kinder der Catharina geb. Laumeyer war offenbar keine ausreichende Existenzbasis mehr vorhanden. Der Hauserbe Heinrich Hölting, geb. 14. Oktober 1785, wird bei der Hochzeit am 28. Februar 1813 mit Maria Christina Cordes im Kirchenbuch bereits als Tagelöhner bezeichnet. Er verkaufte einige ihm zugefallene Grundstücke an den Halbschwager Heinrich Potthast (Kienen). Das Haus wurde mit der hinter der Stadtmauer liegenden Wiese öffentlich versteigert und ging am 29. Dezember 1854 für 456 Taler an Franz Schrader über. Dieser war durch Heirat mit Anna Maria Hölting der Schwager des Heinrich Hölting. Drei Jahre später, am 24. Dezember 1857, kaufte Anton Multhaup genannt Güldenbeck das Haus und die Wiese von Franz Schrader, nachdem das Multhaupsche Haus an der Marktsstraße bei dem Großbrand im Sommer 1857 mit eingeäschert worden war. Aufgrund

der erwünschten Ausdünnung der Bebauung an der Marktstraße wurde das
Haus dort nicht wieder aufgebaut. Es hatte ursprünglich der Familie Gülden-
beck gehört und ein Vorfahr des Anton Multhaup hatte dort eingeheiratet. Der
Name Güldenbeck blieb dann als Hausname erhalten. Mit dem Umzug in das
Haus Mertens ging der frühere Hausname Güldenbeck nun auf das Haus an
der Niedernstraße über. Ebenso nahm Heinrich Hölting quasi den Hausna-
men Mertens als Beinamen mit, der später auf das von seinem Sohn August am
Angerberg neu gebaute Haus überging. Weiteres zu Hölting (Mertens) s. unter
Aufstellung 4a.
Der neue Hausbesitzer an der Niedernstraße, Anton Multhaup, geb. am 7. Juni
1804, hatte sich am 29. November 1844 verheiratet mit Margaretha Johlen aus
Nieheim. Die weitere Erbfolge:

Heinrich Wilhelm Multhaup geb. 24. August 1847	heiratete am 2. August 1873	Maria Potthast (Büngener)
Wilhelm Multhaup geb. 29. November 1880	heiratete am 13. September 1911	Louise Rodemeyer aus Papenhöfen
Maria Multhaup geb. 8. September 1919	heiratete am 9. Juli 1947	August Seck aus Bremerberg
Wilhelm Klaus Seck geb. 28. Juli 1949	heiratete am 28. Juli 1989	Marion Pache aus St. Peter-Ording

Nachdem die Familie Seck ein neues Wohnhaus im Garten zur Talstraße hin gebaut hatte, diente das alte Haus über Jahrzehnte nur noch als Stall und Scheune
und stand im Verfall. Es wurde dann im Jahre 2007 vom Ehepaar Werner und
Antje Lange gekauft. Nach dem Abriss des alten Hauses zu Beginn des Jahres
2008 erfolgte ein vollständiger Neubau mit kleineren Außenmaßen. Die äußere
Hülle wurde erfreulicherweise als Fachwerk gestaltet, das dem links benachbarten Haus des Gastes und den weiter angrenzenden Gebäuden optisch entspricht. Dennoch ist zu bedauern, dass es nicht gelang, den schönen Torbogen
des alten Hauses in die Fassade des Neubaus einzubeziehen. Dadurch wäre die
Vorgeschichte der Hausstätte sichtbar gehalten worden. Die Fachwerkstädte in
der Region bieten durchaus gute Beispiele für solche Lösungen. Den Zustand
des Torbogens im Jahre 2007 gibt Abbildung XVII im farbigen Bildteil wieder.

i) Haus Stork (gelegentlich auch Storck geschrieben)

Wie angesprochen, wird der Familienname Stork bereits 1586 mit Marten Storks
genannt. Der in der Steuerliste des Jahres 1656 angeführte Berthold Stork starb
am 15. Oktober 1659. Am 23. Februar desselben Jahres hatte seine Tochter und
Erbin Elsabein Stork Johann Hölting geheiratet, über dessen Herkunft nichts

bekannt ist. Er ist zuletzt in der Steuerliste von 1685 als Besitzer des Hofes ausgewiesen. Dieser stand auf dem Platz in der Mitte des jetzigen Baukomplexes
Niedernstraße 5-7, der durch das „Wirtshaus am Brunnen" und das „Haus des
Gastes" gebildet wird. Die weitere Erbfolge in der Familie Hölting beginnt mit
dem Sohn Marten des Ehepaares Hölting / Stork:

Marten (Martin) Hölting geb. 4. Januar 1660	heiratete am 21. Juli 1686	Maria Honsing Herkunft unbekannt
Caspar Henricus Hölting geb. 12. Februar 1696	heiratete am 3. Mai 1724	Catharina Elisabeth Schlepper verwitwete Wiegandt
Johann Henricus Hölting geb. 10. September 1737	heiratete am 2. Oktober 1763	Elisabeth Kleinsorge aus Vörden
Johann Conrad Hölting geb. 16. Februar 1769	heiratete am 26. April 1797	Wilhelmine Weskamp aus Herste
Joh. Herm. Philipp Hölting geb. 25. Mai 1802	heiratete am 30. September 1838	Gertrud Moeller aus Paderborn

Gertrud Moeller war vorher Haushälterin des Pastors Rekers. Um 1850 baute
das Ehepaar Hölting / Moeller das Haus neu. 1870 kaufte es dann das rechts
daneben stehende Haus Grote, vorher Potthast, genannt Lenschen. Dieses
Haus war 1571 gebaut worden.[13] Da die Ehe des Ehepaares Hölting / Moeller
kinderlos blieb, erlosch die direkte Abstammungsreihe, nachdem der Hof über
mindestens 300 Jahre im Familienbesitz Stork / Hölting gewesen war.
Das Ehepaar Hölting / Moeller setzte ihre aus Großenbreden stammende Magd
Maria Voss als Erbe ein. Diese heiratete am 24. Mai 1873 Wilhelm Kreilos aus
dem Hause Pohlstraße 10 (Fenstermacher). 1885 ließ Wilhelm Kreilos das ehemalige Haus Grote (Lenschen) abreißen und neu errichten. Es trägt den Spruch
„WER AUF GOTT VERTRAUT, HAT IMMER WOHL GEBAUT". Zwischen den beiden
Häusern entstand ein Verbindungtrakt. Zehn Jahre vorher, am 3. Dezember
1875 war dem Ehepaar Kreilos / Voss der Sohn und Erbe Philipp Josef Kreilos geboren worden. Er heiratete am 27. Juni 1905 Maria Gröne aus Großenbreden und nach deren Tod im Jahre 1908 die Schwester Sophia Gröne. Der
am 17. September 1919 geborene Sohn Josef Philipp Kreilos übergab im Jahre
1986 den Hauskomplex im Tausch gegen ein Wohnhaus im Neubauviertel zur
Windmühle hin an die Fa. Hecker & Kaiser. Diese renovierte den Komplex und
verkaufte im Jahre 1996 den rechten Teil an die Stadt Marienmünster, die es
seitdem als Haus des Gastes nutzt.
Es sei noch angefügt, dass der am 3. Dezember 1875 geborene Philipp Josef
Kreilos am 10. Oktober 1977 starb, also fast 102 Jahre alt wurde. Tragischer-
weise verunglückten in der Nacht zu seinem 100 Geburtstag zwei junge Män-

ner aus den beiden Nachbarhäusern (Wilhelm Hecker und Heinz Rotermund) tödlich.

j) Haus Alwers (Hecker)

Das vom derzeitigen Besitzerehepaar Hecker / Kreilos in Fachwerk neu gestaltete Haus (Niedernstraße 3) bildet mit dem benachbarten Haus Stork eine sehr ansehnliche Zeile. Das Haus stand 1672 im Besitz des Cord Bungenstock, der an Land lediglich einen kleinen Garten – wohl unmittelbar am Haus gelegen – besaß. In der Steuerliste von 1690 wird Hermann Bungenstock als Besitzer geführt.

Cord Bungenstock

Hermann Bungenstock	heiratete am 8. Oktober 1676	Gertrud Linnemann

Die weitere Besitzfolge ist nicht erkennbar. Um 1800 ist das Haus dann im Besitz der Gertrud Kuckuk. Sie ist auch im Urkataster 1830 noch als Besitzerin ausgewiesen. Deren uneheliche Tochter Anna Maria Charlotta Rosenthal heiratete 1834 Hermann Franz Christoph Hecker. Zur weiteren Abstammung siehe die Übersicht zu Familien Hecker unter 4d).

k) Haus Trumpets (Rotermund)

Als erster Besitzer des jetzigen Hauses Niedernstraße 1 ist anhand der Steuerliste von 1672 Jürgen (Jörgen, Georg) Schwaben (auch Schwab und Schwabe geschrieben) auszumachen. Damals umfasste der Hof 16 Morgen Land. Der Sohn Conrad Schwaben kaufte am 8. März 1717 von Georg von Niehausen dessen „vor der Stadt Vohrde liegenden Erbhoff, der Oßenhoff genand" für 80 Reichstaler.[14] Der Hof lag rechts vom alten Bredenborner Weg, wo bis heute die Feldbezeichnung „Hinter'm Ochsenhof" darauf hinweist. Im gleichen Jahr 1717 wird der Besitz des Conrad Schwaben mit 45 Morgen und einem Wert von 690 Reichstalern angegeben.[15] Die Besitzerreihe stellt sich ausgehend vom Sohn Jürgen des Conrad Schwaben wie folgt dar:

Jürgen Schwaben	heiratete am 9. Oktober 1667	Anna Catharina Dierkes aus Vörden (Haus Mertens)
Johann Conrad Schwaben geb. 29. November 1682	heiratete am 31. Juli 1724	Anna Maria Welling wohl aus Papenhöfen
Anna Maria Schwaben geb. 2. Dezember 1739	heiratete am 10. Februar 1762	Franziskus Antonius Even geb. 10. Juni 1736

Abb. 106   Kump mit den Häusern (von rechts) Stork, Alwers (Hecker, nur Dachspitze sichtbar), Trumpets (Rotermund) und Schwarze 1927.

Dorothea Even geb. 14. Oktober 1766	heiratete am 21. Juni 1801	Johann Heinrich Schmidt (aus Bennings Haus) geb. 6. Oktober 1770
Maria Theresia Ferdinandina Schmidt geb. 14. September 1803	heiratete am 27. Oktober 1829 geb. 9. Mai 1795	Franz Rotermund (aus Haus Jansiems)
Heinrich Rotermund geb. 7. Oktober 1841	heiratete am 29. September 1866	Maria Dubbert aus Vörden
Franz Johann Heinrich Rotermund geb. 31. Juli 1867	heiratete am 15. Juli 1902	Theresia Köhne aus Sommersell
Josef Rotermund geb. 17. Mai 1913	heiratete am 4. Februar 1948	Sophia Rieks aus Bochum
Guido Rotermund geb. 13. Juni 1957	heiratete am 27. April 1978	Maria Freitag aus Nieheim

Das Haus Trumpets ist damit das erste der bisher behandelten Häuser, dessen Besitz sich in der dokumentierten Zeit seit 1672 kontinuierlich an den Sohn oder die Tochter weiter vererbt hat. Der Name Trumpets geht wahrscheinlich bereits auf Jürgen Schwaben zurück. Bei der Ablegung seines Bürgereides im

Jahre 1678 wird er als „Trompolder" (Trompeter, Trommler?) bezeichnet.[16] Dass er dabei auch seine freie Geburt nachweisen musste, dokumentiert seine auswärtige Herkunft, über die aber keine weiteren Informationen vorliegen. Das Haus Trumpets ist unter Aufgabe der Fachwerkfassade umgestaltet und dient als Wohnhaus der Besitzer.

l) Haus Büngener (Multhaup)

Eine Familie dieses Namens ist erstmals in der Steuerliste von 1656 mit Hans Büngener (Bungener) nachweisbar. Das Haus dürfte schon damals an der Marktstraße gestanden haben, allerdings nicht am heutigen Platz Marktstraße 7, sondern auf dem Hof- und Stallplatz des jetzigen Pfarrhauses. Die Reihe der Besitzer des Hauses Büngener stellt sich wie folgt dar:

Bernd Büngener
geb. ca. 1646

Johann Bernd Büngener geb. 28. Oktober 1677	heiratete am 23. Mai 1700	Elisabeth Meyer aus Vörden
Johannes Georg Büngener geb. 10. Februar 1704	heiratete am 18. Juli 1728	Anna Catharina Müller aus Bellersen
Henricus Büngener 29. Mai 1740	heiratete am 14. Juli 1771	Anna Maria Meyer aus Vörden
Elisabeth Büngener geb. 4. Dezember 1772	heiratete am 10. August 1794	Wilhelm Anton Potthast geb. 26. Dezember 1770

Neben dem Haus umfasste das Erbe der Elisabeth Büngener 11 ½ Morgen Land. Der Ehemann Wilhelm Anton Potthast erhielt von seinen Eltern 13 Morgen Land, so dass der Hof Büngener damit knapp 25 Morgen Land aufwies.[17] Der Name Büngener blieb auch nach der Einheirat des Wilhelm Anton Potthast als Hausname erhalten. Das war schon deshalb zweckmäßig für die Orientierung, weil das Nachbarhaus (auf dem Platz des jetzigen Pfarramtes) das Stammhaus der Potthast und Elternhaus des Wilhelm Anton war. Dieses Haus erbte der Bruder Hermann Potthast. Die Eltern waren Franz Potthast und Gertrud Böger.
Der Erbe des Hofes Büngener, Heinrich Potthast, geb. am 20.5.1804, verheiratete sich am 14. Oktober 1832 mit Josephine Weskamp aus Herste. Nach deren Tode 1841 heiratete er am 18. September 1842 Wilhelmine Potthast. Deren Eltern waren Christoph Potthast, der aus Altenbergen stammte, und Elisabeth Ewald aus Vörden. Heinrich Potthast starb am 15. August 1857. Dadurch blieb ihm erspart, die Einäscherung des Hauses Büngener beim Großbrand an der Marktstraße am 26. Oktober des gleichen Jahres erleben zu müssen.

Abb. 107   Hausplätze an der südlichen Markstraße nach dem Aufriß des Urkatasters von 1830. Ganz links das Stammhaus der Potthast in Vörden (heute Standort des Pfarrhauses), daneben ursprüngliches Haus Büngener (nach Einheirat ebenfalls Potthast), dann ursprüngliches Haus Güldenbeck, nach Einheirat Multhaup. Auf dem jetzigen Hausplatz Büngener (Multhaup) am Kump stand 1830 noch das 1818 eingerichtete Pastorenhaus.

Um mehr Platz zu schaffen, wurden die Grundstücke nach dem Brand neu zugeschnitten. Die Witwe Potthast erhielt das Grundstück am Kump zugewiesen, wo sie das jetzige Haus neu errichtete. Der Name Büngener ging dann auch auf das neue Haus über und ist bis heute erhalten. Die Witwe Wilhelmine Potthast heiratete am 27. November 1858 den Ackerknecht Anton Multhaup aus Eversen. Aus der Ehe gingen keine Kinder hervor. Wilhelmine Potthast starb am 17. Februar 1866. Anton Multhaup heiratete dann in zweiter Ehe am 13. Oktober 1866 Maria Köhne aus dem Hause Jansiems (s. u.), mit der er 10 Kinder bekam. Da die Kinder aus den beiden Ehen des Heinrich Potthast entweder ausheirateten oder früh starben (Hermann Heinrich Potthast aus der zweiten Ehe fiel 1871 im Krieg gegen Frankreich), erbte der Sohn des Anton Multhaup, Heinrich Hermann Multhaup. Damit bestand keine Blutsverwandtschaft mehr zu der ursprünglichen Familie Büngener. Die weitere Folge:

Heinrich Hermann Multhaup geb. 29. Mai 1873	heiratete am 7. Oktober 1903	Karoline Schröder (aus Haus Krosrieks, s. o.)
Anton Joseph Multhaup geb. 24. Juni 1904	heiratete am 12.9.1945	Paula Weber aus der Nähe von Hamm
Hermann Multhaup geb. 31. Juli 1946	heiratete am 14. Mai 1971	Annette Wille aus Herstelle

m) Haus Adamer (Hölting)

Wie bereits an anderer Stelle dargelegt wurde,[18] lebt in dem Hausnamen Adamer für das Haus Marktstraße 16 wohl der Vorname des früheren Hausbe-

sitzers Adam Borgers weiter, der den Hof um 1720 besaß. Nach einer Eintra-
gung von Vikar Völker in der Kirchenchronik zum Jahre 1923 soll das jetzige
Haus im 18. Jahrhundert von Josef Elsing erbaut worden sein, „später Weißger-
bers Haus". Das ist jedoch bei dem auf dem Torbogen angegebenen Erbauungs-
jahr 1735 nicht möglich, weil die Familie Elsing erst 1750 nach Vörden kam.
Auch das auf dem Torbogen genannte Ehepaar Johann Hölting und Elisabeth
Öbbeke scheidet als Erbauer aus, denn es heiratete erst am 9. Oktober 1842.
Wahrscheinlich haben die Eheleute Hölting / Öbbeke das Haus renovieren und
dabei ihren Namen auf den Balken setzen lassen. Es ist deshalb mit ziemlicher
Sicherheit anzunehmen, dass Adam Borgers und seine Ehefrau Anna Catharina
Meyer das Haus im Jahre 1735 errichten ließen.
Allerdings hat Völkers Notiz insofern einen wahren Kern, als nach einer Akte
im Stadtarchiv Marienmünster das Haus am 16. Oktober 1788 vom damals regierenden Bürgermeister Johann Josef Elsing mit Haus, daran liegendem Garten und Düngerstätte *„so zwischen Heinrich Rodemeyer und Vördischer Küste-
rey stehet"* an Anton Böger abgetreten wurde.[19] Heinrich Rodemeyer besaß zu
der Zeit ein Haus auf dem Platz des heutigen Pfarrheims (alte Schule) und das
Vördener Küsterhaus mit der Schule stand links neben dem Haus Adamer, das
damit eindeutig bestimmt ist. Es könnte sich um einen Tausch mit dem Haus

an der Niedernstraße gehandelt
haben, denn es wird kein Preis
für das Haus Adamer angegeben.
Vielmehr zahlte Johann Joseph
Elsing noch 115 Reichstaler an
Anton Böger für die Ausrüstung
an Trögen u. ä., die er mitnehmen
wollte. Zeit und Umstände des
Übergangs des Hauses an die jetzige Besitzerfamilie Hölting sind
nicht zu ermitteln.
Völker beklagt, dass im genannten
Jahr 1923 der bis dahin vorhandene schöne Fachwerkvorbau durch
einen *„massiven häßlichen"* ersetzt
worden sei. Die Eingriffe in die
Fachwerkstruktur sind in der Tat
erheblich. Das Haus ist dadurch an
der linken Seite abgeschnitten und
auch durch den Einbau eines Flu-
reingangs mit einem Fenster darüber in den Balkenhöhen verändert. Die Beeinträchtigung der ursprünglichen Struktur ist auch in-

Abb. 108
Das in seiner Baustruktur durch Umbauten
sehr gestörte Haus Adamer (Hölting, Mark-
straße 16)

sofern bedauerlich, als die Fachwerkbauweise des Hauses einige Besonderheiten gegenüber den übrigen alten Fachwerkhäusern in Vörden ausweist. So sind die Schwellbalken des 1. Stockwerks seitwärts nach oben und oberhalb des Torbogens fortgesetzt, so dass sie wie eine Umklammerung desselben wirken. Diese aufwändige Gestaltung weist in Vörden sonst nur das Haus Bruggers (s. oben unter f)) auf. Auch die unterhalb der Fensterschwellhölzer im Obergeschoss ansetzenden schrägen Stützen der Ständer findet man hier sonst nicht. Ferner ist das Fachwerk mit Ziegelsteinen im Treppenmuster ausgemauert. Diese Gestaltung weist auch der Giebel statt der sonst üblichen Verbretterung auf. Die Art des Baues entspricht der von Häusern in Bellersen und Bredenborn. Das für Vörden unübliche Haus wird von einem außerörtlichen Baumeister / Zimmermann entworfen und ausgeführt worden sein. Möglicherweise gibt die rätselhafte Buchstabenfolge an der linken Seite des Torbogens einen Hinweis darauf. Sie lautet SHZTIUNNS. Sind es die Anfangsbuchstaben der Wörter eines Segensspruches oder stehen sie für die Namen der Erbauer oder auch des Baumeisters? Der Hauptspruch auf dem Torbogen lautet: GOTT SEGNE DIESES HAUS.
Die Abstammung der heutigen Besitzerfamilie Hölting genannt Adamer ist der unter 4a) folgenden Übersicht zu den verschiedenen Zweigen der Familie Hölting zu entnehmen. Das Haus wird vom jetzigen Eigentümer bewohnt.

n) Haus Spiekermann (Potthast)

Der Name Spiekermann für das Haus Marktstraße 12 geht auf Johann Heinrich Spiekermann zurück, der 1704 von Bredenborn nach Vörden geheiratet hatte und hier 1705 seinen Bürgereid ablegte.[20] Das jetzige Haus wurde nach dem Ausweis auf dem Torbogen im Jahre 1859 von dem Ehepaar Josef Wilhelm Schröder und Sophia Potthast errichtet. Der Vorgängerbau war bei dem Brand von 1857 vernichtet worden. Die Verbindung zu dem Namen Spiekermann zeigt die folgende Aufstellung:

Johann Heinrich Spiekermann aus Bredenborn	heiratete am 19. Oktober 1704	Anna Catharina Simons
Maria Elisabeth Spiekermann geb. 4. September 1707	heiratete am 31. Oktober 1728	Johann Georgius Hölting geb. 23. Dezember 1698
Maria Cathrina Hölting geb. 26. Mai 1743	heiratete am 29. November 1771	Johannes Schröder geb. 5. März 1745
Wilhelm Schröder geb. 5. November 1773	heiratete am 8. Oktober 1797	Anna Maria Rasche aus Rolfzen
Johann Schröder geb. 30. Oktober 1803	heiratete am 27. April 1836	Sophia Potthast (aus Haus Büngener)

Wilhelm Schröder geb. 22. Februar 1839	heiratete am 30. November 1867	Maria Elisabeth Weber (Gastwirtschaft)
Heinrich Schröder geb. 2. November 1872	heiratete am 28. November 1907	Theresia Wolf aus Sommersell
Theresia Schröder geb. 27. März 1916	heiratete am 27. September 1945	Wilhelm Potthast aus Altenbergen
Wilhelm Potthast		

Letzterer bewohnt das Haus.

o) Haus Jansiems (Klahold)

Der Hausname ist aus dem Vor- und Nachnamen des früheren Besitzers Johann Simons entstanden. Er starb 1713 mit 82 Jahren und war lange Jahre Bürgermeister in Vörden. Vor ihm besaß sein Vater Caspar Simons das Haus, das heute vom Dunklen Ort her gezählt wird (Nr. 2). Der ursprüngliche Eingang lag jedoch zur Pohlstraße hin. Die folgende Übersicht zeigt einen häufigen Namenswechsel der Besitzer, jedoch verblieb das Haus bis heute immer in der direkten familiären Nachfolge.

Caspar Simons geb. ca. 1600	genannt in der Steuerliste 1656	
Johann Simons geb. ca. 1631	heiratete am 12. Mai 1681 (2. Ehe)	Anna Margaretha Krumsiek aus Vörden
Anna Margaretha Simons geb. 8. November 1682	heiratete am 24. Oktober 1706	Johann Conrad Meyer geb. 18. September 1667
Maria Agnes Meyer geb. 19. April 1726	heiratete am 15. Oktober 1752	Konrad Rhumann geb. 21. Februar 1722
Elisabeth Maria Anna Rhumann geb. 1. März 1759	heiratete am 16. Mai 1779	Heinrich Joh. Rotermund geb. 3. März 1753, Organist aus Steinheim
Anna Maria Theresia Elisabeth Rotermund geb. 18. März 1786	heiratete am 25. Oktober 1812	Wilhelm Graßhoff aus Papenhöfen, geb. 1785
Ferdinandina Graßhoff geb. 6. Oktober 1819	heiratete am 24. November 1842	Heinrich Köhne aus Born, geb. 1817

Maria Sophia Elisabeth Köhne geb. 26. Juni 1846	heiratete am 29. Juli 1879	Anton Klahold aus Driburg
Wilhelm Arnold Klahold geb. 4. März 1888	heiratete am 16. Juli 1919	Josephine Potthast aus Hohehaus
Anton Klahold geb. 6. Mai 1920	heiratete am 16. Juli 1952	Hilde Backhaus aus Eilversen
Wilfried Klahold geb. 15. Mai 1954	heiratete am 17. Oktober 1992	Maria Hoffmeister aus Vörden

Das um 1900 völlig erneuerte Haus wird von den Eigentümern bewohnt.

p) Haus Fenstermacher (Kreilos)

Der Name deutet bereits wie Wittgerber oder Schneiderjörns auf eine frühere handwerkliche Tätigkeit eines Hausbesitzers oder Vorfahren hin. Tatsächlich stammt die jetzige Familie Kreilos aus Papenhöfen, wo es eine Tischlerfamilie dieses Namens gab. 1734 wird im Zusammenhang mit dem Neubau des Schlosses nämlich erwähnt, dass ein Tischler Kreilos aus Papenhöfen Fenster anfertigte.[21]
Für die Hausstätte an der Pohlstraße lassen sich anhand der oben wiedergegebenen Steuerlisten keine früheren Eigentümer eindeutig bestimmen. 1830 nennt das Urkataster für den linken Teil der heutigen Hausstätte Conrad Hölting (Adamer) als Eigentümer. Der rechte Teil mit einem Haus gehörte noch der Familie (von) Bosen. Diese war 1717 durch Heirat des Friedrich Jürgen von Bosen mit der Clara Anna Gronemeyer in den Besitz gelangt. Später wurde der Hof durch Verwalter geführt.
Die jetzige Eigentümerfamilie Kreilos kam 1763 durch Heirat des Johann Conrad Kreylos aus

Abb. 109
Haus Fenstermacher (Kreilos)
mit Bewohnern um 1910

Papenhöfen mit Anna Catharina Böger nach Vörden. Möglicherweise heiratete er in das Haus an der heutigen Stätte Marktstraße 10 ein und war dort vielleicht auch als Tischler (Fenstermacher) tätig. Sein Sohn Adolph wird 1791 als Pächter des Ratskellers genannt. Dessen Frau war Anna Katharina Hölting (Adamer). Deren Sohn, der ebenfalls Adolph hieß, wird im Aufriss des Urkatasters von 1830 als Besitzer des Hauses an der Marktstraße ausgewiesen. Er dürfte nach seiner Hochzeit im selben Jahr die Hausstätte an der Pohlstraße von seinem Großvater Conrad Hölting übernommen haben. Während nämlich Adolph Kreilos bei seiner Hochzeit mit Antonetta Potthast (Büngener) am 8. August 1830 im Kirchenbuch noch als Tagelöhner bezeichnet ist, wird er bei der Taufe der Kinder stets als Ackersmann ausgewiesen. Das Ehepaar Kreilos / Büngener kaufte dann wahrscheinlich das Nachbargrundstück von Bosen auf und baute dann das Haus an der Pohlstraße neu. Der Torbogen in der 1972 leider durch eine massive Ziegelwand ersetzten Fachwerkfassade trug die Inschrift:

Auf dich o Gott haben vertraut mit deiner Hilfe dieses Haus gebaut.
Adolph Kreilos und Antonetta Potthast den 23ten Juni 1862.

Die weitere Erbreihe nach dem genannten Adolph Kreilos stellt sich folgendermaßen dar:

Josef Kreilos geb. 13. Januar 1836	heiratete am	Sophia Elsing (Bennings) 31. Mai 1864
Josef Kreilos geb. 17. Januar 1867	heiratete am 20. September 1898	Maria Schrader aus Vörden
Josef Kreilos geb. 18. Februar 1899	heiratete am 10. Mai 1951	Anna Borgolte aus Bödexen
Josef Kreilos geb.18. März 1952	heiratete am 28. September 1985	Mechthild Pelizaeus aus Vörden

q) Haus Hahne (Potthast)

Auf dem Grundstück der Familie Potthast mit dem Beinamen Hahne, Pohlstraße 6, stehen derzeit ein großes Fachwerkhaus mit Deele und im rechten Winkel dazu ein massiv gebautes Wohnhaus. Das Urkataster von 1830 weist auf diesem Grundstück noch 6 Häuser unterschiedlicher Besitzer aus. Das größte davon, auf das die Pohlstraße unmittelbar zuführte, gehörte Franz Heinrich Potthast, dessen Vater die Tochter des Vorbesitzers Anna Maria Wiegandt geheiratet hatte. Franz Heinrich Potthast kaufte nach 1830 die übrigen Häuser auf, von denen offenbar eines nach einem früheren Besitzer den Namen Hahne trug, der dann als Hausname auf den gesamten Besitz überging.

Eine Familie Hahne ist bereits um 1740 im Kirchenbuch verzeichnet. Der Name Wiegandt erscheint erstmals in der Steuerliste des Jahres 1656. Die Familie Potthast (Hahne) geht zurück auf Hermann Potthast, der aus Bökendorf kam, wie bei der Ablegung seines Bürgereides 1705 verzeichnet ist.[22] Er heiratete Anna Elisabeth Thyen (Tiggen). Deren Vater hatte in das Haus Maes, später Benning genannt, eingeheiratet (s. o.). Der Sohn des Ehepaares Potthast / Thyen heiratete dann in das Haus Schmidt an der Marktstraße auf dem Platz des heutigen Pfarramtes neben der Kirche ein. Aus dieser Familie stammte Johann Georg Potthast, der durch Heirat in den Besitz von Haus und Hof Wiegandt als Teil der jetzigen Hofstätte gelangte. Hier wird zunächst die Abfolge der Familie Potthast wiedergegeben, bevor dann die der Familie Wiegandt dargestellt wird.

Hermann Potthast aus Bökendorf	heiratete am 26. April 1705	Anna Elisabeth Thyen (Tiggen)
Johann Georg Potthast geb. 26. Dezember 1705	heiratete am 8. November 1733	Anna Margaretha Schmidt (Haus neben der Kirche)
Johannes Franziskus Potthast geb. 12. September 1744	heiratete am 13. September 1767	Johanna Gertrudis Böger aus Vörden
Johann Georg Potthast geb. 16. Oktober 1768	heiratete am 10. Mai 1791	Anna Maria Elis. Wiegandt (Hoferbin)
Franz Potthast geb. 13. Mai 1792	heiratete am 17. August 1823	Anna Maria Elsing (aus Haus Wittgerber)
Heinrich Potthast geb. 10. September 1829	heiratete am 28. September 1859	Theresia Weber aus Münsterbrock
Johann August Potthast geb. 28. Mai 1861	heiratete am 1. August 1888	Maria Rode aus Vörden
Heinrich Josef Potthast geb. 19. November 1894	heiratete am 27. September 1922	Maria Mönnikes aus Bergheim
Josef August Karl Potthast geb. 4. November 1923	heiratete am 28. November 1967	Hedwig Perdun aus Ascheberg

Die Witwe Hedwig Potthast ist die derzeitige Eigentümerin und Bewohnerin. Es sei der Übersicht halber noch einmal angemerkt, dass der Bruder Hermann des 1768 geborenen Johann Georg Potthast das elterliche Haus an der Kirche erbte. Der Bruder Wilhelm Anton Potthast heiratete in das damalige Nachbarhaus Büngener ein (s. o.).

Abb. 110   Die Häuser Potthast (Hahnen) um 1920. Das linke Haus wurde später massiv gestaltet. Es dient ausschließlich als Wohnhaus.

Die Abstammung der Familie Wiegandt stellt sich wie folgt dar:

Jodokus Wiegandt
geb. um 1630, gest. 1. Mai 1679

Hermann Henricus Wiegandt
geb. um 1656, gest. 12. Februar 1710

Jodocus Henricus Wiegandt geb. 26. Oktober 1696	heiratete am 15. Mai 1720	Catharina Elis. Schlepper aus Billerbeck
Anton Engelhardus Wiegandt geb. 9. Februar 1723	heiratete am 21. Juni 1757	Anna Maria Drücken
Anna Maria Wiegandt geb. 20. Dezember 1769	heiratete am 10. Mai 1791	Johann Georg Potthast (s. o.).

Das große Fachwerkhaus auf der Hausstätte Pohlstraße 6 wurde von der Witwe des Heinrich Potthast im Jahre 1884 errichtet. Es trägt auf dem Torbogen den Spruch „HEIL UND SEGEN DIESEM HAUS".

*Abb. I   Vörden von Süden her gesehen, im Hintergrund der Hungerberg und die
ehemalige Klosterkirche Marienmünster*

*Abb. II   Vörden in der weiteren Umgebung, gesehen aus 50 km Höhe
(Goggle earth)*

Abb. III   Aufschluss (sichtbare Wand) des mittleren Keupers in der alten Mergelkuhle
am Hungerberg, später Sportplatz

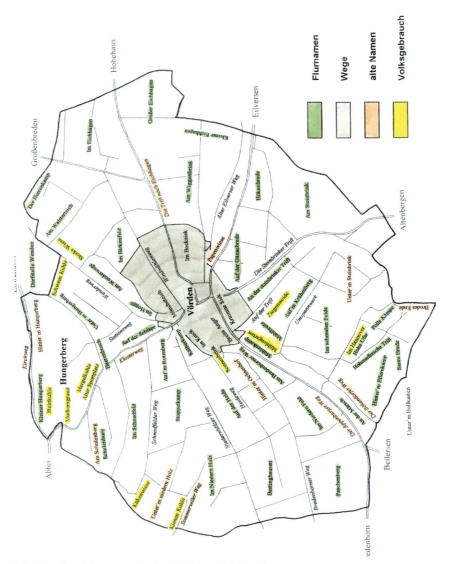

Abb. IV   Bezeichnungen in der Vördener Feldmark

Abb. V   Vörden 1665, Replik eines Gemäldes von Carl Fabritius, Original im Zweiten Weltkrieg zerstört

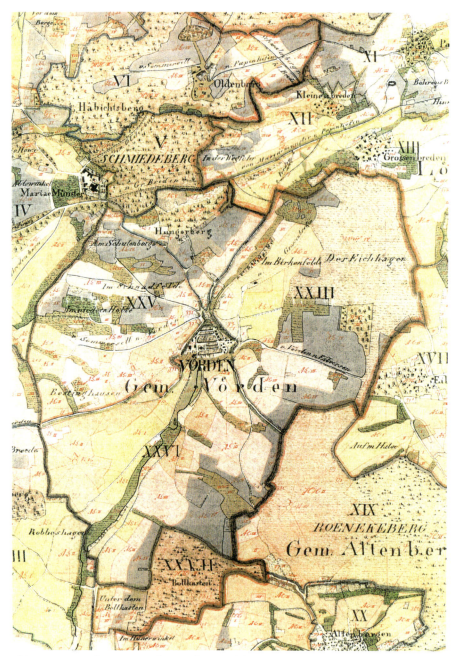

Abb. IV   Bezeichnungen in der Vördener Feldmark

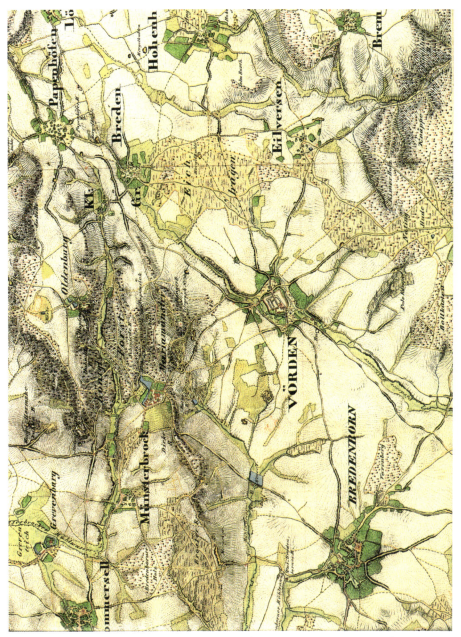

Abb. VII   Vörden und Umgebung 1838, Ausschnitt aus einer Karte, gezeichnet vom preußischen Infanterie-Leutnant von der Goltz

Abb. VIII   Siegel der Stadt Vörden, ab ca. 1600 im Gebrauch

Abb. IX   Wappen der Stadt Vörden, gültig ab 1940

Abb. X   Monstranz der Vördener Kirche aus dem Jahre 1764, Edelsteine um 1850
eingearbeitet

Abb. XI   Altar der Kapelle auf dem Hungerberg

Abb. XII   Altar der Kapelle in Eilversen

Abb. XIII   Vördener Schützenfahne aus dem Jahre 1774

*Abb. XIV   Fahne der Jungschützen aus dem Jahre 1963,
das gleiche Motiv zeigte bereits die Fahne aus
dem Jahre 1921*

Abb. XV   Fahne des Kriegervereins aus dem Jahre 1898, Vorderseite

Abb. XVI   Fahne des Kriegervereins aus dem Jahre 1898, Rückseite

Abb. XVII   Torbogen des ehemaligen Hauses Niedernstraße 9, abgebrochen 2008

Abb. XVIII   Fassade des Hauses Amtsstraße 12

Abb. XIX   Torbogen des Hauses Niedernstraße 13

Abb. XX   Die Ausweitung von Vörden

r) Haus Kleinjans (Meyer, davor Potthast, jetzt Isenbort)

Diese Bezeichnung des Hauses Pohlstraße 4 geht offenbar auf einen früheren Bewohner namens Johann zurück, der von kleinem Körperwuchs war. Vielleicht ist der Ursprung jener Johannes Dirkes, der 1685 seinen Bürgereid ablegte und im Vördener Bürgerbuch als *„sive* (oder) *Klein Johann"* bezeichnet wird. Im Kirchenbuch wird der Name erstmals zum 1. September 1699 als Todestag der Witwe *„die Kleinjohannsche"* genannt. Im Jahre 1704 ist im Kirchenbuch eine Margarethe Kleinjohann unter den Firmlingen angeführt. Nach einer Einheirat ging der Name auch auf den neuen Hausbesitzer über, denn bei einem Taufeintrag zum Jahre 1710 wird der Vater des Kindes angegeben mit *„Johann Borgel sive* (oder) *Kleinjohann".* In den Steuerlisten von 1656 und 1672 ist Jacob Borchel bzw. Borckel als Besitzer eines Hauses mit rund 10 Morgen Landbesitz ausgewiesen. Die Liste von 1685 nennt einen Heinrich Borchel und die von 1690 eine Relikta (Witwe) dieses Namens, wohl dieselbe, deren Tod 1699 vermerkt ist. Von der Reihung der Namen in den Steuerlisten her ist es sehr wahrscheinlich, dass damals bereits das jetzige Haus Pohlstraße 4 den Hausnamen Kleinjans trug.

Im Vördener Urkataster aus dem Jahre 1830 ist Josef Reineke als Besitzer eingetragen. Eine verwandtschaftliche Verbindung zu der Familie Borchel ist nicht erkennbar. Josef Reineke war der außereheliche Sohn des Stephan Reineke aus Hembsen und der Anna Maria Dierkes aus Vörden. Diese jüngere Besitzerreihe im Haus Kleinjans stellt sich folgendermaßen dar:

Josef Reineke geb. 30. März 1771	heiratete am 23. Februar 1794	Dorothea Meyer aus Kollerbeck
Johann Reineke geb. 19. März 1795	heiratete am 6. Mai 1854	Maria Sophia Elsing aus Vörden

Das Ehepaar Reineke / Elsing hatte keine Kinder. Es erbte die voreheliche Tochter der Maria Sophia Elsing, Maria Theresia Siever:

Maria Theresia Siever geb. 21. März 1850	heiratete am 16. Mai 1868	Johann Potthast aus Bredenborn
Wilhelm Joseph Potthast geb. 27. Februar 1874	heiratete am 30. Januar 1913	Maria Klocke aus Fürstenau
Maria Elisabeth Potthast geb. 14. November 1913	heiratete am 14. Juli 1943	Wilhelm Meyer aus Vörden
Lydia Meyer geb. 14. Mai 1946	heiratete am 21. Mai 1969	Karl-Heinz Elsing (Wittgerber, s. o.)

Das Haus wurde im Jahre 2006 verkauft an den Lehrer Heinrich Isenbort.

s) Haus Roggenbach

Das Haus auf dem Platz Amtsstraße 12 wurde laut Ausweis auf dem Torbalken im Jahre 1849 von Joseph Böger und Luise Weber erbaut. Das Haus bietet ein Beispiel, wie nach der baulichen Umgestaltung mit Beseitigung der Deele der alte Torbogen in die neue Fassadengestaltung einbezogen werden kann (Abb. unter Nr. XVIII im farbigen Bildteil). Er trägt die Aufschrift: GOTT SEGNE DIESES HAUS UND ALLE DIE DA GEHEN EIN UND AUS.

Josef Böger geb. 1816	heiratete am 5. April 1844	Luise Weber (Eltern Weber/Wedekamp, s. Aufstellung unter 4c)
Wilhelmina Böger geb. 2. Dezember 1846	heiratete im Jahr 1867 in Sommersell	Friedrich Roggenbach Schuhmacher aus Kariensiek
Johann Josef Roggenbach geb. 16. März 1873	heiratete am 15. Januar 1902	Maria Catharina Potthast (aus dem Haus Bergstr. 7)
Friedrich Josef Roggenbach geb. 2. Oktober 1902	heiratete am 19. Februar 1936	Franziska Gröne aus Lüchtringen
Helmut Roggenbach geb. 4. März 1942	heiratete am 22. Juli 1965	Maria Theresia Lücking aus Ottenhausen

Das Ehepaar Roggenbach / Lücking bewohnt derzeit das Haus.

t) Haus Hagemann

Der Fachwerkteil des Hauses wurde im Jahre 1865 von Heinrich Alexander Weber und Maria Rotermund gebaut. Die in kunstvoller Schrift wahrscheinlich vom Vater Johann Weber gestaltete Torinschrift lautet: GOTT MIT UNS. Die Daten und die weitere Besitzfolge sind der Aufstellung unter 4c) zu entnehmen.

3. Vördener Häuser und Hausbesitzer im Jahre 1830 und deren Nachfolger

Wie gelegentlich schon angemerkt, gestatten die oben wiedergegebenen Steuerlisten aus dem 16. und 17. Jahrhundert vielfach keine durchgehende Zuordnung der Namen zu bestimmten Hausstätten. Hingegen gibt das von preußischen Beamten im Jahre 1830 gezeichnete Urkataster (Aufriss) die Lage der Vördener Häuser mit den damaligen Hausnummern und den Hausbesitzern genau an.

*Abb. 111   Plan der innerstädtischen Bebauung nach dem Aufriss des Urkatasters
von 1830 mit den dort ursprünglich verzeichneten Hausnummern
(durch spätere Eintragungen teilweise geändert)*

Daraus wird die zu dieser Zeit noch sehr enge Bebauung deutlich, die sich insbesondere in der Folge der Brände des 19. Jahrhundert auflockerte. Die Nummern der nicht mehr neu besetzten Hausstätten wurden dann zum Teil den vor den Toren ab 1806 neu erbauten Häusern zugeteilt.

Die obige Abb. 111 ist eine Umzeichnung des Urkatasters mit den 1830 eingetragenen Hausnummern im alten Stadtzentrum. Die sich anschließenden Angaben zu den Hausbewohnern und -eigentümern sind meist dem Kirchenbuch 3b entnommen. Es ist wie die Kirchenbücher 1, 2 und 3 im Bistumsarchiv Paderborn frei zugänglich. In der Regel dürfte es ein günstiger Einstieg für die eigene Familienforschung sein.

Haus-Nr. im Jahre 1830	heutige Straße u. Haus-Nr.	Besitzer im Jahre 1830	Beiname/ Haus- name	Anmerkungen
1	Pohl- straße 18	Franz Meyer	Platten / Bangen	Der im 19. Jahrhundert noch übliche Hausname Platten geht auf Heinrich Platte zurück, der 1685 als Besitzer genannt wird. Das Haus wurde später geteilt unter den Erben namens Homann und Bangert. 1880 Einheirat des Philipp August Weber in die Haushälfte der Fam. Bangert, daher der Beiname Bangen für diesen Zweig der Familie Weber. Später auch Erwerb des anderen Hausteils.
2	Dunkler Ort 2	Wilhelm Graßhoff	Jansiems	S. oben unter 2o).
3	Pohl- straße 16	Heinrich Cordes	Fritzens	Der Beiname wird in der Steuerliste von 1685 als Familienname genannt. Jetzt Gröne.
4	Pohl- straße 14	Franz Tiggen	Tiggen	Die Familie Tiggen wurde in den frühen Steuerlisten Thyen geschrieben. 1874 Einheirat des Johann Schröder, jetzt durch Einheirat Haneke.
5 a und b	Pohl- straße 12	Wilhelm Drüke Heinr. Massolle	Bungen- stock Kuh- schwens	Das Haus war 1830 ein Doppelhaus. Heinrich Massolle besaß den rechten Teil b. Übernahme des Hausteils a und Neubau nach dem Brand von 1867. Jetzt durch Einheirat Familie Kaftan. Bungenstock war der Name eines früheren Besitzers. Zu Kuhschwens s. u. unter 4d).
6	Pohl- straße 10	Conrad Hölting	Fenster- macher	S. oben unter 2p).
7	Nicht mehr vorhanden	Alexan- der Thoß		Das Haus gehörte ursprünglich einer Familie Gronemeyer, dann 1717 Einheirat des Jürgen von Bosen. Der Hausplatz wurde offenbar von Kreilos erworben.
8	Pohl- straße 8	Dietrich Klug		Bis heute im Besitz der Familie Kluge.
9	Dunkler Ort 4	Wilhelm Homann		Später durch Einheirat Schrader und Engele, jetzt Schmereim.
10	nicht mehr vorhanden	Franz Brandt		Das frühere Hausgrundstück gehört seit dem Brand 1875 zum Grundstück Pohlstraße 12.

Haus-Nr. im Jahre 1830	heutige Straße u. Haus-Nr.	Besitzer im Jahre 1830	Beiname/ Haus-name	Anmerkungen
11	nicht mehr vorhanden	Heinrich Schröder	Middeke	Heinrich Schröder baute nach dem Brand von 1867 das jetzige Haus Angerberg 22. Das frühere Hausgrundstück gehört seitdem zum Haus Pohlstraße 16.
12	Dunkler Ort 1	Adolph Dolle	Schulten	Der Hausname könnte auf den Namen eines Vorbesitzers oder auf dessen Funktion als Verwalter (Schultze) – dann wohl der Burg – zurückgehen. Das Grundstück gehörte bis 1746 zur Burg. Durch Einheirat nach 1830 Engele und 1897 Müller aus Kariensiek, jetzt durch Kauf Knoche.
13	Nicht mehr vorhanden	Josef Böger		Das Hausgrundstück gehört heute zum Nachbarhaus Breimann. Das Haus brannte 1862 ab. Der letzte Besitzer Lüke wanderte um 1880 mit seiner Familie nach Amerika aus.
14	Dunkler Ort 3	Johannes Kost-mann		Das Haus wurde um 1900 von der jetzigen Besitzerfamilie Breimann erworben, die kurz zuvor mit dem Holzschuhmacher Josef Breimann aus Papenhöfen gekommen war.
15a	Dunkler Ort 5 und 7	Leopold Süper		15a war das Vorderhaus. 1835 Einheirat des Heinrich Schlenke aus Sommersell. Im Hinterhaus 15b betrieb Johann Weber eine Tischlerei. Nach dem Brand von 1875 hier wie auf rechtem Nachbargrundstück (s.u.) schmalere Zuschneidung der Grundstücke unter Wegfall der Hinterhäuser. Aus vier Hausstätten wurden so drei, z. Z.: Gründer Nr. 5 (Familie kam 1883 aus Manrode, Altkreis Warburg), Ohagen Nr. 7 (kam um 1845 aus Stahle), Müller Nr. 9 (s.u.).
15b	Dunkler Ort 5 und 7	Johann Weber		

Haus-Nr. im Jahre 1830	heutige Straße u. Haus-Nr.	Besitzer im Jahre 1830	Beiname/ Haus- name	Anmerkungen
16	Dunkler Ort 9	Johannes Massolle		Das Haus Nr. 16 stand hinter dem Haus Nr. 17. Nach der erwähnten Neuschneidung wurde der verbleibende Platz schmaler. Er war im Besitz der Familie Massolle, dann ab 1900 durch Einheirat Müller (aus dem Eichsfeld stammend). Die Familie Oelert war 1809 durch Heirat aus Brenkhausen nach Vörden gekommen. Die nach ihr im Haus Nr. 17 wohnende Familie Kluge wurde dann Oelert (Ölers) genannt (s. u.).
17	Dunkler Ort 9	Ludwig Oelert und Witwe Hillebrand		
18	Dunkler Ort 11	Witwe Simon	Winters	Die Besitzer wechselten mehrfach, schließlich Nolte, jetzt durch Einheirat Grawe.
19	Dunkler Ort 13	Witwe Kropp		Um 1900 gekauft von Heinrich Becker. Nach Brand 1948 neu erbaut vom Ehepaar Karl Becker und Maria Helmes aus Bredenborn.
20	Dunkler Ort 15	Arnold Hahne		Das Haus blieb zunächst in der Familie, zuletzt bewohnt vom kinderlosen Ehepaar Arnold Hahne und Anna geb. Hartmann, die 1911 heirateten. Es erbte dann die Nichte der Anna Hartmann, Paula Gröne, verheiratete Drewes.
21	Dunkler Ort 17 und 19	Heinrich Garnkäufer		Das Haus ist heute ein Doppelhaus. In den linken Teil (Nr. 17) zog um 1896 Johann Kluge und brachte den Beinamen Oelert mit (s. o.). Seine Tante Wilhelmine hatte 1853 Wilhelm Garnkäufer geheiratet. Wahrscheinlich hat dieses Ehepaar das Haus geteilt. Die rechte Hälfte (Nr. 19) hatte mehrere Besitzer, zuletzt durch Einheirat Vandieken, 2006 gekauft vom Nachbarn Gröne.
22	Dunkler Ort 21	Johannes Hillebrand	Jambehrns	August Hillebrand baute im Jahre 1905 einen neuen Hof am Friedhof. Das alte Haus kaufte der Neffe Theodor Gröne, vorher Haus Nr. 28. Die Familie Gröne kam 1850 durch Heirat aus Langenkamp nach Vörden.
23	Pohlstraße 6	Johannes Nüsse		Auf einem Teil des Platzes steht heute das Wohnhaus Potthast (Hahnen).

Haus-Nr. im Jahre 1830	heutige Straße u. Haus-Nr.	Besitzer im Jahre 1830	Beiname/ Haus-name	Anmerkungen
24	Pohl-straße 6	Johann Dolle		Auf dem Platz steht heute ein Teil des großen Fachwerkhauses Potthast (Hahnen).
25	Pohl-straße 6	Franz Potthast	Hahnen	Es handelt sich hier um das Haus der früheren Familie Wiegandt, in das der Vater des Franz Potthast eingeheiratet hatte. Das Haus ist nicht mehr vorhanden.
26	Pohl-straße 6	Johann Albert		Das kleine Haus war unmittelbar an das Haus Nr. 25 angebaut, ebenfalls später abgerissen.
27	Pohl-straße 6	Anton Böger		Das Haus stand hinter den Häusern Nr. 25 u. 26. Die hintere Hauswand war die alte Stadtmauer.
28	Pohl-straße 6	Witwe Oberdiek		Stand rechts neben Haus Nr. 27.
29	Pohl-straße 4	Johannes Reineke	Kleinjans	S. oben unter 2r).
30	nicht vergeben			Das 1830 nicht mehr vorhandene Haus stand wohl ursprünglich zwischen den Häusern Nr. 29 und 31.
31	Pohl-straße 2	Simon Marien-thal		Nach dem Juden Marienthal wohnte eine Familie Quest in dem Haus, das um 1900 Wilhelm Göke kaufte. Zuletzt bewohnt durch Einheirat von Kruse, in 2. Ehe Sentler, dann in den 70er Jahren gekauft von der Familie Gastwirt Weber und abgerissen.
(32)	Hausnummer fehlt im Urkataster			Die Nummer 32 wurde dann später dem im Urkataster zunächst mit Nr. 53 bezeichneten Haus zugeteilt. Siehe unter dieser Nummer.
(33)	Hausnummer fehlt im Urkataster			Die Nummer 33 wurde dann später dem im Urkataster zunächst mit Nr. 52 bezeichneten Haus zugeteilt. Siehe unter dieser Nummer.

Haus-Nr. im Jahre 1830	heutige Straße u. Haus-Nr.	Besitzer im Jahre 1830	Beiname/ Haus-name	Anmerkungen
34	Pohl-straße 5	Heinrich Loke		Die beiden kleinen Häuser Loke und Dolle waren aneinander gebaut. Der Name Budde war 1782 mit Conrad Budde aus Hembsen gekommen, der Maria Eleonora Sander heiratete. Nach 1867 nur noch ein Haus Loke. Durch Einheirat zunächst Schwarze, jetzt Lange.
35	Pohl-straße 5	Heinrich Dolle	Budden	
36	Pohl-straße 7	Witwe Rode-meyer	Klocken, durch spätere Besitzer-familie Hecker, Beiname Alwers	Rodemeyer ist der Mädchenname der Witwe. Valeska Rodemeyer war verheiratet mit Josef Hölting, s. unten, Aufstellung zu Hölting unter 4a). Das Haus wurde um 1870 von dem Stellmacher Franz Hecker gekauft; bis heute im Besitz der Familie Hecker.
37	Pohl-straße 3 u. 9	Franz Kreilos, Witwe Weber, Stamm		Auf dem Grundstück standen drei Häuser eng aneinander. Von der Pohlstraße aus links das Haus Stamm, dann das der Witwe Weber (geb. Wedekamp, s. Aufstellung unter 4c), dahinter das des Franz Kreilos. Nach dem Brand 1867 Teilung in Stamm und Kreilos. Die Familie Weber baute ein neues Haus, jetzt Talstraße 29 (früherer Beiname Schwei-manns). Kreilos erhielten den Eingang von der Twiete zwischen Markt- u. Pohlstraße. 1860 Einheirat des Johann Potthast aus Bre-denborn, jetzt durch Kauf Gröne.
38	Pohl-straße 11	Chris-toph Böger	Nolten	1853 Einheirat von Friedrich Willberg aus Bredenborn in das Haus Böger (Nolten). Später auch Erwerb des Nachbargrund-stücks Nr. 39. Nach Aussiedlung des Hofes im Besitz der verwandten Familie Meyer. Der Hausname Beckerkort geht auf den Be-sitzer Cord Becker um 1615 zurück.
39	Pohl-straße 11	Hermann Thöne	Becker-kort	
40	Pohl-straße 13	Johannes Böger		Das Haus wurde von den Nachfolgern im Jahre 1937 an Familie Schmidt aus Breden-born verkauft, die hier ein Kolonialwaren-Geschäft betrieb.

Haus-Nr. im Jahre 1830	heutige Straße u. Haus-Nr.	Besitzer im Jahre 1830	Beiname/ Hausname	Anmerkungen
41	Pohl-straße 15	Johannes Elsing		Über Johannes Elsing steht im Kirchenbuch 3b vermerkt: „Konnte die Geister bannen" (S. 44).
42	Pohl-straße 17	Heinrich Multhaup	Plumen	H. Multhaup wanderte mit Familie 1856 nach Amerika aus. Das Haus kaufte zuerst Heinrich Potthast (Kienen), von ihm 1873 der Leineweber Wilhelm Dolle. Bis heute im Besitz dieser Familie. Näheres zur Familie Dolle unter 4g).
43	Pohl-straße 19	Heinrich Garn-käufer		Das Haus hatte anschließend durch Kauf unterschiedliche Besitzer. Um 1870 gekauft von Friedrich Sander. Die Familie baute später das Haus Auf der Trift 2. Nach verschiedenen Besitzern Kauf und baulicher Einbezug durch Familie Dolle Nr. 17.
44	Pohl-straße 21	Loken Erben		Das Haus war bis 1918 im Besitz von Johann Oberdieck. Es erbte dann Maria Willberg, die das Ehepaar Oberdiek lange Jahre betreut hatte. Nach mehrfachem Wechsel heute im Besitz von Familie Bäckeralf.
45	nicht mehr vor-handen	Anton Hake	Hach-meyers	Das Haus wurde 1873 von Johann Hölting (Adamer) gekauft und 1875 abgebrochen.
46	Markt-straße 16	Conrad Hölting	Adamer	S. oben unter 2m).
47	Markt-straße 14	Heinrich Rode-meyer	Hansjür-gen	Die Familie wanderte nach Amerika aus. 1875 wurde auf dem Platz die neue Schule gebaut, jetzt Pfarrheim.
48	Markt-straße 12	Wilhelm Schröder	Spieker-mann	S. oben unter 2n) Dieses Haus und die zum Niederen Tor hin folgenden Häuser an der Marktstraße brannten 1857 ab. Danach wurden die Grundstücke z. T. anders geschnitten.
49	Markt-straße 10	Adolph Kreilos		Nach Umzug der Familie Kreilos (s. oben unter 2p)) wurde das Haus von einer Familie Kostmann bewohnt. Um 1900 kaufte es Johann Ohagen.

Haus-Nr. im Jahre 1830	heutige Straße u. Haus-Nr.	Besitzer im Jahre 1830	Beiname/ Haus- name	Anmerkungen
50	Marktstraße 8	Christian Schrader		Später und bis heute im Besitz der Familie Sekunde.
51	Marktstraße 6	Johannes Held Johannes Dubbert	Carolinen	Das Haus war zweigeteilt. Der Großteil des Platzes entspricht dem heutigen Haus Leßmann. Diese Familie kam 1894 mit der Heirat des Tischlers Josef Leßmann aus Bremerberg nach Vörden. In den Hausteil Held heiratete 1836 Heinrich Kluge. Dessen Sohn Friedrich baute nach dem Brand 1857 unter der Nummer 51 a ein Haus auf dem jetzigen Platz Angerberg 20 (Volksbank), später gekauft vom Sattler Heinrich Knüdeler, dann von der jüdischen Familie Israelsohn, schließlich bis Ende 1941 jüdische Familie Kleeberg, dann Schöttler, dann Spar- und Darlehnskasse als Vorgänger der Volksbank.
52 (später Nr. 33)	Marktstraße 4	Alexander Thoß	Kunstmüller	Nach Alexander Thoß war Heinrich Vogt der Besitzer, der das Haus aufgrund seiner kinderlosen Ehe an seinen Ackerknecht Anton Thauern aus Sommersell vermachte. Bis heute im Besitz der Familie Thauern. Nach Umbenennung der ursprünglichen Hausnummer 52 in Haus Nr. 33 wurde die Nr. 52 dem 1806 vor dem Niederen Tor gebauten Haus des Johann Sander zugeteilt, das um 1840 Johann Kropp erwarb, der hier ein Gasthaus einrichtete, heute durch Einheirat Padberg.
53 (später Nr. 32)	Pohlstraße 1	Adolph Engel	Lieneken	1884 Einheirat von Heinrich Fischer aus Brenkhausen, seitdem Familie Fischer. 1916 abgebrannt und neu errichtet. Die ursprüngliche Hausnummer 53 wurde nach Umbenennung des Hauses in Nr. 32 an das 1812 von Adolph Engel vor dem Niederen Tor gebaute Haus vergeben. 1841 hier Einheirat des Schmiedes Josef Meyer aus Bellersen. Um 1900 Kauf des Hauses durch Gastwirt Robert Kropp. Auf dem Platz steht jetzt das Ladengeschäft der Metzgerei Hecker.

Haus-Nr. im Jahre 1830	heutige Straße u. Haus-Nr.	Besitzer im Jahre 1830	Beiname/ Haus- name	Anmerkungen
54	nicht mehr vor- handen	Simon Gold- schmidt		Das schmale Haus des jüdischen Lumpen- sammlers stand links neben der heutigen Kreissparkasse. Es wurde später mit dem Nachbarhaus Nr. 55 von Nathan Löwendorf erworben. Im Obergeschoss befand sich zeitweilig ein jüdischer Gebetsraum. Abriss des Hauses mit dem Bau der Sparkasse 1954.
55	Markt- straße 3	Witwe Spieker		Um 1840 besaß dann der Schmied Franz Anton Lüdeke aus Godelheim das Haus. Seine Witwe Sophia geb. Hensing heiratete 1850 den Schmied Josef Schröder aus Er- pentrup, der dadurch neuer Besitzer wurde. Um 1900 Verkauf an den Juden Nathan Lö- wendorf, der ein neues Geschäftshaus baute (Kolonial-, Haushalts-, Spielwaren). Durch Einheirat dann im Besitz des Heinrich Ba- charach. Ende 1941 Enteignung, dann Kin- dergarten und Wohnhaus. 1954/55 Umbau zur Sparkasse.
56	teilweise Markt- straße 5	Joseph Böger	Stiefeken	Später bewohnt von Familie Grewe, 1856 Ein- heirat des Adolph Kreimeyer, Zimmermann aus Bökendorf. Das Haus wurde nach dem Brand von 1867 an dieser Stelle nicht wieder aufgebaut, sondern am Platz jetzt Angerberg 18. Das heutige Friseurgeschäft Schwarze steht mit dem rechten Teil auf dem alten Platz.
57	Niedern- straße 1	Franz Roter- mund	Trumpets	S. o. unter 2k)
58	Niedern- straße 3	Gertrud Kuckuk	Alwers	S. o unter 2j).
59	nicht mehr vor- handen	Franz Potthast	Wulf	Das Haus dürfte um 1850 abgebrochen wor- den sein. Die ehemalige Hausstätte ist heute ein Gartenplatz.
60	nicht mehr vor- handen	Conrad Böger und Meyer	Im Winkel	Mitte des 17. Jahrhunderts wohnte hier die Familie Saggel (Sachel), 1674 Einheirat von Johann Krois. Das letzte Haus an dieser Stelle brannte 1872 ab.

Haus-Nr. im Jahre 1830	heutige Straße u. Haus-Nr.	Besitzer im Jahre 1830	Beiname/ Haus- name	Anmerkungen
61	Niedern- straße 5	Conrad Hölting	Stork	S. oben unter 2i)
62	Niedern- straße 7	Johannes Potthast	Lenschen	S. oben unter 2i)
63	Niedern- straße 9	Heinrich Hölting	Mertens	S. oben unter 2h)
64	Niedern- str. 11	Joseph Hensing	Schnei- derjörns	S. oben unter 2g)
65	Niedern- str. 13	Johannes Schröder	Krosrieks	S. oben unter 2f)
66	Niedern- str. 13	Wilhelm Multhaup	Bruggers	S. oben unter 2f)
67	Niedern- str. 15	Josef Elsing und Wilhelm Multhaup	Bennings	S. oben unter 2e)
68	Niedern- str. 17	Heinrich Elsing	Wittger- ber	S. oben unter 2d)
69	Niedern- str. 19	Joseph Meyer	Rensing	S. oben unter 2c)
70	Niedern- str. 21	Franz Rode- meyer	Schwärtz	S. oben unter 2b)
71	nicht mehr vor- handen	Franz Meyer	Kienen	S. oben unter 2a)
72	Niedern- str. 23	Friedrich Stamm		Die Tochter Christina Stamm heiratete 1861 Heinrich Krawinkel, nach dessen Tod 1872 den Zigarrenmacher Heinrich Ebert, mit dem sie nach Pyrmont verzog. Das Haus kaufte Josef Elsing (Kienen), der auf dem Platz eine Scheune errichtete. Jetzt wohnt auf dem Platz Familie Paul Elsing (Kienen) und deren Tochter Annette verw. Karp.

Haus-Nr. im Jahre 1830	heutige Straße u. Haus-Nr.	Besitzer im Jahre 1830	Beiname/ Haus-name	Anmerkungen
73	Nicht mehr vor-handen	Josef Kropp Heinrich Hölting	Heckers	Die eine Hälfte des Doppelhauses hatte Heinrich Georg Christoph Hölting 1830 durch Heirat mit der Anna Maria Hecker übernommen. Das Haus brannte 1857 ab und wurde nicht wieder aufgebaut. Die drei Söhne der Familie wohnten dann in den Häusern Talstraße 7 (Heckers), Talstraße 38 (Justers, s. u.) und Amtsstraße 4 (Hecker-schneiders). Der Hausplatz wurde Teil des zum neuen Pfarrhaus gehörenden Gartens.
74	Niedern-straße 6	Heinrich Böger	Schäper-mann, dann Klocken	Der Branntweinbrenner Heinrich Böger hatte in das Haus der Familie Reineke ein-geheiratet. Durch weitere Einheiraten zu-nächst Multhaup, dann Schrader. Heinrich Schrader baute ein neues Haus, jetzt Talstra-ße 36. Das Haus an der Niedernstraße ging dann wohl durch Kauf an die Familie Höl-ting (Klocken) über. Durch Einheirat von Franz Hecker aus Sommersell jetzt Hecker.
75	Niedern-straße 4	Joseph Meyer	Koss-manns	1854 Einheirat des Holzschuhmachers Jo-hann Kluge, 1893 des Stellmachers Josef Hoffmeister aus Bredenborn. Bis heute im Besitz dieser Familie.
76	Niedern-straße 2	August Weber		1860 Einheirat des Schuhmachers Wilhelm Meyer aus Großenbreden. Das Ehepaar Meyer / Weber baute ein neues Haus, jetzt Talstraße 8 (Simon). Das Haus an der Nie-dernstraße kaufte Franz Elsing, s. u. unter 4b und hier zu Nr. 77).
77	Bildete mit dem damaligen Haus Nr. 81a an der Markt-straße als 81b ein Haus.	Kein Be-sitzer an-gegeben, wahr-schein-lich die jüdische Familie Löwen-dorf.	Justers	Das Haus war von der Familie Elsing be-wohnt, die dann das Haus Nr. 76 kaufte. Der Name Justers könnte auf Simon Justus Elsing (s. u. unter 4b)) zurückgehen. Das Haus brannte 1857 ab. Die Nr. 77 erhielt dann das vom Juden Löwendorf im Grü-nental neu errichtete Haus, heute Talstraße 38. Dann Kauf durch August Hölting, s. u. unter 4a).

Haus-Nr. im Jahre 1830	heutige Straße u. Haus-Nr.	Besitzer im Jahre 1830	Beiname/ Haus- name	Anmerkungen
78	Stand hinter dem da- maligen Haus Nr. 75 an der Niedern- str.	Kein Besitzer angege- ben, beim Brand 1857 Familie Hart- mann		Franz Hartmann baute nach dem Brand 1857 ein neues Haus, jetzt Talstraße 34 (Pe-lizaeus). Die alte Hausstätte wurde nicht wieder bebaut. Die Hausnummer 78 erhielt das neue Haus.
79	Markt-straße 7	Pastorat	Schlep-persches Colonat	Das Haus war 1818 vom preußischen Staat erworben und zum Pfarrhaus ausgebaut worden. Es brannte 1857 ab. Weiter s. oben unter 2l)
80	Markt-straße 7	Josef Höke	Wacht-meß	Das Haus stand zum großen Teil auf dem Platz des Anbaus des heutigen Hauses Marktstr. 7 (Büngener). Da nach dem Brand 1857 die Anzahl der Häuser verringert und die Grundstücke größer geschnitten wur-den, rückte das Haus weiter nach rechts. Es wurde um 1970 abgebrochen, zuletzt im Besitz der Familie Rode, die 1882 aus Lö-wendorf gekommen war und das ehemalige Vermögen Höke, dann Ahlemeyer erworben hatte.
81	nicht mehr vor-handen, zuletzt Markt-straße 9.	Heinrich Dolle Josef Massolle	Schnie-ders	Nach dem Brand von 1857 baute Heinrich Dolle ein neues Haus auf dem heutigen Platz Amtsstraße 18. Der Sohn Josef Dolle verkaufte dieses an Förster Hahne, die-ser um 1895 an den Schuhmacher Johann Weber. Der hatte vorher das Nachbarhaus (jetzt Amtsstraße 16) besessen, das dann Josef Massolle kaufte. Förster Hahne baute das Haus Auf der Trift 8, durch Einheirat Welling (aus Ovenhausen). Der Platz an der Marktstraße kam zum Besitz Höke.

Haus-Nr. im Jahre 1830	heutige Straße u. Haus-Nr.	Besitzer im Jahre 1830	Beiname/ Haus- name	Anmerkungen
82	Auf dem Platz steht heute ein Teil des Hauses Markt- straße 11	Franz Multhaup	Gülden- beck	Bis zum Brand 1857 Wohnstätte der Familie mit dem Beinamen Güldenbeck. Sie über- nahm dann das Haus Nr. 63, jetzt Niedern- straße 9. Die Hausnummer 82 wurde auf das von Christian Schrader an der jetzigen Stätte Amtsstraße 20 neu erbaute Haus übertra- gen, später im Besitz des Bildhauers Johann Potthast, dann im Besitz des Lehrers Her- mann Schlütz durch Heirat mit der Witwe Potthast. Erwerb und Neubau durch Franz Lawatzki.
83	Auf dem Platz steht heute ein Teil des Hauses Markt- straße 11 sowie die Neben- räume mit Hof des Pfarr- hauses.	Wilhelm Potthast	Büngener	Nach dem Brand 1857 Verlagerung des Hauses an die jetzige Stelle Marktstraße 7. Das jetzige dreigeschossige Haus Marktstra- ße 11 hatte ursprünglich eine hohe Treppe, die in den 1. Stock führte, weil das massive Untergeschoss als Keller gedacht war. Auf- grund der Höhe des Hauses und der Treppe wurde es „Tempel" genannt. Es kam eben- falls aus dem Vermögen Höke / Ahlemeyer an die Familie Rode, derzeitiger Besitzer Wehmöller.
84	Markt- straße 13 (Pfarr- haus)	Witwe Potthast		Die Witwe Potthast ist die Elisabeth geb. Richts, die 1826 zum Gedenken an ihren verstorbenen ersten Gatten das Kreuz im Wenderweg errichtete.
85	Bergstra- ße 7	Heinrich Becker	Beckers am Berge	Heinrich Becker baute das Haus 1818 als erstes Haus vor dem Oberen Tor, Neubau 1913. 1872 Einheirat von Franz Potthast, Stellmacher aus Hohehaus, später Einhei- rat von Heinrich Multhaup (Büngener). Z. Z. linke Haushälfte Potthast, rechte durch Kauf Fam. Wilhelm.

Haus-Nr. im Jahre 1830	heutige Straße u. Haus-Nr.	Besitzer im Jahre 1830	Beiname/ Haus- name	Anmerkungen
86	Markt- straße 2	Ge- meinde Vörden	Keller	Es handelt sich hier um den ehemaligen städtischen Gasthof, 1838 verkauft an Gastwirt Rolf aus Nieheim, dann Kauf durch Familie Weber, die den Platz bis heute besitzt.
87	nicht mehr vor- handen	Alte Schule, Vikars- und Leh- rerwoh- nung	Kaplanei	Das 1802 hier errichtete Gebäude wurde bis 1875 als Schule benutzt, dann nur noch zu Wohnzwecken, 1964 abgerissen.
88	Amts- straße 8	Leopold Souper		Das Haus stand zunächst als Torwächterhaus am Niederen Tor und wurde dann 1841 an die jetzige Stelle Amtsstraße 8 versetzt. Es war die Wohnung des Flurschützen (Flurwächters), später Polizeidieners. Nach Erneuerung jetzt Imbisshaus der Metzgerei Hecker. Das Haus hieß früher auch „Pennenhius", wohl weil der Bewohner straffällige Leute melden („anpennern") musste.
89	Markt- straße 21	Franz von Brackel	Burg	Näheres s. im Beitrag „Burgvögte, Burgmänner und Pfandinhaber".
90	Niedern- straße ohne Nummer.			Altes Torwächterhaus des Oberen Tores, im Urkataster noch als „Gemeinde Pfortenhaus" ausgewiesen. Es diente zuletzt als Wohnung des Schweinehirten, 1871 Umbau zum Schafstall der Gemeinde.
91	Jetzt Wind- mühlen- weg 11	Heinrich Pollmann	Wind- mühle	Die Windmühle ging 1832 in den Besitz des Werner Lerche über, weiter s. im Beitrag „Mühlen in Vörden".
92	Dunkler Ort 23	Hermann Roland	Mönche- hof	Durch Heirat der Witwe Roland ging der Hof 1840 an Johannes Elsing über. Weiter s. u. unter 4b).
93	Markt- straße ohne Nummer.			Pfarrkirche St. Kilian, s. im Beitrag „Kirche und religiöses Leben".

Haus-Nr. im Jahre 1830	heutige Straße u. Haus-Nr.	Besitzer im Jahre 1830	Beiname/ Haus- name	Anmerkungen
94	Amts- straße 1	Franz Lücken		Gebaut 1826 durch Franz Lücken. 1856 Ein- heirat des Stellmachers Ferdinand Lüke aus Kleinenbreden. Bis ca. 1960 von den Nach- kommen als Stellmacherei betrieben, zuletzt von Wilhelm Lüke.
95	Amts- straße 3	Johann Weber		Gebaut 1827 durch den Tischler Johann Weber. Um 1885 gekauft von Anton Engel. 1930 erworben von Karl Gaentzsch aus Ovenhausen.
96	Amts- straße 13	Jacob Israelsohn		1825 gebaut. Der ursprüngliche Zweig dieser jüdischen Familie verzog nach Amerika. Das Haus kam in den Besitz einer verwand- ten Familie Israelsohn, die es im Dezember 1938 zwangsweise an die Witwe Theresia Schröder verkaufte. Es steht noch im Besitz ihrer Nachkommen.
97	Bergstra- ße 9	Johann Meyer		Erbaut 1829 von Johann Meyer. Um 1885 zunächst gekauft von Gastwirt Weber, dann vom Hofmeister Josef Neumann. Jetzt durch Einheirat Schmereim.

4. Übersichten zur Abstammungsfolge und Verbreitung ausgewählter Familien

Die folgenden Übersichten sind Beispiele für die Abstammungsfolge und Verbreitung von alten Familien in Vörden. Ihre Auswahl ist nicht zuletzt durch
vorhandene Vorarbeiten bedingt. Eine Berücksichtigung aller älterer Familien
in Vörden würde ein eigenes Buch erfordern. Die Beispiele sollen aber Anregungen für die eigene Familienforschung geben. Die Übersichten berücksichtigen in der Regel aus Platz- wie Orientierungsgründen nur männliche Nachkommen und dabei auch nur solche, die in der Folgezeit über mehrere Generationen bis in unsere Zeit hinein Nachkommen in Vörden hatten. In den jüngeren Generationen werden gelegentlichen – falls es der Platz gestattet – auch die
Namen von Töchtern und ihrer Ehepartner angegeben, wenn diese in Vörden
geblieben sind, um die Blutsverwandtschaft zu noch existierenden Familien anderen Namens aufzuzeigen. Bei den jeweils jüngsten Namensträgern sind dann
meist auch die Töchter genannt, weil nach der jetzigen Gesetzeslage bei einer

Eheschließung auch der Name der Frau als künftiger Familienname gewählt werden kann, so dass auch so eine Fortsetzung des Namens möglich wäre. Die jüngsten Namensträger sind in der Regel bis Ende des Jahres 2006 erfasst. Gelegentliche Überschneidungen mit den Darstellungen im vorhergehenden Punkt werden der Klarheit halber in Kauf genommen. Zu allen Aufstellungen liegt die Zustimmung der Familienangehörigen zur Veröffentlichung der Daten vor. Jüngere Daten sind ausnahmslos bei den Familienangehörigen eingeholt worden. Ansonsten wurden die Kirchenbücher und das Vördener Bürgerbuch herangezogen.

Zur Platzersparnis dienen folgende Zeichen:
- *   Geburtstag
- †   Todestag
- oo   Tag der Hochzeit
- (1), (2)   Anzahl bei mehreren Ehen
- ~   ungefähr
- ——   sichere Abstammungsfolge
- ------   wahrscheinliche Abstammungsfolge bzw. Besitzfolge durch Adoption (zusätzlich angegeben)

Zu a) Familien Hölting

Die Herkunft des Stammvaters der Höltings, Johann Hölting, ist unbekannt. Er stammte aber offenbar nicht aus Vörden. Der Name kommt jedoch in dieser Zeit in der Umgebung vor, so beispielsweise in Bellersen. Einer mündlichen Vördener Überlieferung nach soll der erste Hölting jedoch aus dem Münsterland gekommen sein. Der Name bedeutet „Holzgericht", vor dem Regelungen über die Waldnutzung vorgenommen und entsprechende Stretigkeiten geregelt wurden. Ein Vorfahr der Familie könnte das Amt als Holzrichter inne gehabt haben.
Die Aufstellung zeigt, dass aus den im 19. Jahrhundert existierenden sechs Linien des Namens Hölting jetzt in Vörden nur noch drei vorhanden sind, wo eine Fortführung des Namens in männlicher Folge möglich wäre. Auffällig sind große Unterschiede in der Anzahl der Generationen in den einzelnen Linien ausgehend vom gemeinsamen Stammvater bis in unsere Zeit. Sie kommen durch eine Häufung von frühen Heiraten und Vererbungen in der einen und durch mehrfache späte Heiraten und Vererbungen in der anderen Linie zustande.

Zu b) Familien Elsing

Auch bei den Familien Elsing hat die Anzahl der in Vörden existierenden Linien deutlich abgenommen. Die gegenwärtigen Namensträger entstammen den Linien mit den Hausnamen Wittgerber und Kienen.

Zu c) Familien Weber

Die Familien Weber gehen auf den 1685 aus Münsterbrock nach Vörden heiratenden Tischler und Zimmermann Cord Weber zurück.[23] Bei einer Befragung von Vördener Bürgern zu den Huderechten bezeichnet sich Cord Weber noch 1705 als „Einkömmling". Deshalb kenne er die städtische Gerechtigkeit (städtischen Rechte) nicht.[24]

Die Aufzeichnungen zur Familie Weber im Kirchenbuch sind anfangs lückenhaft. Es fehlen mehrfach Taufeintragungen. Möglicherweise wurden die Kinder aufgrund der Herkunft der Familie aus Münsterbrock teilweise noch in Marienmünster getauft. Die Geburtsjahre dieser Personen wurden dann aus den Altersangaben beim Tode ermittelt. Neben den Eheleuten Cord Weber und Anna Catharina Büngener, die 1685 heirateten, ist für das Jahr 1687 noch die Ehe von Johann Weber und Eva Dreier im Kirchenbuch verzeichnet. Da von diesem Ehepaar aber keine Kinder ausgewiesen sind und das Vördener Bürgerbuch auch keine Einbürgerung des Johann Weber anführt; dürfte lediglich die Hochzeit des Johann Weber mit der aus Vörden stammenden Eva Dreier hier stattgefunden haben, während das Ehepaar dann auswärts – wahrscheinlich in Münsterbrock – lebte.

Wie die unten folgende Aufstellung ausweist, waren die Webers ursprünglich alle Handwerker. Dabei sind insbesondere die Berufe Tischler, Schuhmacher und Schneider über etliche Generationen tradiert worden. Die später von den Gastwirten Weber betriebene Landwirtschaft kam durch die Heirat des Johann Henricus Weber mit Sophia Schrader in die Familie. Sophia Schrader war eine verwitwete Böger. Sie erbte von ihrem aus Sommersell stammenden Vater das Vermögen der Familie Held, in das der Vater in erster Ehe eingeheiratet hatte. Sophia Schrader war bei der Eheschließung mit Johann Henricus Weber bereits 39 Jahre alt, dieser 26. Das Ehepaar bekam aber dennoch neben dem in der Aufstellung angeführten ältesten Sohn noch zwei weitere Söhne.

Der Vater des Johann Henricus Weber, der Schneider Johann Heinrich Weber, hatte Amalia Carolina Höper geheiratet. Deren Vater war hannoverscher Leutnant gewesen, nach dem Siebenjährigen Krieg in der Gegend hängen geblieben und schließlich nach Vörden gezogen, wo er beachtlicherweise als Nichtkatholik sogar Ratsherr wurde.[25]

Das Ursprungshaus der Webers in Vörden mit der Tischlerei war wahrscheinlich ein Hinterhaus des heutigen Hauses Ohagen, Dunkler Ort 7. Wie die Aufstellung verdeutlicht, ist bei den heutigen Namensträgern eine Blutsverwandschaft mit dem ersten Weber in Vörden nur noch bei der Linie Weber / Bangen gegeben.

d) Zu Familien Hecker

Der Familienname Hecker kam im Jahre 1689 nach Vörden, indem Otto Hecker aus Sommersell die Anna Margaretha Hillebrandt, Tochter des Vördener Lehrers und Küsters heiratete. Otto Hecker war der Sohn des Sommerseller Lehrers und Küsters Johannes Hecker und seiner Ehefrau Elisabeth Peters. Nachkommen des Otto Hecker existieren in Vörden derzeit in zwei Linien an den Wohnstätten Niedernstraße 3 und Pohlstraße 7. Sie tragen aus nicht bekannten Gründen den Beinamen Alwers. Andere Familien Hecker stammen hingegen von Franz Hecker ab, der im Jahre 1911 ebenfalls aus Sommersell nach Vörden kam, und zwar durch Verheiratung mit Maria Josepha Hölting im Haus Niedernstraße 6, Beiname Klocken. Alle Familien Hecker gehen auf denselben Ursprung in Sommersell zurück, nämlich auf die genannten Johannes Hecker und Elisabeth Peters.

e) Zu Familien Massolle

Wie weiter vorn dargelegt wurde, gehört die Familie Massolle zu den ältesten in Vörden. In der Liste von 1586 wird Henrig Messollen genannt. Nach den Steuerlisten von 1656 und 1672 könnte der spätere Wohnplatz Pohlstraße 12 (heute durch Einheirat Kaftan) auch damals schon im Besitz der Familie gewesen sein. Zu jener Zeit wohnte hier oder in unmittelbarer Nachbarschaft Claus Massolle (Meisollen). Nach dem Großbrand 1867 wurden die Grundstücke an der Pohlstraße größer geschnitten, als sie vorher waren, so dass leichte Verschiebungen eintraten. Die Schreibweise der Namen schwankt anfangs sehr. Vom 19. Jahrhundert an wird dann aber einheitlich Massolle geschrieben.
Der 1586 genannte Henrig Messollen könnte der Stammvater aller jetzigen Massollen in Vörden sein. Die sichere Rückführung ist jedoch nur auf Johannes Messollen möglich, der zwischen 1656 und 1672 in das Haus mit dem späteren Beinamen Wittgerber (Niedernstraße 17) einheiratete. Er dürfte ein Sohn des Claus Meisollen von der Pohlstraße gewesen sein.
Der Beiname „Schwens" bei verschiedenen Zweigen der Familie Massolle geht auf die Tätigkeit des Heinrich Massolle (1748-1811) in der Pohlstraße zurück, der das Amt des städtischen Schweinehirten wahrnahm (Schwen = Schwein). Die aus dem Haus abstammenden Familien Massolle im Dunklen Ort 9 (heute durch Einheirat Müller) und Amtsstraße 16 (heute anderer Besitzer) nahmen Schwens als Beinamen mit, wobei der im Dunklen Ort wohnende Enkel Franz Massolle (gest.1873) auch selbst die Tätigkeit als Schweinehirt ausübte. Am Ursprungsort Pohlstraße führte das Ackern mit Kühen als Zugtieren zu dem Namen Kuhschwens.

f) Zu Familien Simon

Die heutigen Namensträger gehen alle auf Caspar Simon zurück. Dessen Vaterschaft zu dem folgenden Johann Simon, der über viele Jahre hinweg Bürgermeister war, lässt sich aus der gleichen Platzierung des Wohnortes in den Steuerlisten von 1656 (Caspar Simon genannt) und 1672 (Johann Simon genannt) erschließen. Von den zahlreichen Zweigen der Familie Simon in den vergangenen Jahrhunderten wurde nur der aufgenommen, dessen Nachkommen heute in Vörden leben.

g) Zu Familien Dolle(n)

Auch die Familie Dolle hat in früheren Jahrhunderten in zahlreichen Zweigen in Vörden bestanden. Von ihnen gelangte ebenfalls nur ein Zweig in das 20. Jahrhundert, so dass auch hier nur dieser berücksichtigt wird. Die Vater-Sohn-Folge ist am Anfang durch fehlende Eintragungen im Vördener Kirchenbuch nicht eindeutig belegbar, aber wahrscheinlich. Die Unsicherheit ist durch gestrichelte Linien angedeutet.

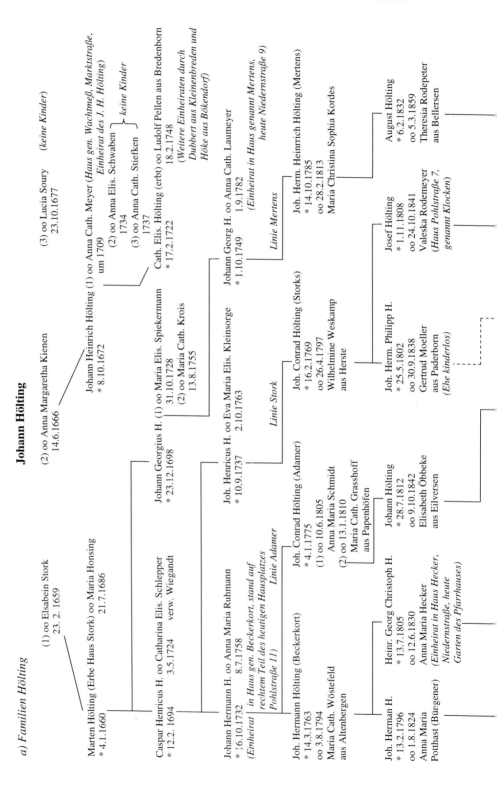

a) Familien Hölting

Johann Hölting

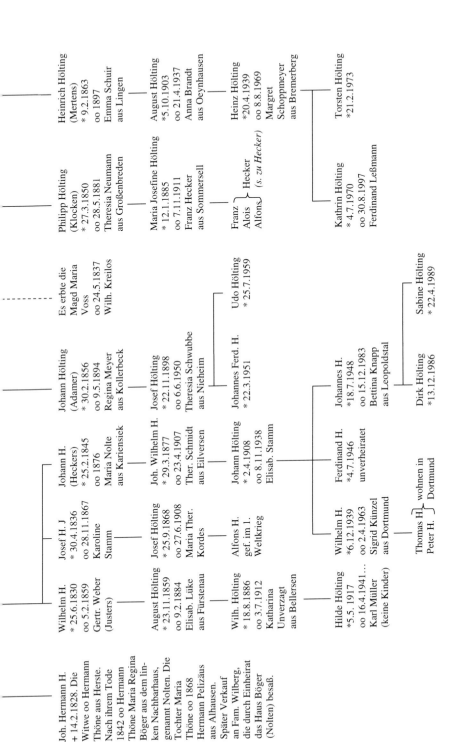

Erfasst bis 31.12.2006

Heinrich Hölting (Mertens) * 9.2.1863 oo 1897 Emma Schuir aus Lingen

Philipp Hölting (Klocken) * 27.3.1850 oo 28.5.1881 Theresia Neumann aus Großenbreden

August Hölting *5.10.1903 oo 21.4.1937 Anna Brandt aus Oeynhausen

Maria Josefine Hölting * 12.1.1885 oo 7.11.1911 Franz Hecker aus Sommersell

Heinz Hölting *20.4.1939 oo 8.8.1969 Margret Schoppmeyer aus Bremerberg

Franz / Alois / Alfons } Hecker (s. zu Hecker)

Torsten Hölting *21.2.1973

Kathrin Hölting * 4.7.1970 oo 30.8.1997 Ferdinand Leßmann

Es erbte die Magd Maria Voss oo 24.5.1837 Wilh. Kreilos

Johann Hölting (Adamer) * 30.2.1856 oo 9.5.1894 Regina Meyer aus Kollerbeck

Johann H. (Heckers) * 25.2.1845 oo 1876 Maria Nolte aus Kariensiek

Josef Hölting * 22.11.1877 oo 6.6.1950 Theresia Schwubbe aus Nieheim

Joh. Wilhelm H. * 29.3.1877 oo 23.4.1907 Ther. Schmidt aus Eilversen

Udo Hölting * 25.7.1959

Johann Hölting * 2.4.1908 oo 8.11.1938 Elisab. Stamm

Johannes Ferd. H. * 22.3.1951

Ferdinand H. *4.7.1946 unverheiratet

Johannes H. *18.7.1948 oo 15.12.1983 Bettina Knapp aus Leopoldstal

Sabine Hölting * 22.4.1989

Wilhelm H. *6.12.1939 oo 2.4.1963 Sigrid Künzel aus Dortmund

Dirk Hölting *13.12.1986

Thomas H. } wohnen in
Peter H. } Dortmund

Joh. Hermann H. + 14.2.1828. Die Witwe oo Hermann Thöne aus Herste. Nach ihrem Tode 1842 oo Hermann Thöne Maria Regina Böger aus dem linken Nachbarhaus, genannt Nolten. Die Tochter Maria Thöne oo 1868 Hermann Pelizäus aus Alhausen. Später Verkauf an Fam. Wilberg, die durch Einheirat das Haus Böger (Nolten) besaß.

Wilhelm H. * 25.6.1830 oo 5.2.1859 Gertr. Weber (Justers)

Josef H. J * 30.4.1836 oo 28.11.1867 Karoline Stamm

August Hölting * 23.11.1859 oo 9.2.1884 Elisab. Lüke aus Fürstenau

Josef Hölting * 25.9.1868 oo 27.6.1908 Maria Ther. Kordes

Wilh. Hölting * 18.8.1886 oo 3.7.1912 Katharina Unverzagt aus Bellersen

Alfons H. gef. im 1. Weltkrieg

Hilde Hölting *5.5.1917 oo 16.4.1941... Karl Müller (keine Kinder)

b) Familien Elsing

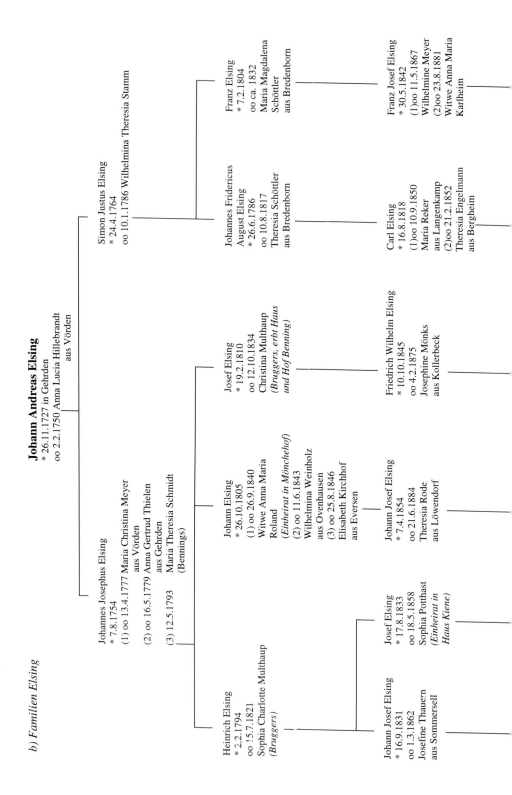

Johann Andreas Elsing
* 26.11.1727 in Gehrden
oo 2.2.1750 Anna Lucia Hillebrandt
aus Vörden

Simon Justus Elsing
* 24.4.1764
oo 10.1.1786 Wilhelmina Theresia Stamm

Franz Elsing
* 7.2.1804
oo ca. 1832
Maria Magdalena
Schöttler
aus Bredenborn

Johannes Fridericus
August Elsing
* 26.6.1786
oo 10.8.1817
Theresia Schöttler
aus Bredenborn

Franz Josef Elsing
* 30.5.1842
(1)oo 11.5.1867
Wilhelmine Meyer
(2)oo 23.8.1881
Witwe Anna Maria
Karlheim

Carl Elsing
* 16.8.1818
(1)oo 10.9.1850
Maria Reker
aus Langenkamp
(2)oo 21.2.1852
Theresia Engelmann
aus Bergheim

Josef Elsing
* 19.2.1810
oo 12.10.1834
Christina Multhaup
*(Bruggers, erbt Haus
und Hof Benning)*

Friedrich Wilhelm Elsing
* 10.10.1845
oo 4.2.1875
Josephine Mönks
aus Kollerbeck

Johannes Josephus Elsing
* 7.8.1754
(1) oo 13.4.1777 Maria Christina Meyer
aus Vörden
(2) oo 16.5.1779 Anna Gertrud Thielen
aus Gehrden
(3) 12.5.1793   Maria Theresia Schmidt
(Bennings)

Johann Elsing
* 26.10.1805
(1) oo 26.9.1840
Witwe Anna Maria
Roland
(Einheirat in Mönchehof)
(2) oo 11.6.1843
Wilhelmina Weinholz
aus Ovenhausen
(3) oo 25.8.1846
Elisabeth Kirchhof
aus Eversen

Johann Josef Elsing
* 7.4.1854
oo 21.6.1884
Theresia Rode
aus Löwendorf

Heinrich Elsing
* 2.2.1794
oo 15.7.1821
Sophia Charlotte Multhaup
(Bruggers)

Josef Elsing
* 17.8.1833
oo 18.5.1858
Sophia Potthast
*(Einheirat in
Haus Kiene)*

Johann Josef Elsing
* 16.9.1831
oo 1.3.1862
Josefine Thauern
aus Sommersell

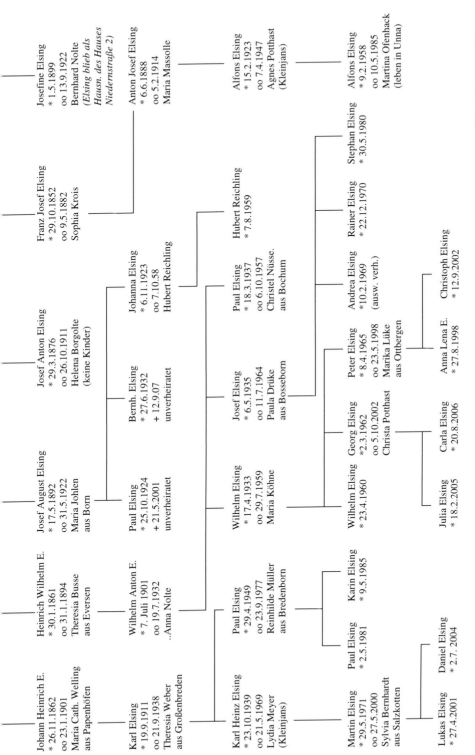

Josefine Elsing
* 1.5.1899
oo 13.9.1922
Bernhard Nolte
*(Elsing blieb als
Hausn. des Hauses
Niedernstraße 2)*

Anton Josef Elsing
* 6.6.1888
oo 5.2.1914
Maria Massolle

Alfons Elsing
* 15.2.1923
oo 7.4.1947
Agnes Potthast
(Kleinjans)

Alfons Elsing
* 9.2.1958
oo 10.5.1985
Martina Ofenhack
(leben in Unna)

Franz Josef Elsing
* 29.10.1852
oo 9.5.1882
Sophia Krois

Hubert Reichling
* 7.8.1959

Stephan Elsing
* 30.5.1980

Rainer Elsing
* 22.12.1970

Josef Anton Elsing
* 29.3.1876
oo 26.10.1911
Helena Borgolte
(keine Kinder)

Johanna Elsing
* 6.11.1923
oo 7.10.58
Hubert Reichling

Paul Elsing
* 18.3.1937
oo 6.10.1957
Christel Nüsse.
aus Bochum

Andrea Elsing
*10.2.1969
(ausw. verh.)

Christoph Elsing
* 12.9.2002

Bernh. Elsing
* 27.6.1932
+ 12.9.07
unverheiratet

Josef Elsing
* 6.5.1935
oo 11.7.1964
Paula Drüke
aus Bosseborn

Peter Elsing
* 8.4.1965
oo 23.5.1998
Marika Lüke
aus Ortbergen

Anna Lena E.
* 27.8.1998

Josef August Elsing
* 17.5.1892
oo 31.5.1922
Maria Johlen
aus Born

Paul Elsing
* 25.10.1924
+ 21.5.2001
unverheiratet

Wilhelm Elsing
* 17.4.1933
oo 29.7.1959
Maria Köhne

Wilhelm Elsing
* 23.4.1960

Georg Elsing
* 2.3.1962
oo 5.10.2002
Christa Potthast

Carla Elsing
* 20.8.2006

Julia Elsing
* 18.2.2005

Heinrich Wilhelm E.
* 30.1.1861
oo 31.1.1894
Theresia Busse
aus Eversen

Wilhelm Anton E.
* 7. Juli 1901
oo 19.7.1932
..Anna Nolte

Karin Elsing
* 9.5.1985

Johann Heinrich E.
* 26.11.1862
oo 23.1.1901
Maria Cath. Welling
aus Papenhöfen

Karl Elsing
* 19.9.1911
oo 21.9.1938
Theresia Weber
aus Großenbreden

Paul Elsing
* 29.4.1949
oo 23.9.1977
Reinhilde Müller
aus Bredenborn

Paul Elsing
* 2.5.1981

Karl Heinz Elsing
* 23.10.1939
oo 21.5.1969
Lydia Meyer
(Kleinjans)

Daniel Elsing
* 2.7. 2004

Martin Elsing
* 29.5.1971
oo 27.5.2000
Sylvia Bernhardt
aus Salzkotten

Lukas Elsing
* 27.4.2001

Erfasst bis 31.12.2006

c) Familien Weber

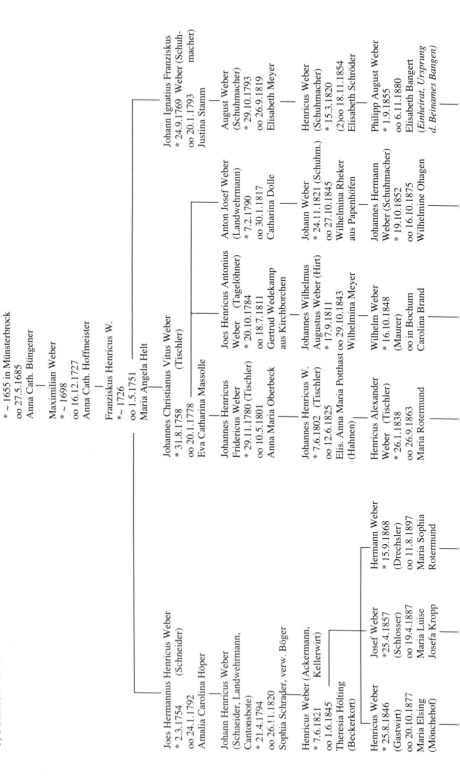

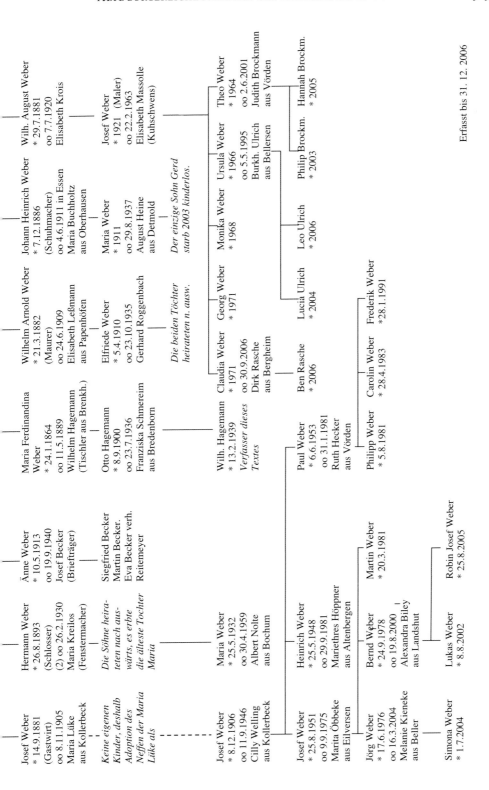

Josef Weber
* 14.9.1881
(Gastwirt)
oo 8.11.1905
Maria Lüke
aus Kollerbeck

Hermann Weber
* 26.8.1893
(Schlosser)
(2) oo 26.2.1930
Maria Kreilos
(Fenstermacher)

Keine eigenen
Kinder, deshalb
Adoption des
Neffen der Maria
Lüke als

Änne Weber
* 10.5.1913
oo 19.9.1940
Josef Becker
(Briefträger)

Siegfried Becker
Martin Becker.
Eva Becker verh.
Reitemeyer

Maria Ferdinandina
Weber
* 24.1.1864
oo 11.5.1889
Wilhelm Hagemann
(Tischler aus Brenkh.)

Otto Hagemann
* 8.9.1900
oo 23.7.1936
Franziska Schmereim
aus Bredenborn

Wilhelm Arnold Weber
* 21.3.1882
(Maurer)
oo 24.6.1909
Elisabeth Leßmann
aus Papenhöfen

Elfriede Weber
* 5.4.1910
oo 23.10.1935
Gerhard Roggenbach

Die beiden Töchter
heirateten n. ausw.

Johann Heinrich Weber
* 7.12.1886
(Schuhmacher)
oo 4.6.1911 in Essen
Maria Buchholtz
aus Oberhausen

Maria Weber
* 1911
oo 29.8.1937
August Heine
aus Detmold

Der einzige Sohn Gerd
starb 2003 kinderlos.

Wilh. August Weber
* 29.7.1881
oo 7.7.1920
Elisabeth Krois

Josef Weber
* 1921 (Maler)
oo 22.2.1963
Elisabeth Massolle
(Kuhschwens)

Theo Weber
* 1964
oo 2.6.2001
Judith Brockmann
aus Vörden

Hannah Brockm.
* 2005

Ursula Weber
* 1966
oo 5.5.1995
Burkh. Ulrich
aus Bellersen

Philip Brockm.
* 2003

Monika Weber
* 1968

Leo Ulrich
* 2006

Georg Weber
* 1971

Lucia Ulrich
* 2004

Claudia Weber
* 1971
oo 30.9.2006
Dirk Rasche
aus Bergheim

Ben Rasche
* 2006

Wilh. Hagemann
* 13.2.1939
Verfasser dieses
Textes

Paul Weber
* 6.6.1953
oo 31.1.1981
Ruth Hecker
aus Vörden

Philipp Weber
* 5.8.1981

Carolin Weber
* 28.4.1983

Frederik Weber
* 28.1.1991

Maria Weber
* 25.5.1932
oo 30.4.1959
Albert Nolte
aus Bochum

Die Söhne heira-
teten nach aus-
wärts, es erbte
die älteste Tochter
Maria

Heinrich Weber
* 25.5.1948
oo 29.9.1981
Mariethres Höppner
aus Altenbergen

Martin Weber
* 20.3.1981

Josef Weber
* 8.12.1906
oo 11.9.1946
Cilly Welling
aus Kollerbeck

Josef Weber
* 25.8.1951
oo 9.9.1975
Marita Öbbeke
aus Eilversen

Bernd Weber
* 24.9.1978
oo 19.8.2000
Alexandra Biley
aus Landshut

Jörg Weber
* 17.6.1976
oo 16.3.2004
Melanie Kieneke
aus Beller

Robin Josef Weber
* 25.8.2005

Lukas Weber
* 8.8.2002

Simona Weber
* 1.7.2004

Erfasst bis 31. 12. 2006

d) Familien Hecker

Otto Hecker ——— *Brüder* ——— **Anton Hecker**

Otto Hecker	Anton Hecker
* 29.4.1657 in Sommersell	* 18.4.1655 in Sommersell
oo 9.10.1689 in Vörden	oo nach 1681 in Sommersell
Anna Margaretha Hillebrandt aus Vörden	Catharina Gröne aus Sommersell

Nikolaus Hecker
* 8.4.1696 in Vörden
oo 13.6.1723
Anna Elisabetha Dirckes

Johann Conrad Hecker
* 1686 in Sommersell
oo 2.11.1718 in Sommersell
Anna Gertrud Sachelen

Henricus Hecker
* 11.2.1725
oo 16.2.1744
Anna Catharina Lessmann

Johann Anton Hecker
* 22.5.1719 in Sommersell
oo 15.10.1747 in Sommersell
Maria Elisabeth Thauren

Hermann Laurentius Hecker
* 9.8.1745
oo 14.9.1777
Anna Maria Simons

Anton Hecker
* 17.3.1754 in Sommersell
oo (2) 8.8.1797 in Sommersell
Cath. Maria Wiegers

Conradus Ferdinandus Petrus
Hecker (Tagelöhner)
* 26.6.1778
oo 2.6.1802 in Bellersen
Anna Maria Dickgräber
aus Bökendorf

Johannes Hecker
* 26.7.1798 in Sommersell
oo 1831 in Sommersell
Anna Maria Drewes
aus Sommersell

Hermann Franz Christoph
Hecker (Stellmacher)
* 26.6.1806
oo 1.2.1834
Anna Maria Charlotta Rosenthal

Conrad Anton Hecker
* 5.8.1837 in Sommersell
oo 1865 in Sommersell
Margaretha Magdalena Eilbrecht

Anna Maria Hecker
* 1802 in Bökendorf
oo 12.6.1830
Henricus Georg Christoph
Hölting
* 13.7.1805
*Einheirat in Haus Hecker,
weiter s. in Aufstellung zu Hölting*

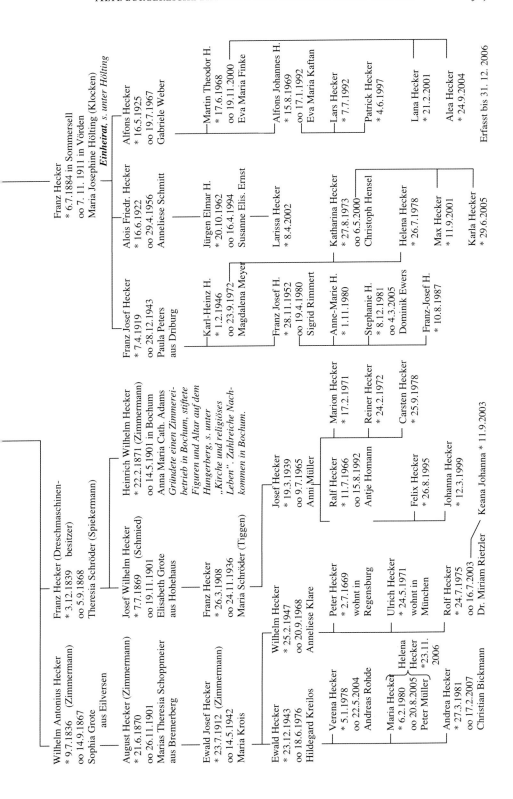

Franz Hecker
* 6.7.1884 in Sommersell
oo 7. 11. 1911 in Vörden
Maria Josephine Hölting (Klocken)
Einheirat, s. unter Hölting

Wilhelm Antonius Hecker (Zimmermann)
* 9.7.1836
oo 14.9.1867
Sophia Grote aus Eilversen

Franz Hecker (Dreschmaschinen- besitzer)
* 3.12.1839
oo 5.9.1868
Theresia Schröder (Spiekermann)

August Hecker (Zimmermann)
* 21.6.1870
oo 26.11.1901
Marias Theresia Schoppmeier aus Bremerberg

Josef Wilhelm Hecker
* 7.7.1869 (Schmied)
oo 19.11.1901
Elisabeth Grote aus Hohehaus

Heinrich Wilhelm Hecker
* 22.2.1871 (Zimmermann)
oo 14.5.1901 in Bochum
Anna Maria Cath. Adams
Gründete einen Zimmerei-betrieb in Bochum, stiftete Figuren und Altar auf dem Hungerberg, s. unter „Kirche und religiöses Leben". Zahlreiche Nach-kommen in Bochum.

Franz Hecker
* 26.3.1908
oo 24.11.1936
Maria Schröder (Tiggen)

Ewald Josef Hecker
* 23.7.1912 (Zimmermann)
oo 14.5.1942
Maria Krois

Franz Josef Hecker
* 7.4.1919
oo 28.12.1943
Paula Peters aus Driburg

Alois Friedr. Hecker
* 16.6.1922
oo 29.4.1956
Anneliese Schmitt

Alfons Hecker
* 16.5.1925
oo 19.7.1967
Gabriele Weber

Karl-Heinz H.
* 1.2.1946
oo 23.9.1972
Magdalena Meyer

Jürgen Elmar H.
* 20.10.1962
oo 16.4.1994
Susanne Elis. Ernst

Martin Theodor H.
* 17.6.1968
oo 19.11.2000
Eva Maria Finke

Franz Josef H.
* 28.11.1952
oo 19.4.1980
Sigrid Rimmert

Larissa Hecker
* 8.4.2002

Alfons Johannes H.
* 15.8.1969
oo 17.1.1992
Eva Maria Kaftan

Anne-Marie H.
* 1.11.1980

Katharina Hecker
* 27.8.1973
oo 6.5.2000
Christoph Hensel

Lars Hecker
* 7.7.1992

Stephanie H.
* 8.12.1981
oo 4.3.2005
Dominik Ewers

Helena Hecker
* 26.7.1978

Patrick Hecker
* 4.6.1997

Franz-Josef H.
* 10.8.1987

Max Hecker
* 11.9.2001

Lana Hecker
* 21.2.2001

Karla Hecker
* 29.6.2005

Alea Hecker
* 24.9.2004

Erfasst bis 31. 12. 2006

Ewald Hecker
* 23.12.1943
oo 18.6.1976
Hildegard Kreilos

Wilhelm Hecker
* 25.2.1947
oo 20.9.1968
Anneliese Klare

Josef Hecker
* 19.3.1939
oo 9.7.1965
Anni Müller

Marion Hecker
* 17.2.1971

Ralf Hecker
* 11.7.1966
oo 15.8.1992
Antje Homann

Reiner Hecker
* 24.2.1972

Carsten Hecker
* 25.9.1978

Felix Hecker
* 26.8.1995

Johanna Hecker
* 12.3.1999

Verena Hecker
* 5.1.1978
oo 22.5.2004
Andreas Rohde

Peter Hecker
* 2.7.1669
wohnt in Regensburg

Ulrich Hecker
* 24.5.1971
wohnt in München

Maria Hecker
* 6.2.1980
oo 20.8.2005
Peter Müller

Helena Hecker
*23.11. 2006

Rolf Hecker
* 24.7.1975
oo 16.7.2003
Dr. Miriam Rietzler

Keana Johanna * 11.9.2003

Andrea Hecker
* 27.3.1981
oo 17.2.2007
Christian Bickmann

e) Familien Massolle (Messollen, Mesol u.ä.)

Henrig Messollen (genannt 1586)

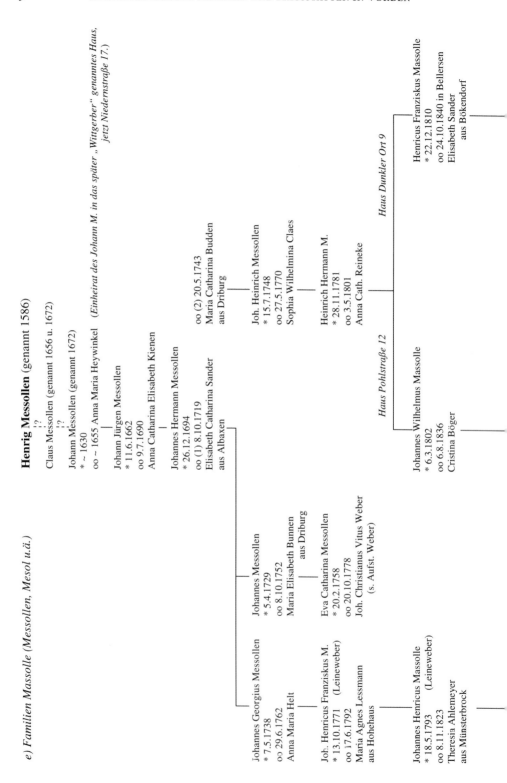

Claus Messollen (genannt 1656 u. 1672)
†?

Johann Messollen (genannt 1672)
* ~ 1630
oo ~ 1655 Anna Maria Heywinkel   *(Einheirat des Johann M. in das später „Wittgerber" genannte Haus, jetzt Niederntraße 17.)*

Johann Jürgen Messollen
* 11.6.1662
oo 9.7.1690
Anna Catharina Elisabeth Kienen

Johannes Hermann Messollen
* 26.12.1694
oo (1) 8.10.1719
Elisabeth Catharina Sander
aus Albaxen

oo (2) 20.5.1743
Maria Catharina Budden
aus Driburg

Johannes Messollen
* 5.4.1729
oo 8.10.1752
Maria Elisabeth Bunnen
aus Driburg

Joh. Heinrich Messollen
* 15.7.1748
oo 27.5.1770
Sophia Wilhelmina Claes

Eva Catharina Messollen
* 20.2.1758
oo 20.10.1778
Joh. Christianus Vitus Weber
(s. Aufst. Weber)

Heinrich Hermann M.
* 28.11.1781
oo 3.5.1801
Anna Cath. Reineke

Haus Dunkler Ort 9

Henricus Franziskus Massolle
* 22.12.1810
oo 24.10.1840 in Bellersen
Elisabeth Sander
aus Bökendorf

Johannes Georgius Messollen
* 7.5.1738
oo 29.6.1762
Anna Maria Helt

Joh. Henricus Franziskus M.
* 13.10.1771   (Leineweber)
oo 17.6.1792
Maria Agnes Lessmann
aus Hohehaus

Haus Pohlstraße 12

Johannes Wilhelmus Massolle
* 6.3.1802
oo 6.8.1836
Cristina Böger

Johannes Henricus Massolle
* 18.5.1793   (Leineweber)
oo 8.11.1823
Theresia Ahlemeyer
aus Münsterbrock

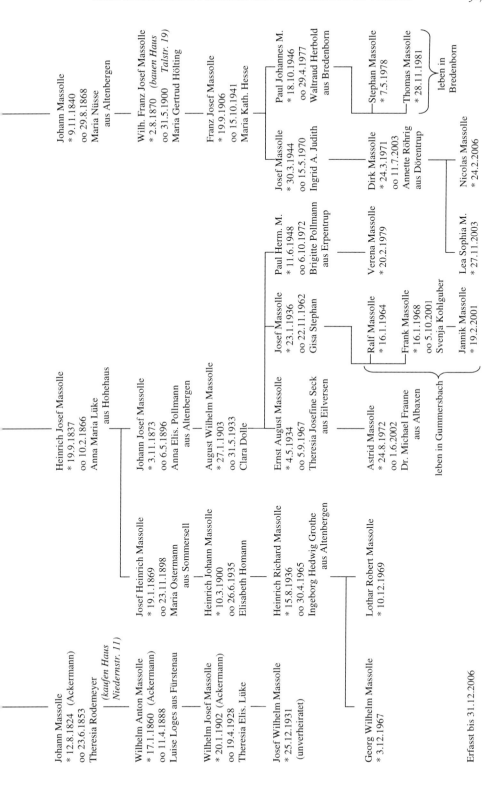

Johann Massolle
* 9.11.1840
oo 29.8.1868
Maria Nüsse
aus Altenbergen

Heinrich Josef Massolle
* 19.9.1837
oo 10.2.1866
Anna Maria Lüke
aus Hohehaus

Wilh. Franz Josef Massolle
* 2.8.1870   *(bauen Haus*
oo 31.5.1900   *Talstr. 19)*
Maria Gertrud Hölting

Franz Josef Massolle
* 19.9.1906
oo 15.10.1941
Maria Kath. Hesse

Paul Johannes M.
* 18.10.1946
oo 29.4.1977
Waltraud Herbold
aus Bredenborn

Stephan Massolle
* 7.5.1978

Thomas Massolle
* 28.11.1981

leben in
Bredenborn

Josef Massolle
* 30.3.1944
oo 15.5.1970
Ingrid A. Judith

Dirk Massolle
* 24.3.1971
oo 11.7.2003
Annette Röhrig
aus Dörentrup

Nicolas Massolle
* 24.2.2006

Johann Massolle
* 12.8.1824 (Ackermann)
oo 23.6.1853
Theresia Rodemeyer
(*kaufen Haus*
 Niedernstr. 11)

Johann Josef Massolle
* 3.11.1873
oo 6.5.1896
Anna Elis. Pollmann
aus Altenbergen

August Wilhelm Massolle
* 27.1.1903
oo 31.5.1933
Clara Dolle

Paul Herm. M.
* 11.6.1948
oo 6.10.1972
Brigitte Pollmann
aus Erpentrup

Verena Massolle
* 20.2.1979

Lea Sophia M.
* 27.11.2003

Wilhelm Anton Massolle
* 17.1.1860 (Ackermann)
oo 11.4.1888
Luise Loges aus Fürstenau

Josef Massolle
* 23.1.1936
oo 22.11.1962
Gisa Stephan

Ralf Massolle
* 16.1.1964

Frank Massolle
* 16.1.1968
oo 5.10.2001
Svenja Kohlguber

Jannik Massolle
* 19.2.2001

Josef Heinrich Massolle
* 19.1.1869
oo 23.11.1898
Maria Ostermann
aus Sommersell

Heinrich Johann Massolle
* 10.3.1900
oo 26.6.1935
Elisabeth Homann

Ernst August Massolle
* 4.5.1934
oo 5.9.1967
Theresia Josefine Seck
aus Eilversen

Astrid Massolle
* 24.8.1972
oo 1.6.2002
Dr. Michael Fraune
aus Albaxen

leben in Gummersbach

Wilhelm Josef Massolle
* 20.1.1902 (Ackermann)
oo 19.4.1928
Theresia Elis. Lüke

Heinrich Richard Massolle
* 15.8.1936
oo 30.4.1965
Ingeborg Hedwig Grothe
aus Altenbergen

Josef Wilhelm Massolle
* 25.12.1931
(unverheiratet)

Lothar Robert Massolle
* 10.12.1969

Georg Wilhelm Massolle
* 3.12.1967

Erfasst bis 31.12.2006

f) Familien Simon

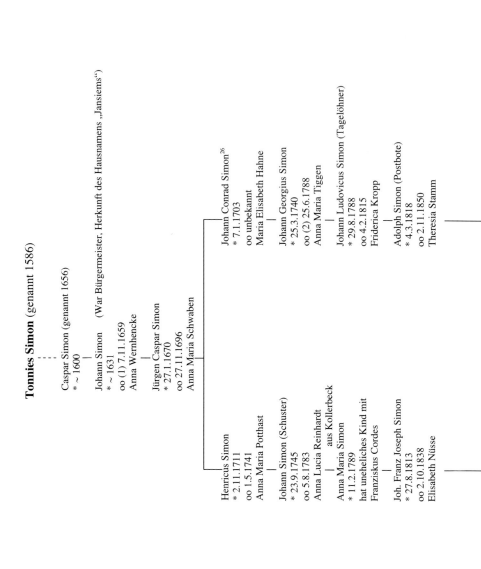

Tonnies Simon (genannt 1586)

Caspar Simon (genannt 1656)
* ~ 1600

Johann Simon   (War Bürgermeister, Herkunft des Hausnamens „Jansiems")
* ~ 1631
oo (1) 7.11.1659
Anna Wernhencke

Jürgen Caspar Simon
* 27.1.1670
oo 27.11.1696
Anna Maria Schwaben

Henricus Simon
* 2.11.1711
oo 1.5.1741
Anna Maria Potthast

Johann Simon (Schuster)
* 23.9.1745
oo 5.8.1783
Anna Lucia Reinhardt
    aus Kollerbeck

Anna Maria Simon
* 11.2.1789
hat uneheliches Kind mit
Franziskus Cordes

Joh. Franz Joseph Simon
* 27.8.1813
oo 2.10.1838
Elisabeth Nüsse

Johann Conrad Simon[26]
* 7.1.1703
oo unbekannt
Maria Elisabeth Hahne

Johann Georgius Simon
* 25.3.1740
oo (2) 25.6.1788
Anna Maria Tiggen

Johann Ludovicus Simon (Tagelöhner)
* 29.8.1788
oo 4.2.1815
Friderica Kropp

Adolph Simon (Postbote)
* 4.3.1818
oo 2.11.1850
Theresia Stamm

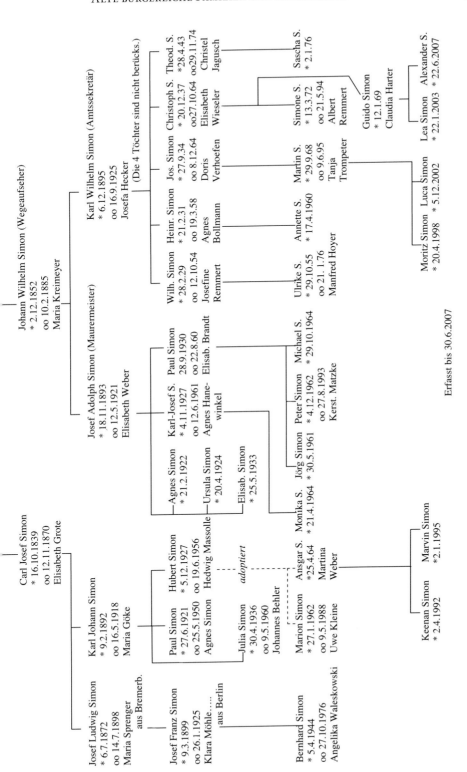

Erfasst bis 30.6.2007

g) Familien Dolle(n)

Boldewin Dollen (genannt 1586)

Henrig Dollen (genannt 1656 und 1672)

Hermann Dollen
* ~ 1655
oo 1.5.1683
Katrina NN

Hermann Dollen
* ~ 1687 (im Vördener Kirchenbuch nicht verzeichnet)
oo 7.1.1709
Anna Maria verw. Böger

Conradus Dollen
* 8.1.1710
oo (im Vördener Kirchenbuch nicht verzeichnet)
Maria Catharina Gölter

Georg Wilh. Dolle (Tagelöhner)
* 6.4.1753
oo 8.10.1780
Caroline Margaretha Kostmann

Joh. Adolph Dolle (Handelsmann)
* 10.4.1783
oo 10.5.1804
Margaretha Klocken
aus Großenbreden

Augustin Dolle (Leineweber)
* 15.2.1819
oo 17.2.1846
Sophia Becker

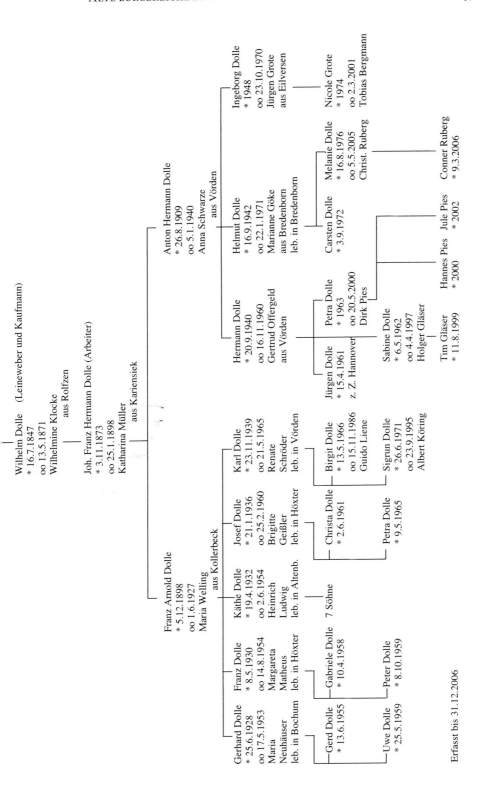

Erfasst bis 31.12.2006

Anmerkungen

1 Ausführlich zur Rolle der Familie von Haxthausen im Beitrag „Burgvögte, Burgmänner und Pfandinhaber".

2 StA Münster, Domkapitel Paderborn, Akten 54.80. Eine weitgehend gleiche Aufstellung befindet sich im VHA in Abbenburg.

3 VHA Abbenburg, Bestand A, Nr. 26.

4 APS, Akten I B3 Vörden. Die Brüder Eckebracht, Heinrich und Hermann Rabe von Haxthausen besaßen offenbar „freye Erbländereien" in Vörden, die sie an Bauern gegen eine Kornrente verpachtet hatten. Diese Ländereien dürften ihrem Vater Georg von Haxthausen bei der Erbteilung des Jahres 1586 zugefallen sein. Der Hauptteil des Vördener Besitzes der von Haxthausen in Vörden war damals an Gottschalk von Haxthausen gekommen.

5 StA Münster, Paderborner Kanzlei, Nr. 494. Hier finden sich alle im Folgenden angeführten Steuerlisten.

6 StdA Marienmünster, Vördener Bürgerbuch ab anno 1678.

7 Bei diesem Geburtsdatum wie bei den folgenden Geburtsangaben vor ca. 1750 handelt es sich meist um die Taufeintragung. Die Geburt ist in der Regel 1-3 Tage früher anzusetzen.

8 Diese und alle folgenden Angaben zu Geburten, Heiraten und Todesfällen bis 1874 sind den regulären Vördener Kirchenbüchern entnommen. Spätere Daten dieser Art stammen entweder aus dem speziellen Kirchenbuch 3b oder von Familienangehörigen. Die Wiedergabe der Daten erfolgt mit deren Zustimmung.

9 Die Angaben zu Käufen und Verkäufen entstammen den Grundbüchern für Vörden im Grundbucharchiv Alverdissen, Außenstelle des NRW- Staats- und Personenstandsarchivs Detmold.

10 Völker, Chr. (Hrsg.): Heimatbuch des Kreises Höxter, Bd. I. Paderborn 1925, S. 134. Die hier angegebene Hausnummer 68 ist nach der früheren Zählung das Haus Elsing –Wittgerber. Ferner auch Eintragung von Völker in der Pfarrchronik zu 1920.

11 Anmerkung von Christoph Völker im Vördener Kirchenbuch 3b.

12 Wie Anmerkung 9.

13 Wie Anmerkung 11.

14 Wie Anmerkung 3, Nr. 11. Es ist anzunehmen, dass der Hof von der Familie von Niehausen zur Bewirtschaftung von erworbenem bürgerlichem Land erbaut wurde. Entsprechende Beschwerden der Stadt aus dem Jahre 1706 sind im Artikel „Vörden als bischöfliche Stadt 1324-1802" unter Punkt 5d) dargestellt.

15 Ebd. Nr. 23.

16 Wie Anmerkung 6.

17 Wie Anmerkung 9.

18 Vgl. im Beitrag „Kirche und religiöses Leben".

19 StdA Marienmünster, A 870.

20 Wie Anmerkung 6.

21 Nach einer Notiz im Nachlass Völker, BiA Paderborn, Bestand Vörden.

22 Wie Anmerkung 6.

23 Ebd.

24 Der Konflikt und die Befragung der Einwohner ist beschrieben im Beitrag „Vörden als bischöfliche Stadt 1324-1802"

25 Mönks, A.: Bergbauliche Versuche im ehemaligen Paderborner Amt Oldenburg. In: Westfälische Zeitschrift, Bd. 85, 1928, S. 13.

26 Das Kirchenbuch weist zu diesem Datum die Geburt eines Johannes Jürgen Simon aus. Diese Eintragung ist aber offenbar falsch, denn bereits drei Jahre vorher war ein Sohn des Ehepaares Simon / Schwaben auf diesen Namen getauft worden, der auch in der Zwischenzeit nicht verstarb. Deshalb wird der richtige Name hier als Johann Conrad angenommen, zumal kein anderes Kind namens Simon in dieser Zeit geboren wurde, das als Vater des Johann Simon in Frage kommt. Zudem nennt dieser einen seiner Söhne Johann Conrad Joseph (* 16.4.1690), womit wohl der Name Conrad des Großvaters aufgenommen wird.

Wilhelm Hagemann / Karin Föckel

Die Vördener Schützengesellschaft

Zur besseren späteren Charakterisierung und Einordnung der Tradition der Vördener Schützengesellschaft wird hier zunächst eine allgemeine Übersicht über die Entstehung und Entwicklung von Schützengesellschaften in den Städten und Dörfern des Paderborner Landes gegeben.

1. Gründung und Zweck von Schützengesellschaften

a) Die Organisation der Stadtverteidigung

Die Errichtung befestigter Städte setzte die grundsätzliche Verteidigungsbereitschaft und -fähigkeit der Bewohner voraus. Damit wurde zwangsläufig auch eine gewisse Organisation für den Verteidigungsfall notwendig, die wiederum vorhergehende Absprachen und auch Übungen von Maßnahmen erforderte. Die Organisation der Verteidigung war in kleinen Burgstädten wie Vörden als erstes die Aufgabe der Burgmannschaft. Der Burgvogt wie die Burgmänner waren in der Regel im Besitz einer eisernen Rüstung und entsprechender Waffen, zunächst von Schild, Schwert und Lanze, später auch von Armbrust und Feuerwaffen. Als Ritter oder Knappen waren sie zudem im Umgang mit diesen Waffen geübt. Die Bürger hingegen hatten zunächst schon aus Kostengründen eine einfachere Ausrüstung, in der Regel vor allem den Spieß, der notfalls nur aus einer angespitzten hölzernen Stange bestanden haben mag, üblicherweise aber eine eiserne Spitze trug. Von dieser ursprünglichen Bürgerwaffe leitet sich die Bezeichnung „Spießbürger" für den einfachen Stadtbewohner ab. Grundsätzlich war jeder Bewohner einer Stadt zur Verteidigung verpflichtet. Aus praktischen wie auch finanziellen Gründen konnte diese Verpflichtung jedoch beschränkt werden, zum Beispiel auf einen Mann pro Haus. Die Verteidigungpflicht war ein Teil der allgemeinen Bürgerpflicht, die zudem auch die Beteiligung an Befestigungs- oder Wachaufgaben umfasste.[1] Je nach Fähigkeit und Neigung wie auch der finanziell möglichen Ausrüstung ergaben sich jedoch Unterschiede zwischen den Bürgern. Insbesondere die Verbreitung der Armbrust im 14./15. Jahrhundert begünstigte vor allem in großen, reichen Städten die Herausbildung einer besonderen Gruppe innerhalb der wehrfähigen Bürgerschaft. Diese mit einer solchen Schusswaffe ausgerüsteten Personen bezeichneten sich als Schützen. Sie organisierten sich in der Form der damaligen Handwerkerzünfte oder Gilden. Die Ursprünge dieser Entwicklung dürften in den reichen flämisch-niederländischen Handelsstädten liegen.[2] In unserer Region bezeichnen sich bis heute beispielsweise die Schützenvereinigungen von

Höxter und Bad Driburg als „Schützengilde". Der Umgang mit Schusswaffen, zunächst mit der Armbrust und später mit Feuerwaffen, erforderte regelmäßige Schießübungen. Schießwettbewerbe mit der Ermittlung des besten Schützens als „Schützenmeister" oder „Schützenkönig" wurden dann später auch ein verbindlicher Bestandteil von Schützenfesten.

b) Schützenbriefe und Statuten

Die Regelungen zur Stadtverteidigung erfolgten zunächst im Rahmen des Stadtrechtes. Sie dürften zumindest in kleineren Städten nicht schriftlich fixiert worden sein. Das älteste Dokument, das die Wehrbereitschaft von Stadtbürgern im Paderborner Land betrifft, ist das Warburger „Kriegsreglement" aus dem Jahre 1438.[3] Es wurde zwei Jahre nach der Vereinigung der bis dahin getrennten Städte Alt- und Neustadt Warburg aufgestellt. Man kann annehmen, dass jede der beiden Städte vorher eine eigene, wahrscheinlich ungeschriebene Wehrordnung hatte. Die Koordinierung der beiden Ordnungen erfolgte dann wohl zweckmäßigerweise in schriftlicher Form. Von den übrigen Städten des Fürstbistums Paderborn liegen erst aus der Zeit um 1500 die ersten Regelungen in der Form detaillierter Schützenordnungen (Schützenbriefe) vor, so von Büren aus dem Jahre 1490 und Borgentreich 1502.[4] Dabei verweist der Ausdruck Schützen*brief* auf die schriftliche Fassung der Ordnung. Diese Schützenbriefe sind jedoch in aller Regel keine Gründungsurkunden, sondern darin gibt sich oder dokumentiert eine bereits bestehende Vereinigung feste Regeln, insbesondere für die Bewaffnung, die Pflege der Waffe, das Übungsschießen, die Befehlsgewalt, für Verwundungs- und Todesfälle aber auch für den allgemeinen achtungsvollen und geselligen Umgang miteinander. Spätere Schützenbriefe enthalten dann vor allem genaue Vorschriften für die Durchführung des Schützenfestes.[5] Solche „Schützengelage", wie es vielfach heißt, wurden wahrscheinlich auch eingeführt, um die sicher auch lästige Pflicht der Schießübungen und der Waffenpflege attraktiver zu machen.

Die frühen Schützenbriefe aus den Städten haben die Form innerstädtischer Regelungen im Rahmen des allgemeinen Stadtrechts und ohne Bezug auf den Landesherrn. Demgegen-

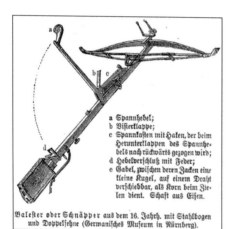

a Spannhebel;
b Bifierflappe;
c Spannfasten mit Hafen, der beim Herunterflappen des Spannhebels nach rückwärts gezogen wird;
d Hebelverschluß mit Feder;
e Gabel, zwischen deren Zacken eine kleine Kugel, auf einem Draht verschiebbar, als Korn beim Zielen dient. Schaft aus Eisen.

Balefter oder Schnäpper aus dem 16. Jahrh. mit Stahlbogen und Doppelfehne (Germanisches Museum in Nürnberg).

Abb. 112
Armbrust. Das Aufkommen der Armbrust begünstigte die Entstehung von „Schützengilden" als besonderer Gruppe innerhalb der wehrpflichtigen Stadtbewohner (Abb. aus Meyers Konversationslexikon 1888)

über sind spätere Bestätigungen regelmäßig von den Bischöfen als Landesherren ausgestellt. Diese Verlagerung der Zuständigkeit muss wohl als Teil der ab ca. 1550 einsetzenden Tendenz zu allgemeinen Einschränkungen der städtischen Privilegien seitens des bischöflichen Landesherrn gesehen werden.[6] Rechtssystematisch betrachtet werden die Schützengesellschaften damit aus dem Stadtrecht gelöst und zu öffentlich anerkannten rechtsfähigen Körperschaften des Privatrechts.[7] In der Gruppe der Städte des Paderborner Landes bildeten Bredenborn und Lippspringe insofern eine Ausnahme, als sie nicht direkt dem Bischof, sondern dem Paderborner Domkapitel unterstanden. Dementsprechend ist der Bredenborner Schützenbrief von 1708 wie der Lippspringer von 1737 vom Domkapitel genehmigt.[8]

c) Unterschiede zwischen Städten und Dörfern

Grundsätzlich anders als in den Städten verlief die Gründung und Entwicklung der Schützengesellschaften in den Dörfern. Das ergab sich schon daraus, dass den Bewohnern offener, unbefestigter Dörfer, die unter der Grund- und Gerichtsherrschaft geistlicher oder adeliger Herren standen, keine Befestigung und damit ohne ausdrückliche Erlaubnis auch kein Besitz von Waffen gestattet war. So waren dann auch beispielsweise während der süddeutschen Bauernaufstände im Jahre 1525 Sensen und Mistgabeln die übliche Bewaffnung der Bauern.
Eine Änderung ergab sich im Paderborner Land in der zweiten Hälfte des 16. Jahrhunderts mit den Einfällen holländischer Freibeuter. Offenbar haben die Paderborner Bischöfe als Reaktion darauf auch die Dorfbewohner zu Verteidigungsmaßnahmen befähigen wollen und deshalb die Gründung von Schützeneinheiten auch in den Dörfern gefordert. Das geht aus der Erneuerung der Schützenordnung von Sandebeck im Jahre 1609 hervor. Darin bekunden die Schützen, dass ihnen *„von dem Landßfürsten dieses Stifts Paderborn vor undencklichen Jahren hero zur Verthätigung* (Verteidigung) *deß Vatterlandes ist auferlegt und befohlen worden, daß ein jeder Persohn, so von dem Vogdte allhier zu einem schützen würde angesetzt, daß derselb auch mitt seiner Ober und Untergewehr bereit undt voll montiert sich darzu auff Ideß erforderen* (dessen Aufforderung) *verhalten müste.“*[9]
Mit Vaterland wurde damals der Geburtsort bezeichnet.[10] Was konkret mit der Verteidigung des Vaterlandes gemeint war, geht aus dem Schützenbrief der 1731 neu gegründeten Schützengesellschaft von Wormeln (bei Warburg) hervor. Es heißt darin, dass die Schützen *„bei jetzigen gefährlichen Zeithen* (....) *in Gefahr eines nächtlichen Einfalls, Diebereyen, Plünderung, Brandt und dergleichen Unheil* (....) *höchst nöthig wehrn.“* Ausdrücklich wird vermerkt, dass die Einwohner sich dazu *„Degen und Flinten“* anschaffen müssten.[11]
Wormeln ist mit der Neugründung der Schützengesellschaft eine Ausnahme. Ansonsten sind die heute vorliegenden Schützenbriefe auch in den Dörfern

eine Erneuerung früherer, meist durch die Ereignisse des Dreißigjährigen (1618
– 48) oder des Siebenjährigen (1756 – 63) Krieges verloren gegangener Dokumente. Die Bestätigung wurde in den Dörfern, die einem Kloster oder einem
adeligen Grund- und Gerichtsherren unterstanden, von diesen ausgestellt. So
sind die Schützenbriefe von Brenkhausen (1573) und von Godelheim (1650)
vom Corveyer Abt unterzeichnet, der Löwendorfer Schützenbrief (1652) vom
Herrn von Kanne, der Bökendorfer (1732) und der Bellerser (1770) von Caspar
Philipp bzw. Caspar Moritz von Haxthausen. Der Bökendorfer Schützenbrief
ist dabei bestätigt mit der Zeile *„Gegeben auf der Burg Vörden den 11. März
1732"*. Der Unterzeichner, der Domherr Caspar Philipp von Haxthausen, ist
der Erbauer des jetzigen Schloss, das zu der Zeit wohl noch im Bau war.[12]

d) Inhalte der Schützenbriefe

Alle Schützenbriefe betonen die Notwendigkeit oder Praxis der Schießübungen. Sie legen dazu meist auch die erforderliche Ausrüstung mit Gewehr,
Pulver, Feuerstein und Kugeln fest. Geschossen wurde offenbar überall an bestimmten, festgelegten Örtlichkeiten, oft in einem Teil des Stadtgrabens oder in
einem nahen Wäldchen, und zwar auf eine Scheibe. Ferner regelten die Schützenbriefe die Aufnahme in die Gesellschaft, die Unterteilung in Rotten, die
Befehlsstruktur und allgemein den Umgang der Schützen miteinander. Nahezu überall gehörte zu den Schießübungen auch *„eine Zehrung und ein Schüt-
zengelach"*, wie es in der Sandebecker Ordnung heißt. Die Vorbereitung und
Durchführung des Festes sind stets sehr detailliert geregelt. Offenbar ging es
der Obrigkeit darum, Ausschreitungen während des Festes zu vermeiden. Das
Ausschießen eines Kleinods zur Ermittlung des Königs oder Schützenmeisters war überall üblich. Die meisten Ordnungen geben einen Vogel als Kleinod
an. Die Schützenvereinigungen bezeichnen sich mehrheitlich als Bruderschaft.
Zum Teil werden aber die Bezeichnungen Schützenbruderschaft und Schützengesellschaft als gleichrangig gesehen und in ein- und demselben Schützenbrief
verwendet, so in dem von Bellersen.
Die Schützen hatten auch über die unmittelbare Ortsverteidigung hinaus Aufgaben. Zwischen 1441 bis in den Dreißigjährigen Krieg hinein wird von der Beteiligung von Bürgern etwa der Städte Warburg, Brakel, Borgentreich und Nieheim auch bei der Verfolgung fremder Truppen berichtet.[13] Hier werden in erster Linie die militärisch ausgebildeten Schützen der Städte eingesetzt gewesen
sein. Für das 17. und 18. Jahrhundert liegen zudem Berichte über polizeiliche
Aufgaben vor, so etwa bei der Festsetzung und Bewachung von Gefangenen,
bei Hausdurchsuchungen und Pfändungen.[14] Auch die Besetzung Vördens im
Jahre 1602 durch die vom bischöflichen Rentmeister in Steinheim aufgebote-
nen Schützen war als eine Polizeiaktion gemeint, denn sie galt aus der Sicht des
Rentmeisters als Raisonierung der widerspenstigen Stadt. (s. unter „Vörden als
bischöfliche Stadt 1324-1802").

e) Der „Ausschuss" als besondere Verteidigungsorganisation

Im Zusammenhang mit den Schützen muss auch der sogenannte „Ausschuss" gesehen werden. Dieser war eine um 1590 gebildete überörtliche Landmiliz, die neben den regulären bischöflichen Truppen bestand. Ihre Gründung erfolgte aufgrund der bereits erwähnten Raubzüge von holländischen und anderen bewaffneten Gruppen in das Paderborner Gebiet. Dazu wurden besonders Wehrtüchtige aus den einzelnen Städten und Dörfern benannt, die in aller Regel auch Mitglieder der dortigen Schützengesellschaft gewesen sein dürften. Zumindest bestand die Vorschrift, dass ihnen der Zugang zu der örtlichen Schützengesellschaft nicht verwehrt werden durfte. Der Ausschuss war in Fähnlein (Kompanien) von jeweils 300 Mann gegliedert. Vörden war in einem Fähnlein zusammen mit den Städten Beverungen, Borgholz, Bredenborn, Calenberg, Lügde und Peckelsheim.[15] Auch die Dörfer um Vörden bildeten zusammen mit Rolfzen, Eversen, Vinsebeck und Sabbenhausen ein Fähnlein. Vörden und Bredenborn hatten zudem im Verteidigungsfalle je ein Pferd zu stellen. Die Mitglieder des Ausschusses wurden zu regelmäßigen Übungen herangezogen. Die aus Vörden und Umgebung übten im Eichhagen.[16]

2. Der Ursprung der Vördener Schützengesellschaft

a) Zweifel zum angeblichen Gründungsjahr 1574

Aufgrund der geschilderten Entstehung von Schützengesellschaften in den Städten ist es nicht verwunderlich, dass auch für Vörden kein Dokument über den Anfang der hiesigen Schützengesellschaft vorliegt. In Vörden wird derzeit angenommen, dass diese im Jahre 1574 zusammen mit den Schützengesellschaften in den Dörfern Altenbergen, Bellersen, Bökendorf, Eilversen und Wendelbreden (heute Großenbreden) durch Elmerhaus von Haxthausen gegründet worden sei. Die Annahme beruht allerdings lediglich auf einer Information des Schwalenberger Heimatforschers Hugo Rasch, die dieser der Familie von Haxthausen bei einem Besuch auf Schloss Thienhausen nach dem Zweiten Weltkrieg gegeben hat.[17] Dazu findet sich jedoch weder in den Veröffentlichungen von Hugo Rasch ein belegender Hinweis noch ein entsprechendes Dokument im von Haxthausenschen Archiv in Abbenburg oder in einem der anderen herangezogenen Archive.[18] Deshalb soll hier zunächst die Frage der *grundsätzlichen Möglichkeit* eines solchen Ursprungs der Vördener Schützengesellschaft untersucht werden.

Nach den obigen Darlegungen wäre die Gründung von Schützengesellschaften für die genannten *Dörfer* in dem Zeitraum um 1574 durch die Familie von Haxthausen durchaus möglich. Allerdings sind auch dazu keine urkundlichen Belege bekannt. Für Vörden als *bischöflicher Stadt* ist eine solche Gründung

jedoch nahezu auszuschließen. Abgesehen davon, dass eine Verteidigungsorganisation schon vor 1574 vorhanden gewesen sein muss, wäre Vörden bei
einer Gründung der Schützengesellschaft durch Angehörige der Familie von
Haxthausen die einzige Stadt im Paderborner Land, die sich ihre ursprünglichen Schützenstatuten nicht aus eigener Hoheit gegeben hätte. Zudem fehlt
Bredenborn unter den genannten Orten, wo die Familie von Haxthausen im
vermeintlichen Gründungsjahr 1574 die Burg und alle vier Burgmannssitze in
Pfandschaft hatte.

b) Überlegungen auf der Basis vorliegender Dokumente

Gewichtiger noch als die genannten allgemeinen Gründe sprechen die vorliegenden Dokumente gegen eine Gründung der Vördener Schützengesellschaft durch die Familie von Haxthausen. Die erste bekannte Erwähnung
der Schützengesellschaft in Vörden und damit der älteste schriftliche Nachweis ihrer Existenz liegt aus dem Jahre 1578 vor. In einem Schreiben vom 7.
Juli dieses Jahres an den Grafen zur Lippe legt der Amtmann des lippischen
Teils der Oldenburg, Falck Arndt von Oeynhausen, seine Sicht eines Streites
mit dem Amtmann des Paderborner Teils der Burg, Andreas Schlick, dar.
Darin heißt es, dass *„gemelter* (erwähnter) *Schlick mit seiner Frauen Montags
in der hilligen Pfingsten auff der Schutzengesellschafft zum Vorde bis auff
den spaden* (späten) *Abendt gewesen"* sei.[19] Amtmann Schlick hatte demnach
das Schützenfest in Vörden besucht. Dem Anschein nach war das Vördener
Schützenfest zu der Zeit bereits eine etablierte Veranstaltung, zu der auch
Honoratioren aus der Nachbarschaft wahrscheinlich auf eine Einladung hin
anreisten.

Das nächste bekannte Dokument zur Schützengesellschaft in Vörden ist dann
erst wieder die Ordnung aus dem Jahre 1686. Ältere Unterlagen könnten im
Dreißigjährigen Krieg verloren gegangen sein. Auch die Ordnung von 1686 ist
nicht mehr im Original erhalten, sondern findet sich als Wiedergabe in einer
Bestätigung des Paderborner Bischofs Wilhelm Anton von der Asseburg aus
dem Jahre 1777.[20] Es ist nicht ersichtlich, ob diese Ordnung von 1686 die erste
schriftlich aufgestellte war und auch nicht, ob diese vorher schon einmal bestätigt wurde. Die Vördener hatten die Ordnung jetzt über den bischöflichen
Amtmann in Steinheim beim Bischof mit der Bitte um Bestätigung und Bekräftigung eingereicht. Anders als die Schützen des Dorfes Bellersen wenige
Jahre vorher (1770) wandten sich die Vördener Schützen also nicht an die Familie von Haxthausen, sondern an den Bischof als Stadtherren.

Der Bischof bestätigte der Gesellschaft dann auch die *„in denen älteren Zeiten
unter sich verabredete, von ihr biß hierzu stets beachtete"* Ordnung. Er geht
also von einer seitens der Gesellschaft selbst aufgestellten Regelung aus. Diese
zeigt sich dann auch in allen weiteren Punkten als die einer städtischen Schützengesellschaft, denn sie nimmt durchgehend Bezug auf Bürgermeister und Rat

sowie auf den Landesherrn (Bischof) als Weisungsinstanzen. Dem Rat allein soll es auch zustehen, die Vereinbarung nach Bedarf zu verändern. Die Beller-ser Schützenordnung macht demgegenüber zur Pflicht, Veränderungen *„jedoch nicht anders als mit Vorwißen und Einwilligung der Gnädigen Guth- und Ge-richtsherren"* vorzunehmen, also der Familie von Haxthausen.[21] Daran wird der Unterschied sehr deutlich. Dem Charakter einer städtischen Schützenge-sellschaft in Vörden entsprach dann auch abschließend, dass der Rat der Stadt zur Bekräftigung der Ordnung das Stadtsiegel darunter setzte.

Zur Frage, wann eine formale Gründung der Vördener Schützengesellschaft erfolgt sein könnte, gibt die Ordnung von 1686 keine direkten Hinweise. Deut-lich wird jedoch, dass sie auf eine vorhergehende Erfahrung Bezug nimmt, sich demnach nicht als Gründungsdokument versteht, denn es heißt im Artikel 21, dass *„in denen Zusammenkünften allemahl ein großer Abgang und Ver-lust der Gläser"* zu beklagen sei. Die Ordnung von 1686 kann durchaus auf eine ältere zurückgehen. Es ist aber wohl auszuschließen, dass sie in der vor-liegenden Form gänzlich aus dem 16. Jahrhundert stammt, also beispielsweise aus dem angeblichen Gründungsjahr 1574. Das zeigt sich an der Regelung zum Tabakrauchen im Artikel 23. Man wird nämlich nicht davon ausgehen können, dass zu jener Zeit das Tabakrauchen während des Schützenfestes auf dem Lande bereits verbreitet war, denn die Tabakpflanze wurde erst 1560 zum Anbau nach Europa gebracht und das Tabakrauchen sollen dann erst schwedische Truppen während des Dreißigjährigen Krieges (1618 – 48) in Europa verbreitet haben.[22] In der Vördener Schützengesellschaft selbst ging man im Jahre 1845 davon aus, dass die Bürger der Stadt Vörden *„bereits in der Mitte des sechsten Jahrhundert einen Schützenverein gebildet"* hätten, wobei wohl das sechste Jahrhundert des zweiten Jahrtausend gemeint ist, also die Zeit um 1550.[23] Das zeigt jedenfalls, dass das jetzt angenommene Gründungsjahr 1574 zur Mitte des 19. Jahrhun-derts offenbar unbekannt war. Auch ein Bezug auf die Familie von Haxthausen fehlt.

3. Die Schützenordnung von 1686

a) Die Ordnung im Wortlaut

Die folgenden Statuten der Schützenordnung von 1686 sind in der erwähnten bischöflichen Bestätigung von 1777 angeführt. Die dort enthaltene Schreib-weise wird hier übernommen. Zum besseren Verständnis sind gelegentlich die heute üblichen Begriffe oder Erläuterungen in Klammern eingesetzt worden. Unklarheiten sind durch Fragezeichen gekennzeichnet. Im Anschluss an die originalgetreue Wiedergabe erfolgt eine Erläuterung einzelner Artikel und Be-stimmungen. Eilige oder weniger interessierte Leser könnten deshalb die wört-liche Wiedergabe überspringen.

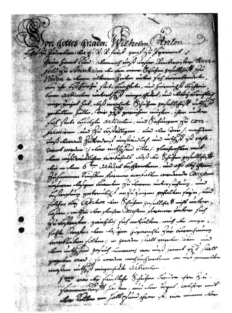

Abb. 113   Bestätigungsschreiben des Bischofs Wilhelm Anton von der Asseburg aus
dem Jahre 1777 zur Schützenordnung von 1686 (erstes und letztes Blatt)

*1. Wan (Wenn) die sämtliche Schützen Brüder ihre Zusammenkunft halten,
und der Vogel, welcher mit der Ketten ein halb Pfund schwer ist, von einem
der Schützengesellschaft durch den besten Schuß in dem Ring gewonnen
wird, werden dem Schützenmeister (heute Schützenkönig) von jeden Schützen Bruder vier Mariengroschen verehret, wogegen der Schützenmeister
schuldig ist, der Schützengesellschaft ein Faß Bier (ca. 145 Liter) zu verehren,
und wan der Schützenmeister von einigen dazu verordneten Schützen Brü-
deren mit gehörigem Spielwerk des abends nachen Hauß begleitet wird, soll
der Schützenmeister nach seinem Vermögen gegen dieselbe mit Eßen und
Trincken sich dankbarlich einfinden (erweisen), welches Bier nicht außen
Schützen Hauße zu hohlen, es wäre dan, daß solches ein ehrenvester Raht
auf begehren des Schützenmeisters erlaubte.
2. Wan ein Schützen Bruder in der Gesellschaft zu erscheinen citiret, und
abgeladen (eingeladen) wird, soll er mit seinen zierlichsten Kleyderen zu erscheinen bey Straf 3 Schillinge schuldig seyn.
3. Wan die Schützen schießen, soll der Schützenmeister und der Fändrich in
ihrer Zusammenkunft frey seyn.
4. Wan ein Schützen Bruder mehr Bier verschüttet, alß man mit einem Fuß
bedecken kan, soll 3 Rohnte (Runden) Bier zur Strafe geben, ehe er das Wihrts-
hauß raumet, sondern (ansonsten) des anderen Tages doppelt bezahlen.
5. Welcher Schützenbruder ein Trinckgeschirr zerbricht, oder von handen
bringet, soll er also fort bezahlen, oder des anderen Tages doppelt.*

6. Wan ein Schützenbruder den anderen in der Gesellschaft blut wundete (blutig verwundete), *soll der Verursacher Straf geben drey Tonne Bier* (eine Tonne ca. 35 Liter), *und so einer dem anderen aus alten gram und Haß schläge gebe, oder sonsten einen aufruhr machte, gibt zur Straf zwey Tonne Bier.*

7. *Wan einem Schützen Bruder ein Amt auferlegt wird, und er sich deßen weigerte, soll geben Straf drey Schillinge.*

8. *Welcher Schützen Bruder einen fremden ohne Erlaubnuß der Schäffer* (Zuständige für die Getränke) *in die Gesellschaft führet, soll Straf geben einen Joachimsthaler.*

9. *Wan ein Schützen Bruder jemand mit vorgehender Erlaubnuß der Schäffer in die Gesellschaft führet, soll derselbe in allen davor haften und stehen.*

10. *Wan ein Schützen Bruder zur Gesellschaft citiret wird, und einheimisch* (anwesend), *auch nicht erheblich verhindert wäre, und nicht erschiene, soll geben Straf drey Schillinge.*

11. *Wan die Schützen neben dem Außschuß von unserm gnädigsten Landt Fürsten, und Herrn, oder vom hießigen Ehrbahren Raht zum Außschuß erfordert werden, soll die Anordnung, und die Mäßigung* (Anzahl), *wie viel auszuziehen, bey einem Ehrsamen Raht stehen, dem die Schützen gehorchen sollen, und wollen, wie nicht weniger ein jeder mit seinem gehörigen Gewehr, wohin er commandiret worden, bei Straf eines Drielings Bier* (3 Tonnen, ca. 105 Liter), *erscheinen und sich gefaßt* (bereit) *halten.*

12. *Wan der Fändrich mit denen Schützen außziehet, soll er frey gehalten werden.*

13. *Wan die Schützen in nöhtigen Verrichtungen außzuziehen beorderet würden, soll ihnen auf Gutbefinden, und billigen Schluß des Ehrenvesten Rahts davor* (dabei, darin) *gleich geschehen.*

14. *Wan ein Schützen Bruder vom Feind verwundet würde, will ein Ehrbahrer Raht nach befinden der Sache den Arzt Lohn bezahlen.*

Wan der Schützenmeister, oder Fändrich des Abends mit denen Schützen nachen Hauß begleitet wird, ist zu Verhütung Feuers Brunst, und aller Gefahr das Schießen bei Straf zweyer Tonnen Bier einem jeden verbotten.

15. *In der Schützengesellschaft ist verordnet, daß nicht mehr als vier Paar mit ungedeckten Haubteren die Männern tanzen, und mehr eindringende mit drey Schillingen bestrafet werden sollen, wobey zu notiren, daß zum ersten mahl ein jeder mit seiner Haußfrauen tanzen möge.*

16. *Solte sich ein oder anderer Schützen Bruder, nach gegebenem Zeichen, und vorgegangener Abdankung, noch länger im Wihrtshauße finden, und solches gütlich nicht räumen wollen, soll mit doppelter Schützenbrüchte* (Schützenstrafe) *alß 6 Schillinge bestrafet werden.*

17. *Ist gleichfalß von einem Ehrbaren Raht beliebet, und vor gut angesehen worden, daß alles übrige Gesinde an Jungens, Knechten, und Mägden:/ außgenomen saugende und kleine im Schoß stehende Kinder:/ aus dem Schützenhauße bleiben sollen, damit alles in guter Ordnung, Friede und Ehrbarkeit zugehen möge.*

18. *Es soll zum Schützenschießen keiner, alß freye, und die ihr bürgerliche Eyd und ihr bürgerliche Öbertragt (Abgabe, Steuern) gemäß Zukom (Bemessung) ordentlich abgestattet haben, zugelassen werden, wobey keine gezogene, und geriefelte Rohren (Gewehrläufe) zu pahsiren (durchgelassen), sondern schlichte Rohre, und Flinten zugelaßen bleiben.*
19. *Die Schützen Brüdere seyend schuldig, ihr Gewehr vorm Tisch ofentlich mit einer Kugel zu laden, und welchen sein Gewehr vor der Scheiben nicht abbrent, oder der Schuß versagt, solches wird einmahl frey pahsiret, übrige aber allemahl mit einem matier (?) bestrafet.*
20. *Denen Schäfferen ist ohn Vorwißen und Bewilligung des regierenden Bürgermeisters nicht erlaubt, Bier außer Hauß zu verschicken, und soll im Keller, oder wo das Bier verwahrlich hingelegt wird, keiner alß der verordnete Zapfer ohne Noht sich finden lassen, und das zwar bei Straf 3 Schillinge, wie nicht weniger ist dem Schützenmeister erlaubt, ohne Erlaubnuß nach seinem Hauße zu gehen bei 7 Schillinge Straf.*
21. *Es wird in denen Zusammen Künften allemahl ein großer Abgang und Verlust der Gläser befunden, so aber nur lautere Boßheit ist, dem zu steuern, soll ein solcher befundener Delinquent jedesmahl mit einer Tonne Bier ohnnachläßlich bestrafet werden.*
22. *Zu guter Ordnung ist beliebet, daß so wohl manns- also weibs Personen ein jeder Theil in seiner Riehe (Reihe) allein sitzen, seinen einmahl genomenen Platz behalten, nicht hin und wieder über die Riehe, sondern seinem Nachbar bescheidentlich zutrinken, und solches zwar bey einfältiger (einfacher) Schützenstraf, oder, aus Mangel des Geldes, bey Straf des Britze Bretts (Strafinstrument, s. u.).*
23. *Zu Verhütung gefährlicher Feuers Brunst, und damit anderen Benachbarten in der Gesellschaft durch das Toback rauchen so wenig an Kleidungen einiger Schade geschehen, alß auch denenselben dadurch nicht Molest (Last, Mühen, Ärger) fallen mögte, soll in - oder außerhalb des Schützen Haußes ein darzu bequemer, und absonderlicher Ort angewiesen werden, deßen sich ein jeder zum Toback rauchen bedienen wird.*
24. *Endlich soll einen Ehrbaren Raht hiesiger Gemeinheit diese Vereinbahrung, und Übertragt (Vertrag, Übereinkunft) nach Gelegenheit, und befindlicher Nohturft (Notwendigkeit) zu ändern, zu vermehren, und zu verbeßern hiermit vorbehalten bleiben. Zu Urkund dessen allen, und daß denen Articulen ins künftig (in Zukunft) gebührliche Folge geleistet, und darüber festgehalten werden soll, hat ein Ehrbarer Raht hiesiger Stadt Insiegel (Siegel) wohlwissentlich darunter gedrücket. So geschehen*

Vörden d. 3ten Juny 1686.

L. S.   *Ex Mdto (Meditatio) Senatus scripsit*
Civit.   *Joh. Krois*

Die Abkürzung links unter den Artikeln bedeutet: Locus Sigulum Civitatis = Platz des Stadtsiegels, die lateinische Aussage rechts: Aus der Beratung des Stadtrates aufgeschrieben. Der Unterzeichner ist der damalige Ratsschreiber und spätere Bürgermeister Johann Krois.

b) Zu Details der Ordnung von 1686

Aus den Artikeln der Ordnung lassen sich einige interessante Schlüsse ziehen: Die Schützengesellschaft besaß bereits 1686 einen silbernen Vogel an einer Kette als Auszeichnung des jeweiligen Schützenmeisters, also des besten Schützen. Es dürfte der noch heute vorhandene Vogel im Kleinod der Alten Schützengesellschaft sein. Er wird auch im Vördener Bürgerbuch erwähnt, wo es heißt: *„Anno 1783 den 24. Juny der Vogel der Schützen Compagnie gewogen, wieget 7 und ein halb Loth weniger ein halb Qinting"* (123, 36 Gramm, hier wohl ohne Kette).[24] Geschossen wurde auf eine Scheibe (Ring). Musik war ein Bestandteil der anschließenden Feier. Der Schützenmeister bekam von den Schützenbrüdern einen finanziellen Beitrag, hatte aber auch ein Fass Bier auszugeben und die ihn am Abend nach Hause Begleitenden nach Möglichkeit zum Essen und Trinken einzuladen. Dazu durfte er jedoch nicht das (Frei-) Bier aus dem Schützenhaus holen, es sei denn, der Rat hätte ihm das erlaubt. Wahrscheinlich war das bei wenig finanzkräftigen Schützenmeistern üblich oder möglich (Artikel 1).

Die Schützen legten bei ihren Zusammenkünften Wert auf eine ordentliche, nicht alltägliche Kleidung (Artikel 2). Laut Artikel 3 sollten der Fähnrich und der Schützenmeister die Termine für das Schießen festlegen können. Dabei wird nicht klar, ob es sich um das Ausschießen des Schützenmeisters (Königsschießen) handelte oder (auch) um zwischenzeitliche Termine für Schießübungen.

Die Artikel 4-6 stellten Verhaltensregeln für die Zusammenkünfte der Schützen auf. Dass Fremde nur mit Erlaubnis der Schäffer mitgebracht werden durften (Artikel 8 und 9), hatte seinen Grund vor allem im Ausschank von Freibier. Zudem sollte aber auch der Friede durch unbekannte Besucher nicht gestört werden können. Deshalb hatte der Einladende für den Gast zu haften. Die Artikel 7 und 10 regelten die Verpflichtungen jedes einzelnen Schützenbruders gegenüber der Gesellschaft.

Erst der 11. Artikel nimmt Bezug auf den ursprünglichen Zweck der Schützengesellschaft, nämlich den militärischen Schutz. Dabei wird die Unterstellung unter den Rat deutlich. Als Person war der Bürgermeister der Befehlshaber, wie es weiter unten sogar noch für die ersten Jahrzehnte des 19. Jahrhunderts erkennbar wird. Auch der erste Teil des Artikels 14 bezieht sich noch auf die militärische Aufgabe. Der zweite Teil dieses Artikels verbot offenbar das innerörtliche Schießen nach der Rückkehr von solchen Einsätzen. Dass diese schon nicht mehr als eigentlicher Zweck der Gesellschaft angesehen wurden, zeigen die Artikel 12 und 13 als Regelungen zur Entlohnung bei solchen befohlenen

Aktivitäten. Der Fähnrich sollte auf jeden Fall dabei frei gehalten werden, das heißt kostenlos Essen und Trinken gestellt bekommen. Für die übrigen Schützen war das einem Ratsbeschluss vorbehalten, es wurde aber vom Text her nahe gelegt. Darin kommt wohl zum Ausdruck, dass diese Einsätze bei den Schützen nicht sehr beliebt waren. Konkretere Beschwerden über solche Einsätze liegen aus anderen Orten vor.[25]

Die Artikel 15-17 enthalten Ordnungsregeln für die Tanz- und Trinklustbarkeiten während des Schützenfestes. Die enge Begrenzung der Zahl der Tanzpaare muss wahrscheinlich im Hinblick auf den geringen Raum auf der Tanzfläche verstanden werden (s. u.). Die folgenden beiden Artikel 18 und 19 regelten das Schießen. Auf das Funktionieren des eigenen Gewehrs wurde dabei – sicher auch im Sinne der ursprünglichen Verteidigungsfähigkeit – besonderer Wert gelegt. Dass nur Gewehre mit einfachen Läufen und keine mit gezogenen oder geriffelten zugelassen waren, war wohl ein Gebot der Fairness. Mit gezogenen oder geriffelten Läufen war nämlich ein präziseres Schießen möglich. Sie waren allerdings auch deutlich teurer, so dass sich die meisten Schützenbrüder ein solches Gewehr wahrscheinlich auch nicht leisten konnten oder mochten.

Im Artikel 20 wird die Bierversorgung geordnet. Die dafür verantwortlichen Schäffer durften aus dem angelegten Vorrat nichts nach draußen geben und nur der ernannte Zapfer sollte zu dem Vorrat Zugang haben. Der Schützenmeister musste bis zum offiziellen Schluss des Festes ausharren. Während der Artikel 21 dem Verlust von Gläsern entgegen wirken sollte, gibt der Artikel 22 Einblick in die Ordnung beim Fest, die auch schon in den Artikeln 15-17 angesprochen wurde. Demnach saßen Männer und Frauen in getrennten Reihen. Was mit dem Zutrinken gemeint war, wird aus anderen Schützenbriefen deutlicher:[26] Da man nämlich nicht für jede Person ein Trinkgefäß besaß, liefen die sicherlich recht großen Gläser durch die Reihen, wobei jeder daraus trank und das Glas dann seinem Nachbarn weiterreichte. Das Trinken „über die Reihe" hätte dem Nachbarn das Bier vorenthalten, zumindest sein Trinken verzögert. Das zum Strafvollzug dienende Britzebrett war an einem Ende mehrfach tief in Längsrichtung eingesägt, so dass dann mehrere dünne Brettchen übereinander lagen. Ein Schlag mit dem Brett machte wohl durch die aufeinander schlagenden dünnen Holzlagen mehr Lärm als dem Delinquenten Schmerzen. Die eigentliche Strafe war dann sicherlich der Spott der anderen.[27]

Die bereits oben angesprochene Regelung des Tabakrauchen in Artikel 23 mutet recht modern an, wenngleich damals nicht der gesundheitliche Schutz des Nachbarn gegen Passivrauchen im Vordergrund stand, sondern Brandschäden vermieden werden sollten. Aus Artikel 24 geht erneut der Charakter der Schützengesellschaft als städtischer Institution hervor. Offenbar war der Text sogar im Stadtrat aufgesetzt worden.

Insgesamt wirkt diese Schützenordnung auch im Vergleich zu solchen aus anderen Orten etwas unsystematisch. Die einzelnen Bestimmungen zur Schießordnung, zum Feiern und zum militärischen Einsatz sind nicht klar voreinander getrennt beziehungsweise nicht zu Sachgruppen zusammengefasst. Wahrscheinlich entstand diese Schützenordnung im Jahre 1686 durch die Überarbeitung einer älteren, wobei man dann wohl manche alte, überholte Artikel wegließ und neue einfügte. Festgelegt wurde offenbar nur das, was strittig war oder werden konnte. Allseits bekannte und akzeptierte Verfahrensweisen benötigten keine schriftliche Fixierung. Das erklärt auch die mit 24 Artikeln im Vergleich zu manchen anderen Schützenordnungen recht knappe Form.

Interessant wie unklar sind die Aussagen zur Örtlichkeit der Feiern. Die Rede ist von einem Schützenhaus sowie von einem Wirtshaus. Beide Bezeichnungen meinen offenbar dasselbe Gebäude. Ein eigenes Haus zum Feiern werden die Schützen im kleinen Vörden nicht gehabt haben. Es liegt deshalb nahe, an den städtischen Keller (Krug) als Örtlichkeit zu denken, der ab 1683 (wieder?) zur Verfügung stand. Allerdings dürfte der Gastraum selbst nicht so groß gewesen sein, dass alle Schützenbrüder und deren Frauen darin in Reihen sitzen und zumindest zu vier Paaren auch noch tanzen konnten. Deshalb wird man sich die Feier im Schankraum wie auf der Deele des Hauses vorstellen müssen. In der Ordnung der jungen Schützen aus dem Jahre 1825 wird dann auch von einer „Schützen Deel" als Ort der Feier gesprochen (s. u.). Für Kollerbeck berichtet Mönks, das Schützenhaus sei das größte Bauernhaus gewesen, auf dessen Deele die Feier stattfand.[28] In der Mitte des 19. Jahrhunderts feierte man in Vörden ebenfalls in einem Bauernhaus, wie entsprechende Rechnungen ausweisen (s. u.). Allerdings war zu dieser Zeit der städtische Keller auch längst verkauft worden und wurde in der alten Form wohl auch nicht mehr genutzt.

Aus den Darlegungen von Mönks geht auch hervor, dass die Kollerbecker Schützenordnung von 1730 in zahlreichen Artikeln der Vördener von 1686 wörtlich entspricht. Dasselbe trifft dann auch für den Entruper Schützenbrief von 1782 zu, der mit dem Text des Kollerbeckers weitgehend übereinstimmt.[29] Wahrscheinlich hat der Vördener für beide als Vorlage gedient oder es gab eine heute unbekannte ältere Ordnung, die alle drei zum Vorbild hatten.

4. Bekannte Vorgänge aus dem 18. Jahrhundert

Leider liegen uns keine Unterlagen über die Vördener Schützengesellschaft aus den ersten drei Vierteln des 18. Jahrhunderts vor. Erst das Jahr 1774 tritt mit zwei wichtigen Ereignissen hervor, nämlich mit der Erweiterung des Kleinods durch einen silbernen Schild und mit der Beschaffung oder Stiftung der noch vorhandenen Fahne. Auf beide Ereignisse wird wegen ihrer besonderen Bedeutung später gesondert eingegangen. Zunächst sei aber die bereits angesprochene bischöfliche Bestätigung der Statuten im Jahre 1777 noch einmal aufgenommen.

a) Änderungen und Verfügungen zur Ordnung von 1686 im Jahre 1777

Beachtenswert sind die Einschränkungen und Anmerkungen, die der Bischof bei der Bestätigung machte. Zunächst verfügte er zu dem Artikel 6, dass strafwürdige Vorfälle in Zukunft vor das Gogericht gebracht werden sollten und sich die Schützengesellschaft jeder eigenen Bestrafung enthalten müsse. Hier ging es neben einer allgemeinen Ordnungsvorstellung gemäß dem einheitlichen römischen Recht wohl auch um die Strafgelder, die der bischöflichen Verwaltung zufließen sollten. Dergleichen Einschränkungen hatten auch schon die Herren von Haxthausen zu ihren Gunsten bei der Bestätigung der Schützenordnungen von Bökendorf (1732) und Bellersen (1770) gemacht.[30]
Seinen Beamten in Vörden – zu der damaligen Zeit der Amtmann Meyer, der das Gut Vörden für die von Haxthausen und später für die von Brackel in Pacht führte – legte der Bischof die Verpflichtung zum Schutz der Gesellschaft und zur Belassung bei ihren Artikeln auf. Der „hochfürstliche Rentmeister" Herrfeld zu Steinheim setzte noch hinzu, dass „die Vordische Schützen Gesellschaft jedesmahl, wann sie nach der Scheiben schießen und zehren will gehalten ist, daß sie zuforderist vom Ambte Steinheim umb Erlaubnuß zu begehren." Hier geht es wohl um das Königsschießen mit dem Schützenfest, nicht um allgemeine Schießübungen. Auch daran wird wiederum deutlich, dass die Amtsleute auf der Burg Vörden keine Weisungsgewalt über die Schützengesellschaft hatten und haben sollten. Ihnen wird mit der geforderten Belassung bei ihren Artikeln vielmehr ausdrücklich deren Unabhängigkeit befohlen.

b) Erneute Änderung der Ordnung 1787

Offenbar ist der bischöflichen Behörde bereits 10 Jahre später, im Jahre 1787, eine revidierte Schützenordnung zur Genehmigung vorgelegt worden. Sie ist jedoch nicht mehr vorhanden. Aus der erhalten gebliebenen Antwort des Bischofs geht aber hervor, dass man in Paderborn den vorgelegten Artikel 3 so änderte, dass jetzt der Magistrat (Stadtrat) den Termin des Scheibenschießens – hier wohl des Königsschießens und damit des Schützenfestes – festlegen sollte. Mit Bezug auf den Artikel 7 der vorgelegten Ordnung wurde bestimmt, dass niemand unter 18 Jahren in die Gesellschaft aufgenommen werden durfte. Ansonsten wurde die vorgelegte Ordnung genehmigt.[31]
Der von den Vördenern neu formulierte Artikel 7 zielte wahrscheinlich grundsätzlich darauf ab, künftig auch Unverheiratete in die Schützengesellschaft aufnehmen zu können. Paderborn legte dann dazu das Mindestalter fest. Aus den meisten älteren Schützenbriefen geht nämlich indirekt hervor, dass nur Verheiratete Zutritt hatten. So verlangt die Sandebecker Ordnung von 1609, dass der Eintrittswillige mit seiner Frau zuvor einen „aufrichtigen Wandell" geführt haben muss.[32] Bei der Vördener Ordnung von 1686 kann aus der Verfügung, dass jeder Schütze den ersten Tanz mit seiner Ehefrau ma-

Abb. 114   Junge Schützen 1922
Rechts Hauptmann Josef Lange (Schmied-Lange, Talstraße 21), Mitte
kniend Franz Dolle, rechts daneben Heinrich Lüke, rechts dahinter Josef
Kreilos (Fenstermacher), ganz links Otto Hagemann.

chen soll, ebenfalls geschlossen werden, dass damals nur Verheiratete Schützen werden konnten.

c) Die Gründung der Jungen Schützengesellschaft 1788

Die Gründung der Jungen Schützengesellschaft Vörden erfolgte offenbar aufgrund der im Jahr 1787 von der bischöflichen Obrigkeit eingeräumten Möglichkeit, bereits vom vollendeten 18 Lebensjahr an Mitglied der Schützengesellschaft zu werden. Jetzt wollten die jungen Leute wohl auch eine eigene Organisation haben und auch unter sich einen Schützenmeister ausschießen. Sie suchten deshalb am 9. Februar 1788 unter Fürsprache des Bürgermeisters Josef Elsing (Wittgerber) beim „Hochfürstlichen Amte in Steinheim" um die Erlaubnis eines eigenen Schützenfestes nach. Die Erlaubnis wurde mit Datum vom 25. März 1788 dann auch erteilt.[33] Damit war die „Junge Schützengesellschaft" formal anerkannt. Allerdings ist die Beziehung der Jung- und Altschützen zueinander im weiteren Zeitverlauf nicht klar ersichtlich. Insbesondere bleiben die in der Folgezeit aufgestellten Satzungen der jungen und alten Schützen und auch andere Regelungen ohne erkennbaren Bezug zueinander. Beide Gruppen bezeichnen sich als „Schützengesellschaft" und dann auch als „Schützenverein". Die Bezeichnungen Alte und Junge Schützengesellschaft finden sich auch in den Ordnungen des 19. Jahrhunderts noch nicht. Wir werden deshalb auch im weiteren Text die Bezeichnung „Schützengesellschaft" im Singular beibehalten. Aus dem Zusammenhang geht dann jeweils hervor, ob die Schützen als Gesamtheit oder die einzelne Unterteilung in junge oder alte Schützen gemeint ist.

Wahrscheinlich zielte die Gründung einer eigenen Jungen Schützengesellschaft auch darauf ab, häufiger als bisher ein Schützenfest feiern zu können. Bei dem bis dahin üblichen Rhythmus von sieben Jahren (s. u.) wäre nämlich ein mit 18 Jahren eintretender Schütze ansonsten häufig schon verheiratet und damit meist schon Altschütze gewesen, wenn er zum ersten Mal hätte Schützenfest feiern können. Tatsächlich setzten die jungen Schützen dann auch in der Regel alle 2-3 Jahre ein Schützenfest an, wie aus dem weiter unten zitierten Protokollbuch hervorgeht. Dass das nicht bei allen Bürgern auf Zustimmung stieß, zeigt der nächste Absatz.

d) Ein Beschwerdebrief gegen ein angesetztes Schützenfest

Im Jahre 1798 hatten Jungschützen und neu zugezogene Bürger den Magistrat gedrängt, ein Schützenfest anzusetzen. Nach anfänglichem Widerstand erklärten sich Bürgermeister und Rat dann auch dazu bereit. Dagegen wandte sich nun aber ein Beschwerdebrief, den ältere Vördener Bürger unter Führung des vorherigen Bürgermeisters Heinrich Schmidt (Benning) an die Paderborner Behörde richteten. Darin wird ausgeführt, dass es bei der Schützengesellschaft Gewohnheit gewesen sei, *„daß selbe nach Gelegenheit und Umstände der Zeit von 7 Jahren zu 7 Jahren nach der Scheibe geschossen"* habe. Junge Bürgersöhne hätten erst den Bürgereid ablegen müssen – was wohl mit 24 Jahren geschah – bevor ihnen die Teilnahme am „Zug nach der Scheibe" gestattet gewesen sei. Neu Zugezogene hätten darüber hinaus noch ein gerichtliches Leumundszeugnis vorlegen und nachweisen müssen, dass sie nicht leibeigen waren. Die Beschwerdeführer verwiesen auf die der Gemeinheit durch ein Schützenfest entstehenden Kosten von 70 bis 80 Reichstalern, auf die bereits beschlossene Bürgerbeteiligung mit 12 Mariengroschen pro Person und darauf, *„daß eines jeden Haußhaltung, da einer den andern, besonders die Frauens Persohnen an Kleidungsstücke nichts nachgeben will, stark darunter leidet, und sich in große Schulden stecken würde."* Das vom Magistrat zur Kostendeckung geplante Fällen von Eichen am Ortsrand lehnte man ab. Das daraus zu erlösende Geld sei zur Verbesserung städtischer Gebäude, der Kirche wie auch der Wege dringend notwendig.[34] Das Fest fand aber trotz dieses Protestes statt.

e) Das Peter- und Pauls- Fest als Termin des Schützenfestes

Im Unterschied zu anderen Schützenbriefen setzte der Vördener von 1686 keinen festen Tag für das Schützenfest an. Zudem ist kein religiöser Bezug erkennbar. Das änderte sich jedoch durch die Stiftung der alljährlichen Prozession zum Hungerberg am Feste Peter und Paul durch das Ehepaar Johannes Massolle und Anna Maria Bungenstock im Jahre 1779. Offensichtlich haben dabei die Schützen von Anfang an mitgemacht, denn es heißt zu Beginn der Stadtchronik im Jahre 1818:

> *„Am Tage Sancti Petri und Pauli wird eine feierliche Prozession nach der Hungerberger Kapelle zu Ehren der beiden Apostel Petri und Pauli gehalten. Von den Bürgern mit Fahnen, Gewehr und Waafen begleitet, welche Andacht über 30 Jahr musikalisch gehalten worden. Die Kosten werden theils aus den dazu gewidmeten Beiträgen, theils aus der Gemeinde Casse hergenommen."*

Diese alljährlich stattfindende feierliche Prozession zu Peter und Paul mit der Begleitung durch die Schützen war dann der Anlass, auch das Schützenfest, wenn es beschlossen wurde, um diesen Termin zu legen. Zunächst hatte man nach dem oben zitierten Brief aus dem Jahre 1578 zu Pfingsten gefeiert. Für die spätere Zeit lässt sich aus verschiedenen Hinweisen schließen, dass das Fest Ende Juli stattfand. Nach der Verlegung aufgrund der Hungerbergsprozession blieb dann der Peter- und Pauls-Tag (29. Juni) selbst noch lange Zeit ausgespart. Er war wohl ganz der lange dauernden Prozession gewidmet. Dass dabei auch kräftig verzehrt wurde, ist bereits an anderer Stelle (vgl. in „Kirche und religiöses Leben") dargelegt worden. So weist die Schützenrechnung der Altschützen für das im Jahre 1845 am 22., 23. und 24. Juni gefeierte Schützenfest unter den Ausgaben auch den folgenden Posten aus: *„Für 10 Maaß brantewein auf Peter et Pauls Tag a 3 Mgr 9 Pf (zus.) 1 Rtl, 7 Mgr, 6 Pf."* Immerhin waren das rd. 13,5 Liter. Auch der Verzehr bei der Prozession des Vorjahres ist verzeichnet. Er betrug sogar 11 Maß. Der Peter- und Pauls-Tag selbst wurde erstmals 1885 beim Schützenfest der Jungschützen mit einbezogen. Von da an wurde es allgemeine Sitte. Vorher war meist am 30. Juni begonnen worden.

Dass der Peter- und Pauls- Tag nach der Stiftung der feierlichen Prozession zum Hungerberg für Vörden eine große Bedeutung im Jahresablauf hatte, geht auch aus dem bereits zitierten Beschwerdebrief aus dem Jahre 1798 hervor. Darin wird nämlich im Anschluss an den oben wiedergegebenen Passus der Vorschlag gemacht, den jungen Bürgern zum nächsten Peter- und Pauls- Fest statt der beabsichtigten Feier des Schützenfestes den Bürgereid abzunehmen, so dass sie dann bereits im Besitz aller bürgerlicher Rechte wären. Dafür sollten sie dann aber von dem Vorhaben, ein Schützenfest zu feiern, Abstand nehmen.

f) Petrus und Paulus als Patrone der Schützengesellschaft

Wie bereits erwähnt, weisen die angeführten Vördener Schützenordnungen – im Unterschied zu etlichen aus anderen Orten – keinen religiösen Bezug auf. We-

Abb. 115
Petrus- und Paulus-Relief aus dem 1779
auf dem Hungerberg errichteten Bild-
stock (im Original farbig)

der ein Schutzpatron wird genannt noch ein kirchliches Fest als Orientierung für das Königschießen. Dennoch wird man davon ausgehen können, dass zum Beispiel ein Gottesdienst vor dem Schießen üblich war. Auch die ehrende Begleitung bei der Beerdigung von Schützenbrüdern wird selbstverständlich gewesen sein. Einen ausgesprochen religiösen Bezug, das sei hier vorweggenommen, erhielt die Schützengesellschaft erst im 19. Jahrhundert und dann schließlich 1947 mit der Benennung als kirchlicher Bruderschaft. Der Bezug auf Petrus und Paulus als Patrone der Schützengesellschaft ist nur aus der geschilderten Festlegung des Schützenfestes in aller Regel um den Peter- und Pauls-Tag in Verbindung mit der 1779 gestifteten Prozession zum Hungerberg zu erklären. Die Patrone ergaben sich also aus dem Termin des Schützenfestes, nicht umge-

kehrt. Ohne eine solche Entwicklung hätte ein Bezug auf Maria als ursprüngliche Kirchenpatronin oder auf St. Kilian als späteren Kirchenpatron nahe gelegen. Eine besondere Verehrung von Petrus und Paulus ist auch ansonsten aus der gesamten Stadt- und Kirchengeschichte Vördens nicht bekannt. So ist mit Sicherheit auch die gelegentlich vertretene Ansicht irrig, Petrus und Paulus seien Vördener Stadtpatrone gewesen. Auch die auf dem Vördener Hochaltar von 1612 rechts und links des Tabernakels unter den steinernen Baldachinen stehenden Figuren von Petrus und Paulus können nicht als Beleg einer älteren Verehrung in Vörden gelten. Wie schon im Artikel zur Kirchengeschichte erwähnt wurde, sind die beiden Statuen nämlich erst bei der Renovierung des Altares 1901 anstelle zweier aus Gips gefertigter Bischofsfiguren neu angefertigt und aufgestellt worden.

5. Die Vördener Schützengesellschaft im 19. Jahrhundert

a) Die Schützengesellschaften des Paderborner
Landes unter der neuen Herrschaft

Mit der Übernahme des Fürstbistums Paderborn durch Preußen im Jahre 1802 endete auch die bisherige bischöfliche Oberhoheit über die städtischen Schützengesellschaften der Region. Die Preußen standen dem Schützenwesen skeptisch gegenüber. Friedrich Wilhelm I., der Soldatenkönig (1713-1740), hatte es als „eitel Müßiggang" bezeichnet. Dennoch ließen die preußischen Behörden die Schützengesellschaften offenbar bestehen. Im Gegensatz dazu verbot die französische Regierung des Königreichs Westphalen (1807-13) die Schützengesellschaften. Soweit diese wertvolles Eigentum hatten, war dieses den örtlichen Behörden zu übergeben.[35] Offenbar wurde aber vielerorts ein Weg gefunden, die vorgeschriebene Veräußerung der Wertgegenstände zu vermeiden. Der Überlieferung nach sollte die Fahne der Vördener Schützengesellschaft aus dem Jahre 1774 in der Präfektur des Distrikts Höxter abgeliefert werden. Wegen des religiösen Bezuges in der Aufschrift sei sie dann aber wieder freigegeben worden.

Als nach den Befreiungskriegen die Preußen erneut in den Besitz des Paderborner Landes kamen, stufte der Oberpräsident von Westfalen, Ludwig von Fincke, die Schützenvereine dann als eine Pflegestätte heimischer Tradition und vaterländischer Gesinnung ein. In einer Verordnung vom 27. August 1816 erließ er Sicherheitsbestimmungen für das Scheiben- und Vogelschießen und wünschte darin ausdrücklich das Wiederaufleben früherer Schützentraditionen. 1841 ordnete der preußische König Friedrich Wilhelm IV. sogar durch eine Kabinettsorder an, dass beim Königsschießen *„der erste Schuß im Namen seiner Majestät zu geschehen sei"*.[36] Damit war das Schützenwesen endgültig in der preußischern Monarchie verankert.

b) Regelungen bei den Jungschützen 1825

In Vörden hat die Schützengesellschaft der alten wie der jungen Schützen auf der Basis der Schützenordnungen von 1787 und 1788 offenbar die politischen Umbrüche überdauert. Die Ordnungen galten wohl grundsätzlich auch noch im Jahre 1825, als der Vorstand der Jungschützen ein „Notifikations Buch" anlegte. Als erstes wurden – dem Anschein nach aufgrund früherer Vorkommnisse – am 25. Juni einige Regelungen im Hinblick auf das bevorstehende Schützenfest getroffen und verzeichnet. Die Beschlüsse nehmen Bezug auf die bestehende Schützenordnung. Die getroffenen Festlegungen sind somit nicht als obrigkeitlich zu bestätigende neue Ordnung zu verstehen, sondern quasi als Ausführungsbestimmungen der bestehenden. Die Bestimmungen werden im Folgenden wiedergegeben, weil darin – neben pragmatischen Regelungen – die inzwischen eingetretene deutlichere Betonung religiöser und erzieherischer Aspekte hervortritt.[37]

> *„Das aller vorzüglichste ist in unßerer Schützengesellschaft, das jeder Schütze sich so from und tugendhaft aufführt, wie es uns unßere Römisch Catholische Religion befiehlet, damit er den jungen leuten zum Beyspiele und den Alten zur Freude lebe. Wer aber unßern Catholischen Religion nicht genau*

folgt und sich nicht als ein Christ aufführt, so soll er von der Schützen Ge-
sellschaft gäntzlich ausgeschlossen werden.

Da unser jetziges Kleinod in etwa einen beträchlichen Werth besteigt (er-
reicht) und jeder Schütze für dasselbe nicht Cavent sein kan (finanziell haf-
ten kann), so ist dießes ohne einzige Wieder Rede zu beachten als erstens:
Wen es sich fügen sollte, das ein Schütze das Kleinod gewönne und für das-
selbe nicht Cavent genug wäre, woran sich die Gesellschaft, wen (wenn) das
Kleinod sollte bei diesen verlohren gehen oder gestohlen werden, nicht schad-
los halten könnte, dan soll es nach Gutachten der Obern Vorgesetzten und
ältesten Schützen, nach geendigten Schützen Amte, demselben abgenommen
werden, und solang an einen Schützen Obern oder Vorgesetzten, oder an ei-
nen sichern Schützen in Verwahrung gethan werden, bis ein vorbesagter (der
vorher erwähnte) Schützenmeister es an Sancti Petro et Paulo Tag nach den
Hungerberge, und die darauf folgende Tage als Kilian, Maria Heimsuchung
um den Kirch Hof tragen muß, wo er es aber dem wieder abgeben muß in
weigerungs fall 3 Schil straf.

Auswärtige Schützen, so nicht Bürgers Söhne sein, können das Kleinod nicht
gewinnen, und wen sie auch den besten Schuß gethan hätten, so muß doch
der dar anfolgende Bürgerssohn als Schützenmeister angenommen werden,
am zweiten tage aber können sie zum gewürten (Bewirten) mit angenommen
werden, weil sie ihren nehmlichen (gleichen) beytrag dazu leisten müssen.

Wen die vier Schützen, die einen Vorgesetzten wählen sollen, nicht einstim-
mig (sind)sondern zwey in Vorschlag bringen, sollen zwey andere Wähl-
schützen von diesen beyden den geschätzteren auswählen.

Weil laut unßern Schützen briefe uns die strengste Ehrbarkeit anbefohlen
ist, so ist gäntzlich und unter korperlicher Strafe verboten als erstens das
Einkoßen und Küssen beiderley Geschlechtes, zweitens das Sitzen beiderley
Geschlechtes im Schützen Hauße auf einer Bank, den ein jedes Geschlecht
soll seine eigene bank haben; weyter auch mehrmahl als höchstens zweymal
hintereinander mit der nehmlichen Persohn zu tantzen, den weil bey sol-
chen gelegenheiten schamloße reden ärgerliche gespreche den besten platz im
hertzen einnehmen, wobey den die Ehrbarkeit im höchsten Grade gefahr
läuft, vor allen ist aber die Trunkenheit verbothen und zuvor unter schwerer
Strafe.

Es ist auch keinen Medchen erlaubt einander die weißen Mützen abzuset-
zen und mit einer Kappe zu erscheinen bis das Schützen Hauß ist geraumet
worden.

Auch ist keinen Schützen erlaubt mit solchen Medchen zu tanzen im Schüt-
zen Hauße, so lang es die Kappen nicht wieder abgesetzt hat.

Jeder so mit gelde bestraft wird, soll wahrhaft in diesen Buche angeschrie-
ben werden, wie und warum er ist bestraft worden. Bey denen ist es aber
nicht notwendig, welche korperlich bestraft oder gebritzet worden. Dieses
bestrafen geschieht auf der Mitte der Schützen Deel, wo ihn den der Captain

*oder Schützenmeister das Verbrechen vorhält, und darüber den das Urtheil
fällt, worauf es den der Britzemeister, aber mit vorhergesagten orndlichen
zustenden Spruche, das Urtheil vollzieht.*

*Im fall dieser nicht ordentlich studirt hat, so soll der Britzeknecht den
Spruch machen, wen dieser aber auch nichts kann, so sind beyde in 2 Schill
straf verfallen, und es stehet einen jeden frey sie so viel er will aus zu lachen.*

*Es ist auch keinen Schützen erlaubt, ohn Erlaubnis der Obern in der Bier
und Brantweinskammern sich auf zu halten, den diese gehört den Schaffers
zur aufbewahrung des Bier und Brantweins.*

*Wen ein Oberer oder Captain oder Führer falsch komandiert so braucht man
das falsche Comando nicht zu gehorgen, und der Comandant wird nach
Gutachten der ältesten Schützen jedesmahl mit 1, 2 oder 3 Schill bestraft,
übrigens bleibt ihn doch jeder völligen Gehorsam schuldig.*

*Auch ist und bleibt es einen jeden Schützen die größte Pflicht, die Wirklich
geschändeten Persohnen* (wohl Mädchen mit unehelichem Verhältnis oder
Kind), *wan sie den Obern noch nicht völlig bekannt sind, genau anzuzeigen
damit nicht durch solche liederliche Diehrne unßere Gesellschaft noch mehr
verschwärtzet werde, wie es leider schon etliche mahl geschehen ist.*

*Ein Captain, Schützenmeister, Führer und Fahnrich brauchen nicht den
Dienst eines Schützenknechtes anzunehmen wen sie auch den zweiten besten Schuß hätten.*"

Der angesprochene religiöse Bezug der Schützengesellschaft war offenbar an
die Stelle der überflüssig gewordenen früheren militärisch - polizeilichen Funktionen getreten. Die Beteiligung des Schützenkönigs (Schützenmeisters) mit
Kleinod an den benannten Prozessionen erscheint bereits als feste Verpflichtung. Erstaunlicherweise blieb die Fronleichnamsprozession jedoch noch ohne
Beteiligung. Zumindest wird sie nicht erwähnt.

Die Bestimmung zur Beteiligung auswärtiger Schützen findet sich in sonst
keiner Schützenordnung im Umkreis Vördens. Man kann darin ein Element
des Wettschießens über die Ortsgrenzen hinaus sehen. Gut denkbar ist, dass
Verwandte aus umliegenden Orten zum Schützenfest kamen und mitschießen
wollten.

Die Wahlbestimmungen werden an anderer Stelle der Vereinbarung deutlicher
(s. u.). Danach waren die jungen Schützen in zwei Rott gegliedert. Aus jedem
Rott sollten zwei Schützen als „Wählschützen" bestimmt werden.

Den strengen Bestimmungen zum Umgang der Geschlechter miteinander folgt
eine sicher nicht so ernst zu nehmende Regelung des Strafvollzuges mit dem
Britzebrett. Wahrscheinlich musste der Britzemeister zu dem jeweils zu stra-
fenden Vergehen einen lustigen, wohl auch gereimten Spruch machen. Im Falle
seines Versagens konnte der Britzeknecht die Situation retten.

Die unterschiedlichen Funktionen des Captains, Oberen und Führers sind hier
nicht klar erkennbar. Bei den Unterschriften zu den zitierten Festlegungen

sind Johann Engel als Captain und Johannes Schröder als Führer genannt. Ein Oberer erscheint nicht. Er wird auch in der weiter unten wiedergegebenen Aufstellung zu den Kosten der Ämter nicht aufgeführt. Die Erklärung dafür ergibt sich aus den Festlegungen bei den Altschützen im Jahre 1845, wonach die Befehlsgewalt als Obrist beim Bürgermeister lag. Ihm unterstanden gleichermaßen die alten wie die jungen Schützen. Die erwähnten „Schützenknechte" waren diejenigen zwei Schützen, die nächst dem König am besten geschossen hatten. Sie wurden dem König als Begleitung zugeordnet und aßen auch bei ihm. Die erwähnte Bezeichnung (aber auch schon „Adjutanten") war noch in den 50er Jahren des vorigen Jahrhunderts üblich. Heute werden sie vom König frei gewählt.

Unter dem genannten Datum 25. Juni 1825 ist auch die folgende „*Verordnung und Vereinbarung der Schützen Societät*" enthalten, die einige weitere Informationen zu den Funktionsträgern und deren Wahl enthält. Deutlich wird ferner, dass und wie die Gewählten sich erkenntlich zeigen mussten (in Mariengroschen):

	mg
1. Wen ein Captain gewählt wird so muß derselbe für sein Amt bezahlen	*18*
2. Wen ein Führer gewählt wird	*15*
3. So ein Fähnrich gewählt wird	*15*
4. Wen ein Schützenmeister gewählt wird	*12*
5. Jeder Scheffer muß bezahlen	*6*
6. der Britzmeister	*6*
7. der Britzknecht	*3*
8. der Schützenknecht	*3*

Obige vier benannten Ämter können nicht anders als durch vier Schützen so zwey von der ersten und zwey von der zweiten Rotte sind gewählet werden.

Die folgenden könen aber von Captain und Führer gewählet werden, doch mit Genehmigung der übrigen Schützen.

Wen aber eine auf vorbesagter Weiße gehorig gewählet worden und zu solchen Dienst fähig ist, so darf derselbe bey Verlust seines Schützenrechtes sich nicht weigern seinen Dienst anzutreten, es seye den das er schon bey der Gesellschaft ein Amt hat welche er dan nicht beide versehen könnte.

Überraschenderweise sind in der Aufstellung auch die Posten des Schützenmeisters und des Schützenknechts als Wahlämter angeführt. Auch hier ergibt sich die Erklärung aus den Festlegungen der Altschützen im Jahre 1845. Die Ämter wurden nämlich per Wahl besetzt, wenn der König durch irgendwelche Umstände das Amt nicht weiter wahrnehmen konnte. Bei den Jungschützen wird vor allem eine zwischenzeitliche Heirat die häufige Ursache gewesen sein.

Die Aufzeichnungen zum Jahre 1825 enthalten auch noch den Eid, den jeder Schütze bei der Aufnahme in die Gesellschaft schwören musste. Auch dieser lässt wiederum die inzwischen starke Betonung religiöser und erzieherischer Momente in der Schützengesellschaft erkennen:

„Der Eyd eines Edel denkenden Schützen
Ich N: N. schwöre bey Gott dem Allmächtigen Erschaffer, Jesum unßeren Erlößer und dem heil. Geiste das ich alle Articuln und Punkten unßerer Schützen Gesellschaft will auf das aller genaueste befolgen, Tugend und Ehrbarkeit jederzeit blicken lassen, den Obern in allen rechtmäßigen befehlen völlig gehorsamen, auch von Zank und Streit entfernen, vor Sauf- und Schwelgerey bewahren, und mit meinen Mitschützen jederzeit in der engsten Freundschaft wandeln, für das Wohl der Gesellschaft nach aller Möglichkeit das meinige dazu beitragen, und befördern helfen und mich so aufführen, wie es einen biederen Schützen, Catholischen Christen und Bürger Sohn zu komt, damit ich einen jeden zur Erbauung lebe, und zum Beyspiele diene. So helfe mir diesen Eid heilig und getreu halten der liebe Gott und ihr Heiligen Gottes. Im Anfang war das Wort und das Wort war bey Gott und Gott war das Wort. Amen.“

In diesem Jahre 1825 bestand die Junge Schützengesellschaft aus 26 Mitgliedern. Davon waren 12 neu eingetreten. Bei Eintritt zahlte man 9 Mariengroschen Fahnengeld mit der simplen Begründung, *„weil dieses die Vorfahren auch haben bezahlen müssen.“* Es wurde auf zwei Jahre mit je 4 ½ Mariengroschen aufgeteilt.

Der Aufwand bei dem Schützenfest des Jahres 1825 war beträchtlich. Man hatte für drei Tage fünf Musikanten und einen Bassisten arrangiert, die bis 12 Uhr in der Nacht spielen mussten. Zudem war ein Tambour (Trommler) und ein Pfeifer verpflichtet worden, wohl für die Weckumzüge am frühen Morgen. Vertrunken wurden 60 Maß Branntwein (ca. 80 Liter) und sechs Tonnen Bier (ca. 210 Liter). Das lässt im Vergleich den hohen Branntweinkonsum in der damaligen Zeit erkennen.

c) Auswirkungen des Verlusts der Stadtrechte

Mit dem Ende der selbständigen Stadt Vörden und der Einordnung in das neu gegründete, gleichnamige Amt im Jahre 1843 war auch die bisherige Stellung der Schützengesellschaft als quasi städtischer Institution zu überprüfen. Dasselbe galt auch für persönliche Ämterverknüpfungen. So kam es dann am 15. Juni 1845 vor dem nahen Schützenfest der Altschützen zu einer Beratung des Gemeinderates – der sich aber immer noch als Stadtrat bezeichnete – und den Mitgliedern des Schützenvorstandes. Im Protokoll zu der Sitzung wird zunächst ausgeführt, dass bisher der jeweils regierende Bürgermeister bei den

Schützenfesten auch immer der kommandierende Obrist gewesen sei. Zwar seien ihm als städtischer Obrigkeit in polizeilicher Hinsicht auch alle Korporationen und Schützengesellschaften unterworfen, doch könne er nicht beide Funktionen, also die des Kommandanten und die der Aufsicht, zu gleicher Zeit ausüben. Bürgermeister Heinrich Potthast (Haus Kienen, Niedernstraße) legte deshalb die Funktion als Obrist nieder.[38]

Aus den dann getroffenen Festlegungen zur Wahl des Obristen wird aber deutlich, dass die Schützengesellschaft immer noch als örtliche politische Institution gesehen wurde. So heißt es in § 1, dass man die Wahl des Obristen nicht der Schützengesellschaft noch der gesamten Bürgerschaft überlassen könne. Als Wahlgremium wurde vielmehr der Gemeinderat (Gemeinde-Verordneten Versammlung) unter Heranziehung des Schützenvorstandes festgelegt. Gewählt werden konnte aber gemäß § 2 nur ein Mitglied des Gemeinderates. § 3 legte die geheime Wahl fest und bestimmte bei Stimmengleichheit den Bürgermeister als Entscheider. Der Gewählte sollte laut § 4 so lange im Amt bleiben, wie er Mitglied des Gemeinderates war. Er leitete alle Angelegenheit der Schützengesellschaft und hatte auf die Einhaltung der Schützen-Statuten zu achten. Ihm waren alle unbedingten Gehorsam schuldig. Nach § 5 konnte seine Amtszeit über das Ausscheiden aus dem Gemeinderat hinaus verlängert werden, wenn die Schützengesellschaft das wünschte und der Gemeinderat dazu seine Zustimmung gab. § 6 regelte, dass jeder Bürger ohne Unterschied verpflichtet war, bei den Schützenfesten mit dem Gewehr zu erscheinen. Das konnte nur dem abgedankten Obristen sowie dem regierenden und dem vorhergehenden Bürgermeister erlassen werden. Als neuer Obrist wurde Franz Potthast (Hahnen) gewählt.

d) Neue Regelungen bei den Altschützen nach dem Schützenfest 1845

Das Schützenfest des Jahres 1845 muss sehr gut verlaufen sein, denn es heißt in der Stadtchronik zum Monat Juni:

> *„In den Ende dieses Monaths feierte die hiesige Bürgerschaft das Schützenfest, welches dieselben seit sieben Jahren hindurch nicht mehr gefeiert hatten, und zwar mit einer so guten Ordnung dass auch hohe Häupter von auswärts hieran Vergnügen fanden und die Schützengesellschaft mit ihrer persöhnlichen Gegenwart beehrten."[39]*

Auch aus den Eintragungen in der Schützenchronik geht indirekt die Zufriedenheit mit dem Festverlauf hervor, denn für das Fest getroffene Regelungen sollen auch für künftige Feste als Ordnung gelten. Danach wurden zunächst folgende Verpflichtungen an Branntweinspenden der in ein bestimmtes Amt gewählten Schützen festgelegt:

Kapitän   1 ½ Maß (ca. 2 Liter)
jeder Schäffer, Auftänzer, Britzemeister und Britzeknecht   ½ Maß
Fähnrich   1 ½ Maß
Führer   1 Maß
Ein im Notfall gewählter vorläufiger Schützenmeister   1 ½ Maß
Ein gewählter Schützenknecht   ½ Maß.

Weiter wurde festgelegt, dass die Schäffer als Entlohnung für ihre Tätigkeit
½ Maß Branntwein erhalten sollen sowie eine hölzerne Trinkkanne mit 8-10
Quart (ca. 9,2-11.5 Liter) voll Bier. Diese sollte ihnen durch den Polizeidiener als Gemeindeangestellten oder durch einen jungen Schützen in sein Hause gebracht werden. Die Festlegung, dass sie *„die Grünenlaube welche auf
dem Schützenplatz erbauet werden"* erhalten sollen, lässt vermuten, dass für
das Fest eine große Laube aus grünen Stämmen und Zweigen errichtet wurde,
deren Holz den Schäffern zufiel. Die Bestimmung ist insofern seltsam, als im
gleichen Absatz auch von einem Schützenhaus die Rede ist, vor dem die Schäffer einen Maibaum auf ihre Kosten aufrichten konnten, den sie dann anschließend behalten durften. Und zudem weist die Abrechnung für das Schützenfest
des gleichen Jahres 1845 eine an Franz Potthast (Hahnen) gezahlte Hausmiete von einem Reichtaler aus. 1863, als man letztmals ohne Zelt feierte, zahlte
man wie schon 1860 zweieinhalb Taler Hausmiete an Johann Ahlemeyer, der

Abb. 116   *Prozession zur Abholung von Weihbischof Dr. Tuschen 1958,*
im Hintergrund Haus Höke / Ahlemeyer / Rode an der Marktstraße,
heute Parkplatz. In der großen Deele des Hauses wurde 1863 das Schützen-
fest gefeiert. Messdiener von links: Heinz Krois, Paul Massolle (Talstraße,)
Heiner Hecker, Reinhard Multhaup.

1863 auch Schützenkönig war. Dessen Haus stand an der Marktstraße auf dem heutigen Parkplatz. Versucht man, die unterschiedlichen Angaben zusammen zu bringen, dann liegt folgende Regelung nahe: Man mietete die große Deele eines Bauernhauses zum Sitzen und Tanzen. Vor dem Haus wurde als zusätzliche Sitzmöglichkeit eine Laube errichtet. Das Haus wurde für die Feier zum „Schützenhaus" und der Platz davor zum „Schützenplatz". Die letzte Bezeichnung dürfte hier jedenfalls nicht den ansonsten so genannten Platz vor dem heutigen Eingang zum Burgplatz meinen. Die Bedeutung des Maibaums vor dem Schützenhaus bleibt unklar. Möglicherweise war er ein Zeichen eines Umtrunks zu Beginn des Monats Mai.

Interessant ist die neu aufgenommene Bestimmung, dass der neue Schützenmeister *„aber ferner nicht mehr wie früher so der Alte Schützenbrief vermeldet von den Ihm gemachten Geschenken ein Faß Bier wieder zurück geben"* muss. Das zeigt, dass die Bestimmung des Artikels 1 aus dem Schützenbrief von 1686 bis dahin noch galt und damit wohl auch die anderen Artikel noch beachtet wurden, soweit sie 1787 nicht geändert worden waren (s.o.). Insgesamt führte das aber dann offenbar zu Überlegungen, die Schützenordnung den Gegebenheiten der Zeit anzupassen. So wurde dann Ende des Jahres 1845 wiederum vom Gemeinderat (Gemeinde-Verordneten Versammlung) eine neue Schützenordnung beraten und beschlossen. Der Entwurf wurde anschließend der „vorgesetzten höheren Behörde" vorgelegt, jetzt dem Amtmann in Marienmünster, auf den die in anderer Handschrift zugefügten Veränderungen zurückgehen dürften. Im Folgenden wird die Ordnung mit diesen Änderungen wiedergegeben, weil sie in vielen Details ein Spiegel der Zeit ist.[40] Weniger detailinteressierte Leser mögen die Wiedergabe überspringen.

e) Die neue Schützenordnung der Altschützen von 1845/46

„Die hiesige Schützen – Gesellschaft, bestehend aus allen Bürgern unbescholtenen Wandels hiesiger Stadt Vörden haben bereits Mitte des sechsten Jahrhundert einen Schützenverein gebildet, und die im Jahre 1686 entworfenen und späterhin von Sr. Fürst Bischöflichen Gnaden unter 12 ten July 1777 bestätigten Statuten in allen Theilen auch zu leben auf das Theuerste versprochen und angelobt. Da indessen aber dieselben den Verhältnißen der jetzigen Zeit nicht mehr vollkommen entsprechen, so haben sich Unterzeichnende bewogen gefunden nachstehende Statuten zu entwerfen, und dazu die Bestätigung der vorgesetzten höheren Behörde nachzusuchen.

§ 1

Jeder in die Stadt Vörden aufgenommene Bürger sobald er das 24ste Lebens Jahr erreicht hat, und gegen dessen moralische Führung nichts zu monieren ist, kann an der Feier der Schützengesellschaft Theil nehmen.

§ 2

Persohnen, welche in der Gemeinde wohnen, jedoch Amts halber keine Schützen-Mitglieder sein können, dürfen nur als Ehren Mitglieder an der Schützen-Belustigung theilnehmen, wen sie sich vorher beim Schützen-Vorstand zur Aufnahme als Ehren Mitglied melden.

§ 3

Persohnen welche ihren Wohnsitz außerhalb Vörden verlegen, ebenso diejenigen welche sich auswärts verheirathen und nicht binnen Jahresfrist wieder zurück gekehrt sind, wen auch dieselben früher der Schützen Gesellschaft angehört haben, verlieren nicht allein die Rechte eines Schützen-Mitgliedes sondern haben auch auf das Vermögen des Vereins keinen Anspruch mehr. Diese können aber auf vorherige Anmeldung als Ehrenmitglieder angenommen und zugelassen werden.

§ 4

Wen auf Veranlassung des Schützen Vorstandes oder durch Stimmenmehrheit der Vereinsmitglieder beschlossen worden ist, das Schützenfest zu feiern und zu begehen, so sollen alle Schützen-Mitglieder gehalten sein, dem Schützenfeste beizuwohnen. Diejenigen aber, welche sich seit dem letzten Schützenfeste selbständig gemacht, das heißt einen eigenen Haushalt eingerichtet oder für ihre Versorgung ein eigenes Gewerbe betreiben, diese mögen verheiratet sein oder nicht, sollen dahingegen verpflichtet sein, sich um diese Zeit zur Aufnahme in die Gesellschaft zu melden, und dann dem Feste beizuwohnen. Treten Verhinderungsfälle ein, so ist jeder selbständige Einwohner, dieser mag er bereits Schützenmitglied sein oder nicht, verpflichtet, dieses spätestens drei Wochen vor dem Beginn des Schützenfestes beim Schützen-Vorstande anzumelden. Wer diese Anmeldung unterläßt, soll für den Fall, daß er bereits ordentliches Schützenmitglied ist, als sich selbst vom Schützenverein und dessen Vermögen ausschließend betrachtet und es soll ein solcher Einwohner nicht eher als würdliches Schützenmitglied wieder angenommen werden bis derselbe ein Wiedereintrittsgeld von fünfzehn Silbergroschen an die Vereinskasse entrichtet haben wird. Unvorhergesehene Verhinderung wie also Krankheiten, Todesfälle oder Feuerschaden werden jedoch besonders berücksichtigt werden.

§ 5

Über die wirklichen Mitglieder wird ein Namentliches Verzeichniß zum Zu- und Abschreiben angelegt. Zur Aufnahme in den Verein ist ein moralischer Lebenswandel und ein Einkaufsgeld von drey Silbergroschen vier Pfennige welche Gelder zur Vereinskasse fließen unbedingt erforderlich. Der freywillige Austritt aus der Gesellschaft steht zwar Jedem frey, dieser hat aber für den Austretenden wie für seine Familie den Verlust aller Ansprüche an dem Vermögen des Vereins zur Folge.

§ 6

Die Ausweisung eines Mitglieds aus dem Verein geschieht vom Vorstande nach Stimmenmehrheit und Gründe dazu sind:
a. *Ungehorsam gegen Anordnungen des Vorgesetzten*
b. *Beleidigung eines anderen Mitgliedes, Schimpfen Schlägerei rohes und grobes Betragen während des Festes*
c. *grobe Unvorsichtigkeit bei Handhabung des Gewehrs*
d. *Trunkenheit und ansteckende Krankheiten*
e. *alle wegen eines Vergehens gerichtlich Verurtheilte oder auch nur in Untersuchung befangen gewesene Individuen*
f. *wen sich Jemand eines anderen Vergehens schuldig gemacht welches auch zur Zeit noch nicht gerichtlich gerügt sein möchte, indessen durch zwey glaubhafte Schützen-Mitglieder die That erwiesen werden kann, so soll derselbe solange zurück gewiesen werden bis eine gerichtliche Freisprechung erfolgt ist.*

§ 7

Der Ausgewiesene verliert durch seine Ausweisung alle Rechte eines Schützen-Mitgliedes so wie auch alle Ansprüche an die Vermögen des Vereins, ein einmahl ausgewiesenes Mitglied kann indessen nach erfolgter Besserung, aber nicht eher als nach Verlauf von zwey Jahren wieder angenommen werden, hat aber zuvor ein Wiedereintrittsgeld von Fünfzehn Silbergroschen bis zu Einem Thaler zu entrichten. Die Höhe desselben soll in der Regel nach den Vorhalten in der Ausweisung abgemessen und festgesetzt werden, diese Gelder fließen ebenfalls zur Vereinskasse.

§ 8

Sollte ein einmahl ausgewiesenes Vereins Mitglied sich wiederhohlter Verbrechen zu Schulden kommen lassen und zum zweyten mahle ausgewiesen werden müssen, so soll dasselbe keines weges wieder als Mitglied zugelassen werden, über die Ausgewiesenen und die Ursache der Ausweisung ist ebenfalls ein Namentliches Verzeichnis zu führen.

§ 9

Obgleich die Schützen Gesellschaft so wie auch die einzeln Mitglieder derselben unter den unbedingten Gehorsam, und unter der unmittelbaren Leitung des Bürgermeisters und unter denen dem letzteren zur Seite stehenden Stadt oder Gemeinde Verordneten nicht allein in polizeilicher Hinsicht sondern auch in allen andern bei der Feier des Schützenfestes vorkomenden Verhältnissen stehen, so ist doch außer diesen der Schützen Gesellschaft noch zugeordnet als

§ 10

a. ein Kapitain als Kommandierer
b. zwey Leutenants
c. ein Fähnrich
d. ein Rechnungsführer und
e. vier Unteroffiziere

Diese bilden mit dem Bürgermeister Stadt- oder Gemeinde Verordneten den Vorstand der Schützengesellschaft, welche gemeinschaftlich das Beste des Vereins besorgen, auf die Einhaltung der Ruhe und Ordnung halten, das Fest ordnen und aus der Vereins Kasse die nöthigen Ausgaben assigniren (anweisen).

§ 11

Vier Wochen vor dem Feste werden die obigen unter a. b. c. d. und e. genannten Chargen durch Stimmenmehrheit gewählt, und soll die Charge als Capitain eigentlich nur einem Stadt- oder Gemeinde- Verordneten zu Theile werden können welcher dieselbe nur solange bekleidet, als derselbe als Stadt oder Gemeinde-Verordneter fungiert.

§ 12

Auf den Antrag des Kapitains versammelt sich der Schützenvorstand, ersterer trägt den letzteren die Angelegenheiten des samtlichen Vereins besonders wen ein Schützenfest begonnen werden soll vor, und führt die Beschlüsse des Vorstandes aus. Bei Stimmengleichheit im Vorstande entscheidet die Stimme des Bürgermeisters, die nicht Erschienenen sind an die Beschlüsse der Mehrwahl gebunden.

§ 13

Der Rechnungsführer legt am Schlusse des Schützenfestes Rechnung und übergibt solche dem Capitain. Letztere hat dieselbe mit seinen etwaigen Bemerkungen dem Vorstande zur Revision und schließlich dem Bürgermeister zur Designierung (Unterschrift) vorzulegen.

§ 14

Vom Kapitain wird die Stunde angegeben, zu welcher die Kompagnie zusammen treten soll, derselbe mustert dieselbe und rückt am Schützenfeste vor die Behaußung des Schützenkönigs um denselben abzuhohlen.

§ 15

Der Beitrag eines jeden Schützen wird vom Schützen Vorstande nach einem Überschlag festgesetzt und 14 Tage vor dem Schützenfeste an den Rechnungsführer eingezahlt, der Betrag darf ein bestimtes Maximum von einem Thaler nicht überschreiten, und wer mit der Zahlung zurück bleibt, darf dem Schützenfeste nicht beiwohnen.

§ 16

Wen der Schuß um den Schützenkönig zweifelhaft ist, so entscheidet der Kapitain und die übrigen Offiziere.

§ 17

Wen die Schützen Compagnie zum Schießen ausrückt so hat der Bürgermeister namens Sr. Majestät des Königs den ersten Schuß, den zweiten der alte Schützenkönig, den dritten der Kapitain, und so ferner fort.

§ 18

Nach abgehaltenen Schießen wird zwar zur Tanzlustbarkeit geschritten, doch nicht länger als Abends 10 Uhr und soll überhaubt die Lustbarkeit des Schützenfestes nicht über drey Tage dauern.

§ 19

Der Brantweinschank würde in der Regel werend des Schützenfestes so viel als möglich zu vermeiden sein und statt dessen für gutes Bier gesorgt werden müssen, unterdessen bleibt es jedem Vereins Mitglied verbothen sich dasselbe eigenmächtig zuzumaßen, und ohne Erlaubniß in der Bierschänke einzudringen, da allen freies Bier herausgegeben, und mehrmahlen des Tags hindurch von den Jungern Vereins-Mitglieder angebothen werden soll.

§ 20

Kein Schütze darf ein geladenes Gewähr führen und eben sowenig vom Schießplatze zurückbringen. Vor und nach dem Schießen muß der Capitain sämtliche Gewähre visitieren lassen, und sollen beim Schießen von einem Sachverstandigen ofentlich geladen werden. Kein Schütze ist berechtigt seinen Schuß einen anderen zu übertragen und tritt derselbe nicht vor wen die Reihe an ihm ist, so verliert derselbe hierdurch den Schuß.

§ 21

Wer sich berauscht ungebührlich aufführt und beträgt oder auf irgend eine andere Weise Veranlassung gibt die Ruhe des Festes zu stöhren wird nach vorheriger fruchtloser Aufforderung sich ruhig zu verhalten allenfalls mit Beihilfe der Polizeibehörde sofort vom Platze und aus der Gesellschaft entfernt, hat noch außerdem nach Verhältnis der Umstände eine Strafe von zehn bis zwanzig Silbergroschen welche zur Vereinskasse fließen sollen verwirkt.

Interessanterweise gehen aus den Paragraphen 1 und 4 die Eintrittsbedingungen zu den Altschützen hervor. Danach *konnte* jeder unbescholtene Bürger ab 24 Jahre an den Feiern teilnehmen, das heißt also Mitglied werden. *Zwingend* war die Mitgliedschaft jedoch für den, der das genannte Alter hatte *und* einen eigenen Haushalt führte beziehungsweise seinen eigenen Lebensunterhalt ver-

Abb. 117   Königswechsel vor der Gastwirtschaft Weber 1933.
Neuer König bei den Altschützen war Karl Simon, bei den Jungschützen
Josef Kluge. In der Mitte der vorhergehende König der Jungschützen Arthur
Tenge.

diente. Ansonsten, so ist zu schließen, gehörte man zwischen dem 18. und dem
24. Lebensjahr den Jungschützen an.
Die Paragraphen 9 und 10 machen wiederum die oberste Verantwortung von
Bürgermeister (als Polizeibehörde) und Rat (in Person des Obersten als Ratsmitglied) deutlich. Dabei ist nicht klar erkennbar, ob mit dem Kapitän der
Oberst gemeint ist, der laut vorhergehender Festlegung aus dem Gemeinderat
gewählt werden sollte, oder ob damit eine weitere Funktion einem Ratsmitglied
zukam. Aus Paragraph 19 ist zu ersehen, dass der Branntweinkonsum inzwischen als problematisch gesehen wurde. Stattdessen sollte Bier getrunken werden, das damals deutlich weniger Alkoholgehalt hatte als heute.
Insgesamt wird die Bemühung um Sitte und Ordnung bei den Schützen überaus deutlich. Allerdings fehlt ein ausgesprochen religiöser Bezug, wie ihn die 20
Jahre vorher verabschiedete Ordnung der Jungschützen aufweist (s. o.) Zudem
fällt auf, dass jetzt die Bezeichnung „Schützenverein" neben der als „Schützengesellschaft" benutzt wird. Der frühere Begriff „Schützenmeister" ist hingegen
gänzlich durch „Schützenkönig" ersetzt worden.

f) Die neue Ordnung der Jungschützen aus dem Jahre 1861

Im Protokollbuch der jungen Schützen findet sich zum Jahre 1861 eine neu gefasste Schützenordnung, die offenbar im Hinblick auf das bevorstehende Schützenfest der Jungschützen niedergeschrieben wurde. Vorab wurde der Zweck
des Schützenfestes wie folgt angegeben:

„Der Zweck des Schützenfestes soll sein
a Einigkeit unter den jungen Leuten zu vermehren, zu erhalten und zu befestigen.
b Die Sittlichkeit und anständiges Betragen zu befördern.
c Durch das Exerzieren und Schießen eine Liebe zum Militär-Dienste bei den jungen Leuten zu erwecken."

Die Ordnung von 1861 entspricht in vielen Punkten der oben wiedergegebenen von 1825. Deshalb soll sie hier nicht im Wortlaut, sondern hauptsächlich nur zusammengefasst wiedergegeben werden.

Nach § 1 besteht die (junge) Schützengesellschaft aus Vorgesetzten und Schützen. Die Vorgesetzten sind Kapitän, Leutnant, Schützenkönig und Fähnrich. § 2 bestimmt, dass die Vorgesetzten den Verein leiten, dass aber in besonderen Angelegenheiten wie Wahlen oder Rechnungslegung ausgewählte Schützen mit zu Rate gezogen werden können. Nach § 3 sollen Eintragungen in das Protokollbuch nur bei Einverständnis aller Vorstandsmitglieder erfolgen können. Für Bestrafungen ist nach § 4 der Kapitän zuständig, benötigt aber die Zustimmung von zwei weiteren Vorstandsmitgliedern. Strafen werden in das Protokollbuch eingetragen.

Gemäß § 5 treten in den Jahren, in denen kein Schützenfest gefeiert wird, zu Peter und Paul die Vorstandsmitglieder und die vier ältesten Schützen zusammen und wählen, wenn jemand aus dem Vorstand ausgeschieden ist (wohl vor allem durch Überwechseln zu den Altschützen durch Heirat oder mit Erreichen des 24. Lebensjahres), für diesen einen Nachfolger. Nach § 6 ist das Amt anzunehmen. Ansonsten ist entweder eine Strafe von 5 Silbergroschen zu zahlen oder der Betroffene muss die Gesellschaft verlassen. Alle Vorgesetzten und Schützen stehen beim Exerzieren unter dem Befehl des Kapitäns (§ 7).

Der König hat nach § 8 die bereits 1825 erwähnten Pflichten bei den Prozessionen. Er wird von den beiden Adjutanten begleitet. Wenn er ausscheidet, so soll der Adjutant mit dem besten Schuss an seine Stelle treten (§ 9). Schießt einer aus dem Vorstand am besten, so steht es ihm frei, das Amt des Schützenkönigs abzulehnen (§ 10). Kein ausgeschiedenes Vorstandsmitglied oder der bisherige Schützenkönig muss nach § 11 das Amt eines Adjutanten annehmen. Die besten Schützen des Königsschießens müssen mit ihren Ergebnissen in das Protokollbuch eingetragen werden, damit notfalls (z. B. bei zwischenzeitlicher Heirat) gleich ein neuer Schützenkönig ernannt werden kann (§ 12).

§ 13 regelt die Aufbewahrung des Kleinods wie es schon in der Ordnung von 1825 enthalten war. Ferner wird festgelegt, dass nur Bürgersöhne und Katholiken Schützenkönig werden können, weil das Kleinod immer in der Gemeinde bleiben und zu den Prozessionen getragen werden soll. Für andere ist aber die Adjutantenstelle möglich. Neu ist nach § 14 das Eintrittsalter festgelegt. Jetzt ist schon ab 15 Jahren eine Mitgliedschaft möglich. § 15 verpflichtet alle Schützen zu besonderer Freundlichkeit gegenüber geladenen Gästen. Wiederum mit

Bezug auf die Vorfahren wird das Fahnengeld obligatorisch gemacht, und zwar in der Höhe von 7 ½ Silbergroschen, zu zahlen je zur Hälfte auf zwei Schützenfesten (§ 16). Auch haben die in Ämter Gewählten nach wie vor sich mit Zahlungen erkenntlich zu zeigen (§ 17).
Besonders strenge Regelungen enthalten die drei folgenden Paragraphen:

§ 18

„Wer unaufgefordert schießt, Spektakel macht oder singt, soll eine Geldstrafe von 5 Sg (Silbergroschen) bezahlen. Wer sich dieser Bestrafung nicht fügen will, soll auf immer von der Gesellschaft ausgeschlossen werden."

§ 19

„Wer in Reih und Glied spricht oder sich von seinem Platze entfernt, wenn „Stillgestanden" commandiert ist, soll mit 2 ½ Sg bestraft werden, oder im schlimmsten Falle Ausstoßung aus der Gesellschaft."

§ 20

„Wenn sich ein Schütze so betrinkt, daß dadurch Streit entsteht, soll derselbe sofort vom Schützenfeste entfernt werden, und soll nicht eher wieder aufgenommen werden, bis er eine Strafe von 5 Sg bezahlt hat."

Die Paragraphen 21 und 22 regeln die Amtsführung der Schäffer und den Zutritt zur Bier- und Branntweinkammer. Wie schon 1825 wird nach § 23 keiner *„geschändeten Person"* der Zutritt zum Fest gestattet. Nicht aufgenommen werden sollen Personen, die wegen Diebstahls oder unehrlichen Betragens in gerichtlicher Untersuchung gewesen sind. Zum ersten Male wird mit dieser Ordnung eindeutig erkennbar, dass die Schützen zu dieser Zeit bereits eine besondere Kopfbedeckung hatten. Dazu heißt es in Paragraph 24:

„Alle Schützen erscheinen beim Schützenfeste in Mützen oder so genannten Kappen mit einem rothen Bande umwunden und auf der linken Brust ins Knopfloch ein rothes Band; dem Captain, Schützenkönig, Lieutenant und Fähnrich steht es frei, Hüte zu tragen."

Ob auch der Hinweis in der Ordnung von 1825, dass Mädchen keine Kappen tragen sollen, auf eine solche Kopfbedeckung hinweist, muss offen bleiben.
§ 25 macht die Teilnahme bei der Beerdigung eines Schützenbruders zur Pflicht. Auch die Fahne soll mit einem Trauerflor mitgehen (wie es bis heute in Vörden gehalten wird). Die frühere Beschränkung der Anzahl der Tanzenden findet sich nicht mehr. Dennoch sind die Tänze streng geregelt:

§ 26

„Jedem Schützen wird es beim Tanzen zur Pflicht gemacht, sich als ein an-

*ständiger und gesitteter junger Mann zu betragen, nie sich Unanständig-
keiten gegen die Tänzerinnen zu erlauben, im Tanze nicht zu rauchen und
auch ohne Mütze zu tanzen."*

§ 28

*„Die Tänze werden immer nach einer vorgeschriebenen Ordnung gespielt,
und nur dem Capitain ist es erlaubt, wenn es sollte gewünscht werden, einen
anderen Tanz zu bestellen. Sollte aber der Capitain verhindert sein, beim
Tanzen nicht gegenwärtig sein zu können, so übernimmt es der Schützenkönig, Tänze abzuändern."*

Auch diese Ordnung wurde von der Amtsaufsicht in Marienmünster als vorgesetzter Behörde geprüft. Die Prüfung durch Amtmann Kroeger fiel offenbar
zu dessen höchster Zufriedenheit aus. Er schrieb mit Datum vom 28. Juni 1861,
also am Tag vor dem Schützenfest:

*„Es ist mir angenehm, in den vorstehenden Statuten nicht nur nichts zu fin-
den, was den Gesetzen und sonstigen Verordnungen des Staates zuwider
wäre, sondern in denselben recht gute Grundsätze in Beziehung auf gute
Sitten zu entdecken. Gegen die Ausführung der vorstehenden Statuten ist
deshalb nicht nur nichts zu erinnern (einzuwenden), sondern wünsche ich
von ganzem Herzen, daß die jungen Schützen ohne Ausnahme und fort und
fort solchen Grundsätzen, wie in den Statuten angedeutet sind, treu bleiben
und recht gute Bürger des Staates und der lieben Gemeinde Vörden werden
mögen."*

Solche persönlichen Äußerungen sind heute in behördlichen Schreiben sicher
nicht mehr anzutreffen. Im Vergleich der Ordnung von 1861 mit der von 1825
fällt auf, dass der religiöse Bezug jetzt weniger ausgeprägt ist.

g) Im Jahre 1868 erstmals Schützenfest im Zelt

Die allgemeine Zufriedenheit mit dem Fest des genannten Jahres dokumentiert
sich sogar wieder durch eine Eintragung in der Stadtchronik:

*„Durch Anregung des Schützen-Vorstandes wurde in diesem Jahre das
Schützenfest gefeiert und zwar durch die vielen Bemühungen des Schützen-
Obersten Schneidermeister Josef Schröder zum ersten male in einem von
Schwalenberg für 20 Thaler auf drei Tage geborgten Zelte. Das Zelt stand
im sogenannten Krummensieke im Westen der dicken Linde. Der Wirth
Lüttmann aus Münsterbrok hatte die Schänke auf diesem Schützenfeste.
Es war ein herrliches Fest! Der Vorsteher Elsing genannt Witgerber wurde
durch den besten Schuß zum Schützenkönig und Nachfolger des Schützen-*

Abb. 118   *Junge Schützen in der Amtsstraße auf dem Wege zum Königswechsel 1935.*
Der noch amtierende König war Franz Massolle, der neue König dahinter
mit Zylinder Lorenz Rohde jun. Links die damalige Post, daneben die
Häuser Lüke und Gaentzsch.

königs Johann Ahlemeyer ernannt. Das Schützenfest währte drei Tage und
einen Tag Nachfeier.“

Das Protokollbuch der Altschützen macht weitere Angaben, die einen Einblick
in den damaligen Festablauf geben:

„Der Gastwirth Wilhelm Lüttmann hatte die Schenke gemiethet für 10
Thaler und muß ihm das Zeugniß gegeben werden, daß er es an guter Auf-
wartung hat nicht fehlen lassen. Wein, Likeur, Bier, Schnaps, Butterbrod mit
Braten und Fleisch, Kuchen usw. war alles in Fülle da, es wurden an diesem
Schützenfeste allein über 100 Flaschen Wein getrunken.
Das Schützenfest wurde gefeiert am 27., 28. und 30. Juni – und am 1. Juli
ein Tag Nachfeier. St. Peter und Paul fiel auf Montag, den 29. Juni. Es wur-
de am 27. Juni, Samstag, um den König geschossen, Nachmittags Tanzver-
gnügen im Zelte; am 28., Sonntag, wurde ohne Gewehr aus der Wohnung
des Bürgermeisters Elsing zur Kirche und auch wieder nach der Kirche zur
Wohnung desselben gezogen, Nachmittags Tanzvergnügen im Zelte. Peter
und Paul, Montag, war Ruhetag, nur gingen die Schützen mit der Prozessi-
on zum Hungerberge, Nachmittags war Restauration (Essen und Trinken)
im Zelte. Des folgenden Tages am Dienstag, den 30. Juni, war Vormittags

Gewinnungsschießen (Preisschießen) *und Nachmittags Tanzvergnügen. Auf allgemeinen Wunsch war noch mal Mittwoch, den 1. Juli, eine schöne Nachfeier, die in großer Freude und in der größten Ordnung sich bis in den anderen Morgen hin erstreckte."*

Mit der Feier im Zelt, die man von jetzt an immer anstrebte, und durch die Vergabe der Schänke an einen Wirt war das Amt der Schäffer in der Gesellschaft überflüssig geworden.

h) Sonstige Vorgänge im 19. Jahrhundert aus den Protokollbüchern

Wie streng man bei den Jungschützen die 1825 aufgestellten Regeln beachtete, zeigte sich bereits im folgenden Jahr, als der Kapitän der Jungschützen wegen *„einiger Religions Ursachen, welche er nicht gehalten hat"*, abgesetzt wurde. Auf dem Schützenfest 1828 wurden der Fähnrich und die Schäffer von der Jungen Schützengesellschaft gänzlich ausgeschlossen, weil sie ohne Erlaubnis sich schon vorab das Schützenbier hatten munden lassen. Im gleichen Jahr war ein Schützenbruder mit dem Gewehr aus der Parade gelaufen, weil er ganz hinten gehen musste. Er zahlte drei Schilling Strafgeld, um wieder bei der Schützengesellschaft zugelassen zu werden. Bei den Wahlen im Mai 1852 hatte sich ein Schützenbruder geweigert, das Amt des Auftänzers anzunehmen, der jeweils den Tanz zu eröffnen und auch auf die Einhaltung der Tanzordnung zu achten hatte. Daraufhin wurde er aus der Jungen Schützengesellschaft gänzlich ausgeschlossen und konnte erst nach Entrichtung einer Geldstrafe wieder aufgenommen werden. Ebenso erging es einem Schützenbruder, der das Amt des Schäffers nicht annehmen wollte. Er zahlte fünf Silbergroschen.

Ab 1845 liegen von den Altschützen und ab 1861 von den Jungschützen Abrechnungen zu den Schützenfesten vor. Daraus ist zu ersehen, dass am ersten Tag des Schützenfestes der König ausgeschossen wurde und am zweiten Tag dann ein Preisschießen stattfand. So weist die Rechnung zum Schützenfest der Altschützen 1845 den Posten auf *„für Pulver und Blei den sämtlichen Schützen für zwei Tage a Schuß 6 Pf berechnet zur Summe an Werner Lerche 8 Rtl, 3 Mgr."*

Zum einhundertsten Jubiläumsschützenfest der Jungen Schützengesellschaft im Jahre 1888 verzeichnet das Protokollbuch erstmals eine Einnahme von 20 Mark für einen Schützenbaum. Er war offenbar vom Freiherrn Carl von Haxthausen geschenkt worden, der auf den beiden Schützenfesten vorher jeweils einen größeren Geldbetrag beigesteuert hatte. Die Spende eines Schützenbaumes entstammt der Tradition der dörflichen Schützenvereine, die von den adeligen Grund- und Gerichtsherren ins Leben gerufen wurden. Sie war einer auf städtischen Traditionen fußenden Gesellschaft wie der Vördener eigentlich nicht gemäß. Die Sitte scheint dann auch bald wieder für längere Zeit eingeschlafen zu sein, denn zunächst wird letztmals 1898 ein Schützenbaum unter den Einnahmen erwähnt. Der Schützenbaum wurde in der Regel verkauft.

Eine besondere Bedeutung hatte das Schützenfest des Jahres 1896. Die Alte und die Junge Schützengesellschaft feierten nämlich erstmals gemeinsam und beschlossen, das in Zukunft häufiger zu tun. Die alten Schützen wollten allerdings weiterhin nur in größeren Abständen feiern, während die Jungschützen ein jährliches Schützenfest wünschten. Man einigte sich dann offenbar zunächst auf einen Abstand von zwei Jahren, bis dann vom Jahr 1903 an die Jungschützen jährlich feierten. Die Festbeiträge wurden 1896 mit 30 Pfennig Schussgeld, 30 Pfennig Fahnengeld und 70 Pfennig Beitrag für Musik und Zelt neu festgelegt. An den Musikus Lessmann aus Detmold wurden für zehn Mann und drei Tage Spiel 150 Mark gezahlt (fünf Mark pro Mann und Tag). Hinzu kamen noch zwei Tamboure und ein Pfeifer für das Wecken am Morgen (s. u.), die 27 Mark erhielten. Frau Westerwelle aus Bergheim bekam für die Verleihung des Festzeltes 70 Mark. Der Schmied Josef Schröder erhielt für das Laden der Büchsen beim Königsschießen 31 Mark und 80 Pfennige, worin die Kosten für die Patronen eingeschlossen waren. Dem Polizeidiener Homann zahlte man für das „Scheibenzeigen" beim Königsschießen 3 Mark. Er hatte den jeweils geschossenen Ring anzuzeigen. Gastwirt Heinrich Weber hatte die Schänke und gab dafür 200 Mark an die Schützengesellschaft.

6. Die Vördener Schützengesellschaft im 20. Jahrhundert

a) Die Schützengesellschaft bis zum Ende des Ersten Weltkrieges

In den Zeiten der Monarchie mit dem Stolz auf die „schimmernde Wehr" waren selbstverständlich auch Schützengesellschaften sehr angesehen. Insbesondere gutes Schießen sowie exaktes Marschieren und Paradieren standen hoch im Kurs. Neu eintretende Mitglieder, die noch nicht Soldat gewesen waren, wurden durch ältere vor dem Schützenfest entsprechend trainiert.

Das gemeinsame Schützenfest im Jahre 1908 fand erstmals in zwei Festzelten statt. Vorher hatte man immer nur ein Zelt gehabt. Die Zelte wurden auf dem neuen „Schützenanger" unter den dortigen Eichen errichtet. Es ist der Platz, auf dem jetzt zum Schützenfest die Buden und Karussells stehen. Aber auch die beiden Anger rechts und links der Amtsstraße bezeichnete man als Schützenanger. Möglicherweise war auch hier vorher gelegentlich gefeiert worden. Bis 1892 stand das Zelt im Krummensiek (Talstraße), wie das Protokollbuch der Jungschützen ausweist. Ob auf den Angern zu früherer Zeit auch Schießübungen stattfanden und dort der König ausgeschossen wurde, ist nicht überliefert. Jedenfalls wurde aus Sicherheitsgründen immer außerhalb des Ortes geschossen. Ein tiefer Stadtgraben, der beispielsweise in Brakel als Schießplatz diente,[41] war in Vörden nicht vorhanden. So verlegte man dann wohl um die Jahrhundertwende das Schießen an den Eingang des Hogges, wo unterhalb des Judenfriedhofes die steile Böschung an der Brucht genügend Schutz bot. Dort wurde ein entsprechender Schießstand aus dicken Bohlen errichtet. Man schoss vom Wenderweg aus. Viel Verwirrung gab es beim Königsschießen der Altschützen 1908. Der Schütze mit dem besten Schießergebnis weigerte sich, die Königswürde anzunehmen. Daraufhin musste das Schießen erneut beginnen. Im Jahre 1912 feierten Jung- und Altschützen zum letzten Male vor dem Ersten Weltkrieg ein gemeinsames Schützenfest. Die Jungschützen feierten dann auch noch 1913 und 1914. Während des Krieges fanden keine Schützenfeste statt.

b) Die Schützengesellschaft in der Zeit zwischen den Kriegen

Im Ersten Weltkrieg ließen 28 Schützenbrüder ihr Leben. So mochte man dann auch 1919 noch kein übliches Schützenfest feiern, sondern begnügte sich mit einem Schützenball im Saale der Gastwirtschaft Weber. Im folgenden Jahr 1920 fand dann wieder das Schützenfest in der üblichen Form und gemeinsam von Alt- und Jungschützen statt. Während die Jungschützen dann weiterhin jährlich feierten, beteiligten sich die Altschützen in den Jahren 1922 und 1923 sowie 1925 und 1926 nicht. Erst von 1927 an wurde das Schützenfest dann stets gemeinsam gefeiert.

Auf maßgebliches Betreiben der Schützengesellschaft hin konnte auf dem Schützenfest des Jahres 1921 an der Nordwand der Kirche das Kreuz zum Gedenken an die im Ersten Weltkrieg gefallenen und vermissten Schützenbrüder aufgestellt werden. Im folgenden Jahr kamen die Tafeln mit den Namen hinzu. Seitdem ist die Kriegerehrung am Vorabend des Schützenfestes ein Programmpunkt.

Zum Schützenfest im Jahre 1922 schenkte Carl von Haxthausen der Schützengesellschaft erstmals wieder einen Schützenbaum. Wie oben dargelegt, war diese 1878 begonnene Praxis zunächst bald wieder eingestellt worden. Seitdem drückt die alljährliche Spende eines Baumes aber ein enges Verhältnis der Familie von Haxthausen auch zur Vördener Schützengesellschaft aus.

Einen besonderen Verlauf nahm das Schützenfest des Jahres 1923 durch die eingetretene Inflation. Nach dem Zapfenstreich mit Kriegerehrung am Vorabend und der Hungerberg-Prozession fand am Nachmittag zwar ein Umzug statt, aber es gab kein Zelt und keine Tanzbelustigung. Nach dem Umzug traf man sich im Saale Weber zu einer Festveranstaltung mit Konzert.

Äußerst glanzvoll verlief hingegen das Schützenfest des Jahres 1924. Es stand ganz im Zeichen der 600-Jahrfeier der Stadt Vörden. Über die Feier mit dem historischen Festzug wird an anderer Stelle dieses Buches ausführlich berichtet.[42] Von einem Jubiläum der Schützengesellschaft, die bei dem heute angenommenen Gründungsjahr 1574 dann 350 Jahre alt geworden wäre, ist nirgendwo die Rede.

Auch wenn die Zeiten schwierig waren, so feierten die Vördener in den folgenden Jahren dennoch stets intensiv und ausgiebig Schützenfest. Der 1926 nach Vörden gekommene Pastor Behre begegnete dem mit Skepsis und Unver-

ständnis, wie etliche Eintragungen in der Pfarrchronik belegen. In demselben
Jahr schaffte man 32 eigene Tische und 64 Bänke an. Sie wurden vom Tischlermeister Johann Leßmann angefertigt. Bis dahin waren sie stets bei umliegenden Schützenvereinen ausgeliehen worden. In den Jahren 1929 und 1931
kamen weitere 24 Tische und 48 Bänke hinzu, ebenfalls angefertigt von Vördener Handwerkern (Stellmachermeister Josef Hoffmeister, Niedernstraße und
Tischlermeister Philipp Multhaup, Angerberg). 1928 brannte man erstmals zur
Kriegerehrung ein Feuerwerk ab. Die Chronik vermerkt dazu eine Ausgabe
von 10 Mark. Als Feuerwerker fungierte der Schützenbruder Franz Dolle, der
diese Aufgabe bis 1953 wahrnahm. Von da an war laut gesetzlicher Verfügung
ein ausgebildeter Feuerwerker erforderlich.
Für das Jahr 1928 sind in der Chronik der Altschützen erstmals Ausgaben
für Mützen verzeichnet. Offenbar hat es vorher keine solche Kopfbedeckung
gegeben. Der normale Schütze war wohl mit einem Gehrock und Hut bekleidet während die Amtsträger einen Federhelm oder einen Zylinder trugen
(s. Abb. 119) 1928 ging man dann zu grün-weißen Mützen über, nachdem die
Jungschützen schon einige Jahre vorher blau-weiße Mützen angeschafft hatten.
Deren ursprüngliche Mützen oder Kappen dürften weiß gewesen sein (s. o.).
Für die blau-weißen Mützen wie für die weißen Hosen der Jungschützen ist zu
vermuten, dass sie auf den Einfluss von Schützenbrüdern zurückzuführen sind,

*Abb. 119 Schützenfest 1927. Hintere Reihe zweiter von links Johannes Mühlenhoff,
ganz rechts Arnold Hahne, vordere Reihe zweiter von links Alois Meyer,
Altschützenkönig August Weber, Oberst Josef Elsing (Benning),
Ferdinand Hilfer, Schützenknecht Salomon Frankenberg. Noch trug man
keine Mützen, aber den Gehrock.*

die in Bochum arbeiteten. Dort hatten sie wohl die Tradition der aus Junggesellen bestehenden Bochumer Maiabendgesellschaft kennen gelernt, die zu ihrem Fest weiße Hosen, weiße Handschuhe und blau-weiße Mützen tragen.

Im Jahre 1933 wurde der Bau einer Schützenhalle erwogen, wie sie in anderen Orten zu dieser Zeit auch errichtet wurden (z. B. in Bredenborn). Der Architekt Allerkamp aus Brakel fertigte einen entsprechenden Entwurf an. Soweit möglich, sollten die Arbeiten von den Schützen in Eigenleistung und kostenlos erbracht werden. Sogar ein Bausparvertrag wurde abgeschlossen. Dennoch unterblieb aus nicht mehr erkennbaren Gründen der Bau der Halle. Auch 1949 erwog man wiederum den Bau einer Schützenhalle, entschied sich aber dann doch, bei den als gemütlicher erachteten Festzelten zu bleiben. Eine kleinere Baumaßnahme wurde im Jahre 1935 durchgeführt, als der Schießstand im Hogge aus Beton neu gestaltet wurde, weil die bisherige hölzerne Bauweise nicht mehr statthaft war.

Das Schützenfest des Jahres 1938 sollte als 150 jähriges Jubiläum der Jungen Schützengesellschaft begangen werden. Wegen der ausgebrochenen Maul- und Klauenseuche wurde das Fest aber verboten. Der Vorstand intervenierte beim Landrat in Höxter, der schließlich für zwei Tage eine Feier im Saal Weber gestattete. Es durfte aber kein Königsschießen und auch keine Prozession zum Hungerberg stattfinden. Auch Umzüge im Ort blieben verboten. Im folgenden Jahr 1939 feierte man dann zum letzten Mal vor dem Zweiten Weltkrieg das Schützenfest, das in den Jahren 1940 bis 1946 ausgesetzt wurde. Zu Peter und Paul fand lediglich eine Schützenmesse statt und eine Ehrung der Gefallenen des Ersten Weltkrieges sowie der inzwischen neu zu beklagenden Kriegstoten. Jeder Vördener, der einberufen wurde, nahm sicherlich die gefeierten Schützenfeste als eine der Heimaterinnerungen mit an die Front. Dazu gehörte der folgende Festablauf:

Da der Peter-und-Pauls-Tag ein staatlicher Feiertag war, beging man diesen als ersten Schützenfesttag. In den Tagen vorher waren bereits die Zelte aufgerichtet worden, deren Unterbau damals noch aus hölzernen Gestellen bestand, die zusammengenagelt wurden. Das übernahm stets eine der örtlichen Tischlereien. Zwischen dem Sitz- und dem Tanzzelt befand sich eine Reihe dicker Eichen, so dass bei regnerischem Wetter der Übergang häufig mit einer kleinen Dusche verbunden war. Viele der im Ruhrgebiet arbeitenden Vördener kamen am Vortag des Festes nach Hause. Sie wurden vielfach mit Leiterwagen (Erntewagen) vom Bahnhof in Steinheim oder Bergheim abgeholt. Wie es bis heute geblieben ist, brachte die Musik am späten Nachmittag des Vortages den Amtsträgern jeweils ein Ständchen. Fackelzug (damals eigentlich Lampionzug), Kriegerehrung und ein Feuerwerk rundeten den Vorabend ab, der mit Musik und Tanz im Zelt fortgesetzt wurde, wegen der Prozession am nächsten Tag aber bereits Mitternacht ausklang.

Am Morgen zogen bereits gegen 6 Uhr Trommler und Pfeifer zum „Wecken" durch den Ort. Insbesondere die unabdingbaren bäuerlichen Tätigkeiten wie

Füttern und Melken mussten entsprechend früh beginnen. Die feierliche Prozession zum Hungerberg, meist mit einem Pontifikalamt an der Kapelle, wurde von vielen Hundert Menschen gebildet, wobei auch aus den umliegenden Orten zahlreiche Teilnehmer kamen. Das Plateau auf dem Hungerberg war dabei stets voller Menschen. Nach der Prozession gab es dann am frühen Nachmittag wie am frühen Abend einen Umzug. Der abendliche Umzug begleitete die Könige und die Fähnriche mit den Fahnen nach Hause. Dem schloss sich dann etwas später der Ball im Zelt an. Der 2. Tag begann wieder mit dem Wecken und setzte mit einer Schützenmesse fort. Danach zog man zum Schießstand und schoss die neuen Könige der Alt- und Jungschützen sowie die Schützenknechte (Adjutanten) aus. Oft drängte die Zeit, wenn um 14 Uhr das Antreten zum Königswechsel angesetzt war. Nicht selten mussten Mitglieder des Vorstandes die neuen Würdenträger nach Hause begleiten, um die aufgeregte Familie zu besänftigen, die dann auch die Schützenknechte mit beköstigen musste.
Während des anschließenden Umzuges fand der Königswechsel vor der Gastwirtschaft Weber statt. Den alten Königen wurden die Kleinode abgenommen und den neuen Königen überreicht. Der gewesene König der Altschützen hielt in der Regel eine kurze Ansprache. Die bisherigen Könige setzten dann für den weiteren Umzug die bis dahin getragenen Zylinder ab und eine Dohle (runder, schwarzer Hut) auf. Hochrufe, Frontabschreiten und Parademarsch waren Bestandteile der Zeremonie, die stets viele Zuschauer anlockte. Man brachte ein Hoch auf die neuen Majestäten wie auch auf die Schützengesellschaft und den schönen Heimatort aus, wobei viele Schützen begeistert ihre Mützen hoch warfen.
Der dritte Tag begann wie heute auch mit dem Schützenfrühstück. Am Nachmittag wurden vielfach die alten Formationstänze gepflegt (s.u.). Der abschließende Zug am Abend war dann vielfach nicht mehr von bester Ordnung geprägt. Man sprach in Anlehnung an den eröffnenden Fackelzug dann auch vom „Wackelzug".

c) Die Schützengesellschaft nach dem Zweiten Weltkrieg

Von den Vördener Schützenbrüdern, die zwischen 1939 und 1945 zu den Waffen gerufen wurden, fanden 54 meist fern ihrer Heimat den Tod.[43] Viele waren darüber hinaus zum Peter- und Pauls-Tag 1945 noch in Gefangenschaft. Zu dieser Zeit war deshalb niemandem nach Feiern zumute. Auch 1946 beging man lediglich ein zweitägiges Heimatfest im Saal der Gastwirtschaft Weber. Die Prozession zum Hungerberg, die in der Kriegszeit verboten gewesen war, fand jedoch wieder statt.
Die britische Besatzungsmacht hatte zunächst alle militärischen Vereinigungen untersagt, zu denen auch die Schützenvereine wegen ihrer Schießübungen gezählt wurden. Deshalb erklärte sich die Vördener Schützengesellschaft als religiöse Vereinigung. Aus der bisherigen Schützengesellschaft beziehungsweise aus

dem Schützenverein wurde die „Katholische Schützenbruderschaft St. Peter und Paul Vörden" (s. u.). Das erste Schützenfest fand 1947 statt, allerdings in etwas ungewöhnlicher Form: Gefeiert wurde in der Mönchehof-Scheune im Wenderweg mit einem vorgesetzten kleinen Zelt, durch das auch die Prozession ihren Weg nahm. Weil Schusswaffen verboten waren, warf man mit Holzbällen auf eine große Ringscheibe. Die zielsichersten Werfer waren der Dentist Josef Rox bei den alten und der Landwirt Josef Kreilos (Stork) bei den jungen Schützen. Zum Ende des Jahres 1947 gab man sich ein Programm (Zielsetzung) und eine Satzung. Der Text lässt auch sprachlich den Geist der Nachkriegszeit erkennen:

> *„Die katholische Schützenbruderschaft St. Peter und Paul Vörden ist auf Grund ihrer reichen geschichtlichen Vergangenheit und ihrer zahlenmäßigen Stärke die alle Schichten und Stände umfasst, ein bedeutsames Glied des katholischen Volkslebens. Sie hat im Ringen um religiöse Volksverbundenheit und Staatsbürgertum ernste Pflichten zu erfüllen. Sie tritt unter den Schutz des hl. Sebastian im Erzbistum Paderborn. Im Bewusstsein vor Gott, Volk und Vaterland und eingedenk ihrer alten Überlieferung sieht sich die Schützenbruderschaft vor folgende Aufgaben gestellt:*
> *Die Bruderschaft hütet den Geist der Gemeinschaft, der ihre katholischen Vorfahren in treuer Erfüllung des Gebots der christlichen Nächstenliebe zum Schutz für Leib und Leben in schwerster Notzeit zusammengeführt hat. Sie will sich in geistiger Wahrhaftigkeit einsetzen für die Verteidigung des hl. Katholischen Glaubens, für die Überwindung der Trennung von Religion und Leben, für die Heiligung des Sonntags, für die Pflege des Laienapostolats und für die Erhaltung und Erneuerung der Pfarrgemeinschaft."*

Die folgende Satzung mit 15 Paragraphen lehnt sich weitgehend an frühere Regelungen an. Erstmals wird jedoch der Pfarrer als „geistlicher Präses" erwähnt. Zudem ist die Fronleichnamsprozession aufgenommen, an der Könige und Fahnen teilnehmen sollen. Die Prozession zu Maria Heimsuchung (damals 2. Juli) wird nicht mehr genannt. Offenbar wurde die neue Schützenbruderschaft aber immer noch als Angelegenheit der politischen Gemeinde gesehen, denn die Satzung ist noch vom Bürgermeister, dem „Gemeindevorstand" (Gemeinderat) und dem Schützenvorstand unterschrieben worden. Den Verfassern war jedoch die Tradition, auf die man sich berief, nicht genau bewusst. In der Überschrift wird nämlich von der „Schützenbruderschaft St. Peter und Paul 1788 Vörden" gesprochen, wobei man offenbar das Gründungsdatum der Jungen Schützengesellschaft annahm. Im § 1 ist dann die Jahreszahl handschriftlich in 1774 geändert worden. Die Ordnung von 1686 war offenbar ebenso wenig bewusst wie das später angenommene Gründungsjahr 1574.
Am Neujahrstag 1948 fand erstmals ein Schützenball im Saale Weber statt, mit dem man die Tradition des früheren Kriegervereins fortsetzte (s. u.). Die Musik

stellte der Schützenbruder Heinrich Offergeld aus der Trift (genannt Kohn), der sechs weitere Musiker angeworben hatte. Heinrich Offergeld blieb noch etliche Jahre für die Musik zuständig, auch auf den Schützenfesten. Vor allem am dritten Schützenfesttag spielte die Kapelle traditionelle Tänze, so die für das Paderborner Land typische Tampete. Diesen Gruppentanz nannte man in Vörden Tampee.

Das Schützenfest 1948 fand wie im Vorjahr wieder in und vor der Mönchehof-Scheune statt. Allerdings schoss man wieder die Könige aus, wenn auch noch nicht wieder mit einem Gewehr, sondern mit einer Armbrust, die vom Schützenbruder Tischler Hermann Dolle angefertigt worden war. Erst 1951 erwarb die Schützenbruderschaft ein Luftgewehr, mit dem seitdem das Königsschießen stattfindet. Damit wurde die Durchführung des Königsschießens zwar sehr vereinfacht, es ist aber auch weniger attraktiv als das traditionelle Schießen mit scharfer Munition.

Im Jahre 1949 konnte das Schützenfest erstmals wieder in zwei Zelten am früheren Standort gefeiert werden. Zudem wurden zwei Jubiläen begangen: Die Fahne von 1774 wurde 175 Jahre alt und erstmals in der Geschichte der Schützengesellschaft feierte man ein Jubiläum unter Bezug auf das vermeintliche Gründungsjahr 1574. Den Hinweis darauf hatte Elmar Freiherr von Haxthausen aufgrund der bereits oben erwähnten, offensichtlich aber unzutreffenden Information durch den Schwalenberger Heimtforscher Hugo Rasch gegeben.[44] Einige benachbarte Vereine feierten das angenommene 375ste Jubelfest mit. Die fünf ältesten Schützen konnten den Umzug im Kutschwagen genießen. Für die Hungerberg-Prozession waren nach dem Beispiel der Ehrengarde der Bochumer Maiabend-Gesellschaft Hellebarden als Begleitung des Allerheiligsten angeschafft worden. Sie werden seitdem von jungen Schützen bei den Prozessionen getragen. Am dritten Tag fand nachmittags ein Kinderfest statt, das auch vor dem Kriege schon dreimal veranstaltet worden war.

Zum Ende des Jahres 1949 gründeten einige ältere Schützen eine Sterbekasse, die aber bald für alle verpflichtend wurde. Aus dieser Kasse wird seitdem bei der Beerdigung eines Schützenbruders ein Kranz finanziert.

1974 feierte die Schützenvereinigung ihr angenommenes 400-jähiges Bestehen. Die ehrwürdige Fahne wurde gleichzeitig 200 Jahre alt und aus diesem Anlass restauriert. Leider fand aber die Verleihung der Stadtrechte vor 650 Jahren keine Beachtung. Als besondere Ehrengäste waren der Paderborner Erzbischof Lorenz Kardinal Jäger sowie der Hochmeister des Bundes der Historischen Deutschen Schützenbruderschaften, Maximilian Graf von Spee anwesend. 25 Jahre später, im Jahre 1999, wurde das Doppeljubiläum, 425 Jahre Schützengesellschaft und 675 Jahre Stadtrechte für Vörden festlich begangen. Ein Umzug mit zahlreichen Wagen, die insbesondere frühere Lebens- und Arbeitsformen und ihren Wandel darstellten, sowie ein Festakt auf dem Burghof waren herausragende Gestaltungselemente. Die reiche Tradition des Vördener Schützenwesens wurde zudem in einer Festschrift dargestellt.[45]

*Abb. 120   Die fünf über 80 Jahre alten Schützen beim Jubiläum 1949 in der Kutsche.
Ganz rechts Johannes Kluge (Ölers), daneben Wilhelm Hagemann, sen.,
ganz links Josef Breimann, dahinter (verdeckt) Johann Ohage, auf dem
Bock saß Hermann Dolle.*

d) Die Schützenbruderschaft in der Tradition des Kriegervereins

Im Jahre 1894 gründeten 48 ehemalige und aktive Soldaten einen Kriegerverein, wie er zu der Zeit auch in anderen Orten um Vörden ins Leben gerufen
wurde.[46] Ab 1898 führte er eine eigene Fahne. Das Ziel dieser Vereinigungen
bestand darin, die Erfahrungen der Kriegs- und Soldatenzeit im Sinne kame-
radschaftlicher Treue und vaterländischer Gesinnung weiter zu führen. Anders
als die Schützenvereine waren die Kriegervereine stärker auf den Kaiser und
das Reich und dessen militärischen Glanz hin orientiert. Man traf sich regelmäßig am ersten Sonntag eines jeden Monats. Vor dem ersten Weltkrieg hatte der Verein 56 Mitglieder. Die Tradition wurde nach dem Ersten Weltkrieg
fortgesetzt. Zusammen mit dem Schützenverein betrieb man die Errichtung des
Ehrenmals an der Kirche. Zwischen 1920 und 1935 veranstaltete der Kriegerverein immer am 1. Januar ein Kriegerfest mit einem Umzug durch den Ort
und einem abendlichen Tanz im Saal der Gastwirtschaft Weber.
Deutlich stärker als auf die Schützenvereine griffen die Nationalsozialisten
ab 1933 auf die Kriegervereine zu. Im Zuge der „Gleichschalung" mussten
alle Kriegervereine dem Kyffhäuserbund als Dachorganisation beitreten. Alle
„Nichtarier" waren auszuschließen, vor allem die Mitglieder und Kriegsteil-
nehmer jüdischen Glaubens. In Vörden waren das fünf Mitglieder. Um zu die-

ser Zeit noch die äußere Form zu wahren, wurde ihnen nahe gelegt, „freiwillig" in den „Bund jüdischer Frontsoldaten" einzutreten. Danach gehörten dem Kriegerverein in Vörden noch 92 Mitglieder an. Im Jahre 1935 hatte sich diese Zahl bereits auf 77 Mitglieder verringert. Die Personen im Vorstand mussten jetzt Mitglied der NSDAP sein. Aus der Zeit nach 1935 liegen keine Aufzeichnungen mehr vor.

Im Jahre 1951 übernahm die Schützenbruderschaft St. Peter und Paul den Fahnenschrank mit der Kriegerfahne. Diese wurde 1981 restauriert. Sie wird stets bei der Kriegerehrung am Vorabend des Schützenfestes mitgeführt (Abbildungen im farbigen Bildteil, Nr. XV, XVI).

e) Der Spielmannszug der Schützenbruderschaft

Die Jahreshauptversammlung der Schützenbruderschaft am 30. Dezember 1951 sprach sich auf Anregung des damaligen Altschützen-Obersten Heinrich Thauern dafür aus, die Gründung eines Spielmannszuges zu versuchen. Die Brüder Josef und Wilhelm Lüke, die vor und auch noch nach dem Kriege zusammen mit ihrem Vater Wilhelm Lüke für die „Knüppelmusik" während des Schützenfestes gesorgt hatten, übernahmen die Ausbildung der Flötisten. Für die angehenden Trommler stand Wilhelm Simon zur Verfügung, der Militärmusiker gewesen war, in Bochum wohnte aber sich nach dem Kriege wieder in seiner Heimat aufhielt. Später trat Josef Kluge an die Stelle der Brüder Lüke.

Die Anregung von Heinrich Thauern stieß auf genügend Resonanz, so dass gleich zu Anfang des Jahres 1952 von der Schützenbruderschaft Instrumente beschafft wurden. Einen besonderen Liebhaber und Förderer fand die Gründung in dem Bauern Wilhelm Elsing (Kiene), dessen drei Söhne aktiv mitmachten. Bereits auf dem Schützenfest im Jahre 1953 traten die damals 15 Mitglieder des Tambourkorps in Erscheinung. Sie übernahmen das „Wecken" am Morgen um 6 Uhr, erinnerten um 13 Uhr mit einem Durchmarsch durch den Ort an das Antreten im Zelt und begleiteten abends die Könige und Fahnen nach Hause.

Bereits im Jahre 1955 konnten Fanfaren angeschafft werden. Die Anschaffungs- und Ausbildungskosten übernahm die Schützenbruderschaft. 1957 kamen aus den inzwischen vorhandenen Eigenmitteln des Spielmannszuges Pauke und Becken hinzu. Als Tambourmajor fungierte inzwischen der Tischlermeister Hermann Ohagen. Unter seiner Leitung erzielte der Musikzug große Erfolge. Zweimal, in den Jahren 1968 und 1969, wurde man Sieger bei der Niedersachsen-Meisterschaft, nachdem vorher der Eintritt in die Spielmannszug-Vereinigung Niedersachsen erfolgt war. 1969 gelang auf Bezirksebene sogar der Aufstieg in die Sonderklasse. Über viele Jahre hinweg erfreute dann der Spielmannszug Schützen und Gäste nicht nur auf dem Vördener Schützenfest, sondern auch auf den Schützenfesten der umliegenden Orte mit hochklassigem Spiel.

Abb. 121   Schützenkönig Heinrich Massolle (Kuhschwens) mit seinen Kameraden
vom Tambourkorps im Jahre 1956.
Ganz links Josef Kluge (Ausbilder Flöten), daneben Wilhelm Elsing, sechster
von links der langjährige Tambour-Major Hermann Ohagen. Ganz rechts
Engelbert Schymocha (Ausbilder Fanfaren), daneben Wilhelm Simon (Aus-
bilder Trommler).

1970 erfolgte die Gründung eines Schüler- und Jugend-Spielmannszuges. Die
Ausbildung übernahmen Mitglieder des Tambourkorps. Seit 1978 wurden auch
Mädchen aufgenommen. Insgesamt war aber dem Schüler- und Jugend- Spiel-
mannszug kein durchschlagender Erfolg beschieden, auch deshalb, weil die längerfristig Interessierten bereits mit 18 Jahren in die Hauptgruppe wechselten.
So legte man 1984 beide Gruppen zusammen. Im gleichen Jahr gab Hermann
Ohagen nach über 30jähriger Tätigkeit das Amt als Tambour-Major auf.
In den folgenden Jahren ließ das Engagement langsam nach, zum großen Teil
auch deshalb, weil die ursprünglichen Mitglieder aus Altersgründen zurück-
traten. 1991 versuchte man durch die Neugründung eines Jugendspielmanns-
zuges eine Neubelebung. Nach anfänglichen Erfolgen musste der Versuch aus
Mangel an Interesse bzw. Durchhaltewillen bei den Jugendlichen schließlich
1994 wieder eingestellt werden. Als dann nur noch 13 aktive Spielleute mit
sechs Flöten und sieben Trommlern übrig blieben, sagte man alle Anfragen
nach Auftritten für das Jahr 1995 ab. Zuletzt war der Spielmannszug noch
1994 beim Schützenfest in Bellersen für seine 40jährige Mitgestaltung des
Festes geehrt worden. Sein Ende wurde allgemein bedauert. Zu einem letzten
Auftreten versammelten sich die früheren Mitglieder noch einmal zu Peter
und Paul 1998 im Festzelt zu einem Ständchen für das langjährige engagierte
Mitglied Karl Dolle und seine Ehefrau Renate, die in dem Jahr das Königspaar waren.

f) Die Bruderschaft im Wandel

Während die ersten Jahre nach dem Zweiten Weltkrieg auch in der Schützengesellschaft – abgesehen von der Umwandlung in eine Bruderschaft – noch stark restaurative Züge trugen, führten die neuen Zeitverhältnisse allmählich auch zu zahlreichen Veränderungen. So wurde das Schützenfest des Jahres 1954 erstmals auf das Wochenende verlegt, weil der Peter- und Pauls-Tag kein staatlicher Feiertag mehr war. Zum Ende des Jahres gab sich die Schützenbruderschaft die im Kern bis heute gültige Satzung. Sie soll seitdem auf jeder Generalversammlung verlesen werden. Bezeichnenderweise ist es die erste Ordnung, die nur noch von den Vorstandsmitgliedern der alten und jungen Schützen unterschrieben wurde. Die frühere Zuständigkeit der Stadt oder Gemeinde Vörden war weggefallen. Ab 1971 zahlte dann auch die inzwischen gegründete Stadt Marienmünster als Rechtsnachfolgerin keinen Beitrag mehr für die Prozession zum Hungerberg, weil die früheren Verhältnisse, die zur Übernahme der Kosten durch die politische Gemeinde Vörden geführt hätten, nicht mehr gegeben seien.[47]

Bezeichnend für die beginnende Mobilität der Menschen war, dass es der Busunternehmer Bernhard Nolte als Oberst der Altschützen im Jahre 1964 möglich machte, die Stadtkapelle Tirschenreuth aus der Oberpfalz zum Schützenfest zu verpflichten. Niemand konnte ahnen, dass sie dann 20 Jahre lang das Fest musikalisch prägen würde. Im Jahre 1981 wurden freundschaftliche Beziehungen zum Schützenverein Vörden in Niedersachsen aufgenommen, die sich seitdem in gegenseitigen Besuchen zum Schützenfest manifestieren.

Bis zum Jahre 1970 war der Fackelzug am Vorabend des Schützenfestes eigentlich ein Lampionzug. Nur neben der Musikkapelle gingen zur Beleuchtung der

1954 - 1957

Abb. 122   Ein ungewöhnliches Bild für Vörden: In den Jahren 1954-57
ritt Oberst Otto Knoke (damals „Windmüller") dem Schützenzug
hoch zu Ross voran, hier im Dunklen Ort.

Noten Fackelträger. Zudem war die Kriegerehrung durch Fackeln illuminiert. Auf eine Initiative des damaligen Apothekers Christian Reichart hin wurden dann vom Jahre 1971 an die Lampions generell durch Pechfackeln ersetzt.

Dem militärischen Ursprung der Schützengesellschaften entsprechend, waren die Umzüge der Schützen in Vörden stets eine reine Männersache. Man hatte zwei Könige, aber keine Königin. Zwar waren erstmals 1986 die Frauen der Vorstandsmitglieder ein Wegstück des Zuges mitmarschiert, um es sich anschließend im Zelt bei Kaffee und Kuchen gut gehen zu lassen, aber erst zum Schützenfest 1989 gab es dann erstmals statt der bisherigen zwei Könige nur einen König, der sich eine Königin und einen Hofstaat wählte. Die letzten Doppelkönige waren im Jahre 1988 Karl-Heinz Potthast bei den Altschützen und Peter Elsing (Kienen) bei den Jungschützen. Als erstes Königspaar fungierten Lothar Michels und Elisabeth Hagedorn. Wenn damals auch nicht wenige Schützenbrüder das Ende des typischen Vördener Schützenfestes bedauerten, so ist die neue Form doch inzwischen etabliert.

Im Jahre 1993 führten die Altschützen dann eine Uniform ein, bestehend aus einer grünen Jacke, die mit einer schwarzen Hose getragen wird, und einem grünen Hut. Die Jungschützen blieben bei ihrer Kleidung. In den 60er Jahren hatte sich bei den Altschützen für die Umzüge bereits der schwarze Anzug durchgesetzt. Die Könige trugen dazu dann noch einen Zylinder.

Der Wandel der Bruderschaft schlug sich auch in Ergänzungen ihrer Satzung nieder. Solche erfolgten in den Jahren 1973, 1991 und 1996. Bereits die Satzung aus dem Jahre 1973 sah im Rahmen der Abteilung Jungschützen auch Schülerschützen vor. Während ein Mindestalter nicht festgesetzt ist, endet dieser Status mit dem Erreichen des 16. Lebensjahres. Von 16 bis 30 Jahren ist man Jungschütze. Danach ist auch für Unverheiratete eine Mitgliedschaft in der Abteilung Altschützen möglich.

Das Bemühen um ein Heranführen des Nachwuchses geht bis in die Vorkriegszeit zurück. Damals hatte der Schützenvorstand in Zusammenarbeit mit den Lehrpersonen gelegentlich Kinderfeste am Nachmittag des dritten Schützenfesttages organisiert. So wurde 1947 von den Schülern wie bei den Schützen ein König „ausgeworfen". In Vorwegnahme der Entwicklung bei den Großen wählte sich der damalige Kinderkönig Christoph Simon bereits eine Königin, nämlich Marietheres Tillmann, deren Eltern über Jahrzehnte den Gasthof Kropp / Padberg als Pächter betrieben. Seit 1980 wird regelmäßig ein Kinder-Schützenkönig ermittelt, dem seit 1989 eine Kinder-Schützenkönigin zur Seite steht. Das erwachsene Königspaar arrangiert zusammen mit dem Hofstaat seitdem am Nachmittag des ersten Schützenfesttages das Programm für ihren Nachwuchs.

Seit dem Jahre 1963 veranstaltet die Schützenbruderschaft auch den Martinszug und das Martinsspiel zum 11. November. Von der Kirche aus geht der Umzug mit leuchtenden Laternen durch den Ort. Vor dem Pfarrheim findet dann anschließend das Spiel der Mantelteilung statt. Zwei Schützenbrüder spielen St. Martin und den Bettler. Anschließend gibt es süßes Gebäck für die Kinder.

7. Kleinode und Fahnen

Aus allen Schützenordnungen der Region geht hervor, dass jede Schützengesell-schaft ein Kleinod und eine Fahne besaß. Das Kleinod diente der Auszeichnung des besten Schützen, während die Fahne einer bestimmten Person als Fähnrich anvertraut wurde. Die Bedeutung der Fahne geht noch auf die ursprüngliche militärische Aufgabe der Schützen zurück, als die Fahne jeweils als Orientie-rung und Sammelpunkt im Kampf diente.

a) Allgemeines zu Kleinoden

Für die Kleinode werden zwei Grundformen genannt, nämlich der Schild und der Vogel. Die Kleinode sind in aller Regel aus Silber gefertigt. Der Schild hat dabei die Funktion des Informationsträgers: Er weist z. B. das Stadtwappen oder den Schutzpatron aus und ist zudem häufig auch beschriftet, nennt bei-spielsweise den Namen der Gesellschaft, deren Gründungsdatum oder einen Weihespruch. Diese Form des Kleinods steht sicherlich in der Tradition des „Ehrenschildes", wie er bereits aus der Antike bekannt ist. Einen besonders prächtig gestalteten Schild besitzt in unserer Region der Schützenverein War-burg. Er wurde im Jahre 1592 vom Warburger Gold- und Silberschmied Anto-nius Eisenhoid gefertigt.

Auch der Schützenvogel geht bereits auf antike Vorbilder zurück. So zeigen griechische Vasen aus den Jahrhunderten vor Christi Geburt gelegentlich junge Leute, die mit Pfeil und Bogen auf einen lebenden Vogel, meist einen Hahn schießen. Später bemalte man oft die Schießscheibe mit einem Vogel oder setzte einen künstlichen Vogel auf eine Stange und schoss danach. Vielfach war der Vogel wohl bunt gefärbt, so dass man ihn auch Papagei nannte. Daraus wurde dann später der Adler, auf den heute viele Schützenvereine zur Ermittlung des Königs schießen.

Über diesen schießpraktischen Bezug hinaus wird man im Schützenvogel aber auch Anklänge an kultisch-liturgische Bedeutungen des Vogelsymbols sehen müssen. So ist die Taube in der Bibel das Symbol des Heiligen Geistes. Noah schickte nach der Sintflut eine Taube aus, um die Bewohnbarkeit des Landes zu erkunden. Ein erlegter Vogel, der gerade aus dem Winterquartier zurück ge-kehrt war, galt in der Antike als Beleg für die Ankunft des Frühlings. Kostbare gottesdienstliche Gefäße haben vielfach die Gestalt eines Vogels (Aquamani-le). Der Legionsadler war den römischen Soldaten heilig. Ein Adler findet sich im Wappen vieler Staaten. Kostbar gestaltete Vögel sind in zahlreichen Schatz-kammern früherer Herrscher zu bewundern. Die Jagd mit Falken galt als königliches Vergnügen. Ein Vogel ziert das sogenannte Zepter König Richards von Cornwall im Aachener Domschatz (um 1220).

b) Das Kleinod der Vördener Altschützen

Wie oben dargelegt, erwähnt die Vördener Schützenordnung von 1686 den Besitz eines silbernen Vogels an einer Kette mit zusammen einem halben Pfund Gewicht (ca. 238 Gramm). Es ist sicher anzunehmen, dass es der noch heute im Kleinod vorhandene Vogel ist. Über seine Herkunft ist nichts bekannt.
Eine erste Erweiterung erfuhr das Kleinod im Jahre 1774. Damals stiftete die Familie Meyer, die seit 1745 mit kurzen Unterbrechungen das von Haxthausensche Burggut gepachtet hatte, einen silbernen Schild. Er war zumindest später mit dunkelrotem Samt bespannt, auf dem der Vogel auflag. Der Schützenkönig des Jahres 1949, Schmiedemeister Franz Hecker, ließ das Kleinod erneuern, *„in dem er dasselbe mit einem neuen Sammetkissen u. zwei silbernen Eichenblättern und einem Silberstern versehen ließ"*, wie es die Chronik ausweist. Fotos der folgenden Jahre belegen allerdings auch, dass zusätzlich oben auf dem Schild die Jahreszahl 1774 angebracht wurde. Sie ist auf älteren Fotos nicht vorhanden.
In einer erneuten Überarbeitung, die in den Unterlagen der Bruderschaft jedoch nicht notiert ist, sich aber durch Fotos auf 1964 eingrenzen lässt, wurde die 1949 erneuerte Samtbespannung offenbar entfernt und der Vogel an einer Kette unter dem Schild aufgehängt. Der Schild trägt seitdem die erhabene Aufschrift „1774 Alt Schützen Vörden". Da es seitdem üblich wurde, dass jeder Schützenkönig eine Gedenkmünze für das Kleinod stiftet, mussten entsprechende Möglichkeiten zum Anhängen derselben zugefügt werden.
Sicherlich ist das Kleinod der Altschützen mit seinem über 320 Jahre alten Vogel und dem im Kern mehr als 230 Jahre alten Schild ein kostbarer Besitz der Bruderschaft. Schon deshalb, aber auch wegen des inzwischen durch die Gedenkmünzen erreichten Gewichtes, schaffte die Bruderschaft für die Tanzabende im Zelt 1983 einfach gestaltete Königsketten (Tanzketten) für den Alt- und Jungschützenkönig an.

c) Das Kleinod der Jungschützen

Nach der Gründung der Jungen Schützengesellschaft im Jahre 1788 bildete wahrscheinlich zunächst ein Marientaler (Taler mit dem Bild Mariens) aus dem Jahre 1783 das erste Kleinod, das der Schützenmeister an einem Band auf der Brust trug. Der auch heute noch im erweiterten Kleinod vorhandene Marientaler zeigt Maria im Strahlenkranz als Gottesmutter und Patronin Ungarns, das damals dem deutschen Kaiser Josef II. (1741-1790) unterstand, der auch König von Böhmen und Ungarn war. Dementsprechend zeigt die Münze auf der Rückseite das ungarische Staatswappen.

Mit Datum vom 22. Juni 1800, also kurz vor dem Peter- und Paulsfest, schenkte dann Amtmann Bernhard Meyer der Jungen Schützengesellschaft einen wie ein Halbmond geformten silbernen Schild als Kleinod. In der konkaven Rundungsmitte des Schildes ist ein ovales Medaillon angebracht, das eingraviert den Kirchenpatron St. Kilian mit Mitra und Bischofsstab sowie einem Palmzweig in der linken Hand zeigt. Letzterer weist ihn als Märtyrer aus. Bernhard Meyer setzte damit die Tradition seines Vaters fort, der 26 Jahre vorher der Alten Schützengesellschaft einen Schild gestiftet hatte (s. o.). 10 Jahre später verließ Bernhard Meyer Vörden und zog nach Horn. Die Familie stammte auch ursprünglich aus Lippe, was auch ihre evangelische Religion erklärt. Der von Bernhard Meyer gestiftete, bis heute getragene Schild trägt die Aufschrift:

> *„Jünglinge! Fürchtet Gott, liebet euren Nächsten und strebet nach Tugend, denn der Segen Gottes als Folge der Tugend macht allein hier und dort glückselig. – Dies denen jungen Schützen in Vörden zum Andenken am 22ten Juny 1800 vom Amtmann B. Meyer."*

Den zweiten Marientaler im heutigen Kleinod schenkte dann ein Nachfolger des Amtmanns Meyer, Ignatz Köck, *„als ein Andenken seiner Anhänglichkeit an die Schützengesellschaft im Jahre 1839"*, wie es im Protokollbuch der jungen Schützen heißt. Der Schenkende lebte zu jener Zeit bereits als Gutsbesitzer in Bayern. Dementsprechend ist die Münze aus dem Jahre 1760 ein bayrischer Marientaler, der die Gottesmutter als Patrona Bavariae betitelt. Auf der ande-

Abb. 123   *Die Marientaler im Kleinod der Jungschützen, links bayrisch aus dem Jahre 1760, rechts ungarisch aus dem Jahre 1783*

ren Seite zeigt die Münze das Portrait des bayrischen Kurfürsten Maximilian III. Josef (1727-1777).

Im Jahre 1855 beschloss die Gesellschaft, für das Kleinod statt des bisherigen Bandes eine silberne Kette zu kaufen. 1861 ließ man dann einen gedrehten silbernen Draht um den Schild ziehen. Er sollte diesen steifer machen, denn der Schild war recht dünn und biegsam. Seit 1965 ist es auch bei den Jungschützen üblich, dass jeder Schützenkönig eine Gedenkmünze stiftet und diese dem Kleinod angefügt wird.

d) Die Fahne von 1774

Die Vördener Schützengesellschaft besitzt mit der Fahne von 1774 ein überaus wertvolles Erbstück (s. Abb. XIII im farbigen Bildteil). Nach einer mündlichen Überlieferung in der Familie von Haxthausen soll die Fahne von der Kaiserin Maria Theresia geschenkt worden sein. Ihr jüngster Sohn Maximilian Franz habe seine Erziehung in Corvey erhalten. Bei einem Besuch bei der Familie von Haxthausen sei ihm vorgetragen worden, dass die Schützengesellschaften in Vörden und Bredenborn seit langem keine Fahnen mehr besäßen. Er soll seine Mutter dann zu dem Geschenk bewogen haben.[48]

Diese Geschichte ist zwar schön, aber sie kann nicht stimmen. Maximilian Franz war nämlich nie in Corvey und 1774 oder vorher auch nicht in der Nähe. Er unternahm im fraglichen Jahr 1774 im Alter von 17 Jahren zwar von Wien aus eine längere Reise, die ihn jedoch über Passau, Regensburg, Nürnberg, Mergentheim, Frankfurt und Mainz nach Brüssel führte, von dort dann über Paris, Straßburg und München zurück nach Wien.[49] Die zitierte Überlieferung dürfte zudem auf der irrigen Annahme beruhen, der doppelköpfige Adler auf den beiden Fahnen müsse als Wappen der österreichischen Habsburger gedeutet werden, zumal Maria Theresia häufig als österreichische Kaiserin gilt. Sie war jedoch lediglich Erzherzogin von Österreich (das Kaiserreich Österreich wurde erst 1804 gegründet), aber durch ihren Gatten, Kaiser Franz I., Kaiserin des Heiligen Römischen Reiches Deutscher Nation. Dieses führte seit dem 15. Jahrhunderts den Doppeladler im Wappen. Er wurde dann nach dem Ende des Reiches 1806 von den Habsburgern als Zeichen der „Doppelmonarchie" Österreich-Ungarn beibehalten. Der Doppeladler auf der Vördener wie auf der Bredenborner Fahne von 1774 muss demnach als Reichsadler gedeutet werden. Dazu passt dann auch die Aufschrift „Pro Fide et Caesare", Für den Glauben und den Kaiser, auf beiden Fahnen. Leider ist nicht bekannt, ob dieser Glaubens- und Kaiserbezug damals bei den Schützengesellschaften im Paderborner Land ein durchaus übliches Fahnenmotiv war, weil vergleichbar alte Fahnen in der Region sonst nirgendwo erhalten sind. Eine aus dem Jahre 1810 überlieferte Beschreibung der damaligen Schützenfahne von Gehrden nennt allerdings gänzlich andere Motive.[50] Für die Vördener und Bredenborner Fahne ist jedenfalls aufgrund der Übereinstimmungen in der Gestaltung von einer koordinierten Beschaffung und wohl auch von der Herstellung in der gleichen Werkstatt auszugehen.[51] Die Version einer Schenkung durch die Kaiserin Maria Theresia dürfte dann auf einer späteren Namensverwechslung beruhen, wie aufgezeigt werden soll.

Im Jahre 1774 stand das Gut Vörden nämlich im Besitz der Witwe Maria Theresia von Haxthausen geb. von Westphalen. Deren Onkel, Wilhelm Anton von der Asseburg, amtierte als Fürstbischof von Paderborn. Ihr Bruder, Friedrich Wilhelm von Westphalen, war zunächst Domkellner (Güterverwalter) im Paderborner Domkapitel gewesen und in dieser Funktion auch zuständig für das domkapitularische Gut Bredenborn. Er dürfte die dienstlichen Besuche dort stets auch mit einem Aufenthalt bei seiner Schwester in Vörden verbunden haben. Friedrich Wilhelm war dann 1763 zum Fürstbischof von Hildesheim und 1773 zum Koadjutor des Fürstbistums Paderborn und damit zum künftigen Nachfolger seines Onkels gewählt worden. Es liegt nun die Vermutung nahe, dass die Fahnen von den beiden Geschwistern gestiftet wurden, wobei Maria Theresia die Fahne für Vörden und der Bruder aufgrund seiner früheren Kontakte die für Bredenborn schenkte. Das Motto „Für den Glauben und den Kaiser" wie auch der Reichsadler auf den Fahnen wären einem Bischof und gleichzeitigem Reichsfürsten durchaus angemessen. Zu einer Stiftung der Vördener Fahne durch Maria Theresia von Haxthausen passt ferner auch, dass ihr Pächter Meyer den Vördener Schützen im gleichen Jahr 1774 den Schild für ihr Kleinod schenkte (s.o.). Dazu ist sicherlich eine Absprache zwischen der Gutsbesitzerin und ihrem Pächter anzunehmen. Ihre Vornamen Maria Theresia haben dann wohl auch zu der späteren Fehldeutung als Geschenk der Kaiserin Maria Theresia geführt.

e) Die Fahne der Altschützen von 1904

Wahrscheinlich war die Fahne von 1774 bis zum Jahre 1904 in Gebrauch. Durch die zum Teil nur in größeren Abständen stattfindenden Schützenfeste (s.o.) dürfte sie keinem so großen Verschleiß ausgesetzt gewesen sein. 1904 ließen die Altschützen dann eine neue Schützenfahne im Mutterhaus der Franziskanerinnen in Salzkotten anfertigen. Wohl ganz im Stil der Zeit zeigt sie einen Vogel auf der Stange mit gekreuzten Gewehren und einem davor hängenden Jagdhorn. Das Ganze ist von einem Eichenkranz eingerahmt. Um das Bild herum findet sich die Aufschrift: Alte Schützengesellschaft 1774 Vörden 1904. Auf der anderen Seite zeigte die Fahne den heiligen Hubertus mit einem weißen Hirsch, der ein Kreuz in seinem Geweih trägt. Der Sage nach soll Hubertus zunächst ein von der Jagdleidenschaft geprägtes Leben geführt haben, bis ihn dann die Erscheinung des Hirsches mit dem Kreuz zu einem heiligmäßigen Leben brachte. Die Fahne wurde am Morgen des Peter- und Paulsfestes im Jahre 1904 von Pastor Schulte geweiht und am Nachmittag vom damaligen Amtmann Schröder der Schützengesellschaft übergeben.

f) Die Fahnen der Altschützen von 1964 und 2002

Die 1964 wiederum von den Salzkottener Franziskanerinnen angefertigte Fahne entsprach weitgehend der aus dem Jahre 1904 mit dem Bild des hl. Hubertus. Erstmals zeigte diese Fahne aber das vermeintliche Gründungsjahr 1574. Bereits im Jahre 2002 erhielten die Altschützen wiederum eine neue Fahne. Anstelle des für Vörden bezugslosen Motivs mit dem hl. Hubertus zeigt die Bildseite nun die Apostelfürsten Petrus und Paulus. Zudem erstmals trägt sie das allgemeine Motto des Bundes der deutschen historischen Schützenbruderschaften „Glaube, Sitte, Heimat".

g) Die Fahne der Jungschützen von 1815

Die jungen Schützen haben sicher schon mit ihrer Gründung im Jahre 1788 eine Fahne bekommen. Sie wurde aber im Jahre 1815 als „klein und alt" beschrieben. Auf Wunsch der Gesellschaft, so sagt es das Protokollbuch, bestellte deshalb der damalige Vikar Raffenberg eine neue Fahne in Detmold zu dem damals recht ansehnlichen Preis von 24 Reichstalern. Sie war aus roter Seide gefertigt und trug die Aufschrift „Vörden 1815".
Diese Fahne war dann im Jahre 1858 sehr ausgebleicht. Deshalb wurde sie in Münster neu eingefärbt. 20 Jahre später war sie aber bereits wiederum sehr verblasst. Deshalb erbot sich der aus Vörden stammende Färber Wilhelm Homann, der in Elberfeld lebte, die Fahne unentgeltlich neu einzufärben. So war sie dann bis zum Jahre 1921 in Gebrauch.

h) Die Fahne der Jungschützen von 1921

Zum Schützenfest im Jahre 1921 erhielten die jungen Schützen eine neue Fahne. Sie war wie die der Altschützen von den Salzkottener Franziskanerinnen hergestellt worden. Auf der Vorderseite zeigt sie ein ähnliches Motiv wie die Fahne der Altschützen, dazu den Spruch, der dem Zeitgeist der schweren Jahre nach dem Ersten Weltkrieg entsprach: Sich'res Auge, sich're Hand und ein Herz für's Vaterland. Junge Schützengesellschaft 1815 Vörden. Die Rückseite zeigte Petrus und Paulus auf den Feldern oberhalb Vördens nach Altenbergen zu. Bei der Weihe der Fahne hielt der aus Vörden stammende Vikar Johann Heinrich Kreilos, der damals in Hagen tätig war, die Festrede. Er war selbst Jungschütze und sogar Schützenkönig gewesen.

i) Die Fahnen der Jungschützen von 1963 und 1999

Eine neue Jungschützenfahne wurde im Jahre 1963 weitgehend nach dem Muster der vorhergehenden wiederum in Salzkotten angefertigt (s. im farbigen Bildteil Abb. XIV). Eine schöne Besonderheit ergab sich dadurch, dass dieselbe

Schwester das Bild der Apostelfürsten zeichnete, die schon 42 Jahre vorher die frühere Fahne erstellt hatte. Sie war jetzt 83 Jahre alt. Die Fahne wurde zum Schützenfest 1963 feierlich geweiht. Dazu waren 21 Schützenvereine aus der Umgebung gekommen.

Zum Jubiläumsjahr 1999 kam es zu einer Veränderung, indem die Bilder und Beschriftungen der Fahne von 1963 auf ein neues, nunmehr blaues Fahnentuch übertragen wurden.

j) Einheitliche Ortsfahnen

Zum Schützenfest im Jahre 2006 initiierte der Vorstand der Schützenbruderschaft nach langjährigen Diskussionen einheitliche Fahnen für den Schmuck des Ortes. Die Grundfarben bestimmte man nach den Schützenfarben Blau Weiß (Jungschützen) und Grün Weiß (Altschützen). Dementsprechend zeigen die Fahnen längsgestreift Blau, Weiß und Grün. In der Mitte sollte das Vördener Stadtwappen angeordnet werden. Leider wählte man hierzu fälschlicherweise den Wappenentwurf des Brakeler Kunstmalers Leisten aus dem Jahre 1925. Dieser Entwurf hatte damals jedoch nicht die Zustimmung des zuständigen preußischen Innenministeriums gefunden. Es kritisierte die falschen heraldischen Farben und die zu kleingliedrige Gestaltung. Das aufgrund der damaligen Kritik dann neu gestaltete und seitdem in der Fachliteratur angeführte korrekte Wappen findet sich im farbigen Bildteil unter der Nr. IX.[52]

Anmerkungen

[1] In Lemgo beispielsweise umfassten die bürgerlichen Dienstpflichten im Jahre 1323 die Gestellung eines bewaffneten Mannes sowie eines Pferdes pro Haus, die Beteiligung am Ordnungsdienst in der Form von Nachtwachen, die Beteiligung an Arbeiten zum Ausbessern von Gräben, Wegen und der Stadtmauer. S. dazu Sandow, E.: Die Anfänge der lippischen Schützengilden. In: Lippische Mitteilungen aus Geschichte und Landeskunde. 34. Band 1965, S. 56.

[2] Reintges, Th.: Ursprung und Wesen der spätmittelalterlichen Schützengilden. Bonn 1963, S. 57 ff.

[3] Mönks, A.: Beiträge zur Geschichte des Schützenwesens im Hochstift Paderborn. In: Zeitschrift für vaterländische Geschichte und Altertumskunde, Bd. 86, 1929, 2. Abteilung, S. 98

[4] Ebd. S. 97.

[5] Vgl. ebd. S. 157-198 die abgedruckten Schützenbriefe von Borgentreich 1502, Warburg 1599, Sandebeck 1609, Löwendorf 1652, Bellersen 1770.

[6] Grundsätzlich dazu bei Schoppmeier, H.: Der Bischof von Paderborn und seine Städte. Witten 1968.

[7] Vgl. Sandow, wie Anmerkung 1, S. 66 und 75.

[8] StA Detmold, IP Nr. 369.

[9] Wie Anmerkung 3, S. 165.

[10] In einer Hausinschrift in Schwalenberg aus der gleichen Zeit sagt der Erbauer, „Lugda (Lügde) ist mein Vatterland".

[11] Wie Anmerkung 3, S. 199.

[12] Wie Anmerkung 3, an verschiedenen Stellen. Zur Bestätigung und Genehmigung der Schützenbriefe in Bökendorf und Bellersen zudem: StA Detmold, Regierung Minden, IP 369.

13 Wie Anmerkung 3, S. 108/9.

14 Ebd. S. 110/11.

15 Carl Weber: Der Generalmobilmachungsplan der Schützen für das Hochstift Paderborn. In: Die Warte, Heft 7, Juli 1966, S. 99.

16 Wie Anmerkung 3, S. 107/8. Ferner Mönks, A.: Die „Alten Schützen" zu Kollerbeck. In: Völker, Chr. (Hrsg.): Heimatbuch des Kreises Höxter. 2. Band, Paderborn 1927, S. 123.

17 Nach mündlicher Auskunft des derzeitigen Inhabers der von Haxthausenschen Güter, Elmar Freiherr von Haxthausen, gegenüber W. Hagemann im Jahre 2007.

18 Die Problematik der Angaben von Rasch wird auch im Hinblick auf die angebliche Gründung der Schützengesellschaft Rolfzen 1672 in Frage gestellt: „....ohne daß seine Quelle bisher aufgefunden wurde." Waldhoff, J.: Chronik und Geschichte des Dorfes Rolfzen, Steinheim 1992, S. 223.

19 StA Detmold, H II 8, Kladde „Amt Oldenburg von Oeynhausen Amtssassigkeit Jurisdiction"

20 StdA Marienmünster, A 156.

21 Wie Anmerkung 3, S. 197.

22 Nach Brockhaus Enzyklopädie, Stichwort Tabak, Kulturgeschichte. Mannheim 1993, S, 561.

23 Das Zitat stammt aus der Präambel der weiter unten ausführlich behandelten Schützenordnung von 1845. Sollte man fälschlicherweise das Jahrhundert zwischen 1600 und 1699 gemeint haben, so dürfte man von dem Dokument aus dem Jahre 1686 ausgegangen sein.

24 StdA Marienmünster, Vördener Bürgerbuch ab anno 1678. Gewichtsumrechnung nach Kahnt, H. / Knorr, B.: Alte Maßen, Münze und Gewichte, Leipzig 1986, S. 178.

25 Wie Anmerkung 3, S. 112 ff.

26 So zum Beispiel aus dem Schützenbrief von Sandebeck aus dem Jahre 1609 der in drastischen Worten festlegt, dass keine Kinder aus den durch die Reihe laufenden Gläsern trinken sollen, da deren Ausfluss aus Mund und Nase in und an das Glas gelangen könnte, was dem Nachbarn das Trinken aus dem Glas widerlich mache und er sich schlimmstenfalls dann sogar übergeben müsse. Quelle: Wie Anmerkung 3, S. 167/8.

27 Wie Anmerkung 3, S. 123.

28 Wie Anmerkung 16, S. 128.

29 Ebd. S. 130.

30 Wie Anmerkung 12.

31 StA Münster, Fürstbistum Paderborn, Geheimer Rat, Akten, 1794, Bl. 1-20.

32 Wie Anmerkung 3, S. 166.

33 Eintragung im „Schützenbuch für die junge Schützengesellschaft in Vörden. Angefertigt im Juni 1886."

34 StA Münster, Fürstbistum Paderborn, Geheimer Rat, Akten, 1792, Bl. 1-4.

35 Aus dem weiteren Umkreis Vördens finden sich für Gehrden dazu entsprechende Unterlagen, gedruckt in: Grabe, W. / Moors, M. (Hrsg.): Neue Herren – neue Zeiten? Quellen zur Übergangszeit 1802 bis 1816 im Paderborner und Corveyer Land. Paderborn 2006, S. 391 – 396.

36 Die Informationen zu dem Vorstehenden sind entnommen der Dokumentation „Das Schützenwesen im Erzbistum Paderborn", zusammengestellt und bearbeitet von Theo Schröder, S. 22-24. Ungedrucktes Typoskript, Neheim 1987.

37 Chronik der Jungschützen, im Besitz der Schützengesellschaft Vörden.

38 Chronik der Altschützen, im Besitz der Schützengesellschaft Vörden.

39 StdA Marienmünster, C 604.

40 StdA Marienmünster, A 156.

41 Wie Anmerkung 3, S. 134.

42 S. im Beitrag „Vörden im ersten Drittel des 20. Jahrhunderts" zum Jahre 1924.

43 Von den an anderer Stelle angegebenen 58 Namen auf den Tafeln des Ehrenmals an der Kirche sind einige Angehörige von damals in Vörden lebenden Evakuierten und Flüchtlingen.

44 Vgl. Anmerkung 17.

45 Jubiläums-Schützenfest 425 Jahre, herausgegeben von der Schützenbruderschaft St. Peter und Paul Vörden, verfasst von Karin Föckel, Vörden 1999.

46 StdA Marienmünster, A 393.

47 Protokoll der Sitzung des Hauptausschusses der Stadt Marienmünster vom 5. August 1970.

48 Die Überlieferung ist auch wiedergegeben in der Festschrift zum 425jährigen Jubiläum der Schützengesellschaft, wie Anmerkung 45, S. 22.

49 Oldenhage, K.: Kurfürst Erzherzog Maximilian Franz als Hoch- und Deutschmeister (1780-1801). Quellen und Studien zur Geschichte des Deutschen Ordens 34. Bonn – Bad Godesberg 1979, S. 28 – 31. Die Reiseroute findet sich in Österreichisches StA, Österreich – Estensisches Hausarchiv, Nachlaß Max Franz, 176.

50 Die Beschreibung der Gehrdener Schützenfahne im Jahre 1810 weist aus „eine blau-seidene Fahne, an einer roht angestrichenen Stange. Die Fahne war umher mit einem Blumenlauff von Golde, auf der einen Seithe in der Mitte St. Peter, auf der anderen aber Fabian und Sebastian ausgemahlt." Wie Anmerkung 35, S. 394/95.

51 Der Adler auf der Bredenborner Fahne weist auf der Brust einen Kranz auf, der von einem Herz ausgefüllt ist, aus dem oben drei Flammen oder Zweige austreten. Über die Bedeutung ist nichts bekannt.

52 Das korrekte Wappen war dem Vorstand der Schützenbruderschaft von der Arbeitsgruppe „Heimat und Brauchtum" im Heimat- und Kulturverein Marienmünster e. V. rechtzeitig zugeleitet worden.

Wilhelm Hagemann

Brau-, Brennstätten und Gasthäuser im alten Vörden[1]

Bier war das Alltagsgetränk des Mittelalters und auch der Neuzeit bis weit in das 19. Jahrhundert hinein. Abgesehen von seinem Nährwert und der Funktion als Durstlöscher hatte es deshalb eine so große Bedeutung, weil es durch Erhitzung und Gärung während des Brauvorgangs weitgehend keimfrei war. Insofern war es der Gesundheit dienlicher als das Wasser aus den Brunnen, die nicht selten in der Nähe von Düngerstätten lagen. Besonders im 18. und 19. Jahrhundert stieg dann auch der Konsum an Branntwein. Die Herstellung lag häufig in denselben Händen wie die Bierproduktion.

1. Das Braueramt

a) Die Gründung des Amtes

Bei der Bedeutung des Bieres für die Ernährung und Gesunderhaltung ist es nicht verwunderlich, dass Bierbrauen für den eigenen Bedarf in fast jedem Hause üblich war. Es lag meist in der Hand der Hausfrau. Wer jedoch darüber hinaus Bier verkaufen wollte, musste von dem Erlös eine Biersteuer an den Landesherrn zahlen, die sogenannte Akzise. Um von dieser lästigen und wohl auch schwer zu kontrollierenden Steuer frei zu kommen, strebten die Brauinteressenten in den Städten eine Organisation an, über die eine einfachere Regelung und die Eröffnung einer (Neben-) Erwerbsquelle möglich wurde. Die Regelung bestand dann meist in der Gründung einer entsprechenden Gilde oder Zunft, im Paderborner Bereich als „Amt" bezeichnet. Die Gründung des Vördener Braueramtes erfolgte im Rahmen der Verhandlungen, welche die Vertreter der Stadt Vörden am 16. und 17. Februar 1605 unter Vermittlung bischöflicher Beamter mit den Brüdern von Haxthausen im Neuhäuser Schloss führten. Über die sonstigen Punkte dieser Verhandlung ist im Artikel „Vörden als bischöfliche Stadt" berichtet worden. Zum Braueramt heißt in dem geschlossenen Vertrag:

> „*Und haben hiebei sowohl ihre fürstliche Gnaden* (der Bischof) *als auch die Gebrüder von Haxthausen den Ingesessenen zum Vorde gnädig und günstiglich einbewilligt, gestattet und zugelassen, daß sie ein sonder Brauer Ambt einrichten und davon jerlichs 3 Thaler geben. Im Fall sie aber bei gantzen Stücken etwas außverkaufen* (nach auswärts verkaufen) *würden, davon auch die Accise* (Akzise) *außrichten sollen.*"[2]

Die Mitglieder des Braueramtes konnten ihr Bier nun ohne Besteuerung in der Stadt verkaufen. Nur bei Verkauf von ganzen Fässern nach auswärts sollte die übliche Getränkesteuer zu entrichten sein. Die jährlichen drei Taler Abgabe gingen je zur Hälfte an die bischöfliche Kanzlei und an die Brüder von Haxthausen. Offenbar sollten letztere damit wohl eher symbolisch entschädigt werden für den zu erwartenden geringeren Umsatz ihres eigenen Bieres in Vörden (s.u.).

b) Der ursprüngliche Zunftbrief

Auf der Basis der zitierten Erlaubnis wurde zur genauen Regelung ein Zunftbrief (Amtsbrief) verfasst. Heute würde man das wohl eine Ausführungsbestimmung nennen. Mit Datum vom 1. Mai 1606 bestätigte Fürstbischof Dietrich von Fürstenberg den *„vom ehrsamen Rath zum Vörden"* aufgestellten Zunftbrief. Er enthält 10 Artikel und zwei Zusätze. Im Einzelnen sind Bestimmungen getroffen über den Vorstand des Amtes und dessen Befugnisse, über das Eintrittsgeld, die Ordnung des Brauens und des Bierausschanks und über das Verhalten der Amtsgenossen beim Tode eines Mitglieds.[3]

Die Leitung des Amtes lag in den Händen von zwei Dechen oder Decken (abgeleitet von Dechanten, den Vorstehern der Zünfte) und zwei Gillemeistern (Gildemeistern). Sie werden durch die Ordnung ermahnt, das Amt treu zu verwalten und nichts Unrechtes damit zu tun. Bei Verstößen waren vier Taler Strafe zu zahlen. Bei angesetzten Zusammenkünften hatten alle Amtsgenossen gegen Strafe von neun Groschen pünktlich zu erscheinen. Wer verhängte Strafen nicht akzeptierte, wurde des Amtes verwiesen und durfte kein Bier mehr verkaufen. Er konnte sich nur gegen Zahlung von vier Talern wieder in das Amt einkaufen. Bei Eintritt in das Amt waren zwei Scheffel Gerste (ca. 43 kg) zu geben. Später wurde die Eintrittsgebühr in Geld definiert. Wer Bier gebraut hatte und verkaufen wollte, musste dieses durch *„ein Wisch auf der Thür"* (Strohwisch = Strohbündel) anzeigen. Wenn jemand Bier zum Verkauf außerhalb der Stadt brauen wollte, so sollte er dem Pförtner bei Passieren des Stadttores auf dem Weg zur Mühle einen Zettel mit der Menge des zu schrotenden Malzes abgeben, *„damit man wisse, wie viel ein jeder brugget, und unserm gnädigen Herrn die Zinsen, d. h. die Accise davon werden könne."* Wer keinen Zettel abgab oder sich auf andere Weise der Kontrolle entzog, sollte zwei Taler Strafe zahlen. Dieselbe Strafe war bei der Angabe oder Nutzung falscher Maße und Gewichte fällig.

Beim Tode eines Mitglieds des Amtes sollten aus jedem zum Amt gehörenden Haus zwei Personen die Leiche zu Grabe begleiten, und zwar in ordentlicher Weise dergestalt, dass zuerst die „Mannspersonen" jeweils zwei zu zwei dem Sarg folgten und dann in gleicher Ordnung die „Frauens". Wer nicht mitging, obgleich er zu Hause und „zu passe" (gesund) war, hatte neun Groschen Strafe zu zahlen. Selbst das Gehen aus der Reihe oder ein anderes unordentliches

Verhalten zog fünf Groschen Strafe nach sich. Die Toten sollten von den „vornehmsten" Mitgliedern des Amtes zu Grabe getragen werden. Tod und Begräbnis wurden wie die Zusammenkünfte vom jeweils jüngsten Amtsbruder angesagt, dem „Knecht".

Der Urkunde sind noch zwei Nachträge angefügt. Der erste räumte den Mitgliedern die Möglichkeit ein, sich vom Amt Braugerste auszuleihen und diese nach Verkauf des Bieres zu bezahlen. Dadurch musste nicht jedes Mitglied selbst Gerste anbauen. Die Leitung des Amtes sorgte demnach durch Einkauf für eine Bevorratung. Der zweite Nachtrag legte fest, dass die von den Mitgliedern in den Verkauf zu bringende Biermenge von den Dechen und Gildemeistern im Verein mit dem Stadtrat geregelt werden sollte. Damit wollte man wohl ein Überangebot und ein gegenseitiges Preisunterbieten vermeiden. Auf eine solche Situation weist bis heute der Spruch hin, dass eine Ware wie „sauer Bier" angeboten wird. Das damalige Bier war nämlich in der Haltbarkeit recht begrenzt. Bei Verstößen sollte eine Tonne Bier (ca. 35 Liter) zu liefern sein.

c) Spätere Änderungen des Zunftbriefes

Beim Amtsantritt eines neuen Bischofs ließ sich das Braueramt seine Rechte immer wieder bestätigen. Solche Bestätigungen sind für 1705 und 1784 erhalten. Erwähnt werden ferner Bestätigungen aus den Jahren 1650 und 1731, die aber nicht mehr vorhanden sind.[4] Diese Gelegenheit nutzte man dann auch für Änderungen, die sich aus der Praxis ergeben hatten. Ein wichtiger Punkt waren beispielsweise zusätzliche Regelungen für die Zusammenkünfte und Feiern der Braugenossen. Im ursprünglichen Amtsbrief von 1606 sind solche noch nicht enthalten. Die gestiegene Bedeutung der Feiern zeigte sich beispielsweise in der Umbenennung der Gildemeister in Schäffer (= Beschaffer). Diese hatten vor allem für Getränke und wohl auch Zehrung auf den Zusammenkünften zu sorgen. Die sonstigen Festlegungen zum Beispiel beim Trinken und Tanzen „auf der Dehl" orientieren sich offensichtlich an den Bestimmungen im Schützenbrief von 1686 (s. im Beitrag „Die Vördener Schützengesellschaft").

Interessant ist, dass die späteren Amtsbriefe „zu Beförderung des Brauamtes" zwei Braumeister oder Probeherren vorsehen. Diese hatten die Qualität des von den Mitgliedern gebrauten Bieres zu überprüfen, so dass kein schlechtes Bier in den Handel kam. Aus diesen späteren Amtsbriefen geht eindeutig hervor, dass auch Frauen Mitglieder des Amtes werden konnten. Von ihnen wurden nur 10 Taler Eintrittsgeld verlangt, während es bei den Männern 15 Taler waren. Anders als in dem ursprünglichen Amtsbrief wurden jetzt auch strengere Vorschriften für die Aufnahme von Mitgliedern erlassen. Man wollte dadurch wohl auch eine zu große Anzahl und damit eine zunehmende Beschränkung der Verdienstmöglichkeiten für das einzelne Mitglied vermeiden. Eheliche Geburt und freier Stand (keine Leibeigenschaft) waren jetzt ebenso Bedingung wie ein untadeliger Lebenswandel. Unter Androhung hoher Stra-

fen werden die Amtsbrüder ermahnt, einander weder innerhalb noch außerhalb des Amtes Schaden zuzufügen, sondern vielmehr einander vor solchem
zu bewahren.

Die Amtsgenossen achteten insgesamt streng auf die Wahrung ihrer Interessen.
Dabei wurde sie von der bischöflichen Behörde unterstützt. Als im Jahre 1675
der Bürger Hermann Schmidt, der nicht dem Braueramt angehörte, einige Tonnen Bier herstellte und verkaufen wollte, zeigte ihn das Braueramt in Paderborn
an. Die Behörde konfiszierte das Bier und schenkte es den Kapuzinern in Brakel. Wenn es halbwegs gut war, wird es dort Freude ausgelöst haben.

2. Gasthäuser im alten Vörden

a) Die Gasthäuser der Familie von Haxthausen

Es wurde oben bereits angemerkt, dass die Familie von Haxthausen wahrscheinlich bereits bei der Gründung des Braueramtes 1605 in Vörden selbst Bier
brauen und verkaufen ließ. Sicherlich hat man auf der Burg von jeher Bier zum
eigenen Bedarf hergestellt. Im 17./18. Jahrhundert gingen aber zahlreiche Adelsfamilien mit großem Getreideaufkommen dazu über, sich neben dem Direktver-
kauf von Getreide durch die Bier- und Branntweinherstellung eine zusätzliche
Einnahmequelle zu verschaffen. Auch die Familie von Haxthausen nutzte diese
Möglichkeit. Es ist zwar unbekannt, seit wann genau die von Haxthausen in
Vörden ein Gasthaus zum Ausschank ihrer „veredelten" Produktion betrieben
haben, mit Sicherheit bestand dieses aber lange vor dem Jahre 1730. Für dieses
Jahr berichtet nämlich die an anderer Stelle wiedergegebene Inschrift über dem
Portal des heutigen Schlosses, dass der Erbauer auch einen „neuen Krug" errichtet habe (s. im Artikel „Burgvögte, Burgmänner und Pfandinhaber"). Wie
weiter unten genauer dargelegt wird, stand dieser neue Krug im Schlossgarten.
Der alte von Haxthausensche Krug blieb aber bestehen. Er befand sich gegenüber dem Kirchturm. Das Urkataster von 1830 weist das Gebäude aus, das auch
zu dieser Zeit noch Gasthaus war. Das heute dort befindliche Fachwerkgebäude, das als Remise (Kutschenschuppen) diente, wurde später neu errichtet, wird
aber auf den Grundmauern des alten Gasthofes stehen. Gemäß der an anderer
Stelle geäußerten Vermutung dürfte hier bis zum Jahre 1639 noch eine Reihe
bürgerlicher Häuser gestanden haben, die einem Brand zum Opfer fielen. Nach
einem Erwerb der Grundstücke durch die Familie von Haxthausen oder wenig später durch den zwischenzeitlichen Burginhaber Dietrich von Niehausen
könnte dann hier der Burgkrug errichtet worden sein. Er wurde, wie Völker
berichtet, von den Vördenern „Helpup" (Hilfauf) genannt. Ob sich das auf die
Bewältigung des steil ansteigenden Weges von der Niedernstraße her bezog
oder auf die Aufrichtung der armen Sünder, die zerknirscht aus der Kirche kamen, muss hier offen bleiben.

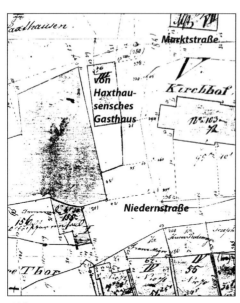

Abb. 124
*Das Gebäude des von Haxthausenschen
Gasthauses im Aufriss des Urkatasters von
1830 (Beschriftung nachgetragen)*

Der Krug war gegen eine feste Gebühr an einen Pächter vergeben.
1793 wird als „Burgkrüger" Josef
Kropp genannt. Dieser hatte zuvor schon einmal den Ratskeller
gepachtet (s. u.). Der Burgkrüger musste sein Bier und seinen
Branntwein von der Brauerei und
Brennerei der Burg beziehen. Die
gleiche Verpflichtung hatten die
Pächter der von Haxthausenschen
Gasthäuser in Altenbergen, Bellersen und Bökendorf. Die Brauerei und Brennerei befand sich vor
dem erwähnten Neubau von 1730
auf dem Platz der Gebäude rechts
vom jetzigen Schloss.

Mit dem Neubau des Schlosses
1730-34 wurde die Brauerei und
Brennerei dann in den Schlossgarten verlegt, und zwar auf den Platz,
auf dem bis 1723 die Schafställe

gestanden hatten, die auf der Darstellung Vördens aus dem Jahre 1665 zu seh-
en sind (vgl. im Artikel „Das Erscheinungsbild der Stadt"). Im Urkataster von
1830 ist das Gebäude im Schlossgarten mit „Brennerei" ausgewiesen. Neben
der Brauerei und Brennerei wurde um 1730 auch der bereits erwähnte „Neue
Krug" gebaut. Er hieß auch der „Teichkrug" und war vor allem als Einkehr für
den an Vörden vorbei fließenden Verkehr gedacht. Über den alten Bredenborner Weg und durch die „Hahnentwiete" verlief damals nämlich die Verbindung
von Brakel nach Marienmünster und weiter ins Lippische. Ferner gelangte man
von hier über den Wenderweg nach Norden und Osten, was sich zum Beispiel
auch für Reisende aus dem Raum Nieheim anbot. Wie hoch man die Ertrags-
kraft des neuen Kruges einschätzte, zeigt sich daran, dass für diesen anfangs
eine Pacht von 30 Reichstalern jährlich angesetzt war, während der weiterhin
bestehende Burgkrug nur 18 Taler brachte. Allerdings erwies sich die Kalkula-
tion doch als zu optimistisch und der neue Krug ging schon bald wieder ein.
Aber auch ohne den neuen Krug war die Burgbrauerei und -brennerei aufgrund
des Absatzes in den eigenen Gastwirtschaften in Vörden, Bellersen, Bökendorf
und Altenbergen offenbar ein einträglicher Betriebszweig. Neben der eigenen
Braugerste dürfte man wohl auch den zugehörigen Hopfen selbst angebaut haben. Mit dem Verlust des privilegierten Absatzes ab 1809 (s. u.) nahm jedoch die
Konkurrenz zu. Guido von Haxthausen stellte deshalb Mitte des 19. Jahrhunderts den Betrieb der Brauerei und der Gasthäuser ein.

b) Der Ratskeller und sein Nachfolger

Für die Mitglieder des Vördener Braueramtes war der Bierverkauf ab Haus wohl kein besonders einträgliches Geschäft, zumal man sich an die festgelegten Zeiten und Mengen halten musste. Deshalb suchte man nach einer besseren Absatzmöglichkeit, wie sie eine Gastwirtschaft bot. Eine günstige Gelegenheit dazu ergab sich, als im Jahre 1683 die Braugenossen mit Johann Pols den Bürgermeister stellten, der auch Dechant des Braueramtes war. Auch der Kämmerer sowie noch andere Mitglieder im Rat gehörten dem Amt an. So beschloss der Rat „ein zierliches Rathaus" (zierlich = zierend, schön) mit darunter befindlichem „wohlbestellten Stadtkeller" zu bauen. Wie bereits an anderer Stelle dargelegt wurde, wies das Gebäude eine Deele auf, die bei Festen auch zum Tanzen genutzt werden konnte. Die in der Stadtrechnung 1705/6 erwähnte Krippe zeigt zudem, dass hier auch Pferde von Reisenden und Fuhrleuten versorgt werden konnten. Das hatte damals dieselbe Bedeutung, die heute Parkplätze an einer Gaststätte haben.
Nach der erwähnten Stadtrechnung wurde der „gemeine Krug" (= die der Allgemeinheit gehörende Gastwirtschaft) an Interessenten für jährlich 24 Reichstaler verpachtet. Der Vertrag wurde stets für ein Jahr abgeschlossen und jeweils zu Lichtmess erneuert. Der Pächter, den man den Krüger nannte, durfte nur Bier von den Braugenossen beziehen und ausschenken. Als erster Krüger erscheint namentlich Jürgen Kienen. Als weitere sind bekannt:

Josef Kropp	1785
Johann Böger	1788
Adolph Kreylos	1791
Josef Dolle	1812, 1823
Josef Otto	1818-1820
Friedrich Weferling	1824-1837.

Friedrich Weferling dürfte der letzte Pächter gewesen sein, denn im Jahre 1838 wurde der Keller mit dem Garten davor an den Nieheimer Gastwirt Rolf verkauft. Er wurde dann aber schon bald von Heinrich Weber übernommen. Dieser baute eine neue Gastwirtschaft vor dem Niederen Tor. Nach dem Brand von 1867 wurde das bis heute erhaltene Gebäude errichtet. Der Name der heutigen Weberschen Gastwirtschaft steht mit ihrem Namen „Gasthof zum Krug" in der Tradition des Ratskellers als städtischer Krug.

c) Das Kroppsche Gasthaus

Wie bereits angeführt, hatte Josef Kropp 1785 den Ratskeller und 1793 das von Haxthausensche Gasthaus in Pacht. In dieser Familientradition kaufte dann Johann Kropp um 1840 das 1806 vor dem Niederen Tor von Johann Sander erbaute Haus und richtete darin eine Gastwirtschaft ein. Ab 1860 war er auch

Abb. 125   Gasthof Weber um 1930, hier erbaut nach dem Brand von 1867.
Links daneben die 1923 errichtete Scheune auf dem Standort
des früheren städtischen Kruges.

Abb. 126   Gasthof Kropp um 1950, damaliger Pächter Karl Tillmann. Die beiden
Fenster ganz rechts gehörten zur Gastwirtschaft, die beiden Fenster links
des Eingangs zum Kolonialwaren-Laden. Hier befand sich auch der Zapf-
hahn für das Bier. Die Ladentheke war somit gleichzeitig Biertheke, die im
eigentlichen Gastraum fehlte.

Posthalter. Da die Ehe des Johann Kropp mit Anna Maria Reineke, verwitwete Thoss kinderlos blieb, übernahm der Neffe Robert Kropp das Erbe. Das ursprüngliche Gebäude wurde zunächst durch einen Fachwerkanbau und dann durch einen massiven Bau entlang der Amtsstraße erweitert. Den Besitz erbte dann das 1901 geborene jüngste Kind Elisabeth Franziska aus der Ehe des Robert Kropp mit Katharina Geers-Imwalle aus der Nähe von Osnabrück. Elisabeth Franziska Kropp heiratete den Lehrer Franz Padberg. Die Gastwirtschaft wurde seitdem größtenteils verpachtet. Derzeitiger Besitzer ist Franz Padberg.

b) Das Gasthaus Offergeld, später Koch

Wie die vorstehenden Beispiele bereits zeigen, wurden Gasthäuser bevorzugt an Straßen mit Durchgangsverkehr eingerichtet. Als nun in den Jahren 1855/56 die heutige Kreisstraße von Höxter nach Nieheim gebaut wurde, lief dieser Verkehr am damaligen Vörden vorbei. Deshalb errichtete der aus Hoengen im Rheinland stammende Wilhelm Heinrich Offergeld an der Kreuzung der neuen Straße mit dem Weg nach Altenbergen eine weitere Gastwirtschaft. Sie wurde dann zunächst an Wilhelm Potthast verkauft und ging um 1900 in den Besitz von Ferdinand Koch über. Nachkommen der Familie Koch – nach Einheirat Leßmann – besitzen das Haus bis heute, das jedoch seit Jahrzehnten nicht mehr als Gastwirtschaft dient. (Abb. 127).

Abb. 127   Der 1855/56 erbaute Gasthof Offergeld / Koch um 1910

3. Konflikte um Brau- und Schankrechte

Nach diesem Blick auf tradionsreiche Vördener Gasthäuser, der uns bis in das 20. Jahrhundert führte, gehen wir jetzt noch einmal zurück in die Verhältnisse im 17. Jahrhundert. Damals wie heute haben Privilegien häufig Ärger, Neid und Missgunst bei den Nicht-Privilegierten ausgelöst. Das war bei den Brau- und Schankrechten in Vörden nicht anders.

a) Der Konflikt um den Ratskrug

Der Bau des Ratskruges löste wohl schon unmittelbar nach seiner Fertigstellung einen Konflikt in der Bevölkerung aus, als klar wurde, dass dort nur von den Mitgliedern des Braueramtes hergestelltes Bier verkauft werden sollte. Zum Sprecher der Unzufriedenen machte sich Johann Krois, der 1674 durch Heirat aus Nieheim nach Vörden gekommen war. Er hatte die Tochter des früheren Bürgermeisters und landreichsten Vördener Bauern Georg Sagel geheiratet, dessen Grabstein sich an der Sakristei befindet (s. unter „Kirche und religiöses Leben). Mit Datum vom 2. Oktober 1683 sandte Johann Krois im Namen von 41 Einwohnern ein umfangreiches Beschwerdeschreiben an die bischöfliche Behörde.[5] Darin wird dargelegt, dass an dem Platz früher ein öffentliches Backhaus gestanden habe, das im (Dreißigjährigen) Krieg „verkommen" sei. Eine Wiedererrichtung wäre sinnvoll gewesen, weil von den vielen kleinen privaten Backhäusern, die mit Stroh gedeckt seien, eine große Feuergefahr ausgehe. Der Bau des Backhauses sei aber durch die Brauerzunft, die Bürgermeister und Kämmerer gestellt hätten, verhindert worden. Statt dessen hätten diese zum eigenen Nutzen ein *„gemeines* (= der Gemeinde gehörendes) *Wirtshaus mit Krug"* dort *„kostbarlich"* errichtet, und zwar *„durch gemeine Arbeit und gemeines Geldanlegen"*. Sie selbst hätten aber weder durch Arbeit noch durch besondere Zahlungen zum Bau des Hauses beigetragen. Die Zustimmung zum Bau habe man durch Drohungen und durch die Zusage erreicht, dass dort alle Bürger als Bierlieferanten zum Zuge kommen könnten. Nun hätten sie aber einen der Ihren als Wirt eingesetzt und diesen verpflichtet, nur Bier von den Braueramtsmitgliedern anzunehmen. Darüber hinaus würden diese auch nicht dulden, dass man außerhalb Vördens Bier zu seinem eigenen Bedarf kaufe, obgleich sie den Bedarf nicht decken könnten. Angeführt wird der Fall des Schmiedemeisters Cord Kyso, der für seine krank im Kindsbett liegende Frau vergebens eine Tonne Bier (ca. 35 Liter) von den Braugenossen begehrt hätte. Als er sie dann von dem Meyer aus Großenbreden für seine geleistete Arbeit bekommen habe, sei er von den Mitgliedern des Braueramtes mit Strafe bedroht worden. Das Braueramt müsse aber selbst Bier auswärts kaufen, denn von den 23 Mitgliedern des Braueramtes verfügten nur sieben oder acht überhaupt über die notwendige Ausrüstung zum Brauen. So würde die Gemeinheit aufs höchste beschwert. Man müsse nämlich entweder Durst leiden oder den Braugenossen ihr Bier für gutes Geld abkaufen, obgleich das Bier in Vörden bekanntermaßen schlecht sei. Das Schreiben erhebt zudem den Vorwurf, dass die Braugenossen durch ein Eintrittsgeld von 20 und mehr Talern neu Eintretende ruinierten, denn diese könnten die Summe nicht bezahlen und müssten sie als Kapitalschuld übernehmen. Die Zinsen würden die Mitglieder des Braueramtes dann vertrinken. Man bitte deshalb den Bischof, allen Bürgern die Lieferung von Bier in das neue Haus zu gestatten.

Auf diese Klageschrift hin kam es zum Prozess. Beide Seiten nahmen sich einen Rechtsanwalt in Paderborn. Auch der damalige Pfandinhaber der Burg, Cord von Niehausen, schaltete sich ein. Er nahm zugunsten des Braueramtes Stellung und schrieb, zum Anhang des Krois gehöre zum Teil der gemeine Pöbel, deren Kinder das Brot ehrlicher Leute an der Tür sammelten. Hingegen trat der Mit-Eigentümer der Burg, Franz Dietrich von Haxthausen auf Bökerhof für die Gegenseite ein und schrieb, ihm sei deren Anliegen recht, wenn sie nur die Braueramtsgelder an den Bischof und die Familie von Haxthausen zahlten.

In der Gegenschrift der Braueramtsgenossen wird zunächst auf deren alte Privilegien des Bierverkaufs hingewiesen. Sie heben zudem hervor, dass das errichtete Gebäude auch die Funktion des Rathauses habe und deshalb mit öffentlichen Mitteln gebaut worden sei. Das Haus diene der Stadt zur Zierde und auch in anderen Städten gäbe es Wirtshäuser unter dem Rathaus. Jetzt könne der Rat im Trockenen und an einem ehrlichen Platz zusammen kommen, während er früher auf dem Kirchhofe und in anderen Winkeln habe tagen müssen. Zudem habe die Stadt eine zusätzliche Einnahme von 24 Talern durch die Pacht. Ganz entschieden wird der Vorwurf zurück gewiesen, dass die Brauer nicht genug und dazu noch schlechtes Bier herstellten. Kein Fremder noch Einheimischer habe sich bisher darüber beschwert.

Im Gegenschreiben bestritt dann Krois, dass die Bürger seinerzeit dem Bau eines Rathauses zugestimmt hätten. Vielmehr habe man eingewilligt, ein öffentliches Brauhaus zu errichten. Dem antwortete die Gegenseite, sie hätten niemals so viel eigenes Geld in den Bau investiert, wenn anschließend alle Bürger brauchberechtigt hätten sein sollen. Zudem seien in Vörden nur wenige, die mit ihrem Korn zum Leben auskämen, geschweige denn davon auch noch etwas zum Brauen verwenden könnten. Der „Lärmenbläser" Krois wolle nun das Rathaus zu einem Brauhaus für alle machen. Dabei habe niemand von seiner Partei Geld in das Gebäude gesteckt, während die Braugenossen „den Beutel gezogen" hätten.

So wogte der Streit mit unbelegten Behauptungen hin und her. Schließlich gab es eine überraschende Wendung. Am 4. September 1684 fällte nämlich der zur Beilegung des Streits vom Bischof abgeordnete Kommissar die folgende Entscheidung: Das Braueramt solle innerhalb von 14 Tagen seine Rechte durch Vorlage des Amtsbriefes und seiner Bestätigungen seitens der neu gewählten Bischöfe belegen. Anderenfalls sollten alle Bürger zur Belieferung des Ratskruges berechtigt sein. Für diesen Fall sollten dann drei Reichstaler jährlich jeweils

an den Bischof und die von Haxthausen gezahlt werden. Da dem Braueramt
aber der Amtsbrief im Dreißigjährigen Krieg abhanden gekommen war und
man sich auch noch nicht um eine Erneuerung gekümmert hatte, trat das Urteil
nach Ablauf der Frist in Kraft. Das Braueramt protestierte jedoch heftig und
warf dem Kommissar eine voreilige Entscheidung ohne Kenntnis der Sachlage
vor. Und tatsächlich setzte dann der Bischof mit Datum vom 4. Oktober 1684
das Urteil zunächst aus und verlangte die Übersendung aller Prozessakten. Ein
Urteil ist nicht bekannt, jedoch ist aus dem weiteren Verlauf zu schließen, dass
man im Paderborner Archiv das Doppel des Braueramtsbriefes von 1605 fand
und die Amtsgenossen dann wieder in ihre angestammten Rechte einsetzte. In
der Folgezeit bekamen die Braugenossen nämlich bei weiteren Angriffen auf
ihre Privilegien stets die Unterstützung der bischöflichen Behörden.

b) Ein erneuter Angriff gegen die Braueramtsprivilegien

Nur sieben Jahre nach den beschriebenen Streitigkeiten, im Jahre 1691, hatte das
Braueramt wieder Anlass zum Protest. Einige Bürger, die nicht Mitglieder des
Braueramtes waren, hatten sich unterstanden – möglicherweise in Unkenntnis
der genauen Rechtslage – selbst Bier zu brauen und zu verkaufen. Darüber hinaus hatten sie auswärts Bier erworben und es in Vörden krugweise weiter verkauft. Das Braueramt protestierte prompt beim fürstbischöflichen Amtmann
in Steinheim. Dieser verbot bei einer Strafe von 25 Goldgulden solche Verstöße
gegen das Recht des Braueramtes. Sollten sich diese oder andere Bürger dennoch wieder solcher Vergehen schuldig machen, wird den Braueramtsgenossen
das Recht zugesprochen, dieses Bier unter Mitwirkung des Vördener Richters
wegzunehmen und es sicher zu deponieren. Der Fall solle dann nach Steinheim
berichtet werden, von wo anschließend weitere Maßnahmen erfolgen würden.
Vielsagend ist der Zusatz des Amtes zu dieser Entscheidung: Der Dechant des
Braueramtes wird ermahnt, darauf zu achten, dass *„jederzeit unsträfliches* (einwandfreies) *Bier verzapft und niemalen der geringste Mangel an feilem Bier
verspürt oder erfunden werde“*. Daraus ist zu schließen, dass man in Steinheim
doch Zweifel hatte, ob es mit der als unerlässlich angesehenen Bierversorgung
durch das Braueramt in Vörden immer so recht klappte.

c) Der Streit um eine Schildwirtschaft

Im Unterschied zu Strauß- und Schankwirtschaften, die nur Getränke aus-
schenkten, boten Schildwirtschaften auch Speisen sowie Übernachtungsmög-
lichkeiten an. Sie zeigten das durch ein ausgehängtes Schild an. Solche Schilder
sind insbesondere in Süddeutschland oft sehr aufwändig gestaltet. Im Jahre
1784 wandte sich der Vördener Bürger Johann Böger an den Geheimen Rat in
Paderborn als zuständiges fürstbischöfliches Amt mit der Bitte um die Verleihung der Schildgerechtigkeit für Vörden, also um die Erlaubnis zur Eröffnung

einer Schildwirtschaft.[6] Er begründete das damit, dass es in Vörden kein mit einem Schild versehenes Wirtshaus gäbe, so dass Fremde dort kein bequemes Logis finden könnten. Die Erlaubnis wurde auch prompt erteilt. Johann Böger wurde gestattet, ein Schild mit einem Kreuz darauf auszuhängen.

Das rief aber sofort den Protest sowohl des Braueramtes als auch des Pächters der von Haxthausenschen Gastwirtschaft hervor. Auch der Vördener Bürgermeister – wohl selbst ein Braugenosse – schaltete sich ein. Sowohl die Stadt in ihrem Ratskrug wie auch die Herren von Haxthausen hätten von alters her die Kruggerechtigkeit und seien jeweils mit einem Schild versehen. Der Rentmeister von Steinheim könne durch Vernehmung von Zeugen leicht feststellen, dass es in Vörden von jeher keine anderen Wirtshäuser als den Burgkrug und den Stadtkrug gegeben habe. Beide könnten auch Logis bieten. Der Burgkeller könne sogar drei Spann (Gespanne) Pferde unterbringen. Zudem sei der Pächter des Gutes verpflichtet, im Notfall bis zu drei weitere Gespanne auf der Burg einzustellen. Durch den neu eingerichteten Krug würden beide vorhandenen Wirtshäuser schwer geschädigt. Deren Pächter hätten demgemäß auch gleich nachdem der Böger sein Schild ausgehängt habe, ihre Schlüssel gebracht und erklärt, dass sie unter diesen Umständen die vereinbarte Pachtsumme nicht zahlen könnten.

Worum es dem Braueramt dabei ging, offenbart sich in der Aussage, es könne sich nur dann mit dem neuen Wirtshaus abfinden, wenn der Krüger verpflichtet werde, das Bier von den Brauamtsgenossen zu nehmen. Das wollte dieser aber wohl gerade nicht, und möglicherweise hatte er eben durch eigenes oder importiertes besseres Bier beträchtlichen Zulauf. Er argumentierte dann auch, dass es an anderen Orten des Hochstifts sechs bis sieben und noch mehr Wirtshäuser gäbe. Auch der Steinheimer Amtmann hielt offenbar mehr Konkurrenz in Vörden für durchaus angemessen und setze sich für Böger ein. Der Geheime Rat ließ sich aber mehr durch die Proteste des Braueramtes und des Betreibers der von Haxthausenschen Brauerei und des zugehörigen Gasthofes beeindrucken und zog die Erlaubnis wieder zurück.

Wo Johannes Böger seine Schildwirtschaft eröffnete, ist nicht festzustellen. Es muss jedenfalls in einem größeren Haus gewesen sein, weil dieses neben dem Schankraum ja auch Platz zum Übernachten und zum Einstellen von Pferden bieten musste. Es dürfte dann aber bald auch zu einer Versöhnung mit dem Braueramt gekommen sein, denn 1788 wird Johannes Böger als Pächter des Ratskellers angeführt (s. o.).

4. Das Ende des Braueramtes und die Versorgung mit Bier und Branntwein

a) Die Auflösung des Braueramtes

Die aus Vörden berichteten Versuche, die Privilegien des Braueramtes zu umgehen, stehen in einer nach dem Dreißigjährigen Krieg einsetzenden allgemeinen

Tendenz mit dem Ziel, die Rolle der Zünfte (Gilden, Ämter) generell in Frage zu stellen. Mit ihrem Festhalten an althergebrachten Rechten und Arbeitsweisen standen diese nämlich vielfach dem Fortschritt entgegen und verhinderten eine gesunde Konkurrenz. Auch die preußischen Beamten sahen nach der Übernahme des Fürstbistums Paderborn im Jahre 1802 die Rolle der Zünfte recht kritisch. Ihre zahlreichen Zusammenkünfte seien unnötig und dienten nur als Gelegenheit zum Trunk. Allgemein beklagten die preußischen Beamten wie etwa der Freiherr vom Stein, der im Juli / August 1803 das Paderborner Hochstift bereiste, den hohen Branntweinkonsum in den einzelnen Orten.[7] Für Vörden wollte jedoch der Stadtrat solche Vorwürfe nicht gelten lassen. Bürgermeister Heinrich Rotermund berichtete mit Datum vom 8. August 1804 namens des Magistrats, man müsse wahrheitsgemäß attestieren, dass die Vördener Gilden sich ihren Amtsbriefen entsprechend verhielten und die Grenzen derselben „in das Gebiet der Unordnung" nicht überschritten hätten. Speziell zu Gunsten der Erhaltung des Braueramtes heißt es:

> „Das Braueramt ist nicht allein hiesiger Bürgerschaft immer gutes untadeliges Bier zu liefern schuldig, welches gewiß sonst bei diesen theuren Zeiten mangeln würde, und wodurch doch die armen Leute als einziges Mittel ihre Lebenskraft suchen müssen, zu geschweigen, daß mancher bei Abgang (Fehlen) des Bieres auf das Branntweinsaufen sich legen würde, sondern das Braueramt ist sogar der wohllöblichen Kammer nützlich weil es derselben jährlich 1 ½ Thaler zahlt."

Mit der „wohllöblichen Kammer" meint der Bürgermeister die steuereinnehmende Stelle. Völker führt an, dass dieses Zeugnis des Bürgermeisters möglicherweise nicht als ganz glaubhaft anzusehen sei, weil dieser selbst gern einen kräftigen Trunk gemocht habe.
Das Braueramt hatte zu dieser Zeit den Höhepunkt seiner Entwicklung längst überschritten. Immerhin besaß es um die Mitte des 18. Jahrhunderts vier Morgen eigenes Land in der Eilverser Trift am Schlage. Man kann annehmen, dass darauf Gerste und Hopfen angebaut wurden und beides als Grundlagen des Bierbrauens von den Braugenossen gekauft werden konnte. Im Jahre 1788 setzten Conrad Böger als Schäffer und Franz Even als Dechant des Braueramtes dieses Land als Sicherheit ein für ein vom Kloster Marienmünster geliehenes Kapital von 80 Reichstalern.[8] Dafür waren jährlich vier Reichstaler Zinsen zu zahlen. Es ist nicht erkennbar, wozu das Geld genutzt wurde. Wenige Jahre später musste dann das Land zur Rückzahlung des Kapitals an den Vördener Bürger Johann Schmidt (Haus Trumpetz) verkauft werden.
Das Ende des Braueramtes wie aller anderen Zünfte kam im Jahre 1809. Damals hob die Regierung des französisch bestimmten Königreichs Westphalen alle Privilegien dieser Art auf. Jeder konnte nun gegen eine bestimmte Gebühr eine Konzession für jede Tätigkeit erwerben. Bei der Aufhebung des Vördener

Braueramtes zählte dieses immerhin noch 34 brauberechtigte Mitglieder, wobei jedoch sehr fraglich ist, ob die meisten von ihnen überhaupt noch über den eigenen Bedarf hinaus gebraut haben.

b) Eine erfolgreiche Brauerei und Brennerei

Wahrscheinlich hatte sich schon vor der offiziellen Auflösung des Braueramtes das Bierbrauen in Vörden weitgehend auf eine Person konzentriert, nämlich auf Wilhelm Multhaup (Güldenbeck). Er war am 1. Januar 1776 im alten Güldenbeckschen Haus an der Marktstraße geboren worden. Ob er das Brauerhandwerk regelrecht erlernt hatte, ist unbekannt. Jedenfalls betrieb Wilhelm Multhaup sein Gewerbe als Brauer im 1815 an der Niedernstraße neu erbauten Haus (s. Abb. 104) überaus erfolgreich. Nach einer Notiz im Kirchenbuch 3b haben seine Frau und er jeweils einen Morgen Land mit in die Ehe gebracht. Später konnte er dann jeder seiner drei Töchter 29 Morgen Land vermachen. So viel hatte er inzwischen dazu erworben. Auf dem Land baute er wohl seine Braugerste und vielleicht auch den Hopfen selbst an, was den Verdienst steigerte. Der große Gewölbekeller unter dem neuen Haus hat sicherlich der Lagerung des Bieres gedient. Das Brauwasser lieferte der hauseigene Brunnen. Ohne Zweifel war die Qualität seines Bieres die Voraussetzung für den Erfolg, denn nach dem Ende des Zunftmonopols hätte man auch ohne Probleme Bier von auswärts einführen können. Zumindest die damals neben dem Burgkrug existierenden beiden Gastwirtschaften (der Ratskrug, später Weber) und Kropp dürften das Bier von Wilhelm Multhaup bezogen haben. Ob er darüber hinaus auch Gastwirtschaften in den umliegenden Orten belieferte, ist nicht bekannt.

Mit Wilhelm Multhaup tritt uns die erste Vördener Unternehmerpersönlichkeit vor Augen. Dass er sich über den geschäftlichen Erfolg hinaus auch für seine Vaterstadt engagierte, zeigt sich daran, dass er ab 1808 über 24 Jahre hinweg auch das Amt des Vördener Bürgermeisters wahrnahm. Das spricht für das große Vertrauen, das seine Mitbürger ihm entgegen brachten und das er offenbar auch rechtfertigte. Wilhelm Multhaup starb am 20. März 1839 im Alter von 73 Jahren. Auch nach seinem Tode blieb er lange unvergessen: Noch weit über einhundert Jahre später trug das von ihm erbaute Haus nach dem darin ausgeübten Gewerbe den Hausnamen „Bruggers" (s. im Artikel zu alten Vördener Familien und Hausstätten).

Von den im Vördener Kirchenbuch zum 19. Jahrhundert gelegentlich als Brenner bezeichneten Bürgern ist nicht bekannt, wo sie dieses Gewerbe ausgeübt haben. Neben der selbständigen Produktion könnte man auch an eine Tätigkeit im Betrieb des Wilhelm Multhaup oder der Burg vermuten. Auf jeden Fall wird man bei dem einmal genannten „Brennerknecht" von einer abhängigen Beschäftigung ausgehen können.

Anmerkungen

1 Dieser Beitrag bezieht sich in Teilen auf ein Manuskript von Christoph Völker mit dem Titel „Das Braueramt". Das Manuskript befindet sich im BiA Paderborn, Nachlass Völker, Bestand Vörden. Alle nicht gesondert mit der Quelle ausgewiesenen Details finden sich in diesem Text. Wie es scheint, standen Völker seinerzeit noch örtliche Dokumente zur Verfügung, die heute nicht mehr auffindbar sind.

2 StA Münster, Fürstbistum Paderborn, Kanzlei, Nr. 379.

3 Ebd., Nr. 480.

4 StA Münster, Fürstbistum Paderborn, Hofkammer, Nr. 447.

5 Der Brief wie die Unterlagen zum gesamten Streitfall befinden sich im StA Münster, wie vorstehend. Die Anklageschrift ist als Abschrift auch im StA Marienmünster, A 866 vorhanden.

6 StA Münster, Fürstbistum Paderborn, Geheimer Rat, Nr. 902.

7 Vgl. dazu die Darstellungen in den folgenden Schriften: Heggen, A.: Die Säkularisation des Hochstifts Paderborn 1802/03. Heimatkundliche Schriftenreihe 10/1979 der Volksbank Paderborn. Reininghaus, W.: Handwerk und Zünfte im Paderborner Land und in Höxter. Heimatkundliche Schriftenreihe 22/1991 der Volksbank Paderborn. Speziell für Brau- und Branntweinwesen: StA Münster, SpOK Paderborn, Nr. 223: Die bisherige Verfassung der Bierbrauerei und Branntweinbrennerei im Erbfürstentum Paderborn.

8 StA Münster, Fürstbistum Paderborn, Hofkammer, Nr. 4105.

Wilhelm Hagemann
unter Mitwirkung von Karin Föckel

Mühlen in Vörden

Auf die Geschichte der Mühlen in Vörden soll hier insbesondere deshalb gesondert eingegangen werden, weil die Vördener Windmühle über mehr als 150 Jahre ein Wahrzeichen des Ortes und der gesamten Umgebung gewesen ist. An der Mühlengeschichte lassen sich zudem frühere komplizierte Rechtsverhältnisse gut erkennen.

1. Frühe Nachrichten über Wassermühlen bei Vörden

Getreidekörner sind von den Verdauungsorganen des Menschen nur in aufgebrochenen Zustand als Nahrungsmittel zu verarbeiten. Deshalb müssen die Körner in der Regel durch Reib- und Quetschvorgänge zerkleinert werden. Schon vor Jahrtausenden erfand man dazu Handmühlen, in denen die Körner zwischen zwei Steinen zerrieben wurden, indem man den oberen Stein in Drehbewegungen versetzte, während der untere fest lag. Zur Erleichterung dieser schweren Arbeit nutzten schon die Römer vor gut 2000 Jahren die Wasserkraft. Dadurch waren zudem größere Mühlsteine verwendbar, die auch eine höhere Mahlleistung ermöglichten. Die Franken unter Karl dem Großen brachten diese Technik um 800 auch in unsere Gegend. Windmühlen hingegen wurden erst durch die Kreuzzüge im 11./12. Jahrhundert in Europa bekannt.
Mühlen hatten insofern einen rechtlichen Sonderstatus, als das Mühlenregal (Mühlenrecht) beim Landesherrn lag, hier also beim Bischof von Paderborn. Er musste die Genehmigung zum Bau und Betrieb von Mühlen erteilen. Erbaut und betrieben wurden Mühlen dann in der Regel durch die örtlichen Grundherren, in Vörden zunächst vom Kloster Marienmünster, dann durch die Herren von Haxthausen als bischöfliche Vögte auf der Burg. Sie verpachteten ihre Mühle meist an einen Müller. Dessen Mahllohn bestand in einem Teil des zum Mahlen angelieferten Korns, das er für sich behielt. Man nannte es „Multerkorn". Vielfach gab es für die Bewohner eines Ortes einen Mühlenzwang, was bedeutete, dass sie bei einer bestimmten Mühle mahlen lassen mussten. Schon dadurch, aber auch durch die in der Regel außerörtliche Lage der Mühlen und durch die häufig wechselnden und meist von auswärts kommenden Müller waren Mühlen häufig unheimlich erscheinende Orte. Der Müllerberuf zählte zu den unehrenhaften Berufen. So konnten Müller noch im 18. Jahrhundert beispielsweise nicht Stadtrat werden.
Für Vörden ist die Existenz einer Wassermühle erstmals 1324 nachweisbar. Bei der Übergabe der Stadt an den Bischof von Paderborn behielt sich das Klos-

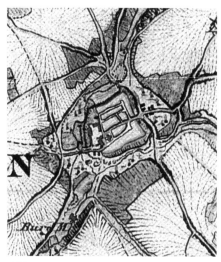

Abb. 128
Die Burgmühle in der Karte des Leut-
nants von der Goltz aus dem Jahre 1838

ter Marienmünster als Eigentum u. a. einen Fischteich mit einer daran gelegenen Mühle bei der Stadt vor (s. unter „Stadtwerdung und Stadtrechte"). Die Mühle lag an der Stelle der heutigen Brücke über die Brucht nahe dem Friedhof. Der Teich befand sich auf dem Gelände, wo jetzt zum Schützenfest die Zelte stehen. Er diente dem Aufstau des Wassers außerhalb der Arbeitszeiten. Dadurch konnte man auch an kleineren Bächen wie der Brucht eine Mühle betreiben. Ob diese Mühle schon vor dem Jahre 1324 bestanden hat oder erst im Zuge des Stadtausbaus errichtet wurde, ist der Urkunde nicht zu entnehmen. Wie an der oben benannten Stelle bereits dargelegt wurde, könnte der in Vörden früher gebräuchliche Name „Gärdtsteich" jedoch auf eine Anlage bereits unter dem ersten Abt von Marienmünster namens Gerhard und damit in die Gründungszeit des Klosters verweisen. Teich und Mühle hätten dann also schon fast 200 Jahre vor dem Stadtausbau Vördens bestanden. Neben dieser Mühle werden bei der Beschreibung der Feldmarkgrenzen der neuen Stadt noch zwei weitere Mühlen genannt. Auch wenn nicht feststeht, ob es sich hier um Getreidemühlen handelte oder etwa um Sägemühlen, wird man davon ausgehen können, dass diese Mühlen im Zusammenhang mit den bis zum Stadtausbau Vördens dort vorhandenen Siedlungen standen.[1]

Der nächste urkundliche Hinweis auf die Existenz von Mühlen im Umkreis von Vörden liegt aus dem Jahre 1549 vor.[2] Die darin erwähnte Wassermühle stand an der Brücke in der Nähe der heutigen Kläranlage und gehörte der Familie von Haxthausen. Diese Mühle wird auch 1582 erwähnt, als der Bischof der Familie von Haxthausen die Burg Vörden mit Zubehör als erbliches Lehen übergab.[3] Sie ist auch noch auf einer 1838 vom Leutnant von der Goltz gezeichneten Karte von Vörden und Umgebung als „Burg M." ausgewiesen (s. Abb. 128 sowie Nr. VII im farbigen Bildteil). Die Brucht wird in der Karte als „Vördener Mühlwasser" bezeichnet. Das oberhalb der früheren Mühle an der Brucht liegende Gelände, das heute als Feld genutzt wird, war bis vor wenigen Jahren noch Wiese und hieß Mühlenkamp. Die Karte weist hier zwar keinen Stauteich aus, er muss aber nach einer gut 100 Jahre vorher durchgeführten Befragung von älteren Vördener Bürgern zu der Zeit noch vorhanden gewesen sein (s. u.). Möglicherweise wurde die Mühle 1838 ohne einen Stauteich betrieben, denn sonst wäre dieser sicher eingezeichnet worden, zumal selbst von dem früheren

Klosterteich nahe dem Friedhof noch die Umrisse dargestellt sind. Auch ein kleines Gebäude ist dort erkennbar. Hingegen wurde wohl der große Stauteich im nördlichen Schlossgarten nie oder schon seit langem nicht mehr zum Antrieb einer Mühle genutzt, der auf der Darstellung Vördens aus dem Jahre 1665 recht eindrucksvoll hervortritt.[4] Schon 1729 konnten sich bei der unten wiedergegebenen Befragung älterer Vördener Einwohner diese nicht daran erinnern. Der zugehörige Staudamm ist aber bis heute im Gelände gut zu erkennen. Der später „Burgteich" genannte Stau der Brucht lag unterhalb etwa an der Stelle, wo sich auch heute wieder nahe der Brücke ein kleiner Teich befindet. Er ist in der angesprochenen Karte aus dem Jahre 1838 abgebildet.

Die Stadt Vörden war im Besitz einer wassergetriebenen Schleifmühle zum Schärfen von Geräten. Ihre Lage wird 1678 als „auf unserem Gemeinde Angeren belegen" bestimmt. Zwischen 1678 und 1710 verzeichnet das Vördener Bürgerbuch davon jährliche Pachteinnahmen von vier Mariengroschen.[5] Nach der erwähnten, unten wiedergegebenen Anhörung Vördener Bürger kann diese Mühle nur an der Stelle der früheren klösterlichen Mühle oder am erwähnten späteren „Burgteich" gelegen haben.

2. Die erste Phase der Bemühungen um eine Windmühle

Offenbar waren die natürlichen Gegebenheiten zur Zeit der Stadtgründung und auch noch später so, dass die Bäche damals genügend Wasser zum Betrieb von Mühlen führten. Das scheint sich aber zu Beginn des 18. Jahrhunderts einschneidend verändert zu haben. Im März des Jahres 1723 richtete der Domkapitular (Mitglied des Domkapitels) Franz Caspar Philipp von Haxthausen, der einige Jahre später das jetzige Vördener Schloss bauen ließ, ein Schreiben an den Bischof als Landesherrn mit der Bitte, ihm die existierende Konzession für eine Wassermühle in Vörden auf eine Windmühle auszuweiten. Diese wolle er auf eigenem Grund und zu eigenen Kosten erbauen. Mit Datum vom 1. April leitete der Bischof das Schreiben weiter an das Domkapitel mit der Bitte um Stellungnahme. Knapp zwei Wochen später machte ihn dann aber schon seine eigene Kanzlei darauf aufmerksam, dass er zwar als Landesherr eine solche Konzession erteilen könne, er aber mit dem Widerspruch des Domkapitels rechnen müsse, weil dieses dadurch eine geringere Auslastung seiner Mühle zu Bredenborn mit entsprechenden Gewinneinbußen befürchten werde.[6]

Möglicherweise hat sich der Bischof oder auch der Domkapitular von Haxthausen selbst von den Bedenken des Domkapitels beeinflussen lassen. Jedenfalls scheint die Sache nicht voran gegangen zu sein. Deshalb richteten Bürgermeister und Rat von Vörden zusammen mit den Vertretern der Gemeinden Wendelbreden (Großenbreden), Altenbergen, Bremerberg und Eilversen im Mai des folgenden Jahres 1724 ein Schreiben als „unterthänigstes Memorial (Erinnerung) und inständigste Bitte" an „Seine Hochwürdige Hochwohlgeborenen gnaden Herrn *Thumb Capitularen von Haxthausen, Herrn zu Welda und Vöhrden*".[7] Der Brief sei hier wegen seiner zeittypischen Form in der originalen Schreibweise wiedergegeben, daneben in einer der heutigen Schreibweise angepassten Weise:

Hochwürdig-Hochwohlgebohrener Freyherr gnädiger Herr

Ewer Hochwürden Hochwohlgebohren gnaden werden uns hoffentlich Erlauben, deroselben unterthänig vorzustellen, welchergestalt wir zwarn in negst entwichenen Sommer, mit nicht geringen freuden undt inniglichen Herzenswunsch glaubhafft vernommen, ob sollten Ewer Hochwürdige gnaden als dero das jus molendini zum Vöhrden kentlich zustehet, undt würcklich exercieren lassen /: aus mangel des waßers aber denen bedürfftigen, sogar auch dero aigenen Hause Vöhrden, so wenig als dem Flecken daselbst, nicht alle Zeit undt sonderlich im truckenen sommer und harten winter, ihr Korn nicht mahlen lassen können : / beweglich resolviert seyn, auff dero grundt und boden zum Vöhrden, eine diesorths hochnötige Windt Mühle, mit anwendung darzu erfoderlicher ansehnlicher Kösten, erbauen zu lassen, da nun aber wir den Effekt dieses so Heylsamben Vorhabens, undt dass zum Werck selbsten geschritten werde, bis dato nicht verspühren, undt leider darfür halten müssen, dass Ewer Hochwürdige Gnaden diese ihre gute intention entweder verändert, oder sonst durch darzwischen gekommene impedimenta darvon abgehalten werden; So können wir doch aus hart tringender not nicht umbhin, die motiva, worum wir die anlegung sothaner

Hochwürdiger, hochwohlgeborener Freiherr, gnädiger Herr!

Eure Hochwürden, hochwohlgeborene Gnaden werden uns hoffentlich erlauben, Ihnen untertänigst zu schildern, wie wir im letzten Sommer hocherfreut und mit innigem Herzenswunsch glaubhaft vernommen haben, dass Euer Hochwürden, dem das Mühlenrecht in Vörden bekanntermaßen zusteht und der dieses auch tatsächlich ausüben lässt, wobei aber aus Wassermangel nicht immer, besonders nicht im trockenen Sommer oder harten Winter, alle Mahlbedürfnisse erfüllt werden können, weder die Ihres eigenen Hauses Vörden (der Burg) noch die des hiesigen Fleckens, dass Sie aber bereit seien, auf Ihrem eigenen Grund und Boden in Vörden eine hier sehr notwendige Windmühle unter Übernahme der erforderlichen ansehnlichen Kosten erbauen zu lassen. Da aber bisher das Werk nicht begonnen und wir so auch keine Auswirkungen dieses heilsamen Vorhabens verspüren, müssen wir leider annehmen, dass Eure hochwürdige Gnaden entweder diese ihre gute Absicht geändert haben oder durch dazwischen gekommene Hindernisse davon abgehalten werden. Wir können aber dennoch aus harter, dringender Not nicht umhin, gebührend die Motive darzulegen, warum wir die Anlegung einer solchen Windmühle so sehr

windtmühlen mit heuffgen verlangen
gebührend zu eröffnen; wie nemb-
lich in truckenen und solchen Zeiten,
da die waßer klein und das mahlen
behende ist, alsdan bey uns, als in hoher Situation belegenen Flecken und
dörffern, ein so großer brodtmangel
zu entstehen pfleget dass wir, weilen
bisweilen innerhalb vier, fünff, ja gar
acht tagen, zum mahlen nicht gelangen können, unser benöhtigtes brodt
auff etliche Stunden weith, außerhalb
Landes, ahn der Weser, für bahres
geldt und theuer genug erkauffen oder
aber, undt sonderlich die Hausarmen,
großen Hunger leiden müssen welche
noht haubtsächlich daraus entstehet,
weilen die thumbkapitularische Mühle
zum Bredenborn, in solchen waßer
klemmige Zeiten, dem ziemblich weit-
läufigen Flecken daselbst und denen
negst darbei gelegenen Dörffern, in
Spezie Holtzhausen, Entrup, Münsterbrock, Sommersell, und zuweilen
auch auf noth dahin ziehender Statt
Nieheimb, mit mahlen nicht sufficient
ist, vielweniger uns darmit behülflich
seyn kann, noch will, sondern wan wir
etwas Korn zu mahlen dahin bringen,
uns zum empfindlichen schmertzen
undt schaden, mit dem mühselig hingebrachten Korn wieder zurück undt
abweiset, folglich benöthiget werden,
selbiges Korn von daraus, über etliche
Stunden weith außerhalb landes ins
Stifft Corvey ahn die Weser, mit den
Pferden hinzubringen, wohselbsten wir
den abermahlen, und bisweilen 8 Tage
wartten, und unser ackerbau, oder
sonst nöhtige Hausarbeit verabsaumen
müßen, ehe wir wegen vielheit der
mahlenden leuthen, admittirt werden
wan wir dan endlich durch von denen

erwarten. Weil nämlich in trockenen oder anderen Zeiten, in denen
die Bäche wenig Wasser führen und
das Mahlen eingeschränkt ist, bei
uns als höher gelegenen Flecken und
Dörfern ein so großer Brotmangel
zu entstehen pflegt, dass wir manchmal innerhalb von vier, fünf oder
gar acht Tagen nicht mahlen lassen
können und unser benötigtes Brot
etliche Stunden entfernt außerhalb
des Landes (des Fürstbistums Paderborn) an der Weser für bares
Geld und sehr teuer kaufen oder
aber, besonders die Hausarmen[8],
großen Hunger leiden müssen. Diese
Not entsteht hauptsächlich dadurch,
dass die domkapitularische Mühle in
Bredenborn in solchen wasserknap-
pen Zeiten für den ziemlich weitläu-
figen Flecken selbst und für die nahe
dabei gelegenen Dörfer, besonders
Holzhausen, Entrup, Münsterbrock,
Sommersell und die in der Not auch
noch dort mahlen lassende Stadt
Nieheim nicht ausreicht, so dass sie
uns darin nicht behilflich sein kann
und will. So werden wir, falls wir
Korn dorthin zum Mahlen bringen,
zu unserem großen Schaden mit
dem mühsam hingebrachten Korn
wieder zurückgewiesen. Dadurch
werden wir genötigt, dieses Korn
etliche Stunden weit mit Pferden
außerhalb des Landes in das Stift
Corvey an die Weser zu bringen, wo
wir dann wegen der großen Zahl
der Leute, die dort mahlen lassen,
abermals warten müssen, bisweilen 8 Tage, und dadurch unseren
Ackerbau oder sonstige nötige Arbeit im Haus versäumen. Und wenn
wir dann endlich über die von den

*Mühlenknechten abgefordert undt aus
noht hingebende Smiralien zum Mahlen gelangen, alsdann dennoch uns
ausländischen das Korn so schlecht und
grob gemahlet wird, daß es fast denen
Kleyen gleich, undt baldt nicht zu genießen ist;*

*Wan nun aber solcher Vortheil, so die
ausländische Mühler von uns undt
mehr anderen hießigen Hoch Stiffts
unterthanen ziehen, Ewer Hochwürden Hochgeboren gnaden vielmehr,
als jenen zu vergönnen ist, mithin ein
größtes werk der barmherzigkeit geü-
bet wirdt, wan wir von solcher so harten noht abgeholffen, und für fernere
desfals leidenden schaden praeserviret
werden;*

*Hirumb so haben Ewer Hochwürden
Hochgeboren gnaden, wir hirdurch
sambt undt sonders inständigst bitten
wollen, Sie geruhen doch dießen uneren
elenden Zustandt mitleidentlich zu
Consideriren, undt sich gnädig bewegen lassen, dero bey Gott verdienstliche
intention in erbawung einer Windtmühlen ferdersambst zu bewerckstel-
ligen, allen fals auch, da etwa ein oder
anderer Einländischer Mühlenhaber, so
doch uns im nothfall nicht helffen kann,
dießem wercke Contradiciren und sel-
bies verhinderen sollte, bey Ihro Chur-
fürstlichen Durchlaucht unserem gnädigsten Fürsten und Herrn usw. Höchste assistenz undt ohnhintertreiblichen
nachtruck geziemendt auszubitten.*

*Worüber auf gnädiger Erhörung
getrösten*

*Conradt Meyer
Bürgermeister zum Vörden
Anton Güldenbeck
Cämmer daselbst*

*Mühlknechten verlangten und aus
Not gezahlten Schmiergelder zum
Mahlen gelangen, wird dann auch
noch uns Ausländischen das Korn so
grob und schlecht gemahlen, dass es
fast der Kleie gleicht und kaum zu
genießen ist.*

*Nun ist aber ein solcher Vorteil, den
die ausländischen Müller von uns
und anderen Untertanen des hiesigen Hochstifts ziehen, Eurer Hochwürden, hochgeborenen Gnaden
viel mehr als jenen zu vergönnen.
Zudem wird auch noch ein größtes
Werk der Barmherzigkeit geübt,
wenn wir von solcher harten Not
befreit und vor weiterem Schaden
dieser Art geschützt werden.*

*Darum bitten wir Euer Hochwürden,
hochgeborene Gnaden samt und sonders ganz inständig, dass Sie diesen
unseren elenden Zustand mitleidsvoll
beachten und sich gnädig bewegen
lassen, Ihre bei Gott verdienstvolle
Absicht zur Erbauung einer Windmühle weiterhin zu verfolgen. Auch
bitten wir für den Fall, dass der eine
oder andere inländische Mühlen-
besitzer, der uns doch im Notfall
nicht helfen kann, diesem Vorhaben
widerspricht und es verhindern will,
dass Sie dann bei Ihrer kurfürstlichen Durchlaucht, unserem gnädigen
Fürsten und Herrn usw. größte Unterstützung und unhintertreibbaren
Nachdruck geziemend ausbitten.*

*Dazu auf gnädige Erhörung
vertrauen*

*Conrad Meyer,
Bürgermeister von Vörden
Anton Güldenbeck,
Kämmerer daselbst*

Henrich Maeß Richter zu Wendel- *breyden für mich und die gemeinheit* *daselbsten*	*Heinrich Maeß, Richter in Großen-* *breden für mich und die Gemeinde* *daselbst*
Johann Abbeken Richter zu Alten- *bergen für mich und die gemeinheitt* *Altenbergen daselbsten*	*Johann Abbeken, Richter zu Alten-* *bergen für mich und die Gemeinde* *Altenbergen daselbst*
Cordt Piper zum Bremerberg auß *Volmacht deß Richterß undt Gemein-* *heit daselbst*	*Cord Piper von Bremerberg in der* *Vollmacht des Richters und der Ge-* *meinde daselbst*
Michael Sander Richter zu *Eheliwersen*	*Michael Sander Richter* *von Eilversen*

Das Schreiben ist zweifelsohne geschickt formuliert. Neben dem Appell an das Mitleid des Domkapitulars wird ihm auch sein möglicher Profit vor Augen gestellt und sogar das damit verbundene gute Werk vor Gott. Man kann sich vorstellen, dass man an dem Text in Vörden lange gefeilt hat. Auch über den Widerstand im Domkapitel war man offenbar gut informiert. Dementsprechend sind die Schwierigkeiten mit der Bredenborner Mühle konkret und ausführlich geschildert, aber später im Text vermied man, das Domkapitel direkt als Hindernis zu benennen, dem ja auch der Angeschriebene angehörte.

Aber auch dieses Schreiben scheint keine direkte Abhilfe gebracht zu haben, denn erst aus dem Jahre 1729 liegt wieder ein Dokument zu dieser Sache vor.[9] Offenbar ging es darum, dass der Domkapitular von Haxthausen das von seiner Familie seit langem in Vörden wahrgenommene Mühlenrecht und die Unabhängigkeit von der Bredenborner Mühle belegen wollte. Dazu ließ er durch den Notar Joan Engelhard Dudenhausen drei ältere Vördener Bürger als Zeugen befragen, nämlich Marten Hölting (Storks, Niederstraße 5-7), Jürgen Mertens (Haus Güldenbeck; Niederstraße 9) und den Richter Caspar Krois. Die Befragung fand in der damals üblichen Form statt, indem thesenhafte Aussagen in Fragform gemacht wurden, zu denen die Zeugen dann Stellung nahmen. In den ersten beiden Fragen ging es darum, ob die Vördener Bürger an die Bredenborner Mühle des Domkapitels gebunden waren:

> *„Ob nicht wahr, daß die Vöhrdesche bürgere jeder Zeit haben mahlen kön-* *nen, wo sie gewolt.“*

Alle drei Zeugen antworteten mit „wahr“.

> *„Ob nicht wahr, daß die Vördenses gahr keinen Zwang haben noch jemah-* *len gehabt in der Bredenbornisch Mühlen zu mahlen.“*

Die Zeugen antworteten wieder übereinstimmend mit „wahr“.

In der dritten und vierten Frage ging es offenbar um das Nutzungsrecht an dem Bachlauf der Brucht (Bache) und die seit langem praktizierte Nutzung.

> *„Ob nicht wahr, daß das Haus Vöhrden die Bache jeder zeit nach ihrem Gefallen gebraucht habe."*

Der Richter Krois gab an, dazu nichts sagen zu können. Die beiden anderen Zeugen grenzten die Aussage insofern ein, als sie betonten, das Haus Vörden könne auf seinem Grund *„die Bache"* nach Belieben gebrauchen, *„solang sie aber auf Stadt Vöhrdischen grunde weren, könnte die Stadt ebenfalls die bache brauchen wie sie wolte."*

> *„Ob nicht wahr, daß das Haus Vöhrden einen wasserfall undt mühle bey dem Hogge- oder Gärdtsteiche, den anderen wasserfall undt mühle bei dem Burgteiche undt den dritten wasserfall undt mühle bey dem Mühlenteiche von undenklichen jahren besessen und gebraucht habe."*

Die Zeugen stellten klar, dass stets nur die Mühle am Mühlenteich, die noch existiere, eine Mahlmühle gewesen sei. An den beiden anderen Stellen hätten Schleifmühlen gestanden, die sich aber auf städtischem Grund befunden hätten.

Offenbar ging aber die Angelegenheit auch jetzt nicht weiter voran. Ob das Domkapitel weiterhin Einsprüche erhob oder gar der Domkapitular von Haxthausen aufgrund der Aussagen der drei Vördener verärgert war, die seine Ansprüche einschränkten, lässt sich nicht sagen. Aufgrund der Erwähnung in einem späteren Dokument (s. u.) könnte vermutet werden, dass die Stadt Vörden sich 1732 erbot, auf eigene Kosten eine Windmühle zu bauen. Falls das so ist, wurde der Bau aber vom Bischof – wohl auf Betreiben des Domkapitels hin – nicht gestattet.

3. Die zweite Phase der Bemühungen um eine Windmühle

Wie es nach der Urkundenlage scheint, hat es dann in der Frage einer Windmühle für Vörden über mehr als 50 Jahre hinweg keine Entwicklung gegeben. Im Jahre 1766 scheint dann auch die von Haxthausensche Wassermühle zwischenzeitlich nicht mehr in Betrieb gewesen zu sein. Man kann vermuten, dass sie im Siebenjährigen Krieg (1756-63) zerstört wurde. Nach einer Notiz des Hermann Adolf von Haxthausen, damals zusammen mit seinem Bruder Besitzer des Hauses Vörden, erbot sich nämlich im genannten Jahr 1766 der Joan Hermann Potthast aus Vörden, *„die Vördische Mühle wieder aufzubauen auf seine Kosten, wan ihm dieselbe verpachtet würde"*.[10] Das Holz für das 40 Fuß im Quadrat groß zu erstellende Gebäude (ca. 13x13 m) sollte aus den von Haxthausenschen Wäldern kommen, jedoch auf Kosten des Joan Hermann Potthast gefahren und geschnitten werden. Für die ersten fünf Jahre sollte keine Pacht zu zahlen sein, dann aber jährlich 40 Reichstaler „*auf gleiche Art wie solche die vorigen Müller gehabt*". Der Vertrag sollte für 12 Jahre abgeschlossen werden. Es ist anzunehmen, dass es zu diesem Vertrag kam und es diese Mühle war, die in der wiedergegebenen Karte von 1838 verzeichnet ist. Der mutmaßliche Erbauer und Pächter Joan Hermann Potthast war nach Ausweis des Vördener Kirchenbuches im Jahre 1742 geboren worden, zur Zeit des Vertragsabschlusses demnach 24 Jahre alt.

Die neue Wassermühle scheint aber die Verhältnisse nicht dauerhaft verbessert zu haben. So unternahm dann die Stadt Vörden im Februar 1780 erneut einen Vorstoß, dieses Mal direkt beim Bischof. Man schilderte wieder die Notlage und bat erneut um die Erlaubnis, auf eigene Kosten eine Windmühle gegen eine jährliche Gebühr als Anerkennung der landesherrlichen Mühlenhoheit zu erbauen. Bischof Wilhelm Anton von der Asseburg beauftragte seinen Rentmeister Herrfeld in Steinheim mit einer Überprüfung vor Ort. Dieser bestätigte die entsprechende Notlage und empfahl, den Bau zu genehmigen. Der Bischof verlangte jedoch weitere Auskünfte, insbesondere darüber, ob dem Bau von irgendjemand rechtlich widersprochen werden könne und auch, ob der vorgesehene Platz für den Bau geeignet sei. Zudem sollte der Rentmeister einen Vorschlag für die jährliche Gebühr machen. Mit Datum vom 2. März 1780 teilte der Rentmeister dann mit:

1. Die Vördener Eingesessenen unterlägen keinem Zwang, bei irgendeiner Mühle mahlen oder schroten zu lassen.
2. Der Platz, auf dem die Mühle errichtet werden solle, liege auf städtischem Grund und Boden in der Vördener Feldmark, so dass auch von daher kein Widerspruch möglich sei.
3. Die jährliche Anerkennungsgebühr könne sich an der orientieren, die im Dorfe Neesen in der Grafschaft Pyrmont für eine dort vor einigen Jahren neu errichtete Windmühle gezahlt werde. Sie betrage zwei Reichstaler.

Schon zwei Tage später, am 4. März 1780, erteilte der Bischof die Erlaubnis zum Bau der Windmühle durch die Stadt Vörden. Die jährliche Anerkennungsgebühr wurde auf vier Reichstaler festgelegt, die jeweils zu Ostern, erstmals im Jahre 1781, an den bischöflichen Rentmeister in Steinheim zu zahlen war. Das Domkapitel war in diesem Falle wohl übergangen worden. Erst mit Datum vom 7. Dezember 1780 fragte der Bischof beim Domkapitel an, warum dieses im Jahre 1732 Widerspruch gegen den Mühlenbau in Vörden eingelegt habe, so dass der Bau unterblieben sei. Es mutet fast ein wenig ironisch an, wenn es in dem Schreiben heißt, dass der Bischof nicht daran zweifele, „*daß dieses in den Hochfürstlichen Cammeral Protocollen de dato anno vorfindlich*" sei. Mit Datum vom 26. Januar 1781 teilte dann das Domkapitel mit, dass der Sekretär Freitag der Aufgabe „*mit allem Fleiße*" nachgegangen sei, aber von dem angesprochenen Vorgang nichts gefunden habe. Entsprechende Unterlagen konnten auch bei den Recherchen zu diesem Artikel nicht aufgefunden werden. Damit war jedenfalls auch ein letztes mögliches Hindernis für den Bau der Windmühle in Vörden beseitigt.[11]

4. Der Bau der Windmühle

Beim Bau der Windmühle scheint es dann doch noch eine kleine Verzögerung gegeben zu haben, weil der Bau erst 1781 erfolgte.[12] Die Mühle ist dann sicherlich verpachtet worden, wie es bei Mühlen allgemein üblich war. Aber erst 1801 ist mit Heinrich Christian Daniel Bodenstab der erste Pächter nachweisbar. Beim Eintrag seiner Hochzeit wird er im Vördener Kirchenbuch unter dem 19. 11. 1801 als „Windmüller hieselbst" bezeichnet. Er war also zum Zeitpunkt der Hochzeit bereits in Vörden tätig. Von seinem Alter her ist anzunehmen, dass Bodenstab die Mühle nicht bereits nach dem Bau 1781 übernommen hatte. Vielmehr dürfte zunächst mindestens ein anderer Müller als Pächter in der Mühle gewesen sein. Bodenstab stammte nicht aus Vörden und auch die Hochzeit wurde lediglich der Ordnung halber im Vördener Kirchenbuch verzeichnet, fand aber nicht hier statt. Für das Jahr 1805 ist noch ein Geburtseintrag eines Kindes des Bodenstab im Vördener Kirchenbuch enthalten.

Daniel Bodenstab dürfte die Mühle nach dem Ende des Fürstbistums Paderborn 1802 von der Stadt Vörden käuflich erworben haben. Spätestens 1808 muss sie aber bereits an Ferdinand Breimann weiter verkauft worden sein. Als nämlich diesem im November des Jahres 1808 eine Tochter geboren wurde, trug der damalige Vördener Pastor als Beruf des Vaters „Windmüller" ein. 1819, bei einer weiteren Geburt, ist als Wohnort der Eltern angegeben: „Vörden, vor der Stadt". Dass Ferdinand Breimann die Mühle durch Kauf erworben hatte, wird in einem Vertrag aus dem Jahre 1822 erwähnt, durch den er die Vördener Windmühle an den Mühlenmeister Heinrich Pollmann „aus dem Churfürstenthum Hannover" für 1750 Reichstaler weiter verkaufte.[13] Ferdinand Breimann baute dann eine Windmühle mit Wohnhaus bei Papenhöfen, die er 1829 seinem Sohn Friedrich übertrug. Die heute in Vörden ansässige Familie Breimann stammt von diesen Mühlenbesitzern ab. Sie kam mit dem Holzschuhmacher Josef Breimann 1899 durch Heirat von Papenhöfen nach Vörden.

Die Vördener Windmühle sollte dann offenbar 1829 von Heinrich Pollmann laut vorliegendem Vertrag an den Müller Friedrich König aus Heinsen im Amt Polle verkauft werden. Dieser Vertrag scheint aber nicht rechtskräftig geworden zu sein, weil Pollmann die Mühle dann mit Datum vom 30. Oktober 1832 an den „Müller Werner Lerche aus Bolzum Amt Luthe im Königreich Hannover" zum Preis von 1.532 Talern und 15 Silbergroschen veräußerte. Werner Lerche dürfte allerdings kein gelernter Müller gewesen sein, denn in zwei amtlichen Formularen zur Zahlung des Kaufpreises, die 1832 und 1835 im Amt Luthe ausgestellt wurden, ist er als „Köther (Kötter) und Tischler" bezeichnet. Zur Vördener Mühle gehörten damals das Wohnhaus und drei Morgen Land.

5. Zur Betreiberfamilie Lerche

Möglicherweise gibt es eine Erklärung, auf welche Weise die Familie Lerche vom geplanten Verkauf der Vördener Windmühle erfuhr. Als Schwiegervater des oben genannten Friedrich Breimann wird 1829 nämlich ein Wilhelm Lerge genannt, wobei die Schreibformen Lerge und Lerche im Rahmen der damals noch üblichen Schwankungen lagen. Dieser damals noch lebende Wilhelm Lerge könnte ein Verwandter des Werner Lerche – z.B. ein Onkel – gewesen sein, der Werner Lerche dann auf die Vördener Windmühle aufmerksam machte. Der Vater des Werner Lerche kommt nicht in Betracht, da die Mutter Antonetta geb. Langen aus Bolzum bereits 1816 Witwe war. Für eine Verwandtschaft spricht auch, dass der oben erwähnte Übertragungsvertrag der Papenhöfener Windmühle vom Vater Ferdinand auf den Sohn Friedrich Breimann im Besitz der heutigen Familie Lerche ist. Zudem blieb der Vorname Wilhelm in der Familie Lerche üblich. Werner Lerche hatte noch einen jüngeren Bruder Heinrich Franz und eine jüngere Schwester Marie Marianne Christine.

Werner Lerche erbte zunächst das elterliche Vermögen in Bolzum. Auch wenn er selbst kein gelernter Müller war (s.o.), so muss es aber in Bolzum einen Müller Lerche gegeben haben, denn ein bei den Akten liegendes Taxatum (Wertfeststellung) der Wassermühle zu Bolzum ist von einem „Meister Lerche in Bolzum" angefertigt worden. Vielleicht war dies der oben erwähnte Wilhelm Lerge, Schwiegervater des Friedrich Breimann. Die im Vördener Kirchenbuch ausgewiesene Ehefrau des Werner Lerche, Elisabeth geb. Bock, war dessen zweite Frau. Beim Verkauf der Mühle an den Sohn Wilhelm Lerche werden nämlich die beiden Halbbrüder Johann und Friedrich Lerche und eine Schwester Elisabeth erwähnt. Der 1823 geborene Wilhelm Lerche entstammte offenbar der 2. Ehe seines 1788 geborenen Vaters. Zu den Brüdern findet sich keine Eintragung im Vördener Kirchenbuch. Sie dürften beim Umzug der Familie nach Vörden 1832 in Bolzum geblieben sein.

Interessant ist der angesprochene Kaufvertrag vom 22. Dezember 1845, mit dem Werner Lerche die Mühle an seinen Sohn Wilhelm übertrug. Man ging von einem Grundbetrag von 2.000 Talern aus. Darin enthalten waren die zu übernehmenden Schulden des Werner Lerche, die Abfindungen an die Geschwister und der eigene Erbteil des Wilhelm Lerche. Die Eltern Werner Lerche und seine und Ehefrau erhielten zudem auf Lebenszeit:

1. jährlich ein fettes Schwein zum Gewicht von 130 Pfund (?)
2. das nötige Holz zum Kochen und Heizen

3. monatlich einen Scheffel Mehl und 2 Pfund (?) Butter
4. jährlich 10 Reichstaler bares Geld
5. das bestellte Ackerland zur Aussaat von einem Spint Lein (Leinsamen)
6. die Benutzung eines Teils des Gartens
7. Die Benutzung von 1 Garth gedüngten und bestellten Ackerlandes zum Auspflanzen von Kartoffeln
8. die ausschließliche Benutzung der kleinen Stube und Kammer im Wohnhause
9. die Mitbenutzung des Kellers im Wohnhause.

Wilhelm Lerche heiratete am 24. Januar 1846 Elisabeth Elsing aus dem Hause Wittgerber (Niederstraße 17). Nach deren Tod 1858 vermählte er sich am 19. Oktober 1859 mit Elisabeth Elsing aus dem Hause Benning (Niederstraße 15). Die Mühle ging dann an den am 28. August 1860 geborenen Sohn Heinrich Josef Lerche über. Aus dessen Ehe mit Anna Multhaup aus Löwendorf stammte der nächste Besitzer Wilhelm Josef Lerche, geb. am 26. Februar 1902. Dessen Sohn Josef erbte den Besitz und ist heutiger Eigentümer.

6. Das weitere Schicksal der Windmühle

Im Jahre 1836 traf den Müller Werner Lerche ein Unglück, das in der Vördener Chronik in etwas ungelenker Formulierung festgehalten ist:

> *„In diesem Jahr brandte am 5ten May abendts gegen 10 Uhr wo das Vörder markt beendet war, die Windmühle vor Vörden gantz ab, und am 27ten und 28ten 7tembris (September) von den Eigenthümer und Müller Werner Lerge wieder errichtet worden ist.“*

Über die Form der ersten Vördener Windmühle ist nichts bekannt. Sie dürfte aber von ihrer Leistungsfähigkeit her so ausgelegt gewesen sein, dass gemäß dem Schreiben von 1724 auch die umliegenden Orte hier mahlen lassen konnten. Von Vörden aus erreichte man die Mühle ursprünglich über einen Abzweig des Weges nach Großenbreden kurz hinter dem Geländeeinschnitt bei Kordes Kreuz, wie es die Karte des Leutnants von der Goltz zeigt (s. o.) Der jetzige Weg zum früheren Standort der Mühle wurde wohl erst im frühen 20. Jahrhundert angelegt.
Die 1836 von Werner Lerche neu errichtete Mühle war eine Bockwindmühle. Sie war die einzige dieser Art im Paderborner Land, wie es im Heimatbuch des Kreises Höxter, 2. Band, Tafel 11 heißt. Bei einer solchen Mühle wird das gesamte Gebäude mitsamt den Flügeln über einen langen Hebelbaum von außen in den Wind gedreht. Bei den konstruktiv einfacheren Kappenwindmühlen, auch holländische Windmühlen genannt, dreht man hingegen nur die Dach-

Abb. 129   Die 1836 von Werner Lerche neu errichtete Bockwindmühle

kappe, an der die Flügel angebracht sind. Die Drehung kann zudem von innen her erfolgen.

Die Windmühle von 1836 tat fast 100 Jahre ihren Dienst. Sie wurde dann 1931 durch eine elektrisch angetriebene Mühle ersetzt. Diese war in einem massiven Anbau an das in Fachwerk errichtete Wohnhaus der Familie Lerche eingerichtet worden. Die alte Windmühle blieb jedoch zunächst stehen. Verständlicherweise hatte man dann nach dem Ende des Zweiten Weltkrieges mit seinen fürchterlichen Zerstörungen und der folgenden Wohnungsnot keinen so ausgeprägten Sinn für die aufwändige Erhaltung von Kulturdenkmäler wie heute. So notierte der damalige Besitzer am Rand des Kaufvertrages aus dem Jahre 1832:

> *„Die im Jahre 1836 errichtete Windmühle ist am 11. November 1945 das Opfer eines Sturmes geworden. Sie war schon seit 1931 außer Betrieb, da in diesem Jahre der Neubau (Wohnhausanbau, s. o.) erstellt wurde. Die alte „Windmühle" war innerlich und äußerlich so verfallen, daß sie keine Zierde der Landschaft war. Deshalb ist der Kraft des Sturmes nachgeholfen worden, so daß nach der Entfernung einiger Träger das Bauwerk schwankte und dann krachend zur Erde stürzte."*

Die 1931 eingerichtete elektrisch betriebene Mühle der Familie Lerche diente nur noch dem Schroten von Korn, vorwiegend für die Schweinemast. Mehl lie-

Abb.130   Der „Windmüller" Wilhelm Lerche liefert das gemahlene Korn aus (ca.1935)

ßen die Vördener vor allem in der Mühle in Entrup mahlen. Der dortige Müller holte das Korn mit dem Pferdewagen ab und brachte das Mehl gleich zur Bäckerei. Hier zahlte man dann nur den „Backlohn" für das Brot, das daraus gebacken wurde. Auch der „Windmüller", wie man in Vörden weiterhin sagte, besaß ein Pferdefuhrwerk, mit dem er das Korn abholte und das Schrot zurück brachte. 1971 stellte dann auch diese Mühle den Betrieb ein. Damit endete nach 190 Jahren die Mühlentradition an diesem Platz und gleichzeitig die wechselhafte Geschichte der Mühlen in Vörden überhaupt. Die von Haxthausensche Wassermühle war nämlich schon gut 100 Jahre früher stillgelegt worden. Der letzte dortige Müller war Carl Meyer. Er war laut Kirchenbuch aus „Hellenthal im Braunschweigischen" gekommen, hatte 1833 in Vörden geheiratet und starb hier am 17. Dezember 1865 mit 78 Jahren. Zu seiner Hochzeit wie zu seinem Tode wird er im Kirchenbuch als „Wassermüller" bezeichnet.

In der Windmühle kam es im Jahre 1849 zu einem tragischen Unfall, als der 12jährige Josef Böger mit einem Arm in das Getriebe der Mühle geriet und so gegen die Einrichtung geschleudert wurde, dass er sofort tot war. Die Ortschronik erwähnt dazu ausdrücklich, dass den Müller Lerche keine Schuld an dem Unfall traf.

Es sei ergänzend erwähnt, dass sich vor einigen Jahren eine Personengruppe im Heimat- und Kulturverein Marienmünster e. V. um die originalgetreue Rekonstruktion der Vördener Windmühle von 1836 bemüht hat. Die Mühle sollte allerdings an einem anderen Ort aufgestellt werden, weil der traditionelle Platz heute von Wohnhäusern umgeben ist. Es konnten zu diesem Vorhaben jedoch nicht die notwendigen öffentlichen Fördermittel erschlossen werden.

Anmerkungen

1 Vgl. dazu auch den Beitrag „Frühe Geschichtszeugnisse und untergegangene Siedlungen im Umkreis von Vörden" in diesem Band.

2 Die Urkunde aus dem Haxthausenschen Archiv ist im Beitrag „Frühe Geschichtszeugnisse...." zitiert. Zur Quelle s. dort unter Anmerkung 21.

3 StA Münster, Fürstbistum Paderborn, Urkunden, Nr. 2373.

4 Vgl. die Abbildung des Fabritius-Gemäldes aus dem Jahre 1665 im farbigen Bildteil Nr. V.

5 StdA Marienmünster, Vördener Bürgerbuch ab anno 1678.

6 StA Münster, Fürstbistum Paderborn, Hofkammer, Akte 696.

7 Wie Anmerkung 6, Blatt 9.

8 Als Hausarme galten solche Ortsbewohner, die nicht öffentlich bettelten, aber aus Mangel an ausreichendem Einkommen auf die Unterstützung von Mitbürgern angewiesen waren.

9 VHA Abbenburg, Bestand Welda IX N

10 Ebd.

11 Alle Schreiben zu den Vorgängen in den Jahre 1780 und 1781 finden sich im StA Münster, Fürstbistum Paderborn, Hofkammer, Nr. 697.

12 Eine entsprechende Information befand sich an einem Balken der 1836 neu errichteten Mühle.

13 Dieser und die folgenden Besitzwechsel gehen aus Vertragsunterlagen hervor, die von Josef Lerche freundlicherweise zugänglich gemacht wurden.

Wilhelm Hagemann
unter Mitwirkung von Willi Rohde

Das Vördener Platt

1. Allgemeine Besonderheiten des Plattdeutschen

Im Mittelalter hätte sich jemand aus der hiesigen Gegend mit einer Person aus Bayern kaum verständigen können. Obgleich beider Dialekte der deutschen Sprachgruppe zugehörten, waren die konkreten Sprachen dennoch sehr verschieden. Und auch heute würde der Bayer das Platt des Norddeutschen wohl in der Regel nicht verstehen wie umgekehrt diesem auch der Dialekt des Bayern kaum verständlich wäre. Die Verständigung erfolgt in solchen Begegnungen heute vielmehr auf der Basis des Hochdeutschen.

Das heutige Hochdeutsch ist im Gegensatz zu den gewachsenen Dialekten eine künstliche Sprache. Sie geht auf die Bibelübersetzung Martin Luthers im Herbst 1521 zurück. Aus den hebräischen und griechischen Urschriften wollte Luther einen allen Deutschen verständlichen Bibeltext schaffen. Dazu hatte er, wie er sagte, „dem Volk aufs Maul geschaut". Dieses Volk war das aus den ihm vertrauten Gegenden Thüringens und Sachsens, wo ostmitteldeutsche Dialekte gesprochen wurden. Im wesentlichen auf der Basis einer Mischung dieser Dialekte schuf er mit der Bibelübersetzung die Grundlage einer allgemeinen deutschen Schriftsprache und damit auch des gesprochenen Hochdeutsch. Dieses wich aber von den gesprochenen Dialekten mehr oder weniger stark ab.

Die Lutherbibel wurde die verbindliche Textgrundlage der Reformation, zumal der 1450 von Johannes Gutenberg erfundene Buchdruck eine rasche Verbreitung der Lutherbibel möglich machte. Damit erfolgte eine überregionale Normung der deutschen Sprach- und Schriftform. Das Deutsch der Lutherbibel wurde bald zum Standard einer gehobenen Sprache für Kirche und Schule und damit der Gebildeten. Davon unterschied sich das bei uns alltäglich gesprochene Niederdeutsch (Plattdeutsch) erheblich. Zwar waren vom 14. Jahrhundert an Urkunden und Verträge auch in Niederdeutsch (Mittelniederdeutsch) geschrieben worden, für Vörden als erstes die Stadtrechtsurkunde von 1342, doch gab es für diese Niederschriften keine verbindliche Sprach- und Schriftnorm.

Ohne eine übergreifende Normierung durch Schrift erfolgt die Normierung von gesprochener Sprache als alltagspraktischer Vorgang. Das geschieht dann jedoch sehr kleinräumig. So unterschied sich das in Vörden gesprochene Platt durchaus von dem in Bredenborn oder in anderen umliegenden Orten, auch wenn sich die Bewohner beispielsweise des gesamten Paderborner Landes in Plattdeutsch mühelos verständigen konnten. Zur Verdeutlichung des Unterschieds zwischen dem Vördener und dem Bredenborner Platt wurde in Vörden häufig das folgende Beispiel angeführt:

Vördener Platt: *Rüe, wüsse hinnere Dür!*   (Hund, willst du hinter die Tür!)
Bredenborner Platt: *Roe, wosse hönnere Door!*

Tatsächlich zeigen auch sprachwissenschaftliche Untersuchungen zum Plattdeutschen, dass durch den Kreis Höxter einige Sprachgrenzen laufen, so eben
auch die Grenze zwischen Rüe für Hund und Roe.[1]

2. Zum Stand des Plattdeutschen in Vörden

Die Unterschiede zwischen dem Plattdeutschen als alltäglicher Umgangssprache und dem Hochdeutschen als Schrift-, Amts- und Kultsprache blieben über
Jahrhunderte bestehen. Gerade die Bevölkerung auf dem Lande hielt zum Teil
zäh an ihrer vertrauten Sprache fest. So kam es beispielsweise im Jahre 1809 in
Borgholz zu einem „Singekrieg", weil sich die Bevölkerung weigerte, die kirchlichen Lieder nach dem neu eingeführten Paderborner Gesangbuch in Hochdeutsch zu singen.[2] Auch die Auswanderer nach Amerika aus dem Paderborner
Land nahmen ihre plattdeutsche Sprache mit, so dass man für die Gegend östlich der Stadt St. Luis von der „Plattdeutschen Prärie" sprach. Für die damalige
Volksschule in Marienmünster berichtet der 1863 geborene spätere Arzt Dr.
Josef Berendes in seinen Lebenserinnerungen, dass der „Köster" oder „Magis-
ter" im ersten Schuljahr nur Platt mit ihnen „küren" musste, *„da die meisten
von uns ihn sonst überhaupt nicht verstanden hätten".*[3]
Erst im weiteren Verlauf des 19. und 20. Jahrhundert erfolgte eine massive Zu-
wendung breiter Bevölkerungsschichten zum Hochdeutschen als Sprache des
Alltags. Josef Berendes bedauerte das schon in den 30er Jahren des vergangenen
Jahrhunderts mit folgenden Worten:

> *„Wie traurig ist es, daß unsere schöne plattdeutsche, anheimelnde, gemüt-
> volle und gemütliche Sprache im Schwinden begriffen ist! Nur wenige, ab-
> seits der großen Straße liegenden Ortschaften huldigen ihr noch; aber auch
> dort ist sie am Verstummen."*[4]

Tatsächlich zeigte eine Untersuchung aus dem Jahre 1939, dass es im Kreis
Höxter anders als im Münsterland oder Wiedenbrücker Land nur noch wenige Orte gab, wo das Plattdeutsche als häusliche Umgangssprache noch domi-
nierte.[5] Einen weiteren Rückgang offenbarte dann eine Untersuchung für den
Regierungsbezirk Detmold aus dem Jahre 1954.[6] Seitdem ist zweifelsohne ein
weiteres Schwinden eingetreten.
In Vörden war es bis in die 50er Jahre des vorigen Jahrhunderts hinein noch
weitgehend selbstverständlich, dass die damals Älteren (über 50jährigen) miteinander Platt sprachen. Heute, 50 Jahre später, ist es aus dem Alltagsleben verschwunden. Wie Bemühungen des Heimat- und Kulturvereins in den letzten

Abb. 131   Bernhard Moseke (links) und Josef Elsing (Pohlstraße) bei der Ernte um
1930. Selbstverständlich sprach man bei der Arbeit Vördener Platt.

Jahren gezeigt haben, gibt es kaum noch Personen, die noch sicher Vördener
Platt *sprechen* können. Dagegen ist die Fähigkeit des *Verstehens* bei den meisten über 60jährigen noch vorhanden. In manchen umliegenden Orten hat sich
demgegenüber das Plattdeutsche deutlich besser erhalten als in Vörden, wo der
Rückgang auch schon früher eingesetzt hatte. Dazu mag die Mittelpunktfunk-
tion Vördens beigetragen haben: In der Amtsverwaltung, bei den Ärzten, in
der Apotheke und in Geschäften bemühte man sich, das vermeintlich „feinere"
Hochdeutsch zu sprechen. Auf die Platt sprechenden Bewohner „von den Dörfern" sah man dann auch gern etwas hinunter.
Sicherlich hat dann weiterhin die Verbreitung von Medien des Sprachemp-
fangs, insbesondere von Rundfunk und Fernsehen zu dem schnellen Rückgang des Plattdeutschen beigetragen. Manche sehen aber inzwischen gerade in
der allgemeinen Verbreitung des Hochdeutschen wieder eine Chance für das
Plattdeutsche:

> *„In dem Augenblick, wo die Standardsprache zum allgemeinen Besitz ge-*
> *worden ist, können gerade Angehörige der ‚besseren' und ‚gebildeten' Kreise*
> *sich wieder liebevoll der Pflege der Mundart als eines Stückes Kulturgut aus*
> *der Vergangenheit zuwenden, was offenbar auch in Westfalen der Fall ist."*[7]

In manchen Regionen und Orten bemüht man sich an den Schulen durch plattdeutsche Arbeitsgemeinschaften die alte Sprache zu tradieren. Das setzt aller-

dings engagierte Lehrer und Lehrerinnen voraus, die den Klang des Plattdeutschen noch im Ohr haben oder eine entsprechende Sprachbegabung aufweisen. Auch sprachgeschichtliche Bezüge zwischen dem Plattdeutschen und dem Angelsächsischen können interessante Anknüpfungspunkte zum Beispiel für den Englischunterricht bereits in der Grundschule bieten.[8] An unterschiedlichen Ausprägungen des Plattdeutschen zum Beispiel in benachbarten Orten wie Vörden und Bredenborn können zudem Unterschiede zwischen einer gewachsenen und einer allgemeinen Normsprache verdeutlicht werden.

3. Beispiele zum Vördener Platt

Leider sind bisher keine Tondokumente des Vördener Platt angefertigt worden. Deshalb muss hier auf schriftliche Fixierungen zurückgegriffen werden, die im Rahmen sprachwissenschaftlicher Untersuchungen entstanden. Solche Untersuchungen dienen in der Regel dazu, Untergruppen des Plattdeutschen in einer Sprachregion herauszufinden. Dazu werden bestimmte Schlüsselbegriffe oder -ausdrücke gewählt, nach deren unterschiedlichen Aussprachen eine Unterscheidung möglich ist. Als Beispiel kann der oben angesprochene, zwischen Vörden und Bredenborn unterschiedliche plattdeutsche Begriff für Hund dienen. Eine erste solche Untersuchung wurde bereits im Jahre 1914 im Rahmen einer Dissertation an der Universität Münster durchgeführt.[9] Das Ergebnis lautete für Vörden:

> *„Die Mundart von Vörden ist in den Unterraum Soest-Gütersloh-Paderborn des Westfälischen einzuordnen, spricht broäken ‚gebrochen‘, iäk sin ‚ich bin‘, möi ‚mir‘ und ‚mich‘, Hius ‚Haus‘, juk ‚euch‘, mägget ‚(sie) mähen‘, buggen ‚bauen‘.“*[10]

Von der Kommission für Mundart- und Namensforschung in Münster wurden und werden regelmäßig Befragungen durchgeführt, um auf dieser Basis ein westfälisches Wörterbuch und eine Karte der Mundartverteilung zu erstellen bzw. von Zeit zu Zeit zu revidieren.[11] In Vörden fand im Jahre 1969 eine entsprechende Erhebung statt. Der damit beauftragte Stadthauptsekretär Willi Rohde wandte sich an den 1898 geborenen Franz Dolle, Pohlstraße 17 als sicheren Sprecher des Vördener Platt. Problematisch ist bei solchen Erhebungen dann aber stets die genaue schriftliche Wiedergabe der Aussprache. Im Folgenden sind die Ergebnisse dieser aus zwei Teilen bestehenden Erhebung abgebildet. Dabei wurde die Schreibweise teilweise abweichend von der ursprünglichen Niederschrift hier zum einen an die oben zitierte Schreibweise angepasst (z.B. iäk statt ik) und zum anderen stärker die Sprechweise berücksichtigt, insbesondere statt g am Anfang (im Anlaut) von Wörtern ch geschrieben, beispielsweise statt iäk gohe (ich gehe) iäk chohe. Das ch wird dabei etwas weiter hinten im

Abb. 132   Franz Dolle (1898-1992), ein Vördener von altem Schrot und Korn,
beherrschte das Vördener Platt noch sicher. Er steht hier vor der um 1950
von Josef Höke an der Straße nach Eilversen angelegten Figurenhecke,
deren Pflege und Weiterentwicklung Franz Dolle übernahm.

Rachen gebildet als im Hochdeutschen, also „rauer" als in Lerche oder Weiche.
Dagegen entspricht das ch am Ende (im Auslaut) dem Klang in den vorstehenden hochdeutschen Wörtern Lerche oder Weiche, so bei Wech (Weg). Wenn
ie nicht als langes i gesprochen wird, sondern als zwei Buchstaben, so ist das
durch die Form i-e angezeigt. S im Anlaut wird als scharfes ß gesprochen.

1. Teil

Lfd. Nr.	Wort oder Ausdruck in Hochdeutsch	Vördener Platt
1	Wasser	Water
2	lassen	looten
3	sie schlafen	söi schlopet (o in schlopen dunkler ge-sprochen als vorhergehend in looten)
4	braten	brohen (o wie in schlopet gesprochen)
5	Kuchen	Keouken (das o klingt hier wie in allen folgenden eou – Kombinationen nur an)

6	tot (er ist tot)	daut (höi is daute)
7	Stein	Stoin (oi wird zusammen gezogen)
8	Käse	Kääse
9	Kleid	Kläd
10	Buch	Beouk
11	Rauch	Rauk
12	Mode	Meoude
13	ich weiß	iäk woit
14	Er trieb gerade die Schweine auf die Weide, als es passierte.	Höi drähw chrode de Schwoin uppe Woide, as et passorte
15	böse Gänse	bäse chäse (Gans = chaus)
16	finden	finnen (e nur anklingend)
17	Hände	Hänne
18	gefunden	hätt funnen
19	der dritte Bauer	de drüdde Biuer
20	gebracht	brocht
21	Weg	Wech (ch im Auslaut wie bei Weiche)
22	Hof	Hoerf (r nur anklingend)
	Ich gehe zum Hof.	Iäk chohe nam Hoerwe.
23	Schmied, Schmiede	Schmihrt, Schmih
24	Schiff	Schepp
25	Der Zweig bricht.	De Twoig brekket. Auch: De Telgen brekket (Telgen = dünner Ast)
26	er gibt	höi chiwt
27	haben	hebben
28	Sie ging in den Garten, er aufs Feld.	Söi ching innen Hoerfchohrn (Garten am Hof), hoi uppet Fäld.
29	Er geht nicht mit.	Höi choit nich mii.
30	Ich bin schon da.	Iäk sin oll do.
31	Ohren	Auern
32	klar	kloher (e klingt nur an)
33	Das ist nicht viel wert.	Dat is nich vierl wert (bei vierl ist e auch nur anklingend)
34	in der Heide	inne Hoide
35	fliegen	flauen
36	der Bach	de Bierke
37	sieben	sierben
38	Nüsse	Nüerte (e hinter ü nur anklingend)
39	Butter	Buertern (e hinter u nur anklingend)
40	Büsche	Büsche
41	Brief	Broif

42	Dieb	Doiw
43	räuchern	räkern
44	schießen	schoiten
45	Herz	Herte
46	sterben	sterwen (letztes e nur anklingend)
47	Wir hatten ihn zum Dreschen bestellt.	Wöi hätt üherne tum Derschken bestellt.
48	wo?	wu?
49	neue Kleider	nigge Kläer
50	mit rotem Tüchlein	mit rauen Deouke (Tuch, kein Ausdruck für Tüchlein bekannt)
51	Woche	Wierke
52	wissen	wierten
53	geben	chierben
54	gewiesen (gezeigt)	wihsen
55	Vogel	Vuhel (e nur anklingend)
56	essen	earten
57	was?	wat?
58	Flasche	Pulle, Buddel
59	waschen, er hat sich gewaschen	waschen, höi hätt sik wuerschen
60	warum?	worümme?
61	wie?	wie?
62	zwingen	twingen, bannen
63	quer	twers
64	mein Büchlein	möin Beouksken
65	kalte Zehen	kaule Tähen
66	Durst	Duhst
67	Sohn	Suern
68	schneien	schniggen
69	Kleie	Kliggen
70	drehen	dreggen
71	Eier	Egger
72	hauen	hoggen
73	glühen	glöggen
74	Blei	Bloi
75	Die Zeiten sind nicht gut.	De Toien sin nich cheout.
76	Er hat uns nicht geglaubt.	Höi harr us nicht gloft.
77	Wer hat euch das gegeben?	We-i hätt juk dat chi-erben?
78	Wer hat dir das gesagt?	We-i hätt dik dat sergt? (s scharf gespr.)
79	Mir hilft kein Mensch.	Moi helpet koin Minsche.
80	wem?	we-erne (zweites e nur anklingend)
81	Ihr sollt euch freuen.	Jöi sull juk fröggen.

82	Sie bauen sich ein Haus.	Söi bugget sik en Hius.
83	Er wäscht sich die Füße.	Höi wäschet sik-ke Foite (ke hier statt de)
84	Sie zanken sich.	Söi zanket sik.
85	Sie kämmt sich.	Söi kämmet sik.
86	Wer hat dich gehauen?	We-i hätt dik schla-en?
87	hoffen	hoerpen
88	kochen	koerken
89	wohnen	wuhernen (das e hinter h nur anklingend)
90	Knochen	Knoerken
91	am Troge	am Tro
92	boken = schlagen	buken
93	alte Höfe	aule Höwe
94	Vögel	Vüle
95	übel	ührwel
96	Tröge	Tröhe
97	der Wagen	de Wa-en
98	Soll ich es wagen?	Sall iäk et waan?

Die Fragen 99 und 100 bezogen sich auf Orte, in denen man gleiches oder ein merklich anderes Platt spricht. Franz Dolle meinte, dass in Vinsebeck wie in Vörden gesprochen werde, dagegen merklich unterschiedlich in Bredenborn, Bellersen, Ovenhausen und Kollerbeck sowie in den früher zu Corvey gehörenden Dörfern.

2. Teil

Lfd Nr.	Wort oder Ausdruck in Hochdeutsch	Vördener Platt
1	die Stelle, wo geräuchert wurde	de Sti-e, wu räkert wuhrden is (Räkerkamer = Räucherkammer)
2	Die Menge Mehl, die auf einmal verbacken wurde.	De Masse Mäh-erl, de up oinmol verbacken wird (Bäckede)
3	großtuerisch	graut innen Blicke (Blick = Hinterteil)
4	sehr heftig regnen Es regnet heftig.	wisse rähnen Et rähnt wisse auch: Et pläddert
5	der Knüppel	de Knüppel
6	der Freiplatz beim Kinderspiel	de froie Platz boin Kinnerspierl
7	das Beil. Was bezeichnet das Wort genauer?	de Barte

8	das Laubbüschel der Runkelrübe	dat Kruit van ne Runkel (Büschel auch Deouse = Dose)
9	die Bahre	de Bohern
10	die Bettstelle	de Beddesti-e
11	bölken (von Kühen)	bölken, de Kögge bölket
12	bellen (von Hunden)	bällen
13	der Schnabel (des Vogels)	de Schnawel
14	der Oberschenkel (des Menschen)	de Öwerschenkel
15	die Tinte	de Tinten
16	die Blendlade (Fensterlade)	de Blendlae (e am Ende nur anklingend)
17	ein kleines Mädchen	oin kloinet mäken
18	ungestüm laufen	wisse laupen, unwois laupen
19	die Empore, Bühne in der Kirche	Orgelbüerne, Mannsbüerne
20	die Radnabe	de Nabe van'nen Ra-e
21	ein im sumpfigen Gelände stehendes Büschel Gras oder Binsen	oin in sumpigen Chelänne stohendet Topp Grass oher Roit
22	froh	freou
23	walzen (den Acker)	walzen
24	der beim Kornreinigen ausgeschiedene Abfall (Ähren, Strohstücke usw.)	Kawe
25	die Buchecker	de Beoukecker
26	eine kleine runde Erhebung im Gelände (weniger als ein Hügel)	oin kloiner Buckel, auch Knüll
27	die Seitenbretter am Kastenwagen	Soitenbräer, Flechten
28	laut weinen, er weint	chroinen, höi chrinnt
29	prahlen	prohln
30	brüten	hecken
31	der Raps	de Raps
32	der Unrat, Abfall	Unrot, aule Awfälle
33	ein kleiner Junge, der noch nicht zur Schule geht	(kein spezieller Ausdruck bekannt)
34	die Schachtel	de Schachtel
35	Er ist so mager wie… Sie ist mager, runzelig.	Höi is seu mager wi-en ….. Söi is ne drue Hutzel.
36	Ich war froh, als er ging.	Ik was freou, as höi ching.

37	bevor der Tag graute.	auer dat de Dag helle wurd.
38	Er bekam solche Angst, dass er schrie.	Höi kräg soune Angest, dat höi schrigge.
39	Hu, was für ein hässliches Mädchen.	Ha, wat is dat für'n häßliket Mäken.
40	Die Wiese ist sauer.	De Wiese (Kamp) is siuer.
41	Des Nachts war es schwül.	Inne Nacht was et schwührl.
42	schwärende Finger baden	schwärene Finger baen
43	Er ist so ungestüm.	Höi is seou woiste. Höi is seou unwois.
44	Er war sehr stark.	Höi was wisse stark.
45	Er will durchaus nach Hause.	Höi will absoliut na Hius.
46	das Eisenbiegen	dat Oisenbähn
47	Das Plätzchen (Gebäck) ist knusprig.	Dat Plätzken is knusprig.
48	Die Pflanzen sind gesund und kräftig.	De Planten sin gesund un stoark.
49	Die Sau ist brünstig.	De Su is brümmisch (brümsch).
50	so ein dicker Kerl	seoun woisten Keerl
51	trübes Wetter	doisiget Werder, duisteret Werder
52	ein schmuckes Mädchen	oin wackeret Mäken, oin schmucket Mäken
53	Die Rinde blättert ab.	De Rinne bläert aw.
54	Das ist ja ein possierliches Tierchen.	Dat is jo oin possierliket Dierken.
55	Der Junge ist aufsässig	De Bengel is upsättik De Bengel is-sen Twersbraken (ist ein Querbraken)
56	der Reihe nach	de Roihe no

Es folgen einige Fragen, die beantwortet werden sollten:

57	Welche Art von Körben waren (sind) bei Ihnen im Gebrauch? Wie heißen sie?	Woienkörwe (Weidenkörbe) Drohtkörwe (Drahtkörbe) Roitkörwe (Rietkörbe) Roisekörwe (Reisekörbe)
58	Was sagt man, um auszudrücken, dass etwas nur scheinbar gut ist?	Et schinnt, et is cheout.
59	Was bedeutet das Wort „Batse(n)"	In Vörden nicht bekannt?
60	Gibt es bei Ihnen das Wort „boll" („buoll")?	unbekannt

Abb. 133   Auch beim Feierabendplausch auf der Bank vor dem Haus sprach man Platt.
Links Johann Mühlenhoff („Bornschuster), rechts Karl Mühlenhoff vor
dessen Haus Amtsstraße 5 („Prütgers")

61	Gibt es bei Ihnen das Wort „Boll" (Buoll)?	nein, nahe kommt Boerlen (Bohlen, dicke Bretter)
62	Gibt es bei Ihnen das Wort „Back"?	nein, nahe kommt Backese (kleines Backhaus)
63	Gibt es ein Wort „awig"? Wie spricht man es aus und was bedeutet es?	unbekannt

Im Kreisarchiv Höxter liegen die Ergebnisse einer kurzen Erhebung zum Plattdeutschen in den Dörfern des Amtes Vörden aus dem Jahre 1950 vor.[12] In Vörden wurde seinerzeit der Bauer Josef Bobbert (Haus Niedernstraße 13) befragt.
Wer zu welchem Zweck diese Befragung durchführte, ist nicht ersichtlich. Die
insgesamt nur 11 Sätze und die zugeordneten plattdeutschen Fassungen sind im
Folgenden wiedergegeben. Die im Original gewählte Schriftform weicht zum
Teil von den obigen ab. Auch eigene Erinnerungen an den Klang der Sprache
und Erkundigungen bei noch lebenden sicheren Sprechern des Vördener Platts
legen zum Teil eine andere Schreibweise nahe. Im Folgenden sind deshalb die
vermutlich treffenderen Schreibweisen von Wörtern in Klammern nachgestellt.
Wie spricht und schreibt man in der Mundart Ihres Ortes?

Brot: ich hole das Brot aus der Stube.
           iäk hale dat Breot iut de Stoben.

Milch:	du kannst in der Küche Milch trinken
	diu kanst in de Kürken Milk drinken.
Käse:	er isst lieber Käse als Wurst.
	er (höi) et lüeber Käse ols Wurst.
Fleisch:	wir haben das Fleisch auf der Bühne
	weu (wöi) hät dat Fleusch up de Bühnen.
Wurst	ihr bekommt in der Fastenzeit keine Wurst.
	jiu (jöi) bekummet in de Fastentuit koine Wurst.
Gemüse:	sie können sich das Gemüse von der Deele holen.
	siu (söi) künt sik dat Gemüase van de Di elen halen.
pflügen:	ich pflügte gestern das Weizenland
	ick (iäk) plohe chistern dat Wietenland.
eggen:	egge den Hafer nicht zu früh.
	igge den Hafern nich teu (toi) friu.
säen:	säet den roggen nicht zu tief.
	saget den Ruggen nich teu (toi) di ep.
mähen:	das Gras darf nicht zu spät gemäht werden.
	dat graß darp nich teu (toi) late mägget weren.
Hund:	willst du hinter die Tür.
	wußt diu (wusse) hinner de (hinnere) Dür.

Saß ein Vogel auf dem Zaun, hatte eine Maus im Maul.
Sutt en Viugel (Vuhel) up den Tiun, harre eune (oine) Mius im Miul.

Anmerkungen

1 Goossens, J.: Sprache. In: Kohl, W. (Hrsg.): Westfälische Geschichte, Band 1: Von den Anfängen bis zum Ende des alten Reiches. Düsseldorf 1983, bes. Karten S. 57 und 71.

2 Hagemann, J.: Der „Singekrieg" in Borgholz 1809. In: Die Warte, Nr. 63, Herbst 1987, S. 31 f.

3 Berendes, J.: Kreuz und quer im Doktorwagen. Leiden und Freuden eines westfälischen Landarztes. Detmold (o. J.), 4. Aufl., S. 31.

4 Ebd., S. 31.

5 Wie Anmerkung 1, S. 76.

6 Meier-Böke, A.: Stand des Plattdeutschen im Regierungsbezirk Detmold. Zusammenfassender Bericht. In: Mitteilungen zur Lippischen Geschichte und Landeskunde, Nr. 23, 1954, S. 294-297.

7 Wie Anmerkung 1, S. 77.

8 Eine solche Methode wird seit etlichen Jahren von einer Lehrerin an der Concordia-Grundschule in Bad Lippspringe mit Unterstützung des örtlichen Heimatvereins praktiziert.

9 Brand, J.: Studien zur Dialektgeographie des Hochstifts Paderborn und der Abtei Corvey, Dissertation Münster 1914.

10 Zitiert nach: Keyser, E.: Westfälisches Städtebuch, Stuttgart 1954, S. 355.

11 Goossens, J. (Hrsg.): Westfälisches Wörterbuch. Beiband bearbeitet von Wortmann, F., Teepe, P., Noebaum, H., Münster 1969 ff.

12 KrA Höxter, S1, Nr. 11.

Wilhelm Hagemann

Vörden im 19. Jahrhundert

Mit Beginn des 19. Jahrhunderts traten – letztlich als Auswirkungen der französischen Revolution von 1789 – in Westfalen wie in anderen deutschen Regionen große Veränderungen ein. Aufgrund des Friedensvertrages von Lunéville aus dem Jahre 1801 zwischen Frankreich, Österreich und dem Heiligen Römischen Reich Deutscher Nation wurden die bisherigen geistlichen Territorien, besonders die Fürstbistümer aufgehoben. Das bisherige Fürstbistum Paderborn kam als Erbfürstentum Paderborn an das Königreich Preußen.

1. Vörden beim Übergang an Preußen

a) Das Paderborner Land und Vörden im Urteil preußischer Beamter

Als Preußen 1802 das Paderborner Land übernahm, ließ die preußische Regierung das neu hinzu gekommene Gebiet durch königliche Beamte analysieren und bewerten. Insbesondere im Vergleich mit den schon fast 150 Jahre vorher preußisch gewordenen westfälischen Grafschaften Mark (Märkisches Land) und Ravensberg (um Bielefeld), die bereits stark gewerblich orientiert waren, erschien den Beamten das immer noch weitgehend agrarisch bestimmte Paderborner Land sehr unterentwickelt. Vor allem die kleinen Ackerbürgerstädte erregten das Missfallen der Beamten. So schrieb der Kriegs- und Domänenrat von Pestel im September 1803:

> „Im allgemeinen kann man von allen im Erbfürstenthume Paderborn vorhandenen Städten sagen, daß sie sich in einem traurigen Zustand befinden; ohne Handel und Gewerbe ernähren sich deren Einwohner gleich den Dorfbewohnern oft unter drückenden Verhältnissen von Ackerbau und Viehzucht, und um ihren Zustand, Emporkommen oder Verfall bekümmerte man sich bei der vorigen Regierungsverwaltung noch ungleich weniger als um den Wohlstand des platten Landes, oder eigentlich man nahm von ihnen gar keine Kenntnis, überließ sie ganz einer unvollkommenen städtischen Verfassung, und daher ist es denn auch sehr erklärbar gekommen, daß die Städte selbst gegen den weit weniger als mittelmäßigen Wohlstand des platten Landes zurückstehen."[1]

Speziell über Vörden schrieb von Pestel in diesem Bericht:

> „Vörden im Oberwaldischen Kreis gehört zwar auch in die Reihe der land-

tagsfähigen Städte, doch ist es dem Innern wie dem Äußern nach ein ganz
gewöhnliches Dorf, dessen Einwohner alle Kennzeichen des Landmanns ha-
ben. Es ist ohne Mauren (Mauern), hat jedoch drei Tore und schlechte, un-
reinliche Straßen. Ganz ohne alle andere Gewerbe als dem Ackerbau und
dem Ertrage der Viehzucht ist dieser Ort, der 495 Seelen enthält, worunter
21 Juden in 5 Familien befindlich, und nur 83 Häuser hat, wovon 53 mit
Stroh gedeckt sind. Die Feldmark soll 1219 Morgen Ackerland und 112 Mor-
gen Wiesenwachs enthalten, und beider Fruchtbarkeit und Ertrag ist mittel-
mäßig. Die Waldungen sind unbedeutend und ruhen darauf keine Deputate,
sondern es wird nur hin und wieder Holz zum Bauen verkauft."

Es folgt eine Beschreibung des bisherigen städtischen Regierungssystems, das
an anderer Stelle bereits behandelt worden ist.[2] Die erwähnten drei Stadttore
Vördens ergaben sich durch Mitzählen der Pforte, die das Kloster Marienmünster 1732 als direkten Zugang zum Mönchehof angelegt hatte.[3] Die Stadtmauern
Vördens traten offenbar nicht mehr in Erscheinung.
Dass von Pestel mit diesem Eindruck keineswegs allein stand, zeigt eine andere
Beschreibung des Paderborner Landes, die wahrscheinlich aus demselben Jahr
1803 und wohl von dem Freiherrn Friedrich Alexander von Hövel stammt, der
zum Zivilkommissar für die Katastererfassung des Erbfürstentums Paderborn
ernannt worden war. Der ehemalige Landrat des Kreises Wetter in der Grafschaft Mark schreibt zu Vörden und anderen Kleinstädten des Paderborner
Landes:

Abb. 134   Das große Tor links auf dem Mönchehof ist bis heute die dritte Ausfahrt-
möglichkeit aus dem alten Vördener Stadtkern geblieben (Foto ca. 1950).

„Vörden, Bredenborn, Willebadessen, Gehrden, Peckelsheim würde sehr viel Ehre geschehen, wenn man sie mit manchem Dorf vergleichen wollte."[4]

Mit der Zahl von 495 Einwohnern in 83 Häusern war Vörden die zweitkleinste der Paderborner Städte. Nur Calenberg mit lediglich 214 Einwohnern in 36 Häusern war kleiner. Die nächstgrößere Stadt war Dringenberg mit 595 Einwohnern und 104 Häusern. Bredenborn hatte immerhin 757 Einwohner und 154 Häuser. Der Jahreshaushalt Vördens umfasste außerhalb der Landessteuern lediglich 164 Reichstaler, 6 Mariengroschen und 6 Pfennig. Auch darin wird es nur von Calenberg unterboten. An Geldern für städtische Dienste gab Vörden nur 13 Reichstaler und 22 Mariengroschen aus, so wenig wie sonst keine andere Stadt. Bürgermeister, Kämmerer und andere Ratsmitglieder erhielten keine Bezahlung. Von den städtischen Einnahmen mussten 41 Reichstaler als Zinsen für die Schulden von 1120 Reichstalern abgeführt werden. Die Verschuldung war dennoch im Vergleich zu den anderen Städten gering. Der Boden der Feldmark wurde zu einem Viertel als mittelmäßig eingestuft, der Rest als schlechter. Vergleichsweise hoch war die Belastung Vördens durch Landessteuern mit 672 Reichstalern. Hier lag man auf einer Höhe mit zum Teil größeren Orten.[5]

b) Die Selbstwahrnehmung der Vördener

Trotz dieser insgesamt bescheidenen Gegebenheiten verstand man sich in Vörden aber als Stadt. Das zeigt sich beispielsweise an dem folgenden Vorgang: Ende 1817 wurde jede Gemeinde durch eine Verordnung der königlichen Regierung verpflichtet, von Beginn des Jahres 1818 an eine Chronik zu führen. Auf dem Rücken sollte nach der Verordnung in goldenen Buchstaben die Aufschrift „Chronik der Gemeinde NN" gedruckt sein. Das in Vörden angeschaffte Buch trägt aber die stolze Aufschrift „Chronik der Stadt Vörden".[6]
Nimmt man diese Chronik als Informationsgrundlage, so hat sich in Vörden nach dem Übergang an Preußen zunächst nicht viel verändert. Der erste Chronist, wahrscheinlich der damalige Bürgermeister, der Bierbrauer Wilhelm Multhaup, konzentriert sich bei einem Vergleich zwischen der früheren bischöflichen und der jetzt königlichen Herrschaft fast ausschließlich auf die Steuern und erwähnt ausdrücklich, dass die Grund- und Kopfsteuern in der ersten Epoche der Zugehörigkeit zu Preußen (1802-06) so blieben wie zuvor im Fürstbistum Paderborn. Die Kopfsteuer war vom Erreichen des 16. Lebensjahres an zu zahlen. Sie betrug für männliche Personen 8, für weibliche 4 Mariengroschen. Auch die „Fabrikationssteuer" blieb gleich. Sie bezog sich auf die Herstellung von Branntwein und Bier. Die Erlaubnis zum Brennen erhielt man gegen die Zahlung von jährlich 2 Reichstalern an die Landeskasse. Beim Bierbrauen war nur der „Export" außerhalb des Ortes zu besteuern, und zwar mit 3 Pfennig pro Tonne (ca. 35 l). Interessant war die Zollabgabe im Fernhandel, von der es heißt:

„Ein Vierspänniger Wagen mit Kaufmans Waren beladen, so von einem Amt in das andere transportiert wurde, musste zahlen 3 Mariengroschen 3 Pfennig, und genommen von Wein oder Branntwein von jedem Zugpferde 6 Mariengroschen."

Als zusätzliche Belastung im Vergleich zur früheren bischöflichen Regierung war jetzt allerdings eine „gezwungene Kriegsanleihe" von 255 Reichstalern zu zahlen.[7] Die Abgaben an die Burg Vörden und auch der Zehnte werden nicht erwähnt. Beide blieben zunächst ebenfalls erhalten, wobei der Zehnte nach der Auflösung des Klosters Marienmünster an die preußische Domänenkammer ging.

2. Ereignisse der großen Politik aus der Perspektive der Vördener Chronik

a) Die erste preußische und die französische Zeit

Die Vorschriften zur Führung der Chronik sahen ausdrücklich vor, die Ereignisse zwischen 1800 und 1818 sowie auch die besonderen politischen Vorkommnisse der Folgezeit aufzunehmen. So berichtet dann die Vördener Chronik zunächst vom Übergang an Preußen, dann vom verlorenen Krieg Preußens gegen Frankreich im Jahre 1806. Im Anschluss daran wurde 1807 das französisch bestimmte Königreich Westphalen unter der Regierung des in Kassel residierenden Königs Jérôme Bonaparte, des jüngsten Bruders Napoleons, errichtet. Dieses Königreich erstreckte sich allerdings nur auf die östlichen Teile Westfalens, reichte darüber hinaus aber bis zur Elbe unter Einschluss der Städte Hannover, Magdeburg und Halle an der Saale. Nach französischem Vorbild erfolgte eine Verwaltungseinteilung, wonach Vörden im Departement Fulda, dem Distrikt Höxter und im Kanton Vörden lag. Zum Kanton Vörden gehörten die später zum Amt Vörden zählenden Orte. Die Kantonseinteilung war also die Grundlage der späteren Amtsgliederung. Der Vördener Kantonsmaire (Kantonsbürgermeister) Goihausen wohnte allerdings in Brakel. Weiter wird dann Napoleons unglücklich verlaufener Krieg gegen Russland in der Chronik kurz angesprochen. Über die sich daraus entwickelnden Freiheitskriege mit der Völkerschlacht bei Leipzig informiert der Chronist ebenso wie über das weitere Schicksal des französischen Kaisers. Nicht erwähnt wird, dass auch junge Vördener als Folge der 1807 eingeführten allgemeinen Wehrpflicht unter französischen Fahnen gedient haben und 1812 im berühmten Westphälischen Regiment mit Napoleons Grande Armée nach Russland ziehen mussten. In der Familie Kreilos (Fenstermacher) ist der Tod des Johannes Henricus Kreilos überliefert, der 1812 in Russland umkam. Er ist auch in einer Vermisstenliste aufgeführt, die 3326 Namen enthält.[8] Es sollen sich aber nach mündlicher Überlieferung auch junge Vördener durch Entweichen in das nicht französisch besetzte Lippe dem Soldatendienst in Napoleons Armee entzogen haben, so zwei Söhne aus der damaligen Familie Souper. Darüber schweigt die Chronik aber ebenso wie über eine Teilnahme von Vördener Bürgern an den Befreiungskriegen gegen Napoleon.[9]

Von den sonstigen ordnungspolitischen Veränderungen durch die „westphälische Regierung" wird die Justizverfassung nach dem Code Napoleon nur summarisch erwähnt. Die damit im Einzelnen verbundenen demokratischen Errungenschaften wie Gleichheit aller vor dem Gesetz, Aufhebung der Leibeigenschaft und aller Verpflichtungen zu Dienstleistungen, Aufhebung der Steuerfreiheit des Adels und der Beschränkungen im Handwerk (Ende des Zunftzwanges) und im Handel (Zölle) sowie die bürgerliche Gleichstellung der Juden waren dem Chronisten offenbar nicht wichtig. Ausführlicher sind hingegen wieder die steuerlichen Neuregelungen dargestellt, so die „Consumptionssteuer" (Verbrauchssteuer). Für den Chronisten war dabei aus Vördener Sicht bedeutsam, dass pro geschlachtetem Schwein 10 „gute Groschen" (gg) oder bei kleineren 6 zu zahlen waren. Dieses sei später sogar auf 14 erhöht worden. Pro geschlachteter Kuh habe man zunächst 1 Reichtaler, 3 gute Groschen und 8 Pfennig, später 2 Reichstaler, 6 Groschen zahlen müssen (1 Reichstaler = 24 gute Groschen). Für einen Scheffel Korn zu mahlen oder zu schroten seien 9 Pfennig, später 11 fällig geworden. Geschildert werden ferner die Maßnahmen der Kasseler Regierung zur Eichung von Gefäßen für die Herstellung von Bier und Branntwein und zu deren Produktionskontrolle als Besteuerungsgrundlage.

b) Die Rückkehr der preußischen Herrschaft

Zu der im November 1813 erfolgten erneuten Machtübernahme durch Preußen erfahren wir keine örtlichen Vorgänge. Für das Jahr 1819 wird die Einführung des preußischen Grenzzolles und die Tag und Nacht erfolgende Bewachung der Grenzen angeführt, wobei für Vörden wohl die Grenze zu Lippe bedeutsam war. Der Chronist schreibt, dass der Handel „vons Auslande eingeschränkt wurde, das Rollieren des Geldes (Geldumlauf) sich verminderte und großer Geldmangel jetzt herrschte."

1820 ersetzte Preußen dann die noch aus der Zeit des französisch bestimmten Königreichs Westphalen stammende Consumptionssteuer durch eine „Klassensteuer". Man unterteilte die Bevölkerung in vier Gruppen von Einkommen mit jeweils 3 Unterstufen. Die Angehörigen der unteren Gruppe „Tagelöhner und Gesinde" zahlten im Minimum einen halben Taler jährlich und die in der höchsten als „besonders reiche und wohlhabende Einwohner" im Maximum 144 Taler. Die Steuer-Hebestelle für Vörden war zu dieser Zeit in Steinheim. Steuerbeamte kamen von dort zu einem bestimmten Termin nach Vörden. Die Einwohner mussten dann erscheinen und ihre Steuern bar entrichten. Erst mit der Umsiedlung der Amtsverwaltung Vörden von Marienmünster nach Vörden

zum Ende des 19. Jahrhunderts wurde hier auch eine eigene Amtskasse eingerichtet (s.u.).

Als es im Jahre 1830 in Frankreich zu revolutionären Unruhen kam, die auf die
Nachbarländer ausstrahlten, hatte das auch in Vörden Auswirkungen, wie der
folgende Chronikeintrag für 1831 belegt:

> *„Im Monat May wurde eine Aushebung der Kriegespferde vorgenommen
> wovon aus der Gemeinde Vörden als von Herrn Leutnant Caspari ein Pferd
> welches mit 80 Rtl ausgezahlt worden, und ein Pferd von dem hiesigen Bür-
> ger Conrad Hölting v.(vulgo = genannt) Adämmer welches mit 70 Rtl be-
> zahlt worden. Diese Aushebung geschah zur Vorsicht weil Frankreich dem
> Teutschlande den Krieg androhte.“*

Der erwähnte Leutnant Caspari war zu dieser Zeit Verwalter des landwirtschaftlichen Betriebes der Burg, die als Pfandbesitz noch in der Hand des
Freiherrn Franz von Brackel war. Das Pfand wurde 1834 von der Familie von
Haxthausen wieder eingelöst.[10] Für das Jahr 1842 berichtet die Chronik vom
Beitritt des selbständigen Fürstentums Lippe-Detmold zum Deutschen Zoll-
verein, *„welches für die Gemeinde Vörden von einiger Wichtigkeit ist, weil dieselbe mit jenem Lande, besonders mit der Stadt Schwalenberg viel routurrirt“*
(austauscht, handelt).

c) Revolutionäre Unruhen

Wie schon im Jahre 1830, so strahlten auch im Jahre 1848 die revolutionären
Bestrebungen in Frankreich auf die deutschen Staaten aus. In Berlin und in
anderen Städten kam es zu Kämpfen zwischen dem preußischen Militär und
Bürgern, die vor allem demokratische Reformen forderten. In den Augen des
damaligen Vördener Chronisten waren die Protestierenden „Handwerksbur-
schen und Studenten allerlei Gesindel". In seinen Augen war es das „Geschrei
des Pöbels", das Freiheit und Gleichheit forderte. Dann heißt es:

> *„Ja sogar in unserer sonst so friedlichen Gemeinde fanden am 26. 27. und
> 28 März[11] abends Aufläufe stat. Kinder waren zwar Anfänger hiervon, al-
> lein zu diesen gesellten sich in der Abenddunkelheit auch Erwachsene. Es
> wurden von dem hiesigen von Haxthausenschen Gutsbesitzer die früheren
> Rechte der Stadt Vörden wieder zurückgefordert, welche bei einer kurz vor-
> her statgefundenen Hudetheilung, bei welcher die Stadt Vörden augenfällig
> beeinträchtigt worden, aufgehoben sein solten. Namentlich auch das Sam-
> meln von trockenem Holz in den von Haxthausenschen Wäldern.“*

Mit der angesprochenen Hudeteilung war das nach dem Stadtrecht von 1342
den Vördenern zustehende Recht zur Schweinemast in den zur Bug gehörenden

Wäldern und das Hüten auf abgeernteten Feldern auch der Burg ebenso entfallen wie das Recht auf Nutzung des toten oder trockenen Holzes in den Wäldern. Insbesondere ein damit zusammenhängender Vorfall scheint die besondere Verärgerung der Vördener hervorgerufen zu haben:

> „Die Ursache dieser alhier stattgehabten Aufläufe, welche zuerst von Kindern angefangen, wollte man nun dem jetzigen Gutsbesitzer Guido von Haxthausen zur Last legen, welcher den Kindern das mühsam im Walde gesammelte trockene Holz nicht allein abgenommen, die Stricke zerschnitten, wieder umher geworfen, mit Schlägen bedroht, sondern auch sogar nicht mehr dulden wollte, den offenen Weg, welcher durch seine Forsten führt, zu gehen, wie die Kinder auch nur das trockene Holz in den königlichen Forsten gesammelt hatten."

Ob die Unruhen der Anlass für erneute Verhandlungen mit der Familie von Haxthausen waren, ist nicht bekannt. Jedenfalls wurde in einem Vergleich vom 4. April 1848 u. a. der Hudeanteil der Gemeinde im Eichhagen um 80 Morgen vergrößert. Zu einer umfassenderen Einigung kam es dann im Jahre 1850, als die Brüder von Haxthausen den Vördenern zur Ablösung der Huderechte 180 Morgen Land im Eichhagen abtraten.[12] Der Anspruch der Vördener auf Brennholz wurde 1889 durch Zahlung von 6000 Mark seitens der Familie von Haxthausen abgelöst.

d) Die Kriege gegen Dänemark, Österreich und
Frankreich in der Vördener Chronik

Der im Jahre 1864 ausgebrochene Krieg der verbündeten Preußen und Österreicher gegen Dänemark wird in der Chronik angesprochen, jedoch wird keine Teilnahme Vördener Bürger erwähnt. Das war jedoch zwei Jahre später beim Krieg Preußens gegen Österreich ganz anders. Dazu heißt es:

> „Es brach der preußisch-österreichische Krieg aus. Von beiden Seiten wurde gewaltig gerüstet, die Jünglinge und kräftigen Männer mussten in des Heeres Reihen eintreten. Auch unser Dorf traf das harte Loos, daß 34 Männer den Fahnen zueilen mußten. Groß war in diesen Tagen die Noth und das Elend; denn die meisten dieser Krieger hatten eine Familie, denen jetzt der Ernährer fehlte."

Ausführlich wird der Kriegsverlauf geschildert. Die meisten Vördener kämpften in der Heereseinheit unter General von Manteuffel gegen die mit Österreich verbündeten Bayern, Hessen und Badenser. Als es am 25. Juli 1864 bei Helmstadt in Unterfranken zu einem Gefecht kam, erhielt der Musketier Heinrich Elsing einen Bauchschuss, an dem er in der folgenden Nacht verstarb. Bei den

damaligen Reisemöglichkeiten ist der folgende Satz aus der Chronik verständlich: *„Er ruht in Helmstadts Erde, jedoch kennt keiner der Seinen sein Grab."*
Die anderen Vördener kehrten wohlbehalten aus dem Krieg zurück.
Auch der deutsch-französische Krieg 1870/71 wird ausführlich in seinem Verlauf und Ergebnis beschrieben. 27 Vördener nahmen als Soldaten teil. Zwei von ihnen waren als Opfer zu beklagen, nämlich Heinrich Schröder (Haus Krosrieks, heute linker Teil des Hauses Niedernstraße 13) und Hermann Heinrich Potthast (Büngener). Als letztes politisches Großereignis des 19. Jahrhunderts spiegelt sich der Kulturkampf in der Vördener Chronik. Darauf wurde jedoch bereits an anderer Stelle eingegangen.[13]
Die Einberufung Vördener Bürger zu den genannten Kriegen beruhte auf der allgemeinen Wehrpflicht, die nach den Befreiungskriegen in Preußen nach französischem Vorbild eingeführt worden war. Leider ist keine Information erhalten, an welchen Orten junge Vördener ihren zweijährigen Wehrdienst ableisteten und damit zwangsläufig auch außerörtliche Erfahrungen machten. Dass sie als „alte Krieger" einen gewissen Respekt genossen, zeigt ein Eintrag in der Chronik zum Jahre 1857:

„Am 15t. October 57 wurde zuerst hier im Orte Voerden der Geburtstag unsers geliebten Königs und Landesherrn Friedrich Wilhelm IV. König von Preußen in feierlicher Weise begangen und durch einen Ball eröffnet. Die alten Krieger waren eingeladen, und bei jedem Theilnehmer strahlte Freude übers Antlitz."

3. Veränderungen von Status und Ortsbild

a) Der Verlust der Stadtrechte

Wenn sich auch die preußischen Beamten zu Beginn des 19. Jahrhunderts über den Stadtstatus von Orten wie Vörden mokierten, so blieb dieser Status dennoch bis zum Jahre 1843 weitgehend unangetastet. Die mit Datum vom 25. Oktober 1803 erfolgte Rückstufung der kleinen Städte im früheren Fürstbistum Paderborn in Flecken hatte sich im Alltag nicht bemerkbar gemacht.[14] Zudem hatte die französisch-westphälische Regierung zwischen 1807 und 1813 Vörden auch wieder als Stadt behandelt. Im Jahr 1843 trat dann die bereits 1841 verkündete neue preußische Landgemeindeordnung in Kraft, wonach alle Orte unter 2.500 Einwohnern ihren Stadtstatus verlieren und in einen Amtsbezirk eingegliedert werden sollten. Der bisher schon für die Polizeigewalt zuständige Kantonsbeamte des Kantons Vörden mit Sitz in Marienmünster erhielt als Amtmann des Amtes Vörden mit Sitz in Marienmünster jetzt auch das Recht bzw. die Pflicht zur „Beteiligung" an den Entscheidungen über die finanziellen und sonstigen Angelegenheiten Vördens. Er war somit Aufsichtsperson und ausführende Behörde, dem auch die Gemeindebehörden Folge leisten mussten. Dementsprechend erhöhte sich sein Gehalt, während das des Bürgermeisters Potthast von 27 Reichstalern 11 Silbergroschen auf 19 Reichstaler jährliche Dienstkostenentschädigung abgesenkt wurde. Der gewählte Bürgermeister oder Vorsteher, wie er nun heißen sollte, bedurfte nach seiner Wahl der Ernennung durch den Landrat. Er war „Organ und Hülfsbehörde" des Amtmanns, wie es in § 41 der erneuerten Landgemeindeordnung von 1856 hieß. Auch wenn demgegenüber die Entscheidungs- und Kontrollfunktion des Gemeinderats betont wurde, so endete damit doch nach gut 500 Jahren der seit 1342 bestehende Stadtstatus von Vörden.

In der Vördener Chronik schlug sich die Wandlung allerdings zum Teil erst deutlich später nieder. Zwar werden hier ab 1844 aus den bisherigen Stadtverordneten Gemeindeverordnete, aber bis einschließlich 1863 ist der jeweilige Jahresbericht mit „Fortsetzung der städtischen Chronik" überschrieben. Auch der Titel „Bürgermeister" wurde weiter benutzt. Im Jahre 1868 beginnen die Aufzeichnungen dann mit der Meldung, die auch den letzten Rest der städtischen Vergangenheit beseitigte:

> „Dem Bürgermeister Johann Elsing wurde von Königlicher Regierung zu Minden das Prädikat „Bürgermeister" untersagt und demselben aufgegeben, sich ferner „Vorsteher" zu nennen."

b) Die Ablösung der an Grund und Boden haftenden Abgaben

Von den früheren Verpflichtungen der Vördener Bürger war der Zehnte (10. Teil der Kornernte), den man bis 1803 dem Kloster Marienmünster und dann dem preußischen Fiskus schuldete, bereits ab 1818 in eine jährliche Geldsumme umgewandelt worden. Sie wurde vom Vördener Magistrat eingetrieben und jeweils zu Weihnachten beim Amtmann in Marienmünster abgeliefert. Die Summe verminderte sich von 475 Reichstaler im Jahre 1818 auf 151 Rtl im Jahre 1830. 1839 wurde der Abkaufpreis für den Zehnten auf 4000 Rtl festgesetzt. Die jährlichen Zinsen betrugen 200 Rtl. Die Vördener zahlten ihren Beitrag nach der Qualität des Landbesitzes. Dazu war die Vördener Feldmark in drei Güteklassen eingeteilt worden. Zu der besten Klasse I zählten 779 ¼ Morgen, zur Klasse II 418 ½ und zur Klasse III 98 Morgen. Für einen Morgen besten Landes waren z. B. im Jahr 1830 5 Silbergroschen und 5 Pfennig zu zahlen, für Klasse II 3 Silbergroschen und 4 Pfennig, für einen Morgen der schlechtesten Klasse 1 Silbergroschen 8 Pfennig. Bis zum Jahre 1900 trugen die Vördener diese Verpflichtung ab. Für die Jahre 1847 bis 1856 liegt ein Verzeichnis der Zahlungen der einzelnen Bewohner vor.[15]

Schwieriger verlief die Ablösung der nach dem Stadtrecht von 1342 bestehenden Dienst- und Abgabenverpflichtung gegenüber der Burg Vörden. Diese waren zur Zeit des Königsreichs Westphalen (1807-13) aufgehoben worden und sollte nach dem preußischen Gesetz von 1830 ebenfalls durch Geldzahlungen abgelöst werden. Es gelang jedoch Werner von Haxthausen, der ab 1834 die Burg wieder in den Besitz seiner Familie gebracht hatte, nicht, die andauernde Verpflichtung der einzelnen Vördener Hausstätten einzuklagen, die im Vertrag von 1562 zwischen der Stadt und den von Haxthausen erneut festgelegt worden war. Die Klage wurde mit Datum vom 28. September 1841 durch eine königliche Kommission in Münster abschlägig beschieden.[16]

c) Das Schicksal des Mönchehofes

Mit der Aufhebung des Klosters Marienmünster 1803 war das gesamte bewegliche und unbewegliche Vermögen der Abtei an den preußischen Staat übergegangen, somit auch der Mönchehof in Vörden. Die preußische Domänenkammer vergab den Landbesitz des Klosters mit den nicht kirchlich genutzten Gebäuden an den Interessenten Karl Ludwig Sigismund von Roeder in Erbpacht. Dieser konnte den Besitz jedoch nicht halten und gab ihn mit Zustimmung der Regierung in Teilen an andere Pächter weiter. So kam im Jahre 1817 der Mönchehof mit einem Wert von 7000 Reichstalern zu einer jährlichen Pacht von 120 Rtl an Hermann Roland aus Großenbreden. Nach seinem Tode heiratete dessen Witwe, Anna Maria Reineke, im Jahre 1840 den Johann Elsing aus Wittgerbers Haus. Im Jahre 1883 löste dann die Familie Elsing durch Zahlung von 7520 Mark an den preußischen Staat den Hof ein.[17] Er ist seitdem im Eigentum der Familie. 1817 umfasste der Mönchehof folgende Ländereien, die weitgehend aus der ursprünglichen Dotierung der Vördener Kirche stammten:[18]

	Morgen	Ruten (je ca. 14 qm)
Ackerland	103	95
Gärten	-	49
Wiesen (Papenwiese)	3	133
Wiese beim Hofe	-	102
Teiche Möncheteich	1	172
Walzer Teich	8	154

Wahrscheinlich bestand das Walzer Teich (früher Waldesser Teich) genannte Grundstück vor allem aus Wiese.

d) Erste Hausbauten außerhalb der Stadtmauer

Wie angesprochen, machte Vörden vom Äußeren her schon 1803 auf die preußischen Beamten nicht mehr den Eindruck einer geschlossen ummauerten Stadt. Auch die zu dieser Zeit noch bestehenden Tore dürften bald abgebrochen worden sein. Bis 1803 waren jedoch noch keine Häuser außerhalb der alten Mauerlinie gebaut worden. Das erfolgte erstmals im Jahre 1806, als *„unter der Regierung des Herrn Bürgermeisters Rotermund"* dem Johannes Sander *„auf dem Anger vor dem Niedern Thore"* eine Hausstätte von 60 Fuß[19] Länge (knapp 19 Meter) und 60 Fuß Breite für 10 Reichstaler verkauft wurde. Davon hatte er jährlich 6 Mariengroschen Schätzung (Steuer) zu zahlen und ebenso alle gegenwärtigen und künftigen bürgerlichen Verpflichtungen zu übernehmen. Das Haus wurde später vom Gastwirt und Posthalter Johannes Kropp gekauft. Die erste Bebauung vor dem Oberen Tor erfolgte 1818, als dem Hermann Becker ein Bauplatz von 52 Fuß Länge und 44 Fuß Breite für die Summe von 7 Reichtalern, 6 Mariengroschen und 6 Pfennig verkauft wurde (Beckers am Berge). Es folgte nun in rascher Folge eine Ausweitung Vördens vor allem vor dem Niederen Tor entlang der heutigen Amtsstraße und des Angerberges, ferner im Bereich der Bergstraße. Offenbar war in Vörden zusätzlicher Wohnraum dringend notwendig. So war die Zahl der Einwohner von 495 im Jahre 1803 auf 601 im Jahre 1818 angewachsen. Bei der Volkszählung 1880 wohnten in Vörden 701 Menschen.

Die Ausdehnung Vördens im 19. Jahrhundert kam im Jahre 1899 mit dem vom Amt Vörden neu errichteten Amtsgebäude zum Abschluss. Zum 1. Juli zog der Amtmann Schröder vom bisherigen Sitz des Amtes Vörden in Marienmünster nach Vörden um. Das quer vor der „Amtsstraße" stehende Gebäude schloss auch optisch die Ausdehnungsachse in Verlängerung der Marktstraße nach Osten ab. Erst nach 1950 wurde sie durch neue Wohnbauten weiter östlich fortgesetzt. Die auf das neue, repräsentative Amtsgebäude zuführende Straße, die zunächst Niedern-Torstraße hieß, bekam jetzt den Namen Amtsstraße. Im Volksmund bürgerte sich die Bezeichnung „Klein Berlin" ein. Die Ausweitung Vördens ist in der Abb. Nr. XX im farbigen Bildteil dargestellt.

e) Veränderungen des alten Ortsbildes

Eine bedeutsame Veränderung innerhalb des alten Stadtbereichs wurde dadurch eingeleitet, dass die Stadt im Oktober 1838 den *„Ratskeller mit dem darhinter belegenen Garten"* gegen das Meistgebot von 525 Reichstalern an den Gastwirt Rolf aus Nieheim verkaufte.[20] Der Besitz wurde dann kurz danach von Heinrich Weber (1821-1907) erworben, der 1845 bei seiner Heirat erstmals als „Kellerwirt" ausgewiesen ist. Er baute aber schon bald nach dem Erwerb eine neue Gastwirtschaft in dem erwähnten Garten vor der alten Mauer, so dass der alte Ratskeller nach rund 180 Jahren ausgedient hatte und nur noch als Scheune genutzt wurde.

Noch gravierendere Veränderungen erfuhr das Ortsbild dann als Folge der zahlreichen Brände, die unten in einem eigenen Punkt behandelt werden. Sie führten insgesamt zu einer Entzerrung der vorher sehr dichten und verwinkelten Bebauung. Besonders hervorgehoben wird in der Ortschronik, dass nach dem Großbrand im Jahre 1867 *„das Haus des Gastwirts Weber um 18 Fuß* (knapp

6 Meter) *zurückgebaut wurde. Hierdurch wurde das Thor beseitigt und
Vörden sehr verschönert, denn nun
konnte man von der Schule bis zum
Hohlenwege sehen, was früher nicht
möglich war.*" Offenbar stand das um
1845 neu erbaute Webersche Gasthaus noch unmittelbar am Rand der
schmalen, ehemaligen Zufahrt zum
Niederen Tor. Mit „Hohlenwege" ist
der am Ende der jetzigen Amtsstraße
nach links abknickende Einschnitt
für die Straße nach Hohehaus und
Großenbreden gemeint.
Bei dem Großbrand 1867 ging auch
das 1683 errichtete Gebäude des alten Ratskellers in Flammen auf, das
ja auch in Teilen die Funktion des
Rathauses hatte. Dem Ortschro-
nisten ist sein Untergang aber keine
Erwähnung wert. Der Platz diente
dann zunächst als Holzlagerplatz
für die Bäckerei Honervogt, die zwischen der Gastwirtschaft Weber und
dem Weberschen Saal stand. Auch

*Abb. 135
Das 1899 errichtete Amtsgebäude (ca.
1950). Gegenüber dem Originalzustand ist
lediglich das Dachgeschoss zu Wohnungen
ausgebaut worden.*

ein Göpel (vom Pferd angetriebene Mühle, meist zum Schroten oder auch als
Schneidwerk für Heu und Stroh) befand sich auf dem Platz, bevor er dann im
Jahre 1923 wieder mit einer Scheune bebaut wurde. Wahrscheinlich aufgrund
einer Anregung von Vikar Völker erhielt sie folgende Schrifttafel:

AN DIESEM PLATZE STAND EHEDEM DAS
RATHAUS MIT DEM STÄDTISCHEN KRUG,
ABGEBRANNT AM 11. MAI 1867.
NEUBAU ERRICHTET VON JOSEF WEBER
UND MARIA GEB. LÜKE I. J. 1923

Es sei aber noch einmal hervorgehoben, dass es sich hier sicher nicht um den
Platz des ursprünglichen Vördener Rathauses handelt (s. unter „Vörden als bischöfliche Stadt").
Eine Veränderung des Ortsbildes ergab sich auch durch den Neubau der Straße
von Höxter nach Nieheim in den Jahren 1855/56, weil diese neue Plätze für
den Hausbau erschloss und eine Ausweitung der Besiedlung nach Süden ermöglichte (s. u.).

Mehrfach berichtet die Chronik über das Fällen von Eichenbeständen rund um Vörden. So 1857 und 1883 auf dem Breiten Anger, 1889 beim Mühlenkampe und 1894 am alten Weg nach Eilversen, 1896 im Krummensiek, 1898 am Mönchsteich, im Eichhagen und am Stationsweg zum Hungerberg. Diese Eichenwäldchen und -alleen waren sicherlich für die äußere Ansicht des Ortes sehr vorteilhaft. Allerdings kam es auch zu größeren Aufforstungen. Am Nordhang des Hungerberges pflanze die Gemeinde 1856 zwei Morgen Fichten sowie Eichen im Eichhagen. 1876 wurde dann der sogenannte Gemeindekamp ebenfalls auf der Nordseite des Hungerberges zur Straße Marienmünster-Löwendorf hin mit 6365 Fichten bepflanzt. Schon in den 60er Jahren waren im Hogge insgesamt 13000 Fichten gesetzt worden. 1875 folgte die Bepflanzung des noch freien Restes am Anfang. Zudem kaufte die Gemeinde 1873 und 1883 Flächen an der Südseite des Hungerberges auf und bepflanzte sie mit Fichten.

Das *innere Erscheinungsbild* des Ortes erfuhr neben den erwähnten Auflockerungen der Bebauung als Folge von Bränden insbesondere durch die Befestigung der Straßen und durch die Anlage von gepflasterten Rinnen (Gossen) am Straßenrand eine Aufwertung. Im einzelnen berichtet die Ortschronik von folgenden Bauarbeiten:

1883   Ausbesserung der Marktstraße durch eine Steindecke.
1890   Steindecke für die Pohlstraße.
1891   Die offene Rinne („Molle") an der Niedernstraße wird durch einen Kanal ersetzt.
1892   Anlage gepflasterter Rinnen beiderseits der östlichen Marktstraße und an der Nordseite der Pohlstraße.
1893   Steindecke im Dunklen Ort mit einer gepflasterten Rinne, ebenfalls Anlage einer Rinne an der Südseite der Pohlstraße.
1895   Anlage einer Rinne an der südlichen Seite der Niedernstraße.
1897   Der westliche Teil der Markstraße erhält beiderseits gepflasterte Rinnen.

Erwähnenswert ist das Aufstellen von Straßenlaternen, die mit Petroleum betrieben wurden. Die ersten beiden Laternen wurden 1888 in der Niedernstraße und in der Pohlstraße aufgestellt. 1893 folgten zwei weitere in der Marktstraße, und zwar eine an der Kirche und die andere vor der damaligen Gastwirtschaft Kropp (Padberg).

4. Die Wasserversorgung

a) Die Versorgung durch Brunnen

Für eine Ortslage wie im Falle Vördens auf dem Ende eines Bergrückens konnte die Wasserversorgung leicht zu einem Problem werden. In Vörden scheint jedoch die Versorgung aus den an anderer Stelle näher beschriebenen öffentlichen und privaten Brunnen in den meisten Jahren problemlos möglich gewesen zu sein.[21] Mit der Ausweitung der Besiedlung wurden auch neue Brunnen angelegt, so in der Amtsstraße rechts neben dem 1825 von Jacob Israelsohn gebauten Haus, heute Amtsstraße 13. Ferner war ein Brunnen hinter dem jetzigen Haus Padberg am Rand des Angers gegraben worden. Die Besiedlung des Krummensieks nach dem Bau der Kreisstraße von Höxter nach Nieheim 1855/56 machte weitere Brunnen notwendig. Ein Brunnen wurde in der süd-westlichen Ecke des jetzigen Grundstücks Elsing, Talstraße 30 angelegt, ein anderer zwischen Feuerteich und Bach nahe der Brücke des Weges nach Altenbergen.

Über eine Wasserknappheit berichtet die Vördener Chronik erstmals für den Sommer 1822 und den Jahresbeginn 1823. Dem trockenen Sommer folgte damals im Januar eine klirrende Kälte.

> *„Es war kein Brunnen in Vörden mehr mit Wasser versehen, und mussten die Einwöhner ihr dürftiges Wasser aus Gähers Teiche* (Gärdsteich, früherer Klosterteich) *holen, am 28ten Januar fiel Thauwetter ein und brachte Regen und Wasser wieder."*

b) Die erste Wasserleitung mit Kump

Rechtzeitig im trockenen Jahr 1857 wurde in Vörden eine erste Wasserleitung gebaut.

> *„Am 1ten October 57 wurde eine Wasserkunst aus dem sogenannten Hogge nach Vörden angelegt. Der Wasserkump wurde neben der Kirche bei der Kaplanei errichtet, indem* (weil) *von hier aus die Ableitungsrohren nach den anderen Straßen zu angelegt werden können, denn von hier aus war es zur Zeit nur möglich einen Abfluß zu erhalten. Die Summe der ganzen Anlage resp. Kump betrug 840 Rtl."*

Als Wasserkunst bezeichnete man damals eine Wasserführung nach dem Prinzip der kommunizierenden Röhren. Die Quelle befand sich in der Wiese des Johann Elsing (Mönchehof) im Hogge. Der Kump stand auf der höchsten Stelle des Ortes. Von hier aus sollte das Wasser dann mit natürlichem Gefälle zu Zapfstellen in den einzelnen Straßen geleitet werden.

Der Beschluss zum Bau der Wasserleitung war in der Gemeindeversammlung am 6. Juni 1857 unter Vorsitz des Amtmanns Kroeger und des Bürgermeisters Christoph Grote gefasst worden. Nach der Genehmigung des Vorhabens durch die Königliche Regierung in Minden übertrug man dem Maurermeister Wilhelm Lakemeyer aus Steinheim die Ausführung der Arbeiten. Die notwendigen „steinernen Röhren" (2600 Stück, 1 ½ Fuß lang und 1 ½ Zoll Durchmesser) lieferte der Tonwarenfabrikant Johannes Noll aus Großalmerode bei Kassel. Sie wurden

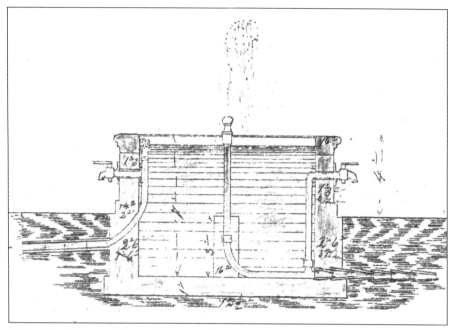

Abb. 136   Schnittzeichnung des 1857 gebauten ersten Kumpes.
Deutlich wird rechts die Wasserzuführung über ineinander gesteckte,
flaschenförmige (konische) Tonrohre.

per Schiff nach Höxter transportiert und vom dortigen Hafen mit Pferdefuhr-
werken nach Vörden geholt. Die flaschenförmig gestalteten Rohre steckte man
zusammen und verschmierte sie. Die Gesamtlänge der Leitung von der Quelle
bis zum Kump betrug 998 Meter. Der Kump wurde aus „festgebrannten" Ziegelsteinen gemauert mit einem oberen Rand aus Sandstein. Nach einer erhaltenen
Bauzeichnung hatte er einen Durchmesser von 9 Fuß (knapp 3 Meter) und eine
Tiefe von 7 Fuß (ca. 2,20 Meter). Zur Finanzierung des Projekts lieh man sich
700 Reichstaler von Johann Köhne aus Großenbreden und Samuel Grünwald
aus Löwendorf. Die Rückzahlung erfolgte mit dem Erlös aus der Abholzung des
1½ Morgen umfassenden Eichenbestandes auf dem Breiten Anger (s. o.).[22]
Der Kump bewährte sich im ersten Jahr glänzend, denn es heißt dazu in der
Chronik für 1857:

> *„Vom 28ten Julie bis 25ten December hatten wir fortwährend Dürre, die*
> *Brunnen und Teiche waren ausgetrocknet, sämtliche Einwohner mussten ih-*
> *ren Wasserbedarf aus dem Kump holen, selbst Einwohner von Eilversen und*
> *Altenbergen haben gelegentlich aus unserem Kump Wasser gefahren."*

Auch das folgende Jahr 1858 war wieder sehr trocken. Der inzwischen neu gewählte Bürgermeister Johann Elsing schrieb zum November:

„Der Wassermangel wurde immer größer, und die Wasserbrunnen ganz trocken, so daß der Wasserkump nicht im Stande war den Bedarf der sämtlichen Einwohner für Menschen und Vieh liefern zu können."

Als Konsequenz fasste man die Quelle im Hogge neu und erhöhte die Aufmauerung. Bald fand man aber die eigentliche Ursache der nicht ausreichenden Versorgung. Für Mai 1864 notierte der Bürgermeister:

„Zugleich wurde auch im Ende dieses Monats vom Wasserkump beim Kirchhofe anfangend, ein neuer Rohrstrang in einer Länge von ca. 70-72 Ruthen von eisernen Rohren, statt der früher verlegten steinernen, welche letzter keinen Dreier hielten, von 302 Stück resp. 4118 Pfund deren Ankaufssumme sich auf 153 Rtl, 27 Sgr 10 Pf belief, (..........) verlegt."

Eine preußische Ruthe entspricht 3,766 m, so dass sich eine Strecke von rund 270 m ergab, die bis zum damaligen Haus des Adolph Simon (heute Angerberg 9) reichte. Damit war aber der Ärger mit der Leitung nicht beseitigt. Zum einen bestand das erste Stück von der Quelle aus immer noch aus Tonrohren und zum anderen machten auch die neuen Eisenrohre Probleme, die ebenfalls nur zusammengesteckt waren. So heißt es in der Chronik für 1872:

„Im Frühjahr wurden die Restaurationsarbeiten der seit ungefähr einem Jahr lahm gelegenen Wasserleitung auf der Strecke von der unteren Ecke der s. g. Schlepperwiese (dem Quellort) *bis an Gehersteich hölzerne Röhren von Erlen gelegt. Die eisernen Röhren innerhalb Vördens welche beim früheren Legen mit Hanf und Harz verdichtet waren und theilweise jetzt Wasser verlohren wurden dadurch verdichtet, daß eichene Keile eingetrieben und mit Zement umschmiert wurden."*

150 Jahre nach der Verlegung der ersten Leitung konnten im Winter 2007 auch die Ursachen der Undichtigkeit der Tonleitung geklärt werden. Mitglieder des Heimat- und Kulturvereins fanden in der Brucht acht der 1857 verlegten tönernen Flaschenröhren. Vier von ihnen wiesen Längsrisse in der Muffe auf. Aufgrund der

Abb. 137
Aufgeschnittene Verbindung von Muffe und Stutzen bei den 1857 verlegten Tonröhren

Konstruktion der Tonröhren war nur eine geringe Eindringtiefe des Stutzens in die Muffe möglich. Dadurch konnte wohl nicht in allen Fällen eine sichere Abdichtung durch Mörtel erreicht werden. Zudem bestand bei einem kräftigen Eintreiben des Stutzens in die Muffe bereits die Gefahr der Rissbildung. Risse konnten aber auch durch eine unsachgemäße Verlegung entstehen, wenn die Verbindung von Stutzen und Muffe durch den Erddruck auf Biegung beansprucht wurde.

c) Eine neue Leitung und ein neuer Kump

Wie schon aus dem obigen Zitat hervorgeht, war auch die neue eiserne Wasserleitung nicht zuverlässig. Zudem war der Kump an der Kirche 25 Jahre nach der Inbetriebnahme inzwischen in einem schlechten Zustand. So entschloss man sich dann in Vörden zu einer durchgreifenden Änderung, die im Jahre 1883 zur Ausführung kam. Der Kump wurde von der Kirche an die jetzige Stelle verlegt und mit einem Durchmesser von 5,84 m und einer Tiefe von 2,97 m deutlich größer gestaltet als der alte. Wahrscheinlich hatte nicht zuletzt der große Brand von 1867 gezeigt, wie wichtig ein umfangreicher Wasservorrat im Ort ist. Der neue Kump wurde aus großen Sandsteinplatten zusammengefügt, die aus dem Steinbruch am Velmerstot bei Horn stammten. Die Arbeiten führte der Maurermeister Schäfer aus Nieheim aus, dessen Angebot über 5.850 Mark das günstigste war. Einschließlich einiger zusätzlicher Kosten ergab sich schließlich ein Betrag von 6.630 Mark.[23] Die Finanzierung erfolgte zum Teil wieder durch Einschlag von Eichenbeständen auf dem Breiten Anger sowie durch Mittel, die zunächst für den Ausbau der Straße nach Altenbergen vorgesehen waren.
Durch die jetzt tiefere Lage des Kumpes war auch die Wasserzufuhr unproblematischer. Das Gefälle von der Quelle bis zum tiefsten Punkt am Möncheteich betrug 6,94 m, die dann folgende Steigung bis zum Kump nur 5,12 m. Aufgrund dieser Differenz konnte der Wassereinlauf über eine zentrale Säule als Springbrunnen gestaltet werden. Die neu verlegten Eisenrohre hatten einen Durchmesser von 50 mm. Die Muffen wurden mit Blei ausgegossen. Für die Zuleitung in einzelne Straßen waren bereits Rohranschlüsse vorgesehen worden. Dazu ist es aber dann in den Folgejahren wohl nicht gekommen, denn für 1894 erwähnt die Chronik eigens die Verlängerung der Leitung vom Kump durch die Marktstraße zur Versorgung des Pfarrhauses und der Schule.
Bis in die 60er Jahre des 20. Jahrhunderts hinein wurde der Kump jährlich zu Beginn des Winters dick mit Stroh und Tannengrün eingehüllt um eine äußere Beschädigung der Sandsteinplatten durch Frost zu vermeiden.
Nicht sicher zuzuordnen sind die hölzernen Röhren, die gelegentlich bei Straßenbauarbeiten innerhalb Vördens gefunden wurden, so in den 50er Jahren des vorigen Jahrhunderts in der Niedernstraße. Vermutlich handelt es sich dabei um Ableitungen vom ersten Kump an der Kirche. Zumindest waren solche Ableitungen in der ursprünglichen Konzeption vorgesehen. Über die Verlegung fin-

Abb. 138   Der Kump von 1883 mit Haus Multhaup (Büngener) ca. 1960

det sich aber keine Nachricht. Nach der Vördener Überlieferung sollen sie vom Stellmacher (Rademacher) Ferdinand Lüke angefertigt worden sein.[24]

Zu erwähnen sind noch zwei „Wäschebrunnen" unbekannten Alters. Das waren flache, annähernd quadratische Becken von ca. 3 m Seitenlänge mit natürlichem Wasserzulauf, über die dicke Bohlen gelegt waren. Die Frauen knieten auf den Bohlen und wuschen ihre Wäsche, die auf den angrenzenden Rasenflächen ausgelegt und von der Sonne getrocknet und gebleicht werden konnte. Die beiden Wäschebrunnen befanden sich im südlichen Teil des heutigen Gewerbegrundstücks Rotermund und an der linken (südlichen) Seite der Brucht, bevor sie die Straße nach Marienmünster unterquert. Die Quelle des erstgenannten Wäschebrunnens wurde später zur Wasserversorgung des Betriebes Rotermund herangezogen. Der andere Wäschebrunnen wurde durch Zuschütten beseitigt. Bei der Neugestaltung des Schützenplatzes legte man zur Erinnerung an den früheren Wäschebrunnen an dieser Stelle eine Treppe hinunter zur Brucht an.

5. Brände und Brandbekämpfung

Brände waren auch im 19. Jahrhundert noch der Schrecken jeder Stadt. Das änderte sich auch nicht grundsätzlich, als die noch am Anfang des Jahrhunderts überwiegenden Strohdächer allmählich durch Sollingplatten oder Tonpfannen ersetzt wurden. Jetzt waren es vor allem die Strohdocken, mit denen man die üblichen Hohlpfannen als Schutz gegen Schlagregen und Schneetreiben ausstopfte, die bei Funkenflug leicht Feuer fingen.

a) Neue Möglichkeiten der Brandbekämpfung

Zur Brandbekämpfung dienten im 19. Jahrhundert bereits Feuerspritzen. Wie an anderer Stelle schon berichtet wurde (s. unter „Vörden als bischöfliche Stadt"), ist in Vörden für 1790 eine solche Feuerspritze nachweisbar. Ferner waren 64 lederne Eimer vorhanden. Möglicherweise hat die 1790 erwähnte Spritze bis 1843 ihren Dienst erfüllt, denn erst zu diesem Jahr heißt es in der Stadtchronik, dass *„eine neue Handspritze, welche durch den Kupferschmidt Groll zu Büren angefertigt worden, wieder für 12 Rtl angeschafft"* wurde. Diese neue Spritze kann auch für die damalige Zeit kein aufwändiges Gerät gewesen sein. Das zeigt sich an einem Vergleich mit einer rund 60 Jahre vorher im Jahre 1782 durch die Stadt Borgholz in Auftrag gegebenen Spritze, die damals immerhin 165 Rtl kostete.[25] Die Vördener Spritze von 1843 hatte offenbar noch keine Ansaugvorrichtung. Vielmehr musste das Wasser per Hand in einen offenen Behälter gefüllt werden, von dem es dann in den Druckzylinder der Pumpe lief. Das notwendige Wasser schöpfte man aus den städtischen Brunnen und reichte es in den ledernen Eimern per Menschenkette weiter bis zum Wasserbehälter der Spritze. Zu einem Brand im Jahre 1846 (s. u.) wird in der Vördener Chronik ausdrücklich erwähnt, dass die Feuerspritze zum Einsatz kam. Diese Spritze genügte allerdings wohl damals schon nicht mehr den Anforderungen, denn bereits im Jahre 1845 berichtete der Höxteraner Landrat an die Provinzregierung in Minden, dass Vörden die Auflagen zur Brandbekämpfung zwar noch nicht erfüllt habe, dass aber der Gemeinderat neben der vorhandenen tragbaren eine fahrbare Spritze anschaffen und die vorhandene zweckmäßig einrichten lassen wolle.[26] Zu der Anschaffung einer neuen Spritze kam es dann aber doch erst im Jahre 1860. Die in Kassel bestellte Spritze war jetzt wohl auf dem letzten Stand. Sie kostete immerhin 575 Rtl. Davon wurden 275 Rtl bei Lieferung bezahlt, der Rest in drei Jahresraten von jeweils 100 Rtl. Von einer weiteren Anschaffung wird im Laufe des 19. Jahrhunderts nicht berichtet.
Die innerörtlichen Brunnen mögen in nassen Zeiten durch schnellen Zulauf genügend Wasser für die Feuerbekämpfung geliefert haben, in trockenen Zeiten konnten sie aber auch rasch wasserlos sein. Deshalb legte man nicht zuletzt angesichts der Ausweitung des Ortes über die alten Stadtgrenzen hinaus Feuerteiche an. Der erste Feuerteich wurde im Jahre 1833 gebaut. In der Chronik heißt es dazu:

> *„In diesem Sommer wurde unter der Regierung des Bürgermeisters Heinrich Elsing ein Teich auf dem Anger vor dem Oberen Thor gemacht, ein Rettungsmittel in Feuersgefahr der Stadt."*

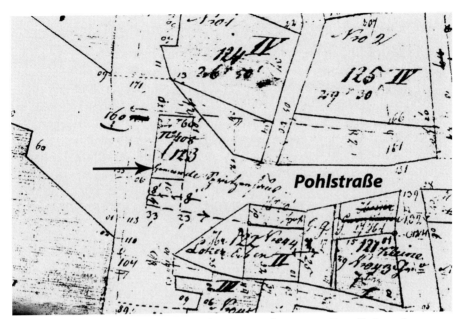

Abb. 139 *Feuerspritze, Schläuche und andere Werkzeuge zur Brandbekämpfung waren im „Gemeinde-Spritzenhaus" (Pfeil) untergebracht, das quer vor dem oberen Ende der Pohlstraße nahe der Burgmauer stand (Ausschnitt aus dem Aufriss des Urkatasters von 1830).*

Der Teich befand sich auf dem Gelände, das man später wegen der Bepflanzung mit Pappeln als den „Pöppelanger" bezeichnete. Ein weiterer Feuerteich wurde 1857 an dem Weg nach Altenbergen gebaut. Die Chronik berichtet dazu:

> *„Im Monat Juni 57 wurde unterhalb Vörden, genannt Krummensiek, ein Feuerteig von der Gemeinde, durch Frohndienst, angefertigt, woran sich sämtliche Einwohner beteiligten."*[27]

Es sei daran erinnert, dass in diesem Jahr auch die Wasserleitung mit dem ersten Kump angelegt wurde, der ebenfalls einen Wasservorrat bot.
Im Jahre 1888 erhielten Vörden und Bredenborn nach Beratung mit den entsprechenden Gemeinde-Vorständen durch den Amtmann Schröder als Ortspolizeibehörde eine formulierte „Feuerlösch-Ordnung". Darin heißt es in § 1:

> *„Jeder männliche, arbeitsfähige Einwohner der Gemeinden Bredenborn und Voerden vom 18. bis vollendeten 60. Lebensjahre ist zum Eintritt in die Feuerwehr der betreffenden Gemeinde verpflichtet.*
> *Befreit von dieser Verpflichtung sind: Staatsbeamte, Geistliche, Lehrer, Aerzte, sowie körperlich unfähige Personen."*[28]

b) Maßnahmen zur Brandverhütung

In mittelalterlichen und frühneuzeitlichen Städten gehörte es zur Aufgabe der Nachtwächter, den Umgang mit Feuer zu überwachen. Von einer bestimmten nächtlichen Uhrzeit an mussten alle Herdfeuer gelöscht sein. Zudem wurden die Feuerstellen regelmäßig kontrolliert. In der Vördener Chronik werden für 1844 vier „Polizei- und Feueraufseher" genannt. Sie wurden hinzu gezogen, als nach der Feuer- und Polizeiordnung der Provinz Westfalen eine „Feuer-Schau-Comission" gebildet werden musste, zu der auch der „Bausachverständige" Joseph Wolf aus Bredenborn und der Schornsteinfeger Mattias aus Lügde gehörten. Die „Polizei- und Feueraufseher" standen in der Tradition der 1768 erwähnten Vördener „Feuerherren", über die im Beitrag „Vörden als bischöfliche Stadt" berichtet wurde.

c) Brände im 19. Jahrhundert

Trotz aller Vorsorge kam es aber im Verlaufe des 19. Jahrhunderts zu zahlreichen Bränden. Als erstes berichtet die Ortschronik 1836 über den Brand der Windmühle, der an anderer Stelle bereits erwähnt wurde.[29] Als weitere Brände meldet die Ortschronik:

1837 in der Nacht vom 30. auf den 31. August Feuer im Hause des Bernhard Meyer. Er bewohnte das Haus „im Winkel" der Stadtmauer, schräg hinter dem heutigen „Wirtshaus am Brunnen". Man vermutete Brandstiftung. Der Brand konnte schnell gelöscht werden.

1844 ereignete sich ein schlimmes Unglück durch Feuer. Darüber heißt es:

> „Am Sonntage als den 25ten August d. J. verzehrte ein Feuer die fünf Jahr alte Tochter des Tagelöhners Franz Böger in einer Strohhütte auf seinem Kampe am Schulenberge (Schulenburg), in welcher er dieselbe mit seinem neun Jahre alten Sohne zurückgelassen hatte und nach Vörden gegangen war. Dieses Kind war durch den Brand so schrecklich verunstaltet, daß kaum eine menschliche Gestalt mehr wahrzunehmen war. Nach der gerichtlichen Untersuchung hat sich ergeben, dass der benannte neun Jahr alte Sohn durch Unvorsichtigkeit diese Hütte in Brand gesteckt, davon gelaufen und seine Schwester im Brande zurückgelassen habe."

1846, 8. Januar: Der im Backhause des Franz Böger ausgebrochene Brand konnte schnell gelöscht werden. Es handelt sich wieder um das Haus „im Winkel".

1846 am 30. Oktober mittags gegen 1 Uhr brach im Wohnhause des Blaufärbers Heinrich Homann ein Feuer aus.

> „Sparren und Balken wurden niedergerissen jedoch durch das schnelle Herbeieilen sämtlicher Einwohner mit Feuereimer und unserer Feuerspritzen

*Abb. 140   Das im Ursprung vom Blaufärber Heinrich Homann 1838 gebaute Haus
Angerberg 16 brannte 1846 zum Teil ab. Der Beiname Fabers der eingehei-
rateten Familie Potthast erinnert bis heute an den ursprünglichen Besitzer.
Zur Zeit der Aufnahme (ca. 1930) beherbergte es die Bäckerei des Richard
Homann, Enkel des Erbauers.*

*gelang es endlich, das Feuer zu löschen und blieb das untere Stockwerk dieses
Gebäudes noch fast unbeschädigt."*

Ausdrücklich wird erwähnt, dass Bewohner aus den umliegenden Ortschaften
herbeieilten und aus Bredenborn auch eine Spritze kam.
1857, 26. Oktober, morgens um 8 Uhr. Das im Haus des Ackerbürgers Höke
(genannt Wachtmeß oder Wachmeyer) ausgebrochene Feuer äscherte an der
südlichen Markt- und der nördlichen Niedernstraße 13 Häuser ein. 16 Familien wurden obdachlos. Im ganzen Kreis Höxter wurde mit Genehmigung des
Landrats eine Sammlung veranstaltet, bei der 206 Reichstaler, 18 Silbergroschen und 9 Pf sowie rund 80 Scheffel Korn zusammen kamen. Die Spende
wurde gleichmäßig unter die Betroffenen verteilt. Zu der Brandbekämpfung
heißt es in der Chronik:

*„Bei dem Brande hatten sich 16 Spritzen von den nächsten Orten eingefun-
den, aber bei der anhaltenden Dürre wurden die Wasservorräthe bald er-
schöpft und nur Hände Arbeit konnte dem Feuer Schranken setzten."*

Beim Wiederaufbau wurden aufgrund eines „Retablissements-Planes" (Wie-
deraufbau-Planes) nicht alle vorherigen Häuser an gleicher Stelle aufgebaut,
sondern auf eine geordnetere Bebauung mit größeren Grundstücken geachtet.

Die Eigentümer, deren Häuser weichen mussten, bekamen Plätze außerhalb der alten Stadtgrenze zugewiesen.

1862, 28. Juli brannte das Haus des Stellmachers Johann Krois, heute Dunkler Ort 5, ab und setzte die beiden oberhalb liegenden Häuser mit in Brand.

> *„Zugleich die hiesige Gemeinde einer großen Feuersgefahr ausgesetzt wurde, jedoch die Hand Gottes durch günstige Luft letztere schützte."*

1867, 11. Mai, nachmittags 3 ½ Uhr schlug der Blitz bei einem heftigen Gewitter in das Haus des Ackerwirts Friedrich Willberg an der Pohlstraße ein. Weil die meisten Einwohner auf den Feldern waren, konnte das Feuer rasch um sich greifen. Am Abend lagen 17 Häuser an der Pohlstraße und Marktstraße in Asche, darunter auch der öffentliche „Keller". Auch jetzt wurden aufgrund eines „Retablissements-Planes" wieder nicht alle Häuser an der gleichen Stelle aufgebaut. Ein am Platze des heutigen Hauses Angerberg 18 von Adolf Kreimeyer neu errichtetes Haus trug die bezeichnende Inschrift:

101 JAHRE STAND ICH AN DER NIEDERNSTRASSE IN GUTER RUH, 1867 VERBRANNTEN 16 HÄUSER UND ICH DAZU.30

Das Haus wurde später vom Schlossermeister Josef Weber gekauft und diente als Werkstatt und Verkaufsladen.

Abb. 141   Dieses von Adolf Kreimeyer 1867 neu errichtete Haus (Angerberg 18) trug auf dem Torbogen die Information über seine Vorgeschichte. Das Foto zeigt den Zustand um 1950.

Ein Blitzschlag am 31. Mai desselben Jahres 1867 in den Kirchturm zündete nicht, zerschlug aber einige Ständer im Dachgebälk. Dagegen zündete am 2. Juli ein Blitzschlag in den Schafstall auf der Burg, jedoch konnte das Feuer durch die gerade Schafmist aufladenden Tagelöhner rasch gelöscht werden.

1872 am 8. Oktober brannte das als Bäckerei genutzte Haus „im Winkel" bereits zum dritten Male. Das Haus wurde nicht wieder aufgebaut. Der Besitzer, der Bäcker Gehle, baute ein neues Haus am Angerberg, das 1881 von Josef Höke gekauft wurde (s.u.).

Nur gut einen Monat später, am 26. November 1872, setzte ein Blitzschlag das Haus des Schuhmachers Friedrich Roggenbach an der heutigen Amtsstraße in Brand. Durch energische Bekämpfung brannte nur der Dachstuhl ab.

Zum Jahre 1875 meldet die Ortschronik:

> „Es war am Vormittage des 17. Juli als im Düsternorte, wo die Häuser sehr eng und ineinander gebaut waren, in dem Hause des Tagelöhners Volkhausen Feuer ausbrach, welches bei der in diesem Jahre überhaupt und ganz besonders um jene Zeit herrschenden Dürre, und dem des Tages auch grad herrschenden Nord-Ostwinde mit fast unglaublicher Schnelle um sich griff und noch 8 andere von 10 verschiedenen Eigentümern bewohnte Häuser einäscherte."

Betroffen waren die Häuser an der südlichen Seite des Dunklen Orts, also zur Pohlstraße hin und das heutige Haus Pohlstraße 16 (genannt Fritzens). Diese Häuser wurden mit zwei Ausnahmen (Dunkler Ort 4 und Pohlstraße 16) nicht wieder aufgebaut. Die Grundstücke wurden zu den Häusern an der Pohlstraße geschlagen. So stand hinter dem heutigen Haus Pohlstraße 16 das Haus des Heinrich Schröder (genannt Middeken). Er baute ein neues Haus, jetzt Angerberg 22, über dessen früherer Deelentür stand:

MEIN ALTES HAUS IST MIR VER-
BRANNT, DRUM SETZ ICH DIES IN
GOTTES HAND.[31]

Abb. 142
Auch der Torboden des Hauses Schröder (gen. Middeken, Angerberg 22) berichtete vom Schicksal des Vorgängerhauses, das in Dunklen Ort stand. Das Foto zeigt den Zustand um 1950.

1878 brannte es am 26. Oktober erneut im Dunklen Ort, und zwar im Haus des Johann Massolle, der auf einem Teil des heutigen Grundstücks Nr. 9 wohnte. Das war zugleich der letzte Brand in Vörden im 19. Jahrhundert.

6. Arbeit und Brot

a) Eine fragwürdige Berufsübersicht aus dem Jahre 1802

Noch im Jahre 1802, gleich nach der Übernahme des Hochstifts Paderborn durch Preußen, wurde eine Übersicht über die neue Provinz erstellt, die auch eine Aufteilung der Bewohner nach Berufsgruppen enthält. Für Vörden wurden angegeben:

> *96 Häuser*
> *552 Einwohner, darunter 25 Juden.*
> *28 Ackerleute   5 Brauer*
> *3 Branntweinbrenner   3 Drechsler*
> *7 Eisenhändler   3 Ellenhändler*
> *7 Klipkrämer   5 Schneider*
> *11 Schuhmacher   3 Tischler.*
> *Die Stadt besitzt: Eine Wasser- und eine Wind-Mahlmühle.* [32]

Hier überrascht zunächst die Abweichung von den oben wiedergegebenen Zahlen des Herrn von Pestel, der ein Jahr später nur 83 Häuser mit 495 Einwohnern angab. Bei den Berufen ist die Angabe von sieben Eisenhändlern sowie sieben Klippkrämern erstaunlich. Es ist schwer vorstellbar, welche Eisenwaren vertrieben wurden und warum der Ort sieben Klippkrämer (Kleinhändler, vor allem mit Lebensmitteln) benötigte. Zwar kann man hier eine Tätigkeit der jüdischen Bewohner vermuten – bei den Eisenhändlern auch im Sinne von Schrotthändler – doch bleiben die angegebenen Zahlen angesichts von nur 25 Juden zu hoch, zumal wohl auch die drei Ellenhändler (Tuchhändler) Juden gewesen sein könnten. So werden beispielsweise für Steinheim mit 1326 Einwohnern nur zwei Eisenhändler angeführt, das ebenfalls größere Bredenborn hat nur vier Klippkrämer. Fraglich ist ferner, ob in einem so landwirtschaftlich bestimmten Ort wie Vörden keine Schmiede und Stellmacher notwendig waren. Zudem fehlen auch die beiden Müller zu den existierenden zwei Mühlen. Schließlich erscheinen die mit Sicherheit vorhandenen zahlreichen Knechte und Tagelöhner in dieser Aufstellung nicht. Sie muss demnach insgesamt als wenig zuverlässig gelten.

b) Berufsangaben im Kirchenbuch und in den Standesamtsakten

Für eine zuverlässigere Übersicht zur Berufsverteilung im Verlauf des 19. Jahrhunderts kann für die Zeit zwischen 1815 und 1874 das Kirchenbuch und für den Rest des Jahrhunderts das Standesamtsregister herangezogen werden. Für unseren Zweck sind die Berufsangaben bei der Hochzeit am ehesten brauchbar. Da Wiederverheiratungen nicht herausgerechnet wurden, können die absoluten Zahlen der Berufszugehörigkeit geringfügig überhöht sein. Die prozentuale Verteilung dürfte davon jedoch nicht wesentlich beeinträchtigt werden. Auch Hochzeiten als Einheirat nach Vörden wurden mitgezählt, weil davon ausgegangen werden kann, dass die Berufsverteilung bei diesen Personen annähernd der bei den nach auswärts heiratenden Vördenern entsprach.[33] Zu niedrig könnte die über Hochzeiten erfasste Zahl der Angehörigen eines Berufes dann sein, wenn dieser Beruf einen Verzicht auf Ehe begünstigte. Das dürfte am ehesten bei den Ackerknechten der Fall sein, die gelegentlich in der Familie des Dienstherrn lebten. Unter diesen Voraussetzungen sind die folgenden Zahlen zu sehen.

Berufsangaben bei Hochzeiten zwischen 1815 und 1899:

Tagelöhner	84 mal	
Ackersmann	67 mal	
Ackerknecht	49 mal	
Maurer	22 mal	(erst ab 1858 genannt)
Weber	20 mal	(ab 1877 keiner mehr)
Schneider	20 mal	
Schuhmacher	20 mal	
Handarbeiter	18 mal	(ab 1875 vorkommend, wohl angelernte Arbeit)
Schäfer	12 mal	
Rademacher (Stellmacher)	11 mal	
Tischler	11 mal	
Musikus	8 mal	
Zimmermann	7 mal	
Schmied	7 mal	
Holzschuhmacher	7 mal	
Bäcker	6 mal	
Handelsmann	6 mal	
Müller	5 mal	
Industrie-/ Fabrikarbeiter	5 mal	(1873 erstmals, in Vörden geborene und heiratende Personen, die im Ruhrgebiet arbeiteten)
Brauer/Brenner	4 mal	
Landwehrmann	3 mal	(Dienst in der preußischen Reservearmee)
Schlosser	3 mal	
Brennerknecht	2 mal	
Färber	2 mal	
Sattler	2 mal	

Gastwirt	2 mal	
Lehrer/Küster	2 mal	
Bote	1 mal	
Briefträger	1 mal	
Pächter (der Burg)	1 mal	
Flurschütze	1 mal	(Aufsicht über die Felder)
Förster	1 mal	
Zigarrenmacher	1 mal	(nur Heirat in Vörden, zog nach der Hochzeit nach Pyrmont)
Gärtner	1 mal	
Kaminkehrer	1 mal	
Amtssekretär	1 mal	
Fabrikbeamter	1 mal	

Insgesamt zeigt die Berufsverteilung die Dominanz der landwirtschaftlichen Orientierung an, zumal ja auch etliche der genannten handwerklichen Berufe auf landwirtschaftliche Bedürfnisse und Produkte bezogen sind, so beispielsweise Schäfer, Rademacher, Müller, Brenner oder Sattler. Zudem dürften die als Handwerker ausgewiesenen Personen wie auch die Tagelöhner in aller Regel auch einige Morgen Land bewirtschaftet haben. Das häufigere Vorkommen der Maurer zum Ende des erfassten Zeitraums wie auch die ab 1873 genannten Industrie- oder Fabrikarbeiter machen bereits auf den beginnenden Wandel der Wohn- und Lebensverhältnisse aufmerksam. Insbesondere in der Folgezeit nahm nämlich die dauernde oder zeitweise Aufnahme von Arbeit im Ruhrgebiet zu. Man ging „in die Fremde", wie es hieß. Vördener bevorzugten dabei die Stadt Bochum. Zum Teil lag es daran, dass der aus Vörden stammende Johann Heinrich Schrader dort ein Baugeschäft gegründet hatte und gern Maurer und Handlanger (Hilfsarbeiter) aus der Heimat einstellte. Dasselbe traf auch für den Zimmermeister Wilhelm Hecker zu, der sich ebenfalls in Bochum selbständig gemacht hatte. Die Bezeichnungen Amtssekretär und Fabrikbeamter am Ende der obigen Aufstellung verweisen als Verwaltungsberufe bereits in eine neue Zeit.

7. Krankheiten und medizinische Versorgung

Mit der Auflösung der Klöster im Jahre 1803 war auch die Möglichkeit entfallen, auf die in langen Jahrhunderten gesammelten heilkundlichen Erfahrungen der Mönche zurückzugreifen. So traf dann auch für Vörden weitgehend zu, was der Arzt Dr. Josef Berendes mit Blick auf den Beginn seiner Praxis in Marienmünster noch im Jahre 1888 schrieb: „*die meisten Menschen gingen ,so dot'*", also ohne Hinzuziehung eines Arztes.[34] Dementsprechend berichtet auch die Ortschronik bei der Schilderung von Unglücksfällen an keiner Stelle davon, dass ein Arzt gerufen wurde. Solche Unglücksfälle waren vor allem Stürze aus Bodenluken, Tritte von Pferden sowie Verschüttungen in Mergelgruben oder bei Bauarbeiten.

a) Einzelne Unglücksfälle

Über ein schlimmes Unglück als Folge einer Krankheit berichtet die Chronik zum Jahre 1845:

> *„Am 15. März dieses Jahres gegen Nachmittag fünf Uhr wurde die Ehefrau des Tagelöhners Josef Meyer Sophia geb. Kostmann von dem nach Vörden aus Löwendorf verzogenen Johann Multhaup v. (vulgo = genannt) Schäfersmann in einer rasenden Krankheit in seinem eigenen Wohnhause mit einem langen Tischmesser erstochen, und wurde beinahe schon todt zu ihrem Ehemann getragen und gab nach Verlauf von fünf Minuten ihren Geist auf. Die rasende Krankheit des J. Multhaup wurde hernach so heftig, daß derselbe mußte gebunden und tagtäglich 14 Tage hindurch unter zwey Man Wache gehalten werden.“*

Die gerichtliche Untersuchung führte zu keiner Verurteilung, da der Täter bisher einen untadeligen Lebenswandel geführt hatte und die Ärzte das Verhalten auf die „rasende Krankheit" zurückführten.

b) Angegebene Todesursachen

Die Bezeichnung „rasende Krankheit" zeigt bereits, wie wenig differenziert zu jener Zeit Erkrankungen wahrgenommen wurden. Dasselbe gilt auch für Todesursachen. Diese sind im Vördener Kirchenbuch zwischen 1815 und 1874 und anschließend im Standesamtsregister verzeichnet. Die Angaben spiegeln die *Wahrnehmung* der Todesursachen und deren meist volkstümliche Bezeichnungen wider, sind demnach also *keine* medizinisch stichhaltigen Aussagen. Die eingetragenen Todesursachen sind zudem offenbar auch vom medizinischen Wissen des jeweiligen Pfarrers, später wohl auch des Standesbeamten abhängig. Während nämlich beispielsweise zur Zeit des Pastors Rekers, der von 1812-1853 in Vörden tätig war, nur wenige und damit sehr pauschale Ursachenangaben vorkommen, werden diese unter seinen Nachfolgern differenzierter. Nach der Praxiseröffnung des Dr. Berendes im Jahre 1888 finden sich dann auch Bezeichnungen wie Diphteritis, Influenzia oder Scharlachfieber. Aufgrund der wechselnden Bezeichnungen kann zum Beispiel auch keine Veränderung von *tatsächlichen Todesursachen* etwa von der ersten zur zweiten Hälfte der erfassten Zeit ermittelt werden. So kann beispielsweise ein Begriff wie „Auszehrung" recht unterschiedliche Krankheitsbilder umfassen, z.B. auch das, was man später als Krebs oder als Tuberkulose bezeichnete.

Die zwischen 1815 und 1899 bei den 1532 Todesfällen am häufigsten angegebenen Todesursachen			
Damalige Bezeichnung	Anzahl	in % (abger.)	Wahrscheinliche Todesursachen mit heutigen Bezeichnungen[35]
Auszehrung	328	21	Tuberkulose oder Krebs (allgemeiner Fettabbau)
Brustfieber	178	12	Meist wohl Lungenentzündung
Schauern	156	10	(Zahn-)Krämpfe, Epilepsie (viel bei Kindern)
Altersschwäche	103	8	Unspezifisch, meist wohl Versagen verschiedener Organe als Todesursache
Kindstod bei der Geburt oder Totgeburt	74	5	Differenzierte mögliche Ursachen, z.B. mangelnde Hygiene, schwere Arbeit in der Schwangerschaft, fehlende sachkundige Hilfe.
Krämpfe	67	4	Unspezifisch, z.T. wie Schauern, bes. bei Kleinkindern genannt, ab 1875 stark zunehmend.
Brustkrankheit	51	3	Wie Auszehrung, meist wohl Tuberkulose
Schwäche	48	3	Unspezifisch, oft bei Neugeborenen
Nervenfieber	46	3	Typhus
Wassersucht	45	3	Diabetes (Zucker)
Stickhusten	22	1	Keuchhusten
Unfälle	21	1	Besonders Sturz aus Bodenluken, Verschütten in Steinbrüchen, Schlag von Pferden
Tod der Mutter im Kindsbett	17	1	Wie bei Kindstod.

Erstaunlicherweise findet sich nur achtmal die Bezeichnungen Unterbauchentzündung oder Unterleibskrankheit, die etwa auf einen entzündeten Blinddarm hindeuten könnten. Allerdings sterben neun Menschen an Brüchen (Leisten- oder Hodenbruch) und Darmverschlingung.

c) Erste systematische medizinische Maßnahmen

Immer wieder traten gehäuft Sterbefälle insbesondere bei Kindern auf. So starben 1824 allein 8 Kinder an Stickhusten, 1828 sogar 25 Kinder an Schauern und

Nervenfieber, 1837 dann 20 Kinder an Schauern, Brustfieber und Auszehrung. Noch 1896 starben 14 Kinder, davon 8 an Scharlach oder Diphterie. Das zeigt insbesondere die damalige Hilflosigkeit gegenüber ansteckenden Krankheiten. Um so beachtlicher ist es dann, dass der Vördener Stadtrat bereits zu Anfang des 19. Jahrhunderts regelmäßige Schutzimpfungen gegen Blattern („Impfblattern") durchführen ließ, die sich dann aber als wenig wirksam erwiesen.[36] Zum Jahre 1829 heißt es dazu in der Stadtchronik:

> *„In diesen oben benannten beiden Monathen (Januar, Februar) fingen die natürlichen Pocken oder Blattern in hiesiger Gemeinde wieder an, und zwar bei jenen, so die Schutz- oder Impfblattern bereits gehabt haben, sie mögen diese über kurz oder lange gehabt haben, so wurden und blieben dieselben von den natürlichen Blattern doch nicht befreit, und einige damit so stark überdeckt als wenn sie auf einem Rost gebraten wären, auch einige sowohl von anderen Orthen als hier dadurch ihr Leben einbüßten. Von dieser Krankheit sind wir in dieser Gegend seit 20 Jahren befreit geblieben, welche Befreiung den Impfblattern zu verdanken sein sollte, worüber 20 Jahre lang viele Kosten verursacht worden, wozu hiesige Gemeinde ein jährliches Fixum mit 7 Rtl an den Impfarzt bezahlt hat, jetzt aber das Gegentheil augenscheinlich, daß alle angewandte Vorsicht vergebens seye."*

Es mögen auch solche Erfahrungen mit der damals „modernen" Medizin gewesen sein, die Menschen eher im Glauben Hilfe gegen Krankheiten suchen ließen. So berichtet die Stadtchronik zum Jahre 1831:

> *„In diesem Jahr wurde wegen Drohung einer pestartigen Krankheit die Cholera genannt welche aus Russland und Pohlen sich dem Teutschlande so genäert, daß sie bis zur Kaiserlichen Hauptstadt Wien und auch Königlichen Preußischen Hauptstadt Berlien und deren benachbarten Gegend zum wirklichen Ausbruch gekommen sey. Es wurden dahero zur Überwindung dieses Übels von der Katholischen Kirche in der Diocese Paderborn von Monat Octobris 1831 angefangen jede Woche am Montag, Mitwochen und Freitag vor und nach der Heiligen Messe der Segen mit dem Hochwürdigen Gut gegeben, und so lange damit fortfahren bis die Kirche solches widerrufe."*

Zu einer heute wohlbekannten, damals aber offenbar neuen Erkrankung heißt es zum Februar des Jahres 1837:

> *„In diesem Monat wirkte allenhalben eine Krankheit wovon wenige befreyet blieben, aber selten oder garnicht den Todt zu befürchten hatten. Diese Krankheit wurde der Name Grippe beigelegt."*

Eine weitere Seuche fand nur einen knappen Niederschlag in der Chronik zum trockenen Jahre 1857:

„Durch die fortwährende Hitze tauchte das Nerfenfieber hier auf, wobei einzelne Einwohner ein Raub des Todes wurden."

Diese Krankheit brach zum Ende des Jahres 1872 erneut aus. Von einer staatlich verordneten Gesundheitsvorsorge berichtet die Chronik erneut zum Jahre 1876:

„Vom 1. October ab, wurden alle Schweine welche geschlachtet wurden von einem amtlich vereideten Fleischbeschauer mikroskopisch untersucht, ob Tringinnen (Trichinen) darin sind oder nicht. Der erste welcher mit diesem Amte beauftragt wurde, war der Vorsteher Potthast."

d) Arzt und Apotheke

Eine für die damaligen Verhältnisse halbwegs angemessene ärztliche Versorgung ergab sich erst mit der bereits erwähnten Niederlassung des Arztes Dr. Josef Berendes ab 1. Dezember 1888 in dem ehemaligen Klostergebäude in Marienmünster. Ob vorher der Dichterarzt Friedrich Wilhelm Weber während seines Wohnaufenthaltes zwischen 1867 und 1887 auf dem Gut Thienhausen und danach in Nieheim tatsächlich sonntags in Mariemünster regelmäßig Sprechstunden gehalten hat, wie man gelegentlich lesen kann, ist nicht sicher.[37] Nachweisbar ist allerdings, dass Dr. Weber in Vörden Patienten betreute. So haben sich in der Familie Hecker (Niedernstraße 3) Medikamentenverschreibungen aus dem Jahre 1889 erhalten, die sogar im Geburtshaus Friedrich Wilhelm Webers in Alhausen ausgestellt sind (Abb. 143). Nachweisbar ist ferner der Notfalleinsatz des Arztes Dr. Schnitger aus Schwalenberg, der am 6. 2. 1850 zu einer Entbindung nach Vörden gerufen wurde.[38] Für das Jahr 1870 ist erstmals der Tod eines Vördener Bürgers im Krankenhaus in Höxter überliefert, das 1850 gegründet worden war. Er starb dort an Nervenfieber (Typhus).

Insbesondere durch die Praxis des Dr. Berendes in Marienmünster war auch ein Bedarf nach einer näheren Apotheke entstanden. Dr. Berendes selbst unterstützte dieses Anliegen sehr. Zu jener Zeit waren die nächsten Apotheken die in Schwalenberg und in Nieheim. Mit Datum vom 17. Dezember 1890 richtete die Gemeinde Vörden ein Gesuch an den Oberpräsidenten der Provinz Westfalen mit der Bitte um Genehmigung einer Filialapotheke in Vörden. Der Steinheimer Apotheker Karl Mues war zur Einrichtung und Führung einer solchen bereit, allerdings unter der Bedingung, dass die Gemeinde ihm für 10 Jahre kostenlos Räumlichkeiten zur Verfügung stelle. Dem Gesuch wurde ein umfangreiches Gutachten des Dr. Berendes beigefügt, in dem er die schnel-

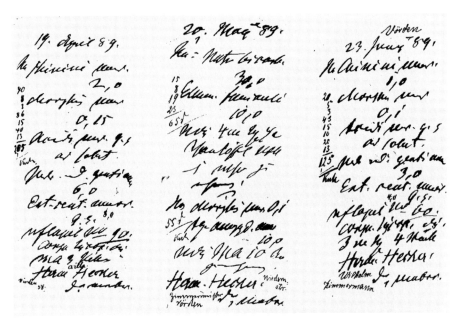

Abb. 143   Drei Medikamentenrezepte von Friedrich Wilhelm Weber für den Sohn
Hermann des Zimmermeisters Wilhelm Hecker aus dem Jahre 1889

le Versorgung mit Medikamenten als gelegentliche Sache von Leben und Tod
darstellte. Neben den Menschen in den 14 Gemeinden des Amtsbezirks Vörden zählte er auch die Bewohner der Dörfer Bellersen, Bökendorf, Gut Abbenburg, Fürstenau, Ovenhausen und Sommersell ganz oder teilweise zu seinen
Patienten. Insgesamt rechnete er für die Apotheke mit einer Interessentenzahl
von 6000 Menschen. Dennoch wurde das Gesuch der Gemeinde Vörden abgelehnt. Der Königliche Landrat in Höxter forderte Dr. Berendes statt dessen
auf, zur dringendsten Versorgung eine „ärztliche Hausapotheke" anzulegen,
was dieser aber mit Hinweis auf seinen großen Pflichtenkreis entschieden von
sich wies.
Im Jahre 1895 unternahm dann die Gemeinde Vörden einen neuen Vorstoß in
Münster, dieses Mal mit Erfolg. Mit Datum vom 23. 7. 1895 erteilte der Oberpräsident der Provinz Westfalen dem Nieheimer Apotheker Wolters die grundsätzliche Genehmigung zur Einrichtung einer Zweigapotheke in Vörden. Die
Gemeinde sollte aber für 5 Jahre kostenlos geeignete Räume zur Verfügung
stellen. Solche wurden im Hause des Drechslers Hermann Weber gefunden
und hergerichtet. Mit Datum vom 15. Januar 1896 erhielt dann der Apotheker
Wolters nach einer amtlichen Besichtigung der Räume die Betriebserlaubnis.
Allerdings musste diese alle drei Jahre neu beantragt werden, wobei auch die
Umsatzzahlen vorzulegen waren. Diese überflügelten schon bald die der Nieheimer Mutterapotheke, wo sich der Tod des Arztes Friedrich Wilhelm Weber
sehr nachteilig auswirkte.

Abb. 144
Im Haus des Drechslers Hermann Weber
wurde 1896 eine Apotheke eingerichtet.
Sie nannte sich dann später „Amtsapo-
theke". Foto ca. 1910.

In der Folgezeit bemühte man sich in Vörden darum, die Apotheke vom unsicheren Filialstatus in eine Vollapotheke umzuwandeln. Das gelang dann allerdings erst im Jahre 1923.[39] Die Führung der Vördener Apotheke übertrug Wolters an andere, meist junge Apotheker, die in der Regel auf eine Konzession für eine eigene Apotheke warteten. Der erste von ihnen, E. Beilfuß, blieb nur ein knappes Jahr. Ihm folgte Heinrich Henke, der dann bis 1901 hier tätig war.

Es wurde bereits an anderer Stelle ausgeführt, dass es Ende des 19. Jahrhunderts von kirchlicher Seite aus Bestrebungen zur Einrichtung eines Krankenhauses mit einer Schwesternstation gab (vgl. im Beitrag „Kirche und religiöses Leben"). Dafür sollte das von einem Dr. Budde erbaute Haus am Weg zur Windmühle (später Tenge) dienen. Das Vorhaben scheiterte jedoch an den Bedenken insbesondere des neuen Pastors Schulte. Über eine eventuelle ärztliche Tätigkeit des Dr. Budde in Vörden war nichts in Erfahrung zu bringen.

8. Sozialfürsorge

Der bei weitem größte Teil der Vördener Chronik für das 19. Jahrhundert wird durch die Berichte zum Wetter und zu sonstigen Bedingungen der Landwirtschaft ausgefüllt. Das ist insofern verständlich, als schlechte Ernten die ganze Einwohnerschaft betrafen und bei den Einwohnern mit geringem oder fehlendem Landbesitz auch schnell zur Hungersnot führen konnten. So berichtet die Chronik, dass im Frühjahr 1843 aufgrund der vorausgegangenen schlechten Ernte eine große Teuerung und ein Mangel an Lebensmitteln eintrat. Das fehlende Brot- und Saatkorn wurde von den Domänen Marienmünster und Nieheim gegen Kredit bis Martini (10. November) zur Verfügung gestellt. 1847 wird dann wiederum berichtet, dass „Theuerung und Hungersnoth" drohten.

„Überall und fast in jeder Familie herrschte Mangel, besonders an Kartof-
feln, sowohl zur täglichen Nahrung als auch zum Auspflanzen derselben."

Weiterhin heißt es:

> *„Auch selbst in hiesiger Gemeinde wurde ein Armen-Vorstand gebildet welcher jede Woche bis zur Ernte für dürftige Arme sammelte und hernach die gesammelten Gaben unter dieselben vertheilte."*

Angesichts der überaus hohen Kornpreise notierte Bürgermeister Potthast:

> *„Bei diesen übermäßigen hohen Preisen war es fast unmöglich daß Handarbeiter und Tagelöhner ihre Familien mit Brod versorgen konnten."*

Durch Vermittlung des Landrats erhielt die Gemeinde Vörden dann einen Kredit, der die Anschaffung von 40 Scheffel Roggen erlaubte. Das Korn wurde gemahlen, zu Brot verbacken und an die bedürftigen Familien der Handarbeiter und Tagelöhner verteilt.

Als die Gemeinde im Jahre 1857 die Eichen auf dem Breiten Anger fällte, wurde das Gelände *„für die geringeren Einwohner zu Gärten verpachtet"*.

Grundsätzlich war die Gemeinde nach § 89 der preußischen Land-Gemeinde-Ordnung zur Fürsorge für die Armen der Gemeinde verpflichtet. In der Praxis wurde aber bei kleineren Ausgaben meist auf den seit Jahrhunderten bestehenden kirchlichen Armenfond zurückgegriffen, in den auch weiterhin gelegentlich Spenden flossen, so beispielsweise 1861 100 Taler von Guido von Haxthausen. Karoline Multhaup gab 1829 20 Taler mit der Auflage, die Zinsen nach ihrem Tod an die bedürftigen Besucher ihrer Gedenkmessen zu verteilen. Über die Führung der Armenkasse war dem Landrat in Höxter jährlich die „Armenrechnung" einzureichen. Der mit der Kassenverwaltung beauftragte Armenvorstand bestand aus dem jeweiligen Pastor und mindestens einem Stadt- bzw. Geimeindeverordneten. Für das Jahr 1821 waren beispielsweise 1 Reichstaler, 22 Mariengroschen und 3 Pfennig für die Beschaffung von Papier für arme Schulkinder ausgegeben worden. Im folgenden Jahr erhielt „das arme Schulkind Middeke" ein paar Schuhe für 16 Mariengroschen und 4 Pfennig. Auch Erwachsene erhielten gelegentlich ein Paar Schuhe aus der Armenkasse. 1824 bekam Christian Hoppe daraus 10 Mariengroschen für Arznei.[40]

In besonderen Einzelfällen übernahm die Gemeinde auch laufende Zahlungen zu Lasten der Gemeindekasse, beispielsweise für notwendige auswärtige Unterbringungen von Einwohnern. So heißt es in der Chronik:

> *„Am 10ten Dezember 1842 wurde die minorene (minderjährige) Gertrud Rotermund welche an einem unheilbaren vermuthlichen Krebsschaden in ihrem Angesichte schon vieles gelitten hatte, in die Provinzial-Pflegeanstalt zu Geseke, und zwar auf Kosten der Gemeinde von jährlich 25 Rtl aufgenommen."*

In einem anderen Fall zahlte die Gemeinde im Jahre 1886 die Unterbringungs-
kosten für zwei verwaiste Kinder im Haus Nazareth in Höxter mit 180 Mark
jährlich.

9. Verbesserte und neue Verkehrswege, Post- und Nachrichtendienst

Beim Übergang des Fürstbistums Paderborn an Preußen berichteten die preußischen Beamten auch von den katastrophalen Verkehrsverhältnissen, die einen
Warenaustausch sehr behinderten. Während sich in den ersten Jahren der Zugehörigkeit zu Preußen daran nicht viel änderte, trieb die französisch-westphälische Regierung in Kassel zwischen 1807 und 1813 insbesondere den Bau von
befestigen Fernstraßen (Chausseen) sehr voran. Am abgelegenen Vörden gingen
diese Aktivitäten allerdings vorbei.

a) Die hergebrachten Verkehrswege

Der frühere Verlauf der Straßen um Vörden lässt sich auf der Karte des Leutnants von der Goltz aus dem Jahre 1838 (s. Abb. VII im farbigen Bildteil) gut
erkennen. Vor dem Niedern Tor trafen sich auch damals schon die Wege von
Marienmünster, Großen- und Kleinenbreden, Hohehaus, Eilversen und Altenbergen. Die Verbindung nach Eilversen war noch der „alte Eilverser Weg", der
heute als Wirtschafts- und Wanderweg dient. Nach Bredenborn gelangte man
durch das Obere Tor auf dem „alten Bredenborner Weg". Nach der Überque-
rung der Brucht auf einer zunächst hölzernen Brücke zweigte nach links der
Weg zur Haxthausenschen Mühle, nach Abbenburg und Bökendorf ab. Dieser Weg querte bei der Mühle erneut die Brucht und verlief dann links von ihr
unter dem Bollkasten her direkt auf Bökendorf zu mit einem Abzweig nach
Abbenburg. Auf diesem Wege ereignete sich im Jahre 1828 ein Unglücksfall,
der auch ein Bild auf die damaligen Straßenverhältnisse wirft. Dazu heißt es in
der Vördener Chronik:

> „Vom 1ten Dezember auf den 2ten 1828 ist Anton Heuwinkel in der Nacht
> auf dem Wege von Vörden auf Bökendorf zwischen den sogenannten Kumst-
> horn (?) und Potthast Kampe (wohl Pohls Kämpen) todt gefroren und zu
> Vörden beerdigt worden. Dieser Heuwinkel war gebürtigt aus Entrup und
> hatte Pension für seine Mutter aus der Kreiscasse von Höxter abgeholt, und
> auf dem Wege zwischen Altenbergen und Bredenborn sich verirrt."

b) Erste Verbesserungen durch Brückenbauten

Als erste Bemühung um eine Verbesserung der Straßenverhältnisse wird in der
Ortschronik zum Jahre 1833 vom Bau einer steinernen Brücke am Burgteich

berichtet, also am Fuß der Bergstraße. Die neue Brücke ersetzte die frühere hölzerne. Dass solche Arbeiten für die damalige Zeit anspruchsvoll und auch gefährlich waren, zeigt der Tod des Maurergesellen Johannes Meyer aus Lüchtringen: Beim Ausheben des Fundaments für die neue Brücke rutschte die Erde ab und begrub ihn unter sich. Johannes Meyer starb am folgenden Tag und wurde in Vörden beerdigt. Die neue Brücke erwies sich später als nicht sehr dauerhaft, so dass sie bereits 1891 neu gebaut werden musste.

Offenbar war die Anlage von steinernen Brücken zunächst die wichtigste Maßnahme zur Verbesserung der Straßenverhältnisse. Hölzerne Brücken oder Bachfurten waren bei unterschiedlichen Wasserverhältnissen zu Fuß wie mit Fahrzeugen sicherlich immer besondere Verkehrshindernisse und Gefahrenstellen. Dementsprechend wurde 1841 die Brücke über die Brucht am Mönchetiech (beim Friedhof) vom Maurermeister Friedrich Meyer aus Großenbreden neu gebaut. Er erhielt als Akkordlohn für die Arbeit lediglich 12 Reichstaler. Das Material war wohl von der Stadt angefahren worden. Im folgenden Jahr 1842 erfolgte der Bau der Brücke nach Bökendorf in der Märsch. Es war wahrscheinlich die noch vorhandene Brücke in der Nähe der jetzigen Kläranlage. Gleichzeitig wird erstmals eine Ausbesserung des Weges selbst erwähnt, ebenso für den Weg nach Eilversen. 1848 wurde schließlich noch die Brücke für den Weg nach Altenbergen gebaut. Die Gesamtkosten beliefen sich für diese Brücke auf 30 Reichstaler und 5 Silbergroschen.

c) Weitere Verbesserungen und Neubau von Verkehrswegen

Ein größeres Unterfangen war dann offenbar der Bau eines befestigten Weges (Chaussee) von Vörden nach Marienmünster, der 1849 begonnen wurde. Die Erdarbeiten wurden in dem Jahr weitgehend abgeschlossen und die Hälfte der benötigten Pflastersteine aus dem Hungerberg angefahren. Weiter heißt es dann sehr zeittypisch:

> *„Da die Vollendung des Baues der Gemeinde Vörden sehr lästig und schwer fallen würde so ist von der königlichen hochlöblichen Regierung in Minden ein Zuschuß aus der Staatskasse von 300 Rtl bewilliget worden, wofür die Gemeinde-Vorsteher, nahmens der ganzen Gemeinde, ihren verbindlichen Dank hochderselben zu erkennen gaben."*

Der Straßenbau wurde im folgenden Jahr beendet und kostete insgesamt 991 Rtl, 21 Sgr und 6 Pf. Vörden hatte den Bau bis zur Grenze der Feldmark an „Murkles Kamp" (Murkers Grund) zu bestreiten und hierfür auch die Unterhaltungskosten zu übernehmen.

Während der Bau der Straße nach Marienmünster lediglich eine Verbesserung der bisherigen Gegebenheiten darstellte, bedeutete der Bau der Kreisstraße von Höxter nach Nieheim in den Jahren 1855/56 eine einschneidende Änderung, weil durch sie eine völlig neue Wegeführung entstand. Im Bereich Vörden trat diese an die Stelle der bisherigen Verbindungen nach Eilversen und Bredenborn und führte durch den bisher nicht erschlossenen „Krummensiek", heute Talstraße. Die Kosten für Erdarbeiten und Steinanfuhr hatten die betroffenen Gemeinden im Bereich ihrer jeweiligen Feldmark zu leisten. Für Vörden ergaben sich daraus Kosten von 3.500 Rtl. Im Jahre 1857 wurde die neue Chaussee beiderseits mit Obstbäumen bepflanzt, 1861 dann auch die nach Marienmünster. Der Weg nach Altenbergen war gleich hinter Vörden sehr steil. Durch eine 1868 erfolgte Eintiefung konnte die Steigung deutlich verringert werden. In den Jahren 1884 bis 1890 erfolgte dann abschnittsweise die Befestigung durch Einbringen einer Packlage mit Splitabdeckung. 1876 befestigte man den „großen Hohlweg" zum Eichhagen hin. 1889 wurde schließlich noch der Bau der Chaussee von Vörden nach Abbenburg beschlossen, nachdem die Separation in Bredenborn hierzu die Möglichkeit gegeben hatte.

d) Nachrichtenverkehr

Der Ausbau der Straßen war auch die Voraussetzung für eine bessere Postversorgung.[41] Noch 1821 stellte die preußische Regierung fest, dass die Dorfbewohner in der Regel ihre Post in den Städten abholen müssten. Erst mit der Postreform von 1848/49, mit der die Preußische Landpost gegründet und Ortschaften und Einzelgehöften zu Zustellbezirken zusammengefasst wurden, trat hier eine Änderung ein. Im Jahre 1853 erreichte die Reform auch den nördlichen Bereich des Kreises Höxter, wo drei Zustellbezirke entstanden. Neben den Zustellbezirken Steinheim und Nieheim wurde ein solcher auch in Marienmünster für die Orte Born, Bredenborn, Eilversen, Entrup, Grevenburg, Großenbreden, Hagedorn, Hohehaus, Kariensiek, Kleinenbreden, Kollerbeck, Langenkamp, Löwendorf, Marienmünster, Münsterbrock, Gut Oldenburg, Papenhöfen, Rolfzen, Sommersell und Vörden eingerichtet. Das zunächst vergessene Bönekenberg kam später hinzu. Das Postgut wurde mit Postkutschen von Höxter und Steinheim her zugestellt und dann durch Boten an die Empfänger in den einzelnen Orten verteilt. Sie nahmen auch Briefe und Pakete zu der Zentrale in Marienmünster mit.

Im Jahre 1860 kam es zu einer Neuordnung der Zustellbezirke. Statt der Stelle in Marienmünster wurde eine neue Poststelle in Vörden eingerichtet, und zwar im Hause des Gastwirts Kropp. Der von hier zu betreuende Zustellbezirk wurde in der Folgezeit mehrfach geändert. 1895 wurden Born und Kollerbeck der neu gegründeten Postagentur Brakelsiek zugewiesen, 1900 kamen Kariensiek, Hagedorn und Rolfzen zu Steinheim. Löwendorf erhielt eine eigene Posthilfsstelle des Postamtes Höxter und wurde von Fürstenau aus beliefert. Die Vördener Poststelle gehörte zum Postamt Steinheim. Der An- und Abtransport des Postgutes von und zu den Bahnhöfen Höxter und Steinheim erfolgte durch Pferdekutschen der Firma Kappelhof in Steinheim. 1892 geriet diese Firma in finanzielle Schwierigkeiten. Die Postlinie Steinheim – Höxter wurde dann vom Gastwirt Müller aus dem Hotel Krone in Steinheim weitergeführt.

Neben der materialgebundenen Nachrichtenbeförderung kam Vörden im Jahre 1833 mit einer anderen Möglichkeit in Kontakt. Vor allem aus militärischen Gründen baute das Königreich Preußen eine optische Telegrafenlinie von Berlin nach Koblenz auf. Die Station Nr. 30 wurde auf dem Hungerberg errichtet. Sie bestand aus einem Wohnhaus für zwei Familien mit den Standardmaßen 25 x 32,6 Fuß (7,85 x 10,24 m) und einem Turm mit dem Signalmast. Über kodierte Zeichen, die durch unterschiedliche Stellungen der je 3 Flügel rechts und links des Mastes gebildet wurden, gelangten Nachrichten von einer Station zur anderen, indem dort das Zeichen nachgestellt und so der folgenden weitergegeben wurde. Die dem Hungerberg in Richtung Koblenz folgende Station Nr. 31 befand sich auf dem „Telegraphenberg" bei Entrup. Die vorhergehende Station Nr. 29 stand im Vorfeld des Köterberges. Das System, das bei durchgehend guter Sicht eine Nachricht in 2-4 Stunden von Berlin nach Koblenz übermitteln konnte, wurde schon bald vom technischen Fortschritt überholt. Nach nur 15 Jahren Betrieb wurde es im Jahre 1848 zugunsten der elektromagnetischen Telegrafie eingestellt. Auf den Grundmauern des massiven Untergebäudes auf dem Hungerberg wurde die heutige Kapelle gebaut (s. im Artikel „Kirche und religiöses Leben").

Die neue Möglichkeit der Nachrichtenübertragung konnte bald auch privat genutzt werden. Die Vördener Ortschronik berichtet, dass im März 1879 durch den Telegraphen-Bauführer Mund eine Fernschreiber-Verbindung nach Nieheim angelegt wurde. Jetzt konnten Nachrichten in der Form des Telegramms empfangen und ausgesandt werden. Bis zum Telefon als heute selbstverständlicher Ausstattung in jedem Haus sollte es jedoch noch lange dauern.

e) Pläne für eine Bahnlinie über Vörden

Ab der Mitte des 19. Jahrhunderts begann der preußische Staat mit Planungen, die Kreise Höxter und Warburg an bereits entstandene Bahnstrecken anzuschließen. Die dann bis 1876 gebauten Strecken führten aber nur durch Randgebiete der beiden Kreise, wenngleich damit die größeren Städte durchaus erfasst wurden. Es entstanden aber bald Pläne, auch das Innere der Kreise zur Förderung von Handel und Gewerbe durch Bahnstrecken zu erschließen. Nach den allgemeinen behördlichen Plänen waren für solche Verbindungen der großen Strecken Schmalspurbahnen vorgesehen. Sie sollten statt der sonst üblichen Spurweite von 1,435 Meter nur 1 Meter aufweisen. Am 24. November 1894 verabschiedeten der Kreisausschuß (entspricht dem heutigen Kreistag) des Kreises Höxter und die zu diesem Zweck gebildete „Kleinbahn-Commisssion" einstimmig den Plan, von Höxter wie von Brakel aus eine solche Kleinbahn nach Vörden zu bauen, die dann von hier aus über Bredenborn und Nieheim nach Steinheim führen sollte. Zur allgemeinen Begründung wurde angegeben:

„Das weite, fruchtbare und gut bevölkerte Gebiet, in dessen Mitte als Hauptorte Nieheim, Bredenborn und Vörden liegen, entbehrt zur Zeit noch eines Schienenweges. Dieses Gebiet mit einem Schienenweg zu versehen, und es mittels desselben an die vorhandenen Eisenbahnen anzuschließen, ist die Aufgabe der vorgeschlagenen Kleinbahn."[42]

Konkreter sind die Begründungen über Transportleistungen, die bis dahin mit Pferd und Wagen zu erbringen waren. Genannt werden beispielsweise Mengen von landwirtschaftlichen Produkten wie Korn und Zuckerrüben, landwirtschaftlichen Bedarfsgütern wie Dünger und Saatgut. Weiterhin werden Massengüter wie Steine, Kohle und Holz angeführt.[43]
Die Bahn mit der Gesamtlänge von 46.4 km sollte vom Kreis Höxter finanziert und betrieben werden. Als Gesamtkosten für den Bau waren 1.275.000 Mark veranschlagt. Dazu hatte man 1895 eine Zusage für eine staatliche Mitfinanzierung erhalten. Im Sommer sollten drei und im Winter zwei Züge auf allen Strecken in jeder Richtung verkehren. Für die Anliegergemeinden war eine Beteiligung an den Betriebskosten entsprechend ihrer Größe und Wirtschaftskraft vorgesehen. Dabei sollte die Hälfte der laufenden Kosten von den Gemeinden in den berührten Gebieten getragen werden, die weitere Hälfte vom gesamten

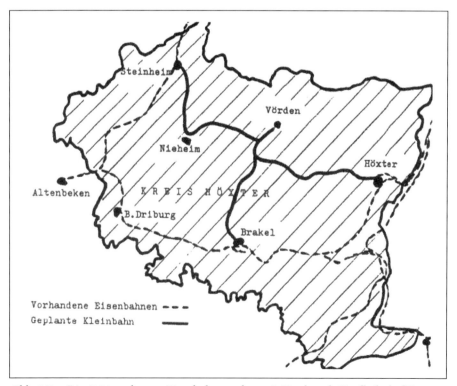

Abb. 145   Die 1894 geplanten Eisenbahnstrecken mit Vörden als Kopfbahnhof[44]

Kreis Höxter einschließlich der betroffenen Orte. Vörden hätte 4 Prozent der Kosten der ersten Hälfte übernehmen sollen. Auch nicht unmittelbar von der Strecke berührte Ortschaften wären zu direkten Beiträgen herangezogen worden, so z. B. Altenbergen mit ¾ Prozent, Sommersell mit 1 ½ Prozent. Wie die Skizze (Abb. 145) ausweist, wäre Vörden der Mittelpunkt der Strecke gewesen. Das ehrgeizige Projekt scheiterte allerdings letztlich doch an Finanzierungsproblemen des Kreises Höxter, so dass dann auch der preußische Minister für öffentliche Arbeiten 1897 die Förderungszusage zurückzog. Es wurde jedoch anschließend noch ein weiterer Versuch unternommen. Man dachte jetzt daran, die Bahn durch die „Westfälische Landeseisenbahn" bauen und betreiben zu lassen. Dabei sollte die Strecke zur höheren Attraktivität von Brakel aus weiter über Borgentreich nach Warburg geführt werden. Aber auch diese Bemühungen scheiterten letztlich. Dennoch sollten sie schon bald im neuen Jahrhundert wieder aufgenommen werden.

10. Verschiedenes

a) Polizeistation

Die Ortschronik berichtet dazu lapidar:

> „Am 1. April 1855 wurde zuerst ein Gendarm in Vörden stationiert".

Zu 1880:

> „Am 1. April ist der vom Regimente zu Detmold entlassene Viets-Feldwebel (Vize-Feldwebel) August Röwe in Vörden stationiert."
> „Mit dem 1. Januar 1897 wurde der Gendarm Röwe von hier nach Minden versetzt, und dem Sergeanten Noack aus Wesel die hiesige Stelle übertragen".

b) Vördener Bürgermeister und Vorsteher im 19. Jahrhundert

Anton Böger	(vor ?) 1798-1803 genannt 1798 in einem Brief sowie 1800 auf der neu gegossenen Kiliansglocke.
Heinrich Johann Rotermund	1803-1806 wohnte im Haus „Jansiems", Pohlstraße, heute Dunkler Ort 2
Josef Elsing (Wittgerber)	1806-1808[45]
Wilhelm Multhaup (Güldenbeck)	1808-1832 war Bierbrauer, deshalb genannt „Brugger", baute das Fachwerkhaus Niedernstraße 13[46]

Heinrich Elsing (Wittgerber)	1833-1841 Sohn des oben genannten Josef Elsing, Schwiegersohn des Wilhelm Multhaup
Heinrich Potthast (Kienen)	1841-1849 kaufte Haus Kienen, Niedernstraße 23
Johann Elsing (Mönchehof)	1849-1855
Christoph Grote (Niedernstraße)	1855-1857 Schwiegersohn des Wilhelm Multhaup durch Einheirat in dessen Haus
Johann Elsing (Mönchehof)	1858-1866 war bereits 1849-1855 Bürgermeister
Johann Elsing (Wittgerber)	1866-1870 Neffe des Vorgängers, Sohn des früheren Bürgermeisters Heinrich Elsing
Josef Kreilos (Fenstermacher)	1870-1875
Johann Potthast (Hahnen)	1876-1881 Bildhauer, wohnte bei dem Bruder Heinrich
Johann Elsing (Wittgerber)	1882-1894 war bereits 1866-1870 Bürgermeister
Johann Joseph Elsing (Mönchehof)	1894-1909

c) Amtmänner des Amtes Vörden im 19. Jahrhundert

F. Wächter	1843-1848
NN. Hauptmann	1848-1849 (kommissarisch)
Hermann Versen	1849-1854 (kommissarisch)
Eduard Wagener	1854-1856 (kommissarisch)
Konrad Kroeger	1856-1886
Albert Schröder	1886-1913

d) Orte im Amt Vörden (seit 1843)

Altenbergen
Born
Bredenborn
Bremerberg
Eilversen
Großenbreden
Hagedorn (bis 1936, dann zu Steinheim)
Hohehaus
Kleinenbreden
Kollerbeck mit der Bauerschaft Langenkamp
Löwendorf mit der Bauerschaft Saumer

Münsterbrock mit Marienmünster (Abtei) und Oldenburg
Papenhöfen mit der Bauernschaft Bönekenberg
Vörden

e) Auswanderungen

Eine systematische Erfassung der Auswanderungen liegt nicht vor. Im Vördener Kirchenbuch (Bd. 1) findet sich folgende Notiz:

> *„Im Jahre 1856 am 12. Juni sind folgende nach Amerika gezogen aus Vörden:*
> 1. *Familie Rodemeyer vgo (genannt) Hansjürgens Mann und Frau mit 7 Kindern also (auch) dazu Theresia Walter als Braut des Anton*
> 2. *Familie Wiederholt vom Kauge (?) Mann und Frau mit 4 Kindern*
> 3. *Familie Multhaup vgo Plumen (heute Haus Dolle, Pohlstraße 17) Mann und Frau mit 4 Kindern*
> 4. *Familie Sander Mann und Frau und 3 Kinder, dazu 2 Jünglinge Garnkäufer und Kropp*
> 5. *Einige Zeit vorher waren weggezogen: Familie Meyer vgo Coßmann Vater und 2 Töchter und Schwiegersohn*
> 6. *Borgolte, Mann und Frau und Bruder, dazu 2 Judenmädchen.“*

Im August 1853 war bereits Franziskus Johannes Oelert (Dunkler Ort) mit seiner Cousine nach Amerika ausgewandert.
Als weiterer Auswanderer ist der an anderer Stelle bereits erwähnte Joseph Hensing zu nennen (aus dem Hause Schneiderjörn, Niederstraße 11, jetzt Massolle). Er dürfte später ausgewandert sein als die Vorgenannten. 1892 und 1893 stiftete er namhafte Beträge für die Armenfürsorge in Vörden.[47]
Ausgewandert ist auch die 1841 geborene Sophia Catharina Weber (aus dem Hause Amtsstraße 3). Sie lebte in Amerika noch 1923.
Aus einem früher zwischen den jetzigen Häusern Dunkler Ort 1 und 3 stehendem Haus ist nach einer Notiz im Kirchenbuch Nr. 3b die Familie Johann Lüke (stammte aus Hohehaus) und Maria geb. Wiedemeyer verwitwete Krohs (Krois) mit etlichen Kindern nach Amerika ausgewandert. Es muss um 1878 gewesen sein.
Im Jahre 1881 wanderte der aus Brakel durch Heirat nach Vörden gekommene Bäcker Heinrich Gehle mit Frau und Sohn nach Amerika aus. Haus und Besitz kaufte der Bäcker Josef Höke. Zu dieser Zeit muss auch der 1848 geborene Wilhelm Hartmann ausgewandert sein, den das Kirchenbuch 3b erwähnt (S. 84).

f) Separation bzw. Verkoppelung

Im Jahre 1860 machte man in Vörden einen ersten Ansatz zu einer Neuaufteilung der Feldmark. Diese war wie überall durch viele vorhergehende Teilungen in kaum mehr überschaubare, kleine, verwinkelte Flurstücke zerfallen. Die meisten Besitzer hatten zahlreiche solcher kleinen Stücke in unterschiedlichen Bereichen der Feldmark. Längst nicht alle Stücke hatten einen Weganschluss. Eine Bewirtschaftung war nur durch den „Flurzwang" möglich, wonach alle Grundstücksbesitzer in einem bestimmten Gebiet im Rhythmus der Dreifelder-wirtschaft das Gleiche anbauen mussten. Nun sollte durch Zusammenlegung und Wegebau eine rationellere Bewirtschaftung erreicht werden. Der Versuch wurde aber wieder rückgängig gemacht, weil Unstimmigkeiten zwischen dem Gemeinderat und Guido von Haxthausen auftraten. Diese Separation bzw. Ver-koppelung wurde dann erst im Frühjahr 1897 durchgeführt. Sie führte aller-dings zu einer großen Unzufriedenheit vor allem bei den „kleinen Leuten", weil ihnen die früheren Weidemöglichkeiten insbesondere für Ziegen im Eichhagen zugunsten der Verteilung großer Flächen an Bauern genommen wurden. Noch 1918 führte Vikar Völker in der Pfarrchronik diese Unzufriedenheit als Erklä-rung für die Unterstützung von revolutionären Bestrebungen in Vörden an.

g) Gerichtstage

Das Königliche Amtsgericht Höxter hielt in Vörden von 1863 an mehrfach im Jahr Gerichtstage ab.[48] Sie fanden in einem Vorraum des Saales der Gastwirt-schaft Weber statt. In der Regel gab es fünf über das Jahr verteilte Termine. Das Verfahren war offenbar recht unbürokratisch. So heißt es etwa zu einer Bekanntmachung der Gerichtstage (1909):
„Anträge sind behufs Mitnahme von Akten wenigstens eine Woche vor den ein-zelnen Gerichtstagen beim Amtsgericht in Höxter schriftlich anzumelden."
In der Regel ging es allerdings auch weniger um Strafsachen als um Vermögens-übertragungen sowie Käufe und Verkäufe von Ländereien und Häusern.

h) Ortsschilder

Im Jahre 1883 stellte man an den Ortseingängen Schilder mit dem Ortsnamen auf, die vom Tischler Ohagen angefertigt worden waren.

i) Viehzucht

Auf dem Mönchehof wurde 1888 erstmals ein Zuchtbulle gegen 210 Mark Ver-gütung auf Kosten der Gemeinde eingestellt. Dadurch sollte die Qualität des Rindviehs verbessert werden.

j) Mechanisierung

Die Mechanisierung erfasste zunächst die Landwirtschaft. Man war allerdings noch auf Pferdekraft angewiesen oder auf dampfgetriebene Maschinen. Es ist nicht feststellbar, wer und wann zum Beispiel den ersten von Pferden gezogenen Grasmäher (Mähbalken) einsetzte. Die erste Dreschmaschine in Vörden wurde von dem Stellmacher Franz Hecker (Pohlstraße 7) angeschafft und betrieben. Als Beruf ist zu seinem Tode am 20. 12. 1893 „Dampfdreschmaschinenbesitzer" angegeben. Vermutlich hat er die Maschine um 1885 gekauft.

k) Gründung der Spar- und Darlehnskasse

Im Jahre 1897 kam es in Vörden zur Gründung einer genossenschaftlichen Spar- und Darlehnskasse nach dem Konzept von Raiffeisen. Der erste Kassenrendant wurde der Lehrer Hermann Schlütz, der das Amt bis 1921 wahrnahm. Er hatte auch die Gründung maßgeblich befürwortet. Ihm folgten weitere Lehrer. Erst 1938 wurde mit Josef Grawe ein hauptamtlicher Rendant eingestellt.

Anmerkungen

1 StA Münster, Spezialorganisationskommission (SpOK) Nr. 190.

2 Vgl. Kap. 2 im Beitrag „Vörden als bischöfliche Stadt" in diesem Band.

3 Vgl. ebenda Kapitel 4.

4 Geheimes Staatsarchiv (GStA) Merseburg. Rep. 70 Nr. 54.

5 Vorstehende Angaben in: StA Münster, Königliche Domänenkammer 1 Nr. 72.

6 StA Marienmünster. C 604. Chronik der Stadt Vörden. Am Beginn des Chronikbuches ist der entsprechende Erlass selbst eingebunden.

7 Ebenda, S. 6/7.

8 Overkott, F.: In Russland Vermisste aus Rheinland und Westfalen nebst angrenzenden Gebieten in Napoleons „Großer Armee" 1912-1913. Band V der Reihe Bergische Forschungen, herausgegeben im Auftrage des Bergischen Geschichtsvereins von Edmund Strutz, Neustadt an der Aisch, 1963, S. 48.

9 Eine andere Quelle (Paderbornisches Intelligenzblatt vom 2. April 1814, Spalten 231-234) nennt unter den freiwilligen reitenden Jägern der Bezirke Paderborn und Höxter auch Carl Thoß aus Vöhrden. Sein Alter ist mit 38 Jahren und sein Beruf mit Notar angegeben. Das Urkataster von 1830 weist eine Familie Thoß im Haus am jetzigen Platz Marktstraße 4 (Thauern) aus. Sie stammte wahrscheinlich aus Lippe.

10 Ausführlicher im Beitrag „Burgvögte, Burgmänner und Pfandinhaber".

11 Der Chronist hat hier irrtümlich in der Rückschau den Monat Mai angegeben. Es geht jedoch auch aus dem Text hervor, dass es sich nur um den Monat März handeln kann, in dem auch die Unruhen in Berlin stattfanden.

12 StdA Marienmünster, A 249: Rezeß zur Ablösung der Holz- und Hütungsrechtsame der Interessenten zu Vörden. Vgl. auch Schrader, Fr. X.: Nachrichten über Vörden im Kreise Höxter. In: Westfälische Zeitschrift, 69. Jahrgang 1911, S. 369. Die Vördener Chronik erwähnt den Vorgang seltsamerweise nicht.

13 Vgl. im Artikel „Kirche und religiöses Leben".

14 Die Information wurde einem Schreiben der Kriegs- und Domänenkammer Münster an das Organisationsdepartment Berlin vom 14.9.1804 entnommen. Original in: Geheimes Staatsarchiv preußischer Kulturbesitz Berlin, I. HA Rep. 70 Nr. 1150, Bl. 126-132. Hier zitiert nach Grabe, W. / Moors, K. Hg.: Neue Herren - neue Zeiten? Quellen zur Übergangszeit 1802-1816 im Paderborner und Corveyer Land. Paderborn 2006, S. 155.

[15] Generelle Angaben nach Schrader, wie Anmerkung 12, S. 369. Die Aufstellung für die Jahre 1847 bis 1858 findet sich im „Vördener Bürgerbuch ab anno 1678" im StdA Marienmünster. Dazu hatte man das Buch herumgedreht und von hinten neu genutzt.

[16] Ebenda, S. 369. Im Nachlass Völker im BiA Paderborn, Bestand Vörden befindet sich die Ausfertigung des Urteils für einen der Beklagten.

[17] Wie Anmerkung 12, S. 369/70.

[18] Angabe im Nachlass Völker, BiA Paderborn, Bestand Vörden.

[19] Ein preußischer Fuß = 0,31385 Meter.

[20] Chronik der Stadt Vörden. StdA Marienmünster, C 604, S. 14.

[21] Die Brunnen im alten Stadtgebiet sind beschrieben am Ende des 1. Kapitels im Beitrag „Das Erscheinungsbild der Stadt".

[22] Angaben in: „Anlage einer Wasserleitung in Vörden 1857-1895", StA Marienmünster, A 328.

[23] Die Mark war nach der Reichsgründung 1871 als neue einheitliche Währung in Deutschland eingeführt worden. Als Umrechnung galt: 1 Reichstaler = 3 Mark.

[24] Angabe nach Simon, P.: Aus der Geschichte der Vördener Wasserversorgung. 100 Jahre „Kump" an der Marktstraße. In: Jahrbuch 1984 Kreis Höxter, hrsg. vom Oberkreisdirektor des Kreises Höxter, S. 73.

[25] Eine ausführliche technische Beschreibung dieser Spritze findet sich bei Krus, H. D.: 700 Jahre Borgholz 1291-1991. Geschichte einer Landstadt im Hochstift Paderborn. Borgentreich 1990, S. 84/85.

[26] StA Detmold, M1iP 212, Akte 944.

[27] Mit Frohndienst (heutige Schreibweise Frondienst) ist eine Dienstverpflichtung gemeint. Der Begriff wurde ursprünglich im Sinne von „Herrendienst" genutzt und meinte die Dienstverpflichtung z. B. der Vördener beim Inhaber der Burg.

[28] Die Ordnung befindet sich im Ordner „Feuerwehr von Josef Kreilos. 1934-1951" im Besitz der jetzigen Freiwilligen Feuerwehr Vörden.

[29] S. im Beitrag „Mühlen in Vörden".

[30] Das Haus stand an der Ecke Niedernstraße / Markstraße.

[31] Die Inschrift ist überliefert im Nachlass Völker im BiA Paderborn, Bestand Vörden.

[32] Das Fürstenthum Paderborn im Jahre 1802. In: Annalen der preußischen Staatswirtschaft und Statistik, Bd. 1, Heft 4, Halle und Leipzig 1804, S. 26.

[33] Auf die Heranziehung der Berufsangabe bei den Sterbefällen wurde deshalb verzichtet, weil hier häufig die Bezeichnung „Leibzüchter" im Sinne von „nicht mehr berufstätig" steht. In diesen Fällen hätte man dann auch auf frühere Eintragungen wie z. B. die Hochzeit zurückgreifen müssen.

[34] Dr. Josef Berendes: Kreuz und Quer im Doktorwagen. Leiden und Freuden eines westfälischen Landarztes. Detmold, o. J., S. 5.

[35] Höfler, M.: Das deutsche Krankheitsnamenbuch. München 1899, Nachdruck Hildesheim 1970

[36] Die Impfungen fanden wohl ab 1809 auf Weisung der französisch-westphälischen Regierung in Kassel statt. Vgl. dazu das bei Grabe, W. / Moors, K., wie Anm. 14, S. 388/89 abgedruckte Schreiben.

[37] Zu lesen beispielsweise in einem Sonderdruck aus dem Westfälischen Volksblatt „60 Jahre Apotheke in Vörden" von Apotheker B. Hoeppener aus dem Jahre 1956.

[38] StA Detmold, M2 298.

[39] StA Marienmünster, A 364, Apotheke in Vörden.

[40] Vorstehende Angaben nach StA Detmold, M2 299

[41] Die folgenden Informationen sind entnommen: Waldhoff, J.: 130 Jahre Post in Vörden. In: Jahrbuch des Kreises Höxter 1991, hrsg. vom Oberkreisdirektor des Kreises Höxter, S. 57-63.

[42] StA Detmold, M1 ID 673, S. 2. Zusammenfassende Abhandlungen dazu: a) Kemper, J.: Die Entwicklung der Eisenbahnen in den ehemaligen Kreisen Höxter und Warburg. In: Jahrbuch

des Kreises Höxter 1986, S. 191-213. b) Kemper, J.: Ein nie verwirklichtes Projekt. Die Eisenbahnlinien Höxter-Brakel-Steinheim und Steinheim Warburg. In: Die Warte, 45. Jahrgang, Dezember 1984, S. 6-8.

43 KrA Höxter, B1, Nr. 143.

44 Wie Anmerkung 42 unter b), S. 8.

45 Die Datierung ist unsicher. Josef Elsing wird 1808 als Mitglied des Rates und „früherer Bürgermeister" erwähnt.

46 Im Kirchenbuch 3b ist eine 24-jährige Amtszeit erwähnt. Der Beginn der Amtszeit wurde danach zurück gerechnet.

47 Vgl. im Beitrag „Kirche und religiöses Leben" in diesem Band.

48 StdA Marienmünster, A 51.

Wilhelm Hagemann

Vörden im ersten Drittel des 20. Jahrhunderts

Das 20. Jahrhundert wurde in Vörden ebenso mit positiver Erwartung begrüßt wie überall in Deutschland. „Ich führe euch herrlichen Zeiten entgegen", hatte Kaiser Wilhelm II. versprochen. Und es gab durchaus auch Anlass zu solcher Zuversicht: Deutschland war im letzten Viertel des 19. Jahrhunderts zur führenden Industriemacht Europas aufgestiegen. In entscheidenden industriellen Bereichen nahm Deutschland den unbestrittenen Spitzenrang ein, so in der Kohlechemie und der Elektrotechnik. Kein anderes Land stellte am Anfang des Jahrhunderts so viele Nobelpreisträger wie Deutschland. Kein anderes Land konnte ein vergleichbares System der Kranken- und Rentenversicherung aufweisen. Und schließlich war das deutsche Kaiserreich militärisch die stärkste Landmacht Europas und hatte bei den Seestreitkräften gegenüber Großbritannien sehr aufgeholt. Aber gerade diese militärische Situation sollte in dem neuen Jahrhundert unendlich viel Leid über die Menschen bringen.

1. Vörden vor dem Ersten Weltkrieg

a) Größe und Einwohnerzahl

Wie schon im vorstehenden Artikel angesprochen, war Vörden bereits im Verlauf des 19. Jahrhunderts über die Grenzen der alten Stadtmauern hinausgewachsen. Die Amtsstraße wie der südliche und nördliche Angerberg (letzterer hieß Poststraße) waren zum Ende des Jahrhunderts beiderseits bebaut. Die Amtsstraße wurde durch das 1899 errichtete Verwaltungsgebäude des Amtes Vörden optisch abgeschlossen. Am Weg zur Windmühle hatte der Arzt Dr. Budde um die Jahrhundertwende ein Wohnhaus mit Arztpraxis errichtet (späteres Haus Tenge). 1905 baute die Familie Hillebrand am Friedhof einen neuen Hof. An der neuen Landtrasse durch das Krummensiek, später Grünental genannt, jetzt Talstraße, standen bereits einige Häuser. Am Weg nach Altenbergen entstand im Jahre 1900 eine Genossenschafts-Molkerei. Deren hoher Schornstein prägte das Ortsbild seitdem entscheidend mit. Auch der Fillerberg – heute zur Bergstraße gezählt – und die Bergstraße waren bereits von etlichen Häusern gesäumt. In der Ortsmitte ragte seit 1901 neben dem alten Kirchturm das Dach der neuen Kirche auf.

Die Einwohnerzahl Vördens hatte 1803 beim Übergang des vorherigen Fürstbistums Paderborn an Preußen 495 betragen. 1895 war sie auf 699 Einwohner angewachsen, 1905 lebten in Vörden 719 Einwohner.[1] In der Vördener Volksschule zählte man 1908 in den Jahrgängen 1-8 die hohe Zahl von 169

Schulkinder. Für Herbst 1909 enthält die Pfarrchronik folgende interessante Aufstellung:

Einwohner: 709
Auswärtige: männlich 67, weiblich 17, zusammen 84
Familienväter, die im Sommer in der Fremde arbeiten, 22, im ganzen 815.

Die Auswärtigen dürften vor allem Knechte und Mägde sowie Handwerksgesellen und -lehrlinge gewesen sein, die in Vörden arbeiteten und in den Familien auch wohnten. Dazu kamen im Sommer Erntehelfer aus Polen (s. u.). Die Arbeit „in der Fremde" erfolgte besonders im Ruhrgebiet, für die Vördener hauptsächlich in Bochum.

b) Die Landwirtschaft

Vörden wurde auch zu Beginn des 20. Jahrhunderts noch unübersehbar durch die Landwirtschaft geprägt. Als Zugtiere dienten bei den größeren Bauern Pferde. Im Jahre 1908 ergab die Viehzählung in Vörden 83 Pferde.[2] Kleinere landwirtschaftliche Betriebe ackerten aber auch mit Kühen. Es waren die Familien Massolle (genannt Kuhschwens, Pohlstraße), Kluge (Pohlstraße), Potthast (genannt Kleinjans, Pohlstraße) Thauern (genannt Kunstmüllers, Marktstraße), Massolle (genannt Schneiderjörns, Niedernstraße), Hoffmeister (Niedernstraße), Maßmann (später Vogedes, Angerberg), Hillebrand (genannt Jambehrns,

Abb. 146   Hunde waren wichtige und arbeitswillige Helfer beim Milchholen.
Im Bild Franziska Gröne aus Lüchtringen, Magd bei Kreilos (Stork), später
verheiratete Roggenbach mit Kind Josef Kreilos ca. 1925.

am Friedhof), Meyer (später Simon, Talstraße). Aufgrund des langsamen Ganges der Kühe waren alle Arbeiten entsprechend zeitaufwändiger. Die neue Molkerei führte zu einem steigenden Anteil der Milchwirtschaft, weil man jetzt durch Milchlieferungen ein regelmäßiges Einkommen erzielen konnte. So zählte man 1908 in Vörden 389 Stück Rindvieh. Im Sommer, wenn die Kühe auf den Weiden waren, wurde sie dort gemolken. Zum Transport der Milch auf hölzernen „Bollerwagen" spannte man kräftige Mischlingshunde an. Sie verrichteten diesen Dienst in aller Regel recht gern.

Neben den Familienmitgliedern beschäftigen alle größeren Landwirte einen Knecht und meist auch eine Magd. Besonders der große landwirtschaftliche Betrieb der Burg, der einem Pächter oder Verwalter übergeben war, benötigte zahlreiche Arbeitskräfte zum Beispiel allein sechs Gespannführer, dazu einen Futtermeister, ferner Schäfer, Melker, Stallmeister, Mägde, Köchinnen. In der Erntezeit kamen jedes Jahr Arbeitskräfte aus Polen. Während das Mähen mit der Sense Männerarbeit war, übernahmen Frauen das Bündeln („Abnehmen") und Binden der Garben. Nach dem Zusammenstellen der Garben („Aufrichten") zu „Hocken" erfolgte nach einigen Tagen das Einfahren, soweit das Wetter das Trocknen des Korns bewirkt hatte.

Durch die Möglichkeit der künstlichen Düngung (Kunstdünger) waren die Ernteerträge stark angestiegen. Deshalb reichte der Bodenraum unter den Dächern – in Vörden sagte man Balken – nicht mehr zur Lagerung von Korn und Heu aus. Deshalb bauten fast alle Bauern in diesen Jahren vor dem Ersten Weltkrieg Feldscheunen für die Einlagerung von unausgedroschenem Getreide und Stroh. Auch die Mechanisierung hatte bereits angesetzt, und zwar mit der von einer Dampfmaschine angetriebenen Dreschmaschine. Wie bereits im vorhergehenden Artikel erwähnt, betrieb der Stellmacher Franz Hecker (1839-1893) etwa ab 1885 den ersten „Dreschkasten" in Vörden. Sein Sohn übernahm diese Aufgabe, bevor dann die Familie Kluge (Ölers) über Jahrzehnte Besitzer des Dreschkastens mit Dampfmaschine, später mit Elektroantrieb wurde. Die Dreschmaschine ersetzte seitdem das oft wochenlange Ausdreschen des Korns mit dem Dreschflegel in den Wintermonaten. Dazu hatte man das zunächst auf dem Dachboden gelagerte Korn in einer jeweils etwa fünf cm dicken Schicht auf der Deele ausgebreitet und durch das Schlagen mit dem Dreschflegel die Körner aus den Ähren gelöst. Stattdessen schob man jetzt den Dreschkasten in die Deele oder in die Feldscheune und warf die Garben auf die Maschine. Dort standen meist Frauen, die dann die Bindung der Garben öffneten und das Korn von Hand in den Eingabekasten legten. Das ausgedroschene Stroh wurde wieder auf den Boden geschafft oder verblieb in der Scheune und später als Einstreu für die Ställe sowie geschnitten zur Verlängerung des Futters für Pferde und Kühe genutzt. Das in Säcken abgefüllte Korn musste auf dem Rücken in die meist im ersten Stock der Häuser gelegene „Kornbühne" getragen werden. Zwar war das „Maschinen" so auch noch eine anstrengende und vor allem auch staubige Arbeit, aber es konzentrierte sich bei dem einzelnen Bauern üblicher-

Abb. 147   Dreschen ("Maschinen") bei Kienen (Elsings) an der Niedernstraße
um 1900. Die antreibende Dampfmaschine stand draußen,
der "Dreschkasten" in der Deele.

weise nur auf einen Tag oder zwei Tage in der Winterzeit. Im Sommer stand die
Dreschmaschine während der Erntewochen auf dem Schützenanger. Die "kleinen Leute", die nur wenige Morgen Land besaßen, ließen das Korn durch die
für sie ackernden Bauern direkt zur Maschine bringen und hier dreschen. Im
Gegenzug halfen sie dann dem Bauern beim Dreschen und bei anderen Arbeiten. Das übliche Verrechnungsverhältnis zwischen den Leistungen der Bauern
und denen der "kleinen Leute" lautete: Ein Gespanntag = drei Menschentage.
Verbleibende Differenzen wurden meist in Geld ausgeglichen.
Die damalige Bedeutung der Landwirtschaft als weitgehende Selbstversorgung
auch der Nicht-Bauern zeigt sich daran, dass die Gemeinde Vörden im Jahre 1900 im Eichhagen 25 Morgen Land der ehemaligen Burgweide mit einem
Dampfpflug umbrechen und an Interessenten gegen Pacht zur Beackerung aus-
geben ließ. Dasselbe geschah dann 1907 noch einmal nach Abholzung eines
kleinen Wäldchens im Eichhagen. Neben dem Anbau von Brotgetreide pflanzte
man vor allem Kartoffeln, einen geringen Teil davon als Speisekartoffeln, den
Großteil aber als Schweinefutter. Die Schweine dienten zunächst der eigenen
Fleischversorgung. Dazu nicht benötigte Tiere wurden an meist jüdische Viehhändler verkauft. In Vörden gab es 1908 immerhin 630 Schweine. Daneben
hielt man Enten, Gänse und Hühner zur Versorgung mit Fleisch, Bettfedern
und Eiern. Milchlieferanten der "kleinen Leute" waren Ziegen, von denen man
1904 in Vörden 136 Stück zählte. Die 1908 erfassten 202 Schafe gehörten vor
allem zum Viehbestand der Burg.

Die Bedeutung der Viehhaltung zeigte sich auch in den dreimal jährlich abgehaltenen „Vieh- und Krammärkten". Sie fanden im Mai, Juli und Oktober auf der Fläche „Im Tor" statt. Das Angebot war beträchtlich. Beispielsweise notierte der Amtspolizist Stecker:

> „Zu dem am 12. Mai 1910 stattgefundenen Markte waren aufgetrieben:
> In 56 Ferkel-Wagen im Durchschnitt 6, zusammen also 336,
> Preis 20 – 25 M für 6 Wochens Ferkel,
> Stangen (etwas ältere Schweine) waren nicht da.
> 75 Stück Rindvieh. Für einjährige Rinder wurden bezahlt 110 M-130 M,
> für 2jährige Rinder 180 M – 200 M, für altmelke Kühe wurden bezahlt
> 250 M – 280 M, für tragende Kühe 300 M.
> Pferde waren nicht aufgetrieben."

Zu dem Markt im Juli desselben Jahres wurden dann aber auch 12 Fohlen angeboten. Die Bedeutung dieser Vördener Markttage für die Region wurde auch in der Begründung zu dem erneut angeregten Eisenbahnbau durch den Kreis Höxter angeführt (s. u.).

c) Handwerk, Handel und Dienstleistungen

Wie bereits an anderer Stelle angesprochen, bewirtschafteten auch die handwerklichen Betriebe in Vörden stets einige Morgen Land. Zum großen Teil waren sie auch mit ihrer handwerklichen Arbeit auf die Bedürfnisse der Landwirtschaft hin orientiert. Das traf insbesondere für Schmiede, Stellmacher und Sattler zu. Daneben gab es vor allem Tischler, Schuhmacher, Holzschuhmacher, Schneider, Zimmerleute und Maurer. Letztere hatten durch die inzwischen üblich gewordene massive Bauweise der Häuser einen ziemlichen Aufschwung genommen. Gerade junge Bauhandwerker gingen jedoch in jungen Jahren in Fortsetzung des schon im 19. Jahrhunderts begonnenen Trends vielfach „in die Fremde" (s. o.). Die Holzschuhmacher stellten die „Holschen" als Fußbekleidung vornehmlich für die Benutzung in Stall und Garten her.
Aufgrund der erwähnten Selbstversorgung mit Fleisch hatten die Hausschlachter im Winter Hochkonjunktur. Diese Tätigkeit wurde im Nebenberuf ausgeübt. „Maurer und Hauschlachter" galt als günstige Kombination, weil die Arbeit am Bau im Winter ruhte. Allerdings waren auch manche Landwirte mit weniger Land im Winter als Hausschlachter tätig. In Vörden übernahmen sie jedoch nicht nur das Schlachten, sondern auch die weitere Verarbeitung, das „Wursten". In anderen Gegenden des Paderborner Landes war die weitere Verarbeitung des Fleisches hingegen die Sache der Hausfrau.[3]
Zur Versorgung mit den wenigen Lebensmitteln, die man zukaufen musste, unterhielten die Gastwirtschaften Weber und Kropp auch einen Laden für „Kolonialwaren", wie die dort zu kaufenden Lebensmittel damals bezeichnet wurden.

Die Theke des Ladengeschäfts war gleichzeitig die Schanktheke. 1905 eröffne-te der Schneidermeister Heinrich Homann in seinem 1895 neu erbauten Haus im Krummensiek (Talstraße) eine Niederlassung von Kaisers-Kaffeegeschäft, die dann zu einem Lebensmittelladen erweitert wurde. Ferner gab es noch das Geschäft des Juden Löwendorf, nach Einheirat Bacharach auf dem Platz der heutigen Kreissparkasse, das neben Lebensmitteln auch Textilien, Schreib- und Spielwaren anbot. Am Angerberg im heutigen Haus Nr. 3 betrieben zudem die beiden jüdischen Familien Frankenberg ein Textilgeschäft. Ein solches hatte auch die Familie Kleeberg auf dem Platz des heutigen Hauses Angerberg 20. Zu Anfang der 30er Jahre eröffnete der aus Steinheim stammende Josef Hansmann in der Pohlstraße im heutigen Haus Nr. 13 ein weiteres Lebensmittel-Geschäft. Es ging dann 1937 durch Kauf an Familie Schmidt aus Bredenborn über. Diese führte das Geschäft bis Ende der 50er Jahre.

Die medizinische Versorgung lag in den Händen des Dr. Josef Berendes in Marienmünster. Von einem nicht mehr feststellbaren Jahr an hielt der Dentist Böger aus Höxter Sprechstunden in der Gastwirtschaft Weber ab. Nach einer rückschauenden Notiz in der Pfarrchronik wurde das bis in die ersten Kriegs-jahre hinein beibehalten.

Besonders geachtet waren die wenigen Personen, die im öffentlichen Dienst tä-tig waren, nicht zuletzt aufgrund ihres regelmäßigen, wenn auch meist nicht üppigen Einkommens. Hier sind neben den Lehrpersonen, der Amtmann und die Beamten der Amtsverwaltung sowie auch der Ortsgendarm zu nennen. Zu den Honoratioren zählten daneben der Pastor und Vikar, der Apotheker, der Freiherr von Haxthausen sowie dessen Pächter oder Verwalter.

Nicht in jedem Falle beliebt dürfte der zweijährige Militärdienst gewesen sein, dem sich damals alle diensttauglichen jungen Männer stellen mussten. Die Vör-dener wurden insbesondere in die Kasernen in Höxter, Paderborn und Schloß Neuhaus eingezogen.

d) Der Bau der Wasserleitung mit Hausanschlüssen

Weil die meisten Vördener Häuser keinen eigenen Brunnen hatten, gehörten Frauen mit Wassereimern in diesen Jahren zum alltäglichen Straßenbild. Man trug meist zwei Eimer, die rechts und links an einer „Schanne" hingen. Diese war ein ausgeformtes Tragholz, das auf die Schultern gelegt wurde. Die Ver-sorgung des Haushalts wie des Viehs mit Wasser war sicher eine harte Arbeit. Schon deshalb sind Bemühungen um eine Wasserleitung mit Hausanschlüssen verständlich. Hinzu kamen hygienische Überlegungen. Im Verlauf des Jahres 1909 konkretisierten sich die Überlegungen im Gemeinderat.[4] Das Wasser soll-te aus einer Tiefenbohrung im Hogge gewonnen und mit natürlichem Gefäl-le über einen Hochbehälter nach Vörden geleitet werden. Man schloss mit den Landwirten Kreilos (Stork) und Potthast (Hahne) einen Vertrag zur Nutzung ihrer Wiesen. Die Bohrung wurde dann aber im nächsten Jahr aus nicht erkennbaren Gründen in der dazwischen liegenden Wiese des Landwirts Köhne aus Großenbreden niedergebracht. In einer Tiefe von 40 Metern fand man auch Wasser, das in dem Bohrloch hochstieg und natürlich auslief. Die Bohrung wurde von der Fa. Stricker aus Minden ausgeführt, nachdem ein vorheriger Vertrag mit der Firma Becker aus Lage offenbar nicht umgesetzt wurde. Die Leitung der Arbeiten hatte der „Civilingenieur" H. Leithäuser aus Kassel.

Das auslaufende Wasser war aber zunächst sehr trüb, wohl durch Zulauf von Wasser aus den oberen Bodenschichten, so dass ein erstes Gutachten des Nahrungsmittel-Untersuchungsamtes in Paderborn vom 8. Juli das Wasser als nicht geeignet befand, zumal es sehr hart war. Nach einer drei Meter tiefen Abriegelung des Oberflächenwassers durch Zementrohre leitete man das Wasser dann durch eine tief angesetzte gusseiserne Leitung ab, die dann nach 200 Metern die Oberfläche erreichte. Hier lief das Wasser klar aus. Eine erneute Untersuchung vom 8. Oktober 1910 brachte dann auch ein einwandfreies Ergebnis. Allerdings ergab sich ein neues Problem: Mit Datum vom 6. Februar 1911 teilte die königliche Provinzregierung in Minden mit, dass die Schüttung der Quelle bei weitem nicht ausreiche. Das bekamen die Vördener dann auch bald demonstriert. In der Schulchronik heißt es dazu:

> „Der Sommer 1911 brachte eine große Hitze und anhaltende Dürre, welche bis in den Herbst hinein währten. Viele Quellen u. Wasserleitungen versagten, auch die im Hogge neu angelegte Leitung. Die alte Leitung dagegen (gemeint ist die Kumpleitung) trotzte der Dürre u. speiste auch die Gemeinde Eilversen."[5]

Offenbar dachte man in Vörden jetzt über die Heranziehung der Kumpquelle für die Wasserleitung nach. Ihre Untersuchung brachte auch ein positives Ergebnis. Möglicherweise war aber auch ihre Schüttung zu gering. Offenbar hat man dann doch die Erschließung vorhandener Quellen und relativ oberflächlicher Wasserführungen in Angriff genommen, wobei das Technische Bureau Ernst Schluchtmann aus Paderborn die Ausführung übernahm. Zum Jahre 1912 meldet die Schulchronik:

> „Herbst 1912 wurde noch die Quellfassung des neuen Vördener Wasserwerkes vollendet. Zwei Rohrleitungen von 85 und 330 m Länge führen in durchlöcherten Stein- und Eisenröhren gutes Trinkwasser der Hoch- und Hungerbergquelle zur Quellfassung in der Hochwiese, genannt ‚Storkswiese'."

In der Stadtchronik ist die Anlage folgendermaßen beschrieben:

> „Zunächst wurde der Graben an der östlichen Seite der Wiese des Ackerwirts Philipp Kreilos gen. Stork aufgehoben und die darin auslaufenden Quellen aufgefangen und in einen Sammelbehälter geleitet. Von hieraus wird das

Wasser in den im Hogge erbauten Hochbehälter infolge natürlichen Gefälles geleitet. Der Hochbehälter ist aus Eisenbeton hergestellt und durch eine Scheidewand in zwei Kammern geteilt. Aus diesen wird das Wasser mittels Röhren in das hierzu neu gebaute Röhrennetz der Ortsleitung mit Hausanschlüssen geleitet."[6]

In der entsprechenden Akte des Stadtarchivs findet sich unter dem Datum vom 20. Mai 1913 ein Vertrag zwischen der Gemeinde Vörden und dem Landwirt Philipp Kreilos. Dieser gestattet die Nutzung der Wiese zur Wassergewinnung und verpflichtet sich, diese nicht als Kuhweide zu nutzen. Dafür wird er von jeder Abgabe für die Lieferung des Wassers in sein Haus befreit. Nachdem die Hausanschlüsse durch den Schlossermeister Josef Weber ausgeführt worden waren, konnte die Wasserleitung am 1. Oktober 1913 mit einem großen „Wasserfest" in Betrieb genommen werden. In der Stadtchronik heißt es dazu:

Abb. 148
Schlossermeister Josef Weber verlegte 1913 die Hausanschlüsse der Wasserleitung. Er hatte 1894 auch schon das Pfarrhaus und die Schule an die Kumpleitung angeschlossen.

„Es herrschte allgemeine Freude in der ganzen Gemeinde als das Wasserwerk fertig gestellt war und die bequeme Wasserversorgung wurde als eine besondere Wohltat empfunden. Die Gesamtkosten der Wasserleitung waren mit 32 000 Mark veranschlagt."

e) Ein erneuter Versuch zum Eisenbahnbau über Vörden

Das in den 90er Jahren des vorhergehenden Jahrhunderts gescheiterte Bemühen um den Bau einer Eisenbahnstrecke über Vörden wurde schon 1902 wieder aufgenommen. Dieses Mal sollte es jedoch nur noch um eine Verbindung von Warburg über Brakel und Vörden nach Steinheim gehen. Die einige Jahre vorher auch geplante Verbindung von Höxter über Ovenhausen, Hellersen nach Vörden war nicht mehr in der Diskussion. Für den Bau der Bahnstrecke führte man „ein dringendes Bedürfnis für das wirtschaftliche Gedeihen der betroffenen Gegend" an.[7] Nach Intervention verschiedener Stellen wurde die Planung der Streckenführung durch Einbezug von Borgentreich verändert. Der Betrieb der neuen Strecke sollte von den beiden Kreisen Höxter und Warburg getragen werden. Zu den Baukosten erwartete man hingegen eine Beteiligung des preußischen Staates und der Provinz Westfalen mit je einem Drittel. Die Vorbereitungen wie die Verhandlungen zogen sich hin. Im Jahre 1906 schien dann jedoch die Realisierung möglich zu sein, weil der preußische Staat die Strecke als „staatliche Nebenbahn" bauen und betreiben wollte. Wie es schien, sollte die Strecke jedoch aus Kostengründen Vörden ausklammern und von Bökendorf aus über Bredenborn nach Steinheim führen. Dagegen wandten sich jedoch die Gemeinde Vörden und die umliegenden Gemeinden Eilversen, Bremerberg, Hohehaus, Großenbreden, Kleinenbreden, Kollerbeck, Papenhöfen sowie Marienmünster-Münsterbrock in einem Schreiben an die „Königliche Eisenbahn-Direktion in Cassel". Neben den „Opfern", die man bereits gebracht hätte, verwies man auf den steigenden Transportbedarf von Kohlen, Futter und Düngemitteln seitens der Landwirte. Die jetzigen Fahrten „über Berg und Tal" bedeuteten eine Tagesleistung für Menschen und Pferde. Neben den Landwirten sei aber auch die „Arbeiterklasse" an der Bahn sehr interessiert, denn viele „meist in der Industriegegend" Arbeitende würden mehrmals jährlich zur Heimat und wieder zurück fahren. Weiter heißt es:

> „Voerden, vormals eine Festung mit Stadtrechten, ist seit altersher ein Verkehrsmittelpunkt für die umliegenden Orte, hat 3 bedeutende Viehmärkte, eine Genossenschaftsmolkerei, eine Mahlmühle, einige größere Handelsgeschäfte und Gasthöfe, ist Sitz der Amtsverwaltung des Amtes Vörden, einer Apotheke und einer Postagentur. Eine Bahnverbindung würde bei dem Holzreichtum der Gegend zweifellos eine bedeutende Holzindustrie hierorts hervorrufen, wozu die Anfänge oder Grundlagen bereits vorhanden sind, indem einige gute Tischlereien, ein Sägewerk und eine bedeutende Drechslerei mit Motorbetrieb bereits vorhanden sind. Weitere industrielle Fracht würde der Bahn erwachsen aus den enormen Kalksteinlagern bei Eilversen (2 Kalköfen und Steinbrüche sind bereits im Betriebe), ferner aus den umfangreichen Lagern guten Tons bei Voerden und Hohehaus, die bis jetzt unbenutzt liegen, abgesehen davon, daß die Zementfabrik Höxter-Godelheim ihren Tonbedarf dort gewinnt. Bei Kleinenbreden sind abbauwürdige Schwefelkiesklötze festgestellt."

Trotz aller solcher Befürwortung scheiterte das Projekt des Bahnbaus aber im Jahre 1909 an der Finanzknappheit des Staates für den Sektor der öffentlichen Bauten, die nicht zuletzt durch den Bau des Nord-Ost-See-Kanals bedingt war. Nun wurden erneut Pläne für eine nicht-staatliche Bahn erwogen. Im Jahre 1912 trat man dann an die private „Continentale-Eisenbahnbau-und Betriebsgesellschaft AG" in Berlin heran. Allerdings hoffte der Kreis Höxter weiter auf eine staatliche Bahn und wollte deshalb keine gegenteiligen Festlegungen treffen. Parallel dazu liefen dann auch schon Bemühungen zur Einrichtung von Omnibus-Verbindungen für den nördlichen Kreis Höxter.

f) Die Einrichtung von Omnibus-Verbindungen

Der Bau der Eisenbahn hatte für die angeschlossenen Städte zu einer beachtlichen wirtschaftlichen Entwicklung geführt. So hatte beispielsweise Steinheim bald das vorher bedeutendere Nieheim überflügelt, das ohne Bahnverbindung geblieben war. Es konnte dann auch nicht überraschen, dass insbesondere die Geschäftsleute in den Städten Steinheim, Nieheim und Höxter danach trachteten, durch neu einzurichtende Verkehrsverbindungen die Kaufkraft der umliegenden kleineren Gemeinden zu erschließen. Der erste Vorschlag einer Omnibuslinie von Höxter über Ovenhausen, Vörden, Bredenborn und Nieheim nach Steinheim kam im Oktober 1912 vom Magistrat der Stadt Höxter.[8] Da die Nieheimer Geschäftsleute fürchteten, dann nur noch Durchgangsstation nach Steinheim zu sein, handelte Nieheim schnell: Sozusagen in einer Nacht- und Nebelaktion ließen sie noch im November 1912 durch die Herstellerfirma Büssing eine Probelinie von Vörden über Bredenborn, Entrup und Nieheim zum Bahnhof nach Bergheim und zurück einrichten. Dreimal täglich wurde diese Strecke befahren. Vörden zahlte 3.000 Mark in die zu diesem Zwecke gegründete GmbH ein, Bredenborn 7.500, Nieheim 14.400, Entrup 500 und Oeynhausen 1.000. Vörden machte allerdings die Bedingung, 1.500 Mark wieder zurück zu bekommen, wenn es zu der geplanten Einrichtung einer Linie Vörden-Höxter käme, an der sich Vörden dann auch beteiligen würde. Diese Strecke kam aber zunächst nicht zustande.

Allerdings bemühten sich die Steinheimer weiterhin um den Aufbau einer Busverbindung für die Strecke Höxter-Steinheim. Als diese jedoch an der fehlenden Zahlungsbereitschaft der anliegenden Gemeinden scheiterte, richtete Steinheim im Alleingang vom 1. Mai 1913 an eine Omnibuslinie zwischen Vörden und Steinheim ein. Aus Mangel an Kapital musste man allerdings auf zwei gebraucht gekaufte Busse zurückgreifen, wobei das eine Fahrzeug als Reserve gedacht war. Die beiden Fahrzeuge mit 16 und 12 PS konnten jeweils 12 Personen befördern und erreichten eine Geschwindigkeit von 30 km pro Stunde. Zweimal täglich sollten sie hin und her fahren. Sie erwiesen sich aber als so unzuverlässig, dass die Buslinie bald als „Linie Schmerzensreich" bezeichnet wurde. Vielfach blieben die Busse auf der Strecke liegen und mussten zum Gespött der Zuschauer mit Pferden zum Bestimmungsort beziehungsweise zur Werkstatt Mertens nach Steinheim gezogen werden. Angeblich nutzte man dazu vielfach die Dunkelheit, wobei den Pferden die Hufe mit Lumpen umbunden wurden, um jedes Geräusch und damit Aufmerksamkeit zu vermeiden. Die Fahrzeuge transportierten auch die Post vom Bahnhof Steinheim zu

Abb. 149   Ein Omnibus der von der Stadt Steinheim betriebenen Linie Vörden-Stein-
heim im Frühjahr 1913 neben der Gaststätte Kropp. Im Gebäude hinter
dem Bus rechts war die Poststelle eingerichtet. Ganz rechts „Polizeidiener"
Wilhelm Lüke, daneben Gastwirt und Posthalter Robert Kropp.

den angeschlossenen Orten und zurück. Dafür erhielten sie von der Reichspost eine Vergütung.

Im Herbst 1915 wurden dann beide von Vörden ausgehenden Omnibuslinien
eingestellt, weil aufgrund des Krieges kein Benzin mehr zur Verfügung stand.
Bis zum Jahre 1922 bestand keine solche Verbindung mehr.

g) Einzelne Ereignisse

Bischofsbesuche

Eine heute kaum noch nachvollziehbare Bedeutung hatten Besuche des Bischofs zur Spendung der Firmung. Das war in Vörden in den Jahren 1901,
1906 und 1911 der Fall. 1901 spendete Bischof Wilhelm Schneider in Marienmünster auch den jungen Leuten aus Vörden das Firmsakrament, besichtigte dann den Kirchenbau in Vörden und erteile in der hölzernen Notkirche
den Segen. 1906 weihte er bei dem Firmbesuch den nach dem Kirchenneubau
wieder aufgestellten Hochaltar der Kirche. 1911 weilte Bischof Karl Joseph
Schulte zur Visitation in Vörden. Die Firmung fand aber wieder in Marienmünster statt. Über den Schmuck des Ortes und den Ablauf der Besuche mit
Prozessionen, Gesängen und Ansprachen berichtet die Kirchenchronik recht
ausführlich.

Priesterweihe
Große Ereignisse waren auch die Priesterweihen von Vördener Bürgern. Am
2. Ostertag des Jahres 1909 feierte der Neupriester Heinrich Elsing (Benning)
seine Primiz in der Vördener Kirche, am 2. Ostertag des Jahres 1911 folgte ihm
Josef Schröder (Bobberts Pastor). Am 14. März 1913 wurde Heinrich Kreilos
(Fenstermacher) in Paderborn zum Priester geweiht.

Brand am Hungerberg
Im Jahre 1906 brannte die 10-jährige Fichtenschonung am Hungerberg. Der
Verursacher des Schadens von rund 500 Mark konnte nicht ermittelt werden.

Brandschäden an Häusern
Am 17. August 1909 schlug morgens um 3 Uhr der Blitz in eine Scheune des
Mönchehofes und äscherte sie ein. Ein Teil der Scheune war als Wohnung aus-
gebaut, in der bis 1803 der Mönch wohnte, der für das Kloster Marienmünster
den Hof verwaltete. Er war auch für die Feier der sonntäglichen Frühmesse in
Vörden zuständig gewesen.
Am 7. Juni 1912 schlug der Blitz in das Haus des Landwirts Friedrich Bob-
bert (Niedernstraße 13). Er zündete zwar nicht, zerstörte aber einen Teil des
Daches.

Unglücksfall
Zwei Jahre vorher, am 14. April 1910 hatte die Familie Bobbert bereits ein
großes Unglück ereilt, als der 12-jährige Sohn Wilhelm Bobbert beim Abwer-
fen von Stroh durch die Bodenluke auf die Deele fiel und sofort tot war.

Überraschung beim Manöver
Im Jahre 1911 gab es ein großes Ereignis, über das die Vördener Schulchronik
berichtet:

> *„Im September war die hiesige Gegend Schauplatz der Manöverübung des
> 7. Armeekorps. Am 12. September flog das lenkbare Zeppelinschiff „Schwa-
> ben" auf seiner Reise von Gotha nach Düsseldorf über unseren Ort hin und
> wurde selbiges von allen Bewohnern Vördens stürmisch begrüßt."*

Feiern zum Thronjubiläum
Wie überall wurde am 16. Juni 1913 das 25. Jubiläum der Thronbesteigung Kaiser Wilhelm II. auch in Vörden feierlich begangen. Der Bericht in der Schulchronik liefert ein anschauliches Bild der damaligen Vaterlandsbegeisterung
und Feierkultur:

> *„Nach dem Festgottesdienste mit Te Deum begann die Schulfeier. Es wur-
> den diesbezügliche Gedichte und Lieder vorgetragen. Die Festrede klang in*

das dreifach Hoch auf S. Majestät aus. Des Nachmittags 2 Uhr begann das Schulfest der Kinder, an dem alt und jung innigen Anteil nahmen. Unter Vorantritt der hiesigen Musikkapelle unter Leitung des Herrn Benstein[9] bewegte sich der Festzug durch die Dorfstraßen zum Spiel- und Turnplatz unter den Eichen auf dem Dorfanger. Die Herren vom Festkomitee – Lehrer a. D. Schlütz, Pfarrer Schulte, Vorsteher Potthast u. Apotheker Lehn – wurden feierlich abgeholt u. inmitten des Festzuges zum Festplatz geleitet. Die Knaben trugen Fähnchen auf ihren schwarzweißen Turnstäben, die Mädchen Schürzen in den Landesfarben und Rosenkränzchen in der Hand. Nach einem Aufmarsch nach den Klängen der Musik u. 4 Gruppen Frei- und Stabübungen der Knabenklasse wurden Kaffee und Kuchen verabreicht. Es folgten alsdann muntere Reigenspiele der Mädchen, Wettspiele u. Verlosungen von Bleistiften, Stahlefedern (als Schreibfedern), Gummi (Radiergummi) u. dergl. Allzufrüh eilten bei dem prächtigen Kaiserwetter die schönen Stunden des Jubelfestes dahin. Nach einem begeisterten Kaiserhoch wurde gegen 7 Uhr die Feier beendet.«

Anfang der Stromversorgung

Im Jahre 1914 begann der Kreis mit dem Bau eines Transformatoren-Häuschens an der Straße nach Bredenborn rechts vor der Brücke. Die Pläne zur Versorgung der Häuser mit Elektrizität wurden dann allerdings durch den Ausbruch des Ersten Weltkrieges unterbrochen.

2. Die Jahre des Ersten Weltkrieges 1914-1918 in Vörden

Mit den tödlichen Schüssen auf das österreichische Thronfolgerpaar am 28. Juni 1914 in Sarajewo begann die erste große Katastrophe des 20. Jahrhunderts, das man überall voller Hoffnung begrüßt hatte. Infolge des Bündnisses mit Österreich wurde Deutschland in die Ereignisse hineingezogen. Am 1. August erfolgte die deutsche Kriegserklärung an Russland, am 3. August die an Frankreich, am 4. August erklärte Großbritannien den Krieg gegen das Deutsche Reich. Wie man in Vörden den Kriegsausbruch und den Kriegsverlauf erlebte, lässt sich am besten durch die Eintragungen in der Pfarrchronik, der Ortschronik und der Schulchronik verfolgen.

a) Das Kriegsjahr 1914

Das Attentat von Sarajewo ereignete sich am Vorabend des Peter- und Pauls-Festes, an dem in jenem Jahr die Jungschützen das Schützenfest feierten. Wohl niemand ahnte damals, dass es für viele Schützen das letzte Fest sein sollte. Lehrer Bieling notierte in der Schulchronik, dass der Mobilmachungsbefehl am 1. August abends in Vörden eintraf.[10] Dazu heißt es weiter:

*„Legte sich auch anfangs der Aus-
druck „Mobil" wie ein furchtbarer
Alp auf uns, so mußte dieses doch
bald der glühendsten Vaterlandsliebe weichen. Wohin man kam,
überall fand man Kampfesmut
und Opferfreudigkeit. ‚Der Kaiser
rief und alle, alle kamen'. Aus den
entlegensten Dörfern eilten mu-
tige Vaterlandssöhne zu den Fahnen. Bald rollten die Militärzüge
nach Westen und Osten. Überall aber, wo solche Truppenzüge
hielten, brachten die Leute den
tapferen Streitern Lebensmittel,
Erfrischungen, Tabak und andere
Rauchsachen an die Bahnhöfe. Jeder Deutsche suchte den anderen
in Liebestätigkeit zu überbieten"*

Abb. 150
*Josef Simon (Angerberg 9) als stolzer
Soldat 1914 in Potsdam. Bald ersetzte das
schlichte Feldgrau die Paradeuniform.*

In der Pfarrchronik berichtet Pastor
Schulte über den folgenden Sonntag
und Mittwoch:

*„Am 2. August war auch der Porti-
uncula-Ablaß.[11] Ein Pater aus dem Franziskaner-Kloster zu Paderborn half
aus. Die ganze Gemeinde empfing mit großer Andacht und ernster Stimmung die hl. Sakramente. Besonders gingen die Männer mit großer Andacht
zur hl. Kommunion. Für Mittwoch den 5ten August war infolge allerhöchs-
ter Order unseres Kaisers und Königs vom Hochwürdigsten Herrn Bischof
Karl Josef Schulte verordnet worden, daß vormittags von 6 bis 10 Uhr das
Sanctissimum (Allerheiligste) öffentlich zur Anbetung ausgesetzt und während dieser Zeit ein feierliches Votivamt abgehalten wurde."*

Von seltsam anmutenden Gerüchten und Tätigkeiten berichtet Lehrer Bieling.
So sollten angeblich französische Autos mit Geldlieferungen an das verbündete
Russland quer durch Deutschland unterwegs sein. Er scheint selbst die Sache
anzuzweifeln, sieht aber im Verhalten der Bevölkerung einen erneuten Beweis
der großen Vaterlandsliebe:

*„So wurden hierselbst die Hauptverkehrsstraßen durch Ernte- bzw. Mistwa-
gen gesperrt und an den verschiedenen Stellen eine Wache ausgestellt, die die
Geldautos oder eventuell auch Spione aufhalten sollten. Jeder bemühte sich*

um einen solchen Wachtposten, um dem Vaterland einen kleinen Dienst in der Abfassung eines Autos erweisen zu können. Aber das Glück ist ihm nicht hold gewesen, da sich überhaupt kein Auto zeigte. "

In begeisterten, oft wenig reflektierten und nur aus dem Zeitgeist heraus verständlichen Worten schildert Bieling dann den Verlauf der ersten Kämpfe im
Westen wie im Osten. Schließlich heißt es: *„Während der genannten Kämpfe haben auch bereits ‚Vördener Soldaten‘ ihr Blut für das Vaterland verspritzt. "*
Der erste Verwundete aus Vörden war der Lehrer Heinrich Kluge, der durch einen Durchschuss des Schulterblattes und des Wadenmuskels kriegsuntauglich
wurde. Als ersten Gefallenen melden die Schul- wie die Kirchenchronik den
Oberst der Jungschützen, Josef Hartmann, der am 23. August 1914 in Frankreich
fiel. Ihm folgten in diesem Jahr noch drei weitere Vördener. Als besonders tra-
gisch wurde von allen der Tod des Postboten Wilhelm Hesse empfunden. Er hinterließ seine schwangere Frau Josefine geb. Hecker mit zwei Kindern. Dass dritte
wurde dann im April 1915 geboren. Die letzte Eintragung von Lehrer Bieling
findet sich in der Schulchronik zum 28. September. Einige Tage vorher hatte ihn
selbst der Einberufungsbefehl erreicht. Auch er sollte den Krieg nicht überleben.

b) Das Kriegsjahr 1915

Mit Beginn des Jahres 1915 übernahm der im September des Vorjahres nach
Vörden gekommene Vikar Christoph Völker die Führung der Pfarrchronik. Seine ersten Eintragungen lassen den Optimismus bei Kriegsbeginn und
die inzwischen sich breit machende schmerzhafte Ernüchterung erahnen. Er
schreibt:

*„Die ausziehenden Krieger waren der festen Meinung gewesen, daß der
Krieg bis Weihnachten wieder zu Ende sein werde. Der als erster aus Vörden
gefallene Joseph Hartmann hatte beim Abschied scherzhaft gemeint, wenn
man sänge, Ihr Kinderlein kommet, dann werde er wieder da sein. Nur
langsam konnte man sich an den Gedanken gewöhnen, daß der Krieg noch
lange dauern werde. Als am 7. März dieses Jahres der geistliche Rat Schäfer
aus Paderborn auf einer Volksvereinsversammlung hier äußerte, der Krieg
könne wohl noch ein ganzes Jahr dauern, fingen viele Frauen an zu weinen.
Immer wieder wurden neue Termine angegeben, die ganz sicher das Ende
des Krieges bringen sollten. "*

Im Jahre 1915 starben aus Vörden fünf Soldaten. Mehrfach fanden von der
Kirchenleitung angeordnete Gebete und Gottesdienste als besondere Bitten
um Frieden statt. Das Ausbleiben der Waren aus den Kolonien als Folge der
britischen Seeblockade machte sich bemerkbar. Sämtliches Brotgetreide wurde beschlagnahmt. Ab 1. Februar 1915 war Brot nur noch auf Brotkarten zu

erwerben, wobei einem Erwachsenen zunächst 300 Gramm, dann nur noch 250 Gramm täglich zugebilligt wurden, Kindern die Hälfte. Zudem musste der Brotteig mit Kartoffeln verlängert werden. Alle Hoffnungen auf eine Besserung der Situation durch eine gute Ernte schwanden im Verlauf des Jahres dahin. Es kam sogar infolge anhaltender Trockenheit zu einer ausgesprochenen Missernte. Vikar Völker scheute sich auch nicht, eine Maßnahme der Regierung als „argen Missgriff" zu bezeichnen: Aus Furcht, die erfassten Kartoffelvorräte könnten nicht bis zur Ernte reichen, war die Abschlachtung aller Schweine, die nicht nachgewiesenermaßen von Abfällen ernährt wurden, befohlen worden. Man sprach vom „Schwein als siebten Feind". Nachher zeigte sich, dass die Bauern offenbar den Kartoffelbestand viel zu niedrig angegeben hatten. Ein Vördener Bauer beispielsweise hatte Vikar Völker gestanden, er habe 70 Zentner angegeben aber etwa 170 Zentner gehabt. Aufgrund der schon warmen Witterung verdarb ein Großteil des Fleisches, auch wenn es zu Dauerwurst verarbeitet worden war.

c) Das Kriegsjahr 1916

Im Verlaufe dieses Jahres starben vier Vördener an den Fronten, darunter der Lehrer Konrad Bieling und Richard Hartmann, dessen Bruder 1914 als erster gefallen war. Die Lebensmittelnot wurde immer drängender, zumal auch die Getreide- und Kartoffelernte des Jahres 1916 aufgrund der anhaltenden Nässe schlecht ausfiel. Neben Brot wurden jetzt auch Zucker, Butter und Seife rationiert und nur noch auf Bezugskarten in geringen Mengen und in schlechter Qualität ausgegeben. Für die Landbevölkerung wurde die Menge an Pflanzkartoffeln pro Morgen wie der gestattete Eigenverbrauch festgelegt. Pro erwachsener Person und Tag durfte ein Pfund verzehrt werden. Alles andere war abzuliefern. Die Preise für landwirtschaftliche Produkte stiegen stark. Vikar Völker beklagt in der Pfarrchronik z. B. die Preise für Ferkel, die inzwischen zwei bis dreimal so hoch seien wie vor dem Krieg. Die Möglichkeit der Hausschlachtungen wurde stark eingeschränkt. Es durfte nur nach vorheriger Anmeldung und Genehmigung geschlachtet werden. Der jeweilige Fleischkontrolleur musste das Gewicht des geschlachteten Schweins feststellen und melden. Das über den zugebilligten Bedarf hinausgehende Fleisch war abzugeben. Vikar Völker notierte dazu:

> *„Im allgemeinen wurde hier im Dorfe ziemlich genau gewogen und dementsprechend angemeldet. Anderswo dagegen wurde desto mehr gemogelt. Schweine von 3 Zentner Gewicht hatten bei der Anmeldung dann nur 70, 80 Pfund und manchmal noch weniger."*

Zur Minderung der Ernährungsnot in den Städten kamen auf kirchliche Initiative hin im Sommer unterernährte Kinder aus dem Ruhrgebiet in ländliche

Regionen. Vörden nahm 6 Jungen und 11 Mädchen aus einer Pfarrei in Wanne-Eickel-Holsterhausen auf. Starke Einschränkungen gab es auch bei der Beleuchtung, die bis dahin vor allem durch Petroleumlampen erfolgt war. Dazu heißt es in der Ortschronik:

„Petroleum war infolge des Krieges nur in ganz geringem Maße erhältlich. Deshalb wurden mehr und mehr Karbidlampen angeschafft. Bald trat aber auch eine Karbidnot ein. Da auch Kerzen nicht mehr zu erhalten waren, war meistens abends Dunkelheit in den Häusern."

Vikar Völker beklagt dazu in der Pfarrchronik den scheußlichen Gestank der Karbidlampen und schreibt weiter:

„Im häufigen Ärger über die oft versagenden Karbidlampen lernten wir erst, welchen Schatz wir an der guten alten u. treuen Petroleumlampe gehabt hatten."

Um den Beleuchtungsbedarf zu senken, wurde am 1. Mai 1916 erstmals die Sommerzeit eingeführt. Damit war es von der Uhrzeit her abends eine Stunde länger hell.
Die steigende Unzufriedenheit der Bevölkerung zeigte sich nicht zuletzt in einem zunehmenden Misstrauen gegenüber staatlichen Stellen und Regelungen. Das trat beispielsweise auch bei der „Hindenburgspende" auf. Feldmarschall von Hindenburg, der die 1914 in Ostpreußen eingedrungenen Russen glänzend besiegt hatte und deshalb großes Ansehen genoss, bat um eine freiwillige Spende an Speck und Fett für die notleidenden Munitionsarbeiter. Als Richtlinie erwartete man pro Zentner eingeschlachteten Fleisches 2 – 3 Pfund. In Vörden kamen bei zwei Sammlungen 6 Zentner und 87 Pfund zusammen. Die Spender erhielt 2 Mark pro Pfund. Dazu notierte Völker:

„Wie bei allen Sammlungen kam auch hierbei gleichzeitig und noch mehr hinterher das Gerücht auf, daß mit den gesammelten Mengen erst alle möglichen Mittelspersonen sich gesegnet hätten und daß das Übrige den Munitionsarbeitern zu einem 3 bis 4 fachen Preise verabfolgt worden sei. Ob daran etwas Wahres gewesen, lässt sich nicht feststellen, ist aber wohl in beschränktem Umfange wenigstens anzunehmen, da die große Lebensmittelnot und Teuerung ziemlich allgemein die oft gerühmte deutsche Ehrlichkeit und Redlichkeit – teilweise auch innerhalb der Beamtenschaft – übel beeinflusst hatte."

Auch die notleidenden Menschen aus dem Ruhrgebiet, die auf dem Land um Essbares bettelten, kamen in den Verdacht, dass einige von Ihnen die Lebensmittel über ihren Bedarf hinaus sammeln und dann teuer verkaufen würden.

Abb. 151   Hermann Weber (Schlosser Weber, vierter von links)
schickte dieses Foto von der Front nach Hause

Der eigentlich nur darauf gemünzte Ausdruck „Hamsterer" wurde aber bald
allgemein üblich für diese meist von Not getriebenen Menschen.
Neben aller sonstigen Bedrückung traf die Familie Fischer, die auf der jetzigen
Stelle Pohlstraße 1 wohnte, ein weiteres Unglück: Am 30. Mai schlug der Blitz
in das Wohnhaus ein. Es brannte bis auf die Grundmauern nieder. Vikar Völker schrieb dazu:

> *„Der Besitzer des Hauses hat 4 Söhne im Felde stehen. Einer von diesen*
> *kam in der 2. Nacht nach dem Brande direkt aus der Front nach Hause auf*
> *Urlaub. Ohne Ahnung von dem Unglück geht er auf sein väterliches Haus*
> *zu u. findet einen rauchenden Trümmerhaufen. Er soll bitterlich geweint*
> *haben."*

d) Das Kriegsjahr 1917

Das Jahr 1917 brachte mit dem Waffenstillstand im Osten die Hoffnung,
Deutschland und seine Verbündeten könnten nun auch den Krieg im Westen für
sich entscheiden. Doch dann machte das Eingreifen der USA mit ihren frischen
Truppen und dem großen Industriepotential alle diese Hoffnungen zunichte.
Von den Soldaten aus Vörden fielen in diesem Jahr wiederum vier junge Män-
ner, darunter Alois Offergeld, dessen Bruder schon gefallen war. Er stammte
aus dem Hause Auf der Trift 3. Als wahrscheinlich tot galten zwei Vermisste.
In Gefangenschaft befanden sich 13 Vördener. Die Anzahl der ansonsten Ein-

gezogenen war nicht zu ermitteln. Jedenfalls wird der folgende Eintrag in der Schulchronik zum Jahr 1917 verständlich:

„Die Härten des Krieges machten sich auch in unserer Gemeinde empfindlich bemerkbar. Die große Zahl der Einberufenen bewirkte einen gewaltigen Arbeitermangel, so daß die Kinder oft daheim bleiben mußten, und bei einigen sogar eine Überbürdung mit häuslichen Arbeiten zu befürchten war."

Den Arbeitskräftemangel suchte man auch durch den Einsatz von Kriegsgefangenen zu mindern. In Vörden waren aber mit sechs Gefangenen nur relativ wenige beschäftigt. Es waren meist Belgier, Wallonen wie Flamen. Wie Vikar Völker schreibt, wurden sie von allen freundlich behandelt und man ließ sie nicht spüren, dass sie Feinde waren. Allerdings heißt es:

„Leider ließen sich vielerorts u. auch in manchen benachbarten Dörfern verhältnismäßig viele unserer deutschen Mädchen mit den Kriegsgefangenen die schwersten sittlichen Verfehlungen zu Schulden kommen. Von Jahr zu Jahr nahm das zu. Hier in Vörden ist, Gott sei Dank, nichts Derartiges bekannt geworden."

Zwischen dem 1. Mai und dem 1. Juli kamen in diesem Jahr 23 Kinder aus dem Ruhrgebiet nach Vörden. Die Bereitschaft zur Aufnahme wurde nach Vikar Völkers Anmerkungen dadurch gemindert, dass etliche Eltern der Kinder anschließend um Lebensmittelsendungen baten. Auch fürchtete man immer weitere behördliche Einschränkungen der eigenen Verfügbarkeit über seine Produkte. Zudem fanden nach Völkers Einschätzung etwa 100 Kinder von Verwandten Aufnahme. 17 Kinder blieben auch im folgenden Winter in Vörden.
Der vorausgegangene Winter 1916/17 hatte zu Beginn des Jahres 1917 so niedrige Temperaturen gebracht, dass den Leuten zum Teil die Kartoffeln im Keller verfroren waren. Insbesondere im Grünental (heute Talstraße), wo die Keller hoch liegen, war das laut Völker zu beklagen. Auch die Frühjahrsbestellung litt unter den ungünstigen Temperaturen. Zudem hatten Mäuse einen Großteil der Wintersaat vernichtet, so dass die Felder neu bestellt werden mussten. Insgesamt gab es so nur wieder eine mäßige Ernte.
Die alltäglichen Einschränkungen wie die Lieferverpflichtungen wurden immer drückender. Auch Kleidung und Schuhwerk war nur noch gegen Bezugscheine zu haben, wenn man die Not glaubwürdig machen konnte. Völker verweist darauf, dass die Menschen dadurch *„auf Gnade und Verderb"* den entsprechenden Beamten ausgeliefert seien. In Vörden, so heißt es weiter, arbeiteten fünf Holzschuhmacher mit vollen Kräften unter Mithilfe von Familienmitgliedern. Dennoch konnten sie den Bedarf auch aus dem Umland nicht decken. In den Städten war vor allem der Kartoffelmangel gravierend. Im Winter

1916/17 mussten die Menschen im Ruhrgebiet statt Kartoffeln vielfach Steckrüben essen. Der Winter ist deshalb als der „Steckrübenwinter" in die Geschichte eingegangen. Zum Glück fielen die Kartoffelernte des Jahres 1917 wie auch die Zuckerrübenernte gut aus. Vörden lieferte laut Schulchronik 3000 Zentner Kartoffeln ab. Der Brotmangel führte zu der Verfügung, dass das Korn nahezu vollständig ausgemahlen werden musste. Da aber die meisten Mühlen gar nicht so fein mahlen konnten, wurde Brot meist aus einfach geschrotetem, d. h. nur grob gemahlenem Mehl gebacken, das noch sämtliche Kleiestoffe enthielt. Das Brot war so nur schwer verdaulich und insbesondere für Alte und Kranke kaum genießbar.

Die Stimmung der Bevölkerung wurde auch dadurch gedrückt, dass Glocken als Metall für Rüstungszwecke ebenso abgegeben werden mussten wie Blitzableiter und auch bestimmte Orgelpfeifen. Darüber wurde in dem Beitrag „Kirche und religiöses Leben" ausführlich berichtet. Über eine weitere, ebenfalls ungewollte aber auch selbstverständliche Auswirkung berichtet die Schulchronik: Die Geburten gingen Verlauf des Krieges stark zurück. Angegeben werden folgende Zahlen: 1913 30 Geburten, 1914 20, 1915 16, 1916 12 und 1917 8. Im Laufe des gesamten Jahres 1917 fand keine Eheschließung in Vörden statt.

e) Das Kriegsjahr 1918

Zu diesem Jahre führt der Ortschronist aus:

> „Die Not und das Elend, welches der Krieg über uns gebracht hatte, nahm auch im Jahre 1918 ihren Lauf weiter. Mit diesen wurde aber auch die fürchterliche Trauer immer größer über den frühen Tod der treuen, hoffnungsvollen Söhne unserer Gemeinde."

Genannt werden dann sechs weitere Namen von Gefallenen, die „ihr Leben für das Vaterland geopfert" hätten. Der Anfang des Krieges noch üblich Begriff „Heldentod" kommt 1918 in den Chroniken nicht mehr vor. Zu Kriegsende waren schließlich 28 Tote und Vermisste zu beklagen, deren Namen auf den Tafeln des Ehrenmals an der Kirche verzeichnet sind. Nicht erwähnt ist wohl aufgrund seines Wohnortes Abbenburg Elmerhaus von Haxthausen, dessen Leiche von der Front in Frankreich nach Vörden überführt und hier am 14. August beerdigt wurde. Mehrere Offiziere und eine Abordnung Soldaten von der Front erwiesen ihm die letzte Ehre. Als die Waffen am 11. November 1918 endlich schwiegen, befanden sich noch 25 Vördener in Gefangenschaft. Vorher waren aber auch die materiellen Bedrückungen des Krieges weiter gegangen. Die Schulchronik berichtet zu diesem Jahr von zahlreichen Geldsammlungen für Kriegs- und Ernährungszwecke. Zur besseren Übersicht über die Versorgungsmöglichkeiten fand im Juni eine Anbau- und Ernteflächenerhebung statt. Sie brachte für Vörden folgendes Ergebnis (Schulchronik):

Gesamtfläche nach der Mutterrolle	84 760 a	(847 ha)
Acker- und Wiesenflächen	73 304 a	(733,04 ha)
Roggen	9 269 a	(92,69 ha)
Gerste	1 541 a	(15,41 ha)
Mengkorn	8 653 a	(86,53 ha)
Hafer	10 277 a	(102,77 ha)
Hafergerste	1 939 a	(19,39 ha)
Erbsen	300 a	(3,00 ha)
Linsen	50 a	(0,50 ha)
Wicken und Bohnen	1 465 a	(14,65 ha)
Haferbohnen	2 449 a	(24,49 ha)
Kartoffeln	4 456 a	(44,56 ha)
Zuckerrüben	750 a	(7,50 ha)
Runkeln	1 875 a	(18,75 ha)
Klee	3 490 a	(34,90 ha)
Wiesen	5 223 a	(52,23 ha)
Weiden	15 239 a	(152,39 ha).

Der Winter hatte 1917/18 viel Schnee gebracht. Das plötzliche eintretende Tau-wetter setzte dann aber zahlreiche Keller insbesondere im Dunklen Ort und an der Amtsstraße unter Wasser. Das folgende Frühjahr war sehr trocken, aber dann kam ab Mitte Juni doch lang anhaltender Regen, so dass die Körnerfrüch-te sich gut erholten und einen reichen Ertrag brachten. Die Gutsverwaltung, so schrieb Vikar Völker, konnte dreimal so viel Korn abliefern wie in den Jahren zuvor. Allerdings litten die Kartoffeln wie das Obst unter der anhaltend feuch-ten Witterung. Auch in diesem Jahr waren wieder 26 „Kriegskinder" in Vör-den, neben den Kindern von Verwandten. In der Pfarrchronik heißt es dazu:

> „Im allgemeinen begegnet die Unterbringung der Industrie-Kinder stei-genden Schwierigkeiten. Die Last ist vielen Pflegeltern zu groß. Auch ma-chen sich die Schattenseiten der Unterbringung – sittliche Gefährdung der Landkinder durch die Stadtkinder – von Jahr zu Jahr mehr geltend."

Ein ausnahmsweise heißer Tag war der 22. August 1918. An diesem Tag brann-te das Haus des Schuhmachers Wilhelm Meyer im Grünental aus ungeklärter Ursache ab. Es stand dem heutigen Haus Talstraße 31 gegenüber im jetzigen Garten. Das auf dem Boden lagernde Heu und Stroh sowie alle anderen Vorräte des Hauses wurden vernichtet, weil bei Ausbruch des Feuers gegen 16 Uhr nie-mand zu Hause war. Auch ein einjähriges Rind kam in den Flammen um.
Im Gegensatz zum Kriegsbeginn fand die militärische Lage zu Kriegsende keinen Niederschlag in den Vördener Chroniken. Zu den politischen Vorgängen heißt es in der Ortschronik lapidar: „Am 9. November begann die Revolution." Aller-dings wird in der Pfarrchronik der Rücktritt des Kaisers ausführlich behandelt:

„Was zunächst die Abdankung des Kaisers angeht, so kann man nicht sagen, daß gegen den Kaiser während der Kriegsjahre bei _unseren_ Leuten hier im Dorfe irgend eine gereizte Stimmung bestanden habe. Es war ihre allgemeine Überzeugung, die man oft ausgesprochen hörte, daß der Kaiser den Krieg nicht gewollt habe. Jedoch wagte sich im Verlauf des Jahres 1918 die Kritik am Kaiser mehr und mehr hervor. Vor allem darüber wurde viel geschimpft, daß er viel zu viel Geld bekomme. Es ist dies ja immer im Kampfe um amtliche Persönlichkeiten ein zugkräftiges u. volkstümliches Schlagwort gewesen. Als nun der amerikanische Präsident Wilson in seinen Antworten auf unser Friedensangebot ziemlich unverblümt den Rücktritt des Kaisers forderte, wie ja auch früher schon oft von feindlicher Seite betont worden war, der Kaiser sei das einzige Hindernis des Friedens, da entstand im Volke die fixe Idee, der Kaiser müsse zurücktreten, dann bekämen wir einen besseren Frieden. Jetzt konnte man auch schon hie und da besonders von beurlaubten Soldaten hasserfüllte Stimmen hören, der Kaiser sei an allem Unglück u. Elend schuld; er müsse fort. Es ist kein Zweifel, daß diese Stimmen auf viele Eindruck machten. Im allgemeinen aber erschien der Gedanke an den Rücktritt des Kaisers unserem konservativen Landvolk bis zuletzt als etwas Unerhörtes u. Unbegreifliches. Ein Mann aus dem Volke sagte mir, ‚daß wir keinen Kaiser mehr haben sollen, das will mir gar nicht in den Kopf'. Als dann die Zeitungen die Nachricht von der Abdankung des Kaisers u. seiner Flucht nach Holland brachten, da hörte man überall besonders von den Frauen Ausdrücke des Mitleids: Der arme Kaiser! Was der wohl leiden mag! Unsere Landbevölkerung ist, Gott sei Dank, in ihrer überwiegenden Mehrheit noch nicht so charakterlos, daß sie heute verflucht, was sie gestern noch verehrt und angebetet hat."

Wenn auch der eigene konservative Standort Vikar Völkers die vorstehende Schilderung und Bewertung der Vorgänge sicherlich etwas gefärbt hat, so dürfte er dennoch die Stimmung in Vörden zu diesem Punkt weitgehend richtig wiedergegeben haben.

Ein letztes Mal wurde Vörden von den Kriegsvorgängen unmittelbar berührt, als in den beiden Nächten vom 12. auf den 13. und vom 13. auf den 14. November deutsche Truppen auf dem geordneten Rückzug von der Westfront in Vörden Quartier nahmen (Ortschronik). Die Bewohner waren erschüttert von dem schlechten Zustand der Soldaten und ihrer Ausrüstung. Dennoch hatten die Soldaten Fähnchen mit den Reichsfarben Schwarz, Weiß und Rot angesteckt. Sie sahen sich nicht als Besiegte. Für die von den Fronten heimkehrenden Vördener hatten die Bewohner Ehrenbogen an den Ortseingängen und im Tor aufgestellt. Die Häuser waren beflaggt.

Hart wurde die Bevölkerung Europas in den letzten Kriegsmonaten und auch noch nach Kriegsende von einer Grippewelle heimgesucht. Auch in Vörden starben daran nach der Gemeindechronik acht Erwachsene und ein Kind.

f) Die Opfer des Ersten Weltkrieges aus Vörden

Die Gedenktafeln an der Kriegerehrung führen zum Ersten Weltkrieg folgende Opfer an:

Gefallene

Joseph Hartmann	23.08.1914	in Belgien
Johann Lüke	27.09.1914	in Dortmund
Friedrich Roggenbach	18.11.1914	in Russland
Wilhelm Hesse	09.12.1914	in Galizien
Otto Offergeld	01.03.1915	in Frankreich
Franz Hillebrand	27.03.1915	in Frankreich
Paul Kluge	12.10.1915	in Frankreich
Anton Hartmann	28.10.1015	in den Argonnen
Konrad Bieling	22.06.1916	vor Verdun
Heinrich Nolte	24.07.1916	in Frankreich
Richard Hartmann	15.09.1916	in Frankreich
Johann Fischer	06.11.1916	bei Wolhynien
Friedrich Stamm	04.09.1916	an der Somme
August Lüke	24.04.1917	bei Arras
Alois Offergeld	11.09.1917	vor Verdun
Heinrich Engel	18.09.1917	in Flandern
Sally Frankenberg	26.09.1917	bei Poelkapelle
Anton Gründer	09.04.1918	bei Verdun
Wilhelm Kordes	02.05.1918	bei Albert
Johann Schlenke	10.08.1918	vor Ypern
Joseph Thauern	24.08.1918	bei Albert
Joseph Ohagen	25.08.1918	in Frankreich
Wilhelm Weber	04.11.1918	an der Maas

Vermißte

August Schröder	seit	14.11.1914	in Polen
Josef Neumann	seit	16.11.1914	bei Poelkapelle in Flandern
Paul Nolte	seit	11.06.1916	bei Vaux vor Verdun
Josef Elsing	seit	17.07.1917	in Galizien
Theodor Potthast	seit	05.10.1918	in den Argonnen

3. Die Zeit der Weimarer Republik in Vörden

Mit dem Rücktritt des Kaisers und der Ausrufung der Republik am 9. November 1918 und dem Waffenstillstand vom 11. November begann eine neue Epoche der deutschen Geschichte. Niemand hätte sich damals vorstellen können, dass sie nach nur gut zwei Jahrzehnten in einer noch viel schlimmeren Katastrophe enden könnte.

a) Die ersten Nachkriegsmonate

Bei aller gebotenen Vorsicht wird man annehmen können, dass Vikar Völker die Skepsis auch der meisten Vördener gegenüber den nun eintretenden revolutionären Vorgängen wiedergab, wenn er in der Pfarrchronik ausführte:

Abb. 152
Die 1921/22 errichtete Kriegerehrung mit den Namen der Gefallenen und Vermissten unter den waagerechten Kreuzbalken

„Am Abend des 9. November verbreitete sich hier die Nachricht, daß auch in Höxter ein Arbeiter- und Soldatenrat sei und die Herrschaft in der Stadt an sich gerissen habe. Man fürchtete hier, die Höxterschen Revolutionäre würden nun bald auch nach Vörden kommen und dann werde das Rauben und Plündern nach russischem Vorbilde losgehen. Manchen, die durch unerhörte Wucherpreise die fremden Hamsterer und unter diesen auch Soldaten schwer gereizt hatten, schlug bang das Herz. Das Befürchtete trat allerdings nicht ein. Die verzagte Stimmung jedoch, die leicht erklärlich war, nachdem all die festen Stützen der öffentlichen Ordnung: Heer, Flotte, Kaisertum, Regierung so überraschend schnell und gründlich zusammen gebrochen waren, blieb noch lange vorherrschend in der Gemeinde, und sie allein erklärt die folgenden Ereignisse. Vörden sollte nämlich schon bald selbst ein Herd der Revolution werden."

Tatsächlich kam es am 22. November im Vorraum des Saales Weber zu einer entsprechenden Versammlung. Dazu waren aus Höxter ein Unteroffizier und ein Gemeiner (einfacher Soldat) gekommen, die gegen die bisherigen Verhältnisse wetterten. Nach Vikar Völker standen dabei *„Männer, Frauen, Mädchen und Soldaten Kopf an Kopf."* Sie blieben wohl nicht unbeeindruckt, denn Völker schrieb:

„Die beiden Hetzenden machten ersichtlich den größten Eindruck auf die Versammlung. Bei den Kraftstellen wurden die Redner jedes Mal mit lautem Bravo u. anderen Beifallsrufen besonders von den anwesenden Soldaten unterbrochen."

Die folgende Wahl eines Soldaten-, Arbeiter- und Bauernrates wurde vom Amts-
sekretär Lorenz Rohde geleitet. Durch seine Vorschläge suchte er offenbar die
Wahl gemäßigter Kandidaten zu begünstigen, was ihm aber nur teilweise gelang.
Gewählt wurden schließlich der Landwirt Wilhelm Multhaup (Güldenbeck), der
Holzschuhmacher Friedrich Thauern, der Schuhmachermeister Wilhelm Meyer,
der Kaufmann Heinrich Homann, der Fleischbeschauer Heinrich Offergeld, der
Kriegsbeschädigte Arnold Weber, der Tischler Johann Ohagen sowie die Witwe
Vogel und Frau Kordes. Zum Vorsitzenden wurde Wilhelm Meyer gewählt.
Am nächsten Tag, einem Samstag, begann die Tätigkeit des Rates nach der
Schilderung von Völker damit, dass Arnold Weber die schwarz-weiß-rote
Reichsflagge vom Amtsgebäude herunter holte, die schwarzen und weißen
Streifen abriss und den Rest als rote Fahne der Revolution hisste. Als aber am
folgenden Sonntag die heimgekehrten Soldaten in einer Versammlung entschieden dagegen protestierten und auch Vördener Frauen ihren Unmut äußerten,
wurde bald der alte Zustand wieder hergestellt. Der Revolutionsrat entwickelte kühne Ideen, z.B. von der Umwandlung des Schlosses in ein Soldatenheim,
der Enteignung der Familie von Haxthausen oder der Kontrolle der Tätigkeit
der Amtsverwaltung. Bald war der Rat aber unter sich sehr zerstritten. Insbesondere Friedrich Thauern verteidigte dabei Recht und Ordnung gegen die
besonders revolutionär gesonnenen Mitglieder. Die Tätigkeit dieses Rates endete damit, dass der Höxteraner Landrat dessen Wahl nicht als rechtens aner-
kannte. Für den 12. Dezember wurde eine Neuwahl im Saale Weber angesetzt.
Gewählt wurden jetzt per Listenwahl als Vertreter der Bauern Hermann Multhaup (Büngener), Heinrich Krois (Rensing) und Josef Kreilos (Fenstermacher),
als Vertreter der Landarbeiter Josef Loke, Wilhelm Schröder (Tiggen) und Josef
Stamm. Soldatenräte waren jetzt nur noch für Garnisonstandorte zulässig. Die
Liste mit Mitgliedern des vorher gewählten Rates unterlag.
Insbesondere dessen Mitglieder Meyer, Homann und Offergeld mochten sich
damit jedoch nicht abfinden. Vor allem ärgerte sie laut Völker, dass der aus dem
Krieg zurückgekehrte Guido von Haxthausen seine frühere Aufgabe als ehren-
amtlicher Amtmann wieder wahrnahm. Nach einem Besuch beim Soldatenrat
in Höxter am 13. Januar 1919 erzählten sie in Vörden, am nächsten Tag kämen
zehn Soldaten aus Höxter mit Maschinengewehren und Handgranaten und
würden das Amt wie auch das Haus des Amtssekretärs Rohde stürmen und den
Ehrenamtmann wie den Amtssekretär und den Vorsteher absetzten. Offergeld
solle Vorsteher werden, sein Sohn Amtssekretär und Homann und Meyer würden gemeinsam als Amtmann fungieren. Dagegen formierte sich aber in Vörden noch am gleichen Abend Widerstand. Der Freiherr von Haxthausen wurde
verständigt und der Vorsteher in Bredenborn um Hilfe beim Schutz des Amtsgebäudes gebeten. Dieser erschien dann auch am anderen Morgen mit 10 Mann
in Vörden, bewaffnet mit dicken Gehstöcken. Die Älteren in diesem „Bredenborner Landsturm", wie es Völker nannte, saßen auf einem von Pferden gezogenen Leiterwagen. Auch viele Vördener hatten sich vor dem Amt eingefunden.

Die drei Rebellen wurden zum Amt geholt und standen ziemlich blamiert da, zumal der Höxteraner Soldatenrat auf einen Anruf hin jegliche Absicht auf ein Eingreifen in Vörden bestritt.

In Vörden wurde nachher verbreitet, die Bredenborner hätten die Absicht gehabt, die Akten des Amtes auf dem Leiterwagen nach Bredenborn mitzunehmen und das Amt nach Bredenborn zu verlagern. Der Gastwirt Josef Weber habe aber die Umsetzung dieser Absicht durch reichlichen Alkoholausschank verhindert.

Es sei angeführt, dass sich die drei Aufrührer laut Völker als Vertreter der „kleinen Leute" in Vörden sahen, bei denen sie auch durchaus Sympathie gehabt hätten. Letztlich sei deren Unzufriedenheit immer noch auf Benachteiligungen bei der Separation 1897 zurückzuführen, die insbesondere bei der Aufteilung des seit 1848 und 1850 zu großen Teilen gemeindeeigenen Eichhagens entstanden sei. Dadurch seien ihnen ihre bisherigen Weidemöglichkeiten insbesondere für die Ziegen verloren gegangen.

Der neu gewählte Bauern- und Landarbeiterrat sollte vor allem folgende Aufgaben erfüllen:

1. Die landwirtschaftliche Erzeugung aufrecht erhalten.
2. Die weiter bestehende Ablieferungspflicht bei den Lebensmitteln überwachen.
3. Die Sicherung des Lebens, des Eigentums und der Vorräte der Landbevölkerung gegen gewaltsame Eingriffe.
4. Die Schaffung von Arbeitsplätzen, besonders für die entlassenen Heeresangehörigen.

Die Ernährungsnot in den Städten hielt an, so dass wieder viele „Hamsterer" nach Vörden kamen. Zu den vom Amt aus organisierten Arbeiten gehörten Erdarbeiten im Schlossgarten und beim Ausbau der Separationswege in Born.

b) Das Jahr 1919

Am 19. Januar fand die Wahl zur Deutschen Nationalversammlung statt. Sie sollte eine Verfassung für das neue, republikanische Deutschland ausarbeiten. In Vörden erfolgte die Wahl im Hause des Vorstehers August Potthast (Hahnen). Vorhergegangen waren drei Wahlversammlungen des katholisch bestimmten Zentrums und eine der Sozialdemokraten. Die Wahl brachte bei 397 Wahlberechtigten, darunter erstmals auch die Frauen, in Vörden folgendes Ergebnis:

Zentrum	341
Sozialdemokratische Partei	26
Deutschnationale Volkspartei	1
Deutsche demokratische Partei	2
Ungültig	2

Die am 26. Januar folgende Wahl zur Preußischen Landesversammlung hatte ein ähnliches Resultat. Die nächste Wahl folgte dann am 2. März zur Gemeindevertretung. Es waren drei Listen aufgestellt worden, nämlich eine überwiegend von Bauern, eine vor allem von Handwerkern und eine der „kleinen Leute". Gewählt wurden entsprechend der Stimmenverteilung auf die Listen die Landwirte Josef Rode und Heinrich Elsing (Kiene), der Tischlermeister Johann Ohagen sowie der Schneider und Kaufmann Heinrich Homann, Landwirt Wilhelm Multhaup (Güldenbeck) und der Tischler Josef Leßmann. Der frühere Vorsteher August Potthast blieb zunächst noch im Amt. Am 5. Oktober wurde von der Gemeindeversammlung dann Johann Ohagen als neuer Gemeindevorsteher gewählt. Für ihn trat Friedrich Thauern als Gemeinderat ein.
In den Städten hatte sich die Ernährungsnot noch gesteigert. Nach der Pfarrchronik baten oft bis zu 50 Männer und Frauen an einem Tage um etwas Essbares. Vikar Völker schildert deren Situation:

> „Den armen Leuten, meist Frauen, die hierher zum Hamstern kamen, sah
> man es an, daß nur die bitterste Not sie aufs Land trieb: ausgemergelte,
> bleiche Gesichter, zerrissenes Schuhwerk, oft bloß Holzschuhe bei dem er-
> bärmlichen Schlackerwetter, verschossene Kleidung, abgemattet vom vielen
> Herumlaufen u. vom schweren Tragen, nirgends gern gesehen, oft hart ange-
> lassen u. fortgewiesen – bei der großen Zahl, die sich weigerten oder nicht in
> der Lage waren zu geben; nicht selten rücksichtslos ausgebeutet. Hatten sie
> dann, nachdem sie manchmal mehrere Dörfer abgeklopft hatten, ½ Zentner

*Abb. 153   Besonders in Notzeiten war man auf Eigenversorgung angewiesen.
Hier Dreschen auf dem Schützenplatz.*

Kartoffeln, Feldbohnen oder Korn zusammen, dann hieß es, diese Last nach dem 3 Stunden entfernten Bahnhof schleppen. "

Die großen Güter sahen keinen anderen Ausweg, als jedem von ihnen 10 oder auch 20 Pfund Korn zu verkaufen, auch wenn das wegen der Bewirtschaftung von Nahrungsmitteln streng verboten war. Die Not führte aber auch in Verbindung mit der allgemein gesunkenen öffentlichen Moral zu Straftaten. Dem Sattlermeister Offergeld in der Trift wurde in der Nacht vom 3. auf den 4. Februar ein schweres Schwein aus dem Stall gestohlen. Die Mühle zwischen Abbenburg und Bökendorf wurde von einer größeren Gruppe aus Dortmund überfallen, die das dort vorhandene Korn und Mehl rauben wollte. Bei dem Handgemenge mit dem Müller wurde dieser erschossen. Weidediebstähle von Vieh kamen ebenso vor wie Entwendungen von Vorräten aus den Häusern.[12] Zur Vermeidung solcher Vorfälle sollten auf Geheiß der Regierung freiwillige Einwohnerwehren gebildet werden, die nachts in den Dörfern Wache halten sollten. In Vörden scheiterte dieses Vorhaben jedoch am Widerstand der „kleinen Leute", die sagten, ihnen könne man nichts wegnehmen und sie wollten nicht für die Bauern kostenlos Wache stehen. Daraufhin wurden auf Gemeindekosten zwei Nachtwächter angestellt, die gegen Bezahlung mit geladenem Gewehr zwischen abends zehn und morgens fünf Uhr durch den Ort gingen. Dieser Vorgang zeigt, wie sehr der Krieg das Gemeinschaftsempfinden erschüttert und Vermögens- und Standesunterschiede hatte hervortreten lassen.

Solche Spannungen zeigten sich auch zum Ende des Jahres, als die von Haxthausenschen Holzarbeiter um bessere Löhne streikten. Als während des Streiks im Bökendorfer Revier eine Treibjagd veranstaltet werden sollte, bei der auch Vördener als Treiber vorgesehen waren, wurde aus Bökendorfer Häusern auf die versammelten Treiber und Jäger geschossen. Die Vördener waren schon einige Tage vorher gewarnt worden, sich an der Jagd zu beteiligen, denn eine solche Jagd sei Luxus. Bei einer späteren polizeilichen Hausdurchsuchung wurden in Bökendorf 60 – 80 Gewehre beschlagnahmt. Am Abend dieses Tages brannte eine der großen Scheunen auf dem Bökerhof, in der 1400-1800 Zentner noch nicht ausgedroschenen Korns vernichtet wurden.[13] Vikar Völker hebt aber auch die besondere Hilfsbereitschaft Einzelner in der Notzeit hervor:

„*Der hiesige bisherige Vorsteher August Potthast und seine Frau Maria geb. Rode haben durch ihr wahrhaft christl. Verhalten besonders gegenüber den hamsternden Kindern es verdient, in der Chronik mit Ehren genannt zu werden.*"

Sie hätten, so wird erklärt, fast jede Nacht fremde Kinder in ihrem Haus zum Schlafen gehabt. Diese hätten ein gutes Abendbrot und ein kräftiges Frühstück bekommen. Auch viele Männer und Frauen, denen die Wirte glaubten nicht trauen zu können, seien dort über Nacht geblieben.

Mit Aufhebung der Zwangswirtschaft im Sommer des Jahres 1919 schnellten die Preise in die Höhe, vor allem als Folge der vorhergegangenen Inflationspolitik zur Finanzierung der Kriegskosten. Bei Münzen, die Silber enthielten – Goldmünzen waren schon während des Krieges aus dem Verkehr gezogen worden – war der Metallwert bald um ein Vielfaches höher als der ausgewiesene Betrag. Sie wurden deshalb gehortet und teilweise eingeschmolzen. Zur Minderung des Kleingeldmangels stellten Städte und Kreise als Ersatz Geldscheine her. Sie wurden dann später ein begehrtes Sammlerobjekt. Im Herbst 1919 kehrten die Vördener zurück, die in englischer Gefangenschaft gewesen waren.

c) Die nächsten Jahre der Weimarer Republik in Vörden

Im Gegensatz zu den politischen Vorgängen bei Ausbruch des Ersten Weltkrieges finden weder die Friedensverhandlungen und der Vertrag von Versailles noch die drückenden Bestimmungen des Vertrages Niederschlag in den Vördener Chroniken. Solche waren: Gebietsabtretungen, hohe Reparationsleistungen, Besetzung des linken Rheinufers, Truppenbegrenzung auf 100 000 Soldaten, Verbot schwerer Waffen, Zusprechung der alleinigen Kriegsschuld an Deutschland. Auch die ersten Schritte der neuen Demokratie sind nur mit den Wahlen als örtliche Auswirkungen erwähnt. Offenbar war die unmittelbare Not wichtiger, aber auch wohl das Interesse an der komplizierter gewordenen Politik geschwunden, nachdem der frühere einfache Stolz auf das Vaterland mit dem Kaiser und der glänzenden Wehr nicht mehr möglich war.
Bis Ostern des Jahres 1920 kehrten alle Kriegsgefangenen aus Frankreich zurück. Als letzter kam aus russischer Kriegsgefangenschaft im November Heinrich Multhaup (Güldenbeck) frei. Er war in Bochum verheiratet. Das alltägliche Leben schien sich langsam zu normalisieren. Wie an anderer Stelle dargelegt, renovierte man etliche Kreuzwegstationen zum Hungerberg und beschloss die Anschaffung neuer Glocken. Die bei Kriegsausbruch unterbrochenen Arbeiten zur Elektrifizierung wurden fortgesetzt. Zu Peter und Paul feierten die Vördener dann auch wieder das traditionelle Schützenfest, allerdings noch ohne Zelte im Freien.
Am 6. Juni 1920 fanden die ersten Wahlen zum Reichstag statt. Von den 371 Wahlberechtigten wählten laut Schulchronik nur 302. Vikar Völker bedauerte, dass keine rechte Organisation im Ort vorgenommen worden sei und so *„die Wahlmüden nicht durch Vertrauensmänner zur Wahl getrieben wurden"*. Das Ergebnis war dann:

Zentrum	245
Sozialdemokratische Partei Deutschlands	25
Deutschnationale Volkspartei	13
Deutsche Volkspartei	2
Deutsche Demokratische Partei	10
Ungültig	7[14]

Es folgten dann am 20. Februar 1921 gleichzeitig die Wahlen zum Preußischen Landtag, zum Provinzlandtag und zum Kreistag statt. Laut Ortschronik wählten von jetzt 387 Wahlberechtigten 337 mit folgender Stimmenverteilung:

	Preußischer Landtag	Provinz-landtag	Kreistag
Zentrum	295	222	193
Sozialdemokr. Partei Deutschlands	14	3	3
Christlich-Soziale Volkspartei	-	-	119
Deutschnationale Volkspartei	2	1	1
Deutsche Volkspartei	1	1	1
Deutsche Demokratische Partei	6	6	6

Die Summierung der Stimmen zeigt, dass offenbar nicht alle zur Wahl Erschienenen auch für alle drei Parlamente eine Entscheidung trafen. Möglicherweise war vielen Wählern das Verfahren zu kompliziert. Die Christlich Soziale Volkspartei, die bei den Kreistagswahlen erstmals antrat, führte zu einer Schwächung des Zentrums.

Das Jahr 1921 war sehr trocken. Die Vördener Wasserleitung wurde tagsüber abgestellt und lieferte nur abends für kurze Zeit Wasser. Auch die Kumpleitung versagte weitgehend. Laut Schulchronik lag hier eine Verstopfung aufgrund mangelnder Pflege vor. Das für die Zukunft einschneidendste Ereignis war aber der Anschluss aller Häuser an das Elektrizitätsnetz zu Beginn des Jahres 1921. Allerdings erfolgte die Stromlieferung das ganze Jahr hindurch sehr unregelmäßig. Im Herbst erzeugten die Turbinen an der Edertalsperre aufgrund der Trockenheit kaum noch Strom. Die guten alten Petroleumlampen mussten wieder hervorgeholt werden. Erst mit dem Anschluss an das Netz der PESAG am 1. Dezember war regelmäßig Strom da *„und nun merkten wir erst, was für eine Sache das elektrische Licht sei"* (Pfarrchronik).

Weitere wichtige Ereignisse des Jahres waren die Einweihung des „Kriegerkreuzes" an der Kirche, zu dem dann im folgenden Jahr noch die Tafeln der Gefallenen und Vermissten kamen, sowie die Fahnenweihe der Jungschützen. Beide Ereignisse sind im Artikel zur Vördener Schützengesellschaft ausführlicher dargelegt.

Das Jahr 1922 brachte zunächst mit der Wiederaufnahme der Omnibus-Verbindung am 15. Oktober zweimal täglich zum Bahnhof nach Bergheim und zurück ein weiteres Stück gewohnter Vorkriegsnormalität. Gleichzeitig wurde allerdings die private Omnibusverbindung nach Steinheim eingestellt, die auch die Postsachen befördert hatte. Ein neues Problem entstand dann durch die einsetzende Inflation: Die Pfarrchronik weist im Oktober einen Fahrpreis nach Bergheim von 4 Mark aus, der Ende November bereits 10 Mark betrug. Ähnlich sprunghaft und für alle noch bedrückender stiegen die Preise für Brennholz. Die inzwischen galoppierende Inflation führte aber auch zu

einer hektischen Bautätigkeit, weil Baupläne zunächst in der Hoffnung auf günstigere Preise aufgeschoben worden waren. Als nun die Preise aber ständig stiegen, versuchte jeder Bauwillige, sein Vorhaben möglichst rasch zu realisieren. Vikar Völker berichtet in der Pfarrchronik von langen Schlangen von Pferdewagen, die jeden Morgen vor den Nieheimer Ziegeleien auf das Öffnen der Öfen warteten. Auch in Vörden gab es zahlreiche An- und Umbauten der Häusern sowie den Bau von Feldscheunen. Dazu wurden auch im Hungerberg wieder große Mengen von Steinen gebrochen. *„Es würde noch mehr gebaut worden sein,"* so Vikar Völker, *„wenn genügend Maurer vorhanden gewesen wären."*
In den Städten bestanden hingegen immer noch große Ernährungsprobleme. Deshalb kamen weiterhin Kinder aus Ruhrgebietspfarreien nach Vörden. Man sprach jetzt von „Industriekindern" oder „Ruhrkindern". Zahlreiche Ordensleute erschienen in Vörden und sammelten für ihre Klöster, Schulen, Waisen- oder Krankenhäuser. Der allgemeine Bedarf an Lebensmitteln führte aber auch zu allerlei Straftaten. Die Gesamtheit der Eigentumsvergehen könne gar nicht aufgezählt werden, schreibt Vikar Völker. Er nennt einige Diebstähle von Weidevieh, von frisch geschlachteten oder gerade verwursteten Schweinen sowie von Baumaterialien. Ferner seien bei Einbrüchen Kleidung, Wäsche, Schuhwerk, Fleischwaren, Kellervorräte, Kunstdünger, Getreide und Treibriemen entwendet worden. Zudem würden oft nachts die Ähren von Weizenfeldern abgeschnitten. Aus den Gärten würden Blumenkohl und Kappes in großen Mengen gestohlen. Selbst die Katzen seien ihres Lebens nicht mehr sicher, weil sich ihr Fell gut verkaufen ließe. Man habe im Dorf zwar einen Verdacht, und die Leute redeten offen von einem „Spitzbubenverein", der über einen ebenfalls hier wohnenden Hehler das Diebesgut vertreibe, aber bisher sei ihnen nichts nachzuweisen gewesen. Völker klagt:

„Manchmal hat es den Anschein, als ob die ganze durch den Krieg hervorgerufene Sittenverderbnis sich erst jetzt recht auswirke."

Er erwähnt zwei bekannt gewordene Abtreibungen. Zudem heißt es, aus heutiger Sicht recht erstaunlich:

„Die erhebliche Anzahl von Eheleuten mit nur zwei oder drei, im Alter wenig voneinander unterschiedenen Kindern sowie die im Vergleich zu den Vorkriegsjahren geringe Anzahl der jährlichen Geburten legt die Vermutung nahe, daß das Laster des Missbrauchs der Ehe, wie fast überall, so auch in unserer Gemeinde verbreitet ist."

Im Jahre 1923 erreichte die Inflation ihren Höhepunkt. Das Geld wurde stündlich weniger wert. Den Wert von Waren gab man inzwischen wieder in der alten „Goldmark" an, so auch beim Kauf der neuen Glocken. Zwar wurde das

Gussmaterial vom Staat gestellt, doch sollte die Gemeinde die Gusskosten zahlen. Sie beliefen sich auf 324, 98 Goldmark. Das wurde in Getreide umgerechnet, was 65 – 70 Zentner ergab. Dieses wurde durch eine Kornumlage von drei Pfund pro Morgen Landbesitz aufgebracht.

Viel Ärger gab es um die vom Freiherrn Carl von Haxthausen verlangten Brennholzpreise, wie die Pfarrchronik berichtet. Sie beliefen sich in der Versteigerung auf durchschnittlich 30.000 Mark je Raummeter. Im benachbarten von Oeynhausenschen Walde kam man den Leuten, die auch früher dort gekauft hatten, hingegen sehr entgegen und gab das Holz für 7.000 Mark pro Raummeter ab. Als man in Vörden ein Hochtreiben der Preise bei der Versteigerung vermeiden und der Landwirt Wilhelm Multhaup (Güldenbeck) deshalb den gesamten Schlag zum Tagespreis kaufen und das Holz anschließend an die einzelnen Interessenten weitergeben wollte, brach der von Haxthausensche Oberförster von Kanne die Versteigerung ab. An demselben Morgen war Carl von Haxthausen gestorben. In der Nacht vor seiner Beerdigung in Vörden wurde seine ausgemauerte Gruft von Unbekannten zerstört.

Inzwischen führte die verbreitete Arbeitslosigkeit dazu, dass viele Menschen ohne ausreichende Einkünfte waren. Wieder kamen zahlreiche um Nahrungsmittel bettelnde Menschen auch nach Vörden. Es waren jetzt allerdings kaum noch Bewohner des Ruhrgebiets, das im Januar 1923 von französischen und belgischen Truppen zur Sicherung der im Vertrag von Versailles festgelegten Reparationsleistungen besetzt worden war, denn die Besatzungsmächte kontrollierten auch die Bahnhöfe. Vielmehr kamen jetzt vor allem Bewohner aus den nahen Städten Höxter und Holzminden die hofften, von den Bewohnern auf den Dörfern Nahrungsmittel zu erhalten.

Am 15. November gab die Reichsbank als Währungsreform die Rentenmark heraus. Sie wurde auf den Wert von 4,20 amerikanischen Dollar und einer Billion der vorhergegangenen „Papiermark" festgesetzt. Langsam pendelten sich die Preise nun wieder stabil ein. Das Problem der Arbeitslosigkeit und damit der mangelnden Einkommen blieb allerdings.

Mit Datum vom 15. April 1923 legte der bisherige Ehrenamtmann Freiherr Guido von Haxthausen die Verwaltung des Amtes Vörden nieder. Er hatte das Amt seit 1913 mit Unterbrechung durch den Krieg geführt. Als Nachfolger ernannte der Oberpräsident von Westfalen den Amtsanwärter Karl Ahlemeyer aus Godelheim.

d) Das Vördener Jubiläumsjahr 1924

Das Jahr begann im März mit dem 50-jahrigen Jubiläum der Priesterweihe für Pastor Franz von Sales Schulte. Die Pfarr- wie die Schulchronik berichten sehr ausführlich über den Verlauf des Festes. Noch vor der großen Jubiläumsfeier zum 600sten Jahrestag der Stadtwerdung Vördens gab es einen zusätzlichen Grund zum Feiern, weil nämlich der sogenannte „Eichenprozeß" auch

Abb. 154
Pastor Franz von Sales Schulte feierte 1924 das damals noch äußerst seltene Fest des goldenen Priesterjubiläums

in zweiter Instanz für Vörden positiv ausging. Die Ortschronik schildert den dahinter stehenden Vorgang folgendermaßen:

„In der Woche nach Ostern 1922 hatte die Gemeinde 2 Eichen im so-genannten Murkers Grund an der Straße nach Marienmünster, nahe der Flurgrenze schlagen lassen. Als am folgenden Tage die Arbeiter zur Arbeitsstätte zurückkamen, um noch weitere Eichen zu fällen, fanden sie die 2 gefällten Eichen nicht mehr vor. Der Gutsbesitzer Büttner in Mari-enmünster hatte die Eichen als sein vermeintliches Eigentum heimlich fortfahren lassen. In Vörden entstand infolge des Vorfalls große Erregung. Die Gemeindevertretung beschloß, nunmehr sämtliche an der fraglichen Stelle stehenden Eichen schlagen zu lassen. Am folgenden Morgen, am Tage nach Weißen Sonntag, zogen Männer und Jünglinge in großer Zahl trotz strömenden Regens zum Mur-kers Grund, holten zuerst die von Büttner entführten Eichen, die derselbe unvorsichtiger Weise außerhalb der Klostermauern liegen gelassen hatte, fort nach Vörden und begannen dann mit der Fällung sämtlicher Eichen, auf die Vörden Anspruch machte. Während dem hatte auch Büttner seine Tage-löhner und Knechte aufgeboten und sodann 30 Mark versprochen, wenn sie ihm zu den Eichen verhelfen würden. Die beiden feindlichen Heere stan-den nun in drohender Haltung im Murkers Grund einander gegenüber. Da aber die Vördener in der Mehrzahl waren und es an kräftigen Worten und Drohungen nicht fehlen ließen, die Leute Büttners aber wenig Lust zeigten, sich für ihren Herrn die Knochen entzwei schlagen zu lassen, zog Büttner es vor mit seiner Schar das Feld zu räumen. Die Eichen wurden geschlagen und sofort nach Vörden gefahren. Büttner und Freiherr von Oeynhausen auf Grevenburg strengten darauf Klage gegen die Gemeinde an. Büttner bean-spruchte das Eigentumsrecht an den Eichen links der Straße an seinem Kamp entlang, von Oeynhausen das an den Eichen auf der rechten Seite zum Hun-gerberge. Der Prozeß dauerte fast 2 Jahre. Da aber die beiden Gegner keine Beweismittel für ihr behauptetes Eigentumsrecht fanden, so erzielte Vörden

sowohl in erster Instanz vor dem Amtsgericht in Höxter, wie in zweiter Instanz beim Landgericht Paderborn obsiegende Urteile."

Die Reichstags- und Gemeindewahlen am 4. Mai hatten im Vorfeld einige Spannungen ausgelöst, weil Vikar Völker sich auf einer Versammlung der Christlich-Sozialen Volkspartei gegen diese ausgesprochen hatte. Sein Argument war die dadurch eintretende Schwächung des katholischen Zentrums. Am Sonntagmorgen nach der Veranstaltung fand er dann an seiner Haustür ein Spottgedicht angeheftet, das er in der Pfarrchronik der Nachwelt überlieferte. Bei den Christlich-Sozialen hatten auch die früheren Vördener „Revolutionäre" eine neue politische Heimat gefunden (s. o.).

Die Reichtagswahl am 4. Mai 1924 hatte in Vörden schließlich folgendes Ergebnis:

Zentrum	263
Christlich-Soziale Volkspartei	104
Deutschnationale Volkspartei	8
Deutsche Volkspartei	2
Deutsch-Völkische Freiheitspartei	2
Kommunistische Partei Deutschlands	2

Für die Gemeindewahlen waren vier Listen aufgestellt worden, und zwar eine von den Bauern, eine von den „kleinen Leuten", eine von den Christlich-Sozialen und die vierte von einigen Handwerkern. Die Liste der Bauern erhielt 103 Stimmen. Gewählt wurden davon Heinrich Elsing (Wittgerber) und Heinrich Krois (Rensing). Auf die Liste der „kleinen Leute" entfielen 83 Stimmen. Gewählt wurde der Polizeidiener Wilhelm Lüke (Haus Amtsstraße 7). Die Liste der Christlich-Sozialen bekam 123 Stimmen, durch die Heinrich Homann und Wilhelm Multhaup (Güldenbeck) gewählt wurden. Die 48 Stimmen für die Liste der Handwerker brachten den Schuhmacher Johann Weber in die Gemeindevertretung.

Bei der Wahl des Vördener Vertreters in die Amtsversammlung setzte sich Wilhelm Multhaup mit 215 Stimmen gegen den Freiherrn Guido von Haxthausen mit 133 Stimmen durch. 26 Stimmen waren ungültig. Bei der Wahl des Gemeindevorstehers am 8. Juli wurde schließlich der bisherige Vorsteher Johann Ohagen wiedergewählt, nachdem einige vorgeschlagene Landwirte die Kandidatur abgelehnt hatten.

Das große Ereignis des Jahres war dann aber das insbesondere von Vikar Völker zusammen mit einem Festkomitee sorgfältig vorbereitete 600jährige Jubiläum der Stadtwerdung Vördens. Tausende von Menschen waren von Nah und Fern in den mit Fahnen und Girlanden festlich geschmückten Ort gekommen. Von staatlicher Seite nahmen der Regierungspräsident Dr. Hagemeister aus Minden und der Landrat von Droste aus Höxter an der Feier teil. Als Ver-

Abb. 155   *Festlicher Schmuck für die 600-Jahrfeier der Stadt Vörden 1924,*
            hier „im Tor"

treter des Paderborner Bischofs war Dompropst Dr. Linneborn nach Vörden
gekommen.

Der Tag begann mit einem feierlichen Pontifikalamt in der Kirche. Dem schloss
sich die Prozession zum Hungerberg an, wo Vikar Schröder aus Vörden die
Festpredigt hielt. Am Nachmittag zog dann bei herrlichstem Wetter ein großer
historischer Festzug durch die Straßen, der in 13 thematischen Abteilungen mit
Fußgruppen und Festwagen Szenen aus der Vördener Stadtgeschichte darstellte.[15] Dazu hieß es anschließend in der Höxterschen Zeitung vom 7. Juli:[16]

> *„Kurz vor 3 Uhr nachmittags öffnete sich auf ein Trompetensignal hin das*
> *Burgtor, und herausritten 3 Herolde in mittelalterlicher Tracht. Der mittlere*
> *trug eine Standarte mit dem Paderborner Stiftswappen und der Zahl 600,*
> *die beiden anderen je einen Wappenschild mit den Jahreszahlen 1324 und*
> *1924. Der historische Festzug setzte sich in Bewegung. Eine Gruppe nach der*
> *anderen, die eine noch prächtiger und reicher, bunter und mannigfaltiger als*
> *die andere, kam zu Pferde, zu Wagen zu Fuß zwischen den monumentalen*
> *Torpfeilern langsam und feierlich hervorgeschritten, im ganzen 13 Gruppen*
> *mit über 50 Pferden und mehr als 180 Personen."*

Die erste Gruppe zeigte gepanzerte Raubritter. Sie führten neben einem erbeuteten Kaufmannswagen auch einen Bauern und seinen Sohn mit sich, der mit
Pferd und Wagen Korn zur Mühle fahren wollte. Die Gruppe veranschaulichte
die schweren Zeiten, die das Kloster Marienmünster ab 1319 zum Ausbau des
Ortes Vörden zur Stadt veranlassten.

Die zweite Gruppe zeigte auf einem Wagen die beteiligten Personen bei der Übergabe der neuen Stadt an den Bischof von Paderborn, also vor allem Bischof Bernhard V. mit dem Abt Hermann von Mengersen und die Zeugen. Landsknechte zu Fuß begleiteten den Wagen.

Auf dem dritten Wagen waren jene Ritter zu sehen, die als erste Burgvögte und Burgmannen für Vörden genannt sind, so Heinrich Spiegel zum Desenberg, der Ritter Luthardessen und andere mit ihren Damen. Sie versinnbildeten mit den begleitenden Armbrustschützen aus der Schützengesellschaft die Wehrhaftigkeit der Stadt.

Die Selbstverwaltung des alten Vörden wurde durch die folgende Gruppe mit dem würdigen Herrn Bürgermeister hoch zu Ross und die ihn umgebenden Ratsherren dargestellt, ergänzt durch den städtischen Richter, den Amtsschreiber, Kämmerer und Stadtdiener.

Die nächste Gruppe stand für das seit 1605 bestehende Vördener Braueramt. Um einen von Ochsen gezogenen Wagen mit einem großen Fass darauf gruppierten sich die Dechen (Brauberechtigte) sowie die städtischen Probeherren und der Wirt des Ratskellers.

Der folgende Wagen zeigte vor einem Häuschen zwei Herren, nämlich den Amtsmeister des Schusteramtes und den Weißgerber (Ledermacher) mit einer Rolle Leder unter dem Arm. Während sie um den Preis verhandelten, sah man zwei Schustergesellen bei fleißiger Arbeit in der Werkstatt sitzen.

Besonderen Anklang fand dann die folgende Gruppe der Bauern und Bäuerinnen in historischen Trachten, die man in Vörden noch mühsam aufgetrieben hatte, wie es heißt: die Männer in blauen Kitteln und die Frauen mit reich bestickten Hauben, Umschlagtüchern und gewebten Röcken.

Die Musikgruppe in der Kleidung des 17. Jahrhunderts leitete über zu der Gruppe, die an den Dreißigjährigen Krieg erinnerte. Auf weißem Ross, das von zwei Pagen geführt wurde, ritt der Tolle Christian der Gruppe voran, der 1626 Marienmünster geplündert hatte und auch in Vörden die Stadttore sprengen ließ. Ihn umgaben seine Kriegsknechte, gefolgt von einem Marketenderwagen.

Wiederum kriegerische Ereignisse stellte die nächste Gruppe dar, nämlich den Siebenjährigen Krieg (1756-63). Voran ritt Herzog Ferdinand von Braunschweig, der 1761 eine Zeitlang sein Hauptquartier im Kloster Marienmünster hatte. Die Bevölkerung musste unter den unterschiedlichen durchziehenden Truppen sowie unter den mitgeschleppten Krankheiten sehr leiden.

Die folgenden Gruppen 10 bis 13 zeigten dann friedlichere Zeiten. Man sah als Gruppe 10 die Kutsche, mit der August von Haxthausen 1843/44 eine ausgedehnte Reise durch Russland unternommen hatte. Die 11. Gruppe veranschaulichte die frühere Herstellung von Kleidung aus Wolle und Leinen mit den alten Geräten vom Spinnrad bis zum Webstuhl. Es folgte ein Wagen mit Holzschuhmachern, die das seinerzeit unentbehrliche alltägliche Schuhzeug herstellten. Das Ende des Festzugs bildete dann ein beladener und mit einem Erntehahn gekrönter Erntewagen, umringt von fröhlichen Schnittern und Schnitterinnen

Abb. 156   Gruppe „Siebenjähriger Krieg" im historischen Umzug zur 600-Jahrfeier
            der Stadt Vörden, hier in der Marktstraße, links das Haus Sekunde,
            dahinter Haus Leßmann.

Abb. 157   Ehrengäste der Jubiläumsfeier 1924 auf der Treppe und Tribüne
            vor dem Schloss

sowie Spielleuten. Damit wurde das Feiern nach der Arbeit als Teil des Lebens gewürdigt.

Der Zug endete wieder auf dem Burgplatz, wo dann noch mit einigen Festreden, Liedern und Aufführungen die von strahlendem Sommerwetter begünstigte Jubiläumsfeier endete. Noch Jahrzehnte später erzählten uns damals Jungen die Älteren begeistert von dem Fest, bei dem aufgrund der vielen Besucher sogar ein finanzieller Überschuss erzielt werden konnte. Er wurde in die Kosten zum Umguss der kleinen Glocke verwendet.

Auch im Vördener Jubiläumsjahr traten die instabilen politischen Verhältnisse durch erneute Reichstags- und Landtagswahlen in Erscheinung, und zwar am 7. Dezember. Nach mehreren Wahlversammlungen in Vörden, bei denen sich auch Vikar Völker wieder aktiv beteiligte, ergab sich das folgende Ergebnis (Pfarrchronik):

	Reichstag	Landtag
Zentrum	262	284
Christlich-Soziale Volkspartei	69	69
Deutsche Aufwertungs- und Aufbaupartei	19	-
Deutschnationale Volkspartei	8	7
Deutsche Volkspartei	5	5
Deutsche Demokratische Partei	2	2
Sozialdemokratische Partei Deutschlands	1	1
Kommunistische Partei Deutschlands	1	1
Freiwirtschaftsbund	3	-
Unabhängige Soziald. Partei Deutschlands	-	1
Ungültig	-	4

e) Die Wiedererlangung der Stadtrechte

Die glanzvolle 600-Jahrfeier der Stadterhebung Vördens führte hier wie auch in Bredenborn zu Überlegungen, an diese städtische Vergangenheit anzuknüpfen und den im 19. Jahrhundert aberkannten Stadttitel wieder einzuführen und den Gemeindevorsteher entsprechend „Stadtvorsteher" zu nennen. Die beiden Orte fanden offenbar eine gute juristische Unterstützung bei dem inzwischen zum Amtsbürgermeister ernannten Karl Ahlemeyer, der später aus formalen Gründen sogar zum Beklagten in dieser Angelegenheit wurde.[17]

Mit Datum vom 3. Februar 1925 stellten beide Orte beim Landrat in Höxter den entsprechenden Antrag, der ihn an den Regierungspräsidenten in Minden weiterreichte. Dieser schaltete das preußische Ministerium des Inneren ein. Mit Datum vom 15. August 1925 lehnte dieses jedoch den Antrag ab. Daraufhin untersagte der Höxteraner Landrat mit Schreiben vom 24. September 1925 die Führung beider Titel. Die dagegen eingereichte Beschwerde wies der Regierungspräsident in Minden mit Datum vom 13. Oktober 1925 zurück. Dennoch beschlossen beide Orte offenbar auf die Empfehlung des juristisch versierten Amtsbürgermeisters hin die Führung der Titel „Stadt" und „Stadtvorsteher" ab 1. April 1926, um auf diese Weise das bisherige behördliche Verfahren als Verwaltungsklage und damit als juristisches Verfahren weiterführen zu können.

Gegen die Beschlüsse legte Ahlemeyer nun den abgesprochenen Widerspruch wegen angeblicher Verletzung der Gesetze mit aufschiebender Wirkung ein. Im weiteren Verlauf übernahm wohl der Einfachheit halber Bredenborn nach außen hin die alleinige Initiative.[18] Die Gemeindevertretung von Bredenborn strengte wie verabredet ein Beschwerdeverfahren gegen das Votum des Amtsbürgermeisters an. Der als nächstes zuständige Kreisausschuss als politisch-rechtliche Instanz hielt den Widerspruch Ahlemeyers für rechtens und missbilligte den Beschluss der Gemeindevertretung Bredenborn. Auch der dann angerufene Bezirksausschuss lehnte die Beschwerde Bredenborns mit Datum vom 14. Juli 1927 ab. Der Beschluss zur Einführung der Titel verstoße gegen die ergangene Anordnung der Aufsichtsbehörde und sei deshalb gesetzwidrig. Dagegen wurde nun ein Revisionsantrag beim preußischen Oberverwaltungsgericht gestellt.

Das Oberverwaltungsgericht schränkte in seinem Urteil vom 30. Juli 1928 zunächst die Argumentation des Bezirksausschusses ein: Ein Verstoß gegen eine behördliche Anordnung sei nicht als Gesetzesverstoß anzusehen. Es schloss sich zudem der von der Klägerin (Bredenborn) vertretenen Auffassung an, dass mit dem angestrebten *Titel* „Stadt" der 1841 durch die Westfälische Landgemeindeordnung verlorene Stadt*status* nicht wiedererlangt werden solle. Es sei deshalb diesbezüglich lediglich zu prüfen, ob der *Titel* vor 1841 vorgelegen habe. Dazu verwies es das Verfahren an den Bezirksausschuss zurück. Allerdings, so das Oberverwaltungsgericht, dürfe der Titel „Stadtvorsteher" als reale Amtsbezeichnung nicht geführt werden. Die verlangte Beweisführung vor dem Bezirksausschuss war dann nur noch eine Formsache, so dass Bredenborn und entsprechend auch Vörden den Titel Stadt führen durften, ohne im Rechtssinne Städte zu sein. Es waren „Titularstädte". Parallel zu diesem Verfahren hatten sich beide Orte auch um die Einführung eines Wappens in Anlehnung an die alten Stadtsiegel bemüht. Darüber ist an anderer Stelle berichtet worden.[19]

f) Die weiteren Jahre bis zum Ende der Weimarer Republik

Das glanzvolle Jubiläum in Vörden konnte die bestehenden Probleme nicht überdecken. Die verbreitete Geldknappheit war auf Staatsebene bedingt durch das Geringhalten der umlaufenden Geldmenge, insbesondere um angesichts der Reparationsleistungen an die Siegermächte eine Inflationsentwicklung zu vermeiden. Bei den privaten Haushalten lag ein Grund im Verlust aller Ersparnisse infolge der Inflation und Währungsreform. Ferner wirkte sich die weiterhin hohe Arbeitslosigkeit aus, wobei viele Arbeitslose aufgrund der Möglichkeit von Selbsternährung oder entsprechender Vermögenslage der Eltern keinerlei

öffentliche Unterstützung erhielten. Dennoch bekamen 1926 im
Durchschnitt 18 Personen in Vörden   Arbeitslosenunterstützung
(Pfarrchronik). Die hohen Kre-
ditzinsen zwischen 12-16 Prozent
behinderten Investitionen, zumal
selbst zu diesen Zinssätzen zum
Teil keine Kredite zu bekommen
waren. Die Preise für landwirtschaftliche Produkte sanken. Die
Molkerei stellte den Betrieb zeitweilig ein. Damit entfiel für die
Milcherzeuger auch diese Einkom-
mensquelle. Die Situation führte
dann in Vörden sogar dazu, dass
die sonst zahlreichen Spenden zur
Widmung von Messfeiern (z.B.
zum Jahresgedächtnis für Angehörige) stark zurückgingen, wie
Vikar Völker zu 1924 berichtete.

Abb. 158
Das 1928 auf dem Anger neu errichtete
Feuerwehr-Gerätehaus (Spritzenhaus)

Dennoch kam es in Vörden in
den Jahren 1925 und 1926 zu
zahlreichen   Baumaßnahmen,
besonders als Wohnhaus- oder Stallerweiterungen. Abgebrannte Gebäude
(s. u.) wurden neu errichtet. Die Reichspost baute auf dem Anger eine Autohalle. Sie hatte mit Beginn des Jahres 1925 eine Omnibuslinie von Höxter
über Vörden, Bredenborn und Nieheim nach Bergheim aufgenommen. Das
Kreis-Elektriziätswerk errichtete bei dem Transformatorenhaus ein Wohnhaus für einen Angestellten und den örtlichen Polizisten, damals „Landjäger"
genannt. Zur Verminderung der Arbeitslosigkeit ließ die Gemeinde Vörden
im Steinbruch bei Eilversen Steine brechen und damit die Markt- und Pohlstraße mit Anschlussstücken und einen Teil der Niedernstraße neu befestigen. Auch Feldwege wurden entsprechend instand gesetzt. Im Jahre 1926 ließ
Guido von Haxthausen den Burghof mit einer Steinschlagdecke versehen und
in den nächsten beiden Jahren die große Mauer hinter dem Schlossgebäude
erneuern. Auf dem Hof wurde ein Turm für Geflügel errichtet. 1928 baute die
Gemeinde ein neues Feuerwehr-Gerätehaus („Spritzenhaus") auf dem Anger
zwischen der Amtsstraße und dem nördlichen Angerberg (früher Poststraße).
Das alte Spritzenhaus am Ende der Pohlstraße nahe der Burgmauer wurde
abgerissen.
Am 20. Mai 1928 fanden wieder Reichstags- und Landtagswahlen statt. Sie
brachten in Vörden folgende Ergebnisse:

	Reichstag	Landtag
Zentrum	190	191
Sozialdemokratische Partei Deutschlands	39	34
Christl.-Nationale Bauern- u. Landvolkpartei	35	36
Christlich-Soziale Volkspartei	28	29
Reichspartei des deutschen Mittelstandes	9	10
Deutschnationale Volkspartei	5	4
Deutsche Volkspartei	5	4
Deutsche Demokratische Partei	4	5
Nationalsozialistische Deutsche Arbeiterpartei	3	1
Deutsche Aufwertungs- und Aufbaupartei	2	5
Polen Partei	-	1
Französischer Volksdienst	-	2
Volksbund der Inflationsgeschädigten	1	-

Die Ergebnisse zeigen im Vergleich zu den vorausgegangenen Wahlen, dass die Wahlbeteiligung deutlich geringer geworden war. Ferner war die Dominanz des Zentrums zugunsten einer breiteren Stimmenstreuung zurück gegangen, was Pastor Behre in der Pfarrchronik sehr bedauerte.

Der Winter 1928/29 war ungewöhnlich kalt. Die Schulchronik berichtet, der Kump sei total vereist und undicht geworden. Das Wasser laufe die Niedern- straße herab und habe dort eine dicke Eisdecke geschaffen. Die Ortschronik erwähnt große Schäden infolge zugefrorener und später geplatzter Hausan- schlüsse und Hydranten. Der Sommer war dann sehr trocken und die Was- serleitung versiegte wieder. Es lag allerdings nicht am Wassermangel, sondern an der von Schlingpflanzen weitgehend verstopften Sammelleitung. Sie wurde dann im folgenden Jahr gründlich gereinigt.

Am 25. Oktober 1929, dem „Schwarzen Freitag" der Weltwirtschaft, führte ein leichter Rückgang in den Wirtschaftsdaten der Vereinigten Staaten, die durch den Ersten Weltkrieg zur führenden Industrienation geworden waren, weltweit zu Panikhandlungen. Geldgeber fürchteten schwindende Gewinne und versuchten in starkem Maße, die investierten Kapitalien aus der Wirtschaft abzuziehen. Durch diese Flucht in die Währung kam es zu einer deutlichen Verminderung der umlaufenden Geldmenge mit der Folge sinkender Preise (Deflation) und aus- bleibender Investitionen. Die deutsche Regierung unter Reichskanzler Brüning vom Zentrum (ab 30 März 1930) versuchte im Rahmen einer Notverordnung zur „Sicherung von Wirtschaft und Finanzen" durch eine Erhöhung von Verbrauchs- steuern einerseits und eine Beschneidung von Gehältern und sozialen Leistungen andererseits eine Stabilisierung der Währung zu erreichen. Das führte jedoch zu großer Unzufriedenheit, so dass der Reichstag mehrheitlich für eine Aufhebung der Notverordnung stimmte. Daraufhin löste Reispräsident Paul von Hinden- burg den Reichstag auf und setzte Neuwahlen an. In Vörden ergab sich als Er- gebnis der Reichstagswahl vom 14. September 1930 nach der Pfarrchronik:

Zentrum	275
Nationalsozialistische Deutsche Arbeiterpartei	52
Christl.-Nationale Bauern- u. Landvolkpartei	26
Sozialdemokratische Partei Deutschlands	26
Reichspartei des deutschen Mittelstandes	23
Deutsche Staatspartei	21
Christlich-Soziale Volkspartei	10
Deutsche Volkspartei	5
Radikale Deutsche Staatspartei	3
Deutschnationale Volkspartei	2
Kommunistische Partei Deutschlands	2
Konservative Volkspartei	1

Man kann annehmen, dass die Stärkung des Zentrums gegenüber der Wahl des Jahres 1928 auch durch entsprechende kirchliche Appelle erreicht wurde. Reichsweit wurden die Nationalsozialisten hinter der SPD stärkste Partei. Angesichts dieser Ergebnisse tolerierte die SPD jetzt die Minderheitsregierung Brüning. Allerdings konnte deren Politik eine wachsende Arbeitslosigkeit und Not nicht verhindern. In Vörden waren laut Schulchronik im Jahre 1931 allein 76 Maurer ohne jede Arbeit. Das Ruhrgebiet, wo vorher viele Vördener beschäftigt waren, bot allenfalls den dort Wohnenden noch Beschäftigung. Zum folgenden Jahr schrieb Pastor Behre im Hinblick auf die Arbeitslosigkeit in der Pfarrchronik von einem „Völkerunglück". Trotz der zwei Tage Pflichtarbeit in der Gemeinde und freiwilligem Arbeitsdienst habe der „Müßiggang" gerade in der „Jungmännerwelt" schlimme Folgen.

In der Gemeindechronik bezeichnete der 1930 neu gewählte Ortsvorsteher Elsing (Mönchehof) das Jahr 1932 als „Jahr der Wahlen". Die Wahl des Reichspräsidenten erfolgte in zwei Wahlgängen am 13. März und 10. April. Erst im zweiten Wahlgang erreichte der bereits 84-jahrige bisherige Reichspräsident Paul von Hindenburg mit 53,1 Prozent die absolute Mehrheit, gefolgt von Hitler mit 36,8 Prozent. In Vörden hatten beim zweiten Wahlgang nur 13 Wähler für Hitler gestimmt, dagegen 399 für Hindenburg. Am 24. April erfolgte die Wahl zum Preußischen Landtag.

Die unsicheren Verhältnisse im Reichstag führten im Jahre 1932 gleich zu zwei Reichstagswahlen. Sie brachten in Vörden folgende Ergebnisse:

	Reichtagswahl am 31. Juli 1932	Reichstagswahl am 6. Nov. 1932
Zentrum	344	340
Kommunistische Partei Deutschlands	37	27
Nationalsozialistische Deutsche Arbeiterpartei	25	11
Sozialdemokratische Partei Deutschlands	26	15
Christl.-Nationale Bauern- u. Landvolkpartei	11	9
Deutschnationale Volkspartei	-	5

Die Ergebnisse belegen eine Stabilisierung des Zentrums in Vörden. Dennoch zeigt sich Pastor Behre in der Pfarrchronik sehr unzufrieden mit dem Ergebnis. Er bezeichnet Kommunisten, Sozialisten und Nationalsozialisten zusammenfassend als „Kirchenfeinde“. Ferner schreibt er: „Nur 60 % wählten das Zentrum trotz aller Bemühungen der Bischöfe. Viel abgestandenes Christentum in katholischen Landgemeinden.“

Auf Reichsebene wurde die Nationalsozialistische Deutsche Arbeiterpartei (NSDAP) Hitlers die stärkste Partei. Sie erreichte am 31. Juli 37,3 Prozent der Stimmen und verdoppelte die bisherige Zahl ihrer Reichstagssitze. Zwar ging sie in der folgenden Wahl am 6. November auf 33,1 Prozent der Stimmen zurück, blieb aber dennoch die bei weitem stärkste Partei. Schließlich blieb Reichspräsident von Hindenburg kaum noch eine andere Wahl, als Hitler mit Datum vom 30. Januar 1933 zum Reichskanzler zu ernennen.

Zwei Wochen vorher, am 15. Januar, hatte die Wahl zum Lippischen Landtag stattgefunden. Hier wollte die NSDAP den inzwischen eingetretenen Wählerschwund und ihren Ansehensverlust wieder wettmachen und deutlich die stärkste Partei werden. Deshalb hielt auch Hitler selbst in kleinen Orten Wahlreden. In der Nacht vom 13. auf den 14. Januar übernachtete er im Zusammenhang mit einem Auftritt in Schwalenberg auf der Grevenburg. Etliche junge Vördener fuhren mit dem Fahrrad dorthin, um Hitler zu sehen. Er begrüßte sie mit Handschlag. Zu spät erkannten die meisten von ihnen, dass er alles andere als der erhoffte Retter aus der Not war. Etlichen kostete seine Politik später das Leben.[20]

4. Einzelne Ereignisse zwischen 1918 und 1933

Abschied von Vikar Völker

Im April des Jahres 1926 wurde Vikar Völker als bischöflicher Archivsekretär nach Paderborn versetzt. Dazu heißt es in der Vördener Ortschronik:

> „Am 18. April am Tage vor seiner Abreise wurde zu Ehren des Hochw. Herrn Kaplan ein Fackelzug veranstaltet. Unter anderem wurden Gedichte vorgetragen. Alt und Jung hatten sich auf dem Kirchplatz vor der Kaplanei versammelt. Herr Amtmann Ahlemeyer hielt eine Ansprache. Hierbei wies er auf die großen Verdienste hin, welche der Hochw. Herr sich in hiesiger Gemeinde erworben hat und sprach demselben den Dank aller aus für die große Liebe und aufopfernde Tätigkeit in unserer Gemeinde.“

Wie beliebt Vikar Völker in Vörden war, zeigt eine Anzeige aus der „Höxterschen Zeitung“ vom 19. April 1926 (Abb. 159). Zum weiteren Lebensweg Völkers sei nachgetragen, dass er 1934 in Tübingen mit einem kirchenhistorischen Thema zum Dr. theol. promovierte. Am 24. März 1945 verstarb Dr. Völker an den Verletzungen, die er kurz zuvor bei einem Bombenangriff auf Paderborn erlittenen hatte. Er ist auf dem Kapitelsfriedhof des Domes beigesetzt. Vörden würdigte sein hiesiges Wirken, indem man in den 70er Jahren des vorigen Jahrhunderts im Neubaugebiet hinter der jetzigen Stadtverwaltung eine Straße nach ihm benannte.

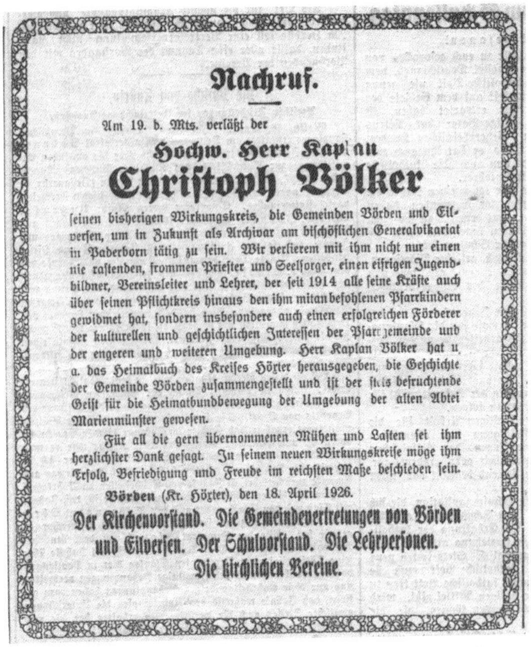

Nachruf.

Am 19. d. Mts. verläßt der

Hochw. Herr Kaplan

Christoph Völker

seinen bisherigen Wirkungskreis, die Gemeinden Vörden und Eilversen, um in Zukunft als Archivar am bischöflichen Generalvikariat in Paderborn tätig zu sein. Wir verlierem mit ihm nicht nur einen nie rastenden, frommen Priester und Seelsorger, einen eifrigen Jugendbildner, Vereinsleiter und Lehrer, der seit 1914 alle seine Kräfte auch über seinen Pflichtkreis hinaus den ihm mitanbefohlenen Pfarrkindern gewidmet hat, sondern insbesondere auch einen erfolgreichen Förderer der kulturellen und geschichtlichen Interessen der Pfarrgemeinde und der engeren und weiteren Umgebung. Herr Kaplan Völker hat u. a. das Heimatbuch des Kreises Höxter herausgegeben, die Geschichte der Gemeinde Vörden zusammengestellt und ist der stets befruchtende Geist für die Heimatbundbewegung der Umgebung der alten Abtei Marienmünster gewesen.

Für all die gern übernommenen Mühen und Lasten sei ihm herzlichster Dank gesagt. In seinem neuen Wirkungskreise möge ihm Erfolg, Befriedigung und Freude im reichsten Maße beschieden sein.

Vörden (Kr. Höxter), den 18. April 1926.

Der Kirchenvorstand. Die Gemeindevertretungen von Vörden und Eilversen. Der Schulvorstand. Die Lehrpersonen. Die kirchlichen Vereine.

Abb. 159 Ein ungewöhnlicher „Nachruf“ auf einen außerordentlich beliebten Vikar

Neue Hausnummern 1929
In der Ortschronik heißt es dazu:

> *„Die Hausnummern in der Gemeinde Vörden waren sehr durcheinander. Deshalb wurde der Vorschlag des Gemeindevorstehers angenommen und die Neunummerierung der Häuser am 4. November beschlossen und zwar straßenweise laufend weiter an einer Seite gerade, die andere Seite ungerade Zahlen anfangend ‚Im düstern Ort‘“.*

Landwirtschaft
In der Landwirtschaft setzte sich die Mechanisierung mit der Anschaffung von maschinellen Hilfen fort. Als erstes wurden in den 20er Jahren von den Bauern Grasmäher (Balkenmäher) angeschafft. Sie konnten auch zum Mähen von Getreide genutzt werden. Eine spezielle Vorrichtung sorgte dafür, dass sich die Halme zunächst zu einem Bündel sammelten. Durch Ziehen an einer Leine löste der auf dem Gerät sitzende Gespannführer dann das Bündel aus. Es musste anschließend von Hand zu einer Garbe gebunden werden. Dem Grasmäher folgten die Kartoffelroder und die Heuwender. Alle diese Geräte wurden von Pferden gezogen. Der Antrieb der Mechanik erfolgte von den eisernen Rädern aus.

Automobile
Das erste Auto in Vörden wurde allem Anschein nach von dem Molkereibesitzer Kellner im Jahre 1922 angeschafft. Vikar Völker führt dazu in der Pfarrchronik aus, dass Kellner durch die von Krieg und Revolution geschaffenen Verhältnisse in Verbindung mit seinem Geschäftssinn und seinem rücksichtslosen Zugreifen zum schwerreichen Mann geworden sei. Es folgten als Autobesitzer der

Leiter der Station des Kreis-Elektrizitätswerkes Flormann, der Freiherr Guido von Haxthausen, der Arzt Dr. Berendes (s. u.) und der Inhaber des Elektrogeschäftes Gaentsch.

Reparaturwerkstatt
Noch in den 20er Jahren eröffnete Wilhelm Ovenhausen aus Steinheim in Vörden eine Reparaturwerkstatt für Fahrräder, Motorräder und Autos. Sie befand sich im massiven Untergeschoss des Hauses am Platz des jetzigen Verkaufsgeschäftes der Metzgerei Hecker, Amtsstraße 2. Die Werkstatt betrat man ebenerdig vom Angerberg her.

Tankstelle
Ca. 1930 ließ der Schneider und Kaufmann Heinrich Homann gegenüber seinem Geschäft im Grünental eine Tankstelle der Fa. Shell einrichten. Das Benzin wurde mittels Handpumpe in einen gläsernen Behälter befördert und lief von dort mit natürlichem Gefälle in den Tank. Bald folgte eine Esso-Tankstelle vor der Gastwirtschaft Weber an der Ecke zum Angerberg.

Technikopfer
Beim Holzschneiden mit einer motorgetriebenen Säge verunglückte am 27.5.1921 der auf der Burg beschäftigte Tagelöhner Heinrich Mühlenhoff (Berg-

*Abb. 160   An der Tankstelle Weber ca. 1930. Willi Müller (Dunkler Ort),
der Fahrer von Dr. Hermann Berendes, betankt dessen Auto.
Rechts neben ihm Maria Potthast, (Beckers am Berge) dann Josef Weber
jun., auf dem Motorrad Wilhelm Sekunde.*

straße) tödlich. Ein Stück Holz flog ihm von dem Sägeblatt aus gegen die Brust.
Bald war auch das erste Verkehrsopfer in Vörden zu beklagen. Dazu heißt es in
der Schulchronik zu 1928:

*„Am 24. 2. 1928²¹ nachmittags 5 ¾ Uhr verunglückten die Schüler Joseph
Hölting und Joseph Stamm bei Rodeln am sogenannten Fillerberg. Beim
Überqueren der Kreisstraße Bredenborn-Vörden wurden die Genannten
von dem Personenkraftwagen des Frhr. von Haxthausen angefahren, wo-
bei beide erheblich verletzt wurden. Joseph Hölting erhielt einen Leberriß
und einen doppelten Oberschenkelbruch rechtsseitig und verstarb am 26.
2. im Krankenhause zu Höxter. Stamm ist z. Zt. noch ans Bett gebunden
(Hirnquetschung?) Der Autofahrer ist nach Zeugenaussagen schuldlos. Die
Schüler sind wiederholt ermahnt worden, das Rodeln auf den abschüssigen
Straßen zu unterlassen."*

Neuer Gendarm
Im Jahre 1927 kam Herman Böhlke als neuer Gendarm nach Vörden. Er blieb
hier rund 20 Jahre im Amt.

Tod durch Ertrinken
Beim Baden im Oldenburger Teich ertrank am 11. August 1932 der 20-jährige
Willi Weber (Schweimanns).

Brände
Am 26. November 1924 brannte auf der Burg der Pferde- und Schweinestall
wahrscheinlich aufgrund eines defekten Schornsteins bis auf die massiven Mauern völlig aus. Das Vieh konnte durch schnelles Eingreifen Vördener Einwohner gerettet werden. Sämtliche Bewohner und Arbeiter des Gutshofes waren zu
der Zeit im Felde. Große Heuvorräte verbrannten jedoch. Das Gebäude wurde
auf den alten Grundmauern wieder aufgebaut. Statt des vorherigen Satteldaches
erhielt es nun ein Mansardendach.
Am 2. Januar 1925 brannte das Fachwerkhaus des Sattlers Ridder an der Bergstraße gänzlich nieder. Der aus Merlsheim stammende Karl Ritter hatte in das
Haus eingeheiratet (Koßmanns Haus), es gründlich renoviert und eine Werkstatt angebaut. Das Holzwerk des Hauses stammte zum großen Teil aus dem
1848 abgerissenen alten Telegrafenhaus auf dem Hungerberg.
Am 10. März 1931 wurde das Haus des Landwirts und Bäckers Höke am
Angerberg völlig durch Feuer vernichtet. Die Ursache war ein defekter
Schornstein.

Volkszählung
Nach der Volkszählung am 10. Oktober 1924 hatte Vörden 734 Einwohner,
darunter 709 Katholiken, 8 Protestanten und 17 Juden. (Pfarrchronik)

Sparkasse
1. Juli 1924 eröffnete in Vörden im Hause Tenge eine Zweigstelle der Kreissparkasse Höxter. Erster Leiter wurde Arthur Tenge, der Sohn des Amtsrentmeisters Johannes Tenge, der vorher Bankbeamter in Hannover gewesen war. Ferner wurde der Sohn Gerhard des von Haxthausenschen Försters Schulze aus Eilversen eingestellt.

Medizinische Versorgung
Zu Anfang Februar 1926 ließ sich der Tierarzt Dr. Heinrich Dreischulte, gebürtig aus Hannover, „katholischer Konfession", wie Vikar Völker notierte, in Vörden nieder. Er nahm zunächst beim Gastwirt Koch Quartier.
Um dieselbe Zeit begann der Dentist Löffelholz aus Höxter dreimal wöchentlich Sprechstunden im Haus der Witwe Hermann Weber im Haus der Amtsapotheke (Angerberg 14) abzuhalten. Bis in die ersten Kriegsjahre hinein hatte der Dentist Böger im Haus des Gastwirts Weber Sprechstunden gehabt.
Am 1. Oktober 1926 ließ sich in Vörden der Arzt Dr. Hermann Berendes nieder, Sohn des Arztes und Gutsbesitzers Josef Berendes in Marienmünster. Dr. Hermann Berendes wohnte und praktizierte zunächst in der Kaplanswohnung, die durch den Weggang von Vikar Völker frei geworden war. Im Jahre 1933 verlegte er dann Wohnung und Praxis in sein rechts am Weg zur Windmühle neu gebautes Haus. Dazu mussten 1931 ca. 35 der dort stehenden Eichen gefällt werden. Lehrer August Vogt bedauerte als Führer der Schulchronik: *„Der schöne Eichengürtel um Vörden schrumpft immer mehr zusammen."*

Abriss historischer Gebäude
Im Jahre 1921 ließ Josef Elsing, Besitzer des Mönchehofes, eine unter Abt Benedikt Schmidt (1735-1756) errichtete Scheune in Ziegelstein erneuern, was Vikar Völker in der Pfarrchronik sehr bedauert. Er habe den Besitzer nicht zur Erhaltung des Balkens mit der Inschrift bewegen können.
Bis zum Jahre 1924 stand parallel zum Pferde- und Schweinestall auf der Burg ein Gebäude, das die Pächterwohnung rechts neben dem Schlossgebäude mit dem früheren Kuhstall verband. Ältere Leute, so Vikar Völker in der Pfarrchronik, hätten es als Heuerschuppen bezeichnet.[22] Es wurde im Sommer wegen Baufälligkeit abgerissen. Durch Umgestaltung des Pächtergebäudes, das nun ein Mansardendach erhielt, wurde dort ein Raumausgleich für den Teil des abgerissenen Gebäudes geschaffen, der vorher zum Pächterhaus gehörte.
Anfang Mai 1933 wurde das alte Viehhaus auf dem Mönchehof abgebrochen. Es war nach einem Blitzschlag im Jahre 1741 auf den nicht vernichteten alten Mauern wieder aufgebaut worden. Die Schulchronik berichtet von einer 1,20 Meter dicken Mauer, in der offenbar ältere Mauerbestände in fast voller Höhe eingeschlossen waren. Die alten Mauerteile könnten zur Stadtmauer gehört haben oder auch zum früheren „Burggeseß", dem Sitz der Burgmannsfamilie von Luthardessen.[23]

Erneute Überlegungen zum Eisenbahnbau

Im Jahre 1927 wurde durch regionale Abgeordnete des Zentrums im preußischen Landtag ein erneuter Antrag auf den Bau einer Eisenbahnstrecke von Warburg über Brakel nach Steinheim gestellt. Die Baukosten wurden jetzt auf 23 Millionen Reichsmark geschätzt. Offenbar wurde jedoch die Rentabilitätsaussicht negativ bewertet, so dass der Bau auch jetzt unterblieb.[24] Nach mündlicher Überlieferung in Vörden dachte man damals an einen gemeinsamen Bahnhof von Bredenborn und Vörden.

Neue Fassung der Kumpquelle

Im Jahre 1933 wurde die Kumpquelle im Hogge neu gefasst, so dass jetzt kein Wasser mehr verloren ging.

Anmerkungen

1 Angaben nach Keyser, E. (Hrsg.): Westfälisches Städtebuch, Stuttgart 1954, S. 355/56. Beitrag über Vörden verfasst von Helmut Richtering.

2 Diese und die folgenden Angaben zum Viehbestand finden sich in der Akte A 346 im StdA Marienmünster.

3 Diese Praxis war beispielsweise in den Dörfern südlich von Paderborn verbreitet.

4 Die folgenden Informationen sind, wenn nicht gesondert ausgewiesen, der Akte A 346 „Anlage einer Wasserleitung in Vörden 1909 – 29" im StdA Marienmünster entnommen.

5 StdA Marienmünster, C 604 Schulchroniken der Volksschule Vörden Teil I

6 StdA Marienmünster, C 604. Chronik der Stadt Vörden.

7 StA Detmold, M1 ID Nr. 674. Beschluss des Kreistages Warburg vom November 1902. In der Akte finden sich auch die Quellen aller folgenden Ausführungen zu diesem Punkt.

8 Diese und alle folgenden Informationen zu diesem Punkt sind entnommen aus: Waldhoff, J.: Die erste Steinheimer Omnibuslinie. Mitteilungen des Kulturausschusses der Stadt Steinheim. Heft 42. 2. Halbjahr 1988.

9 Anton Benstein wohnte im Haus rechts am Fillerberg, später Göke, heute Bergstraße 2. Er hat etliche Vördener im Spielen von Instrumenten ausgebildet.

10 Wie Anmerkung 5.

11 Entspricht dem Toties-Quoties-Ablaß, s. unter „Kirche und religiöses Leben".

12 Schulchronik, wie Anmerkung 5.

13 Pfarrchronik Vörden zu Beginn der Aufzeichnungen für 1920.

14 Die Angaben in den drei Chroniken weichen leicht voneinander ab. Hier wurden die Angaben in der Gemeindechronik übernommen.

15 Ausführliche Schilderung des Festzuges in Völker, Chr.: Die 600-Jahrfeier der Stadt Vörden am 29. Juni 1924, Selbstverlag.

16 Der Text ist in der Pfarrchronik sowie in der Ortschronik enthalten. Er ist von Vikar Völker selbst verfasst worden und entspricht weitgehend dem späteren Sonderdruck, s. Anmerkung 15.

17 Vgl. den Bericht Ahlemeyers im StdA Marienmünster, A 100.

18 Das ist daraus zu schließen, dass im StdA Marienmünster unter A 100 nur das abschließende Urteil des Oberverwaltungsgerichts zu Bredenborn vorliegt. Eine kurze Notiz in der Vördener Gemeindechronik zum Abschluss des Jahres 1929 legt allerdings nahe, dass Vörden beteiligt war.

[19] Vgl. im Beitrag „Vörden als bischöfliche Stadt 1324-1803".

[20] Der Verfasser hat diese Information als Kind aus den Erzählungen damals Erwachsener bekommen. Auch der eigene, in Russland gefallene Vater war dabei.

[21] In dem Text ist fälschlicherweise das Jahr 1929 angegeben. Der Eintrag findet sich jedoch unter 1928. Die Zahlen 27 und 235 geben Hausnummern an. Beide Häuser befanden und befinden sich an der heutigen Talstraße. Die Familie Hölting trug den Beinamen Justers.

[22] Ausführlichere Beschreibung im Beitrag „Das Erscheinungsbild der Stadt".

[23] Ausführlicher im Beitrag „Burgvögte, Burgmänner und Pfandinhaber".

[24] Quelle wie Anmerkung 7.

Wilhelm Hagemann

Vörden im zweiten Drittel des 20. Jahrhunderts

Das zweite Drittel des 20. Jahrhunderts sollte durch die nationalsozialistische Diktatur mit der Verfolgung politischer Gegner, der Ermordung der Juden sowie dem von Hitler gewollten und begonnenen Zweiten Weltkrieg noch unvorstellbar mehr Leid auch über die Menschen in Vörden bringen, als man sich das nach dem Ersten Weltkrieg und seinen Folgen vorstellen konnte.

1. Die ersten Jahre des Hitlerregimes

a) Das Ende der Weimarer Republik

Der Start der deutschen Demokratie auf der Basis der in Weimar konzipierten Verfassung war unter äußerst schwierigen Bedingungen erfolgt. Da waren die drückenden finanziellen wie moralischen Lasten des Versailler Vertrages, der von der deutschen Regierung notgedrungen unterschrieben worden war. Inflation und Arbeitslosigkeit wurden vielfach als Schuld der demokratischen Regierung gesehen. Schließlich ließ auch die Instabilität der Regierungen, die durch die Besonderheiten der Weimarer Verfassung mitbedingt war, bei vielen Deutschen kein Vertrauen in die Demokratie entstehen. Die Sehnsucht nach einer „ordnenden Hand" war so sehr verbreitet. Deshalb gab der seit Dezember 1930 amtierende Vördener Ortsvorsteher Josef Elsing (Mönchehof) mit seinem Eintrag in die Ortschronik zum Beginn des Jahres 1933 sicher auch die damalige Sichtweise der meisten Vördener wieder:

> *„Adolf Hitler wurde Reichskanzler und Führer des deutschen Volkes. Alle bisherigen Parteien mussten von der Bildfläche verschwinden. Die kleinen Staaten innerhalb des deutschen Reiches wurden aufgehoben und die Einigkeit des Volkes war wieder hergestellt."*

In Hitler glaubten viele Deutsche den ersehnten „guten Diktator" gefunden zu haben, der alle der Demokratie zugeschobenen Mängel beseitigen würde. Bereits am 5. März 1933, nur wenige Wochen nach der Ernennung zum Reichskanzler, ließ Hitler den Reichstag neu wählen. Seine Nationalsozialistische Deutsche Arbeiterpartei (NSDAP) legte zwar rund 10 Prozentpunkte an Stimmen zu, verfehlte aber mit 44,5 Prozent der Sitze trotz massiver Wahlbehinderung anderer Parteien die angestrebte absolute Mehrheit im Reichstag. Deshalb wurde unter einem Vorwand noch vor der konstituierenden Sitzung des Reichstages das Ergebnis der Kommunistischen Partei Deutschlands (KPD) annulliert. Durch den Wegfall von deren 73 Sitzen (11, 3 Prozent) hatte jetzt die NSDAP die absolute Mehrheit. Mit Hilfe des „Ermächtigungsgesetzes" (Gesetz zur Behebung der Not von Volk und Reich), das am 23. März 1933 vom Reichstag mit Zwei-Drittel-Mehrheit verabschiedet wurde, erhielt die Regierung die Befugnis zur Erlassung von Gesetzen ohne die Zustimmung des Parlaments und des Reichspräsidenten. Im Juli wurden dann auf der Basis dieses Gesetzes alle Parteien außer der NSDAP abgeschafft. Die folgende Tabelle zeigt das Ergebnis der Reichstagswahl vom 5. März 1933 in Vörden und zum Vergleich dazu das der vorhergehenden Reichstagswahl vom 6. November 1932.[1]

	Reichstagswahl am 5. März 1933	Reichstagswahl am 6. Nov. 1932
Zentrum	312	340
Nationalsozialistische Deutsche Arbeiterpartei	62	11
Kommunistische Partei Deutschlands	20	27
Kampffront Schwarz-Weiß-Rot	9	nicht vertr.
Sozialdemokratische Partei Deutschlands	5	15
Deutsche Volkspartei	2	-
Deutsche Staatspartei	2	-
Deutsche Bauernpartei (1932 Christl.-Nationale Bauern- und Landvolkpartei)	2	11

Der Vergleich zeigt zwar einen deutlichen Zugewinn der NSDAP zu Lasten der anderen Parteien, doch blieb das Zentrum mit dem Fünffachen der Stimmenzahl die bei weitem stärkste Gruppierung. Mit diesem Ergebnis lag die NSDAP in Vörden zudem deutlich unter dem Durchschnitt im Kreis Höxter, wo das Zentrum lediglich knapp zweieinhalb Mal so viele Stimmen bekam wie die NSDAP (21.942 zu 9.171). Im damaligen Amt Vörden erwies sich Löwendorf als am wenigsten „anfällig", denn hier stimmten lediglich 4 Wahlberechtigte für die NSDAP, aber 108 für das Zentrum. Die anteilsmäßig meisten Stimmen erhielt die NSDAP im damals noch zum Amt Vörden gehörenden, evangelischen Hagedorn, wo 48 Mal die NSDAP gewählt wurde und daneben nur 6 Stimmen auf andere Parteien entfielen. Von den übrigen, überwiegend katholischen Orten hatte die Partei Hitlers in Münsterbrock mit 34 Stimmen gegenüber 30 des Zentrums den größten Anteil.
Nach dem Tode des Reichspräsidenten Hindenburg am 2. August 1934 ließ Hitler das deutsche Volk am 19. August 1934 darüber abstimmen, ob ihm auch die bisherigen Befugnisse des Reichspräsidenten unter dem Titel „Führer und Reichskanzler" übertragen werden sollten. Fast 90 Prozent der Wähler stimmen zu. Auch in Vörden entsprach das Ergebnis jetzt dem allgemeinen Trend:[2]

Ja: 491 (89,9 %)   Nein: 32   Ungültig (leer abgegeben): 28

Am 29. März 1936 folgte eine erneute Reichstags"wahl", wobei nur mit Ja oder Nein über Hitlers Politik abgestimmt werden konnte. Dieser hatte am 7. März deutsche Truppen in das laut Versailler Vertrag entmilitarisierte Rheinland einmarschieren lassen. 99 Prozent der Deutschen stimmten zu. In Vörden betrug das Ergebnis bei 497 abgegebenen Stimmen 493 mal Ja für Hitler und nur viermal Nein, also ebenfalls 99 Prozent Zustimmung.[3] Am 10. April 1938 fand dann in gleicher Form die Volksabstimmung über den Anschluss Österreichs mit gleichzeitiger „Wahl" zum Großdeutschen Reichstag statt. Man konnte zu der Frage, ob man dem Anschluss und gleichzeitig der Liste der NSDAP zustimme, nur mit Ja oder Nein beantworten. Die Zustimmung lag über 99 Prozent.

b) Zustimmung und Zurückhaltung in Vörden

Nach der Machtergreifung merkte man auch in Vörden bald, dass eine neue Zeit mit unmittelbaren Eingriffen in die demokratische Selbstverwaltung der Gemeinden angebrochen war. So schrieb der Ortsvorsteher Josef Elsing am Schluss der Eintragungen in die Ortschronik für das Jahr 1933 kommentarlos:

> *„Zu den Sitzungen der Gemeinde-Vertretung waren jetzt lt. Gesetz der örtliche Führer der NSDAP wie auch der Führer der S.A. einzuladen. Als Erster der Lehrer Franz Padberg (Kropp) und als S.A. Führer der Amtssekretär Simon."*

Zum folgenden Jahr 1934 heißt es in der Ortschronik:

> *„Am 19. August trat das deutsche Volk an die Wahlurnen. Jeder Volksgenosse konnte durch seinen Stimmzettel beweisen, ob er mit den Maßnahmen der Regierung ‚Adolf Hitlers' einverstanden war oder nicht. Über 90 % des deutschen Volkes stimmten für die jetzige Regierung."*

Das Ergebnis in Vörden erwähnte der Vorsteher nicht. Noch im selben Jahr musste Josef Elsing dann seine Amtsenthebung notieren:

> *„Laut gesetzl. Bestimmung v. 8. Oktober soll das Amt des Gemeindevorstehers in denjenigen Gemeinden, wo der Amtsbürgermeister seinen Wohnsitz hat, von demselben mit verwaltet werden. Aus diesem Grunde übernahm Herr Amtsbürgermeister Ahlemeyer gleichzeitig die Amtsgeschäfte des Gemeindevorstehers v. Vörden."*

Deutlich mehr Engagement für die neue Ordnung klingt aus den Zeilen der damals von Lehrer August Vogt geführten Schulchronik. Dort heißt es im Rahmen der Eintragungen zum Jahr 1933:

„Am Feste Christi Himmelfahrt (25.5.) wurde am Hungerberg (Sportplatz) ein Schlageter-Denkmal neu geweiht. Die Feier nahm einen ganz imposanten Verlauf. 23 Fahnen und Standarten waren zugegen. In einem mächtigen Findling vom Köterberg stehen die Worte: ‚Dem deutschen Helden Albert Leo Schlageter‘. Möge das Denkmal in der deutschen Jugend, die dort auf dem Sportplatz den Körper stählt, echte opferfreudige Heimat- und Vaterlandsliebe wecken. ‚Der ist in tiefster Seele treu, wer die Heimat liebt wie Du!‘ Die Gründung und Auffüllung der nationalen Verbände macht in der Gemeinde gute Fortschritte. Die S.A. (Saalschutz), N.S.K.K (Nationalsozialistisches Kraftfahrkorps), H.J. (Hitler-Jugend) könnten zu größeren Einheiten umgeformt werden. Auch der Stahlhelm hatte regen Zustrom."[4]

Die Aufschrift auf dem Stein ist unrichtig wiedergegeben, denn es fehlen dort die Vornamen. Albert Leo Schlageter war am 26. Mai 1923 nach Verurteilung durch ein französisches Kriegsgericht hingerichtet worden. Er hatte Anschläge auf Bahntransporte durchgeführt, um nach der im Januar 1923 erfolgten französischen Besetzung des Ruhrgebiets den Abtransport von Industriegütern nach Frankreich zu behindern. Von national gesinnten Organisationen wurde er deshalb als Held gefeiert.

Bald nahmen die Eintragungen in die Schulchronik den zeittypisch moralisierenden und schon fast drohend klingendem Unterton an. So liest man zum November 1933:

„Die Beteiligung am ‚Winterhilfswerk‘ ist im allgemeinen als gut zu bezeichnen, wenngleich einige ganz ‚Hellsehende‘ immer den Weg zur Volksgemeinschaft noch nicht finden können. Die N.S.V. (Nationalsozialistische Volkswohlfahrt) zählt z. Zt. (20.11.) 20 Mitglieder."

Die NSV sollte vor allem an die Stelle kirchlicher Hilfswerke wie der Caritas treten. Zum Jahr 1934 häufen sich die missbilligenden Aussagen in der Schulchronik. Offenbar war dem Schreiber die Begeisterung der Vördener für die nationalsozialistischen Ideen und Organisationen nicht groß genug. Das galt auch für die Verherrlichung von „Heldentaten" des Ersten Weltkrieges:

„Am 2. Juni abends fand im Weber'schen Saale ein Lichtbildervortrag über die Abenteuerfahrten des Kreuzers ‚Emden‘ statt. Der Vortragende (Grube) wußte allerlei interessante Einzelheiten packend zu schildern. Die Veranstaltung ging von der NS-Parteileitung aus. Leider war der Besuch beschämend mangelhaft trotz des geringen Eintrittspreises. Ist das Bekundung von Ehrfurcht, Achtung und Stolz vor großem deutschen Heldentum?! Wann werden es alle begreifen?"

Abb. 161   Der Ende des 19. Jahrhunderts entstandene Saalbau der Gastwirtschaft Weber um 1935, in Vörden auch die Stätte politischer Versammlungen. Die Treppe an der linken Seite führte zur rückwärtigen Empore.

Weitere zwei Seiten der Eintragungen zu den Jahren 1934 und 1935 sind offenbar herausgeschnitten. Zum 1. April 1935 wurde Lehrer Vogt nach Stahle versetzt. Seine Nachfolger hielten sich mit wertenden Äußerungen deutlicher zurück. Ab 1940 enthält die Schulchronik nur noch sachliche Angaben zu Vorgängen in der Schule.

Für die weiteren Jahre bis zum Beginn des Zweiten Weltkrieges fehlen konkrete Belege über die Stimmung der Bevölkerung in Vörden. Sicherlich wird man davon ausgehen müssen, dass Hitlers innen- wie außenpolitische Aktivitäten auch hier nicht ohne Wirkung blieben. Durch eine Politik der Staatsverschuldung konnte er über öffentliche Aufträge zum Bau der Autobahnen und auch in der Rüstungsindustrie viele Arbeitsplätze schaffen, so dass die drückende Arbeitslosigkeit beseitigt wurde. Deutsche Erfolge im Sport – insbesondere bei den olympischen Spielen 1936 in Berlin – und technische Entdeckungen und Erfindungen erfüllten die Menschen wieder mit Vaterlandsstolz. Hinzu kamen dann die vermeintlichen außenpolitischen Erfolge: die Loslösung von den Verpflichtungen des „Diktats von Versailles", 1935 die Abstimmung der Saarländer für Deutschland statt für Frankreich, 1936 der Einmarsch deutscher Truppen in das laut Versailler Vertrag entmilitarisierte Rheinland ohne Eingreifen der Westmächte, im März 1938 der Anschluss Österreichs und die damit erfolgte Schaffung des „Großdeutschen Reiches" und schließlich im Oktober 1938 die Einbeziehung der von Deutschen bewohnten

Gebiete der Tschechoslowakei, vor allem des Sudetenlandes in das Deutsche Reich, wozu die westlichen Großmächte im „Münchener Abkommen" nach massiven Drohungen Hitlers ihre Zustimmung gegeben hatten, um einen Krieg zu vermeiden.

Vorbehalte gegenüber dem Nationalsozialismus könnten in Vörden u. a. entstanden sein durch die Eingriffe örtlicher Parteimitglieder in die Lokalpolitik (s. o.), die Maßnahmen gegenüber den Juden (s. u.), die Wortführerschaft von Personen, die nicht gebürtige Vördener waren, und insbesondere aufgrund der Behinderung des religiösen Lebens. So geht aus einer Vernehmung im Rahmen eines Entnazifizierungsverfahrens 1947 folgender Fall hervor: Der damalige Vorsitzende des katholischen Jungmännervereins Alfons Kreilos, der zugleich Oberst der Jungschützen war, geriet mit seiner entschieden christlichen Haltung in Konfrontation mit einem Vördener Parteimitglied. Durch Verfügung des Landrats wurde er als Oberst abgesetzt. Der Versuch, ihn auch aus seinem Arbeitsverhältnis bei der Tischlerei Krawinkel in Kleinenbreden zu entfernen, scheiterte jedoch am entschlossenen Widerstand des Firmeninhabers.[5] Neben solchen Vorfällen dürfte aber vor allem die eindeutige Position Pastor Behres großen Einfluss auf die innere Position des Großteils der Vördener Bevölkerung gegenüber den Nationalsozialismus gehabt haben. Pastor Behre nahm zwar nach den Berichten von Zeitzeugen nicht von der Kanzel herab oder auf andere Weise öffentlich gegen die nationalsozialistische Ideologie oder gegen bestimmte Maßnahmen Stellung, aber seine demonstrative Zurückhaltung und sein Werben für die von den Nationalsozialisten bekämpften katholischen Institutionen wie beispielsweise die Caritas oder den Jungmännerverein blieben den Pfarrangehörigen nicht verborgen. Seine konträre Position offenbart sich aber vor allem an seinen Eintragungen in die Pfarrchronik.

c) Die entschieden ablehnende Position von Pastor Behre

Während Lehrer Vogt offenbar keinen Widerspruch zwischen seinem Engagement für nationalsozialistische Ideen und Praktiken und seinem Organistenamt in der Vördener Kirche sah, waren Nationalsozialismus und Christentum für Pastor Behre unvereinbare Positionen. Auch nach der Machtübernahme Hitlers ließ er seine Ablehnung durch seine Eintragungen in die Pfarrchronik deutlich erkennen. Seinen Aufzeichnungen zum Jahr 1933 stellte er den Anfang des 42. Psalms voran:

JUDICA ME DEUS ET DISCERNE CAUSAM MEAM DE GENTE NON SANCTA, AB HOMINE INIQUO ET DOLOSO ERUE ME.

Schaffe mir Recht o Gott und führe meinen Streit mit dem unheiligen Geschlecht,
vor dem Menschen des Betrugs und des Unrechts errette mich.

Offenbar blieb Pastor Behre auch skeptisch, als die offizielle Kirche ein Arrangement mit dem Nationalsozialismus suchte. Ein solches geht aus einem Artikel des Bistumsblattes „Leo" zum Jahresende 1933 hervor, den der Pastor zu seinem Bericht einklebte. Darin heißt es, dass Hitler in seiner Rede vom 23. März 1933 der Kirche entscheidende Zusicherungen gegeben habe. Daraufhin hätten die deutschen Bischöfe ihre Kundgebungen gegen den Nationalsozialismus eingestellt. Zwar wird in dem Artikel weiter darauf hingewiesen, dass die Kirche eine Überbetonung der Gemeinschaftsrechte vor denen der Einzelpersönlichkeit wie auch einen „Totalitätsanspruch des Staates" ablehnen müsse, es wird aber die Möglichkeit einer positiven Entwicklung nicht zuletzt durch den im Juli 1933 erfolgten Abschluss des Konkordats zwischen dem deutschen Reich und dem Vatikan gesehen.

Seine andere Position dokumentierte Pastor Behre deutlich am folgenden Jahresende. Wieder klebte er einen entsprechenden Artikel „Die katholische Kirche im Jahre 1934" aus dem Bistumsblatt ein. Darin wird unter der Teilüberschrift „Kirche im Kampf" abschließend auf Schwierigkeiten der Kirche in Mexiko hingewiesen. Pastor Behre schrieb darunter: *„Auch in Deutschland tobt der Kampf weiter. Ein Beweisstück dafür siehe unter vielen auf der folgenden Seite."* Hier hatte er ein Blatt eingelegt, das nach seiner Angabe unter Vördener Schulkindern kursierte. Das mit „Deutsche Glaubensbewegung Ortsgemeinde Charlottenburg" überschriebene Blatt enthält unter dem Titel „Einst siegt unser Gott" ein antisemitisches wie antichristliches Gedicht. Die ersten beiden der neun Strophen zeigen ausreichend dessen Ziel und Stil:

Wenn es nicht lauter J u d e n wären,
Von denen wir in der Bibel hören,
Wäre ein Römer oder Inder
oder ein Grieche des Heiles Künder!
Aber ein J u d e als Trost in allen Nöten?
Nein! – Lieber will ich zur S o n n e beten!

Aus dem minderwertigen Krämerhaufen
Kam uns der H e i l a n d? Um uns zu taufen?
Und ausgerechnet: Um uns zu e r l ö s e n
ward ausgewählt ein j ü d i s c h e s Wesen!
Nein! Nein! Und tausendmal nein!
Das kann nicht göttlicher Wille sein!

Auch für die folgenden Jahre zeugen die Eintragungen in der Pfarrchronik immer wieder von der Spannung zwischen den religiösen Intentionen und Institutionen einerseits und der Inanspruchnahme der Jugend und der Erwachsenen durch die Nationalsozialisten andererseits. So liest man zum Jahre 1935:

*„Trotz der großen Schwierigkeiten für die katholischen Jugendvereine konn-
te der Jungmännerverein seinen Mitgliederbestand auf 18 erhöhen..... (HJ
hat 6 Mitglieder, BDM 2 Mädchen)."*
*„Kirchliche Caritas bleibt ausgeschaltet. Es sind nur noch an 10 Mitglieder
im Caritasausschuss, da mit allen Druckmitteln für den Eintritt in die NSV
geworben wird."*

Den damaligen Gesamtzustand schildert Pastor Behre mit folgenden Worten:

*„Die Spannung zwischen dem neuen Staat mit seiner nationalsozialistischen
Weltanschauung und der kath. wie evang. Kirche hat noch zugenommen.
Hirtenbriefe dürfen nicht mehr verlesen werden, selbst nicht der Fuldaer
(von der Fuldaer Bischofskonferenz). Tageszeitungen dürfen nichts Religiöses mehr bringen. (........) Auch öffentliche Katholikenversammlungen,
Glaubenskundgebungen, Wallfahrten sind untersagt. So u.a. durfte die Li-
boriuswallfahrt der Männer nicht stattfinden. Katholische Vereinsfahnen
dürfen nur bei althergebrachten Prozessionen getragen werden. Auf dem
Wege zur Kirche müssen sie zusammengerollt und verdeckt sein. Dagegen
haben alle Kirchen und kirchl. Gebäude die Hakenkreuzflagge zu setzen bei
schwerer Geld- oder Gefängnisstrafe.*

Der Pastor berichtet ferner von Hetzkampagnen gegen die Kirche, von Prozessen gegen Geistliche und Ordensfrauen und deren Einkerkerung. Er schloss die
Aufzeichnungen zu 1935 mit den Worten: Religio depopulata! (Die Religion wird ausgetrieben.)
Auch bei den Aufzeichnungen zu den folgenden Jahren scheute Pastor Behre
keine eindeutige Sprache. So berichtet er zu 1936 vom Kampf gegen die Be-
kenntnisschule, vom Verdrängen des Religionsunterrichts zugunsten des
„Deutschglaubens", von der Verbreitung von „Hetzblättern" wie Stürmer oder
Blitz. Zu 1937 heißt es in der Pfarrchronik: *„Der Kampf der Christushasser
geht ungestört weiter, wie vergangenes Jahr."* Erwähnt wird die Auflösung des
Jungmännervereins durch die Staatspolizei und das eigenmächtige wie wider-
rechtliche Herausholen des Banners aus der Vördener Kirche, das Verbot aller
kirchlichen Zeitschriften und des katholischen Lehrerinnenverbandes sowie
des Flaggens mit kirchlichen Fahnen. Seinen Pfarrkindern stellt Pastor Behre
hingegen ein überwiegend gutes Zeugnis aus, wenn er schreibt:

*„Jungvolk' (Pimpfe) u. BDM (Mädchengruppe) ist hier eingegangen.
Der ‚Hitler-Jugend' gehören nur wenige an. Desgl. S.A. u. Pg."* (Pg =
Parteigenosse).

Zum folgenden Jahr 1938 findet sich neben weiteren Klagen über die Behinderung der kirchlichen Arbeit und die Verhaftung von Geistlichen und deren Verbringung in Konzentrationslager und Gefängnisse die folgende Notiz:

> *„Eine große Judenhetze setzte ein. Juden sind überall ausgeschaltet im Wirtschaftsleben. Ihre Synagogen wurden verbrannt u. niedergerissen, Männer in Konzentrationslager gebracht. Familie Frankenberg konnte vorher noch auswandern."*

Das im Jahre 1939 gefeierte Schützenfest durfte nach Pastor Behres Aufzeichnungen keinerlei religiösen Bezug aufweisen: Die Mitführung der Schützenfahnen bei der Hungerberg-Prozession war untersagt, die traditionelle Schützenmesse wie die Kriegerehrung an der Kirche mussten ausfallen, der Pastor durfte kein Ständchen bekommen und auch nicht zum Schießen oder zum Schützenfrühstück abgeholt werden.

Nachzutragen ist noch, dass mit Datum vom 19. Oktober 1936 der Vördener Amtsbürgermeister Ahlemeyer auch Amtsbürgermeister in Nieheim wurde. Die alltäglichen Amtsgeschäfte in Vörden übernahm weitgehend Josef Elsing, der bereits im Jahre 1928 von der Amtsvertretung zum Amtsbeigeordneten und damit zum Stellvertreter des Amtsbürgermeisters gewählt worden war.

2. Die Zeit des Zweiten Weltkrieges

a) Der Kriegsausbruch

In dieser Geschichte Vördens sollen und können die außenpolitischen Ereignisse, die zum Ausbruch des Zweiten Weltkriegs führten, auch nicht annähernd systematisch dargestellt werden. Es sei ledig darauf hingewiesen, dass die von den Nationalsozialisten total beherrschten Medien schon Monate vor dem Kriegsbeginn immer wieder von angeblichen polnischen Grenzübergriffen berichteten. Hinzu kam die massiv geforderte Rückkehr Danzigs, das durch den Versailler Vertrag eine freie Stadt geworden war, in das deutsche Reich. Nachdem Hitler am 23. August 1939 in Moskau durch seinen Außenminister Ribbentrop einen Nichtangriffspakt mit der Sowjetunion abschließen ließ, zu dem in einem geheimen Zusatzabkommen auch Vereinbarungen über eine Aufteilung Polens festgelegt wurden, eröffnete er am 1. September 1939 den Krieg mit Polen. Entgegen seinen Erwartungen erklärten daraufhin Frankreich und England und andere Staaten dem Deutschen Reich den Krieg. In der Kirchenchronik notierte Pastor Behre:

> *„Am 1. September brach der seit Jahren befürchtete Krieg aus. 25 Jahre seit Beginn des Weltkrieges".*

Zunächst begriff man allgemein noch nicht, dass man auf dem Wege zu einem neuen Weltkrieg war. Anders als zu Beginn des Ersten Weltkrieges stellte die nationalsozialistische Regierung aber die Wirtschaft sofort auf einen länger andauernden Konflikt ein. In der Vördener Pfarrchronik heißt es dazu:

> *„Sofort wurden die <u>Lebensmittel</u> rationiert, eine Reichskarte eingeführt, Kohlenvorräte beschlagnahmt, Kleiderbedarfskarte, Bezugscheine für alle Bedarfsartikel. <u>Autos</u> dürfen nur noch im ,öffentlichen Interesse' gefahren werden. Die Kleinpost von Brakel berührt Vörden deshalb nur noch 1 mal des Tages. Wegen der Fliegergefahr ist alles Licht abzublenden. Die sog. <u>Verdunklung</u> wurde in den ersten Monaten streng gehandhabt……Für die Bauern brachte die Verdunklung viel Unannehmlichkeiten mit sich. Später hat man hier deshalb auch nicht mehr kontrolliert. Es hat sich hier zudem kein feindlicher Flieger sehen lassen. Viele wurden <u>einberufen</u>. Weihnachten waren es rund 70, die unter den Waffen standen. Dazu kamen wohl an 25, die zur <u>Kriegsarbeit</u> durch das Arbeitsamt in Höxter herangezogen sind."*

Zunächst sah die Lage noch nicht sehr bedrohlich aus. Polen wurde in vier Wochen niedergeworfen. Gegenüber England und Frankreich gab es in den ersten Monaten nach der Kriegserklärung noch keine größeren Aktivitäten. Aufgrund des bestehenden Kriegszustandes blieben allerdings die Truppen unter Waffen. Sie wurden über das Land verteilt. Auch Vörden erhielt Einquartierungen von Artillerie mit Soldaten und Pferden. Die Soldaten schliefen bei Vördener Familien, die dafür bezahlt wurden. Die Verpflegung erfolgte zentral durch die auf dem Burghof stationierte Feldküche. Hier standen auch die Kanonen und Lastwagen. Im Schafstall der Burg waren die Pferde untergebracht. Wie Pastor Behre bemerkte, hatte man mit 8-14 Tagen Erholung für die Truppe gerechnet. Es wurden dann aber etliche Monate. Der Pastor sah mit Sorge die Auswirkungen:

> *„Dann zeigten sich die auch im Weltkrieg in der ,Etappe' festgestellten Schäden bei den Mannschaften u. in den Familien, besonders bei der Frauen- und Mädchenwelt. Es gab keine Polizeistunde in den Wirtschaften. Geld war genug da. Trinkgelage, an denen Frauen und Mädchen teilnahmen, Kino, Variete, Bälle sogar in der ,verbotenen' Zeit des Adventes. Viele aus der ,kath.' Gemeinde gingen hin. So manches entzieht sich überhaupt der Öffentlichkeit. Dazu kommt die Ansteckungsgefahr. Mahnen und Warnen ist umsonst. Es fehlt der sittliche Ernst."*

Der Pastor verglich die Situation mit der beim Beginn des Ersten Weltkrieges, wo man sich noch Trost und Kraft in der Kirche geholt habe. Polizeistunde sei um 10 Uhr gewesen, Tanzlustbarkeiten habe man verboten. Das alles sei jetzt anders. Das Volk sei ganz apathisch und glaube nicht mehr daran, dass der

Abb. 162   Kartoffelernte 1939.
Vor dem Haus Schröder (Middekes), Angerberg 22. Links Wilma Vogedes
(Massmanns), daneben Anna Potthast (Fabers), Maria Schröder und Tochter
Fine, einquartierte Soldaten.

Krieg Buße und Sühne sein solle. Auch die als Soldaten Einberufenen gingen
vorher nicht mehr zu den Sakramenten, wie es damals gewesen sei und auch
nicht alle, die Urlaub hätten. *„Ob das die Wirkungen sind der christusfeind-*
lichen Zeit vor allem in der Männerwelt?"
Schon bald kam Pastor Behre ganz unmittelbar mit dem Regime in Konflikt.
Das Geschehen lässt sich aus dem Schreiben des Paderborner Generalvikariats
an die Staatspolizeistelle in Bielefeld vom 16. November 1939 entnehmen, von
dem sich eine Abschrift im Pfarrarchiv befindet:

„Am 10. XI. 1939 wurde der kath. Pfarrer Behre in Vörden von Beamten
der Staatspolizei aus Höxter verhaftet u. in das Gefängnis nach Höxter ge-
bracht. Ihm wird vorgeworfen, daß er der Anordnung betr. das Siegesläuten
9.-16. X. wegen der Beendigung des poln. Feldzuges nur unzureichend – 2
Tage nicht geläutet – Folge geleistet habe. Pf. Behre habe sich darauf beru-
fen, daß eine entsprechende Anordnung des Erzbischofs noch nicht eingegan-
gen sei (kirchl. Amtsblatt 1936 Nr. 127). Wir teilen hierzu mit, daß wir s. Zt.
auf Ersuchen des Min. für kirchl. Angelegenheiten p. 30. IX. wegen dieses
Geläutes alsbald entsprechende Anordnung an sämtl. Dechanten mit dem
Ersuchen um Weitergabe an die Pfarrer haben ergehen lassen. Unser Rund-
schreiben ist am Samstag vor Beginn des Läutens beim zuständigen Dechan-
ten in Bredenborn eingelaufen. Dieser hat leider die Weitergabe unterlassen.

Wäre unsere Weisung an Pfr. Behre gelangt, so würde es zweifellos zu diesem Zwischenfall nicht gekommen sein. Pfr. Behre hat sich daran gehalten, daß bisher alle Anordnungen über das Läuten der Kirchenglocken durch die bischöfliche Behörde den Pfarrern mitgeteilt wurden (K.A. 1936 Nr. 127). Wir bitten daher seine Freilassung anzuordnen. "

Pastor Behre vermerkte bitter, dass *„ein guter Freund"* ihn vier Wochen nach dem unvollständigen Siegesläuten angezeigt habe, nicht der zuständige Wachtmeister. Er spricht von einer neuntägigen leiblichen und seelischen Folter, die er als 66-jähriger *„keine 14 Tage mehr ausgehalten hätte."*
Bis zum Ende des Jahres 1939 war noch kein Vördener gefallen. Schwer verwundet wurde jedoch der Unteroffizier Karl Schröder (Haus Talstraße 4). Pastor Behre schloss seinen Bericht zum Jahr 1939 mit dem Wunsch:

„Möge Gott in seiner weisen Vorsehung auch aus dem Kriegsübel Gutes erstehen lassen."

b) Der Verlauf des Krieges

Im April 1940 kam es zu Kampfhandlungen in Norwegen. Die deutschen Truppen konnten sich gegen die Versuche Frankreichs und Großbritanniens durchsetzten, den Erztransport aus Schweden nach Deutschland über die norwegischen Häfen zu unterbinden. Norwegen und später auch Dänemark wurden besetzt. Am 10. Mai 1940 begann dann der deutsche Angriff im Westen. Bis dahin blieb auch die Einquartierung in Vörden. Der schnelle Sieg über die französische Armee und das englische Expeditionscorps war Hitlers größter militärischer Triumph und brachte ihm in Deutschland viel Respekt und Anerkennung ein, auch wenn dabei die Neutralität Belgiens, Hollands und Luxemburgs verletzt wurde. Die Unterzeichnung des Waffenstillstandes am 22. Juni erfolgte an derselben Stelle im Walde von Compiègne und in demselben Eisenbahnwaggon wie auch die zum Ersten Weltkrieg am 11. November 1918. Mit dieser symbolhaften Handlung schien sich die von vielen als Schmach empfundene Niederlage von 1918 endgültig zum Triumph Deutschlands gewandelt zu haben. Auch in Vörden wurde der Sieg wie überall 10 Tage lang mit Beflaggung und Glockenläuten gefeiert. Diese Feier wurde auch noch nicht durch Gefallene aus Vörden getrübt.
In den folgenden Monaten versuchte die deutsche Luftwaffe durch Angriffe auf englische Städte Großbritannien entscheidend zu schwächen. Der entschiedene Widerstand vor allem der Royal Air Force vereitelte dann aber alle Hoffnungen auf einen Waffenstillstand oder gar auf die Möglichkeit einer Invasion der Insel. Nicht zuletzt, um von diesem Versagen abzulenken und unter dem Zwang, den hochgerüsteten Truppen andere Erfolge zu ermöglichen, befahl Hitler zum 22. Juni 1941 unter Verletzung des geschlossenen Nichtangriffspakts den Angriff auf die Sowjetunion. Den ersten schnellen Erfolgen mit der Gefangen-

nahme von Hunderttausenden von Rotarmisten folgte jedoch für die völlig unzureichend auf den russischen Winter vorbereiteten Soldaten der Wehrmacht
bald die Niederlage vor Moskau und später die Katastrophe von Stalingrad im
Winter 1942/43. Schon vorher war mit dem Angriff des deutschen Verbündeten Japan auf den US-Marinestützpunkt Pearl Harbor am 7. Dezember 1941
und der folgenden deutschen Kriegserklärung an die USA der Krieg endgültig
zum Zweiten Weltkrieg geworden. Und angesichts der Bevölkerungsstärke und
der industriellen Macht der Gegner war die deutsche Niederlage damit letztlich
bereits besiegelt. Mit der alliierten Invasion am 6. Juni 1944 in der Norman-
die stand Deutschland in einem Mehrfrontenkrieg, der dann nach knapp einem
Jahr zur bedingungslosen Kapitulation führte.
Der erste Kriegstote, der in Vörden beklagt wurde, war Heribert Siepmann, der
am 7. November 1940 nördlich von Schotland auf einem Kriegsschiff zu Tode
kam.[6] Mit dem Beginn des Krieges gegen die Sowjetunion wurden viele weitere
Vördener eingezogen, so dass am Ende des Jahres 1941 mehr als 100 Vördener
unter den Waffen standen, wie Pastor Behre in der Pfarrchronik erwähnte. Die
Front in Russland erforderte dann auch bereits 1941 zwei weitere Tote aus Vörden sowie einige Verwundete. Im weiteren Verlauf des Krieges wurden die Gefallenen, Verwundeten und Vermissten von Jahr zu Jahr mehr. 1942 fielen oder
starben an ihren Verwundungen fünf, 1943 sieben, 1944 neun und in den gut
vier Kriegsmonaten 1945 sogar 12 Vördener. Drei Vördener erlagen noch nach
Kriegsende ihren Verletzungen.
Trotz seiner Lage abseits von Bahnverbindungen und industriellen Zentren
blieb Vörden selbst aber auch nicht gänzlich von Kampfeinwirkungen ver-
schont. Hatte man bisher lediglich alliierte Bombergeschwader im Anflug auf
deutsche Städte in großer Höhe gesehen oder gehört, so kam eine Auswirkung
des Bombenkriegs am 22. Oktober 1943 bedrohlich nahe, als am Ortsrand ein
Bombenflugzeug des viermotorigen britischen Typs Halifax LW 293 mit kana-
discher Besatzung abstürzte. Darüber berichtete der damalige Führer der Vördener Feuerwehr, Josef Kreilos (Fenstermacher) als Zuständiger an den Amts-
wehrführer Düwel in Bredenborn:

„Am 22. Oktober 43 abends zogen mehrere Geschwader feindliche Flug-
zeuge in Richtung Kassel. Nach geraumer Zeit darauf sah man am Firma-
ment einen gewaltigen anhaltenden Feuerschein, und die Geschwader ka-
men zurück, verfolgt von deutschen Nachtjägern. Ein abgeschossenes feind-
liches Flugzeug fiel brennend ca. 100 m von Vörden, südlich der Straße nach
Eilversen direkt neben einer Hochspannungsleitung zu Boden. Wegen der
explodierenden Munition des Flugzeuges wurde die Umgebung durch Po-
lizei und Feuerwehr gesperrt. Am 23. Oktober Ablöschen des Flugzeuges
durch hiesige Feuerwehr. Auch am 24. und 25. mußte die Feuerwehr noch
Wache stellen. Die 7 oder 8 Toten des Flugzeugs wurden auf dem Friedhof in
Vörden begraben.“

Abb. 163   *Trümmer des bei Vörden abgestürzten britischen Bombenflugzeuges.
Im Hintergrund links Elsings (Kienen) Scheune, hinten die Windmühle,
auf den Trümmern sitzend Elfriede Sommerfeld (Tochter des damaligen
Eigentümers der Molkerei).*

Es folgt der spätere Zusatz:

> *„Nach dem Kriege von englischen Leuten wieder ausgegraben zu einem
> Ehrenfriedhof".*[7]

Aus eigener Anschauung des Verfassers sei hinzugefügt, dass das Flugzeug vor
dem Absturz brennend über der Gegend flog und Teile verlor, so z.B. einen
Motor zwischen der Windmühle und der Straße nach Großenbreden. Ein Teil
einer Tragfläche ging am Ortsrand von Kleinenbreden nieder. In einem kürzlich erschienenen Buch über den Luftkrieg im Weserbergland schreibt der Autor: *„Der Pilot und zwei weitere Flieger sterben in der Maschine, die anderen
Männer springen noch ab, doch ihre Fallschirme öffnen nicht mehr."*[8]
Pastor Behre vermerkte in der Pfarrchronik, dass einer der Soldaten eine Bibel
mit der Widmung seiner Mutter bei sich hatte.
Zu einer völlig unverständlichen Attacke von vier amerikanischen Jagdflug-
zeugen kam es gegen Mittag am Karsamstag (8. April) des Jahres 1944: Die
Besatzung der von einem Angriff auf Braunschweig zurückkehrenden Maschinen feuerte von Osten her in die Amtsstraße hinein. Dem dort an der Straßenseite mit anderen Kindern spielenden Josef Roggenbach wurde ein Bein
abgeschossen, der Spielkamerad Karl Gaentzsch erhielt einen Streifschuss am

Oberschenkel. Einige Geschosse waren auch in das Amtsgebäude sowie in das Haus Schlütz (an der heutigen Stelle Amtsstraße 20) eingeschlagen, hinterließen hier aber nur Sachschäden. Noch sechs weitere Häuser wiesen geringe Schäden auf.[9] Josef Roggenbach erhielt das Verwundetenabzeichen in Silber, Karl Gaentzsch in Schwarz. Solche Auszeichnungen waren eigentlich für Soldaten gedacht.

Ein Fliegerangriff auf einen deutschen Panzer ereignete sich am 24. Oktober 1944 auf der Straße nach Bredenborn in der Höhe der beiden großen Burgscheunen. Die Mannschaft suchte zwischen zwei größeren Apfelbäumen Deckung. Die Bäume wurden stark zerfetzt. Auch eine der beiden Burgscheunen mit Erntegut und allerlei landwirtschaftlichem Gerät darin geriet in Brand und wurde ein Raub der Flammen. Wenige Tage später ging rechts der Straße nach Bredenborn auf der Höhe des jetzigen Aussiedlerhofes wohl als Notabwurf im Feld eine Fliegerbombe nieder. Der riesige Trichter, der von vielen besichtigt wurde, gab den Vördenern eine Vorstellung von der Zerstörungskraft einer solchen Bombe.

Wie im Ersten Weltkrieg, so waren auch jetzt wieder Kriegsgefangene als landwirtschaftliche Helfer in Vörden, vor allem Franzosen, Russen und Polen. In aller Regel war das Verhältnis der Vördener zu ihnen gut. Zu rächenden Übergriffen, wie es sie an anderen Orten nach Kriegsende gegeben hat, ist es in Vörden nicht gekommen. Von offizieller Seite wurde aber immer wieder gemahnt, den Abstand zu den Gefangenen zu wahren. So verbot der Reichsminister für kirchliche Angelegenheiten mit Datum vom 15. Juli 1941 die Teilnahme von Polen an den üblichen Gottesdiensten.

> *„In Zukunft können demnach nur noch gesonderte Gottesdienste für die Polen stattfinden. Bei diesen Gottesdiensten hat der Gesang in polnischer Sprache zu unterbleiben wie denn überhaupt nur der Gebrauch der deutschen Sprache zugelassen ist."*[10]

Eine Polizeiverordnung des Regierungspräsidenten in Minden vom 8. November 1941 untersagte jede Beteiligung von Polen an deutschen kulturellen Veranstaltungen. § 8 bestimmte: *„Die Inanspruchnahme deutscher Friseure seitens Zivilarbeiter poln. Volkstums ist verboten."*[11] Mit Datum vom 13. April 1942 verlangte die Gestapo in Münster vom Landrat in Höxter die Bekanntgabe der Namen von Bauern, die am 6. Januar 1942 (*„früher hl. drei Könige"*) nicht gearbeitet und auch ihre polnischen Arbeiter nicht zur Arbeit angehalten hätten. *„Die Polen sollen sich an diesem Tag herumbummelnd in den Dörfern gezeigt haben."*[12] Mit Datum vom 21. April 1942 regelte der Reichsminister des Inneren die Behandlung der russischen Arbeiter. Sie sollten im Todesfall ohne noch verwertbare Kleidungsstücke ohne Särge mit *„starkem Papier oder sonst wie geeignetem Material"* umhüllt bestattet werden, und zwar abseits mit gebührendem Abstand zu den Gräbern Deutscher.[13]

Dass die ausländischen Kriegsgefangenen und Verschleppten in Vörden trotz solcher Bestimmungen in aller Regel menschlich behandelt wurden, zeigt sich an deren Hilfsbereitschaft über ihre eigentlichen Aufgaben hinaus. So wurde der Leiter der Vördener Zweigstelle des Elektrizitätswerkes, Eduard Flormann, von dem bei Elsing (Kienen) arbeitenden Polen gerettet, als er bei der Reparatur an einer Freileitung an beide Drähte stieß und sich nicht mehr lösen konnte. Der Gefangene bestieg beherzt die Leiter und zog Flormann herab.[14] Nachdem das Haus Elsing (Kienen) am 15. August 1944 durch Blitzschlag abgebrannt war, schrieb der bereits genannte Josef Kreilos als örtlicher Feuerwehrleiter an die Amtsverwaltung:[15]

> *„Bei dem Brande Elsing hatte ich die hiesigen französischen Kriegsgefangenen einsetzen müssen, da mir kräftige Leute fehlten. Dieselben haben die Zubringer-Handspritze ohne Aufsicht beim Kump bis zum Eintreffen der Bredenborner Motorspritze zuverläßlich bedient. Ist es nicht angebracht wenn diese Leute von der Behörde oder Öffentlichkeit belohnt würden?"*

Von einer Reaktion auf diesen sicherlich mutigen Vorschlag ist nichts bekannt. An dieser Stelle sei erwähnt, dass 1942 die örtlichen Feuerwehren der SS und der Polizeigerichtsbarkeit unterstellt wurden. Um den Anschein der Legalität aufrecht zu erhalten, sollten alle Feuerwehrleute durch ihre Unterschrift der Unterstellung zustimmen. In Vörden verweigerte jedoch der Landwirt und frühere Ortsvorsteher Josef Potthast (Hahne) die Unterschrift.[16]

Mit zunehmendem Kriegsverlauf suchten auch immer mehr Bewohner des Ruhrgebiets in Vörden Schutz, vor allem solche, die Verwandte in Vörden hatten und in der Regel auch bei diesen unterkamen. Es wurde aber auch zusätzlicher Wohnraum für Evakuierte und auch für die späteren Ostflüchtlinge in der Form von Behelfsunterkünften des Deutschen Wohnungshilfswerks geschaffen, das von Hitler am 9. September 1943 gegründet worden war. So entstanden auf dem damaligen Zimmerplatz an der Straße nach Bredenborn (derzeit städtischer Bauhof) drei aneinander gebaute und auf dem Anger zwischen der Amts- und der damaligen Poststraße (heutiger nördlicher Angerberg) zwei einzeln stehende Baracken. Auf 20 m² enthielten sie neben einen Wohnraum mit Kochherd, Waschbecken und zwei Schlafplätzen einen Schlafraum mit Platz für weitere zwei Betten. Die Toilette befand sich außerhalb.[17]

Neben diesen hölzernen Notunterkünften wurden auch zwei aus Ziegeln gemauerte gebaut, und zwar auf dem heutigen Schulgelände.[18] Sie wiesen ebenfalls nur zwei Räume aus. Hier fanden jeweils fünfköpfige Familien Unterkunft, nämlich die Familie des Lehrers Pradel aus Schlesien mit drei Kindern im östlichen sowie Frau Nowara mit vier Kindern im westlichen Teil. Dieser Teil des „Doppelbehelfsheimes", wie es im amtlichen Sprachgebrauch hieß, wurde dann später von der ebenfalls fünfköpfigen Familie des früheren Zahnarztes (Dentisten) Kühne bewohnt.

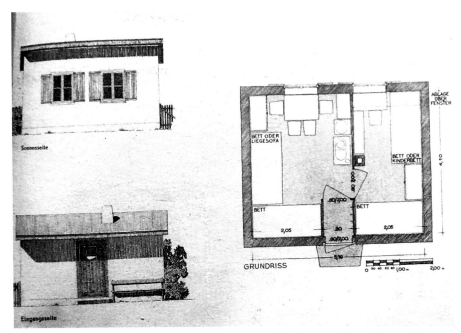

Abb. 164 Plan der aus Holz gebauten Behelfsunterkünfte, von denen drei auf dem
Zimmerplatz und zwei auf dem Schützenanger standen.

c) Das Kriegsende

Die ersten Vorboten der herannahenden Front und damit des örtlichen Kriegs-
endes waren für Vörden die unterzubringenden Evakuierten von der westlichen
Reichsgrenze. Sie mussten im September 1944 ihre Heimat verlassen, als sich
die alliierten Truppen näherten. Nach Vörden kamen vor allem Bewohner aus
dem Bezirk Aachen. Sie wurden auf die einzelnen Familien auch nach Arbeits-
bedarf verteilt. Pastor Behre notierte in der Pfarrchronik, dass in Vörden 300
Evakuierte seien, davon 2/3 aus dem Bezirk Aachen.
Am ersten Ostertag, dem 1. April 1945, hatten amerikanische Verbände nach
starken vorhergehenden Bombenangriffen Paderborn eingenommen. Bis auf
wenige Verblendete und Fanatische glaubte längst niemand mehr an einen
Sieg Deutschlands. General Mattenklott, der den Gefechtsstand des Stellvertretenden Generalkommandos VI.A.K. zu der Zeit auf Gut Abbenburg stati-
oniert hatte, meldete am 4. April, dass die Bevölkerung bei Annäherung des
Gegners weiße Fahnen zeige und die Kampfmoral der eigenen Truppe negativ beeinflusse.[19] Bei aller Unsicherheit der Behandlung durch die Amerikaner,
die durch die deutsche Propaganda kräftig geschürt wurde, hofften die Menschen doch auf ein rasches und verlustloses Kriegsende vor Ort. Eine besondere
Angst herrschte vor den Soldaten schwarzer Hautfarbe, weil niemand vorher
jemals Farbigen begegnet war.

General Mattenklott hatte der ihm unterstehenden Division 466 befohlen, in der Nacht zum 5. April 1945 die Linie Blomberg-Wöbbel-Steinheim-Nieheim-Holzhausen-Bellersen-Brakel-Erkeln zu beziehen und zu halten. Als aber dann die 83. US-Infanterie-Division am Morgen des 5. April von Horn aus angriff, war der deutsche Widerstand nur gering. Die Soldaten wurden von ihrem Kommandeur als stark angeschlagen und völlig übermüdet bezeichnet. Zudem herrsche ein Mangel an Munition, Panzerfäusten und Treibstoff.[20]

Am Nachmittag des 5. April näherten sich die amerikanischen Truppen der Division 83 von Bredenborn her Vörden. Der Großteil der zuvor hier lagernden deutschen Truppenteile verließ den Ort in Richtung Eilversen. Ein Panzer fuhr hingegen in Richtung Altenbergen und postierte sich unterhalb des rechts vom Wege gelegenen Waldstücks Jungfernbusch. Der Standort bot einen guten Überblick auf die Straße von Bredenborn nach Vörden. Dadurch gelang es der Besatzung, kurz vor dem Ortseingang Vördens noch zwei amerikanische Kettenfahrzeuge abzuschießen. Die Amerikaner reagierten mit heftigem Feuer in Richtung des Waldes. Auch nach der Besetzung Vördens stand ein schwerer amerikanischer Panzer auf der Kreuzung der heutigen Talstraße mit dem Angerberg und feuerte mit der Panzerkanone in diese Richtung. Das ließ die Scheiben der umliegenden Häuser erklirren. Dennoch konnte sich der deutsche Panzer über Altenbergen in Richtung Ovenhausen absetzten. Noch lange Jahre später waren in dem Waldstück viele abgeschossene Bäume und solche mit Granatsplittern im Holz zu finden.

Die Bevölkerung hatte während des Einmarsches in der Regel in den Kellern der Häuser Schutz gesucht und wartete ängstlich auf das Erscheinen des ersten Amerikaners. Einige zum „Volkssturm" befohlene Jugendliche beobachteten vom Bollkasten her den Einmarsch, ohne selbst aktiv zu werden.[21] Mehrere Parteimitglieder sollen im Hungerberg das Erscheinen der Amerikaner abgewartet und sich dann erst nach dem Durchgang der Front wieder nach Vörden hineingetraut haben. Sehr kuragiert verhielt sich dagegen die weltliche Krankenschwester Maria Hergt, die wegen ihrer Uniform allgemein als „blaue Schwester" bezeichnet wurde. Sie hisste mit Unterstützung eines in Vörden Evakuierten die weiße Flagge auf dem Kirchturm und ging zudem den Amerikanern mit einer weißen Flagge entgegen um anzuzeigen, dass keine deutschen Truppen mehr im Ort waren. Dennoch kam es zu Gebäudeschäden: Vor der damaligen Gastwirtschaft Koch (heute Leßmann, Talstraße 3) war ein deutscher Lastwagen wohl wegen Benzinmangels stehen geblieben. Die Amerikaner feuerten vom westlichen Ortseingang her auf dieses Fahrzeug. Zwei Geschosse verfehlten es jedoch und rissen aufgrund der leichten Rechtsbiegung der Straße die südöstliche Hausecke des Fachwerkhauses Hagemann (Talstraße 6) ein und durchschlugen im nebenstehenden Haus Schröder (Talstraße 4) noch die Außenwand. Auch die gegenüber dem Hause Homann (Talstraße 11) stehende Shell-Tankstelle wurde zerschossen. Dabei gingen in den umliegenden Häusern auch einige Fensterscheiben zu Bruch. Schon bei dem Anmarsch auf Vörden

war die noch stehende Burgscheune an der Brucht, die im Oktober 1944 erhalten geblieben war, durch Beschuss beschädigt worden.[22]
Für die Bevölkerung folgten strikte Beschränkungen der täglichen Ausgehzeit sowie der Befehl zur Abgabe aller Waffen. Das Schloss wurde von amerikanischen Truppen beansprucht. Es diente ihnen als regionales Hauptquartier. Der Freiherr von Haxthausen musste in das angrenzende Verwaltergebäude ziehen. Mit der Übernahme der Besatzung durch die Briten im Laufe des Monats Mai konnte von Haxthausen wieder in das Schloss zurückkehren, *„nach gründlicher Reinigung"*, wie Pastor Behre in der Pfarrchronik notierte.
Zu einer dramatischen Entwicklung kam es kurz vor dem Einmarsch der Amerikaner noch im nahen Eilversen. Hier hatte jemand unmittelbar nach Abzug der deutschen Truppen ein weißes Bettuch an einen Baum auf der Höhe nach Vörden hin angebracht. Ein fanatischer SS-Truppenführer kehrte deshalb noch vor dem Wald nach Ovenhausen mit einigen Soldaten um und verlangte die Auslieferung der Person. Als man auch in dem Bettuch keinen Namen als Hinweis fand, mussten alle Einwohner bei der Kapelle antreten und es sollte aus jeder Familie eine Person erschossen werden. Die heranrückenden amerikanischen Truppen führten dann aber zum schleunigen Abmarsch der Deutschen.[23]
Zu persönlichen Übergriffen durch amerikanische Soldaten kam es nicht. Kleinere Diebstähle bezogen sich vor allem auf frische Eier. Größere Entwendungen gehen aus einer im Kreisarchiv Höxter vorhandenen Sammlung hervor, auf der die folgende Zusammenstellung beruht.[24]

Geschädigter	Wohnort des Geschädigten	Art des Schadens	Datum	in Nr.
Amtsverwaltung Vörden	Vörden	Mitnahme einer Additionsmaschine und zweier Schreibmaschinen durch alliierte Truppen.	05.-10.04.1945	68
Fricke, Erich Apotheker	Vörden Nr. 164	Einquartierung, Mitnahme von Schmuck, Schinken und einem Photoapparat durch amerikanische Soldaten.	05.04.1945	54
Kreilos, Heinrich	Vörden 89	Mitnahme von Gegenständen, darunter ein Photoapparat und eine silberne Uhr, durch amerikanische Soldaten.	05.04.1945	88
Kreilos, Maria	Vörden 35	Mitnahme von Gegenständen durch amerikanische Soldaten.	06.04.1945	84

Mit dem Kriegsende in der Heimat war allerdings die Sorge um die zum Teil noch kämpfenden Soldaten nicht aufgehoben. Von etlichen fehlte seit langem jede Nachricht. Schließlich forderte der Krieg aus Vörden 58 Opfer, unter denen 18 Vermisste sind, über deren Schicksal jede Information fehlt. Große Freude und Dankbarkeit herrschte dagegen in Eilversen, wo man keinen Kriegstoten zu beklagen hatte. Als letzter Vördener kehrte im Januar 1950 Alois Hecker aus sowjetischer Gefangenschaft zurück.

Nach dem Einmarsch der Amerikaner blieb die Zivilverwaltung zunächst in Kraft. Die Leitung der Amts- wie der Ortsverwaltung nahm damals Josef Elsing (Mönchehof) als Amtsbeigeordneter wahr (s. o.). Der frühere Amts- wie Ortsbürgermeister Ahlemeyer war 1944 eingezogen worden und als hochdekorierter Soldat schon des Ersten Weltkrieges am 17. September 1944 in Holland gefallen.

Im Mai 1945 lösten die Briten die Amerikaner als Besatzungsmacht ab. Diese setzten am 5. Juni 1945 den früheren Hauptmann der Schutzpolizei in Mönchen Gladbach, Josef Steinmann, als neuen Amtsbürgermeister ein. Dieser wurde dann am 15. Juli 1945 nach der 1934 eingeführten Regelung auch Vördener Ortsbürgermeister (damals Ortsvorsteher).[25] Der aus Beverungen stammende Steinmann war gleich bei der Machtergreifung der Nazionalsozialisten beurlaubt worden, weil er diese vorher bei ihren Kundgebungen in seinem Verantwortungsbereich nicht genügend unterstützt hatte. Nach seiner Wiederanstellung verweigerte man ihm jegliche Beförderung. Daraufhin trat er aus dem Polizeidienst aus und übernahm eine Verwaltungsstelle in der Landwirtschaft.[26]

d) Gefallene und Vermisste und an den Kriegsfolgen Verstorbene aus Vörden

Die Gedenktafeln an der Nordseite der Kirche weisen folgende Namen und Angaben aus:

Gefallene

Ahlemeyer, Karl	17.09.44	Holland
Bobbert, Ferdinand	26.08.43	Rußland
Göke, Johannes	14.05.43	Bochum
Hagemann, Otto	12.12.44	Rußland
Hillebrand, Franz	28.10.43	Rußland
Hillebrand, Johannes	04.04.44	Rußland
Hölting, Alfons	13.06.45	Wickrath
Hottenrott, Ludwig	07.05.45	Kurland
Jenka, Anton	01.05.45	Denklingen
Kluge, Bruno	31.12.42	Rußland
Kluge, Josef	04.01.45	Frankreich
Koch, Albert	04.05.42	Rußland

Koch, Johannes	11.06.45	Vörden
Kreilos, Johannes	18.01.42	Rußland
Krois, Heinrich	08.10.44	Holland
Lange, Anton	25.04.45	Tschechosl.
Lüke, Bernhard	23.10.43	Rußland
Lüke, Wilhelm	03.04.42	Rußland
Meyer, Alois	22.03.45	Danzig
Mühlenhoff, Josef	05.11.41	Rußland
Müller, Karl	21.11.44	Berlin-Charl.
Nolte, Wilhelm	25.09.45	Frankreich
Ohagen, Günter	29.11.44	Konzendorf
Potthast, Josef	11.10.41	Rußland
Potthast, Josef	30.05.46	Rußland
Ridder, Anton	05.03.45	Unna
Sander, Fritz	29.03.42	Nordmeer
Schöttler, Hermann	23.04.45	Stettin
Schröder, Heinrich	15.03.45	Rußland
Schröder, Josef	01.09.43	Rußland
Schröder, Josef	31.10.44	Rußland
Siepmann, Herib.	07.11.40	Schottland
Simon, Franz	02.05.45	Danzig
Sprenger, Alfons	23.03.45	Schlesien
Sprenger, Willi	18.08.42	Rußland
Sprenger, Karl	06.04.43	Sizilien
Stamm, Eduard	03.08.44	Frankreich
Stamm, Heinrich	30.07.44	Litauen
Schwarze, Karl	03.01.45	Rußland
Schwarze, Willi	24.03.45	Samland
Vogedes; Konrad	24.02.43	Rußland
Weber, Alfons	29.09.42	Rußland

Vermißte
Gröne, Theodor
Hansmann, Josef
Hecker, Johannes
Hillebrand, Karl
Kreilos, Alfons
Kreilos, Eugen
Kruse, Josef
Lüke, Josef
Offergeld, Arnold
Palm, Rudolf
Schröder, Josef

Sekunde, Paul
Simon, Josef
Stamm, Johannes
Unverzagt, Johannes
Weber, Wilhelm

Einige der hier Aufgeführten stammten allerdings nicht aus Vörden. Ihre Angehörigen hatten jedoch als Evakuierte, Flüchtlinge oder Vertriebene in Vörden Zuflucht gefunden und wünschten deshalb die Nennung ihres Kriegstoten auf den Tafeln.

3. Das Schicksal der Vördener Juden

Lange bevor der Großteil der Deutschen unmittelbar unter den Maßnahmen der Nationalsozialisten und den Kriegsfolgen zu leiden hatte, begann schon der Leidensweg der Deutschen jüdischer Religion. Das Schicksal der Juden aus dem früheren Amt Vörden ist erfreulicherweise in drei Schriften recht gut dokumentiert.[27] Die folgenden Ausführungen gehen insbesondere auf die Vördener Juden ein.

a) Die Vördener Juden vor der Machtergreifung durch die Nationalsozialisten

Wie bereits an anderer Stelle ausgeführt wurde (s. unter „Kirche und religiöses Leben"), sind in Vörden ab 1704 jüdische Bewohner nachweisbar. Zur Mitte des 19. Jahrhunderts lebten in Vörden die Familien Israelsohn in mehreren Zweigen, Goldschmidt, Frankenberg und Löwendorf, letztere in zwei Linien. Zu den insgesamt 21 Juden sind als Berufe angegeben: Handelsmann 4, Lumpensammler/-sammlerin 3, Metzger 1, kein Gewerbe 1. Die übrigen 12, auch die Kinder, werden unter „Handarbeiter" bzw. „Handarbeiterin" geführt.[28] Zu Beginn des 20. Jahrhunderts waren in Vörden drei jüdische Familien ansässig, nämlich Löwendorf, Israelsohn und Frankenberg mit zusammen 17 Mitgliedern. Durch Einheirat änderte sich der Name Löwendorf in Bacharach. In den 20er Jahren kam noch die Familie Kleeberg hinzu, indem der aus Amelunxen stammende Willi Kleeberg Johanna Israelsohn heiratete und sich in Vörden niederließ. Zur Zeit der Machtergreifung der Nationalsozialisten wohnten in Vörden vier jüdische Familien mit 20 Personen an folgenden Wohnplätzen und mit den angegebenen Tätigkeiten:

Familie Bacharach, 2 Personen, heute Haus Marktstraße Nr. 3. Kolonial- und
    Gemischtwaren,
Familie Israelsohn, 5 Personen, heute Haus Amtsstraße 13, Viehhandel,
Familie Kleeberg, 4 Personen, jetziges Haus Angerberg 20, Manufakturwaren,
Familie Frankenberg, 9 Personen an zwei Wohnplätzen, Manufakturwaren.

Die beiden Brüder Salomon und Leopold Frankenberg lebten mit ihren Familien im jetzigen Haus Angerberg 3 bzw. als Mieter im jetzigen Haus Talstraße
19.[29] Nachdem Johanna Kleeberg bei der Geburt ihres dritten Kindes Channa
im Jahre 1938 gestorben war, heiratete Willi Kleeberg die Witwe Jenny Wolff
geborene Plaut.
Die Juden in Vörden waren durchaus respektierte Mitglieder der Ortsgemeinschaft, wenn auch immer durch ihre Religion von wesentlichen Lebensberei-
chen der ansonsten katholisch bestimmten Gesellschaft abgesondert.[30] Sie
sprachen – bis auf den aus Amelunxen gekommenen Willi Kleeberg und den
aus Hessen stammenden Heinrich Bacharach – Vördener Platt. Die männlichen
Juden waren Mitglieder der Schützengesellschaft. Die Kinder gingen in die
Vördener Schule und hatten Spielkameraden unter den christlichen Kindern.

*Abb. 165   Das Geschäftshaus des Heinrich Bacharach (Bildmitte), rechts Haus
    Schwarze, um 1920. Das linke Haus gehörte 1830 dem jüdischen Lumpen-
    händler Simon Goldschmidt, später von Nathan Löwendorf gekauft, dem
    Schwiegervater Bacharachs.*

Im Ersten Weltkrieg fiel der Sohn Sally der Familie Frankenberg als deutscher Soldat. Sein Name ist auf der Tafel des Ehrenmals an der Kirche mit verzeichnet. Ein Beleg für die dennoch ambivalente Stellung der Juden in Vörden waren ihre Beinamen „Moses" anstelle des sperrigen Namens Israelsohn und „Nathan" für Bacharach, letzterer wohl nach dem Vornamen des Schwiegervaters des Heinrich Bacharach und Vorbesitzers Nathan Löwendorf, vielleicht aber auch noch nach dem bereits 1704 genannten Juden Josef Nathan (s. o.). Das Faktum von Beinamen wies sie einerseits als Teil der Ortsgemeinschaft aus, andererseits zeigte die Art der Beinamen aber auch ihre Sonderstellung an.

Von der wirtschaftlichen Stellung her zählten die Familien Frankenberg und Löwendorf / Bacharach zu der oberen Gesellschaftsschicht in Vörden, was sich schon durch ihre großen, massiv gebauten Häuser dokumentierte. Demgegenüber waren die Lebensverhältnisse der miteinander verwandten Familien Israelsohn und Kleeberg deutlich bescheidener.

b) Die Diskriminierung und Bedrängung der Juden, Auswirkungen in Vörden

Schon bald nach der Machtergreifung betrieb die SA vom 1. April 1933 an einen Boykott jüdischer Geschäfte. Knapp eine Woche später wurde als erstes antijüdisches Gesetz das „Gesetz zur Wiederherstellung des Berufsbeamtentums" erlassen mit dem hauptsächlichen Ziel, Menschen „jüdischer Rasse" aus allen Beamtenstellen zu entfernen. Im September 1935 wurden dann auf dem Nürnberger Parteitag der NSDAP die „Nürnberger Gesetze" verabschiedet, die den Juden das Wahlrecht und die Wahrnehmung öffentlicher Ämter absprach. Die Heirat wie der geschlechtliche Verkehr zwischen Juden und Angehörigen der „arischen Rasse" wurde als „Rassenschande" gebrandmarkt und unter Strafe gestellt. Wohl aus Rücksicht auf die anstehenden olympischen Spiele 1936 in Berlin kam es dann zunächst nicht zu weitergehenden Maßnahmen.

Die Juden in Vörden waren durch diese ersten Maßnahmen in ihrem Alltagsleben allerdings kaum betroffen. Schon aus Mangel an einer straffen örtlichen SA-Organisation fand der Boykott jüdischer Geschäfte und Händler praktisch nicht statt. In Vörden wurde dazu folgendes Ereignis berichtet: Als ein aus Ovenhausen stammender, in Vörden verheirateter Parteigenosse Käufer vom Betreten jüdischer Geschäfte abhalten wollte, sagte ihm eine ältere Frau auf Platt: „Doine Bedden sin auk vom Juden, iäk hewe se sülvest mi stoppet."[31] (Deine Betten sind auch vom Juden [beim Juden gekauft], ich habe sie selbst mit gestopft [die Federn eingefüllt]). Auch im Umland hielt man den Verkehr mit den jüdischen Händlern und Geschäftsleuten aufrecht. Einen Beleg dafür lieferte das NS-Volksblatt vom 28. Mai 1934, in dem es über Altenbergen heißt, wo selbst keine Juden wohnten:

> „Altenbergen, schöne Residenz, für dich gibt's keine Konkurrenz. Das Eldorado der Juden, so kann man das schöne Gebirgsdorf nennen, das fast ganz

*abgeschlossen von der Welt sein Dasein fristet. Mit seinen 418 Einwohnern
bietet es ein Bild gegenseitiger Selbstzerfleischung. Den politischen Einzel-
rednern sei an dieser Stelle gesagt, daß die Saat hier auf fruchtbaren Boden
gefallen ist. Alles, was Nationalsozialismus heißt, wird heute noch mit allen
Mitteln bekämpft. Nur der Jude ist am Ort ein angesehener Gast. Schon in
aller Frühe kommen dieselben ins Dorf. Bei einem Judenfreund, einem Erb-
hofbauern, wird Verkehr gehalten. Hier werden bei einer Tasse Bohnenkaffee
die politischen Tagesereignisse besprochen und alles, was Nationalsozialismus
heißt, in den Schmutz gezogen. Ein zahlungsfähiger Kuhbauer kaufte vor einigen Wochen eine Dreschmaschine vom Juden. Ebenso ist es mit anderen
Waren. Beim Juden ist ja auch alles zu kaufen, selbst religiöse Gegenstände.
Es wird höchste Zeit, daß von führender Stelle hier einmal aufgeräumt wird.
Auch Altenbergen soll wissen, daß es sich dem Willen des Führers zu unter-
werfen hat und nicht mehr gegen den Strom schwimmen kann."[32]*

Man wird davon ausgehen können, dass in Altenbergen vor allem die Juden aus
Vörden ihre Waren und Dienstleistungen anboten. Das Zitat macht auch das
bereits ganz auf den Diktator hin orientierte Denken sowie die totalitäre Sprache der NS-Presse deutlich.
Offenbar versuchten die regulären Verwaltungen anfangs noch, die Aktionen
von Parteimitgliedern gegen Juden zu unterbinden oder abzumindern. So hatte
der mit einer Vördener Gastwirtin verheiratete Ortsgruppenleiter der NSDAP
außen am Zaun ihres am Ortseingang liegenden Gartens ein antijüdisches Schild
anbringen lassen. Dazu schrieb jedoch Amtsbürgermeister Ahlemeyer offenbar
in Abstimmung mit dem Höxteraner Landrat am 15. November 1936:[33]

*„Unter Bezugnahme auf die Verfügung des Herrn Landrats in Höxter vom
31. Oktober 1936 L I 1910, die Ihnen am 1.11.1936 zur Kenntnisnahme vorgelegen hat, ersuche ich nunmehr die Entfernung des an Ihrer Gartenein-
friedung auf Eigentum der Provinz stehenden Schildes mit der Aufschrift
„Juden sind an diesem Ort unerwünscht" zu veranlassen, da ich der Aufsichtsbehörde über die erfolgte Entfernung berichten muß. Sie hatten s. Zt.
versprochen, für die Entfernung Sorge zu tragen."*

Mit Datum vom 22.11.1936 antwortete ihm der Ortsgruppenleiter mit dem
Briefkopf der NSDAP, Ortsgruppe Vörden, das Schild werde *„innerhalb von 2
Tagen von seinem Platz verschwunden sein"*. Auf diesem Schreiben notierte der
Amtsbürgermeister mit Datum vom 30.11.1936, dass das Schild nunmehr auf
dem Grundeigentum der Frau Gastwirtin aufgestellt sei. Dagegen scheint keine
behördlich Anordnung mehr ergangen zu sein.
In demselben Jahr lehnte Amtsbürgermeister Ahlemeyer auch das Ansuchen
von Parteistellen ab, jedem Brautpaar bei der Eheschließung kostenlos ein
Exemplar von Hitlers „Mein Kampf" auszuhändigen. Als Grund führte er die

angespannte Finanzsituation des Amtes an. Auch im folgenden Jahr 1937 widersetzte sich Ahlemeyer dem Ansinnen, zur Unterstützung der Rassenpolitik jedem Brautpaar bei der Trauung ein Vierteljahrsabonnement der Zeitschrift „Neues Volk" auszuhändigen mit dem gleichen Argument der engen Finanzsituation des Amtes. Dasselbe geschah auch im Hinblick auf die NS-Zeitschrift „Familie, Sippe, Volk".[34]

Die allgemeine Situation der Juden verschlechterte sich im Laufe des Jahres 1938 durch zusätzliche antijüdische Gesetze weiter. So mussten alle jüdischen Vermögen über 5000 Mark erfasst werden. Jüdische Geschäfte waren zu kennzeichnen. Reisepässe von Juden wurden einbezogen und, falls sie zur Auswanderung wieder ausgegeben wurden, mit einem großen „J" bestempelt. Männliche Juden mussten zu ihrem Namen den Zusatz „Israel" führen, weibliche „Sara". Als am 7. November 1938 der 17jährige polnische Jude Herschel Grynszpan einen Anschlag auf einen Angehörigen der deutschen Botschaft in Paris verübte, wurde das zum Anlass einer organisierten Racheaktion genommen, der man aber den Anschein einer spontanen Reaktion der Bevölkerung geben wollte. In der Nacht vom 9. auf den 10. November gingen Synagogen in Flammen auf, jüdischen Geschäften wurden die Schaufenster zertrümmert, in den Häusern Gebrauchs- und Kunstgegenstände zerschlagen. Zahlreiche Juden wurden vorläufig festgenommen. Sarkastisch sprach man später von der „Reichskristallnacht". In der Folge wurden die Maßnahmen gegen Juden weiter verschärft. Führerscheine wurden eingezogen – was vor allem die Viehhändler unter den Juden sehr traf – und nach der „Verordnung zur Ausschaltung der Juden aus dem deutschen Wirtschaftsleben" vom 12. 11. 1938 mussten alle jüdischen Geschäfte geschlossen werden.

Auch in Vörden hatten die Juden unter diesen Bedrängnissen jetzt sehr zu leiden. Mit Datum vom 10. November teilte Amtsbürgermeister Ahlemeyer als Ortspolizeibehörde der für Vörden zuständigen Stelle der Geheimen Staatspolizei (GeStaPo) in Bielefeld mit, dass am Morgen gegen fünf Uhr in Vörden vier Juden ohne sein vorheriges Wissen von SA-Männern festgenommen worden seien, nämlich:

> „1. Arbeiter Alfred Israelsohn, geb. am 19.8.1888 in Vörden, wohnhaft in Vörden Nr. 89 (heute Amtsstraße 13)
> 2. Arbeiter Max Israelsohn, geb. am 19.10.1901 in Vörden, wohnhaft in Höxter, Stummrigestr.
> 3. Kaufmann Willi Kleeberg, geb. am 5.2.1894 in Amelunxen, Kreis Höxter wohnhaft in Vörden Nr. 170 (heute Angerberg 20)
> 4. Kaufmann Heinrich Bacharach, geb. am 29.3.1889 in Seligenstadt, wohnhaft in Vörden Nr. 62 (heute Marktsstraße 3).[35]

Der mit verhaftete Max Israelsohn weilte nur zufällig bei seinen Verwandten in Vörden. Auch die beiden aus Vörden stammenden Brüder Ernst und Werner

Israelsohn, die bei Bauern in Ottenhausen und Menzenbrock bei Ottenhausen arbeiteten, wurden kurz festgenommen aber noch am selben Tag wieder freigelassen, weil „nur vermögende Juden" arrestiert werden sollten.[36] Die Verhaftungen wurden allgemein als „Schutzhaft" verbrämt. Man habe die Personen vor dem allgemeinen Volkszorn schützen müssen. Allerdings wehrte der Vördener Amtsbürgermeister weitere Verhaftungen ab mit der Aussage, dass hier keine Ausschreitungen gegen Juden zu erwarten seien.[37] Mit Datum vom 17. November teilte er dem Landrat in Höxter die in der Nacht vom 9. auf den 10. November in Vörden angerichteten Schäden mit:

Kaufmann Heinrich Bacharach 2 Scheiben in der Flurtür, Wert 1,50 R.M.
Kaufmann Willi Kleeberg 2 Scheiben in der Flurtür, Wert 1,50 R.M.
Händler Alfred Israelsohn 1 Fensterscheibe, Wert 2 R.M.[38]

Die Täter sollen Auswärtige gewesen sein, wie 1947 bei einer Vernehmung vor dem Entnazifizierungsausschuss zur Person des Karl Gaentzsch ausgesagt wurde, der 1938 die Geschäfte des Ortsgruppenleiters wahrnahm.[39] Der im Haus Bacharach befindliche Betraum der Synagogengemeinde Vörden wurde nicht beschädigt. Möglicherweise wussten die auswärtigen Täter nichts von seiner Existenz. Von diesem Zeitpunkt an wurde dort jedoch nicht mehr laut gebetet, wie es vorher üblich gewesen und auf der Straße wahrzunehmen war.[40] Schon vor der „Reichskristallnacht" hatte es am Haus Bacharach eine Schmiererei gegeben, wie sich aus mehreren Schreiben des Amtsbürgermeisters ergibt, in denen der Geschädigte zur Beseitigung der Beschriftung aufgefordert wird, die sich *„unschön auf das Orts- und Straßenbild"* auswirke.[41] Der oder die Täter wurde(n) nicht ermittelt.
Die oben erwähnten Maßnahmen zur Ausschaltung der Juden aus dem Wirtschaftsleben raubte ihnen ihre Existenzgrundlage. Zu dieser Zeit zielte die erklärte Politik der Nationalsozialisten noch auf die Auswanderung der Juden ab. Die meisten von ihnen hofften jedoch wohl weiterhin auf eine vorüber gehende Bedrängnis und wollten in ihrem Vaterland bleiben. Viele konnten sich die Auswanderung finanziell auch gar nicht leisten. Zudem fehlte der Mehrzahl wohl auch eine Anlaufadresse im Ausland, über die mindestens am Anfang auch eine Existenzsicherung möglich gewesen wäre. In aller Regel war auch die Bereitschaft ausländischer Staaten zur Aufnahme der deutschen Juden gering. Vor allem aber konnte sich zu der Zeit auch noch niemand vorstellen, welche schreckliche Steigerung der Entwicklung von Angehörigen eines zivilisierten Volkes noch ausgehen sollte.
Von den Vördenern jüdischen Glaubens konnten lediglich die Brüder Salomon Siegfried und Leopold Frankenberg mit ihren Ehefrauen und drei Kindern sowie die zwei älteren Kinder der Familie Kleeberg noch rechtzeitig emigrieren. Die Familien Frankenberg bestiegen am 11. Oktober 1938 in Hamburg den rettenden Boden eines Schiffes nach New York. Das Geschäftshaus am Angerberg

Abb. 166
Die Ehepaare Leopold und Recha (oben) sowie Salomon und Viola Frankenberg emigrierten 1938 mit drei Kindern in die USA.

war vorher an Josef Grawe verkauft worden, der weiterhin Kontakt mit den Ausgewanderten hielt. Albert Kleeberg emigrierte nach England, seine Schwester Edith nach Palästina. Unsicher ist das Schicksal des Julius Frankenberg, des 1900 geborenen jüngeren Bruders der Vorgenannten. Wie es heißt, soll er sich 1938 nach Holland abgesetzt haben.[42] Allerdings ist in der Familie von Haxthausen überliefert, dass der damalige Schlossbesitzer Guido von Haxthausen zwischen 1938 und 1945 einen Vördener Juden im Schloss versteckt hatte. Von seiner Existenz sollen außer dem Schlossherrn nur die Köchin Änne Ogoniak („Schloss-Änne") und der Rentmeister Lücke informiert gewesen sein. Im Februar 1945 soll sich der heimliche Bewohner abgesetzt haben, weil er aufgrund der exponierten Lage des Schlosses Beschuss durch Tiefflieger befürchtete.[43] Nach Lage der Dinge könnte die Person nur Julius Frankenberg gewesen sein. Man hat allerdings nie wieder etwas von ihm gehört.

Die am Morgen des 10. November 1938 verhafteten Personen wurden ins Konzentrationslager Buchenwald gebracht, wie einem Fernschreiben der Geheimen Staatspolizei zu entnehmen ist.[44] Bis zum Jahresende wurden die Inhaftierten wieder entlassen, jedoch mussten sie zusichern, umgehend Ausreiseanträge zu stellen. Solche wurden dann auch von den Familien Kleeberg am 17. und Israelsohn am 23. Januar 1939 gestellt. Während die Familie Kleeberg England als Ziel angab, wollte das Ehepaar Israelsohn nach Paraguay ausreisen.[45] Zu den Motiven für die Wahl dieser Auswanderungsziele ist nichts bekannt. Auch ist nicht zu ermitteln, warum die Auswanderung mit den genannten Ausnahmen unterblieben ist.

Pastor Behre notierte zum Anfang des Jahres 1939 in der Pfarrchronik:

„Die hiesigen jüdischen Geschäfte sind geschlossen. Ihre Waren mussten von den anderen Kaufleuten übernommen werden zum Einkaufspreis. Die Regierung erließ ein neues Gesetz über die Regelung jüdischer Vornamen. Die Zahl der Juden ist von 15 heruntergegangen auf 8 in Vörden. Israelsohn hat sein Haus an die Ww. Schröder verkauft."

Der erwähnte Hausverkauf war im Dezember 1938 erfolgt. Alfred Israelsohn arbeitete nach der erzwungenen Schließung seines Viehhandels als Straßenarbeiter bei der Firma Knoop in Höxter. Im Zuge der „Arisierung" jüdischen Besitzes musste auch Willi Kleeberg sein Haus verkaufen. Es ging mit Vertrag vom 8. Juni 1940 an den Schlosser Hermann Schöttler über. Nach dem Verlust seines Hauses zog Willi Kleeberg mit seiner Frau und der zweijährigen Tochter Channa aus der ersten Ehe in seinen Geburtsort Amelunxen. [46] Auch das Haus Bacharach wurde Anfang des Jahres 1940 „entjudet", aber zunächst lediglich verpachtet. Schon im November 1940 stellte der Parteigenosse Josef Nolte, der im Hause Marktstraße 10 ein Textilgeschäft betrieb, den Antrag auf Übereignung des Hauses Bacharach zum Zwecke seines Geschäftsbetriebs. Das wurde aber von der Kreisleitung der Partei mit dem Hinweis auf eine geplante Nutzung als NSV-Kindergarten trotz mehrfacher Interventionen Noltes abgelehnt.[47]

Der Kriegsausbruch am 1. September 1939 mochte die Juden zunächst hoffen lassen, dass sich die Konzentration der Machthaber nun auf andere Dinge richten würde. Der Krieg ermöglichte jedoch im Gegenteil eine noch konsequentere Schikanierung und Verfolgung. Mit Kriegsausbruch traten abendliche Ausgangssperren für die Juden in Kraft. Alle Rundfunkgeräte wurden beschlagnahmt. Zudem verschlechterte sich die Ernährungssituation der Juden durch Reduktion der zugestandenen Lebensmittel. Schon ab Dezember 1939 durften ihnen keine Schokoladenerzeugnisse mehr verkauft werden. Ab März 1940 wurden ihre Lebensmittelkarten mit einem „J" gekennzeichnet. Nach der Polizeiverordnung vom 1. September 1941 mussten die Juden in der Öffentlichkeit den gelben „Judenstern" tragen. Ohne schriftliche Erlaubnis durften sie nun ihren Wohnort nicht mehr verlassen.

Zu offenen Protesten der Vördener Bevölkerung gegen die Behandlung und Enteignung ihrer jüdischen Mitbürger kam es nicht. Zunehmend schwenkten auch die zunächst noch zurückhaltenden Organe der allgemeinen Verwaltung auf die Parteilinie ein. Eine letzte zum Teil noch kritische Anmerkung machte Bürgermeister Ahlemeyer in dem von ihm verlangten Bericht zu den Vorgängen am 9./10. November 1938, wo er abschließend schrieb:

„Die Festnahme der männlichen Juden ist von den Bewohnern als richtig und notwendig anerkannt, während der größte Teil für die erfolgten Sachbeschädigungen kein Verständnis hat."[48]

*Abb. 167
Frieda und
Heinrich
Bacharach 1939*

Differenzierter, wenngleich im Kern ebenso ambivalent schilderte der Höxteraner Landrat Reschke die Stimmung der Bevölkerung in der Region. Die Festnahmen seien zwar *„im Augenblick der Erregung über den Pariser Vorfall"* zunächst gebilligt worden, doch hätten die Gerüchte über erfolgte Misshandlungen sowie die Umstände des Abtransports *„der mehr oder weniger kläglich aussehenden Gestalten"* Mitleid hervorgerufen. Entschieden verurteilt werde von den Menschen die Zerstörung von Sachwerten sowie die Beschädigung der Synagogen und der sakralen Gegenstände. Die katholische Bevölkerung befürchte, dass eine ähnliche Situation eines Tages auch die Kirchen treffen könnte.

„Ganz allgemein hat die Aktion gezeigt, daß der größte Teil der ländlichen Bevölkerung eine solche Aktion als mit dem deutschen Ansehen und der deutschen Würde nicht für vereinbar hält, und dieser Eindruck überschattet z. Z. noch die an sich vorhandene Befriedigung über die wirtschaftliche Seite des Judenproblems."[49]

c) Deportation und Ermordung

Bereits im Oktober 1940 kam es zu ersten Deportationen von Juden aus dem besetzten Elsaß-Lothringen, dem Saarland und aus Baden. In den eroberten russischen Gebieten fanden erste Massentötungen von Juden statt. Mit Datum vom 31. Juli 1941 wurde Reinhard Heydrich mit der Evakuierung aller europäischen Juden beauftragt. Noch schien deren Konzentration zu Arbeitseinsätzen geplant zu sein. Am 20. Januar 1942 wurde dann jedoch auf einer Konferenz von NS-Größen in einer Villa am Berliner Wannsee die grausame „Endlösung der Judenfrage" beschlossen, nämlich die Deportation und die massenhafte Tötung aller europäischen Juden.

In Vörden zeichnete sich die nächste Stufe der Judenverfolgung im November 1940 durch ein Schreiben der GeStaPo Bielefeld ab, das für den Amtsbezirk Vörden eine Übersicht zu den voll arbeitsfähigen Juden einforderte, die für einen *„etwaigen geschlossenen Arbeitseinsatz"* in Frage kämen. Amtsbürgermeister Ahlemeyer gab allerdings eine negative Auskunft.[50] Diese verschaffte den bedrängten Juden jedoch auch hier nur eine kurze Verschonung. Am 13. Dezember 1941 wurden dann nämlich die Mitglieder der beiden Vördener jüdischen Familien Bacharach und Israelsohn auf Geheiß der GeStaPo Bielefeld verhaftet. Im Stadtarchiv Marienmünster findet sich dazu kein Aktenstück. Lediglich zum Verkauf des Hauses Bacharach am 11. Juni 1942 wird berichtet, dass die frühere Eigentümerin die *„nach Osten abgeschobene"* Frieda Bacharach gewesen sei.[51] Als Gepäck durften je Person 50 kg sowie Arbeitsgerät und Lebensmittel für wenige Tage mitgenommen werden.

Von Bielefeld aus wurden die Verhafteten in einer dreitägigen Reise per Bahn zusammen mit Juden aus den Regierungsbezirken Münster und Osnabrück in

Abb. 168 Abb. 169 Abb. 170
Alfred Israelsohn 1939   Bertha Israelsohn 1939   Werner Israelsohn 1939
Eltern und Sohn der Familie Israelsohn wurden im KZ Riga ermordet.

das „Arbeitslager" Riga verbracht. Dort kam Frieda Bacharach geborene Löwendorf an einem unbekannten Datum ums Leben. Heinrich Bacharach fand
nach einer Verlegung nach Auschwitz offenbar dort den Tod. Die fünfköpfige
Familie Israelsohn wurde ebenfalls nach Riga verbracht. Hier wurden der 1888
geborene Alfred Israelsohn und seine 1894 geborene Frau Bertha geborene Lö-
wenstein am 29. Juli 1944 ermordet. Auch der 1922 geborene Sohn Werner kam
dort um. Das Datum seines Todes ist jedoch nicht bekannt. Die beiden Söhne
Karl Siegbert, geboren 1921, und Ernst, geboren 1924, wurden Ende September 1944 von Riga aus per Schiff in das KZ Stutthof bei Danzig gebracht. Hier
wurden bei der Evakuierung des Lagers im Januar 1945 noch Tausende der In-
sassen ermordet. Die beiden Brüder Israelsohn konnten jedoch überleben.
Der vorher in Vörden ansässige Willi Kleeberg, geboren 1894, und seine zweite
Ehefrau Jenny geborene Plaut, geboren 1898, wurden mit der erst dreijährigen
Channa am 31. März 1942 deportiert. Während über Todestag und -ort der Jenny und Channa keine Informationen vorliegen, wurde Willi Kleeberg in War-
schau für tot erklärt.[52]

d) Überlebende

Von den zehn deportierten Vördener Juden überlebten, wie erwähnt, nur Karl
Siegbert und Ernst Israelsohn den Holocaust. Dazu teilte der von den Briten
eingesetzte Amtsbürgermeister Steinmann dem Landrat in Höxter mit Datum
vom 16. Juli 1945 für seinen Amtsbezirk mit:

„Bisher sind folgende Juden aus K.Z.-Lägern zurückgekehrt:
1.) Händler Hugo Kleinstraß nach Bredenborn.........

Abb. 171   Der jüdische Friedhof in Vörden (Ausschnitt, 2007).
Vorn das Grab der Johanna Kleeberg. Darauf eine von den beiden noch
rechtzeitig emigrierten Kindern aufgestellte Gedenktafel an ihren ermor-
deten Vater Willi Kleeberg und an die ebenfalls umgebrachte Schwester
Channa.

> 2.) *Autoschlosser Karl Israelsohn und landwirtschaftlicher Gehilfe Ernst*
> *Israelsohn, früher wohnhaft in Vörden, sind am 10. 7. 1945 unmittel-*
> *bar aus dem K.Z.-Lager Stutthof bei Danzig zurückgekehrt. Sie haben*
> *Unterkunft bei guten Bekannten gefunden. Zur Befriedigung der ersten*
> *und dringenden Bedürfnisse wurden jedem R.M. 100,- ausgezahlt. Sie*
> *bemühen sich jetzt um die Zuweisung eines L.K.W. um ein Transport-*
> *unternehmen zu gründen. Über den Verbleib ihrer Eltern, die ebenfalls*
> *ins K.Z. Lager verbracht wurden, ist den Brüdern Israelsohn nichts be-*
> *kannt."* [53]

In einer am 27. Juli 1945 geschriebenen vierseitigen Aktennotiz legt Steinmann
allerdings differenzierter dar, dass die Gebrüder Israelsohn mit seinem Zuraten
zunächst an die Wiederaufnahme früherer Tätigkeiten in einem landwirtschaftlichen Betrieb sowie einer Mühle in Nieheim gedacht hätten. Dann hätten sie
die Gründung eines Handelsgeschäftes geplant und dazu die Übereignung des
früheren Geschäftshauses Bacharach gewünscht. Das habe aber schon deshalb
abgelehnt werden müssen, weil in dem Haus Evakuierte wohnten und dort zu-

dem die Einrichtung eines Kindergartens geplant sei. Zudem müsse über die Eigentumsfrage früheren jüdischen Eigentums von ordentlichen Gerichten grundsätzlich entschieden werden. Ebenso argumentierte Steinmann im Hinblick auf den Wunsch der Brüder Israelsohn, in ihrem Ende 1938 verkauften Elternhaus zwei Zimmer angewiesen zu bekommen.[54] Sicherlich verhielt sich der Amtsbürgermeister hier formal korrekt. Bemerkenswert ist allerdings seine durchgehend kritische Beurteilung des Verhaltens der Brüder, die jeden Bezug zu deren schlimmen Erfahrungen vermissen lässt. So schreibt Steinmann am Schluss einer Mitteilung an den Landrat ebenfalls am 27. Juli 1945:

> *„Es geht den I. zweifellos darum, sich möglichst bald in das frühere elterliche Besitztum zu setzten, um eine Tatsache zu schaffen, die dem Gericht bei seiner späteren Entscheidung Schwierigkeiten schaffen kann."*[55]

Die Haltung des aus der NS-Epoche unbelasteten Amtsbürgermeisters kann insofern als zeittypisch gelten, als die umgekommenen Juden damals noch weitgehend im Gesamtzusammenhang aller Kriegsschicksale und -opfer gesehen wurden. Man machte kaum Unterschiede zwischen dem Tod auf den Schlachtfeldern, in Gefangenenlagern, unter Bombenteppichen oder in Flüchtlingstrecks einerseits und dem gezielt geplanten und realisierten Massenmord an den Juden andererseits. Allerdings war auch das gesamte Ausmaß der organisierten Mordmaschinerie für die meisten Menschen zu der Zeit noch nicht erkennbar. Auch Pastor Behre notierte noch Ende 1941 in der Pfarrchronik, nachdem er den Tod von zwei Soldaten aus Vörden, mehrere Verwundete und insgesamt über 100 Eingezogene erwähnt hatte, lediglich: *„Die Juden sind ausgewiesen, Ihr Hab und Gut musste hier bleiben."* Dass er mit dem Begriff „ausgewiesen" keine spezifische Vorstellung zum Schicksal der Juden verband, zeigt sich wenige Zeilen später bei der Verwendung desselben Begriffes in einem anderen Zusammenhang: *„Priester und Ordensleute wurden verhaftet und ausgewiesen, u. a. Brakel, Driburg, Oeynhausen, Lügde usw."*
Von den beiden überlebenden jüdischen Vördenern eröffnete Karl Siegbert Israelsohn später einen Viehhandel und setzte damit die Tradition der Familie fort. Ernst Israelsohn arbeitete als Fahrer bei Nato-Truppen in Brakel. Beide bauten in Vörden ein Haus und gründeten hier eine Familie. Während Karl Siegbert, der seinen Namen in Sohn änderte, auf dem Vördener Gemeindefriedhof beerdigt wurde, fand der Bruder Ernst seine letzte Ruhestätte auf dem städtischen Friedhof in Brakel, wo er in der letzten Lebensphase bei seinem Sohn gewohnt hatte. Beide Brüder heirateten christliche Frauen und stimmten der christlichen Erziehung ihrer Kinder zu. Somit gibt es heute in Vörden keine Bewohner jüdischen Glaubens mehr. Der letzte auf dem Vördener Judenfriedhof Beigesetzte war Hugo Kleinstraß aus Bredenborn, der im Februar 1957 starb. Leider fehlt bisher eine öffentliche Gedenktafel an die Ermordeten Vördener jüdischer Religion, vergleichbar den Tafeln der Kriegerehrung an der Kirche.

4. Die Nachkriegszeit

a) Politischer Neubeginn

Wie bereits erwähnt, blieb die bisherige Zivilverwaltung in den ersten Wochen der Besatzung durch amerikanische Truppen noch im Amt. Nachdem die Briten im Mai 1945 die Amerikaner als Besatzungsmacht abgelöst hatten, gingen sie jedoch gleich an den Umbau der Zivilverwaltung. Die Funktionsstellen besetzten sie mit politisch unbelasteten Bürgern. Die Ernennung des Amtsbürgermeisters Steinmann wurde oben schon angeführt. Schon am 17. Mai 1945 hatte der neu ernannte Landrat Kronsbein auf Geheiß des Regierungspräsidenten in Minden, der wiederum seine Befehle von der Militärregierung bekam, die Absetzung aller ehemaligen Parteimitglieder in Funktionsstellen gefordert. Für diese sollten unbelastete Personen vorgeschlagen werden. In Vörden mussten dementsprechend Josef Elsing als erster und Dr. Hermann Berendes als zweiter Amtsbeigeordneter abgesetzt werden. Steinmann schlug mit Schreiben vom 15. Juni 1945 den Freiherrn Guido von Haxthausen als neuen ersten Beigeordneten vor. Auf die Besetzung der Stelle des zweiten Beigeordneten wurde verzichtet. Am 11 Juli 1945 erhielt von Haxthausen die zunächst kommissarische Ernennung, nachdem der von ihm auszufüllende vierseitige Fragebogen offenbar seine Distanz zum Nationalsozialismus belegt hatte. Unter anderem geht daraus hervor, dass er aus der NSV (Nationalsozialistische Volkswohlfahrt) *„als unwürdig ausgestoßen"* wurde, weil er nach Meinung der Kreisleitung zu hohe Beiträge an den katholischen Caritasverband geleistet hatte. Von Haxthausen musste sich jetzt eidlich verpflichten, nach bestem Wissen und Gewissen mit der Militärregierung zusammen zu arbeiten.[56]
Mit Datum vom 20. Juli 1945 bedankten sich der Amtsbürgermeister und der neue Beigeordnete in einem Schreiben an Josef Elsing für dessen langjährige Tätigkeit in der Führung der Amts- und Ortsgeschäfte. *„Sie haben sich jederzeit mit besonderer Pflichttreue und guter Sachkenntnis Ihren Dienstverpflichtungen zum Wohle der Ihnen anvertrauten Gemeinden unterzogen."* Besonders gewürdigt wurde dann die Führung der Amtsgeschäfte während des Krieges, als der Amtsbürgermeister Ahlemeyer eingezogen und später gefallen war. *„Nur wer die umfangreichen und verantwortlichen Arbeiten einer Amtsverwaltung im Kriege zu würdigen weiß, kann ermessen, welche große Arbeitslast Sie neben Ihren Berufspflichten mit vorbildlicher Treue geleistet haben."* Man bat Josef Elsing, auch künftig mit seiner Sachkenntnis und Erfahrung beratend zur Verfügung zu stehen.[57] Offenbar sahen die Verfasser des Briefes Josef Elsing durch seine erst seit 1938 bestehende Mitgliedschaft in der NSDAP nicht als belastet an.[58] Sie stand auch der späteren Wahl Josef Elsings zum Amtsbürgermeister nicht im Wege. Auch dem früheren zweiten Amtsbeigeordneten Dr. Hermann Berendes waren aufgrund dieser Tätigkeit in der NS-Zeit offenbar keine Vorwürfe zu machen.

Wie bereits erwähnt, war der Amtsbürgermeister Steinmann mit Datum vom 15. Juli 1945 auch zum Ortsbürgermeister von Vörden ernannt worden. Diese 1934 eingeführte Doppelrolle übernahm auch sein Nachfolger, der seinerzeit von den Nationalsozialisten aus dem Amt als Bürgermeister der Stadt Lügde gedrängte Fritz Mantel.[59] So teilte dieser als Ortsbürgermeister sich selbst als Amtsbürgermeister am 7. 11. 1945 mit, welche Personen er für den neu zu bildenden Gemeinderat in Vörden vorschlug. Den Vorschlag leitete er dann mit gleichem Datum an den Landrat in Höxter weiter. Die Liste enthält folgende Angaben:[60]

1.	Potthast	Josef	Bauer	geb. 19.11.1894	Hs. Nr. 25
2.	Rode	Josef	Bauer	geb. 31.10.1899	Hs. Nr. 54
3.	Krois	Josef	Bauer	geb. 16. 5. 1916	Hs. Nr. 119
4.	Hillebrand	Josef	Bauer	geb. 31. 7. 1881	Hs. Nr. 174
5.	Hartmann	Franz	Maurerm.	geb. 1. 9. 1888	Hs. Nr. 210
6.	Fischer	Wilhelm	Malerm.	geb. 20. 5. 1889	Hs. Nr. 44
7.	Schrader	Heinrich	Schneiderm.	geb. 11.11.1899	Hs. Nr. 87
8.	Multhaup	Philipp	Tischlerm.	geb. 7. 9. 1906	Hs. Nr. 154
9.	Neumann	Karl	Zimmerm.	geb. 19. 9. 1883	Hs. Nr. 84
10.	Köhne	August	Landarb.	geb. 10.10.1900	Hs. Nr. 78
11.	Lüke	Heinrich	Landarb.	geb. 20.11.1879	Hs. Nr. 214
12.	Leßmann	Johann	Tischlerm.	geb. 24. 2.1893	Hs. Nr. 65
13.	Dolle	Franz	Bauhilfsarb.	geb. 5.12.1898	Hs. Nr. 30
14.	Lücke	Johannes	Rentmeister	geb. 13.11.1897	Hs. Nr. 51

Mantel fügte hinzu:

„Die vorstehend genannten Personen genießen in der Gemeinde Achtung und Vertrauen und waren sämtlich keine Mitglieder der NSDAP, sie sind sämtlich katholischer Religion."

Offenbar war der politische Neubeginn nicht leicht. So führte der Amtsbürgermeister in seinem Begleitschreiben an den Landrat aus:

„Es hält schwer, die einzelnen Vertreter zur Übernahme ihres Amtes zu bewegen. Der Bürgermeister von Bredenborn hat nur 7 Personen (statt der erforderlichen 14) vorgeschlagen, da sich nach seiner Mitteilung keine weiteren Personen zur Übernahme des Amtes als Gemeindevertreter bereit erklärten."

Im Januar 1946 wurde dann von und aus dem in Vörden ernannten Kreis der Maurermeister Franz Hartmann als Bürgermeister gewählt. Das war die erste demokratische Wahl nach dem Ende der Diktatur. Mit Datum vom 30. 1. 1946 verabschiedete dieser Gemeinderat eine Hauptsatzung für die Stadt Vörden, wobei man den Text von der Stadt Brakel übernahm.[61] Typisch für die damaligen Machtverhältnisse ist der letzte Passus der Satzung, der lautet:

> *„Diese Gemeindesatzung kann jederzeit von der Militärregierung geändert oder aufgehoben werden. Die Tätigkeit der Gemeindevertretung hängt zu jeder Zeit von der Genehmigung der Militärregierung ab."*

Trotz solcher Einschränkungen ist anzuerkennen, dass sich die britische Besatzungsmacht um den schrittweisen Aufbau einer Selbstregierung und einer davon getrennten und kontrollierten ausführenden Verwaltung nach britischem Vorbild bemühte. Dazu gehörte, dass die zunächst ernannte Gemeindevertretung mit der Kommunalwahl vom 15. September 1946 durch eine gewählte ersetzt wurde. Etwa die Hälfte der vorher ernannten Mitglieder stellte sich zur Wahl. Die meisten wurden von den 610 Wahlberechtigten auch gewählt. Aus der oben angeführten Liste sind das die unter den Nummern 1, 2, 5, 10, 11, 13 und 14 genannten Personen. Neu hinzu kamen zu dem jetzt 12-köpfigen Gremium Josef Kluge, Josef Kreilos, Heinrich Struck, Theodor Weber und Johann Weber.[62] Alle Gewählten gehörten der im Juni 1945 neu gegründeten Christlich Demokratischen Union (CDU) an,[63] die sich als Partei über die Konfessionsgrenzen hinweg in die Tradition des katholischen Zentrums aus der Vorkriegszeit stellte. Der damalige örtliche Vorsitzende war Josef Kreilos (Fenstermacher). Die neue Gemeindevertretung bestätigte auch den bisherigen Bürgermeister Franz Hartmann.

Aus den Gemeindevertretungen der Orte des Amtes Vörden wurde je ein Mitglied für die Amtsvertretung gewählt, aus Vörden Josef Potthast (Hahnen). Die Amtsvertretung wählte am 26. September 1946 den Schwager des früheren Amtsbürgermeisters Ahlemeyer, den Juristen Dr. Paul Blinzler zum neuen Amtsdirektor. Damit war institutionell der Weg für einen demokratischen Neubeginn auf der kommunalen Ebene beschritten.

Es sei ergänzt, dass der 1946 gewählte Bürgermeister Franz Hartmann bis 1956 im Amt blieb. Er wurde dann von dem Maurermeister Josef Simon abgelöst, der das Amt bis 1961 wahrnahm. An seine Stelle trat dann Heinrich Müller (Schulte) bis zum Ende der Selbständigkeit Vördens.

b) Sieger und Besiegte

Für die Führung der britischen Besatzungsmacht wie für die einzelnen Soldaten war es zweifelsohne im Konkreten schwierig, einen Weg zwischen den Ansprüchen und Rechten als Siegermacht einerseits und der selbst gewählten Rolle als Geburtshelfer für eine demokratische Gesellschaft andererseits zu finden. So suchte man beispielsweise mit der „Operation Furnish" Möbel für die Militärverwaltung wie für die Wohnungen der Soldaten und Offiziere aufzutreiben, wobei die konkrete Umsetzung den unteren Verwaltungsstellen überlassen wurde. Die Briten wollten die konfiszierten Möbel jedoch bezahlen. Zu diesem Zweck sollten sie mit einer Wertangabe versehen werden. Interessanterweise berief sich der Vördener Amtsbürgermeister als örtliche Polizeibehörde bei der Verteilung der Lasten auf das „Gesetz über Sachleistungen für Reichsaufgaben" (Reichsleistungsgesetz) vom 1. September 1939 als er bestimmte, dass neben der Amtsverwaltung selbst, die zwei Schreibtische und einen Kleiderschrank beisteuerte, die geforderten fünf Sofas bei den *„führend gewesenen Parteigenossen"* in Vörden aufgetrieben werden sollten.[64] Als solche werden genannt:

1. Gastwirt Karl Tillmann
2. Lehrer Franz Padberg
3. Elektromeister Karl Gaentzsch
4. Dentist Josef Rox
5. Apotheker Erich Fricke.

Etwas später wurde dann auch noch die Frau des Lehrers Wilhelm Funke angesprochen, der ebenfalls Parteigenosse gewesen war und sich noch in einer Umerziehungsmaßnahme befand.[65] Die Sofas sollten am 3. September bis 11 Uhr im Saale Weber abgegeben werden. Das stieß aber auf Schwierigkeiten, weil zum einen bei nicht allen Genannten ein Sofa vorhanden war und zum anderen auch recht verwohnte Möbelstücke abgeliefert wurden. So schrieb der Amtsbürgermeister in einem Falle:

> *„Das von Ihnen im Saale Weber für Zwecke der Militärregierung abgestellte Sofa wird zweifelsohne nicht abgenommen, da dasselbe sehr verbraucht ist. Sie werden hiermit aufgefordert, bis heute 12 Uhr ein besseres Sofa dort abzustellen."*[66]

In einem Falle wurden dann statt des nicht vorhandenen Sofas zwei Sessel abgegeben. Als aber die geforderte Abgabe auf diese Weise nicht aufzutreiben war, trat Amtsbürgermeister Mantel auch an wohlhabendere Bürger heran, die nicht in der Partei gewesen waren. So lieferten der Molkereibesitzer Sommerfeld einen und Guido von Haxthausen zwei Sessel ab. Neben diesen auf geordneten Wegen verlaufenden Beschlagnahmen kam es aber auch zu willkürlichen Beraubungen. So wurden dem August Nolte (Haus Talstraße 25) und Gerhard Roggenbach (Haus Talstraße 29) am 15. September 1945 von „englisch belgischen" Soldaten jeweils ein Radiogerät abgenommen.[67] Mit Datum vom 2. Oktober schrieb der Amtsbürgermeister offenbar auf Weisung der Briten alle

Ortsbürgermeister des Amtes Vörden an mit der Weisung, die im Ort vorhandenen Reitsättel zu melden, wobei aber in der Regel Fehlmeldungen erfolgten.
Durch ein Schreiben vom 28. 11. 1945 forderte der Landrat auf Verordnung
der Besatzungsmacht die Bevölkerung auf, zum 10. Dezember „Weihnachtsge-
flügel" für die Besatzungsmacht einzusammeln. Der Kreis Höxter hatte 2500
Gänse, 500 Enten und 20 Puten zu liefern. Davon entfielen auf Vörden 56 Gänse und 6 Enten, die „geschlachtet und gerupft" abzugeben waren. „An jedem
Stück muß der Name, Vorname, Wohnort, Hs. Nr. des Lieferers und das Gewicht des Tieres auf einem Zettel angebracht werden."[68]
Offenbar ist es auch zu gewissen unfreiwilligen „Ausleihungen" gekommen. So
heißt es in einem übersetzten Bescheid des Military Government, Detachement
Höxter vom 7. Januar 1946 für den Bürgermeister in Vörden, der sich auf einen
in den Akten nicht nachvollziehbaren Fall bezieht:

„Es ist nichts dagegen einzuwenden, daß sich Major Rushlou ein Pferd für
Erholungszwecke leiht, vorausgesetzt, daß der Eigentümer des Pferdes damit einverstanden ist."

Von den oben genannten Vördener Parteimitgliedern wurde Wilhelm Funke
als letzter Vördener Ortsgruppenleiter der NSDAP bereits im Juni 1945 von
den Briten verhaftet und in ein Internierungslager gebracht.[69] Zu dieser Zeit
nahmen die britischen Militärbehörden noch selbst die Auswertung der Fragebögen vor, die von allen ehemaligen Parteimitgliedern auszufüllen waren. Dahinter stand das auf der Jalta-Konferenz im Februar 1945 beschlossene Ziel,
nationalsozialistische und militärische Einflüsse aus öffentlichen Dienststellen sowie aus dem kulturellen und wirtschaftlichen Leben zu entfernen. In
den Monaten März bis Juni 1946 mussten dann in allen Städten bzw. Ämtern
aus unbelasteten Deutschen bestehende Entnazifizierungsausschüsse gebildet
werden. In Vörden gehörten diesem Ausschuss die folgenden Mitglieder des
oben benannten vorläufigen Gemeinderates an: Josef Rode, Josef Potthast, Johann Leßmann, Heinrich Lüke, Franz Hartmann.[70] Die Ausschüsse sollten
vor allem Personen überprüfen, die aufgrund der Fragebögen als „Minderbe-
lastete" oder „Mitläufer" eingestuft worden waren. Zu denen gehörten in der
Regel diejenigen, die erst nach der Machtergreifung der Nationalsozialisten in
die NSDAP eingetreten waren. Ihnen wurde eher Opportunität als eine entsprechende Gesinnung unterstellt. Von den Ausschüssen wurden Zeitzeugen
eingeladen und zum Verhalten der entsprechenden Personen befragt. Die von
den Ausschüssen ausgestellten Entlastungspapiere bezeichnete der Volksmund
als „Persilscheine". Aus unersichtlichen Gründen finden sich im Stadtarchiv
Marienmünster lediglich Vernehmungsprotokolle zu Wilhelm Funke[71] und
Karl Gaentzsch.[72] Letzterer wurde beispielsweise im April / Mai 1947 durch
Aussagen von Pastor Behre, des Gendarms Hermann Böhlke, des CDU-Vorsitzenden Josef Kreilos sowie des Gutsbesitzer Dr. Hubert Berendes aus Marien-

münster weitgehend entlastet. Gaentzsch habe sich weder in besonderer Weise nazistisch benommen noch sich durch die Parteimitgliedschaft bereichert. Zu Wilhelm Funke heißt es, er sei zwar zunächst ein überzeugter Nationalsozialist gewesen und deshalb auch schon vor 1933 in die Partei eingetreten, die Erfahrungen des Krieges hätten dann aber bei ihm bereits zu einem Gesinnungswandel geführt. Offenbar waren die Ausschussmitglieder wie die Zeugen willens, die Vergangenheit möglichst ruhen zu lassen und den Betroffenen einen Neuanfang zu ermöglichen.

Eine Art „Siegerwillkür" wurde in den ersten Monaten nach dem Krieg von Gruppen ehemaliger polnischer oder russischer Zwangsarbeiter ausgeübt. Neben Racheakten an ihren früheren Peinigern überfielen sie auch einzeln stehende Häuser und raubten sie aus. In Vörden wurde am 5. Juli 1945 kurz vor Mitternacht das Haus der Familie Müller (Schulenburg) von 15-20 bewaffneten Personen überfallen.[73] Geraubt wurden Wäsche, Kleidung, Schuhe, Ringe, Silbergeschirr, Geld, Uhren, Eingemachtes, sämtliche Fleischwaren im Gewicht von ca. 150 Pfund sowie Fahrräder. Frau Müller wurde zweimal vergewaltigt. Sie stand so unter dem Eindruck der schrecklichen Erlebnisse, dass sie bei der Schilderung der Vorfälle gegenüber dem Gendarmen Böhlke am nächsten Morgen zusammenbrach. Der materielle Schaden von ca. 4000 Reichsmark zuzüglich ca. 3800 RM Bargeld war deshalb so groß, weil Verwandte der Familie, die zum Teil bei dem Überfall auch im Haus waren, dort Sachen und Geld deponiert hatten. Sie hielten es hier für sicher gegen Bombenangriffe.[74] Überfälle dieser Art hörten auf, als die Briten energisch durchgriffen, die ehemaligen Zwangsarbeiter zusammenfassten und sie größtenteils in ihre Heimatländer zurückführten.

c) Nachkriegselend

Die Erleichterung über das Ende des Krieges wurde bei vielen Menschen zunächst getrübt durch die Trauer um zu Tode gekommene Angehörige oder um die bange Sorge um Vermisste oder noch Gefangene. Hinzu kam die unvorstellbare Wohnungsnot in den weitgehend zerbombten Städten. Das Ärgste aber war der Mangel an Lebensmitteln. Hatte bis zum Ende des Krieges die Versorgung der Bevölkerung mit den notwendigsten Grundnahrungsmitteln noch halbwegs sichergestellt werden können, so brach sie jetzt weitgehend zusammen, nicht zuletzt aufgrund der zerstörten Bahnverbindungen und fehlender anderer Transportmöglichkeiten. Zudem fühlten sich viele Erzeuger nach dem Ende der nationalsozialistischen Herrschaft nicht mehr an die bisherigen strengen Abgabevorschriften gebunden. Die Besatzungsmächte suchten das Problem nach dem herkömmlichen Muster durch strenge Zuteilungen über Lebensmittelkarten zu bewältigen. Im Sommer 1946 standen jeder Person 250 Gramm Brot täglich zu. Besonders prekär war die Fett- und Fleischzuteilung, die pro Person lediglich 100 Gramm pro Monat betrug. Aber nicht einmal diese Menge konnte zuverlässig geliefert werden. So wurden die Zuteilungen im Winter 1947/48 noch weiter verringert. Um das befürchtete Ausbrechen von Hungertyphus zu verhindern, hatte die britische Militärregierung bereits im Juli 1946 für alle Einwohner von der ersten Schulklasse an eine dreifache Impfung angeordnet.

Wie nach dem Ersten Weltkrieg so suchten auch jetzt die verzweifelten Menschen in den Städten ihre Situation durch Betteln um Nahrungsmittel auf dem Lande zu bessern. Wiederum tauchte dort die hässliche Bezeichnung „Hamsterer" auf. Konnten die Lebensmittel anfangs noch mit Geld bezahlt werden, so schwand zusehends das Vertrauen in den Wert der Währung. Stattdessen setzte der Tauschhandel ein. Wer nun Waren wie Schmuck, Silberbesteck oder Teppiche anbieten konnte, hatte Chancen, sich auf diesem „schwarzen Markt" mit Nahrungsmitteln zu versorgen. Viele in den zerbombten Städten verbliebene Einwohner hatten aber kaum ihr bloßes Leben retten können. In den einzelnen ländlichen Orten war durchaus bekannt, welche Erzeuger sich besonders hartherzig und unverschämt gegenüber den Menschen in Not verhielten.

Allerdings war auch die Situation auf dem Lande angespannt. Zunächst konnten nach dem Ende des Krieges die meisten Evakuierten aus dem Ruhrgebiet lange nicht in die Ruinenstädte zurückkehren, zumal auch die Produktionsanlagen weitgehend in Trümmern lagen. Hinzu kamen die Ostflüchtlinge, die vor den anrückenden sowjetischen Truppen geflohen waren. Ab Mai 1946 mussten dann auch noch die von den Polen und Russen aus ihrer Heimat vertriebenen Menschen untergebracht werden. In Vörden, wo die Einwohnerzahl unmittelbar vor dem Kriege 781 betragen hatte, lebten jetzt über 1000 Menschen, neben den Evakuierten und Ausgebombten allein 197 Vertriebene und Flüchtlinge aus den Ostgebieten des Deutschen Reiches.[75] Das dadurch notwendig gewordene räumliche Zusammenrücken wie auch das Zusammentreffen gänzlich unterschiedlicher Volksstämme blieb naturgemäß nicht ohne Spannungen. In vielen notdürftig als Wohnraum eingerichteten Zimmern bestand keine Möglichkeit der Beheizung. Zudem wurde Brennmaterial streng rationiert. Kohle und Koks waren kaum zu bekommen. Der Strom fiel oft gänzlich aus.

Jedem, der wie der Verfasser diese Jahre als Kind erlebt hat, sind viele damals selbstverständliche Alltagsszenen in Erinnerung geblieben. So konnte durch den Mangel an Koks die Vördener Kirche nicht geheizt werden. Da sie aber durch die vielen Evakuierten, Flüchtlinge und Vertriebenen an Sonn- und Feiertagen übervoll war, schlug sich die feuchte Atemluft an der kalten Decke nieder. Das Kondenswasser fiel dann in dicken Tropfen herab. So kam man in der Regel nass aus der Kirche. Für die Beheizung der Häuser suchte man durch Sammeln von Reisig und Tannenzapfen in den Wäldern zusätzliches Brennmaterial zu erlangen. Es wurde mit Handwagen abgefahren. Als im Herbst 1946 eine besonders reichliche Bucheckernernte eintrat, zogen die Menschen in Gruppen zum Sammeln in die Wälder. Gab es doch im Tausch für fünf Pfund der fettreichen Bucheckern ein Pfund Margarine und für zehn Pfund gar ein

Liter Öl, was bei dem Fettmangel der Zeit sehr begehrt war. Allerdings war das Aufsammeln solcher Mengen von Bucheckern eine recht langwierige und gerade für uns Kinder auch sehr langweilige Tätigkeit. Zu der Situation gehörte auch, dass bei den geschlachteten Schweinen sich deren Wertschätzung besonders durch die Stärke der Fettschicht auf den Hinterschinken bestimmte.

Selbstverständlich wurde der Schlachtviehbestand weiterhin amtlich erfasst und es bestanden Ablieferverpflichtungen. Allgemein wurde aber versucht, das eine oder andere Tier vor der Registrierung zu verschweigen um dadurch ein „Schwarzschlachten" zu ermöglichen. Auch uns Kindern blieben solche Bemühungen selbstverständlich nicht verborgen, auch und wohl auch gerade wegen der Bemühungen um Geheimhaltung. Die im Anhang unter „Geschichten und Dönekes" beschriebene Szene beim Schwarzschlachten hat der Verfasser selbst erlebt.

Ein für die Nahrungsmittelknappheit der Nachkriegszeit typischer Vorgang ist der folgende: Aufgrund einer Anordnung vom 13. Januar 1945 hatten alle Kuhhalter in ihrem Besitz befindliche Zentrifugen oder Butterfässer abgeben müssen, um die Eigenerzeugung von Butter zu verhindern. Die Geräte waren in der Regel bei den Ortsvorstehern verwahrt worden. Nach dem Ende des nationalsozialistischen Regimes fühlten sich die meisten Bürgermeister aber nicht mehr an die Anordnung gebunden und gaben die Geräte den Eigentümern zurück. Mit Anordnung vom 30. August 1947 wurde nun die erneute Ablieferung gefordert.[76]

In dieser Zeit suchten nahezu alle Landbewohner ein Stück Garten zur Bewirtschaftung zu erhalten. Der Freiherr von Haxthausen stellte dazu sein hinter dem Ötenkamp oberhalb der Brucht gelegenes Land zur Verfügung. Aus Mangel an Düngemitteln gehörte das Einsammeln von Pferdekot von den Straßen zum alltäglichen Bild. Soweit man keine eigenen Obstbäume hatte, konnten die gemeindeeigenen Bäume an den Straßen zum einmaligen Abernten ersteigert werden. Meist wurden dabei bestimmte Nutzungstraditionen beachtet. Gelegentlich kam es aber auch zu gegenseitigen Überbietungen, was dann nicht selten Verbitterung hinterließ.

Die britische Besatzungsmacht hatte die Bewohner ihrer Zone hinsichtlich der Ernährungssituation in „Normalverbraucher" und „Selbstversorger" unterteilt. Schon im März 1946 hatten die Briten damit begonnen, in besonderen Notgebieten den Schulkindern aus Armeebeständen eine „Schulspeisung" zu ermöglichen. Dem schlossen sich die Amerikaner im April 1947 an, nachdem der ehemalige Präsident Hoover aufgrund einer Reise durch Europa die Verabreichung einer Mahlzeit von 350 Kalorien in den Schulen empfohlen hatte. Von August 1946 an hatten allerdings religiöse Institutionen in den USA bereits Nahrungsmittel und Kleidung für die Notleidenden in Europa gesammelt. Rund acht Millionen CARE-Pakete wurden verschickt. Weil sich bei diesen Aktivitäten insbesondere die religiöse Gemeinschaft der Quäker hervortat, wurde die ab November 1947 auch in Landschulen ausgeteilte Schulspeisung meist als Quäkerspeise bezeichnet. In Vörden erfolgte die Zubereitung in der

Küche der in der Schule wohnenden Lehrerin Puers durch eine junge Dame namens Maria. Kurz vor der großen Pause zog dann der Duft der meist auf der Basis von Trockenmilch hergestellten Suppen durch die alte Schule an der Marktstraße (heute Pfarrheim). Auch das gelegentliche Anbrennen der Suppe kündigte sich durch einen entsprechenden Geruch an. In den Genuss der Schulspeisung kamen allerdings nur die „Normalverbraucherkinder", die dafür ein Gefäß und einen Löffel mitbrachten. Groß war dann aber die Freude bei uns Kindern von Selbstversorgern, als wir zu Weihnachten 1947 auch mit einer kleinen Tafel Schokolade und zwei Rollen kandierter Früchte bedacht wurden. Für etliche Kinder war es die erste Schokolade ihres Lebens. Kandierte Früchte waren auch den Erwachsenen meist nicht bekannt.

Der Schulbetrieb selbst wurde neben dem an anderer Stelle erwähnten anfänglichen Mangel an Lehrern auch dadurch beeinträchtigt, dass es noch keine neuen Schulbücher gab. Die alten waren aufgrund der Durchdringung mit nationalsozialistischem Gedankengut nicht mehr brauchbar. So konnten beispielsweise die Erstklässler Lesen nur an den Tafelanschrieben der Lehrerin lernen. Erst gegen Mitte des Jahres 1946 gab es dann wieder die ersten Schulbücher.

Aus Mangel an Lederschuhen gingen die Kinder vielfach mit Holzschuhen oder barfuß in die Schule. Das bei den Jungen beliebte Fußballspiel wurde ebenfalls mit Holzschuhen gespielt, wobei nur durch ein kräftiges Aufstellen oder Krümmen der Zehen ein Wegfliegen der Holzschuhe verhindert werden konnte. Dennoch flog manches Mal der Holzschuh anstelle des Balles davon. Als Ball dienten leere Konservendosen von den Briten, zusammengewickelte Lumpen oder rundgeschnittener „Tunder" (Baumschwamm).

Die Not machte auch in anderer Weise erfinderisch. Geräte zum „Schwarzbrennen" von Schnaps aus Rüben, Kartoffeln oder Obst wurden aus allen möglichen Gerätschaften konstruiert. Selbstverständlich musste aber auch das in aller Heimlichkeit geschehen, weil auch dieses Entziehen von Nahrungsmitteln streng geahndet wurde. Dennoch nahm man vielfach das Risiko in Kauf, wohl auch, um der tristen Gegenwart und der Erinnerung an schlimme Ereignisse der Vergangenheit für eine Weile zu entfliehen. Aber auch dabei war man auf die Solidarität in der Nachbarschaft angewiesen.

Neben dem Alkohol waren Rauchwaren sehr begehrt, besonders amerikanische Zigaretten. Sie waren auch eine beliebte Tauschware. So sprach man nach einer amerikanischen Zigarettenmarke von einer „Chesterfield-Währung", weil der Wert von Waren vielfach über die Anzahl dieser amerikanischen Zigaretten definiert wurde. Gemessen an der zunehmend an Wert verlierenden Reichsmark hatte eine Chesterfield den Wert von acht bis fünfzehn Mark. Selbstverständlich wurde auch Tabak in den Gärten angebaut, wobei immer neue Rezepte für die Zubereitung ausgetauscht wurden. „Schmeckt wie amerikanischer Tabak" war dabei die höchste Qualitätsstufe für ein Rezeptprodukt. Bei den Frauen standen Seidenstrümpfe ganz oben auf der Liste der vorerst unerreichbaren Luxusgüter.

d) Wirtschaftlicher Neubeginn und Aufschwung

Der unhaltbare Zustand des Schwarzhandels aufgrund einer nicht mehr akzep-
tierten Währung musste dringend beendet werden. So führten dann die drei
Westmächte mit Datum vom 20. Juni 1948, einem Sonntag, die Währungsreform
durch. Das neue Geld war in aller Heimlichkeit in den USA gedruckt worden.
Pro Kopf wurden gegen Vorlage der Lebensmittelkarten zur Feststellung der
Familienstärke zunächst 40 Deutsche Mark (DM), so die neue Bezeichnung der
Währung, ausgegeben. Im September folgten dann noch einmal 20 Mark. Zur
Ausgabe wurden Lehrer und andere Beamte verpflichtet. Da Hartgeld noch
nicht zur Verfügung stand, blieben die alten Münzen zunächst im Verhältnis 1 :
10 gültig. Auch Sparbestände konnten später in diesem Verhältnis umgetauscht
werden. Allerdings brachte die vorhergehende Prüfung durch das Finanzamt
diejenigen in große Bedrängnis, die vorher im Schwarzhandel Geld eingenommen, es aber nicht versteuert hatten.
Durch das neue Geld wandelte sich auch in Vörden fast schlagartig das Wirtschaftsleben. In den Schaufenstern tauchten plötzlich Waren auf, die vorher von
den Geschäftsleuten erworben aber zurückgehalten worden waren. Fast noch
erstaunlicher war aber vor allem für uns Kinder der völlig ungewohnte freund-
liche Umgang in den Geschäften. Ein „Bitteschön" hatte man vorher nie gehört.
Das neue Geld brachte auch allmählich die Menschen wieder in Arbeit. In Vörden nahm die Zahl der Evakuierten wie auch der Flüchtlinge und Vertriebenen
langsam ab, weil sich viele von ihnen besonders in den Städten Arbeitsplätze
suchten. Andererseits verschärfte sich die politische Großwetterlage, weil die
Sowjetunion nun in ihrer Besatzungszone eine eigene Währung einführte und
quasi als Racheakt gegen die Westmächte die Zugangswege nach Berlin blo-
ckierte. Spätestens an dieser Stelle begann der „Kalte Krieg", der für die nächsten 40 Jahre die Weltpolitik bestimmen sollte.
Vörden war zu der Zeit noch ein weitgehend landwirtschaftlich bestimmter
Ort. Das zeigte zum Beispiel die 1951 durchgeführte Viehzählung, die folgende
Ergebnisse brachte:[77]

Art der Tiere	Anzahl der Halter	Anzahl der Tiere	Zum Vergleich: Anzahl der Tiere 1908/978
Schweine	134	1022	630
Rindvieh	67	481	389
Pferde	23	76	83
Ziegen	nicht erkennbar	83	136
Hühner	nicht erkennbar	1004	nicht erfasst
Gänse	nicht erkennbar	111	nicht erfasst
Enten	nicht erkennbar	4	nicht erfasst
Bienenvölker	nicht erkennbar	23	nicht erfasst

Die gegenüber 1908 in der Zählung von 1951 stark angestiegene Zahl der Schweine und Rinder ist von der Tendenz her dadurch zu erklären, dass die früheren stark agrarisch bestimmten deutschen Ostgebiete verloren gegangen waren und in Westdeutschland nun deutlich mehr Menschen als vor dem Ersten Weltkrieg ernährt werden mussten. Bei der hohen Zahl der Schweine und Hühner ist noch zu berücksichtigen, dass es damals gegenüber heute keine Mastställe gab. Vielmehr waren alle bäuerlichen Betriebe noch Mischbetriebe, die Schweine, Kühe, Hühner und Gänse hielten und Pferde als Zugtiere brauchten. Hinzu kamen in aller Regel der Hofhund, der auch den Milchwagen zog, sowie mindestens eine Katze. Das zum ersten Drittel des zwanzigsten Jahrhundert geschilderte Gefüge von „großen" (Bauern) und „kleinen" Leuten (Landbesitzer ohne eigene Zugtiere) galt auch zu dieser Zeit noch. Es löste sich dann allerdings bis zum Ende der 50er Jahre weitgehend auf, weil die Besitzer geringer landwirtschaftlicher Flächen die Eigenbewirtschaftung meist einstellten und das Land an Bauern verpachteten. Die Voraussetzung für diese Entwicklung war die zunehmende Beschäftigung in handwerklichen oder industriellen Betrieben, die ein sicheres Einkommen gewährleistete.

Nicht erfasst sind in der oben wiedergegebenen Erhebung die zahlreichen Kaninchen („Stallhasen"), die in engen Käfigen zu Schlachtzwecken gehalten wurden. Insbesondere diejenigen Einwohner konnten dadurch den Fleischanteil in der Nahrung sichern, die allenfalls einen Garten besaßen und kein Schwein füttern konnten. Die Kaninchen wurden mit Gartenabfällen, Klee oder mit ausgestochenem Löwenzahn ernährt.

Während des Krieges und in den ersten Nachkriegsjahren blieb die maschinelle Ausrüstung der bäuerlichen Betriebe auf dem Vorkriegsstand. Neben den

Abb. 172 Kaffeepause bei der Kartoffelernte (Mönchehof um 1950). Die Kartoffeln dienten vor allem zur Schweinefütterung.

Abb. 173   Selbstbinder waren seit den 30er Jahren die modernsten Geräte in der
Landwirtschaft, hier auf dem Feld von Elsings (Wittgerbers).

Treckern (Lanz-Bulldogs) der Burg, des Mönchehofs und des Josef Hölting (Adamer) waren die „Selbstbinder" die modernsten Geräte. Diese schnitten das Korn nicht nur mechanisch, sondern banden es auch zu Garben. Ein solcher Selbstbinder war um 1935 zunächst von der von Haxthausenschen Gutsverwaltung angeschafft worden. Etliche Bauern folgten noch vor dem Kriege, so Elsing (Kienen), Elsing (Wittgerber), Elsing (Mönchehof), Kreilos (Stork) und Bobbert. Allerdings machte in der Kriegs- und unmittelbaren Nachkriegszeit die Beschaffung von Bindegarn gelegentlich Probleme, so dass man dann oft wieder auf den Grasmäher (Mähbalken) zurückgreifen musste.

Zu Neuanschaffungen zunächst von Treckern und in der Folge auch anderer landwirtschaftlicher Geräte kam es dann zu Anfang der 50er Jahre. Allmählich verdrängten die Trecker die bis dahin gewohnten Pferde aus dem Straßenbild. So ergab schon die Viehzählung 1958 in Vörden nur noch 59 Pferde[79] gegenüber noch 76 im Jahre 1951 (s. o.). Als Folge der Motorisierung wurden im Laufe der Jahre die Feldwege – man sprach jetzt amtlich von Wirtschaftswegen – neu befestigt und mit Asphaltdecken versehen.[80]

In der gleichen Zeit setzte auch eine rege Bautätigkeit in Vörden ein. Ab 1948 entstanden neue Häuser im Bereich der heutigen Schule, hinter dem Amt sowie auf der Trift. Heinrich Rotermund reagierte im selben Jahr auf den einsetzenden Aufschwung mit der Anschaffung eines Lastkraftwagens mit Anhänger, für den er auf dem von der Stadt gekauften Gelände des Wäschebrunnens in der Trift

Abb. 174
Tankstelle Rotermund um 1955

eine Halle baute. Anfang der 50er Jahre richtete er darin eine Motorrad- und Autoreparaturwerkstatt ein als Reaktion auf die beginnende Motorisierung. Bald kam noch eine Tankstelle hinzu.
Die im vorhergehenden Kapitel erwähnte Reparaturwerkstatt des Wilhelm Ovenhausen am Angerberg war Ende der 30er Jahre nach Bad Driburg verlegt worden. Noch vor Kriegsbeginn hatte dann Hermann Schöttler aus Bellersen in Vörden eine Schlosserwerkstatt eröffnet, die auch landwirtschaftliche Maschinen und Fahrzeuge reparierte. Sie war in dem Fachwerkhaus links neben Bacharach (s. Abb. 165) eingerichtet. Nachdem Hermann Schöttler Soldat geworden war, wurde sie von dem aus Dortmund evakuierten Karl Lerche geführt. Schließlich hatte dann Walter Schmidt nach dem Kriegsende eine reine Kraftfahrzeug-Reparaturwerkstatt eröffnet, die er im Lagerraum des früheren jüdischen Geschäftshauses Kleeberg betrieb. Es war 1940 von der Familie Schöttler gekauft worden. Dann gab Walter Schmidt aber die Werkstatt zugunsten der Einrichtung einer Fahrschule auf.
1954/55 wurde das ehemalige Haus Bacharach an der Marktstraße zur Kreissparkasse umgebaut, die sich seit 1936 im damals neu erbauten Haus Rotermund

Abb. 175   Das ehemalige Haus Kleeberg mit der Werkstatt-Anzeige
des Walter Schmidt zu Peter und Paul 1953

im Tor befunden hatte. Darin hatte
auch der Arzt Dr. Willi Berendes seine
Praxis wie seine Wohnung, der dann
ein Haus mit Praxis auf dem Gelände
links hinter der Bruchtbrücke auf dem
Wege nach Bredenborn erbaute. Die
Spar- und Darlehnskasse blieb vorerst
im damaligen Haus Grawe, vorher
Frankenberg am Angerberg (heute
Nr. 3), in das sie 1938 verlegt worden
war. Mitte der 50er Jahre kaufte sie
dann das frühere Haus Kleeberg und
zog dahin um.

Der in den 50er Jahren begonnene Aufschwung, dessen Ergebnis man bald
als „Wirtschaftswunder" bezeichnete,
setzte sich in den 60er Jahren fort. Das
zeigte sich auch am Umbau zahlreicher
Häuser im alten Vörden. Das bis dahin
noch weitgehend von Fachwerkhäusern bestimmte Ortsbild änderte sein
Gesicht. Wie überall, so wurde sicherlich auch in Vörden in diesen Jahren
vieles beseitigt, das heute als erhal-

Abb. 176
Haus Becker, Dunkler Ort 13 ca. 1920.
Das Haus brannte im Jahre 1946 ab. Wie
an vielen Fachwerkhäusern konnte man
am Äußeren mehrere Um- und Anbau-
phasen erkennen.

tenswert gelten würde. Proteste und Empörung besonders der Anlieger rief 1964
der Beschluss des Gemeinderates hervor, der Metzgerei Hecker einen Teil des
südlichen Angers zum Bau eines Schlachthauses zu verkaufen. Das frühere schöne Eichenwäldchen, damals ein idealer „Abenteuer-Spielplatz" für die umliegend
wohnenden Kinder, ist heute gänzlich verschwunden (s. Abb. 177).

Den allgemein steigenden Ansprüchen genügten dann auch vor allem die
kleineren, meist einstöckigen Häuser nicht mehr, von denen es in Vörden etliche
gab (s. Abb. 178). Sie wurden in der Regel abgerissen und durch größere Häuser ersetzt. Auch innerhalb der Häuser traten gravierende Veränderungen ein.
Elektroherde, Kühlschränke, Staubsauger oder Waschmaschinen galten zunächst
noch als Errungenschaften, wurden aber allmählich zur selbstverständlichen
Haushaltsausrüstung. Dasselbe gilt für Zentralheizungen und Badezimmer.

Aber auch durch öffentliche Investitionen änderte sich das Erscheinungsbild
des Ortes wie das Leben der Bewohner. So war der Bau der Kanalisation mit
Kläranlage zwischen 1963 und 1965 die Voraussetzung für den Abschied von
den offenen Gossen ebenso wie vom Plumpsklo.[81] Die Ölheizung verdrängte
Holz und Kohle als Brennmaterialien. Für das Ortsbild bedeutete das vor allem
das Verschwinden der vertrauten „Holzdimmen" (zu runden oder viereckigen
Türmen aufgeschichtetes Scheitholz).

Abb. 177   Ausschnitt des Angers mit der Post-Autohalle hinten rechts,
daneben ein Lagerschuppen für Düngemittel,
im Vordergrund Schwester Maria Hölting (Mertens) um 1955

Schon 1951 war durch eine Tiefenbohrung in der früheren Klosterwiese am Wege nach Eilversen die Wasserversorgung Vördens gesichert worden, nachdem sich die Mängel der alten Anlage besonders im Trockenjahr 1947 erneut gezeigt hatten.[82] 1964 wurde dann noch ein neuer Hochbehälter am Hungerberg gebaut, um den Wasserdruck zu erhöhen und so auch die Erschließung höher gelegener Baugebiete zu ermöglichen.[83] In den Jahren 1964-66 erhielt Vörden die ersten Bürgersteige entlang der Kreisstraßen im damaligen Grünental (heute Talstraße) und am Angerberg.[84]

Hatte Vörden bis dahin vor allem landwirtschaftliche und handwerkliche sowie einige Arbeitsplätze im Verwaltungs- und Dienstleistungsbereich geboten, so bemühte man sich von den 60er Jahren an auch um die Ansiedlung industrieller Betriebe. So wurde im Osten hinter der Windmühle an der Straße nach Großenbreden ein Gewerbegebiet von 75 000 m² ausgewiesen.[85]

Anmerkungen

[1] Ergebnis zu 1933 aus: Höxtersche Zeitung vom 8. März 1933, StdA Höxter, zum Ergebnis von 1932 s. im vorstehenden Artikel.

[2] StdA Marienmünster, A610

[3] Die Eintragung findet sich in der Schulchronik, allerdings fälschlicherweise zu 1935 statt 1936 zugeordnet.

Abb. 178   Haus Schüpping (Henneken) Angerberg 2 ca. 1920.

4   Das Vördener Denkmal wurde vom Jungdeutschen Orden initiiert, wie auch durch eine In-
    schrift ausgewiesen ist. Diese 1920 gegründete Organisation verfolgte eine romantisch histori-
    sierende politische Zielsetzung, die nicht nationalsozialistisch war, aber leicht in die Ideenwelt
    des Nationalsozialismus integriert werden konnte. Die Vereinigung wurde 1933 aufgelöst bzw.
    löste sich in Preußen selbst auf.
    Der Stahlhelm war eine Vereinigung von Frontsoldaten des Ersten Weltkrieges und galt als der
    bewaffnete Arm der Deutschnationalen Volkspartei. Er stellte bei deren Wahlveranstaltungen
    den „Saalschutz". Seine Mitglieder lehnten die Republik ab. 1934 wurde die Organisation in die
    SA eingegliedert.

5   StdA Marienmünster, A 606, Stellungnahme des Josef Kreilos.

6   Heribert Siepmann stammte allerdings nicht aus Vörden. Er wurde vielmehr auf Wunsch seiner
    beiden zum Kriegsende in Vörden lebenden Schwestern, darunter Maria, verheiratete Rox, un-
    ter den Vördener Gefallenen geführt.

7   Bericht im Ordner mit der Beschriftung „Feuerwehr v. Josef Kreilos, 1934-1951". Dieser befin-
    det sich im Besitz der jetzigen Freiwilligen Feuerwehr Vörden, z. Z. bei Josef Föckel.

8   Creyd, D.: Luftkrieg im Weserbergland. Eine Chronologie der Ereignisse. Holzminden 2007,
    S. 151.

9   Ebd., S. 211.

10 StdA Marienmünster, A 525.

11 Ebd.

12 Ebd.

13 Ebd.

14 Nach eigener Erinnerung des Verfassers.

15 Wie Anmerkung 7.

16 Ebd. in einem Schreiben des Amtsbürgermeisters erwähnt.

17 Der Plan einer solchen Baracke befindet sich im StdA Marienmünster, A 444.

18 Zeichnungen befinden sich im StdA Marienmünster, A 971.

[19] Becker W.: Das Kriegsende 1945 im ehemaligen Hochstift Paderborn. Heimatkundliche Schriftenreihe 25/1994 Volksbank Paderborn, S.36. Ausführlicher in: Becker, W.: Die Kämpfe zwischen Eggegebirge und Weser im Frühjahr 1945. In: Westfälische Zeitschrift, 135 Jahrgang 1985, S. 293-365.

[20] Ebd. (Das Kriegsende 1945....), S. 36.

[21] Boelte, H.: Der Kreis Höxter „in jenen Tagen". Das Kriegsende 1945 zwischen Weser und Egge. Herford, 2. Aufl. 1979, S. 166.

[22] Eine Auflistung aller Schäden befindet sich im KrA Höxter im Bestand B2.

[23] Nach mündlicher Überlieferung. Boelte gibt an, die SS-Leute seien von Vörden gekommen. Wie Anmerkung 21, S. 167.

[24] Wie Anmerkung 22, Aktennummern s. letzte Spalte der Aufstellung.

[25] Eintragung von Steinmann in die Ortchronik (Chronik der Stadt Vörden).

[26] Nach dem Lebenslauf des Josef Steinmann im KrA Höxter, AO, Nr. 1284.

[27] Muhs, R.: Zur Geschichte der jüdischen Gemeinden und Synagogen im Raum Höxter-Warburg vor 1933. In: Jahrbuch des Kreises Höxter 1989, hrsg. vom Oberkreisdirektor des Kreises Höxter, S. 211-228.

Büker, J. (Hrsg.): Die Juden in den Dörfern der Stadt Marienmünster (1840-1945). Eine Dokumentation. Heft 1 der Beiträge zu Bevölkerung, Wirtschaft und Kultur der Stadt Marienmünster, Kollerbeck 1990, Typoskript.

Grothe, E. / Meyer, F. unter Mitarbeit von Britta Padberg und Thomas Stratmann: Verfolgt – Vergast – Vergessen. Zur Geschichte der Juden in den Ortschaften der Stadt Marienmünster. Bielefeld 1990.

[28] StdA Marienmünster, A 456.

[29] Die Angaben beziehen sich auf Aussagen von Zeitzeugen. Nach einer Angabe von Meyer betrug die Anzahl der Juden in Vörden 1932 nur 16 Personen. (Meyer, H. Ch.: Aus Geschichte und Leben der Juden in Westfalen, Frankfurt 1962, S. 172). Solche Differenzen können sich vor allem dadurch ergeben, dass manche Familienmitglieder zu einem bestimmten Zeitpunkt arbeitsbedingt an einem anderen Ort gemeldet waren. Die Berufsangaben finden sich im StdA Marienmünster, A 138.

[30] Das dadurch entstehende ambivalente Verhältnis hat Gudrun Mitschke-Buchholz für Ovenhausen anhand von Zeitzeugeninterviews dargelegt. Die Ergebnisse sind sicherlich weitgehend auf Vörden übertragbar. Mitschke-Buchholz, G.: Zwischen Nachbarschaft und Deportation. Erinnerungen an die Ovenhausener Jüdinnen und Juden. In: Baumeister, S. / Stiewe, H. (Hrsg.): Die vergessenen Nachbarn. Juden auf dem Lande im östlichen Westfalen. Schriften des Westfälischen Freilichtmuseums – Landesmuseum für Volkskunde 24. Bielefeld 2006, S. 79 – 99.

[31] Der Verfasser hat den Vorfall von seiner Mutter erfahren.

[32] Zitiert nach J. Büker, wie Anmerkung 27, S. 10.

[33] Schriftwechsel im StdA Marienmünster, A 138, A3.

[34] StdA Marienmünster, A144, Schreiben vom 7.5. 1936 und 21.6.1937.

[35] Schreiben im StdA Marienmünster, A 138.

[36] Nach Waldhoff, J.: Die Geschichte der Juden in Steinheim. Heimatgeschichtliche und volkskundliche Schriften der Stadt Steinheim, Band 2. Steinheim 1980, S. 238.

[37] StdA Marienmünster, A 138

[38] Ebd.

[39] Ebd., A 606. Gaentzsch wurde in dieser Angelegenheit sowohl vom damaligen CDU-Vorsitzenden Josef Kreilos als auch vom früheren Wachtmeister Hermann Böhlke entlastet. Karl Gaentzsch war 1937 zum stellvertretenden Ortsgruppenleiter ernannt worden und übernahm die Geschäfte vom Ortsgruppenleiter Padberg, der durch einen Unfall das Amt nicht mehr wahrnehmen konnte.

[40] Muhs, R., wie Anmerkung 27, S. 212.

[41] StdA Marienmünster, A 396, Schreiben vom 14. 10, 24.10. und 18. 11. 1938.

[42] Ebd., die Angabe findet sich in einer Aufstellung über ausgereiste Juden aus dem Amt Vörden.

[43] Der Verfasser erhielt diese Information vom derzeitigen Besitzer des Vördener Schlosses und Neffen des Guido von Haxthausen, Elmar Freiherr von Haxthausen.

44 Wie Anmerkung 37.

45 Wie Anmerkung 41. Am 6. 2. 1939 wird allerdings Uruguay als Auswanderungsziel der Familie Israelsohn angegeben.

46 Ebd.

47 KrA Höxter, B1, Nr. 64.

48 Wie Anmerkung 41, Schreiben vom 17. November 1938.

49 StA Detmold, M 1IP, Nr. 1106.

50 StdA Marienmünster, A 138, Scheiben vom 2. 11. und 8. 11. 1940.

51 Ebd., A 396.

52 Alle Angaben zu den Todesdaten und –orten der Vördener Juden sind den unter Anmerkung 27 genannten Schriften entnommen. Dort sind keine Quellen ausgewiesen.

53 Wie Anmerkung 50. Die Brüder Israelsohn wohnten zunächst bei der Familie Hagemann, Haus Talstraße 6.

54 StdA Marienmünster, A 587.

55 Ebd.

56 StdA Marienmünster , A 526.

57 Ebd.

58 Angabe zur NSDAP-Mitgliedschaft von Josef Elsing aus dem Fragebogen des Militärregierung. KrA Höxter, AO, Nr. 1075.

59 Lebenslauf des Fritz Mantel im KrA Höxter, AO, Nr. 1291.

60 StdA Marienmünster, A616.

61 Ebd., A 760.

62 Ebd., C 601, Sitzungsprotokolle.

63 Ebd., A 634, Mitteilung der CDU-Kandidaten vom 10. September 1946.

64 Ebd., A 526, Schreiben vom 1. September 1945. Interessanterweise handelt es sich bei den Genannten ausnahmslos um solche, die durch Heirat oder arbeitsbedingt nach Vörden gekommen waren.

65 Pfarrchronik zu 1945, ferner StdA Marienmünster, A 633.

66 StdA Marienmünster, A 633, Schreiben vom 4.9.1945.

67 Ebd.

68 Ebd.

69 Eintragung in der Pfarrchronik zu 1945, ausführlich im StdA Marienmünster, A 633.

70 StdA Marienmünster, A 743.

71 Ebd., A 633.

72 Ebd., A 606.

73 Ebd., A 526.

74 Ebd., Protokoll v. 6. Juli 1945.

75 Ebd., A2, Schreiben vom 2. April 1946, A 616, Schreiben vom 7. November 1945 und A 575, Auflistung der Vertriebenen und Flüchtlinge vom Mai 1947.

76 Ebd., A 526.

77 Ebd., A 688.

78 Ebd., A 346.

79 Ebd., A 621.

80 Ebd., B 364, B 367, B 370, B 371, B372, B 373, B400.

81 Ebd., B 406, Kanalisation in Vörden, Kläranlage, ferner auch B 455, 456.

82 Ebd., B 443.

83 Ebd., B 25.

84 Ebd., B 357.

85 Ebd., B 416.

Wilhelm Hagemann

Vörden im letzten Drittel des 20. und zu Beginn des 21. Jahrhunderts

Das gewichtigste Ereignis aus geschichtlicher Sicht war in dieser Zeit zweifels-ohne die Aufgabe der kommunalen Selbständigkeit Vördens nach 650 Jahren.

1. Die kommunale Neugliederung

a) Begründungen und Möglichkeiten

Mit zunehmenden Lebensansprüchen der Menschen nahmen die Aufgaben der Kommunen zu. Genannt sei beispielsweise die Wasserversorgung und die Entsorgung des Abwassers oder die Ausweisung von Gewerbeflächen. Solche Aufgaben konnten zunehmend von kleinen politischen Einheiten nicht mehr befriedigend gelöst werden. Deshalb strebten alle Flächenländer in der Bundes-republik Deutschland ab Mitte der 60er Jahre die Bildung größerer politischer wie verwaltungsmäßiger Einheiten an. Das sollte die einzelnen Gemeinden wie auch die Landkreise betreffen.

Die Landesregierung von Nordrhein-Westfalen hatte durch verschiedene No-vellierungen der Gemeindeordnung von 1952, zuletzt vom 18. Juli 1967, die Möglichkeit geschaffen, dass sich die einzelnen Gemeinden und Kreise über Gebietsänderungsverträge in freiwilliger Weise zu den gewünschten größe-ren Einheiten zusammenschließen konnten. Die Amtsvertretung des Amtes Vörden wurde erstmals in ihrer Sitzung am 4. Juli 1967 in Bremerberg durch einen Vortrag des damaligen Oberkreisdirektors Buss mit der Notwendigkeit einer Neugliederung konfrontiert. Er informierte darüber, dass eine von der Landesregierung eingesetzte Kommission ein Gutachten zur Neugliederung der Gemeinden im ländlichen Raum ausgearbeitet habe. Auf der Basis dieses Gutachten habe er für das Kreisgebiet Höxter acht Großgemeinden vorge-schlagen, darunter die Großgemeinde Vörden aus den Orten des bisherigen Amtes Vörden. Der Oberkreisdirektor empfahl, die Angelegenheit schon jetzt in den Gemeindevertretungen zu besprechen, damit man dem Problem später nicht unvorbereitet gegenüber stehe. Amtsdirektor Schmidt führte aus, dass eine Großgemeinde in den Grenzen des Amtes Vörden eine ausreichende Verwaltungs- und Finanzkraft im Sinne des Gutachtens habe. Die folgende Aussprache ergab, dass alle Anwesenden in dem empfohlenen Zusammen-schluss der bisherigen Gemeinden des Amtes Vörden eine sinnvolle Neuord-nung sahen.[1]

In der Sitzung der Amtsvertretung am 14. Juni des Jahres 1968 in Bredenborn nahm dann der inzwischen neu gewählte Oberkreisdirektor Sellmann erneut zu der Angelegenheit Stellung. Er empfahl dringend, durch einen freiwilligen Zusammenschluss einer gesetzlichen Regelung zuvor zu kommen, weil dadurch die einzelnen Gemeinden durch eine Ortschaftsverfassung eine gewisse Selbständigkeit behalten könnten. Insbesondere für die Vertreter der vergleichsweise reichen Gemeinde Bredenborn war es von großer Bedeutung, dass ihr Vermögen an gemeindeeigenen Ländereien und Waldungen weitgehend in ihrer Verfügung bleiben, also nicht allen anderen Gemeinden ebenfalls zugute kommen sollte. Allerdings ergab sich gerade aus der Sicht Bredenborns ein noch ein größeres Problem, wie sich bald zeigte.

b) Kontroversen und ein Kompromiss

Für die Bredenborner war es seit langem ein Ärgernis, dass der Amtsbezirk „Vörden" und nicht nach der größten Gemeinde „Bredenborn" hieß. Keineswegs wollte man sich jetzt unter dem Namen einer Großgemeinde oder gar Stadt Vörden wiederfinden. Alle anderen Gemeinden des Amtes befürworteten hingegen die Bezeichnung Vörden. Unter diesen Bedingungen, so war zu hören, wollten die Bredenborner lieber in einen Verbund mit den Gemeinden des bisherigen Amtes Steinheim eintreten. Das wiederum hätte jede Möglichkeit einer neuen Kommune auf der Basis des bisherigen Amtes Vörden vereitelt. In dieser Situation soll der damalige Pfarrer in Bredenborn, Pater Gerard Bögels von der seit 1967 im Kloster Marienmünster existierenden Kommunität der Passionisten, den Vorschlag gemacht haben, das neue kommunalpolitische Gebilde doch „Marienmünster" zu nennen. Aber auch damit war man in Bredenborn zunächst nicht einverstanden. Erstmals nachweisbar ist dieser Namensvorschlag im Protokoll der gemeinsamen Sitzung aller Gemeindevertretungen des Amtes Vörden am 10. August 1968 im Klosterkrug Marienmünster. Dort heißt es im Anschluss an die Ausführungen zum Vortrag des Oberkreisdirektors Sellmann:

> „Die Aussprache nach diesem Vortrag ergibt, daß bei allen Gemeindevertretungen die Bereitschaft zum Zusammenschluß vorhanden ist, jedoch der Name der neuen Gemeinde eine mitentscheidende Rolle spielt. Ferner wird von den Gemeinden Bredenborn und Vörden, die beide die Bezeichnung „Stadt" führen, auf die Erhaltung dieses Rechts besonderer Wert gelegt. Bis auf die Vertretung der Gemeinde Bredenborn einigen sich in der gemeinsamen Beratung alle anderen Vertretungen auf den Namen „Stadt Marienmünster" für die neue Gemeinde."[2]

Amtsdirektor Schmidt stellte dann in der Sitzung einen entsprechenden Entwurf eines Gebietsänderungsvertrages vor. Als dann in den folgenden Wochen

auch die Vertreter Bredenborns ihren Widerstand aufgaben, konnte der Vertrag
mit Datum vom 15. November 1968 abgeschlossen werden. Damit verzichteten
die 13 Gemeinden des Amtes Vörden auf ihre bisherige Selbständigkeit. Der
entsprechende § 7 lautet:

> *„Die bisher selbständigen Gemeinden Altenbergen, Born, Stadt Breden-
> born, Bremerberg, Eilversen, Großenbreden, Hohehaus, Kleinenbreden,
> Kollerbeck, Löwendorf, Münsterbrock, Papenhöfen und Stadt Vörden bil-
> den Ortschaften der neuen Gemeinde ‚Stadt Marienmünster' und führen
> neben dem Namen dieser Gemeinde ihren bisherigen Namen als Ortschaft
> weiter."*

Durch Landtagsbeschluss vom 2. Dezember 1969 wurde der in einzelnen
Punkten leicht korrigierte Gebietsänderungsvertrag Gesetz. Es trat mit dem 1.
Januar 1970 in Kraft. Der neu gewählte Stadtrat wählte den Leiter der Vördener Spar- und Darlehnskasse, den aus Brakel stammenden Josef Budde zum
ersten Bürgermeister der neuen Stadt Marienmünster. Mit Datum vom 25. Mai
1970 verabschiedete der Rat dann gemäß der Gemeindeordnung des Landes
Nordrhein-Westfalen eine Hauptsatzung, die Details des Gebietsänderungsvertrages näher ausgestaltete, vor allem die Zusammensetzung und Kompe-
tenzen der Ortschaftsräte regelte. Diese sollten die Interessen der einzelnen
Ortschaften vertreten und ortsbezogene Aufgaben selbständig wahrnehmen.

c) Empörung über einen Ratsbeschluss

Die Wahl des Namens „Stadt Marienmünster" anstelle „Stadt Vörden" erwies
sich in der Praxis schon bald als problematisch. Kraftfahrer suchten beispielsweise die Stadtverwaltung im Kloster Marienmünster. Deshalb wurde in den
Stadtrat der Vorschlag eingebracht – angeblich auf „Empfehlung von oben"
– durch eine Änderung der Hauptsatzung der Stadt Marienmünster die Ort-
schaftsbezeichnung „Vörden" fallen zu lassen. Die Hauptsatzung bestimmte in
§ 1, Ziffer 2, Absatz 4, wie es auch schon im § 7 des Gebietsänderungsvertrages
(s. o.) vorgesehen war:

> *„Die Ortschaften führen ihren Namen als Zusatz zu dem Namen der Stadt."*

Durch Ratsbeschluss vom 13. September 1972 lautete dieser Passus jetzt:

> *„Die Ortschaften – ausgenommen die Ortschaft Vörden – führen ihren Na-
> men als Zusatz zu dem Namen der Stadt."*

Ehe man in Vörden das Problem recht erkannt hatte, zeigten sich schon bald
die Folgen des Beschlusses, indem nämlich neue Ortseingangsschilder für Vör-

den aufgestellt wurden, auf denen nur noch die Bezeichnung „Stadt Marienmünster" zu lesen war. Jetzt schlugen die Wellen der Empörung hoch. Wie eine spätere Auskunft des Regierungspräsidenten in Detmold auch bestätigte, hätte das ein Verschwinden der Bezeichnung „Vörden" aus allen Straßenkarten und von allen regionalen Hinweisschildern zur Folge gehabt. Zudem wäre die Bezeichnung in amtlichen Dokumenten nicht mehr geführt worden. Eine Unterschriftenaktion in Vörden erbrachte innerhalb weniger Tage 446 Unterschriften als Protest gegen die Entscheidung des Rates und für die Beibehaltung der Bezeichnung Vörden. Die Unterschriften repräsentierten rund 70 Prozent aller Vördener Wahlberechtigten.

Juristisch bestand das Problem darin, dass diese Änderung der Hauptsatzung gegen den oben wiedergegebenen § 7 des Gebietsänderungsvertrages als vorgeordneter Regelung verstieß. Deshalb hätte bei Verfolgung der vorliegenden Absicht zunächst eine Korrektur des Gebietsänderungsvertrages erfolgen müssen. Änderungen von Gebietsänderungsverträgen waren jedoch nach § 13 Abs. 5 der Gemeindeordnung des Landes Nordrhein-Westfalen erst *nach Ablauf der auf die nächsten allgemeinen Kommunalwahlen folgenden Wahlperiode* möglich, was dem Jahr 1975 entsprochen hätte. Man befand sich aber erst im Jahre 1972. Auf die Bitte einer Gruppe engagierter Vördener hin übernahm der Verfasser dieses Beitrags die weitere aufsichtsrechtliche Abklärung.[3] Der damalige Stadtdirektor Schmidt wie auch Oberkreisdirektor Sellmann, die als Kommunalaufsichtsbehörden den Ratsbeschluss bei einem Verstoß gegen § 7 des Gebietsänderungsvertrages hätten beanstanden müssen, sahen keinen solchen Verstoß und damit auch keinen Anlass zum Einschreiten. Die folgende Dienstaufsichtsbeschwerde bei der Regierung in Detmold brachte dann zwar die Auskunft, dass sehr wohl durch die Änderung der Ortssatzung auch eine Änderung des § 7 des Gebietsänderungsvertrages erfolgt sei, allerdings wurde die Änderung als rechtlich zulässig gedeutet. In einem gleichzeitigen Schreiben an die Stadtverwaltung Marienmünster äußerte der Regierungspräsident jedoch seinen Unmut darüber, dass so kurz nach dem Inkrafttreten der Neugliederung ein solcher Beschluss gefasst worden sei.[4]

Nicht zuletzt dadurch hatten jetzt etliche Ratsmitglieder den Eindruck, dass sie zuvor über die rechtliche Problematik wie auch die politische Brisanz des Beschlusses falsch oder nicht ausreichend informiert worden seien. Sie beantragten eine Korrektur des Beschlusses vom 13. September 1972. Die Abstimmung in der Ratssitzung am 23. Mai 1973 erbrachte dann jedoch ein Stimmenverhältnis von acht zu acht bei einer Enthaltung. Damit war der Antrag auf Korrektur abgelehnt. Zuvor war in der Sitzung bereits ein einstimmiger Antrag des Ortschaftsrates Vörden zu Fall gebracht worden, die Stadt Marienmünster in „Stadt Vörden" um zu benennen, weil nur dadurch die aufgetretenen Probleme grundsätzlich gelöst werden könnten. Dieser Antrag kam erst gar nicht zur Beratung und Abstimmung, weil der weitergehende Antrag eines Ratsherrn aus Bredenborn mit 12 zu 5 Stimmen angenommen wurde, sich weder in jener Sitzung noch jemals später mit einer Änderung der Bezeichnung „Stadt Marienmünster" zu befassen. [5]

d) Entscheidung an höchster Stelle

Mit Schreiben vom 4. Juli 1973 wandte sich der Verfasser jetzt an den Innenminister des Landes Nordrhein Westfalen als letztlich zuständige Stelle. Der damalige Innenminister Weyer entschied mit Datum vom 27. August 1973 im Sinne der Eingabe (s. Abb. 179 auf der folgenden Seite). Nur noch pro forma stimmte der Stadtrat dann am 16. Oktober 1973 darüber ab, ob der Beschluss vom 13. September 1972 rückgängig gemacht werden sollte, nachdem Stadtdirektor Schmidt diesen jetzt auf die Weisung des Innenministers hin beanstandet hatte. 13 Ratsmitglieder stimmten für die Aufhebung des früheren Beschlusses, zwei dagegen und zwei enthielten sich der Stimme. Als Konsequenz aus der Entscheidung des Innenministers war schon vorher Bürgermeister Josef Budde zurückgetreten. Er hatte sein ganzes Prestige auf die Änderung gesetzt. Zum neuen Bürgermeister der Stadt Marienmünster wurde in der Sitzung vom 16. Oktober daraufhin Heinrich Krome aus Bredenborn gewählt.[6]

2. Vörden in der Stadt Marienmünster

a) Funktionen als Zentralort

Der politische wie verwaltungsmäßige Mittelpunkt der neuen Stadt Marienmünster wurde das *Rathaus*, das seine jetzigen Form besonders 1976 durch Umbau und Erweiterung des früheren Amtsgebäudes erhielt. Die unten weiter ausgeführten neuen Bebauungsgebiete ließen es von der früheren Randlage in den Mittelpunkt Vördens rücken.

Das *Schulzentrum* sammelt mit Ausnahme von Bredenborn und Kollerbeck, wo noch eigene Grundschulen existieren, alle Grundschüler der Stadt Marienmünster in Vörden.[7] Ausnahmslos gilt das für die Hauptschüler. Allerdings stellt die gegenwärtige Rückentwicklung der Schülerzahlen die Zukunft der Hauptschule der Stadt Marienmünster in Vörden in Frage. Der 1974 in einem früheren Wohnhaus nahe der Schule eingerichtete Schulkindergarten wurde im Zuge der Einstellung dieser Einrichtung im Land Nordrhein-Westfalen Ende der 90er Jahre wieder geschlossen.

Im *sportlichen* Bereich wird die Funktion als Zentralort insbesondere durch das im Kern 1972 gebaute und durch verschiedene zusätzliche Funktionen mehrfach erweiterte *Hallenbad* deutlich. Seit 1988 verfügt es über ein römisches Dampfbad, einen Hot-Whirlpool, ein Solarium, eine Cafeteria sowie über Trimmgeräte und einen Liege- und Aufenthaltsbereich. 1990 kam noch ein Planschbe-

DER INNENMINISTER
des Landes Nordrhein-Westfalen

- III A 2 - 56.21.2 - 7443/73 -

4 DÜSSELDORF, den 27 August 1973
Elisabethstraße 5
Tel. 8711 · Durchwahl 871/ 278

Herrn
Dr. Wilhelm Hagemann

4792   Bad Lippspringe
       Detmolder Str. 86 a

Betr.: Änderung des § 7 des Gebietsänderungsvertrages der zur
       Stadt Marienmünster zusammengeschlossenen ehemals
       selbständigen Gemeinden
Bezug: Ihr Schreiben vom 19.6.1973;
       mein Zwischenbescheid vom 4.7.1973

Sehr geehrter Herr Dr. Hagemann !

Ich teile die in Ihrem Schreiben vertretene Auffassung, daß
die Änderung der Hauptsatzung der Stadt Marienmünster gleichzeitig eine Änderung des Gebietsänderungsvertrages bewirkte.
Da § 7 des Gebietsänderungsvertrages nach Wortlaut und Zusammenhang ein untrennbarer Bestandteil der Ortschaftsverfassung ist,
fällt er unter die Bestimmung des § 13 Abs. 5 GO.

Wegen der Fristenbestimmung des § 13 Abs. 5 GO ist eine Änderung zum gegenwärtigen Zeitpunkt nicht zulässig.

Ich habe die zuständige Aufsichtsbehörde angewiesen, die
notwendigen Maßnahmen einzuleiten.

Mit freundlichen Grüßen

(W e y e r)

*Abb. 179   Die Entscheidung des Innenministers NRW im Streit um die Streichung
der Ortsbezeichnung Vörden*

cken für Kleinkinder im Außenbereich hinzu.[8] Der 1978 eröffnete Sportplatz am Windmühlenweg mit Laufbahn und abendlicher Beleuchtungsmöglichkeit sowie die in den folgenden Jahren erreichte Anlage von drei Tennisplätzen sind ebenfalls wichtige Aspekte eines Zentralortes.

Die Zentralortfunktion wird auf *medizinischem Gebiet* durch einen niedergelassenen Arzt, einen Zahnarzt sowie einen Tierarzt mit Kleintierpraxis und durch eine Apotheke unterstrichen. Hinzu kommen *Geschäfte* und andere *Dienstleistungseinrichtungen* wie derzeit ein Blumenladen, ein Raumausstatter, zwei Banken oder eine Versicherungsagentur. Seit April 1996 gibt es am Ortsausgang nach Eilversen einen Supermarkt.

Einen gewissen städtischen Aspekt setzte im Jahre 1971 die Änderung der Hausnummerierung. Seitdem wurde für jede Straße wieder neu mit der Zählung begonnen und nicht mehr durchgängig für den ganzen Ort gezählt. Zugleich änderte man die bisherige Straßenbezeichnung „Grünental" in „Talstraße", weil die erstere Bezeichnung auch in Bredenborn vorkam.

Weniger auffällig ist die zentrale Funktion der Vördener *Kläranlage*, die nach der 1980 erfolgten Erweiterung auch die Abwässer der höher gelegenen Orte rund um Vörden aufnimmt.

b) Neue Siedlungsgebiete und Einwohnerzuwachs

Schon vor der kommunalen Neugliederung hatte die Besiedlung auf dem Gelände „Im Bocksiek" hinter dem damaligen Amtsgebäude eingesetzt. Ebenso kam es zu einer Ausweitung der Bebauung „Auf der Trift". Im Jahre 1972 wurde dann das neue Bebauungsgebiet „Im Birkenfeld" erschlossen, das sich inzwischen über den Standort der alten Windmühle hinaus nach Osten ausgeweitet hat. Es reicht jetzt von der Straße nach Großenbreden / Hohehaus bis an den Waldstreifen am Hogge. Im gleichen Zeitraum wurde dann auch der „Breite Anger" im Winkel zwischen der Brucht und der Straße nach Bredenborn erschlossen. Ab 2005 wurden neue Bauplätze hinter der Häuserreihe „Auf der Trift" ausgewiesen. Abb. XX im farbigen Bildteil veranschaulicht das Wachsen Vördens in den letzten 200 Jahren.

Bei der Gründung der Stadt Marienmünster am 1.1.1970 hatte Vörden 959 Einwohner. Die Zahl ist inzwischen auf 1.399 angewachsen (1. Januar 2007). Diese Zunahme belegt, dass der weitaus überwiegende Teil der neuen Baugebiete von Neubürgern bewohnt wird. Leerstände von Häusern im alten Ortskern sind vor allem an der südlichen Niedernstraße festzustellen, wo die Häuser teilweise schon deutliche Verfallspuren aufweisen. Hier wäre ein längerfristig orientiertes Konzept zur vertretbaren Erhaltung des Erscheinungsbildes der Häuserzeile notwendig.

Herauszuheben ist die Ausstattung der Neubaugebiete durch Kinderspielplätze mit interessanten Spielgeräten. Zum Teil erfolgte die Ausstattung auf Eigeninitiative der Anwohner hin. In der Aktion „Prädikat kinderfreundlich 1993"

*Abb. 180   Erstmals seit Menschengedenken war am 21. August 2007 die Talstraße
           überflutet. Links Haus Schröder/Grawe, im Hintergrund Haus Elsing
           (Kienen).*

wurde der Spielplatz der Siedlungsgemeinschaft „Känguruh-Viertel" sogar
Landessieger für den Bereich des Landesjugendamtes Münster.[9]
Am 1. Juli 2005 öffnete im Baugebiet „Im Bocksiek" das Albert-Schweitzer-
Haus seine Türen, das 72 alten und behinderten Menschen eine Heimstatt bietet. Das Haus steht in der Trägerschaft des Evangelischen Johanniswerkes.
Dass neue Baugebiete nicht immer im Einklang mit der Natur angelegt wurden,
zeigte sich am Abend des 21. August 2007. Nach starken Regenfällen mit 90 Liter Regen pro Quadratmeter wurden die Straßen in den Bachauen der Brucht
und ihres kleinen Zulaufes innerhalb kurzer Zeit zu breiten Wasserläufen. Betroffen waren Häuser in der Schulstraße wie auf dem Breiten Anger, allerdings
auch in der Talstraße, wo schon vor über 100 Jahren Häuser in die Bachaue gebaut worden waren. In zahlreichen Kellern stand das Wasser bis zu 1,20 Meter
hoch und richtete große Schäden an.

c) Wandlungen des alten Ortskerns

Das Problem der Erhaltung der Häuser an der südlichen Niedernstraße ist bereits angesprochen worden. Dem allgemeinen Trend folgend, wurde in den Jahren 1983-1985 auch in Vörden durch besondere Maßnahmen ein „Dorfplatz"
zwischen dem Kump und dem jetzigen Wirtshaus am Brunnen ausgebaut.[10]

Abb. 181
Die Pohlstraße um 1950 noch ohne feste Straßendecke und mit offenen Gossen an den Seiten. Im Vordergrund Paul Simon.

Die Baumaßnahmen haben jedoch keinen erkennbaren Effekt für das soziale Miteinander gehabt, beispielsweise in der Nutzung als Versammlungsplatz. Aus heutiger Sicht muss zudem die für die Gegend untypische Gestaltung der errichteten Mauern aus Hartbrandklinkern kritisch angemerkt werden.

Neben den Umbauten der Häuser wurden zwischen 1971 und 1992 die Straßen im alten Ortskern gepflastert und zum großen Teil auch mit Bürgersteigen versehen. Die zulässige Geschwindigkeit wurde für den Bereich auf 30 km/h reduziert.

Im Jahre 2005 ließ Elmar Freiherr von Haxthausen den vorher mit einer unansehnlichen Asphaltdecke versehenen Burgplatz pflastern und durch ein großes rundes Blumenbeet vor dem Schlossgebäude verschönern. Leider wurde die Gelegenheit nicht genutzt, um durch eine archäologische Grabung den Verlauf des früheren Burggrabens zu erkunden, der vermutlich vor dem alten Pferdestall verlaufen ist. Möglicherweise wäre auch mit Gräberfunden im Zusammenhang mit den aus dem 19. Jahrhundert berichteten Funden zu rechnen gewesen.[11] Schon vorher hatte das Schlossgebäude einen neuen Anstrich erhalten.

Unsichtbar aber durchaus bedeutend ist das größtenteils 1984 innerörtlich fertig gestellte Versorgungsnetz der Westfälischen Ferngas Gesellschaft Dortmund. Schon seit 1971 erfolgt eine zentrale Müllabfuhr durch ein privates Unternehmen. 1993 wurden die „Gelben Säcke" eingeführt. Bereits im Vorjahr war von der Stadt Marienmünster eine Aktion zur Anschaffung von Schnellkompostern arrangiert worden, um die Mülleimer von solchen verrottbaren Stoffen zu entlasten. Im selben Jahr 1992 wurden rote Boxen für Schadstoffe angeschafft. Mit der Aufgabe der Landwirtschaft oder infolge des Baues von Großställen in der Feldmark sind die früheren Misthaufen aus dem Ortskern verschwunden. Pferde, Kühe, Hühner oder Gänse gehören längst nicht mehr zum Ortsbild. Im Jahre 2007 gab es im Bereich Vörden keine Milchkuh mehr.

d) Neue Arbeitsplätze

In dem Ende der 60er Jahre eröffneten Gewerbegebiet baute als erster der Zimmermeister Wilhelm Hecker eine Halle für Zimmerei und Sägewerk. Vorher befand sich der Betrieb auf dem Platz des heutigen städtischen Bauhofes, links am Ausgang nach Bredenborn. In Kooperation mit dem Zimmereibetrieb erfolgte 1972 die Gründung der Firma Planbau GmbH mit dem bereits im Vorjahr entstandenen Architekturbüro von Ewald Hecker und Wolfgang Kaiser. Man produzierte Häuser im Holzrahmenbau. Nach dem Tod des Wilhelm Hecker bei einem Verkehrsunfall übernahmen die beiden anderen Partner dessen Anteil. 1996 erfolgte eine Aufspaltung in die Firmen Hecker und Kaiser Holzbau GmbH & Co. KG sowie Hecker und Kaiser Verwaltung GmbH & Co. KG. Während letztere bis heute besteht, wurde erstere 2002 aufgelöst. Neu entstanden dann die Firmen Kaiser Haus GmbH & Co. KG und Hecker System Holzbau GmbH & Co KG. Erstere bietet derzeit (Ende 2007) 15 Arbeitsplätze, letztere 42. Eine Produktionsstätte der Firma Hecker besteht im Gewerbegebiet Bredenborn.

Im Jahre 1974 errichtete die Firma BHF (Barbara Hagedorn Fürstenau) im Vördener Gewerbegebiet eine Produktions- und Lagerhalle nebst Bürogebäude zur Herstellung von Hartfaserplatten für die Türenindustrie. 1987 erfolgte eine Erweiterung um einen Hallenbau von 3.200 m², 1990 erneut um eine Halle von 4.100 m². 1997 erwarb die österreichische Firma Egger eine Mehrheitsbeteiligung und übernahm dann 1999 den gesamten Betrieb, in dem derzeit 160 Personen arbeiten.

Der Vördener Busunternehmer Bernhard Nolte baute 1977 eine Halle für sechs Reisebusse, die dann 1995 von der Fa. Pollmann aus Nieheim übernommen wurde. 1978 entstand ein Auslieferungslager des Getränkebetriebs W. Hauß KG aus Stadthagen für Coca Cola. Hier sind rund 30 Personen beschäftigt. Eine 1982 im Gewerbegebiet errichtete Volvo-Vertragswerkstatt hielt sich nicht. Die Gebäude und Flächen wurden von der Kanalreinigungsfirma Weise übernommen, die 30 Arbeitsplätze bietet. 1990 verlagerte der Kunstschmied Rolf Habke seinen Betrieb vom Angerberg Nr. 3 nach hier, wo 5 Personen beschäftigt sind. Aber auch an anderen Stellen entstanden neue Produktionsanlagen. So produzierte die Fa. Göllner zwischen 1973 und 1993 im ehemaligen Kuhstall auf dem Burggelände Damen- und Herrenbekleidung. Das Gebäude wurde nach der Einstellung des Betriebes von der Tischlerei Ohagen bezogen.

Es war jedoch auch der Verlust von Arbeitsplätzen zu beklagen. So wurde bereits ab 1973 das 1953/54 bei Vörden errichtete Umspannwerk des Stromversorgers Preußen Elektra von Paderborn aus ferngesteuert. Die zugehörigen Betriebswohnhäuser kauften private Interessenten. Am 31. März 1988 stellte die seit 1900 in Vörden existierende Molkerei ihren Betrieb ein, die etliche Arbeitsplätze geboten hatte. Auch einige Versuche zur Führung kleiner Lä-

*Abb. 182   Begegnung von alter und neuer Zeit: Das letzte Pferdegespann
als Milchtransport neben dem neuen Sammelfahrzeug 1973.*

den in Vörden scheiterten, beispielsweise eine Geschenk-Boutique oder eine
Quelle-Filiale.[12]

e) Vörden als Erholungsort

Die schöne Lage Vördens gab schon früh den Anstoß für Bemühungen um
den Fremdenverkehr. Im Jahre 1976 wurden die ersten acht Ferienhäuser am
Hungerberg errichtet. In den folgenden Jahren kamen noch 30 Häuser hinzu.
Durch eine Änderung des Flächennutzungsplanes 1991 und die Freigabe weiterer Bauplätze erfolgte eine Ausweitung sowie die Nutzung von Häusern als
Dauerwohnung. Aus heutiger Erfahrung kann man darin allerdings durchaus
eine Tendenz zur problematischen Landschaftszersiedlung sehen.[13] In den Jahren 1979-1981 erfolgte der Bau einer Freizeitanlage im Hogge, dessen Kern ein
Stauteich ist.[14] 1989 entstand am Wenderweg in der Nähe des Stauteichs eine
Minigolf-Anlage mit Klubhaus und Bewirtungsmöglichkeit. Schon 1982 war
bei dem Ferienpark am Hungerberg ein Trimm-Dich-Pfad mit 14 Geräten eingerichtet worden.[15]
Im Herbst 1985 wurde durch eine Übereinkunft mit Elmar Freiherrn von Hax-
hausen als Eigentümer des Schlosses eine Freigabe des Schlossparks für die Öffentlichkeit erreicht. In den Jahren 2000/2001 konnte dessen früherer Charakter als Landschaftspark annähernd wieder hergestellt werden. Bei dieser Gelegenheit wurde an historischer Stelle auch wieder ein Stauteich vor dem Ausfluss
der Brucht aus dem Park angelegt.
Im Jahre 1992 bewarb sich Vörden zusammen mit Bellersen im Rahmen eines
landesweiten Förderprogramms erfolgreich um die Ernennung zum „Touris-

musmusterdorf". Aus den Mitteln dieses Programms wurde im Frühjahr 1994 der Schützenplatz (Schützenanger) an der Brucht zu einem Wanderplatz „Parke und radle" umgebaut. Gleichzeitig errichtete man eine neue Toilettenanlage, eine neue Holzbrücke zum Schützenfest-Zeltplatz, einen Pavillon und eine Treppe zur Brucht als symbolische Erinnerung an den früheren Waschplatz an dieser Stelle.

Vörden ist auch gut über Rad- und Wanderwege zu erreichen. 1986-88 wurde der westfälische Fernrad- und Wanderweg „R1" gebaut, der von Höxter aus über Vörden verläuft und dann durch das Münsterland bis an die holländische Grenze führt, von wo man über Anschlussrouten den Haag oder via Brügge auch Calais an der französischen Atlantikküste erreichen kann. In östlicher Richtung ist er inzwischen bis St. Petersburg ausgebaut und damit zum Europa-Radweg geworden. Während dieser Weg am Vördener Friedhof vorbei führt, ist auch der alte Weg nach Bredenborn als Rad- und Wanderweg ausgebaut. Ein solcher führt seit 1997 auch entlang der jetzigen Kreisstraße nach Bredenborn.[16]

Im Jahre 1996 kaufte die Stadt Marienmünster von der Fa. Hecker & Kaiser den rechten Teil des Gebäudekomplexes Niedernstraße 5-7 als „Haus des Gastes". Darin befindet sich die alte Deele als Raum für Vorträge, Ausstellungen oder auch zum Feiern. Zudem ist ein kleinerer Raum abteilbar. Eine Küche mit entsprechender Einrichtung ermöglicht eine vielfältige Nutzung.

Im Jahre 2007 beschloss der Rat der Stadt Marienmünster auf Initiative des Heimat- und Kulturvereins hin die Errichtung eines Aussichtsturmes auf dem Hungerberg. Er wurde im Mai 2008 eröffnet.

f) Auszeichnungen für Vörden

Die Bemühungen um den Fremdenverkehr fanden auch staatlicherseits Anerkennung. So erhielt Vörden 1988 die Eigenschaft als „Staatlich anerkannter Erholungsort" zugesprochen. 1999 folgte als Steigerung aufgrund des gesunden Bioklimas die Anerkennung als „Staatlich anerkannter Luftkurort". Schon 1990 hatten einige Vermieter von Ferienwohnungen im Verbund die Auszeichnung als „Familienfreundlicher Urlaubsort" erreicht.

Vörden beteiligt sich seit den 70er Jahren an dem Wettbewerb „Unser Dorf soll schöner werden" sowie an dessen Nachfolger „Unser Dorf hat Zukunft". Hier seien nur die größten Erfolge wiedergegeben:

1980 auf Kreisebene in der Gruppe III (1.000 – 3.000) Einwohner den 1. Platz

1981 auf Landesebene ebenfalls Platz 1

1988 auf Kreisebene in Gruppe III wiederum den 1. Platz

1989 auf Landesebene in dieser Gruppe eine Bronze-Medaille und einen Sonderpreis für die Bewahrung des jüdischen Friedhofs in seiner typischen Anlage

1991 auf Kreisebene in der Gruppe der Kreissieger von 1985 und 1988 den 3.
    Platz und einen Sonderpreis für die Entsiegelung von Wegen und Plätzen
    und für die Neuanpflanzung zahlreicher Laubgehölze
1993 auf Landesebene wiederum die Bronze-Medaille.

g) Die Post in Vörden

Bis zum Jahre 1978 war die Post in einem Nebengebäude der Gastwirtschaft
Padberg mit Zugang von der Amtsstraße her untergebracht. Im Laufe des Jahres 1978 entstand dann gegenüber der Stadtverwaltung ein eigenes Postgebäude. Am 1. Februar 1979 wurde die bisherige Poststelle Vörden zum Postamt
erhoben. Diesem sollte aber nur eine Lebensdauer von 20 Jahren beschieden
sein. Im Zuge der Postreform gab die Post AG nämlich im Jahre 1999 das Postamt auf und richtete im Geschäft Nolte, Angerberg 5 eine Postagentur ein. Das
dann zunächst ungenutzte Postgebäude wurde 2002 abgerissen. Auf dem Platz
entstand nun ein Omnibus-Bahnhof mit vier Abfahrtstellen, Sitzgelegenheiten
und einem Wartehäuschen. Damit hat der Postbus-Knotenpunkt Vörden eine
angemessene Form erhalten. Frühere Haltestellen entlang der Amtsstraße
konnten entfallen und in PKW-Parkplätze umgewandelt werden. In den
50er und 60er Jahren hatten die Busse für die Strecken Höxter – Steinheim
bzw. Höxter – Nieheim – Steinheim vor der damaligen Gastwirtschaft
Koch (Talstraße 3) sowie schräg gegenüber gehalten.

In dem erwähnten Teil des Hauses Padberg (vorher Kropp) war auch
die Telefonzentrale untergebracht, zunächst seit 1879 die mechanische
Vermittlung, seit Mitte der 50er Jahre dann auch die automatische Wahlzentrale. Diese wurde im Jahre 1979 in ein neues Gebäude am Breiten Anger
verlegt, das 1992 erweitert wurde.[17]

Innerörtliche Nachrichten wurden traditionell durch „Ausschellen" verbreitet. Dabei verlas der Gemeindediener (früher „Polizeidiener") nach
dem Schellen mit der Handglocke an festgelegten Plätzen die Bekanntgaben. Schon der zunehmende Straßen-

Abb. 183
Gemeindediener Bernhard Moseke
beim Verlesen von Nachrichten durch
„Ausschellen" um 1955 in der Pohlstraße
mit seiner Enkelin Ingrid Judith. Der
Schwiegersohn Dieter Judith übernahm
das Amt und war der letzte „Iutscheller"
in Vörden.

verkehr schränkte die Möglichkeit stark ein. Seit der Gründung der Stadt Marienmünster ist ein Mitteilungsblatt an die Stelle des Ausschellens getreten.

h) Flurbereinigung

Auf seiner Sitzung vom 11. April 1973 stimmte der Rat der Stadt Marienmünster der Einleitung eines Flurbereinigungsverfahrens zu, wie es vom Amt für Agrarordnung in Münster vorgeschlagen worden war. Es sollte neben Vörden auch die Ortschaften Altenbergen, Bremerberg, Eilversen, Großenbreden, Kleinenbreden, Hohehaus, Löwendorf und Papenhöfen umfassen. Durch Zusammenlegung sollten größere Flächen entstehen, eine bessere wegemäßige Erschließung erfolgen, zusätzliche Gewerbeflächen und Bauland ausgewiesen und die Umgehungen für Löwendorf und Großenbreden ermöglicht werden. Auch wenn es in Vörden zunächst noch Widerstand gab, konnten die neu zugeschnittenen Flächen den insgesamt 811 beteiligten Eigentümern in den Jahren 1987 und 1988 vorläufig zugewiesen werden. Der förmliche Abschluss der Verfahrens erfolgte jedoch erst Anfang Februar 2006.[18]

i) Bisherige Vorsitzende des Ortsausschusses Vörden

Für die größeren Ortschaften der Stadt Marienmünster sind nach der Ortssatzung Ortsausschüsse einzurichten (Altenbergen, Bredenborn, Kollerbeck und Vörden). Für die übrigen Ortschaften wird ein Ortsvorsteher berufen. Ortsausschüsse und Ortsvorsteher sind in allen Angelegenheiten zu hören, die sich ausschließlich auf die Ortschaft beziehen. Sie haben ferner das Vorschlagsrecht für solche Angelegenheiten. Die Ortsausschüsse wählen aus ihrer Mitte einen Vorsitzenden. Die Vorsitzenden des Ortsausschusses Vörden waren seit der Gründung der Stadt Marienmünster:

1970-1973	Josef Budde
1973-1975	nicht besetzt
1975-1979	Heinrich Isenbort
1979-1984	Josef Hoffmeister
1984-1989	Hermann Ohagen
1989-1994	Willi Seck
1994 – derzeit	Dr. Heidrun Strauss-Ellermann.

3. Rückblick und Vergleich

Die vorstehenden Ausführungen zum letzten Drittel des 20. Jahrhunderts und zu den ersten Jahren des dritten Jahrtausends sind deutlich kürzer als die zum ersten und zweiten Drittel des vorigen Jahrhunderts. Der Grund liegt vor allem darin, dass uns in der zuletzt betrachteten Zeit die politisch verursachten Katastrophen erspart geblieben sind, die das erste und zweite Drittel des Jahrhunderts dominant bestimmt haben. Die beiden Weltkriege wie die Verfolgung und Ermordung von Mitbürgern haben auch in der Vördener Geschichte schmerzhafte Spuren hinterlassen. Deren ausführliche Darstellung war deshalb ortsgeschichtlich notwendig. Gleichzeitig soll damit eine Mahnung zum Frieden als Lehre aus der Geschichte ausgesprochen werden.

Das größte außen- wie innenpolitische Ereignis der zuletzt betrachteten Epoche war zweifelsohne die deutsche Wiedervereinigung in den Jahren 1989/1990. An diesen dramatischen Entwicklungen mit einem für das deutsche Volk, für Europa und die gesamte Welt so günstigen Ausgang haben auch die Einwohner Vördens engagiert Anteil genommen. Im Zuge der weiteren Ost-West-Entspannung bekamen Hunderttausende deutschstämmiger Bewohner der ehemaligen Sowjetunion und der angrenzenden sozialistischen Staaten die Möglichkeit der Ausreise in die Bundesrepublik. Einige Familien haben sich auch in Vörden niedergelassen und zum Teil auch bereits eigene Häuser gebaut.

Der Alltag der Menschen sowohl im Arbeits- wie im familiären und Freizeitbereich ist in den letzten Jahrzehnten insbesondere durch die Entwicklung der Informationstechnologien stark beeinflusst worden. Wohl kaum ein Arbeitsplatz wird heute nicht durch den Einsatz von Computern zumindest mitbestimmt. Wir können zudem im häuslichen Wohnzimmer über Satelliten in Echtzeit an weit entfernten Ereignissen optisch und akustisch teilnehmen. Ein enges Informationsnetz umspannt die Erde. Fremde Länder und Erdteile sind in wenigen Flugstunden erreichbar. Etliche Vördener haben einen Arbeitsplatz im Ausland.

Allerdings hat diese Entwicklung auch Schattenseiten. Die Welt ist nicht nur eine große Informationseinheit, sondern auch ein großer Markt geworden. Man spricht zu Recht von Globalisierung. Als Folge der in den westlichen Industriestaaten erreichten Lohn- und Arbeitsbedingungen sind viele Produktionsprozesse hier vergleichsweise teuer. Die Belieferung durch Billiglohnländer oder die Verlagerung von Arbeitsplätzen in solche Länder hat in Deutschland mit dazu beigetragen, dass nach der Jahrtausendwende mehr als fünf Millionen Menschen ohne Arbeitsplatz waren. Erst in den letzten Jahren ist eine Verringerung dieser erschreckenden Zahl nicht zuletzt durch Lohnverzicht oder moderate Tarifabschlüsse und Arbeitszeitverlängerung eingetreten.

Durch die bauliche Ausdehnung Vördens vor allem in östlicher Richtung ist das Kirchengebäude am traditionellen Platz innerhalb des alten Stadtgebietes immer mehr in eine Randlage geraten. Das kann als symbolisch für die Lockerung religiöser Bindungen gesehen werden, die auch in Vörden insbesondere im Verlauf des letzten Drittels des 20. Jahrhunderts eingetreten ist. Diese Entwicklung ist jedoch nur ein Teil der in dieser Zeit allgemein vollzogenen teilweisen Auflösung des gemeinsamen Verhaltens- und Wertekanons, der in früherer Zeit insbesondere dörfliches und kleinstädtisches Leben mitbestimmte. Damit ist das Leben zweifelsohne freier geworden, ist weniger durch Vorschriften geregelt. Gleichzeitig ist aber auch die Anforderung an den Einzelnen im Hinblick auf die Wahrnehmung von Verantwortung für sich, seine Familie und für die Gemeinschaft gestiegen.

Anmerkungen

1 StdA Marienmünster, B 10.

2 StdA Marienmünster, B 25.

3 Dem Verfasser standen dabei folgende Bürger in besonderer Weise zur Seite: Wilhelm Elsing (Kiene), Willi Rohde, Alfons Elsing (†) und Willi Hillebrand (†).

4 Schreiben vom 21. 11. 1972, 11. 12. 1972 sowie 30. 4. 1973, im Besitz des Verfassers.

5 StdA Marienmünster, D 18.

6 Ebd.

7 Zu Anfang des Jahres 2007 scheint allerdings der Schulstandort Kollerbeck aufgrund zu geringer Schülerzahlen nicht mehr erhaltbar zu sein.

8 Angaben nach: 25 Jahre Stadt Marienmünster. Chronik der Ortschaften. Für Vörden zusammengestellt von Ortsheimatpflegerin Karin Föckel.

9 Ebd.

10 StdA Marienmünster, D 127.

11 Vgl. dazu im Beitrag „Zu den Anfängen der Siedlung Vörden".

12 Wie Anmerkung 8.

13 Ebd., ferner StdA Marienmünster, D 55.

14 StdA Marienmünster, D 72.

15 Wie Anmerkung 8.

16 Der Bau von drei weitgehend parallelen Radwege in geringem Abstand hat dann sogar zu einer Rüge durch den Landesrechnungshof geführt.

17 Alle Angaben nach Waldhoff, J.: 130 Jahre Post in Vörden. In: Jahrbuch des Kreises Höxter 1991, S. 57-63.

18 Westfalen-Zeitung, Höxtersche Ausgabe vom 9.Februar 2006.

Wilhelm Hagemann
unter Mitwirkung von
Karin Föckel, Hildegard Hecker und Ursula Simon

Vereine und Vereinsleben

Auch und gerade in überschaubaren Orten wie Vörden sind heute Möglich-keiten einer vielfältigen, individuell differenzierten Lebensgestaltung erfor-derlich. Über das Private hinaus spielen dazu Vereine und Vereinigungen eine besondere Rolle. Während (eingetragene) Vereine als rechtlich definierte Insti-tutionen eine bestimmte Struktur benötigen, sind Vereinigungen lockere Zu-sammenschlüsse von Personen, beispielsweise Nachbarschaftsgruppen zur Or-ganisation von Straßenfesten.

Neben ihren jeweils festgelegten Zwecken erfüllen Vereine und Vereinigungen auch indirekt weitere wichtige Aufgaben. So kann eine demokratische Ge-sellschaft auf Dauer nur existieren, wenn sie nach Geist und Praxis von un-ten her wächst. Vereine und Vereinigungen verdeutlichen in diesem Sinne die gewünschte Pluralität der Gesellschaft, lassen im überschaubaren Rahmen demokratische Regeln erfahren und geben Gelegenheit zu ehrenamtlichem Engagement. Nicht zufällig suchen diktatorische Regime deshalb stets die Vereinsvielfalt zu reduzieren oder diese unter formal fortdauernder Existenz „gleichzuschalten", wie es im Dritten Reich geschah und auch in der DDR als allgegenwärtige Kontrolle der SED vorlag.

In vorhergehenden Beiträgen wurden bereits die kirchlichen Vereine und Verei-nigungen wie auch die Schützenbruderschaft und der ehemalige Kriegerverein behandelt. Im Folgenden sollen die sonstigen Vereine in Vörden mit ihrer Ge-schichte kurz skizziert werden. Die Reihenfolge wird durch die Gründungs-daten bestimmt.

1. Der Ziegenzuchtverein

a) Die Bedeutung der Ziegen in früherer Zeit

Nach den genannten und bereits behandelten Vereinen war offenbar der 1904 gegründete Ziegenzuchtverein der älteste. Die Ziege war die „Kuh des kleinen Mannes". Nahezu alle Vördener Familien, die nicht genügend Land zum Hal-ten einer Kuh besaßen, hielten eine oder mehrere Ziegen. Wie an anderer Stelle erwähnt, gehörte auch zur Wohnung des Vikars in dem 1802 erbauten Schul-haus ein Ziegenstall.[1] Im Gründungsjahr des Vereins zählte man in Vörden 136 Ziegen.[2] Im damaligen deutschen Reichsgebiet gab zu der Zeit rund 3,5 Millio-nen, Anfang der 20er Jahre wurde der Höhepunkt mit 4,3 Millionen erreicht.[3]

Die Ziege diente als Milch- und Fleischlieferant, wobei vor allem die Lämmer geschlachtet wurden.

b) Die Ernährung der Ziegen

Die Existenz eines städtischen Ziegenhirtes ist aus früherer Zeit in Vörden urkundlich nicht überliefert. Allerdings führte Vikar Völker in einer Randnotiz zum Jahr 1918 in der Pfarrchronik an, dass bis zur Auflösung der Hudeflächen im Eichhagen durch die Separation von 1897 folgende Hirten dort das Vieh gehütet hätten: Kuhhirt, Ziegenhirt, Gänsehirt, Schweinehirt. Nach der Auflösung der Hudeflächen hatten dann die Ziegenhalter wohl selbst für die tägliche Ernährung ihrer Tiere zu sorgen. Das geschah im Sommer bei reiner Stallhaltung vor allem durch frisch gemähtes Gras oder durch Klee. Aber auch das Hüten blieb üblich. Vielfach war das bis zur Mitte der 50er Jahre des vorigen Jahrhunderts hinein die Nachmittagsaufgabe von Schuljungen. Ziegenbesitzer, die keine Kinder dieses Alters hatten, beauftragten oft Jungen aus der Nachbarschaft gegen ein geringes Entgelt mit dem Hüten der Ziegen. Als Hüteflächen dienten in der Regel Waldränder, Waldlichtungen oder Wegränder, letztere soweit diese nicht zur Gewinnung von Heu als Winterfutter genutzt wurden. Dann konnte hier erst im Herbst nach der zweiten Heuernte (Grummet) gehütet werden. Die Wegränder und Böschungen wurden dazu von der Gemeinde oder vom Kreis an Interessenten verpachtet.

c) Gründung, Ziel und Geschichte des Vereins

Der Initiator zur Gründung eines Ziegenzuchtvereins in Vörden war der Lehrer Hermann Schlütz. Das Ziel des Vereins lag in der Hebung der Gesundheit und der Milchleistung der Ziegen. Dazu wurde ein Zuchtbock angeschafft, der bei einem Mitglied gegen Entgelt eingestellt war. Die Gemeinde gab dazu einen Zuschuss. Im Jahre 1928 schlossen sich die 53 Ziegenhalter aus Vörden und die 16 aus Altenbergen zu einem gemeinsamen Verein zusammen. In Vörden gab es zu der Zeit 95 und in Altenbergen 32 deckfähige Ziegen. Der Verein trat dem Verband der Ziegenzuchtvereine des Kreises Höxter bei, über den von Zeit zu Zeit ein Austausch des Ziegenbockes erfolgte, um Inzucht vorzubeugen.[4]

Im Laufe der nächsten Jahre ging die Ziegenhaltung in Vörden wie auch in Altenbergen leicht zurück. Im Jahre 1939 zählte man in Vörden 54 Ziegenhalter mit 74 Ziegen und in Altenbergen 14 mit 28 Tieren. Zum Vergleich: Bredenborn war mit 1136 Einwohnern gegenüber Vörden mit 817 Einwohnern um rund 40 Prozent größer. Es hatte zur gleichen Zeit aber 101 Ziegenhalter mit 159 Ziegen, also rund 100 Prozent mehr Halter und Ziegen.[5]

Zum Jahre 1943 geht aus einem Schreiben des Kreisverbandes an den damaligen Vorsitzenden des Vereins, Heinrich Homann (Talstraße), hervor, dass ein neuer Bock angeschafft und bei dem Arbeiter Johannes Potthast (heute Haus Auf der

Abb. 184   *Ziegen auf einer Wiese vor dem Wald links von der Straße nach Alten-*
bergen um 1930. Links im Hintergrund ein Teil des Hungerberges. Die
Wiese (heute Acker) war vom Freiherrn von Haxthausen gepachtet worden.
Die männliche Person ist Josef Hölting (Heckerschneider), die weibliche ist
unbekannt.

Trift 4) untergebracht wurde. Vorher war die Bockstation im Hause Heumann
/ Moseke (Bergstraße 1) gewesen. Nach der Familie Potthast übernahm um die
Mitte der 50er Jahre die im Haus Pohlstraße 21 wohnende Familie Förster die
Haltung des Bockes. In den 60er Jahren führte dann aber der steigende Wohlstand zu einer Aufgabe der Ziegenhaltung. Offiziell endete der Verein im Jahre
1970. Ein Sparbuch als restliches Vermögen des Vereins fiel satzungsgemäß an
die politische Gemeinde. Der Ortschaftsrat Vörden stellte das Geld der Schützenbruderschaft zur Verfügung.

2. Der Imkerverein

a) Die frühere Bedeutung der Imkerei

Die Haltung von Bienen zur Gewinnung von Honig als Süßungsmittel hatte
in früher Zeit eine große Bedeutung. Mit der Einfuhr von Rohrzucker aus den
Kolonien und der Herstellung von Zucker aus heimischen Zuckerrüben ging
diese Bedeutung stark zurück. Honig wurde dann mehr als Brotaufstrich und
als Gesundheitsmittel gesehen. Die Haltung von Bienen bekam jetzt zunehmend den Charakter einer Freizeitbeschäftigung von gesundheitsbewussten

wie naturliebenden Personen. Dazu gehörten vielfach Lehrer und Pastöre. In Vörden hielten noch Lehrer Vogt (1917-35) und Pastor Behre (1926-51) Bienen.

b) Gründung, Zweck und Geschichte des Imkervereins

Das genaue Gründungsdatum des Imkervereins war nicht festzustellen. Die Gründung muss aber spätestens 1912 erfolgt sein, weil aus diesem Jahr zwei Mitgliedskarten vorliegen. Der Imkerverein Vörden umfasste auch Mitglieder aus den umliegenden Orten. Als im Jahr 1970 der Nieheimer Imkerverein nur noch wenige Mitglieder hatte, schlossen diese sich dem Ortsverein Vörden an. Der Vorsitzende war damals Alwin Mahn aus Kollerbeck.

Der Zweck des Vereins lag neben dem Erfahrungsaustausch und der gegenseitigen Hilfe auch in der Verbesserung der Zucht zum Beispiel durch Bezug von Königinnen. Dazu schloss sich der Imkerverein Vörden dem Landesverband westfälischer und lippischer Imker e. V. mit Sitz in Hamm an. Hier konnte auch eine Versicherung gegen Schäden durch die eigenen Bienen und gegen Fremdbeschädigung der Bienenstände abgeschlossen werden.

Nach dem Zweiten Weltkrieg ging die Imkerei allgemein stark zurück. Der letzte Vorsitzende war der in Nieheim wohnende Theodor Walter. Dieser mel-

Abb. 185 *Der Tischlermeister Johann Leßmann – hier mit seiner Frau Ferdinande und den Kindern Josefa, Franz, Gisela und Josef ca. 1930 – hatte seine Bienenhütte am Wenderweg, wo heute das Clubhaus des Minnigolf-Platzes steht. Im Hintergrund ist das damals übliche Einfüllen von Weidewasser in ein Wasserfass zu sehen. Die einfüllende Person stand dabei auf dem breiten Rand des Kumpes. Zum Einfüllen diente ein Schöpfeimer an einem langen Stiel.*

dete den Verein mit Ende des Jahres 2005 beim Verband ab. Derzeit betreibt in Vörden niemand mehr die Imkerei.[6]

3. Der Gesangverein

a) Gründung und erste Jahre

Der Gesangverein Vörden wurde im Jahre 1912 als Männer-Gesangverein gegründet. Bei seiner Gründung traten ihm gleich 38 Sänger bei, 27 weitere Personen unterstützten als passive Mitglieder das Anliegen des Vereins, nämlich die Pflege des deutschen Liedgutes. Die aufgestellten Statuten wurden vom damaligen Amtmann Schröder genehmigt. Man traf sich jeden Donnerstag zunächst in der Gastwirtschaft Weber, später in der Gastwirtschaft Kropp (Padberg). Der erste Dirigent wurde der Vördener Lehrer Konrad Bieling. Das größte regelmäßige Ereignis im Vereinsleben war von Anfang an das jährliche Stiftungsfest. Das erste fand bereits am 24. November 1912 ab 6 Uhr abends im Vereinslokal Weber statt. Den Aufwand weist das abgebildete Programm aus.
Der erste Weltkrieg brachte eine starke Einschränkung der Sangestätigkeit, u. a. weil viele Sänger einberufen wurden, darunter auch der Dirigent Konrad Bieling, der 1916 fiel. So konnte erst 1919 wieder ein geregeltes Vereinsleben aufgenommen werden. Der Lehrer August Vogt wurde neuer Dirigent. Unter ihm

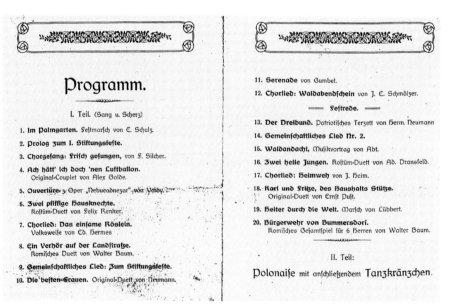

Abb. 186   Das Programm des ersten Stiftungsfestes des Männer-Gesangvereins
im Jahre 1912

nahm man auch an Sangeswettbewerben teil, wobei mehrfach erste und zweite Preise sowie Ehrenpreise gewonnen wurden. In der Karnevalszeit feierte man jeweils ein Kappenfest.

b) Die Theaterspielgruppe

Wie das abgebildete Programm des ersten Stiftungsfestes ausweist, fanden von Anfang an auch Gesangsvorführungen in Kostümen statt. Wahrscheinlich ist auch unter Punkt 20 des Programms ein „Komisches Gesangspiel" gemeint und das verzeichnete „Gesamtspiel" ist ein Druckfehler. Aus diesen Anfängen entwickelte sich dann bald eine Theatergruppe innerhalb des Gesangvereins. Sie führte vornehmlich in der Weihnachtszeit im Saal Weber im Laufe der Jahre zahlreiche Theaterstücke auf, meist mit heimatbezogenen oder auch lustigen Inhalten. Beispielsweise spielte man kurz nach der Währungsreform 1948, als die Zwangsbewirtschaftung aufgehoben worden war, ein Stück um das „Schwarzschlachten". Die Komik lag für vor allem darin, dass ähnliche wie die gespielten Täuschungs- und Versteckaktionen allen Zuschauern noch sehr geläufig waren, so dass man auch über das selbst Erfahrene lachen und die nunmehr geänderten besseren Zeitumstände um so mehr genießen konnte. Beispielsweise wurde das geschlachtete Schwein vor dem kontrollierenden Polizisten, der Verdacht geschöpft hatte, im Bett der Großmutter versteckt, die sich zu diesem Zweck sterbend stellte. Insbesondere mit dem Aufkommen der wöchentlichen Filmvorführungen im Saal Weber und durch das neue Medium Fernsehen verlor das Theaterspiel seine Attraktion, so dass es um die Mitte der 50er Jahre eingestellt wurde.

c) Eine neue Fahne

Im Jahre 1929 schaffte der Verein eine Fahne mit dem Bild der heiligen Cäcilia, der Patronin des Kirchengesangs an. Zu Peter und Paul erhielt die Fahne ihre kirchliche Weihe. Daran nahmen 14 auswärtige Chöre teil. Pastor Behre knüpfte an die Fahnenweihe die Hoffnung, der Gesangverein würde sich nun auch mehr dem Kirchengesang widmen. Darin wurde er allerdings enttäuscht, wie sein Eintrag in der Kirchenchronik belegt: „Die Hoffnung, er würde nun auch den kirchlichen und liturgischen Gesang pflegen, erfüllte sich nicht." Es war nicht zu ermitteln, ob der Verein schon vorher eine Fahne besessen hatte.

d) Kriegs- und Nachkriegszeit

Als Lehrer Vogt im Jahre 1935 nach Stahle versetzt wurde, übernahm vorübergehend der Sangesbruder Karl Simon (Haus Angerberg 24) das Amt des Dirigenten. Er spielte an Sonn- und Feiertagen auch die Orgel in Marienmünster. 1938 stellte sich der Lehrer Heinrich Brinkrolf als Dirigent zur Verfügung, er

wurde aber schon bald aus Vörden abberufen. Der Ausbruch des Zweiten Weltkrieges unterband dann eine weitere geregelte Vereinstätigkeit.
Im Jahre 1947 wurden die Vereinsaktivitäten wieder aufgenommen. 1948 gestaltete der Verein das Hochamt auf dem Hungerberg zum Feste Peter und Paul als
Erinnerung für die Gefallenen und Vermissten mit. Der neue Dirigent war der
Lehrer Fröhlingsdorf aus Marienmünster. Die Tradition der Konzerte wie auch
des jährlichen Kappenfestes und des Theaterspiels lebte wieder auf. Wie vorher
erhielten auch verstorbene Vereinsmitglieder und ihre Ehefrauen am Grab einen letzten musikalischen Gruß. Am 25. Mai 1952 feierte man dann in einem
großen Zelt das 40-jährige Bestehen des Männergesangvereins Vörden. Dazu
kamen 13 Chöre aus der Umgebung. Der Festzug und die Gesangsvorstellun-
gen im Zelt fanden sehr viel Anklang.

e) Dirigentenprobleme und Ende des Vereins

Im Januar 1954 erweiterte man den bisherigen Männerchor zum gemischten
Chor. In den nächsten Jahren nahm aber dennoch die Begeisterung für den ak-
tiven Chorgesang langsam ab. Die Konkurrenz der Medien wie auch die häufig
wechselnden Dirigenten haben dazu beigetragen. Als Dirigenten waren nach
Lehrer Fröhlingsdorf tätig: Lehrer Salmen, Marienmünster, Lehrer Birchel,
Ovenhausen, Lehrer i. R. Ostenkötter, nochmals Lehrer Salmen und zuletzt
Lehrer Thomalla aus Bremerberg. Schließlich stand 1964 kein Dirigent mehr
zur Verfügung, so dass man den Verein beim Deutschen Sängerbund nach 52
Jahren abmelden musste. In dieser Zeit fungierten als Präses (Vorsitzender):
Josef Leßmann, Hermann Weber (Drechsler), Friedrich Thauern, Heinrich
Offergeld (Trift), Heinrich Rotermund, Hermann Weber (Schlosser), Franz
Schwarze, Heinrich Thauern, Johannes Homann, Karl Tillmann, Josef Simon
und Paul Kaiser.

f) Der Kirchenchor als Nachfolger

Der Chorgesang in Vörden wird derzeit durch den 1984 gegründeten gemischten
Kirchenchor gepflegt, der sich bewusst in die Traditionslinie des Männerchores
aus dem Jahre 1912 stellt. Er hat dessen Fahne aus dem Jahre 1929 übernommen
und im Jahre 2002 auch das 90. Stiftungsfest gefeiert. Die Fahne wurde durch
ein Fahnenband mit entsprechender Aufschrift ergänzt. Die Neugründung des
Chores erfolgte auf eine Initiative des Gemeindepfarrers Pater Gerd Blick hin,
der auch von Beginn an als Übungsleiter und Dirigent fungierte. Der Kirchenchor umfasste im Jahre 2007 37 aktive und 21 passive Mitglieder. Bisherige Vorsitzende waren Reinhard Multhaup, Hermann Homann, Hildegard Hecker.
Seit März 2007 ist der Vorsitzende Aloys Mesdag.

4. Der Verschönerungs-Verein

a) Gründung und Zeck

Zum 15. Januar 1920 wurden „die Junggesellen hiesiger Gemeinde" zur Gründung eines Verschönerungs-Vereins in die Gaststätte Koch eingeladen.[7] Solche Vereine entstanden zu dieser Zeit auch in anderen Orten. Zum Zweck des Vereins heißt es in § 1 der Vereinssatzung:

> „Der Verein hat den Zweck, die Umgebung von Vörden durch Anlagen und Wege zugänglich zu machen, an geeigneten Punkten Anpflanzungen und Ruheplätze zu schaffen sowie überhaupt in geeigneter Weise für die Verschönerung der Umgebung Sorge zu tragen."

In der Gründungsversammlung traten dem Verein 25 junge Männer bei. Erster Vorsitzender wurde der Schmied Josef Lange, sein Stellvertreter August Nolte. Als Schriftführer fungierte Heinrich Offergeld und als Kassierer Johann Homann.

b) Tätigkeit und weitere Existenz

Über die Tätigkeit des Vereins liegen keine schriftlichen Unterlagen vor. Vermutlich hat der Verein aber zahlreiche Sitzbänke im und am Hungerberg sowie in der Feldmark aufgestellt. Sie waren aus dicken, naturbelassenen Ästen gefertigt. Zudem wurde eine auf dem Hungerberg noch in den 30ger Jahren des vorigen Jahrhunderts vorhandene Aussichts-Plattform von diesem Verein errichtet. Nach dem Ausbruch des Zweiten Weltkrieges scheint der Verein nicht mehr tätig gewesen zu sein. Auch von einer Wiederaufnahme der Arbeit nach dem Kriegsende ist nichts bekannt. Inzwischen werden die Aufgaben von der Stadt Marienmünster sowie vom Heimat- und Kulturverein Marienmünster e. V. (s. u.) wahrgenommen.

5. Der Sportverein

Unter den heute möglichen, vielfältigen Freizeitaktivitäten steht der Sport an erster Stelle. Das war keineswegs immer so. Eine rein sportliche Betätigung wäre im 19. Jahrhundert auf dem Lande noch als Zeitvergeudung abgelehnt worden. Zudem waren die Menschen durch die harte tägliche Arbeit in der Regel so angestrengt, dass sie das körperliche Ausruhen benötigten. So mussten erst entsprechende Bedingungen entstehen, die Sport sinnvoll erscheinen ließen, insbesondere durch die Begrenzung der täglichen Arbeitszeit und die Erleichterung der Arbeitsvorgänge. Das war im ländlich-handwerklichen Bereich erst mit Verzögerung der Fall. So ist erklärbar, dass es in Vörden erst relativ spät, nämlich im Jahre 1923 zu organisierten sportlichen Veranstaltungen kam.

a) Die Gründung einer Fußballgruppe

Im Verlauf des Ersten Weltkrieges sowie in den schlechten Jahren danach waren, wie an anderer Stelle dargestellt wurde, häufig Kinder aus dem Ruhrgebiet in Vörden, die sich hier in guter Luft und bei ausreichender Ernährung erholen sollten. Sie brachten die Kenntnis des Fußballspiels mit. Immerhin bestanden Fußballvereine wie Schalke schon seit 1904, Dortmund seit 1909. Auf diese Weise lernten auch die Kinder in Vörden das Spiel kennen. Der eigentliche Initiator für die Organisation des Fußballspiels in Vörden wurde aber dann Georg Rotermund, der damals in Paderborn das Gymnasium besuchte und dort das Fußballspiel kennen gelernt hatte. Man bildete 1923 eine Fußballgruppe im Rahmen des katholischen Jungmännervereins. Die Kontaktaufnahme mit schon bestehenden Vereinen in der Umgebung führte zu einem ersten Spiel gegen eine Mannschaft des Sportvereins Bellersen. Die Vördener traten dazu noch in langen Hosen und Arbeitsschuhen an. Eine hohe Niederlage ließ sich so nicht vermeiden. Aber der Anfang war gemacht. Zu den Stützen der Mannschaft zählten damals August Massolle, Johannes Elsing, Franz Offergeld und Heinrich Thauern. Die Mitgliedsnummer 1 in der Fußballgruppe hatte Ewald Lüke.

b) Die Umwandlung in den Sportverein Blau Weiß Vörden

Wie bereits erwähnt, war die Gruppe der Fußballspieler zunächst ein lockerer Zusammenschluss im Rahmen des Jungmännervereins. Ihre Gründung wurde

Abb. 187   *Die Fußballmannschaft von 1931, von links nach rechts: Gottfried Kellner, Eduard Stamm, Karl Müller, Josef Hansmann, NN Lose, Arno Kowala, Johannes Stamm, Hermann Dolle, Alfons Kreilos, Wilhelm Meyer und Georg Rotermund.*

kaum zur Kenntnis genommen und ist dementsprechend auch in der Pfarrchronik des Jahre 1923 nicht erwähnt. Nach der ersten Begeisterung und auch wohl aus Mangel an einem geeigneten Platz (s. u.) kam dann auch das organisierte Fußballspiel zwischen 1929 und 1931 ganz zum Erliegen. 1931 versuchte man eine Wiederbelebung, auch dadurch, dass ein Beitritt zur Sportgruppe der Deutschen Jugendkraft (DJK) erfolgte, der katholischen Dachorganisation der Sporttreibenden. Als Name wurde gewählt: Sportverein Blau Weiß Vörden. Da dem damaligen Pastor Behre wohl der Sinn für solche sportliche Betätigung fehlte und Vörden zu der Zeit auch keinen Vikar hatte, übernahm Vikar Jörass aus Marienmünster die Funktion des Präses, wenngleich ihm die körperliche Betätigung wohl ebenfalls eher ungewohnt war, wie ein im nächsten Punkt geschilderter Vorgang belegen mag.

c) Die ersten Fußballplätze

Die damaligen Anforderungen an das Fußballfeld waren gering. So spielte man zunächst auf der Wiese im Schlossgarten. Als der Freiherr von Haxthausen diese dann umpflügen ließ, um sie angesichts der schlechten Zeiten als Gartenland auszugeben, spielte man auf Elsings Wiese an der Straße nach Hohehaus. In den Jahren 1925/26 fand das Spiel auf dem Steinbrink auf einer Schafweide des Herrn von Haxthausen statt. Als dann auch dort wieder die Tore abgebrochen werden mussten, zog man auf eine Wiese rechter Hand der Straße nach Eilversen um, wo dann in den Jahren 1927 und 1928 gespielt wurde. Nach dem erwähnten Stillstand war man sich im Zuge des Bemühens um die Wiederbelebung des Fußballspielens einig, dass nun endlich ein Sportplatz gebaut werden müsse. Dazu schien die gemeindeeigene Mergelkule am Hungerberg geeignet. Die Baufirma Roggenbach und Simon übernahm die Arbeiten zum Preis von 1500 Mark. Der Staat zahlte einen Zuschuss von 800 Mark. Jedes Vereinsmitglied wurde zu Arbeitsstunden verpflichtet. Als man zur Eröffnung der Arbeiten mit Spitzhacken und Schaufeln bewaffnet unter Führung des Vikars Jörass zum Hungerberg zog, sollte dieser den ersten Hackenhieb ausführen. Er schwang jedoch die Hacke so weit nach hinten, dass er das Gleichgewicht verlor und mitsamt der Hacke auf den Rücken fiel. Wenn das auch manchem als böses Omen erschienen sein mag, so gingen die Arbeiten dann doch recht zügig weiter. Im Herbst 1931 war der Platz fertig. Es war einer der schönstgelegenen Sportplätze der Region entstanden, der an den Seiten natürlich ansteigende Tribünen aufwies, so dass bald der Name „Hungerberg-Stadion" aufkam. Der Mergelboden sorgte für eine gute Drainage, wodurch der Platz bei nahezu jedem Wetter gut bespielbar war.

d) Schon bald nicht nur Fußball

Entsprechend der Bezeichnung „Sportverein" betrieb man nicht nur das Fußballspiel. Als in den 30er Jahren der sportbegeisterte Lehrer Schulze aus Kollerbeck einen Friedrich-Wilhelm-Weber-Gedächtnislauf initiierte, machten auch Teilnehmer aus Vörden mit. Der Staffellauf startete am Weber-Haus in Nieheim und führte mit zehn Wechseln bis zum Dreizehnlindenkreuz an der Weser bei Corvey. In Vörden hatte man den Ehrgeiz, den Stab beim Wechsel in Vörden als erste Mannschaft zu übergeben. Das gelang auch, aber noch viel größer waren die Freude und das Erstaunen, als die Vördener Staffel auch als erste das Ziel erreichte. Der beste Läufer soll seinerzeit Arno Kowala gewesen sein, der auf dem Mönchehof (Elsing) überwiegend als Schweizer tätig war.

e) Schwierige Zeiten

Nach der Machtergreifung der Nationalsozialisten wurde im Zuge der „Gleichschaltung" die DJK als katholischer Dachverband für Sportvereine aufgelöst. Auch in Vörden erschienen im Laufe des Jahres 1933 staatliche Exekutivbeamte und beschlagnahmten die Standarte und die Kasse des Vereins. Daraufhin ruhte die Vereinstätigkeit bis zum Ende des Dritten Reiches. Wie überall forderte der Zweite Weltkrieg auch aus den Reihen der früheren Fußballer zahlreiche Opfer. Von der oben abgebildeten Mannschaft kehrten fünf nicht aus dem Krieg zurück. Einige Spieler befanden sich nach Kriegsende noch in der Gefangenschaft. Zahlreiche Evakuierte aus dem Ruhrgebiet hatten in Vörden Schutz vor den Bombenangriffen gesucht. Flüchtlinge und Vertriebene aus den früheren deutschen Ostgebieten strömten nach Westen und mussten zusätzlich notdürftig untergebracht werden. In dieser Zeit der Sorge um die unmittelbare Existenz dachte zunächst niemand an eine sportliche Betätigung.

f) Ein erfolgreicher Neuanfang

Trotz aller widrigen Lebensumstände erwachte dann aber doch bald der Wunsch nach einer Wiederbelebung des Fußballspiels. Die Zusammenstellung einer Fußballmannschaft wurde dadurch erleichtert, dass durch die zahlreichen Evakuierten, Flüchtlinge und Vertriebene genügend gute Fußballer vorhanden waren. Am 21. April 1946 fand dann eine Generalversammlung statt, auf der eine Satzung verabschiedet und ein neuer Vorstand gewählt wurde. Diesem gehörten an:

Franz Dolle	1. Vorsitzender	Vinzenz Schröder	2. Vorsitzender
Paul Kluge	Schriftführer	Paul Potthast	Stellvertreter
Josef Gründer	Kassenwart	Fritz Ridder	Stellvertreter

Zu einem Motor der sportlichen Wiederbelebung wurde bald der aus Düsseldorf stammende Willi Krüll, der mit einer Vördenerin verheiratet war und damals in der mittleren der drei Baracken wohnte, die auf dem Zimmerplatz im Grünental errichtet worden waren. Sein rheinisch gefärbter Ruf „Hopp Heenz", mit dem er seinem Sturmpartner Heinz Offergeld die Pässe zuspielte,

wurde so etwas wie der Schlachtruf des Vereins. Unter Krülls Führung wuchs
die Mannschaft zu einer schlagkräftigen Truppe zusammen, so dass der SV
Blau Weiß Vörden 1948 in der Gruppe B der 3. Kreisklasse ungeschlagen Meister werden konnte. Leider misslang der Aufstieg, weil das Qualifikationsspiel
gegen Alhausen als ersten der Gruppe A verloren ging.
In den nächsten Jahren konnten einheitliche Trikots angeschafft werden, was
damals noch keine Selbstverständlichkeit war. 1951 erneuerte und verschö-
nerte man den Platz am Hungerberg, wobei sich der aus Bochum durch Heirat
nach Vörden gekommene Anton Judith in besonderer Weise auszeichnete. Jetzt
hatten dort rund Tausend Zuschauer Platz. Und bei besonderen Anlässen wie
Pokalturnieren war das Stadion auch nahezu voll besetzt. Vor der Motorisie-
rungswelle und dem Aufkommen des Fernsehens waren solche Ereignisse noch
eine willkommene Abwechslung, für die man lange Fußmärsche oder Fahrrad-
fahrten auf sich nahm.

g) Krise, Abmeldung und Wiederbelebung

Nach der Normalisierung der Verhältnisse zogen viele der durch die Zeitumstände nach Vörden Gekommenen wieder zurück in ihre Heimat oder in größere Städte, wo sie bessere Arbeitsbedingungen fanden. Der dadurch bedingte
Verlust von Spielern, zudem Differenzen im Vorstand und finanzielle Schwierigkeiten führten dann 1952 zur Abmeldung des Vereins. Als dann 1954 die
deutsche Nationalmannschaft Fußball-Weltmeister wurde, entstand aufgrund
der allgemeinen Begeisterung auch in Vörden der Wunsch, wieder Fußball zu
spielen. Insbesondere Bernhard Potthast und Werner Frania bemühten sich
sehr um einen Neuanfang. Neben Werner Frania bestand der Spielerstamm
aus Heinz Lange, Heinz Müller, Hermann Homann, Heinz Offergeld, Josef
Weber, Albert Remmert, Franz Hecker, Heinz Massolle, Ernst Massolle, August Schmereim und Albert Tewes. Ende August 1954 trat man zu einem ersten Testspiel gegen Bredenborn an. Auch wenn die großen Erwartungen durch
die 0 : 17 Niederlage bei strömendem Regen einen argen Dämpfer erlitten, so
ließ man sich dennoch nicht entmutigen. Zwar machte es dann oft Mühe, 11
Spieler zusammen zu bekommen und häufig konnte auch für die Fahrten zu
Auswärtsspielen kein Lastwagen als damals übliches Transportmittel angemie-
tet werden, so dass man auf Fahrräder angewiesen war. Aber ein aktiver Kern
blieb von jetzt an erhalten. Da es zudem auch in anderen Orten kriselte, konnte
sich der SV Blau Weiß Vörden über Jahre hinweg durch Spieler aus Altenbergen
und Bremerberg verstärken. Bezeichnend für die gute Kooperation besonders
mit Bremerberg war, dass Albert Köhne aus Bremerberg etliche Jahre als Spiel-
führer fungierte. 1963 konnte dann für einige Jahre sogar eine zweite Mannschaft angemeldet werden.
Der allgemeine Schwung wirkte sich auch auf die Nachwuchsförderung aus. So
spielte 1960 erstmals eine Vördener Jugendmannschaft auf Kreisebene um die

Abb. 188   Die erfolgreiche Fußballmannschaft 1963.
Hinten von links: Martin Becker, Franz Josef Multhaup, Ferdi Hölting,
Jürgen Korsch, Werner Rode, Norbert Schoppmeier und Paul Köhne
(beide aus Bremerberg), Paul Potthast. Vorn von links: Heinz Teiting,
Erwin Potthast, Georg Schmereim.

Meisterschaft mit. Die von Alfons Hecker betreute Mannschaft errang dann im
Jahre 1963 sogar den Kreiswanderpokal für Jugendmannschaften.

h) Neue Sportarten und ein Jubiläum

Einen neuen Impuls setzte zunächst 1970 die kommunale Neugliederung mit
dem Entstehen der Stadt Marienmünster und der vorhergegangenen Gründung
der zentralen Hauptschule in Vörden. Die Vereine SV Germania Bredenborn
und SV Blau Weiß Vörden beschlossen die gemeinsame Durchführung der
Schüler- und Jugendarbeit. So gelang dann auch bereits im Jahre 1971 der erneute Gewinn des Kreis-Jugendpokals im Fußball. Im Jahre 1970 waren umfangreiche Erneuerungsarbeiten am Hungerberg-Stadion durchgeführt worden. Im Herbst 1971 gab die Fertigstellung der Turnhalle in Vörden den Anstoß
für Überlegungen zur Ausweitung der Vereinstätigkeit auf andere Sportarten.
Nach heißen Diskussionen fiel dann die Entscheidung, die neuen Möglichkeiten
durch die Einrichtung der folgenden Abteilungen zu nutzen:

– Tischtennis   – Frauenturnen
– Alt-Herren-Turnen   – Mädchenturnen
– Kinderturnen   – Kleinkinderturnen.

Durch diese Ausweitung über das Fußballspiel hinaus war erstmals in der Vereinsgeschichte der traditionelle Name Sportverein voll gerechtfertigt.

Im Jahre 1973 konnte dann das 50-jährige Bestehen des SV Blau Weiß Vörden mit einer Sport-Festwoche begangen werden. Dem Verein gehörten zu dieser Zeit bereits fast 300 Mitglieder an. Die neue Bedeutung des Vereins spiegelte sich dementsprechend auch in der Zusammensetzung des Vorstands:

Heinrich Isenbort	1. Vorsitzender	Heinz Müller	2. Vorsitzender
Bernhard Simon	Kassierer	Irmgard Isenbort	Sozialwart
Leonie Thauern	Frauenturnen	Eberhard Fischer	Öffentlichkeitsarbeit
Paul Massolle	Fußballabteilung	Hans Georg Berling	Alt-Herren-Turnen
Alfons Brockmann	Mädchenturnen	Bernfried Hansel	Tischtennis.

i) Neue Sportstätten mit neuen Möglichkeiten

Im Jahre 1972 erfolgte die Eröffnung des Hallenbades in Vörden. Als Folge kam es noch im Jubiläumsjahr 1973 zur Gründung der Schwimmabteilung unter der Leitung von Heinrich Fiene. Sie konnte bald schon bei Wettbewerben schöne Erfolge erzielen. So belegte Ludger Fiene bei den Bezirksmeisterschaften des westdeutschen Schwimmverbandes im Jahre 1976 sowohl im 100 m Freistil- als auch im 200 m Delphinschwimmen den ersten Platz. In der Folgezeit wurden viele weitere Erfolge erzielt und zahlreiche Schwimmwettbewerbe in Vörden ausgerichtet.

Bedeutend war dann 1978 die Fertigstellung des neuen Sportplatzes am Rande des Neubaugebietes an der früheren Windmühle. Nach viel Eigenleistung erfolgte die Eröffnung am 21. Mai. Durch die beleuchtete Anlage konnte nun auch abends gespielt und trainiert werden. Zwei Jahre später erwarb die Stadt Marienmünster neben dem Sportplatz Gelände zur Anlage von zwei Tennisplätzen. Insbesondere Heinrich Isenbort hatte sich für die Gründung einer Tennisabteilung engagiert und war in den ersten Jahren nach der Gründung ihr Motor. Im Jahre 1984 konnte dann ein dritter Platz eröffnet werden, wie schon bei der Anlage der ersten beiden Plätze wiederum mit sehr viel Eigenleistung. Im Laufe der Jahre entwickelte sich die Tennisabteilung des SV Blau Weiß Vörden mit Damen- und Herrenmannschaften zu einem kreisweit sehr angesehenen Verein, der mehrfach Kreismeisterschaften auf seiner Anlage abwickelte. Besonders die Jugendarbeit wurde sehr intensiv betrieben und führte bald zu Erfolgen auf Kreis- und Bezirksebene.

Bald kamen zwei weitere Abteilungen hinzu, nämlich die für Volleyball und in den 90er Jahren noch Leichtathletik. Die Damen-Volleyballmannschaft spielte bald in einer Gruppe der Bezirksliga, zum Teil als gemeinsame Mannschaft Vörden/Bredenborn. Die Leichtathletik-Abteilung führte 1998 erstmals einen Volkslauf durch, initiiert und organisiert von Erhard Gröne.

j) Der Verein bei der 75-Jahrfeier 1998

1993, das Jahr des 70jährigen Bestehens des SV Blau Weiß Vörden war insofern ein besonderes, als erstmals in der Vereinsgeschichte zwei Damen an die Spitze des Vereins gewählt wurden, nämlich Inge Stegnjajic als 1. und Sabine Diedrich als 2. Vorsitzende. Beide Damen fügten sich auch aus einem anderen Grund in besonderer Weise in die Geschichte des Vereins ein, denn beide sind Nichten des seinerzeitigen Gründungsmotors Georg Rotermund. Die beiden Damen führten den inzwischen sehr differenzierten und mit 567 Mitgliedern großen Verein mit sehr viel Geschick und Organisationstalent in das 75. Jahr seines Bestehens 1998. Für die Jubiläumsfeier vom 11.-14. 6. 1998 wurde ein Zelt aufgestellt, in dem nach einem Eröffnungsgottesdienst fröhlich gefeiert wurde. Aber auch die Totenehrung auf dem Friedhof sowie die Würdigung verdienter Mitglieder hatten ihren Platz. Welchen Stand der Verein inzwischen erreicht hatte, zeigt die folgende Aufstellung der Funktionsträger im Jubiläumsjahr:

Inge Stegnjajic	1. Vorsitzende und Tennistrainerin
Sabine Diedrich	2. Vorsitzende und Übungsleiterin Damenturnen
Wilfried Klahold	1. Geschäftsführer
Andreas Gröne	2. Geschäftsführer
Andreas Witte	Sozialwart und Trainer Fußball
Theo Weber	Jugendvertreter
Christine Hillebrand	Jugendvertreterin
Jörn Hagelüken	Jugendwart
Hans-Dieter Koch	Abteilungsleiter Fußball
Josef Kreilos	Stellvertretender Abteilungsleiter Fußball
Kathrin Leßmann	Abteilungsleiterin Volleyball
Bernfried Hansel	Abteilungsleiter Tischtennis
Heinrich Fiene	Abteilungsleiter Schwimmen
Hansi Bögebold	Abteilungsleiter Tennis
Heiner Kreilos	Abteilungsleiter Herrenturnen
Stefan Bracht	Übungsleiter Schwimmen
Marianne Schwarze	Übungsleiterin Kinderturnen
Ramona Koch	Übungsleiterin Kinderturnen
Elke Müller	Übungsleiterin Kinderturnen
Hedwig Hillebrand	Übungsleiterin Aerobic
Lothar Michels	Übungsleiter Herrenturnen
Edmund Ross	Übungsleiter Fußball
Erhard Gröne	Übungsleiter Leichtathletik
Andrea Hecker	Übungsleiterin Kinder-Volleyball
Claudia Weber	Übungsleiterin Kinder-Volleyball.

k) Mit Zuversicht in die Zukunft

Inzwischen geht der SV Blau Weiß Vörden auf sein 85-jähriges Bestehen im Jahre 2008 zu. Er ist mit 552 Mitgliedern Ende 2006 der bei weitem größte aber auch der in sich differenzierteste Verein in Vörden. Sein Engagement im Leistungs- wie im Breitensport bietet nahezu jedem interessierten Einwohner angemessene Möglichkeiten der sportlichen, gesundheitsdienlichen Betätigung.

6. Die freiwillige Feuerwehr

Freiwillige Feuerwehren sind Körperschaften des öffentlichen Rechts. Demnach sind sie nicht mit Vereinen gleich zu setzen. Wenn die Feuerwehr dennoch hier behandelt wird, dann vor allem aufgrund des Merkmals der Freiwilligkeit.

a) Die Gründung

Traditionell waren alle Einwohner eines Ortes bei Feuer zum Löschen und zu sonstiger Hilfe verpflichtet. Das führte aber häufig dazu, dass regelmäßige Übungen unterblieben oder man sich vor solchen drückte. So kam es dann vor allem zum Ende des 19. Jahrhunderts an vielen Orten zur Gründung freiwilliger Feuerwehren. Deren Mitglieder verpflichteten sich zu regelmäßigen Trainingsstunden, so dass dadurch eine wirksamere Bekämpfung von Bränden möglich wurde.

In Vörden wie auch in den umliegenden Orten blieb es aber bis nach dem Zweiten Weltkrieg bei der Pflichtfeuerwehr. Ihre Mitglieder wurden durch den Leiter des Amtes Vörden (Amtmann, Amtsbürgermeister) als Ortspolizeibehörde auf Vorschlag des örtlichen Brandmeisters ernannt. Auch dieser war in sein Amt berufen worden. Wie aus einer vom Vördener Brandmeister Josef Kreilos (Fenstermacher) ab Mitte der 30er Jahre des vorigen Jahrhunderts sorgfältig geführten Akte hervorgeht, gehörten der Pflichtfeuerwehr in Vörden 25 bis 30 Personen zwischen 30 und 40 Jahren an.[8] Eine Befreiung war nur durch ein ärztliches Attest möglich. Die Akte enthält mehrere Rügen des Amtsbürgermeisters an Personen, die ihren Verpflichtungen nicht nachgekommen waren. Im Geist der Zeit heißt es in einem Schreiben vom 3. Juni 1937:

> „Ich rate Ihnen dringend, von jetzt an regelmäßig an den Übungen teilzunehmen und werde in Zukunft bei Nichtteilnahme für jeden einzelnen Fall eine empfindliche Strafe über Sie verhängen. Bei dieser Gelegenheit muß ich darauf aufmerksam machen, daß der Dienst in der Feuerwehr als Dienst an Volk und Vaterland gilt. Diesem Dienst muß sich jeder nationalsozialistisch denkende junge Mann gern und freudig unterziehen."

Die Gründung der freiwilligen Feuerwehr erfolgte dann in Vörden wie in
den umliegenden Orten nach dem Zweiten Weltkrieg auf Anordnung der britischen Militärbehörde. Bereits mit Datum vom 1. August 1945 schrieb der
Amtsbürgermeister:

> *„Herrn Hauptwachtmeister der Freiw. Feuerwehr in Vörden:*
> *Betr.: Armbinden*
> *Nach den Bestimmungen der Militärregierung müssen die Mitglieder der*
> *Feuerwehren im Dienst Armbinden mit der Aufschrift ‚M. G. – Fire Police'*
> *tragen. Im Jahre 1935-1936 sind für die dortige Einheit Armbinden mit der*
> *Aufschrift „Pflichtfeuerwehr" geliefert, die jetzt nach Umwandlung der*
> *Pflichtwehren in Freiw. Feuerwehren nicht mehr getragen werden dürfen.*
> *Sie werden ersucht, die Armbinden einzusammeln und dieselben bis zum 10.*
> *d. Mts. hier abzugeben, damit sie mit dem jetzt vorgeschriebenen Aufdruck*
> *versehen werden."*

Bezeichnend für die damalige Zeit ist auch das Schreiben, das Amtsbrandmeis-
ter Düwel aus Bredenborn mit Datum vom 15. Oktober an die Leiter der örtlichen Feuerwehren richtete:

> *„Angeheftete 2 Stck. Fragebogen müssen von jedem Einheitsführer an der*
> *am 20. Oktober 1946 stattfindenden Einheitsführerbesprechung um 1 Uhr*
> *in der Wirtschaft Weber in Vörden abgegeben werden.*
> *Hierzu schreibt der Kreisfeuerwehrinspektor Vogt, Beverungen, folgendes:*
> *‚Sofortige Entnazifizierung aller Feuerwehren!*
> *Alle Führer der freiw. Feuerwehren (Einheitsführer) vom Unterbrand-*
> *meister aufwärts, müssen innerhalb 10 Tagen entnazifiziert werden. Die*
> *Meldung darüber, dass dies geschehen ist, soll innerhalb der vorgenannten*
> *Zeit der englischen Dienststelle vorliegen. Jeder Einheitsführer, auch wenn*
> *er noch nicht Unterbrandmeister ist, muss von der Entnazifizierungskam-*
> *mer geprüft werden. Jeder Einheitsführer ob Parteimitglied oder nicht muss*
> *also sofort den anliegenden Fragebogen in doppelter Ausführung sauber, in*
> *Druckschrift oder Schreibmaschinenschrift, ausgefüllt, mit eigenhändiger*
> *Unterschrift, zurückreichen.'"*

Bereits mit Datum vom 8. Juni hatte der Amtsbürgermeister an die örtlichen
Leiter der Feuerwehren geschrieben:

> *„Betr.: Uniform*
> *Die Militärregierung hat genehmigt, daß die Freiwillige Feuerwehr Dienst*
> *in Uniform macht. Selbstverständlich müssen die Hoheitsabzeichen von den*
> *Bekleidungsstücken und Ausrüstungsstücken entfernt werden."*

b) Die Ausrüstung im Wandel

Dem meist wenig engagierten Dienst in der Pflichtfeuerwehr entsprach offenbar auch die Ausrüstung. So wurde bei einer am 13. April 1937 vom Beauftragten des Regierungspräsidenten in Vörden vorgenommenen Besichtigung kritisch festgestellt:

> „1. *An den Druckschläuchen sind sämtliche Einbände undicht und ist deshalb Neueinband erforderlich.*
> 2. *Zwei Saugschläuche sind unbrauchbar. Ersatz ist sofort erforderlich.*
> 3. *Der Pumpenkörper an der Druckspritze ist undicht und muß repariert werden.*"

Im Jahr vorher war folgender Bestand angegeben worden:

> *2 Druckspritzen*
> *1 Hydranten- und Schlauchwagen mit Schlauchhaspel*
> *1 Aufstell-Leiter*
> *2 Hakenleitern*
> *3 Handrohre mit je 2 Mündungen*
> *5 Einheitskuppelungen*
> *1 Übergangsstück mit Muttergewinde*
> *2 Strahlrohre*
> *3 Schlüssel zum Gerätehause*
> *2 Haken*
> *4 Haltehaken*
> *1 Horn*
> *1 Laterne u. einige Wachsfackeln*
> *3 x 15 m Druckschlauch 55 mm ø*
> *3 x 20 m Druckschlauch 55 mm ø*

Die im folgenden Jahr monierten Saugschläuche sind nicht angegeben. Auch die sicherlich vorhandenen Helme, von denen 1941 die „Kämme" entfernt werden mussten, sind nicht erwähnt.
Mit Schreiben vom 22. Oktober 1935 bot die Westfälische Provinzialfeuersozietät der Gemeinde Vörden die Anschaffung einer Motorspritze mit einer Leistung von 800/1000 Liter / Minute zum Preis von 4.000 RM einschließlich Schlauchmaterial an, wovon Vörden aber nur die Hälfte in vier Jahresraten zahlen sollte. Der Amtsbürgermeister Ahlemeyer befürwortete jedoch einen Kauf durch den Amtsverband. Die Motorspritze wurde dann der Feuerwehr in Bredenborn übergeben. Eine Motorspritze erhielt Vörden so erst Ende November 1946. Diese Spritze TS 8 „Rosenbauer" erwies sich jedoch als sehr unzuverlässig, so dass sie im Januar 1951 gegen eine TS 8 „Magirus" ausgetauscht

*Abb. 189   Bis 1946 war die Vördener Feuerwehr mit diesen Handdruckspritzen aus-
gerüstet. Der Schlauchwagen links trägt die Aufschrift „Vörden 1913".*

wurde. Das für die Spritze notwendige Benzin wurde der Feuerwehr zunächst
in kleinen Mengen per Bezugschein durch den Amtsbürgermeister zugeteilt.
Inzwischen war auch die übrige Ausrüstung der Vördener Feuerwehr besser
geworden, wie das Inventarverzeichnis von 1. Januar 1948 belegt:

1 Motorspritze TS 8 (mit Zubehör)
1 Transportwagen
8 B-Schläuche je 20 m
18 C-Schläuche je 15 m
1 Saugdruckspritze mit 4 Saugschläuchen je 1,80 m
1 Handdruckspritze
1 Eimerspritze (Handfeuerlöschgerät)
1 Schlauchwagen mit 2 Haspeln
2 Hakenleitern
1 Anstelleiter
6 große Einreißhaken
2 Steingabeln
3 Gabeln
4 Schaufeln
1 Tragbahre
5 Standrohre mit Schlüsseln
2 Feuermeldehörner (Signalhörner)
22 Ausrüstungen (Helm, Gurt und Beil)
25 Gasmasken (franz.).

Die Gasmasken waren Ende August 1943 ausgegeben worden. Wahrscheinlich stammten sie aus erbeuteten Beständen des französischen Heeres.

Im Jahre 1948 setzte auch insofern wieder ein ordentliches Feuerwehrleben ein, als es zu den ersten Beförderungen kam. Immerhin wurden auf einen Schlag 19 Angehörige der Vördener Feuerwehr zum „Oberfeuerwehrmann" befördert. Ein großer Einschnitt in der Geschichte der Vördener Feuerwehr ergab sich dann mit dem Bau des neuen Feuerwehrhauses am Platz der früheren Autohalle auf dem Anger im Jahre 1975. Erst jetzt war es möglich, auch ein Motorfahrzeug unterzustellen, auf dem die tragbare Motorspritze transportiert werden konnte. Ein solches erhielt man im Jahre 1980 mit dem VW LT 31 Kastenwagen. Bereits 1989 wurde dann mit der Anschaffung eines Fahrzeugs der Bezeichnung LF 16 der nächste Schritt getan, denn damit stand ein spezielles Fahrzeug mit fest eingebauter Spritze und einem Löschtank zur Verfügung.

7. Die VDK Ortsgruppe Vörden

a) Allgemeines zur Entstehung

Der Zweite Weltkrieg hatte in vielen Ländern der Welt großes Elend verursacht. In Deutschland litten Millionen von Menschen an Kriegsverletzungen, trauerten um Gefallene, Vermisste oder durch den Bombenkrieg Getötete. Vielfach waren die Ernährer der Familie dem Krieg zum Opfer gefallen. Diesen Kriegsopfern wurde vom Jahre 1946 an in den einzelnen Besatzungszonen bzw. Ländern ein Zusammenschluss zur gegenseitigen Hilfe und zur Wahrung ihrer Interessen unter dem Namen „Verband der Körperbeschädigten" (VDK) gestattet. Das Wort „kriegsbeschädigt" war damals noch verpönt. Mit der Gründung des Dachverbandes der Landesverbände im Jahre 1950 wurde der Name „Verband der Kriegsbeschädigten, Kriegshinterbliebenen und Sozialrentner Deutschlands" angenommen. Seit 1994 trägt er den Namen „Sozialverband VDK Deutschlands". Er ist in 13 Landesverbänden und rund 9000 Ortsverbänden organisiert und mit derzeit (2007) 1,4 Mitgliedern der größte Sozialverband Deutschlands. Er vertritt heute die Interessen von Menschen mit Behinderungen, chronisch Kranken, Seniorinnen und Senioren, Patientinnen und Patienten sowie von Kriegs-, Wehrdienst- und Zivildienstopfern. Der VDK hat maßgeblich an der Gestaltung des Kriegsopferrechtes mitgewirkt und wird bis heute bei der Entstehung oder Veränderung von Versorgungsgesetzen, Rechtsverordnungen und Verwaltungsvorschriften beteiligt.[9]

b) Die Ortsgruppe Vörden

Die Gründung der Ortsgruppe Vörden erfolgte im Jahre 1948. Ihr gehörten Personen aus den Ortschaften Altenbergen, Bönekenberg, Born, Bremerberg,

Eilversen, Großenbreden, Hohehaus, Kleinenbreden, Kollerbeck, Löwendorf, Münsterbrock, Papenhöfen und Vinsebeck an. Bei der ersten Generalversammlung in der Gastwirtschaft Koch (Haus Talstraße 3) am 20. 2. 1949 umfasste die Ortsgruppe Vörden 84 Personen. Zahlreiche weitere Personen traten im Laufe des Jahres bei. So zählte die VDK Ortsgruppe Vörden dann trotz der im Laufe des Jahres 1949 erfolgten Eigengründungen in Altenbergen und Kollerbeck immer noch 109 Mitglieder, davon

42 Kriegsbeschädigte
59 Kriegshinterbliebene (Witwen, Waisen)
5 Sozialrentner und
3 Zivilbeschädigte.

Der Vorsitzende während der ersten Jahre war der Zimmermeister Ewald Hecker, der selbst im Krieg beide Beine verloren hatte. Auf den regelmäßigen Sprechtagen in den unterschiedlichen Gastwirtschaften wurden Renten- und Sozialversicherungsfragen besprochen und Rentenanträge aufgenommen. Viele Menschen haben durch den Ortsverband solidarische Hilfe erfahren.
Im Laufe der Jahrzehnte nahm die Anzahl der Menschen mit kriegsbedingten Schädigungen jedoch kontinuierlich ab und damit auch die Mitgliedschaft in den einzelnen Ortsgruppen. Deshalb erfolgte im Jahre 2006 der Zusammenschluss der Ortsgruppen Bredenborn, Kollerbeck und Vörden zu einer Ortsgruppe Marienmünster. Die Ortsgruppe Altenbergen hatte sich schon vorher zugunsten des Wiedereintritts in die Ortsgruppe Vörden aufgelöst. Letztere umfasste bei der Gründung der Ortsgruppe Mariemünster noch 23 Mitglieder.

8. Der Taubenverein „Hungerbergbote"

a) Allgemeines zur Taubenhaltung

Wie die Ziege als „Kuh des kleinen Mannes" galt (s. o.), waren Brieftauben die „Rennpferde des kleinen Mannes". Allerdings dienten Tauben zunächst auch zur Ernährung. Das leicht verdauliche Taubenfleisch war vor allem als Krankenkost sehr beliebt. Selbst an den Adelshöfen zeugen bis heute „Taubentürme" von dieser früheren Nutzung der Tiere. Daneben gab es gerade an den Adelshöfen aber auch die besondere Form der Ziertauben.
Die Verwendung von Tauben zu Wettflügen beruht auf ihrer rätselhaften Fähigkeit, selbst aus großen Entfernungen wieder den Weg zu ihrem heimischen Schlag zu finden. Diese Fähigkeit wurde schon seit der Antike genutzt, um Botschaften von weit entfernten Orten durch mitgeführte Tauben nach Hause transportieren zu lassen. Die Bezeichnung „Brieftauben" geht darauf zurück.

b) Die Gründung des Taubenvereins

Die Verwendung von Tauben zu Wettflügen setzt eine Organisation voraus, die den Transport der Tauben organisiert und die Ankunftszeiten so registriert, dass Vergleiche möglich werden. Dazu dienen örtliche Vereine, die überörtlich zu Reisevereinigungen zusammen geschlossen sind. Der Vördener Taubenverein wurde am 18. November 1951 in der Gastwirtschaft Weber gegründet. Die Gründungsmitglieder waren Josef Rox, Josef Weber (Gastwirtschaft), Josef Simon, Hermann Weber jun., Heinz Lange und Werner Breimann. Der Verein gab sich den Namen „Hungerbergbote" und schloss sich der Reisevereinigung Brakel - Bad Driburg an. Den Vorsitz übernahm der Dentist Josef Rox.

c) Der Verein bis heute

Da sich nicht überall in den umliegenden Orten genügen Interessenten zur Gründung eines eigenen Vereins fanden, traten bald auch Taubenhalter aus umliegenden Orten wie Bredenborn, Hohehaus, Sommersell oder gar Bödexen dem Vördener Verein bei. Dennoch stieg die Anzahl der Mitglieder nie über 15. Die allgemeine Entwicklung der vielfältigen Freizeitangebote führte schließlich sogar zu einem Rückgang. Derzeit gehören dem Verein noch 5 Züchter als Mitglieder an.
Der bei der Gründung 1951 gewählte Vorsitzende Josef Rox blieb bis zum Jahre 1971 in diesem Amt. Nach ihm führten Paul Homann (1971-78), Josef Werdehausen aus Bödexen (1979-81), Ferdi Hölting (1981-85), Anton Fuhrmann aus Hohehaus (1985-88) und seitdem bis derzeit Heinrich Krois den Verein. Seit seiner Gründung konnten die Mitglieder mit ihren Tauben zahlreiche Erfolge verbuchen. Die Tauben fanden dabei den Weg zum Beispiel von Regensburg, Passau, Wien oder Lyon zurück ins heimatliche Vörden.

9. Der Fischerei- und Angelsportverein

Im Mittelalter gehörten Fischteiche zum Bestandteil der Landschaft. Sie waren insbesondere für Klöster und Adelssitze ein wichtiger Nahrungslieferant. In Vörden haben sicherlich die vorhandenen Mühlenteiche auch diese Funktion gehabt. Den Bürgern war das Angeln wie das Jagen in aller Regel verboten.

a) Die Gründung des Vereins

Nach der Beseitigung der Mühlenteiche gab es in Vörden keine Gelegenheit mehr zur Fischzucht. Die vorhandenen Bäche führten zu wenig Wasser zur Sicherung eines natürlichen Fischbestandes. Eine Änderung trat hier erst durch den Bau eines Dammes zum Aufstau der Brucht im Bereich des Hogges ein.

Wie oben dargelegt, sollte die 1975 begonnene und 1977 geflutete städtische Anlage in erster Linie die Attraktivität der Freizeitregion Vörden steigern, zumal in der gleichen Zeit am nahen Hungerberg die ersten Ferienhäuser gebaut wurden. Einige Vördener erkannten aber auch bald die Möglichkeit des Angelns an dem neuen Freizeitsee, so dass es bereits im April 1977 zur Gründung eines Angelsportvereins kam. Die Initiative hatten Alfons Brockmann, Paul Kluge, Heinz Müller, Paul Massolle, Karl Heinz Potthast, Franz Padberg und Gerd Grawe ergriffen. Den Vorsitz übernahm Alfons Brockmann, der dann in den nächsten fünf Jahren dem Verein vorstand. Für die Verpachtung machte allerdings die Stadt Marienmünster die Auflage, dass auch Interessenten aus den anderen Ortschaften der Stadt Zutritt haben müssen.

b) Die Ziele und Aktivitäten des Vereins

Auch wenn das eigentliche Vereinsziel die Ermöglichung des Angelsports ist, so setzt das jedoch zahlreiche andere Aktivitäten voraus. So muss der Fischbestand durch Einsetzen von Jungfischen gesichert werden, die Ufer sind angemessen zu gestalten, die Wasserqualität ist zu überwachen, Unrat ist zu beseitigen und einem zu großen Verlust durch Fischreiher oder andere Räuber ist vorzubeugen. Schließlich soll aber auch die Geselligkeit gepflegt werden. Dazu wurde in der Nähe des Sees eine bestehende Blockhütte zur Anglerhütte umgebaut, die für die Zusammenkünfte der Mitglieder wie aber auch bei Festen für die Allgemeinheit den Mittelpunkt bildet. Zudem wurden an einigen Stellen am See Sitzbänke aufgestellt.

In jedem Jahr gibt es vier besondere Vereinstermine, das Anangeln im April, das Preisangeln im Mai, das Weißfischangeln im August und das Abangeln im September. In jedem Jahr fahren derzeit ca. 10 Vereinsmitglieder zum Hochseeangeln nach Dänemark. Sie kommen in der Regel mit reicher Beute zurück.

c) Das 25-jährige Jubiläum

Nachdem schon im Jahre 1987 das 10-jährige Bestehen gebührend begangen wurde, konnte der Verein 2002 sein 25-jähriges Bestehen feiern. Dazu wurde bei der Anglerhütte ein Festzelt aufgestellt. Nach Jubiläumsangeln, Kaffee und Kuchen klang am Samstag die Feier mit einem gemütlichem Beisammensein am Lagerfeuer aus. Ein Dankhochamt eröffnete das Fest am Sonntag, das bei Mitgliedern und Gästen großen Zuspruch fand.

Die aktive Mitgliedschaft im Verein ist auf 40 Personen beschränkt, um eine Überfischung des Sees zu vermeiden. Zahlreiche Interessenten stehen auf der Warteliste. Der Verein wird gegenwärtig von Karl Heinz Potthast geleitet. Vor ihm hatten nach dem Gründungsvorsitzenden Alfons Brockmann, Wolfgang Höltring (1982-1988) und Heinz Müller (1988-1993) den Verein erfolgreich geführt.

10. Der Heimat- und Kulturverein Marienmünster

Wie schon der Fischerei- und Angelsportverein ist der jüngste der hier zu behandelnden Vereine grundsätzlich auf die Gesamtstadt hin konzipiert. Bis heute (Ende 2007) gehören ihm allerdings fast ausschließlich Mitglieder aus Vörden an, so dass sich auch seine bisherigen Aktivitäten auf Vörden beschränkten.

a) Gründung und Zweck

Der Heimat- und Kulturverein Marienmünster e. V. wurde mit Datum vom 1. März 2001 gegründet. In der Gründungsphase traten ihm 40 Einwohner bei. Nach seiner Satzung soll der gemeinnützige Verein die Heimatpflege, Heimatkunde und die Heimatgeschichte sowie Kunst und Kultur fördern. Weitere Ziele sind der Denkmal-, Landschafts-, Natur- und Umweltschutz.

b) Arbeitsweisen und Veranstaltungen

Neben dem Vorstand sieht die Satzung die Gründung von Arbeitsgruppen vor. Derzeit (2008) existieren folgende Arbeitsgruppen:

– Obstbaum- und Landschaftspflege (Leitung Paul Homann)
– Heimat und Brauchtum (Leitung Karin Föckel)
– Volkstanz (Leitung Sabine Diedrich)
– Kunst und Kultur (Leitung Johannes Vogedes).

Eine frühere Arbeitsgruppe mit dem Ziel der Wiedererrichtung der Vördener Windmühle existiert nach dem Scheitern des Vorhabens nicht mehr.
Neben den regelmäßigen Treffen und Aktivitäten in den Arbeitsgruppen wurden zahlreiche öffentliche Veranstaltungen durchgeführt. Künstlerischen Aktionen innerhalb des Ortes sind ebenso zu nennen wie ortsgeschichtliche Vorträge und Exkursionen oder plattdeutsche Abende. Besondere Glanzpunkte der Vereinsarbeit waren bisher die Neuauflage des Buches „Kreuz und quer im Doktorwagen" von Josef Berendes und der erste „Vördener Apfeltag" im Jahre 2006 sowie das „Kumpfest" im Jahre 2007. Im Jahr 2008 hat der Verein auch dieses Buch herausgegeben und den Aussichtsturm auf dem Hungerberg fertiggestellt.

c) Mitglieder und Vorstand

Ende des Jahres 2006 hatte der Verein 62 Mitglieder. Der Vorstand bestand aus folgenden Personen:

Heinrich Fiene	1. Vorsitzender	Josef Föckel	Stellv. Vorsitzender
Josef Suermann	Geschäftsführer	Josef Hoffmeister	Kassenwart

Als Beisitzer fungieren die Leiter der Arbeitsgruppen.

Anmerkungen

1 Vgl. im Beitrag „Kirche und kirchliches Leben" unter Punkt 6c).

2 StdA Marienmünster, A346.

3 Hesse, N.: Milchviehhaltung in Deutschland – Historische Betrachtung und Stand der Milch-viehhaltung im ökologischen Landbau. Diplomarbeit im Fachbereich Landwirtschaft, industri-elle Agrarentwicklung und ökologische Umweltsicherung der Gesamthochschule Kassel 2002, S. 22.

4 StdA Marienmünster, A394.

5 Ebd.

6 Diese Informationen verdanke ich Herrn Theodor Walter, Kolpingstraße 5, Nieheim.

7 StdA Marienmünster, A868

8 Der Ordner mit der Beschriftung „Feuerwehr v. Josef Kreilos, 1934-1951" befindet sich im Be-sitz der jetzigen Freiwilligen Feuerwehr Vörden, z. Z. bei Josef Föckel. Alle Informationen zu dieser Zeit sind diesem Ordner entnommen.

9 Nach Google, Wikipedia, VDK.

Wilhelm Hagemann

Rückblick und Ausblick

Wir sind auf dem Wege durch die Geschichte Vördens in der Gegenwart angekommen. Über mehr als ein Jahrtausend haben wir Spuren verfolgt, die sich unterschiedlich deutlich in verschiedener Form abzeichnen. Gemessen an der eingangs von Horst-D. Krus dargelegten erdgeschichtlichen Entwicklung ist die Zeit der Besiedlung dieses Fleckchens Erde genannt „Vörden" zwar nur ein Wimpernschlag. Noch deutlich kürzer waren die Lebenswege der Menschen, die an diesem Ort im Laufe der Jahrhunderte lebten. Dennoch ist die Geschichte dieses politischen, sozialen und baulichen Gebildes wie die seiner Bewohner in ihrer Wechselhaftigkeit interessant und damit erforschens- wie berichtenswert. Das Leben in diesem Mauergeviert von gut 200 x 200 Metern war in vielen Aspekten wie das Leben in einem Mikrokosmos, wenn auch grundsätzliche Gegebenheiten und Zeitereignisse immer wieder hineinwirkten. Wie schon eingangs dargelegt, will das Buch helfen, jene Entwicklungen zu erkennen und zu verstehen, die zum heutigen Vörden geführt haben.

Der Beginn der Besiedlung des Hügelrückens, auf dem das alte Vörden steht, liegt im Dunkeln. Die häufig vermutete Besiedlung im Verlauf der Würzburger Missionierung im neunten Jahrhunderts ist zur Zeit weder beleg- noch widerlegbar. Hierzu konnten nur Möglichkeiten und Wahrscheinlichkeiten aufgezeigt werden, die vor allem auf bekannten zeitgleichen Entwicklungen an anderen Orten basieren.

Punktuell festen Boden konnten wir erstmals mit der urkundlichen Nennung des Ortsnamens Vörden betreten, als 1124 Thiederic de Vordei als Zeuge in einer Beurkundung des Paderborner Stiftsvogtes Widukind von Schwalenberg auftrat. Es folgten weitere einzelne Nennungen, schließlich 1324 die Übergabe des vom Kloster Marienmünster zur Stadt ausgebauten Ortes an den Bischof von Paderborn und die Verleihung der Stadtrechte 1342. In den folgenden zwei Jahrhunderten tritt Vörden ausschließlich nur in Verpfändungsurkunden und bischöflichen Lehnsbestätigungen für Familien des Landadels in Erscheinung. Vom Leben der Bürger in der Stadt oder von städtischen Aktivitäten sind keine Dokumente erhalten.

Das Schicksal der Bürger wird erstmals 1511 mit der Meldung über die große Feuersbrunst greifbar, die ganz Vörden vernichtete. Im Verlaufe dieses 16. Jahrhunderts verdichten sich dann die urkundlichen Zeugnisse. Bürgermeister und Rat der Stadt treten als Interessensgegner wie als Vertragspartner insbesondere der Familie von Haxthausen als Inhaber der Burg urkundlich in Erscheinung. Erstmals werden dann auch Namen von Bürgern in vorhandenen Dokumenten genannt. Einige der damals genannten Familien sind bis heute in Vörden anzutreffen.

Eine große Lücke tut sich für die Zeit des Dreißigjährigen Krieges und für die ersten Jahre danach auf. Nur nachträglich können wir beispielsweise aus den lange anhaltenden Zinszahlungen der Stadt Vörden schließen, dass sich die Bürger wahrscheinlich die Verschonung von Plünderung und Brand teuer erkaufen mussten. Ob dieses aber immer gelungen ist, wissen wir nicht. Einige Anzeichen deuten darauf hin, dass es zu Zerstörungen und zu einer deutlichen Dezimierung der Bevölkerung kam, wozu beispielsweise auch die im Gefolge der großen Landsknechtsheere auftretenden Seuchen beigetragen haben könnten.

Erst mit dem Einsetzen der Aufzeichnungen von Taufen, Hochzeiten und Bestattungen in den Kirchenbüchern ab 1658 lässt sich das Schicksal einzelner Personen und Familien kontinuierlicher verfolgen. Demgegenüber ist die städtische Überlieferung weiterhin äußerst dürftig. Beispielsweise sind die Namen der Bürgersöhne, die den Bürgereid ablegten und die der Eingebürgerten nur zwischen 1678 und 1722 verzeichnet. Eine Stadtrechnung ist lediglich für das Rechnungsjahr 1705/6 erhalten, und das wohl auch nur durch irgendeinen Zufall. Protokolle über Ratssitzungen oder Ratsbeschlüsse aus dieser Zeit liegen nicht vor. Man hat wahrscheinlich nicht viel Wert gelegt auf eine schriftliche Fixierung von Beschlüssen und ist mit den vorhandenen Unterlagen wohl auch nicht immer pfleglich umgegangen. Vieles dürfte dann irgendwann als überflüssig angesehen und zum Feuermachen genutzt worden sein. Wahrscheinlich hat auch das Fehlen eines Rathauses zumindest seit dem Dreißigjährigen Krieg dazu beigetragen, dass städtische Angelegenheiten nicht sorgfältig registriert und vorhandene Dokumente dazu nicht sicher aufbewahrt wurden. Wo die heute im Stadtarchiv Marienmünster vorhandenen älteren Dokumente aus der Vördener Stadtgeschichte früher verwahrt wurden, ist nicht bekannt. Sie dürften aber mit der Gründung des Amtes Vörden 1843 und dem damit verbundenen Verlust der Selbständigkeit Vördens als Stadt am damaligen Amtssitz in Marienmünster gelagert worden sein und mit dem Bau des Amtsgebäudes in Vörden im Jahre 1899 den Weg nach hier gefunden haben.

Für die vorliegende Arbeit wurde in jenen Beständen von Archiven recherchiert, in denen man Informationen zu Vörden vermuten konnte. Gelegentlich kam dann auch der Zufall zu Hilfe. Berücksichtigt wurden zudem die bisherigen Veröffentlichungen zur Geschichte Vördens sowie Schriften und Quellen zur Regionalgeschichte, die auf Hinweise oder mögliche Parallelen zur Entwicklung Vördens hin ausgewertet wurden. Das schließt zwar künftige Funde bisher unentdeckter schriftlicher Quellen mit grundsätzlich neuen Erkenntnismöglichkeiten nicht aus, sie erscheinen aber unwahrscheinlich. Neue Erkenntnisse und damit eine Ergänzung und Fortschreibung oder auch Korrektur dieses Werkes wird man deshalb eher durch systematische archäologische Untersuchungen oder auch zufällige Entdeckungen bei Erdarbeiten erwarten können. Eine archäologische Grabung wäre vor allem im Bereich des ursprünglichen Burggeländes, also auf dem jetzt Hasengarten genannten unbebauten Grundstück sinnvoll. Wie bereits an entsprechender Stelle erwähnt wurde, scheiterten entsprechende Bemühungen des Verfassers an dem abzusehenden notwendigen Zeitaufwand, den eine sorgfältige archäologische Untersuchung im Hinblick auf die zu erwartenden unterschiedlichen Bauphasen auf diesem Gelände erfordern würde. Die Archäologen waren in dieser Zeit vor allem mit Notgrabungen an solchen Orten beschäftigt, wo bei größeren Baumaßnahmen zu sichernde Befunde zutage traten oder Baumaßnahmen bevorstanden. Eine systematische archäologische Untersuchung für die zu vermutende Urzelle Vördens sollte aber weiterhin angestrebt werden. Erfreulicherweise steht die Besitzerfamilie von Haxthausen solchen Möglichkeiten sehr aufgeschlossen gegenüber.

Neben solchen systematischen archäologischen Grabungen können aber auch Gelegenheitsfunde bei Erdaushüben oft wertvolle Erkenntnisse liefern. Durch solche könnten in Vörden beispielsweise Fundamente der Stadtmauer aufgedeckt werden, wo ihr früherer Verlauf nicht genau feststeht, so etwa „Im Knick" hinter den Häusern im Dunklen Ort oder parallel zum Angerberg. Auch das Profil der bereits kurz nach 1576 zugeschütteten Stadtgräben vor der Mauer könnte bei Baggerarbeiten als Erdverfärbung in Erscheinung treten.

Bei solchen Entdeckungen muss niemand eine Vereitelung seiner Bauabsichten befürchten. Es geht lediglich um die Sicherung der mit den Funden gegebenen Informationen, die meist schon durch einige Fotos und eine Einmessung der Befunde zu bewerkstelligen ist. Deshalb geht der Appell besonders an alle Hausbesitzer und Bewohner des alten Stadtkerns und des angrenzenden Geländes, bei Auffälligkeiten sofort den Ortsheimatpfleger / die Ortsheimatpflegerin oder direkt das städtische Bauamt als untere Denkmalschutzbehörde zu benachrichtigen. Die Meldung würde dann unverzüglich an die archäologischen Dienststellen in Bielefeld oder Münster weiter gegeben, die dann in der Regel von einem Tag auf den anderen die Besichtigung und Registrierung der Befunde vornehmen können.

Um solche und andere neuen Erkenntnisse zur Vördener Geschichte oder wichtige künftige Ereignisse festhalten zu können, sind am Ende des Buches einige leere Seiten für eigene Notizen angeordnet. Eine solche individuelle Fortschreibung des Buches und damit der Geschichte Vördens für kommende Generationen würde zeigen, dass die Mühe der Autoren und Mitarbeiter an diesem Buch auf fruchtbaren Boden gefallen ist. Im Hinblick auf diese Mühe gilt nämlich grundsätzlich, was der Arzt und Dichter Ostwestfalens, Friedrich Wilhelm Weber, in seinem Versepos „Dreizehnlinden" dem Prior des gleichnamigen Klosters, das für Corvey steht, in den Mund legt:

Müh' zur Lust ist eitle Mühe,
nutzlos wie dem Meer der Regen;
Arbeit, die nicht andern frommet,
das ist Arbeit ohne Segen.

In diesem Sinne hoffen alle Beteiligten, die Lektüre dieses Buches möge den Lesern fundierte Kenntnisse zur Vördener Geschichte vermitteln, dabei auch Freude machen, die Liebe zur Heimat fördern und zum Engagement für heimatliche Belange ermutigen.

Anhang 1
Gereimte Heimatklänge

Vördener Heimatlied
(Von August Müller um 1930, gesungen nach der Melodie „Schön blüh'n die Heckenrosen")

O Vörden, du mein Heimatort, wie bist du doch so schön.
Du liegst in Tales Einsamkeit traut zwischen Waldeshöh'n.
Von Angern rings umschlossen, in alter Linden Grün.
Gern habe ich in dir geweilt, zu dir zieht's stets mich hin.

Refrain: Zu der Lore, zu der Dore, zu der Trude und Sophie,
             zu der Lene und Irene und der Annemarie.
             Denn schön blüh'n die Heckenrosen,
             schön ist das Küssen und das Kosen.
             Rosen und Schönheit vergeh'n,
             d'rum nutzt die Zeit, denn die Heimat ist schön.

Solang' der Vörd'ner gehen kann, geht er durch die Allee,
zum Hungerberg, zu der Kapelle auf der Bergeshöh'.
Auf seinen lausch'gen Wegen, mit seinem schönen Wald,
und auch auf mancher Ruhebank erfreut sich Jung und Alt.

Refrain: Mit der Lore, mit der Dore, mit der Trude und Sophie,
             mit der Lene und Irene und der Annemarie.
             Denn schön blüh'n die Heckenrosen,
             schön ist das Küssen und das Kosen.
             Rosen und Schönheit vergeh'n,
             d'rum nutzt die Zeit, denn die Heimat ist schön.

Wer von dem lieben Hungerberg sah dich, mein Heimatort,
der möchte, wenn's ein Vörd'ner ist, nie wieder von hier fort.
Mag auch die Welt ihn locken, mit Ehren und mit Glück,
er bleibet seiner Heimat treu, ihn zieht es stets zurück.

Refrain: Zu der Lore, zu der Dore, zu der Trude und Sophie,
          zu der Lene und Irene und der Annemarie.
          Denn schön blüh'n die Heckenrosen,
          schön ist das Küssen und das Kosen.
          Rosen und Schönheit vergeh'n,
          d'rum nutzt die Zeit, denn die Heimat ist schön.

Manch' Vörd'ner treibt die Existenz weit in die Welt hinaus.
Doch jedes Jahr bestimmt einmal, dann zieht es ihn nach Haus,
nach seiner lieben Heimat, ins liebe alte Nest,
dann feiert Jung und Alt das Heimatschützenfest.

Refrain: Mit der Lore, mit der Dore, mit der Trude und Sophie,
          mit der Lene und Irene und der Annemarie.
          Denn schön blüh'n die Heckenrosen,
          schön ist das Küssen und das Kosen.
          Rosen und Schönheit vergeh'n,
          d'rum nutzt die Zeit, denn die Heimat ist schön.

Drum liebe Vörd'ner haltet treu an eurer alten Art,
das Fundament der Heimattreu, es liegt hierin bewahrt.
Wir wollen sein wie Brüder, wo immer wir uns seh'n,
und uns dann all der Heimat freu'n, so ist das Leben schön.

Refrain: Mit der Lore, mit der Dore, mit der Trude und Sophie,
          mit der Lene und Irene und der Annemarie.
          Denn schön blüh'n die Heckenrosen,
          schön ist das Küssen und das Kosen.
          Rosen und Schönheit vergeh'n,
          d'rum nutzt die Zeit, denn die Heimat ist schön.

Vördener Schützenlied
(Von Karl Kreilos um 1930)

1. Wir Schü-tzen sind ein fro-hes Chor, nur Froh-sinn herrscht bei uns im Krei-se. An Schneid da kommt uns kei-ner vor, weil's Vörd-ner Brauch und Schü-tzen- wei- se. Blau-Weiß ist Vörd'-ner Schü-tzen- zier. Treu-lich zur Fah-ne steh-en wir.

Marschier'n wir dann zum Dorf hinaus,
geh'n auf die Fenster und die Türen,
die Mädel schau'n zum Fenster raus,
der Schütz' soll sie zum Tanze führen.
Unserm Oberst steh'n wir treu zur Hand
wie's Pflicht und Brauch im Schützenstand.
Unserm Oberst ... ... (wiederholen).

Marschier'n wir dann zum Schießstand hin,
dem König treu als echte Schützen,
zur Königswürde zieht's uns hin,
ein schlechter Schuss kann uns nichts nützen.
Die schöne Braut, sie wartet schon,
ein süßer Kuss ist unser Lohn.
Die schöne Braut ... ... (wiederholen).

Und ist verklungen Spiel und Tanz,
zum Abschied wir die Hand uns reichen,
weil viele zieh'n ins ferne Land,
gedenken der vergang'nen Zeiten.
Und ist die Zeit einst wieder da,
dann singen wir's Vörd'ner Gloria.
Und ist die Zeit ... ... (wiederholen).

Das Kilianslied
(ca 1920, Verfasser unbekannt)

In grauer Vorzeit Tagen
erging des Papst Begehr,
ins Frankenland zu tragen
das Wort von Christi Lehr.

Sankt Kilian verkündet
der Lehre heilig Wort,
das Heil in Christus bringend,
zog er von Ort zu Ort.

Hat gern dem Herrn geweihet
des Lebens Blütezeit,
vom Götzendienst befreit
die Scharen weit und breit.

In Mörderhand gefallen,
St. Kilian dort starb,
nach Würzburg viele wallen,
dort ist sein heil'ges Grab.

Den unsere Gemeinde
zum Schutzpatron sich nahm,
schütz' sie vor jedem Feinde
hinfür St. Kilian.

Hilf deinen treuen Kindern
durch dein Gebet bei Gott,
erflehe Gnad uns Sündern,
rett' uns vorm ew'gen Tod.

Gib dass wir Kraft erlangen
in allem Erdenleid
und einst wie du empfangen
des Himmels Seligkeit.

Dein Deutschland wollst anschauen,
o Vater hoch geehrt,
bitt' Gott er woll' aufbauen
was Feindes Trug zerstört.

An unserm Lebensende,
in harter Todesnot,
dich gnädig zu uns wende
und führe uns zu Gott.

Erinnerungen an Vörden
(Von Ingeborg Katharina Leiber, Soest 2007)

In flirrender Hitze
das Kreischen der Säge am Sägewerk

Wilde Erdbeeren
aufgereiht an Grashalmen

Versteckenspielen im Heu
auf dem Leiterwagen

Birnen- und Zwetschgen-Pflücken
auf der Kuhwiese von Tante Thea
am Hungerberg

Schlittenfahren an der Agatha-Kapelle

Theaterspielen auf Lüken Tenne

Kinderschützenfest unter den Eichen auf dem Anger
mit Cousinen und Cousins und Nachbarkindern

Schularbeiten-Machen
in Onkel Ewalds Schneiderstube

Dann Abschied von Vörden
und Umzug mit Eltern und Geschwistern
ins flache Münsterland

In den Ferien erwartet mich Opa Wilhelm
am Tennentor

Und Cousin Paul begrüßt mich
mit Freunden am Bus bei Webers

Bratkartoffeln mit Speck und Zwiebeln
in Tante Hannas Küche

Treffen mit alten Freunden
am Hungerberg

Und der erste Tanz auf dem Vördener Schützenfest

Noch heute kribbelt es im Bauch,
wenn ich zu Besuch nach Vörden fahre

Dort sind meine Wurzeln – meine Heimat.

Des Hungerbergs Kapelle....
(Von Heinz Mönkemeyer, Stahle, 1978)

In Reihen dort die Wipfel,
sie rauschen leis im Wind.
Hoch ragen auch die Gipfel:
für Kind und Kindeskind.

Und ernst, in Stein gehauen,
manch Bildstock steht am Rain.
Wer glaubt, kann tiefer schauen;
kein Hochmut schleicht sich ein.

So: Bild für Bild am Rande,
behütend Baum für Baum –
So: Bergend rings die Lande –
ist's mir, als wär's ein Traum!

Ein Traum? Du darfst ihn träumen
in dieser wirren Welt.
Was kannst du schon versäumen,
wenn dich die Heimat hält!

Der Wald weit in der Runde,
das Kreuz am Wiesenschlag,
das Städtchen tief im Grunde,
im Grünen Dach bei Dach.

Grün-golden glänzt die Helle!
Steil steigt der Weg empor.
Des Hungerbergs Kapelle
lugt – krönend – dort hervor.

Wie ist die Zeit verflossen!
Stein ward auf Stein gesetzt
und Segen ausgegossen,
der dürren Acker netzt.

Die Schar der Ungezählten
zog Jahr für Jahr hinauf.
Der Hort, den sie erwählten,
schloß still die Heimat auf!

Hör! Wieder wird nun klingen
das Glöcklein hell und klar
und gute Botschaft bringen –
So wie es immer war!

Und wieder wird getragen
der Herr im Sakrament!
An diesen hehren Tagen
ein heil'ges Feuer brennt.

Knie nieder an der Schwelle!
Die Heimat – immerfort –,
des Hungerbergs Kapelle
ist Ziel und Zeichen dort.

Anhang 2
Geschichten und Dönekes

Zusammengetragen von Wilhelm Hagemann und Walter Lücke

Zu den Besonderheiten eines jeden Ortes gehören auch die Vorkommnisse, die man sich – immer mal wieder – erzählt, auch wenn man sie längst kennt. Das ist wohl wie mit Märchen bei Kindern. Solche Erzählungen haben dann quasi die Funktion von „Ortsmärchen". Sie gehören zum Wissensbestand der Einheimischen und machen einen Teil ihrer Identifizierung mit dem Heimatort aus. Ein solches Wissen fehlt demjenigen, der ohne soziale Einbindung in irgendeiner Stadt lebt.

Geschichten in dem hier gemeinten Sinne sind dabei so etwas wie inoffizielle Teile der Ortsgeschichte. Inoffiziell deshalb, weil die Inhalte weitgehend nicht überprüfbar sind. Typisch dafür sind Spukgeschichten oder Mutmaßungen, beispielsweise über Vorfahren. *Dönekes* beruhen hingegen auf realen Geschehnissen, auch wenn sie gelegentlich etwas ausgestaltet sind. Meist lacht man dabei über die Äußerungen oder Handlungen von Personen, gelegentlich auch etwas schadenfroh.

In früheren Zeiten, als die Menschen kaum reisten und ohne die heutige Medienflut lebten, dienten Geschichten und Dönekes vor allem der Unterhaltung. Es sind charakteristische „Erzeugnisse" einer in sich weitgehend geschlossenen Gesellschaft. Deshalb waren sie als Erinnerung und Erzählung wohl auch langlebiger als diejenigen Vorkommnisse, die sich heute ereignen. Die hier gesammelten Geschichten und Dönekes sind Erinnerungen aus *unserer* Kinder- und Jugendzeit. Sie sind zum Teil selbst erlebt, zum Teil haben wir sie damals von Älteren erzählt bekommen. So haben sie insgesamt auch den Charakter von Zeitzeugnissen. Vielem haftet aus heutiger Sicht sicherlich eine gewisse Krähwinkeligkeit an – aber eine durchaus liebenswürdige.

Wo es in Vörden spukte

Vor einer Generation wusste in Vörden jeder, dass im rechten Teil des Hauses Stork, heute Haus des Gastes, immer mal wieder eine weiß gekleidete Frau erschien. Es gab zahlreiche angebliche Augenzeugen. Immerhin soll die Dame nicht nur Einzelnen erschienen sein, sondern auch gelegentlich mehrere Personen gleichzeitig erschreckt haben. Es soll eine frühere Bewohnerin des Hauses gewesen sein, wobei aber nicht überliefert ist, warum sie vermeintlich keine Ruhe fand. Auch hat sie offenbar nie gesprochen.

Ein anderer Spukort war der Überlieferung nach Murkersgrund, von Vörden aus die Senke kurz vor Marienmünster. Es ist aber nicht bekannt, wer, in welcher Gestalt und warum hier sein Unwesen treiben sollte.[1]

Ein rätselhafter Vorfahr

In der inzwischen weit über Vörden hinaus verzweigten Familie Hölting (Mertens) wird von Generation zu Generation immer mal wieder ein Kind mit auffällig dunkler Haut und schwarzen Haaren geboren. Die Familienüberlieferung führt das auf die Vorfahrin Theresia Rodepeter zurück, die am 6. 2. 1832 in Bellersen als uneheliches Kind zur Welt kam. Ihr Vater soll ein aus südlichen Ländern stammender Adeliger gewesen sein, der damals angeblich als Gast bei der Familie von Haxthausen weilte und seine genetischen Spuren in Ostwestfalen hinterließ.

Abwehr von Plünderung durch ein Gespräch am Kamin?

In der Nacht vom fünften auf den sechsten April 1626 besetzte Christian von Braunschweig (der „Tolle Christian") mit 4000 Reitern und 2000 Mann Fußvolk Marienmünster und Vörden.[2] Bei dem überlieferten Gespräch mit der damaligen Burgherrin Agatha von Fürstenberg, Witwe des Gottschalk von Haxthausen, soll diese den Tollen Christian bei einem Gespräch am Kamin in der alten Burg zum Verzicht auf eine Plünderung Vördens bewogen haben.[3] Der Wahrheitsgehalt der Überlieferung ist nicht überprüfbar.

Ein Balken wird gestreckt

Während des Ersten Weltkrieges war Karl Neumann bei den Pionieren in Köln. Karl, der Zimmermann gelernt hatte, neigte dazu, gelegentlich etwas aufschneiderisch zu erzählen. So berichtete er dann eines Tages den Kameraden:
„*Wir hatten bei Bauarbeiten nicht aufgepasst und einen Balken zu kurz abgesägt.*"
Und als die neugierig gewordenen Kameraden dann wissen wollten, wie die Sache ausging, sagte Karl:
„*Iak hewe oiverlegt, wat make wöi niu? Iak denke, wöi legget den Balken uppen Amboss und recket ne. Un sou hätt wöi et maket.*"
(Ich habe überlegt, was machen wir nun? Ich dachte, wir legen den Balken auf den Amboss und strecken ihn. Und so haben wir es gemacht.)

Wo kauft man einen Zylinder? (ca. 1920)

Krusen Wilhelm war nach dem Ersten Weltkrieg Bauarbeiter in Bochum. Eines Tages war der Glaszylinder der Petroleumslampe in der Baubude zerbrochen. Wilhelm sollte in der Stadt einen neuen Zylinder besorgen.
„*Wou gift et die denn?*" (Wo gibt es die denn?)

Die Kollegen wollten ihn verulken und rieten, er solle in ein Geschäft gehen, wo es hieß: Hüte, Mützen, Zylinder.
Kruse fand das Geschäft. Er forderte einen Zylinder. Der Verkäufer: *„Was haben Sie sich denn vorgestellt, einen Samtzylinder oder einen Chapeau claque?"*
Kruse: *„Dummet Tuig, iak briuke oinen Plattbrenner."*
(Dummes Zeug, ich brauche einen Flachbrenner[4]).

Beerensorten (ca. 1938)

Wilhelm Kruse heiratete und hatte mit seiner Frau Josefine (Fina) zwei Kinder. Der Sohn Willi ging dann bei der Lehrerin Puers in die Schule. Im Naturkundeunterricht sollten die Kinder Beerensorten nennen. Es wurden aufgezählt: Erdbeeren, Himbeeren, Brombeeren, Stachelbeeren, Heidelbeeren, Vogelbeeren. Willi wurde aufgefordert, weitere Beeren zu nennen:
„Teddybären, Toilebären, Jambären."
(Toilebären = plattdeutsch für Tollkirschen, Jambären = Abwandlung von Jambehrns = Beiname der Familie Hillebrand am Friedhof)

Ein nächtliches Gewitter (ca. 1954)

Bei dem Ehepaar Kruse wohnte im Alter auch der unverheiratete Bruder Jupp (Josef) des Wilhelm Kruse. Nebenan, bei Roggenbachs, saßen eines Abends einige Freunde mit Roggenbachs Jupp in der Küche und überlegten, welchen Streich man den Nachbarn spielen könnte. Bald war ein Plan gefunden: Mit einer Sperrholzplatte wurde durch schnelles Hin- und Herbewegen ein Geräusch erzeugt, als ob es donnere und dazu wurden noch einige Fotoblitze abgebrannt. Es wurde also ein perfektes Gewitter vorgetäuscht.
Kurz nach diesem „Gewitter" beobachtete man durch ein Seitenfenster Wilhelm, Fina und Jupp Kruse im Gänsemarsch die Treppe herab kommen, und zwar im „Pölter" (Nachthemd). Fina trug unter dem Arm einen Zigarrenkasten mit den Versicherungspapieren. Es könnte ja womöglich ein Blitz einschlagen. Auf dem Tisch wurde das geweihte Krautbund in einen Topf gestellt und die Gewitterkerze angezündet. So wartete man auf das Ende des „Unwetters".
Sicher kein guter Streich – aber auch kein ganz übel, meint einer der Beteiligten!

Wie lang muss der Sarg sein? (1940)

Beckers Heinrich wohnte mit seiner Frau Franziska im Dunklen Ort. Eines Tages kam er zum Tischlermeister Johann Ohagen:
„Jannes, diu most möi en Sarg maken, Siska is inschlopen. Most diu se ers miäten oder woist diu nok woi lang se was?"
(Johannes, du musst mir einen Sarg machen, Franziska ist gestorben. Musst du sie erst messen oder weißt du noch, wie lang sie war?)

Ein Handwerksmeister als SPD-Mann (ca. 1950)

Der Sattlermeister Karl Ridder behauptete von sich: „Ich bin SPD-Mann".
Ein so offenes politisches Bekenntnis war damals ungewöhnlich, besonders ein
solches für die SPD. Allerdings gab Ridder dann auch eine ungewöhnliche Auflösung der Buchstabenfolge:
SPD = Sattler, Polsterer, Dekorateur.

Der Gaul(l)eiter (1933-45)

Heinrich Mühlenhoff war auf dem von Haxthausenschen Gutshof als Gespannführer beschäftigt. Als nun in der NS-Zeit der „Gauleiter" ein hoher Posten war, machte sich Heinrich Mühlenhoff darüber lustig, indem er sich selbst
als „Gaulleiter" bezeichnete.

Unbekannter Himmelskörper (ca. 1939)

An einem Spätsommerabend stand Mühlenhoffs Heinrich mit Sohn Heini
vor der Haustür an der Bergstraße. Da entdeckte der Kleine die zunehmende
Mondsichel und rief: *„Vatta, da is der Mond".*
Heinrich antwortete unwirsch:
„Halt döin Miul, dat is kein Mond. De Mond is rund un de is nich rund."
(Sei still, das ist kein Mond. Der Mond ist rund und der ist nicht rund.)

Textumdeutung (ca. 1950)

Die Kirchenlieder sang Heinrich Mühlenhoff üblicherweise mit kräftiger Stimme mit. Viele Lieder kannte er auswendig. Gelegentlich hatten sich bei ihm aber
etwas ungewöhnliche Textzeilen eingeprägt, und zwar so, dass er darin einen
Sinn erkannte. So sang er die Zeile *„Du warst der Diakonen Zier"* aus dem Ste-
phanuslied am zweiten Weihnachtstag als *„Du warst, der die Kanonen ziert"*.

Verspätung (ca. 1936)

Wilhelm Fischer, genannt „Stern", war ein lustiger und feierfreudiger Mensch.
Am Tage nach dem Schützenfest kam Fischer gegen Mittag festtagsmäßig ange-
zogen in die Küche.
Seine Frau fragt:
„Stern woi wußt diu denn henne?"
„Nachen Telte!"
„Bloiv hoi, et is oll afbroäken. Diu häst verschluopen!"
(Stern, wo willst du denn hin? Zum Zelt! Bleib hier, es ist schon abgebrochen.
Du hast verschlafen)

Panne beim Schwarzschlachten (1946)

Wie an anderen Stellen im Buch erwähnt, wurde in und nach beiden Weltkriegen auch den Menschen auf dem Lande nur eine bestimmte Menge an Fleisch zugestanden. Das Übrige musste abgeführt werden. Zur Verbesserung der eigenen Versorgungslage fütterte man aber in aller Heimlichkeit meist ein nicht registriertes Schwein. Dieses musste dann aber auch in aller Stille „schwarz" geschlachtet werden.

Bei der Familie Schröder (Haus Talstraße 4) stand das große Ereignis bevor. Der aus Bochum stammende Anton Judith war als Helfer ausersehen. Er nahm das Schwein möglichst schonend – damit es nicht durch lautes Schreien die Situation verriet – zwischen die Beine und hielt den Kopf an den Ohren fest, so dass der Schlachter durch einen Schlag auf den aufgesetzten Bolzen die Schädeldecke durchschlagen und so unmittelbar den Tod des Tieres herbeiführen konnte. Beim Zuschlagen konnte Judith aber eine plötzliche Bewegung des Schweines nicht verhindern, so dass der Schlag weitgehend daneben ging. Das seiner Sinne nicht mehr ganz mächtige Schwein stürmte erschrocken vorwärts, riss die Haustür aus den Angeln und rannte laut quiekend die Straße hinunter, auf dem Rücken den nicht minder laut schreienden Anton Judith.

Auch wenn damit die Heimlichkeit weitgehend dahin war, gewährleistete doch die allgemeine Solidarität, dass das Schwein dann nach dem Wiedereinfangen ohne amtliche Registrierung seinem zugedachten Zweck zugeführt werden konnte. Auch Anton Judith kam mit dem Schrecken und einigen harmlosen Schrammen davon, gemildert zudem durch eine doppelte Ration vom „Selbstgebrannten".

Ein falsches Maß (Winter 1944/45)

Eine der im Herbst 1944 nach Vörden aus dem Aachener Raum Evakuierten war die junge Gertrud Jansen. Sie war bei der Lehrerin Puers in der Schule einquartiert worden. Als eines Tages die Lehrerin in einer dienstlichen Angelegenheit nach Höxter reisen musste, trug sie Gertrud auf, zu Mittag eine Erbsensuppe zu kochen. Darin sollte sie das abgeschnittene Stück Schinken mitkochen. Gertrud Jansen wunderte sich dann zwar angesichts des doch ansehnlichen Stückes Schinken, das sie vorfand, über die anscheinend plötzliche und fast verschwenderische Großzügigkeit der ansonsten knauserigen Lehrerin, tat aber, wie ihr vermeintlich geheißen. Groß war dann aber der Schrecken und das Geschimpfe bei der Rückkehr der Lehrerin. Diese hatte nämlich ein nur wenige Kubikzentimeter großes Stückchen oben von dem größeren Schinkenstück abgeschnitten, es aber auf dem größeren Teil sitzen lassen. Gertrud war aber der Schnitt nicht aufgefallen, so dass nun das ganze große Stück in der Suppe gelandet war, das eigentlich noch für etliche Mahlzeiten hätte reichen sollen. Gertrud Jansens nachträglicher Kommentar dazu lautete in bestem Rheinisch: *„Jung, dat war en Süppschen!"*

Ein falscher Ball (1948)

Bälle zum Fußballspielen waren nach dem zweiten Weltkrieg nicht vorhanden, so dass man mit allerlei Ersatz vorlieb nehmen musste. Da kam eines Tages Siegfried Liedtke, dessen Mutter mit ihm und seinen Geschwistern nach der Vertreibung aus den Ostgebieten in der Kaplanei untergekommen war, mit einer vielversprechenden Ankündigung. Die Familie Liedtke hatte nämlich in den USA eine Tante wohnen, damals eine unschätzbar wertvolle Beziehung. Dieser Tante hatte man nun auf ihre briefliche Frage, wie sie denn den Kindern eine Freude machen könne, Siegfrieds Begehren nach einem Fußball weitergegeben. Sie hatte auch prompt geschrieben, eine entsprechende Paketsendung sei unterwegs. Und mit der Weitergabe dieser Botschaft weckte Siegfried nun bei uns Mitschülern große Hoffnungen und sein bis dahin geringes Prestige in der Klasse stieg schlagartig an. Um so größer waren dann Enttäuschung und Ärger, als eines Tages Siegfried mit einem seltsam eirigen Ball in die Schule kam, der sich dann auch schon bei den ersten Versuchen als völlig untauglich für den gedachten Zweck erwies. Er war zwar aus schönem, hellbraunen Leder gefertigt, bewegte sich aber nach üblichen Fußtritten auf gänzlich unvorhersehbaren Flugbahnen. Und zum Dribbeln konnte man ihn erst recht nicht gebrauchen. Im Vergleich dazu waren unsere Konservendosen oder zusammengebundenen Lumpen dann immer noch besser kalkulierbar. Offenbar hatte die wohl wenig sportliche amerikanische Tante das deutsche „Fußball“ platt mit „Football“ übersetzt und war mit diesem Wunsch in ein Geschäft gegangen, wo sie dann einen Ball für American Football erhielt. Der arme Siegfried hatte deswegen manchen Spott zu ertragen. Und die Amerikaner erschienen uns trotz ihrer Wohlhabenheit als ganz verrückte Leute, weil sie vermeintlich mit einem solchen Ball Fußball spielten.

Eine falsche Gedichtzeile (1952)

Bei der bereits erwähnten strengen Lehrerin Puers, bei der die Klassen 7, 8 und 9 in einem Raum unterrichtet wurden, sollte das Goethe-Gedicht zum Verhältnis von ererbten und erworbenen Eigenschaften und Fähigkeiten als Hausaufgabe auswendig gelernt werden. Es beginnt mit den folgenden Zeilen:
Vom Vater hab' ich die Statur,
des Lebens ernstes Führen,
vom Mütterchen die Frohnatur
und Lust zu fabulieren.
Der am folgenden Morgen als erster aufgerufene Hans Kühne konnte sich noch an die erste Zeile erinnern, die er prompt präsentierte:
Vom Vater hab' ich die Statur,
Als er stockte, kam vom Hintermann ein geflüsterter Tipp, den Kühne gleich weitergab:
von der Mutter die Figur.

Darüber musste nun selbst die strenge Lehrerin sehr lachen, denn abgesehen davon, dass Statur und Figur hier die gleiche Bedeutung haben, wies zudem Mutter Kühne einen ansehnlichen Leibesumfang auf.

Ein falsches Textverständnis (ca. 1960)

Pastor Müller hatte sich Urlaub gegönnt und zu diesem Zweck einen Studienkollegen mit der Wahrnehmung seiner Aufgaben betraut. Die zu erfüllenden Verpflichtungen hatte Pastor Müller sorgfältig aufgeschrieben. Als er dann nach einigen Tagen einmal telefonisch im Vördener Pfarrhaus anfragte, ob auch alles in Ordnung sei, fragte der Mitbruder ganz verzweifelt, wie in aller Welt er denn eine Messe in Eilversen feiern solle. Er hatte die Ortsbezeichnung im Sinne von eiligen Versen gelesen.

Unbekannte Kirchenbesucher (ca. 1954)

Josef Hillebrand, genannt Jambehrns, konnte im Alter nur noch schemenhaft sehen. Meist erkannte er andere Personen an ihrer Stimme. Deshalb suchte er häufig das Gespräch zu eröffnen, wenn er eine Person wahrnahm.
Als eines Tages die Kirche renoviert wurde, hatte man auch die Heiligenfiguren von ihren Sockeln genommen. Zwei von ihnen waren vorübergehend auf dem Podest vor dem Eingang zur Orgelbühne (Mannsbühne) abgestellt worden. Als nun Josef Hillebrand am Sonntagmorgen am Ende der Wendeltreppe zur Orgelbühne angelangt war, sprach er die beiden dort stehenden Gestalten an:
„*Morjen, feun wedder vandage*". (Morgen, schönes Wetter heute).
Wahrscheinlich sind ihm dann die nicht antwortenden Kirchenbesucher recht unhöflich vorgekommen.

Der Trecker gehorcht nicht (ca. 1935)

Wilhelm Hillebrand aus der Trift, der aufgrund seines wackelnden Ganges „Chäsemann" (Gänsemann) genannt wurde, war Gespannführer „auf der Burg". Als man dort den ersten Trecker anschaffte, sollte Hillebrand ihn als Fahrer übernehmen. Nach einer kurzen Ausbildung saß er dann auch am Steuer des „Lanz-Bulldogs".
Bald darauf fuhr man Korn in die Burgscheune im Feld ein. Bei einer Pause stellte Wilhelm Hillebrand den Trecker ab, vergaß aber, die Bremse anzuziehen, so dass sich der Trecker auf dem leicht abschüssigen Gelände in Bewegung setze. Hillebrand schrie „*Br, Br, Br*", aber anders als seine Pferde vorher gehorchte das Ungetüm nicht. Als er das erkannte, sprang er zwar noch auf den rollenden Trecker, konnte aber nicht mehr verhindern, dass dieser das große Scheunentor aus den Angeln riss.

Kommentar des Inspektors Josef Focke:
„Ich glaube nicht, dass Herr Hillebrand das Treckerfahren noch lernt."

Ein treffendes Argument (ca. 1950)

Elisabeth (Frieda) Föckel geb. Kordes war eine selbstbewusste, energische Frau, die „das Geld zusammenhielt", wie man in Vörden sagte. Dementsprechend rügte sie auch ihren Ehemann Josef, wenn er nach ihrer Meinung den Wirt hatte zu viel verdienen lassen. Als Josef Föckel nun eines Tages recht angeheitert nach Hause kam, beugte er schnell jedem Tadel vor mit dem Satz:
„Frieda, es hat mich nichts gekostet."

Jenseitsaussichten (ca. 1948)

Lorenz Rohde stammte aus Brakel und war „aufm Amt" beschäftigt, wie es in Vörden hieß. Er war ein allseits geachteter Mann. Dennoch relativierte er seine Jenseitserwartungen mit dem einschränkenden Satz:
„*O, iäk sin auk nich jümmer nur n hoiligen Aloysius west, janz ohne n biäten Schröggelen wird et wohl nich affjoahn.*"
(O, ich bin auch nicht immer nur ein heiliger Aloysius gewesen, ganz ohne ein bisschen Schreuen (Anbrennen) werde ich wohl nicht davon kommen.)
Auf den heiligen Aloysius bezog sich Lorenz Rode, weil dieser stets süßlich-fromm mit verzückt dem Himmel zugewandten Augen dargestellt wurde. Mit dem „Schröggelen" umriss er seine Vorstellung vom Leiden im Fegefeuer.

Eine wörtliche Rache (ca. 1880)

Heinrich Weber, der das heutige Haus Talstraße 6 gebaut hatte, war als Spaßmacher bekannt. Aufgrund seiner hellblonden Haare hieß er allgemein „Webers Witte". Als er sich eines Tages bei Verwandten in der jetzigen Amtsstraße einen Trog zum Teigkneten ausleihen wollte, meinten diese, dass er sich als Tischler doch selbst einen solchen anfertigen könne. Webers Kommentar: „*Denn scheutet drup.*" (Dann scheißt drauf.)
Als dann die Besitzer nach einiger Zeit ihren Trog suchten, fanden sie diesen schließlich unter ihrem Plumpsklo wieder, das auf Stelzen über dem Misthaufen stand. Die Geschädigten schlossen mit den Worten „*Düsse verflixte Webers Witte*" (Dieser verflixte Webers Witte) gleich auf den Täter.

Gastfreundschaft

Wenn an Festtagen Besuch da war, kam immer das Beste auf den Tisch, das man an Speisen hatte, nämlich die dicke, luftgetrocknete Mettwurst. Verwandte, die jedoch nur zu Festtagen kamen, sich aber zum Helfen nie sehen ließen, bezeichnete man deshalb etwas abwertend als „*Mettwurstverwandte*".

Wenn man Besuch hatte, sollte dieser auch gut zulangen. Der Ausdruck „dankbarer Besuch" meinte dann auch nicht, dass dieser große Dankesworte sprach, sondern dass es ihm offensichtlich mundete.

Zur Gastfreundschaft gehörte dementsprechend auch, dass der Gast „*genötigt*" wurde, das heißt, er wurde gedrängt, doch erneut zuzulangen.

Da die Küche stets im hinteren Bereich der Häuser lag, wurde das „*Nötigen*" oft mit dem Ausdruck „*Wir haben noch hinten*" verbunden. Das meinte, die Schüsseln sollten geleert werden, sie würde dann in der Küche wieder aufgefüllt.

Anmerkungen

1   Zur Bezeichnung „Murkersgrund" s. im Beitrag „Vörden wird Stadt".

2   Ausführlicher im Beitrag „Vörden als bischöfliche Stadt 1324 – 1802" unter Punkt 8.

3   Der Vorgang wird von Elmar Freiherr von Haxthausen im Grußwort der Festschrift zum „Jubiläums-Schützenfest 425 Jahre. 1574 – 1999. Schützenbruderschaft Vörden e. V." erwähnt. Fälschlicherweise wird dort der Vorname mit Therese wiedergegeben.

4   Bei einem Flachbrenner hat der Docht im Querschnitt die Gestalt eines flachen Rechtecks.

Quellen- und Literaturverzeichnisse

a) Ungedruckte Quellen

– Archive

Die herangezogenen Archive sind zu Beginn des Buches unter „Einführung und Übersicht" wiedergegeben. Auf eine Auflistung der einzelnen herangezogenen Archivbestände wird hier verzichtet. Dazu wird auf die Angaben im Text sowie in den Anmerkungen verwiesen.

– Einzelne Quellen

Pfarrchronik Vörden

Chronik der Stadt Vörden (im Stadtarchiv Marienmünster)

Vördener Bürgerbuch ab anno 1678 (im Stadtarchiv Marienmünster)

Schulchronik Vörden (im Stadtarchiv Marienmünster)

Chronik der Jungschützen (im Besitz der Schützenbruderschaft Vörden)

Chronik der Altschützen (im Besitz der Schützenbruderschaft Vörden)

Schützenbuch für die junge Schützengesellschaft in Vörden. Angefertigt im Juni 1886 (im Besitz der Schützenbruderschaft Vörden)

Ordner mit der Beschriftung „Feuerwehr v. Josef Kreilos, 1934-1951" (im Besitz der jetzigen Freiwilligen Feuerwehr Vörden, z. Z. bei Josef Föckel)

Tagebuch des Bauern Philipp Kreilos, transkribiert von der Enkelin Michaela Kreilos 1998

Nachlass des Bernhard Fluck: Manuskript Paderborner Bistumsgeschichte; Visitation (1654-1656) Dietrich Adolfs von der Reck; Geschichtliche Notizen zum Schul-. und Unterrichtswesen im Fürstbistum Paderborn; Stadt Nieheim und andere Notizen. Erzbischöfliche Akademische Bibliothek Paderborn.

Damascenus Himmelhaus: Meine Bemerkungen über den Zustand der Schulen im Hochstifte Paderborn, gesammelt bey den Schulvisitationen, angefangen den 10ten Februar 1800. Erzbischöfliche Akademische Bibliothek Paderborn, Mscr Pa 131.

b) Gedruckte Quellen und Literatur

25 Jahre Stadt Marienmünster. Chronik der Ortschaften. Für Vörden zusammengestellt von Ortsheimatpflegerin Karin Föckel. Eigendruck 1995.

Bahrenberg, H.: Die Entstehung der Pfarreien im Bistum Paderborn bis zum Regierungsantritt des Fürstbischofs Ferdinand II. im Jahre 1661. Münster 1939.

Balzer, M.: Paderborn im frühen Mittelalter (776-1050): Sächsische Siedlung – Karolingischer Pfalzort – Ottonisch-salische Bischofsstadt. In: Göttmann, F. / Hüser, K. / Jarnut, J. (Hrsg.): Paderborn. Geschichte der Stadt und ihrer Region. Bd. 1: Das Mittelalter. Bischofsherrschaft und Stadtgemeinde, hrsg. von J. Jarnut. Paderborn, 2. Aufl. 2000, S. 3-120.

Bauer, H. / Hohmann, F. G.: Alte Kirchen im Hochstift Paderborn. Paderborn 1974.

Bauermann, Johannes: Das Kloster Marienmünster im Jahre 1549. In: Kath. Kirchengemeinde St. Jacobus d. Ä. Marienmünster (Hrsg.): Marienmünster 1128-1978. Beiträge zur Entstehung und Entwicklung der ehemaligen Benediktinerabtei aus Anlaß des 850jährigen Bestehens. Paderborn 1978, S. 35 - 40.

Becker, W.: Die Kämpfe zwischen Eggegebirge und Weser im Frühjahr 1945. In: Westfälische Zeitschrift, 135 Jahrgang 1985, S. 293-365.

Becker W.: Das Kriegsende 1945 im ehemaligen Hochstift Paderborn. Heimatkundliche Schriftenreihe 25/1994 der Volksbank Paderborn.

Bérenger, D. / Brebeck, W. E. (Hrsg.): Erdgeschichte und Steinzeit. Führer zur Vor- und Frühgeschichte der Hochstiftkreise Paderborn und Höxter. Bd. 1, Paderborn 2002.

Bérenger, D. (Hrsg.): Die vorrömischen Metallzeiten. Führer zur Vor- und Frühgeschichte der Hochstiftskreise Paderborn und Höxter, Bd. 2. Paderborn 2004

Berghaus, P.: Abriß der westfälischen Münzgeschichte. In: Kohl, W, (Hrsg.): Westfälische Geschichte, Bd. 1: Von den Anfängen bis zum Ende des alten Reiches. Düsseldorf 1983, S. 805 - 821.

Bergmann, R.: Zwischen Pflug und Fessel. Mittelalterliches Landleben im Spiegel der Wüstenforschung. Münster 1993.

Bocholt, W.: Ackerbürgerstädte in Westfalen. Ein Beitrag zur historischen Stadtgeographie. Warendorf 1987.

Bodenkarte von Nordrhein-Westfalen 1 : 50 000, Blatt L 4120. Bearb. von H.-J. Dubber. Krefeld: Geologisches Landesamt Nordrhein-Westfalen, 1989

Boelte, H.: Der Kreis Höxter „in jenen Tagen". Das Kriegsende 1945 zwischen Weser und Egge. Herford, 2. Aufl. 1979.

Börste, N. / Ernesti, J. (Hrsg.): Friedensfürst und guter Hirte. Ferdinand von Fürstenberg, Fürstbischof von Paderborn und Münster. Paderborn 2004.

Brand, F. J.: Zeichnungen nach der Natur, 2 Bd. Archiv des Vereins für Geschichte und Altertumskunde Westfalens, Abt. Paderborn

Brandt, H. J. / Hengst, K.: Die Bischöfe und Erzbischöfe von Paderborn. Paderborn 1984.

Brandt, H.J. / Hengst, K. (Hrsg.): Felix Paderae Civitas. Der heilige Liborius 836-1986, Festschrift zur 1150jährigen Feier der Reliquienübertragung des Patrons von Dom, Stadt und Erzbistum Paderborn. Paderborn 1986.

Brandt, H. J. / Hengst, K.: Geschichte des Erzbistums Paderborn. Erster Band: Das Bistum Paderborn im Mittelalter. Paderborn, 2. Aufl. 2002.

Bratvogel, F.: Der Kreis Höxter. Kreis- und Stadt- Handbücher des Westfälischen Heimatbundes. Regensburg u. Münster 1952.

Breuers, D.: Ritter, Mönch und Bauersleut. Eine unterhaltsame Geschichte des Mittelalters. Wiesbaden 2004.

Büker, J. (Hrsg.): Die Juden in den Dörfern der Stadt Marienmünster (1840-1945). Eine Dokumentation. Heft 1 der Beiträge zu Bevölkerung, Wirtschaft und Kultur der Stadt Marienmünster. Kollerbeck 1990, Typoskript.

Creyd, D.: Luftkrieg im Weserbergland. Eine Chronologie der Ereignisse. Holzminden 2007.

Das Fürstenthum Paderborn im Jahre 1802. In: Annalen der preußischen Staatswirtschaft und Statistik, Bd. 1, Heft 4. Halle und Leipzig 1804.

Decker, R.: Raubritter im Paderborner und Corveyer Land. Heimatkundliche Schriftenreihe 37/2006 der Volksbank Paderborn-Höxter.

Die Bau und Kunstdenkmäler des Kreises Höxter. Im Auftrage des Provinzial-Verbandes der Provinz Westfalen bearbeitet von A. Ludorff. Münster 1914.

Die Landgüterordnung Kaiser Karls des Großen. Textausgabe mit Einleitung und An-

merkungen. Herausgegeben von Karl Gareis. Berlin 1895.

Die Tagebücher Kaspars von Fürstenberg, Teil I 1572-1599. Bearbeitet von Alfred Bruns. Münster 1985. Reihe Westfälische Briefwechsel und Denkwürdigkeiten, Bd. 8. Herausgeben von der Historischen Kommission für Westfalen.

Dr. Josef Berendes: Kreuz und Quer im Doktorwagen. Leiden und Freuden eines westfälischen Landarztes. Detmold, o. J.

Drewes, J. (Hrsg.): Das Hochstift Paderborn. Portrait einer Region. Paderborn 1997.

Eckhardt, K.A.: Studia Corbeiensia (Neuedition der Traditiones Corbeienses). Aalen 1970, Bd. 2.

Fehn, K. Stichwort Ackerbürgerstadt. In: Lexikon des Mittelalters. Bd. I, München / Zürich 1980, Sp. 81.

Forwick, F.: Die staatsrechtliche Stellung der ehemaligen Grafen von Schwalenberg. Münster 1963.

Gemmeke, F.: Als die Preußen kamen. In: Kath. Kirchengemeinde St. Jakobus d. Ä. Marienmünster (Hrsg.): Marienmünster 1128-1978. Beiträge zur Entstehung und Entwicklung der ehemaligen Benediktinerabtei aus Anlaß ihres 850jährigen Bestehens. Paderborn 1978, S. 98-102.

Geologische Karte von Nordrhein-Westfalen 1 : 100 000, Blatt C 4318 Paderborn mit Erläuterungen. Krefeld: Geologisches Landesamt Nordrhein-Westfalen, 1979.

Geologische Karte von Preußen und den benachbarten deutschen Ländern 1 : 25 000, Blatt 2296 (heute 4121) Schwalenberg mit Erläuterungen. Bearb. von O. Gruppe. Berlin: Preußische Geologische Landesanstalt, 1927.

Geologie im Weser- und Osnabrücker Bergland. Krefeld: Geologischer Dienst Nordrhein-Westfalen, 2003.

Gesetz-Bulletin des Königreichs Westphalen, Jg. 1808, Teil 1, Gesetz Nr. 30 vom 27.1.1808, S. 256.

Gesetz-Sammlung für die Königlichen Preußischen Staaten, Jg. 1847, Nr. 2781, S. 263-278.

Göttmann, F. / Hüser, K. / Jarnut, J. (Hrsg.): Paderborn. Geschichte der Stadt und ihrer Region. Bd. 1: Das Mittelalter. Bischofsherrschaft und Stadtgemeinde, hrsg. von Jörg Jarnut. Paderborn, 2. Aufl. 2000.

Göttmann, F. / Hüser, K. / Jarnut, J. (Hrsg.): Paderborn. Geschichte der Stadt in ihrer Region. Bd. 2: Die frühe Neuzeit, hrsg. von Frank Göttmann. Paderborn, 2. Aufl. 2000.

Grothe, E. / Meyer, F. unter Mitarbeit von Britta Padberg und Thomas Stratmann: Verfolgt – Vergast – Vergessen. Zur Geschichte der Juden in den Ortschaften der Stadt Marienmünster. Bielefeld 1990.

Haase, C.: Die Entstehung der westfälischen Städte. Münster 1960.

Hagemann, W.: Vom Dorf zur Stadt. Festschrift zum 550. Jahrestag der Stadtrechtsverleihung Ostern 1995, Bad Lippspringe 1995.

Hagemann, W.: Der Lippspringer Waldbesitz Teil I. In: Wo die Lippe springt. Informationsreihe des Heimatvereins Bad Lippspringe e.V., 8. Jhrg., Ausgabe 21, März 1996, S. 9-19.

Hagemann, W.: Die Burg Lippspringe. In: Pavlicic, M. (Bearbeiter): Lippspringe. Beiträge zur Geschichte. Herausgegeben von der Stadt und dem Heimatverein Bad Lippspringe. Paderborn 1995, S. 197 - 224.

Heggen, A.: Die Säkularisation des Hochstifts Paderborn 1802/03. Heimatliche Schriftenreihe 10/1979 der Volksbank Paderborn.

Henning, Fr. W.: Bauernwirtschaft und Bauerneinkommen im Fürstentum Paderborn. Paderborn 1970.

Hesse, N.: Milchviehhaltung in Deutschland – Historische Betrachtung und Stand der Milchviehhaltung im ökologischen Landbau. Diplomarbeit im Fachbereich Landwirtschaft, industrielle Agrarentwicklung und ökologische Umweltsicherung der Gesamthochschule Kassel 2002, Typoskript.

Hohenschwert, Fr. (Bearbeiter): Der Kreis Lippe. Teil II: Objektbeschreibungen. Band 11 der Reihe Führer zu archäologischen Denkmälern in Deutschland. Herausgegeben vom Nordwestdeutschen und dem West- und Süddeutschen Verband für Altertumsforschung. Stuttgart 1985.

Höfler, M.: Das deutsche Krankheitsnamenbuch. München 1899, Nachdruck Hildesheim 1970.

Hohmann, F. G.: Das Hochstift Paderborn – ein Ständestaat. Heimatkundliche Schriftenreihe 6/1975 der Volksbank Paderborn.

Hohmann, F. G.: Paderborner Geldinstitute vom 18. Jahrhundert bis 1945. In: Westfälische Zeitschrift, 133. Jg., 1983, S. 139-232.

Hömberg, A. K.: Grafschaft, Freigrafschaft, Gografschaft. Münster 1949.

Huismann, F.: Die Burg Sternberg im Mittelalter, in: Westfalen. Hefte für Geschichte Kunst und Volkskunde. 78. Band, Münster 2000.

Huismann, F.: Mittelalterliche Burgen im östlichen Westfalen – ein Überblick, in: Lippische Mitteilungen aus Geschichte und Landeskunde, 71. Band. Selbstverlag des Naturwissen-

schaftlichen und Historischen Vereins für das Land Lippe e.V. Detmold 2002.

Kahnt, H. / Knorr, B.: Alte Maßen, Münze und Gewichte. Leipzig 1986.

Kath. Kirchengemeinde St. Jakobus d. Ä. Marienmünster (Hrsg.): Marienmünster 1128-1978. Beiträge zur Entstehung und Entwicklung der ehemaligen Benediktinerabtei aus Anlaß ihres 850jährigen Bestehens. Paderborn 1978.

Keinemann, Fr.: Das Hochstift Paderborn am Ausgang des 18. Jahrhunderts. Verfassung, Verwaltung, Gerichtsbarkeit und soziale Welt. 3 Bände, Bochum 1996.

Kemper, J.: Die Entwicklung der Eisenbahnen in den ehemaligen Kreisen Höxter und Warburg. In: Jahrbuch des Kreises Höxter 1986, S. 191 - 213.

Kemper, J.: Ein nie verwirklichtes Projekt. Die Eisenbahnlinien Höxter-Brakel-Steinheim und Steinheim Warburg. In: Die Warte, 45. Jahrgang, Dezember 1984, S. 6 - 8.

Kessler, A. (Hrsg.): Siddinghausen. Geschichte eines westfälischen Dorfes. Paderborn 2000.

Keyser, E.: Deutsches Städtebuch III Nordwest-Deutschland, 2: Westfälisches Städtebuch. Stuttgart 1954.

Kindl, H.: Der „Tolle Christian" im Hochstift Paderborn. Heimatkundliche Schriftenreihe 3/1972 der Volksbank Paderborn.

Kindl, H.: Die Pfarreien des Bistums Paderborn bis zum Tode Meinwerks 1036. In: Brandt, H.J. / Hengst, K. (Hrsg.): Felix Paderae Civitas. Der heilige Liborius 836-1986. Festschrift zur 1150jährigen Feier der Reliquienübertragung des Patrons von Dom, Stadt und Erzbistum Paderborn. Paderborn 1986, S. 48-101.

Kindl, H.: Die Städte des alten Hochstifts Paderborn. Sonderdruck aus dem Geschäftsbericht 1967 der Volksbank Paderborn.

Kneppe, C. / Peine, H.-W.: Die Hüffert bei Warburg: Adeliger Besitzschwerpunkt zur Zeit des karolingischen Landausbaus. In: Stiegemann, Chr. / Wemhoff, M. (Hrsg.): Kunst und Kultur der Karolingerzeit. Beiträge zum Katalog der Ausstellung 1999 in Paderborn. Mainz 1999, S. 301 - 307.

Kohl, W, (Hrsg.): Westfälische Geschichte, Bd. 1: Von den Anfängen bis zum Ende des alten Reiches. Düsseldorf 1983

Kreis Höxter, der Landrat (Hrsg.): Burgen, Schlösser und historische Adelssitze im Kreis Höxter. Autorin Anna Bálint. Höxter 2002, Angaben zu Vörden S. 272/73.

Krus, H. D.: Um die Geschichte der Heimat verdient gemacht. Wie Christoph Völker nicht

Pfarrer in Bellersen wurde. In: Die Warte Nr. 40, Ausgabe Dezember 1983, S. 33 - 37.

Krus, H.-D.: Die „Brakeler Muschelkalkschwelle" – Das Werden und Wesen einer Landschaft aus geologischer Sicht. In: EggeWeser Bd. 4, H. 1 (Festschrift zum 70. Geburtstag von Kurt Preywisch). Höxter 1987; S. 21 - 42 (darin weitere Literaturangaben).

Krus, H.-D.: 700 Jahre Borgholz 1291-1991. Geschichte einer Landstadt im Hochstift Paderborn. Borgentreich 1990.

Kunst und Kultur im Weserraum 800-1600. Ausstellung des Landes Nordrhein-Westfalen, Corvey 1966. Bd. I u. II. Münster, 4. Aufl. 1967

Lagerbuch des Bisthums Paderborn. In: Magazin für die neue Historie und Geographie, angelegt von D. Anton Friederich Büsching. Ein und zwanzigster Theil. Halle 1787.

Landschaftsverband Westfalen-Lippe. Westfälische Quellen und Archivverzeichnisse, Bd. 7: Inventar des Stadtarchivs Brakel. Nach der Bearbeitung von Wolfgang Leesch herausgegeben von Alfred Bruns. Münster 1982.

Lang, G.: Quartäre Vegetationsgeschichte Europas. Methoden und Ergebnisse. Jena, Stuttgart, New York: G. Fischer, 1994.

Leesch, W. / Schubert, P.: Heimatchronik des Kreises Höxter. Köln 1966.

Leesch, W. / Schubert, P. / Segin, W.: Heimatchronik des Kreises Paderborn. Köln 1970.

Lienen, B. H. / Rüthing H.: Bauern und Landwirtschaft im Paderborner und Corveyer Land 1350-1600. Heimatkundliche Schriftenreihe 12/1981 der Volksbank Paderborn.

Lotze, K.: Nieheim im Siebenjährigen Kriege. In: Völker, Chr. (Hrsg.): Heimatbuch des Kreises Höxter, Bd. I. Paderborn 1925, S. 70 - 73.

Machalke, J.: Das Kloster Marienmünster und sein Verhältnis zu den vom ihm inkorporierten Pfarreien. In: Katholische Kirchengemeinde St. Jakobus d.Ä. Marienmünster (Hrsg.): Marienmünster 1128-1978. Beiträge zur Entstehung und Entwicklung der ehemaligen Benediktinerabtei aus Anlaß des 850jährigen Bestehens. Paderborn 1978, S. 51 - 56.

Meisel, S. (Bearb.): Die naturräumlichen Einheiten auf Blatt 98 Detmold (Geographische Landesaufnahme 1 : 200.000, Naturräumliche Gliederung Deutschlands). Remagen: Selbstverlag der Bundesanstalt für Landeskunde, 1959 (Karte mit Beiheft).

Metz, W.: Mainzer, Fuldaer und Würzburger Einflüsse an der oberen Weser. In: Kunst und Kultur im Weserraum. Münster 4. Aufl. 1967, Bd. I, S. 122-126.

Meyer, E. (Hrsg.): Wappenbuch der westfälischen Gemeinden. Münster 1940.

Meyer, F.: Die Rahmenbedingungen des jüdischen Lebens im 18. und 19. Jahrhundert. In: Ewald Grote und Franz Meyer unter Mitarbeit von Britta Padberg und Thomas Stratmann: Verfolgt – Vergast – Vergessen. Zur Geschichte der Juden in den Ortschaften der Stadt Marienmünster. Bielefeld 1990, S. 9-18.

Meyer, H. Ch.: Aus Geschichte und Leben der Juden in Westfalen. Frankfurt 1962.

Mitschke-Buchholz, G.: Zwischen Nachbarschaft und Deportation. Erinnerungen an die Ovenhausener Jüdinnen und Juden. In: Baumeister, S. / Stiewe, H. (Hrsg.): Die vergessenen Nachbarn. Juden auf dem Lande im östlichen Westfalen. Schriften des Westfälischen Freilichtmuseums – Landesmuseum für Volkskunde 24. Bielefeld 2006, S. 79 - 99.

Mönks, A.: Bergbauliche Versuche im ehemaligen Paderborner Amte Oldenburg. In: Westfälische Zeitschrift, 86. Jg., 1928, S. 1 - 25.

Mönks, A.: Beiträge zur Geschichte des Schützenwesens im Hochstift Paderborn. In: Westfälische Zeitschrift, 86 Jg. 1928, S. 95-198.

Mönks, A.: Das Gericht Löwendorf und sein Archiv. In: Westfälische Zeitschrift, Band 87, 1929, S. 173 - 208.

Muhs, R.: Zur Geschichte der jüdischen Gemeinden und Synagogen im Raum HöxterWarburg vor 1933. In: Jahrbuch des Kreises Höxter 1989, hrsg. vom Oberkreisdirektor des Kreises Höxter, S. 211 - 228.

Müller, G.: Zur chronologischen Einordnung der Wüstungsnamen im Kreis Höxter. Anhang in: Stephan, H. G.: Archäologische Studien zur Wüstungsforschung im südlichen Weserbergland. Hildesheim 1978.

Multhaupt, H. Die Hexe von A. Ein Schicksal aus dem Paderborner Land. Höxter 2004.

Neuheuser, H.: Aus der Geschichte der Stadt Vörden. In: Die Warthe, Nr. 29, März 1981, S. 39 - 44.

Oldenhage, K.: Kurfürst Erzherzog Maximilian Franz als Hoch- und Deutschmeister (1780-1801). Quellen und Studien zur Geschichte des Deutschen Ordens 34. Bonn – Bad Godesberg 1979.

Ovenhausen im Corveyer Land. Beiträge aus Geschichte und Gegenwart im Heimatfestjahr 2005. Herausgegeben vom Heimat- und Schützenverein Ovenhausen von 1575 e.V.

Overkott, F.: In Russland Vermisste aus Rheinland und Westfalen nebst angrenzenden Gebieten in Napoleons „Großer Armee" 1812-1813. Band V der Reihe Bergische Forschungen, herausgegeben im Auftrage des

Bergischen Geschichtsvereins von Edmund Strutz. Neustadt an der Aisch 1963.

Pieper, R.: Carl Ferdinand Fabritius. Veduten und Altargemälde für den Paderborner Fürstbischof Ferdinand von Fürstenberg 1664-1667. Paderborn 2006.

Pollmann, H.-O.: Die Steinzeiten. In: Erdgeschichte und Steinzeiten (Führer zur Vor- und Frühgeschichte der Hochstiftkreise Paderborn und Höxter, Bd. 1). Scriptorium, 2002, S. 37-195.

Pöppel, D.: Bad Driburg seit über 700 Jahren Stadt. Bad Driburg 1984.

Pöppel, D.: Das Benediktiner-Kloster Marienmünster 15. August 1128 – 31. März 1803, Paderborn, o. J.

Prinz. J.: Das hohe Mittelalter vom Vertrag von Verdun (843) bis zur Schlacht von Worringen (1288). In: Kohl, W. (Hrsg.) Westfälische Geschichte. Band I., S. 337 - 402.

Rasch, H.: Stadt und Land Schwalenberg. Ein Abriß ihrer Geschichte. Detmold 1967.

Realschematismus der Erzdiözese Paderborn, Westfälischer Anteil. Paderborn 1961.

Reininghaus, W.: Handwerk und Zünfte im Paderborner Land und in Höxter. Heimatkundliche Schriftenreihe 22/1991 der Volksbank Paderborn.

Reintges, Th.: Ursprung und Wesen der spätmittelalterlichen Schützengilden. Bonn 1963. Rheinisches Archiv 58.

Römisch-Germanische Kommission des deutschen archäologischen Instituts in Frankfurt a. M.: Die Fundmünzen der römischen Zeit in Deutschland, Abteilung VI Nordrhein-Westfalen, Band 6 Detmold, bearbeitet von Bernhard Korzus. Berlin 1975.

Rüthing, H.: Höxter um 1500. Analyse einer Stadtgesellschaft. Paderborn, 2. Aufl. 1986.

Salesch, M. mit Beiträgen von Barbara Seifen und Frank Huismann: Burg Sternberg. Westfalen. Hefte für Geschichte, Kunst und Völkerkunde, 78. Band, Münster 2000, S. 142-182. Darin Salesch, M.: Die archäologischen Untersuchungen, S. 146 ff.

Sandow, E.: Die Anfänge der lippischen Schützengilden. In: Lippische Mitteilungen aus Geschichte und Landeskunde. 34. Band 1965, S. 46-110.

Schaten, N.: Annales Paderbornenses, II. Neuhaus 1698.

Schepers, J.: Haus und Hof westfälischer Bauern. 6. verbesserte Auflage, Münster 1985.

Schiller, K. / Lübben, A.: Mittelniederdeutsches Wörterbuch. Bd. 1-6, Bremen 1875-1881.

Schneider, H.: Die Ortschaften der Provinz Westfalen bis zum Jahre 1300 nach urkundlichen Zeugnissen und geschichtlichen Nachrichten. Münster 1936.

Schoppmeyer, H.: Der Bischof von Paderborn und seine Städte. Zugleich ein Beitrag zum Problem Landesherr und Stadt. Paderborn 1968.

Schoppmeyer, H.: Der Ursprung der Landstände im Paderborner Land. Heimatkundliche Schriftenreihe 17/1986 der Volksbank Paderborn.

Schoppmeyer, H.: Die Entstehung der Landstände im Hochstift Paderborn. In: Westfälische Zeitschrift, 136 Jg. 1986, S. 249 - 310.

Schoppmeyer, H.: Geschichte des Hochstifts Paderborn und des Paderborner Landes. In: Drewes, J. (Hrsg.): Das Hochstift Paderborn. Portrait einer Region. Paderborn 1997, S. 9 - 30.

Schrader, Fr. X.: Nachrichten über Vörden im Kreise Höxter. In: Westfälische Zeitschrift, 59. Jg. 1911, S. 359 - 372.

Schrader, Fr. X.: Regesten und Urkunden zur Geschichte der ehemaligen Benediktiner-Abtei Marienmünster unter Berücksichtigung der früher incorporierten Pfarreien. In: Westfälische Zeitschrift, 45-49. Jg. 1887-1891.

Schröder, Th.: Das Schützenwesen im Erzbistum Paderborn. Typoskript, Neheim 1987.

Schützenbruderschaft St. Peter und Paul Vörden e.V. (Hrsg.): Jubiläums-Schützenfest 425 Jahre. 1574-1999. Vörden 1999, bearbeitet von Karin Föckel.

Simon, P.: Aus der Geschichte der Vördener Wasserversorgung. 100 Jahre „Kump" an der Marktstraße. In: Jahrbuch 1984 Kreis Höxter, hrsg. vom Oberkreisdirektor des Kreises Höxter, S. 71 - 76.

Sonderdruck aus dem Westfälischen Volksblatt „60 Jahre Apotheke in Vörden" von Apotheker B. Hoeppener aus dem Jahre 1956.

Spuhn, Th. (Hrsg.): Pfarrhäuser in Norddeutschland. Münster 2000.

Stegmann, R.: Die Grafschaft Lippe im 30-jährigen Krieg. In: Lippische Mitteilungen, 1905.

Stephan, H. G.: Archäologische Studien zur Wüstungsforschung im südlichen Weserbergland. Hildesheim 1978.

Stephan, H. G.: Wüstungen – frühgeschichtliche Dorfbildung – Kontinuitätsproblem. In: Bergmann, R.: Zwischen Pflug und Fessel. Mittelalterliches Landleben im Spiegel der Wüstenforschung. Münster 1993.

Stiegemann, Chr. / Wemhoff, M. (Hrsg.): Kunst und Kultur der Karolingerzeit. Beiträge zum Katalog der Ausstellung 1999 in Paderborn. Mainz 1999.

Stiegemann, Chr.: Ad pias causas – zu frommen Zwecken. Kirchliche Kunststiftungen unter Ferdinand von Fürstenberg im Lichte neuer Quellenfunde. In: Börste, N. / Ernesti, J. (Hrsg.): Friedensfürst und guter Hirte. Ferdinand von Fürstenberg, Fürstbischof von Paderborn und Münster. Paderborn 2004.

Stiewe, H.: Hausbau und Sozialstruktur in einer niederdeutschen Kleinstadt. Blomberg zwischen 1450 und 1870. Detmold 1996.

Stiewe, H.: Pfarrhäuser in Lippe. In: Spuhn, Th. (Hrsg.): Pfarrhäuser in Norddeutschland. Münster 2000.

Stiff, U.: Adam Stenelt. Ein Beitrag zur Geschichte der westfälischen Plastik in der Zeit der Spätrenaissance und des werdenden Barock. Dissertation (maschinenschriftlich) Münster 1948.

Stroop, U.: Preußische Lehrerinnenbildung im katholischen Westfalen. Schernfeld 1992.

Strohmann, D.: Marienmünster-Vörden, Kreis Höxter, Kath. Pfarrkirche St. Kilian, Konservierung und Restaurierung des Hochaltars 2004 und 1899-1902. In: Westfalen. Hefte für Geschichte, Kunst und Volkskunde. 81. Band 2003, S. 480 - 490.

Tönsmeyer, H. D.: Der frühmittelalterliche Adel im Corveyer Land. Ovenhausen und seine Nachbarorte: Ortsnamen als personengeschichtliche Quelle. In: Ovenhausen im Corveyer Land. Beiträge aus Geschichte und Gegenwart im Heimatfestjahr 2005. Herausgegeben vom Heimat- und Schützenverein Ovenhausen von 1575 e. V., S. 16 - 52.

Trias. Eine ganz andere Welt. Mitteleuropa im frühen Erdmittelalter. Hrsg. von Norbert Hauschke und Volker Wilde. München 1999.

Völker, Chr.: Die 600-Jahrfeier der Stadt Vörden am 29. Juni 1924. Selbstverlag.

Völker, Chr. (Hrsg. im Auftrag des Kreisausschusses): Heimatbuch des Kreises Höxter. Bd. 1, Paderborn 1925

Völker, Chr. (Hrsg. im Auftrag des Kreisausschusses): Heimatbuch des Kreises Höxter. Bd. 2, Paderborn 1927

Völker, Chr.: Aus der Vergangenheit des Dorfes Altenbergen. In: Völker, Chr. (Hrsg.): Heimatbuch des Kreises Höxter. Band 1. Paderborn 1925, S. 108-111.

Völker, Chr.: Eine Episode aus der Vördener Stadtgeschichte. In: Völker, Chr. (Hrsg.): Heimatbuch des Kreises Höxter. Bd. 1, Paderborn 1925, S. 74 - 80.

Völker, Chr.: Das Osterreiten. Ein vergessener Volksbrauch im Paderborner Land. In: Völker,

Chr. (Hrsg.): Heimatbuch des Kreises Höxter. Bd. 2, Paderborn, 1927, S. 10-17.

Völker, Chr.: Untergegangene Dörfer in der Nähe von Vörden. In: Völker, Chr. (Hrsg.): Heimatbuch des Kreises Höxter, Bd. 2, Paderborn 1927, S. 94 - 98.

Völker, Chr.: Zur Geschichte der Reformation im Hochstift Paderborn mit besonderer Berücksichtigung der Stadt Steinheim und ihrer Umgebung. In: Westfälische Zeitschrift, 88 Jg. 1931, S. 94-139.

Völker, Chr.: Der Mönchehof in Vörden. In: Heimatborn. Beilage zum Westfälischen Volksblatt, 15. Jg. Paderborn 1935. Teil I: Nr. 5, S. 18/19, Teil II: Nr. 7. S. 25/26.

Völker, Chr.: Geschichte der katholischen Kirche in der Grafschaft Pyrmont bis 1668. Mit Beiträgen zur Geschichte des Erzbistums Paderborn. Für die Herausgabe bearbeitet von Bernhard Engel. Herausgeber Stadt Lügde 1991.

Von Detten, G.: Älteste Nachrichten über die mittelalterliche Volksschule in Nordwestdeutschland. In: Westfälische Zeitschrift, 56. Jahrgang 1898, S. 153 - 61.

Von Oeynhausen, J.: Geschichte des Geschlechts von Oeynhausen, Bd. I-IV. Paderborn 1870 - 89.

Waldhoff, J.: Die Geschichte der Juden in Steinheim. Heimatgeschichtliche und volkskundliche Schriften der Stadt Steinheim, Band 2. Steinheim 1980.

Waldhoff, J.: Die erste Steinheimer Omnibuslinie. Mitteilungen des Kulturausschusses der Stadt Steinheim. Heft 42. 2. Halbjahr 1988.

Waldhoff, J.: 130 Jahre Post in Vörden. In: Jahrbuch des Kreises Höxter 1991, hrsg. vom Oberkreisdirektor des Kreises Höxter, S. 57 - 63.

Waldhoff, J.: Chronik und Geschichte des Dorfes Rolfzen. Volkskundliche und heimatgeschichtliche Schriften der Stadt Steinheim. Band 11. Steinheim 1992.

Weber, C.: Der Generalmobilmachungsplan der Schützen für das Hochstift Paderborn. In: Die Warte, Heft 7, Juli 1966.

Weddigen, P. F. (Hrsg.): Neues Westphälisches Magazin zu Geographie, Historie und Statistik, 1. Bd., Bückeburg 1789.

Weddigen, P. F.: Paderbornische Geschichte, Lemgo 1801, 2 Bd.

Werpup, J: Kollerbeck – Aus der frühen Geschichte eines ostwestfälischen Dorfes mit einem Auszug aus dem Kirchenbuch Marienmünster. Bad Bedekersa 2004.

Westfalen. Mitteilungen des Landesmuseums der Provinz Westfalen und des Vereins für Geschichte und Altertumskunde Westfalens. Bodenaltertümer Westfalens. II. Bericht der vorgeschichtlichen Abteilung des Landesmuseums. XVI. Jahrg. 1931, Heft 6.

Westfalen-Zeitung, Höxtersche Ausgabe vom 9. Februar 2006.

Westfälische Siegel, Heft III: Die Siegel der geistlichen Corporationen und der Stifts-, Kloster und Pfarrgeistlichkeit. Bearb. von Theodor Ilgen. 1889.

Westfälisches Urkundenbuch I-II: Regesta Historiae Westfaliae accedit Codex diplomaticus, hrsg. von Heinrich August Erhard, Bd. 1-2. Münster 1847-1851.

Westfälisches Urkundenbuch III: Die Urkunden des Bistums Münster 1200-1300, bearb. von Roger Wilmans. Münster 1859.

Westfälisches Urkundenbuch, Bd. IV: Die Urkunden des Bistums Paderborn 1200-1300, bearb. von Roger Wilmans u. Heinrich Finke. Münster 1877-1894.

Westfälisches Urkundenbuch, Bd. IX: Die Urkunden des Bistums Paderborn 1300-1325, bearb. von Josef Prinz. Münster 1972-1993.

Wiersing, E.: Geschichte des historischen Denkens. Zugleich eine Einführung in die Theorie der Geschichte. Paderborn u.a. 2007.

c) Bildquellennachweis

(bereits im Text ausgewiesene Quellen von abgebildeten Urkunden, Katasterplänen und Karten sind nicht mehr berücksichtigt)

Familienbesitz Föckel: 72, 77, 81, 115;

Familienbesitz Hagemann: 10, 86, 117, 119, 156, 179;

Familienbesitz Kreilos (Benning): 113, 116;

Familienbesitz Kreilos (Fenstermacher): 108;

Familienbesitz Kreilos (Stork): 90, 104, 146, 153;

Familienbesitz Massolle: 120;

Familienbesitz Reitemeyer: 151, 176;

Familienbesitz Ridder: 63, 83, 84;

Familienbesitz Rodemeier: 102, 147;

Familienbesitz Rotermund, H.: 174;

Familienbesitz Teiting, M.: 177;

Familienbesitz Vogedes: 73, 74, 75, 76;

Föckel, K.: 122 (Foto), 3, 6, 7, 12, 29 110; IV, XV (Skizzen);

Gotthardt, G: 64 (In: Die Bau und Kunstdenkmäler des Kreises Höxter, 1914, S. 239);

Hagemann, W.: 2, 4, 5, 11, 13, 18, 19, 21, 24, 31, 33, 35, 45, 46, 47, 48, 51, 52, 55, 57, 69, 70, 71, 85, 103, 107, 127, 171; VII, XII, XVI.

Heimatbuch Kreis Höxter, Bd. I, 1925, Tafel 1 oben (ohne Nachweis): 37;

Kreisverwaltung Höxter, Katasteramt: VI, VII (Karten);

Krus, H.-D.: 3, 6, 7 (Skizzenvorlagen); I, III

Lücke, G.: 8, 9, 14, 15, 16, 17, 22, 65, 66, 114, 137; X, XI;

Michels, P.: 105, 129 in: Heimatbuch des Kreises Höxter, Bd. II, Tafel 13 oben und 11 oben;

Pfarrarchiv Vörden: 58, 59, 60;

Rohde, W.: 180;

Sammlung Simon: 1, 30, 32, 36, 53, 61, 62, 67, 78, 79, 80, 82, 87, 88, 89, 91, 92, 93, 94, 95, 96, 97, 98, 99, 100, 109, 118, 121, 124, 125, 126, 130, 131, 132, 133, 134, 135, 138, 140, 141, 142, 144, 148, 149, 150, 152, 154, 155, 157, 158, 160, 161, 162, 163, 165, 168, 169, 170, 172, 173, 175, 181, 182, 183, 184, 185, 186, 187, 188

Schützenbruderschaft Vörden: XIII, XIV;

Stadtarchiv Marienmünster: 136, 164, 166, 167, 189;

Wikipedia: 27, 57, 123

GeoContent GmbH: II

Register

Das Register dient zum gezielten Auffinden von Namen Orten und Begriffen im Buch anhand der angegebenen Seitenzahlen. Es ist in drei Unterregister aufgeteilt, und zwar in „ Register 1: Vördener Bürger und Bewohner", „Register 2: Personen und Orte außerhalb Vördens" und „Register 3: Sachregister".

Das Register 1 enthält die im laufenden Text genannten Namen Vördener Bürger und Bewohner sowie auch die von Personen, die in engerer Beziehung zur Vördener Geschichte stehen, auch wenn sie nicht längere Zeit hier gewohnt haben, beispielsweise Lehrer und Lehrerinnen. Namen aus den am Anfang angegebenen Auflistungen (Abgaben- und Steuerlisten, Gefallene und Vermisste des Ersten und Zweiten Weltkrieges, Pastöre und Vikare) werden im Register nur dann berücksichtigt, wenn sie Beziehungen zu noch vorhandenen Familien bzw. Haus- oder Beinamen aufweisen oder selbst im sonstigen Text genannt sind. Namen in den Übersichten zur Besitzfolge in den einzelnen Häusern und in den Abstammungstafeln im Kapitel „Alte bürgerliche Familien und Hausstätten" werden in aller Regel nicht berücksichtigt. Es wird aber jeweils auf diese Übersichten verwiesen. Da es bei den Mitgliedern von Adelsfamilien, die Besitz in Vörden hatten, meist unsicher ist, ob sie jemals hier gewohnt haben, werden die Nennungen im Text in der Regel nur nach Familie/Besitz und nach Einzelnamen geblockt ausgewiesen. Alle Namen sind entsprechend der Schreibweise in den Quellen wiedergegeben, z. B. Herman statt Hermann.

Das Register 2 enthält nur Namen von Personen und Orten außerhalb Vördens. Die in den Anmerkungen und im Literaturverzeichnis genannten Autoren sind hier nur dann berücksichtigt, wenn sie zuvor im laufenden Text namentlich angeführt wurden.

Im Register 3 sind Sachbegriffe aus dem Buch enthalten. Hier finden sich einerseits Hinweise auf Textstellen zu Gegebenheiten in Vörden wie zum Beispiel zu einzelnen Straßen, zur Wasserversorgung oder zum Rathaus. Andererseits sind allgemeine Begriffe wie Bierbrauen oder Dreifelderwirtschaft angeführt. Fett gedruckte Seitenzahlen zeigen an, dass dort eine Erklärung des Begriffes oder eine allgemeine Darlegung dazu erfolgt.

Register 1: Vördener Bürger und Bewohner

Register 2: Personen und Orte außerhalb Vördens

Register 3: Sachregister

Die Beteiligten

Vordere Reihe von links:

Karin Föckel, geb. 1968, nach der Schulzeit in Vörden Ausbildung und Tätigkeit als Bauzeichnerin, Erwerb der Fachhochschulreife, ab 1990 Ortsheimatpflegerin für Vörden, seit Gründung des Heimat- und Kulturvereins Marienmünster e. V. im Jahre 2001 Leiterin der Arbeitsgruppe „Heimat und Brauchtum", mehrere heimatkundliche Veröffentlichungen.
Ursula Simon, geb. 1924, entstammt einer der ältesten Vördener Familien, Volksschulbesuch in Vörden, Ableistung des damals obligatorischen Dienst-Pflichtjahres, dann Ausbildung und Tätigkeit als Sparkassen-Angestellte in Vörden, 1951 bis zum Eintritt in den Ruhestand 1984 Angestellte bei der Kreisverwaltung in Höxter, Mitwirkung an der Fotosammlung der Familie Simon zur Orts- und Familiengeschichte für Vörden.
Hildegard Hecker, geborene Kreilos, geb. 1954, aufgewachsen in einem der ältesten Vördener Häuser, nach Besuch der Volksschule in Vörden und der Real-

schule in Nieheim Ausbildung und Tätigkeit als Pharmazeutisch-Technische-Assistentin (PTA), seit Gründung des Heimat- und Kulturvereins Mitglied in den Arbeitskreisen „Heimat- und Brauchtum" und „Volkstanz", besonderes Engagement in der Erforschung Vördener Familienstammbäume.

Hintere Reihe von links:

Horst-D. Krus, geb. 1949 auf Gut Abbenburg und dort aufgewachsen, seit 1967 wohnhaft in Bellersen, nach dem Schulbesuch in Bökendorf und Brakel Studium der Geographie und Anglistik in Göttingen, ab 1990 Kreisarchivar in Höxter, ehrenamtliche Tätigkeiten in der Heimatpflege, u. a. seit 1999 Heimatgebietsleiter des Westfälischen Heimatbundes für die Kreise Paderborn und Höxter, zahlreiche Buch- und Zeitschriftenveröffentlichungen zur Geographie, Geschichte und Heimatpflege der Region.

Willi Rohde, geb. 1923 in Vörden, Schulbesuch in Vörden und Büren mit Erwerb der mittleren Reife, Beginn einer Verwaltungslehre im Amt Vörden, Unterbrechung durch Einberufung zur Wehrmacht und Gefangenschaft, ab Januar 1946 Fortsetzung der Ausbildung und nachfolgende Tätigkeit in der Amtsverwaltung, nach der Neugliederung ab 1970 bis 1985 in der Stadtverwaltung Marienmünster, zuletzt als Stadtamtsinspektor.

Walter Lücke, geb. 1930 in Vörden, nach Besuch der Volksschule in Vörden, des Gymnasiums in Paderborn mit kriegsbedingter Unterbrechung und der Höheren Handelsschule Ausbildung und Tätigkeit bei der Sparkasse Höxter, 1960 bis 1970 Sparkassen-Revisor in Rheinhausen und Paderborn, dann bis zur Pensionierung 1994 Sparkassendirektor in Warburg, Sammlung regionalgeschichtlicher Literatur und Dokumente.

Wilhelm Hagemann, geb. 1939 in Vörden, dort Besuch der Volksschule, handwerkliche Lehre und Tätigkeit, Abitur über den Zweiten Bildungsweg, Studium für das Lehramt an berufsbildenden Schulen an der Technischen Hochschule Aachen, Erste und Zweite Staatsprüfung, ergänzende Studien in Politologie, Psychologie, Geschichte und Kunstgeschichte, Promotion zum Dr. phil., wissenschaftlicher Assistent in Aachen, Wien und Klagenfurt, ab 1973 Tätigkeit in einem medienpädagogischen Forschungszentrum des Landes Nordrhein-Westfalen, 1980 Berufung als Professor für Berufs- und Medienpädagogik an die Universität Paderborn, seitdem wohnhaft in Bad Lippspringe.

Gisbert Lücke, geb. 1936 in Dortmund, dort Schulbesuch mit Erwerb der Fachhochschulreife, Studium der Betriebstechnik an der Fachhochschule Bochum, zuletzt beruflich tätig als Sachgebietsleiter im staatlichen Materialprüfungsamt in Dortmund, 1996 Übersiedlung nach Vörden, seit der Gründung des Heimat- und Kulturvereins Marienmünster e.V. Mitglied in den Arbeitsgruppen „Heimat und Brauchtum" sowie „Obstbaum- und Landschaftspflege", Recherchen und Schriften u. a. zur Wasserversorgung in Vörden und zur preußischen Telegrafenstation auf dem Hungerberg.